CÓDIGO DE DEFESA DO
CONSUMIDOR
COMENTADO

CB004192

Grupo
Editorial
Nacional

O GEN | Grupo Editorial Nacional – maior plataforma editorial brasileira no segmento científico, técnico e profissional – publica conteúdos nas áreas de concursos, ciências jurídicas, humanas, exatas, da saúde e sociais aplicadas, além de prover serviços direcionados à educação continuada.

As editoras que integram o GEN, das mais respeitadas no mercado editorial, construíram catálogos inigualáveis, com obras decisivas para a formação acadêmica e o aperfeiçoamento de várias gerações de profissionais e estudantes, tendo se tornado sinônimo de qualidade e seriedade.

A missão do GEN e dos núcleos de conteúdo que o compõem é prover a melhor informação científica e distribuí-la de maneira flexível e conveniente, a preços justos, gerando benefícios e servindo a autores, docentes, livreiros, funcionários, colaboradores e acionistas.

Nosso comportamento ético incondicional e nossa responsabilidade social e ambiental são reforçados pela natureza educacional de nossa atividade e dão sustentabilidade ao crescimento contínuo e à rentabilidade do grupo.

LEONARDO ROSCOE BESSA

CÓDIGO DE DEFESA DO

CONSUMIDOR

COMENTADO

- Análise doutrinária baseada na experiência de 30 anos do CDC
- Jurisprudência atualizada dos Tribunais Superiores (STF e STJ)
- Dicas práticas e úteis para os profissionais do Direito

2ª edição — revista, atualizada e ampliada

Editora FORENSE

- Fechamento desta edição: *13.10.2021*

- **Atendimento ao cliente: (11) 5080-0751 | faleconosco@grupogen.com.br**

- Direitos exclusivos para a língua portuguesa
  Copyright © 2022 by
  Editora Forense Ltda.
  Uma editora integrante do GEN | Grupo Editorial Nacional
  Travessa do Ouvidor, 11 – Térreo e 6º andar
  Rio de Janeiro – RJ – 20040-040
  www.grupogen.com.br

- Capa: Fabricio Vale

- **CIP – BRASIL. CATALOGAÇÃO NA FONTE.**
  SINDICATO NACIONAL DOS EDITORES DE LIVROS, RJ.

B465c
2. ed.

Bessa, Leonardo Roscoe

Código de defesa do consumidor comentado / Leonardo Roscoe Bessa. – 2. Rio de Janeiro: Forense, 2022.

Inclui bibliografia e índice
"Comentários à nova Lei do Superendividamento (Lei 14.181/2021)"
"Comentários às Leis 14.010/2020, 14.015/2020 e 14.034/2020"
ISBN 978-65-596-4227-4

Brasil. [Código de defesa do consumidor (1990)]. 2. Defesa do consumidor – Legislação – Brasil. I. Título.

| 21-73745 | CDU: 34:366.54(81)(094) |

Meri Gleice Rodrigues de Souza – Bibliotecária – CRB-7/643

"Pensamento(s)... me leve até a liberdade
Se esqueça de mim e saia por entre essas grades
Passe entre o céu e o mar e sinta o quanto vale
O calor do sol e o brilho do mar."
Tribo da Periferia ("Não sabia que era tão bom assim")

In memoriam de José Santos Roscoe, meu avô.

SOBRE O AUTOR

Desembargador do Tribunal de Justiça do Distrito Federal e Territórios. Doutor em Direito Civil pela Universidade do Estado do Rio de Janeiro – UERJ. Mestre em Direito Público pela Universidade de Brasília – UnB/Faculdade de Direito. Graduado em Direito pela Universidade de Brasília – UnB. Professor de graduação e do Programa de Mestrado e Doutorado do Uniceub (DF). Professor de Direito do Consumidor do Gran Cursos Jurídicos Concursos. Professor da Escola Nacional da Magistratura-ENM (Curso sobre LGPD). Foi Procurador-Geral de Justiça do Distrito Federal (MPDFT) de 2014 a 2018. Foi Procurador de Justiça do Ministério Público do Distrito Federal com atuação na 2ª Procuradoria de Justiça Criminal Especializada e na Coordenadoria de Recursos Constitucionais (2019-2021). Atuou, por 19 anos, na Segunda Promotoria de Justiça de Defesa do Consumidor do MPDFT. Secretário Executivo do Grupo Nacional de Defesa do Consumidor (GNDC) do Conselho Nacional de Procuradores-Gerais do Ministério Público da União – CNPG (2019-2021). Presidente do Instituto Brasileiro de Política e Direito do Consumidor – Brasilcon (2006-2010). Integrou a Comissão de Juristas do Senado Federal instituída para apresentar propostas de atualização do Código de Defesa do Consumidor (Lei 8.078/1990). Membro do Conselho Federal Gestor do Fundo de Defesa de Direitos Difusos do Ministério da Justiça (2002-2006), e integrante e Presidente do Conselho Consultivo da Anatel (2011-2013). Autor de dezenas de artigos e várias obras jurídicas.

APRESENTAÇÃO

O Autor desta obra dá destaque à primeira geração nascida na ainda jovem capital brasileira. Seus pais lhe deram não só o berço de inigualável educação, mas uma boa mistura das tradições mineira e goiana: saber ouvir e se dispor à labuta.

Adolescer durante as primeiras décadas de Brasília, imprimiu-lhe, talvez, a capacidade de não limitar sonhos nem projetos, incorporando-se na boa linhagem dos candangos: não ter medo e trabalhar, nas palavras de Renato Russo.

Orgulha-se, por onde passa, de entoar que nasceu na Capital. A possível paixão não se deve apenas por ser sua terra natal, mas à alegria sincera de frequentar seus cafés, parques, rodas de capoeira, piscinas (até Lago Paranoá), onde possa jogar polo aquático.

A Universidade Pública de Brasília (UnB) lhe entregou, além de amizades perenes, o diploma de bacharel em Direito e de Mestre em Direito Público (quando foi escrita sua primeira obra jurídica consagrada, sobre bancos de dados de proteção ao crédito).

O tenro contato com práticas jurídicas se deu em um estágio que, coincidentemente, foi junto ao Ministério Público do Distrito Federal. Curioso que, sem defensoria instalada no Distrito Federal àquela época, o Autor auxiliava um futuro colega em atendimentos diretos a carentes.

Desassossegado, Leonardo deixou cedo a casa dos pais para alugar um apartamento e não perder a concentração nos estudos. Antes da formatura, foi concursado do Banco de Brasília e, meses depois, servidor também concursado do Superior Tribunal de Justiça.

Naquele início da década de 1990, o STJ ainda funcionava na sede do antigo Tribunal Federal de Recursos. As novas atribuições constitucionais e uma quadra inédita de recursos deram-lhe a fecunda noção de testemunhar o surgimento e as complexidades de uma Corte.

Trabalhou diretamente com os saudosos Ministros Luiz Carlos Fontes de Alencar e Luiz Vicente Cernicchiaro, duas referências nacionais em Direito Penal, área que, não por acaso, é uma segunda vertente (pouco conhecida) de atuação e gosto do Autor.

O terceiro concurso público prestado, obviamente exitoso, tornou Leonardo (no dia de seu aniversário) Promotor de Justiça do Ministério Público do Distrito Federal, cargo que ocupa com afinco e destaque.

Seu maior mérito de atuação deu-se na Promotoria de Defesa do Consumidor, à frente da "Prodecon", seção especializada do MPDFT, onde, juntamente com seus colegas, foi palco de grandes vitórias e ajustes de proteção aos consumidores brasileiros.

Se o leitor perguntar de uma referência na defesa dos direitos de quem é vulnerável no mercado, esteja certo de que, em Brasília, a resposta será una: Leonardo. O reconhecimento é de colegas, entidades civis, autoridades e até de empresários.

Boa parte de seus trabalhos investigativos inovou e rendeu resultados concretos por conta do uso pioneiro de cooperação técnica com outras autoridades, agências reguladoras e entidades representantes do setor privado.

A doação de seu tempo à difusão consumerista transcende o ofício ministerial. Além de livros, artigos e aulas, Leonardo foi responsável por uma coluna semanal jornalística que, em Brasília, certamente popularizou e desvendou, ao leitor comum, a Lei 8.078/1990.

O *Correio Braziliense* trazia, em seu caderno Direito e Justiça, duas páginas que, para muitos juristas, eram preenchidas por Leonardo com um conteúdo desafiador: esclarecer problemas jurídicos em uma linguagem objetiva e acessível ao público leigo.

Outra de suas obras jurídicas condensou esses escritos jornalísticos e, curiosamente, alguns estabelecimentos comerciais, obrigados por lei a disponibilizar o Código de Defesa do Consumidor a seus clientes, deixavam no balcão esse livro do Autor.

Em outro livro, encomendado pelo Ministério da Justiça, Leonardo executou com impressionante simplicidade a ideia de dicionarizar, em um manual para os Procons do País, palavras-chave do Direito do Consumidor, evitando, uma vez mais, tecnicismos.

Agora, seja em gabinete, audiência ou até em atuações *in loco*, duas outras marcas pessoais destacam este Promotor: saber ouvir e dialogar com humildade. Essas são duas virtudes que o posicionam sempre ao lado de boas soluções.

Sem respostas prontas, Leonardo tem um processo ao mesmo tempo cartesiano e socrático para ponderar problemas jurídicos. Se for possível descrever essa observação – que, em boa parte, está plasmada neste livro –, aí vai:

Na primeira fase, ele busca, à risca, entender o fato e ouvir as partes para, só depois, conjecturar soluções práticas e factíveis. Ao fim e ao cabo, ele certamente se sairá com um caminho racional e, ao mesmo tempo, conexo às melhores técnicas jurídicas.

A leveza é uma marca de seu diálogo. Sempre pronto a escutar seu interlocutor, seja ele estagiário, colega, juiz, advogado, grande público de auditório ou uma pessoa que acabou de conhecer, sério ou não o assunto, um sorriso sincero há de surgir.

Mérito de seu trabalho, ainda como Promotor, Leonardo foi alçado por seus colegas como Procurador-Geral de Justiça por dois mandatos. Suas gestões foram marcadas por profundas evoluções gerenciais e um harmônico diálogo com todos os Poderes.

A área acadêmica não parou no Mestrado. Pela Universidade do Estado do Rio de Janeiro, o Autor recebeu o título de Doutor, em premiada obra sobre o cadastro positivo. Entre outras obras, sua produção de artigos científicos e palestras é intensa.

Parte dela, certamente, pela colaboração graciosa de tempo e conhecimento destinados ao Instituto Brasileiro de Política e Direito do Consumidor – Brasilcon, entidade civil altaneira da qual foi Presidente e associado atuantíssimo.

Ladeado de grandes nomes do Direito do Consumidor, como Antônio Herman Benjamin, Adalberto Pasqualotto e Cláudia Lima Marques, Leonardo rodou o Brasil com palestras, eventos e iniciativas voltadas a difundir e preservar a legislação de consumo brasileira.

Pelo Brasilcon, Leonardo ainda participa e integra congressos, eventos e comissões internacionais (a exemplo da Conferência da Comunidade Europeia, em Bruxelas) e foi dele a brilhante ideia de traduzir, para o inglês e o espanhol, o CDC brasileiro.

O Senado Federal o convidou para integrar seleta Comissão de Juristas instituída para sugestões de atualização do Código de Defesa do Consumidor. Hoje, diversos textos legislativos sobre o tema têm, mesmo que informalmente, sua colaboração.

No Poder Executivo Federal, o Autor integrou o Conselho de Direitos Difusos, órgão do Ministério da Justiça que gere projetos importantes para a Nação. No mesmo Ministério, Leonardo prestou auxílio relevante à Secretaria Nacional de Defesa do Consumidor.

Ao tempo de lançamento deste livro, Leonardo é Procurador de Justiça e integrante do Conselho Superior do MPDFT. Atua em feitos recursais do *Parquet*, fazendo questão de acompanhar, caso a caso, seus julgamentos diretamente nas Cortes Superiores.

Escrever essa trajetória laureada poderia ir ainda mais longe. Mas, ao que se vê, parecem ser suficientes para destacar que o conhecimento de causa para os problemas do Direito do Consumidor habilita plenamente Leonardo para esta obra.

Sem delongas e para não tomar mais tempo do leitor, findo este manuscrito com esta declaração por aqui, até porque muito ainda teria a escrever. São palavras fidedignas a respeito de um renomado Autor e, mais importante, um grande cidadão do mundo.

Brasília, setembro de 2020.

Walter José Faiad de Moura

Advogado.

NOTA DO AUTOR À SEGUNDA EDIÇÃO

A grande novidade da segunda edição da obra é sua completa atualização de acordo com todas as inovações trazidas pela Lei do Superendividamento (Lei 14.181/2021) que, na origem, resulta de trabalho elaborado por Comissão de Juristas instituída por ato da Presidência do Senado Federal.

A Comissão elaborou três anteprojetos nas áreas de comércio eletrônico, superendividamento e ação coletiva. No primeiro semestre de 2021, o PL 3.515 foi aprovado e encaminhado para sanção do Poder Executivo, que, após vetos pontuais, promulgou a Lei 14.181/2021, que promove importantes atualizações no Código de Defesa do Consumidor na área de crédito, prevenção e tratamento ao superendividamento.

Além de acréscimos de incisos aos arts. 4º, 5º, 6º e 51 do CDC, a norma estabelece novos dispositivos, quais sejam: arts. 54-A, 54-B, 54-C, 54-D, 54-F, 54-G, 104-A, 104-B e 104-C.

A par de comentar todos os novos dispositivos da Lei do Superendividamento, a segunda edição da obra *Código de Defesa do Consumidor Comentado* está revisada e atualizada com a jurisprudência mais recente dos tribunais superiores.

A ampla e boa acolhida da primeira edição pelos estudantes e profissionais do direito indicam o acerto da opção pela objetividade, clareza e didática na análise individualizada e cuidadosa de cada um dos artigos do Código de Defesa do Consumidor.

Desejo que o livro continue a contribuir para a compreensão atual do Direito do Consumidor no Brasil.

Brasília, setembro de 2021.

NOTA DO AUTOR À PRIMEIRA EDIÇÃO

O Código de Defesa do Consumidor, o qual integra a cultura jurídica brasileira, completa 30 anos em setembro de 2020. São três décadas de experiência, lições e amadurecimento que precisam ser compreendidos por aqueles que lidam com o Direito do Consumidor.

Com essa perspectiva, a presente obra comenta individualmente todos os artigos do Código de Defesa do Consumidor (Lei 8.078/1990). Em que pese a complexidade inerente a alguns temas, a análise se pauta pelo esforço permanente de objetividade, clareza e didática.

Os comentários sobre alguns dos dispositivos, pela importância e dimensão do tema, foram segmentados de acordo com o número de incisos ou parágrafos. Assim ocorreu em relação ao art. 6º (direitos básicos do consumidor), ao art. 39 (práticas abusivas), ao art. 43 (bancos de dados e cadastros de consumo) e ao art. 51 (cláusulas abusivas).

Ao lado de análise doutrinária, há, em regra, as seguintes informações adicionais: 1) legislação correlata: 2) dicas práticas; 3) jurisprudência.

A indicação de legislação correlata é fundamental para que o estudante ou profissional do Direito conheça as principais normas que devem ser analisadas em conjunto (*diálogo das fontes*) para interpretação e aplicação adequada do Direito. O ano de 2020 foi marcado pela pandemia da Covid-19 (Sars-CoV-2) e consequente edição de normas específicas e temporárias. Foram analisadas as principais repercussões nas relações de consumo (Lei 13.979/2020, Lei 14.010/2020, Lei 14.034/2020, Lei 14.046/2020, Resolução 878, da Aneel, e Portaria 544, do Ministério da Educação).

As dicas práticas se constituem em breves orientações relativas à aplicabilidade e à importância atual do dispositivo ou tema comentado. Em regra, são dirigidas a todos que lidam com o Direito do Consumidor, mas, conforme o assunto, pode ser mais específica para o profissional do Direito (Ministério Público, Magistratura, Defensoria Pública, advogado, órgão de defesa do consumidor) ou para as pessoas que integram a relação de consumo (consumidor e fornecedor).

A jurisprudência apresenta ementas de julgados e súmulas do Supremo Tribunal Federal e do Superior Tribunal de Justiça. Como regra, na seção relativa à análise doutrinária, evita-se a transcrição de decisões, já que o campo *jurisprudência* é o espaço próprio. Todavia, há especial preocupação em informar se o tema comentado está pacífico ou se ainda é objeto de alguma divergência. Quando a questão ainda é controversa, no âmbito do próprio tribunal, indicam-se julgados que representam as diversas correntes.

O CDC possui muitas cláusulas gerais e conceitos indeterminados, ou seja, normas que, pela abertura semântica, exigem maior esforço hermenêutico para definição do seu conteúdo e significado. Nesses casos, é o Poder Judiciário que, ao final, delimitará o conteúdo, o sentido e o alcance das referidas normas. Após três décadas da lei, houve o necessário e esperado amadurecimento jurisprudencial de temas que, no passado, geraram bastante controvérsias. Muito se avançou, por exemplo, na definição e aplicação do art. 51, IV, do CDC, que declara serem nulas as cláusulas iníquas, que coloquem o consumidor em desvantagem exagerada, ou sejam incompatíveis com a boa-fé. Na análise doutrinária de dispositivos *abertos*, é fundamental referência simultânea à evolução jurisprudencial.

Carlos Maximiliano ensina que o intérprete deve adaptar o "conhece-te a ti mesmo" (Sócrates) para "desconfia de ti, quando for mister compreender e aplicar o Direito". Esclarece: "Deve o intérprete, acima de tudo, desconfiar de si, pensar bem as razões pró e contra, e verificar, esmeradamente, se é verdadeira justiça, ou são ideias preconcebidas que o inclinam neste ou naquele sentido".

Cada linha foi escrita com esse cuidado. Espero que esta obra contribua para a compreensão atual do Direito do Consumidor no Brasil.

Brasília, setembro de 2020.

PREFÁCIO

O presente livro do Professor e Procurador de Justiça Leonardo Roscoe Bessa é obra inédita na doutrina consumerista brasileira. Não se trata de mera revisão bibliográfica da produção doutrinária com a compilação de julgados dos tribunais superiores acerca do Direito do Consumidor. A obra é construída a partir de uma percuciente, atualizada e inovadora análise dos principais problemas relacionados à proteção do consumidor. O autor apresenta os julgados dos tribunais superiores como reforço da argumentação de cada tema disciplinado pelo Código de Defesa do Consumidor (Lei 8.078/1990), de maneira contextualizada, demonstrando, de forma precisa, as questões controvertidas enfrentadas pelo Poder Judiciário.

A análise doutrinária direta e clara está associada a uma precisa indicação da legislação correlata, circunstância que facilita a compreensão do leitor e possibilita eventual desenvolvimento de pesquisa do tema comentado. A legislação correlata compreende tanto as normas constitucionais, que dão fundamento e validade ao microssistema de proteção do consumidor instituído pelo Código de Defesa do Consumidor, como pela legislação extravagante, a exemplo das referências ao Código Civil, ao Código de Processo Civil, à Lei 10.962/2004 – que dispõe sobre as formas de afixação de preços de produtos e serviços –, à Lei 12.414/2011 – que disciplina o cadastro positivo – e à Lei 13.455/2017 – que permite diferenciação de preço para pagamento à vista, entre outras.

As *dicas práticas* são sistematicamente registradas. São informações relevantes para a correta compreensão da dinâmica da relação de consumo, especialmente úteis para os estudantes e estudiosos do Direito do Consumidor, bem como para os profissionais do Direito que se ocupam cotidianamente das questões relacionadas ao Direito do Consumidor. Importante ressaltar que as dicas práticas estão autorizadas pela experiência do autor como professor de Direito do Consumidor dos cursos de graduação e pós-graduação *stricto sensu*, pesquisador e doutrinador em Direito do Consumidor, além do fato de ter exercido por mais de vinte anos a titularidade de Promotoria de Defesa do Consumidor do Ministério Público de Distrito Federal e dos Territórios.

O autor apresenta, entre muitas outras, valiosa contribuição à doutrina consumerista ao desenvolver a noção de *fornecedor equiparado*. O Código de Defesa do Consumidor conceitua fornecedor de forma genérica e abrangente, indicando, em rol meramente exemplificativo, as atividades desenvolvidas pelo agente econômico no mercado de consumo (art. 3º, *caput*). Entretanto, em algumas situações há descrição pormenorizada dos deveres atribuídos a determinados sujeitos de Direito, a exemplo da publicidade (arts. 36 a 38) e dos bancos de dados (art. 43).

A incidência do Código de Defesa do Consumidor nos casos supraindicados prescinde da demonstração de remuneração do serviço ou mesmo que o sujeito de Direito desenvolva atividade profissional no mercado de consumo. O conceito de fornecedor equiparado possibilita a incidência das normas protetivas do consumidor em casos específicos não contemplados no conceito genérico e abstrato do art. 3º, *caput*, do CDC, a exemplo de celebridades que promovem produtos ou serviços em redes sociais (influenciadores digitais), de particular que se beneficia de publicidade ilícita (enganosa ou abusiva) ou de entidade civil sem fins lucrativos que realiza cobrança de dívidas de consumo de forma indevida, entre outros.

O tema da responsabilidade civil do fornecedor recebe igualmente um registro inovador. O autor ensina que o Código de Defesa do Consumidor disciplina apenas duas categorias específicas de responsabilidade civil por dano material imputadas ao agente econômico (fato e vício). Constata, porém, o equívoco de que os danos materiais sofridos pelo consumidor devem ser classificados sempre como fato ou vício dos produtos ou serviços. O dano material ocorre também, e com maior frequência nos casos concretos judicializados, em razão do inadimplemento contratual, cuja base normativa está no título referente ao inadimplemento das obrigações do Código Civil (art. 398 e seguintes).

O autor sustenta que há uma cláusula geral de responsabilidade civil do fornecedor prevista no art. 6º, V, do Código de Defesa do Consumidor. Cuida-se de posição doutrinária que orienta a correta referência normativa nas diversas situações fáticas danosas que se verificam nas relações de consumo, além das hipóteses específicas do fato e vício dos produtos e serviços. A cláusula geral de responsabilidade civil do fornecedor permite ampla reparação dos danos sofridos pelo consumidor, inclusive do dano moral, do dano estético e da perda de uma chance, categorias danosas consolidadas na jurisprudência nacional, contudo não encontrando uma regulamentação específica no Código de Defesa do Consumidor.

A discussão doutrinária e jurisprudencial sobre a excludente de responsabilidade civil do caso fortuito interno e externo nas relações de consumo recebe análise crítica do autor. O caso fortuito interno está relacionado ao âmbito específico da atividade desenvolvida pelo fornecedor, enquanto o caso fortuito externo se configura a partir de fato alheio à esfera de sua respectiva atividade. Reconhece que a distinção não é fácil de se estabelecer no caso concreto, razão pela qual os tribunais brasileiros realizam exame de razoabilidade na avaliação de qual conduta deveria ser exigida do fornecedor por ocasião do dano sofrido pelo consumidor.

Discorda da posição dominante ao considerar que a eximente do caso fortuito está relacionada ao inadimplemento contratual. Argumenta que as causas excludentes de responsabilidade do fornecedor estão estabelecidas no Código de Defesa do Consumidor em rol exaustivo ou fechado. A noção de legítima expectativa de segurança dos produtos e serviços é suficiente para identificar o defeito (anomalia de segurança). Portanto, a análise do caso fortuito (interno e externo) pode conduzir igualmente à exclusão da responsabilidade civil do fornecedor, porém não foi a opção do Código de Defesa do Consumidor.

A solidariedade nas relações de consumo é apresentada de forma didática. A regra geral da solidariedade passiva decorrente de ato ilícito está prevista nos arts. 7º, parágrafo único, e 25, § 1º, ambos do CDC, exigindo a prova do nexo de causalidade entre a conduta dos fornecedores que integram a cadeia de fornecimento do produto ou da prestação do serviço e os danos sofridos pelo consumidor para que se imponha o dever de indenizar. Entretanto, importante distinção é indicada quanto à solidariedade *automática* para os casos de imputação da responsabilidade civil em que se dispensa a prova do nexo de causalidade.

A solidariedade *automática* prevê expressamente a obrigação de indenizar, independentemente de prova de qualquer conduta específica do fornecedor para a ocorrência danosa. É o caso do dever de indenizar do fabricante e do comerciante em face do vício de qualidade do produto (art. 18, *caput*, do CDC). Denomina-se solidariedade *automática condicionada* a obrigação de indenizar do comerciante pelo fato do produto quando o fabricante, produtor, construtor ou importador não puderem ser identificados ou não houver informação clara do fornecedor (art. 13, I e II, do CDC). Esclarece, ainda, que a solidariedade decorrente da *Teoria da Aparência* alcança as obrigações originárias (primárias) e também as obrigações sucessivas (responsabilidade civil) do fornecedor em relação aos atos dos prepostos e representantes autônomos, nos termos do art. 34 do CDC.

A distinção entre direitos materialmente coletivos (DMC) e direitos processualmente coletivos (DPC) é apresentada de forma inédita. O processo coletivo é reconhecido como tema complexo e destinado a instrumentalizar a judicialização, na classificação tradicional, dos direitos metaindividuais (transindividuais e individuais homogêneos). Os direitos materialmente coletivos são aqueles desprovidos de titularidade específica, posto que pertencem a todos indistintamente, cuja tutela deve ser realizada de forma unitária e não fragmentada ou parcial. Os direitos processualmente coletivos são direitos individuais que podem ser tutelados em uma única ação coletiva, pois demandam resolução uniforme para todos os integrantes do respectivo grupo, categoria ou classe de consumidores. A distinção entre caráter processual ou material do direito tutelado auxilia na interpretação das normas relativas a legitimidade, litispendência, coisa julgada, conexão, entre outros temas relativos ao processo coletivo.

Note-se que, de modo difuso na obra, o autor não se vincula a posicionamentos tradicionais da doutrina majoritária, a exemplo da impossibilidade da arbitragem nas relações de consumo. Reconhece que a vulnerabilidade do consumidor é uma referência interpretativa fundamental para que se fixem o sentido e o alcance das normas integrantes do microssistema de proteção do consumidor. Entretanto, não há um viés paternalista em relação ao destinatário final dos produtos disponibilizados e dos serviços prestados no mercado de consumo. A relação jurídica de consumo é reconhecida como um vínculo entre sujeitos interdependentes, que buscam a cooperação e a harmonização de interesses legítimos, afastando-se da noção de sujeitos de direito opositores ou adversários.

Cuida-se de obra de excelência que o autor oferece ao público em geral. O leitor terá uma visão moderna do Direito do Consumidor e plenamente adaptada ao mercado de consumo interno, bem como aos desafiadores problemas apresentados pela economia globalizada. As posições divergentes assumidas pelo autor estão acompanhadas de cuidadosa argumentação e representam significativa contribuição ao desenvolvimento e aperfeiçoamento da dogmática jurídica consumerista.

Portanto, a leitura da presente obra torna-se indispensável a todos que estudam e trabalham com o Direito do Consumidor. Sentimo-nos honrados e agradecidos pela oportunidade de apresentar ao mundo jurídico em geral esta obra de referência produzida por Leonardo Roscoe Bessa.

Brasília (DF), setembro de 2020.

Héctor Valverde Santanna

Doutor e Mestre em Direito (PUC-SP).
Professor de Direito do Consumidor.
Desembargador do TJDFT.

ÍNDICE SISTEMÁTICO DA LEI 8.078, DE 11 DE SETEMBRO DE 1990

CÓDIGO DE DEFESA DO CONSUMIDOR[1]

Lei 8.078, de 11 de setembro de 1990.
Dispõe sobre a proteção do consumidor e dá outras providências.

O Presidente da República, faço saber que o Congresso Nacional decreta e eu sanciono a seguinte Lei:

TÍTULO I
DOS DIREITOS DO CONSUMIDOR

CAPÍTULO I
Disposições Gerais

Art. 1º O presente Código estabelece normas de proteção e defesa do consumidor, de ordem pública e interesse social, nos termos dos arts. 5º, inciso XXXII, 170, inciso V, da Constituição Federal e art. 48 de suas Disposições Transitórias.

 Legislação correlata

Constituição Federal, arts. 5º, XXXII, e 170, V.

Ato das Disposições Constitucionais Transitórias, art. 48.

---

[1] *DOU* de 12.09.1990. Retificado no *DOU* de 10.01.2007.

Análise doutrinária

1. Fundamento constitucional e exigência de um *Código* de Defesa do Consumidor

O Código de Defesa do Consumidor (Lei 8.078/1990), promulgado em setembro de 1990, possui matriz constitucional. O art. 1º do CDC, além de estabelecer que as normas de defesa do consumidor são de ordem pública, indica os principais dispositivos da Constituição Federal relativos à proteção e defesa do consumidor.

O art. 5º, XXXII, inclui a defesa do consumidor pelo Estado entre os direitos e garantias fundamentais, ao estabelecer: "o Estado promoverá, na forma da lei, a defesa do consumidor". O art. 170, V, está inserido no título "Da Ordem Econômica e Financeira" da Constituição Federal. Estabelece o dispositivo que "a ordem econômica, fundada na valorização do trabalho humano e na livre-iniciativa, tem por fim assegurar a todos existência digna, conforme os ditames da justiça social" observados, entre outros princípios, a "defesa do consumidor" (inciso V). Por fim, o art. 48 do Ato das Disposições Constitucionais Transitórias estabeleceu prazo específico para edição de norma de defesa do consumidor, nos seguintes termos: "O Congresso Nacional, dentro de cento e vinte dias da promulgação da Constituição, elaborará código de defesa do consumidor".

O prazo de 120 dias, estipulado pelo poder constituinte, não foi observado. A lei, inspirada principalmente em normas europeias e americanas, foi editada em 11 de setembro de 1990, ou seja, quase dois anos após a promulgação da Constituição Federal.

A maior influência do Código de Defesa do Consumidor veio do *Projet de Code de la Consommation*. Os direitos básicos do consumidor (art. 6º) foram extraídos da Resolução 39/248 (1985) da ONU. Merecem referência, também, a *Lei General para la Defensa de los Consumidores y Usuários de Espanha* (Lei 26/1984), a Lei 29/81, de Portugal, a Lei Federal de Protección ao Consumidor, de 5 de fevereiro de 1976, do México, e a *Loi sur la Protection du Consommateur*, promulgada em 1979 no Quebec.

No tocante a matérias específicas, houve inspiração no Direito Comunitário europeu: Diretivas 84/450 (publicidade) e 85/374 (responsabilidade civil pelos acidentes de consumo). Concernente à proteção contratual do consumidor, citem-se o Decreto-lei 446/85 de Portugal e a *Gesetz zur Regelung des Rechts des Allgemeinen Geschaftsbedingungen – AGB Gesetz*, de dezembro de 1976, da Alemanha. A influência do direito norte-americano decorreu diretamente do *Federal Trade Comission Act*, do *Consumer Product Safety Act*, do *Truth in Lending Act*, do *Fair Credit Reporting Act* e do *Fair Debt Collection Practices Act*.

Embora o prazo de 120 dias não tenha sido cumprido, o Congresso Nacional atendeu à determinação do constituinte (art. 48 do ADCT) de elaborar um *Código* de Defesa do Consumidor e não apenas uma lei nos moldes existentes em vários países na época.

Qual o significado de ter um *Código* de Defesa do Consumidor? Nas décadas de 1970, 1980 e 1990, alguns países, principalmente europeus, possuíam normas pontuais relativas à proteção do consumidor em áreas diversas, como segurança dos produtos, bancos de dados de proteção ao crédito, publicidade, cláusulas abusivas etc. Eram leis específicas para determinado aspecto do mercado de consumo. A ideia de Código, nesse contexto, significa uma lei mais densa e organizada (sistemática) que cuida de todos os aspectos relevantes ao consumidor. Em outras palavras, uma única norma que abrange as mais diferentes áreas do mercado e as várias fases de produção e comercialização de produtos e serviços.

Justamente em face do seu caráter mais abrangente e sistemático e do fato de ter normas de diversas *áreas* do direito (direito material e processual civil, direito administrativo, direito penal, processo penal, processo civil coletivo), a doutrina denomina a lei de *microssistema*. O termo – *microssistema* –, embora amplamente utilizado, exige cautelas. Pode ser aceito em termos *didáticos* para expressar as características indicadas (multidisciplinariedade e organicidade), mas jamais para sugerir uma espécie de isolamento da lei ou até certo grau de independência com outras normas e, principalmente, valores e princípios constitucionais. Ao contrário, há forte necessidade de diálogo com outras normas.

A noção atual de Código, embora se aproxime, não se confunde com aquela existente nos séculos XVIII e XIX, quando se imaginou que um Código, como fruto da racionalidade humana, seria um diploma único e perfeito para determinada área, sem qualquer necessidade de outras normas ou de alterações futuras. Utopicamente, acreditou-se até que, em face da clareza e perfeição da norma, não haveria espaço de interpretação para o aplicador da norma (Escola da Exegese). Não haveria espaço para leis especiais – ou extravagantes –, já que toda solução poderia ser encontrada no Código Civil.

O CDC, no momento em que foi promulgado, se diferenciou substancialmente das normas até então existentes no panorama internacional, que eram bem pontuais e específicas para determinada atividade no mercado de consumo. A Lei 8.078/1990 é norma geral e ampla. Incide em toda e qualquer relação de consumo, ou seja, nos mais diversos vínculos estabelecidos no mercado entre *consumidor* e *fornecedor*, conforme conceitos normativos (arts. 2º, 3º, 17 e 29). É evidente, de outro lado, que a norma, por mais abrangente que seja, não teria (nem tem) condições de regular os detalhes das inúmeras e crescentes atividades econômicas (planos de saúde, bancos, telefonia, consórcios, transporte aéreo, previdência privada, incorporação imobiliária etc.).

O Código de Defesa do Consumidor, embora se aplique a toda e qualquer atividade desenvolvida no mercado de consumo, não exclui a incidência simultânea de outras normas jurídicas. Ao contrário, convive harmonicamente com as leis especiais quanto à matéria. Daí a ideia doutrinária (MARQUES, 2016, p. 671-790) de *diálogo das fontes*, ou seja, aplicação e interpretação harmônica (diálogo) de diferentes normas (fontes) a determinado suporte fático.

O próprio CDC, consciente de suas limitações, propõe esse diálogo com outras normas, ao estabelecer, no art. 7º, *caput*, que "Os direitos previstos neste código não excluem outros decorrentes de tratados ou convenções internacionais de que o Brasil seja signatário, da legislação interna ordinária, de regulamentos expedidos pelas autoridades administrativas competentes, bem como dos que derivem dos princípios gerais do direito, analogia, costumes e equidade" (v. comentários ao art. 7º).

A Lei 8.078/1990 é especial, considerando principalmente os sujeitos (elementos subjetivos) da relação de consumo (consumidor e fornecedor). É aplicável a toda relação de consumo em conjunto com as outras normas especiais quanto à matéria (transporte aéreo, incorporação imobiliária, plano de saúde etc.).

2. Norma de ordem pública e interesse social

O art. 1º do CDC também estabelece que as normas de proteção ao consumidor são "de ordem pública e interesse social". Significa que não podem ser afastadas ou mitigadas por vontade das partes. A distinção remete à antiga classificação entre direitos *disponíveis* e *indisponíveis*. São indisponíveis os direitos que não podem ser afastados contratualmente. São disponíveis, de outro lado, direitos subjetivos que podem, por meio de contrato ou disposição unilateral de vontade, ser afastados ou alterados no seu conteúdo.

Nessa linha, como exemplo bem marcante, toda disciplina de vício do produto e serviço (arts. 18 a 25) – que constitui a denominada *garantia legal* – não pode, como regra, ser afastada ou diminuída, ainda que o consumidor aceite. Ao lado do art. 1º, outros dispositivos do CDC reforçam o caráter indisponível das normas de proteção ao consumidor (arts. 23, 24 e 51, I).

Muitos conflitos de consumo envolvem aspectos exclusivamente patrimoniais. A resolução do litígio passa, invariavelmente, por transação, na qual as partes acordam um determinado valor indenizatório para colocar fim ao litígio. Como conciliar o caráter indisponível das normas de proteção ao consumidor com a ideia de disponibilidade de direitos patrimoniais? A melhor interpretação é no sentido de que o consumidor não pode renunciar ou limitar seus direitos contratualmente (*ex ante*), mas não lhe é vedado, após ocorrido o litígio, concordar com determinado valor indenizatório.

Raciocinar de modo contrário, ou seja, que o consumidor, nem mesmo após o litígio, poderia transacionar e se autodeterminar na composição de determinado conflito, seria equipará-lo a um incapaz. Significa indesejado paternalismo. Teria como consequência, ademais, a invalidade de inúmeras transações, acordos já celebrados, que colocaram fim a litígios de consumo, sob o argumento de que o consumidor abriu mão de valores indenizatórios que eram devidos e que, em face do caráter de ordem pública das normas de defesa do consumidor, não poderiam ser afastados.

O caráter de *ordem pública* do CDC ensejou forte debate na doutrina e no âmbito do Superior Tribunal de Justiça sobre a possibilidade de reconhecimento judicial de ofício de nulidades, principalmente de cláusulas abusivas (art. 51 do CDC). Para afastar as divergências internas, o STJ, inicialmente, editou a Orientação 5: "é vedado aos juízes de primeiro e segundo graus julgar, com fundamento no art. 51 do CDC, sem pedido expresso". Posteriormente, na mesma linha, editou-se a Súmula 381: "Nos contratos bancários, é vedado ao julgador conhecer, de ofício, da abusividade das cláusulas" (v. comentários ao art. 51).

Outro debate merece registro, embora tenha perdido força e aplicação prática após 30 anos da promulgação do CDC. Trata-se da discussão sobre a incidência do CDC a contratos firmados antes da vigência da norma. Por óbvio, a norma de ordem pública não deve retroagir para afetar contratos firmados e realizados antes do CDC. Todavia, em contratos que se prolongam no tempo (plano de saúde, previdência privada), parcela da doutrina sustenta que a lei de defesa do consumidor pode incidir. Os tribunais superiores posicionaram-se de modo diverso.

3. Lei do Superendividamento e sua incidência nos contratos celebrados antes do início de sua vigência

Com a recente edição, em 1º de julho de 2021, da Lei 14.181 (Lei do Superendividamento), que acrescenta vários dispositivos ao Código de Defesa do Consumidor, "para aperfeiçoar a disciplina do crédito ao consumidor e dispor sobre a prevenção e o tratamento do superendividamento" o tema será retomado.

A Lei do Superendividamento possui disposição específica sobre retroatividade: "a validade dos negócios e dos demais atos jurídicos de crédito em curso constituídos antes da entrada em vigor desta Lei obedece ao disposto em lei anterior, mas os efeitos produzidos após a entrada em vigor desta Lei subordinam-se aos seus preceitos" (art. 3º).

Tanto a Constituição Federal como a Lei de Introdução às Normas do Direito Brasileiro, ao disporem sobre vigência das normas, estabelecem a necessidade de respeito ao ato jurídico perfeito, ao direito adquirido e à coisa julgada (art. 5º, XXXVI, da CF e art. 6º do Decreto-Lei 4.657/42).

Os tribunais superiores analisaram a incidência do CDC em contratos – que se prolongam no tempo – e que foram celebrados antes da promulgação da Lei 8.078/90. A conclusão foi pela inaplicabilidade do CDC a efeitos futuros dos contratos firmados antes do início de sua vigência.

Em relação à nova lei (Lei 14.181/2021), outro enfoque é necessário. O primeiro é que a norma é expressa sobre a incidência de efeitos produzidos após a entrada em vigor da norma.

Todavia, o mais importante é que, na parte de direito material das normas (arts. 6º, 51, 54-A, 54-B, 54-C, 54-D, 54-F, 54-G), as disposições da Lei do Superendividamento são, em última análise, regras decorrentes do princípio da boa-fé objetiva ou de temas que, em sua maioria, já estão sedimentados na jurisprudência como, por exemplo, os efeitos dos contratos coligados.

Até mesmo no tocante às sanções previstas no parágrafo único do art. 54-D – a redução dos juros, dos encargos ou de qualquer acréscimo ao principal e a dilação do prazo de pagamento previsto no contrato original –, é certo que tais consequências já são amplamente aplicadas pelo Poder Judiciário, vez que decorrem do direito básico do consumidor de modificação judicial do conteúdo dos contratos e do princípio da preservação dos contratos de consumo (v. comentários ao art. 6º, V, e art. 51 § 2º).

Por fim, quanto às normas relativas à fase de conciliação e processo de superendividamento do consumidor (arts. 104-A, 104-B e 104-C), não há dificuldades ou questionamentos de incidência imediata nos processos e procedimentos que se iniciaram após o dia 1º de julho de 2021.

 ## Dicas práticas

O art. 1º do CDC tem importância prática para, ao lado de outros dispositivos da lei (arts. 24, 25, 51, I), desenvolver e reforçar a argumentação jurídica de que as normas do CDC, por serem de ordem pública e interesse social, não podem ser afastadas previamente por meio de contrato.

Ao lado disso, em que pese o teor da Súmula 381 do STJ, ainda é possível debater nos processos a possibilidade de reconhecimento de ofício (independentemente de pedido) de alguns aspectos do CDC.

 ## Jurisprudência

1. Normas de ordem pública

"As normas de proteção e defesa do consumidor têm índole de ordem pública e interesse social. São, portanto, indisponíveis e inafastáveis, pois resguardam valores básicos e fundamentais da ordem jurídica do Estado Social, daí a impossibilidade de o consumidor delas abrir mão *ex ante* e no atacado" (STJ, REsp 586.316/MG, 2ª Turma, Rel. Min. Herman Benjamin, j. 17.04.2007, *DJe* 19.03.2009).

2. Norma de ordem pública e retroatividade

"Em nosso sistema jurídico, a regra de que a lei nova não prejudicará o direito adquirido, o ato jurídico perfeito e a coisa julgada, por estar inserida no texto da Carta Magna (art. 5º, XXXVI), tem caráter constitucional, impedindo, portanto, que a legislação infraconstitucional, ainda quando de ordem pública, retroaja para alcançar o direito adquirido, o ato jurídico perfeito ou a coisa julgada, ou que o Juiz a aplique retroativamente. E a retroação ocorre ainda quando se pretende aplicar de imediato a lei nova para alcançar os efeitos futuros de fatos passados que se consubstanciem em qualquer das referidas limitações, pois ainda nesse caso há retroatividade – a retroatividade mínima –, uma vez que se a causa do efeito é o direito adquirido, a coisa julgada, ou o ato jurídico perfeito, modificando-se seus efeitos por força da lei nova, altera-se essa causa que constitucionalmente é infensa a tal alteração" (STF, RE 188.366/SP, 1ª Turma, Rel. Min. Moreira Alves, j. 19.10.1999, *DJU* 19.11.1999).

"Já decidiu a Corte, sem discrepância, que não se aplica o Código de Defesa do Consumidor aos contratos anteriores à sua vigência" (STJ, REsp 218.721/SP, 3ª Turma, Rel. Min. Carlos Alberto Menezes Direito, j. 18.11.1999, *DJ* 28.02.2000).

"Conquanto o CDC seja norma de ordem pública, não pode retroagir para alcançar o contrato que foi celebrado e produziu seus efeitos na vigência da lei anterior, sob pena de afronta ao ato jurídico perfeito" (STJ, REsp 248.155/SP, 4ª Turma, Rel. Min. Sálvio de Figueiredo Teixeira, j. 23.05.2000, *DJ* 07.08.2000).

3. Impossibilidade de reconhecimento de ofício de cláusulas abusivas em contratos bancários

Súmula 381 do STJ: "Nos contratos bancários, é vedado ao julgador conhecer, de ofício, da abusividade das cláusulas".

> **Art. 2º** Consumidor é toda pessoa física ou jurídica que adquire ou utiliza produto ou serviço como destinatário final.
>
> **Parágrafo único.** Equipara-se a consumidor a coletividade de pessoas, ainda que indetermináveis, que haja intervindo nas relações de consumo.

 Análise doutrinária

1. Conceito básico de consumidor

O *caput* do art. 2º apresenta o conceito básico de consumidor com o objetivo de definir o campo de abrangência da norma. A aplicação do Código de Defesa do Consumidor a determinada situação fática requer, como regra, a caracterização da *relação de consumo*, que é justamente o vínculo jurídico estabelecido entre *consumidor* e *fornecedor* no âmbito do mercado de consumo. Para simplificar: a incidência do

CDC decorre da configuração de *relação de consumo* estabelecida entre consumidor e fornecedor, tendo por objeto – direta ou indiretamente – a comercialização de produto ou prestação de serviço (arts. 2º e 3º).

A relação de consumo, nos termos delineados pelo Código de Defesa do Consumidor, possui elementos *subjetivos*, *objetivos* e *teleológico*. Os elementos subjetivos são os sujeitos da relação: *consumidor* e *fornecedor*. O elemento objetivo é o *produto* e/ou *serviço*. O elemento teleológico é a finalidade: destinação final do produto ou serviço.

Ao lado do conceito padrão de consumidor, também denominado de conceito principal ou *standart*, o Código apresenta três outras definições de consumidor, denominadas *consumidor por equiparação* ou *consumidor equiparado*. Estão previstas nos arts. 2º, parágrafo único, 17 e 29.

O art. 2º, *caput*, é explícito no sentido de que tanto a *pessoa natural* (pessoa física) quanto a *pessoa jurídica* podem, em tese, se qualificar como *consumidor*. Trata-se de opção normativa legítima. A lei poderia simplesmente excluir a pessoa jurídica da proteção do CDC. O caminho foi outro: considerou-se que a vulnerabilidade no mercado de consumo – que é o fundamento da tutela protetiva do consumidor – é traço tanto da pessoa natural como da pessoa jurídica, embora em diferentes graus de intensidade (v. comentários ao art. 4º).

Assim, para examinar a incidência do CDC a determinada relação jurídica, deve-se, inicialmente, verificar se, em um dos polos do vínculo, se encontra um *consumidor* que é, de acordo com o conceito normativo padrão, "a pessoa física ou jurídica que adquire ou utiliza produto ou serviço como destinatário final". Paralelamente, para completar a *relação de consumo*, deve existir, do outro lado, a figura do *fornecedor* (art. 3º, *caput*), o que nem sempre ocorre.

Por exemplo, quem compra, para uso pessoal, a bicicleta do vizinho é consumidor, mas, como será visto, não há do outro lado a figura de um *fornecedor* por se tratar de venda esporádica. Não há *relação de consumo* e, consequentemente, não incide o CDC. Não basta unicamente ter a figura do consumidor para concluir pela incidência e aplicação do CDC. É necessária a presença do fornecedor do outro lado do vínculo. Não caracterizada a relação de consumo, aplicam-se outras normas. No exemplo, em caso de litígio decorrente do contrato de compra e venda da bicicleta, aplica-se o Código Civil, e não o Código de Defesa do Consumidor.

Cabe destacar, ainda, que o art. 2º, *caput*, do CDC utiliza dois verbos para caraterização de consumidor: 1) adquirir; 2) utilizar. Consumidor é quem *adquire* ou *utiliza* produto ou serviço. Provavelmente, na maioria dos casos, e pessoa adquire *e* utiliza – como destinatário final – o produto ou serviço. Ilustre-se: compra de uma camisa para uso próprio. Todavia, há situações em que o adquirente não se confunde como o usuário final: compra da camisa para presentear um amigo. Na área de serviços, o beneficiário do seguro não é necessariamente o que contratou (adquiriu) os serviços.

2. Correntes finalistas e maximalistas: o elemento teleológico

A pessoa, para se caracterizar como consumidora, deve adquirir ou utilizar o produto como *destinatária final*, conforme exigência expressa da parte final do *caput* do art. 2º. Trata-se do elemento *teleológico* da relação de consumo. O conceito de consumidor padrão gerou inúmeras divergências justamente pelas diferentes compreensões do sentido e alcance da expressão *destinatário final*. Inicialmente, duas correntes doutrinárias se formaram: *maximalista* ou *objetiva* e *finalista* ou *subjetiva*.

A corrente *maximalista* confere interpretação extensiva à lei. Salvo situações de revenda de produtos ou intermediação de serviços, a pessoa jurídica seria considerada consumidora, ainda que apenas destinatária fática do produto ou serviço. No caso de produtos, importa verificar se o bem foi retirado de circulação. Assim, estaria sob a proteção do CDC qualquer pessoa adquirente de produtos e serviços no mercado de consumo, mesmo que estes servissem apenas de insumo ou elemento da cadeia produtiva.

Interpretação mais restrita é conferida pela corrente *finalista*, a qual se preocupa com a ampliação demasiada do campo de incidência do CDC, particularmente em relação a pessoas jurídicas que atuam no mercado. Assim, destinatário final seria o destinatário *fático* e *econômico*. No caso de produtos, além da posse (destinatário fático), o bem deve ser para uso pessoal e familiar, o que exclui do âmbito de incidência da norma o uso profissional.

Para exemplificar, ilustre-se com pessoa jurídica que atua no mercado de consumo: uma loja que comercializa calçados. Pela corrente maximalista, incide o CDC praticamente em todas as relações jurídicas estabelecidas entre a loja e outras pessoas jurídicas, como a aquisição de energia elétrica, compra de mobiliários, computadores, *softwares*, sofás etc. Todavia, a loja não será considerada consumidora na aquisição de calçados dos fabricantes ou distribuidores, pois nesse caso o bem será revendido, não há destinação fática.

Como se vê, não há dúvidas de que a pessoa natural que compra um produto para sua residência, ou no mesmo local utiliza serviços de jardinagem, telefonia, fornecimento de água, é considerada legalmente consumidora. As controvérsias, expressas pelas correntes *finalista* e *maximalista*, referem-se a situações de pessoas jurídicas que são atores do mercado (empresários) e que realizam diversas aquisições de produtos e serviços, algumas diretamente vinculadas à atividade principal, outras não.

As duas correntes, apresentadas sinteticamente, geraram grandes embates doutrinários e nos tribunais. Percebeu-se, em momento posterior, que a simples análise da destinação fática ou econômica nem sempre permitia o enfrentamento adequado do tema em perspectiva vinculada ao próprio fundamento da existência do CDC: a vulnerabilidade no mercado de consumo.

O que se deve examinar prioritariamente não é se a aquisição do produto ou serviço está fora da atividade principal da empresa, mas se, no caso concreto, a *vulnerabilidade* (v. comentários ao art. 4º) está presente. Ou seja, a vulnerabilidade, que é a razão de proteção de determinadas pessoas perante atividades desenvolvidas no mercado de consumo, serve, também, para solucionar os casos polêmicos relativos à incidência e aplicação do Código de Defesa do Consumidor.

3. Finalismo aprofundado

As divergências entre finalistas e maximalistas, quanto ao sentido da expressão "destinatário final" (art. 2º, *caput*, do CDC), serviram para amadurecer o debate sobre incidência do CDC. Ao final, constatou-se que o melhor critério para definição de casos difíceis seria examinar a vulnerabilidade em concreto, particularmente de pequenas empresas, para se concluir ou não pela incidência do Código de Defesa do Consumidor (Lei 8.078/1990) a determinada relação jurídica. Tal tendência foi denominada de *finalismo aprofundado* (MARQUES, 2017, p. 116-127) e, no âmbito do STJ, de *finalismo mitigado*.

O foco do finalismo aprofundado é para pessoas jurídicas que atuam no mercado, ou seja, que também atuam como fornecedores. Assim, em vez de analisar se o adquirente de produto ou serviço é *destinatário fático e/ou econômico*, prestigia-se, corretamente, o exame da vulnerabilidade no caso concreto, ou seja, se, no vínculo específico, há evidente superioridade de uma das partes de modo a afetar substancialmente o equilíbrio da relação, com imposição, por exemplo, de cláusulas abusivas e desproporcionais, vendas casadas, situações de enriquecimento sem causa etc.

O Superior Tribunal de Justiça adota, atualmente, o *finalismo aprofundado*, com a denominação *finalismo mitigado*. Ao verificar a vulnerabilidade em concreto para concluir ou não pela incidência do CDC, analisa seus quatro aspectos: fático, econômico, técnico e informacional, nos termos da classificação proposta por Cláudia Lima Marques (v. comentários ao art. 4º). É verdade que, ainda hoje, mesmo após 30 anos de vigência do CDC, pode haver divergência na Corte quanto à presença ou não da vulnerabilidade, mas é fato que ao menos se definiu o caminho (método) para resolver a questão.

4. Pessoa natural e pessoa jurídica como consumidor

O CDC optou por proteger tanto a pessoa natural como a pessoa jurídica. Todavia, há razoável consenso de que a pessoa natural, ainda que bem informada e com boas condições financeiras, possui maior vulnerabilidade do que a pessoa jurídica. A teoria do *finalismo aprofundado* foi construída para resolver a questão das pessoas jurídicas que atuam no mercado como fornecedores, mas que também se relacionam com outras empresas para comprar produtos e serviços diversos em situações de evidente inferioridade.

Nessa linha de raciocínio, afirma-se que, enquanto a vulnerabilidade da pessoa jurídica deve ser demonstrada para incidência do CDC, a vulnerabilidade da pessoa natural é presumida, não requer qualquer debate ou demonstração. Considera-se também que, além de interesses materiais, a pessoa natural possui interesses existenciais – decorrentes dos direitos da personalidade –, que são considerados tanto pela Constituição quanto pelo CDC.

Embora a Constituição Federal não apresente referência expressa ao conceito de consumidor, sua preocupação maior é com a proteção da dignidade da pessoa humana, dos direitos da personalidade, de valores existenciais inerentes à pessoa natural e que estão cada vez mais expostos no mercado de consumo.

Em face de sua conformação massificada, o mercado enseja, em diversos aspectos, ofensa à dignidade da pessoa humana, seja pela ocorrência de acidentes de consumo (com ofensa à integridade psicofísica do consumidor), pelas publicidades abusivas, pelo controle de dados pessoais do consumidor (perda da privacidade), pela cobrança abusiva de débito, pela recusa injustificada das operadoras de planos de saúde de custear procedimentos necessários para tratar de doenças etc.

O CDC, em congruência com as diretrizes constitucionais, prestigia a tutela da pessoa humana (pessoa natural). A lei, apesar de permitir a proteção da pessoa jurídica como consumidora (art. 2º, *caput*), evidencia que sua preocupação maior é tutelar os legítimos interesses existenciais e patrimoniais da pessoa humana em face das atividades desenvolvidas no mercado de consumo.

A propósito, existem algumas passagens bastante eloquentes. O *caput* do art. 4º, que cuida da Política Nacional de Relações de Consumo, ao se referir ao objetivo de "atendimento das necessidades dos consumidores, o respeito a sua *dignidade, saúde* (...)", destaca tal aspecto. Ora, apenas a pessoa humana possui dignidade e saúde. O art. 6º reforça o dever de proteger a vida, a *saúde* e a segurança do consumidor e expressamente se refere a *dano moral* que, para muitos autores, decorre necessariamente de ofensa à cláusula geral de proteção da dignidade da pessoa humana.

De outro lado, na parte concernente à proteção contratual, o art. 51, I, é mais uma evidência de que a lei prioriza a tutela da pessoa natural. O dispositivo declara ser nula a cláusula que limita ou exonera a responsabilidade do fornecedor por vícios de qualquer natureza dos produtos ou serviços ou impliquem renúncia ou disposição de direitos, para depois abrir a seguinte exceção: "Nas relações de consumo entre fornecedor e o consumidor pessoa jurídica, a indenização poderá ser limitada, em situações justificáveis".

Assim, em relação a qualquer debate sobre a incidência do CDC, deve, em virtude da perspectiva constitucional apontada, assumir interpretação restritiva em relação às pessoas jurídicas que atuam no mercado.

O critério da vulnerabilidade em concreto (*finalismo mitigado*) para os casos difíceis se mostra mais adequado que o exame da destinação fática e econômica. Deve prevalecer em relação à antiga corrente doutrinária que discutia a circunstância de o produto ou serviço adquirido caracterizar-se como insumo ou incremento da atividade econômica desenvolvida pelo comprador. Isso porque inúmeras dúvidas e divergências podem surgir quanto ao entendimento jurídico do significado de *insumo, incremento* ou qualquer outro termo que se utilize para delimitar e melhor compreender o conceito de *destinatário final*.

5. 30 anos do CDC e foco exagerado no conceito padrão de consumidor

Em 30 anos de existência do CDC, um dos temas mais polêmicos foi, sem dúvida, a relação de consumo, a definição das situações que ensejam a aplicação da Lei 8.078/1990. Em que pesem os avanços, é fato que a análise, particularmente na perspectiva da jurisprudência, conferiu foco exagerado ao conceito padrão de consumidor do art. 2º, *caput*, do CDC. Praticamente não se percebeu a dimensão e aplicabilidade do conceito de consumidor por equiparação do art. 29 do CDC.

É importante chamar atenção para o fato de que o conceito de consumidor constante no *caput* do art. 2º, pela própria distribuição tópica das matérias na Lei 8.078/1990, deveria, a rigor, ser utilizado basicamente para as relações que envolvam a responsabilidade por vícios dos produtos e serviços (Seção III, arts. 18 a 25 do CDC) e desconsideração da personalidade jurídica (Seção V, art. 28 do CDC). Os demais temas de direito material estão sob a regência *preponderante* dos conceitos de consumidor equiparado dos arts. 17 e 29 que procuram ressaltar mais a atividade do mercado de consumo do que propriamente o sujeito de direito (elemento subjetivo da denominada relação de consumo).

Sobre o foco exagerado ao conceito padrão de consumidor, há duas considerações que precisam ser destacadas.

A primeira é a postura equivocada de simplesmente ignorar a existência do art. 29 do CDC (v. comentários) e, consequentemente, analisar as mais diversas situações sob a perspectiva do conceito de consumidor constante no art. 2º, *caput*, do CDC. Inúmeros casos levados aos tribunais envolvem discussão sobre oferta e publicidade (arts. 30 a 38), práticas abusivas (art. 39), cobrança de dívidas (art. 42) e, principalmente, proteção contratual (art. 46 a 54 do CDC), o que atrai o conceito de consumidor equiparado do art. 29, e não o conceito do art. 2º, *caput*.

A segunda observação – que mitiga o impacto da primeira – é a seguinte: simplesmente não é possível examinar as matérias distribuídas topicamente no CDC (responsabilidade pelo vício de produtos e serviços, responsabilidade pelo fato do produto e serviço, oferta, práticas abusivas, publicidade, bancos de dados e cadastros, proteção contratual) de modo estanque, sem qualquer diálogo interno, já que *toda* a disciplina material do CDC vincula-se aos mesmos princípios e diretrizes (arts. 4º e 6º). Portanto, a distribuição tópica por artigos, seções e capítulos não quer significar rigorosa divisão temática.

A análise dos vícios de qualidade de produtos e serviços, por exemplo, envolve muitas vezes discussão sobre licitude de cláusula exonerativa da responsabilidade (art. 51, I), bem como o significado do art. 50 – que estabelece que a garantia contratual é complementar à legal. A discussão quanto à possibilidade de limitar a indenização decorrente de fato do produto (acidente de consumo) requer exame conjunto (interpretação sistemática) de diversos dispositivos legais que estão espalhados pelo CDC, em diferentes capítulos (arts. 6º, VI, 25 e 51, I).

Enfim, a adequada compreensão dos temas regulados no CDC exige análise simultânea e harmônica de disposições que estão espalhadas no Código e teoricamente sob diversos conceitos de consumidor (arts. 2º, 17 e 29). Portanto, tal constatação sugere postura mais cuidadosa com os conceitos de consumidor por equiparação e, como diretriz hermenêutica única, *a vulnerabilidade em concreto* para os casos difíceis que envolvam discussão sobre aplicação da Lei 8.078/1990.

6. Consumidor por equiparação (art. 2º, parágrafo único)

Ao lado do conceito padrão ou básico de consumidor (art. 2º, *caput*), o CDC apresenta três conceitos de *consumidor por equiparação* (arts. 2º, parágrafo único, 17 e 29). O primeiro conceito de consumidor por equiparação está no parágrafo único do art. 2º, o qual, em redação não muito clara, estabelece que a coletividade de pessoas, determinável ou indeterminável, "que haja intervindo nas relações de consumo", equipara-se a consumidor.

A doutrina, de um modo geral, aponta que o dispositivo permite e reforça a tutela coletiva do consumidor: a proteção judicial dos direitos metaindividuais do consumidor pode ser dar em relação a grupo determinado ou indeterminado de consumidor.

A verdade é que a tutela coletiva do consumidor, em relação aos direitos difusos coletivos e individuais homogêneos, não depende desse conceito de consumidor por equiparação, já que está estruturada na sistemática do processo civil coletivo brasileiro, cujos contornos estão definidos, no âmbito infraconstitucional, pela Lei da Ação Civil Pública (Lei 7.347/1985) e pelos arts. 81 a 104 do Código de Defesa do Consumidor (Lei 8.078/1990). Portanto, o dispositivo é desnecessário: não traz qualquer novidade para o direito material ou processual.

Destaque-se que, ao contrário das outras hipóteses previstas no CDC (arts. 17 e 29), o parágrafo único do art. 2º não define claramente que atividade do mercado estaria sujeita ao conceito, apenas reforça o que já está consagrado no próprio CDC e na Lei 7.347/1985 (Lei da Ação Civil Pública): a possibilidade de tutela judicial e extrajudicial dos direitos coletivos dos consumidores. A existência ou não do dispositivo em nada muda a possibilidade de tutela coletiva dos direitos do consumidor. Em termos práticos, portanto, existem três, e não quatro, conceitos de consumidor.

 Dicas práticas

A definição do sentido e alcance do conceito de consumidor constante no *caput* do art. 2º (conceito padrão) possui extrema relevância prática, pois tem como consequência a aplicação ou não de todas as disposições protetivas (materiais e processuais) do CDC a determinada situação.

 Jurisprudência

1. Finalismo e finalismo mitigado

"Inaplicabilidade do Código de Defesa do Consumidor. Sociedade empresária que não ostenta condição de destinatária final (critério finalista), inexistindo, outrossim, elementos nos autos que possibilitem a análise de sua vulnerabilidade *in concreto* (finalismo aprofundado). Impossibilidade de redução da multa moratória estipulada em 10% (dez por cento) à luz do § 1º do artigo 52 do Código de Defesa do Consumidor. Precedentes" (STJ, AgInt no REsp 1.216.570/SP, 4ª Turma, Rel. Min. Luis Felipe Salomão, j. 13.09.2016, *DJe* 19.09.2016).

"A jurisprudência desta Corte Superior tem ampliado o conceito de consumidor e adotou aquele definido pela Teoria Finalista Mista, isto é, estará abarcado no conceito de consumidor todo aquele que possuir vulnerabilidade em relação ao fornecedor, seja pessoa física ou jurídica, embora não seja tecnicamente a destinatária final do produto ou serviço. Jurisprudência" (STJ, REsp 1798967/SP, Rel. Min. Nancy Andrighi, 3ª Turma, j. 06.10.2020, *DJe* 10.12.2020).

"Consoante jurisprudência do Superior Tribunal de Justiça, o Código de Defesa do Consumidor não se aplica no caso em que o produto ou serviço é contratado para implementação de atividade econômica, pois não estaria configurado o destinatário final da relação de consumo (teoria finalista ou subjetiva). Precedentes"

(STJ, AgInt no AREsp 1704636/SP, Rel. Min. Raul Araújo, 4ª Turma, j. 22.03.2021, *DJe* 13.04.2021).

2. Finalismo aprofundado e análise da vulnerabilidade no caso concreto

"1. A jurisprudência do STJ se encontra consolidada no sentido de que a determinação da qualidade de consumidor deve, em regra, ser feita mediante aplicação da teoria finalista, que, numa exegese restritiva do art. 2º do CDC, considera destinatário final tão somente o destinatário fático e econômico do bem ou serviço, seja ele pessoa física ou jurídica. 2. Pela teoria finalista, fica excluído da proteção do CDC o consumo intermediário, assim entendido como aquele cujo produto retorna para as cadeias de produção e distribuição, compondo o custo (e, portanto, o preço final) de um novo bem ou serviço. Vale dizer, só pode ser considerado consumidor, para fins de tutela pela Lei nº 8.078/90, aquele que exaure a função econômica do bem ou serviço, excluindo-o de forma definitiva do mercado de consumo. 3. A jurisprudência do STJ, tomando por base o conceito de consumidor por equiparação previsto no art. 29 do CDC, tem evoluído para uma aplicação temperada da teoria finalista frente às pessoas jurídicas, num processo que a doutrina vem denominando finalismo aprofundado, consistente em se admitir que, em determinadas hipóteses, a pessoa jurídica adquirente de um produto ou serviço pode ser equiparada à condição de consumidora, por apresentar frente ao fornecedor alguma vulnerabilidade, que constitui o princípio-motor da política nacional das relações de consumo, premissa expressamente fixada no art. 4º, I, do CDC, que legitima toda a proteção conferida ao consumidor. 4. A doutrina tradicionalmente aponta a existência de três modalidades de vulnerabilidade: técnica (ausência de conhecimento específico acerca do produto ou serviço objeto de consumo), jurídica (falta de conhecimento jurídico, contábil ou econômico e de seus reflexos na relação de consumo) e fática (situações em que a insuficiência econômica, física ou até mesmo psicológica do consumidor o coloca em pé de desigualdade frente ao fornecedor). Mais recentemente, tem se incluído também a vulnerabilidade informacional (dados insuficientes sobre o produto ou serviço capazes de influenciar no processo decisório de compra). 5. A despeito da identificação *in abstracto* dessas espécies de vulnerabilidade, a casuística poderá apresentar novas formas de vulnerabilidade aptas a atrair a incidência do CDC à relação de consumo. Numa relação interempresarial, para além das hipóteses de vulnerabilidade já consagradas pela doutrina e pela jurisprudência, a relação de dependência de uma das partes frente à outra pode, conforme o caso, caracterizar uma vulnerabilidade legitimadora da aplicação da Lei nº 8.078/90, mitigando os rigores da teoria finalista e autorizando a equiparação da pessoa jurídica compradora à condição de consumidora. 6. Hipótese em que revendedora de veículos reclama indenização por danos materiais derivados de defeito em suas linhas telefônicas, tornando inócuo o investimento em anúncios publicitários, dada a impossibilidade de atender ligações de potenciais clientes. A contratação do serviço de telefonia não caracteriza relação de consumo tutelável pelo CDC, pois o referido serviço compõe a cadeia produtiva da empresa, sendo essencial à consecução do seu negócio. Também não se verifica nenhuma vulnerabilidade apta a equipar a empresa à condição de consumidora frente à prestadora do serviço de telefonia" (STJ, REsp 1.195.642/RJ, 3ª Turma, Rel. Min. Nancy Andrighi, j. 13.11.2012, *DJe* 21.11.2012).

"1. Em relação à incidência do Código de Defesa do Consumidor, a jurisprudência desta Corte Superior tem ampliado o conceito de consumidor e adotou aquele definido pela Teoria Finalista Mista, isto é, estará abarcado no conceito de consumidor todo aquele que possuir vulnerabilidade em relação ao fornecedor, seja pessoa física ou jurídica, embora não seja tecnicamente a destinatária final do produto ou serviço. 1.1. Desse modo, o conceito-chave no finalismo aprofundado é a presunção de vulnerabilidade, ou seja, uma situação permanente ou provisória, individual ou coletiva, que fragiliza e enfraquece o sujeito de direitos, desequilibrando a relação de consumo. 1.2. Na hipótese dos autos, o acórdão recorrido afastou a incidência do CDC pelo fato de que a relação estabelecida entre as partes, encartada na utilização de equipamentos e demais operações de cartão de crédito, tem o intuito de aquisição de produto ou utilização de serviço para incrementar sua atividade empresarial e, portanto, desenvolvimento de sua atividade lucrativa" (STJ, AgInt no REsp 1.805.350/DF, 3ª Turma, Rel. Min. Marco Aurélio Bellizze, j. 14.10.2019, *DJe* 22.10.2019).

"1. A Segunda Seção do STJ consolidou a aplicação da teoria finalista para a interpretação do conceito de consumidor. No entanto, em situações excepcionais, esta Corte tem mitigado os rigores dessa teoria para autorizar a incidência do CDC nas hipóteses em que a parte (pessoa física ou jurídica), embora não seja propriamente a destinatária final do produto ou do serviço, se apresenta em situação de vulnerabilidade ou hipossuficiência" (STJ, AgInt no AREsp 1667736/SP, Rel. Min. Antonio Carlos Ferreira, 4ª Turma, j. 14.09.2020, *DJe* 22.09.2020).

3. Finalismo mitigado e novas hipóteses de vulnerabilidade

"4. Em uma relação interempresarial, para além das hipóteses de vulnerabilidade já consagradas pela doutrina e pela jurisprudência, a relação de dependência de uma das partes frente à outra pode, conforme o caso, caracterizar uma vulnerabilidade legitimadora da aplicação da Lei 8.078/90, mitigando os rigores da teoria finalista e autorizando a equiparação da pessoa jurídica compradora à condição de consumidora. Precedentes" (STJ, AgInt no AREsp 1.415.864/SC, 3ª Turma, Rel. Min. Nancy Andrighi, j. 04.05.2020, *DJe* 07.05.2020).

4. Finalismo mitigado e reexame de prova (Súmula 7 do STJ)

"1. Esta Corte Superior, que possui firme o entendimento no sentido de que: "No contrato de compra e venda de insumos agrícolas, o produtor rural não pode ser considerado destinatário final, razão pela qual, nesses casos, não incide o Código de Defesa do Consumidor.".(AgInt nos EDcl no AREsp 1221549/PR, Rel. Ministra NANCY ANDRIGHI, TERCEIRA TURMA, julgado em 11/11/2019, DJe 18/11/2019). 2. O Código de Defesa do Consumidor não se aplica no caso em que o produto ou serviço é contratado para implementação de atividade econômica, já que não estaria configurado o destinatário final da relação de consumo (teoria finalista ou subjetiva). Contudo, tem admitido o abrandamento da regra quando ficar demonstrada a condição de hipossuficiência técnica, jurídica ou econômica da pessoa jurídica, autorizando, excepcionalmente, a aplicação das normas do CDC (teoria finalista mitigada). Precedentes. 3. O Tribunal de origem, com base no acervo fático-probatório dos autos, concluiu que o recorrente não se apresentava na relação contratual na condição de hipossuficiente e vulnerável. Assim, a modificação de tal entendimento demandaria o revolvimento de suporte fático-probatório dos autos, o que é inviável em sede de recurso especial, a teor da Súmula 7/STJ" (STJ, AgInt no AREsp 1712612/PR, Rel. Min. Luis Felipe Salomão, 4ª Turma, j. 07.12.2020, *DJe* 10.12.2020).

5. Administração pública como consumidora

"1. Trata-se, na origem, de ação de cobrança ajuizada pelo Distrito Federal contra o Banco de Brasília S.A. e particular devido a transferência bancária feita pela instituição financeira em favor de pessoa diversa da que deveria ser beneficiada, em razão de a Secretaria de Obras do Distrito Federal ter enviado dado incorreto da conta. 2. Em primeiro grau, o pedido foi julgado improcedente, mas a Apelação da instituição financeira foi provida. 3. Cinge-se a controvérsia a saber se a Administração Pública pode ser considerada consumidora de serviços por ela contratados. 4. O conceito de consumidor consta do art. 2º do CDC, *verbis*: 'Consumidor é toda pessoa física ou jurídica que adquire ou utiliza produto ou serviço como destinatário final.' 5. Não se desconhece a existência de precedentes do Superior Tribunal de Justiça afastando a incidência do CDC em contratos em que é parte a Administração Pública (REsp 527.137/PR, Rel. Ministro Luiz Fux, Primeira Turma, DJ 31/5/2004, p. 191; e REsp 1.745.415/SP, Rel. Ministro Paulo de Tarso Sanseverino, Terceira Turma, DJe 21/5/2019). Embora exista doutrina que defenda que o conceito de consumidor não abrange o Estado, por entender que não existe desequilíbrio entre o fornecedor e a Administração Pública, em virtude do regime jurídico administrativo, em que há supremacia do interesse público sobre o privado, e pela prestação, objeto e condições contratuais serem definidos pelo Estado, esse não é o entendimento que deve preponderar. 6. A Administração Pública pode ser considerada consumidor de serviços, porque o art. 2º do CDC não restringiu seu conceito a pessoa jurídica de direito privado, bem como por se aplicarem aos contratos administrativos, supletivamente, as normas de direito privado, conforme o art. 54 da Lei 8.666/1993, e, principalmente, porque, mesmo em relações contratuais regidas por normas de direito público preponderantemente, é possível que haja vulnerabilidade da Administração. 7. Apesar de a Administração Pública poder definir o objeto da licitação (bens, serviços e obras), o fato é que serão contratados os disponíveis no mercado, segundo as regras nele praticadas, de modo que o Estado não necessariamente estará em posição privilegiada ou diferente dos demais consumidores, podendo, eventualmente, existir vulnerabilidade técnica, científica ou econômica, por exemplo. 8. A existência das cláusulas exorbitantes que permitem a modificação das cláusulas contratuais e a revisão diante de fatos supervenientes, além das prerrogativas decorrentes do regime jurídico de direito público – como a possibilidade de aplicar sanções, fiscalizar e rescindir unilateralmente o contrato e recusar o bem ou serviço executado em desacordo com a avença ou fora das especificações técnicas –, conferem condição especial à Administração, dispensando-se o uso do CDC, na maior parte dos casos. 9. Contudo, a legislação especial relativa à contratação de bens, obras e serviços públicos não confere proteção direta à Administração Pública na posição de consumidora final ou usuária de serviços, sendo que a própria Lei de Licitações e Contratos prevê a aplicação supletiva das normas de direito privado. 10. Além disso, a Administração Pública celebra contratos regulados predominantemente por regras de direito privado, nos termos do art. 62, § 3º, da Lei 8.666/1993, como os de locação, seguro e mesmo os bancários, como é o caso dos autos. 11. Apesar de não ser o caso em exame, não se podem olvidar, ainda, os pactos feitos pelas pessoas jurídicas de direito privado que exploram atividade econômica: empresas públicas e as sociedades de economia mista. Nessa última situação, tais empresas não celebram contratos administrativos, não incidindo as cláusulas exorbitantes. Por não serem contratos administrativos não se justifica afastar a aplicação do CDC. 12. Portanto, diante de determinadas circunstâncias do caso concreto, quando os instrumentos previstos na legislação própria foram insuficientes ou insatisfatórios, deve ser assegurara a aplicação do Código de Defesa do Consumidor à Administração Pública. Nessa linha já decidiu o Superior Tribunal de Justiça: RMS 31.073/TO, Rel. Ministra Eliana Calmon, Segunda Turma, DJe 8/9/2010. 13. Na hipótese dos autos, a aferição das circunstâncias do caso concreto para apuração da existência de excepcionalidade e vulnerabilidade da Administração demanda reexame do conjunto fático-probatório dos autos, de modo que incide no caso a Súmula 7/STJ. 14. Recurso Especial não conhecido" (STJ, REsp 1772730/DF, Rel. Min. Herman Benjamin, 2ª Turma, j. 26.05.2020, *DJe* 16.09.2020).

> **Art. 3º** Fornecedor é toda pessoa física ou jurídica, pública ou privada, nacional ou estrangeira, bem como os entes despersonalizados, que desenvolvem atividade de produção, montagem, criação, construção, transformação, importação, exportação, distribuição ou comercialização de produtos ou prestação de serviços.

Legislação correlata

Código Civil, art. 966 e seguintes.

Análise doutrinária

1. Conceito de fornecedor

O outro elemento subjetivo da *relação de consumo* – fornecedor – surge a partir de análise conjugada do *caput* do art. 3º com os seus dois parágrafos – que definem produtos ou serviços. Simplificando, pode-se afirmar que o fornecedor é aquele que atua profissionalmente *no mercado de consumo*, recebendo remuneração direta ou indireta pela produção, distribuição e comercialização de bens e serviços.

O art. 3º, *caput*, apresenta o conceito de fornecedor, o qual, reitere-se, é fundamental para configurar a relação de consumo e, consequentemente, concluir ou não pela incidência do Código de Defesa do Consumidor a determinada situação fática.

O conceito, que não se confunde com o de empresário (art. 966 do Código Civil), é bastante amplo. Abrange extenso rol de atividades desenvolvidas no mercado de consumo. Podem ser fornecedor a pessoa física, jurídica ou os entes despersonalizados. Não importa, na definição, se é pessoa de direito público ou privado, nem se é nacional ou estrangeira. Em síntese, toda pessoa que exerce uma das atividades descritas no art. 3º, *caput* (produção, montagem, criação, construção, transformação, importação, exportação, distribuição ou comercialização de produtos ou prestação de serviços), pode se encaixar no conceito de fornecedor.

O dispositivo destaca que os fornecedores são aqueles "que desenvolvem" as atividades referidas, ou seja, aquela pessoa que realiza uma ou mais atividades com habitualidade, profissionalidade. A realização pontual e esporádica de uma venda de produto não atrai o conceito de fornecedor. Como exemplo, basta imaginar a pessoa natural que vende sua bicicleta para o vizinho. Portanto, é critério necessário para o conceito de fornecedor que a atividade seja exercida com *habitualidade* ou *profissionalidade*.

De outro lado, o CDC não exige, para configuração do fornecedor, a atuação no mercado com o objetivo de lucro: basta, quanto a esse aspecto, que a atividade seja – direta ou indiretamente – remunerada. Não importa o destino dessa remuneração, se ela será ou não distribuída entre os sócios da pessoa jurídica.

A distinção doutrinária que se faz entre associação e sociedade é justamente a finalidade de lucro desta última, vale dizer, a repartição ou distribuição de parte da receita com os sócios. Nas associações, pela própria natureza, não há objetivo de lucro. Todavia, tanto as associações quanto as fundações, embora não visem ao lucro, podem exercer atividade econômica e remunerada. Se o fazem profissionalmente, são, para fins de aplicação do CDC, consideradas *fornecedores*.

Cuida-se de conceito que, pela amplitude e abrangência, nem sempre coincide com a definição de *empresário* constante no art. 966 do Código Civil: "considera-se empresário quem exerce profissionalmente atividade econômica organizada para a produção ou circulação de bens ou de serviços".

2. Fornecedor equiparado

Com relação ao conceito de *fornecedor*, o CDC optou por definição genérica e abstrata de atividades que se desenvolvem ordinariamente no mercado de consumo. Todavia, análise mais cuidadosa da norma indica que, em algumas passagens, a atividade regulada pelo CDC deixa de ser genérica, apresentando-se principalmente com a instituição de deveres específicos, conteúdo mais pormenorizado. É o caso da disciplina relativa aos bancos de dados de consumo (art. 43) e publicidade (arts. 36 a 38).

As dificuldades apontadas de definição do âmbito de incidência de leis para o vulnerável no mercado de consumo, com reflexos nos conceitos legais de consumidor e fornecedor, exigem uma nova perspectiva em relação a atividades que estão, única ou preponderantemente, disciplinadas pela Lei 8.078/1990.

O CDC, ao lado do conceito genérico ou padrão de fornecedor (art. 3º, *caput*), indica e detalha, em outras passagens, *atividades* que estão sujeitas ao CDC. Talvez o melhor exemplo seja o relativo aos bancos de dados e cadastros de consumidores (art. 43).

Até a edição da Lei 8.078/1990, as atividades desenvolvidas pelos bancos de dados de proteção ao crédito (SPC, Serasa, Boa Vista, Quod) não possuíam qualquer disciplina legal. A regulamentação de tais atividades surgiu com o CDC. Hoje é disciplinada pelo CDC e pela Nova Lei do Cadastro Positivo. Fato é que não há como sustentar, ainda que se verifique que a entidade arquivista não atenda a todos os pressupostos do conceito de fornecedor do *caput* do art. 3º, que não se aplica o CDC. Ora, a lei surgiu justamente para disciplinar a atividade! Pouco importa que a atividade dos bancos de dados de proteção ao crédito seja remunerada (direta ou indiretamente), uma vez que o art. 43, ao contrário do § 2º do art. 3º, não exige a presença de tal pressuposto.

O mesmo raciocínio pode ser utilizado em relação às atividades publicitárias. Até a edição do CDC, não havia no Brasil qualquer tratamento sistemático do assunto. Nesse caso, mais uma vez, a preocupação maior é com a atividade em si, considerando seu alto grau de convencimento e potencial agressividade a valores que integram a dignidade da pessoa humana.

É secundário, ou mesmo desnecessário, exigir os requisitos indicados pelo *caput* do art. 3º para concluir pela incidência da disciplina própria do CDC. Não importa pesquisar se a atividade foi remunerada (direta ou indiretamente) ou, ainda, se o autor e todos aqueles que colaboraram para sua criação e veiculação atuam profissionalmente no mercado de consumo. Em relação à publicidade, todos que, direta ou indiretamente, a promovem são fornecedores equiparados.

Essa perspectiva auxilia bastante para análise de fenômeno crescente que pessoas, utilizando-se da sua fama, seu reconhecimento em redes sociais como *Instagram* ou canais como *YouTube* (influenciadores digitais), realizam publicidade de produtos e serviços. Recebendo ou não remuneração, fato é que divulgam e propagam vantagens e benefícios de produtos e serviços para o mercado de consumo. Estão sujeitos à disciplina do CDC.

É justamente diante da consideração da preponderância da atividade, e não da configuração de um fornecedor com todos os requisitos exigidos pelo *caput* do art. 3º, que, sem maiores dificuldades, conclui-se que não apenas o anunciante (comerciante, fabricante, importador) está sujeito à disciplina da publicidade do CDC, mas também a agência publicitária, o veículo (jornal, televisão) e até mesmo as celebridades (influenciador digital). Todos, portanto, devem cuidar para que sejam observados os princípios estabelecidos pelo CDC (veracidade, identificação, não abusividade etc.) e podem responder perante o consumidor (coletivo ou individual) por ofensa a seus direitos (v. comentários ao art. 37).

Resta mais evidente o argumento de preponderância da atividade ao se analisar, especificamente, a publicidade abusiva, cuja definição se extrai do art. 37, § 2º: "É abusiva, dentre outras a publicidade discriminatória de qualquer natureza, a que incite à violência, explore o medo ou a superstição, se aproveite da deficiência de julgamento e experiência da criança, desrespeita valores ambientais, ou que seja capaz de induzir o consumidor a se comportar de forma prejudicial ou perigosa à sua saúde ou segurança".

Diversos valores estão protegidos pela ideia de publicidade abusiva, como se observa pela leitura do dispositivo transcrito. Alguns se vinculam apenas indiretamente ao mercado de consumo. Assim, não faz sentido exigir que o autor da publicidade seja um fornecedor, conforme definição do *caput* do art. 3º.

Como exemplo, imagine-se uma pessoa natural (não profissional), que, para realizar a venda do seu único imóvel, realiza intensa campanha publicitária em jornais, *outdoors*, televisão, com evidente cunho discriminatório ou desrespeito a valores ambientais. Pelos requisitos do art. 3º, essa pessoa dificilmente seria considerada fornecedora. Todavia, o CDC aplica-se plenamente à aludida publicidade, tanto nos aspectos civis (para cessar a veiculação e exigir indenização), administrativos (art. 56 e seguintes) e penais (art. 67). O anunciante, no caso, é um *fornecedor equiparado* e está sujeito, portanto, à disciplina do CDC.

Outra situação elucidativa: cobrança abusiva de dívidas (de consumo), para estar sujeita ao CDC, precisa necessariamente ser realizada por empresa de cobrança que atenda aos requisitos indicados no *caput* do art. 3º do CDC? Imagine-se que um milionário, sem remuneração (direta ou indireta), organize uma associação civil com o único objetivo de auxiliar pessoas e empresas na cobrança de dívidas contraídas no mercado. Essa entidade civil, embora não preencha todos os requisitos do *caput* do art. 3º do CDC, está sujeita à disciplina do CDC em face da existência de disciplina própria de *cobrança de dívidas* de consumo (arts. 6º, VI, 42 e 71). Cuida-se de *fornecedor equiparado*.

Em todos esses casos, indicados apenas como ilustração, não há necessidade de configuração de um fornecedor, conforme elementos do *caput* do art. 3º do CDC: deve-se recorrer à ideia de *fornecedor equiparado* e, consequentemente, aplicar todas as disposições da Lei 8.078/1990. O objetivo da lei foi disciplinar e, logicamente, abranger situações de vulnerabilidade inerentes ao mercado de consumo.

O fornecedor é visto como quem exerce a atividade tal e não mais de modo genérico, como aquele que atua profissionalmente (mediante remuneração) no mercado de consumo. Daí, reitere-se, fica fácil perceber que a ideia da relação de consumo, embora extremamente didática, não é, em alguns casos, o melhor método para identificar todas as situações de aplicação do Código de Defesa do Consumidor.

Em todos os exemplos oferecidos, pode-se, ao final, afirmar que há *relação de consumo* entre as pessoas envolvidas na atividade. Entretanto, tal noção conceitual não foi necessária para enfrentar o difícil problema de delimitação do âmbito de incidência da lei. A relação de consumo foi racionalmente visualizada *após* a conclusão de incidência do CDC e não como caminho auxiliar para se chegar ao resultado.

3. Fornecedor aparente

O conceito de *fornecedor aparente* tem sido utilizado para abranger a pessoa que, de algum modo, se beneficia de marca ou nome consagrado no mercado de consumo e que, por gerar expectativas legítimas nos consumidores, deve responder pela qualidade dos produtos e serviços que divulga e promove.

São crescentes a atuação conjunta, as parcerias, as coligações entre fornecedores, para impulsionar ou ampliar a venda de determinado produto ou serviço. Com ou sem divisão de tarefas, um fornecedor utiliza nome e marcas de outros. Muitas vezes, o consumidor está dentro do estabelecimento físico de determinada pessoa jurídica, mas, formalmente, sem perceber, contrata pessoa jurídica diversa. São inúmeras as situações em que o consumidor é atraído por determinada marca, mas não sabe exatamente quem, de maneira formal, integra o contrato. Nessas situações, todos os fornecedores envolvidos devem responder solidariamente pelos atos e consequências por eventual inadimplemento (responsabilidade) em homenagem à Teoria da Aparência (v. comentários aos arts. 7º, parágrafo único, e 34).

A Teoria da Aparência tem sido amplamente aceita pelo STJ. Apenas como ilustração, registre-se o julgamento, em dezembro de 2018, do REsp 1.580.432, Rel. Min. Marco Buzzi. Na ocasião, desenvolveu-se a tese no sentido de que os argumentos para reconhecer a figura do *fornecedor equiparado* – atividade que enseja vulnerabilidade – auxiliam no desenvolvimento da tese de responsabilidade do *fornecedor aparente* que, em síntese, é justamente quem se beneficia de nome e marca com boa reputação no mercado.

Na oportunidade, consignou-se, com acerto: "A adoção da teoria da aparência pela legislação consumerista conduz à conclusão de que o conceito legal do art. 3º do Código de Defesa do Consumidor abrange também a figura do fornecedor aparente, compreendendo aquele que, embora não tendo participado diretamente do processo de fabricação, apresenta-se como tal por ostentar nome, marca ou outro sinal de identificação em comum com o bem que foi fabricado por um terceiro, assumindo a posição de real fabricante do produto perante o mercado consumidor".

O conceito de fornecedor aparente também é utilizado em outro sentido. Refere-se, na disciplina do fato do produto, ao comerciante quando ele não identifica o fabricante do produto ou quando a identificação não é clara (v. comentários ao art. 13).

4. Fornecedor real e fornecedor presumido

As expressões *fornecedor real* e *fornecedor presumido* são utilizadas a partir da disciplina relativa a fato do produto. Com base nos arts. 12 e 13 do CDC, classifica-se doutrinariamente o fornecedor em três categorias: 1) fornecedor real (fabricante, construtor, produtor); 2) fornecedor presumido (importador); 3) fornecedor aparente (comerciante quando o produto é anônimo ou há falhas na identificação – v. comentários ao art. 13).

Dicas práticas

Na prática, a compreensão adequada do conceito de fornecedor é fundamental para, em determinado caso concreto, definir se há aplicação do Código de Defesa do Consumidor ou de outras normas para solução de determinado litígio.

Jurisprudência

1. Fornecedor aparente

"Hipótese: A presente controvérsia cinge-se a definir o alcance da interpretação do art. 3º do Código de Defesa do Consumidor, a fim de aferir se na exegese de referido dispositivo contempla-se a figura do fornecedor aparente – e, consequentemente, sua responsabilidade –, entendido como aquele que, sem ser o fabricante direto do bem defeituoso, compartilha a mesma marca de renome mundial para comercialização de seus produtos. 1. A adoção da teoria da aparência pela legislação consumerista conduz à conclusão de que o conceito legal do art. 3º do Código de Defesa do Consumidor abrange também a figura do fornecedor aparente, compreendendo aquele que, embora não tendo participado diretamente do processo de fabricação, apresenta-se como tal por ostentar nome, marca ou outro sinal de identificação em comum com o bem que foi fabricado por um terceiro, assumindo a posição de real fabricante do produto perante o mercado consumidor. 2. O fornecedor aparente em prol das vantagens da utilização de marca internacionalmente reconhecida, não pode se eximir dos ônus daí decorrentes, em atenção à teoria do risco da atividade adotada pelo Código de Defesa do Consumidor. Dessa forma, reconhece-se a responsabilidade solidária do fornecedor aparente para arcar com os danos causados pelos bens comercializados sob a mesma identificação (nome/marca), de modo que resta configurada sua legitimidade passiva para a respectiva ação de indenização em razão do fato ou vício do produto ou serviço. 3. No presente caso, a empresa recorrente deve ser caracterizada como fornecedora aparente para fins de responsabilização civil pelos danos causados pela comercialização do produto defeituoso que ostenta a marca TOSHIBA, ainda que não tenha sido sua fabricante direta, pois ao utilizar marca de expressão global, inclusive com a inserção da mesma em sua razão social, beneficia-se da confiança previamente angariada por essa perante os consumidores. É de rigor, portanto, o reconhecimento da legitimidade passiva da empresa ré para arcar com os danos pleiteados na exordial" (STJ, REsp 1.580.432/SP, 4ª Turma, Rel. Min. Marco Buzzi, j. 06.12.2018, *DJe* 04.02.2019).

2. Amplitude do conceito de fornecedor e Teoria da Aparência

"3. A amplitude do conceito de fornecedor (art. 3º do CDC) tem a finalidade de abranger diversas situações que possam colocar em risco ou, de qualquer forma, prejudicar os consumidores. 4. Dessa forma, quando qualquer entidade se apresente como fornecedor de determinado bem ou serviço ou mesmo que ela, por sua ação ou omissão, causar danos causados ao consumidor, será por eles responsável. Aplicação da teoria da aparência e da teoria da causalidade adequada. 5. Na hipótese dos autos, o suposto estelionatário atuava dentro de uma concessionária de veículos mantida pela recorrente – onde todo o atendimento ao recorrido aconteceu – com ampla liberdade dentro do mencionado estabelecimento comercial. 6. Se o arbitramento do valor da compensação por danos morais foi realizado com razoabilidade, fazendo o juiz uso de sua experiência e do bom senso, atento à realidade da vida e às peculiaridades de cada caso, tal como na hipótese dos autos, esta Corte julga coerente a prestação jurisdicional fornecida" (STJ, REsp 1.637.611/RJ, 3ª Turma, Rel. Min. Nancy Andrighi, j. 22.08.2017, *DJe* 25.08.2017).

3. Amplitude do conceito de fornecedor e Teoria da Aparência: caso Unimed

"1. Cinge-se a controvérsia a saber se a cooperativa de trabalho médico que atendeu, por meio do sistema de intercâmbio, usuário de plano de saúde de cooperativa de outra localidade possui legitimidade passiva *ad causam* na hipótese de negativa indevida de cobertura. 2. Apesar de os planos e seguros privados de assistência à saúde serem regidos pela Lei nº 9.656/1998, as operadoras da área que prestarem serviços remunerados à população enquadram-se no conceito de fornecedor, existindo, pois, relação de consumo, devendo ser aplicadas também, nesses tipos contratuais, as regras do Código de Defesa do Consumidor (art. 35-G da Lei nº 9.656/1998 e Súmula nº 469/STJ). 3. O Complexo Unimed do Brasil é constituído sob um sistema de cooperativas de saúde, independentes entre si e que se comunicam através de um regime de intercâmbio, o que possibilita o atendimento de usuários de um plano de saúde de dada unidade em outras localidades, ficando a Unimed de origem responsável pelo ressarcimento dos serviços prestados pela

Unimed executora. Cada ente é autônomo, mas todos são interligados e se apresentam ao consumidor sob a mesma marca, com abrangência em todo território nacional, o que constitui um fator de atração de novos usuários. 4. Há responsabilidade solidária entre as cooperativas de trabalho médico que integram a mesma rede de intercâmbio, ainda que possuam personalidades jurídicas e bases geográficas distintas, sobretudo para aquelas que compuseram a cadeia de fornecimento de serviços que foram mal prestados (teoria da aparência). Precedente da Quarta Turma. 5. É transmitido ao consumidor a imagem de que o Sistema Unimed garante o atendimento à saúde em todo o território nacional, haja vista a integração existente entre as cooperativas de trabalho médico, a gerar forte confusão no momento da utilização do plano de saúde, não podendo ser exigido dele que conheça pormenorizadamente a organização interna de tal complexo e de suas unidades. 6. Tanto a Unimed de origem quanto a Unimed executora possuem legitimidade passiva *ad causam* na demanda oriunda de recusa injustificada de cobertura de plano de saúde" (STJ, REsp 1.665.698/CE, 3ª Turma, Rel. Min. Ricardo Villas Bôas Cueva, j. 23.05.2017, *DJe* 31.05.2017).

4. Emissora e retransmissora de televisão se enquadram no conceito de fornecedora

"A emissora de televisão presta um serviço e como tal se subordina às regras do Código de Defesa do Consumidor. Divulgação de concurso com promessa de recompensa segundo critérios que podem prejudicar o participante. Manutenção da liminar para suspender a prática" (STJ, REsp 436.135/SP, 4ª Turma, Rel. Min. Ruy Rosado de Aguiar, j. 17.06.2003, *DJ* 12.08.2003).

"2. A retransmissora, tal qual a emissora, se enquadram ao conceito de fornecedor de serviços, nos moldes do disposto no artigo 3º, § 2º, do Código de Defesa do Consumidor. 3. Como a relação jurídica é de consumo, o artigo 101, I, do Código de Defesa do Consumidor permite ao consumidor ajuizar, em seu domicílio, ação em face da emissora e da retransmissora, buscando a exibição de fitas com as gravações dos programas produzidos e veiculados por cada uma delas para instruir a futura ação de responsabilidade civil. Com efeito, a tese de ser possível, com base no artigo 28 do Código de Defesa do Consumidor, a desconsideração da personalidade jurídica da retransmissora para que essa exiba as fitas com as cópias dos telejornais de âmbito nacional, é manifestamente descabida, incidindo a Súmula 284/STF" (STJ, REsp 946.851/PR, 4ª Turma, Rel. Min. Luis Felipe Salomão, j. 17.04.2012, *DJe* 15.05.2012).

5. Não aplicação do CDC em contrato de franquia

"Contrato de fiança. Relação entre o franqueador e franqueado. Lei nº 8.955/94. Código de Defesa do Consumidor. Fiança. Exoneração. 1. A relação entre o franqueador e o franqueado não está subordinada ao Código de Defesa do Consumidor" (STJ, REsp 687.322/RJ, 3ª Turma, Rel. Min. Carlos Alberto Menezes Direito, j. 21.09.2006, *DJ* 09.10.2006).

6. Rede social e aplicação do CDC

"3. A exploração comercial da internet sujeita as relações de consumo daí advindas à Lei nº 8.078/90. 4. A fiscalização prévia, pelo provedor de conteúdo, do teor das informações postadas na web por cada usuário não é atividade intrínseca ao serviço prestado, de modo que não se pode reputar defeituoso, nos termos do art. 14 do CDC, o site que não examina e filtra os dados e imagens nele inseridos. 5. O dano moral decorrente de mensagens com conteúdo ofensivo inseridas no site pelo usuário não constitui risco inerente à atividade dos provedores de conteúdo, de modo que não se lhes aplica a responsabilidade objetiva prevista no art. 927, parágrafo único, do CC/02. 6. Ao ser comunicado de que determinada postagem possui conteúdo potencialmente ilícito ou ofensivo, 'deve o provedor removê-la preventivamente no prazo de 24 horas, até que tenha tempo hábil para apreciar a veracidade das alegações do denunciante, de modo a que, confirmando-as, exclua definitivamente o vídeo ou, tendo-as por infundadas, restabeleça o seu livre acesso, sob pena de responder solidariamente com o autor direto do dano em virtude da omissão praticada'. 7. Embora o provedor esteja obrigado a remover conteúdo potencialmente ofensivo assim que tomar conhecimento do fato (mesmo que por via extrajudicial), ao optar por submeter a controvérsia diretamente ao Poder Judiciário, a parte induz a judicialização do litígio, sujeitando-o, a partir daí, ao que for deliberado pela autoridade competente. A partir do momento em que o conflito se torna judicial, deve a parte agir de acordo com as determinações que estiverem vigentes no processo, ainda que, posteriormente, haja decisão em sentido contrário, implicando a adoção de comportamento diverso. Do contrário, surgiria para as partes uma situação de absoluta insegurança jurídica, uma incerteza sobre como se conduzir na pendência de trânsito em julgado na ação" (STJ, REsp 1.338.214/MT, 3ª Turma, Rel. Min. Nancy Andrighi, j. 21.11.2013, *DJe* 02.12.2013).

> **§ 1º** Produto é qualquer bem, móvel ou imóvel, material ou imaterial.
>
> **§ 2º** Serviço é qualquer atividade fornecida no mercado de consumo, mediante remuneração, inclusive as de natureza bancária, financeira, de crédito e securitária, salvo as decorrentes das relações de caráter trabalhista.

 Legislação correlata

Código Civil, arts. 79 a 84.

 Análise doutrinária

1. Conceito de produto

Ao lado dos elementos subjetivos (consumidor e fornecedor) e teleológico (destinação final) da relação de consumo há os elementos objetivos, que são justamente os produtos e serviços.

Completa o entendimento a respeito da figura do fornecedor o conceito de *produto*, constante no § 1º do art. 3º. Produto, conforme o dispositivo, é "qualquer bem, móvel ou imóvel, material ou imaterial". O conceito de bem móvel e imóvel decorre do disposto nos arts. 79 a 84 do Código Civil.

O dispositivo não gera dificuldades ou polêmicas. A relação de consumo pode ter por objeto a aquisição de um lápis, uma geladeira ou um imóvel, pronto ou em construção (incorporação imobiliária).

De outro lado, com o crescente avanço tecnológico, é cada vez maior o número de exposição e comercialização de produtos imateriais, ou seja, que não possuem existência palpável, como livro ou música digital ou mesmo um *software*. Todos esses bens são considerados produtos para fins de aplicação do Código de Defesa do Consumidor.

Cabe destacar que o requisito da *remuneração* dos serviços (art. 3º, § 2º), para fins de aplicação do CDC, estende-se aos produtos. A atividade do fornecedor, para aplicabilidade do CDC, deve ser remunerada, mas não necessariamente lucrativa.

A remuneração pode ser direta ou indireta, o que, em última análise, acaba por abranger os vários brindes e gratuidades oferecidos pelo mercado. Exemplifique-se com situação real: determinada concessionária de veículo, durante um longo período, ofereceu de brinde um notebook para todo aquele que comprasse um carro. Há, por óbvio, uma remuneração indireta. Caso surja algum vício no computador, há responsabilidade solidária da concessionária e do fabricante (art. 18). Não há que se falar que o produto foi *gratuito* e que, portanto, não se aplicaria o CDC.

2. Conceito de serviço

Completa o entendimento a respeito da figura do fornecedor o conceito de *serviço*, constante do § 2º do art. 3º do CDC. O dispositivo, além de indicar que serviço é qualquer atividade *remunerada* fornecida no *mercado de consumo*, explicita as atividades de natureza bancária, financeira, de crédito e securitária. Ao final, exclui as atividades decorrentes de relação de trabalho.

O § 2º do art. 3º, embora com referência expressa apenas ao serviço, auxilia, ao se referir a *mercado de consumo*, na adequada compreensão do conceito de fornecedor, constante no *caput* do art. 3º. As diferentes atividades ali elencadas (produção, montagem, criação, construção, transformação, importação, exportação, distribuição ou comercialização) devem ser remuneradas e ocorrer no ambiente do *mercado de consumo*.

Por *mercado de consumo*, entendam-se o ambiente e a atividade remunerada relativos ao processo profissional de produção e circulação de produtos e de prestação de serviços ou, como destacado pelo Min. Sálvio de Figueiredo (STJ, REsp 213.799), sucessão de etapas, no âmbito da sociedade industrial, "ligadas aos bens, desde sua produção até a utilização final".

O CDC, ao se referir a mercado *de consumo* (arts. 3º, § 2º, e 4º, I e II, c), deseja destacar que sua tutela se dirige, em regra, ao ponto final da cadeia econômica de produção e circulação de bens e prestação de serviços. Deseja indicar, secundariamente, que não se trata de disciplina de outras áreas, como, por exemplo, do *mercado de trabalho*.

A remuneração dos serviços – e, também, dos produtos – pode ser direta ou indireta. Não é necessária uma correlação imediata entre o pagamento de um valor pelo consumidor e a respectiva fruição dos serviços. Aliás, é cada vez mais frequente, particularmente no mercado virtual (aplicativos, redes sociais), o oferecimento de várias "facilidades" e "serviços gratuitos". O consumidor não paga diretamente, mas a atividade é remunerada por empresas que possuem interesses econômicos, como realização de publicidade dirigida, obtenção – nem sempre de forma legítima – de dados pessoais do consumidor para, a partir da análise de gostos, hábitos e preferências, desenvolver produtos e serviços e outras estratégias de *marketing*.

Há vários exemplos de serviços que são remunerados indiretamente e que, portanto, estão sujeitos ao CDC. Antes da edição do Marco Civil da Internet (Lei 12.965/2014) e da LGPD (Lei 13.709/2018), o STJ entendeu que a relação entre rede social e usuário é de consumo. O principal argumento foi a remuneração indireta. Embora o consumidor não pague nada diretamente para a empresa administradora da rede, a atividade é remunerada pelos que realizam publicidade dirigida aos usuários/consumidores. O mesmo raciocínio foi utilizado pela Corte para concluir que a emissora de televisão também se configura como fornecedora, já que a atividade é remunerada pelos anunciantes de produtos e serviços.

Acrescentem-se outros exemplos de serviços remunerados indiretamente, como a prática de oferecer serviços de estacionamento – sem pagamento direto – em determinados shoppings e supermercados. Outro exemplo seria o serviço de transporte coletivo para pessoas com mais de 65 anos: a atividade não é remunerada diretamente pelo passageiro, mas aufere receita periódica da coletividade de consumidores.

O fato de existir lei especial sobre determinada área não é argumento suficiente para afastar a incidência do CDC. Aliás, a tendência atual é justamente de edição de leis especiais quanto a matéria que deve dialogar com o Código de Defesa do Consumidor, que é, em regra, lei especial quanto aos sujeitos da relação.

O STJ segue esse raciocínio e aplica – se caracterizada a relação de consumo – o CDC e a Lei 4.591/1964 às atividades de incorporação imobiliária. Assim também ocorre na área de plano de saúde, com convivência e aplicação harmônica entre o CDC e a Lei 9.656/1998 (Lei dos Planos de Saúde). Todavia, inexplicavelmente, no tocante a serviços de advocacia e relacionados à locação imobiliária, o STJ afastou a incidência do CDC, sem verificar a presença dos elementos da relação de consumo (consumidor, fornecedor e serviço), utilizando o simples argumento de existência de lei especial.

3. Incidência do CDC às atividades bancárias

Ao lado do conceito de *fornecedor*, como aquele que exerce profissionalmente atividade remunerada no mercado de consumo (art. 3º, *caput*), o § 2º do mesmo dispositivo explicita que, para fins de aplicação do CDC, consideram-se as atividades *de natureza bancária, financeira, de crédito e securitária*.

Como se não bastasse a persistência – redundância até – do art. 3º do CDC em indicar a aplicação da lei a *todas* as atividades exercidas pelas instituições financeiras, o disposto no art. 29, que afasta o elemento teleológico da destinação final, e o art. 52 (v. comentários), ao regular aspectos específicos da concessão de empréstimos em dinheiro (mútuo feneratício), deixam bastante clara a incidência da lei ao setor bancário, de modo a evitar questionamentos.

É evidente que não há aplicação exclusiva do Código de Defesa do Consumidor aos vínculos estabelecidos entre instituições financeiras e consumidores: existem outras normas, principalmente as que regulam modalidades de crédito, que devem ser aplicadas conjuntamente (diálogo das fontes).

O Superior Tribunal de Justiça rejeitou, para fins de aplicação do CDC, a tentativa de diferenciar operações de serviços bancários e editou, em maio de 2004, a Súmula 297: "O Código de Defesa do Consumidor é aplicável às instituições financeiras".

Todavia, antes mesmo da edição da Súmula 297, mais especificamente em dezembro de 2001, a Confederação Nacional do Sistema Financeiro – CONSIF, valendo-se do disposto no art. 103, IX, da CF, ajuizou, perante o Supremo Tribunal Federal, Ação Direta de Inconstitucionalidade (ADIn 2.591), com o propósito de obter a declaração de inconstitucionalidade, formal e material, da expressão "inclusive as de natureza bancária, financeira, de crédito e securitária", constante do art. 3º, § 2º, da Lei 8.078/1990.

Em resumo, alegou-se afronta ao disposto no art. 192, *caput* e incisos II e IV, bem como ofensa ao art. 5º, LIV, da Constituição Federal. O principal argumento deduzido na petição inicial consistiu na afirmação de que seria necessária a edição de *lei complementar* – e não ordinária – para disciplinar as relações entre instituições financeiras e clientes: o legislador, ao conceituar, no art. 3º, § 2º, da Lei 8.078/1990, os serviços submetidos à sua própria incidência, teria regulado indevidamente matéria reservada ao Sistema Financeiro Nacional, conforme o art. 192 da Constituição Federal (em sua redação original).

Em dezembro de 2006, o STF, por nove votos a dois, julgou improcedente o pedido de declaração de inconstitucionalidade, o que significa reconhecimento, com efeitos *erga omnes*, da constitucionalidade do ato questionado, vinculando, após a publicação da ata de julgamento, todos os juízes e tribunais (art. 28 da Lei 9.868/1990).

Em outros dizeres, a ação direta de inconstitucionalidade, com o julgamento desfavorável, tem o efeito inverso do almejado: um reconhecimento definitivo da constitucionalidade da lei. Foi justamente o que ocorreu no julgamento da ADI 2.591, quando, por nove votos a dois, julgou-se totalmente improcedente o pedido de declaração de inconstitucionalidade de aplicação do CDC aos bancos. Isso significa que, a partir do julgamento da ADI 2.591, nenhum juiz está, em controle difuso de constitucionalidade de atos normativos, autorizado a afastar, incidentalmente, a aplicação do Código de Defesa do Consumidor, sob o fundamento de inconstitucionalidade.

Ao lado do imediato efeito vinculante, é importante ressaltar que o Supremo Tribunal Federal, mais do que julgar improcedente o pedido constante na ADI 2.591, fixou a grande importância do Código de Defesa do Consumidor como instrumento de equilíbrio para o mercado de consumo.

Em virtude do julgamento definitivo da ADI 2.591, com a afirmação pelo Supremo Tribunal Federal da constitucionalidade de aplicação do CDC ao setor bancário, as atenções se voltaram ao STJ, o qual possui competência para, em última instância, definir a melhor interpretação dos mais variados assuntos tratados no CDC e que, direta ou indiretamente, se vinculam às atividades bancárias (v. comentários aos arts. 51 e 52).

Ao lado da jurisprudência, como efeito imediato do julgamento da ADI 2.591, o Conselho Monetário Nacional editou, no final de 2007, três resoluções que afetam diretamente os interesses dos consumidores: 1) A Resolução 3.516/2007 (proíbe cobrança de tarifa pela quitação antecipada ou amortização dos empréstimos; 2) A Resolução 3.517/2007 (dispõe sobre a informação e a divulgação do custo efetivo total correspondente a todos os encargos e despesas de operações de crédito e arrendamento mercantil financeiro); 3) A Resolução 3.518/2007 (limita e disciplina a cobrança de tarifas bancárias pelos serviços prestados pela instituição financeira).

Destaque-se que, com a recente edição, em 1º de julho de 2021, da Lei 14.181, que acrescenta vários dispositivos ao Código de Defesa do Consumidor, "para aperfeiçoar a disciplina do crédito ao consumidor e dispor sobre a prevenção e o tratamento do superendividamento", o tema será retomado. A norma reforça a importância de regramento mais detalhado nas relações entre consumidores e instituições financeiras que envolva concessão de crédito. A lei densifica o princípio da boa-fé objetiva para, no campo do direito material, indicar deveres aos bancos, cuidados específicos na contratação do crédito (v. comentários aos arts. 54-A a 54-G). Estabelece, no âmbito processual, fase conciliatória e processo para tratamento do consumidor superendividado (v. comentários aos arts. 104-A a art. 104-C).

Por fim, há várias situações em que o usuário do serviço e o que presta o serviço acabam, de algum modo, se confundindo, como nos condomínios de imóveis, entidades de previdência privada, planos de saúde de autogestão, entre outros. Nesses casos, considera-se que o "consumidor" pode influenciar diretamente na própria gestão da atividade, com participação na assembleia, votação e, até mesmo, se apresentando para posição de direção. Ademais, muitas dessas atividades sequer estão no *mercado consumo*, que é outro requisito expresso no § 2º do art. 3º, e que deve ser analisado para incidência do CDC.

 Jurisprudência

1. Fornecedor não depende da natureza jurídica

"Para o fim de aplicação do Código de Defesa do Consumidor, o reconhecimento de uma pessoa física ou jurídica ou de um ente despersonalizado como fornecedor de serviços atende aos critérios puramente objetivos, sendo irrelevantes a sua natureza jurídica, a espécie dos serviços que prestam e até mesmo o fato de se tratar de uma sociedade civil, sem fins lucrativos, de caráter beneficente e filantrópico, bastando que desempenhem determinada atividade no mercado de consumo mediante remuneração" (STJ, REsp 519.310/SP, 3ª Turma, Rel. Min. Nancy Andrighi, j. 20.04.2004, *DJ* 24.05.2004).

2. Aplicação do CDC aos bancos

"4. Embargos opostos pelo Procurador-Geral da República. Contradição entre a parte dispositiva da ementa e os votos proferidos, o voto condutor e os demais que compõem o acórdão. 5. Embargos de declaração providos para reduzir o teor da ementa referente ao julgamento da Ação Direta de Inconstitucionalidade n. 2.591, que passa a ter o seguinte conteúdo, dela excluídos enunciados em relação aos quais não há consenso: art. 3º, § 2º, do CDC. Código de Defesa do Consumidor. Art. 5º, XXXII, da CF/88. Art. 170, V, da CF/88. Instituições financeiras. Sujeição delas ao Código de Defesa do Consumidor. Ação direta de inconstitucionalidade julgada improcedente. 1. As instituições financeiras estão, todas elas, alcançadas pela incidência das normas veiculadas pelo Código de Defesa do Consumidor. 2. 'Consumidor', para os efeitos do Código de Defesa do Consumidor, é toda pessoa física ou jurídica que utiliza, como destinatário final, atividade bancária, financeira e de crédito. 3. Ação direta julgada improcedente" (STF, ADI 2.591 ED, Tribunal Pleno, Rel. Min. Eros Grau, j. 14.12.2006, *DJ* 13.04.2007, p. 83, *Ement*. vol-02271-01, p. 55).

Súmula 297 do STJ: "O Código de Defesa do Consumidor é aplicável às instituições financeiras".

3. Aplicação do CDC à incorporação imobiliária

"1. O contrato de incorporação, no que tem de especifico, e regido pela lei que lhe e própria (Lei 4.591/64), mas sobre ele também incide o CDC, que introduziu no sistema civil princípios gerais que realçam a justiça contratual, a equivalência das prestações e o princípio da boa-fé-objetiva" (STJ, REsp 80.036/SP, 4ª Turma, Rel. Min. Ruy Rosado de Aguiar, j. 12.02.1996, *DJ* 25.03.1996).

4. Aplicação do CDC às entidades abertas de previdência privada

Súmula 563 do STJ: "O Código de Defesa do Consumidor é aplicável às entidades abertas de previdência complementar, não incidindo nos contratos previdenciários celebrados com entidades fechadas".

5. Aplicação do CDC aos planos de saúde, salvo os administrados por autogestão

"2. Cinge-se a controvérsia a saber se a obrigação das operadoras de plano de saúde de comunicar aos seus beneficiários o descredenciamento de entidades hospitalares também envolve as clínicas médicas, ainda que a iniciativa pela rescisão do contrato tenha partido da própria clínica. 3. Os planos e seguros privados de assistência à saúde são regidos pela Lei nº 9.656/1998. Não obstante isso, incidem as regras do Código de Defesa do Consumidor (Súmula nº 608), pois as operadoras da área que prestam serviços remunerados à população enquadram-se no conceito de fornecedor, existindo, pois, relação de consumo. 4. Os instrumentos normativos (CDC e Lei nº 9.656/1998) incidem conjuntamente, sobretudo porque esses contratos, de longa duração, lidam com bens sensíveis, como a manutenção da vida. São essenciais, assim, tanto na formação quanto na execução da avença, a boa-fé entre as partes e o cumprimento dos deveres de informação, de cooperação e de lealdade (arts. 6º, III, e 46 do CDC). 5. O legislador, atento às inter-relações que existem entre as fontes do direito, incluiu, dentre os dispositivos da Lei de Planos de Saúde, norma específica acerca do dever da operadora de informar o consumidor quanto ao descredenciamento de entidades hospitalares (art. 17, § 1º, da Lei nº 9.656/1998)" (STJ, REsp 1.561.445/SP, 3ª Turma, Rel. Min. Ricardo Villas Bôas Cueva, j. 13.08.2019, *DJe* 16.08.2019).

Súmula 608 do STJ: "Aplica-se o Código de Defesa do Consumidor aos contratos de plano de saúde, salvo os administrados por entidades de autogestão".

6. Aplicação do CDC às atividades das cooperativas habitacionais

Súmula 602 do STJ: "O Código de Defesa do Consumidor é aplicável aos empreendimentos habitacionais promovidos por cooperativas".

7. Aplicação do CDC à relação entre proprietário de imóvel e imobiliária

"1. O contrato de administração imobiliária possui natureza jurídica complexa, em que convivem características de diversas modalidades contratuais típicas – corretagem, agenciamento, administração, mandato –, não se confundindo com um contrato de locação, nem necessariamente dele dependendo. 2. No cenário caracterizado pela presença da administradora na atividade de locação imobiliária se sobressaem pelo menos duas relações jurídicas distintas: a de prestação de serviços, estabelecida entre o proprietário de um ou mais imóveis e essa administradora, e a de locação propriamente dita, em que a imobiliária atua como intermediária de um contrato de locação. 3. Na primeira, o dono do imóvel ocupa a posição de destinatário final econômico daquela serventia, vale dizer, aquele que contrata os serviços de uma administradora de imóvel remunera a expertise da contratada, o *know how* oferecido em benefício próprio, não se tratando propriamente de atividade que agrega valor econômico ao bem. 4. É relação autônoma que pode se operar com as mais diversas nuances e num espaço de tempo totalmente aleatório, sem que sequer se tenha como objetivo a locação daquela edificação. 5. A atividade da imobiliária, que é normalmente desenvolvida com o escopo de propiciar um outro negócio jurídico, uma nova contratação, envolvendo uma terceira pessoa física ou jurídica, pode também se resumir ao cumprimento de uma agenda de pagamentos (taxas, impostos e emolumentos) ou apenas à conservação do bem, à sua manutenção e até mesmo, em casos extremos, ao simples exercício da posse, presente uma eventual impossibilidade do próprio dono, tudo a evidenciar a sua destinação final econômica em relação ao contratante" (STJ, REsp 509.304/PR, 3ª Turma, Rel. Min. Ricardo Villas Bôas Cueva, j. 16.05.2013, *DJe* 23.05.2013).

8. Aplicação do CDC à exploração comercial da internet: remuneração indireta

"1. A exploração comercial da internet sujeita as relações de consumo daí advindas à Lei nº 8.078/90. 2. O fato de o serviço prestado pelo provedor de serviço de internet ser gratuito não desvirtua a relação de consumo, pois o termo 'mediante remuneração', contido no art. 3º, § 2º, do CDC, deve ser interpretado de forma ampla, de modo a incluir o ganho indireto do fornecedor. 3. A fiscalização prévia, pelo provedor de conteúdo, do teor das informações postadas na web por cada usuário não é atividade intrínseca ao serviço prestado, de modo que não se pode reputar defeituoso, nos termos do art. 14 do CDC, o site que não examina e filtra os dados e imagens nele inseridos" (STJ, REsp 1.186.616/MG, 3ª Turma, Rel. Min. Nancy Andrighi, j. 23.08.2011, *DJe* 31.08.2011).

"1. A exploração comercial da Internet sujeita as relações de consumo daí advindas à Lei nº 8.078/90. 2. O fato de o serviço prestado pelo provedor de serviço de Internet ser gratuito não desvirtua a relação de consumo, pois o termo 'mediante remuneração', contido no art. 3º, § 2º, do CDC, deve ser interpretado de forma ampla, de modo a incluir o ganho indireto do fornecedor. 3. O provedor de pesquisa é uma espécie do gênero provedor de conteúdo, pois não inclui, hospeda, organiza ou de qualquer outra forma gerencia as páginas virtuais indicadas nos resultados disponibilizados, se limitando a indicar links onde podem ser encontrados os termos ou expressões de busca fornecidos pelo próprio usuário. 4. A filtragem do conteúdo das pesquisas feitas por cada usuário não constitui atividade intrínseca ao serviço prestado pelos provedores de pesquisa, de modo que não se pode reputar defeituoso, nos termos do art. 14 do CDC, o site que não exerce esse controle sobre os resultados das buscas. 5. Os provedores de pesquisa realizam suas buscas dentro de um universo virtual, cujo acesso é público e irrestrito, ou seja, seu papel se restringe à identificação de páginas na web onde determinado dado ou informação, ainda que ilícito, estão sendo livremente veiculados. Dessa forma, ainda que seus mecanismos de busca facilitem o acesso e a consequente divulgação de páginas cujo conteúdo seja potencialmente ilegal, fato é que essas páginas são públicas e compõem a rede mundial de computadores e, por isso, aparecem no resultado dos sites de pesquisa" (STJ, REsp 1.316.921/RJ, 3ª Turma, Rel. Min. Nancy Andrighi, j. 26.06.2012, *DJe* 29.06.2012).

9. Não aplicação do CDC na relação entre condômino e condomínio

"Não é relação de consumo a que se estabelece entre os condôminos, relativamente às despesas para manutenção e conservação do prédio e dos seus serviços" (STJ, REsp 187.502/SP, 4ª Turma, Rel. Min. Ruy Rosado de Aguiar, j. 18.02.1999, *DJ* 22.03.1999).

10. Não aplicação do CDC aos serviços de advocatícia

"As relações contratuais entre clientes e advogados são regidas pelo Estatuto da OAB, aprovado pela Lei n. 8.906/94, a elas não se aplicando o Código de Defesa do Consumidor. Precedentes" (STJ, REsp 1.228.104/PR, 3ª Turma, Rel. Min. Sidnei Beneti, j. 15.03.2012, *DJe* 10.04.2012).

11. Não aplicação do CDC às locações imobiliárias

"Não é nula, nos contratos de locação urbana, a cláusula que estabelece a renúncia ao direito de retenção ou indenização por benfeitorias. Não se aplica às relações regidas pela Lei 8.245/91, porquanto lei específica, o Código do Consumidor" (STJ, REsp 575.020/RS, 5ª Turma, Rel. Min. José Arnaldo da Fonseca, j. 05.10.2004, *DJ* 08.11.2004).

"2. Inaplicabilidade do Código de Defesa do Consumidor ao contrato de locação regido pela Lei n. 8.245/91, porquanto, além de fazerem parte de microssistemas distintos do âmbito normativo do direito privado, as relações jurídicas locatícias não possuem os traços característicos da relação de consumo, previstos nos arts. 2º e 3º da Lei 8.078/90. Precedentes. 3. Não obstante o art. 35 da Lei 8.245/91 assegure ao locatário o direito de indenização e retenção pelas benfeitorias, é válida a cláusula inserida nos contratos de locação urbana de renúncia aos benefícios assegurados, a teor da Súmula 335/STJ. Hipótese em que os recorrentes renunciaram expressamente ao seu direito. Precedentes" (STJ, AgRg no AREsp 101.712/RS, 4ª Turma, Rel. Min. Marco Buzzi, j. 03.11.2015, *DJe* 06.11.2015).

12. Não aplicação do CDC ao crédito educativo

"A hodierna jurisprudência desta Corte está assentada no sentido de que os contratos firmados no âmbito do Programa de Financiamento Estudantil – Fies não se subsumem às regras encartadas no Código de Defesa do Consumidor. Precedentes: REsp 1.031.694/RS, Rel. Ministra Eliana Calmon, Segunda Turma, *DJ* de 19/6/2009; REsp 831.837/RS, Rel. Min. Eliana Calmon, Segunda Turma, *DJ* de 17/6/2009; REsp 793.977/RS, Rel. Min. Eliana Calmon, Segunda Turma, *DJ* 30/4/2007" (STJ, REsp 1.155.684/RN, 1ª Seção, Rel. Min. Benedito Gonçalves, j. 12.05.2010, *DJe* 18.05.2010).

13. Não aplicação do CDC aos serviços notariais

"A atividade notarial não é regida pelo CDC. (Vencidos a Ministra Nancy Andrighi e o Ministro Castro Filho)" (STJ, REsp 625.144/SP, 3ª Turma, Rel. Min. Nancy Andrighi, j. 14.03.2006, *DJ* 29.05.2006).

14. Não aplicação do CDC em contrato de franquia

"I. O contrato de franquia, por sua natureza, não está sujeito ao âmbito de incidência da Lei n. 8.078/1990, eis que o franqueado não é consumidor de produtos ou serviços da franqueadora, mas aquele que os comercializa junto a terceiros, estes sim, os destinatários finais" (STJ, REsp 632.958/AL, 4ª Turma, Rel. Min. Aldir Passarinho Júnior, j. 04.03.2010, *DJe* 29.03.2010).

CAPÍTULO II
Da Política Nacional de Relações de Consumo

Art. 4º A Política Nacional das Relações de Consumo tem por objetivo o atendimento das necessidades dos consumidores, o respeito à sua dignidade, saúde e segurança, a proteção de seus interesses econômicos, a melhoria da sua qualidade de vida, bem como a transparência e harmonia das relações de consumo, atendidos os seguintes princípios:

I - reconhecimento da vulnerabilidade do consumidor no mercado de consumo;

II - ação governamental no sentido de proteger efetivamente o consumidor:

a) por iniciativa direta;

b) por incentivos à criação e desenvolvimento de associações representativas;

c) pela presença do Estado no mercado de consumo;

d) pela garantia dos produtos e serviços com padrões adequados de qualidade, segurança, durabilidade e desempenho.

III - harmonização dos interesses dos participantes das relações de consumo e compatibilização da proteção do consumidor com a necessidade de desenvolvimento econômico e tecnológico, de modo a viabilizar os princípios nos quais se funda a ordem econômica (art. 170, da Constituição Federal), sempre com base na boa-fé e equilíbrio nas relações entre consumidores e fornecedores;

IV - educação e informação de fornecedores e consumidores, quanto aos seus direitos e deveres, com vistas à melhoria do mercado de consumo;

V - incentivo à criação pelos fornecedores de meios eficientes de controle de qualidade e segurança de produtos e serviços, assim como de mecanismos alternativos de solução de conflitos de consumo;

VI - coibição e repressão eficientes de todos os abusos praticados no mercado de consumo, inclusive a concorrência desleal e utilização indevida de inventos e criações industriais das marcas e nomes comerciais e signos distintivos, que possam causar prejuízos aos consumidores;

VII - racionalização e melhoria dos serviços públicos;

VIII - estudo constante das modificações do mercado de consumo;

IX – fomento de ações direcionadas à educação financeira e ambiental dos consumidores;

X – prevenção e tratamento do superendividamento como forma de evitar a exclusão social do consumidor.

Legislação correlata

Lei 6.938/1981 (Dispõe sobre a Política Nacional do Meio Ambiente).

Lei 10.504/2002 (Institui o Dia Nacional do Consumidor).

Análise doutrinária

1. Política Nacional das Relações de Consumo

O art. 4º do Código de Defesa do Consumidor estabelece, com o título de *Política Nacional das Relações de Consumo*, objetivos e princípios a serem observados por gestores e órgãos públicos que atuam nas áreas vinculadas ao Direito do Consumidor. Paralelamente, o dispositivo também aponta critérios hermenêuticos, ou seja, é guia para o intérprete e aplicador da Lei 8.078/1990 e de toda norma relacionada às relações de consumo. Em resumo, orienta a atuação do poder público na área de Direito do Consumidor e oferece elementos para interpretação de toda e qualquer norma de defesa do consumidor.

A maioria dos temas elencados no art. 4º é retomada, com mais densidade, pela própria norma, como saúde do consumidor, qualidade e segurança de produtos e serviços, práticas abusivas, serviços públicos etc. Esses temas são abordados nos comentários aos dispositivos específicos. Alguns princípios, como a *vulnerabilidade do consumidor* e a *boa-fé objetiva*, pela relevância teórica e grande repercussão prática, merecem atenção diferenciada do intérprete e aplicador do direito.

2. Princípio da vulnerabilidade: contexto histórico e a necessidade de proteção do consumidor

O art. 4º da Lei traça os objetivos e princípios da Política Nacional de Relações de Consumo e reflete a motivação da existência da própria lei. O *caput* do dispositivo refere-se à importância do respeito à dignidade, saúde, segurança e aos interesses econômicos do consumidor, bem como à melhoria da qualidade de vida, à transparência e harmonia nas relações de consumo.

O inciso I do art. 4º do CDC estabelece expressamente o princípio da vulnerabilidade do consumidor ou, nos exatos termos do dispositivo, "o reconhecimento da vulnerabilidade do consumidor no mercado de consumo".

O princípio da vulnerabilidade do consumidor é importante para compreensão do CDC, interpretação das normas de defesa do consumidor e, como já adiantado (v. comentários ao art. 2º), definir o campo de sua aplicação por meio da corrente denominada *finalismo aprofundado* ou *finalismo mitigado*.

Algumas breves considerações são importantes para situar o ambiente jurídico e razões da edição do CDC.

A proteção do consumidor inclui-se em contexto histórico no qual o Código Civil perde seu caráter centralizador de regência das relações privadas e, ao mesmo tempo, em época na qual se multiplicam as normas que consideram as características reais do sujeito – o sujeito concreto, com suas especificidades –, afastando-se do paradigma oitocentista de homem abstrato e igualdade formal.

Ao longo do século XX, o Código Civil foi perdendo sua centralidade e exagerada pretensão de completude. A partir da década de 1930, observa-se a edição de uma série de leis extravagantes (especiais) que, pela abrangência, colocavam em xeque o papel absoluto e central do Código Civil de 1916. Muitas leis passam a focar as especificidades e necessidades da pessoa concreta (criança, idoso, deficiente, consumidor). Abandona-se, aos poucos, a ideia de ente genérico, abstrato.

A preocupação atual com as especificidades da pessoa, é, na essência, uma tentativa de densificar o princípio da isonomia, com tratamento diferenciado a pessoas – sujeitos concretos – e situações subjetivas que, por fatores diversos, necessitam de proteção mais intensa. Isso ocorre com a edição de leis especiais que, tendo em conta certas características do sujeito e outras circunstâncias situacionais, confere-lhe uma tutela maior.

No caso específico do consumidor, *considera-se sua vulnerabilidade no mercado de consumo* (art. 4º, I). Ao contrário do que propugnava a teoria econômica clássica, as reais necessidades do consumidor não foram nem são tão preponderantes para definição da estrutura e objetivos dos integrantes da cadeia de produção e comercialização de bens e serviços.

O consumidor está, sob diversos enfoques, em visível situação de fragilidade – vulnerabilidade – no mercado de consumo, não apenas – ressalte-se – em relação a interesses patrimoniais, mas também em seus interesses existenciais (projeções da dignidade humana).

Historicamente, a fragilidade do consumidor intensificou-se na mesma proporção do processo de industrialização e massificação das relações no mercado de consumo, ocorrido, particularmente, nas décadas posteriores ao término da Segunda Grande Guerra.

O consumidor tem deixado de ser uma *pessoa* para se tornar apenas um *número*. Surgem, diariamente, novas técnicas e procedimentos abusivos de venda de produtos e serviços. As publicidades nem sempre atendem aos objetivos de informar: utilizam-se de métodos sofisticados de *marketing*, induzem a erro o destinatário da mensagem. Muitas vezes, criam necessidade e desejo de compra de bens e serviços supérfluos ou com pouca utilidade real.

Muitos produtos, em virtude da massificação do ciclo produtivo, apresentam vícios em série, tornando-os impróprios aos fins que se destinam e perigosos à saúde e segurança do consumidor. Os contratos, pela velocidade crescente dos vínculos sociais, já vêm *prontos* (contratos de adesão) e com disposições que se traduzem em vantagens exageradas e desproporcionais para o fornecedor.

O avanço da tecnologia conduz ao oferecimento de serviços e bens cada vez mais complexos, o que enseja déficit informacional e dificuldades de exercer o direito de escolha. Na área informática, o progresso tecnológico, ao lado dos seus importantes benefícios, permite um absoluto controle dos dados pessoais do consumidor: coletam-

-se, sem a transparência desejada e exigida, informações para traçar a rotina, hábitos e gostos, de modo a desenhar um perfil digital do consumidor (nem sempre verdadeiro), ensejador de ofensa à honra e condutas discriminatórias.

No dia 15 de março de 1962, o presidente dos Estados Unidos, John Kennedy, dirigiu mensagem especial ao Congresso norte-americano, na qual conferiu ênfase à necessidade de proteção dos interesses do consumidor. Na ocasião, destacou-se: a necessidade de segurança dos produtos, informação adequada, direito de escolha, participação do consumidor em decisões governamentais que afetem seus interesses, preços justos.

A partir da década de 1970, vários países editaram normas de tutela dos interesses dos consumidores. Citem-se, apenas a título de exemplo, a Lei alemã de 09.12.1976, conhecida como *AGB-Gesetz*, sobre condições gerais dos contratos, a Lei francesa de 22.12.1972, relativa à venda a domicílio, a também Lei francesa de 27.12.1973 (*Loi Royer*), que se referia à proteção do consumidor contra publicidade enganosa, e o *Fair Credit Reporting Act* de 1970, que, ainda hoje, disciplina os *bureaus* de crédito nos Estados Unidos.

Ainda como efeito da preocupação em resguardar os interesses do consumidor no mercado, foi realizada, em 1972, em Estocolmo, a Conferência Mundial do Consumidor. No ano seguinte, em 1973, a Comissão de Direitos Humanos das Nações Unidas, em sua 29ª Sessão, reconheceu a necessidade de se proteger o consumidor a partir de quatro direitos básicos: direito à segurança, direito à informação, direito à escolha e direito a ser ouvido nos processos de decisão governamental que afetassem os interesses do consumidor. Ainda em 1973, foi editada, pela Comunidade Europeia, a Carta Europeia de Proteção ao Consumidor.

Em abril de 1985, a Organização das Nações Unidas – ONU, por meio da Resolução 39/428, recomendou que os governos desenvolvessem e reforçassem uma política firme de proteção ao consumidor para atingir os seguintes propósitos: proteção da saúde e segurança; fomento e proteção dos interesses econômicos do consumidor; fornecimento de informações adequadas para possibilitar escolhas acertadas; educação do consumidor; possibilidade efetiva de ressarcimento do consumidor e liberdade de formar grupos e associações que possam participar das decisões políticas que afetem os interesses dos consumidores.

Em síntese, nas últimas décadas, formou-se um consenso internacional em relação à necessidade de edição de normas para regulamentar o mercado de consumo, com atenção à vulnerabilidade do consumidor.

No Brasil, em 1988, a Constituição Federal apresenta três importantes passagens relativas ao consumidor. O art. 5º, XXXII, inclui a defesa do consumidor pelo Estado entre os direitos e garantias fundamentais: "o Estado promoverá, na forma da lei, a defesa do consumidor". O art. 170, V, inserido no título "Da Ordem Econômica e Financeira" da Constituição Federal, estabelece que "a ordem econômica, fundada na valorização do trabalho humano e na livre-iniciativa, tem por fim assegurar a todos existência digna, conforme os ditames da justiça social", observada, entre outros princípios, a "defesa do consumidor" (inciso V). Por fim, o art. 48 do Ato das Disposições Constitucionais Transitórias estabeleceu prazo de 120 dias para o Congresso editar a lei brasileira de proteção ao consumidor por meio de um "código" (v. comentários ao art. 1º).

3. Vulnerabilidade socioeconômica, jurídica, técnica e informacional

No Brasil, a fragilidade – vulnerabilidade – do consumidor no mercado de consumo é a razão do Código de Defesa do Consumidor. É princípio que justifica a existência do CDC e, ao mesmo tempo, importante diretriz de interpretação da norma. Tem especial relevância para a corrente doutrinária denominada *finalismo aprofundado*, a qual, ao delimitar o âmbito de aplicação do CDC, estipula a necessidade de verificar a presença da vulnerabilidade em determinado vínculo para concluir ou não pela incidência da lei (v. comentários ao art. 2º, *caput*).

A vulnerabilidade tem sido objeto de atenção de vários autores e dos tribunais. A classificação mais conhecida, até porque acolhida pelo Superior Tribunal de Justiça, foi proposta por Cláudia Lima Marques (2016, p. 324-345). A vulnerabilidade, que não se confunde com hipossuficiência (v. comentários ao art. 6º, VIII), pode ser vista em quatro perspectivas: socioeconômica, jurídica, técnica e informacional.

A vulnerabilidade fática ou socioeconômica decorre da superioridade econômica do fornecedor ou daquela decorrente de monopólio, oligopólio ou da essencialidade do serviço, ou seja, abrange o maior poder de negociação em face de superioridade financeira, como também aspectos relacionados a condutas anticoncorrenciais cujo principal afetado é o consumidor.

A vulnerabilidade jurídica, na classificação de Cláudia Lima Marques, não se limita, apesar do nome, à ausência de conhecimento jurídico: abrange também outras áreas, como conhecimentos de contabilidade, economia.

Em relação a esse ponto, pode-se acrescentar que é, também, a superioridade jurídica do fornecedor que o coloca como *litigante habitual*, vale dizer, as empresas se estruturam e se organizam com departamentos e assessorias jurídicas para levar vários conflitos à Justiça. Esses departamentos integram o custo empresarial. Uma demanda a mais não faz qualquer diferença ao regular desempenho das atividades empresariais, ao revés, chega a ser necessária para justificar os recursos investidos na área. Para o consumidor, *litigante eventual*, ainda que possuidor de conhecimentos jurídicos, levar um caso ao Judiciário representa, inevitavelmente, desgaste emocional, aborrecimentos e dedicação de importantes horas ao processo. A desigualdade é óbvia com evidentes reflexos na postura das partes no momento de transigir e afastar conflitos de interesses.

A vulnerabilidade técnica diz respeito à ausência de conhecimentos específicos do consumidor em relação às características do produto ou serviço que está adquirindo. O déficit de informação aumenta na mesma medida e velocidade do surgimento de produtos e serviços que incorporam novidades e avanços tecnológicos. A ausência de conhecimento das características e qualidades dos produtos dificulta, de outro lado, o direito de liberdade de escolha do consumidor (art. 6º, II), além de possibilitar, com maior intensidade, a indução a erro.

Por fim, a vulnerabilidade informacional – que se confunde e se aproxima da vulnerabilidade técnica – está vinculada à importância da aparência, da comunicação e da informação num mercado cada vez mais visual, rápido e de risco.

Por se tratar de classificação doutrinária – e não normativa –, há outras perspectivas em relação à vulnerabilidade do consumidor.

4. Outras vulnerabilidades e a economia comportamental (*behavioral economics*)

O Superior Tribunal de Justiça recorre ao conceito de vulnerabilidade tanto para interpretar o Código de Defesa do Consumidor como para dar concretude ao finalismo mitigado que significa, justamente, verificar, no caso concreto, se a pessoa jurídica é vulnerável em face de determinada relação estabelecida no mercado (v. comentários ao art. 2º).

A Corte utiliza os aspectos relativos à vulnerabilidade fática (econômica), jurídica e técnica (informacional). Também considera condições pessoais do consumidor (doença, idade etc.) para, ao concluir pela sua hipervulnerabilidade, oferecer tratamento diferenciado (v. comentários ao art. 39, IV).

Sem diminuir a importância dessa perspectiva, é possível identificar outros aspectos da vulnerabilidade do consumidor, os quais são importantes vetores de interpretação do direito na medida em que permitem uma melhor compreensão do sentido e dinâmica da relação de consumo.

Em trabalho monográfico, Paulo Valério Moraes destaca ser falaciosa a ideia de que o consumidor é livre no mercado, pois a vulnerabilidade biológica ou psíquica o faz escravo de desejos criados por avançados recursos de marketing, pois, a partir do conhecimento do sistema nervoso do homem, "os interessados na sua estimulação se valerão de todas as técnicas para aflorar necessidades, criar desejos, manipular manifestações de vontade e, assim, gerar indefinidas circunstâncias que poderão ter como resultado o maior consumo e, em grau mais perverso, inclusive obrigar ao consumo de produtos ou serviços inadequados" (1999, p. 152).

O consumidor, portanto, em virtude de sua vulnerabilidade psíquica, adquire uma série de produtos e serviços, muito mais por estímulos provocados por técnicas sofisticadas de marketing do que por uma necessidade real de consumo.

Há vertente da neurociência, área de estudos voltada a conhecer o funcionamento do sistema nervoso humano, que foca justamente em verificar como o homem (consumidor), no âmbito do mercado de consumo, reage a cores, cheiros, sons, imagens etc. para, num segundo momento, pautar as estratégias de marketing das empresas. O denominado *neuromarketing* é justamente a junção da neurociência com os conhecimentos e técnicas de marketing para desenvolver métodos que aumentam e, até mesmo, criam necessidade de consumo. Exploram-se as vulnerabilidades psíquicas do consumidor.

Destaquem-se, ainda, os estudos da economia comportamental (*behavioral economics*). Trata-se de corrente de pensamento que se desenvolve no âmbito da análise econômica do direito (AED) para focar em tratamento interdisciplinar na tomada de decisões dos agentes econômicos, o que envolve especialmente o consumidor. A *behavioral economics* questiona justamente a perspectiva da racionalidade humana, ou seja, que o homem é capaz, com alto grau de precisão, de identificar, mensurar e ponderar todos os fatores negativos e positivos em suas decisões econômicas.

A economia comportamental aponta as limitações humanas cujas decisões são pautadas por heurísticas e vieses, ou seja, por preferências e pensamentos rápidos, sem reflexões racionais. A economia comportamental dialoga com a psicologia e identifica vulnerabilidades do consumidor, como pensamentos e preferências que vêm à mente rapidamente, sem muita reflexão. O consumidor, antes de ser racional, e pessoa que tudo pondera, age, invariavelmente, por impulso, por desejos e necessidades criadas pelos apelos do consumismo.

Como destacam Amanda Flávio e Diógenes de Carvalho: "Os estudos da Economia Comportamental evidenciaram um conjunto de padrões comportamentais humanos fora dos padrões racionais esperados no processo de tomada de decisão, e que foram definidos na literatura como limitações comportamentais (...) as decisões humanas são, de fato, racionais, mas que essa racionalidade humana, diferentemente do que entende a Economia, é limitada. Tais limitações são relacionadas a processos heurísticos, que, resumidamente, podem ser definidos como regras que facilitam o processo de decisão, mas que dão causa a falhas que se repetem de uma forma sistemática" (2016, p. 186).

5. A boa-fé objetiva e o equilíbrio contratual

Ao lado da vulnerabilidade, o art. 4º também apresenta outro princípio de grande importância teórica e prática: a boa-fé objetiva. Entre os princípios da Política Nacional das Relações de Consumo está a ideia de harmonia dos interesses dos atores do mercado que devem nortear suas condutas "com base na boa-fé e equilíbrio" (art. 4º, III).

A *boa-fé objetiva* é exigência normativa de conduta leal e transparente no âmbito das relações privadas.

Inicialmente, foi desenvolvida pela doutrina e tribunais alemães a partir do disposto no § 242 do Código Civil alemão de 1896: "O devedor está adstrito a realizar a prestação tal como exija a boa-fé, com consideração pelos costumes do tráfego". Na verdade, somente após a Primeira Guerra Mundial, o dispositivo do Código alemão foi desenvolvido como fundamento para a boa-fé objetiva.

No Brasil, embora com pouca ou nenhuma repercussão, cabe lembrar que o princípio da boa-fé objetiva já estava expresso no art. 131, I, do Código Comercial de 1850 e, pontualmente, no art. 1.443 do Código Civil de 1916: "O segurado e o segurador são obrigados a guardar no contrato a mais estrita boa-fé e veracidade, assim a respeito do objeto, como das circunstâncias e declarações a ele concernentes".

Todavia, salvo pontuais exceções, até o início da década de 1990, quando promulgado o Código de Defesa do Consumidor, doutrina e jurisprudência, ainda influenciadas por perspectiva clássica do contrato, não deram maior importância ao princípio. A *boa-fé objetiva* também restou consagrada no atual Código Civil, promulgado em 2002 (arts. 113, 187 e 422), indicando que uma nova concepção do contrato não é exclusividade do Direito do Consumidor: trata-se, na verdade, de evolução do Direito Privado que afeta, por óbvio, as relações estabelecidas no âmbito do mercado de consumo.

Não se confunde a *boa-fé objetiva* com a conhecida *boa-fé subjetiva*, referida esparsamente no Código Civil de 1916, a qual, basicamente, diz respeito à consciência ou não de determinado fato pela pessoa. Nessa linha, fala-se, por exemplo, que é de boa-fé a posse quando o sujeito ignora o vício ou obstáculo que impede a aquisição da coisa (art. 490 do CC/1916 e art. 1.201 do CC/2002).

Embora tenha grande importância no direito contratual, a boa-fé objetiva é mais ampla e deve nortear em todos os momentos as práticas ocorridas no mercado de consumo. Em síntese, exige-se um agir ético, pautado por lealdade e transparência.

No direito obrigacional, a *boa-fé objetiva* molda a nova teoria contratual, exigindo das partes a construção de ambiente de solidariedade, lealdade, transparência e cooperação. A boa-fé diz respeito ao exame objetivo e geral da conduta do sujeito em *todas* as fases contratuais (pré-contratual, contratual e pós-contratual), servindo, a partir de suas funções, como parâmetro de interpretação dos contratos, identificação de abuso de direito e criação de deveres anexos. O contrato, embora legítimo instrumento para a circulação de riquezas e a satisfação de interesses econômicos (lucro), não deve mais ser visto sob ótica individualista. Importa analisar sua função econômica e social.

Em geral, identificam-se três funções essenciais do princípio da boa-fé: 1) diretriz ou critério hermenêutico; 2) criação de deveres jurídicos denominados *anexos*, *conexos*, *laterais* ou *acessórios*; 3) limitação do exercício de direitos subjetivos. As três funções se correlacionam e servem para compreender adequadamente o significado e a aplicação do princípio.

Como diretriz hermenêutica, a boa-fé objetiva estabelece que a interpretação das cláusulas contratuais deve estar em consonância com uma esperada lealdade e honestidade das partes. A propósito, assim dispõe o art. 113 do Código Civil: "Os negócios jurídicos devem ser interpretados conforme a boa-fé e os usos do lugar de sua celebração".

No tocante à função de criação de deveres *anexos*, a boa-fé objetiva significa que os deveres dos contratantes não se estabelecem unicamente nas cláusulas do contrato. Independem e não nascem da manifestação de vontade das partes. Tais deveres se relacionam com exigências razoáveis de cuidado, colaboração, segurança e informação.

Cite-se, por exemplo, o dever que as partes possuem de indicar alterações de endereço, telefone e outros meios de contato, principalmente nos vínculos contratuais, de modo a evitar dificuldades de cumprimento das obrigações. Outro exemplo de dever anexo é o de *informar* que o carro sairá de linha nos próximos meses após a venda ou que haverá substancial alteração do modelo com consequente desvalorização do veículo. Esses deveres, repita-se, mesmo que não previstos nos contratos de consumo, estão presentes na relação: decorrem da boa-fé objetiva. A inobservância traz consequências sancionatórias, como a própria rescisão contratual e dever de indenizar.

Em relação à terceira função, a boa-fé serve como limite para o exercício de direitos subjetivos. Funciona como parâmetro para valorar a conduta das partes de modo a concluir pela arbitrariedade do exercício de determinado direito, ou seja, da prática de *abuso de direito*. O art. 187 do Código Civil estabelece que comete ato ilícito "o titular de um direito que, ao exercê-lo, excede manifestamente os limites impostos pelo seu fim econômico ou social, *pela boa-fé* ou pelos bons costumes" (grifou-se).

O CDC não se contenta em estabelecer genericamente o princípio da boa-fé objetiva. Vai além. Muitos dos seus dispositivos são detalhamentos, regras e deveres decorrentes da boa-fé, como sucede em relação ao dever de informar (art. 6º, III; art. 31; art. 52, *caput*) ou quando, para preservar a segurança do consumidor, impõe o dever de promover o *recall* de produtos que, posteriormente à sua introdução no mercado, apresentaram defeitos (art. 10, § 1º).

Ao lado da boa-fé objetiva, o CDC adota o princípio do *equilíbrio econômico do contrato*, cuja previsão inicial está também no art. 4º, III, o qual alude a "boa-fé e equilíbrio nas relações entre consumidores e fornecedores". Com o equilíbrio econômico pretende-se a existência de relativa proporção entre prestação e contraprestação. Busca-se uma relação contratual justa. Vedam-se abusos na fixação do preço.

Em diversas passagens, a Lei 8.078/1990 reflete sua atenção ao princípio do equilíbrio econômico do contrato. É direito básico do consumidor a modificação de cláusulas contratuais que estabeleçam prestações desproporcionais (art. 6º, V). Constitui prática abusiva "exigir do consumidor vantagem manifestamente excessiva" (art. 39, V), "elevar sem justa causa o preço de produtos ou serviços" (art. 39, X). Ademais, são nulas as cláusulas iníquas, que coloquem o consumidor em desvantagem exagerada ou que sejam incompatíveis com a equidade (art. 51, IV).

Assim, embora exista alguma controvérsia na doutrina sobre o fato de o equilíbrio econômico ser integrante da boa-fé objetiva ou princípio autônomo, tal discussão não possui maior importância prática para as relações de consumo, uma vez que o CDC consagra – muitas vezes no mesmo dispositivo (arts. 4º, III, e 51, IV) – tanto as ideias de lealdade e transparência como as de equilíbrio e equivalência contratual entre as obrigações.

6. A defesa do consumidor e o desenvolvimento econômico

O Brasil adota regime capitalista de produção de bens e serviços: prestigia e assegura a livre-iniciativa na área econômica. O art. 170, V, inserido no título "Da Ordem Econômica e Financeira" da Constituição Federal, estabelece que "a ordem econômica, fundada na valorização do trabalho humano e na livre-iniciativa, tem por fim assegurar a todos existência digna, conforme os ditames da justiça social", observados, entre outros princípios, a "defesa do consumidor" (inciso V).

É ultrapassada e incompatível com o texto e espírito da Constituição Federal – e também do próprio CDC – visão antagonista entre consumidor e fornecedor. O consumidor não é adversário do fornecedor. O fornecedor não é inimigo do consumidor. O mercado de consumo atende ao interesse de ambos. Atende também ao objetivo de desenvolvimento do País (art. 3º, II, da CF). A atividade econômica gera empregos, arrecadação de tributos e propicia – em ambiente de livre concorrência – crescente qualidade de produtos e serviços no mercado.

A pujança da atividade empresarial é desejo de todos. A defesa do consumidor não deve ser vista como óbice para o crescimento da atividade. O consumidor é o ponto final da cadeia de produção dos produtos e serviços: atender aos seus legítimos interesses patrimoniais e morais deve ser propósito de todo empreendedor.

Exatamente com esse entendimento que o art. 4º, III, do CDC estabelece como princípio da Política Nacional das Relações de Consumo, a "harmonização dos interesses dos participantes das relações de consumo e compatibilização da proteção do consumidor com a necessidade de desenvolvimento econômico e tecnológico, de modo a viabilizar os princípios nos quais se funda a ordem econômica (art. 170, da Constituição Federal), sempre com base na boa-fé e equilíbrio nas relações entre consumidores e fornecedores".

7. Livre concorrência e o direito do consumidor

O art. 4º, VI, estabelece a importância de repressão eficiente de abusos praticados no mercado de consumo, com destaque para a concorrência desleal. Em que pese alguma divergência teórica entre os propósitos do direito antitruste, é certo que se destaca o atendimento às necessidades do consumidor. Quanto maior a concorrência entre os atores, menores serão os preços e maiores as qualidades dos produtos e serviços.

A Constituição Federal coloca – mais do que simbolicamente – a livre concorrência ao lado do princípio da defesa do consumidor. O art. 170 dispõe que a ordem econômica no Brasil é fundada na livre-iniciativa, na valorização do trabalho, com o propósito de assegurar a todos existência digna, observados, entre outros, os princípios da livre concorrência e de defesa do consumidor.

No âmbito infraconstitucional, a Lei 12.529/2011 dispõe sobre a repressão e prevenção às infrações contra a ordem econômica, orientada pelos ditames constitucionais de liberdade de iniciativa, livre concorrência, função social da propriedade, defesa dos consumidores e repressão ao abuso do poder econômico (art. 1º). Na sequência, explicita: "a coletividade é a titular dos bens jurídicos protegidos por esta Lei" (parágrafo único do art. 1º).

Diversas infrações estabelecidas pelo CDC possuem repressão semelhante ou aproximada na Lei 12.529/2011, o que evidencia a necessidade de diálogo das normas. Para ficar no exemplo mais simbólico, imagine-se a combinação de preços entre empresas em determinado mercado relevante. Em vez de uma disputa leal que conduz, invariavelmente, à redução de preços até determinado patamar, os fornecedores combinam a prática de preço uniforme para aumento da margem de lucro. A mesma conduta – cartel – encontra repulsa no direito da concorrência e no direito do consumidor, além de relevância penal (Lei 8.137/1990).

De outro lado, a livre concorrência entre fornecedores oferece, invariavelmente, vantagens econômicas aos consumidores que vão muito além dos direitos estabelecidos no CDC. A lógica é simples: quanto melhor e mais barato o produto ou serviço, mais consumidores irão adquiri-los, maiores serão as vendas e, consequentemente, as receitas e os lucros.

8. Educação ambiental dos consumidores

Em julho de 2021, por meio da Lei 14.181 (Lei do Superendividamento), acrescentou-se o inciso IX ao art. 4º, o qual estipula "fomento de ações direcionadas à educação financeira e ambiental dos consumidores".

Embora o objeto principal das recentes alterações do CDC seja relativo ao crédito e superendividamento, destaca-se a importância de educação ambiental dos consumidores, ou seja, de conhecimentos relativos ao impacto do consumo e, principalmente do consumismo, no tocante à escassez dos recursos ambientais.

A educação ambiental se vincula a promover conhecimentos relacionados à Política Nacional do Meio Ambiente, conforme diretrizes traçadas pela Lei 6.938/1981. Objetiva-se compatibilizar o desejado desenvolvimento econômico com a preservação da qualidade do meio ambiente.

A par de reforçar a importância da "educação ambiental a todos os níveis de ensino, inclusive a educação da comunidade, objetivando capacitá-la para a participação ativa na defesa do meio ambiente", destaquem-se outros princípios relacionados à Política Nacional do Meio Ambiente: 1) ação governamental na manutenção do equilíbrio ecológico, considerando o meio ambiente como um patrimônio público a ser necessariamente assegurado e protegido, tendo em vista o uso coletivo; 2) racionalização do uso do solo, do subsolo, da água e do ar; 3) proteção de áreas ameaçadas de degradação (art. 2º da Lei 6.938/1981).

9. Prevenção e tratamento do superendividamento do consumidor

Desde julho de 2021, o Brasil conta com importante conjunto de regras – inseridas no Código de Defesa do Consumidor – que disciplinam o crédito, a prevenção e tratamento do superendividamento do consumidor.

A promulgação da Lei 14.181/2021 decorre de debate iniciado no meio acadêmico há mais de 15 (quinze) anos a partir de inúmeras iniciativas e projetos coordenados pela professora Claudia Lima Marques, da UFRS.

No âmbito legislativo, em novembro de 2010, por meio do Ato do Presidente 308, o Senado Federal instituiu Comissão de Juristas para propor atualização e aperfeiçoamento do Código de Defesa do Consumidor. Integraram a comissão: Antonio Herman Benjamin (Presidente), Claudia Lima Marques (Relatora-Geral), Ada Pellegrini Grinover, Kazuo Watanabe, Leonardo Roscoe Bessa e Roberto Augusto Pfeiffer.

Em junho de 2011, a Comissão apresentou três anteprojetos nas áreas de comércio eletrônico, superendividamento e ação coletiva para discussão com a sociedade por meio de audiências públicas.

Em 2015, os projetos relativos ao comércio eletrônico (PLS 281) e superendividamento do consumidor (PLS 282) foram aprovados no Senado. Foram, na sequência, encaminhados para a Câmara dos Deputados sob os números 3.514 e 3.515, respectivamente.

No primeiro semestre de 2021, o PL 3.515 foi aprovado, encaminhado para sanção do Poder Executivo que, após vetos pontuais, promulgou a Lei 14.181/2021 que promove importantes atualizações no Código de Defesa do Consumidor na área de crédito, prevenção e tratamento ao superendividamento.

Além de acréscimos de incisos aos arts. 4º, 6º e 51 do CDC, estabeleceu novos dispositivos, quais sejam: arts. 54-A, 54-B, 54-C, 54-D, 54-F, 54-G, 104-A, 104-B e 104-C.

O novo inciso X do art. 4º, acrescido pela Lei 14.181/2021, prevê que é princípio da Política Nacional das Relações de Consumo a "prevenção e tratamento do superendividamento como forma de evitar a exclusão social do consumidor".

A nova lei apresenta importantes regras relativas ao momento pré-contratual na oferta de crédito ao consumidor, explicita a noção de *crédito responsável* e, nos arts 104-A, 104-B e 104-C, a partir do conceito normativo de superendividamento do consumidor (art. 54-A, § 1º), regulamenta o tratamento do superendividamento em duas fases: 1) conciliatória (pré-processual); 2) repactuação das dívidas com plano judicial (processual).

Com a edição da Lei do Superendividamento (Lei Claudia Lima Marques), o Brasil se aproxima normativamente da maioria dos países da Europa e dos Estados Unidos, entre tantos outros. De fato, como pontua Clarissa Costa de Lima, "em quase todo o mundo, a democratização do crédito veio acompanhada do aumento do superendividamento dos consumidores tanto em países com economias desenvolvidas que contam com sistema maduro de falência, como em países em desenvolvimento cujo ordenamento não prevê a possibilidade de falência das pessoas físicas" (2013, p. 34).

Dicas práticas

O art. 4º do CDC, ao estabelecer a Política Nacional das Relações de Consumo, orienta a atuação do poder público na área de Direito do Consumidor e oferece ao profissional do direito importantes elementos para interpretação de toda e qualquer norma de defesa do consumidor.

Jurisprudência

1. Arbitragem nas relações de consumo como importante mecanismo de solução de conflitos

"1. Um dos nortes a guiar a Política Nacional das Relações de Consumo é exatamente o incentivo à criação de mecanismos alternativos de solução de conflitos de consumo (CDC, art. 4º, § 2º), inserido no contexto de facilitação do acesso à Justiça, dando concretude às denominadas 'ondas renovatórias do direito' de Mauro Cappelletti. 2. Por outro lado, o art. 51 do CDC assevera serem nulas de pleno direito 'as cláusulas contratuais relativas ao fornecimento de produtos e serviços que: VII – determinem a utilização compulsória de arbitragem'. A *mens legis* é justamente proteger aquele consumidor, parte vulnerável da relação jurídica, a não se ver compelido a consentir com qualquer cláusula arbitral. 3. Portanto, ao que se percebe, em verdade, o CDC não se opõe a utilização da arbitragem na resolução de conflitos de consumo, ao revés, incentiva a criação de meios alternativos de solução dos litígios; ressalva, no entanto, apenas, a forma de imposição da cláusula compromissória, que não poderá ocorrer de forma impositiva. 4. Com a mesma *ratio*, a Lei 9.307/1996 estabeleceu, como regra geral, o respeito à convenção arbitral, tendo criado, no que toca ao contrato de adesão, mecanismos para proteger o aderente vulnerável, nos termos do art. 4º, § 2º, justamente porque nesses contratos prevalece a desigualdade entre as partes contratantes. 5. Não há incompatibilidade entre os arts. 51, VII, do CDC e 4º, § 2º, da Lei 9.307/1996. Visando conciliar os normativos e garantir a maior proteção ao consumidor é que entende-se que a cláusula compromissória só virá a ter eficácia caso este aderente venha a tomar a iniciativa de instituir a arbitragem, ou concorde, expressamente, com a sua instituição, não havendo, por conseguinte, falar em compulsoriedade. Ademais, há situações em que, apesar de se tratar de consumidor, não há vulnerabilidade da parte a justificar sua proteção. 6. Dessarte, a instauração da arbitragem pelo consumidor vincula o fornecedor, mas a recíproca não se mostra verdadeira, haja vista que a propositura da arbitragem pelo policitante depende da ratificação expressa do oblato vulnerável, não sendo suficiente a aceitação da cláusula realizada no momento da assinatura do contrato de adesão. Com isso, evita-se qualquer forma de abuso, na medida em o consumidor detém, caso desejar, o poder de libertar-se da via arbitral para solucionar eventual lide com o prestador de serviços ou fornecedor. É que a recusa do consumidor não exige qualquer motivação. Propondo ele ação no Judiciário, haverá negativa (ou renúncia) tácita da cláusula compromissória. 7. Assim, é possível a cláusula arbitral em contrato de adesão de consumo quando não se verificar presente a sua imposição pelo fornecedor ou a vulnerabilidade do consumidor, bem como quando a iniciativa da instauração ocorrer pelo consumidor ou, no caso de iniciativa do fornecedor, venha a concordar ou ratificar expressamente com a instituição, afastada qualquer possibilidade de abuso. 8. Na hipótese, os autos revelam contrato de adesão de consumo em que fora estipulada cláusula compromissória. Apesar de sua manifestação inicial, a mera propositura da presente ação pelo consumidor é apta a demonstrar o seu desinteresse na adoção da arbitragem – não haveria a exigível ratificação posterior da cláusula –, sendo que o recorrido/fornecedor não aventou em sua defesa qualquer das exceções que afastariam a jurisdição estatal, isto é: que o recorrente/consumidor detinha, no momento da pactuação, condições de equilíbrio com o fornecedor – não haveria vulnerabilidade da parte a justificar sua proteção; ou ainda, que haveria iniciativa da instauração de arbitragem pelo consumidor ou, em sendo a iniciativa do fornecedor, que o consumidor teria concordado com ela. Portanto, é de se reconhecer a ineficácia da cláusula arbitral" (STJ, REsp 1.189.050/SP, Rel. Min. Luis Felipe Salomão, j. 01.03.2016, *DJe* 14.03.2016).

> **Art. 5º** Para a execução da Política Nacional das Relações de Consumo, contará o Poder Público com os seguintes instrumentos, entre outros:
>
> **I** – manutenção de assistência jurídica, integral e gratuita para o consumidor carente;
>
> **II** – instituição de Promotorias de Justiça de Defesa do Consumidor, no âmbito do Ministério Público;
>
> **III** – criação de delegacias de polícia especializadas no atendimento de consumidores vítimas de infrações penais de consumo;
>
> **IV** – criação de Juizados Especiais de Pequenas Causas e Varas Especializadas para a solução de litígios de consumo;
>
> **V** – concessão de estímulos à criação e desenvolvimento das Associações de Defesa do Consumidor.
>
> **VI** – instituição de mecanismos de prevenção e tratamento extrajudicial e judicial do superendividamento e de proteção do consumidor pessoa natural;
>
> **VII** – instituição de núcleos de conciliação e mediação de conflitos oriundos de superendividamento.
>
> **§ 1º** (Vetado).[2]
>
> **§ 2º** (Vetado).[3]

---

[2]   Mensagem de Veto 664/90, *do § 1º do art. 5º*: "Esta disposição contraria o princípio federativo, uma vez que impõe aos Estados, ao Distrito Federal e aos Municípios a obrigação de manter determinados serviços gratuitos".

[3]   Mensagem de Veto 664/90, *do § 2º do art. 5º*: "Cabe à lei que estabelecer o tabelamento, à vista de excepcional interesse público, indicar a autoridade competente para fiscalizá-lo. A cláusula prevista no § 2º outorga atribuição genérica, incompatível com a segurança jurídica dos administradores, pois enseja a possibilidade de ser o mesmo fato objeto de fiscalização simultânea pelos diferentes órgãos".

Legislação correlata

Constituição Federal, arts. 127 a 130, 134 e 135.

Lei Complementar 75/1993 (Organização e estrutura do Ministério Público da União).

Lei 8.625/1993 (Normas gerais de Organização do Ministério Público dos Estados).

Lei Complementar 80/1994 (Organização da Defensoria Pública da União).

Lei 9.099/1995 (Juizados Especiais Cíveis e Criminais).

 Análise doutrinária

1. Instrumentos da Política Nacional de Relações de Consumo

O art. 5º do Código de Defesa do Consumidor preocupa-se diretamente com a *eficácia social* das normas de proteção de defesa do consumidor. Como se sabe, não é raro – no Brasil e também em outros países – que a norma jurídica tenha plena validade, mas, por motivos diversos, não é efetiva, ou seja, não é cumprida nem vivenciada pelos seus destinatários. O dispositivo indica instrumentos – criação e especialização de órgãos públicos e incentivo a entidades privadas – para conferir efetividade às normas de defesa do consumidor.

O art. 5º indica, de modo exemplificativo, instrumentos para a execução da Política Nacional das Relações de Consumo, instituída no dispositivo anterior (art. 4º). Em resumo, estimula-se a criação e especialização de órgãos públicos para atuar na defesa do consumidor, quais sejam: Defensoria Pública, Promotoria de Justiça de Defesa do Consumidor, Juizados Especiais e Varas Especiais. Ao final, sugere concessão de estímulo a criação e instituição de entidades civis de defesa do consumidor.

2. Defensoria Pública e assistência gratuita para consumidor carente

O art. 5º, I, do CDC destaca a importância de assistência jurídica gratuita para o consumidor carente como instrumento para realização da Política Nacional das Relações de Consumo. Embora a expressão *assistência jurídica* seja ampla, abrangendo aspectos judiciais e extrajudiciais, a preocupação maior é justamente oferecer, sem custos, advogado para representar o consumidor que não tem condições financeiras para contratar um profissional.

Há crescente e importante movimento para estimular solução alternativas de litígio e diminuir os processos judiciais no Brasil. A plataforma consumidor.gov é o mais emblemático exemplo na área de direito do consumidor (www.consumidor.gov. br). Os Procons também exercem importante trabalho de conciliação entre fornecedores e consumidores. De qualquer modo, muitas lesões a direitos do consumidor só serão solucionadas por meio de ação judicial.

No Brasil, o trabalho de assistência jurídica gratuita é realizado pelas Faculdades de Direito, OAB, alguns escritórios, mas principalmente pela Defensoria Pública.

A Constituição Federal, em redação próxima ao art. 5º, II, do CDC, dispõe que "o Estado prestará assistência jurídica integral e gratuita aos que comprovarem insuficiência de recursos" (art. 5º, LXXIV). No art. 134, estabelece que a Defensoria Pública "é instituição permanente, essencial à função jurisdicional do Estado, incumbindo-lhe, como expressão e instrumento do regime democrático, fundamentalmente, a orientação jurídica, a promoção dos direitos humanos e a defesa, em todos os graus, judicial e extrajudicial, dos direitos individuais e coletivos, de forma integral e gratuita".

Defensoria Pública é instituição essencial à função jurisdicional do Estado, cabendo-lhe a orientação jurídica e a defesa, em todos os graus, dos necessitados, ou seja, das pessoas que não possuem recursos para contratar advogado particular.

A Defensoria Pública é, com certeza, o principal ator para atender aos consumidores lesados, que não possuem recursos suficientes para contratar advogado particular, incumbindo-lhe ajuizar ações para a defesa dos seus interesses individuais.

Num país de população pobre e carente, é bastante óbvia a importância do papel exercido pelos defensores públicos nas mais variadas relações sociais. Essa relevância contém nuance diferenciada nos conflitos decorrentes das relações de consumo. Enquanto o consumidor rico ou de classe média pode absorver pequenas lesões praticadas pelo mercado (ex.: cobrança de tarifa indevida pelo banco no valor de R$ 27,00), sem maior impacto no orçamento familiar, o mesmo não ocorre com aquele que, recebendo um salário mínimo por mês, deve sustentar toda a família. As "pequenas lesões" praticadas pelos fornecedores podem representar 20, 30, até 50% do seu ganho mensal, em detrimento de valores destinados a alimentação e outras necessidades básicas.

A Defensoria Pública atende aos consumidores lesados, que não possuem recursos suficientes para contratar advogado particular, incumbindo-lhe ajuizar ações para a defesa dos seus interesses individuais.

Ao lado do trabalho de tutela dos interesses individuais, a Defensoria Pública de diversos Estados tem se destacado na defesa coletiva dos consumidores, ajuizando ações civis públicas para resolver num único processo lesões a consumidores que se repetem e se multiplicam.

Até 15 de janeiro de 2007, quando foi editada a Lei 11.448, existia injustificada resistência relativa à legitimidade da Defensoria Pública para o ajuizamento de ações coletivas. A referida norma afastou a polêmica, ao conferir nova redação ao art. 5º da Lei 7.347/1985 (Lei da Ação Civil Pública). O dispositivo estabelece expressamente que a Defensoria Pública possui "legitimidade para propor a ação principal e a ação cautelar".

Hoje, o tema é pacífico. Há amplo reconhecimento da legitimidade da Defensoria Pública para ajuizamento de ação civil pública (ação coletiva) para tutela judicial de direitos difusos, coletivos e individuais homogêneos. No que diz respeito ao debate jurisprudencial a respeito dos limites dessa atuação, considerando que a CF estabelece que seu objetivo maior é atender os *necessitados*, restou sedimentado que: "ainda que a competência da Defensoria Pública para a defesa de interesses e direitos transindividuais esteja vinculada à interpretação das expressões 'necessitados' e 'insuficiência de recursos', constantes, respectivamente, no texto dos arts. 134 e 5º, LXXIV, da CF, essa interpretação deve se dar de forma ampla e abstrata, bastando que possa haver a existência de um grupo de hipossuficientes, independentemente de alcançar de forma indireta e eventual outros grupos mais favorecidos economicamente" (STJ, AgInt no REsp 1.418.091).

3. Promotoria de Justiça de Defesa do Consumidor

O art. 5º, II, dispõe que, para a execução da Política Nacional das Relações de Consumo, o Poder Público deve contar, entre outros instrumentos, com a Promotoria de Justiça de Defesa do Consumidor, ou seja, com ofício ou ofícios, no âmbito do Ministério Público, que tenha atribuição para tutela dos direitos do consumidor.

Todavia, a criação efetiva de Promotoria de Defesa do Consumidor em determinado Ministério Público depende da organização interna da instituição. Em regra, nas capitais dos Estados existem dois a cinco promotores de justiça com atribuição exclusiva de defesa dos direitos dos consumidores (Promotoria de Defesa do Consumidor). Nas cidades menores é diferente: o mesmo promotor que atua em outras áreas, como meio ambiente, família criminal, também possui a função de proteção dos direitos coletivos dos consumidores.

Nas últimas quatro décadas, com destaque para a Constituição de 1988, várias leis têm ampliado as hipóteses de atuação do Ministério Público. A instituição é, hoje, reconhecida como importante órgão de defesa de direitos coletivos relacionado ao consumidor, meio ambiente, ordem urbanística, patrimônio público, deficiente, idoso, criança e adolescente.

Em razão da massificação das relações, as práticas de mercado afetam, invariavelmente, número indeterminado de consumidores, o que justifica tutela mais ampla. A Promotoria do Consumidor integra o Ministério Público e atua, basicamente, na tutela dos direitos coletivos dos consumidores, ou seja, direitos difusos, coletivos (em sentido estrito) e individuais homogêneos (v. comentários ao art. 81 e ss.).

Exemplifique-se com um contrato-padrão, utilizado por uma empresa de incorporação imobiliária, no qual há cláusula abusiva (art. 51) ao dispor que, se a obra apresentar vícios, a empresa não tem o dever de indenizar os consumidores, em afronta direta ao CDC (arts. 24, 25 e 51, I). Quais são os consumidores atingidos com a utilização do contrato referido? Todos aqueles que mantêm relação contratual com a empresa, bem como os potenciais adquirentes de imóveis.

A Promotoria, para apurar qualquer notícia de lesão a direitos coletivos do consumidor, pode instaurar *inquérito civil* ou *procedimento de investigação preliminar* e realizar várias diligências investigatórias, tais como notificar testemunhas e determinar, se for o caso, sua condução coercitiva, requisitar informações e documentos de entidades públicas e privadas, exames, perícias e serviços temporários de outros órgãos públicos, exigir o auxílio de força policial, ter acesso a bancos de dados públicos e privados (CF, art. 129, III, VI; Lei 7.347/1985, arts. 8º a 10; Lei Complementar 75/1993 e Lei 8.625/1993).

Ao lado das Promotorias do Consumidor dos Ministérios Públicos estaduais, há também ofícios correspondentes no Ministério Público Federal cuja atuação extrajudicial ou judicial ocorre quando se discute a legalidade de atos das agências reguladoras (Anatel, Aneel etc.), que possuem natureza de autarquia federal, ou, ainda, quando o fornecedor se qualifica como empresa pública federal (Caixa Econômica Federal, por exemplo), fatos que atraem a competência da Justiça Federal (art. 109, I, da CF).

Findas as investigações e havendo o Ministério Público (Promotor de Justiça ou Procurador da República) concluído, realmente, pela existência de ofensa a direito coletivo do consumidor, há, basicamente, dois caminhos a serem seguidos. O primeiro é convocar a empresa e sugerir a assinatura de um termo de ajustamento de conduta (TAC), com a previsão de multa em caso de descumprimento futuro (art. 5º, § 6º, da Lei 7.347/1985 – Lei da Ação Civil Pública). Atualmente, muitos fornecedores acatam imediatamente a proposta do Ministério Público no sentido de firmar o termo de ajustamento de conduta, o qual, pela possibilidade de mudança imediata da conduta questionada, é relevante instrumento de tutela coletiva dos interesses dos consumidores (v. comentários ao art. 113).

Caso a sugestão do Ministério Público não seja aceita, ajuíza-se ação coletiva para definir o assunto no âmbito do Poder Judiciário. Se, ao final, os pedidos contidos na ação forem julgados procedentes, o fornecedor deverá obrigatoriamente modificar o comportamento questionado: deixar de veicular determinada publicidade, retirar de circulação algum produto, excluir cláusula-padrão dos contratos etc.

Se o Promotor de Defesa do Consumidor, antes ou após realizar diligências de investigação, constatar que a reclamação constitui apenas ofensa a interesse individual, o consumidor é orientado a se dirigir ao Procon, sem prejuízo de ajuizamento de ação individual. Se restar claro que não houve ofensa a interesses coletivos do consumidor, o procedimento é arquivado, podendo, no futuro, ser realizadas novas investigações.

4. Delegacia do Consumidor

O art. 5º, III, do CDC procura estimular a instituição pelos Estados de "delegacias de polícia especializadas no atendimento de consumidores vítimas de infrações penais de consumo". A Delegacia do Consumidor é órgão da polícia civil que tem por atribuição principal apurar, por meio do inquérito policial ou termo circunstanciado, as infrações penais praticadas contra as relações de consumo.

Apesar da referida disposição, são pouquíssimas cidades que possuem uma delegacia de polícia específica para apurar as infrações penais cujas vítimas sejam consumidores. A instituição do órgão depende de iniciativa do Estado. A ausência de delegacia especializada decorre, antes de tudo, de limitação de recursos para tal finalidade. A ausência de órgão de investigação especializado não afasta, por óbvio, a atribuição da polícia civil de investigar crimes contra as relações de consumo.

Cumpre destacar que apenas as condutas que configuram, em tese, infração penal (crime ou contravenção penal) devem ser levadas ao conhecimento da delegacia de polícia (especializada ou não). Muitos ilícitos civis e administrativos praticados pelos fornecedores são, por ausência de uma específica tipificação criminal, absolutamente indiferentes ao direito penal (art. 5º, XXXIX, da Constituição Federal).

Cite-se, ilustrativamente, a remessa, sem anterior solicitação do consumidor, de cartão de crédito para a sua residência. O fornecedor que encaminha o cartão de crédito, sem prévio requerimento, realiza prática abusiva descrita no art. 39, III, do CDC, bem como infração administrativa (art. 56 do CDC), mas não pratica qualquer infração penal, uma vez que ausente norma específica criminalizando a conduta.

O Código de Defesa do Consumidor possui um Título inteiro dedicado a definir infrações penais "contra as relações de consumo". A Lei, a par de estabelecer regras sobre coautoria e participação (art. 75), agravantes genéricas (art. 76), fixação da pena (arts. 77 e 78), valor da fiança (art. 79), ação penal subsidiária (art. 80), inseriu no ordenamento jurídico doze tipos penais relativos ao mercado de consumo (arts. 63 a 74) que, em última análise, buscam preservar o bem jurídico *relações de consumo*. Além do CDC, cabe destacar a Lei 8.137/1990, cujo art. 7º estabelece várias infrações penais contra as relações de consumo (v. comentários ao art. 61 e ss.).

Em face de notícia de crime contra as relações de consumo, a delegacia de polícia (especializada ou não) possui o dever de investigar o fato, todas as suas circunstâncias e autoria. Concluídas as investigações, o inquérito policial ou termo circunstanciado são encaminhados ao promotor de justiça com atribuição penal, que decidirá pelo arquivamento, transação penal, acordo de não persecução penal ou instauração de processo criminal. As atribuições penais do Ministério Público podem ou não ser do Promotor de Justiça de Defesa do Consumidor, a depender exclusivamente da organização interna da instituição.

5. Juizados Especiais Cíveis e Varas especializadas em Direito do Consumidor

O art. 5º, IV, do CDC procura estimular a criação de Juizados Especiais de Pequenas Causas e Varas Especializadas para a solução de litígios de consumo como instrumento da Política Nacional das Relações de Consumo.

Os Juizados Especiais Cíveis são hoje uma realidade. Cabe lembrar que o Código de Defesa do Consumidor é anterior à Lei 9.099/1995, que instituiu os Juizados Especiais Cíveis com competência para as causas até quarenta salários mínimos (art. 3º, I). Não há dúvidas de que grande número de conflitos com o fornecedor não supera o referido limite, o que confere especial importância aos Juizados.

Os indicadores do Conselho Nacional de Justiça (*Justiça em números*) informam que *Direito do Consumidor* é o assunto mais demandado nos Juizados Especiais e, invariavelmente, está também entre os primeiros temas das ações propostas nas varas cíveis (www.cnj.jus.br).

Nestas três décadas de existência do Código de Defesa do Consumidor, os Juizados Especiais se revelaram como importante caminho para solução de conflitos de consumo, pelo baixo custo e celeridade. Recorde-se que não é necessária a representação por advogado nas causas até vinte salários mínimos (art. 9º da Lei 9.099/1995).

Em alguns Estados, em face da grande demanda, a solução não tem sido tão célere, com sensível demora para realização das audiências de instrução e julgamento. Uma importante solução para amenizar seria a aprovação pelo Congresso Nacional de proposta legislativa que estabelece que as tentativas de conciliação perante o Procon afastam a necessidade de nova audiência nos Juizados.

Consigne-se recente alteração da Lei 9.099/1995 para permitir expressamente a "conciliação não presencial conduzida pelo Juizado mediante o emprego dos recursos tecnológicos disponíveis de transmissão de sons e imagens em tempo real" (art. 22, § 2º, com a redação conferida pela Lei 13.994/2020). É, sem dúvida, relevante instrumento para agilizar as demandas de consumidores perante os Juizados Especiais.

De outro lado, pela importância prática assumida pelos Juizados Especiais Cíveis, a criação de varas especializadas em Direito do Consumidor não teve a repercussão prática esperada.

6. Associações de Defesa do Consumidor

Em sintonia com o art. 4º (Política Nacional das Relações de Consumo), o art. 5º, V, do CDC estabelece, de modo programático, a importância de "concessão de estímulos à criação e desenvolvimento das Associações de Defesa do Consumidor".

Ao lado de órgãos estatais de defesa do consumidor estão as entidades civis de defesa do consumidor. São associações privadas, sem fins lucrativos, instituídas por iniciativa de um grupo de pessoas para a defesa individual ou coletiva dos direitos e interesses do consumidor, para educar o consumidor, realizar atividades de difusão e pesquisa científica desse ramo do direito, enfim, promover, direta ou indiretamente, a maior eficácia do direito do consumidor no País.

As associações vinculadas ao direito do consumidor constituem meio de organização da sociedade civil para defesa de seus interesses. Embora tenha havido um amadurecimento do cidadão brasileiro quanto à importância de se organizar para exigir o respeito a seus direitos, ainda existem poucas associações de defesa do consumidor, em contraste, por exemplo, com os países da Europa.

As primeiras associações civis de defesa do consumidor constituíram-se em meados da década de 1970, antes, portanto, da edição da Lei 8.078/1990. Citem-se, ilustrativamente: a Associação de Defesa e Orientação do Consumidor de Curitiba – ADOC e a Associação de Proteção ao Consumidor de Porto Alegre – APC, ambas constituídas em 1976.

As associações de defesa do consumidor, em geral, realizam trabalho de conscientização de direitos por meio de campanhas, cartilhas, revistas etc. Também estão autorizadas legalmente, após um ano de constituição, a ajuizar ações coletivas que podem beneficiar tanto os associados como os demais consumidores que se encontram em situação semelhante (art. 82, IV, do CDC).

Em 30 anos de promulgação do CDC, duas entidades civis relacionadas a Direito do Consumidor se sobressaíram no cenário nacional: o Instituto Brasileiro de Defesa do Consumidor (Idec) e o Instituto Brasileiro de Política e Direito do Consumidor (Brasilcon).

7. Instituto Brasileiro de Defesa do Consumidor – IDEC

Fundado em 1987, o Instituto Brasileiro de Defesa do Consumidor – IDEC (www.idec.org.br) é, sem dúvida, a mais importante associação de consumidores de âmbito nacional. O instituto é entidade civil autônoma. Não possui qualquer vínculo com outras entidades públicas ou privadas.

Ao lado de importante trabalho de orientação, voltado especialmente para os seus associados, o IDEC tem se destacado pelo ajuizamento de ações coletivas, que resultaram em benefícios concretos para milhares de consumidores, como informa a página da entidade na internet.

O IDEC também se notabilizou pela realização e divulgação de testes rigorosos que aferem a qualidade e realizam análise comparativa entre os mais diversos produtos e serviços disponíveis no mercado.

Registre-se, por fim, a edição da *Revista do IDEC* (antigamente intitulada *Consumidor S.A.*), distribuída com periodicidade bimestral aos associados, bem como a publicação de livros dirigidos a pessoas sem formação jurídica.

8. Instituto Brasileiro de Política e Direito do Consumidor – Brasilcon

O Instituto Brasileiro de Política e Direito do Consumidor – Brasilcon (www. brasilcon.org.br) é destacado ator da história de afirmação do direito do consumidor no País. Foi fundado em 1992 pelos autores do anteprojeto de lei que originou o Código de Defesa do Consumidor (Lei 8.078/1990). O instituto possui, pela seriedade do seu trabalho, reconhecimento nacional e internacional. Os maiores especialistas em direito do consumidor são seus associados e colaboradores.

Não se trata propriamente de entidade constituída para a defesa do consumidor, e sim de associação civil de âmbito nacional, de caráter científico, técnico e pedagógico, sem fins lucrativos ou filiação partidária, que possui, entre outros, os seguintes objetivos: promover a implementação dos direitos do consumidor; buscar a harmonização da proteção do consumidor com o desenvolvimento econômico-social, sempre com vistas à realização de um mercado transparente e justo; realizar atividades de pesquisa, estudo, elaboração, coleta e difusão de dados sobre a proteção do consumidor; prestar assessoria técnico-científica a outras associações de consumidores, aos órgãos públicos e às entidades privadas que, direta ou indiretamente, estejam envolvidas com a questão da valorização do consumidor.

O Instituto confere ênfase a estudos científicos do direito do consumidor. Para alcançar seus propósitos, são promovidos diversos congressos jurídicos em todo o Brasil, em que são debatidas as mais diferentes questões concernentes ao direito do consumidor. Ao lado dos seminários, o Instituto concede periodicamente prêmios a obras jurídicas de destaque, bem como realiza concurso de monografias jurídicas.

O Instituto é responsável pela elaboração da *Revista de Direito do Consumidor*, que já possui mais de 130 volumes, com artigos doutrinários (nacionais e estrangeiros), leis e decisões relativos ao tema.

O Brasilcon tem realizado convênios com estabelecimentos de ensino superior para, em parceria, instituir Centros de Estudo de Direito do Consumidor, que objetivam estimular os alunos a aprofundarem seus estudos, pesquisas e investigações na área.

O Instituto, portanto, destaca-se pelo estímulo à discussão científica do direito do consumidor. Não objetiva, ao contrário do IDEC, oferecer assessoria jurídica judicial ou extrajudicial aos consumidores ou associados.

9. Instituição de núcleos de conciliação e de mecanismos de prevenção e tratamento (extrajudicial e judicial) do superendividamento

Desde a estabilização da moeda (1994), houve intensa expansão e democratização do crédito no Brasil, o que é bastante positivo tanto na ótica do desenvolvimento econômico como na perspectiva do consumidor, que pode adquirir inúmeros bens e serviços mediante variadas modalidades de mútuo de dinheiro.

Todavia, também é crescente, no mesmo período, o número de consumidores superendividados, ou seja, com manifesta impossibilidade de pagar a totalidade de suas dívidas de consumo sem comprometer seu mínimo existencial – despesas com alimentação, saúde, educação dos dependentes etc.

Realmente, "em quase todo o mundo, a democratização do crédito veio acompanhada do aumento do superendividamento dos consumidores tanto em países com economias desenvolvidas que contam com sistema maduro de falência, como em países em desenvolvimento cujo ordenamento não prevê a possibilidade de falência das pessoas físicas" (LIMA, 2013, p. 34).

Desde julho de 2021, o Brasil conta com importante conjunto de regras – inseridas no Código de Defesa do Consumidor – que disciplinam o crédito, a prevenção e o tratamento do superendividamento do consumidor. Cuida-se da Lei 14.181/2021, decorrente de aprovação do PL 3.515 (Câmara dos Deputados).

A Lei do Superendividamento promove importantes atualizações no Código de Defesa do Consumidor na área de crédito, prevenção e tratamento ao superendividamento. Além de acréscimos de incisos nos arts. 4º, 5º, 6º e 51 do CDC, estabeleceu novos dispositivos, quais sejam: arts. 54-A, 54-B, 54-C, 54-D, 54-F, 54-G, 104-A, 104-B e 104-C.

A nova lei apresenta importantes regras relativas ao momento pré-contratual na oferta de crédito ao consumidor, explicita a noção de *crédito responsável* e, nos arts 104-A, 104-B e 104-C, a partir do conceito normativo de superendividamento do consumidor (art. 54-A, § 1º), regulamenta o tratamento do superendividamento em duas fases: 1) conciliatória (pré-processual); 2) repactuação das dívidas com plano judicial (processual).

É nesse contexto que se compreende o acréscimo de novos instrumentos para implementar a Política Nacional das Relações de Consumo. Os incisos VI e VII do art. 5º se relacionam à instituição de mecanismos e núcleos (judiciais e extrajudiciais) de prevenção, conciliação e tratamento do superendividamento.

Os arts. 104-A a 104-C possuem disciplina própria para o *tratamento* do consumidor superendividado. Em síntese, são duas fases: 1) fase conciliatória (pré-processual); 2) fase do plano judicial obrigatória (processual). A primeira fase (conciliatória), pode ser realizada também em âmbito extrajudicial em órgãos públicos de defesa do consumidor (v. comentários ao art. 104-C). Daí a necessidade de existência – e estrutura mínima – de núcleos de conciliação e mediação de conflitos oriundos de superendividamento.

 Dicas práticas

É importante conhecer a atribuição e o papel dos órgãos públicos e privados que atuam, direta ou indiretamente, na defesa do consumidor para, em face de caso concreto, verificar o melhor caminho para solução individual e/ou coletiva de conflito de consumo.

 Jurisprudência

1. Legitimidade da Defensoria Pública para ajuizamento de ação coletiva (antes da Lei 11.448/2007)

"I – O Nudecon, órgão especializado, vinculado à Defensoria Pública do Estado do Rio de Janeiro, tem legitimidade ativa para propor ação civil pública objetivando a defesa dos interesses da coletividade de consumidores que assumiram contratos de arrendamento mercantil, para aquisição de veículos automotores, com cláusula de indexação monetária atrelada à variação cambial. II – No que se refere à defesa dos interesses do consumidor por meio de ações coletivas, a intenção do legislador pátrio foi ampliar o campo da legitimação ativa, conforme se depreende do art. 82 e incisos do CDC, bem assim do art. 5º, inciso XXXII, da Constituição Federal, ao dispor, expressamente, que incumbe ao 'Estado promover, na forma da lei, a defesa do consumidor'. III – Reconhecida a relevância social, ainda que se trate de direitos essencialmente individuais, vislumbra-se o interesse da sociedade na solução coletiva do litígio, seja como forma de atender às políticas judiciárias no sentido de se propiciar a defesa plena do consumidor, com a consequente facilitação ao acesso à Justiça, seja para garantir a segurança jurídica em tema de extrema relevância, evitando-se a existência de decisões conflitantes. Recurso especial provido" (STJ, REsp 555.111, Rel. Min. Castro Filho, j. 05.09.2006, *DJ* 18.12.2006).

CAPÍTULO III
Dos Direitos Básicos do Consumidor

Art. 6º São direitos básicos do consumidor:

I – a proteção da vida, saúde e segurança contra os riscos provocados por práticas no fornecimento de produtos e serviços considerados perigosos ou nocivos;

 Legislação correlata

Lei 10.504/2002 (Dia Nacional do Consumidor).

 Análise doutrinária

1. Direitos básicos do consumidor

O CDC elenca, no seu art. 6º, rol de direitos básicos do consumidor. São nove incisos. Os temas indicados (proteção contratual, informação adequada, publicidade, proteção à vida etc.) são, em sua maioria, retomados, com maior densidade de conteúdo, ao longo da Lei. Em alguns casos, como o direito processual à inversão do ônus da prova (inciso VIII), o tema praticamente se esgota no próprio dispositivo. Os direitos básicos servem também como diretriz hermenêutica para o CDC e, de modo mais geral, para as normas de proteção do consumidor decorrentes de outros diplomas legais.

É evidente que os direitos do consumidor – e as obrigações e deveres correspondentes – não se esgotam nas hipóteses indicadas no art. 6º. Aliás, em face do *diálogo das fontes* (v. comentários ao art. 7º), não estão apenas no CDC: muitas vezes, os direitos são delineados e definidos a partir de interpretação conjunta e harmônica de duas ou mais leis (fontes).

A ideia de estabelecer rol de direitos básicos logo no início da norma decorre do esforço legislativo de sistematizar a norma de proteção ao consumidor, atendendo ao comando constitucional de elaboração de um *código* de defesa do consumidor (v. comentários ao art. 1º). Segue, ademais, tendência inaugurada pelo famoso discurso do Presidente dos Estados Unidos, John Kennedy, em mensagem dirigida ao Congresso, em 1962.

De fato, sempre lembrada como momento importante e simbólico para o direito do consumidor foi a mensagem especial do presidente dos Estados Unidos, John Kennedy, dirigida, em 15 de março de 1962, ao Congresso norte-americano. Na ocasião, além de enunciar que "todos somos, por definição, consumidores", indicaram-se quatro direitos fundamentais do consumidor: 1) direito à segurança; 2) direito à informação; 3) direito de escolher; 4) direito a ser ouvido (participação do consumidor em decisões governamentais que afetem seus interesses).

É justamente em razão desse acontecimento, ocorrido no dia 15 de março, que se comemora no mundo inteiro o Dia do Consumidor. No Brasil, foi por intermédio da Lei 10.504, de 08.07.2002, que se instituiu o Dia Nacional do Consumidor. O art. 2º estabelece que, no dia 15 de março, "os órgãos federais, estaduais e municipais de defesa do consumidor promoverão festividades, debates, palestras e outros eventos, com vistas a difundir os direitos do consumidor".

O discurso de Kennedy influenciou positivamente o debate em torno da necessidade normativa de proteção do direito do consumidor. Na década de 1970, foram editadas, principalmente nos Estados Unidos e na Europa, leis pontuais de defesa do consumidor, as quais focavam em aspectos específicos (publicidade, serviços de proteção ao crédito, vendas em domicílio etc.). Em 1972, em Estocolmo, realizou-se a Conferência Mundial do Consumidor. No ano seguinte, a Comissão de Direitos Humanos das Nações Unidas, em sua 29ª Sessão, reconheceu a necessidade de se proteger o consumidor a partir de quatro direitos básicos: direito à segurança, direito à informação, direito à escolha e direito a ser ouvido nos processos de decisão governamental que afetassem seus interesses.

Em abril de 1985, a Organização das Nações Unidas – ONU, por meio da Resolução 39/428, recomendou que os governos desenvolvessem e reforçassem uma política firme de proteção ao consumidor para atingir os seguintes propósitos: proteção da saúde e segurança; fomento e proteção dos interesses econômicos do consumidor; fornecimento de informações adequadas para possibilitar escolhas acertadas; educação do consumidor; possibilidade efetiva de ressarcimento do consumidor e liberdade de formar grupos e associações que possam participar das decisões políticas que afetem os interesses dos consumidores.

O rol de direitos básicos do consumidor do art. 6º do CDC foi inspirado na Resolução da ONU de 1985.

2. Direito à proteção da vida, saúde e segurança do consumidor

O inciso I do art. 6º do CDC estabelece o direito básico do consumidor à proteção da vida, saúde e segurança em face dos produtos e serviços perigosos ou nocivos. O tema volta a ser tratado ao longo da norma, particularmente ao disciplinar a responsabilidade pelo fato do produto ou serviço.

Para o CDC, o produto ou serviço possui *qualidade* quando funciona adequadamente (atende à finalidade que lhe é inerente) e, ao mesmo tempo, não oferece risco à saúde e segurança do consumidor. A lei possui, de modo bastante claro, duas diferentes preocupações em relação aos produtos e serviços colocados no mercado de consumo: 1) segurança; 2) funcionalidade. Como consequência, de um lado, há disciplina própria denominada *responsabilidade pelo fato do produto e do serviço* (arts. 8º a 17) e, do outro, a *responsabilidade por vício do produto e do serviço* (arts. 18 a 25).

Quando se fala em proteção da vida, saúde e segurança, o foco maior é a prevenção. Toda disciplina do CDC se volta, num primeiro momento, a estabelecer que os produtos e serviços lançados no mercado de consumo sejam seguros: não ofendam a integridade psicofísica do consumidor, seus direitos da personalidade. A responsabilidade civil pelo fato do produto ou do serviço surge em face de acidente de consumo, ou seja, quando não se alcançou – em perspectiva preventiva – o nível de segurança almejado (arts. 12 a 17 do CDC).

 Dicas práticas

Os direitos dos consumidores não se limitam ao art. 6º do CDC. Além disso, seus contornos são, muitas vezes, definidos a partir da análise conjunta de várias normas (diálogo das fontes). Daí a importância e o esforço permanente do profissional do direito de ter essa visão mais ampla ao lidar com questões relacionadas ao consumidor.

 Jurisprudência

1. Responsabilidade pelo fato e vício dos produtos e serviços

"No sistema do CDC, a responsabilidade pela qualidade biparte-se na exigência de adequação e segurança, segundo o que razoavelmente se pode esperar dos produtos e serviços. Nesse contexto, fixa, de um lado, a responsabilidade pelo fato do produto ou do serviço, que compreende os defeitos de segurança; e de outro, a responsabilidade por vício do produto ou do serviço, que abrange os vícios por inadequação. Observada a classificação utilizada pelo CDC, um produto ou serviço apresentará vício de adequação sempre que não corresponder à legítima expectativa do consumidor quanto à sua utilização ou fruição, ou seja, quando a desconformidade do produto ou do serviço comprometer a sua prestabilidade. Outrossim, um produto ou serviço apresentará defeito de segurança quando, além de não corresponder à expectativa do consumidor, sua utilização ou fruição for capaz de adicionar riscos à sua incolumidade ou de terceiros" (STJ, REsp 967.623/RJ, 3ª Turma, Rel. Min. Nancy Andrighi, j. 16.04.2009, *DJe* 29.06.2009).

> **II –** a educação e divulgação sobre o consumo adequado dos produtos e serviços, asseguradas a liberdade de escolha e a igualdade nas contratações;

Legislação correlata

Constituição Federal, art. 5º, *caput*.

Lei 13.455/2017 (Permite diferenciação de preço para pagamento à vista).

Análise doutrinária

1. Educação para o consumo

O inciso II do art. 6º refere-se à educação sobre consumo adequado. Não se confunde, apesar da aproximação, com o direito à informação sobre as características e qualidades dos produtos e serviços. "Consumo adequado dos produtos e serviços" significa consumir de modo consciente, sem exageros, analisando as reais necessidades do consumidor.

A filosofia e a sociologia (Jean Baudrillard, Zygmunt Bauman, entre outros) apontam para os inúmeros aspectos negativos do consumismo. De modo geral, o objetivo do CDC não é censurar o consumismo. A Lei, sem fazer tal tipo de questionamento, protege o consumidor na permanente aquisição dos produtos e serviços.

Nessa perspectiva, o inciso II do art. 6º é, das poucas exceções do Código, norma programática – de pouco interesse para o mercado – que objetiva estimular o consumidor sobre reflexão de consumo adequado, o que pode significar exatamente a opção do consumidor por não comprar ou adiar a compra.

As recentes alterações promovidas no Código de Defesa do Consumidor pela Lei 14.181/2021 também realçam a ideia de consumo consciente, ao instituir o direito à educação financeira e disciplinar a prevenção ao superendividamento. Nessa linha, foram acrescentados dois novos princípios ao art. 4º do CDC (Política Nacional de Relações de Consumo): 1) fomento de ações direcionadas à educação financeira e ambiental dos consumidores (inciso IX do art. 4º); 2) X – prevenção e tratamento do superendividamento como forma de evitar a exclusão social do consumidor (inciso X do art. 4º).

Na mesma direção, a Lei do Superendividamento (Lei Claudia Lima Marques) acrescenta, ao rol do art. 6º do CDC, três novos direitos básicos, entre os quais dois se relacionam a crédito responsável, educação financeira, e prevenção ao superendividamento (v. comentários aos incisos XI e XII do art. 6º).

Na sequência, o inciso II do art. 6º alude à liberdade de escolha e igualdade nas contratações.

O exercício de escolha do consumidor – quando, de quem e o que consumir – é direito de extrema relevância. Foi ressaltado como direito básico no famoso discurso de 1962 do Presidente americano John Kennedy. O direito de escolha se qualifica num mercado competitivo e transparente: quanto maior a concorrência e informação adequada sobre produtos e serviços, mais prestígio se confere à liberdade de escolha do consumidor.

Em outras palavras, o consumidor, para atender suas necessidades de consumo, precisa ser informado adequadamente sobre as mais diversas características dos produtos e dos serviços, exatamente como proposto no inciso III do art. 6º e no art. 31. A boa-fé objetiva exige transparência e lealdade. É com informações verdadeiras, adequadas e claras sobre os diferentes produtos e serviços, preço, características, composição, periculosidade que se exerce em plenitude o direito de escolha.

A informação exata, adequada, clara e objetiva permite a comparação entre fornecedores, enseja a análise racional das vantagens e desvantagens da opção por determinado produto ou serviço em detrimento de outro ou de outros. Em síntese, examina-se a relação de custo-benefício. É verdade que o consumidor não é um sujeito idealmente racional. Age emocionalmente. Compra por impulso ou, eventualmente, para afastar sentimentos negativos, como tristeza e excesso de ansiedade. Essa constatação, todavia, só reforça o dever de informar nos dois sentidos estabelecidos pelo inciso II do art. 6º: 1) informar sobre o produto e serviço; 2) informar sobre consumo adequado e consciente.

2. Princípio da isonomia e igualdade nas contratações

Na parte final, o dispositivo estabelece ser direito do consumidor a igualdade nas contratações. Cuida-se do princípio da isonomia (igualdade) nas relações privadas ou da denominada eficácia horizontal dos direitos fundamentais. A Constituição Federal estabelece o princípio da igualdade no *caput* do art. 5º: "todos são iguais perante a lei, sem distinção de qualquer natureza".

O CDC, ao estabelecer a "igualdade nas contratações", transpôs para as relações de consumo o princípio da isonomia expresso no art. 5º, *caput*, da CF. Significa que o fornecedor não pode discriminar: tratar desigualmente consumidores. É necessário compreender que o princípio da igualdade significa tratar igualmente os iguais e desigualmente os desiguais, em clássica passagem de Aristóteles. Em outras palavras, pode-se discriminar o consumidor desde que o faça bom base em critério objetivo e razoável.

Na verdade, muitas discriminações já são realizadas por normas jurídicas. O legislador realiza discriminações das mais diversas, inclusive no mercado de consumo, como a proibição de bebida a consumidores abaixo de determinada idade, como o tratamento preferencial em estacionamentos privados para consumidores idosos ou mesmo a proibição de reajuste em plano de saúde a partir de 60 anos. É discriminação justa e razoável recusar venda a prazo ao consumidor que não possuir renda suficiente para arcar com os valores da prestação.

A vedação da discriminação é voltada também para o intérprete em diferentes e múltiplas situações. Embora muitos problemas se apresentem na prática, como, por exemplo, possibilidade de diferenciar preço para pessoas do sexo masculino e feminino, a norma ainda não foi adequadamente amadurecida pelo meio jurídico.

Antes da Lei 13.455/2017, uma boa ilustração sobre o significado e consequência do princípio da igualdade nas contratações no mercado de consumo referia-se à discussão sobre possibilidade de estabelecer preços diferenciados para o consumidor que paga à vista em vez de utilizar cartão de crédito.

Antes da referida norma – que expressamente possibilitou a diferenciação do preço –, diversos órgãos de defesa do consumidor posicionaram-se no sentido de que nenhum estabelecimento poderia diferenciar os preços nas vendas à vista e mediante cartão de crédito. Na ocasião, argumentou-se, em síntese, que tal conduta era discriminatória e que as vendas mediante cartão de crédito eram consideradas à vista, até em razão dos termos do contrato realizado entre o fornecedor e a administradora do cartão.

Tal interpretação era equivocada, considerando principalmente o sentido do princípio da isonomia. Quando determinado comerciante, aceitando pagamento por cartão de crédito, vende uma mercadoria por R$ 100,00, o valor só será recebido de trinta a quarenta dias depois da data da compra e com a diminuição de aproximadamente 4%. Em outros termos, o valor equivalente ao preço, além de ser recebido em data posterior, sofre redução em face de valor cobrado pela administradora do cartão. Verifica-se, portanto, que há uma diferença de custo para o comerciante em face de venda da mesma mercadoria para quem paga à vista e para quem paga por meio de cartão de crédito.

Ao ser exigido que os preços fossem iguais, os fornecedores, para não sofrerem redução em sua margem de lucro, realizaram majoração geral dos preços em valor próximo ao que deixariam de ganhar com as vendas mediante cartões de crédito. Em outros termos, os custos maiores inerentes às vendas com cartão de crédito são compensados por todos os consumidores, tanto os que pagam à vista como os que pagam com cartão (subsídio cruzado). Assim, quem não tem a possibilidade de pagar com cartão – em regra, pessoas de menor renda –, acaba pagando mais caro pelos produtos para beneficiar os consumidores que possuem a possibilidade de pagar com cartão de crédito.

A defesa da tese de necessidade de equiparação dos preços não apresenta – e nunca representou – vantagens para a coletividade de consumidores, embora pareça ser benéfica, num primeiro momento, para o consumidor individualmente considerado. A solução desse tema estava justamente em sua análise sob as luzes do princípio da igualdade nas relações de consumo: sempre que houver uma justa razão para o tratamento diferenciado, não se deve falar em ofensa ao princípio da igualdade. Ademais, no caso, a diferenciação não recaía sobre consumidor, e sim sobre modalidade de pagamento.

 Dicas práticas

A educação para exercício de consumo adequado não se confunde com o direito do consumidor a obter informações sobre as características dos produtos e serviços. Raras são as iniciativas do setor público e privado que enfrentam os aspectos negativos do consumidor. Como exceção, registre-se postura de alguns bancos em relação às mazelas do superendividamento.

 Jurisprudência

1. Ilegalidade de diferenciação de preço entre pagamento à vista e cartão de crédito (antes da Lei 13.455/2017)

"1. A diferenciação de preço na mercadoria ou serviço para diferentes formas de pagamento à vista: dinheiro, cheque ou cartão de crédito caracteriza prática abusiva no mercado de consumo, nociva ao equilíbrio contratual e ofende o art. 39, V e X da Lei 8.078/90. 2. Manutenção das autuações administrativas realizadas pelo PRO-

CON do Municipal de Vitória/ES em face da referida prática abusiva do comerciante Recorrente em seu estabelecimento. 3. Precedentes de outras Turmas deste Tribunal Superior (REsp. 1.479.039/MG, Rel. Min. Humberto Martins, *DJe* 16.10.2015 e REsp. 1.133.410/RS, Rel. Min. Massami Uyeda, *DJe* 7.4.2010)" (STJ, REsp 1.610.813/ES, 1ª Turma, Rel. Min. Napoleão Nunes Maia Filho, j. 18.08.2016, *DJe* 26.08.2016).

> **III** - a informação adequada e clara sobre os diferentes produtos e serviços, com especificação correta de quantidade, características, composição, qualidade, tributos incidentes e preço, bem como sobre os riscos que apresentem;

Legislação correlata

Lei 10.962/2004 (Dispõe sobre oferta e as formas de afixação de preços de produtos e serviços).

Análise doutrinária

1. Direito à informação

As relações de consumo são norteadas pelo princípio boa-fé objetiva (arts. 4º, III, e 51, IV), que, em síntese, significa conduta dos atores (consumidor e fornecedor) pautada pela lealdade, transparência e confiança. A boa-fé objetiva orienta todos os vínculos – contratuais e extracontratuais – estabelecidos no mercado de consumo.

O art. 6º, III, pontua a importância de o consumidor conhecer adequadamente os diferentes produtos e serviços, preço, características, composição, tributos incidentes, bem como os riscos que apresentam. O direito básico à informação do consumidor – que corresponde ao dever de informar do fornecedor – é decorrência e concretização da boa-fé objetiva. É fundamental para o pleno exercício do direito de escolha (art. 6º, II) – até mesmo a legítima opção de não consumir. "A informação deve ser correta (= verdadeira), clara (= de fácil entendimento), precisa (= não prolixa ou escassa), ostensiva (= de fácil constatação ou percepção) e, por óbvio, em língua portuguesa" (STJ, REsp 1.758.118 , Min. Herman Benjamin).

O direito à informação é relevante na medida em que mitiga a *vulnerabilidade informacional* do consumidor (v. comentários ao art. 4º) e, consequentemente, diminui o desequilíbrio das partes. O dever de informar do fornecedor permeia as diferentes etapas do contrato de consumo. Inicia-se na oferta e publicidade (arts. 30, 31, 35 e 36 a 38) e acompanha todas as fases da relação obrigacional, inclusive momento pós-contratual (arts. 39, 42, 46, 48, 51 e 52). Possui importância no que concerne à funcionalidade adequada (arts. 18 a 20) e periculosidade dos produtos e serviços (arts. 8º a 10 e 12 a 14).

No tocante aos preços dos produtos, registre-se a Lei 10.962/2004, editada em meio à polêmica quanto à validade de utilização de código de barras para definir preços dos produtos comercializados pelos supermercados. O art. 2º da norma permite as seguintes modalidades de informação do preço: 1) por meio de etiquetas ou similares afixados diretamente nos bens expostos à venda e em vitrines, mediante divulgação do preço à vista em caracteres legíveis; 2) em autosserviços, supermercados ou estabelecimentos comerciais em que o consumidor tenha acesso direto ao produto, mediante a impressão ou afixação do preço do produto na embalagem, ou a afixação de código referencial, ou, ainda, com a afixação de código de barras; 3) no comércio eletrônico, mediante divulgação ostensiva do preço à vista, junto à imagem do produto ou descrição do serviço, em caracteres facilmente legíveis com tamanho de fonte não inferior a doze.

Na sequência, no parágrafo único, determina-se que, na hipótese de utilização de código referencial ou de barras, o comerciante deve expor, de forma clara e legível, junto aos itens expostos, informação relativa ao preço à vista do produto, suas características e código.

Registre-se, por fim, no tocante ao comércio eletrônico, a necessidade de "divulgação ostensiva do preço à vista, junto à imagem do produto ou descrição do serviço, em caracteres facilmente legíveis com tamanho de fonte não inferior a doze" (art. 2º, III, com a redação conferida pela Lei 13.543/2017).

 Dicas práticas

A experiência de atuação dos órgãos de defesa do consumidor indica que muitos conflitos decorrem de falha no dever de informação adequada. O conhecimento adequado do consumidor sobre os produtos e serviços, bem como sobre os direitos e obrigações decorrentes do contrato de consumo, é fundamental para prevenir litígios futuros.

 Jurisprudência

1. Direito à informação do consumidor sobre o objeto do contrato

"4. O consumidor tem direito a informação plena do objeto do contrato, e não só uma clareza física das cláusulas limitativas, pelo simples destaque destas, mas, essencialmente, clareza semântica, com um significado homogêneo dessas cláusulas, as quais deverão estar ábdito a ambiguidade. 5. Hipótese em que, diante da ausência de clareza da cláusula contratual que exclui a cobertura securitária no caso de furto simples, bem como a precariedade da informação oferecida à recorrente, associado ao fato de que as cláusulas preestabelecidas em contratos de adesão devem ser interpretadas de forma mais favorável ao consumidor, a referida exclusão se mostra abusiva e, em razão disso, devida a indenização securitária" (STJ, REsp 1.837.434/SP, 3ª Turma, Rel. Min. Nancy Andrighi, j. 03.12.2019, *DJe* 05.12.2019).

2. Informação deve ser de conteúdo e advertência

"A informação-conteúdo 'contém glúten' é, por si só, insuficiente para informar os consumidores sobre o prejuízo que o alimento com glúten acarreta à saúde dos doentes celíacos, tornando-se necessária a integração com a informação-advertência correta, clara, precisa, ostensiva e em vernáculo: 'CONTÉM GLÚTEN: O GLÚTEN É PREJUDICIAL À SAÚDE DOS DOENTES CELÍACOS'. Precedente da Corte Especial" (STJ, AgInt nos EDcl no REsp 1.762.674/MS, 3ª Turma, Rel. Min. Nancy Andrighi, j. 27.05.2019, *DJe* 29.05.2019).

3. Boa-fé objetiva e direito à informação

"1. A Lei 8.078/90, cumprindo seu mister constitucional de defesa do consumidor, conferiu relevância significativa aos princípios da confiança, da boa-fé, da transparência e da equidade nas relações consumeristas, salvaguardando, assim, os direitos básicos de informação adequada e de livre escolha da parte vulnerável, o que, inclusive, ensejou a criminalização da 'omissão de informação relevante sobre a natureza, característica, qualidade, quantidade, segurança, desempenho, durabilidade, preço ou garantia de produtos ou serviços' (*caput* do artigo 66 do CDC). 2. Sob tal ótica, a cautela deve nortear qualquer interpretação mitigadora do dever qualificado de informar atribuído, de forma intransferível, ao fornecedor de produtos ou de serviços, porquanto certo que uma 'informação deficiente' – falha, incompleta, omissa quanto a um dado relevante – equivale à 'ausência de informação', na medida em que não atenuada a desigualdade técnica e informacional entre as partes integrantes do mercado de consumo" (STJ, REsp 1.326.592/GO, 4ª Turma, Rel. Min. Luis Felipe Salomão, j. 07.05.2019, *DJe* 06.08.2019).

4. Exigência de Informação correta, clara, precisa e ostensiva

"O CDC traz, entre os direitos básicos do consumidor, a 'informação adequada e clara sobre os diferentes produtos e serviços, com especificação correta de quantidade, características, composição, qualidade e preço, bem como sobre os riscos que apresentam' (art. 6º, inciso III). A oferta e a apresentação de produtos ou serviços devem assegurar informações corretas, claras, precisas, ostensivas e em língua portuguesa sobre suas características, qualidades, quantidade, composição, preço, garantia, prazos de validade e origem, entre outros dados, bem como sobre os riscos que apresentam à saúde e segurança dos consumidores (art. 31 do CDC). A informação deve ser correta (= verdadeira), clara (= de fácil entendimento), precisa (= não prolixa ou escassa), ostensiva (= de fácil constatação ou percepção) e, por óbvio, em língua portuguesa" (STJ, REsp 1.758.118/SP, 2ª Turma, Rel. Min. Herman Benjamin, j. 12.02.2019, *DJe* 11.03.2019).

5. Cláusula restritiva e dever de informar

"Mesmo sendo válida a cláusula de tolerância para o atraso na entrega da unidade habitacional em construção com prazo determinado de até 180 (cento e oitenta) dias, o incorporador deve observar o dever de informar e os demais princípios da legislação consumerista, cientificando claramente o adquirente, inclusive em ofertas, informes e peças publicitárias, do prazo de prorrogação, cujo descumprimento implicará responsabilidade civil. Igualmente, durante a execução do contrato, deverá notificar o consumidor acerca do uso de tal cláusula juntamente com a sua justificação, primando pelo direito à informão" (STJ, REsp 1.582.318/RJ, 3ª Turma, Rel. Min. Ricardo Villas Bôas Cueva, j. 12.09.2017, *DJe* 21.09.2017).

"É válida a cláusula de tolerância, desde que observado o direito de informação do consumidor. Precedentes" (STJ, AgInt no REsp 1869783/SP, 4ª Turma, Rel. Min. Raul Araújo, j. 16.11.2020, *DJe* 14.12.2020).

6. Cláusula contratual e dever de informar

"No tocante à correção monetária do saldo devedor, o Tribunal estadual concluiu ser abusiva, em razão de a cláusula correspondente estar redigida de forma incompreensível ao consumidor, além de não se tratar propriamente de correção do saldo devedor, mas sim de atualização de perdas transferidas indevidamente aos consumidores, ferindo o direito de informação do consumidor, por não se encontrar claramente prevista no contrato de compra e venda pactuado entre as partes" (STJ, AgInt no REsp 1699271/SP, 4ª Turma, Rel. Min. Raul Araújo, j. 30.11.2020, *DJe* 18.12.2020).

"A jurisprudência do STJ é no sentido de que as cláusulas contratuais devem ser interpretadas da maneira mais favorável ao consumidor (art. 47 do CDC), devendo observar o direito de informação, mediante redação clara, expressa e em destaque das cláusulas limitativas de direitos. Precedentes" (STJ, AgInt nos EDcl no AREsp 1610203/SC, 3ª Turma, Rel. Min. Marco Aurélio Bellizze, j. 18.05.2021, *DJe* 24.05.2021).

> **IV** – a proteção contra a publicidade enganosa e abusiva, métodos comerciais coercitivos ou desleais, bem como contra práticas e cláusulas abusivas ou impostas no fornecimento de produtos e serviços;

 Análise doutrinária

1. Publicidade, prática e cláusula abusivas

O inciso IV do art. 6º dispõe ser direito básico do consumidor a proteção contra publicidade abusiva e enganosa, práticas e cláusulas abusivas e métodos comerciais desleais ou coercitivos. Todos os temas referidos por esse inciso são disciplinados com mais detalhe ao longo do CDC. A publicidade enganosa e abusiva encontra-se nos arts. 36 a 38. O rol de práticas abusivas está no art. 39 e, justamente pelo seu caráter aberto (exemplificativo), abrange qualquer método ou procedimento desleal de atuação no mercado. Por fim, as cláusulas abusivas estão previstas no art. 51 do CDC.

O art. 6º, IV, inaugura tendência que se repete ao longo do CDC: a utilização do adjetivo *abusivo*. Há referências a publicidade abusiva (art. 37), cláusula abusiva (art. 51), prática abusiva (art. 39) e, também, *abuso de direito* na desconsideração da personalidade jurídica (art. 28). Qual o significado? A ideia de abusividade associa-se a excesso e desproporção no exercício de direito.

Em setembro de 1990, quando o CDC foi promulgado, estava em vigor o Código Civil de 1916, o qual não previa expressamente o conceito de abuso do direito. Todavia, era categoria amplamente aceita pela doutrina e jurisprudência. Atualmente, encontra previsão expressa no art. 187 do Código Civil: "Também comete ato ilícito o titular de um direito que, ao exercê-lo, excede manifestamente os limites impostos pelo seu fim econômico ou social, pela boa-fé ou pelos bons costumes".

O que orienta a disciplina das condutas abusivas (publicidade, cláusula e prática) é justamente a observância de parâmetros relativos a boa-fé objetiva, fim econômico e social e bons costumes no exercício de direitos. A princípio, é direito do fornecedor realizar publicidade. Todavia, não deve abusar desse direito e, por exemplo, em meio ao anúncio publicitário, incitar a violência, explorar o medo ou a superstição (art. 37, § 2º).

Pode o fornecedor estabelecer cláusulas contratuais, mas, novamente, vedam-se o abuso, o excesso, a cláusula que, na prática, coloca o consumidor em desvantagem visível e exagerada (art. 51, IV). As práticas abusivas estão na mesma linha. O rol do art. 39 parte primeiro da ideia de exercício legítimo de atividades e direitos inerentes àquele que se apresenta como fornecedor no mercado de consumo, mas afasta e delimita os excessos que prejudicam o consumidor.

Em regra, no exame das práticas abusivas, em sentido amplo, não cabe discutir se o fornecedor agiu com dolo (intenção) ou culpa na realização das condutas descritas. Deve-se verificar objetivamente se a conduta do fornecedor ou resultado de sua ação se encaixa na descrição normativa. Todavia, há exceções, a depender da redação normativa da conduta do fornecedor cujo verbo pode indicar a necessidade de demonstração da presença de elemento subjetivo (v. comentários ao art. 39, IV).

 Dicas práticas

O caráter exemplificativo de práticas abusivas em sentido amplo não significa autorização para o intérprete e aplicador do direito utilizar valores pessoais (subjetivismo) no delineamento de condutas não previstas expressamente. A definição de "novas" condutas abusivas deve ser fortemente ancorada nos princípios jurídicos constantes no ordenamento jurídico. O dever do magistrado de fundamentar as decisões é maior quando se trata de definir judicialmente prática abusiva que não está expressamente proibida.

 Jurisprudência

1. Rol exemplificativo de práticas e cláusulas abusivas

"2. Prática abusiva (*lato sensu*) é aquela que contraria as regras mercadológicas de boa e leal conduta com os consumidores, sendo, de rigor, sua prevenção, reparação e repressão. O Código de Defesa do Consumidor traz rol meramente exemplificativo de práticas abusivas (art. 39), cabendo ao juiz identificar, no caso concreto, hipóteses de violação dos princípios que orientam o microssistema. 3. Independentemente do número de consumidores lesados ou do abuso de poder econômico pelo fornecedor, a presença da cláusula abusiva no contrato é, por si só, reprovável, pois contrária à ordem econômica e às relações de consumo. O Código de Defesa do Consumidor elenca as cláusulas abusivas de modo não taxativo (art. 51), o que admite o enquadramento de outras abusividades que atentem contra o equilíbrio entre as partes" (STJ, REsp 1.539.165/MG, 2ª Turma, Rel. Min. Humberto Martins, j. 23.08.2016, *DJe* 16.11.2016).

V – a modificação das cláusulas contratuais que estabeleçam prestações desproporcionais ou sua revisão em razão de fatos supervenientes que as tornem excessivamente onerosas;

 Legislação correlata

Código Civil, arts. 156, 157, 317, 421, 422 e 478.

Decreto Legislativo 6/2020 (Reconhece a ocorrência do estado de calamidade pública, nos termos da solicitação do Presidente da República encaminhada por meio da Mensagem 93, de 18 de março de 2020).

Lei 13.979/2020 (Dispõe sobre as medidas que poderão ser adotadas para enfrentamento da emergência de saúde pública de importância internacional decorrente do coronavírus responsável pelo surto de 2019).

Lei 14.046/2020 (Disciplina o cancelamento de serviços, de reservas e de eventos dos setores de turismo e cultura em razão da pandemia do novo coronavírus).

Lei 14.186/2021 (Prorroga o período de aplicação da Lei 14.046/2020).

Lei 14.010/2020 (Estabelece o Regime Jurídico Emergencial e Transitório das relações jurídicas de Direito Privado (RJET) no período da pandemia do novo coronavírus).

 Análise doutrinária

1. Modificação e revisão dos contratos de consumo

O conteúdo do inciso V do art. 6º do CDC pode ser dividido em duas partes: 1) direito a modificação de cláusulas desproporcionais; 2) revisão dos contratos que se prolongam no tempo em face de fatos supervenientes que tornem a obrigação do consumidor excessivamente onerosa. Nas duas hipóteses, excepciona-se o princípio da obrigatoriedade do contrato (*pacta sunt servanda*) com o objetivo de reequilibrar a relação de consumo.

Em perspectiva clássica, o contrato é expressão da liberdade individual; a vontade, fonte geradora de obrigações. Os homens, por serem *livres* e *iguais*, teriam plenas condições de resguardar adequadamente seus interesses econômicos. A função do Estado seria de interferir minimamente nas relações individuais e, num segundo momento, garantir a execução e o cumprimento das obrigações assumidas pelas partes contratantes – contrato faz lei entre as partes. As limitações à liberdade individual no campo contratual devem ser mínimas e excepcionais.

Tal concepção, formada ao longo do século XIX e com reflexos nos primeiros anos do século XX, influenciou diretamente o direito privado da Europa e, naturalmente, da América do Sul. Os princípios básicos do direito contratual delineadores da teoria contratual clássica foram formulados nesta fase: 1) a *autonomia da vontade* ou *liberdade contratual,* que consiste na liberdade de contratar, na escolha do parceiro contratual e na definição do conteúdo do contrato; 2) a *força vinculante* ou *força obrigatória* dos contratos (*pacta sunt servanda*), ou seja, concluído o contrato, estão as partes a ele vinculadas obrigadas a cumprir seu conteúdo, cabendo ao Estado, com o uso da força, se necessário, assegurar a execução dos acordos; 3) a *relatividade dos efeitos contratuais*: os contratos só possuem efeitos em relação às partes contratantes, não podendo criar direitos ou obrigações para terceiros.

Todavia, o século XX, ao lado do notável crescimento da economia, foi marcado também por guerras, pandemia e crises econômicas. A história ofereceu lições em todos os campos. Na área jurídica, indicou que a concepção clássica do contrato exigia mudanças. Os princípios contratuais clássicos (autonomia da vontade, força vinculante e relatividade das convenções) estão em vigor, mas precisam ser analisados em diálogo com a nova teoria contratual: convivem com a boa-fé objetiva, com o equilíbrio econômico e com a função social do contrato.

No âmbito do mercado de consumo, editam-se, em vários países, normas que mitigam a liberdade contratual. Nesse contexto, o CDC, antecipando-se ao Código Civil de 2002, previu o *princípio da boa-fé objetiva* e do *equilíbrio contratual* (arts. 4º, 6º, V, 39, V, e 51, IV), estabeleceu regras específicas daí decorrentes, tanto no momento pré-contratual (arts. 30 e 35) quanto na análise do conteúdo contratual (arts. 51 e 6º, V).

O Código Civil, ao tratar das obrigações e contratos, estabelece disciplina para *iguais,* mas cuida, em situações pontuais, de anulação, revisão e resolução do contrato, em face de onerosidade excessiva. Como exemplo, estabelece o art. 157 a anulação do contrato por lesão, ou seja, "quando uma pessoa, sob premente necessidade, ou por inexperiência, se obriga a prestação manifestamente desproporcional ao valor da prestação oposta".

Nos contratos que se prolongam no tempo, a lei civil acolheu, no art. 478, a Teoria da Imprevisão, denominando-a de resolução por onerosidade excessiva: "nos contratos de execução continuada ou diferida, se a prestação de uma das partes se tornar excessivamente onerosa, com extrema vantagem para a outra, em virtude de acontecimentos extraordinários e imprevisíveis, poderá o devedor pedir a resolução do contrato".

A doutrina, ao analisar o art. 6º, V, indica paralelo de sua primeira parte com a lesão do Código Civil (art. 157) e a segunda com a resolução ou revisão por onerosidade excessiva (art. 317 c/c o art. 478).

2. Modificação de cláusula contratual e princípio da conservação do contrato

A primeira parte do dispositivo, ao estabelecer direito básico do consumidor "a modificação das cláusulas contratuais que estabeleçam prestações desproporcionais", tem por propósito principal manter o contrato de modo útil para ambas as partes (fornecedor e consumidor). O intuito é calibrar eventuais cláusulas desproporcionais e manter os efeitos do contrato. Mitiga-se o princípio da obrigatoriedade para reequilibrar a relação de consumo.

O dispositivo deve ser analisado em diálogo com o § 2º do art. 51, o qual estabelece o *princípio da conservação do contrato*. Em síntese, apenas as cláusulas nulas devem ser afastadas (invalidadas), mantendo-se as demais disposições contratuais. O dispositivo é direcionado ao juiz que, ao constatar a abusividade de uma ou mais cláusulas abusivas, deve realizar esforço de excluí-las sem gerar "ônus excessivo a qualquer das partes". O magistrado, após excluir o efeito da cláusula abusiva, deve verificar se o contrato mantém condições – sem a cláusula abusiva – de cumprir sua função socioeconômica ou, ao contrário, se a nulidade da cláusula irá contaminar e invalidar todo o negócio jurídico.

Na verdade, a análise sistemática do CDC evidencia que o magistrado tanto pode invalidar a cláusula abusiva como realizar a modificação do seu conteúdo. É justamente o direito básico à modificação das cláusulas, examinado em conjunto com o princípio da conservação dos contratos, que deve orientar os casos concretos.

Em face do disposto nos arts. 6º, V, e 51, § 2º, abrem-se duas possibilidades ao magistrado: declarar a nulidade (afastando a cláusula) ou promover a modificação da cláusula. Não há incompatibilidade entre os dois regimes. Ao contrário, o princípio da conservação do contrato exige esforço judicial de permanência do vínculo. É possível declarar a nulidade de determinada cláusula – afastando completamente seus efeitos – e, em seguida, integrar o contrato com base em usos e costumes, com exigências da boa-fé objetiva ou expressa disposição normativa sobre o assunto.

Portanto, o magistrado, na análise do caso, tem várias alternativas. Pode simplesmente afastar a cláusula nula e manter o contrato. Pode afastar a cláusula e, em seu lugar, estabelecer disposição que decorre de norma ou de jurisprudência dos tribunais superiores. Como exemplo, imagine-se contrato de consumo que estipula multa moratória em 15%, ou seja, em valor superior ao permitido pelo art. 52, § 1º, que prevê o limite de 2%. Na hipótese, o mais correto é substituir a cláusula e estabelecer o limite legal de 2%.

Se da ausência da cláusula abusiva decorrer ônus excessivo a qualquer das partes, e não for possível a substituição por regra decorrente de norma ou jurisprudência, todo o contrato deve ser invalidado, restituindo-se as partes ao estado anterior (art. 182 do Código Civil). Nessa hipótese, cabe ao consumidor requerer indenização pelos prejuízos decorrentes da nulidade do contrato.

A modificação do contrato, em termos práticos, possui maior incidência em relação à cláusula que estabelece o preço e sua forma de reajuste. Por se tratar de disposição de extrema relevância, cuja exclusão retira o próprio sentido do acordo, a correção do seu valor pelo juiz – tanto em ação individual como em coletiva – é o melhor caminho para preservar o contrato e sua função socioeconômica.

3. Revisão dos contratos de consumo que se prolongam no tempo

No século XXI, tanto no âmbito civil, administrativo, como nas relações de consumo, aceita-se, sem maiores dificuldades, a mitigação do princípio da obrigatoriedade dos pactos (*pacta sunt servanda*). Os contratos são firmados a partir da consideração de certa estabilidade de condições econômicas e sociais vigentes. É evidente que qualquer tipo de contratação envolve algum grau de risco, o que pode aumentar ou diminuir as vantagens ou ganhos decorrentes. Todavia, quando tais alterações afetam a própria essência e razão do contrato, gerando obrigações excessivamente onerosas, há preocupação jurídica em restabelecer o grau de equilíbrio, de modo a aproximá-lo ao momento inicial da celebração do vínculo.

Os contratos que se prolongam no tempo estão mais expostos a fatores externos que podem afetar o equilíbrio inicial. As guerras, pandemias e crises econômicas, ocorridas ao longo do século XX, sensibilizaram o legislador e jurista que começaram a desenhar ou reinventar soluções para reequilibrar os contratos afetados. Sempre lembrada pela doutrina, a França, em 1918, ao final da Primeira Guerra, editou a Lei Faillot para lidar com os contratos de longa duração que foram afetados pela Primeira Guerra Mundial.

Foi em contexto de bruscas mudanças sociais e econômicas que se desenvolveu, no meio jurídico, a Teoria da Imprevisão, ou seja, a possibilidade de revisar ou resolver contratos que se prolongam no tempo em face de fato superveniente e imprevisto que gerasse forte abalo no sinalagma (equilíbrio) inicial. No Código Civil, como apontado, foi consagrada no art. 478 com a denominação de *resolução por onerosidade excessiva*, a qual, para ocorrer, exige a presença dos seguintes pressupostos: 1) contratos de execução continuada ou diferida; 2) prestação excessivamente onerosa; 3) vantagem para a outra parte; e 4) em virtude de acontecimentos extraordinários e imprevisíveis.

O dispositivo (art. 478 do Código Civil) alude à resolução do contrato como forma de enfrentar a questão, ou seja, propõe o retorno das partes ao estado anterior à contratação. Todavia, é possível manter o contrato, alterando-se parcialmente suas obrigações, nos termos do art. 479: "a resolução poderá ser evitada, oferecendo-se o réu a modificar equitativamente as condições do contrato". A ideia de manutenção do vínculo contratual também se extrai do disposto no art. 317 do CC: "quando, por motivos imprevisíveis, sobrevier desproporção manifesta entre o valor da prestação devida e o do momento de sua execução, poderá o juiz corrigi-lo, a pedido da parte, de modo que assegure, quanto possível, o valor real da prestação".

No CDC, o art. 6º, V, não traz, como se observa pela sua redação, a exigência de que o fato superveniente seja extraordinário e imprevisível. Também não se exige que haja vantagem para outra parte. A possibilidade de revisão dos contratos de consumo que se prolongam no tempo requer a presença de apenas dois requisitos: 1) fato superveniente; e 2) obrigações excessivamente onerosas.

A revisão nesses moldes é denominada *teoria da base objetiva do negócio jurídico*. Foi desenvolvida pelo jurista alemão Karl Larenz. Em resumo, integram a base objetiva do negócio circunstâncias fáticas cuja permanência ao longo do tempo são necessárias para que o contrato seja cumprido de modo útil para as partes.

O direito básico do consumidor à revisão dos contratos foi amplamente analisado pelos tribunais, em face do aumento exagerado do dólar norte-americano com relação ao real, ocorrido em janeiro de 1999 num primeiro momento, o dólar praticamente dobrou sua cotação. Muitos contratos de consumo que estavam atrelados à moeda estrangeira foram diretamente afetados. Milhões de consumidores, empolgados com a estabilidade da moeda nacional, haviam celebrado, nos anos anteriores, contrato para futura aquisição de veículo na modalidade de *leasing* (arrendamento mercantil), aproveitando-se da possibilidade jurídica de estabelecer o valor da prestação em dólar. Com a crise cambial de janeiro de 1999, houve majoração de aproximadamente 80% no valor.

O Superior Tribunal de Justiça distinguiu a revisão dos contratos de consumo, prevista no art. 6º, V, do CDC, em relação à Teoria da Imprevisão do Código Civil (art. 317 c/c art. 478). Destacou justamente que, nas relações de consumo, não cabe discutir se o aumento do dólar era previsível ou não. A Teoria da Imprevisão, embora se aproxime, não se confunde com a base objetiva do negócio jurídico. "O preceito insculpido no inciso V do artigo 6º do CDC dispensa a prova do caráter imprevisível do fato superveniente, bastando a demonstração objetiva da excessiva onerosidade advinda para o consumidor" (STJ, REsp 417.927, Rel. Min. Fátima Nancy Andrighi).

As ações individuais e coletivas foram julgadas favoravelmente aos consumidores, de modo a substituir o critério de correção das prestações. Nos primeiros julgados, a Corte converteu o valor da prestação para o real e apontou índice de correção de acordo com a inflação. Em decisões posteriores, dividiu o custo decorrente do impacto financeiro do aumento do dólar em partes iguais para o consumidor e o fornecedor.

4. A pandemia do novo coronavírus (Covid-19) e consequências nos contratos de consumo

O primeiro semestre de 2020 foi fortemente marcado pela pandemia do novo coronavírus (SARS-CoV-2S), que afetou praticamente todos os países do mundo. A doença, cujos principais sintomas são tosse, febre, coriza, dor de garganta e dificuldade para respirar, com possibilidade de óbito, foi denominada Covid-19. Para diminuir o contágio do vírus, várias medidas preventivas foram adotadas pelos Governos.

Em face do alto nível de contaminação e necessidade de internação nos casos mais graves, a preocupação inicial foi evitar que muitas pessoas ficassem doentes ao mesmo tempo sem uma adequada estrutura hospitalar. Entre inúmeras polêmicas, houve, nos primeiros meses de 2020, certo consenso no sentido da necessidade de *achatar a curva* de contaminação, ou seja, diluir os casos ao longo do tempo para não sobrecarregar o sistema público e privado de saúde.

No Brasil, em 6 de fevereiro de 2020, foi promulgada a Lei 13.979/2020, a qual "dispõe sobre as medidas para enfrentamento da emergência de saúde pública de importância internacional decorrente do coronavírus responsável pelo surto de 2019". Dentre as medidas "para enfrentamento da emergência de saúde pública de importância internacional", destacam-se o *isolamento* e a *quarentena*.

O *isolamento* foi definido como "separação de pessoas doentes ou contaminadas, ou de bagagens, meios de transporte, mercadorias ou encomendas postais afetadas, de outros, de maneira a evitar a contaminação ou a propagação do coronavírus" (art. 2º, I). A *quarentena* significa "restrição de atividades ou separação de pessoas suspeitas de contaminação das pessoas que não estejam doentes, ou de bagagens, contêineres, animais, meios de transporte ou mercadorias suspeitos de contaminação, de maneira a evitar a possível contaminação ou a propagação do coronavírus" (art. 2º, II, da Lei 13.979/2020).

O STF, ao analisar, em 15 de abril de 2020, a constitucionalidade da Medida Provisória 926/2020 (Procedimentos para aquisição de bens, serviços e insumos destinados ao enfrentamento da emergência de saúde pública decorrente do coronavírus), estabeleceu que há competência concorrente para tomada de providências normativas e administrativas pelos Estados, pelo Distrito Federal e pelos Municípios no que diz respeito a medidas para enfrentamento da pandemia. Ao final, sem excluir a possibilidade de a União legislar sobre o tema, definiu-se que o exercício dessa competência deve sempre resguardar a autonomia dos demais entes (Estados e Municípios), os quais ganharam protagonismo em relação à análise da situação em cada cidade (ADI 6.341).

Nesse contexto, os Estados e Municípios determinaram inúmeras medidas restritivas, tais como fechamento do comércio, bares, boates, restaurantes, clubes, centros comerciais, shoppings, teatros, academias, parques, praias etc. Atividades foram suspensas, como aulas presencias da rede de ensino pública e privada, visitação a museus, parques ecológicos, vivenciais etc.

A atividade econômica, em consequência, sofreu intenso desaquecimento. Milhões de brasileiros perderam o emprego. Milhões de brasileiros sofreram drástica redução nos rendimentos. Todo esse cenário traz consequências para as relações jurídicas. Os contratos de consumo, particularmente os que se prolongam no tempo (empréstimos, plano de saúde, previdência privada, ensino etc.), são afetados.

Examina-se aqui em que medida a pandemia do coronavírus e suas consequências ensejam o direito básico do consumidor de revisão dos contratos em razão de fatos supervenientes que tornem as obrigações excessivamente onerosas (art. 6º, V).

O ideal, imaginado no início do século XIX (há duzentos anos), de que os homens são *livres* e *iguais* e, portanto, capazes de cuidar dos próprios interesses financeiros, de escolher adequadamente o parceiro contratual, bem como de definir o conteúdo do contrato, foi desmentido pela realidade: as pessoas são diferentes e os economicamente mais fortes impõem seus interesses nas mais diversas situações, principalmente no mercado de consumo. Além disso, fatores externos ao contrato – guerras, pandemias, crises econômicas – devem ser considerados para recompor as bases negociais e restabelecer um desejado equilíbrio.

Como pontuado, os vínculos contratuais que se protraem no tempo estão mais expostos a fatores externos que podem afetar o equilíbrio inicial. As guerras, pandemias e crises econômicas, ocorridas ao longo do século XX, sensibilizaram os legisladores e juristas que começaram a desenhar ou reinventar soluções para reequilibrar os contratos afetados. É nesse contexto que se desenvolve a Teoria da Imprevisão (art. 478 do Código Civil) e, também, a Teoria da Base Objetiva do Negócio Jurídico, que foi absorvida pelo art. 6º, V, do CDC.

A revisão dos contratos no CDC possui dois requisitos: 1) fato superveniente à contratação; 2) que as obrigações se tornem excessivamente onerosas em razão dos referidos fatos. Não existe, ao contrário do que ocorre nas relações civis, necessidade de que o fato seja imprevisto e extraordinário e, adicionalmente, que ocorra "extrema vantagem para a outra" parte (art. 478). De qualquer modo, não há dúvidas de que a pandemia do novo coronavírus e suas drásticas consequências financeiras são fatos extraordinários e imprevisíveis. Nem mesmo as grandes seguradoras, que trabalham com análise de riscos e cálculos atuariais (probabilidade, matemática, estatística), fizeram qualquer previsão da pandemia.

Assim, se os rendimentos do consumidor tiverem sido substancialmente afetados, com perda de capacidade financeira de arcar com as obrigações decorrentes de determinado contrato com prestações periódicas (financiamento, escola, planos de saúde etc.), é direito básico realizar a revisão – judicial ou extrajudicial – da obrigação financeira para se adaptar à nova situação econômica e restabelecer o equilíbrio perdido.

A experiência dos tribunais com a maxidesvalorização do real em 1999 deve servir como norte para análise do direito à revisão dos contratos de consumo. O debate diz respeito a verificar em que medida a perda de emprego do consumidor, redução súbita dos rendimentos ou eventual gasto excepcional para tratamento da doença, irá gerar onerosidade excessiva.

Deve-se também examinar, considerando a realidade concreta, por quanto tempo o consumidor será ou foi afetado economicamente. Não é requisito, reitere-se, que a onerosidade excessiva da obrigação para o consumidor corresponda a uma vantagem para o fornecedor. Todavia, tal correlação é examinada para definir o ponto do novo equilíbrio do contrato. No caso da maxidesvalorização do real, o STJ dividiu o custo do aumento do dólar entre fornecedor e consumidor.

Por fim, registre-se que a solução para outras questões – que não envolvam contratos duradouros – pode ser extraída do Código Civil ou, eventualmente, de legislação específica editada no período da pandemia. Até agosto de 2020, entre dezenas de normas, três afetam mais diretamente as relações de consumo: 1) Lei 14.046/2020; 2) Lei 14.010/2020; e 3) Lei 14.034/2020.

5. Outros aspectos nos contratos de consumo decorrentes da pandemia do novo coronavírus

A possibilidade de revisão dos contratos, em face da pandemia do novo coronavírus, nos termos do art. 6º, V, tem pressupostos e campo de aplicação próprios, como esclarecido no item anterior. Não deve ser confundida com outras inúmeras e diferentes situações de consumo que foram afetadas e que possuem solução específica.

Uma delas diz respeito à aquisição de serviços pelo consumidor que não puderam ser prestados em face da quarentena e determinações do poder público de suspensão (shows, peças de teatro, destinos com fronteiras fechadas etc.). O diálogo com o Código Civil traz a solução: "se a prestação do fato tornar-se impossível sem culpa do devedor, resolver-se-á a obrigação" (art. 248).

A mesma solução e raciocínio poderiam ser utilizados para viagens possíveis, com fronteiras abertas e voos confirmados, quando fica evidente que o motivo da viagem (lazer) se torna praticamente impossível de ser atingido, com praticamente tudo paralisado. Embora os serviços de transporte e hospedagem possam ser prestados, a boa-fé objetiva, que exige um olhar para os interesses das partes em torno do contrato, indica que a resolução (volta das partes ao estado anterior) é o melhor caminho. Alternativamente, as partes podem pactuar novas datas para as viagens, com aproveitamento do valor pago pelo consumidor.

De modo bem genérico, seriam essas as soluções jurídicas possíveis. Optou-se, todavia, pela edição de medidas provisórias e leis específicas para tratar de alguns aspectos dos contratos de consumo afetados pela pandemia do novo coronavírus. Ente elas, pontuem-se a Lei 14.046, de 24 de agosto de 2020, a Lei 14.010, de 10 de junho de 2020, e a Lei 14.034, de 5 de agosto de 2020.

A Lei 14.046/2020, que foi pontualmente alterada pela Lei 14.186/2021, disciplina o cancelamento de serviços, de reservas e de eventos dos setores de turismo e cultura em razão do estado de calamidade pública decorrente da pandemia do novo coronavírus (Covid-19).

O art. 2º da Lei 14.046/2020 prevê que, em caso cancelamento de serviços, de reservas e de eventos, incluídos shows e espetáculos, o prestador de serviços ou o fornecedor não estão obrigados a realizar o reembolso dos valores pagos pelo consumidor, desde que assegure umas das duas hipóteses: 1) a remarcação dos serviços, das reservas e dos eventos adiados; 2) a disponibilização de crédito para uso ou abatimento na compra de outros serviços, reservas e eventos, disponíveis nas respectivas empresas.

Na sequência, esclarece o § 4º do art. 2º que o crédito, referido como uma das hipóteses de solução, pode ser utilizado pelo consumidor até 31 de dezembro de 2022.

Por seu turno, a Lei 14.010, de 10 de junho de 2020, estabelece o que denomina "Regime Jurídico Emergencial e Transitório das relações jurídicas de Direito Privado (RJET) no período da pandemia do coronavírus". A única referência às relações de consumo decorre do disposto no art. 8º, o qual suspende temporariamente a incidência do direito de arrependimento (art. 49 do CDC) para determinados contratos, nos seguintes termos: "Até 30 de outubro de 2020, fica suspensa a aplicação do art. 49 do Código de Defesa do Consumidor na hipótese de entrega domiciliar (*delivery*) de produtos perecíveis ou de consumo imediato e de medicamentos" (v. comentários art. 49).

Consigne-se, por fim, a Lei 14.034, promulgada em 5 de agosto de 2020, a qual dispõe "sobre medidas emergenciais para a aviação civil brasileira em razão da pandemia da Covid-19". O art. 3º da norma disciplina o reembolso ao consumidor do valor da passagem em face de cancelamento do voo e desistência do consumidor.

Em caso de cancelamento (no período compreendido entre 19 de março de 2020 e 31 de dezembro de 2020), o reembolso será realizado pelo transportador no prazo de 12 meses, a contar da data do voo cancelado, além de "prestação de assistência material". Como substituição ao reembolso, o consumidor pode optar por receber crédito de valor maior ou igual ao da passagem aérea, a ser utilizado, em nome próprio ou de terceiro, para a aquisição de produtos ou serviços oferecidos pelo transportador, em até 18 meses, contados de seu recebimento (art. 3º, § 1º).

O § 2º do art. 3º da norma acrescenta que, em caso de cancelamento, "o transportador deve oferecer ao consumidor, sempre que possível, como alternativa ao reembolso, as opções de reacomodação em outro voo, próprio ou de terceiro, e de remarcação da passagem aérea, sem ônus, mantidas as condições aplicáveis ao serviço contratado".

Na hipótese de desistência do consumidor, há opção de reembolso com "pagamento de eventuais penalidades contratuais", ou, alternativamente, por crédito de valor correspondente ao da passagem aérea, "sem incidência de quaisquer penalidades contratuais" (art. 3º, § 3º).

O § 5º do art. 3º do diploma legal estende as regras de reembolso e crédito do valor da passagem para hipóteses de atraso e interrupção dos voos por período superior a 4 horas (arts. 230 e 231 da Lei 7.565/1986).

Outros debates surgiram no âmbito das relações de consumo. Com o aumento da procura por alguns produtos, como o álcool em gel, discute-se a ocorrência de preço abusivo, com base no disposto no art. 39, V, que estabelece ser prática abusiva "exigir do consumidor vantagem manifestamente excessiva" (v. comentários ao art. 39, V). Acrescente-se a conduta do fornecedor que limita a compra do consumidor a um número máximo de unidades de determinado produto (v. comentários ao art. 39, I).

No tocante aos planos de saúde, destaquem-se os seguintes pontos: 1) inclusão no Rol de Procedimentos e Eventos em Saúde no âmbito da Saúde Suplementar de testes diagnósticos para infecção pelo Coronavírus (RN 453, de 12 de março de 2020); 2) os planos de saúde, como regra, devem cobrir os custos relativos a todos os procedimentos para o tratamento da Covid-19, na linha da jurisprudência do STJ (v. comentários ao art. 51, IV); 3) se o plano, pela segmentação, não atender internação, a cobertura deve abranger consultas, exames e terapias.

No âmbito educacional, algumas medidas merecem breve referência. A Lei 14.040, de 18 de agosto de 2020, dispensou, em caráter excepcional, a obrigatoriedade de observância ao mínimo de dias de efetivo trabalho escolar, bem como os dias de efetivo trabalho acadêmico, além de abreviar a duração dos cursos de Medicina, Farmácia, Enfermagem, Fisioterapia e Odontologia.

Cabe apontar, também, a Portaria 544, de 16 de junho de 2020, do Ministério da Educação, que trata da substituição das aulas presenciais por aulas em meios digitais. O art. 1º autoriza, como medida excepcional, até o dia 31 de dezembro de 2020, "a substituição das disciplinas presenciais, em cursos regularmente autorizados, por atividades letivas que utilizem recursos educacionais digitais, tecnologias de informação e comunicação ou outros meios convencionais, por instituição de educação superior".

No âmbito da prestação privada de serviços de ensino, não é o melhor caminho impor – por lei ou outra medida – a redução linear da prestação. É de duvidosa constitucionalidade tratar tal tema por meio de leis estaduais: legislar sobre direito civil é competência privativa da União (v. comentários ao art. 55). Todavia, isso não exclui a possibilidade de revisão pontual do contrato (caso a caso), que deve considerar basicamente dois pontos: 1) perda ou redução de capacidade financeira do consumidor; 2) possibilidade de redução proporcional do preço (mensalidade), considerando os critérios constantes no art. 20, III, c/c o § 2º do CDC.

No tocante à qualidade dos serviços, deve-se examinar quais atividades necessariamente presenciais deixaram de ser prestadas (educação física, por exemplo), bem como eventual valor destinado a alimentação, atividades extras etc. O consumidor também deve ter a opção, sem cobrança de qualquer multa, de extinguir o contrato pela impossibilidade do fornecedor de cumprir o objeto contratado: aulas presenciais.

Por fim, registrem-se iniciativas da União e dos Estados que se referem à importância da continuidade de serviços públicos essenciais, particularmente os relativos a energia elétrica e água, as quais afastam, temporariamente, a possibilidade de suspensão dos serviços em face de inadimplemento do consumidor (v. comentários ao art. 22).

 Dicas práticas

A pandemia do novo coronavírus afetou o equilíbrio de milhões de relações jurídicas, entre elas os contratos de consumo. O CDC, o Código Civil e legislação temporária trazem os caminhos para as soluções possíveis no âmbito do Poder Judiciário. Todavia, o meio mais recomendável de readequação dos contratos é a partir de diálogo e tratativas diretas entre as partes interessadas, pautados pela razoabilidade e pela boa-fé objetiva.

Jurisprudência

1. Crise cambial de 1999 e revisão dos contratos de consumo

"O preceito insculpido no inciso V do artigo 6º do CDC dispensa a prova do caráter imprevisível do fato superveniente, bastando a demonstração objetiva da excessiva onerosidade advinda para o consumidor. – A desvalorização da moeda nacional frente à moeda estrangeira que serviu de parâmetro ao reajuste contratual, por ocasião da crise cambial de janeiro de 1999, apresentou grau expressivo de oscilação, a ponto de caracterizar a onerosidade excessiva que impede o devedor de solver as obrigações pactuadas. – A equação econômico-financeira deixa de ser respeitada quando o valor da parcela mensal sofre um reajuste que não é acompanhado pela correspondente valorização do bem da vida no mercado, havendo quebra da paridade contratual, à medida que apenas a sociedade de fomento ao crédito estará assegurada quanto aos riscos da variação cambial. – É ilegal a transferência de risco da atividade financeira ao consumidor, ainda mais quando não observado o seu direito à informação" (STJ, REsp 417.927/SP, 3ª Turma, Rel. Min. Nancy Andrighi, j. 21.05.2002, *DJ* 01.07.2002).

2. Crise cambial de 1999 e revisão dos contratos de consumo: divisão dos encargos entre consumidor e fornecedor

"1 – É lícita a cláusula de contrato de arrendamento mercantil que prevê reajuste das prestações com base na variação da cotação de moeda estrangeira, eis que expressamente autorizada em norma legal específica (art. 6º, da Lei n. 8.880/94). 2 – Com relação à matéria relativa à variação cambial nos contratos de arrendamento mercantil, a Eg. Segunda Seção desta Corte pacificou o entendimento no sentido da divisão, em partes idênticas, dos encargos decorrentes da abrupta mudança ocorrida na cotação da moeda norte-americana entre arrendante e arrendatário a partir de janeiro de 1999. Precedente (REsp 472.594/SP)" (STJ, AgRg no REsp 841.370/DF, 4ª Turma, Rel. Min. Jorge Scartezzini, j. 17.08.2006, *DJ* 18.09.2006).

"I. Não é nula cláusula de contrato de arrendamento mercantil que prevê reajuste das prestações com base na variação da cotação de moeda estrangeira, eis que expressamente autorizada em norma legal específica (art. 6º da Lei n. 8.880/94). II. Admissível, contudo, a incidência da Lei n. 8.078/90, nos termos do art. 6º, V, quando verificada, em razão de fato superveniente ao pacto celebrado, consubstanciado, no caso, por aumento repentino e substancialmente elevado do dólar, situação de onerosidade excessiva para o consumidor que tomou o financiamento. III. Índice de reajuste repartido, a partir de 19.01.99 inclusive, equitativamente, pela metade, entre as partes contratantes, mantida a higidez legal da cláusula, decotado, tão somente, o excesso que tornava insuportável ao devedor o adimplemento da obrigação, evitando-se, de outro lado, a total transferência dos ônus ao credor, igualmente prejudicado pelo fato econômico ocorrido e também alheio à sua vontade" (STJ, REsp 472.594/SP, 2ª Seção, Rel. Min. Carlos Alberto Menezes Direito, Rel. p/ acórdão Min. Aldir Passarinho Junior, j. 12.02.2003, *DJ* 04.08.2003).

3. Relação civil e Teoria da Imprevisão: aumento do dólar era previsível

"3. A intervenção do Poder Judiciário nos contratos, à luz da teoria da imprevisão ou da teoria da onerosidade excessiva, exige a demonstração de mudanças supervenientes das circunstâncias iniciais vigentes à época da realização do negócio, oriundas de evento imprevisível (teoria da imprevisão) e de evento imprevisível e extraordinário (teoria da onerosidade excessiva), que comprometa o valor da prestação, demandando tutela jurisdicional específica. 4. O histórico inflacionário e as sucessivas modificações no padrão monetário experimentados pelo país desde longa data até julho de 1994, quando sobreveio o Plano Real, seguido de período de relativa estabilidade até a maxidesvalorização do real em face do dólar americano, ocorrida a partir de janeiro de 1999, não autorizam concluir pela imprevisibilidade desse fato nos contratos firmados com base na cotação da moeda norte-americana, em se tratando de relação contratual paritária. 5. A teoria da base objetiva, que teria sido introduzida em nosso ordenamento pelo art. 6º, inciso V, do Código de Defesa do Consumidor – CDC, difere da teoria da imprevisão por prescindir da previsibilidade de fato que determine oneração excessiva de um dos contratantes. Tem por pressuposto a premissa de que a celebração de um contrato ocorre mediante consideração de determinadas circunstâncias, as quais, se modificadas no curso da relação contratual, determinam, por sua vez, consequências diversas daquelas inicialmente estabelecidas, com repercussão direta no equilíbrio das obrigações pactuadas. Nesse contexto, a intervenção judicial se daria nos casos em que o contrato fosse atingido por fatos que comprometessem as circunstâncias intrínsecas à formulação do vínculo contratual, ou seja, sua base objetiva. 6. Em que pese sua relevante inovação, tal teoria, ao dispensar, em especial, o requisito de imprevisibilidade, foi acolhida em nosso ordenamento apenas para as relações de consumo, que demandam especial proteção. Não se admite a aplicação da teoria do diálogo das fontes para estender a todo direito das obrigações regra incidente apenas no microssistema do direito do consumidor, mormente com a finalidade de conferir amparo à revisão de contrato livremente pactuado com observância da cotação de moeda estrangeira" (STJ, REsp 1.321.614/SP, 3ª Turma, Rel. Min. Paulo de Tarso Sanseverino, Rel. p/ acórdão Min. Ricardo Villas Bôas Cueva, j. 16.12.2014, *DJe* 03.03.2015).

> **VI** - a efetiva prevenção e reparação de danos patrimoniais e morais, individuais coletivos e difusos;

 ### Legislação correlata

Código Civil, arts. 186 e 927, parágrafo único.

Lei 7.347/1985 (Lei da Ação Civil Pública).

 ### Análise doutrinária

1. Cláusula geral de responsabilidade civil no CDC

O Código de Defesa do Consumidor, em tema de responsabilidade civil, disciplina – em duas seções específicas – responsabilidade pelo fato e vício do produto e do serviço. Todavia, antes disso, estabelece no art. 6º, VI, que é direito básico do consumidor a "efetiva prevenção e reparação de danos patrimoniais e morais".

O dispositivo, embora nem sempre destacado como tal, institui verdadeira *cláusula geral da responsabilidade civil* no mercado de consumo, ou seja, serve de fundamento amplo para permitir indenização de lesões (patrimoniais e morais) ocasionadas ao consumidor quando a situação fática geradora do dano não se configura como responsabilidade pelo fato ou vício do produto ou do serviço.

É equívoco comum pensar que toda e qualquer lesão causada ao consumidor decorre necessariamente de vício ou fato do produto ou do serviço. Muitos danos (morais e/ou materiais) ocasionados ao consumidor são consequências de atividades que não se enquadram em fato ou vício do produto ou do serviço. Nessas situações, o fundamento da responsabilidade civil deve ser buscado no dispositivo que abrange, de modo geral, os danos inerentes às atividades desenvolvidas no mercado de consumo.

A ideia de que o art. 6º, VI, do CDC se caracteriza como cláusula geral da responsabilidade civil nas relações de consumo não tem sido debatida pela doutrina, estimulando o equívoco de se procurar subsumir toda situação fática de dano ao consumidor nas categorias de vício e fato do produto ou do serviço (arts. 12 a 27).

Não deve o intérprete e aplicador do direito se apegar a fórmulas ou expressões tradicionais para visualizar o fundamento e a cláusula geral da responsabilidade civil em determinado setor. Poderia o CDC, é verdade, estabelecer algo como "o fornecedor que, no exercício de suas atividades desenvolvidas no mercado de consumidor, causar dano moral ou patrimonial ao consumidor, possui o dever de indenizar". Todavia, o caminho não foi esse. Optou-se por focar na vítima do dano (consumidor) e estabelecer que é seu direito básico "a efetiva prevenção e reparação de danos patrimoniais e morais".

Exemplifique-se a utilização da cláusula geral de responsabilidade civil no CDC com a questão dos danos decorrentes das atividades dos bancos de dados de proteção ao crédito (art. 43). Não é correto afirmar, na linha da jurisprudência, que a responsabilidade civil dos arquivos de consumo decorre do disposto no art. 14 do CDC (responsabilidade por fato do serviço) e que a vítima do dano seria protegida como consumidor equiparado, conforme o art. 17.

Ora, para se chegar a tal conclusão, deve-se pressupor que o vínculo contratual estabelecido entre a empresa (fonte da informação) e a entidade de proteção ao crédito configura uma relação de consumo, o que é incorreto, já que o empresário que utiliza os serviços de proteção ao crédito não deve ser caracterizado como consumidor. Primeiro, porque a contratação de serviços das entidades de proteção ao crédito insere-se na própria atividade empresarial. Segundo, mesmo considerando a corrente denominada finalismo aprofundado, não se constata a vulnerabilidade da empresa consulente em face da entidade de proteção ao crédito (v. comentários ao art. 2º, *caput*).

Aliás, o consulente, na medida em que também alimenta os bancos de dados de proteção ao crédito (com informações sobre consumidores), possui papel fundamental para a própria dinâmica dos serviços de proteção ao crédito, podendo, inclusive, figurar no polo passivo de demanda indenizatória. Portanto, se não há uma relação de consumo entre a entidade de proteção ao crédito e a empresa que oferece os serviços para permitir a consulta aos arquivos, não há que se falar em acidente de consumo (fato do serviço) e, muito menos, como consequência, em consumidor equiparado (art. 17 do CDC). Não tem cabimento utilizar o art. 14 do CDC – que institui a responsabilidade por fato do serviço – para fundamentar a pretensão indenizatória do consumidor lesado pelo tratamento irregular de seus dados.

A solução é mais simples e direta: a responsabilidade objetiva dos arquivos de consumo decorre diretamente do disposto no art. 6º, VI, ou seja, da cláusula geral de responsabilidade civil do Código de Defesa do Consumidor.

2. Responsabilidade objetiva

A responsabilidade civil decorrente do disposto na cláusula geral do Código de Defesa do Consumidor (art. 6º, VI) é *objetiva*. O dispositivo não se refere à culpa (negligência, imprudência ou imperícia) como pressuposto ou requisito para gerar o dever de indenizar. As hipóteses normativas de responsabilidade civil subjetiva devem prever expressamente a *culpa* como requisito necessário para gerar o dever de indenizar.

Além da ausência de qualquer referência à *culpa*, o art. 6º, VI, utiliza o adjetivo *efetivo* para ressaltar a importância da real indenização do consumidor/vítima. Ao contrário do que sustentam alguns autores, a previsão normativa de responsabilidade objetiva não requer o uso da expressão *independentemente da existência de culpa* ou equivalente. A expressão é, antes de tudo, didática e exerceu importante papel em contexto específico de evolução histórica, normativa e cultural da responsabilidade subjetiva para a objetiva.

O melhor exemplo da desnecessidade de se estabelecer a locução *independentemente de culpa* ou assemelhada pode ser colhido do disposto no art. 37, § 6º, da Constituição Federal: "As pessoas jurídicas de direito público e as de direito privado prestadoras de serviços públicos responderão pelos danos que seus agentes, nessa qualidade, causarem a terceiros, assegurado o direito de regresso contra o responsável nos casos de dolo ou culpa". O dispositivo é o fundamento para a responsabilidade objetiva do Estado e não faz qualquer referência à culpa como pressuposto para gerar o dever de indenizar. O dolo ou culpa são referidos apenas como exigência em eventual ação de regresso do Estado contra o agente causador do dano.

A definição normativa da responsabilidade civil diz respeito a quem deve arcar com danos inerentes à vida em sociedade. Para que a vítima do dano não suporte o próprio prejuízo, é necessário estabelecer, por norma jurídica, os requisitos ou pressupostos para que uma terceira pessoa tenha o dever de indenizar prejuízo alheio. Configurados os pressupostos em determinado caso concreto, surge o dever (obrigação sucessiva) de indenizar dano causado a terceiro.

Em outras palavras, e para melhor compreender a questão, deve-se raciocinar que, antes de qualquer disciplina jurídica, a regra é que a própria vítima arque com seus danos. Os pressupostos ou requisitos, para que terceiro assuma tal dano, devem ser explícitos na norma definidora de responsabilidade civil. A culpa – que é o pressuposto caracterizador da responsabilidade civil subjetiva – deve estar expressa, a exemplo do que ocorre no art. 186 do Código Civil.

Nessa linha, é desnecessário utilizar a expressão *independentemente da existência de culpa* ao se estabelecer, nos arts. 12 e 14 do CDC, os pressupostos caraterizadores da responsabilidade civil do fornecedor por fato do produto ou do serviço. Todavia, como o Código de Defesa do Consumidor foi editado sob cultura jurídica da responsabilidade civil subjetiva – quando ainda estava em vigor o CC/1916 –, a expressão desempenhou, na época de sua promulgação, importante função didática.

Na linha do raciocínio desenvolvido, eventual exceção à regra de responsabilidade objetiva no CDC deve vir expressa, a exemplo da previsão da responsabilidade pelo fato do serviço quando se trata de profissional liberal, conforme disposto no art. 14, § 4º: "a responsabilidade pessoal dos profissionais liberais será apurada mediante a verificação de culpa".

3. Dano material e moral do consumidor (individual)

O art. 6º, VI, do CDC, ao instituir cláusula geral de responsabilidade civil nas relações de consumo, explicita que o *dano* a ser ressarcido ou compensado pode ser moral e material. O dano é pressuposto inafastável da responsabilidade civil, do dever de indenizar. Tradicional dicotomia classifica o dano em patrimonial (material) e moral.

O dano patrimonial é aquele que, como o próprio nome indica, constitui uma diminuição do patrimônio material do lesado, suscetível de avaliação pecuniária. Indenizar significa justamente reparar o dano causado à vítima (consumidor). Sempre que possível, deve-se restabelecer o *status quo ante*, a exemplo do que ocorre com a substituição do bem material destruído ou deteriorado por outro semelhante. Todavia, em inúmeras situações, o retorno ao estado anterior não é possível, hipótese em que a reparação irá se consubstanciar em indenização monetária (equivalente em dinheiro).

O dano material abrange, na dicção do art. 402 do Código Civil, o que o consumidor "efetivamente perdeu, o que razoavelmente deixou de lucrar". Denomina-se dano emergente ou positivo o que constitui uma diminuição imediata no patrimônio da vítima em decorrência do ato ilícito. De outra parte, denomina-se lucro cessante o reflexo patrimonial negativo oriundo de análise prospectiva do ato ilícito, ou seja, na perda de ganho esperável.

O CDC, promulgado em 1990, contribuiu bastante para a consagração do dano moral no ordenamento jurídico brasileiro. Em breve perspectiva histórica, é possível sintetizar a existência de quatro períodos: 1) fase da irreparabilidade do dano moral; 2) admissão, desde que fosse reflexo do dano material; 3) reconhecimento do dano moral independentemente do dano material; 4) possibilidade de cumulação de danos moral e material (Súmula 37 do STJ).

Até 1966, quando o STF aceitou, pela primeira vez, o dano moral (RE 59.940), muitos não admitiam a possibilidade da referida indenização, sob argumentos diversos, mas com destaque para os seguintes: 1) o art. 159 do Código Civil de 1916 não fazia previsão expressa do dano moral; 2) o dano moral é inestimável ou de difícil estimação; 3) seria imoral estabelecer um preço para a dor.

Essa fase restou ultrapassada com a promulgação da Constituição Federal de 1988, a qual colocou a dignidade da pessoa humana como fundamento da República Federativa do Brasil (art. 1º, III) e, ainda, fez expressa referência, em duas passagens, à indenização por dano moral (art. 5º, V e X).

Três anos depois, o CDC também alude expressamente à prevenção e reparação dos danos morais (art. 6º, VI e VII). Posteriormente, em 2002, o Código Civil, ao definir o ato ilícito, torna claro que o dano a ser reparado pode ser "exclusivamente moral" (art. 186).

Muito embora haja o expresso reconhecimento do ordenamento jurídico pela possibilidade de indenização por dano moral, ainda existem controvérsias conceituais. Não é possível afirmar ainda que há consenso na doutrina e jurisprudência sobre o conceito do dano moral, o que gera indesejável incerteza e insegurança.

Com o risco inerente a qualquer síntese, pode-se afirmar que a doutrina se divide em três entendimentos acerca do conceito e configuração do dano moral: 1) dor psíquica; 2) violação a direitos da personalidade; e 3) ofensa à cláusula geral da dignidade da pessoa humana.

Para corrente tradicional, entende-se que o dano moral é caracterizado pela dor psíquica sofrida pela vítima, afetação do seu estado anímico. Tal corrente, além de mitigar o significado e a relevância da dignidade da pessoa humana e dos direitos da personalidade, possui consequência imediata de excluir, em muitas situações, a proteção de doentes mentais, os que estão inconscientes, crianças em tenra idade e outros que, de modo permanente ou temporário, têm a compreensão diminuída da realidade e, consequentemente, da gravidade da lesão.

De outro lado, as duas outras correntes sustentam que o dano moral deve ser configurado independentemente do sofrimento – dor – que a vítima tenha vivenciado. O dano moral se configura ainda que ausente afetação do estado anímico da pessoa.

Para corrente mais moderna (segunda), o dano moral é ofensa a direito da personalidade. Qualquer violação a um direito da personalidade, como privacidade, honra, integridade física, nome, enseja indenização por dano moral. Eventual afetação do estado anímico, de acordo com esse posicionamento, serve apenas para aumentar o *quantum* indenizatório.

Uma terceira corrente doutrinária sustenta que o dano moral é decorrência de ofensa à dignidade da pessoa humana, violação da cláusula geral de tutela da pessoa humana: "tratar-se-á sempre de violação da cláusula geral de tutela da pessoa humana, seja causando-lhe um prejuízo material, seja violando direito extrapatrimonial seu, seja, enfim, praticando em relação à sua dignidade, qualquer 'mal evidente' ou 'perturbação', mesmo se ainda não reconhecido como parte de alguma categoria jurídica" (MORAES, 2003, p. 184).

A segunda e terceira correntes se aproximam. Ambas possuem em comum o fato de afastar a dor – afetação do estado anímico – para caracterização do dano moral. A principal diferença entre esta corrente e a anterior – que sustenta que o dano moral decorre de violação a direitos da personalidade – diz respeito à possibilidade ou não de a pessoa jurídica ser titular de direitos da personalidade.

Embora a jurisprudência tenha se firmado no sentido de que a pessoa jurídica pode sofrer dano moral (Súmula 227 do STJ), esta corrente sustenta, em coerência com a assertiva de que os direitos da personalidade são projeções da cláusula geral de proteção da dignidade da pessoa humana (art. 1º, III, da Constituição Federal), que a indenização por danos morais só é cabível em favor de pessoa natural.

Interessante observar que, embora a concepção do dano moral, principalmente sua vinculação ou não à dor psíquica, seja tema polêmico na doutrina, em algumas áreas específicas a jurisprudência – muitas vezes sem realizar um debate mais aprofundado sobre o assunto – acaba por aderir ou se aproximar da primeira ou segunda corrente (dor psíquica ou ofensa a direito da personalidade).

No âmbito do STJ ocorre o mesmo. De modo geral, a Corte não analisa se o fato lesivo afetou estado anímico da pessoa (dor), mas há alguns poucos julgados que se focam nesse aspecto. Ilustrativamente, foi o julgamento do REsp 764.735, o qual ganhou repercussão à época por envolver direito à imagem da atriz Maitê Proença. Na ocasião, destacou-se que a violação a direito à imagem gera dano material, mas não moral, quando não se verifica a presença no caso concreto de dor.

Na maioria dos julgados, o STJ tem elencado situações em que entende que o dano moral decorre do próprio fato (dano *in re ipsa*). Por exemplo, é pacífico na jurisprudência que a inscrição indevida em bancos de dados de proteção ao crédito enseja indenização por danos materiais e morais. De um lado, exige-se prova específica dos prejuízos materiais experimentados pelo consumidor (lucro cessante e dano emergente). De outro, no tocante aos danos morais, não se exige a configuração ou prova de dor, destacando-se que se trata de dano *in re ipsa*.

Em outras palavras, é incontroverso no Superior Tribunal de Justiça, ao analisar legalidade de registros baseados em informação negativas em entidade de proteção ao crédito, que, para o deferimento de indenização por dano moral, basta ao consumidor demonstrar que o registro foi irregular: não há necessidade de provar qualquer afetação do bem-estar psicofísico da pessoa, vale dizer, que a inscrição gerou vergonha, constrangimento, tristeza ou qualquer outro sentimento negative (v. comentários ao art. 43).

Após 30 anos de experiência do CDC, o debate sobre conceito do dano moral precisa ser amadurecido, enfrentando-se os diversos aspectos indicados pelas três correntes. A dor, ou afetação do estado anímico, não é pressuposto necessário para a configuração dos danos morais, como sustenta a primeira corrente. Também não deve ser considerada apenas como elemento acidental na ofensa a direitos da personalidade que serviria para aumentar o *quantum* indenizatório (segunda corrente).

Entre os direitos da personalidade, há o direito à integridade psíquica (dor) cuja violação pode ocorrer de modo isolado ou cumulado com outros direitos existenciais e/ou materiais. Os atributos psíquicos do ser humano estão relacionados aos sentimentos de cada indivíduo. A própria noção de saúde passa pela higidez mental. A ideia de dignidade humana carrega em si um desejado equilíbrio psicológico. São ilícitas, portanto, as condutas que violam e afetam a integridade psíquica, que causam sentimentos negativos e desagradáveis, como tristeza, vergonha, constrangimento etc.

O direito à integridade psíquica, embora seja reconhecido pela doutrina como integrante dos direitos da personalidade, é necessário avançar para delinear seus contornos ou mesmo evidenciar sua autonomia em relação a outros interesses existenciais ou materiais. A afetação negativa do estado anímico da pessoa (dor) deve ser reconhecida como ofensa à integridade psíquica.

A violação ao direito deve ser compensada por meio de indenização por danos morais, a ser concedida pelo juiz com base na extensão do dano. Deve-se considerar o fato como uma violação a um direito da personalidade autônomo – e não somente como um simples critério para aumento da indenização do dano moral.

Esse debate relativo ao conceito de dano moral individual, com o foco na presença de afetação do estado anímico, acabou por influenciar – indevidamente – toda discussão sobre dano moral coletivo.

4. Dano moral coletivo

O dano moral coletivo tem previsão expressa no ordenamento jurídico. Ao lado da referência explícita no inc. IV do art. 1º da Lei 7.347/1985, é aludido em duas oportunidades no elenco de direitos básicos do consumidor (art. 6º, VI e VII). Nas ações coletivas, são crescentes os pedidos de condenação por *dano moral coletivo*, cujo significado tem gerado incertezas e divergências hermenêuticas.

Inicialmente, registre-se que a expressão *dano moral coletivo não é a melhor porque traz – indevidamente – todo debate conceitual sobre dano moral individual. O* uso inapropriado da expressão dano moral coletivo pela legislação foi reflexo das divergências doutrinárias em torno da expressão dano moral. O mais correto, na hipótese, é falar em dano extrapatrimonial, que é nota própria da ofensa a direitos coletivos (*lato sensu*), principalmente aos difusos, que não possuem equivalência patrimonial.

Tratando-se de direitos metaindividuais, a condenação por dano moral (*rectius*: extrapatrimonial) se justifica em face da presença do interesse social em sua preservação. Trata-se de mais um instrumento para conferir eficácia à tutela de tais interesses, considerando justamente o caráter não patrimonial desses interesses coletivos. Qual seria, afinal, o valor do dano material representado por loteamento clandestino desfigurador da ordem urbanística de determinado município? Qual o valor do dano material decorrente de veiculação de publicidade enganosa ou abusiva? Qual o valor do dano material da poluição de um rio ou lago?

O denominado dano moral coletivo não se confunde com a indenização decorrente de tutela de direitos individuais homogêneos. Constitui-se em hipótese de condenação judicial em valor pecuniário com função punitiva em face de ofensa – grave – a direitos difusos e coletivos. O valor da condenação não vai para o autor da ação coletiva: ele é convertido em benefício da própria comunidade, ao ser destinado ao Fundo criado pelo art. 13 da Lei 7.347/1985 (v. comentários ao art. 99).

O *dano moral coletivo*, portanto, não se confunde com a pretensão decorrente de direito individual homogêneo. A ação civil pública pode veicular pretensões indenizatórias materiais e morais, mas, neste caso, cuida-se de soma de pretensões individuais. O valor da reparação é dirigido ao próprio interessado (v. comentários aos arts. 95 e 97).

Outro ponto precisa ser destacado. A dor psíquica ou, de modo mais genérico, a afetação da integridade psicofísica da pessoa ou da coletividade não é pressuposto para caracterização do dano moral coletivo. Embora a afetação negativa do estado anímico (individual ou coletivo) possa ocorrer, em face dos mais diversos meios de ofensa a direitos difusos e coletivos, a configuração do denominado dano moral coletivo é absolutamente independente desse pressuposto.

A tendência em se referir a ofensa a "sentimentos coletivos" para caracterizar o dano moral coletivo é, sem dúvida, um reflexo, que precisa ser evitado, das discussões sobre a própria noção de dano moral individual.

O dano extrapatrimonial, na área de direitos metaindividuais, decorre da lesão em si a tais interesses, independentemente de afetação paralela de patrimônio ou de higidez psicofísica. A noção se aproxima da ofensa ao bem jurídico do direito penal que, invariavelmente, dispensa resultado naturalístico, daí a distinção entre crimes material, formal e de mera conduta, bem como se falar em crime de perigo (v. comentários ao art. 61).

Em outros termos, há que se perquirir, analisando a conduta lesiva em concreto, se o interesse que se buscou proteger foi atingido. Para ilustrar, a mera veiculação de publicidade enganosa ou abusiva (art. 37 do CDC), independentemente de qualquer aquisição de produto ou serviço ou ocorrência de danos material ou moral (individual), configura lesão a direitos difusos e enseja, portanto, a condenação por dano moral coletivo que, repita-se, possui exclusivo caráter punitivo.

É justamente em face do seu caráter punitivo que se deve avaliar no caso concreto elementos subjetivos da conduta e a gravidade da lesão. Não é adequado, em toda e qualquer demanda coletiva, acrescentar-se automaticamente pedido de condenação por dano moral. Não se pode igualar, por exemplo, prática intencional de cartel, afetando milhões de consumidores, com uso de cláusula uniforme em contrato padrão cuja abusividade ou não decorre de divergências hermenêuticas. Nesta segunda hipótese, ao contrário da primeira, não há que se falar em imposição pecuniária punitiva (dano moral coletivo).

Dicas práticas

O profissional do direito deve ficar atento à existência de cláusula geral de responsabilidade civil nas relações de consumo, de modo a evitar o equívoco de buscar encaixar toda e qualquer lesão a direito do consumidor nas categorias de *fato* ou *vício* do produto ou serviço.

Jurisprudência

1. Gravidade da conduta e dano moral coletivo

"I – A dicção do artigo 6º, VI, do Código de Defesa do Consumidor é clara ao possibilitar o cabimento de indenização por danos morais aos consumidores, tanto de ordem individual quanto coletivamente. II – Todavia, não é qualquer atentado aos interesses dos consumidores que pode acarretar dano moral difuso. É preciso que o fato transgressor seja de razoável significância e desborde os limites da tolerabilidade. Ele deve ser grave o suficiente para produzir verdadeiros sofrimentos, intranquilidade social e alterações relevantes na ordem extrapatrimonial coletiva. Ocorrência, na espécie. III – Não é razoável submeter aqueles que já possuem dificuldades de locomoção, seja pela idade, seja por deficiência física, ou por causa transitória, à situação desgastante de subir lances de escadas, exatos 23 degraus, em agência bancária que possui plena capacidade e condições de propiciar melhor forma de atendimento a tais consumidores" (STJ, REsp 1.221.756/RJ, 3ª Turma, Rel. Min. Massami Uyeda, j. 02.02.2012, *DJe* 10.02.2012).

2. Dano moral coletivo e dor psíquica

"A jurisprudência do Superior Tribunal de Justiça é assente em afirmar que a exploração e funcionamento das máquinas de jogos eletrônicos, caça-níqueis, bingos e similares é de natureza ilícita, revelando prática contravencional descrita no art. 50 da Lei de Contravenções Penais (RMS 21.422/PR, Rel. Min. Luiz Fux, Primeira Turma, julgado em 16.12.2008, *DJe* 18.2.2009). Precedentes. – O dano moral coletivo é a lesão na esfera moral de uma comunidade, isto é, a violação de direito transindividual de ordem coletiva, valores de uma sociedade atingidos do ponto de vista jurídico, de forma a envolver não apenas a dor psíquica, mas qualquer abalo negativo à moral da coletividade, pois o dano é, na verdade, apenas a consequência da lesão à esfera extrapatrimonial de uma pessoa. Precedentes. – Não é qualquer atentado aos interesses dos consumidores que pode acarretar dano moral difuso. É preciso que o fato transgressor seja de razoável significância e desborde os limites da tolerabilidade. Ele deve ser grave o suficiente para produzir verdadeiros sofrimentos, intranquilidade social e alterações relevantes na ordem extrapatrimonial coletiva" (STJ, REsp 1.438.815/RN, 3ª Turma, Rel. Min. Nancy Andrighi, j. 22.11.2016, *DJe* 01.12.2016).

3. Dano moral coletivo *in re ipsa* e gravidade da conduta

"2. O dano moral coletivo se dá *in re ipsa*, isto é, independentemente da comprovação de dor, sofrimento ou abalo psicológico. Entretanto, sua configuração somente ocorrerá quando a conduta antijurídica afetar, intoleravelmente, os valores e interesses coletivos fundamentais, mediante conduta maculada de grave lesão, para que o instituto não seja tratado de forma trivial, notadamente em decorrência da sua repercussão social. 2.1. A conduta perpetrada pela ré, a despeito de ser antijurídica, não foi capaz de abalar, de forma intolerável, a tranquilidade social do grupo de beneficiários, assim como os seus valores e interesses fundamentais, já que não houve interrupção no atendimento do serviço de apoio médico, ainda que realizado por outras clínicas, bem como houve o cumprimento das exigências legais para o descredenciamento no transcurso da presente demanda" (STJ, REsp 1.823.072/RJ, 3ª Turma, Rel. Min. Marco Aurélio Bellizze, j. 05.11.2019, *DJe* 08.11.2019).

"1. É remansosa a jurisprudência deste Tribunal Superior no sentido de que o dano moral coletivo é aferível in re ipsa, dispensando a demonstração de prejuízos concretos e de aspectos de ordem subjetiva. O referido dano será decorrente do próprio fato apontado como violador dos direitos coletivos e difusos, por essência, de natureza extrapatrimonial, sendo o fato, por si mesmo, passível de avaliação objetiva quanto a ter ou não aptidão para caracterizar o prejuízo moral coletivo, este sim nitidamente subjetivo e insindicável. 2. O dano moral coletivo somente se configurará se houver grave ofensa à moralidade pública, objetivamente considerada, causando lesão a valores fundamentais da sociedade e transbordando da tolerabilidade. A violação aos interesses transindividuais deve ocorrer de maneira inescusável e injusta, percebida dentro de uma apreciação predominantemente objetiva, de modo a não trivializar, banalizar a configuração do aludido dano moral coletivo. 3. A tese jurídica, trazida no acórdão ora embargado, de que o dano moral coletivo se configura in re ipsa, está em conformidade com a jurisprudência dominante do Superior Tribunal de Justiça, o que leva à incidência da Súmula 168/STJ" (STJ, EREsp 1342846/RS, Rel. Min. Raul Araújo, Corte Especial, j. 16.06.2021, *DJe* 03.08.2021).

4. Reiteração da conduta e dano moral coletivo

"2. É cabível a ação civil pública para obter pronunciamento judicial voltado à imposição de obrigação de não fazer e pagamento de indenização por danos morais coletivos por empresa que persiste com a prática de fazer com que seus veículos circulem com excesso de peso, ainda mais após considerável número de autuações administravas no Código Brasileiro de Trânsito. 3. Na hipótese dos autos, consignado que a empresa recorrente foi autuada por mais de cinquenta infrações dessa natureza, número manifestamente suficiente para evidenciar conduta antijurídica que deve ser combatida por meio de ação pública, haja vista que em casos assim, a aplicação do CTB se mostra insuficiente para combater os graves problemas decorrentes do tráfego de veículos com excesso de peso que não podem ser resolvidos apenas na esfera administrativa" (STJ, AgInt no AREsp 1.580.705/MG, 2ª Turma, Rel. Min. Mauro Campbell Marques, j. 03.03.2020, *DJe* 06.03.2020).

5. Venda de produtos impróprios, risco à saúde e dano moral coletivo *in re ipsa*

"10. Finalmente, em situações graves desse jaez, que põem em risco a saúde e a segurança da população, o dano moral coletivo independe de prova (*damnum in re ipsa*). Consoante inúmeros precedentes do STJ, 'a jurisprudência desta Corte firmou-se no sentido do cabimento da condenação por danos morais coletivos, em sede de ação civil pública, considerando, inclusive, que o dano moral coletivo é aferível *in re ipsa*' (AgInt no REsp 1.342.846/RS, Rel. Ministra Assusete Magalhães, Segunda Turma, *DJe* de 26/3/2019). No mesmo sentido, o AgInt no AREsp 1.251.059/DF, Rel. Ministro Francisco Falcão, Segunda Turma, *DJe* de 9/9/2019. Essa também a posição dos colegiados de Direito Privado: 'Os danos morais coletivos configuram-se na própria prática ilícita, dispensam a prova de efetivo dano ou sofrimento da sociedade e se baseiam na responsabilidade de natureza objetiva, a qual dispensa a comprovação de culpa ou de dolo do agente lesivo, o que é justificado pelo fenômeno da socialização e coletivização dos direitos, típicos das lides de massa' (REsp 1.799.346/SP, Rel. Ministra Nancy Andrighi, Terceira Turma, *DJe* de 13/12/2019)" (REsp 1.784.595/MS, 2ª Turma, Rel. Min. Herman Benjamin, j. 18.02.2020, *DJe* 18.05.2020).

6. Dano moral coletivo, gravidade da conduta e responsabilidade objetiva

"Os danos morais coletivos configuram-se na própria prática ilícita, dispensam a prova de efetivo dano ou sofrimento da sociedade e se baseiam na responsabilidade de natureza objetiva, na qual é desnecessária a comprovação de culpa ou de dolo do agente lesivo. 3. Esta Corte já se manifestou no sentido de que o atentado aos interesses dos consumidores que seja de razoável significância e desborde os limites da tolerabilidade gera dano coletivo, como ocorre no presente caso, dada a comprovada comercialização de leite com vício de qualidade" (STJ, AgInt no AREsp 1.343.283/RJ, 3ª Turma, Rel. Min. Moura Ribeiro, j. 17.02.2020, *DJe* 19.02.2020).

7. Dano moral coletivo e reexame de prova (Súmula 7 do STJ)

"A jurisprudência do STJ é firme no sentido do cabimento de indenização por dano moral coletivo, relativamente à violação de valores fundamentais da coletividade, e que eventual debate a respeito, no âmbito do Recurso Especial, esbarraria na vedação da Súmula 7/STJ" (STJ, AgInt no AREsp 1.543.144/RJ, 1ª Turma, Rel. Min. Napoleão Nunes Maia Filho, j. 26.05.2020, *DJe* 29.05.2020).

8. Dano moral coletivo e grave ofensa à moralidade pública e valores fundamentais da sociedade

"1. É remansosa a jurisprudência deste Tribunal Superior no sentido de que o dano moral coletivo é aferível *in re ipsa*, dispensando a demonstração de prejuízos concretos e de aspectos de ordem subjetiva. O referido dano será decorrente do próprio fato apontado como violador dos direitos coletivos e difusos, por essência, de natureza extrapatrimonial, sendo o fato, por si mesmo, passível de avaliação objetiva quanto a ter ou não aptidão para caracterizar o prejuízo moral coletivo, este sim nitidamente subjetivo e insindicável. 2. O dano moral coletivo somente se configurará se houver grave ofensa à moralidade pública, objetivamente considerada, causando lesão a valores fundamentais da sociedade e transbordando da tolerabilidade. A violação aos interesses transindividuais deve ocorrer de maneira inescusável e injusta, percebida dentro de uma apreciação predominantemente objetiva, de modo a não trivializar, banalizar a configuração do aludido dano moral coletivo" (STJ, EREsp 1342846/RS, Rel. Min. Raul Araújo, Corte Especial, j. 16.06.2021, *DJe* 03.08.2021).

> **VII –** o acesso aos órgãos judiciários e administrativos, com vistas à prevenção ou reparação de danos patrimoniais e morais, individuais, coletivos ou difusos, assegurada a proteção jurídica, administrativa e técnica aos necessitados;

 Legislação correlata

Lei 9.099/1995 (Dispõe sobre os Juizados Especiais Cíveis).

 Análise doutrinária

1. Direito a acesso a órgãos judiciários e administrativos

O inciso VII do art. 6º do CDC dispõe sobre o direito básico do consumidor de ter acesso aos órgãos judiciários e administrativos, para prevenção e reparação de danos patrimoniais e morais, individuais, coletivos ou difusos. Reforça a necessidade de proteção jurídica, administrativa e técnica aos necessitados.

Quanto ao acesso ao Judiciário para restabelecer direitos, cumpre ressaltar que, cinco anos após a promulgação do CDC, foi editada a Lei 9.099/1995, que instituiu os Juizados Especiais Cíveis com competência para as causas até quarenta salários mínimos (art. 3º, I). Não há dúvidas de que um grande número de conflitos com o fornecedor não supera o referido limite, o que confere especial importância aos Juizados.

Os indicadores do Conselho Nacional de Justiça (*Justiça em números*) informam que *Direito do Consumidor* é o assunto mais demandado nos Juizados Especiais e, invariavelmente, está também entre os primeiros temas das ações propostas nas varas cíveis (www.cnj.jus.br).

Nessas três décadas de existência do Código de Defesa do Consumidor, os Juizados Especiais se revelaram como um importante caminho para solução de conflitos de consumo, pelo baixo custo e celeridade. Recorde-se que não é necessária a representação por advogado nas causas até vinte salários mínimos (art. 9º da Lei 9.099/1995).

No âmbito administrativo, há vários órgãos vinculados ao Poder Executivo que possuem atribuições para analisar notícia de lesão a direito do consumidor, com a possibilidade de realizar acordo para resolução de conflitos de consumo e, se necessário, aplicação de sanção administrativa que possui caráter preventivo e pedagógico. Dentre eles, cabe destacar o importante trabalho realizado pelos Procons estaduais e municipais (v. comentários aos arts. 55, 56, 105 e 106). Quanto aos necessitados, destaque-se o papel desenvolvido pela Defensoria Pública (v. comentários aos arts. 5º e 82).

2. O acesso ao Judiciário e a intervenção de terceiros nos processos que envolvem relação de consumo

Tema recorrente no Poder Judiciário diz respeito à intervenção de terceiros em ações ajuizadas pelo consumidor. Tal questão deve ser examinada sob as luzes de princípios básicos – de natureza processual e material – que norteiam a aplicação do Código de Defesa do Consumidor.

A propósito, o inciso VII do art. 6º do CDC, garante o acesso aos órgãos judiciários e administrativos, "com vistas à prevenção ou reparação de danos patrimoniais e morais, individuais, coletivos ou difusos (...)".

O dispositivo, a par de ressaltar a importância de acesso à Justiça, destaca a finalidade: garantir a prevenção e reparação das lesões ocasionadas ao consumidor. A disposição normativa é relevante diretriz hermenêutica para análise das situações que envolvem intervenção de terceiros: toda interpretação da matéria deve se nortear para permitir uma rápida e eficaz solução do litígio de consumo.

No campo material, a intervenção de terceiros em ações propostas pelo consumidor enseja conhecimento e debate sobre a solidariedade passiva da cadeia de fornecedores.

Em termos de responsabilidade civil, o CDC consagra, inicialmente, o direito básico do consumidor à *efetiva* prevenção e reparação dos danos materiais e morais (art. 6º, VI). Na sequência, para densificar a indenização do consumidor decorrente de lesões sofridas no mercado de consumo, estabelece algumas disposições sobre responsabilidade solidária passiva.

Há solidariedade passiva quando mais de uma pessoa deve responder integralmente por determinada obrigação (contratual ou extracontratual). A obrigação pode ser originária (primária) ou sucessiva, ou seja, surge a partir do descumprimento do dever originário (responsabilidade civil). De acordo com o art. 265 do Código Civil, a solidariedade não se presume, decorre diretamente da lei ou de manifestação de vontade (v. comentários ao art. 7º, parágrafo único)

Em análise sistemática, identificam-se quatro espécies de solidariedade passiva no CDC: 1ª) solidariedade decorrente de ato ilícito (art. 7º, parágrafo único); 2ª) solidariedade automática (ex.: art. 18, *caput*, do CDC: "os fornecedores (...) respondem solidariamente"); 3ª) solidariedade automática condicionada (art. 13); e 4ª) solidariedade decorrente da Teoria da Aparência.

Atentos ao objetivo de garantir uma efetiva reparação de danos ao consumidor, tanto o Superior Tribunal de Justiça como a doutrina têm conferido interpretação extensiva e ampla à solidariedade dos fornecedores justamente para garantir efetividade à reparação de danos do consumidor (v. comentários ao art. 7º, parágrafo único).

No processo civil, a disciplina do CDC apresenta o mesmo objetivo das normas relativas à solidariedade passiva: promover o acesso facilitado à Justiça para permitir o restabelecimento dos direitos violados. Ao lado do direito de "acesso aos órgãos judiciários e administrativos com vistas à prevenção ou reparação de danos patrimoniais e morais" (VI) o art. 6º destaca, também, "a facilitação da defesa de seus direitos" (VIII).

Acrescentem-se as seguintes regras: 1ª) inversão do ônus da prova; 2ª) proibição de denunciação da lide (art. 88); 3ª) limitação do chamamento ao processo (art. 101, II); e 4ª) competência do domicílio do autor (art. 101, I).

Nos casos de intervenção de terceiros, por existir regramento próprio para as relações de consumo, as disposições do Código de Processo Civil (arts. 119 a 132) devem ser afastadas ou, conforme a hipótese, ser interpretadas de modo sistemático e coerente (diálogo das fontes) com o microssistema da lei de proteção ao consumo.

De início, consigne-se que o CDC sequer observa rigorosamente a terminologia da legislação processual, o que indica sua relativa autonomia e propósito de regramento diferenciado do tema. Enquanto o CPC prevê hipótese de denunciação da lide "àquele que estiver obrigado, por lei ou pelo contrato, a indenizar, em ação regressiva, o prejuízo de quem for vencido no processo" (art. 125, II), o CDC estabelece que, em caso de seguradora no âmbito da responsabilidade civil, é o caso de chamamento ao processo (art. 101, II).

O art. 88 do CDC, inspirado pela ideia de efetiva e rápida reparação do dano do consumidor, proíbe a denunciação da lide em ação indenizatória decorrente de fato do produto. O STJ amplia sua aplicação para fato do serviço (v. comentários ao arts. 13 e 88).

De outro lado, o chamamento ao processo foi previsto – e autorizado – para uma única e específica situação, qual seja quando o fornecedor houver contratado seguro em caso de responsabilidade civil. Mesmo nessa hipótese, o CDC proibiu a integração do contraditório pelo Instituto de Resseguros do Brasil (art. 101, II).

As disposições processuais relativas à intervenção de terceiros devem ser interpretadas em consonância com os propósitos da solidariedade passiva de modo a facilitar o acesso do consumidor ao restabelecimento do direito e não o contrário.

Em consequência, até mesmo nessa única situação permitida de *chamamento ao processo* no CDC, deve-se perquirir, no caso concreto, se o deferimento contraria os objetivos de presteza e entrega da prestação jurisdicional (STJ, AgInt no REsp 1.863.500/CE).

A solidariedade passiva dos fornecedores foi instituída pelo Código de Defesa do Consumidor para facilitar o restabelecimento do direito do consumidor lesado. As limitações da intervenção de terceiros possuem o mesmo propósito.

Portanto, a interpretação adequada das modalidades de intervenção de terceiros nas relações de consumo aponta para a autonomia do consumidor em escolher qual ou quais fornecedores devem figurar no polo passivo. Não cabe ao devedor essa opção.

Não há qualquer prejuízo ao direito de regresso o qual pode ser exercido, posteriormente, em ação autônoma ou utilizando-se "os mesmos autos" (art. 88 do CDC c/c o art. 125, § 1º, do CPC). A ideia central é que "nas ações de consumo, a celeridade processual age em favor do consumidor, devendo o fornecedor exercer seu direito de regresso quanto aos demais devedores solidários por meio de ação autônoma" (STJ, REsp 1.739.718/SC).

 Dicas práticas

O profissional do direito, particularmente aquele que defende os interesses do consumidor, deve analisar com cautela o caso concreto para verificar se a intervenção de terceiros no processo facilita ou dificulta o restabelecimento do direito violado.

 Jurisprudência

1. Limitação de intervenção de terceiros nos processos que envolvem relação de consumo

"Agravo Interno em Recurso Especial. Processo civil e direito do consumidor. Art. 70, III, e art. 101 do CDC. Intervenção de terceiro. Chamamento ao processo. Fase processual avançada. Suposto prejuízo ao consumidor. Não obrigatoriedade. Aplicação de multa. Embargos de declaração. Art. 1.026, § 2º, do CPC. Ausência de repercussão sobre as hipóteses de cabimento. Reiteração do mérito. Multa devida. Agravo interno não provido. 1. A denunciação da lide, como modalidade de intervenção de terceiros, busca atender aos princípios da economia e da presteza na entrega da prestação jurisdicional, não devendo ser prestigiada quando o deferimento for apto a subverter exatamente os valores tutelados pelo instituto. 2. Deve ser mantida a multa prevista no art. 1.026, § 2º, do CPC, uma vez que os embargos de declaração foram opostos fora das hipóteses de cabimento do recurso, sem evidenciar a necessidade de prequestionamento" (STJ, AgInt no REsp 1863500/CE, Rel. Min. Luis Felipe Salomão, 4ª Turma, j. 28.06.2021, *DJe* 01.07.2021).

2. Responsabilidade solidária e escolha do consumidor: litisconsórcio passivo facultativo

"6. Nas ações de consumo, nas quais previstas a responsabilidade solidária, é facultado ao consumidor escolher contra quem demandar, resguardado o direito de regresso daquele que repara o dano contra os demais coobrigados. Precedente. 7. Nessas circunstâncias, em que a responsabilidade pela reparação dos danos causados ao consumidor é solidária, o litisconsórcio passivo é, pois, facultativo. 8. Embora, em regra, o devedor possa requerer a intervenção dos demais coobrigados solidários na lide em que figure isoladamente como réu, por meio do chamamento ao processo, essa intervenção é facultativa e seu não exercício não impede o direito de regresso previsto no art. 283 do CC/02. 9. Nas ações de consumo, a celeridade processual age em favor do consumidor, devendo o fornecedor exercer seu direito de regresso quanto aos demais devedores solidários por meio de ação autônoma" (STJ, REsp 1739718/SC, Rel. Min. Nancy Andrighi, 3ª Turma, j. 01.12.2020, *DJe* 04.12.2020).

> **VIII –** a facilitação da defesa de seus direitos, inclusive com a inversão do ônus da prova, a seu favor, no processo civil, quando, a critério do juiz, for verossímil a alegação ou quando for ele hipossuficiente, segundo as regras ordinárias de experiências;

 Legislação correlata

Código de Processo Civil, arts. 10, 357, 373 e seguintes.

 Análise doutrinária

1. Inversão *ope judicis* do ônus da prova

O art. 6º, VIII, estabelece o direito básico à inversão do ônus da prova em favor do consumidor. O dispositivo possui natureza processual. O CDC preocupa-se em estabelecer direitos materiais em favor do consumidor e, ao mesmo tempo, reconhece que o caminho judicial para o restabelecimento de direito violado é permeado de dificuldades, tanto em relação a custos como no tocante à própria dificuldade de produzir provas que embasam o direito do consumidor.

Como já apontado, um dos aspectos da desigualdade entre fornecedor e consumidor refere-se justamente a aspectos processuais. A superioridade jurídica do fornecedor o coloca como *litigante habitual*, vale dizer, as empresas se estruturam e se organizam com departamentos e assessorias jurídicas para levar vários conflitos à Justiça. Esses departamentos integram o custo empresarial. Uma demanda a mais não faz qualquer diferença ao regular desempenho das atividades empresariais, ao revés, chega a ser necessária para justificar os recursos investidos na área. Para o consumidor, *litigante eventual*, ainda que possuidor de conhecimentos jurídicos, levar um caso ao Judiciário representa, inevitavelmente, desgaste emocional, aborrecimentos e dedicação de importantes horas ao processo. A desigualdade é óbvia com evidentes reflexos na postura das partes no momento de transigir e afastar conflitos de interesses.

O CDC, ao lado de proteção material, apresenta três importantes regras para amenizar a superioridade processual do fornecedor: 1) inversão do ônus da prova; 2) proibição de denunciação da lide (art. 88); e 3) competência do domicílio do autor (art. 101, I).

É justamente nessa linha que se institui mecanismo facilitador da tutela judicial dos direitos do consumidor: a possibilidade de inversão do ônus da prova no processo civil. Assim, presentes os dois requisitos indicados no dispositivo – hipossuficiência e verossimilhança das alegações –, deve o juiz promover a inversão do ônus da prova. É atribuição do juiz analisar se estão caracterizados, no caso concreto, os pressupostos da inversão prevista no art. 6º, VIII, do CDC.

A inversão significa alterar a carga de distribuição ordinária do ônus da prova que decorre do disposto no art. 373 do CPC. Em síntese, incumbe ao autor provar o "fato constitutivo de seu direito" e ao réu a "existência de fato impeditivo, modificativo ou extintivo do direito do autor".

A doutrina denomina a hipótese indicada no art. 6º, VIII, do CDC, de inversão *ope judicis* do ônus da prova, o que significa atuação judicial para análise da presença dos requisitos que ensejam a revisão. Tal inversão convive com três hipóteses de inversão *ope legis*, duas são relacionadas a excludentes de responsabilidade pelo fato do produto e do serviço (arts. 12, § 3º, e 14, § 3º) e a terceira diz respeito à publicidade (art. 38). Na denominada inversão *ope legis*, a distribuição da carga probatória é realizada diretamente pelo legislador, sem qualquer necessidade de presença de elementos autorizadores.

Hipossuficiência significa a dificuldade do consumidor de fazer prova sobre determinado fato que embasa sua ação (hipossuficiência técnica). Também está abrangida pelo conceito a falta de condições econômicas para arcar com custo de diligência probatória (ex.: perícia). Não se confunde, portanto, com o conceito de vulnerabilidade, que é a fragilidade do consumidor no mercado de consumo (art. 4º, I, do CDC). A hipossuficiência, muitas vezes, decorre do fato de simplesmente não ter recebido do fornecedor a documentação que comprova a relação contratual. Em outros casos, decorre das próprias características do fato, como, por exemplo, demonstrar os bens pessoais que estavam em bagagem que foi extraviada ou que não realizou saque em dinheiro em caixa eletrônico.

Alegação verossímil é o outro requisito necessário para o juiz promover a inversão *ope judicis* do ônus da prova. A verossimilhança diz respeito à provável veracidade dos fatos que integram, total ou parcialmente, a causa de pedir. A narrativa do consumidor deve ser coerente e, por regras ordinárias de experiência, indicar elementos que se traduzem em oferecer confiança sobre a narrativa dos fatos e respectivas circunstâncias.

Diverge a doutrina quanto à necessidade da presença cumulativa dos requisitos – hipossuficiência e verossimilhança – para promover a inversão do ônus da prova. Em que pese a utilização da conjunção "ou", o correto é realizar a inversão apenas se presentes ambos os pressupostos. O juiz não é um autômato: não tem sentido lógico inverter ônus da prova em face de alegação absolutamente absurda do consumidor, distanciada do que normalmente ocorre, ou seja, inverossímil. Imagine-se situação em que o consumidor alega que na sua bagagem havia despachado um casaco de couro no valor de R$ 3.000,00 para viagem de verão, em local de época com altas temperaturas. Portanto, a inversão não deve ocorrer quando a alegação não for verossímil, mesmo em face de hipossuficiência do consumidor. Também, não deve acontecer em face de verossimilhança desacompanhada da hipossuficiência do consumidor.

2. Momento da inversão do ônus da prova

Qual o momento processual que o juiz deve analisar os requisitos e promover, se for o caso, a inversão do ônus da prova? Esse tema gerou, no passado, inúmeros debates e divergências, inclusive no âmbito do Superior Tribunal de Justiça, a quem compete definir, em última instância, a melhor interpretação de normas infraconstitucionais.

De um lado, sustentava-se que a inversão do ônus da prova, por ser de *regra de julgamento*, deveria ocorrer no momento da sentença e que as partes, já sabendo dessa possibilidade, deveriam ser bastante ativas e trazer para o processo todas as provas necessárias para embasar suas alegações. De outro, em contraste, a posição no sentido de que deveria ser em momento anterior, preferencialmente por ocasião do despacho saneador, de modo a se oportunizar conhecimento às partes e contraditório. Seria, nesse caso, uma *regra de procedimento*.

Após longos debates, firmou-se entendimento no sentido de que a inversão deve ocorrer preferencialmente na fase de saneamento do processo, de modo a assegurar o contraditório e a ampla defesa. O CPC, editado em 2015, reforça tal posição ao estabelecer no art. 357, III, que o juiz em decisão de saneamento e organização do processo deve "definir a distribuição do ônus da prova".

3. Possibilidade de promover a inversão independentemente de pedido

A inversão do ônus da prova é matéria de ordem pública. Não requer, portanto, requerimento expresso do autor. Incide, todavia, o disposto no art. 10 do CPC, o qual determina que o juiz não pode decidir em qualquer grau de jurisdição "com base em fundamento a respeito do qual não se tenha dado às partes oportunidade de se manifestar, ainda que se trate de matéria sobre a qual deva decidir de ofício".

Registre-se, por fim, que é nula de pleno direito cláusula em contrato de consumo que objetive alterar a distribuição normativa do ônus da prova (v. comentários ao art. 51, VI).

 Dicas práticas

Se houver, em tese, presença dos dois requisitos (hipossuficiência e verossimilhança) que ensejam a inversão *ope judicis* do ônus da prova, é importante formular requerimento na petição inicial, em que pese a possibilidade de reconhecimento da matéria de ofício.

 Jurisprudência

1. Momento da inversão do ônus da prova

"A inversão do ônus da prova pode decorrer da lei ('ope legis'), como na responsabilidade pelo fato do produto ou do serviço (arts. 12 e 14 do CDC), ou por determinação judicial ('ope judicis'), como no caso dos autos, versando acerca da responsabilidade por vício no produto (art. 18 do CDC). Inteligência das regras dos arts. 12, § 3º, II, e 14, § 3º, I, e 6º, VIII, do CDC. A distribuição do ônus da prova, além de constituir regra de julgamento dirigida ao juiz (aspecto objetivo), apresenta-se também como norma de conduta para as partes, pautando, conforme o ônus atribuído a cada uma delas, o seu comportamento processual (aspecto subjetivo). Doutrina. Se o modo como distribuído o ônus da prova influi no comportamento processual das partes (aspecto subjetivo), não pode a inversão 'ope judicis' ocorrer quando do julgamento da causa pelo juiz (sentença) ou pelo tribunal (acórdão). Previsão nesse sentido do art. 262, §

1º, do Projeto de Código de Processo Civil. A inversão 'ope judicis' do ônus probatório deve ocorrer preferencialmente na fase de saneamento do processo ou, pelo menos, assegurando-se à parte a quem não incumbia inicialmente o encargo, a reabertura de oportunidade para apresentação de provas. Divergência jurisprudencial entre a Terceira e a Quarta Turma desta Corte" (STJ, REsp 802.832/MG, 2ª Seção, Rel. Min. Paulo de Tarso Sanseverino, j. 13.04.2011, *DJe* 21.09.2011).

"2.1 A jurisprudência desta Corte é no sentido de que a inversão do ônus da prova prevista no art. 6º, VIII, do CDC, é regra de instrução e não regra de julgamento, motivo pelo qual a decisão judicial que a determina deve ocorrer antes da etapa instrutória, ou quando proferida em momento posterior, garantir a parte a quem foi imposto o ônus a oportunidade de apresentar suas provas. Precedentes" (STJ, REsp 1286273/SP, Rel. Min. Marco Buzzi, 4ª Turma, j. 08.06.2021, *DJe* 22.06.2021).

2. Impossibilidade de inversão do ônus da prova em segunda instância

"2.2 Inviabilidade da inversão do ônus probatório em sede de apelação, notadamente quando fundado em premissa equivocada atinente a suposta hipossuficiência da parte autora, visto que o órgão do Ministério Público não é de ser considerado opositor enfraquecido ou impossibilitado de promover, ainda que minimamente, o ônus de comprovar os fatos constitutivos de seu direito" (STJ, REsp 1286273/SP, Rel. Min. Marco Buzzi, 4ª Turma, j. 08.06.2021, *DJe* 22.06.2021).

3. Realização de saques não autorizado e hipossuficiência técnica do consumidor

"1. Trata-se de debate referente ao ônus de provar a autoria de saque em conta bancária, efetuado mediante cartão magnético, quando o correntista, apesar de deter a guarda do cartão, nega a autoria dos saques. 2. O art. 6º, VIII, do CDC, com vistas a garantir o pleno exercício do direito de defesa do consumidor, estabelece que a inversão do ônus da prova será deferida quando a alegação por ele apresentada seja verossímil ou quando for constatada a sua hipossuficiência. 3. Reconhecida a hipossuficiência técnica do consumidor, em ação que versa sobre a realização de saques não autorizados em contas bancárias, mostra-se imperiosa a inversão do ônus probatório. 4. Considerando a possibilidade de violação do sistema eletrônico e tratando-se de sistema próprio das instituições financeiras, a retirada de numerário da conta bancária do cliente, não reconhecida por esse, acarreta o reconhecimento da responsabilidade objetiva do fornecedor do serviço, somente passível de ser ilidida nas hipóteses do § 3º do art. 14 do CDC" (STJ, REsp 1.155.770, Rel. Min. Nancy Andrighi, j. 15.12.2011, *DJe* 09.03.2012).

4. Inversão do ônus da prova: análise do juiz e impossibilidade de reexame no STJ

"Nos termos do entendimento jurisprudencial desta Corte, a inversão do ônus da prova fica a critério do juiz, conforme apreciação dos aspectos de verossimilhança da alegação do consumidor e de sua hipossuficiência, conceitos intrinsecamente ligados ao conjunto fático-probatório dos autos delineado nas instâncias ordinárias, cujo reexame é vedado em recurso especial, em função da aplicação da Súmula 7 do STJ" (STJ, AgInt no AREsp 1.607.759/MG, 3ª Turma, Rel. Min. Marco Aurélio Bellizze, j. 04.05.2020, *DJe* 08.05.2020).

5. Inversão do ônus da prova não é automática

"A inversão do ônus da prova, nos termos do art. 6º, VIII, do Código de Defesa do Consumidor, não é automática, dependendo da constatação, pelas instâncias ordinárias, da presença ou não da verossimilhança das alegações e da hipossuficiência do consumidor" (STJ, AgInt no AREsp 1749651/SP, Rel. Min. Raul Araújo, 4ª Turma, j. 19.04.2021, *DJe* 21.05.2021).

> **IX –** (Vetado);[4]
> **X –** a adequada e eficaz prestação dos serviços públicos em geral.

 Legislação correlata

Constituição Federal, arts. 173 e 175.

Lei 8.987/1995 (Regime de concessão e permissão da prestação de serviços públicos).

Lei 13.460/2017 (Dispõe sobre participação, proteção e defesa dos direitos do usuário dos serviços públicos da administração pública).

 Análise doutrinária

1. Serviços públicos adequados e aplicação do CDC

O art. 6º, X, dispõe ser direito básico do consumidor o recebimento de serviços públicos com qualidade (adequado e eficaz). Ao lado do Código de Defesa do Consumidor, as Leis 8.987/1995 e 13.460/2017 estabelecem direitos em favor dos usuários dos serviços públicos. Referidos diplomas destacam, na prestação de serviços públicos, a importância de tratamento igualitário, eficiente, sem burocracia e exigências desproporcionais.

É nota marcante do CDC a exigência de qualidade em relação a produtos e serviços oferecidos no mercado de consumo. No caso de prestação de serviços, a qualidade abrange aspectos relacionados a funcionalidade e segurança.

De um lado, são impróprios os serviços que não se mostrem adequados para os fins que razoavelmente deles se esperam ou que não atendam às normas regulamentares

---

4   Mensagem de Veto 664/90, *do inciso IX do art. 6º*: "O dispositivo contraria o princípio da democracia representativa ao assegurar, de forma ampla, o direito de participação na formulação das políticas que afetam diretamente o consumidor. O exercício do poder pelo povo faz-se por intermédio de representantes legitimamente eleitos, excetuadas as situações previstas expressamente na Constituição (CF, art. 14, I). Acentue-se que o próprio exercício da iniciativa popular no processo legislativo está submetido a condições estritas (CF, art. 61, § 2º)".

de prestabilidade (art. 20, § 2º). Quanto à segurança do consumidor e de terceiros (art. 17), o serviço é considerado defeituoso quando não oferece a segurança que dele se pode esperar, considerando, entre outros dados, o modo do seu fornecimento, a época em que foi fornecido e os riscos que razoavelmente dele se esperam (art. 14, § 1º).

Ao lado do art. 6º, X, outros dispositivos do CDC referem-se a serviços públicos. O art. 4º, VII, alude à "racionalização e melhoria dos serviços públicos". O *caput* do art. 22 reforça a aplicação do CDC aos serviços públicos, ao estabelecer que os órgãos públicos ou suas empresas (empresa pública, sociedade de economia mista), bem como as concessionárias e permissionárias, devem oferecer serviços adequados, eficientes e contínuos. Recorde-se, ainda, que no conceito de fornecedor (art. 3º, *caput*) estão as incluídas as pessoas jurídicas de direito público.

A grande questão que se coloca em relação aos serviços públicos não se refere à exigência de qualidade, mas a identificar *quais* serviços públicos estariam sujeitos ao CDC. Não há dúvida a respeito da aplicação do CDC aos serviços públicos. As polêmicas dizem respeito à necessidade de a atividade ser remunerada diretamente (tarifa, preço público ou taxa) ou à suficiência de que a remuneração seja indireta e remota (impostos).

A propósito, cabe destacar a formação de três correntes doutrinárias: 1) interpretação extensiva (todos os serviços públicos estão sujeitos ao CDC); 2) a prestação do serviço deve ser remunerada (art. 3º, § 2º), seja por taxa ou tarifa; 3) somente os serviços remunerados por tarifa ou preço público estariam sujeitos ao CDC: os serviços custeados por tributos não estariam sob a incidência do CDC, pois não há uma remuneração específica.

A melhor posição sobre as espécies de serviços públicos que estão sob a disciplina do CDC deve considerar dois aspectos: a remuneração específica do serviço e a noção de *mercado de consumo*. Em que pese a jurisprudência caminhar em outro sentido, a melhor interpretação conduz à conclusão de que estão sujeitos ao CDC os serviços públicos cuja remuneração, independentemente da sua natureza, seja feita diretamente pelo consumidor, ou seja, a corrente indicada no item 2 do parágrafo anterior (v. comentários ao art. 22).

 Dicas práticas

O intérprete e aplicador do direito deve ficar atento ao fato de que não são todas as espécies de serviços públicos que se sujeitam ao CDC.

 Jurisprudência

1. Serviços públicos e incidência do CDC

"1. A jurisprudência desta Corte firmou-se no sentido de que a relação entre concessionária de serviço público e o usuário final para o fornecimento de serviços públicos essenciais, tais como energia elétrica, é consumerista, sendo cabível a aplicação do Código de Defesa do Consumidor. 2. No caso, concluiu a Corte estadual pelo enquadramento da agravante como fornecedora e da agravada como consumidora do serviço de fornecimento de energia elétrica, razão pela qual fez incidir as regras protetoras do Código de Defesa do Consumidor" (STJ, AgInt no AREsp 1.061.219/RS, 2ª Turma, Rel. Min. Og Fernandes, j. 22.08.2017, *DJe* 25.08.2017).

"1. Nos termos da jurisprudência desta Corte, 'os serviços públicos impróprios ou *uti singuli* prestados por órgãos da administração pública indireta ou, modernamente, por delegação a concessionários, como previsto na CF (art. 175), são remunerados por tarifa, sendo aplicáveis aos respectivos contratos o Código de Defesa do Consumidor' (REsp 609.332/SC, Rel. Ministra Eliana Calmon, Segunda Turma, julgado em 09.08.2005, *DJ* 05.09.2005). 2. Outrossim, não há falar em violação do artigo 3º, § 2º, do Código de Defesa do Consumidor no presente caso, pois, 'para a caracterização da relação de consumo, o serviço pode ser prestado pelo fornecedor mediante remuneração obtida de forma indireta' (REsp 566.468/RJ, Rel. Ministro Jorge Scartezzini, Quarta Turma, julgado em 23.11.2004, *DJ* 17.12.2004). 3. Na hipótese, cuida-se de ação indenizatória, fundada na responsabilidade civil da clínica por falha na prestação de serviços médicos hospitalares – supostamente causadora da morte da filha da autora – remunerados pelo Sistema Único de Saúde (SUS). 4. Como de sabença, a assistência médica e hospitalar é considerada serviço público essencial e, no caso, foi prestada por delegação e não diretamente pela Administração Pública. O custeio das despesas efetuado pelo SUS caracteriza remuneração indireta apta a qualificar a relação jurídica, no caso, como de consumo. Desse modo, a aplicação do código consumerista afigura-se de rigor, nos termos da jurisprudência supracitada. 5. Consequentemente, a regra de competência inserta no inciso I do artigo 101 do CDC deve incidir na espécie, sendo facultada ao consumidor a propositura da ação no foro do seu domicílio, motivo pelo qual não merece reforma o acórdão estadual" (STJ, AgInt no REsp 1.347.473/SP, 4ª Turma, Rel. Min. Luis Felipe Salomão, j. 04.12.2018, *DJe* 10.12.2018).

"5. Conforme entendimento pacificado no STJ, 'a relação entre concessionária de serviço público e o usuário final, para o fornecimento de serviços públicos essenciais, tais como água e energia, é consumerista, sendo cabível a aplicação do Código de Defesa do Consumidor' (AgRg no AREsp 354.991/RJ, Rel. Min. Mauro Campbell Marques, Segunda Turma, *DJe* 11/9/2013). 6. Em se tratando de matéria relacionada a danos oriundos de produtos ou serviços de consumo, é afastada a aplicação do Código Civil, tendo em vista o regime especial do Código de Defesa do Consumidor. Só excepcionalmente aplica-se o Código Civil, ainda assim quando não contrarie o sistema e a principiologia do CDC" (STJ, REsp 1.831.314/RS, 2ª Turma, Rel. Min. Herman Benjamin, j. 26.11.2019, *DJe* 19.12.2019).

2. Ministério Público e tutela dos serviços públicos

Súmula 601 do STJ: "O Ministério Público tem legitimidade ativa para atuar na defesa de direitos difusos, coletivos e individuais homogêneos dos consumidores, ainda que decorrentes da prestação de serviço público".

> **XI –** a garantia de práticas de crédito responsável, de educação financeira e de prevenção e tratamento de situações de superendividamento, preservado o mínimo existencial, nos termos da regulamentação, por meio da revisão e da repactuação da dívida, entre outras medidas;

Análise doutrinária

1. Crédito responsável: tratamento e prevenção ao superendividamento

O inciso XI foi acrescido, ao rol de direitos básicos do art. 6º pela Lei do Superendividamento (Lei 14.181/2021). A norma promove importantes atualizações no Código de Defesa do Consumidor na área de crédito, prevenção e tratamento ao superendividamento do consumidor.

O inciso XI, que se complementa com o inciso XII (mínimo existencial), representa a síntese da preocupação da nova norma, ao estabelecer o direito básico do consumidor à "garantia de práticas de crédito responsável, de educação financeira e de prevenção e tratamento de situações de superendividamento".

O *crédito responsável* é a concessão de empréstimo em contexto de informações claras, completas e adequadas sobre todas as características e riscos do contrato. A noção de *crédito responsável* decorre do princípio da boa-fé objetiva e de seus consectários relacionados à lealdade e transparência, ao dever de informar, ao dever de cuidado e, até mesmo, ao dever de aconselhamento ao consumidor.

Na fase pré-contratual, o agente financeiro deve analisar a situação econômica do consumidor, seu perfil, suas necessidades e, dentre as inúmeras modalidades de crédito disponíveis, sugerir – se for o caso! – a contratação do empréstimo que está mais adequado ao momento, aos propósitos, necessidades e possibilidades orçamentárias do consumidor.

O crédito responsável indica a importância de colher informações sobre a situação financeira do consumidor para avaliar, com todo o cuidado, a real possibilidade de assumir novo ou mais um empréstimo em dinheiro. Daí a crescente importância dos bancos de dados de proteção ao crédito, ou seja, das entidades cujo objetivo é realizar o tratamento de informações úteis à análise de risco de concessão de crédito.

Como consequência dos direitos básicos previstos nos incisos XI e XII do art. 6º do CDC, os arts. 54-B, 54-C e 54-D detalham as providências que devem ser realizadas antes da contratação. Entre outros deveres, destaquem-se: 1) avaliar as condições de crédito do consumidor, mediante análise das informações disponíveis em bancos de dados de proteção ao crédito; 2) informar e esclarecer adequadamente o consumidor sobre a natureza e as modalidades disponíveis de empréstimos e a importância do mínimo existencial: 3) informar sobre as consequências genéricas e específicas do inadimplemento; 4) entregar cópia do contrato; 5) não condicionar o atendimento das pretensões do consumidor à renúncia ou à desistência de demandas judiciais.

 Dicas práticas

Muitos agentes financeiros, em face da nova legislação sobre crédito e superendividamento do consumidor, precisam rever as políticas e parâmetros internos (*compliance*) relacionados ao tema.

 **Jurisprudência**

1. Crédito a idoso e superendividamento

"2. O propósito recursal consiste em dizer da negativa de prestação jurisdicional pelo Tribunal de origem e se existe discriminação abusiva de idosos na restrição ao empréstimo consignado em instituição financeira quando a soma da idade do cliente com o prazo do contrato for maior que 80 anos. 3. A linha de raciocínio do Tribunal de origem não contém vício de julgamento nem representa negativa de prestação jurisdicional, pois apenas importa conteúdo contrário aos interesses da parte recorrente, insuficiente a caracterizar qualquer hipótese do art. 1.022, II, do CPC, tampouco violação do art. 489, § 1º, VI, do CPC. 4. A partir da reflexão sobre o valor humano no tratamento jurídico dos conflitos surgidos na sociedade diante do natural e permanente envelhecimento da população, torna-se imprescindível avaliar também sobre a racionalidade econômica e suas intencionalidades de eficiência pragmática na organização da comunidade, por vezes, (con)fundida com a ética utilitarista de 'garantir a cada um o máximo possível'. 5. Indispensável compreender a velhice em sua totalidade, como fato biológico e cultural, absorvendo a preocupação assinalada em âmbito internacional (v.g. Plano de Ação Internacional sobre o Envelhecimento, fruto da Assembleia Mundial sobre o Envelhecimento, da Organização das Nações Unidas) e nacional (sobretudo o Estatuto do Idoso) de respeito e valorização da pessoa idosa. 6. A adoção de critério etário para distinguir o tratamento da população em geral é válida quando adequadamente justificada e fundamentada no Ordenamento Jurídico, sempre atentando-se para a sua razoabilidade diante dos princípios da igualdade e da dignidade da pessoa humana. 7. O próprio Código Civil se utiliza de critério positivo de discriminação ao instituir, por exemplo, que é obrigatório o regime da separação de bens no casamento da pessoa maior de 70 anos (art. 1.641, II). 8. A instituição financeira declinou as razões acerca da realidade de superendividamento da população idosa, da facilidade de acesso ao empréstimo consignado e o caráter irrevogável da operação, ao mesmo tempo em que registrou disponibilizar outras opções de acesso ao crédito em conformidade aos riscos assumidos na sua atividade no mercado financeiro. 9. O critério de vedação ao crédito consignado – a soma da idade do cliente com o prazo do contrato não pode ser maior que 80 anos – não representa discriminação negativa que coloque em desvantagem exagerada a população idosa que pode se socorrer de outras modalidades de acesso ao crédito bancário" (STJ, REsp 1783731/PR, Rel. Min. Nancy Andrighi, 3ª Turma, j. 23.04.2019, *DJe* 26.04.2019).

> **XII** - a preservação do mínimo existencial, nos termos da regulamentação, na repactuação de dívidas e na concessão de crédito;

 Legislação correlata

Código de Processo Civil, art. 833

Análise doutrinária

1. Preservação do mínimo existencial

A Lei do Superendividamento (Lei 14.181/2021) disciplina o crédito e dispõe sobre a prevenção e tratamento do consumidor superendividado. A norma atualiza o Código de Defesa do Consumidor e, entre tantas outras disposições, acrescenta o inciso XII ao rol de direitos básicos do art. 6º.

O referido inciso estabelece ser direito básico do consumidor a preservação do mínimo existencial tanto na concessão de crédito como na repactuação das dívidas de consumo.

A ideia é simples. O equilíbrio orçamentário do consumidor envolve o pagamento periódico de suas dívidas e compromissos, sem prejuízo de verba mensal destinada a gastos básicos e fundamentais próprios e de seus dependentes. Portanto, a preservação do mínimo existencial significa a preservação de parte do salário e rendimentos para carcar com gastos relacionados a alimentação, saúde, educação, transportes e outros serviços essenciais.

A preservação do mínimo existencial deve ser analisada em qualquer concessão de crédito ao consumidor. Inicialmente, é cuidado que o próprio interessado deve ter, mas é, também, dever do agente financeiro verificar se o empréstimo pretendido irá comprometer a subsistência do consumidor. Esse cuidado decorre da noção de crédito responsável e dos deveres impostos pelo arts. 54-A a 54-D.

Nessa análise é fundamental verificar qual o impacto financeiro da *totalidade* de empréstimos do consumidor e não apenas um contrato específico. Muitas vezes, é justamente o terceiro ou quarto empréstimo concedido ao consumidor que irá afetar o mínimo existencial. O agente financeiro, portanto, precisa realizar análise global das dívidas e ter responsabilidade e cuidado na concessão do quarto, quinto ou sexto empréstimo de dinheiro.

O descumprimento de qualquer dos deveres decorrentes dos referidos dispositivos – que, em última análise concretizam o princípio da boa-fé objetiva – pode acarretar judicialmente "a redução dos juros, dos encargos ou de qualquer acréscimo ao principal e a dilação do prazo de pagamento previsto no contrato original, conforme a gravidade da conduta do fornecedor e as possibilidades financeiras do consumidor" (parágrafo único do art. 54-D).

A ideia de mínimo existencial também. é fundamental para o próprio conceito de superendividamento, nos termos do art. 54-A, § 1º: "entende-se por superendividamento a impossibilidade manifesta de o consumidor pessoa natural, de boa-fé, pagar a totalidade de suas dívidas de consumo, exigíveis e vincendas, sem comprometer *seu mínimo existencial*, nos termos da regulamentação".

Por fim, a manutenção do mínimo existencial é exigência expressa para a proposta do plano de pagamento apresentado pelo consumidor na fase conciliatória (v. comentários ao art. 104-A).

O mínimo existencial não é noção completamente desconhecida dos tribunais. É amplamente utilizado para análise de situações de impenhorabilidade de rendimentos. Ilustrativamente, "A verba emergencial da covid-19 foi pensada e destinada a salvaguardar pessoas que, em razão da pandemia, presume-se estejam com restrições em sua subsistência, cerceadas de itens de primeira necessidade; por conseguinte, é intuitivo que a constrição judicial sobre qualquer percentual do benefício, salvo para pagamento de prestação alimentícia, acabará por vulnerar o **mínimo existencial** e a dignidade humana dos devedores" (STJ, REsp 1935102/DF, Rel. Ministro Luis Felipe Salomão, 4ª Turma, j. 29.06.2021, *DJe* 25.08.2021). De qualquer modo, por se tratar de conceito indeterminado, o dispositivo remete à regulamentação (art. 84, IV, da Constituição Federal) o significado, com parâmetros mais objetivos, do mínimo existencial. Na ausência da referida regulamentação, cuida-se de tarefa hermenêutica a ser realizada pelo intérprete e aplicador da norma.

Dicas práticas

Os agentes financeiros devem ter cuidados especiais no momento de concessão de crédito, particularmente na observância de preservação do mínimo existencial, de modo a evitar invalidade do contrato e outras sanções.

Jurisprudência

1. Limitação de crédito e mínimo existencial

"Recurso Especial. Negócios jurídicos bancários. Renegociação de dívida. Desconto em conta-corrente. Possibilidade. Limitação a 30% da remuneração do devedor. Superendividamento. Preservação do mínimo existencial. Astreintes. Ausência de indicação do dispositivo de lei federal violado. Óbice da súmula 284/STF. 1. Validade da cláusula autorizadora de desconto em conta-corrente para pagamento das prestações do contrato de empréstimo, ainda que se trate de conta utilizada para recebimento de salário. 2. Os descontos, todavia, não podem ultrapassar 30% (trinta por cento) da remuneração líquida percebida pelo devedor, após deduzidos os descontos obrigatórios (Previdência e Imposto de Renda). 3. Preservação do mínimo existencial, em consonância com o princípio da dignidade humana. Doutrina sobre o tema. 4. Precedentes específicos da Terceira e da Quarta Turma do STJ" (STJ, REsp 1584501/SP, Rel. Ministro Paulo de Tarso Sanseverino, 3ª Turma, j. 06.10.2016, DJe 13.10.2016).

2. Penhora e proteção ao mínimo existencial

"1. Ao limitar a atividade executiva, o legislador almejou escudar alguns bens jurídicos relevantes, como a dignidade do executado e o direito ao patrimônio mínimo, indicando um rol de bens impenhoráveis, em juízo apriorista de ponderação dos interesses envolvidos, malgrado uma interpretação teleológica das impenhorabilidades não impeça – a depender da situação em concreto, diante da finalidade da norma e em conformidade com os princípios da justiça e do bem comum – que referida proteção se estenda a outros bens indispensáveis ao devedor, ainda que não tipificados na legislação processual. 2. O auxílio emergencial concedido pelo Governo Federal (Lei n. 13.982/2020) para garantir a subsistência do beneficiário no período da pandemia pela covid-19 é verba impenhorável, tipificando-se no rol do art. 833, IV, do CPC. 3. A regra geral da impenhorabilidade dos vencimentos, dos subsídios, dos soldos, dos salários, das remunerações, dos proventos de aposentadoria, das pensões, dos pecúlios e dos montepios, bem como das quantias recebidas por liberalidade de terceiro e destinadas ao sustento do devedor e de sua família, dos ganhos de trabalhador autônomo e dos honorários de profissional liberal, poderá ser excepcionada, nos termos do art. 833, IV, c/c o § 2º, do CPC/2015, quando se voltar: I) para o pagamento de prestação alimentícia, de qualquer origem, independentemente do valor da verba remuneratória recebida; e II) para o pagamento de qualquer outra dívida não alimentar, quando os valores recebidos pelo executado forem superiores a 50 (cinquenta) salários mínimos mensais, ressalvadas eventuais particularidades do caso concreto. Em qualquer circunstância, deverá ser preservado percentual capaz de dar guarida à dignidade do devedor e da sua família. 4. As exceções à regra da impenhorabilidade não podem ser interpretadas de forma tão ampla a ponto de afastarem qualquer diferença entre as verbas de natureza alimentar e aquelas que não possuem tal caráter. 5. As dívidas comuns não podem gozar do mesmo *status* diferenciado da dívida alimentar a permitir a penhora indiscriminada das verbas remuneratórias, sob pena de se afastarem os ditames e a própria ratio legis do Código de Processo Civil (art. 833, IV, c/c o § 2º), sem que tenha havido a revogação do dispositivo de lei ou a declaração de sua inconstitucionalidade. 6. Na hipótese, trata-se de execução de dívida não alimentar (cédula de crédito) proposta por instituição financeira cuja penhora, via Bacen Jud, recaiu sobre verba salarial e verba oriunda do auxílio emergencial concedido pelo Governo Federal em razão da covid-19, tendo o Juízo determinado a restituição dos valores em razão de sua impenhorabilidade. Assim, tendo-se em conta que se trata de auxílio assistencial, que a dívida não é alimentar e que os valores são de pequena monta, com fundamento seja no art. 833, IV e X, do CPC, seja no disposto no art. 2º, § 3º, da Lei n. 13.982/2020, a penhora realmente deve ser obstada. 7. A verba emergencial da covid-19 foi pensada e destinada a salvaguardar pessoas que, em razão da pandemia, presume-se estejam com restrições em sua subsistência, cerceadas de itens de primeira necessidade; por conseguinte, é intuitivo que a constrição judicial sobre qualquer percentual do benefício, salvo para pagamento de prestação alimentícia, acabará por vulnerar o mínimo existencial e a dignidade humana dos devedores" (STJ, REsp 1935102/DF, Rel. Min. Luis Felipe Salomão, 4ª Turma, j. 29.06.2021, *DJe* 25.08.2021).

> **XIII** - a informação acerca dos preços dos produtos por unidade de medida, tal como por quilo, por litro, por metro ou por outra unidade, conforme o caso.

O inciso, XIII do art. 6º foi acrescentado pela Lei do Superendividamento, mas não se relaciona ao crédito. Em homenagem à transparência e à clareza, estabelece ser direito básico do consumidor "a informação acerca dos preços dos produtos por unidade de medida, tal como por quilo, por litro, por metro ou por outra unidade, conforme o caso".

A indicação do preço por unidade de medida facilita para o consumidor realizar comparação entre os concorrentes. A inobservância da norma enseja incidência de sanção administrativa, com base nos arts. 56 a 60 do Código de Defesa do Consumidor.

> **Parágrafo único.** A informação de que trata o inciso III do caput deste artigo deve ser acessível à pessoa com deficiência, observado o disposto em regulamento.

 ## Legislação correlata

Lei 10.674/2003 (Impõe informação sobre a presença de glúten em alimentos).

Lei 13.146/2015 (Estatuto da Pessoa com Deficiência).

Lei 13.835/2019 (Estabelece direitos em favor de pessoas com deficiência visual).

 ## Análise doutrinária

1. Direito à informação ao consumidor com deficiência

O parágrafo único do art. 6º do CDC foi acrescentado pela Lei 13.146/2015, mais conhecida como Estatuto da Pessoa com Deficiência, cujo objetivo principal é "assegurar e promover, em condições de igualdade, o exercício dos direitos e das liberdades fundamentais por pessoa com deficiência, visando à sua inclusão social e cidadania" (art. 1º). O dispositivo refere-se ao direito à informação do consumidor (art. 6º, III). Destaca a importância de ser acessível à pessoa com deficiência.

O conceito de deficiência é oferecido pelo art. 2º da referida norma legal: "considera-se pessoa com deficiência aquela que tem impedimento de longo prazo de natureza física, mental, intelectual ou sensorial, o qual, em interação com uma ou mais barreiras, pode obstruir sua participação plena e efetiva na sociedade em igualdade de condições com as demais pessoas". A melhor interpretação do dispositivo, até mesmo em face do conceito de "pessoa com deficiência", não deve se restringir ao consumidor que possui dificuldade no sentido da visão.

O consumidor é sujeito vulnerável na relação de consumo (art. 1º do CDC). A vulnerabilidade é a própria razão da defesa do consumidor pelo Estado. Há, todavia, consumidores hipervulneráveis que, por circunstâncias fáticas ou pessoais (idade, deficiência etc.), exigem maior atenção do legislador, aplicador e intérprete do direito (v. comentários ao art. 39, IV).

Ao lado do CDC, existem normas pontuais que, em última análise, objetivam mitigar deficiências ou estabelecer cuidados diferenciados para pessoas doentes. Ilustrativamente, registre-se a Lei 13.835/2019 que, ao alterar a Lei 10.098/2000, assegurou às pessoas com deficiência visual o direito de receber cartões de crédito e de movimentação de contas bancárias com as informações vertidas em caracteres de identificação tátil em braile. Na mesma linha, registre-se a Lei 10.674/2003, que "obriga que os produtos alimentícios comercializados informem sobre a presença de glúten, como medida preventiva e de controle da doença celíaca".

O Superior Tribunal de Justiça cunhou e utiliza o termo *hipervulnerabilidade*. A Corte já reconheceu sua presença em favor de crianças com relação a possível confusão de nomes em embalagens de produtos (REsp 1.188.105, 2013), pessoas com deficiência física (REsp 931.513, 2010), indígenas (REsp 1.064.009, 2011), pessoas com restrição ao glúten (celíacos) no tocante à informação e advertência nos produtos (REsp 586.316, 2009), pessoa com câncer no tocante a medicamentos que prometem a cura da doença (REsp 1.322.556, 2014). É prática abusiva prevalecer-se da hipervulnerabilidade do consumidor para impingir-lhe produtos e serviços (v. comentários ao art. 39, IV).

 Jurisprudência

1. Importância do dever de informar com clareza, lealdade e exatidão

"Inexistente legislação específica para regulamentar o dever de informação, é o Código de Defesa do Consumidor o diploma que desempenha essa função, tornando bastante rigorosos os deveres de informar com clareza, lealdade e exatidão (art. 6º, III, art. 8º, art. 9º)" (STJ, REsp 1.540.580/DF, 4ª Turma, Rel. Min. Lázaro Guimarães (Desembargador convocado do TRF 5ª Região), Rel. p/ acórdão Min. Luis Felipe Salomão, j. 02.08.2018, *DJe* 04.09.2018).

> **Art. 7º** Os direitos previstos neste Código não excluem outros decorrentes de tratados ou convenções internacionais de que o Brasil seja signatário, da legislação interna ordinária, de regulamentos expedidos pelas autoridades administrativas competentes, bem como dos que derivem dos princípios gerais do direito, analogia, costumes e equidade.
>
> **Parágrafo único.** Tendo mais de um autor a ofensa, todos responderão solidariamente pela reparação dos danos previstos nas normas de consumo.

 Legislação correlata

Decreto-lei 4.657/1942 (Lei de Introdução às normas do Direito Brasileiro).

Código Civil, art. 265.

Código de Processo Civil, arts. 126, 127 e 140.

Análise doutrinária

1. Abrangência do CDC

Por determinação constitucional (art. 48 do ADCT), o Brasil possui um *Código de Defesa do Consumidor*, ou seja, uma norma *abrangente* e *sistemática*. *Abrangente* porque afeta toda e qualquer relação de consumo (vínculo estabelecido entre consumidor e fornecedor), independentemente da área (planos de saúde, telefone, serviços bancários, incorporação imobiliária etc.). *Sistemática* porque é norma estruturada e com organização a partir de premissas e princípios de proteção ao consumidor.

Quando editado, o CDC se diferenciou das normas de proteção ao consumidor até então existentes. Na década de 1990, alguns países, principalmente europeus, possuíam normas pontuais relativas à proteção do consumidor, em áreas diversas, como acidente de consumo, publicidade, cláusulas abusivas. Eram leis específicas para determinados aspectos do mercado de consumo. A ideia de Código, nesse contexto, significa uma norma mais densa e organizada (sistemática), que cuida de todos os aspectos relevantes ao consumidor. Em outras palavras, uma única norma que abrange as mais diversas áreas do mercado e as várias fases de produção e comercialização de produtos e serviços.

O CDC é norma geral e ampla: incide em toda e qualquer relação de consumo, ou seja, nos mais diversos vínculos estabelecidos no mercado entre consumidor e fornecedor, conforme conceitos normativos (arts. 2º, 3º, 17 e 29). É evidente, de outro lado, que a norma, por mais abrangente que seja, não teria (nem tem) condições de regular os detalhes das inúmeras, crescentes e variadas atividades econômicas (planos de saúde, bancos, telefonia, consórcios, transporte aéreo, previdência privada, serviços públicos, incorporação imobiliária etc.).

O Código de Defesa do Consumidor, embora se aplique a toda e qualquer atividade desenvolvida no mercado de consumo, não exclui outras normas. Ao contrário, convive harmonicamente com as leis especiais quanto à matéria. Daí a ideia doutrinária (Erik Jayme/Cláudia Lima Marques) de *diálogo das fontes*, ou seja, aplicação e interpretação harmônica (diálogo) de diferentes normas (fontes) a determinado suporte fático.

O próprio CDC, consciente de suas limitações, propõe, por meio do art. 7º, *caput*, esse diálogo com outras normas legais (lei em sentido formal e material). A Lei 8.078/1990 é especial, considerando principalmente os sujeitos (elementos subjetivos) da relação de consumo (consumidor e fornecedor). É aplicável a toda relação de consumo em conjunto com as outras normas especiais quanto à matéria (transporte aéreo, incorporação imobiliária, plano de saúde etc.).

2. Diálogo das fontes

A velocidade crescente dos fatos tem conduzido a uma inflação de leis especiais nas mais diversas áreas. A Constituição Federal, em face de sua superioridade hierárquica e da complexidade cada vez maior do ordenamento jurídico, ganha missão – principalmente pelas mãos dos intérpretes – de conferir coerência a essa multiplicidade de fontes normativas.

Fala-se num *pluralismo pós-moderno*, de um Direito com fontes legislativas plurais, em ampliação e convergência de leis nacionais e internacionais, o que exige nova postura do intérprete e aplicador da norma (MARQUES, 2016, p. 671-677). *Diálogo das fontes* é expressão que, além de reconhecer essa pluralidade e complexidade atual do ordenamento jurídico, propõe, a partir de luzes (princípios) constitucionais, aplicação simultânea e harmônica de diferentes fontes (leis).

No debate concernente às situações fáticas que ensejam a aplicação do CDC, é fundamental perceber que a incidência da norma de proteção ao consumidor a determinado suporte fático não afasta, além de perspectiva constitucional, análise simultânea e harmoniosa com outras fontes legais.

O CDC, em razão do corte horizontal nas mais diversas relações jurídicas, é significativo exemplo da necessidade atual de convivência com diversos outros diplomas normativos. A par da necessária utilização de base conceitual do Código Civil, o art. 7º, *caput*, da Lei 8.078/1990 é expresso no sentido de que não é exclusividade do CDC estabelecer os direitos do consumidor. Outras normas podem, particularmente quando mais vantajosas ao consumidor, ser invocadas e aplicadas e, inevitavelmente, analisadas em conjunto, buscando-se sempre coerência e harmonia nas conclusões.

O CDC é, em relação ao Código Civil, norma especial que considera, preponderantemente, a vulnerabilidade do consumidor no mercado. É, de regra, norma especial quanto ao sujeito. Sua incidência, entretanto, não afasta, *a priori*, a aplicação de outras normas especiais quanto ao objeto. Os exemplos são inúmeros, pois há uma crescente edição de leis especiais quanto à matéria (plano de saúde, mensalidades escolares, incorporação imobiliária, advocacia, atividades bancárias, transporte aéreo, locação de imóveis, consórcios, serviços públicos etc.) que convivem com o CDC.

No *diálogo das fontes*, cabe enfatizar a necessidade e importância de perspectiva constitucional: na análise simultânea de diversas normas do mesmo nível hierárquico, deve o intérprete, em ponderação de bens, conferir eficácia aos princípios, valores e direitos garantidos constitucionalmente.

O *diálogo das fontes* não afasta os critérios tradicionais de resolução dos conflitos de leis no tempo constantes na *Lei de Introdução às normas do Direito Brasileiro* (Dec.-lei 4.657/1942). A lei posterior continua a revogar a anterior, quando incompatível com ela ou quando há declaração expressa (art. 2º, § 1º). As leis gerais não revogam as especiais e não são revogadas por elas (art. 2º, § 2º).

A primeira dificuldade, entretanto, reside em definir o que é *geral* e *especial* e, invariavelmente, harmonizar a existência de *duas leis especiais*, uma em relação aos sujeitos da relação (consumidor e fornecedor) e outra em relação ao objeto (plano de saúde, por exemplo). A segunda dificuldade é que o legislador, em vez de revogar expressamente leis ou alguns artigos, tem utilizado – com maior frequência – expressões como "aplica-se, no que couber", "sem prejuízo da lei tal" etc. Em outras palavras, as novas leis indicam expressamente a necessidade de convivência com as antigas.

A tarefa do intérprete e aplicador do direito de hoje, portanto, é bem mais complexa e dinâmica. A atividade hermenêutica requer, além de fundamentação consistente, exame simultâneo de diversos diplomas legais em que pouca utilidade terão os critérios tradicionais de solução de conflitos (antinomia) de leis, estabelecidos na LINDB.

A primeira vez que o Supremo Tribunal Federal reconheceu e destacou a relevância do *diálogo das fontes* foi 7 de junho de 2006, no julgamento da ADI 2.591 (ADIn dos Bancos). Do voto do Ministro Joaquim Barbosa extrai-se o seguinte trecho: "Entendo que o regramento do sistema financeiro e a disciplina do consumo e da defesa do consumidor podem perfeitamente conviver. Em muitos casos, o operador do direito irá deparar-se com fatos que conclamam a aplicação de normas tanto de uma como de outra área do conhecimento jurídico. Assim ocorre em razão dos diferentes aspectos que uma mesma realidade apresenta, fazendo com que ela possa amoldar-se aos âmbitos normativos de diferentes leis".

O Superior Tribunal de Justiça também reconhece e utiliza amplamente o *diálogo das fontes*, não só no Direito do Consumidor, mas igualmente em outras matérias (processo civil, direito tributário). Reconhece a Corte, de um modo geral, que o delineamento dos direitos e obrigações decorrentes das relações de consumo ocorre a partir de enfoque constitucional e análise conjunta e harmônica de diversas normas infraconstitucionais. Portanto, a existência de lei especial quanto à matéria não é argumento suficiente para afastar incidência simultânea do CDC.

3. Princípios gerais do direito, analogia, costumes e equidade

Na parte final do art. 7º há referência a direitos do consumidor que derivem dos "princípios gerais do direito, analogia, costumes e equidade". O CDC se aproxima, neste ponto, do disposto no art. 4º da LINDB: "Quando a lei for omissa, o juiz decidirá o caso de acordo com a analogia, os costumes e os princípios gerais de direito".

Com bastante prestígio no passado, hoje não se dá tanta importância aos costumes, princípios gerais do direito e equidade. Provavelmente, por conta da maior liberdade hermenêutica que as leis acabam por conferir ao intérprete e profissional do direito. Tal liberdade de interpretação decorre justamente do crescente número de normas principiológicas, cláusulas gerais e conceitos jurídicos indeterminados, o que acaba por conferir maior protagonismo ao Poder Judiciário na definição de direitos e obrigações.

Em razão do grande espaço de interpretação que se confere, atualmente, ao aplicador da norma, rara é a decisão que se socorre da analogia, costumes, equidade e princípios gerais do direito. O silêncio eloquente do atual Código de Processo Civil diz muito. Enquanto o CPC/1973 praticamente reproduziu, nos arts. 126 e 127, o disposto na LINDB sobre equidade, analogia, costumes e princípios gerais do direito, o atual apenas expressa que "o juiz não se exime de decidir sob a alegação de lacuna ou obscuridade do ordenamento jurídico" e que só se deve decidir por equidade "nos casos previstos em lei" (art. 140, parágrafo único).

Em que pese a previsão tradicional no ordenamento jurídico brasileiro de aplicação da equidade – justiça no caso concreto – apenas quando expressamente autorizado, fato é que toda e qualquer norma (regra ou princípio) é necessariamente analisada em perspectiva de uma interpretação e aplicação mais justa. Parece ser claro que os princípios, cláusulas gerais e conceitos indeterminados ensejam, pela própria abertura semântica, uma maior liberdade do intérprete e aplicador. O grande desafio hermenêutico é evitar subjetivismo, valores pessoais e, consequentemente, arbitrariedades e insegurança (v. comentários ao art. 51, IV).

4. Solidariedade entre fornecedores na sistemática do CDC

Há solidariedade passiva quando mais de uma pessoa deve responder integralmente por determinada obrigação (contratual ou extracontratual). A obrigação pode ser originária (primária) ou sucessiva, vale dizer, a que decorre de descumprimento do dever originário (responsabilidade civil). A solidariedade não se presume, decorre diretamente da lei ou de manifestação de vontade (art. 265 do CC).

A solidariedade pode abranger as obrigações do fornecedor estipuladas no contrato de consumo, como construir e entregar um imóvel, prestar serviço médico, transferir a propriedade de um produto, bem como obrigação decorrente de descumprimento do contrato ou de obrigação extracontratual (responsabilidade civil). No primeiro caso, fala-se em *obrigação originária* ou *primária*. No segundo, em *obrigação sucessiva* ou *secundária*.

Na solidariedade decorrente de lei, é a redação da norma que indica sua abrangência. A leitura e a interpretação do dispositivo indicam quais obrigações estão sob o regime da solidariedade passiva. A norma pode, também, apresentar espécie de condição para que a solidariedade se configure, como é o caso do comerciante em relação ao fato do produto (art. 13 do CDC): a solidariedade se configura se ocorrer uma das três hipóteses indicadas (fabricante não identificado, fabricante mal identificado ou má conservação de produtos perecíveis).

Na verdade, em relação às obrigações no âmbito das relações de consumo, é possível identificar quatro espécies de solidariedade passiva: 1) solidariedade decorrente de ato ilícito (art. 7º, parágrafo único); 2) solidariedade automática (ex.: art. 18, *caput*, do CDC: "os fornecedores (...) respondem solidariamente"); 3) solidariedade automática condicionada (art. 13); 4) solidariedade decorrente da Teoria da Aparência.

O parágrafo único do art. 7º do CDC trata de regra de solidariedade passiva decorrente de ato ilícito, como se observa facilmente pela sua redação: tendo mais de um autor a ofensa, todos responderão solidariamente pela reparação dos danos previstos nas normas de consumo. O art. 25, § 1º, do CDC reitera a solidariedade decorrente de ato ilícito, ao dispor que, "havendo mais de um responsável pela causação do dano, todos responderão solidariamente pela reparação prevista nesta e nas seções anteriores".

Os dispositivos encontram disposição similar nas relações privadas. Esse tipo de solidariedade há muito faz parte do ordenamento jurídico. No Código Civil de 1916, estava prevista no art. 1.518. Atualmente, está na parte final do art. 942 do Código Civil em vigor: "os bens do responsável pela ofensa ou violação do direito de outrem ficam sujeitos à reparação do dano causado; e, *se a ofensa tiver mais de um autor, todos responderão solidariamente pela reparação*" (grifou-se).

Embora se afirme doutrinariamente existir, nas relações de consumo, regra geral de solidariedade entre os fornecedores por obrigações e danos, com base nos referidos dispositivos (arts. 7º, parágrafo único, e 25, § 1º), fato é que, neste ponto, o CDC não inovou: apenas reproduziu regra tradicional das relações privadas. Corresponde, no ilícito penal, à disciplina do concurso de pessoas, mais especificamente ao disposto no art. 29 do CP: "quem, de qualquer modo, concorre para o crime incide nas penas a este cominadas, na medida de sua culpabilidade".

Essa regra atende a anseio de justiça, tanto na área penal como nas relações privadas. Sempre que determinado ilícito for ocasionado por mais de uma pessoa, nada mais natural e razoável que todos respondam pelo fato conforme o grau de participação. No direito penal, a resposta é sanção penal. No direito civil, a indenização, o dever de recompor os danos materiais e/ou morais.

Para incidência da solidariedade por ato ilícito, há evidente necessidade de se reconhecer que "a ofensa" tenha mais de um autor. Esse reconhecimento demanda, por óbvio, produção de provas. Tratando-se de responsabilidade objetiva, deve-se verificar a colaboração com o nexo causal. No caso de responsabilidade subjetiva, deve-se analisar adicionalmente o elemento subjetivo – a culpa. Nas relações de consumo, pode haver inversão do ônus da prova (v. comentários ao art. 6º, VIII), o que, na prática, pode facilitar bastante a pretensão indenizatória do consumidor.

Outro ponto merece atenção. A solidariedade do parágrafo único do art. 7º tem objeto bem específico: o ato ilícito. A solidariedade, no caso, refere-se ao dever de indenizar (obrigação sucessiva), ou seja, reparação de danos por violação de direito decorrente de obrigação contratual ou extracontratual.

De outro lado, a *solidariedade automática* pode se referir tanto a obrigações próprias (originárias) do contrato de consumo como a obrigações sucessivas (dever de indenizar). Exemplifique-se com consórcio de duas empresas para construir e entregar unidades imobiliárias (incorporação imobiliária). Pela redação do § 3º do art. 28, a solidariedade abrange tanto a obrigação principal decorrente do contrato de consumo, como eventual indenização pelo descumprimento do contrato (responsabilidade civil). O mesmo ocorre com a solidariedade decorrente do art. 34 do CDC.

Reitere-se: é importante perceber a distinção entre a solidariedade decorrente de ato ilícito (arts. 7º, parágrafo único, e 25, § 1º), que exige prova de concorrência de mais de uma pessoa para determinado fato danoso, e aquela na qual tal discussão não se coloca. A distinção é relevante. Possui efeitos práticos. Na disciplina por vício do produto, quando o art. 18 estabelece solidariedade passiva entre os fornecedores com a expressão "os fornecedores (...) respondem solidariamente", não há necessidade de demonstrar, no caso concreto, concorrência para resultado comum relacionado ao vício. A solidariedade é *automática*: toda cadeia responde perante o consumidor – num primeiro momento – em face de vício do produto.

Ressalte-se a possibilidade de a lei estabelecer a responsabilidade decorrente de ato ilícito, mas, ao mesmo tempo, afastar a necessidade de prova ou mesmo de qualquer demonstração de eventual participação para o resultado danoso. Bastante ilustrativo é o disposto no § 2º do art. 25: "sendo o dano causado por componente ou peça incorporada ao produto ou serviço, são responsáveis solidários seu fabricante, construtor ou importador e o que realizou a incorporação". Ou seja, em caso de *acidente de consumo*, no qual se constate que o dano foi decorrente de peça específica, há solidariedade por ato ilícito – automática – entre os fornecedores ali indicados.

Para finalizar, a solidariedade decorrente de ato ilícito pode receber disciplina própria, diferente da regra geral estabelecida no parágrafo único do art. 7º. Pode ser automática – em relação à necessidade de prova de nexo de causalidade – e, ao mesmo tempo, ser condicionada a determinado requisito. É exatamente o que ocorre com o disposto no art. 13 do CDC, que disciplina a responsabilidade do comerciante pela indenização decorrente de fato do produto. O dispositivo estabelece que o comerciante é igualmente responsável aos fornecedores indicados no *caput* do art.

12 em três situações: 1) o fabricante, o construtor, o produtor ou o importador não puderem ser identificados; 2) o produto for fornecido sem identificação clara do seu fabricante, produtor, construtor ou importador; e 3) não conservar adequadamente os produtos perecíveis.

Em resumo, os arts. 7º, parágrafo único, e 25, § 1º, do CDC, que preveem a solidariedade por ato ilícito na relação de consumo, não trouxeram qualquer inovação à proteção do consumidor. Apenas se reforça a antiga ideia de que, havendo mais de um autor à ofensa, todos os causadores do dano devem responder solidariamente.

Ao lado da responsabilidade civil decorrente do ato ilícito, o CDC, em algumas matérias, estabelece *solidariedade automática* entre determinados fornecedores. O exemplo mais ilustrativo é no tocante a vício do produto. A propósito, o art. 18 do CDC dispõe: "os fornecedores de produtos de consumo duráveis ou não duráveis respondem solidariamente pelos vícios de qualidade ou quantidade". Nesta hipótese, não se exige, no caso concreto, qualquer demonstração de participação de determinado fornecedor em relação ao vício: a solidariedade é automática. Todos respondem igualmente perante o consumidor em caso de vício de qualidade ou quantidade, tanto pela obrigação originária como pela sucessiva.

Um outro exemplo de solidariedade automática decorre do disposto no § 3º do art. 28. Está expresso que, em caso de consórcio entre fornecedores, "as sociedades consorciadas são solidariamente responsáveis pelas obrigações decorrentes deste Código". Nesse caso, sem qualquer esforço probatório, todos os fornecedores que integram o consórcio devem responder perante o consumidor.

Na solidariedade passiva, o fornecedor que atender à pretensão do consumidor pode, num segundo momento, se voltar contra os demais fornecedores, em ação regressiva, e exigir, conforme o caso, o reembolso, total ou parcial, do valor pago. Se o pagamento tiver sido parcial, todos os demais devedores "continuam obrigados solidariamente pelo resto", tudo em conformidade com o disposto no art. 275 e seguintes do Código Civil. Ao final, a obrigação recairá sobre aquele que foi responsável pela infração a direito do consumidor.

Por fim, destaque-se a Teoria da Aparência, que significa, em termos práticos, a solidariedade entre fornecedores tanto em relação às obrigações principais decorrentes do contrato de consumo, como eventual obrigação sucessiva, decorrente de descumprimento da obrigação originária (responsabilidade civil). A referida Teoria surge no direito privado a partir do princípio da boa-fé objetiva, que impõe às partes condutas pautadas pela lealdade, transparência e confiança. As legítimas expectativas geradas pelo contexto da contratação, conduta das partes, geram deveres anexos e, consequentemente, devem ser observadas.

No mercado de consumo, é crescente a tendência de atuação conjunta ou em colaboração de inúmeros fornecedores para prestar serviços e comercializar produtos. O intuito é dividir tarefas, diminuir custos e, ao mesmo tempo, ampliar as vendas com o prestígio inerente a marcas e fornecedores famosos. Muitas vezes, há consórcio de duas marcas já consagradas para, por exemplo, lançar um novo produto ou serviço. Em outros casos, dentro de um estabelecimento físico único, atuam empregados de outra pessoa jurídica para, por exemplo, realizar ou intermediar um financiamento.

Nesse cenário de pluralidade de fornecedores, em colaboração e parcerias para venda de produtos e serviços, o consumidor, invariavelmente, não sabe exatamente com quem está contratando. Ao contrário, por estratégias de *marketing*, é induzido a crer que seu vínculo é direto com determinado fornecedor ou, de algum modo, amparado por empresa que inspira credibilidade e confiança. É exatamente nesse contexto que se compreendem o sentido e o alcance da redação do art. 34 do CDC, o qual, em interpretação teleológica, reforça a Teoria da Aparência: "o fornecedor do produto ou serviço é solidariamente responsável pelos atos de seus prepostos ou representantes autônomos" (v. comentários ao art. 34).

Em casos de atuação conjunta de vários fornecedores ou mesmo dificuldade de qualificação do fornecedor, o Superior Tribunal de Justiça tem utilizado com frequência a Teoria da Aparência no mercado de consumo. Para proteger as legítimas expectativas do consumidor, a Corte estabelece solidariedade passiva entre os fornecedores, tanto em relação às obrigações principais (originárias) como também no tocante ao dever de indenizar (obrigação sucessiva).

Os primeiros julgados são da década de 1990. Ilustrativamente, registre-se resumo de acórdão de 1997: "a empresa que permite a utilização da sua logomarca, de seu endereço, instalações e telefones, fazendo crer, através da publicidade e da prática comercial, que era a responsável pelo empreendimento consorcial, e parte passiva legítima para responder pela ação indenizatória proposta pelo consorciado fundamentada nesses fatos" (REsp 113.012/MG, Rel. Min. Ruy Rosado de Aguiar, j. 18.03.1997).

Dicas práticas

O *diálogo das fontes* impõe nova postura ao profissional do direito. A análise dos problemas jurídicos, particularmente na área de Direito do Consumidor, envolve, invariavelmente, interpretação e aplicação simultânea de diferentes normas.

Jurisprudência

1. Diálogo das fontes: direito do consumidor e importação de produtos

"1. O Direito deve ser compreendido, em metáfora às ciências da natureza, como um sistema de vasos comunicantes, ou de diálogo das fontes (Erik Jayme), que permita a sua interpretação de forma holística. Deve-se buscar, sempre, evitar antinomias, ofensivas que são aos princípios da isonomia e da segurança jurídica, bem como ao próprio ideal humano de Justiça. 2. A pena de perdimento, fundada em importação supostamente irregular de bem de consumo usado, não pode ser aplicada quando não se afasta categoricamente a presunção de boa-fé do consumidor, que adquiriu o bem de empresa brasileira, no mercado interno. Precedentes: AgRg no Ag. 1.217.747/SP, Rel. Min. Mauro Campbell Marques, *DJe* 8.10.2010; AgRg no Ag. 1.169.855/SP, Rel. Min. Benedito Gonçalves, *DJe* 1º.12.2009 e EREsp 535.536/PR, Rel. Min. Humberto Martins, *DJ* 25.9.2006.3. Agravo regimental da Fazenda Nacional desprovido" (STJ, AgRg no REsp 1.483.780/PE, 1ª Turma, Rel. Min. Napoleão Nunes Maia Filho, j. 23.06.2015, *DJe* 05.08.2015).

2. Diálogo das fontes entre Estatuto do Idoso e Lei da Ação Civil Pública

"4. A Defensoria Pública possui legitimidade ativa para mover Ação Civil Pública em favor da população idosa, que se enquadra na categoria de hipervulnerável, mormente diante da hipossuficiência financeira constatada pela Corte de origem. Acórdão paradigma: EREsp 1.192.577/RS, Rel. Min. Laurita Vaz, *DJe* 13.11.2015. 5. Tal conclusão encontra fundamento, também, no diálogo das fontes entre o art. 81 da Lei 10.741/2003 (o Estatuto do Idoso) e o art. 5º, II da Lei 7.347/1985, na formação de um microssistema de tutela coletiva em proteção da população idosa" (STJ, AgInt no AREsp 1.220.572/SP, 1ª Turma, Rel. Min. Napoleão Nunes Maia Filho, j. 18.03.2019, *DJe* 26.03.2019).

3. Diálogo das fontes entre CDC e normas sobre títulos de capitalização

"2. Não pode ser considerada abusiva cláusula contratual que apenas repercute norma legal em vigor, sem fugir aos parâmetros estabelecidos para sua incidência. 3. Nos contratos de capitalização, é válida a convenção que prevê, para o caso de resgate antecipado, o prazo de carência de até 24 (vinte e quatro) meses para a devolução do montante da provisão matemática. 4. Não pode o juiz, com base no CDC, determinar a anulação de cláusula contratual expressamente admitida pelo ordenamento jurídico pátrio se não houver evidência de que o consumidor tenha sido levado a erro quanto ao seu conteúdo. No caso concreto, não há nenhuma alegação de que a recorrente tenha omitido informações aos aplicadores ou agido de maneira a neles incutir falsas expectativas. 5. Deve ser utilizada a técnica do 'diálogo das fontes' para harmonizar a aplicação concomitante de dois diplomas legais ao mesmo negócio jurídico; no caso, as normas específicas que regulam os títulos de capitalização e o CDC, que assegura aos investidores a transparência e as informações necessárias ao perfeito conhecimento do produto" (STJ, REsp 1.216.673/SP, 4ª Turma, Rel. Min. João Otávio de Noronha, j. 02.06.2011, *DJe* 09.06.2011).

4. Diálogo das fontes entre o CDC e Lei dos Planos de Saúde

"(...) 6. O diálogo das fontes entre o CDC e a Lei 9.656/1998, com a regulamentação dada pela Resolução CONSU nº 19/1999, exige uma interpretação que atenda a ambos os interesses: ao direito da operadora, que pretende se desvincular legitimamente das obrigações assumidas no contrato celebrado com a estipulante, corresponde o dever de proteção dos consumidores (beneficiários), que contribuíram para o seguro de saúde e cujo interesse é na continuidade do serviço. 7. Na ausência de norma legal expressa que resguarde o consumidor na hipótese de resilição unilateral do contrato coletivo pela operadora, há de se reconhecer o direito à portabilidade de carências, permitindo, assim, que os beneficiários possam contratar um novo plano de saúde, observado o prazo de permanência no anterior, sem o cumprimento de novos períodos de carência ou de cobertura parcial temporária e sem custo adicional pelo exercício do direito" (STJ, REsp 1739907/DF, Rel. Min. Nancy Andrighi, 3ª Turma, j. 18.08.2020, *DJe* 26.08.2020).

"(...) 6. Conquanto o art. 35-G da Lei 9.656/1998 imponha a aplicação subsidiária da lei consumerista aos contratos celebrados entre usuários e operadoras de plano de saúde, a doutrina especializada defende a sua aplicação complementar àquela lei especial, em diálogo das fontes, considerando que o CDC é norma principiológica e com raiz constitucional, orientação essa que se justifica ainda mais diante da natureza de adesão do contrato de plano de saúde e que se confirma, no âmbito jurisdicional, com a edição da súmula 608 pelo STJ. 7. Quando o legislador transfere para a ANS a função de definir a amplitude das coberturas assistenciais (art. 10, § 4º, da Lei 9.656/1998), não cabe ao órgão regulador, a pretexto de fazê-lo, criar limites à cobertura determinada pela lei, de modo a restringir o direito à saúde assegurado ao consumidor, frustrando, assim, a própria finalidade do contrato. 8. O que se infere da leitura da Lei 9.656/1998 é que o plano-referência impõe a cobertura de tratamento de todas as doenças listadas na CID, observada a amplitude prevista para o segmento contratado pelo consumidor e excepcionadas apenas as hipóteses previstas nos incisos do art. 10, de modo que qualquer norma infralegal que a restrinja mostra-se abusiva e, portanto, ilegal, por colocar o consumidor em desvantagem exagerada. 9. O rol de procedimentos e eventos em saúde (atualmente incluído na Resolução ANS 428/2017) é, de fato, importante instrumento de orientação para o consumidor em relação ao mínimo que lhe deve ser oferecido pelas operadoras de plano de saúde, mas não pode representar a delimitação taxativa da cobertura assistencial mínima, na medida em que o contrato não se esgota em si próprio ou naquele ato normativo, mas é regido pela legislação especial e, sobretudo, pela legislação consumerista, com a ressalva feita aos contratos de autogestão. 10. Sob o prisma do CDC, não há como exigir do consumidor, no momento em que decide aderir ao plano de saúde, o conhecimento acerca de todos os procedimentos que estão – e dos que não estão – incluídos no contrato firmado com a operadora do plano de saúde, inclusive porque o rol elaborado pela ANS apresenta linguagem técnico-científica, absolutamente ininteligível para o leigo. Igualmente, não se pode admitir que mero regulamento estipule, em desfavor do consumidor, a renúncia antecipada do seu direito a eventual tratamento prescrito para doença listada na CID, por se tratar de direito que resulta da natureza do contrato de assistência à saúde. (...)" (STJ, REsp 1876630/SP, Rel. Min. Nancy Andrighi, 3ª Turma, j. 09.03.2021, *DJe* 11.03.2021).

"Embora o art. 35-G da Lei nº 9.656/98 dispõe ser subsidiária a aplicação do CDC a contratos celebrados com operadoras de plano de saúde, o diploma consumerista é norma principiológica e que radica da Constituição, incidindo de forma complementar, em diálogo das fontes, notadamente diante da natureza de adesão do contrato e do teor da Súmula nº 608 do STJ" (STJ, AgInt no AREsp 1759394/SP, Rel. Min. Moura Ribeiro, 3ª Turma, j. 22.06.2021, *DJe* 25.06.2021).

5. Prevalência da Lei de Alienação Fiduciária (imóveis) em relação ao CDC

"A Lei nº 9.514/1997, que instituiu a alienação fiduciária de bens imóveis, é norma especial e também posterior ao Código de Defesa do Consumidor – CDC. Em tais circunstâncias, o inadimplemento do devedor fiduciante enseja a aplicação da regra prevista nos arts. 26 e 27 da lei especial" (STJ, AgInt no REsp 1822750/SP, Rel. Min. Nancy Andrighi, 3ª Turma, j. 18.11.2019, *DJe* 20.11.2019).

6. Solidariedade em caso de fato e vício

"1. Tratando-se de uma relação de consumo, impõe-se a responsabilidade solidária perante o consumidor de todos aqueles que tenham integrado a cadeia de prestação de serviço, em caso de defeito ou vício. Precedentes. 2. Ademais, tendo o TJSP concluído que a responsabilidade da ora recorrente se deu em razão do princípio da solidariedade existente entre os integrantes da cadeia de prestadores de serviços, rever tal entendimento demandaria o revolvimento do conjunto probatório, o que é inviável, na via eleita, ante o óbice da Súmulas 5 e 7 do STJ" (STJ, AgInt no REsp 1812710/SP, Rel. Min. Luis Felipe Salomão, 4ª Turma, j. 30.11.2020, *DJe* 03.12.2020).

7. Teoria da Aparência e solidariedade

"Consórcio. Teoria da aparência. Publicidade. Responsabilidade civil. Legitimidade passiva. A empresa que, segundo se alegou na inicial, permite a utilização da sua logomarca, de seu endereço, instalações e telefones, fazendo crer, através da publicidade e da prática comercial, que era a responsável pelo empreendimento consorcial, é parte passiva legítima para responder pela ação indenizatória proposta pelo consorciado fundamentada nesses fatos" (STJ, REsp 113.012/MG, 4ª Turma, Rel. Min. Ruy Rosado de Aguiar, j. 18.03.1997, *DJ* 12.05.1997).

"1. Na hipótese dos autos, a instância ordinária constatou que havia uma interação comercial entre a revendedora de veículos e a casa bancária, refletida, sobretudo, conforme a prova dos autos, na manutenção de um posto específico da instituição financeira dentro da propriedade da loja, no sentido de viabilizar e fomentar os negócios mercantis lá oferecidos. 2. Como é sabido, à luz da teoria da aparência, 'os integrantes da cadeia de consumo, em ação indenizatória consumerista, também são responsáveis pelo danos gerados ao consumidor, não cabendo a alegação de que o dano foi gerado por culpa exclusiva de um dos seus integrantes' (AgRg no AREsp 207.708/SP, Rel. Ministro Marco Buzzi, Quarta Turma, julgado em 24/09/2013, *DJe* 03/10/2013)" (STJ, AgInt no AREsp 1.299.783/RJ, 4ª Turma, Rel. Min. Lázaro Guimarães (Desembargador convocado do TRF 5ª Região), Rel. p/ acórdão Min. Marco Buzzi, j. 13.12.2018, *DJe* 14.03.2019).

"Consumidor. Contrato. Seguro. Apólice não emitida. Aceitação do seguro. Responsabilidade. Seguradora e corretores. Cadeia de fornecimento. Solidariedade. 1. A melhor exegese dos arts. 14 e 18 do CDC indica que todos aqueles que participam da introdução do produto ou serviço no mercado devem responder solidariamente por eventual defeito ou vício, isto é, imputa-se a toda a cadeia de fornecimento a responsabilidade pela garantia de qualidade e adequação. 2. O art. 34 do CDC materializa a teoria da aparência, fazendo com que os deveres de boa-fé, cooperação, transparência e informação alcancem todos os fornecedores, diretos ou indiretos, principais ou auxiliares, enfim todos aqueles que, aos olhos do consumidor, participem da cadeia de fornecimento. 3. No sistema do CDC fica a critério do consumidor a escolha dos fornecedores solidários que irão integrar o polo passivo da ação. Poderá exercitar sua pretensão contra todos ou apenas contra alguns desses fornecedores, conforme sua comodidade e/ou conveniência. 4. O art. 126 do DL nº 73/66 não afasta a responsabilidade solidária entre corretoras e seguradoras; ao contrário, confirma-a, fixando o direito de regresso destas por danos causados por aquelas. 5. Tendo o consumidor realizado a vistoria prévia, assinado proposta e pago a primeira parcela do prêmio, pressupõe-se ter havido a aceitação da seguradora quanto à contratação do seguro, não lhe sendo mais possível exercer a faculdade de recusar a proposta. 6. Recurso especial não provido" (STJ, REsp 1.077.911/SP, 3ª Turma, Rel. Min. Nancy Andrighi, j. 04.10.2011, *DJe* 14.10.2011).

"Hipótese: A presente controvérsia cinge-se a definir o alcance da interpretação do art. 3º do Código de Defesa do Consumidor, a fim de aferir se na exegese de referido dispositivo contempla-se a figura do fornecedor aparente – e, consequentemente, sua responsabilidade –, entendido como aquele que, sem ser o fabricante direto do bem defeituoso, compartilha a mesma marca de renome mundial para comercialização de seus produtos. 1. A adoção da teoria da aparência pela legislação consumerista conduz à conclusão de que o conceito legal do art. 3º do Código de Defesa do Consumidor abrange também a figura do fornecedor aparente, compreendendo aquele que, embora não tendo participado diretamente do processo de fabricação, apresenta-se como tal por ostentar nome, marca ou outro sinal de identificação em comum com o bem que foi fabricado por um terceiro, assumindo a posição de real fabricante do produto perante o mercado consumidor. 2. O fornecedor aparente em prol das vantagens da utilização de marca internacionalmente reconhecida, não pode se eximir dos ônus daí decorrentes, em atenção à teoria do risco da atividade adotada pelo Código de Defesa do Consumidor. Dessa forma, reconhece-se a responsabilidade solidária do fornecedor aparente para arcar com os danos causados pelos bens comercializados sob a mesma identificação (nome/marca), de modo que resta configurada sua legitimidade passiva para a respectiva ação de indenização em razão do fato ou vício do produto ou serviço. 3. No presente caso, a empresa recorrente deve ser caracterizada como fornecedora aparente para fins de responsabilização civil pelos danos causados pela comercialização do produto defeituoso que ostenta a marca TOSHIBA, ainda que não tenha sido sua fabricante direta, pois ao utilizar marca de expressão global, inclusive com a inserção da mesma em sua razão social, beneficia-se da confiança previamente angariada por essa perante os consumidores. É de rigor, portanto, o reconhecimento da legitimidade passiva da empresa ré para arcar com os danos pleiteados na exordial" (STJ, REsp 1.580.432/SP, 4ª Turma, Rel. Min. Marco Buzzi, j. 06.12.2018, *DJe* 04.02.2019).

"Processual civil. Recurso especial. Revisão de cláusulas contratuais. Legitimidade. Banco líder de conglomerado financeiro. O banco líder de conglomerado financeiro é parte legítima para responder à ação de revisão de cláusulas de contrato de mútuo feneratício, realizado em suas instalações, com pessoa jurídica diversa, mas integrante do mesmo grupo econômico. Aplicação da teoria da aparência. Recurso especial provido" (STJ, REsp 879.113/DF, 3ª Turma, Rel. Min. Nancy Andrighi, j. 01.09.2009, *DJe* 11.09.2009).

"(...) 4. A boa-fé nos contratos, a lealdade nas relações sociais e a confiança que devem inspirar as declarações de vontade e os comportamentos fundamentam a proteção a uma situação aparente, tomada como verdadeira, a fim de imprimir segurança nas relações jurídicas (Princípio da Aparência). 5. No caso dos autos, a primeira ré, entregadora do botijão de gás de cozinha – GLP, é responsável pelo dano, uma vez que o evento fora causado por atropelamento por caminhão de sua propriedade, no momento em que prestava o serviço de entrega (serviço defeituoso, portanto). 6. Ainda, em relação à segunda ré (ULTRAGAZ), fabricante do produto entregue, sua responsabilidade apoia-se na teoria da aparência, haja vista tratar-se de situação em que o serviço identifica-se com o próprio produto. É que não interessa ao consumidor saber qual a empresa efetivamente entrega o botijão de gás em sua residência, importando, sobremaneira, o fato de o GLP ser 'produzido' pela ULTRAGÁS. Essa marca é que, aos olhos do consumidor, confere identidade ao produto e ao mesmo tempo ao serviço a ele diretamente ligado. (...)" (STJ, REsp 1358513/RS, Rel. Min. Luis Felipe Salomão, 4ª Turma, j. 12.05.2020, *DJe* 04.08.2020).

"(...) 3. Responsabilidade solidária da montadora perante os consumidores que aderiram a grupo de consórcio formado irregularmente pela concessionária. 4. Aplicação da teoria da aparência ao caso, tendo em vista a legítima expectativa gerada nos consumidores em virtude da ampla utilização (cf. art. 3º, inciso III, da Lei Ferrari) da marca da montadora pela concessionária. Julgados desta Corte Superior" (STJ, AgInt no REsp 1757698/PR, Rel. Min. Paulo de Tarso Sanseverino, 3ª Turma, j. 12.04.2021, *DJe* 15.04.2021).

"2. É legitimado passivamente aquele que intervém na contratação, comportando-se como representante da seguradora, por aplicação da teoria da aparência. 3. A revisão da conclusão de legitimidade passiva da ora recorrente esbarra nos óbices das Súmulas 5 e 7/STJ" (STJ, AgRg no AREsp 531.320/RS, 4ª Turma, Rel. Min. Maria Isabel Gallotti, j. 14.10.2014, *DJe* 30.10.2014).

"1. A seguradora de seguro de responsabilidade civil, na condição de fornecedora, responde solidariamente perante o consumidor pelos danos materiais decorrentes de defeitos na prestação dos serviços por parte da oficina que credenciou ou indicou, pois, ao fazer tal indicação ao segurado, estende sua responsabilidade também aos consertos realizados pela credenciada, nos termos dos arts. 7º, parágrafo único, 14, 25, § 1º, e 34 do Código de Defesa do Consumidor. 2. São plenamente aplicáveis as normas de proteção e defesa do consumidor, na medida em que se trata de relação de consumo, em decorrência tanto de disposição legal (CDC, art. 3º, § 2º) como da natureza da relação estabelecida, de nítida assimetria contratual, entre o segurado, na condição de destinatário final do serviço securitário, e a seguradora, na qualidade de fornecedora desse serviço. 3. O ato de credenciamento ou de indicação de oficinas como aptas a proporcionar ao segurado um serviço adequado no conserto do objeto segurado sinistrado não é uma simples gentileza ou comodidade proporcionada pela seguradora ao segurado. Esse credenciamento ou indicação se faz após um prévio acerto entre a seguradora e a oficina, em que certamente ajustam essas sociedades empresárias vantagens recíprocas, tais como captação de mais clientela pela oficina e concessão por esta de descontos nos preços dos serviços de reparos cobrados das seguradoras. Passa, então, a existir entre a seguradora e a oficina credenciada ou indicada uma relação institucional, de trato duradouro, baseada em ajuste vantajoso para ambas. 4. O simples inadimplemento contratual não gera, em regra, danos morais, por caracterizar mero aborrecimento, dissabor, envolvendo controvérsia possível de surgir em qualquer relação negocial, sendo fato comum e previsível na vida social, embora não desejável. No caso em exame, não se vislumbra nenhuma excepcionalidade apta a tornar justificável essa reparação. 5. Recurso especial parcialmente provido" (STJ, REsp 827.833/MG, 4ª Turma, Rel. Min. Raul Araújo, j. 24.04.2012, *DJe* 16.05.2012).

"Legitimidade passiva. Empresa tomadora de serviços. Funcionário terceirizado. Atuação como preposto. Precedentes. Responsabilidade objetiva. – O fato do suposto causador do ato ilícito ser funcionário terceirizado não exime a tomadora do serviço de sua eventual responsabilidade. – A jurisprudência do STJ entende como preposto aquele que possui relação de dependência ou presta serviço sob o interesse de outrem. Precedentes. – O acórdão recorrido fixou a responsabilidade objetiva da concessionária de serviço público, por ter o acusado agido na qualidade de agente da recorrente. Recurso especial não conhecido" (STJ, REsp 904.127/RS, 3ª Turma, Rel. Min. Nancy Andrighi, j. 18.09.2008, *DJe* 03.10.2008).

"A jurisprudência reconhece a aparência de integração da rede nacional UNI-MED, composta pelas cooperativas identificadas pelo mesmo nome, como elemento central da decisão de contratação do plano de saúde pelo consumidor. A incidência da teoria da aparência induz impor-se a cobertura do tratamento pelo plano de saúde contratado, quando o paciente lança mão de hospital credenciado pela rede, mesmo que seja conveniado apenas a outra cooperativa do mesmo sistema, havendo que se reconhecer a solidariedade obrigacional presente na hipótese. Incidência da Súmula 83 do STJ" (STJ, AgInt no AREsp 1.505.912/SP, 4ª Turma, Rel. Min. Luis Felipe Salomão, j. 24.09.2019, *DJe* 30.09.2019).

8. Não aplicação da Teoria da Aparência

"1 – Se não há participação da concedente (Fiat) no consórcio, restando impossibilitada a aplicação da teoria da aparência, tampouco se enquadrando a concessionária (única operadora do consórcio) como representante autônoma da fabricante, não se pode responsabilizar a Fiat pelo não cumprimento do contrato, ficando afastada, no caso, a aplicação do art. 34 do CDC, até porque as premissas fixadas nas instâncias ordinárias não podem ser elididas na via especial, sob pena de infringência às Súmulas 5 e 7 deste Superior Tribunal de Justiça. 2 – Recurso especial não conhecido" (STJ, REsp 566.735/PR, 4ª Turma, Rel. Min. Luis Felipe Salomão, Rel. p/ acórdão Min. Fernando Gonçalves, j. 10.11.2009, *DJe* 01.03.2010).

CAPÍTULO IV
Da Qualidade de Produtos e Serviços, da Prevenção e da Reparação dos Danos

Seção I
Da proteção à saúde e segurança

Art. 8º Os produtos e serviços colocados no mercado de consumo não acarretarão riscos à saúde ou segurança dos consumidores, exceto os considerados normais e previsíveis em decorrência de sua natureza e fruição, obrigando-se os fornecedores, em qualquer hipótese, a dar as informações necessárias e adequadas a seu respeito.

§ 1º Em se tratando de produto industrial, ao fabricante cabe prestar as informações a que se refere este artigo, através de impressos apropriados que devam acompanhar o produto.

§ 2º O fornecedor deverá higienizar os equipamentos e utensílios utilizados no fornecimento de produtos ou serviços, ou colocados à disposição do consumidor, e informar, de maneira ostensiva e adequada, quando for o caso, sobre o risco de contaminação.

Análise doutrinária

1. Proteção à saúde e segurança do consumidor

O Código de Defesa do Consumidor possui, de modo bastante claro, duas diferentes preocupações em relação aos produtos e serviços colocados no mercado de consumo: 1) segurança; e 2) funcionalidade. Como consequência, de um lado, há disciplina própria denominada *responsabilidade pelo fato do produto e do serviço* (arts. 8º a 17) e, do outro, a responsabilidade por vício do produto e do serviço (art. 18 a 25).

Para o Código de Defesa do Consumidor, o produto ou serviço possui *qualidade* quando funciona adequadamente (atende à finalidade que lhe é inerente) e, ao mesmo tempo, não oferece risco à saúde e segurança do consumidor.

O art. 8º do CDC começa a desenvolver e detalhar o que se deve entender por *segurança* dos produtos e serviços. Estabelece que os produtos e serviços não devem acarretar riscos à saúde ou segurança dos consumidores, ao mesmo tempo que admite que sempre haverá algum nível de periculosidade, ao afirmar que são admitidos os riscos "considerados normais e previsíveis em decorrência de sua natureza e fruição". Ao final, destaca a importância de sempre apresentar ao consumidor "informações necessárias e adequadas" sobre os riscos.

Há produtos e serviços que, pela sua natureza, possuem maior grau de periculosidade, como uma motosserra, serviço de dedetização etc. Eles não estão proibidos: apenas se intensifica o dever de informar de modo a prevenir acidentes e danos ao consumidor. Existem produtos e serviços que trazem risco intrínseco (periculosidade inerente) e outros que, por falhas no processo de produção ou comercialização, tornam-se defeituosos (periculosidade adquirida). Ao direito do consumidor importam principalmente as situações de dano concernentes à periculosidade adquirida.

Ressalte-se que não é propósito da norma simplesmente eliminar do mercado de consumo os produtos que apresentem algum grau de risco à segurança e saúde. É exatamente nesse sentido que o art. 8º, *caput*, do CDC expressamente permite a comercialização de produtos e serviços com "riscos normais e previsíveis".

O produto ou serviço que não atende à exigência de segurança possui *vício de qualidade por insegurança* ou, como preferem alguns autores, *defeito*. A noção de *defeito*, para fins de caracterização da responsabilidade em questão, nem sempre coincide com sua ideia vulgar. O defeito do produto é conceito normativo que se vincula basicamente com a compreensão de legítima expectativa de segurança (v. comentários aos arts. 12 e 14 e art. 14, § 1º).

O § 1º do art. 8º dispõe que, no caso de produto industrial, cabe ao fabricante apresentar as informações sobre periculosidade por meio de impressos apropriados que devam acompanhar o produto. Quanto maior a complexidade do uso e funcionamento do produto ou serviço, maior o dever de informar.

O § 2º do art. 8º foi acrescentado em 2017, por meio da Lei 13.486, para estabelecer o dever de higiene do fornecedor em relação aos "equipamentos e utensílios utilizados no fornecimento de produtos ou serviços, ou colocados à disposição do consumidor". Também estabelece o dever de "informar, de maneira ostensiva e adequada, quando for o caso, sobre o risco de contaminação".

Tal dispositivo ganha especial importância após a pandemia do novo coronavírus (Covid-19), que afetou a população de praticamente todos os países do mundo. Uma das caraterísticas do vírus é justamente o grau de contágio superior a outras doenças. Estudos indicam a possibilidade de contaminação decorrente de contato entre pessoas como também entre pessoas e objetos (v. comentários ao art. 6º, V).

 Jurisprudência

1. Segurança alimentar

"6. A proteção da comida é uma responsabilidade compartilhada mundialmente. No plano internacional, a Organização das Nações Unidas (ONU) consagrou a relevante missão para o Desenvolvimento Sustentável de alcançar a segurança alimentar. O Brasil adotou como política de Estado o respeito à soberania alimentar e a garantia do direito humano à alimentação adequada, inclusive com a criação do Sistema Nacional de Segurança Alimentar e Nutricional. 7. O Código de Defesa do Consumidor é enfático ao estabelecer que os produtos e serviços colocados no mercado de consumo não acarretarão riscos à saúde ou segurança dos consumidores, obrigando os fornecedores, em qualquer hipótese, a dar as informações necessárias e adequadas a seu respeito (art. 8º). (...) 9. O consumidor que se dirige ao supermercado tem a justa e natural expectativa de encontrar à disposição produtos alimentícios livres de vícios de qualidade que coloquem sua saúde em risco. Presume-se socialmente que o produto é considerado próprio ao consumo, levando em consideração a qualidade biológica, sanitária, nutricional e tecnológica dos alimentos expostos à venda" (STJ, REsp 1.799.346/SP, 3ª Turma, Rel. Min. Nancy Andrighi, j. 03.12.2019, *DJe* 13.12.2019).

> **Art. 9º** O fornecedor de produtos e serviços potencialmente nocivos ou perigosos à saúde ou segurança deverá informar, de maneira ostensiva e adequada, a respeito da sua nocividade ou periculosidade, sem prejuízo da adoção de outras medidas cabíveis em cada caso concreto.

 Análise doutrinária

1. Dever de informar sobre periculosidade de produtos e serviços

O art. 9º do CDC reforça o dever de informar sobre a periculosidade de produtos e serviços colocados no mercado de consumo. A informação, além de direito básico do consumidor, é constantemente lembrada no Código de Defesa do Consumidor. Decorre da ideia de boa-fé objetiva – transparência e confiança nas relações (v. comentários ao art. 4º) –, permite o uso adequado do produto ou serviço de modo a evitar danos à integridade psicofísica do consumidor e ao seu patrimônio.

Os produtos e serviços, quanto à segurança, podem ser classificados em dois grupos: 1) *periculosidade inerente* (ou latente); e 2) *periculosidade adquirida*. Na periculosidade inerente, há um risco intrínseco vinculado à própria qualidade ou modo de funcionamento. Na adquirida, o perigo decorre de falha do processo de fabricação (defeito). Sua principal característica é justamente a imprevisibilidade para o consumidor (BENJAMIN, 2017, p. 183-186).

Na *periculosidade adquirida*, até mesmo o fornecedor é surpreendido com o defeito. Invariavelmente, ele é descoberto após colocação do produto ou serviço no mercado, o que significa, em termos práticos, ausência de informação prévia. No caso, há o dever de promover *recall*. Deve o fornecedor comunicar o fato imediatamente às autoridades e aos consumidores, inclusive por meio de anúncios publicitários (v. comentários ao art. 10).

A informação prévia sobre periculosidade ganha relevância em relação aos produtos e serviços com *periculosidade inerente*. Qual o nível de informação a ser oferecida pelo fornecedor? A resposta depende de vários fatores, os quais são delineados pelos arts. 12 e 13 do CDC. Ambos os dispositivos definem que o produto e o serviço são defeituosos quando não oferecem a segurança que legitimamente se espera, considerando circunstâncias relevantes, dentre as quais: apresentação, uso e riscos que razoavelmente se esperam do produto ou serviço e época que foi colocado em circulação.

Cada produto ou serviço com *periculosidade inerente* exige grau diverso de informação. Não tem sentido, por exemplo, que toda faca venha acompanhada da informação sobre o risco de corte do próprio corpo do usuário, até porque já existe este conhecimento do consumidor: o risco é razoavelmente esperado. Todavia, a depender do tipo da faca, sua forma diferenciada de corte ou mesmo o procedimento necessário de retirada do produto da embalagem, a informação – de como proceder para evitar danos – passa a ser relevante e, portanto, deve ser apresentada.

Na informação ao consumidor, deve-se prezar pela clareza e objetividade (art. 31). Termos técnicos devem ser evitados: quando necessários, devem ser acompanhados de explicações sobre o significado. É possível e, muitas vezes, recomendável que o fornecedor utilize desenhos para indicar os cuidados que o consumidor deve ter. Deve-se, ademais, na definição do conteúdo da informação, considerar o consumidor com maior nível de dificuldade de compreensão – e não o consumidor-médio.

Por fim, um produto com periculosidade inerente pode eventualmente possuir periculosidade adquirida. Basta imaginar uma arma de fogo (pistola) cuja trava de segurança, por falha no processo de fabricação, não funciona adequadamente, gerando disparos acidentais.

 Jurisprudência

1. Importância da informação-advertência

"A informação-conteúdo 'contém glúten' é, por si só, insuficiente para informar os consumidores sobre o prejuízo que o alimento com glúten acarreta à saúde dos doentes celíacos, tornando-se necessária a integração com a informação-advertência correta, clara, precisa, ostensiva e em vernáculo: 'CONTÉM GLÚTEN: O GLÚTEN É PREJUDICIAL À SAÚDE DOS DOENTES CELÍACOS'. Precedente da Corte Especial" (STJ, AgInt nos EDcl no REsp 1.762.674/MS, 3ª Turma, Rel. Min. Nancy Andrighi, j. 27.05.2019, *DJe* 29.05.2019).

"3. O dever de informação é a obrigação que possui o médico de esclarecer o paciente sobre os riscos do tratamento, suas vantagens e desvantagens, as possíveis técnicas a serem empregadas, bem como a revelação quanto aos prognósticos e aos quadros clínico e cirúrgico, salvo quando tal informação possa afetá-lo psicologicamente, ocasião em que a comunicação será feita a seu representante legal. 4. O princípio da autonomia da vontade, ou autodeterminação, com base constitucional e previsão em diversos documentos internacionais, é fonte do dever de informação e do correlato direito ao consentimento livre e informado do paciente e preconiza a valorização do sujeito de direito por trás do paciente, enfatizando a sua capacidade de se autogovernar, de fazer opções e de agir segundo suas próprias deliberações. 5. Haverá efetivo cumprimento do dever de informação quando os esclarecimentos se relacionarem especificamente ao caso do paciente, não se mostrando suficiente a informação genérica. Da mesma forma, para validar a informação prestada, não pode o consentimento do paciente ser genérico (*blanket consent*), necessitando ser claramente individualizado. 6. O dever de informar é dever de conduta decorrente da boa-fé objetiva e sua simples inobservância caracteriza inadimplemento contratual, fonte de responsabilidade civil *per se*. A indenização, nesses casos, é devida pela privação sofrida pelo paciente em sua autodeterminação, por lhe ter sido retirada a oportunidade de ponderar os riscos e vantagens de determinado tratamento, que, ao final, lhe causou danos, que poderiam não ter sido causados, caso não fosse realizado o procedimento, por opção do paciente. 7. O ônus da prova quanto ao cumprimento do dever de informar e obter o consentimento informado do paciente é do médico ou do hospital, orientado pelo princípio da colaboração processual, em que cada parte deve contribuir com os elementos probatórios que mais facilmente lhe possam ser exigidos. (...) 9. Inexistente legislação específica para regulamentar o dever de informação, é o Código de Defesa do Consumidor o diploma que desempenha essa função, tornando bastante rigorosos os deveres de informar com clareza, lealdade e exatidão (art. 6º, III, art. 8º, art. 9º)" (STJ, REsp 1.540.580/DF, 4ª Turma, Rel. Min. Lázaro Guimarães (Desembargador convocado do TRF 5ª Região), Rel. p/ acórdão Min. Luis Felipe Salomão, j. 02.08.2018, *DJe* 04.09.2018).

2. Cigarro possui periculosidade inerente

"1. O cigarro é um produto de periculosidade inerente e não um produto defeituoso, nos termos do que preceitua o Código de Defesa do Consumidor, pois o defeito a que alude o diploma consubstancia-se em falha que se desvia da normalidade, capaz de gerar uma frustração no consumidor ao não experimentar a segurança que ordinariamente se espera do produto ou serviço. 2. 'As estatísticas – muito embora de reconhecida robustez – não podem dar lastro à responsabilidade civil em casos concretos de mortes associadas ao tabagismo, sem que se investigue, episodicamente, o preenchimento dos requisitos legais' (REsp 1113804/RS, Rel. Ministro LUIS FELIPE SALOMÃO, QUARTA TURMA, julgado em 27/04/2010, DJe 24/06/2010). 3. Seguindo essa linha de raciocínio, ambas as Turmas de Direito Privado desta Corte também preconizam a ausência de responsabilidade civil das empresas fabricantes de cigarro por haver o consumidor apresentado quadro de tromboangeíte obliterante, inclusive diante da divergência na literatura médica acerca de eventual relação indissociável entre tal enfermidade e o tabagismo" (STJ, AgInt no REsp 1652429/DF, Rel. Min. Luis Felipe Salomão, 4ª Turma, j. 22.06.2020, *DJe* 30.06.2020).

"No que se refere à responsabilidade civil dos fabricantes de cigarro por danos associados ao tabagismo, esta Corte Superior possui entendimento firmado no sentido de ser impossível a responsabilização pelo desenvolvimento de atividade lícita e regulamentada pelo Poder Público relativa a produto que possui periculosidade inerente, em vez de defeituoso, nem pelo hábito de fumar durante certo período de tempo. Precedentes" (STJ, AgInt no REsp 1843850/RS, Rel. Min. Marco Aurélio Bellizze, 3ª Turma, j. 10.08.2020, *DJe* 17.08.2020).

> **Art. 10.** O fornecedor não poderá colocar no mercado de consumo produto ou serviço que sabe ou deveria saber apresentar alto grau de nocividade ou periculosidade à saúde ou segurança.
>
> **§ 1º** O fornecedor de produtos e serviços que, posteriormente à sua introdução no mercado de consumo, tiver conhecimento da periculosidade que apresentem, deverá comunicar o fato imediatamente às autoridades competentes e aos consumidores, mediante anúncios publicitários.
>
> **§ 2º** Os anúncios publicitários a que se refere o parágrafo anterior serão veiculados na imprensa, rádio e televisão, às expensas do fornecedor do produto ou serviço.
>
> **§ 3º** Sempre que tiverem conhecimento de periculosidade de produtos ou serviços à saúde ou segurança dos consumidores, a União, os Estados, o Distrito Federal e os Municípios deverão informá-los a respeito.

 Legislação correlata

Portaria 618/2019 do Ministério da Justiça e Segurança Pública.

 Análise doutrinária

1. Periculosidade exagerada

O *caput* do art. 10 do CDC simplesmente veda a comercialização de produto ou serviço com alto grau de nocividade ou periculosidade. Portanto, ao lado da divisão de produtos e serviços com *periculosidade inerente* e *adquirida*, pode-se acrescentar a qualificação de *periculosidade exagerada*.

No caso de periculosidade exagerada, não adianta qualquer tipo de informação. A comercialização está proibida. O CDC poderia, mas não o fez, listar uma série de produtos e serviços com "alto grau de nocividade ou periculosidade à saúde ou segurança". Outra norma federal também pode proibir a produção e comercialização de determinado produto ou serviço, ao considerar o grau de periculosidade (interesse público).

Na ausência de indicação normativa expressa de produtos e serviços com periculosidade exagerada, pode o juiz, particularmente em ação coletiva, reconhecer a periculosidade e, consequentemente, proibir a sua comercialização. A proibição de comercialização de produtos e serviços com periculosidade exagerada está em consonância com o direito básico do consumidor de prevenção a danos materiais e morais (v. comentários ao art. 6º, VI).

2. *Recall*

O § 1º do art. 10 é o fundamento jurídico do *recall*, ou seja, do dever que o fornecedor possui de comunicar às autoridades, à sociedade e aos consumidores a respeito de vícios de qualidade por insegurança (defeitos) nos produtos e serviços que foram constatados após comercialização ("introdução no mercado de consumo"). O comunicado deve especificar o produto ou serviço afetado, "o defeito apresentado, riscos e suas implicações, de forma clara e ostensiva, permitindo a compreensão da extensão do risco" (art. 6º, III, da Portaria MJSP 618/2019). Além de comunicar, deve realizar o reparo, com troca do componente viciado, de modo a evitar o dano ao consumidor (acidente de consumo).

Interessante observar que o art. 10 do CDC, embora se preocupe bastante com a comunicação ao consumidor, não estabelece expressamente o natural dever de reparo e/ou troca da peça. Tal exigência decorre do art. 3º, VII, da Portaria 618/2019, do Ministério da Justiça e Segurança Pública, o qual prevê que, no comunicado, deve obrigatoriamente haver "indicação das providências já adotadas e medidas propostas para resolver o defeito e sanar o risco". A obrigação legal de adotar providências para sanear o vício de qualidade por insegurança decorre também de análise sistemática do CDC, particularmente do dever de evitar danos ao consumidor (v. comentários ao art. 6º, VI).

A ausência de atendimento do consumidor ao *recall* não afasta a responsabilidade em caso de acidente de consumo. Primeiro, porque as excludentes de responsabilidade estão expressamente previstas em rol fechado: o não atendimento ao *recall* não é uma das excludentes (arts. 12, § 3º, e 14, § 3º). Segundo, porque, muitas vezes, em que pese o esforço do fornecedor, o consumidor não é efetivamente comunicado e segue utilizando o produto ou serviço.

O procedimento do *recall* (chamamento) encontra-se, atualmente, disciplinado pela Portaria 618, de 1º de julho de 2019, do Ministério da Justiça e Segurança Pública.

O referido ato normativo estabelece, no art. 2º, que o fornecedor "que tomar conhecimento da possibilidade de que tenham sido introduzidos, no mercado de consumo brasileiro, produtos ou serviços que apresentem nocividade ou periculosidade, deverá, no prazo de vinte e quatro horas, comunicar à Secretaria Nacional do Consumidor sobre o início das investigações". É estabelecido que a investigação não pode ultrapassar o prazo de dez dias para, na sequência, se houver conclusão quanto à presença de defeito, realizar a campanha de chamamento (*recall*).

A campanha de *recall*, realizada às custas do fornecedor, deve ser ampla e efetiva, de modo a atingir todos os consumidores interessados. O § 2º do art. 10 do CDC estabelece que os anúncios publicitários devem ser "veiculados na imprensa, rádio e televisão". A Portaria MJSP 618/2019 exige a elaboração de *plano de mídia* que, entre outros requisitos, deve conter: 1) data de início e fim da veiculação publicitária; 2) meios de comunicação a serem utilizados, horários e frequência de veiculação, considerando a necessidade de se atingir a maior parte dos interessados; 3) modelo do aviso de risco de acidente ao consumidor a ser veiculado na campanha, permitindo a compreensão da extensão do risco por todos os consumidores, inclusive leigos (art. 4º).

O procedimento é acompanhado, em todas as suas fases, pela Secretaria Nacional do Consumidor – Senacon (Ministério da Justiça), a qual "dará conhecimento da abertura de campanhas de chamamento aos Procons estaduais e aos municipais localizados em capitais dos estados da federação, por meio físico ou eletrônico" (art. 12 da Portaria MJSP 618/2019). Ao lado da comunicação publicitária, o fornecedor deve realizar comunicação individual aos consumidores que adquiriram ou utilizam o produto ou serviço afetado.

Durante o período da campanha de chamamento (*recall*), o fornecedor deve apresentar *relatórios periódicos* à Secretaria Nacional do Consumidor – Senacon e *relatório final* com informação de quantidade de consumidores atingidos pela campanha, justificativa e medidas a serem adotadas em relação ao percentual de produtos ou serviços não recolhidos nem reparados, além da forma pela qual os consumidores tomaram conhecimento do aviso de risco (art. 8º da Portaria MJSP 618/2019).

 Jurisprudência

1. Não atendimento ao *recall* não é excludente de responsabilidade

"A circunstância de o adquirente não levar o veículo para conserto, em atenção a *recall*, não isenta o fabricante da obrigação de indenizar" (STJ, REsp 1.010.392/RJ, 3ª Turma, Rel. Min. Humberto Gomes de Barros, j. 24.03.2008, *DJe* 13.05.2008).

2. *Recall* após acidente de consumo

"1 – Ação de indenização proposta com base em defeito na fabricação do veículo, objeto de posterior *recall*, envolvido em grave acidente de trânsito. 2 – Comprovação pelo consumidor lesado do defeito do produto (quebra do banco do motorista com o veículo em movimento na estrada) e da relação de causalidade com o acidente de trânsito (perda do controle do automóvel em estrada e colisão com uma árvore), que lhe causou graves lesões e a perda total do veículo. 3 – A dificuldade probatória ensejada pela impossibilidade de perícia direta no veículo sinistrado, no curso da instrução do processo, não caracteriza cerceamento de defesa em relação ao fabricante. 4 – Inocorrência de violação às regras dos incisos II e III do § 3º do art. 12 do CDC. 5 – Precedente desta Corte" (STJ, REsp 1.168.775/RS, 3ª Turma, Rel. Min. Paulo de Tarso Sanseverino, j. 10.04.2012, *DJe* 16.04.2012).

Art. 11. (Vetado).[5]

---

[5]   Mensagem de Veto 664/90, *do art. 11*: "O dispositivo é contrário ao interesse público, pois, ao determinar a retirada do mercado de produtos e serviços que apresentem 'alto grau de nocividade e periculosidade', mesmo quando '*adequadamente utilizados*', impossibilita a produção e o comércio de bens indispensáveis à vida moderna (*e.g.* materiais radioativos, produtos químicos e outros). Cabe, quanto a tais produtos e serviços, a adoção de cuidados especiais, a serem disciplinados em legislação específica".

Seção II
Da responsabilidade pelo fato do produto e do serviço

Art. 12. O fabricante, o produtor, o construtor, nacional ou estrangeiro, e o importador respondem, independentemente da existência de culpa, pela reparação dos danos causados aos consumidores por defeitos decorrentes de projeto, fabricação, construção, montagem, fórmulas, manipulação, apresentação ou acondicionamento de seus produtos, bem como por informações insuficientes ou inadequadas sobre sua utilização e riscos.

§ 1º O produto é defeituoso quando não oferece a segurança que dele legitimamente se espera, levando-se em consideração as circunstâncias relevantes, entre as quais:

I - sua apresentação;

II – o uso e os riscos que razoavelmente dele se esperam;

III – a época em que foi colocado em circulação.

§ 2º O produto não é considerado defeituoso pelo fato de outro de melhor qualidade ter sido colocado no mercado.

§ 3º O fabricante, o construtor, o produtor ou importador só não será responsabilizado quando provar:

I - que não colocou o produto no mercado;

II - que, embora haja colocado o produto no mercado, o defeito inexiste;

III - a culpa exclusiva do consumidor ou de terceiro.

 Legislação correlata

Código Civil, art. 931.

Código de Processo Civil, art. 369.

Decreto 9.960/2019 (Institui a Comissão de Estudos Permanentes de Acidentes de Consumo no âmbito do Ministério da Justiça e Segurança Pública).

 Análise doutrinária

1. Proteção à saúde, segurança e patrimônio do consumidor: os acidentes de consumo

O Código de Defesa do Consumidor, nos arts. 12 a 17, disciplina a responsabilidade civil do fornecedor pelo fato do produto e do serviço. A inspiração do legislador brasileiro veio da Diretiva 85/374 da Comunidade Europeia. Trata-se de regime indenizatório em relação aos danos (materiais e/ou morais) oriundos de *vícios de qualidade por insegurança* (defeitos) dos produtos e serviços, os quais abrangem tanto a ofensa à saúde e segurança quanto o patrimônio material do consumidor ou de terceiro que é afetado pelo acidente (art. 17).

Nessa espécie de responsabilidade, também denominada responsabilidade por *acidente de consumo*, a preocupação básica é no sentido de que os produtos e serviços lançados no mercado de consumo sejam seguros: não ofendam a saúde, a segurança, os direitos da personalidade e o patrimônio do consumidor.

O *vício de qualidade por insegurança* ou simplesmente *defeito*, como prefere em alguns autores, é conceito normativo que se vincula basicamente à compreensão de *legítima expectativa de segurança* dos produtos e serviços. Reitere-se: não é propósito da norma simplesmente eliminar do mercado de consumo os produtos que apresentem algum grau de risco à segurança e saúde, tanto que o CDC expressamente permite a comercialização de "riscos normais e previsíveis" em decorrência da natureza e modo de fruição de produtos e serviços (v. comentários ao art. 8º).

Desse modo, ao mesmo tempo que o *smartphone* deve atender às finalidades próprias (receber e efetuar ligações, permitir acesso à internet e aplicativos diversos, tirar fotografias etc.), o consumidor tem a legítima expectativa de que o aparelho não vai explodir, e causar danos à sua integridade física e psíquica e ao seu patrimônio.

Do mesmo modo, ao lado do uso funcional de um carro (transporte de pessoas), o consumidor possui, por exemplo, a legítima expectativa de segurança de que nenhuma roda do veículo vai simplesmente se soltar, gerando acidente com danos ao consumidor e terceiros.

2. Elementos da responsabilidade pelo fato do produto: defeito, nexo de causalidade e dano

Em termos materiais, a grande novidade do Código de Defesa do Consumidor, em relação à sistemática anterior (Código Civil de 1916), é o fato de se afastar o pressuposto *culpa* como elemento da responsabilidade civil do fornecedor, de modo a conferir efetiva proteção à saúde, à segurança e, também, ao patrimônio do consumidor (art. 6º).

O *caput* do art. 12 do CDC, que se refere a fato do produto, é explícito no sentido de que o dever de reparar os danos decorrentes de defeitos dos produtos e serviços *independe da existência de culpa*, consagrando-se, à evidência, hipótese de responsabilidade objetiva. Como já destacado, mesmo que não houvesse a expressa exclusão da culpa, a responsabilidade seria objetiva. A Lei, neste ponto, optou pelo caráter didático, já que promulgada há três décadas, quando toda a cultura e prática dos tribunais baseava-se na *responsabilidade subjetiva* (v. comentários ao art. 6º, VI).

A responsabilidade independe do elemento *culpa*. Não há necessidade de demonstrar conduta intencional ou negligente do fornecedor. Na verdade, em relação aos produtos, a lei, num primeiro momento, sequer considera as ações (conduta) do fornecedor relativas a fabricação, produção ou construção do produto. O que importa é a análise do produto pronto, sem defeitos. O que houve antes, na cadeia de produção – atitude diligente ou negligente do fornecedor –, em nada altera o dever de indenizar se, obviamente, presentes os demais pressupostos (defeito, dano e relação de causalidade entre ambos).

A adoção dos postulados da responsabilidade objetiva também não afasta a possibilidade de o fornecedor se eximir do dever de indenizar por meio de excludentes de responsabilidade. O CDC prevê expressamente três hipóteses que, se demonstradas, excluem o dever de indenizar os danos (art. 12, § 3º).

Para surgir o dever de indenizar os danos materiais e/ou morais do consumidor – os quais podem, inclusive, ser cumulados (Súmula 37 do STJ) –, não cabe ao consumidor promover qualquer discussão sobre culpa. Na verdade, a conduta do fornecedor só ganha relevância na análise das excludentes de responsabilidade, como, por exemplo, se houve ação no sentido de colocar ou não o produto no mercado de consumo (art. 12, § 3º, I).

O dever de indenizar na responsabilidade pelo fato do produto exige a presença de três elementos: 1) dano (material e/ou moral); 2) defeito do produto; e 3) relação de causalidade defeito e dano.

Reitere-se que a conduta do fornecedor não é, ao menos num primeiro momento, pressuposto para gerar o dever de indenizar. O nexo causal, como a leitura do art. 12 indica, é entre o defeito e o dano sofrido pela vítima (consumidor) ou terceiro (art. 17). Não se exige uma cadeia de causalidade da conduta do fornecedor até o dano. Basta a relação, nem sempre fácil de se comprovar, entre o defeito e o dano.

3. Responsabilidade do fabricante, produtor, construtor e importador

O *caput* do art. 12 é bastante claro na definição do responsável em face de acidente de consumo por defeito de produto. O dispositivo refere-se a fabricante, produtor, construtor e importador. Em síntese, é o que "fabrica" o produto. O termo fabricante é para produtos manufaturados. O produtor é aquele que se dedica ao agronegócio. O construtor refere-se às atividades relacionadas à construção de imóveis. Todos eles podem ser nacionais ou estrangeiros. Por fim, o importador é a pessoa (jurídica ou natural) responsável por introduzir no mercado nacional produtos fabricados em outros países.

O comerciante, ao contrário do que ocorre na responsabilidade por vício de qualidade e quantidade (arts. 18 e 19), não possui, num primeiro momento, dever de indenizar os danos decorrentes de acidente de consumo. Sua responsabilidade surge em hipóteses expressamente previstas no art. 13 do CDC – produto anônimo, sem identificação clara, produtos perecíveis sem conservação adequada (v. comentários ao art. 13). Não há aqui (art. 12) responsabilidade solidária e automática de toda a cadeia de produção e comercialização dos produtos.

Com base nos arts. 12 e 13 do CDC, o fornecedor é classificado, doutrinariamente, em três categorias: 1) real (fabricante, construtor, produtor); 2) presumido (importador); e 3) aparente (comerciante: quando o produto é anônimo ou há falhas na identificação) (BENJAMIN, 2017, p. 188-190).

O termo *fabricante* abrange também o montador ou aquele que produz apenas peças que irão compor o produto final. No caso de fragmentação do processo produtivo, todos que participaram da cadeia são solidariamente responsáveis, nos precisos termos do art. 25, § 2º: "sendo o dano causado por componente ou peça incorporada ao produto ou serviço, são responsáveis solidários seu fabricante, construtor ou importador e o que realizou a incorporação".

Cuida-se de mais uma hipótese de *solidariedade automática* (v. comentários ao parágrafo único do art. 7º). A regra é importante e justa na medida em que o consumidor, em face de sua vulnerabilidade técnica, não tem, em caso de acidente de consumo, como identificar se a causa do fato se vincula a uma peça ou componente específico. Tal discussão pode ser realizada posteriormente entre os fornecedores (ação regressiva).

Assim, se um imóvel desabar por defeito em componente específico (viga de aço, por exemplo), há solidariedade passiva entre o fabricante da viga e o construtor. Outro exemplo pode ser ilustrado com acidente de veículo ocasionado por vício no pneu que, por falha de fabricação, se rompe e gera capotamento do carro. Há solidariedade passiva entre a montadora do veículo e o fabricante do pneu. Ambos podem figurar no polo passivo de ação indenizatória ajuizada pelo consumidor. Pode o consumidor optar por acionar judicialmente apenas a montadora, a qual, após realizar a indenização ao consumidor, pode, num segundo momento, em ação regressiva, ter o reembolso do valor pago.

A inclusão do importador como responsável direto pelos danos decorrentes de produto importado decorre da dificuldade prática de acionar e obter êxito em ação indenizatória movida contra fabricante sediado em outro país. Na verdade, no caso de produto importado, a responsabilidade do fabricante não está afastada: o consumidor pode optar por acioná-lo, isoladamente ou em conjunto com o importador. Acrescente-se a posição do STJ que, com fundamento na Teoria da Aparência, tem reconhecido a solidariedade de fornecedores que se beneficiam do nome de marca consagrada no mercado (v. comentários aos arts. 3º e 7º, parágrafo único).

4. Ausência de rigor técnico na distinção entre *defeito* e *vício*

Em 30 anos de vigência do Código de Defesa do Consumidor, um dos aspectos que chama atenção é a distinção, formulada por parcela da doutrina, entre *vício* e *defeito* do produto. Parte dos autores diferencia *vício* de *defeito* dos produtos e serviços. Essa distinção tem sido, inclusive, cobrada em provas objetivas de concurso público, o que é reprovável considerando as divergências doutrinárias existentes e, principalmente, que a lei não é nada rigorosa nessa diferenciação: utiliza os termos como sinônimos.

O art. 26, § 3º, do CDC é um bom exemplo da utilização de um termo pelo outro. No mesmo dispositivo, que se refere ao início da contagem do prazo decadencial no caso de vício oculto, há utilização indiscriminada de uma palavra pela outra: "tratando-se de *vício* oculto, o prazo decadencial inicia-se no momento em que ficar evidenciado o *defeito*" (grifou-se). Acrescente-se que o art. 18, § 6º, II – no âmbito da disciplina própria de vício do produto – estabelece que são impróprios, entre outros, os produtos "nocivos à vida ou à saúde, perigosos". O Código Civil também não faz distinção entre os termos. Na seção relativa aos vícios redibitórios, utiliza indistintamente os termos *vício* e *defeito* (arts. 441, 443 e 446).

A distinção não é meramente terminológica ou acadêmica. Ajuda a compreender que a responsabilidade pelo fato do produto só ganha espaço quando já ocorreu um acidente de consumo, com danos efetivos ao consumidor ou terceiro (art. 17 do CDC). Antes disso, o interessado só pode invocar a seu favor a disciplina do art. 18, § 3º, do CDC, para exigir o conserto do produto, a troca por outro em perfeitas condições ou a devolução do preço. Assim, antes de qualquer acidente de consumo, o produto com potencial de causar danos à saúde ou à integridade física é impróprio ao consumo. Cuida-se de produto *com vício de qualidade por insegurança*. A solução do interesse do consumidor está no art. 18 do CDC, ou seja, é possível exigir a troca do bem ou devolução do dinheiro

Para ilustrar, imagine-se a seguinte situação. Se o cinto de segurança de determinado veículo não possui o encaixe necessário, o consumidor pode, antes de qualquer acidente, ir à concessionária ou ao fabricante – que são solidariamente responsáveis – exigir o conserto, ou a troca da peça, com base no art. 18 do CDC. Embora tal problema esteja relacionado à falta de segurança do produto, deve-se invocar, antes do evento danoso (acidente de consumo), a disciplina do art. 18 para atender aos interesses do consumidor.

A responsabilidade pelo fato do produto (arts. 12 e 13) só deve ser invocada se – e na hipótese de – ocorrer um acidente de consumo, com lesão à integridade do consumidor e/ou do seu patrimônio. Assim, o *recall*, com previsão expressa no art. 10 do CDC, refere-se a produto que possui vício de qualidade por insegurança e não à responsabilidade pelo fato do produto (art. 12). A ideia básica do instituto é a prevenção de eventos danosos, ou seja, o consumidor é chamado para realizar o reparo necessário no produto com a eliminação do vício de modo a evitar o acidente de consumo (v. comentários ao art. 10).

Em resumo, a lei não faz distinção entre *vício* e *defeito*. Cuida-se de classificação doutrinária. As classificações e distinções doutrinárias, quando não seguem rigorosamente parâmetros legais, precisam ser cautelosas e bem definidas quanto aos seus critérios e propósitos para evitar mais dúvidas e interpretações equivocadas da norma. Na hipótese em comento, mais importante do que a terminologia (a utilização do termo *vício* ou *defeito*), é identificar corretamente qual o fundamento para atender à pretensão e interesse do consumidor lesado.

Reitere-se: a responsabilidade civil decorrente do disposto no art. 12 da Lei 8.078/1990 refere-se exclusivamente aos casos em que o evento danoso já tenha ocorrido (acidente de consumo). Antes disso, ainda que o problema no produto seja de alta potencialidade lesiva à integridade psicofísica do consumidor (interesses existenciais) e ao seu patrimônio, não tem cabimento invocar o referido dispositivo (art. 12): a resolução deve ocorrer com base na disciplina constante no art. 18.

Herman Benjamin, de modo mais preciso e correto, constrói a *teoria da qualidade*, a qual distingue, de um lado, os *vícios de qualidade por insegurança* e, de outro, os *vícios de qualidade por inadequação*. Os primeiros estão relacionados à integridade psicofísica do consumidor, já que ensejam os acidentes de consumo, enquanto os vícios por inadequação dizem respeito ao bom desempenho dos produtos e serviços (2020, p. 174-179).

5. Defeito (vício) de projeto, fabricação e comercialização

O *caput* do art. 12 do CDC esclarece, de modo didático, que o defeito (vício por insegurança) dos produtos, para configuração do dever de indenizar, pode ser decorrente de "projeto, fabricação, construção, montagem, fórmulas, manipulação, apresentação ou acondicionamento de seus produtos, bem como por informações insuficientes ou inadequadas sobre sua utilização e riscos".

Com base no dispositivo e, também, no direito comparado, os defeitos dos produtos podem ser classificados em três espécies: 1) concepção; 2) fabricação; e 3) comercialização.

O defeito de concepção (também denominado de construção ou *design*) diz respeito à própria ideia (projeto) do produto que não foi adequada no sentido de oferecer a segurança desejada. Atinge toda a cadeia de produção.

O defeito de fabricação ocorre no momento em que o produto é manufaturado. São provocados pelo automatismo do processo produtivo. A falha não é do projeto, e sim do processo de fabricação. Atinge, em regra, número limitado de produtos (lote específico).

Por fim, o defeito de comercialização (ou defeito de informação) diz respeito à carência de informações adequadas e claras sobre o uso adequado do produto.

Como já desenvolvido, os produtos e serviços, quanto à segurança, podem ser classificados em dois grupos: 1) *periculosidade inerente*; e 2) *periculosidade adquirida*. Na periculosidade inerente, há um risco intrínseco vinculado à própria qualidade ou modo de funcionamento (ex.: faca, motosserra etc.). Na *periculosidade adquirida*, o perigo decorre de falha do processo de fabricação (defeito). Sua principal característica é justamente a imprevisibilidade para o consumidor (v. comentários ao art. 8º).

Na *periculosidade adquirida*, até mesmo o fornecedor é surpreendido com o defeito. Muitas vezes, o vício só é percebido após colocação do produto no mercado, gerando a necessidade de promover *recall*: deve o fornecedor comunicar o fato imediatamente às autoridades e aos consumidores, inclusive por meio de anúncios publicitários (v. comentários ao art. 10).

A informação prévia sobre periculosidade ganha relevância quando se trata de produtos com *periculosidade inerente*. O defeito de comercialização se relaciona diretamente à necessidade de informação sobre o uso adequado do produto. Recorde-se, a propósito, o disposto no § 1º do art. 8º. O dispositivo estabelece que, "em se tratando de produto industrial, ao fabricante cabe prestar as informações" sobre periculosidade por meio de impressos apropriados que devam acompanhar o produto.

O nível e a qualidade da informação sobre a periculosidade são diretamente proporcionais a maior ou menor complexidade do produto. Não tem sentido, por exemplo, que toda faca venha acompanhada da informação sobre o risco de corte do próprio corpo do usuário, até porque já existe esse conhecimento do consumidor: o risco é razoavelmente esperado. Todavia, a depender do tipo da faca, sua forma diferenciada de corte ou mesmo da forma como deve ser retirada da embalagem, a informação – de como proceder para prevenir o dano – passa a ser relevante e, portanto, deve ser apresentada.

Ademais, deve-se considerar o consumidor com maior vulnerabilidade e não o *homem médio*. Muitas vezes, é bastante útil, e até necessário, que as orientações de instalação ou uso do produto sejam acompanhadas de ilustração.

É fundamental, nas três espécies de defeitos (concepção, fabricação e comercialização), pautar-se pelos fatores delineados pelo art. 12 do CDC: o produto é defeituoso quando não oferece a segurança que legitimamente se espera, considerando circunstâncias relevantes, dentre as quais: apresentação, uso e riscos que razoavelmente se esperam do produto ou serviço e época em que foi colocado em circulação.

Entre os fatores a serem analisados, para se concluir ou não por existência de defeito no produto, está a época em que o bem foi colocado em circulação. Nada mais natural, já que, com o passar do tempo, há tendência de crescente aumento da segurança dos produtos, de avanço permanente da tecnologia para análise de riscos e, paralelamente, barateamento dos custos e preço. A exigência e expectativa de segurança de hoje não são as mesmas de cinco anos atrás.

O § 2º do art. 12 esclarece que o produto não é defeituoso pelo fato de outro de melhor qualidade ter sido colocado no mercado. Significa que é juridicamente possível conviver com produtos com níveis diversos de segurança, sem concluir, necessariamente, que os menos seguros sejam defeituosos. A norma é razoável porque atende às necessidades da coletividade dos consumidores.

Por fim, registre-se que normas provenientes de órgãos administrativos e fiscalizadores devem ser vistas como exigências mínimas de segurança. Assim, determinado produto pode ser considerado defeituoso, ainda que observe integralmente tais normas, se ficar evidenciado que a legítima expectativa de segurança não foi atendida.

Um exemplo para esclarecer. Em abril de 2009, o Contran, com base no art. 12 da Lei 9.503/1997 (Código Brasileiro de Trânsito), editou a Resolução 311/2009, que estabelece a obrigatoriedade do "equipamento suplementar de segurança passiva – AIR BAG, instalados na posição frontal para o condutor e o passageiro do assento dianteiro" para veículos novos, nacionais e importados (art. 1º). O referido ato normativo apresentou cronograma até 2014 para que as montadoras e importadoras de veículos implementassem o item de segurança. Antes mesmo de 2014, o juiz poderia, com base nos parâmetros do CDC que definem a legítima expectativa de segurança, considerar que a ausência de *air-bag* é vício do produto por insegurança e, havendo acidente, ensejar o dever de indenizar.

6. Excludentes de responsabilidade e inversão *ope legis* do ônus da prova

O § 3º do art. 12 do CDC apresenta três hipóteses de excludente de responsabilidade do fornecedor (fabricante, construtor, produtor, importador): 1) não colocação do produto no mercado: 2) inexistência de defeito; e 3) culpa exclusiva do consumidor ou de terceiro.

Antes da análise de cada hipótese, cabem destacar dois importantes pontos. O primeiro é que a redação do dispositivo, ao utilizar a expressão "só não será responsabilizado", indica que as hipóteses de exclusão são unicamente as três referidas.

O outro ponto que também se extrai do dispositivo é de natureza processual. A expressão *quando provar* deixa claro que se trata de ônus do fornecedor a prova concernente à inexistência de defeito. Quanto a isso, não há controvérsia. Tanto a doutrina quanto o STJ entendem que é hipótese de inversão *ope legis* do ônus da prova. Significa que, nas ações indenizatórias decorrentes de acidente de consumo, sempre será ônus do fornecedor – independente de análise do caso concreto pelo juiz – demonstrar no processo a presença de uma das excludentes.

Reitere-se: o Código de Defesa do Consumidor prevê, ao lado da inversão *ope judicis* do ônus da prova (art. 6º, VIII), três hipóteses de inversão *ope legis*. Dentre as três, duas são justamente relacionadas a excludentes de responsabilidade pelo fato do produto e do serviço (arts. 12, § 3º, e 14, § 3º). A terceira diz respeito à publicidade e está prevista no art. 38 do CDC.

A inversão, no caso, joga toda a carga probatória para o fornecedor. Cabe a ele demonstrar, por todos os meios de prova admitidos no ordenamento jurídico (art. 369 do CPC), que não colocou o produto no mercado, que não há defeito, que se trata de fato causado pelo consumidor ou por terceiro.

A prova de não colocação do produto do mercado deve ocorrer basicamente em duas situações. A primeira delas é relativa a produtos falsificados, ou seja, o fornecedor deve demonstrar que o bem, embora ostente sua marca, não foi fabricado por ele. A outra situação indicada pela doutrina seria a prática de furto do produto em fase de teste quanto ao nível de segurança

Com relação ao defeito do produto, que envolve discussão técnica e de argumentação – demonstrar que atende à legítima expectativa de segurança –, a lei coloca nos ombros do fornecedor o trabalho de convencimento. A rigor, por ser o defeito elemento da responsabilidade civil por acidente de consumo, não haveria qualquer necessidade de esclarecer que a responsabilidade fica afastada, se ausente o requisito *defeito*. O objetivo da norma, considerando a superioridade técnica do fornecedor, foi impor-lhe, em face de narrativa do consumidor e razoabilidade das alegações, a demonstração da inexistência do defeito. Para o consumidor, num primeiro momento, basta argumentação verossímil e indicação de elementos mínimos que indiquem a existência do defeito.

Por fim, o fornecedor pode afastar sua responsabilidade se demonstrar culpa exclusiva do consumidor ou de terceiro. Ora, se o acidente foi gerado – exclusivamente – por ação ou omissão do próprio consumidor ou de terceiro, não há que se falar em nexo de causalidade – que é outro elemento da responsabilidade civil. O produto pode ter servido apenas como instrumento do dano. Mais uma vez, o que se pretendeu foi colocar a prova e argumentação como ônus do fornecedor.

A culpa exclusiva do consumidor ou de terceiro exclui totalmente a responsabilidade, conforme redação do dispositivo: "o fornecedor não será responsabilizado". De outro lado, a culpa ou fato parcial do consumidor ou de terceiro serve para diminuir proporcionalmente o valor indenizatório. Ou seja, se restar comprovado que o consumidor ou terceiro contribuíram parcialmente com o nexo de causalidade, o valor indenizatório deve ser abatido de modo proporcional à participação para o resultado danoso.

7. Caso fortuito ou força maior

Discute-se na doutrina e jurisprudência se o caso fortuito ou força maior excluiria a responsabilidade civil por fato do produto e do serviço. Inicialmente, cabe destacar que sua previsão decorre do disposto em título próprio do Código Civil relativo a inadimplemento das obrigações, especificamente no art. 393, que possui a seguinte redação: "o devedor não responde pelos prejuízos resultantes de caso fortuito ou força maior, se expressamente não se houver por eles responsabilizado. Parágrafo único. O caso fortuito ou de força maior verifica-se no fato necessário, cujos efeitos não era possível evitar ou impedir".

De plano, recorde-se divergência quanto ao significado dos termos. Alguns relacionam a força maior com eventos da natureza e o caso fortuito com ação humana. Outros defendem justamente o contrário. Em que pese o esforço dos autores em distinguir o caso fortuito da força maior, os termos podem ser considerados sinônimos, até porque a consequência será a mesma: exoneração do devedor.

O conceito não se vincula à previsibilidade ou não do fato, e sim à inevitabilidade, como deixa claro o parágrafo único do art. 393 do CC. A inevitabilidade deve ser analisada no caso concreto, considerando todas as possibilidades e esforços razoáveis do devedor para cumprir a obrigação em face do caso fortuito. Nessa linha, a imprevisibilidade ganha relevância na medida em que pode afetar, em determinadas circunstâncias, a inevitabilidade.

No mercado de consumo, as questões que envolvem discussão sobre caso fortuito ou força maior são relativas à prestação de serviços, como roubos em transportes coletivos, em estabelecimentos comerciais, danos decorrentes de lançamento de pedra em ônibus, com lesão a passageiro etc.

A doutrina e o STJ aceitam o caso fortuito (força maior) como excludente de responsabilidade nos acidentes de consumo relacionados a produtos e serviços. Todavia, realizam distinção entre caso *fortuito interno* e *externo*. O fortuito interno seria aquele fato inerente à própria atividade do fornecedor. O fortuito externo, como o próprio nome indica, seria fato estranho à atividade. Na prática, todavia, nem sempre é simples enquadrar determinado fato como fortuito externo ou interno para se concluir pela incidência da excludente. Em última análise, observa-se que os tribunais realizam exame de razoabilidade da postura da empresa: o que é possível exigir do fornecedor em determinado contexto.

Discorda-se da posição predominante no sentido de analisar o caso fortuito interno e externo como excludente de responsabilidade por diferentes motivos. O primeiro é que se trata de eximente de responsabilidade pensada e desenhada para inadimplemento de obrigações contratuais. O segundo argumento é que a matéria, neste ponto, é exaustivamente disciplinada pelo CDC, que optou expressamente por elencar – em número fechado – as hipóteses de excludentes de responsabilidade (arts. 12, § 3º, e 14, § 3º). Por fim, a própria noção de *legítima expectativa de segurança* é mais do que suficiente para análise de defeito (falta de segurança) do produto ou serviço no caso concreto.

Ao se adotar a discussão se determinado fato é fortuito interno ou externo, abandonam-se os critérios expressamente indicados pelo legislador na aferição da legítima expectativa de segurança. Nos termos do art. 12, § 1º, o produto é defeituoso quando não oferece a segurança que legitimamente se espera, considerando circunstâncias relevantes, dentre as quais: apresentação, uso e riscos que razoavelmente se esperam do produto ou serviço e época que foi colocado em circulação.

Ora, são justamente tais elementos que devem ser considerados para verificar a presença ou ausência de defeito no produto. A conclusão pela ausência de defeito caracteriza excludente de responsabilidade expressamente prevista (art. 12, § 3º, II). A análise de presença de caso fortuito (interno ou externo) pode levar à mesma conclusão de exclusão do dever de reparar, mas não é o caminho apresentado pelo CDC.

Assim, como é possível argumentar que roubo em agência bancária é fortuito interno e, portanto, não afasta o dever de indenizar as vítimas do evento, o intérprete poderia chegar ao mesmo resultado ao definir, com base nos critérios do § 1º do art. 12, que está dentro da legítima expectativa de segurança do consumidor não ser assaltado dentro de agência bancária. O mesmo raciocínio vale para situações que a jurisprudência considera fortuito externo, como o lançamento de pedras em transportes coletivos.

8. Riscos do desenvolvimento

Outro debate na doutrina diz respeito à exclusão da responsabilidade do fornecedor em face dos *riscos do desenvolvimento*. Em síntese, seriam defeitos que, à época de concepção e colocação do produto no mercado, eram desconhecidos pelos estudos científicos disponíveis na comunidade acadêmica.

Tal discussão ganhou nova intensidade no início de 2021 por ocasião do programa de vacinação para prevenir a Covid-19. De um lado, espera-se que a vacina atinja a sua finalidade, ou seja, não apresente vício de qualidade por inadequação e, de outro, que seja segura, não acarrete danos ao consumidor

O triste exemplo, sempre lembrado pela doutrina, foi a ampla utilização por mulheres grávidas do medicamento talidomida para enjoos matinais. Foi, na ocasião do lançamento (década de 1950), anunciado como remédio com poucos efeitos colaterais. Testes foram realizados em animais, com apresentação de resultados seguros. Todavia, nos anos 1960, constatou-se que milhares de bebês apresentaram más-formações congênitas, com desenvolvimento incompleto de braços e pernas (focomelia).

A Diretiva 85/374 da União Europeia é expressa quanto à excludente de responsabilidade em face de riscos do desenvolvimento. A propósito, assim estabelece o art. 7º, "e": "o produtor não é responsável nos termos da presente diretiva se provar: (...) e) Que o estado dos conhecimentos científicos e técnicos no momento da colocação em circulação do produto não lhe permitiu detectar a existência do defeito". Na sequência, o art. 15, "b", prevê que os Estados-membros, por meio de legislação interna, podem afastar a referida excludente.

O CDC, de modo diverso, não indica, no seu rol fechado de excludentes de responsabilidade, os riscos do desenvolvimento (art. 12, § 3º). Ao contrário, cuida-se de *defeito de concepção* que não pode ser percebido por ausência de constatação científica à época. Destaque-se: o defeito sempre existiu, apenas não foi possível perceber no momento inicial.

 Dicas práticas

A distinção entre *vício* e *fato* do produto é de extrema relevância para aplicação do CDC, sem esquecer a possibilidade de, conforme o caso, invocar a cláusula geral da responsabilidade civil nas relações de consumo estabelecida pelo art. 6º, VI.

 **Jurisprudência**

1. Termos *defeito* e *vício* utilizados como sinônimos

"(...) 1. A aquisição de veículo para utilização como táxi, por si só, não afasta a possibilidade de aplicação das normas protetivas do CDC. 2. A constatação de defeito em veículo zero quilômetro revela hipótese de vício do produto e impõe a responsabilização solidária da concessionária (fornecedor) e do fabricante, conforme preceitua o art. 18, *caput*, do CDC" (STJ, REsp 611.872/RJ, Rel. Min. Antonio Carlos Ferreira, j. 02.10.2012, *DJe* 23.10.2012).

"1. Diversos precedentes desta Corte, diante de questões relativas a defeitos apresentados em veículos automotores novos, firmaram a incidência do art. 18 do Código de Defesa do Consumidor para reconhecer a responsabilidade solidária entre o fabricante e o fornecedor. 2. O prazo de decadência para a reclamação de vícios do produto (art. 26 do CDC) não corre durante o período de garantia contratual, em cujo curso o veículo foi, desde o primeiro mês da compra, reiteradamente apresentado à concessionária com defeitos. (...)" (STJ, REsp 547.794/PR, Rel. Min. Maria Isabel Galloti, j. 15.02.2011, *DJe* 22.02.2011).

2. Caso fortuito ou força maior como excludente de responsabilidade

"Apesar de não prevista expressamente no CDC, a excludente de caso fortuito possui força liberatória e exime a responsabilidade do cirurgião plástico" (STJ, AgRg no AREsp 764.697/ES, 3ª Turma, Rel. Min. João Otávio de Noronha, j. 01.12.2015, *DJe* 11.12.2015).

"Consabido que a responsabilidade civil objetiva do fornecedor de serviços pode ser elidida se demonstrada: (i) a ocorrência de força maior ou caso fortuito externo (artigo 393 do Código Civil); (ii) que, uma vez prestado o serviço, o defeito inexiste (inciso I do § 3º do artigo 14 do CDC); e (iii) a culpa exclusiva do consumidor ou de terceiro (inciso II do § 3º do retrocitado dispositivo consumerista)" (STJ, REsp 1.378.284/PB, Rel. Min. Luis Felipe Salomão, j. 08.02.2018, *DJe* 07.03.2018).

3. Acidente automobilístico: defeito do produto e inversão *ope legis* do ônus da prova

"1. A Resolução n. 311, de 3 de abril de 2009, do Conselho Nacional de Trânsito – Contran, dispõe que o *air bag* é 'equipamento suplementar de retenção que objetiva amenizar o contato de uma ou mais partes do corpo do ocupante com o interior do veículo, composto por um conjunto de sensores colocados em lugares estratégicos da estrutura do veículo, central de controle eletrônica, dispositivo gerador de gás propulsor para inflar a bolsa de tecido resistente' (art. 2º). 2. A responsabilidade objetiva do fornecedor surge da violação de seu dever de não inserção de produto defeituoso no mercado de consumo, haja vista que, existindo alguma falha quanto à segurança ou à adequação do produto em relação aos fins a que se destina, haverá responsabilização pelos danos que o produto vier a causar. 3. Na hipótese, o Tribunal *a quo*, com relação ao ônus da prova, inferiu que caberia à autora provar que o defeito do produto existiu, isto é, que seria dever da consumidora demonstrar a falha no referido sistema de segurança. 4. Ocorre que diferentemente do comando contido no art. 6º, inciso VIII do CDC, que prevê a inversão do ônus da prova 'a critério do juiz', quando for verossímil a alegação ou hipossuficiente a parte, o § 3º do art. 12 do mesmo Código estabelece – de forma objetiva e independentemente da manifestação do magistrado – a distribuição da carga probatória em desfavor do fornecedor, que 'só não será responsabilizado se provar: I – que não colocou o produto no mercado; II – que, embora haja colocado o produto no mercado, o defeito inexiste; III – a culpa exclusiva do consumidor ou de terceiro'. É a diferenciação já clássica na doutrina e na jurisprudência entre a inversão *ope judicis* (art. 6º, inciso VIII, do CDC) e inversão *ope legis* (arts. 12, § 3º, e art. 14, § 3º, do CDC). Precedentes. 5. No presente caso, o 'veículo Fiat Tempra atingiu a parte frontal esquerda (frontal oblíqua), que se deslocou para trás (da esquerda para direita, para o banco do carona)', ficando muito avariado; ou seja, ao que parece, foram preenchidos os dois estágios do choque exigidos para a detecção do *air bag*, mas que, por um defeito no produto, não acionou o sistema, causando danos à consumidora. Em sendo assim, a conclusão evasiva do *expert* deve ser interpretada em favor do consumidor vulnerável e hipossuficiente. 6. Destarte, enfrentando a celeuma pelo ângulo das regras sobre a distribuição da carga probatória, levando-se em conta o fato de a causa de pedir apontar para hipótese de responsabilidade objetiva do fornecedor pelo fato do produto, não havendo este se desincumbido do ônus que lhe cabia, inversão *ope legis*, é de se concluir pela procedência do pedido autoral com o reconhecimento do defeito no produto" (STJ, REsp 1.306.167/RS, 4ª Turma, Rel. Min. Luis Felipe Salomão, j. 03.12.2013, *DJe* 05.03.2014).

4. Acidente de consumo no interior de *shopping* e responsabilidade solidária

"1. Consoante entendimento desta Corte Superior, a ocorrência de acidentes de consumo no interior de *shopping center* enseja a responsabilidade civil pela reparação de danos ao consumidor, não apenas do lojista/locatário diretamente responsável pelo evento, mas também da gestora do shopping, não havendo falar, na hipótese, em exclusão da responsabilidade desta por ato exclusivo de terceiro" (STJ, AgInt no AREsp 762.095/SP, Rel. Min. Raul Araújo, 4ª Turma, j. 08.03.2021, *DJe* 26.03.2021).

5. Defeito do produto e dano moral (dor)

"3. Na hipótese, as provas demonstraram tratar-se de defeito de fabricação do produto, acarretando a responsabilidade do fabricante, que independe de culpa, conforme disposto no Código Consumerista. 4. No caso concreto, os danos morais restaram caracterizados, pois o acidente, decorrente do defeito apresentado pelo produto, já é causa suficiente para configurar abalo moral devido à angústia, dor e sofrimento ao consumidor" (STJ, AgInt no REsp 1861275/MA, Rel. Min. Ricardo Villas Bôas Cueva, 3ª Turma, j. 01.03.2021, *DJe* 09.03.2021).

"Direito do consumidor. Recurso Especial. Ação de indenização por danos materiais e compensação por danos morais. Falha na prestação de serviços educacionais. Aluno portador do transtorno do espectro autista. Alegação de que foi 'convidado a se retirar' da escola. Responsabilidade por fato do serviço. Excludentes. Ônus da prova. Fornecedor. Art. 14, § 3º, do CDC. 1. Ação ajuizada em 08/06/2015. Recurso especial interposto em 04/04/2019 e concluso ao Gabinete em 28/11/2019. 2. O propósito recursal consiste em dizer a qual das partes incumbe o ônus de comprovar a falha na prestação dos serviços educacionais ou, por outro lado, a ausência de defeito, no que concerne ao tratamento dispensado ao aluno portador de Transtorno do Espectro Autista e ao alegado 'convite' para se retirar da instituição de ensino. 3. De acordo com o disposto no art. 14 do CDC, o fornecedor responde, independentemente de culpa, pela reparação dos danos causados aos consumidores por defeitos relativos à prestação dos serviços, bem como por informações insuficientes ou inadequadas sobre sua fruição e riscos. 4. O defeito do serviço se apresenta como pressuposto especial à responsabilidade civil do fornecedor pelo acidente de consumo, devendo ser averiguado conjuntamente com os demais pressupostos da responsabilidade civil objetiva, quais sejam, a conduta, o nexo de causalidade e o dano efetivamente sofrido pelo consumidor. 5. O CDC, com o objetivo de facilitar a defesa, em juízo, dos direitos dos consumidores-vítimas dos acidentes de consumo, conferindo-lhes maior proteção, estabeleceu hipótese legal de inversão do ônus da prova, determinando que cabe ao fornecedor, no desiderato de se eximir de responsabilidade, comprovar alguma das excludentes previstas no § 3º do art. 14 do CDC, ou seja, que o defeito inexiste ou que o dano resulta de culpa exclusiva do consumidor ou de terceiro. 6. Demonstrando o consumidor, na ação por si ajuizada, que o dano sofrido decorreu do serviço prestado pelo fornecedor, a esse último compete comprovar, por prova cabal, que o evento danoso não derivou de defeito do serviço, mas de outros fatores. 7. Recurso especial conhecido e provido" (STJ, REsp 1875164/MG, Rel. Min. Nancy Andrighi, 3ª Turma, j. 17.11.2020, *DJe* 19.11.2020).

6. Medicamento e risco do desenvolvimento

"(...) O risco do desenvolvimento, entendido como aquele que não podia ser conhecido ou evitado no momento em que o medicamento foi colocado em circulação, constitui defeito existente desde o momento da concepção do produto, embora não perceptível *a priori*, caracterizando, pois, hipótese de fortuito interno" (STJ, REsp 1774372/RS, Rel. Min. Nancy Andrighi, 3ª Turma, j. 05.05.2020, *DJe* 18.05.2020).

> **Art. 13.** O comerciante é igualmente responsável, nos termos do artigo anterior, quando:
>
> **I -** o fabricante, o construtor, o produtor ou o importador não puderem ser identificados;
>
> **II -** o produto for fornecido sem identificação clara do seu fabricante, produtor, construtor ou importador;
>
> **III -** não conservar adequadamente os produtos perecíveis.
>
> **Parágrafo único.** Aquele que efetivar o pagamento ao prejudicado poderá exercer o direito de regresso contra os demais responsáveis, segundo sua participação na causação do evento danoso.

 Legislação correlata

Código Civil, arts. 265, 283 e 931.

Código de Processo Civil, art. 125.

Análise doutrinária

1. Responsabilidade solidária condicionada do comerciante

O art. 13 indica três hipóteses de responsabilidade solidária do comerciante. O *caput* do dispositivo, ao estabelecer que "o comerciante é igualmente responsável nos termos do artigo anterior", não oferece qualquer margem para interpretação de que a responsabilidade do comerciante, na hipótese, é exclusiva ou subsidiária.

A solidariedade não se presume: decorre de acordo de vontades ou diretamente da lei (art. 265 do CC). Na disciplina relativa aos vícios dos produtos por qualidade e quantidade, há uma solidariedade passiva automática de todos os integrantes da cadeia. A norma é expressa. Não há outra opção interpretativa. O art. 18 do CDC dispõe que os fornecedores de produtos "respondem solidariamente pelos vícios de qualidade e quantidade". O art. 19 reforça a responsabilidade solidária passiva, ao estabelecer que "os fornecedores respondem solidariamente pelos vícios de quantidade".

De outro lado, na disciplina concernente à responsabilidade pelos acidentes de consumo envolvendo produto, o responsável pela indenização (obrigação sucessiva) é, em regra, o fabricante, construtor ou importador. A responsabilidade civil do comerciante só se apresenta quando – e se – ocorrer uma das hipóteses indicadas no art. 13 do CDC (produto anônimo, com identificação insuficiente do fabricante ou em caso de produtos perecíveis não conservados adequadamente). Trata-se de mais um caso de responsabilidade solidária. É automática, mas condicionada à presença de uma das três hipóteses indicadas no dispositivo (v. comentários ao art. 7º, parágrafo único).

Parte da doutrina sustenta que a responsabilidade do comerciante é *subsidiária*, o que pode gerar equívocos na aplicação do dispositivo. Subsidiariedade indica hierarquia da posição dos fornecedores, ou seja, necessidade de, inicialmente, buscar indenização perante o fabricante, construtor, produtor ou importador. O correto é afirmar que a responsabilidade do comerciante é *solidária*, mas só se caracteriza nas hipóteses expressamente indicadas nos três incisos do art. 13. A redação do dispositivo, reitere-se, não deixa dúvida: ser igualmente responsável é justamente a própria conceituação de responsabilidade solidária. Trata-se de responsabilidade solidária condicionada.

2. As três hipóteses que atraem a solidariedade do comerciante

O art. 13 indica as três hipóteses que atraem a responsabilidade solidária do comerciante: 1) produto anônimo: 2) produto sem identificação clara do seu fabricante, produtor, construtor ou importador; 3) não conservar adequadamente produtos perecíveis.

O denominado produto *anônimo* é aquele que não identifica o fabricante, construtor, produtor ou importador. Está previsto no inciso I e se aproxima da segunda hipótese, que é justamente do produto sem identificação clara. O art. 13, ao estipular a responsabilidade do comerciante, nas duas situações, ao contrário do que uma primeira leitura poderia indicar, não afasta a responsabilidade do fabricante, construtor ou importador.

O que ocorre é que, nessas situações, o comerciante passa a ser igualmente responsável, como uma espécie de sanção (consequência negativa) por haver comercializado produtos anônimos ou com informações pouco claras sobre o fabricante, produtor, importador ou construtor. Nada impede, por exemplo, que o consumidor lesado por um produto anônimo obtenha, por pesquisa própria, informações sobre a qualificação do fabricante e ingresse com ação indenizatória contra ambos, fabricante e comerciante.

O inciso III do art. 13 indica a responsabilidade do comerciante quando "não conservar adequadamente os produtos perecíveis". O dispositivo possui especial aplicação com relação aos alimentos que, sob pena de se tornarem impróprios ao consumo humano, necessitam, nos locais de venda, de condições especiais de armazenamento (ex.: carne, queijo, iogurte etc.).

A questão principal que se coloca é definir se o CDC, no art. 13, III, teria instituído excepcionalmente hipótese de responsabilidade subjetiva, já que a análise de *conservação adequada* de produto envolve, invariavelmente, exame de conduta culposa do fornecedor.

Alguns autores sustentam que se trata de responsabilidade subjetiva. Discorda-se. O disposto no inc. III do art. 13 não institui hipótese excepcional de responsabilidade subjetiva nas relações de consumo. Não há dúvida de que o exame de conservação adequada de produtos envolve, inexoravelmente, aspectos relacionados à conduta culposa do comerciante. Conservar adequadamente produtos perecíveis exige cuidados. O oposto, a falta de conservação adequada, caracteriza negligência e/ou imperícia do estabelecimento comercial.

Todavia, e este é o ponto nevrálgico, a apuração de eventual culpa do comerciante não deve ocorrer na ação proposta pelo consumidor, e sim em eventual ação de regresso, ou seja, tal discussão só tem cabimento na ação entre fornecedores. Realmente, o parágrafo único do art. 13 é claro ao dispor que o fornecedor que efetivar o pagamento ao consumidor lesado "poderá exercer o direito de regresso contra os demais responsáveis, segundo sua participação na causação do evento danoso".

Ora, a Lei, ao estabelecer, pontualmente (art. 13, *caput*), a solidariedade passiva dos fornecedores não está preocupada, ao menos em momento inicial, com a identificação do causador do dano ou a quem se poderia, ao final, imputar a responsabilidade. O que se pretende é aumentar as chances do consumidor, presumindo-se, corretamente, que os fornecedores, justamente por atuarem profissionalmente no mercado, podem melhor definir entre eles em qual medida e proporção cada qual irá, ao final, assumir com os valores decorrentes de indenização ao consumidor lesado.

Assim, para exemplificar, se um produtor (frigorífico) foi acionado por venda de carne que tenha causado danos à saúde do consumidor, poderá, num segundo momento, em ação regressiva, contra o comerciante (açougue ou supermercado), demonstrar que o acidente de consumo ocorreu por falha na conservação do produto no estabelecimento comercial e receber de volta o valor que pagou ao consumidor a título de indenização.

Na linha desse raciocínio, para que o consumidor inclua o comerciante no polo passivo da demanda indenizatória, basta haver indícios ou dúvidas relativos à má conservação de produto perecível. A discussão definitiva sobre o assunto, particularmente se houve conservação adequada ou não, ocorrerá apenas em eventual ação de regresso. Tal interpretação é a mais consentânea com o espírito de proteção da vulnerabilidade do consumidor no mercado de consumo e, também, com o direito básico de efetiva prevenção e reparação de danos (art. 6º, VI, do CDC).

Em síntese, o inc. III do art. 13 não estabelece hipótese excepcional de responsabilidade subjetiva entre consumidor e fornecedor, já que a discussão sobre conservação adequada de produtos perecíveis deve ocorrer somente entre fornecedores.

3. Direito de regresso e vedação de denunciação da lide

O parágrafo único do art. 13 do CDC estabelece que "aquele que efetivar o pagamento ao prejudicado poderá exercer o direito de regresso contra os demais responsáveis, segundo sua participação na causação do evento danoso". Inicialmente, ressalte-se que o direito de regresso, em situações de solidariedade passiva, decorre da regra geral estabelecida pelo art. 283 do CC: "O devedor que satisfez a dívida por inteiro tem direito a exigir de cada um dos codevedores a sua quota, dividindo-se igualmente por todos a do insolvente, se o houver, presumindo-se iguais, no débito, as partes de todos os codevedores".

O parágrafo único do art. 13 não apresenta, quanto a esse aspecto, qualquer inovação. Assim, em qualquer relação de consumo, o direito de regresso do fornecedor que satisfaz diretamente o interesse do consumidor sempre é cabível. A inadequada colocação tópica da regra no Código de Defesa do Consumidor não possui o efeito de afastar o direito de regresso para as mais variadas situações. Esse ponto é tranquilo e não requer maiores considerações.

O parágrafo único do art. 13 do CDC é complementado pelo disposto no art. 88 do CDC, o qual veda a denunciação à lide "na hipótese do art. 13, parágrafo único" e acrescenta que a ação de regresso poderá ocorrer nos mesmos autos ou em processo autônomo. A proibição processual de denunciação da lide se justifica para proporcionar resposta mais rápida e efetiva ao consumidor, autor da ação, conferindo concretude ao direito básico de "efetiva prevenção e reparação dos danos" (art. 6º, VI, do CDC).

Admitir a possibilidade de discussão simultânea num único processo da responsabilidade pelo acidente significaria indesejado retardamento da prestação jurisdicional em prejuízo de pessoa (consumidor) que a lei pretendeu conferir proteção diferenciada, considerando sua vulnerabilidade no mercado.

A expressa proibição da denunciação da lide na hipótese é mecanismo processual que permite satisfação mais célere do interesse do consumidor. Está em congruência com o espírito protetivo do Código de Defesa do Consumidor.

As hipóteses de denunciação da lide, espécie de intervenção de terceiros no processo civil, estão previstas no art. 125 do CPC: "É admissível a denunciação da lide, promovida por qualquer das partes: I – ao alienante imediato, no processo relativo à coisa cujo domínio foi transferido ao denunciante, a fim de que possa exercer os direitos que da evicção lhe resultam; II – àquele que estiver obrigado, por lei ou pelo contrato, a indenizar, em ação regressiva, o prejuízo de quem for vencido no processo".

Todavia, ficam os questionamentos: afinal, por que se limitou a vedação da denunciação da lide à responsabilidade pelo fato do produto? As mesmas razões que motivaram a redação do preceito não são aplicáveis ao fato do serviço ou, de modo mais geral, a toda e qualquer ação indenizatória proposta pelo consumidor?

Ora, se o objetivo de proibição da denunciação da lide é apresentar solução mais célere à pretensão do consumidor, não há razão para limitá-la ao fato do produto (art. 12 do CDC). Também não é a melhor solução estendê-la apenas para fato do serviço (art. 14 do CDC). A diretriz de "efetiva prevenção e reparação de danos" ao consumidor (art. 6º, VI) indica a necessidade de aplicação analógica da vedação a toda e qualquer ação indenizatória ajuizada pelo consumidor.

A doutrina critica a literalidade da norma e, por analogia, sustenta a possibilidade de estender a outras situações semelhantes. Assim, a vedação da intervenção de terceiros caberia nas hipóteses de acidente de consumo por defeito de produto e de serviço (arts. 12 e 14), nas ações ajuizadas pelo consumidor que discutem vício dos produtos e serviços (arts. 18 a 20) ou, de modo mais geral, em qualquer pretensão indenizatória do consumidor concernente a danos ocasionados no mercado de consumo.

No STJ, os julgados mais recentes estabelecem que a vedação da denunciação da lide é aplicável tanto à responsabilidade pelo fato do produto (art. 12 do CDC) como em relação ao fato do serviço (art. 14).

A melhor interpretação do Código de Defesa do Consumidor com relação a esse ponto é no sentido de que a proibição processual de denunciação à lide (art. 88) se aplica a *toda e qualquer* ação indenizatória ajuizada pelo consumidor em face do fornecedor, considerando a possibilidade de analogia na hipótese e necessidade de prestação jurisdicional mais célere em favor do autor que, por definição, é vulnerável e requer medidas protetivas também no processo civil.

4. Paralelo com o Código Civil (art. 931)

O Código Civil, promulgado em 2002, absorveu as antigas críticas relativas à insuficiência da teoria da culpa e, no seu art. 931, prevê hipótese de responsabilidade objetiva para os empresários em decorrência de danos causados pelos produtos, com os seguintes termos: "Ressalvados outros casos previstos em lei especial, os empresários individuais e as empresas respondem independentemente de culpa pelos danos causados pelos produtos postos em circulação".

Como diferenciar os campos de aplicação entre a disciplina da responsabilidade pelo fato do produto do Código de Defesa do Consumidor e o disposto no art. 931 do CC? O tema, no momento em que se celebram os 30 anos de edição do CDC, ainda não teve repercussão considerável nos tribunais. Em relação à doutrina, as controvérsias são marcantes.

As possíveis respostas jurídicas decorrem de *diálogo das fontes* (v. comentários ao art. 7º, *caput*) entre os dois diplomas legais, ou seja, deve-se, entre as diferentes interpretações possíveis, prestigiar a harmonia, as influências recíprocas entre as normas. É justamente a partir da comparação entre as duas fontes normativas que se deve delimitar adequadamente os contornos e o campo de aplicação da responsabilidade civil do fornecedor e do empresário. Em outros termos, o *diálogo das fontes* irá indicar as convergências e assimetrias entre o Código Civil e o Código de Defesa do Consumidor. O primeiro ponto é claro e não apresenta dificuldades hermenêuticas.

O Código Civil não afasta (revoga) a disciplina estabelecida pelo Código de Defesa de Consumidor. O art. 931 ressalva expressamente a aplicação da legislação especial, no caso, o Código de Defesa do Consumidor. Outro aspecto, que decorre de influência do Código de Defesa do Consumidor para melhor compreensão do Código Civil, diz respeito à exigência de que o dano seja decorrente de defeito no produto. O art. 931 estabelece que os empresários respondem pelos danos causados pelos produtos colocados em circulação. Não há, no dispositivo, referência expressa a defeito.

No caso, a disciplina do Código de Defesa do Consumidor completa e corrige o sentido e alcance do art. 931 do CC para acrescentar o defeito como pressuposto (requisito) necessário para caracterizar o dever de indenizar do empresário. Desse modo, a exegese correta do art. 931 conduz a análise conjunta com o disposto no art. 12, § 1º, do CDC, quando se estabelece o conceito de defeito do produto e o relaciona à legítima expectativa de segurança.

A principal questão que se coloca diz respeito às hipóteses nas quais se deve invocar a responsabilidade decorrente do disposto no art. 931 do CC/2002 ou das que estão estabelecidas nos arts. 12 e 13 do CDC. Intuitivamente, responde-se que o Código Civil se aplica às relações entre empresários, enquanto a disciplina do Código de Defesa do Consumidor deve ser invocada quando configurada relação de consumo. A resposta está correta, mas, considerado que a responsabilidade por acidente de consumo pode ser utilizada em favor de qualquer vítima do evento, conforme conceito de consumidor equiparado do art. 17 do CDC, é necessário melhor delimitar os campos de aplicação dos dois diplomas.

A análise do CDC, no que concerne à disciplina dos acidentes de consumo, aponta que a responsabilidade civil dos fornecedores só se apresenta após colocação do produto no mercado, ou seja, a partir do momento em que há exposição dos produtos nos estabelecimentos com intuito de vendê-los. Significa dizer, por raciocínio lógico, que, enquanto o produto estiver no local de fabricação ou em trânsito entre empresários, não há que se falar em acidente de consumo. Além disso, pelo mesmo raciocínio, não se deve invocar a disciplina do Código de Defesa do Consumidor quando o dano decorrer de bem do fornecedor utilizado para realização de sua própria atividade profissional e que, por esse motivo, não está à venda.

A *circulação* do produto (art. 931) do Código Civil não se confunde com a *colocação do produto no mercado* do CDC (art. 12, § 3º, I). A responsabilidade pelo fato do produto pressupõe a compra do produto por determinado consumidor ou, ao menos, sua exposição ao mercado de consumo. O art. 12 do CDC é expresso ao estabelecer responsabilidade por danos causados aos consumidores. No caso, o consumidor é aquele que adquire ou utiliza produto como destinatário final (art. 2º, *caput*).

Antes dessa aquisição, não há que se falar em relação de consumo para fins de caracterização de responsabilidade pelo fato do produto. Só se pode cogitar de *terceiro* que sofre dano em decorrência de defeitos em produtos (art. 17) quando há prévio contrato de consumo com aquisição de produto ou, ao menos, a exposição do bem para venda no estabelecimento comercial.

Por coerência, a circulação do produto, a que se refere o art. 931 do CC/2002, deve ser interpretada como todos os momentos e etapas que antecedem a exposição do produto ao consumidor. Assim, enquanto o produto estiver em transporte entre o fabricante e o comerciante, se houver danos a terceiros decorrente de defeito, não há que se falar em acidente de consumo, mas sim em responsabilidade objetiva decorrente do Código Civil (art. 931). Do mesmo modo, não há que se falar em acidente de consumo se o fato gerador do dano decorrer de questão relacionada a maquinário inerente à atividade do comerciante, já que nesta hipótese não há sequer exposição do bem à venda.

Como exemplo, imagine-se acidente ocasionado por forno de determinada padaria, com danos em funcionários e consumidores próximos ao local. A responsabilidade do fornecedor, considerando o raciocínio desenvolvido, decorre do art. 931 do Código Civil e não do art. 12 do CDC.

Em resumo, o disposto no art. 931 serve justamente para abranger a responsabilidade por danos variados decorrentes de produtos defeituosos antes de colocá-los à exposição do consumidor e, também, para situações de bens que, por serem inerentes ao desenvolvimento das atividades profissionais dos fornecedores, não são colocados à venda. O STJ, todavia, não tem percebido essa nuance e, com base no art. 17 do CDC, tem ampliado a aplicação do CDC para hipóteses em que deveria incidir o art. 931 do Código Civil (v. comentários ao art. 17).

 Dicas práticas

O comerciante, para evitar sua responsabilidade solidária por danos causados ao consumidor, só deve comercializar produtos com identificação clara do fabricante ou produtor. Além disso, deve ter especial cuidado com a conservação de produtos perecíveis.

 Jurisprudência

1. Não identificação do fabricante e responsabilidade do comerciante

"Sempre que não houver identificação do responsável pelos defeitos nos produtos adquiridos, ou seja ela difícil, autoriza-se que o consumidor simplesmente litigue contra o comerciante, que perante ele fica diretamente responsável" (STJ, REsp 1.052.244, Rel. Min. Nancy Andrighi, j. 26.08.2008, *DJ* 05.09.2008).

2. Denunciação da lide pode ser indeferida se contrariar princípio da economia e celeridade

"I – A denunciação da lide só é obrigatória na hipótese de perda do direito de regresso, o que não se observa no caso em tela, onde tal direito permanece íntegro. II – Esta Corte firmou posicionamento segundo o qual não se admite a denunciação da lide se o seu desenvolvimento importar o exame de fato ou fundamento novo e substancial, distinto dos que foram veiculados pelo demandante na lide principal. III – O instituto da denunciação da lide visa a concretização dos princípios da economia e da celeridade processual cumulando-se duas demandas em uma única relação processual, assim, 'o cabimento da intervenção depende necessariamente da possibilidade de atingir seus objetivos, o que implica dizer que será incabível sempre que atentar contra seus postulados fundamentais'. (REsp 975.799/DF, rel. Min. Castro Meira, *DJe* 28.11.2008). Recurso especial improvido" (STJ, REsp 1.164.229/RJ, Rel. Min. Sideni Beneti, j. 09.02.2010, *DJe* 01.09.2010).

3. Extensão da vedação da denunciação da lide para fato do serviço

"O Superior Tribunal de Justiça entende que a vedação à denunciação da lide estabelecida no artigo 88 do CDC não se limita à responsabilidade por fato do produto (art. 13 do CDC), sendo aplicável também nas demais hipóteses de responsabilidade por acidentes de consumo (arts. 12 e 14 do CDC). Precedentes" (STJ, AgInt no REsp 1.422.640/CE, 4ª Turma, Rel. Min. Marco Buzzi, j. 25.11.2019, *DJe* 27.11.2019).

"Esta eg. Corte Superior confere interpretação extensiva ao art. 88 do CDC, de modo que a proibição de denunciação da lide também alcança as hipóteses de responsabilidade por fato do serviço. Precedente" (STJ, AgInt no AREsp 1.218.991/ AM, 4ª Turma, Rel. Min. Lázaro Guimarães (Desembargador convocado do TRF 5ª Região), j. 25.09.2018, DJe 28.09.2018).

"A vedação à denunciação da lide prevista no art. 88 do Código de Defesa do Consumidor não se restringe à responsabilidade de comerciante por fato do produto (art. 13 do CDC), sendo aplicável também nas demais hipóteses de responsabilidade civil por acidentes de consumo (arts. 12 e 14 do CDC). Precedentes" (STJ, AgInt no AREsp 1.503.994/PR, 4ª Turma, Rel. Min. Raul Araújo, j. 29.10.2019, DJe 21.11.2019).

"O Superior Tribunal de Justiça entende que a vedação à denunciação da lide estabelecida no artigo 88 do CDC não se limita à responsabilidade por fato do produto (art. 13 do CDC), sendo aplicável também nas demais hipóteses de responsabilidade por acidentes de consumo (arts. 12 e 14 do CDC). Precedentes" (STJ, AgInt no REsp 1.422.640/CE, 4ª Turma, Rel. Min. Marco Buzzi, j. 25.11.2019, DJe 27.11.2019).

"A vedação à denunciação da lide prevista no art. 88 do Código de Defesa do Consumidor não se restringe à responsabilidade de comerciante por fato do produto (art. 13 do CDC), sendo aplicável também nas demais hipóteses de responsabilidade civil por acidentes de consumo (arts. 12 e 14 do CDC). Precedentes. 'A denunciação da lide nas ações que versem sobre relação de consumo vai de encontro aos princípios da celeridade e efetividade da prestação jurisdicional, principalmente quando inexistir prejuízo para a parte, que poderá exercer seu direito de regresso em ação autônoma' (EDcl no Ag 1.249.523/ RJ, Rel. Ministro Raul Araújo, 4ª Turma, j. 05.06.2014, DJe 20.06.2014)" (STJ, AgInt no AREsp 1640821/ES, Rel. Ministro Raul Araújo, 4ª Turma, j. 19.10.2020, *DJe* 16.11.2020).

4. Descabimento da denunciação da lide apenas para reconhecimento de direito de regresso

"O entendimento desta Corte é do descabimento da denunciação da lide nos casos em que a denunciante postula somente o reconhecimento do direito de regresso, o que desvirtua natureza e finalidade da demanda originária, em flagrante desatendimento aos propósitos do referido instituto processual que são a celeridade e a economia processuais (AgRg no REsp 1.483.211/RJ, Relator Ministro Moura Ribeiro, Terceira Turma, julgado em 23/2/2016, *DJe* 11/3/2016)" (STJ, AgInt no AREsp 1.554.734/RJ, 4ª Turma, Rel. Min. Antonio Carlos Ferreira, j. 18.02.2020, *DJe* 28.02.2020).

"1. De acordo com a jurisprudência sedimentada nesta Corte, 'A denunciação da lide nas ações que versem sobre relação de consumo vai de encontro aos princípios da celeridade e efetividade da prestação jurisdicional, principalmente quando inexistir prejuízo para a parte, que poderá exercer seu direito de regresso em ação autônoma' (EDcl no Ag 1.249.523/RJ, REL. MINISTRO RAUL Araújo, QUARTA TURMA, DJe de 20/06/2014)" (STJ, AgInt no AREsp 1791503/SP, Rel. Min. Raul Araújo, 4ª Turma, j. 21.06.2021, *DJe* 01.07.2021).

5. Admissão excepcional da denunciação da lide

"(...) 4. Segundo a jurisprudência do STJ, quanto aos atos técnicos praticados de forma defeituosa pelos profissionais da saúde vinculados de alguma forma ao hospital, respondem solidariamente a instituição hospitalar e o profissional responsável, apurada a sua culpa profissional; nesse caso, o hospital é responsabilizado indiretamente por ato de terceiro, cuja culpa deve ser comprovada pela vítima de modo a fazer emergir o dever de indenizar da instituição, de natureza absoluta (artigos 932 e 933 do Código Civil), sendo cabível ao juiz, demonstrada a hipossuficiência do paciente, determinar a inversão do ônus da prova (artigo 6º, inciso VIII, do CDC). Precedentes. 5. Em circunstâncias específicas como a destes autos, na qual se imputa ao hospital a responsabilidade objetiva por suposto ato culposo dos médicos a ele vinculados, deve ser admitida, excepcionalmente, a denunciação da lide, sobretudo com o intuito de assegurar o resultado prático da demanda e evitar a indesejável situação de haver decisões contraditórias a respeito do mesmo fato" (STJ, REsp 1832371/MG, Rel. Min. Nancy Andrighi, 3ª Turma, j. 22.06.2021, *DJe* 01.07.2021).

> **Art. 14.** O fornecedor de serviços responde, independentemente da existência de culpa, pela reparação dos danos causados aos consumidores por defeitos relativos à prestação dos serviços, bem como por informações insuficientes ou inadequadas sobre sua fruição e riscos.
>
> **§ 1º** O serviço é defeituoso quando não fornece a segurança que o consumidor dele pode esperar, levando-se em consideração as circunstâncias relevantes, entre as quais:
>
> **I -** o modo de seu fornecimento;
>
> **II -** o resultado e os riscos que razoavelmente dele se esperam;
>
> **III -** a época em que foi fornecido.
>
> **§ 2º** O serviço não é considerado defeituoso pela adoção de novas técnicas.
>
> **§ 3º** O fornecedor de serviços só não será responsabilizado quando provar:
>
> **I -** que, tendo prestado o serviço, o defeito inexiste;
>
> **II -** a culpa exclusiva do consumidor ou de terceiro.
>
> **§ 4º** A responsabilidade pessoal dos profissionais liberais será apurada mediante a verificação de culpa.

 Análise doutrinária

1. Fato do serviço

Os arts. 12 a 17 do CDC apresentam a disciplina da responsabilidade civil do fornecedor pelo *fato do produto e do serviço*. Trata-se de regime indenizatório em relação aos danos oriundos de defeitos (vícios de qualidade por insegurança) dos produtos e serviços, os quais abrangem a ofensa tanto à saúde e segurança como ao patrimônio material do consumidor. Nessa espécie de responsabilidade, também denominada *responsabilidade por acidente de consumo*, a preocupação básica é no sentido de que os produtos e serviços lançados no mercado de consumo sejam seguros: não ofendam a saúde, a segurança, os direitos da personalidade e o patrimônio do consumidor.

Em redação próxima ao art. 12 (produtos), o art. 14 impõe o dever de o fornecedor indenizar os danos decorrentes de "defeitos relativos à prestação dos serviços".

Consagra-se, novamente, hipótese de *responsabilidade objetiva* (sem culpa). O art. 14, embora desnecessário (v. comentários ao art. 12), destaca que a obrigação de indenizar, em caso de acidente de consumo por fato do serviço, é independente da existência de culpa. A responsabilidade subjetiva restou excepcionada no caso dos profissionais liberais (art. 14, § 4º).

Fundamental é a compreensão do significado de defeito (vício de insegurança) na prestação de serviço. A lei estabelece, nos mesmos moldes do art. 12, alguns parâmetros para delimitar o *serviço defeituoso* e que, portanto, enseja o dever de indenizar. Defeituoso é o serviço que não atende legítima expectativa de segurança, levando-se em consideração, entre outros elementos, o modo de fornecimento e época em que foi fornecido (art. 14, § 1º).

A norma aceita níveis diferentes de segurança na prestação de serviços, ao estabelecer no § 2º do art. 14 que a existência e adoção de novas técnicas de segurança não significa, necessariamente, que o serviço, que não utiliza as referidas técnicas, passa, automaticamente, a ser considerado defeituoso. Tal opção normativa está adequada porque, em última análise, permite variedade de preços na prestação de serviços, maior competição e, consequentemente, atendimento a interesse de consumidores com menor renda.

Todavia, com o correr do tempo e o barateamento do que foi novidade no passado, novas técnicas, que propiciam maior segurança na prestação do serviço, passam naturalmente a ser exigência inerente à prestação de determinado serviço no mercado de consumo. Considera-se "a época em que foi fornecido" (inc. III do § 1º do art. 14). Como exemplo, citem-se cirurgias e a necessidade atual da presença de profissional médico de monitorização do sistema nervoso que acompanha todo procedimento para evitar lesões e comprometimentos dos nervos. Se, no passado, não havia essa exigência, hoje há uma legítima expectativa de segurança do consumidor. Em cirurgia de tireoide, por exemplo, a lesão de nervos pode acarretar paralisia nas cordas vocais.

2. Solidariedade entre vários fornecedores

A obrigação de indenizar, em caso de acidente de consumo por fato do serviço, é do prestador. Nada mais natural e justo do que estabelecer que aquele que presta o serviço defeituoso deve responder pelos danos (materiais e morais) ocasionados ao consumidor. Não há dúvida quanto a esse ponto. Ocorre que há uma crescente divisão e compartilhamento de atividades entre inúmeros prestadores de serviços, muitas vezes sem que o consumidor sequer possa identificar exatamente quem é o responsável por esta ou aquela parte do serviço. A pergunta que se apresenta: há solidariedade automática, na hipótese de união de vários fornecedores para prestar determinado serviço ao consumidor?

Ao contrário de outros dispositivos do CDC (arts. 13, 18, 19), o art. 14 se refere à responsabilidade direta do fornecedor de serviços. A solidariedade na hipótese, portanto, não é automática. Requer análise, no caso concreto, de contribuição de outros fornecedores no nexo de causalidade ou incidência da Teoria da Aparência (v. comentários ao parágrafo único do art. 7º). Discorda-se da doutrina e jurisprudência que se posiciona no sentido de existir responsabilidade solidária automática.

3. Excludentes de responsabilidade e inversão *ope legis* do ônus da prova

Os elementos da responsabilidade civil pelo fato do serviço são três: 1) serviço defeituoso; 2) dano (material e/ou moral); e 3) relação de causalidade entre o serviço defeituoso e o dano. O § 3º do art. 14, em técnica semelhante aos produtos (§ 3º do art. 12), apresenta duas hipóteses de excludente de responsabilidade do fornecedor de serviço): 1) inexistência de defeito; e 2) culpa exclusiva do consumidor ou de terceiro.

Cabem aqui os mesmos argumentos apresentados nos comentários ao art. 12. O primeiro é que a redação do dispositivo, ao utilizar a expressão "só não será responsabilizado", indica que as hipóteses de exclusão são unicamente as duas referidas. A palavra *só* indica que as excludentes são somente as duas indicadas nos incisos I e II. O rol é fechado. Não admite ampliação.

Assim, não está correto discutir presença de excludentes que, direta ou indiretamente, não se encaixam nas previstas (defeito do serviço, culpa do consumidor ou terceiro). Assim, o debate sobre caso fortuito (interno ou externo) e força maior, embora amplamente consagrado, só tem sentido se, apesar da terminologia, o resultado da interpretação concluir por ausência de *defeito* ou *culpa do consumidor ou terceiro* (v. comentários ao art. 12).

Em vez de analisar presença de fortuito interno ou externo, o correto seria focar no conceito de defeito, em face das legítimas expectativas do consumidor. O consumidor que ingressa numa agência bancária possui legítima expectativa de segurança, que não é a mesma de ir comprar pão numa padaria. Assim, há defeito na prestação de serviço da instituição financeira, se houver assalto (roubo) na agência, com ofensa à integridade física e patrimonial do consumidor. Não há defeito de serviço caso ocorra assalto semelhante no interior da padaria. A noção de defeito resolve muitas situações sem qualquer necessidade de recorrer a ideia de caso fortuito.

Em outros termos, a discussão principal nas ações indenizatórias por fato do serviço deve se concentrar no conceito normativo de *defeito*, ou seja, se, no caso concreto, foi atendida a legítima expectativa de segurança, considerando modo de fornecimento, resultado e riscos que razoavelmente se esperam e época do fato (art. 14, § 1º). No caso dos serviços, a conclusão pela presença de defeito não requer prova técnica (perícia): se dá a partir da argumentação em torno das circunstâncias do fato danoso, da argumentação em torno de expectativa de segurança no caso em exame.

Ainda no tocante à ausência de defeito como excludente, pode parecer, numa primeira análise, que não faz qualquer sentido sua previsão: afinal, se o defeito é um dos elementos necessários para configurar o dever de indenizar, parece óbvio que sua ausência afasta, consequentemente, tal dever. É verdade, mas o propósito maior do dispositivo foi indicar que o ônus da prova da ausência do defeito é do fornecedor, o que, reitere-se, pode ocorrer a partir de argumentação.

O Código de Defesa do Consumidor prevê, ao lado da inversão *ope judicis* do ônus da prova (art. 6º, VIII), três hipóteses de inversão *ope legis*. Dentre as três, duas são justamente relacionadas a excludentes de responsabilidade pelo fato do produto e do serviço (arts. 12, § 3º, e 14, § 3º). A terceira diz respeito à publicidade e está prevista no art. 38 do CDC.

Para o autor, é suficiente, na petição inicial, descrever fato que, em tese, caracteriza serviço defeituoso e sua relação com os danos sofridos pelo consumidor ou terceiro (art. 17 do CDC). O suporte fático deve indicar – por dedução – que se trata de *defeito* na prestação do serviço. Basta indicar e argumentar que a prestação de serviço foi defeituosa. O debate mais aprofundado sobre o defeito há de ocorrer a partir dos argumentos do fornecedor, o qual possui o ônus de demonstrar no processo, inclusive com argumentos técnicos (se necessário), que inexiste o alegado defeito.

A expressão *quando provar* deixa claro que se trata de ônus do fornecedor a prova concernente à inexistência de defeito. Quanto a isso, não há controvérsia. Tanto a doutrina como o STJ entendem que é hipótese de inversão *ope legis* do ônus da prova. Significa que, nas ações indenizatórias decorrentes de acidente de consumo, é ônus do fornecedor demonstrar no processo a presença de uma das excludentes.

4. Responsabilidade subjetiva do profissional liberal

O § 4º do art. 14 dispõe que a responsabilidade pessoal dos profissionais liberais por fato do serviço é subjetiva, vale dizer, "será apurada mediante a verificação de culpa". Nesse caso, a Lei acrescenta expressamente outro pressuposto para ensejar a obrigação de indenizar os danos sofridos pelo consumidor. Além da prestação de serviço defeituoso, nexo causal e dano, deve-se demonstrar a presença do elemento *culpa* – ainda que pelo procedimento da inversão do ônus da prova (art. 6º, VIII) –, de modo a obter êxito em eventual ação indenizatória.

A inversão do ônus da prova em favor do consumidor é possível quando houver dificuldade processual de demonstrar determinado fato. Os pressupostos estão estipulados no art. 6º, VIII, do CDC. Além da dificuldade de produzir a prova, a alegação do consumidor deve ser verossímil. Cuida-se de exceção expressa e pontual em relação à regra geral da responsabilidade objetiva do fornecedor nos acidentes de consumo (v. comentários ao art. 6º, VIII).

 Dicas práticas

O debate central nas ações indenizatórias por fato do serviço deve se concentrar no conceito normativo de *defeito*, ou seja, se no caso concreto foi atendida a legítima expectativa de segurança, considerando modo de fornecimento, resultado e riscos que razoavelmente se esperam e época do fato.

 Jurisprudência

1. Solidariedade entre os prestadores de serviço

"Segundo a orientação jurisprudencial desta Corte Superior, o art. 14 do CDC estabelece regra de responsabilidade solidária entre os fornecedores de uma mesma cadeia de serviços, razão pela qual as 'bandeiras'/marcas de cartão de crédito respondem solidariamente com os bancos e as administradoras de cartão de crédito pelos danos decorrentes da má prestação de serviços" (STJ, AgRg no AREsp 596.237/SP, Rel. Min. Marco Aurélio Bellizze, j. 03.02.2015, *DJe* 12.02.2015).

"O Código de Defesa do Consumidor introduziu, no que tange à prestação do serviço, uma obrigação de solidariedade entre todos os participantes da cadeia de fornecimento, sem exceção, ao indicar, no *caput* do art. 14, a expressão genérica 'fornecedor de serviços', a qual abrange inclusive, no caso concreto, a responsabilidade do recorrente" (STJ, AgRg no AREsp 548.900/RJ, 4ª Turma, Rel. Min. Marco Buzzi, j. 16.02.2016, *DJe* 23.02.2016).

"A jurisprudência desta Corte é firme no sentido de ser solidária a responsabilidade entre os fornecedores integrantes da mesma cadeia de produtos ou serviços que dela se beneficiam pelo descumprimento dos deveres de boa-fé, transparência, informação e confiança, independentemente de vínculo trabalhista ou de subordinação" (STJ, REsp 1358513/RS, Rel. Min. Luis Felipe Salomão, 4ª Turma, j. 12.05.2020, *DJe* 04.08.2020).

"2. Esta Corte Superior entende ser objetiva a responsabilidade do fornecedor no caso de defeito na prestação do serviço, desde que demonstrado o nexo causal entre o defeito do serviço e o acidente de consumo ou o fato do serviço, ressalvadas as hipóteses de culpa exclusiva do consumidor ou de causas excludentes de responsabilidade genérica, como força maior ou caso fortuito externo. 3. É solidária a responsabilidade objetiva entre os fornecedores participantes e favorecidos na mesma cadeia de fornecimento de produtos ou serviços. Incidência da Súmula 83/STJ. 4. Na espécie, o Tribunal de origem, examinando as circunstâncias da causa, concluiu pela responsabilidade de ambas as fornecedoras pela má prestação do serviço. Nesses termos, a modificação desse entendimento, a fim de reconhecer culpa exclusiva da corré, demandaria o revolvimento de suporte fático-probatório dos autos, o que é inviável em sede de recurso especial (Súmula 7/STJ)" (STJ, AgInt no AREsp 1598606/RJ, Rel. Min. Raul araújo, 4ª Turma, j. 23.11.2020, *DJe* 17.12.2020).

"(...) 2. A jurisprudência do Superior Tribunal de Justiça entende que, em se tratando de uma relação de consumo, são responsáveis solidariamente perante o consumidor, em caso de defeito ou vício, todos aqueles que tenham integrado a cadeia de prestação de serviço. Precedentes. 3. Ausente circunstância excludente da responsabilidade, o atraso na entrega do imóvel objeto do contrato de incorporação enseja o dever de indenizar, solidariamente, tanto da incorporadora quanto da construtora. Precedentes" (STJ, REsp 1881806/SP, Rel. Min. Ricardo Villas Bôas Cueva, 3ª Turma, j. 04.05.2021, *DJe* 07.05.2021).

2. Clube de turismo e responsabilidade solidária com hotéis cadastrados

"1. O 'Clube de Turismo Bancorbrás' funciona mediante a oferta de títulos aos consumidores, que, após o pagamento de taxas de adesão e de manutenção mensal, bem como a observância de prazo de carência, adquirem o direito não cumulativo de utilizar 7 (sete) diárias, no período de um ano, em qualquer um dos hotéis pré--selecionados pela Bancorbrás no Brasil e no exterior ('rede conveniada'). 2. Em se tratando de relações consumeristas, o fato do produto ou do serviço (ou acidente de consumo) configura-se quando o defeito ultrapassar a esfera meramente econômica do consumidor, atingindo-lhe a incolumidade física ou moral, como é o caso dos autos, em que a autora, no período de lazer programado, fora – juntamente com seus familiares (marido e filha de quatro meses) – submetida a desconforto e aborrecimentos desarrazoados, em virtude de alojamento em quarto insalubre em resort integrante da rede conveniada da Bancorbrás. 3. Nos termos do *caput* do artigo 14 do CDC, o fornecedor de serviços responde, independentemente da existência de culpa, pela reparação dos danos causados aos consumidores por defeitos relativos à prestação dos serviços. Cuida-

-se, portanto, de hipótese de responsabilidade civil objetiva, baseada na teoria do risco da atividade, que alcança todos os agentes econômicos que participaram da colocação do serviço no mercado de consumo, ressalvados os profissionais liberais, dos quais se exige a verificação da culpa. 4. Sob essa ótica e tendo em vista o disposto no parágrafo único do artigo 7º e no § 1º do artigo 25 do CDC, sobressai a solidariedade entre todos os integrantes da cadeia de fornecimento de serviços, cabendo direito de regresso (na medida da participação na causação do evento lesivo) àquele que reparar os danos suportados pelo consumidor. 5. Nada obstante, é consabido que a responsabilidade civil objetiva do fornecedor de serviços pode ser elidida se demonstrada: (i) a ocorrência de força maior ou caso fortuito externo (artigo 393 do Código Civil); (ii) que, uma vez prestado o serviço, o defeito inexiste (inciso I do § 3º do artigo 14 do CDC); e (iii) a culpa exclusiva do consumidor ou de terceiro (inciso II do § 3º do retrocitado dispositivo consumerista). 6. Extrai-se do contexto fático delineado pelas instâncias ordinárias que a Bancorbrás não funciona como mera intermediadora entre os hotéis e os adquirentes do título do clube de turismo. Isso porque a escolha do adquirente do título fica limitada aos estabelecimentos previamente credenciados e contratados pela Bancorbrás, que, em seu próprio regimento interno, prevê a necessidade de um padrão de atendimento e de qualidade dos serviços prestados. Ademais, na campanha publicitária da demandada, consta a promessa da segurança e conforto daqueles que se hospedarem em sua rede conveniada. 7. Desse modo, evidencia-se que os prestadores de serviço de hospedagem credenciados funcionam como verdadeiros prepostos ou representantes autônomos da Bancorbrás, o que atrai a incidência do artigo 34 do CDC. *Mutatis mutandis*: REsp 1.209.633/RS, Rel. Ministro Luis Felipe Salomão, Quarta Turma, julgado em 14.04.2015, *DJe* 04.05.2015. 8. O caso, portanto, não pode ser tratado como culpa exclusiva de terceiro, pois o hotel conveniado integra a cadeia de consumo referente ao serviço introduzido no mercado pela Bancorbrás. Em verdade, sobressai a indissociabilidade entre as obrigações de fazer assumidas pela Bancorbrás e o hotel credenciado. A oferta do título de clube de turismo com direito à diárias de hospedagem com padrão de qualidade vincula-se à atuação do estabelecimento previamente admitido como parceiro pela Bancorbrás. Assim, a responsabilidade objetiva e solidária não pode ser afastada. 9. De outra parte, a hipótese em exame não se identifica com a tese esposada em precedentes desta Corte que afastam a responsabilidade solidária das agências de turismo pela má prestação dos serviços na hipótese de simples intermediação. Ao contrário, o presente caso assemelha-se aos julgados que reconhecem a solidariedade das agências que comercializam pacotes turísticos, respondendo, em tese, pelos defeitos ocorridos por atos dos parceiros contratados" (STJ, REsp 1.378.284/PB, 4ª Turma, Rel. Min. Luis Felipe Salomão, j. 08.02.2018, *DJe* 07.03.2018).

3. Fato do serviço e dano moral

"3. Os serviços viciados podem causar danos morais e materiais, mas, nessa hipótese, haverá acidente de consumo, ou fato do serviço, disciplinado no art. 14 do CDC, que é evento danoso externo e indiretamente relacionado à inadequação do serviço, ensejado por um novo elemento de desvalia que acarreta um acontecimento autônomo, não coincidente com o mero vício do serviço. 6. Para que se configure o dano moral de natureza individual, deve o julgador ser capaz de identificar na hipótese concreta uma grave agressão ou atentado à dignidade da pessoa humana, capaz de romper o equilíbrio psicológico do indivíduo por um período de tempo desarrazoado. 7. Na hipótese em exame, o pleito compensatório do recorrente está justificado na ausência de atendimento integral na agência bancária por prazo superior a 200 (duzentos) dias. 8. Não tendo sido traçada qualquer nota adicional que pudesse, para além da permanência da prestação parcial de serviços, ensejar a violação de direito da personalidade a ponto de causar grave sofrimento ou angústia no consumidor recorrente, não há dano moral a ser indenizado" (STJ, REsp 1.767.948/SE, 3ª Turma, Rel. Min. Nancy Andrighi, j. 03.09.2019, *DJe* 05.09.2019).

4. Piso escorregadio e queda dentro do estabelecimento: fato do serviço

"3. De acordo com o disposto no art. 14 do CDC, o fornecedor responde, independentemente de culpa, pela reparação dos danos causados aos consumidores por defeitos relativos à prestação dos serviços, bem como por informações insuficientes ou inadequadas sobre sua fruição e riscos. 4. O defeito do serviço se apresenta como pressuposto especial à responsabilidade civil do fornecedor pelo acidente de consumo, devendo ser averiguado conjuntamente com os demais pressupostos da responsabilidade civil objetiva, quais sejam, a conduta, o nexo de causalidade e o dano efetivamente sofrido pelo consumidor. 5. O Código de Defesa do Consumidor, com o objetivo de facilitar a defesa, em juízo, dos direitos dos consumidores-vítimas dos acidentes de consumo, conferindo-lhes maior proteção, estabeleceu hipótese legal de inversão do ônus da prova, determinando que cabe ao fornecedor, no desiderato de se eximir de responsabilidade, comprovar alguma das excludentes previstas no § 3º do art. 14 do CDC, ou seja, que o defeito inexiste ou que o dano resulta de culpa exclusiva do consumidor ou de terceiro. 6. Demonstrando o consumidor, na ação por si ajuizada, que o dano sofrido decorreu do serviço prestado pelo fornecedor, a esse último compete comprovar, por prova cabal, que o evento danoso não derivou de defeito do serviço, mas de outros fatores. 7. Hipótese em que o Tribunal de origem reconheceu a ocorrência do acidente de consumo a partir dos fundamentos de que o nexo de causalidade só pode ser elidido se comprovada a culpa exclusiva da vítima e de que é irrelevante apreciar a alegação de inexistência do defeito, porquanto ligada à ideia de culpa, cuja verificação é desnecessária no contexto da responsabilidade civil objetiva. 8. Recurso especial conhecido e parcialmente provido" (STJ, REsp 1.734.099/MG, 3ª Turma, Rel. Min. Nancy Andrighi, j. 04.12.2018, *DJe* 07.12.2018).

5. Caso fortuito exclui o dever de indenizar

"Apesar de não prevista expressamente no CDC, a excludente de caso fortuito possui força liberatória e exime a responsabilidade do cirurgião plástico" (STJ, AgRg no AREsp 764.697/ES, 3ª Turma, Rel. Min. João Otávio de Noronha, j. 01.12.2015, *DJe* 11.12.2015).

"Consabido que a responsabilidade civil objetiva do fornecedor de serviços pode ser elidida se demonstrada: (i) a ocorrência de força maior ou caso fortuito externo (artigo 393 do Código Civil); (ii) que, uma vez prestado o serviço, o defeito inexiste (inciso I do § 3º do artigo 14 do CDC); e (iii) a culpa exclusiva do consumidor ou de terceiro (inciso II do § 3º do retrocitado dispositivo consumerista)" (STJ, REsp 1.378.284/PB, Rel. Min. Luis Felipe Salomão, j. 08.02.2018, *DJe* 07.03.2018).

6. Roubo em posto de combustível é fortuito externo

"É dever do fornecedor oferecer aos seus consumidores a segurança na prestação de seus serviços, sob pena, inclusive, de responsabilidade objetiva, tal como estabelece, expressamente, o próprio art. 14, *caput*, do CDC. Contudo, tratando-se de postos de combustíveis, a ocorrência de delito (roubo) a clientes de tal estabelecimento, não traduz, em regra, evento inserido no âmbito da prestação específica do comerciante, cuidando-se de caso fortuito externo, ensejando-se, por conseguinte, a exclusão de sua responsabilidade pelo lamentável incidente. O dever de segurança, a que se refere o § 1º, do art. 14, do CDC, diz respeito à qualidade do combustível, na segurança das instalações, bem como no correto abastecimento, atividades, portanto, próprias de um posto de combustíveis" (STJ, REsp 1.243.970/SE, Rel. Min. Massami Uyeda, j. 24.04.2012, *DJe* 10.05.2012).

7. Disparo de arma de fogo em *shopping* é fortuito externo

"1. É do terceiro a culpa de quem realiza disparo de arma de fogo para dentro de um *shopping* e provoca a morte de um frequentador seu. 2. Ausência de nexo causal entre o dano e a conduta do *shopping* por configurar hipótese de caso fortuito externo, imprevisível, inevitável e autônomo, o que não gera o dever de indenizar (art. 14, § 3º, II, do CDC). Precedentes" (STJ, REsp 1.440.756/RJ, Rel. Min. Moura Ribeiro, j. 23.06.2015, *DJe* 01.07.2015).

8. Roubo em estabelecimento bancário não é fortuito externo

"A jurisprudência desta Corte entende que há responsabilidade objetiva das instituições financeiras pela ocorrência de roubos no interior do estabelecimento bancário, pois esse tipo de evento caracteriza-se como risco inerente à atividade econômica desenvolvida pelos Bancos. Incide à espécie, o óbice da Súmula 83 desta Corte. Conforme apurado nos autos, a falha na segurança da instituição bancária permitiu a atuação dos criminosos em sua Agência, dando início à execução dos crimes, o que confirma o nexo de causalidade entre o ato defeituoso da Agravante e o resultado lesivo suportado pelos Agravados, ensejando a condenação à reparação dos danos morais" (STJ, AgRg nos EDcl no AREsp 355.050/GO, Rel. Min. Sidnei Beneti, j. 19.11.2013, *DJe* 03.12.2013).

9. Roubo por ocasião de serviço de manobrista é fato de terceiro

"O fato de terceiro, como excludente da responsabilidade pelo fato do serviço (art. 14, § 3º, II, do CDC), deve surgir como causa exclusiva do evento danoso para ensejar o rompimento do nexo causal. No serviço de manobristas de rua (*valets*), as hipóteses de roubo constituem, em princípio, fato exclusivo de terceiro, não havendo prova da concorrência do fornecedor, mediante defeito na prestação do serviço, para o evento danoso. Reconhecimento pelo acórdão recorrido do rompimento do nexo causal pelo roubo praticado por terceiro, excluindo a responsabilidade civil do restaurante fornecedor do serviço do manobrista (art. 14, § 3º, II, do CDC)" (STJ, REsp 1.321.739/SP, Rel. Min. Paulo de Tarso Sanseverino, j. 05.09.2013, *DJe* 10.09.2013).

10. Não configura caso fortuito a previsibilidade do fato como na sucção de pássaros pela turbina de aeronaves

"1. A previsibilidade da ocorrência usual da sucção de pássaros pela turbina de aeronave no Brasil desautoriza o reconhecimento da excludente de responsabilidade do caso fortuito, conforme decidiu a Terceira Turma desta Corte Superior por ocasião do julgamento do REsp 401.397/SP, rel. Min. Nancy Andrighi, *DJ* 09.09.2002, referente ao mesmo acidente de consumo" (STJ, AgRg no REsp 1.317.768/SP, Rel. Min. Paulo de Tarso Sanseverino, j. 28.04.2015, *DJe* 07.05.2015).

11. Lesão por golpes de arma branca na estação do metrô caracteriza fortuito externo

"Não está dentro da margem de previsibilidade e de risco da atividade de transporte metroviário o óbito de consumidor por equiparação (*bystander*) por golpes de arma branca desferidos por terceiro com a intenção de subtrair-lhe quantia em dinheiro, por se tratar de fortuito externo com aptidão de romper o nexo de causalidade entre o dano e a conduta da transportadora" (STJ, REsp 974.138/SP, 4ª Turma, Rel. Min. Raul Araújo, j. 22.11.2016, *DJe* 09.12.2016).

12. Ausência de informações sobre visto em país de conexão caracteriza serviço defeituoso de companhia aérea

"1. Polêmica em torno da responsabilidade civil de empresa de viagens credenciada por companhia aérea ao emitir bilhetes de viagem internacional (Estados Unidos), através do programa de milhagem, sem informar aos consumidores adquirentes acerca da necessidade obtenção de visto também do país onde o voo de retorno faria breve conexão (Canadá). 2. Necessidade de prestação de informações completas aos consumidores, inclusive acerca da exigência de obtenção de visto de trânsito para hipótese de conexão internacional por parte de empresa que emite as passagens aéreas. 3. Informações adequadas e claras acerca do serviço a ser prestado constituem direito básico do consumidor (art. 6º, III, do CDC). 4. Informações insuficientes ou inadequadas tornam o serviço defeituoso, ensejando responsabilidade pelo fato do serviço (art. 14, *caput*, do CDC) e a obrigação de reparar os danos causados aos consumidores. 5. Não caracterização da culpa exclusiva ou concorrente dos consumidores demandantes por não terem obtido visto do país em que ocorreria conexão do voo de retorno (Canadá). 6. Procedência da demanda, restabelecendo-se as parcelas indenizatórias concedidas pelo acórdão que julgou a apelação" (REsp 1.562.700/SP, 3ª Turma, Rel. Min. Paulo de Tarso Sanseverino, j. 06.12.2016, *DJe* 15.12.2016).

13. Responsabilidade objetiva do hospital e subjetiva do médico

"A jurisprudência desta eg. Corte delimitou adequadamente a natureza da responsabilidade dos serviços de saúde prestados por sociedades empresárias e por pessoas físicas levando em consideração, notadamente, as peculiaridades de cada contrato. 2. '(...) aos atos técnicos praticados de forma defeituosa pelos profissionais da saúde vinculados de alguma forma ao hospital, respondem solidariamente a instituição hospitalar e o profissional responsável, apurada a sua culpa profissional. Nesse caso, o hospital é responsabilizado indiretamente por ato de terceiro, cuja culpa deve ser comprovada pela vítima de modo a fazer emergir o dever de indenizar da instituição, de natureza absoluta (arts. 932 e 933 do CC), sendo cabível ao juiz, demonstrada a hipossuficiência do paciente, determinar a inversão do ônus da prova (art. 6º, VIII, do CDC)' (REsp 1.145.728/MG, rel. Min. João Otávio de Noronha, *DJe* 28.06.2011). 3. A teor do art. 14, *caput*, do CDC, tem-se que o hospital responde objetivamente pelos danos causados ao paciente-consumidor em casos de defeito na prestação do serviço" (STJ, AgRg no AREsp 768.239/MT, Rel. Min. Raul Araújo, j. 16.02.2016, *DJe* 24.02.2016).

"3. A responsabilidade objetiva para o prestador do serviço prevista no art. 14 do CDC, na hipótese do hospital, limita-se aos serviços relacionados ao estabelecimento empresarial, tais como à estadia do paciente (internação), instalações, equipamentos e serviços auxiliares (enfermagem, exames, radiologia). 4. É obrigação dos hospitais adotar o conjunto de ações desenvolvidas deliberada e sistematicamente com vistas à redução máxima possível da incidência e da gravidade das infecções hospitalares, sobressaindo sua responsabilidade objetiva quando a infecção for adquirida em razão da hospitalização do paciente (Lei 9.431/97). 5. Na hipótese, o Tribunal de origem registrou que a infecção por microbactéria ocorreu durante a realização do procedimento cirúrgico enquanto a paciente estava hospitalizada, gerando danos de natureza material, moral e estética a serem reparados pelo nosocômio" (STJ, REsp 1.642.307/RJ, Rel. Min. Nancy Andrighi, j. 05.12.2017, *DJe* 18.12.2017).

"3. Os fatos narrados na petição inicial, interpretados à luz da teoria da asserção, não autorizam reconhecer a ilegitimidade passiva do hospital, na medida em que revelam que os procedimentos cirúrgicos foram realizados nas dependências do nosocômio, sendo, pois, possível inferir, especialmente sob a ótica da consumidora, o vínculo havido com os médicos e a responsabilidade solidária de ambos – hospital e respectivos médicos – pelo evento danoso. 4. Segundo a jurisprudência do STJ, quanto aos atos técnicos praticados de forma defeituosa pelos profissionais da saúde vinculados de alguma forma ao hospital, respondem solidariamente a instituição hospitalar e o profissional responsável, apurada a sua culpa profissional; nesse caso, o hospital é responsabilizado indiretamente por ato de terceiro, cuja culpa deve ser comprovada pela vítima de modo a fazer emergir o dever de indenizar da instituição, de natureza absoluta (artigos 932 e 933 do Código Civil), sendo cabível ao juiz, demonstrada a hipossuficiência do paciente, determinar a inversão do ônus da prova (artigo 6º, inciso VIII, do CDC). Precedentes. 5. Em circunstâncias específicas como a destes autos, na qual se imputa ao hospital a responsabilidade objetiva por suposto ato culposo dos médicos a ele vinculados, deve ser admitida, excepcionalmente, a denunciação da lide, sobretudo com o intuito de assegurar o resultado prático da demanda e evitar a indesejável situação de haver decisões contraditórias a respeito do mesmo fato" (STJ, REsp 1832371/MG, Rel. Min. Nancy Andrighi, 3ª Turma, j. 22.06.2021, *DJe* 01.07.2021).

14. Inversão *ope legis* do ônus da prova

"2. Nos termos do art. 14, *caput*, do CDC, o fornecedor de serviços responde objetivamente (ou seja, independentemente de culpa ou dolo) pela reparação dos danos suportados pelos consumidores decorrentes da má prestação do serviço. Além disso, o § 3º do referido dispositivo legal prevê hipótese de inversão do ônus da prova *ope legis* (a qual dispensa os requisitos do art. 6º, VIII, do CDC), assinalando que esse fornecedor só não será responsabilizado quando provar: i) que, tendo prestado o serviço, o defeito inexiste; e ii) a culpa exclusiva do consumidor ou de terceiro. Precedentes. 3. A culpa exclusiva do consumidor ou de terceiro deve ser cabalmente comprovada pelo fornecedor de serviços, a fim de romper o nexo de causalidade e, consequentemente, ilidir a sua responsabilidade objetiva, o que não ocorreu na hipótese. 4. A jurisprudência desta Corte admite a revaloração jurídica do conjunto fático--probatório dos autos, cuja descrição consta do acórdão recorrido, não acarretando o óbice da Súmula 7/STJ, quando, através de nova análise desses elementos probatórios e dessas circunstâncias fáticas, for possível chegar a solução jurídica diversa daquela posta nas instâncias ordinárias" (STJ, AgInt no AREsp 1.604.779/SP, 3ª Turma, Rel. Min. Marco Aurélio Bellizze, j. 20.04.2020, *DJe* 24.04.2020).

"(...) 4. O defeito do serviço se apresenta como pressuposto especial à responsabilidade civil do fornecedor pelo acidente de consumo, devendo ser averiguado conjuntamente com os demais pressupostos da responsabilidade civil objetiva, quais sejam, a conduta, o nexo de causalidade e o dano efetivamente sofrido pelo consumidor. 5. O CDC, com o objetivo de facilitar a defesa, em juízo, dos direitos dos consumidores-vítimas dos acidentes de consumo, conferindo-lhes maior proteção, estabeleceu hipótese legal de inversão do ônus da prova, determinando que cabe ao fornecedor, no desiderato de se eximir de responsabilidade, comprovar alguma das excludentes previstas no § 3º do art. 14 do CDC, ou seja, que o defeito inexiste ou que o dano resulta de culpa exclusiva do consumidor ou de terceiro. 6. Demonstrando o consumidor, na ação por si ajuizada, que o dano sofrido decorreu do serviço prestado pelo fornecedor, a esse último compete comprovar, por prova cabal, que o evento danoso não derivou de defeito do serviço, mas de outros fatores" (STJ, REsp 1875164/MG, Rel. Min. Nancy Andrighi, 3ª Turma, j. 17.11.2020, *DJe* 19.11.2020).

15. Erro no resultado de exame de DNA é fato do serviço

"4. Caracteriza-se como de consumo e, portanto, sujeito às disposições do Código de Defesa do Consumidor, o serviço prestado por laboratórios na realização de exames médicos em geral, a exemplo do teste genético para fins de investigação de paternidade. 5. À luz do art. 14, *caput* e § 1º, do CDC, o fornecedor responde de forma objetiva, ou seja, independentemente de culpa, pelos danos causados por defeito na prestação do serviço, que se considera defeituoso quando não fornece a segurança que o consumidor dele pode esperar. 6. Em se tratando da realização de exames médicos laboratoriais, tem-se por legítima a expectativa do consumidor quanto à exatidão das conclusões lançadas nos laudos respectivos, de modo que eventual erro de diagnóstico de patologia ou equívoco no atestado de determinada condição biológica implica defeito na prestação do serviço, a atrair a responsabilidade objetiva do laboratório. 7. Consoante preconiza a jurisprudência desta Corte, os laboratórios possuem, na realização de exames médicos, efetiva obrigação de resultado, e não de meio, restando caracterizada sua responsabilidade civil na hipótese de falso diagnóstico. Precedentes. 8. Na espécie, é incontroverso que o exame de DNA realizado pelo laboratório recorrente apresentou resultado equivocado, atribuindo ao recorrido paternidade inexistente. Outrossim, não logrou o recorrente comprovar quaisquer das excludentes de responsabilidade previstas no § 3º do art. 14 do CDC, a saber, a inexistência do defeito ou a culpa exclusiva do consumidor ou de terceiro. 9. Não socorre ao laboratório o argumento de que o falso positivo decorreu do 'isolamento genético' da comunidade onde viviam o recorrido, a criança e sua mãe. Essa circunstância se insere dentre os riscos assumidos pela instituição no exercício de sua atividade empresarial, na medida em que o teste de DNA para investigação de paternidade envolve o uso de dados estatísticos referentes ao perfil genético da população. 10. Perante o consumidor responde apenas o laboratório, pois o médico subscritor do laudo do exame de DNA não se enquadra no conceito de fornecedor, haja vista que não ofereceu no mercado qualquer serviço, atuando como mera mão de obra daquele. Assim, é despiciendo perquirir acerca da existência de culpa do médico na realização do exame, discussão que somente interessa ao laboratório e seu preposto, em eventual ação regressiva" (STJ, REsp 1.386.129/PR, 3ª Turma, Rel. Min. Nancy Andrighi, j. 03.10.2017, *DJe* 13.10.2017).

16. Assédio sexual ou ato libidinoso é fortuito externo e não gera o dever de indenizar do transportador

"Os acórdãos paradigmas adotaram a tese de que o fato doloso e exclusivo de terceiro, quando não guardar conexão com a atividade de transporte, caracteriza fortuito externo e afasta a responsabilidade do transportador. No mesmo sentido dos acórdãos paradigmas, a jurisprudência da Segunda Seção está definida no sentido de que, 'nos contratos onerosos de transporte de pessoas, desempenhados no âmbito de uma relação de consumo, o fornecedor de serviços não será responsabilizado por assédio sexual ou ato libidinoso praticado por usuário do serviço de transporte contra passageira, por caracterizar fortuito externo, afastando o nexo de causalidade' (REsp 1.833.722/SP, Rel. Ministro RAUL ARAÚJO, j. em 3/12/2020, DJe de 15/03/2021)" (STJ, EAREsp 1513560/SP, Rel. Min. Raul Araújo, 2ª Seção, j. 09.06.2021, *DJe* 25.06.2021).

17. Atraso na entrega de veículo é fato do serviço

"2. Esta Corte Superior entende ser objetiva a responsabilidade do fornecedor no caso de defeito na prestação do serviço, desde que demonstrado o nexo causal entre o defeito do serviço e o acidente de consumo ou o fato do serviço, ressalvadas as hipóteses de culpa exclusiva do consumidor ou de causas excludentes de responsabilidade genérica, como força maior ou caso fortuito externo. 3. É solidária a responsabilidade objetiva entre os fornecedores participantes e favorecidos na mesma cadeia de fornecimento de produtos ou serviços. Incidência da Súmula 83/STJ" (STJ, AgInt no AREsp 1598606/RJ, Rel. Min. Raul Araújo, 4ª Turma, j. 23.11.2020, *DJe* 17.12.2020).

> **Art. 15.** (Vetado).[6]
> **Art. 16.** (Vetado).[7]
> **Art. 17.** Para os efeitos desta Seção, equiparam-se aos consumidores todas as vítimas do evento.

 Análise doutrinária

1. Vítima do acidente de consumo: consumidor por equiparação (*bystander*)

O art. 17 do CDC institui hipótese de *consumidor equiparado* – ou *consumidor por equiparação* – ao estabelecer que, para efeito da disciplina de acidente de consumo,

---

[6] Mensagem de Veto 664/90, *do art. 15*: "A redação equivocada do dispositivo redunda em reduzir a amplitude da eventual indenização devida ao consumidor, uma vez que a restringe ao valor dos bens danificados, desconsiderando os danos pessoais".

[7] Mensagem de Veto 664/90, *do art. 16*: "O art. 12 e outras normas já dispõem de modo cabal sobre a reparação do dano sofrido pelo consumidor. Os dispositivos ora vetados criam a figura de 'multa civil', sempre de valor expressivo, sem que sejam definidas a sua destinação e finalidade".

"equiparam-se aos consumidores todas as vítimas do evento". Portanto, a vítima do acidente de consumo, pessoa natural ou jurídica, pode invocar, a seu favor, a aplicação do CDC, tanto nos aspectos materiais quanto nos processuais.

A vítima do acidente de consumo que não se encaixa no conceito padrão de consumidor (art. 2º, *caput*) é denominada *bystander*, criação do direito anglo-saxão, que no *Black's Law Dictionary* está assim definida: "one who stands near: a chance looker-on; hence one who has no concern with the busines being transacted. One present but not taking part, looker-on, spectator, beholder, observer". Trata-se, em tradução simplificada, da pessoa que se encontra próxima ao fato.

A extensão da proteção conferida ao CDC pelo art. 17 se justifica a partir da constatação de vulnerabilidade de todos que estão expostos aos riscos de produtos e serviços defeituosos. Os exemplos são inúmeros. Ilustre-se com o fato de alguém vir a sofrer lesões corporais decorrentes da explosão repentina de aparelho celular que estava sendo usado por pessoa ao seu lado ou mesmo a vítima de atropelamento por veículo cujo freio simplesmente não funcionou por defeito decorrente do projeto de fabricação (art. 12).

O dispositivo (art. 17), ao contrário do que ocorre com o *conceito padrão de consumidor* (art. 2º, *caput*) e *consumidor equiparado* do art. 29, não tem proporcionado maiores polêmicas. Na verdade, doutrina e jurisprudência têm conferido amplitude demasiada ao conceito de acidente de consumo, ao afastar até mesmo a necessidade de oferta do produto ao consumidor: exige-se apenas que o produto tenha saído das mãos do produtor.

Paralelo entre a disciplina sobre fato do produto e a responsabilidade civil do empresário por defeitos "pelos danos causados pelos produtos postos em *circulação*" (art. 931 do Código Civil) propõe outra alternativa hermenêutica. O acidente de consumo e, consequentemente, a figura do consumidor equiparado (*bystander*) só podem surgir a partir do momento em que o produto ou serviço está exposto para comercialização. Antes disso, no momento de transporte do produto entre a fábrica e o comerciante, o fundamento da responsabilidade civil é o art. 931 (v. comentários ao art. 13). Todavia, não foi esse o raciocínio desenvolvido pela jurisprudência do STJ.

Dicas práticas

A pessoa que é vítima de acidente de consumo pode invocar a seu favor todos os direitos materiais e processuais estabelecidos no CDC.

Jurisprudência

1. Vítima do acidente de consumo

"Entende esta Corte que o art. 17 do Código de Defesa do Consumidor prevê a figura do consumidor por equiparação, sujeitando à proteção desse dispositivo legal todos aqueles que, embora não tendo participado diretamente da relação de consumo, sejam vítimas de evento danoso resultante dessa relação" (STJ, AgInt no REsp 1889359/PR, Rel. Min. Marco Buzzi, 4ª Turma, j. 24.05.2021, *DJe* 28.05.2021).

2. Vítima atingida em solo por queda de aeronave

"I – Resta caracterizada relação de consumo se a aeronave que caiu sobre a casa das vítimas realizava serviço de transporte de malotes para um destinatário final, ainda que pessoa jurídica, uma vez que o artigo 2º do Código de Defesa do Consumidor não faz tal distinção, definindo como consumidor, para os fins protetivos da lei, '... toda pessoa física ou jurídica que adquire ou utiliza produto ou serviço como destinatário final'. Abrandamento do rigor técnico do critério finalista. II – Em decorrência, pela aplicação conjugada com o artigo 17 do mesmo diploma legal, cabível, por equiparação, o enquadramento do autor, atingido em terra, no conceito de consumidor. Logo, em tese, admissível a inversão do ônus da prova em seu favor" (STJ, REsp 540.235, Rel. Min. Castro Filho, j. 07.02.2006, *DJU* 06.03.2006).

"6. Embora não haja dúvida de que o transportador aéreo seja fornecedor, nos termos do art. 3º, *caput*, do CDC, e de que o transporte aéreo seja serviço, nos moldes do art. 3º do CDC, haverá hipóteses em que a legislação consumerista não tutelará o usuário, porque desqualificado como 'consumidor', regendo-se a relação jurídica pelas normas de direito aeronáutico. 7. Na hipótese, o terceiro na superfície, que suporta o prejuízo causado diretamente por aeronave em voo ou manobra, ou por coisa ou pessoa dela caída ou projetada, equipara-se a consumidor (*bystander*), na medida em que, embora não tenha utilizado o serviço como destinatário final, foi vítima do evento danoso. 8. Assim caracterizada a relação de consumo, o prazo prescricional a ser observado é o previsto no art. 27 do CDC: 5 anos. 9. Recurso especial conhecido e provido" (STJ, REsp 1.678.429/SP, 3ª Turma, Rel. Min. Nancy Andrighi, j. 28.08.2018, *DJe* 17.09.2018).

3. Explosão do estabelecimento que explorava o comércio de fogos de artifício

"Em consonância com o art. 17 do Código de Defesa do Consumidor, equiparam--se aos consumidores todas as pessoas que, embora não tendo participado diretamente da relação de consumo, vêm a sofrer as consequências do evento danoso, dada a potencial gravidade que pode atingir o fato do produto ou do serviço, na modalidade vício de qualidade por insegurança" (STJ, REsp 181.580/SP, Rel. Min. Castro Filho, j. 09.12.2003, *DJ* 22.03.2004).

4. Equiparação a consumidor de titular de bens depositados em cofre de instituição financeira

"Ainda que os bens comprovadamente depositados no cofre roubado sejam de propriedade de terceiros, alheios à relação contratual, permanece hígido o dever de indenizar do banco, haja vista sua responsabilidade objetiva frente a todas as vítimas do fato do serviço, sejam elas consideradas consumidores *stricto sensu* ou consumidores por equiparação" (STJ, REsp 1.045.897/DF, Rel. Min. Nancy Andrighi, j. 24.05.2011, *DJe* 01.06.2011).

5. Vítima de acidente de trânsito com fornecedor de serviço de transporte

"O art. 17 do CDC prevê a figura do consumidor por equiparação (*bystander*), sujeitando à proteção do Código de Defesa do Consumidor aqueles que, embora não tenham participado diretamente da relação de consumo, sejam vítimas de evento danoso decorrente dessa relação. 4. Em acidente de trânsito envolvendo fornecedor de serviço de transporte, o terceiro vitimado em decorrência dessa relação de consumo deve ser considerado consumidor por equiparação. Excepciona-se essa regra se, no momento do acidente, o fornecedor não estiver prestando o serviço, inexistindo, pois, qualquer relação de consumo de onde se possa extrair, por equiparação, a condição de consumidor do terceiro" (STJ, REsp 1.125.276/RJ, Rel. Min. Nancy Andrighi, j. 28.02.2012, *DJe* 07.03.2012).

"Enquadramento do demandante atropelado por ônibus coletivo, enquanto vítima de um acidente de consumo, no conceito ampliado de consumidor estabelecido pela regra do art. 17 do CDC ('bystander'), não sendo necessário que os consumidores, usuários do serviço, tenham sido conjuntamente vitimados. A incidência do microssistema normativo do CDC exige apenas a existência de uma relação de consumo sendo prestada no momento do evento danoso contra terceiro (bystander)" (STJ, REsp 1787318/RJ, Rel. Min. Paulo de Tarso Sanseverino, 3ª Turma, j. 16.06.2020, *DJe* 18.06.2020).

6. Motorista da empresa transportadora é equiparado a consumidor

"Enquadramento do transportador de mercadoria (motorista), que é vítima de um acidente de consumo, no conceito ampliado de consumidor estabelecido pela regra do art. 17 do CDC (*bystander*). Precedente" (STJ, AgInt no REsp 1.700.824/PR, 4ª Turma, Rel. Min. Maria Isabel Gallotti, j. 04.06.2019, *DJe* 07.06.2019).

7. Comerciante é consumidor equiparado em face de acidente de consumo

"Comerciante atingido em seu olho esquerdo pelos estilhaços de uma garrafa de cerveja, que estourou em suas mãos quando a colocava em um freezer, causando graves lesões. Enquadramento do comerciante, que é vítima de um acidente de consumo, no conceito ampliado de consumidor estabelecido pela regra do art. 17 do CDC (*bystander*). Reconhecimento do nexo causal entre as lesões sofridas pelo consumidor e o estouro da garrafa de cerveja" (STJ, REsp 1.288.008/MG, Rel. Min. Paulo de Tarso Sanseverino, j. 04.04.2013, *DJe* 11.04.2013).

8. Vítima de disparo de arma de fogo de empregado de empresa de segurança

"1. Polêmica em torno da responsabilidade civil das empresas demandadas pelos danos causados aos demandantes pela morte de seu filho na Estação Ferroviária da Lapa (São Paulo) atingido por um projétil de arma de fogo disparado durante um tiroteio envolvendo assaltantes e seguranças das empresas recorrentes após tentativa de roubo a carro forte que recolhia valores no local. 2. O serviço apresenta-se defeituoso ao não atender à segurança legitimamente esperada pelo consumidor (art. 14, § 1º, CDC). 3. Atenta contra a segurança do consumidor a opção pelo uso de armas de fogo pelos prepostos da ré em confronto com meliantes, em local de intenso trânsito de pessoas, priorizando a recuperação do dinheiro roubado à integridade física dos consumidores que lá se encontravam. 4. Reação ao assalto, por parte dos seguranças das rés, resultou na morte de três pessoas, além de outras vítimas não fatais. 5. A regra do art. 17 do CDC, ampliando o conceito básico de consumidor do art. 2º, determina a aplicação do microssistema normativo do consumidor a todas as vítimas do evento danoso, protegendo os chamados *bystanders*, que são as vítimas inocentes de acidentes de consumo. 6. Incidência do regime jurídico do CDC ao caso" (STJ, REsp 1.372.889/SP, 3ª Turma, Rel. Min. Paulo de Tarso Sanseverino, j. 13.10.2015, *DJe* 19.10.2015).

Seção III
Da responsabilidade por vício do produto e do serviço

Art. 18. Os fornecedores de produtos de consumo duráveis ou não duráveis respondem solidariamente pelos vícios de qualidade ou quantidade que os tornem impróprios ou inadequados ao consumo a que se destinam ou lhes diminuam o valor, assim como por aqueles decorrentes da disparidade, com as indicações constantes do recipiente, da embalagem, rotulagem ou mensagem publicitária, respeitadas as variações decorrentes de sua natureza, podendo o consumidor exigir a substituição das partes viciadas.

§ 1º Não sendo o vício sanado no prazo máximo de trinta dias, pode o consumidor exigir, alternativamente e à sua escolha:

I – a substituição do produto por outro da mesma espécie, em perfeitas condições de uso;

II – a restituição imediata da quantia paga, monetariamente atualizada, sem prejuízo de eventuais perdas e danos;

III – o abatimento proporcional do preço.

§ 2º Poderão as partes convencionar a redução ou ampliação do prazo previsto no parágrafo anterior, não podendo ser inferior a sete nem superior a cento e oitenta dias. Nos contratos de adesão, a cláusula de prazo deverá ser convencionada em separado, por meio de manifestação expressa do consumidor.

§ 3º O consumidor poderá fazer uso imediato das alternativas do § 1º deste artigo, sempre que, em razão da extensão do vício, a substituição das partes viciadas puder comprometer a qualidade ou características do produto, diminuir-lhe o valor ou se tratar de produto essencial.

§ 4º Tendo o consumidor optado pela alternativa do inciso I do § 1º deste artigo, e não sendo possível a substituição do bem, poderá haver substituição por outro de espécie, marca ou modelo diversos, mediante complementação ou restituição de eventual diferença de preço, sem prejuízo do disposto nos incisos II e III do § 1º deste artigo.

§ 5º No caso de fornecimento de produtos *in natura*, será responsável perante o consumidor o fornecedor imediato, exceto quando identificado claramente seu produtor.

§ 6º São impróprios ao uso e consumo:

I – os produtos cujos prazos de validade estejam vencidos;

II - os produtos deteriorados, alterados, adulterados, avariados, falsificados, corrompidos, fraudados, nocivos à vida ou à saúde, perigosos ou, ainda, aqueles em desacordo com as normas regulamentares de fabricação, distribuição ou apresentação;

III - os produtos que, por qualquer motivo, se revelem inadequados ao fim a que se destinam.

Legislação correlata

Código Civil, arts. 441 a 446.

Análise doutrinária

1. Panorama sobre a disciplina do vício do produto por inadequação

Na sequência da disciplina por acidente de consumo em relação a produto e serviço, o CDC, no art. 18, disciplina o *vício do produto por inadequação*. Enquanto na responsabilidade pelo fato do produto (arts. 12 e 13 do CDC) a preocupação maior é com a *segurança*, na responsabilidade pelo vício do art. 18 o foco principal é a adequação do bem às finalidades próprias, ou seja, o ar-condicionado deve esfriar o ambiente, a televisão transmitir imagens e sons, a caneta possibilitar a escrita etc.

A disciplina dos vícios dos produtos é paralela à regulamentação dos vícios redibitórios (arts. 441 a 446 do Código Civil). Assim, havendo relação de consumo, tem incidência a disciplina do CDC. Caso contrário, tem aplicação, em favor do comprador, a normativa própria do Código Civil.

Importante destacar que a conclusão pela incidência do CDC à determinada relação jurídica não afasta a aplicação simultânea do Código Civil na perspectiva do *diálogo das fontes*. Significa, em termos práticos, a necessidade de o intérprete e aplicador do direito ficarem atentos a soluções que advêm de análise do conjunto dos dois diplomas legais no que diz respeito às lacunas e influências recíprocas entre as normas (v. comentários ao art. 7º).

Quando o Código de Defesa do Consumidor foi promulgado, estava em vigor o Código Civil de 1916. A edição do CDC, anterior ao atual Código Civil, objetivou, antes de tudo, afastar as deficiências da tutela do comprador apontadas pela doutrina e jurisprudência em relação ao CC/1916, além de considerar as dificuldades inerentes à vulnerabilidade do consumidor no mercado.

Salvo alguns relevantes pontos concernentes aos prazos decadenciais, sua forma de contagem e relação com a garantia contratual manteve-se, em linhas gerais, a mesma estrutura do Código Civil de 1916: 1) aplicação aos contratos comutativos e doações onerosas; 2) o vício deve ser oculto; 3) o adquirente pode rejeitar a coisa (ação redibitória) ou, alternativamente, reclamar abatimento proporcional do preço (ação estimatória); 4) o conhecimento do vício pelo alienante traz como consequência, além da devolução do bem, o dever de indenizar o adquirente pelos prejuízos sofridos.

O conceito de vício do produto no CDC é bem mais amplo que o constante no Código Civil. Institui-se noção objetiva de qualidade do produto. Afasta-se qualquer importância da eventual culpa do fornecedor. A proteção não se limita ao vício oculto. Embora, na prática, as questões sobre vício do produto refiram-se à impropriedade do bem para consumo, a leitura do *caput* do art. 18 indica duas outras espécies de vícios: 1) vício que lhe diminua o valor; e 2) vício decorrente da disparidade das características dos produtos com aquelas veiculadas na oferta e publicidade.

Acrescente-se que o CDC, logo após afirmar, no *caput* do art. 18, que os vícios juridicamente relevantes são aqueles que tornam os produtos inadequados ou impróprios ao consumo, a própria Lei, no § 6º do art. 18, arrola hipóteses que consideram os produtos impróprios para o uso e consumo, como, por exemplo: "os produtos cujos prazos de validade estejam vencidos" ou "em desacordo com as normas regulamentares de fabricação, distribuição ou apresentação".

Restou, desse modo, estabelecida uma *impropriedade normativa* que pode, eventualmente, não corresponder a uma impropriedade real para o consumidor. Há situações em que o produto atende inteiramente às necessidades do consumidor, mas que, por inobservar norma regulamentar de apresentação – ausência do número do registro em órgão público –, é considerado impróprio, ensejando a tríplice alternativa do consumidor (troca, devolução do dinheiro, abatimento proporcional do preço). Na prática, o consumidor, por estar satisfeito, não irá questionar a impropriedade.

Ponto marcante do art. 18, *caput*, é previsão expressa da *responsabilidade solidária* entre todos os fornecedores que integram a cadeia de produção e comercialização do produto. Portanto, tanto o fabricante quanto o comerciante possuem deveres perante o consumidor quanto à garantia de qualidade dos produtos.

Ressalte-se importante distinção entre o *vício* e o *fato* do produto. Enquanto não ocorrer acidente de consumo, ainda que o vício seja relativo a item de segurança (vício por insegurança), ou seja, com potencial de ofensa à integridade psicofísica do consumidor e seu patrimônio, a questão deve ser analisada sob a ótica do art. 18 do CDC, com a tríplice alternativa em favor do consumidor, cabendo ao consumidor: devolução do dinheiro, troca do produto, abatimento proporcional do preço.

2. Responsabilidade solidária

Ponto que merece destaque, no tocante à disciplina de vício do produto por inadequação, é a expressa previsão de *responsabilidade solidária* entre todos os fornecedores que participaram da cadeia de produção e comercialização do produto. Cuida-se de solidariedade legal *automática* (v. comentários ao parágrafo único do art. 7º), a qual decorre diretamente da redação do *caput* do art. 18 do CDC: "os fornecedores de produtos de consumo duráveis ou não duráveis respondem solidariamente pelos vícios".

A solidariedade entre os fornecedores significa que a pretensão do consumidor com relação à substituição do produto, à devolução do valor pago ou ao abatimento proporcional do preço, além das perdas e danos (§ 1º do art. 18), pode ser dirigida tanto ao comerciante quanto ao fabricante ou, de modo mais amplo, a qualquer outro fornecedor intermediário que tenha participado da cadeia de produção e circulação do bem (importador, distribuidor etc.).

Aqui, como já destacado, não se trata de solidariedade decorrente de ato ilícito, mas o que se tem denominado, para distinguir, de *solidariedade automática* (v. comentários ao art. 7º, parágrafo único). O credor (consumidor) possui o direito de exigir de um ou de alguns dos devedores (comerciante, fabricante, distribuidor etc.), parcial ou totalmente, a "dívida comum". Se o pagamento tiver sido parcial, todos os demais devedores "continuam obrigados solidariamente pelo resto", tudo em conformidade com o disposto no art. 275 e seguintes do Código Civil.

A solidariedade dos fornecedores decorre da ideia de "efetiva prevenção e reparação de danos patrimoniais e morais", previsto no art. 6º, VI, do CDC. Muitas vezes, por variedade de motivos e circunstâncias, a "efetiva reparação" só é possível em virtude da existência de pluralidade de responsáveis. Após satisfação do direito do consumidor, podem os fornecedores, entre si, discutir quem, ao final, irá assumir, de modo individual ou concorrente, o valor despendido.

A responsabilidade solidária, embora possa parecer injusta num primeiro momento, por envolver o comerciante ou outro fornecedor que, em regra, nada tem a ver com o vício, permite que, ao final, em face de ação regressiva, o verdadeiro responsável arque com os custos. Se é verdade que o comerciante, pela natureza da sua atividade, de um modo geral, não contribui para o vício do produto, fato é que detém relação mais próxima com o consumidor, o que propicia uma solução mais rápida em relação ao vício. De outro lado, por manter vínculo comercial permanente como fabricante e/ou distribuidor, tem mais condições de reembolso do valor pago ao consumidor ou reposição do produto com vício.

Ademais, a ideia de responsabilidade no tocante aos vícios tem efeito secundário benéfico para o mercado. Os comerciantes, como devem responder pelos vícios, vão naturalmente ser mais seletivos na escolha dos fabricantes e distribuidores: irão dar preferência a produtos com maior qualidade.

Por fim, cabe destacar a impossibilidade de denunciação da lide, nos termos do art. 88 do CDC, que, embora se refira unicamente à hipótese relativa a fato do produto, deve ser aplicado analogicamente para todos os casos de responsabilidade solidária previstos no CDC (v. comentários ao art. 13).

3. A tríplice alternativa do consumidor: troca do bem, devolução do dinheiro, abatimento proporcional do preço

Constatado o vício e não sendo hipótese de conserto (v. comentários a seguir), o § 1º do art. 18 concede ao consumidor três alternativas: 1) a substituição do produto por outro da mesma espécie; 2) a restituição da quantia paga; 3) o abatimento proporcional do preço. A lei é bastante clara no sentido de que a escolha entre as três alternativas é decisão do consumidor.

Portanto, ao lado das alternativas tradicionais do Código Civil (restituição do bem ou abatimento proporcional do preço), o CDC propicia ao consumidor, em caso de vício, exigir dos fornecedores outro produto da mesma espécie e em perfeitas condições de uso.

Caso o estabelecimento não possua produto da mesma espécie em estoque, o § 4º do art. 18 estabelece que poderá haver a opção por produto diverso "mediante complementação ou restituição de eventual diferença".

O consumidor, ao lado das três alternativas (substituição, restituição do dinheiro, abatimento do preço), pode exigir indenização pelas perdas e danos. Embora a expressão "sem prejuízo de eventuais perdas e danos" esteja apenas no inc. II do § 1º do art. 18, sempre será possível ao consumidor exigir adicional indenização integral (danos materiais e morais) nas duas outras hipóteses indicadas nos incs. I e III (substituição do produto, abatimento proporcional do preço), em homenagem e respeito ao direito básico do consumidor de efetiva reparação dos danos patrimoniais e morais (art. 6º, VI).

Cabe destacar jurisprudência do STJ no sentido de configurar dano moral a situação decorrente de vícios reiterados em veículo novo que obriga o consumidor a levar o automóvel diversas vezes à concessionária para reparo.

4. Culpa e ignorância do fornecedor

O Código Civil, com relação ao conhecimento dos vícios redibitórios pelo vendedor, dispõe que, "Se o alienante conhecia o vício ou defeito da coisa, restituirá o que recebeu com perdas e danos; se o não conhecia, tão somente restituirá o valor recebido, mais as despesas do contrato" (art. 443). Nas relações civis, a ignorância – e não a culpa – no tocante ao vício serve apenas para verificar a possibilidade de adicional condenação em perdas e danos decorrentes do vício.

No direito civil, a *culpa* do alienante concernente aos vícios redibitórios não era nem é pressuposto para possibilitar o exercício das alternativas colocadas à disposição do comprador (redibição do contrato ou abatimento proporcional do preço). A Lei apenas alude ao *conhecimento* ou não do vício, sem qualquer preocupação em vincular a origem do problema à ação ou omissão anterior do alienante.

Para o CDC, com muito mais razão, simplesmente não interessa se o vício decorre de conduta culposa ou dolosa do vendedor ou de qualquer outro integrante da cadeia de produção e circulação do bem. Constatado o vício, surge a responsabilidade. Portanto, parece desnecessário, como faz parcela da doutrina, discutir se a responsabilidade por vício é objetiva ou subjetiva.

No tocante ao *conhecimento* do vício pelo fornecedor, a Lei estabelece que em nada ficam afetados os direitos do consumidor, inclusive em relação à indenização por perdas e danos. Assim dispõe o art. 23 do CDC: "A ignorância do fornecedor sobre os vícios de qualidade por inadequação dos produtos e serviços não o exime de responsabilidade".

5. Prazo de 30 dias para conserto do produto

O § 1º do art. 18 estipula que, antes da escolha pelo consumidor de uma das três alternativas (substituição do bem, devolução do dinheiro, abatimento do preço), o fornecedor possui o prazo de 30 dias para sanar o vício. Estabelece o CDC que esse prazo pode ser reduzido para até 7 dias ou ampliado para até 180 dias, mediante acordo de vontade entre as partes (§ 2º do art. 18).

O dispositivo é bastante criticado por ser, de certo modo, incoerente à própria concepção protetiva do CDC. Na prática, significa retirar, por até 30 dias, a posse do produto novo do consumidor para realizar a reparação. Ou seja, o consumidor que acabou de adquirir determinado bem simplesmente não poderá utilizá-lo, gerando, muitas vezes, outros gastos. Basta imaginar um veículo que foi comprado para locomoção para trabalho. Na ausência do bem, o consumidor terá custos para se locomover.

Em razão desse quadro desfavorável a legítimos interesses do consumidor, a interpretação em relação ao prazo de 30 dias para conserto tem sido restritiva.

Cumpre inicialmente lembrar que o Código Civil – que não se preocupa em oferecer proteção diferenciada ao comprador, como faz o CDC – *não* exige qualquer prazo prévio para que o adquirente do bem possa exigir a devolução ou abatimento proporcional do preço. Assim, a perplexidade é inevitável, pois, em relação a esse aspecto específico, a disciplina do Código Civil é, ao menos numa primeira análise, mais vantajosa ao comprador.

A interpretação adequada da matéria deve pautar-se por um *diálogo das fontes* entre o CDC e o CC, primando pela coerência entre os dois diplomas, o que significa interpretação restritiva da exigência do prazo de 30 dias e sua vinculação à noção de *abuso do direito*.

Não se desconhece o propósito da instituição do prazo de 30 dias: evitar situações em que um pequeno vício, facilmente sanável e que em nada afetaria a qualidade ou valor do produto, pudesse ensejar a troca. Imagine-se, para ilustrar, um vício no dispositivo que regula a posição do espelho retrovisor de um veículo novo e a desproporcional exigência de troca imediata do carro ou devolução do dinheiro. A ideia da lei, ao instituir prazo para sanar o vício, foi justamente evitar posturas despropositadas no exercício do direito do consumidor.

Ora, para tanto, embora não fosse expressa no Código Civil de 1916 – que estava em vigor quando o CDC foi promulgado –, já existia ampla aceitação na doutrina e jurisprudência sobre o abuso do direito, categoria "que surgiu justamente no intuito de reprimir os atos que, embora praticados com estrita observância da lei, violavam o seu espírito" (TEPEDINO et al., 2004, p. 341).

O art. 187 do Código Civil de 2002 confirma, posteriormente, o significado de abuso de direito ao estabelecer que se configura justamente quando o titular do direito, "ao exercê-lo, excede manifestamente os limites impostos pelo seu fim econômico ou social, pela boa-fé ou pelos bons costumes". A ideia de abuso de direito seria suficiente para afastar situações reprováveis. A aplicação do prazo de 30 dias para conserto do produto tem se mostrado extremamente prejudicial a legítimos interesses do consumidor.

6. Forma de contagem do prazo de 30 dias

O prazo de 30 dias estabelecido em favor do fornecedor, por apresentar desvantagens ao consumidor, deve ser interpretado restritivamente. No tocante à sua contagem, o fornecedor possui uma única possibilidade de correção do vício. Afronta o princípio de proteção integral do consumidor (art. 6º, VI) entender que, se o vício ressurgir após o conserto, terá o fornecedor a possibilidade de invocar novamente o prazo de 30 dias ou até mesmo os dias eventualmente restantes.

Assim, em caso de ressurgimento do vício, o consumidor pode fazer uso das opções indicadas pelos incs. I, II e III do § 1º do art. 18, ou seja, pode exigir a substituição do produto, a restituição imediata da quantia paga ou o abatimento proporcional do preço, tudo sem prejuízo, nas três hipóteses, de eventual indenização por perdas e danos.

E em caso de surgimento de vício diferente do primeiro? Exemplo, o veículo novo apresenta vício na parte elétrica e, depois de consertado, apresenta vício na suspensão. O primeiro ponto é verificar se o produto é essencial, o que afasta qualquer prazo de 30 dias (v. comentários ao item 7). Caso não seja considerado essencial, é possível argumentar que a sucessão de vícios e consertos em produtos novos consiste em indicativo de desvalorização do carro, o que atrai o disposto no § 3º do art. 18, permitindo ao consumidor o uso da tríplice alternativa (substituição do bem, restituição do preço ou abatimento proporcional).

O STJ, com o objetivo de proteger os legítimos interesses do consumidor, já se manifestou no sentido de que o prazo de 30 dias deve ser contado de maneira global quando o vício reaparece: "Em havendo sucessiva manifestação de idênticos vícios em automotor novo, o aludido lapso conferido para o fornecedor os equacionar é computado de forma global, isto é, não se renova cada vez que o veículo é entregue à fabricante ou comerciante em razão do mesmo problema" (REsp 1.297.690/PR).

7. Indenização do consumidor durante o prazo de 30 dias

O consumidor pode pleitear indenização caso ele tenha custos decorrentes da ausência da posse do produto no prazo de 30 dias? A resposta é positiva, em razão do direito básico de "efetiva prevenção e reparação de danos patrimoniais e morais" (art. 6º, VI). Embora não seja a regra, o direito privado aceita e disciplina situações em que o exercício normal de um direito enseja indenização a pessoas lesadas. Recordem-se as hipóteses previstas no art. 188 c/c o art. 929 do CC: atos praticados em legítima defesa ou estado de necessidade com danos a terceiros. No caso, exercita-se um direito, mas há o dever de indenizar.

O mesmo ocorre com o fornecedor ao retirar o bem da posse do consumidor para realizar o reparo: há exercício do direito, assegurado pelo § 1º do art. 18 e, concomitantemente, o dever de indenizar o consumidor pelos prejuízos sofridos (art. 6º, VI). Daí ser recomendável, para afastar ou diminuir a indenização, que, no período de conserto, o fornecedor entregue ao consumidor produto semelhante (ex.: um outro veículo, até a troca do retrovisor do carro do consumidor).

Nas três décadas do CDC, o tema ainda não mereceu a atenção devida dos estudiosos, mas cabe consignar que, no julgamento do REsp 1.297.690, o STJ considerou corretamente que o prazo de 30 dias deve ser considerado para calcular o valor da indenização do consumidor.

8. Inaplicabilidade do prazo de 30 dias: produto essencial

Após estabelecer prazo de 30 dias para conserto do bem, o próprio CDC prevê, no § 3º do art. 18, situações nas quais o referido prazo pode ser afastado, ao dispor que o consumidor poderá fazer uso imediato das alternativas do § 1º (troca, devolução do dinheiro ou abatimento proporcional do preço) "sempre que, em razão da extensão do vício, a substituição das partes viciadas puder comprometer a qualidade ou características do produto, diminuir-lhe o valor ou se tratar de produto essencial".

Nestas situações (§ 3º do art. 18), pode e deve o consumidor exigir imediatamente uma entre as alternativas de troca do produto, devolução do dinheiro ou abatimento proporcional do preço. Se o reparo do bem viciado acarreta a diminuição posterior do valor do bem, não se deve sequer cogitar a oportunidade de o fornecedor realizar o conserto. Imagine-se troca de componente essencial de um computador ou mesmo de um veículo que acabe por reduzir o valor de mercado do produto. O mesmo pode ser dito quando a troca da peça afeta o nível de qualidade do produto.

A experiência de três décadas de existência do Código de Defesa do Consumidor aponta que a discussão de maior relevância refere-se à questão da essencialidade do produto.

O prazo de 30 dias não se aplica quando o produto é essencial, ou seja, quando possui importância para as atividades cotidianas do consumidor ou que foi comprado para um evento específico que irá ocorrer em breve. O consumidor que adquire um sapato para ocasião especial (formatura, casamento) não pode esperar o seu reparo, no prazo de 30 dias. Também não é razoável exigir que o consumidor deixe seu novo *notebook* para conserto pelo prazo de 30 dias, quando o bem é fundamental para desenvolver atividades acadêmicas. Portanto, a análise da essencialidade do produto deve se pautar nas necessidades concretas do consumidor. Embora seja possível estabelecer produtos que, de um modo geral, possuem importância maior para o consumidor, como o *smartphone* ou a geladeira, a análise deve ocorrer caso a caso.

Em que pese a importância de análise individual da essencialidade, registre-se que, em 2010, o Departamento de Proteção e Defesa do Consumidor – DPDC (Secretaria Nacional do Consumidor, Ministério da Justiça e Segurança Pública), por meio da Nota Técnica 62, de 15.06.2010, considerou que o aparelho celular é produto essencial, o que enseja a troca imediata do bem ou devolução do dinheiro ao consumidor em caso de vício. Embora não tenha efeito vinculante para outros órgãos de defesa do consumidor (ver comentários ao arts. 105 e 106), cuida-se de relevante iniciativa que atende a legítimos interesses dos consumidores que, logo após a aquisição de produtos novos, se surpreendem com o mau funcionamento do bem.

A questão da essencialidade dos produtos é tão polêmica que, no passado, se previu no Decreto 7.963/2013 que o Conselho Nacional de Ministros da Câmara Nacional de Relações de Consumo (que é integrado por vários Ministros de Estado, conforme o art. 10, § 1º) deveria apresentar "proposta de regulamentação do § 3º do art. 18 da Lei 8.078, de 1990, para especificar produtos de consumo considerados essenciais e dispor sobre procedimentos para uso imediato das alternativas previstas no § 1º do art. 18 da referida Lei" (art. 16 do Dec. 7.963/2013).

O prazo inicial para apresentação da proposta seria de 30 dias após publicação do Decreto. Realizadas várias reuniões do Conselho Nacional de Ministros da Câmara Nacional das Relações de Consumo ao longo de 2013, ao contrário do que foi amplamente anunciado, não se editou o tão esperado ato normativo com lista de produtos essenciais. De qualquer modo, embora mereça registro a iniciativa, haveria inevitável discussão se a matéria poderia ser definida por ato do Poder Executivo.

Por fim, ao lado das hipóteses indicadas no § 3º do art. 18 – que afastam o prazo de 30 dias para conserto –, cabe acrescentar que o referido prazo não deve ser invocado quando se trata de vício decorrente de disparidade com a oferta, em face do disposto nos arts. 30 e 35, os quais estabelecem a possibilidade de o consumidor exigir o cumprimento imediato da oferta, produto equivalente, resolução do contrato ou devolução dos valores pagos.

9. Direito de reparo do vício e posterior pedido de indenização (ressarcimento)

A prática indica que muitos consumidores têm optado por reparar diretamente o vício, com troca da peça e posterior cobrança do valor gasto do fornecedor (ressarcimento). Juridicamente, é opção possível.

Inicialmente, recorde-se que as perdas e danos decorrentes de produtos e serviços com vício são cabíveis nas três hipóteses (devolução do dinheiro, abatimento proporcional do preço ou troca do produto), em face do direito básico do consumidor à efetiva prevenção e reparação de danos materiais e morais (art. 6º, VI, do CDC). Assim, se paralelamente ao vício, houve dano, sempre cabe indenização pelos prejuízos sofridos.

Na verdade, as perdas e danos causadas por vício dos produtos e dos serviços possuem certa autonomia em relação ao direito potestativo do consumidor de exigir uma das três alternativas. Processualmente, o pleito indenizatório pode ser apresentado na mesma ação ou, por circunstâncias variadas, em processo autônomo.

Há um direito autônomo à pretensão indenizatória das perdas e danos do consumidor em face de vícios dos produtos. A contratação de produto ou serviço que não atende a finalidade que é esperada significa, em última análise, espécie de inadimplemento contratual. Como consequência, o consumidor, em vez de optar por uma das três alternativas do art. 18, pode seguir o caminho único da indenização dos danos provocados pelo vício, ou seja, reparar diretamente o vício e exigir o reembolso do valor gasto.

As perdas e danos decorrentes de vícios dos produtos podem, eventualmente, pela gravidade e extensão, caracterizar-se como fato do produto. Nesse debate, a doutrina classifica os danos em *circa rem* ou *extra rem*. Os primeiros seriam danos de menor monta, os quais estariam quase sempre presentes, como os gastos de transporte para levar o produto até o fornecedor para o reparo. De outro lado, os danos *extra rem*, pela dimensão, estariam sujeitos à disciplina dos acidentes de consumo (arts. 12 e 13 do CDC) com aplicação do prazo prescricional de cinco anos da pretensão indenizatória (art. 27).

Se o consumidor optar diretamente pelo reparo e posterior cobrança do valor do fornecedor, deve-se verificar, no caso concreto, a observância do princípio da boa-fé objetiva, o que significa escolher peças e mão de obra que estão em preços razoáveis, dentro da média do mercado.

O Superior Tribunal de Justiça, em acórdãos que discutem a perda do prazo decadencial para reclamar de vícios dos produtos e serviços (art. 26 do CDC), destaca justamente a possibilidade de o consumidor optar por ação com o objetivo único de pleitear a indenização decorrente do reparo realizado pelo próprio consumidor.

Ilustrativamente, registre-se: "quando a pretensão do consumidor é de natureza indenizatória (isto é, de ser ressarcido pelo prejuízo decorrente dos vícios do imóvel) não há incidência de prazo decadencial. A ação, tipicamente condenatória, sujeita-se a prazo de prescrição. À falta de prazo específico no CDC que regule a pretensão de indenização por inadimplemento contratual, deve incidir o prazo geral decenal previsto no art. 205 do CC/2002" (STJ, REsp 1.819.058/SP, j. 03.12.2019).

10. Vício aparente e de fácil constatação

O conceito de vício na disciplina do CDC é amplo, ao contrário do que ocorre nas relações civis submetidas ao Código Civil, quando se exige que o vício seja *oculto* e *grave*. A disciplina do CDC, além de não limitar o vício, expressamente se refere ao vício aparente e de fácil constatação.

A experiência decorrente de 30 anos do CDC indica que, nesta área, o que realmente afeta o consumidor é o vício oculto. Quando há vício aparente, o consumidor não compra o produto. De qualquer modo, distinção serve para definir o termo inicial do prazo decadencial (art. 26, *caput*).

Em que pese o esforço doutrinário para diferenciar o significado de *aparente* em relação a "fácil constatação", há que se fazer interpretação funcional, ou seja, que considere a finalidade do instituto, principalmente os efeitos da distinção em relação ao vício oculto. Ora, a qualidade ou não de *aparente* irá depender diretamente da maior ou menor complexidade do produto ou serviço e, ao mesmo tempo, do nível de conhecimento técnico do consumidor. O que é aparente para determinado consumidor não é nada aparente para tantos outros. Em época de crescente complexidade dos produtos e serviços, o vício que pode ser constatado facilmente por alguns consumidores não é percebido por outros: é justamente essa vulnerabilidade técnica que se pretende tutelar.

Ademais, as circunstâncias da compra também são importantes para aferir se o vício é oculto ou de fácil constatação. Imagine-se a aquisição de um aparelho de televisão que é retirado da loja na caixa e lá mantido por dois meses, em razão de reforma no cômodo onde será colocado o produto. Findas as obras, percebe-se que o volume de som do aparelho não funciona e que faltam alguns componentes físicos, como o dispositivo que liga e desliga o televisor. Nessas circunstâncias da venda, em que não houve oportunidade de examinar, sequer superficialmente, o aparelho, os vícios indicados não podem ser considerados de fácil constatação: são vícios ocultos.

Em consequência, a contagem do prazo decadencial inicia-se no momento em que se testou o bem (art. 26, § 3º), e não no dia que o consumidor recebeu o produto encaixotado (art. 26, § 1º).

Com o adjetivo *aparente* pretendeu-se, em última análise, aludir à facilidade ou não de identificação imediata do vício, o que conduz justamente à ideia de *fácil constatação*, que varia conforme a complexidade do produto e as características individuais do consumidor e as circunstâncias da compra do bem. Portanto, *aparente* e *fácil constatação* são expressões que se equivalem. Não há distinção entre vício *aparente* e vício de *fácil constatação*, e sim um esforço normativo para esclarecer que a aparência ou não do vício decorre das circunstâncias da aquisição do produto ou do serviço.

A distinção entre vício oculto e aparente (= de fácil constatação) é relevante não para excluir a proteção do CDC, mas apenas para determinar o início da contagem dos prazos decadenciais. Quando o vício é oculto (a grande maioria dos casos), "o prazo decadencial inicia-se no momento em que ficar evidenciado o defeito" (art. 26, § 3º). De outro lado, se o vício é aparente e de fácil constatação, o prazo começa a correr "a partir da entrega efetiva do produto" (art. 26, § 1º).

11. Vício conhecido pelo consumidor

Na prática, as questões relacionadas à garantia legal dos produtos dizem respeito ao vício oculto, ou seja, aquele que se manifesta depois de determinado tempo de uso. Quando há vício aparente, o consumidor simplesmente opta por não adquirir o produto ou pede um desconto que equivale à alternativa de próprio abatimento proporcional. Muitas vezes, o próprio fornecedor se antecipa e realiza promoções, considerando a presença de pequenos vícios.

A questão que se coloca é a seguinte: o CDC veda as promoções, as pontas de estoque, em que os produtos estão com preços reduzidos, considerando a existência de *pequenos defeitos*? Nesses casos, pode o consumidor, após a compra, invocar a tríplice alternativa (troca, devolução do dinheiro ou abatimento proporcional do preço) justamente em razão do vício que ensejou o preço diferenciado?

Ora, se o consumidor compra o produto com desconto, considerando justamente o vício conhecido e devidamente informado (art. 31 do CDC), é evidente que não há que se falar, posteriormente, em exercício da tríplice alternativa (troca, devolução do dinheiro ou abatimento proporcional do preço). Na verdade, a rigor, já houve, antecipadamente, o abatimento proporcional do preço considerando o vício. O CDC não proíbe a comercialização de produtos usados, com vida útil reduzida, assim como não proíbe a comercialização de produtos com pequenos vícios. Portanto, é legal a comercialização de produtos com descontos considerando pequenos vícios.

Atente-se para a necessidade de verificar se o vício pode comprometer a segurança do produto, colocando em risco a integridade psicofísica do consumidor e de terceiros (art. 17). Nesse caso, não é possível a comercialização. Ganha relevo o caráter público e de interesse social das normas de proteção ao consumidor (art. 1º). A comercialização de produtos, nessas circunstâncias, ainda que com a concordância do consumidor, enseja, além do exercício de uma das três opções (troca do produto, devolução do dinheiro ou abatimento do preço), a aplicação de sanções administrativas pelos órgãos públicos de defesa do consumidor.

 Dicas práticas

A desejada eficácia das normas que integram a *garantia legal* do produtos passa pelo conhecimento do consumidor dos direitos dela decorrentes, com destaque para três pontos: 1) incidência automática independentemente de qualquer documento (termo); 2) impossibilidade de ser afastada ou reduzida; 3) forma de contagem do prazo, particularmente em caso de vício oculto (art. 26).

 Jurisprudência

1. Distinção entre fato e vício do produto

"A questão referente a eventuais danos ao consumidor por defeito do produto (fato do produto, CDC, art. 12), decorrentes do problema no sistema de freio do automóvel, não foi analisada, pois a autora nunca argumentou sobre tal fato, delimitando seu pedido na restituição de valores pagos pelo bem e por consertos deste, ou seja, por danos patrimoniais devidos à inadequação do produto, na forma do art. 18

do CDC (vício do produto). Embora o defeito no sistema de freio de um automóvel configure defeito de segurança, com potencial para acarretar dano ao consumidor, isto é, acidente de consumo, conforme previsto no art. 12 do Código, quando inexistir alegação de tal dano ao consumidor, ter-se-á a responsabilidade do fornecedor por mero vício do produto, por inadequação deste, de acordo com o art. 18 do CDC, e não por fato do produto" (STJ, EDcl no REsp 567.333/RN, Rel. Min. Raul Araújo, j. 20.06.2013, *DJe* 28.06.2013).

"1. O Código de Defesa do Consumidor, para além da responsabilidade decorrente dos acidentes de consumo (arts. 12 a 17), cuja preocupação primordial é a segurança física e patrimonial do consumidor, regulamentou também a responsabilidade pelo vício do produto ou do serviço (arts. 18 a 25), em que a atenção se voltou à análise da efetiva adequação à finalidade a que se destina. Previu, assim, que o fornecedor responderá pelos vícios de qualidade que tornem os serviços impróprios ao consumo ou lhes diminuam o valor ou, ainda, pelos decorrentes da disparidade com as indicações constantes da oferta ou da mensagem publicitária (art. 20). 2. A noção de vício passou a ser objetivada, tendo a norma trazido parâmetros a serem observados, independentemente do que fora disposto no contrato, além de ter estabelecido um novo dever jurídico ao fornecedor: o dever de qualidade e funcionalidade, a ser analisado de acordo com as circunstâncias do caso concreto, devendo-se ter em conta ainda a efetiva adequação à finalidade a que se destina e às expectativas legítimas do consumidor com aquele serviço, bem como se se trata de obrigação de meio ou de resultado" (STJ, REsp 1.414.774/RJ, 4ª Turma, Rel. Min. Luis Felipe Salomão, j. 16.05.2019, *DJe* 05.06.2019).

2. Escolha do consumidor entre as três alternativas

"Nos termos do § 1º do art. 18 do Código de Defesa do Consumidor – CDC, caso o vício de qualidade do produto não seja sanado no prazo de 30 dias, o consumidor poderá, sem apresentar nenhuma justificativa, optar entre as alternativas ali contidas, ou seja: (I) a substituição do produto por outro da mesma espécie, em perfeitas condições de uso; (II) a restituição imediata da quantia paga; ou (III) o abatimento proporcional do preço. 3. Assim, a faculdade assegurada no § 1º do art. 18 do Estatuto Consumerista permite que o consumidor opte pela substituição do produto no caso de um dos vícios de qualidade previstos no *caput* do mesmo dispositivo, entre eles o que diminui o valor do bem, não exigindo que o vício apresentado impeça o uso do produto. 4. No presente caso, a substituição do veículo por outro em perfeitas condições de uso foi a alternativa escolhida pelo consumidor. Então, não poderia o Juízo de piso alterar essa escolha, ainda que a pretexto de desonerar o consumidor, sob pena de maltrato ao art. 18, § 1º, do CDC. Precedente" (STJ, REsp 1.016.519/PR, Rel. Min. Raul Araújo, j. 11.10.2011, *DJe* 25.05.2012).

"2. A teor do que dispõe o CDC, se o vício do produto não for sanado no prazo máximo de trinta dias pelo fornecedor, o consumidor poderá exigir, alternativamente e ao seu livre arbítrio: a) substituição do produto por outro da mesma espécie, em perfeitas condições de uso; b) a restituição imediata da quantia paga, monetariamente atualizada, sem prejuízo de eventuais perdas e danos; c) o abatimento proporcional do preço. 2.1. Hipótese na qual, em virtude das inúmeras falhas e de não ter sido o aparelho de ultrassom reparado no prazo legal, optou o consumidor pela restituição imediata da quantia paga, não havendo falar, por isso, em inadequação no julgado a quo. Precedentes" (STJ, AgInt no AREsp 1.313.637/SE, 4ª Turma, Rel. Min. Marco Buzzi, j. 19.11.2019, *DJe* 22.11.2019).

3. Prazo de 30 dias e escolha do consumidor

"Na hipótese, não sendo reparado o vício pela assistência técnica no prazo de 30 (trinta) dias, o consumidor poderá exigir do fornecedor, à sua escolha, as três alternativas constantes dos incisos I, II e III do § 1º do artigo 18 do CDC" (STJ, REsp 1.459.555/RJ, 3ª Turma, Rel. Min. Ricardo Villas Bôas Cueva, j. 14.02.2017, *DJe* 20.02.2017).

"De acordo com a jurisprudência consolidada no âmbito do STJ, nos termos do § 1º do art. 18 do CDC, caso o vício de qualidade do produto não seja sanado no prazo de 30 dias, o consumidor poderá, sem apresentar nenhuma justificativa, optar entre as alternativas ali contidas, ou seja: (I) a substituição do produto por outro da mesma espécie, em perfeitas condições de uso; (II) a restituição imediata da quantia paga; ou (III) o abatimento proporcional do preço. No caso concreto, como a solução da controvérsia foi o desfazimento do negócio, com a restituição do automóvel à fornecedora, a devolução integral do preço pago é a alternativa que se impõe" (STJ, AgInt no REsp 1845875/DF, Rel. Min. Moura Ribeiro, 3ª Turma, j. 04.05.2020, *DJe* 07.05.2020).

"Havendo vício de qualidade do produto e não sendo o defeito sanado no prazo de 30 (trinta) dias, cabe ao consumidor optar pela substituição do bem, restituição do preço ou abatimento proporcional (CDC, art. 18, § 1º, I, II e III). Precedentes" (STJ, AgInt no AREsp 1006888/SP, Rel. Min. Raul Araújo, 4ª Turma, j. 21.09.2020, *DJe* 08.10.2020).

4. Prazo de 30 dias e possibilidade de exercício imediato das alternativas do consumidor

"5. A teor do disposto no art. 18, § 1º, do CDC, tem o fornecedor, regra geral, o prazo de 30 (trinta) dias para reparar o vício no produto colocado no mercado, após o que surge para o consumidor o direito de exigir a substituição do produto, a restituição imediata da quantia paga ou o abatimento proporcional do preço. 6. A oportunidade de sanar o vício no prazo de 30 (trinta) dias trata-se, a rigor, de um direito do fornecedor, que apenas é afastado nas hipóteses previstas no art. 18, § 3º, do CDC, a saber: (i) quando, em razão da extensão do vício, a substituição das partes viciadas puder comprometer a qualidade ou características do produto, ou diminuir-lhe o valor; (ii) quando se tratar de produto essencial.7. Hipótese dos autos em que a pretensão do consumidor de substituir o veículo defeituoso por outro similar está assentada, ainda que implicitamente, na primeira exceção disposta no parágrafo terceiro do art. 18 do CDC, sob o argumento de que a solução proposta pelas fornecedoras, no sentido de promover apenas a pintura das partes afetadas do veículo, seria inadmissível porque ensejaria a depreciação do bem, diminuindo-lhe o valor de revenda. 8. Todavia, no curso do processo, verificou-se que o veículo foi vendido a terceiro por valor correspondente ao preço médio praticado no mercado, diferentemente do prognóstico feito pelo consumidor. A hipótese concreta, portanto, se subsume à regra geral do parágrafo primeiro do art. 18 do CDC, e não à exceção contida no parágrafo terceiro do mesmo dispositivo legal" (STJ, REsp 1637628/ES, Rel. Min. Nancy Andrighi, 3ª Turma, j. 04.12.2018, *DJe* 07.12.2018).

5. Contagem do prazo de 30 dias para conserto em caso de sucessivos vícios

"1. Caso em que o consumidor adquiriu veículo 'zero quilômetro', o qual apresentou sucessivos vícios, ensejando a privação do uso do bem, ante os reiterados comparecimentos à rede de concessionárias. Efetivação da solução a destempo, consideradas as idênticas imperfeições manifestadas no que tange ao 'desempenho' do veículo, segundo as balizas fáticas firmadas pelas instâncias ordinárias. Hipótese de cabimento da devolução da quantia paga. 2. Em havendo sucessiva manifestação de idênticos vícios em automotor novo, o aludido lapso conferido para o fornecedor os equacionar é computado de forma global, isto é, não se renova cada vez que o veículo é entregue à fabricante ou comerciante em razão do mesmo problema. 3. A solução para o imperfeito funcionamento do produto deve ser implementada dentro do prazo de trinta dias, norma que, uma vez inobservada, faz nascer para o consumidor o direito potestativo de optar, segundo sua conveniência, entre a substituição do produto, a restituição imediata da quantia paga ou o abatimento proporcional do preço (art. 18, § 1º, I, II e III, do CDC). 4. Não é legítimo esperar que um produto novo apresente defeitos imediatamente após a sua aquisição e que o consumidor tenha que, indefinidamente, suportar os ônus da ineficácia dos meios empregados para a correção dos problemas apresentados. 5. O prazo de 30 dias constante do art. 18, § 1º, do CDC, consoante o princípio da proteção integral (art. 6º, VI), deve ser contabilizado de forma a impedir o prolongamento do injusto transtorno causado ao consumidor, na medida em que é terminantemente vedada a transferência, pelo fornecedor de produtos e serviços, dos riscos da sua atividade econômica" (STJ, REsp 1.297.690/PR, 4ª Turma, Rel. Min. Marco Buzzi, j. 04.06.2013, *DJe* 06.08.2013).

6. Opção do consumidor por ajuizar pretensão indenizatória decorrente do vício em prazo prescricional

"É de 90 (noventa) dias o prazo para o consumidor reclamar por vícios aparentes ou de fácil constatação no imóvel por si adquirido, contado a partir da efetiva entrega do bem (art. 26, II e § 1º, do CDC). No referido prazo decadencial, pode o consumidor exigir qualquer das alternativas previstas no art. 20 do CDC, a saber: a reexecução dos serviços, a restituição imediata da quantia paga ou o abatimento proporcional do preço. Cuida-se de verdadeiro direito potestativo do consumidor, cuja tutela se dá mediante as denominadas ações constitutivas, positivas ou negativas. Quando, porém, a pretensão do consumidor é de natureza indenizatória (isto é, de ser ressarcido pelo prejuízo decorrente dos vícios do imóvel) não há incidência de prazo decadencial. A ação, tipicamente condenatória, sujeita-se a prazo de prescrição. À falta de prazo específico no CDC que regule a pretensão de indenização por inadimplemento contratual, deve incidir o prazo geral decenal previsto no art. 205 do CC/2002, o qual corresponde ao prazo vintenário de que trata a Súmula 194/STJ, aprovada ainda na vigência do Código Civil de 1916 ('Prescreve em vinte anos a ação para obter, do construtor, indenização por defeitos na obra')" (STJ, REsp 1.534.831/DF, Rel. Min. Ricardo Villas Bôas Cueva, Rel. p/ acórdão Min. Nancy Andrighi, j. 20.02.2018, *DJe* 02.03.2018).

"6. A entrega de bem imóvel em metragem diversa da contratada não pode ser considerada vício oculto, mas sim aparente, dada a possibilidade de ser verificada com a mera medição das dimensões do imóvel – o que, por precaução, o adquirente, inclusive, deve providenciar tão logo receba a unidade imobiliária. 7. É de 90 (noventa) dias o prazo para o consumidor reclamar por vícios aparentes ou de fácil constatação no imóvel por si adquirido, contado a partir da efetiva entrega do bem (art. 26, II e § 1º, do CDC). 8. O prazo decadencial previsto no art. 26 do CDC relaciona-se ao período de que dispõe o consumidor para exigir em juízo alguma das alternativas que lhe são conferidas pelos arts. 18, § 1º, e 20, *caput*, do mesmo diploma legal (a saber, a substituição do produto, a restituição da quantia paga, o abatimento proporcional do preço e a reexecução do serviço), não se confundindo com o prazo prescricional a que se sujeita o consumidor para pleitear indenização decorrente da má-execução do contrato. 9. Quando a pretensão do consumidor é de natureza indenizatória (isto é, de ser ressarcido pelo prejuízo decorrente dos vícios do imóvel) não há incidência de prazo decadencial. A ação, tipicamente condenatória, sujeita-se a prazo de prescrição. 10. À falta de prazo específico no CDC que regule a pretensão de indenização por inadimplemento contratual, deve incidir o prazo geral decenal previsto no art. 205 do CC/2002" (STJ, REsp 1.819.058/SP, 3ª Turma, Rel. Min. Nancy Andrighi, j. 03.12.2019, *DJe* 05.12.2019).

"A jurisprudência do Superior Tribunal de Justiça é firme no sentido de que se a pretensão do consumidor é de natureza indenizatória (de ressarcimento pelo prejuízo decorrente dos vícios do imóvel), não há incidência de prazo decadencial. A ação condenatória sujeita-se a prazo de prescrição" (STJ, AgInt no AgInt no REsp 1.783.556/SP, 3ª Turma, Rel. Min. Ricardo Villas Bôas Cueva, j. 25.05.2020, *DJe* 28.05.2020).

"Com efeito, a jurisprudência desta Corte Superior distingue o prazo aplicável a partir dos pedidos formulados pelo consumidor: será decadência quando se tratar de pedido fundado no art. 18 do CDC, isto é, a substituição das peças (pisos cerâmicos); ou será prescrição quando o pedido de indenização pelos gastos efetuados tem natureza condenatória" (STJ, AgInt no AREsp 1668213/GO, Rel. Min. Marco Aurélio Bellizze, 3ª Turma, j. 28.09.2020, *DJe* 07.10.2020).

"5. A entrega de bem imóvel em metragem diversa da contratada não pode ser considerada vício oculto, mas sim aparente, dada a possibilidade de ser verificada com a mera medição das dimensões do imóvel – o que, por precaução, o adquirente, inclusive, deve providenciar tão logo receba a unidade imobiliária. 6. É de 90 (noventa) dias o prazo para o consumidor reclamar por vícios aparentes ou de fácil constatação no imóvel por si adquirido, contado a partir da efetiva entrega do bem (art. 26, II e § 1º, do CDC). 7. O prazo decadencial previsto no art. 26 do CDC relaciona-se ao período de que dispõe o consumidor para exigir em juízo alguma das alternativas que lhe são conferidas pelos arts. 18, § 1º, e 20, caput, do mesmo diploma legal (a saber, a substituição do produto, a restituição da quantia paga, o abatimento proporcional do preço e a reexecução do serviço), não se confundindo com o prazo prescricional a que se sujeita o consumidor para pleitear indenização decorrente da má-execução do contrato (REsp 1890327/SP, Rel. Min. Nancy Andrighi, 3ª Turma, j. 20.04.2021, *DJe* 26.04.2021)

7. Devolução do bem com vício e indenização com os gastos efetuados pelo consumidor

"1. Nas hipóteses de vício de qualidade do produto, o art. 18, § 1º, do CDC elenca algumas alternativas ao consumidor. Interpretando o aludido dispositivo, esta Corte Superior reconhece o direito potestativo do consumidor em escolher uma entre aquelas opções quando o vício do produto o torne inadequado à finalidade que lhe é própria. 2. Por sua vez, o art. 6º, III, do CDC prega como direito básico do consumidor a informação adequada e clara sobre os diferentes produtos e serviços, com especificação correta de quantidade, características, composição, qualidade, tributos incidentes e preço, bem como sobre os riscos que apresentem. 3. De outro lado, o art. 20, II, da legislação consumerista reconhece a responsabilidade do fornecedor pelos vícios de qualidade que diminuam o valor do bem, podendo o consumidor exigir a imediata restituição da quantia paga, acrescida de perdas e danos. 4. Correto, portanto, o comando judicial que determina a restituição do valor pago por veículo de alto valor – mais de R$ 1.000.000,00 (um milhão de reais) – e o reembolso das despesas de manutenção do bem viciado, notadamente por se tratar da prática de ilícito civil, consubstanciado na venda de veículo sinistrado, posteriormente à sua recuperação, com o fornecimento ao consumidor da falsa informação de que estaria livre de qualquer avaria pretérita. Afasta-se, portanto, o argumento de enriquecimento sem causa do consumidor" (STJ, AgInt nos EDcl no REsp 1681785/MG, Rel. Min. Marco Aurélio Bellizze, 3ª Turma, j. 23.03.2021, *DJe* 26.03.2021).

8. Indenização por dano moral pelo retorno do consumidor por diversas vezes à concessionária

"Consoante a jurisprudência desta Corte, 'é cabível indenização por dano moral quando o consumidor de veículo zero quilômetro necessita retornar à concessionária por diversas vezes para reparo de defeitos apresentados no veículo adquirido' (AgRg no AREsp 776.547/MT, Rel. Ministra MARIA ISABEL GALLOTTI, QUARTA TURMA, julgado em 04/02/2016, DJe de 12/02/2016). 2. Agravo interno não provido" (STJ, AgInt no REsp 1873621/SP, Rel. Min. Raul Araújo, 4ª Turma, j. 31.08.2020, *DJe* 23.09.2020).

"5. A jurisprudência do Superior Tribunal de Justiça entende que os casos em que o consumidor de veículo zero quilômetro necessitar retornar à concessionária por diversas vezes para reparar defeitos apresentados no veículo adquirido configuram dano moral suscetível de indenização" (STJ, AgInt no AREsp 1485844/MA, Rel. Min. Ricardo Villas Bôas Cueva, 3ª Turma, j. 22.06.2021, *DJe* 30.06.2021).

9. Responsabilidade solidária e escolha do consumidor

"A jurisprudência do STJ, nos casos em que fica comprovado o vício do produto com base no artigo 18 do CDC, entende que a responsabilidade do fornecedor e do fabricante é solidária, cabendo ao consumidor a escolha de quem pretende demandar. Precedentes" (STJ, AgInt no AREsp 1703445/MG, Rel. Min. Raul Araújo, 4ª Turma, j. 08.02.2021, *DJe* 23.02.2021).

10. Responsabilidade solidária entre concessionária e fabricante de veículo

"O entendimento do STJ é de que a responsabilidade entre a concessionária e a fabricante de veículos por defeitos no automóvel – vício do produto – é solidária. Precedente. 6. Segundo orientação jurisprudencial desta Corte, conforme disposto no art. 18, § 1º, do CDC, no caso de o vício de qualidade não ser sanado no prazo de 30 (trinta) dias, cabe ao consumidor, independentemente de justificativa, optar pela substituição do bem, pela restituição do preço, ou pelo abatimento proporcional. Precedente" (STJ, AgInt no REsp 1.540.388/SC, 4ª Turma, Rel. Min. Antonio Carlos Ferreira, j. 30.05.2019, *DJe* 10.06.2019).

"1. Ação anulatória c/c reparação de danos e obrigação de fazer. 2. A concessionária (fornecedora), o fabricante e a empresa autorizada por este a fazer a manutenção do automóvel possuem responsabilidade solidária em relação ao vício do produto, ante a responsabilidade solidária entre os fornecedores de produtos e prestadores de serviços que integram a cadeia de consumo. Súmula 568/STJ" (STJ, AgInt no AREsp 1.495.793/RJ, 3ª Turma, Rel. Min. Nancy Andrighi, j. 02.12.2019, *DJe* 05.12.2019).

"A jurisprudência do STJ, nos casos em que fica comprovado o vício do produto com base no artigo 18 do CDC, entende que a responsabilidade do fornecedor e do fabricante é solidária, cabendo ao consumidor a escolha de quem pretende demandar. Precedentes" (STJ, AgInt no AREsp 1703445/MG, Rel. Min. Raul Araújo, 4ª Turma, j. 08.02.2021, *DJe* 23.02.2021).

"A concessionária e o fabricante de veículos são solidariamente responsáveis por vício do produto. Precedentes" (STJ, REsp 1890327/SP, Rel. Min. Nancy Andrighi, 3ª Turma, j. em 20.04.2021, *DJe* 26.04.2021).

"A concessionária e o fabricante de veículos são solidariamente responsáveis por vício do produto. Precedentes" (STJ, AgInt no AREsp 1726173/SP, Rel. Min. Moura Ribeiro, 3ª Turma, j. 01.06.2021, *DJe* 07.06.2021).

11. Responsabilidade solidária e ilegalidade de encaminhar o consumidor à assistência técnica

"(....) 9. O Procon/SP acusou a empresa agravante de 'isentar-se de qualquer responsabilidade em caso de produto com vício de qualidade, dentro do prazo de garantia', art. 18, caput, do CDC. 10. A Corte estadual, nesse ponto, seguindo antiga e sólida jurisprudência do STJ, manifestou-se pela existência de solidariedade entre os fornecedores no caso de responsabilidade por vício do produto e do serviço. 11. O Tribunal de origem condenou a conduta perpetrada pela empresa de garantir por apenas três dias a troca de produto defeituoso, remetendo, após esse período, o consumidor prejudicado à 'assistência técnica do fabricante do produto comercializado'. Segundo se depreende dos autos, a agravante 'se escusa de sua responsabilidade solidária no prazo da garantia legal e remete o consumidor à garantia do fabricante ou assistência técnica mais próxima'. 12. Não custa lembrar que, no microssistema do CDC, existe inafastável obrigação de assistência técnica, associada não só ao vendedor direto, como também ao fabricante" (STJ, AREsp 1628145/SP, Rel. Min. Herman Benjamin, 2ª Turma, j. 09.02.2021, *DJe* 01.07.2021).

12. Garantia legal abrange produtos novos e usados

"1. O sistema de garantias por vícios de qualidade previsto no Código de Defesa do Consumidor contempla as garantias contratuais (ofertadas pelo fornecedor), bem como as garantias legais, estas de incidência obrigatória a todo e qualquer produto inserido no mercado de consumo, novo ou usado, independente, portanto, da vontade do fornecedor ou de termo específico. Exegese dos arts. 1º, 18, 24, 25 e 51, I, do CDC. 2. No caso, discute-se a responsabilidade da empresa que vendeu veículo usado (caminhão de transporte de carga com oito anos de uso), em virtude da ruptura da barra de direção enquanto trafegava regularmente, resultando na ocorrência de grave acidente, seis dias após a venda. As instâncias ordinárias, em tal contexto, acabaram por afastar a responsabilidade da concessionária por se tratar de veículo usado, invocando o desgaste natural da peça cuja verificação prévia competiria ao comprador. Tal interpretação, contudo, não encontra amparo no amplo sistema de garantias do Código de Defesa do Consumidor, sendo certo que o desgaste natural, o qual é ínsito aos produtos usados, não deve servir, de maneira automática, à exclusão da garantia legal posta à disposição do consumidor. 3. A responsabilidade do fornecedor envolvendo a venda de produto usado, nesse passo, há que conjugar os critérios da garantia de utilização do bem segundo a funcionalidade do produto (análise do intervalo de tempo mínimo no qual não se espera que haja deterioração do objeto) associado, em se tratando de vício oculto, ao critério de vida útil do bem (a contar da constatação do vício segundo o durabilidade variável de cada bem). 4. Nessa circunstância, a responsabilidade do fornecedor sobressai em razão do dever a este inerente de inserir no mercado de consumo produto adequado ao seu uso, ainda que segundo a sua própria qualidade de bem usado, por um prazo mínimo para o seu uso, a ser aferido, em cada caso, segundo o critério de vida útil do bem" (STJ, REsp 1661913/MG, Rel. Min. Luis Felipe Salomão, 4ª Turma, j. 20.10.2020, *DJe* 10.02.2021).

> **Art. 19.** Os fornecedores respondem solidariamente pelos vícios de quantidade do produto sempre que, respeitadas as variações decorrentes de sua natureza, seu conteúdo líquido for inferior às indicações constantes do recipiente, da embalagem, rotulagem ou de mensagem publicitária, podendo o consumidor exigir, alternativamente e à sua escolha:
>
> **I –** o abatimento proporcional do preço;
>
> **II –** complementação do peso ou medida;
>
> **III –** a substituição do produto por outro da mesma espécie, marca ou modelo, sem os aludidos vícios;
>
> **IV –** a restituição imediata da quantia paga, monetariamente atualizada, sem prejuízo de eventuais perdas e danos.
>
> **§ 1º** Aplica-se a este artigo o disposto no § 4º do artigo anterior.
>
> **§ 2º** O fornecedor imediato será responsável quando fizer a pesagem ou a medição e o instrumento utilizado não estiver aferido segundo os padrões oficiais.

 Legislação correlata

Código Civil, arts. 481, 482, 500 e 501.

 Análise doutrinária

1. Vício de inadequação por quantidade do produto

Os produtos, na sistemática do CDC, podem ter *vício de inadequação por qualidade* e *vício de inadequação por quantidade*. O art. 18 trata da primeira hipótese. O art. 19 cuida do vício de quantidade. As disciplinas se aproximam, particularmente no tocante às alternativas em favor do consumidor e solidariedade entre fornecedores.

O vício de *inadequação por quantidade*, como o próprio nome indica, decorre de comercialização de quantidade menor do que indicada, ou seja, quando o "seu conteúdo líquido for inferior às indicações constantes do recipiente, da embalagem, rotulagem ou de mensagem publicitária". Na ótica do Código Civil, a venda de algum produto em quantidade ou tamanho menor configura inadimplemento contratual, uma vez que a especificação da quantidade e dimensão decorre de obrigação contratual (arts. 481 e 482 do CC). Se for imóvel, incide o disposto nos arts. 500 e 501 (venda *ad mensuram* e venda *ad corpus*).

No CDC, constatado *vício de quantidade*, o consumidor pode escolher entre quatro alternativas (art. 19, incs. I a IV): 1) o abatimento proporcional do preço; 2) a exigência de complementação do peso ou medida; 3) a substituição do produto por outro (sem os vícios); ou 4) a restituição imediata da quantia paga. As perdas e os danos, embora referidos expressamente apenas na quarta hipótese (inc. IV do art. 19), são sempre cabíveis em face do direito básico do consumidor de efetiva prevenção e reparação de danos ocorridos no mercado de consumo (art. 6º, VI).

Se, na opção de troca do produto, o consumidor escolher produto de marca ou modelo diverso, deve, se o preço for maior, pagar a diferença. Se, ao contrário, o preço for menor, tem direito a receber a diferença do preço (§ 1º do art. 19 c/c § 4º do art. 18).

O art. 19, *caput*, é expresso em estabelecer expressamente a *responsabilidade solidária* entre todos os fornecedores da cadeia de produção e circulação do bem: "os fornecedores respondem solidariamente pelos vícios de quantidade do produto". Portanto, qualquer fornecedor que integra a cadeia pode ser acionado pelo consumidor. Cuida-se de solidariedade passiva e automática, ou seja, não se confunde com a solidariedade decorrente de ato ilícito (v. comentários ao art. 7º, parágrafo único).

Todavia, o CDC prevê exceção à solidariedade estabelecida no *caput* do art. 19. Ocorre quando a pesagem ou medição é realizada pelo comerciante (fornecedor imediato), conforme previsto no art. 19, § 2º: "O fornecedor imediato será responsável quando fizer a pesagem ou a medição e o instrumento utilizado não estiver aferido segundo os padrões oficiais".

Na hipótese, afasta-se a solidariedade entre os fornecedores, por expressa disposição legal (art. 19, § 2º): somente o comerciante está obrigado a cumprir a escolha do consumidor (abatimento do preço, complemento do peso ou medida, substituição do produto ou restituição da quantia paga).

O disposto no § 2º do art. 19 do CDC requer interpretação teleológica. A sua redação não é a melhor. Quando há medição da quantidade no momento da venda, fica demasiadamente evidente a responsabilidade do fornecedor imediato, seja por falta de aferição do instrumento, seja por má-fé do vendedor, e daí se deduz o objetivo normativo de afastar excepcionalmente a responsabilidade solidária dos demais integrantes da cadeia de fornecedores. Portanto, havendo diferença de quantidade, ainda que o instrumento esteja aferido, a responsabilidade é exclusiva do fornecedor imediato.

Cabe destacar que, na hipótese de vício de quantidade, não incide o prazo de 30 dias para o fornecedor providenciar a correção do vício, como previsto na hipótese de vício de qualidade (art. 18, § 1º). Qualquer das quatro opções indicadas pelo art.

19 (abatimento do preço, complemento do peso ou medida, substituição do produto ou restituição da quantia paga) pode ser imediatamente exercida pelo consumidor.

2. Vício de quantidade e maquiagem de produtos

O *vício de quantidade* não se confunde com a *maquiagem* de produtos. Há aproximadamente dez anos, alguns órgãos de defesa do consumidor receberam várias reclamações referentes à redução da quantidade de produtos comercializados tradicionalmente em quantidade maior, sem mudança significativa da embalagem e com informação inadequada. Tal prática foi denominada *maquiagem de produto*.

Exemplifique-se com um produto que é comercializado há mais de cinco anos com embalagem que informa que contém 500 g de molho de tomate. De repente, o produto passa a ser vendido, em embalagem bastante semelhante, mas com quantidade menor do molho (400 g). A embalagem informa a nova quantidade de 400 g, mas sem qualquer destaque para a variação do que vinha sendo comercializado há muito tempo.

Na hipótese, não há vício de quantidade porque a quantidade do produto é exatamente a que consta na embalagem (400 g). Todavia, o contexto da mudança do padrão de venda, em homenagem à boa-fé objetiva (transparência e confiança), exige do fornecedor conduta mais ativa no dever de informar (arts. 6º, III, e 31), de modo a chamar a atenção da mudança para o livre exercício do direito de escolha pelo consumidor (art. 6º, II).

O STJ teve oportunidade de julgar o caso para concluir por ofensa a direito do consumidor. O principal fundamento para reconhecer a ilegalidade da conduta refere-se justamente à falha ao dever de informar e não à disparidade da quantidade informada do produto em relação ao conteúdo. Na hipótese, considerou a Corte que houve *maquiagem de produto* e *aumento disfarçado de preço*, ao alterar, sem comunicação clara e adequada ao consumidor, o padrão de quantidade de refrigerantes (600 ml para 500 ml). Do julgado se extrai importante passagem: "O dever de informação positiva do fornecedor tem importância direta no surgimento e na manutenção da confiança por parte do consumidor. A informação deficiente frustra as legítimas expectativas do consumidor, maculando sua confiança" (REsp 1.364.915).

Dicas práticas

O fornecedor não está vinculado a determinada quantidade tradicionalmente comercializada do produto. Todavia, deve ficar atento às mudanças na forma de apresentação e quantidade, as quais devem ser acompanhadas de esclarecimentos e informações adequadas, de modo a evitar a caracterização de *maquiagem do produto*.

Jurisprudência

1. Maquiagem de produto

"No caso, o Procon estadual instaurou processo administrativo contra a recorrente pela prática da infração às relações de consumo conhecida como 'maquiagem de produto' e 'aumento disfarçado de preços', por alterar quantitativamente o conteúdo dos refrigerantes 'Coca Cola', 'Fanta', 'Sprite' e 'Kuat' de 600 ml para 500 ml, sem informar clara e precisamente aos consumidores, porquanto a informação foi aposta na parte inferior do rótulo e em letras reduzidas. (...) O direito à informação, garantia fundamental da pessoa humana expressa no art. 5º, XIV, da Constituição Federal, é gênero do qual é espécie também previsto no Código de Defesa do Consumidor. A Lei 8.078/1990 traz, entre os direitos básicos do consumidor, a 'informação adequada e clara sobre os diferentes produtos e serviços, com especificação correta de quantidade, características, composição, qualidade e preço, bem como sobre os riscos que apresentam' [sic] (art. 6º, III). Consoante o Código de Defesa do Consumidor, 'a oferta e apresentação de produtos ou serviços devem assegurar informações corretas, claras, precisas, ostensivas e em língua portuguesa sobre suas características, qualidades, quantidade, composição, preço, garantia, prazos de validade e origem, entre outros dados, bem como sobre os riscos que apresentam à saúde e segurança dos consumidores' (art. 31), sendo vedada a publicidade enganosa, 'inteira ou parcialmente falsa, ou, por qualquer outro modo, mesmo por omissão, capaz de induzir em erro o consumidor a respeito da natureza, características, qualidade, quantidade, propriedades, origem, preço e quaisquer outros dados sobre produtos e serviços' (art. 37). O dever de informação positiva do fornecedor tem importância direta no surgimento e na manutenção da confiança por parte do consumidor. A informação deficiente frustra as legítimas expectativas do consumidor, maculando sua confiança" (STJ, REsp 1.364.915/MG, Rel. Min. Humberto Martins, j. 14.05.2013, *DJe* 24.05.2013).

> **Art. 20.** O fornecedor de serviços responde pelos vícios de qualidade que os tornem impróprios ao consumo ou lhes diminuam o valor, assim como por aqueles decorrentes da disparidade com as indicações constantes da oferta ou mensagem publicitária, podendo o consumidor exigir, alternativamente e à sua escolha:
>
> **I** – a reexecução dos serviços, sem custo adicional e quando cabível;
>
> **II** – a restituição imediata da quantia paga, monetariamente atualizada, sem prejuízo de eventuais perdas e danos;
>
> **III** – o abatimento proporcional do preço.
>
> **§ 1º** A reexecução dos serviços poderá ser confiada a terceiros devidamente capacitados, por conta e risco do fornecedor.
>
> **§ 2º** São impróprios os serviços que se mostrem inadequados para os fins que razoavelmente deles se esperam, bem como aqueles que não atendam as normas regulamentares de prestabilidade.

 Análise doutrinária

1. Vício dos serviços

O art. 20 do CDC disciplina os vícios dos serviços. A Lei considera e define como impróprio o serviço que não se mostra adequado ao seu fim, bem como o que não observa norma regulamentar de prestabilidade (§ 2º do art. 20). A preocupação central do CDC é que os serviços oferecidos no mercado de consumo atendam adequado grau de qualidade e funcionalidade.

A análise da qualidade do serviço não deve ser realizada unicamente pelo contrato – que, de regra, é elaborado unilateralmente pelo fornecedor –, mas de modo objetivo, considerando, entre outros fatores, as indicações constantes da oferta ou mensagem publicitária, a inadequação para os fins que razoavelmente se esperam dos serviços, pelas normas regulamentares de prestabilidade.

Constatada a impropriedade do serviço, pode o consumidor exigir, alternativamente e à sua escolha, uma das seguintes opções (art. 20, I a III): 1) a reexecução dos serviços; 2) a restituição do valor pago; ou 3) o abatimento proporcional do preço. As perdas e os danos, embora referidos expressamente apenas na segunda hipótese (inc. II do art. 20), são sempre cabíveis em face do direito básico do consumidor de efetiva prevenção e reparação de danos ocorridos no mercado de consumo (art. 6º, VI).

No tocante a eventual escolha do consumidor pela reexecução dos serviços, o § 1º do art. 20 estabelece a possibilidade de ser realizada por terceiro, mas por conta e risco do fornecedor: "A reexecução dos serviços poderá ser confiada a terceiros devidamente capacitados, por conta e risco do fornecedor".

A disciplina dos vícios dos serviços não encontra paralelo direto no Código Civil, como ocorre com os vícios de adequação por qualidade, cuja disciplina correspondente é a dos vícios redibitórios. As soluções, até então, eram encontradas no direito contratual, especialmente na disciplina do inadimplemento.

A grande novidade – nem sempre notada – é que a noção do vício passa a ser objetiva, considerando os seguintes parâmetros legais: as indicações constantes da oferta ou mensagem publicitária, a inadequação para os fins que razoavelmente se esperam dos serviços, normas regulamentares de prestabilidade. Em outros termos, não é mais unicamente o contrato – elaborado pelo fornecedor – que delimita o que se deve compreender por uma adequada e eficaz prestação do serviço.

Portanto, para se constatar o atendimento das obrigações do fornecedor relativas à propriedade do serviço, o contrato deve ser analisado em conjunto com outros elementos (oferta, publicidade, fins que razoavelmente se esperam do serviço, normas regulamentares de prestabilidade). Ou seja, cuida-se de regime misto que absorve aspectos contratuais e extracontratuais. O contrato, inclusive verbal, deve ser analisado circunstancialmente com os elementos indicados, até porque as cláusulas contratuais que, direta ou indiretamente, diminuam a garantia legal de qualidade dos serviços são nulas de pleno direito, em face do disposto nos arts. 24, 25, 51, IV e XV (v. comentários aos artigos).

Exemplifique-se o contrato de adesão firmado após ampla e massiva publicidade de fornecimento de serviço relativo à conexão – com alta velocidade – à internet. No contrato, há cláusula que reitera o compromisso com a alta velocidade, mas ao mesmo tempo informa que, se a velocidade, por fatores diversos, corresponder a 20% do indicado, está adequada. O contrato, também, no mesmo exemplo, pode apresentar franquia que não foi informada no informe promocional. Nesse caso, em que pese o teor das cláusulas contratuais, é possível concluir pela configuração de vício do serviço.

A noção objetiva da qualidade do serviço, vedando-se um *padrão* unicamente contratual de qualidade, significa, a par de oferecer garantia básica de adequação e funcionalidade dos serviços, retirar a importância da análise da diligência do fornecedor (culpa). Essa objetivação da qualidade do serviço, embora mitigue, não afasta completamente a importância da distinção entre obrigação de meio e de resultado.

2. Solidariedade na prestação de serviços

O art. 20 do CDC, ao contrário do estabelecido nos arts. 18 e 19, não é explícito quanto à solidariedade dos fornecedores em relação aos serviços. Acrescente-se que o *caput* do dispositivo sequer utiliza o substantivo *fornecedor* no plural. O dispositivo alude unicamente ao "prestador de serviço".

Todavia, doutrina e jurisprudência, com base no disposto no art. 7° e no art. 25, § 1°, têm sustentado que há solidariedade quando o serviço é prestado, direta ou indiretamente, por vários fornecedores.

A verdade é que a solidariedade prevista nos arts. 7°, parágrafo único, e 25 e § 1° do CDC difere daquela estabelecida, por exemplo, no *caput* do art. 18 do CDC. A primeira decorre do ato ilícito e requer demonstração, no caso concreto, de que mais de um fornecedor colaborou, de algum modo, para o ato lesivo ao consumidor. De outro lado, a solidariedade passiva, estipulada no art. 18 do CDC (relativa a vício do produto), é automática, não exige prova de participação.

Discorda-se, portanto, da posição da doutrina e dos julgados que acabam por equiparar as duas espécies de solidariedade e concluir que sempre há solidariedade passiva entre fornecedores em face de vício de serviço. O mais correto é analisar o caso concreto, verificar a forma de atuação de cada fornecedor. Também, deve-se verificar eventual ocorrência de solidariedade entre os fornecedores, em face da Teoria da Aparência (v. comentários ao art. 34 e ao art. 7°, parágrafo único).

 Dicas práticas

A qualidade do serviço deve ser analisada no caso concreto, considerando as legítimas expectativas geradas no consumidor em face das circunstâncias da contratação, com especial atenção à oferta e publicidade (art. 30 do CDC).

 Jurisprudência

1. Critério objetivo para aferir a qualidade do serviço

"1. O Código de Defesa do Consumidor, para além da responsabilidade decorrente dos acidentes de consumo (arts. 12 a 17), cuja preocupação primordial é a segurança física e patrimonial do consumidor, regulamentou também a responsabilidade pelo vício do produto ou do serviço (arts. 18 a 25), em que a atenção se voltou à análise da efetiva adequação à finalidade a que se destina. Previu, assim, que o fornecedor responderá pelos vícios de qualidade que tornem os serviços impróprios ao consumo ou lhes diminuam o valor ou, ainda, pelos decorrentes da disparidade com as indicações constantes da oferta ou da mensagem publicitária (art. 20). 2. A noção de vício passou a ser objetivada, tendo a norma trazido parâmetros a serem observados, independentemente do que fora disposto no contrato, além de ter estabelecido um novo dever jurídico ao fornecedor: o dever de qualidade e funcionalidade, a ser analisado de acordo com as circunstâncias do caso concreto, devendo-se ter em conta ainda a efetiva adequação à finalidade a que se destina e às expectativas legítimas do consumidor com aquele serviço, bem como se se trata de obrigação de meio ou de resultado. 3. A instituição financeira, ao emitir comprovantes de suas operações por meio de papel termossensível, acabou atraindo para si a responsabilidade pelo vício de qualidade do produto. Isso porque, por sua própria escolha, em troca do aumento dos lucros – já que a impressão no papel térmico é mais rápida e bem mais em conta –, passou a ofertar o serviço de forma inadequada, emitindo comprovantes cuja durabilidade não atendem as exigências e as necessidades do consumidor, vulnerando o princípio da confiança. 4. É da natureza específica do tipo de serviço prestado emitir documentos de longa vida útil, a permitir que os consumidores possam, quando lhes for exigido, comprovar as operações realizadas. Em verdade, a 'fragilidade' dos documentos emitidos em papel termossensível acaba por ampliar o desequilíbrio na relação de consumo, em vista da dificuldade que o consumidor terá em comprovar o seu direito pelo desbotamento das informações no comprovante. 5. Condicionar a durabilidade de um comprovante às suas condições de armazenamento, além de incompatível com a segurança e a qualidade que se exigem da prestação de serviços, torna a relação excessivamente onerosa para o consumidor, que, além dos custos de emitir um novo recibo em outra forma de impressão (fotocópia), teria o ônus de arcar, em caso de perda, com uma nova tarifa pela emissão da 2ª via do recibo, o que se mostra abusivo e desproporcional. 6. O reconhecimento da falha do serviço não pode importar, por outro lado, em repasse pelo aumento de tarifa ao consumidor nem em prejuízos ao meio ambiente. 7. Na hipótese, o serviço disponibilizado foi inadequado e ineficiente, porquanto incidente na frustração da legítima expectativa de qualidade e funcionalidade do consumidor-médio em relação ao esmaecimento prematuro das impressões em papel térmico, concretizando-se o nexo de imputação na frustração da confiança a que fora induzido o cliente" (STJ, REsp 1.414.774/RJ, 4ª Turma, Rel. Min. Luis Felipe Salomão, j. 16.05.2019, *DJe* 05.06.2019).

2. Conceito de vício de qualidade dos serviços

"3. Os serviços padecem de vício de qualidade quando são impróprios ao consumo, o que ocorre quando se mostram inadequados para os fins que legitimamente o consumidor deles espera ou não atendam às normas regulamentares. 4. Ao tratar dos vícios do serviço, o CDC buscou resguardar a legítima expectativa do consumidor de que um determinado serviço cumpra a função pela qual é requisitado, impondo, de forma objetiva, a responsabilidade pela manutenção de sua qualidade" (STJ, REsp 1.717.177/SE, 3ª Turma, Rel. Min. Nancy Andrighi, j. 13.03.2018, *DJe* 20.03.2018).

3. Solidariedade dos fornecedores por vício do serviço

"A prestadora de serviços de plano de saúde é responsável, concorrentemente, pela qualidade do atendimento oferecido ao contratante em hospitais e por médicos por ela credenciados, aos quais aquele teve de obrigatoriamente se socorrer sob pena de não fruir da cobertura respectiva" (STJ, REsp 164.084, rel. Min. Aldir Passarinho Jr., j. 17.02.2000).

"Se vendeu 'pacote turístico', nele incluindo transporte aéreo por meio de voo fretado, a agência de turismo responde pela má prestação desse serviço" (STJ, REsp 783.016, Rel. Min. Ari Pargendler, j. 16.05.2006, *DJ* 05.06.2006).

"Todos os que integram a cadeia de fornecedores do serviço de cartão de crédito respondem solidariamente em caso de fato ou vício do serviço. Assim, cabe às administradoras do cartão, aos estabelecimentos comerciais, às instituições financeiras emitentes do cartão e até mesmo às proprietárias das bandeiras, verificar a idoneidade das compras realizadas com cartões magnéticos, utilizando-se de meios que dificultem ou impossibilitem fraudes e transações realizadas por estranhos em nome de seus clientes" (STJ, PET no AgRg no REsp 1.391.029/SP, Rel. Min. Sidnei Beneti, j. 04.02.2014, *DJe* 17.02.2014)

4. Vício dos serviços e dano moral

"3. Os serviços viciados podem causar danos morais e materiais, mas, nessa hipótese, haverá acidente de consumo, ou fato do serviço, disciplinado no art. 14 do CDC, que é evento danoso externo e indiretamente relacionado à inadequação do serviço, ensejado por um novo elemento de desvalia que acarreta um acontecimento autônomo, não coincidente com o mero vício do serviço. 6. Para que se configure o dano moral de natureza individual, deve o julgador ser capaz de identificar na hipótese concreta uma grave agressão ou atentado à dignidade da pessoa humana, capaz de romper o equilíbrio psicológico do indivíduo por um período de tempo desarrazoado" (STJ, REsp 1.767.948/SE, 3ª Turma, Rel. Min. Nancy Andrighi, j. 03.09.2019, *DJe* 05.09.2019).

> **Art. 21.** No fornecimento de serviços que tenham por objetivo a reparação de qualquer produto considerar-se-á implícita a obrigação do fornecedor de empregar componentes de reposição originais adequados e novos, ou que mantenham as especificações técnicas do fabricante, salvo, quanto a estes últimos, autorização em contrário do consumidor.

 Análise doutrinária

1. Utilização de componentes de reposição originais adequados e novos nos reparos de produtos

O art. 21 do CDC apresenta exigências específicas para a prestação de serviços concernentes à reparação de produtos. O dispositivo determina a utilização de componentes de reposição originais adequados e novos ou que mantenham as especificações técnicas do fabricante. Na parte final, autoriza a utilização de componentes usados ou não originais, se houver autorização do consumidor.

O objetivo da norma é preservar um padrão mínimo de qualidade e a funcionalidade dos serviços, evitando, em princípio, a utilização de componentes de reposição usados e que não sejam credenciados pelo fabricante (componentes originais) e, ainda, aqueles que não observam as especificações técnicas.

A leitura apressada do art. 21 pode ensejar equívocos, até porque a interpretação meramente gramatical enseja dúvidas. A *autorização em contrário* do consumidor deve ser compreendida em relação a componentes *originais* e *novos* e jamais às especificações técnicas das peças de reposição, já que o CDC, norma de ordem pública, tem como forte diretriz garantir um padrão mínimo de qualidade que atenda à funcionalidade e segurança dos produtos e serviços oferecidos no mercado de consumo (arts. 6º, I e VI, e 8º).

Portanto, o consumidor pode autorizar a utilização de componentes usados e que não sejam produzidos pelo fabricante ou de marca por ele sugerida – originais. Todavia, considerando que a segurança dos produtos vai além de interesse individual – já que o acidente de consumo pode afetar terceiros (art. 17 do CDC) –, não é válida, não surte efeitos jurídicos, qualquer autorização do consumidor no sentido de afastar as especificações técnicas, as quais visam justamente garantir as exigências mínimas de segurança (arts. 24, 25 e 51, I e XV).

É possível a utilização de peças usadas ou recondicionadas no fornecimento de serviços, desde que exista a autorização do consumidor. A autorização pode ser verbal, mas se recomenda obter documento escrito, de modo a evitar futuras discussões de natureza probatória, até porque existe, no próprio CDC, tipo penal específico. O art. 70 incrimina a seguinte conduta: "Empregar, na reparação de produtos, peças ou componentes de reposição usados, sem autorização do consumidor".

 Dicas práticas

É fundamental obter autorização do consumidor no tocante à utilização de componentes usados e que não sejam originais. Deve-se, ademais, esclarecer todo o custo do reparo, mediante orçamento (art. 40 do CDC), e consequências, como eventual perda de eficiência ou vida útil, decorrentes da qualidade das peças.

> **Art. 22.** Os órgãos públicos, por si ou suas empresas, concessionárias, permissionárias ou sob qualquer outra forma de empreendimento, são obrigados a fornecer serviços adequados, eficientes, seguros e, quanto aos essenciais, contínuos.
>
> **Parágrafo único.** Nos casos de descumprimento, total ou parcial, das obrigações referidas neste artigo, serão as pessoas jurídicas compelidas a cumpri-las e a reparar os danos causados, na forma prevista neste Código.

 Legislação correlata

Constituição Federal, arts. 173 e 175.

Lei 8.987/1995 (Dispõe sobre o regime de concessão e permissão da prestação de serviços públicos).

Lei 13.460/2017 (Dispõe sobre a defesa dos usuários dos serviços públicos da administração pública).

 Análise doutrinária

1. Serviços públicos e aplicação do CDC

O art. 22 do CDC – que se inclui topicamente na seção de responsabilidade por vício do produto e do serviço – tem gerado, na prática forense, dois debates. O primeiro diz respeito à aplicação do CDC aos serviços públicos. O segundo relaciona-se à legalidade do corte do fornecimento de energia elétrica e água em razão de inadimplemento do consumidor.

Quanto ao primeiro ponto, é certo que o *caput* do art. 22 reforça a aplicação do CDC aos serviços públicos, ao estabelecer que os órgãos públicos ou suas empresas (empresa pública, sociedade de economia mista), bem como as concessionárias e permissionárias, devem oferecer serviços adequados, eficientes e contínuos. Ao lado do art. 22, outros dispositivos do CDC referem-se a serviços públicos. O art. 4º, VII, alude à "racionalização e melhoria dos serviços públicos". O art. 6º, X, estabelece ser direito básico do consumidor "a adequada e eficaz prestação dos serviços públicos em geral". Recorde-se, ainda, que no conceito de fornecedor (art. 3º, *caput*) estão incluídas as pessoas jurídicas de direito público.

Não há dúvida a respeito de aplicação do CDC aos serviços públicos. As polêmicas dizem respeito à necessidade de a atividade ser remunerada diretamente (tarifa, preço público ou taxa) ou à suficiência de que a remuneração seja indireta e remota (impostos).

A propósito, cabe destacar três possíveis posições: 1) interpretação extensiva (todos os serviços públicos estão sujeitos ao CDC); 2) a prestação do serviço deve ser remunerada (art. 3º, § 2º), seja por taxa ou tarifa; ou 3) somente os serviços remunerados por tarifa ou preço público estariam sujeitos ao CDC: os serviços custeados por tributos não estariam sob a incidência do CDC, pois não há uma remuneração específica.

A melhor posição sobre as espécies de serviços públicos que estão sob a disciplina do CDC deve levar em consideração dois aspectos: a remuneração específica do serviço e a noção de *mercado de consumo*.

O CDC cuida, em síntese, de *situações de vulnerabilidades geradas pelo mercado de consumo*. O critério, portanto, para delimitar quais serviços públicos estão sujeitos à Lei 8.078/1990 é a compreensão do *mercado de consumo*, vale dizer, de atividades *econômicas* próprias do ciclo de produção e circulação dos produtos ou de fornecimento de serviços.

A remuneração do serviço pode ser direta ou indireta. Todavia, exige-se que seja atividade desenvolvida no *mercado de consumo*. Não são próprios do mercado os serviços do Estado relativos a segurança, prestação jurisdicional, iluminação pública, nem mesmo sua obrigatória atuação no campo da educação e saúde, não por ausência de remuneração indireta – já que os impostos cumprem esse requisito –, mas, repita--se, porque estão fora do mercado.

Deve, portanto, haver certa correspondência entre o valor pago e o serviço prestado (relação econômica de troca). O serviço, portanto, deve ser divisível e mensurável individualmente. Simplificando, exige-se correlação entre o que se paga e o que se recebe (ou se deveria receber). Só é possível falar em equilíbrio da relação se houver esse caráter sinalagmático. Alguns autores diriam que seriam os serviços *uti singuli*. Todavia, as classificações doutrinárias dos serviços públicos, em razão de sua equivocidade, não devem ser utilizadas para análise da incidência ou não do CDC.

São serviços públicos sujeitos ao CDC tanto os referidos pelo art. 173 como aqueles indicados no art. 175 da Constituição Federal, pois nos dois casos são atividades desenvolvidas no mercado de consumo. Estão sob a disciplina do CDC, portanto, os serviços de telefonia, transporte coletivo, energia elétrica, água, por atenderem aos pressupostos indicados, independentemente, destaque-se, da natureza tributária da remuneração.

Em relação à natureza da remuneração, não importa se é taxa ou tarifa (preço público): importa haver certa correlação entre o pagamento e o serviço prestado. Aliás, a noção da espécie tributária *taxa* baseia-se justamente no seu caráter sinalagmático. Não é, todavia, o pagamento de taxa (art. 77 do Código Tributário) que indica necessariamente que o serviço público está sujeito ao CDC: o pagamento por meio de taxa não deve ser critério para exclusão de aplicação do CDC.

A tese defendida pela doutrina e alguns acórdãos do STJ no sentido de que a cobrança de taxa – espécie tributária – afastaria a incidência do CDC conduz a perplexidades. O pagamento do serviço relativo ao fornecimento de água ora é considerado preço público, ora é considerado taxa pela jurisprudência. Tais incertezas não devem afetar a certeza de ser um serviço oferecido profissionalmente (com habitualidade), divisível, mensurável, com remuneração específica, fatores que realmente devem ser considerados para exame da aplicação do CDC.

Há ainda outro argumento. Como é defensável, em face da redação do art. 175 da Constituição Federal, a posição de que a natureza da cobrança de alguns serviços públicos (tanto prestados diretamente pelo poder público como mediante concessão) pode ser de *taxa* ou de *preço público*, a depender exclusivamente dos termos da legislação federal ou estadual, poder-se-ia concluir – absurdamente – que em determinados Estados da federação os serviços estão sujeitos ao CDC e em outros não, unicamente pelo critério da natureza jurídica da cobrança.

Em que pese a jurisprudência caminhar em outro sentido, a melhor interpretação conduz à conclusão de que estão sujeitos ao CDC os serviços públicos cuja remuneração, independentemente da sua natureza, seja feita diretamente pelo consumidor.

2. Corte de fornecimento de água e energia elétrica: *diálogo das fontes como solução*

Ao lado do debate sobre a aplicação do CDC aos serviços públicos, o outro ponto de interesse em relação ao art. 22 do CDC diz respeito à legalidade ou não da suspensão de fornecimento de serviços públicos, principalmente energia elétrica e água, quando ocorrer o inadimplemento do consumidor.

A constatação de que os serviços públicos relativos ao fornecimento de água e energia elétrica estão sujeitos ao CDC não afasta, por óbvio, análise conjunta com outras normas especiais. O *diálogo das fontes*, no sentido de interpretação e aplicação simultânea de outros diplomas normativos, é necessário (v. comentários ao art. 7º, *caput*).

O tema gerou, no passado, controvérsias no próprio Superior Tribunal de Justiça. Inicialmente, nos anos de 1999 e 2000, a Corte, com foco exclusivo no disposto nos arts. 22 e 42 do CDC, sustentou a ilegalidade do corte de energia e água em face do inadimplemento do consumidor (REsp 201.111, j. 20.04.1999; REsp 223.778, j. dez. 1999; REsp 122.812, j. dez. 2000). Na ocasião, não se analisou o significado e repercussões da Lei 8.987/1995 (dispõe sobre concessão e permissão de serviços públicos), que permite, expressamente, o corte em face de inadimplência do usuário (consumidor).

Posteriormente, precisamente em 2003, houve mudança no entendimento do STJ. Ao julgar o REsp 363.943, a Primeira Seção do STJ estabeleceu ser "lícito à concessionária interromper o fornecimento de energia elétrica se, após aviso prévio, o consumidor de energia elétrica permanecer inadimplente no pagamento da respectiva conta (Lei 8.987/1995, art. 6º, § 3º, II)". Vários outros julgados se sucederam com o mesmo entendimento. Agora, o Código de Defesa do Consumidor (Lei 8.078/1990) ficou para um segundo plano: especial atenção foi dedicada à Lei 8.987/1995.

O entendimento atual da jurisprudência é no sentido da possibilidade de corte do fornecimento de energia elétrica, em face do inadimplemento do consumidor, desde que observados alguns parâmetros e requisitos, quais sejam: 1) os débitos devem ser atuais; 2) necessidade de aviso prévio; 3) havendo discussão judicial, não pode haver interrupção. Acrescente-se que a interrupção do serviço "não poderá iniciar-se na sexta-feira, no sábado ou no domingo, nem em feriado ou no dia anterior a feriado", conforme acréscimo realizado recentemente à Lei 8.987/95 pela Lei 14.015/2020 (art. 6º, § 4º).

Apesar de pacífica a jurisprudência, é possível, a partir de perspectiva do *diálogo das fontes*, desenvolver solução coerente dirigida ao aparente conflito das duas leis especiais (Lei 8.078/1990 e Lei 8.987/1995).

De um lado, o CDC dispõe sobre a importância da dignidade humana, dos direitos existenciais (arts. 4º e 6º). Estabelece, também, que os serviços essenciais devem ser contínuos (art. 22) e que, na cobrança de débitos, o consumidor inadimplente não "será submetido a qualquer tipo de constrangimento" (art. 42). De outro, o § 3º do art. 6º da Lei 8.987/1995 estabelece que "não se caracteriza como descontinuidade do serviço a sua interrupção em situação de emergência ou após prévio aviso, quando: (...) II – por inadimplemento do usuário, considerado o interesse da coletividade".

A solução está em verificar – no caso concreto – se o corte importa em ofensa à dignidade da pessoa humana, ou seja, se pessoas físicas serão diretamente afetadas com a suspensão do fornecimento da água ou da energia elétrica.

O critério, ao contrário do que pode aparentar, não deve se pautar unicamente no fato de o consumidor ser pessoa jurídica ou natural. Exemplifique-se com a sempre lembrada situação e graves consequências de um hospital (pessoa jurídica) que deixa de receber água ou energia elétrica. De outro lado, o contratante pode ser pessoa física, mas o fornecimento de água referir-se a unidade residencial que há muito está desabitada, não afetando, portanto, a qualidade (mínima) de vida de qualquer pessoa.

É importante perceber, para a solução das situações concretas, que o corte do fornecimento de água ou energia elétrica atinge diretamente interesses existenciais de todos os moradores da residência, invariavelmente crianças e idosos, consumidores hipervulneráveis, que não podem sofrer consequências tão drásticas em razão de fato de terceiro (titular da conta).

Ademais, o intérprete deve conferir coerência, a partir dos valores constitucionais, aos inúmeros diplomas (fontes) legais. Ora, *no mínimo*, deveria ser aplicado o mesmo prazo concedido pela Lei 9.870/1999, relativa às anuidades escolares, que, mesmo em face de inadimplência, veda qualquer providência que impeça a conclusão do período escolar. Considerando a relevância do serviço prestado (educação), não se permite a interrupção imediata dos serviços por falta de pagamento da mensalidade. Sem qualquer propósito de estabelecer hierarquia entre valores, o fato é que o corte do fornecimento de energia elétrica e água traz, invariavelmente, riscos à saúde humana, tanto em relação à limpeza dos alimentos, higiene pessoal, como à manutenção de medicamentos sob refrigeração.

Não se sustenta aqui que o inadimplemento relativo às contas de água e luz não deva acarretar qualquer consequência para o devedor. A ausência de pagamento ou atraso da prestação gera a incidência dos encargos próprios (valor principal, juros de mora, multa, correção monetária). Ademais, o consumidor pode ter o nome inscrito em banco de dados de proteção ao crédito. O que não pode haver é contrariedade a um *mínimo existencial* (patrimônio mínimo personalíssimo), para utilizar conhecida expressão de Edson Fachin (2006).

Parte da dificuldade em lidar com a matéria é justamente a falta de percepção de que os problemas jurídicos atuais, tanto pela variedade de situações fáticas – apenas aparentemente idênticas – como pela complexidade do ordenamento jurídico, exigem um olhar diferenciado para o caso concreto, uma ponderação em relação aos valores constitucionais em jogo.

Na hipótese, o *diálogo das fontes* permite, a partir do enfoque constitucional, prestigiar ambas as fontes normativas, sem qualquer exclusão prévia. Desse modo e considerando o projeto constitucional de proteção à dignidade da pessoa humana, confere-se, em concreto, relevância à continuidade do serviço (Lei 8.078/1990) ou à possibilidade do corte (Lei 8.987/1995), quando não houver ofensa, direta ou indireta, à dignidade da pessoa humana.

A preocupação com a dignidade da pessoa humana sempre foi destacada nos votos vencidos no Superior Tribunal de Justiça. No julgamento do REsp 853.392, ficou ressalvada justamente a situação em que o corte "possa acarretar lesão irreversível à integridade física do usuário, consoante observado no voto vogal".

Na ocasião, em voto-vista, o Min. Herman Benjamin destacou com proprieda-de: "No caso em tela, a situação pessoal do consumidor-devedor não indica estado de hipervulnerabilidade, não se configurando situação a ensejar especial atenção do aplicador da lei, conforme se constata da leitura dos autos e da decisão do e. Relator. Não custa lembrar que ocorrerão hipóteses excepcionais em que o corte de energia só poderá ser feito de forma judicial, como, por exemplo, quando estiver em jogo a integridade física do consumidor. Será assim, exemplificativamente, se a residência abrigar enfermo, que dependa de máquina de hemodiálise lá instalada" (REsp 853.392, Rel. Min. Castro Meira, j. 21.09.2006, *DJ* 05.09.2007).

3. Pandemia do novo coronavírus (Covid-19)

Em 24 de março de 2020, a Aneel editou a Resolução 878, que estabelece "medidas para preservação da prestação do serviço público de distribuição de energia elétrica em decorrência da calamidade pública atinente à pandemia de coronavírus (CO-VID-19)". Considerando as drásticas consequências pela ausência de energia elétrica em tempos de isolamento social, suspendeu-se, temporariamente, o corte de energia elétrica em cinco hipóteses indicadas pelo art. 2º da Resolução, dentre as quais, nas unidades "onde existam pessoas usuárias de equipamentos de autonomia limitada, vitais à preservação da vida humana e dependentes de energia elétrica".

A referida Resolução foi, posteriormente, prorrogada. Atualmente, está em vigor a Res. 928, de 26 de março de 2021, que estabelece no art. 2º: "Fica vedada a suspensão de fornecimento por inadimplemento, de que trata o art. 172 da Resolução Normativa nº 414, de 2010, de unidades consumidoras: I – das subclasses residenciais baixa renda; II – onde existam pessoas usuárias de equipamentos de autonomia limitada, vitais à preservação da vida humana e dependentes de energia elétrica, incluindo unidades hospitalares, institutos médico-legais, centros de hemodiálise e de armazenamento de sangue, centros de produção, armazenamento e distribuição de vacinas e soros antídotos; III – para as quais a distribuidora suspender o envio de fatura impressa sem a anuência do consumidor; e IV – que estejam em locais em que não houver postos de arrecadação em funcionamento, o que inclui instituições financeiras, lotéricas, unidades comerciais conveniadas, entre outras."

Na mesma linha, foram aprovadas inúmeras leis estaduais que vedam a suspensão de fornecimento de água, em face do inadimplemento do consumidor, durante o período da pandemia do novo coronavírus.

Independentemente das normas ou até mesmo de eventual questionamento da impossibilidade de ato da Aneel alterar lei em sentido formal (aprovada pelo Congresso Nacional), é fato que a suspensão de fornecimento de água e energia elétrica, em tempos de pandemia da Covid-19, requer novo olhar hermenêutico. Deve-se considerar as dificuldades financeiras decorrentes de perda de emprego ou diminuição de rendimentos do consumidor e a necessidade paralela de maior uso doméstico de água e energia elétrica para atender às necessidades básicas, inclusive relacionadas às recomendações de higiene para diminuir o contágio da doença.

 Jurisprudência

1. Remuneração de serviço por tarifa e incidência do CDC

"Administrativo. Serviço de fornecimento de água. Pagamento à empresa concessionária sob a modalidade de tarifa. Corte por falta de pagamento. Legalidade. 1. A relação jurídica, na hipótese de serviço público prestado por concessionária, tem natureza de direito privado, pois o pagamento é feito sob a modalidade de tarifa, que não se classifica como taxa" (STJ, REsp 684.020, Rel. Min. Eliana Calmon, j. 04.05.2006, *DJU* 30.05.2006).

"Administrativo. Serviço público concedido. Energia elétrica. Inadimplência. 1. Os serviços públicos podem ser próprios e gerais, sem possibilidade de identificação dos destinatários. São financiados pelos tributos e prestados pelo próprio Estado, tais como segurança pública, saúde, educação etc. Podem ser também impróprios e individuais, com destinatários determinados ou determináveis. Neste caso, têm uso específico e mensurável, tais como os serviços de telefone, água e energia elétrica. 2. Os serviços públicos impróprios podem ser prestados por órgãos da administração pública indireta ou, modernamente, por delegação, como previsto na CF (art. 175). São regulados pela Lei 8.987/1995, que dispõe sobre a concessão e permissão dos serviços públicos. 3. Os serviços prestados por concessionárias são remunerados por tarifa, sendo facultativa a sua utilização, que é regida pelo CDC, o que a diferencia da taxa, esta, remuneração do serviço público próprio" (STJ, REsp 793.422, Rel. Min. Eliana Calmon, j. 03.08.2006, *DJU* 17.08.2006).

2. Fornecimento de água e energia elétrica e incidência do CDC

"Conforme entendimento pacificado no STJ, 'a relação entre concessionária de serviço público e o usuário final, para o fornecimento de serviços públicos essenciais, tais como água e energia, é consumerista, sendo cabível a aplicação do Código de Defesa do Consumidor' (AgRg no AREsp 354.991/RJ, Rel. Min. Mauro Campbell Marques, Segunda Turma, DJe 11/9/2013). Em se tratando de matéria relacionada a danos oriundos de produtos ou serviços de consumo, é afastada a aplicação do Código Civil, tendo em vista o regime especial do Código de Defesa do Consumidor. Só excepcionalmente aplica-se o Código Civil, ainda assim quando não contrarie o sistema e a principiologia do CDC" (STJ, REsp 1831314/RS, Rel. Min. Herman Benjamin, 2ª Turma, j. 26.11.2019, *DJe* 19.12.2019).

3. Possibilidade de corte do fornecimento de energia elétrica

"O princípio da continuidade do serviço público assegurado pelo art. 22 do CDC deve ser obtemperado, ante a exegese do art. 6º, § 3º, II, da Lei 8.987/1995, que prevê a possibilidade de interrupção do fornecimento de energia elétrica quando, após aviso, permanecer inadimplente o usuário, considerado o interesse da coletividade. Precedentes" (STJ, REsp 805.113/RS, Rel. Min. Castro Meira, j. 23.09.2008, *DJ* 23.10.2008).

"Na hipótese de inadimplência do consumidor, a concessionária não pode ser impedida de promover o corte no fornecimento de energia elétrica, sob pena de restar abalada a equação econômico-financeira da concessão e, inevitavelmente, prejudicado o serviço público" (STJ, AgRg na SLS 1.459/PB, Corte Especial, Rel. Min. Ari Pargendler, j. 21.03.2012, *DJe* 03.04.2012).

4. Impossibilidade de corte de água e energia elétrica por débitos antigos

"A jurisprudência de ambas as Turmas de Direito Público do Superior Tribunal de Justiça entende que é lícita a interrupção do fornecimento de água devido à inadimplência do consumidor, após aviso prévio, e desde que não se trate de débitos antigos consolidados, porquanto a essencialidade do serviço não significa a sua gratuidade" (STJ, Rcl 5.814/SE, Rel. Min. Humberto Martins, j. 14.09.2011, *DJe* 22.09.2011).

"Não é lícito à concessionária interromper o serviços de fornecimento de água por dívida pretérita, a título de recuperação de consumo, em virtude da existência de outros meios legítimos de cobrança de débitos antigos não pagos" (STJ, AgRg no AREsp 327.345/MS, Rel. Min. Sérgio Kukina, 1ª Turma, j. 16.06.2016, *DJe* 27.06.2016).

"Acórdão recorrido em conformidade com a jurisprudência do Superior Tribunal de Justiça acerca da impossibilidade de suspensão do fornecimento de energia elétrica para recuperação de débitos pretéritos" (STJ, AgInt no AREsp 1548754/SP, Rel. Min. Herman Benjamin, 2ª Turma, j. 23.11.2020, *DJe* 01.12.2020).

5. Impossibilidade de corte quando a dívida é questionada judicialmente pelo consumidor

"Contestada em juízo dívida apurada unilateralmente e decorrente de suposta fraude no medidor do consumo de energia elétrica, há ilegalidade na interrupção no fornecimento de energia elétrica, uma vez que esse procedimento configura verdadeiro constrangimento ao consumidor que procura discutir no Judiciário débito que considera indevido" (STJ, REsp 890.626, Rel. Min. Castro Meira, j. 04.09.2008, *DJ* 24.11.2008).

6. Valor do débito deve ser líquido e certo

"Valor do débito passível de discussão. Inexistência de liquidez e certeza a amparar a hipótese de interrupção do serviço, prevista na Lei 8.987/1995 (art. 6º, § 3º, II), por inadimplemento do usuário. 4. Utilização ilegal e inconstitucional do corte de energia como mecanismo para forçar o consumidor a reconhecer 'estimativas' de consumo, produzidas unilateralmente pela concessionária. Situação que exige o exame do conjunto fático-probatório dos autos, incabível no âmbito do recurso especial. Incidência da Súmula 7/STJ. 5. Recurso especial não conhecido" (STJ, REsp 633.722/RJ, Rel. Min. Herman Benjamin, j. 13.02.2007, *DJ* 19.12.2007).

7. Requisitos para haver o corte de serviços públicos essenciais

"É ilegítimo o corte no fornecimento de serviços públicos essenciais quando: a) a inadimplência do consumidor decorrer de débitos pretéritos; b) o débito originar-se de suposta fraude no medidor de consumo de energia, apurada unilateralmente pela concessionária; e c) inexistir aviso prévio ao consumidor inadimplente. Precedentes do STJ" (STJ, AgRg no AREsp 345.638/PE, Rel. Min. Herman Benjamin, j. 03.09.2013, *DJe* 25.09.2013).

8. Fraude no medidor e suspensão do fornecimento de energia elétrica

"A Primeira Seção do STJ no julgamento do REsp 1.412.433/RS, sob o rito de recursos repetitivos (Tema 699) firmou a tese de que 'relativamente aos casos de fraude do medidor pelo consumidor, a jurisprudência do STJ veda o corte quando o ilícito for aferido unilateralmente pela concessionária. A contrario sensu, é possível a suspensão do serviço se o débito pretérito por fraude do medidor cometida pelo consumidor for apurado de forma a proporcionar o contraditório e a ampla defesa' (STJ, REsp 1.412.433/RS, Rel. Ministro HERMAN BENJAMIN, PRIMEIRA SEÇÃO,

DJe de 28/09/2018). Ainda nesse sentido: STJ, AgRg no AREsp 345.130/PE, Rel. Ministro SÉRGIO KUKINA, PRIMEIRA TURMA, DJe de 10/10/2014; AgRg no AREsp 357.553/PE, Rel. Ministro BENEDITO GONÇALVES, PRIMEIRA TURMA, DJe de 26/11/2014; AgRg no AREsp 368.993/PE, Rel. Ministro ARNALDO ESTEVES LIMA, PRIMEIRA TURMA, DJe de 08/11/2013" (STJ, AgInt no AREsp 1332974/SP, Rel. Min. Assusete Magalhães, 2ª Turma, j. 30.11.2020, *DJe* 02.12.2020).

9. Corte de energia elétrica de pessoa jurídica de direito público

"As Turmas de Direito Público do STJ têm entendido que, quando o devedor for ente público, não poderá ser realizado o corte de energia indiscriminadamente em nome da preservação do próprio interesse coletivo, sob pena de atingir a prestação de serviços públicos essenciais, tais como hospitais, centros de saúde, creches, escolas e iluminação pública" (STJ, REsp 1.755.345/RJ, 2ª Turma, Rel. Min. Herman Benjamin, j. 25.06.2019, *DJe* 01.07.2019).

"A jurisprudência do Superior Tribunal de Justiça pacificou o entendimento no sentido de que é possível a suspensão do fornecimento de energia elétrica das pessoas jurídicas de direito público (Lei nº 9.427/96, art. 17), desde que não aconteça de forma indiscriminada, preservando-se as unidades públicas essenciais e a sede municipal" (STJ, AgInt no REsp 1883824/PI, Rel. Min. Mauro Campbell Marques, 2ª Turma, j. 01.03.2021, *DJe* 04.03.2021).

> **Art. 23.** A ignorância do fornecedor sobre os vícios de qualidade por inadequação dos produtos e serviços não o exime de responsabilidade.

 Legislação correlata

Código Civil, art. 443.

 Análise doutrinária

1. Ignorância do fornecedor sobre vício do produto e do serviço

O art. 23 refere-se à disciplina tanto de vício do produto (art. 18) como do serviço (art. 20). Para compreender o dispositivo, é importante realizar breve paralelo com o Código Civil, que, no tocante ao conhecimento dos vícios redibitórios pelo vendedor, dispõe que, "Se o alienante conhecia o vício ou defeito da coisa, restituirá o que recebeu com perdas e danos; se o não conhecia, tão somente restituirá o valor recebido, mais as despesas do contrato" (art. 443). Nas relações civis, a ignorância – e não culpa – no tocante ao vício do bem serve unicamente para verificar a possibilidade de adicional condenação em perdas e danos decorrentes do vício.

No direito civil, a *culpa* do alienante concernente aos vícios redibitórios não era nem é pressuposto para possibilitar o exercício das alternativas colocadas à disposição do comprador (redibição do contrato ou abatimento proporcional do preço). A lei apenas alude ao *conhecimento* ou não do vício, sem qualquer preocupação em vincular a origem do problema à ação ou omissão anterior do alienante.

Para o CDC, com muito mais razão, simplesmente não interessa se o vício decorre de conduta culposa ou dolosa do vendedor ou de qualquer outro integrante da cadeia de produção e circulação do bem ou prestação do serviço. Constatado o vício, surge a responsabilidade. Portanto, parece desnecessário, como faz parcela da doutrina, discutir se a responsabilidade por vício é objetiva ou subjetiva.

No tocante ao *conhecimento* do vício pelo fornecedor, o art. 23 explicita que em nada ficam afetados os direitos do consumidor, inclusive em relação à indenização por perdas e danos. A Lei é bastante clara neste ponto.

 Jurisprudência

1. Garantia legal e desconhecimento do vício

"A garantia legal por vícios preexistente tem por finalidade proteger o adquirente, em razão de imperfeições de informação, estabelecendo instrumentos que assegurem a manutenção do sinalagma contratual mesmo nas hipóteses em que o alienante desconhecia o vício" (STJ, REsp 1.520.500/SP, Rel. Min. Marco Aurélio Bellizze, j. 27.10.2015, *DJe* 13.11.2015).

> **Art. 24.** A garantia legal de adequação do produto ou serviço independe de termo expresso, vedada a exoneração contratual do fornecedor.

 Legislação correlata

Código Civil, arts. 441 a 446.

 Análise doutrinária

1. Garantia legal: desnecessidade de termo e vedação de exoneração contratual

A disciplina sobre vícios de adequação dos produtos e serviços constitui a denominada *garantia legal*, ou seja, os direitos do consumidor decorrem diretamente da lei, independentemente de qualquer manifestação do fornecedor. Não há, por óbvio, necessidade de uma espécie de *termo de garantia legal*, como ocorre nas garantias contratuais (art. 50 do CDC).

O termo de garantia é exigência do CDC para as denominadas *garantias contratuais*: 1) garantia de fábrica; ou 2) garantia estendida. O parágrafo único do art. 50

estipula o formato e requisitos mínimos do *termo de garantia* contratual. Ademais, constitui infração penal "deixar de entregar ao consumidor o termo de garantia adequadamente preenchido e com especificação clara do seu conteúdo" (art. 74).

Na garantia legal, assim que adquirido o produto ou serviço, o consumidor passa, imediatamente e sem qualquer formalidade documental, a ser titular dos direitos estabelecidos pelo CDC nos arts. 18 a 20. Para exercício da garantia legal, basta o consumidor demonstrar que se trata de compra de produto ou serviço no mercado de consumo. A prova de tal aquisição pode ser realizada por qualquer meio (nota fiscal, recibo, testemunhas etc.).

O art. 24 veda expressamente a exoneração contratual do fornecedor em relação à garantia legal, ou seja, não surte qualquer efeito jurídico o consumidor assinar contrato ou, de qualquer modo, manifestar sua vontade no sentido de afastar os deveres e obrigações do fornecedor decorrentes dos arts. 18 a 20. A proibição de exoneração contratual, constante no art. 24, decorre diretamente do fato de as normas do CDC serem de ordem pública e interesse social e, portanto, inafastáveis por manifestação de vontade das partes da relação de consumo (v. comentários ao art. 1º).

O art. 24 proíbe a exoneração do fornecedor, ou seja, o afastamento integral da garantia. Todavia, interpretação sistemática do CDC indica claramente que qualquer forma de diminuição da garantia está vedada. A leitura conjunta e harmônica do disposto nos arts. 1º, 24, 25 e 51, I, evidencia que a exclusão e a mitigação dos direitos do consumidor estão proibidas. A única exceção está indicada pelo próprio CDC, no art. 51, I, parte final: "Nas relações de consumo entre o fornecedor e o consumidor pessoa jurídica, a indenização poderá ser limitada, em situações justificáveis".

 Dicas práticas

Não possuem qualquer valor jurídico informações constantes na nota fiscal ou qualquer outro documento que procure limitar o tempo da garantia legal ou a responsabilidade do comerciante por troca do produto a determinado prazo (ex.: 48 horas, uma semana etc.).

 Jurisprudência

1. Garantia legal de produtos e serviços

"A garantia legal de adequação de produtos e serviços é direito potestativo do consumidor, assegurado em lei de ordem pública (arts. 1º, 24 e 25 do Código de Defesa do Consumidor)" (STJ, REsp 1.161.941/DF, 3ª Turma, Rel. Min. Ricardo Villas Bôas Cueva, j. 05.11.2013, *DJe* 14.11.2013).

"O sistema de garantias por vícios de qualidade previsto no Código de Defesa do Consumidor contempla as garantias contratuais (ofertadas pelo fornecedor), bem como as garantias legais, estas de incidência obrigatória a todo e qualquer produto inserido no mercado de consumo, novo ou usado, independente, portanto, da vontade do fornecedor ou de termo específico. Exegese dos arts. 1º, 18, 24, 25 e 51, I, do CDC" (STJ, REsp 1661913/MG, Rel. Min. Luis Felipe Salomão, 4ª Turma, j. 20.10.2020, *DJe* 10.02.2021).

Art. 25. É vedada a estipulação contratual de cláusula que impossibilite, exonere ou atenue a obrigação de indenizar prevista nesta e nas Seções anteriores.

§ 1º Havendo mais de um responsável pela causação do dano, todos responderão solidariamente pela reparação prevista nesta e nas seções anteriores.

§ 2º Sendo o dano causado por componente ou peça incorporada ao produto ou serviço, são responsáveis solidários seu fabricante, construtor ou importador e o que realizou a incorporação.

 Legislação correlata

Código Civil, art. 265.

 Análise doutrinária

1. Impossibilidade de diminuir ou afastar a obrigação de indenizar do fornecedor

O art. 25 do CDC, na mesma linha dos arts. 24 e 51, I, reforça a ideia de que os direitos do consumidor não podem ser afastados contratualmente. Qualquer cláusula que estabelece a possibilidade de exonerar, atenuar ou impossibilitar indenização em favor do consumidor não possui valor jurídico, é nula de pleno direto (art. 51, I). Ademais, como já destacado, as normas do CDC são de ordem pública e interesse social (art. 1º), cujo significado é justamente a impossibilidade de dispor, abrir mão, dos direitos estabelecidos.

O art. 25 refere-se à obrigação de *indenizar* prevista na Seção do dispositivo e na anterior, ou seja, na responsabilidade pelo vício do produto e do serviço (Seção III) e na responsabilidade pelo fato do produto e do serviço (Seção II). Enquanto a indenização do consumidor é decorrência própria do acidente de consumo (arts. 12 a 14), na responsabilidade pelo vício a questão só se coloca quando, ao lado da escolha de uma das alternativas, o consumidor sofre perdas e danos, ou seja, nem sempre há dever de indenizar. Na opção do consumidor pela troca do produto em face de vício (art. 18, § 1º, I), pode haver ou não indenização adicional, a depender do caso concreto.

De qualquer modo, seja em face de indenização inerente a acidente de consumo, seja ela decorrente de vício do produto ou do serviço, o art. 25 veda a estipulação prévia de cláusula que afaste, dificulte ou limite a indenização do consumidor que, vale lembrar, constitui direito básico previsto no art. 6º, VI. Essa vedação não significa, todavia, a impossibilidade de o consumidor, após o fato lesivo, antes ou durante o processo, vir a celebrar acordo fixando-se determinado valor a título indenizatório (v. comentários ao art. 1º).

Vale notar que, apesar da mesma preocupação dos três dispositivos do CDC (arts. 24, 25 e 51, I) – proibir cláusulas que afastem direitos do consumidor –, o art. 24 veda exoneração de qualquer direito decorrente da garantia legal e não apenas o direito a ser indenizado, como previsto no art. 25. Já o art. 51, I, abarca *todos* os direitos do consumidor decorrentes da disciplina pelo fato e pelo vício do produto e do serviço. O dispositivo veda cláusulas que impossibilitem, exonerem, atenuem a responsabilidade por vício de *qualquer natureza*, ou seja, abrange os vícios de qualidade e quantidade e vícios que afetam a segurança dos produtos e serviços, chamados por alguns de *defeitos*. Também proíbe cláusulas que impliquem renúncia ou disposição de direitos.

Em resumo, apesar das nuances apontadas, a análise conjunta dos três dispositivos conduz à conclusão de que não possui valor jurídico qualquer espécie de cláusula contratual ou manifestação de vontade que, de algum modo, afaste ou diminua os direitos do consumidor decorrentes da responsabilidade pelo fato e pelo vício do produto e do serviço. A única exceção prevista é para o "consumidor-pessoa jurídica" em situações justificáveis (v. comentários ao art. 51, I).

2. Responsabilidade solidária entre fornecedores decorrente de ato ilícito

Há solidariedade passiva quando mais de uma pessoa deve responder integralmente por determinada obrigação (contratual ou extracontratual). A obrigação pode ser originária (primária) ou sucessiva, vale dizer, a que decorre de descumprimento do dever originário (responsabilidade civil). A solidariedade não se presume. Decorre diretamente da lei ou de manifestação de vontade (art. 265 do CC).

Na solidariedade decorrente de lei, é a redação da norma que indica sua abrangência. A leitura e a interpretação do dispositivo indicam quais obrigações estão sob o regime da solidariedade passiva. A norma pode, também, apresentar espécie de condição para que a solidariedade se configure, como é o caso do comerciante em relação ao fato do produto (art. 13): a solidariedade se configura se ocorrer uma das três hipóteses indicadas (fabricante não identificado, fabricante mal identificado ou produtos perecíveis).

Na verdade, no âmbito do CDC, é possível identificar quatro espécies de solidariedade passiva: 1) solidariedade decorrente de ato ilícito (art. 7º, parágrafo único); 2) solidariedade automática (ex.: art. 18, *caput*, do CDC: "os fornecedores (...) respondem solidariamente"); 3) solidariedade automática condicionada (art. 13); e 4) solidariedade decorrente da Teoria da Aparência.

O art. 25, § 1º, simplesmente repete, com outros termos, o disposto no parágrafo único do art. 7º do CDC. Os dispositivos, que encontram disposição similar nas relações privadas (art. 942 do CC), estabelecem a regra de solidariedade passiva decorrente de ato ilícito. Os dispositivos não trouxeram qualquer inovação à proteção do consumidor. Apenas se reforça a antiga ideia de que, havendo mais de um autor a ofensa, todos causadores do dano, devem responder solidariamente. Na solidariedade por ato ilícito, de regra, se impõe à vítima o dever de demonstrar que o dano sofrido foi decorrente de atuação conjunta ou participação de dois autores (v. comentários ao parágrafo único do art. 7º).

Ressalte-se, todavia, a possibilidade de a lei estabelecer a responsabilidade decorrente de ato ilícito, mas, ao mesmo tempo, afastar a necessidade de prova ou mesmo de qualquer demonstração de eventual participação para o resultado danoso. Bastante ilustrativo é exatamente o disposto no § 2º do art. 25, ao impor solidariedade pela reparação do dano quando for decorrente de componente ou peça incorporada ao produto ou serviço. Ou seja, em caso de *acidente de consumo*, no qual se constate que o dano foi decorrente de peça específica, há solidariedade por ato ilícito – automática – entre os fornecedores ali indicados (fabricante, construtor ou importador e o que realizou a incorporação).

 Jurisprudência

1. Solidariedade na incorporação imobiliária

"1. O incorporador, como impulsionador do empreendimento imobiliário em condomínio, atrai para si a responsabilidade pelos danos que possam resultar da inexecução ou da má execução do contrato de incorporação, incluindo-se aí os danos advindos de construção defeituosa. 2. A Lei n. 4.591/64 estabelece, em seu art. 31, que a 'iniciativa e a responsabilidade das incorporações imobiliárias caberão ao incorporador'. Acerca do envolvimento da responsabilidade do incorporador pela construção, dispõe que 'nenhuma incorporação poderá ser proposta à venda sem a indicação expressa do incorporador, devendo também seu nome permanecer indicado ostensivamente no local da construção', acrescentando, ainda, que 'toda e qualquer incorporação, independentemente da forma por que seja constituída, terá um ou mais incorporadores solidariamente responsáveis' (art. 31, §§ 2º e 3º). 3. Portanto, é o incorporador o principal garantidor do empreendimento no seu todo, solidariamente responsável com outros envolvidos nas diversas etapas da incorporação. Essa solidariedade decorre tanto da natureza da relação jurídica estabelecida entre o incorporador e o adquirente de unidades autônomas quanto de previsão legal, já que a solidariedade não pode ser presumida (CC/2002, caput do art. 942; CDC, art. 25, § 1º; Lei 4.591/64, arts. 31 e 43). 4. Mesmo quando o incorporador não é o executor direto da construção do empreendimento imobiliário, mas contrata construtor, fica, juntamente com este, responsável pela solidez e segurança da edificação (CC/2002, art. 618). Trata-se de obrigação de garantia assumida solidariamente com o construtor. 5. Recurso especial parcialmente conhecido e, nessa parte, desprovido" (STJ, REsp 884.367/DF, 4ª Turma, Rel. Min. Raul Araújo, j. 06.03.2012, *DJe* 15.03.2012).

Seção IV
Da decadência e da prescrição

Art. 26. O direito de reclamar pelos vícios aparentes ou de fácil constatação caduca em:

I – 30 (trinta) dias, tratando-se de fornecimento de serviço e de produto não duráveis;

II – 90 (noventa) dias, tratando-se de fornecimento de serviço e de produto duráveis.

> **§ 1º** Inicia-se a contagem do prazo decadencial a partir da entrega efetiva do produto ou do término da execução dos serviços.
>
> **§ 2º** Obstam a decadência:
>
> **I –** a reclamação comprovadamente formulada pelo consumidor perante o fornecedor de produtos e serviços até a resposta negativa correspondente, que deve ser transmitida de forma inequívoca;
>
> **II –** (Vetado);[8]
>
> **III –** a instauração de inquérito civil, até seu encerramento.
>
> **§ 3º** Tratando-se de vício oculto, o prazo decadencial inicia-se no momento em que ficar evidenciado o defeito.

Legislação correlata

Código Civil, arts. 205 a 211 e 441 a 446.

Análise doutrinária

1. Garantia legal e prazos decadenciais

Os arts. 26 e 27 do CDC estabelecem prazos decadenciais e prescricionais específicos para vício e fato do produto e do serviço. A Lei é bastante clara no sentido de que os prazos decadenciais de 30 e 90 dias são relativos aos vícios dos produtos e serviços (art. 26), enquanto o prazo prescricional de cinco anos, estipulado no art. 27, refere-se à pretensão de indenização pelos danos sofridos pelo fato do produto e do serviço (acidentes de consumo).

O CDC não definiu diretamente o prazo da denominada *garantia legal*, que é justamente aquela que decorre da própria norma: não se confunde, portanto, com a *garantia contratual*, que depende da vontade do fornecedor. A indicação dos prazos decadenciais é que oferece os contornos temporais para a garantia legal. O prazo decadencial relativo aos vícios dos produtos e serviços é exatamente o mesmo para o consumidor reclamar extrajudicialmente perante o fornecedor visando à solução do problema: 30 dias para produtos e serviços não duráveis e 90 dias para os duráveis (art. 26), com a possibilidade de se obstar o prazo em face de reclamação apresentada diretamente pelo consumidor (§ 2º do art. 26).

---

8   Mensagem de Veto 664/90, *do inciso II do § 2º do art. 26*: "O dispositivo ameaça a estabilidade das relações jurídicas, pois atribui a entidade privada função reservada, por sua própria natureza, aos agentes públicos (*e.g.* Cód. Civil, art. 172, e Cód. Proc. Civil, art. 219, § 1º)" (Refere-se ao Cód. Civil de 1916, atual art. 202 do Cód. Civil de 2002).

Em relação aos vícios dos produtos e serviços, o CDC, além de indicar o prazo para reclamar, que varia conforme a durabilidade – durável ou não durável – do produto ou serviço, estabelece o termo inicial (*dies a quo*) da contagem do prazo, que é diferente, conforme seja o vício considerado aparente ou oculto. Por fim, dispõe sobre duas hipóteses que obstam a decadência (art. 26, § 2º).

O art. 26 estipula prazo decadencial de 30 dias para fornecimento de serviços e produtos não duráveis e 90 dias para serviços e produtos duráveis. Não se vê muito sentido em instituir prazos decadenciais diferentes para produtos e serviços conforme a respectiva durabilidade. Trata-se, ademais, de nova classificação legal, desconhecida do direito privado, e que, portanto, merecia algum grau de definição para evitar divergências e incertezas.

Em que pese a crítica, fato é que se fixou prazo decadencial de 90 dias para os produtos e serviços duráveis e apenas de 30 dias para os produtos e serviços não duráveis (art. 26, I e II). Na ausência de critérios, deve-se compreender por bens não duráveis aqueles que se extinguem no primeiro uso ou logo após a aquisição, como alimentos, medicamentos, cosméticos (REsp 114.473).

No tocante ao fornecimento de serviços, a durabilidade diz respeito ao resultado e não ao tempo de duração da atividade desenvolvida pelo fornecedor. Portanto, uma viagem de avião do Brasil para o Japão, por mais demorada que seja, é serviço não durável, porque não há um resultado visível, ao contrário do que ocorre com um corte de cabelo.

Os prazos de 30 dias, para produtos e serviços não duráveis, e de 90 dias, para produtos e serviços duráveis, são aplicáveis aos vícios ocultos e aparentes (ou de fácil constatação). A diferença, com importantes repercussões práticas, diz respeito ao termo inicial (*dies a quo*) da contagem do prazo decadencial. Tratando-se de vício aparente ou de fácil constatação, "inicia-se a contagem do prazo decadencial a partir da entrega efetiva do produto ou do término da execução dos serviços" (art. 26, § 1º).

O Superior Tribunal de Justiça destaca, corretamente, que, se o consumidor perdeu o prazo decadencial para exercício de uma das alternativas a seu favor (arts. 18, 19 e 20), é possível ajuizar ação de indenização para obter ressarcimentos dos valores gastos para reparo de vício do produto ou do serviço.

2. Vício oculto e contagem do prazo decadencial: critério da vida útil

Quando o CDC foi promulgado (1990), estava em vigor o Código Civil de 1916. A principal crítica doutrinária e jurisprudencial relativa à disciplina dos vícios redibitórios no CC/1916 recaía sobre a exiguidade dos prazos para o exercício do direito de exigir a devolução ou abatimento proporcional do preço (15 dias para móveis e 6 meses para imóveis, contados a partir da tradição do bem).

O CDC estabeleceu novos prazos: 30 dias para produtos não duráveis e 90 dias para os duráveis (art. 26), o que pode, num primeiro momento, parecer que não houve um significativo avanço na proteção de legítimos interesses do consumidor. Realmente, a lei poderia ter estabelecido prazos maiores. Todavia, a análise cuidadosa da matéria, a partir de *diálogo das fontes* com o novo Código Civil, evidencia progresso em favor do consumidor: o critério da vida útil para contagem dos prazos em caso de vícios ocultos.

O § 3º do art. 26, ao estabelecer que o prazo só se inicia quando houver manifestação do vício, possibilita que a garantia legal se estenda, conforme o caso, a dois, três ou quatro anos após a aquisição. Isso é possível porque não há – propositalmente – expressa indicação do prazo máximo para aparecimento do vício oculto, ao contrário do que ocorre com o atual Código Civil (§ 1º do art. 445).

Desse modo, doutrina e jurisprudência têm pontuado que o critério para delimitação do prazo máximo de aparecimento do vício oculto passa a ser o da *vida útil* do bem, o que, além de conferir ampla flexibilidade ao julgador, releva a importância da análise do caso concreto em que o fator tempo é apenas um dos elementos a ser apreciado.

O Código Civil de 2002 inovou em relação ao CC/1916 ao diferenciar prazo de garantia – período máximo em que o vício oculto deve surgir (180 dias para bens móveis e 1 ano para imóveis) – e prazo para ajuizamento das ações edilícias – 30 dias para móveis e 1 ano para imóveis. Embora os prazos decadenciais para reclamar de vícios redibitórios em imóveis, tanto no CC/1916 (180 dias) como no CC/2002 (1 ano), sejam mais amplos do que o prazo previsto no CDC (90 dias), a disciplina do CDC analisada de maneira integral é mais vantajosa.

O *critério da vida útil* confere coerência ao ordenamento jurídico e prestigia o projeto constitucional de defesa do consumidor, considerando sua vulnerabilidade no mercado de consumo. O *diálogo das fontes*, na hipótese, aponta para a necessidade de congruência entre o CC/2002 e o CDC, o que conduz a uma proteção maior do consumidor, ao projeto constitucional de defesa do sujeito frágil (vulnerável).

Essa tutela mais intensa, em relação aos prazos decadenciais, só é possível pelo critério da vida útil dos produtos e serviços. Desse modo, mantém-se a desejada e necessária coerência do ordenamento jurídico, prestigiando-se, em última análise, o princípio da isonomia, o qual, como se sabe, rejeita o tratamento igualitário para situações diferentes. O consumidor, sujeito concreto e diferente (frágil), requer tratamento mais favorável.

Destaque-se que o vício oculto, embora normalmente relacionado a produtos, pode se referir a serviços também. É possível, portanto, que o prazo decadencial fique bem mais amplo que o prazo de 90 dias, previsto para os vícios aparentes e de fácil constatação.

Deve-se demonstrar, por exemplo, que determinado serviço deixou de atender ao padrão de qualidade esperado em razão de um vício oculto no material utilizado ou, ainda, de um fazer inadequado cujo resultado só se manifestou sete ou oito meses após o término da execução do serviço. Em outros termos, o critério da vida útil não se restringe aos produtos, uma vez que significa também uma durabilidade mínima do resultado dos serviços.

3. Soma de prazos de garantia legal e contratual

Os julgados mais recentes do STJ prestigiam o entendimento doutrinário relativo ao critério da vida útil. Há, todavia, julgados mais antigos que, com base no art. 50 do CDC, simplesmente realizam a soma dos prazos de *garantia contratual* e *legal* de modo a afastar o prazo decadencial.

O *caput* do art. 50 estabelece que a garantia contratual é complementar à legal. Significa dizer que há uma espécie de *soma* de vantagens e direitos em favor do consumidor: alguns decorrentes diretamente da garantia legal, outros decorrentes da garantia contratual. Existem, muitas vezes, direitos que decorrem de ambas as garantias. A garantia de fábrica impõe, em regra, deveres apenas para o fabricante. Exclui-se o comerciante. Todavia, pode apresentar, no caso concreto, prazo mais vantajoso que a garantia contratual. Cabe ao consumidor, em face de determinado vício, analisar qual garantia será acionada.

Observe-se que o dispositivo não trata nem influencia a forma de contagem dos prazos das garantias. O prazo da garantia legal se define pelo prazo decadencial, cujos termos iniciais da contagem, em relação tanto aos vícios ocultos quanto aos aparentes, estão expressamente indicados no art. 26: não guardam eles qualquer relação com a garantia contratual conferida pelo fornecedor (v. comentários ao art. 50).

O entendimento – já superado – a respeito da soma dos prazos das garantias tem propiciado prática ilegal no mercado, a qual induz o consumidor a erro. Muitos fabricantes de produtos, ao estabelecerem a garantia contratual de fábrica em um ou dois anos, informam no respectivo termo que os primeiros noventa dias, a contar da aquisição do bem, referem-se à garantia legal e o restante à garantia contratual. Ou seja, há clara ofensa ao art. 26, § 3º (norma de ordem pública), que estipula o termo inicial da contagem do prazo decadencial.

Tal prática induz o consumidor a erro que, ao ler o termo de garantia, imagina que a garantia legal vai necessariamente se esgotar no prazo de noventa dias após a data de aquisição do produto, quando, na verdade, o prazo, por expressa disposição de norma de ordem pública, só se inicia quando evidenciado o vício oculto (art. 26, § 3º). Tal disposição constante em inúmeros termos de garantia contratual, por contrariar diretamente o CDC, é nula de pleno direito (art. 51, I e XV).

4. Causas que obstam o prazo decadencial

O § 2º do art. 26 estabelece duas hipóteses que obstam o prazo decadencial para reclamar de vícios dos produtos e serviços: 1) a reclamação do consumidor perante o fornecedor até a resposta negativa correspondente; e 2) a instauração de inquérito civil, até seu encerramento.

No tocante à primeira hipótese, o CDC não exige que a reclamação do consumidor seja formulada por escrito. A reclamação pode ser apresentada por meio eletrônico (internet), oralmente, inclusive por telefone. É importante, todavia, que o consumidor indique meios para comprovar sua reclamação: cópia da mensagem enviada, código e número da reclamação, nome da pessoa com quem falou, dia, horário etc.

Embora mais raro, é possível que o curso do prazo decadencial seja obstado pela instauração de inquérito civil (art. 26, III), que é procedimento administrativo investigatório utilizado pelo Ministério Público para apurar lesão a direitos coletivos, permitindo posterior ajuizamento de ação coletiva.

O inquérito civil tem previsão na Constituição Federal (art. 129, III) e nos arts. 8º e 9º da Lei 7.347/1985 (Lei da Ação Civil Pública). A instauração do procedimento pode ocorrer por iniciativa própria do Ministério Público, em face de notícia em jornal, rádio, televisão etc., ou por provocação de qualquer pessoa. O prazo decadencial fica obstado automaticamente com o início do inquérito civil, independentemente de qualquer manifestação específica do membro do Ministério Público.

A experiência demonstra que o campo de investigação do inquérito civil pode ser ampliado e, eventualmente, reduzido com o curso temporal do procedimento. Ademais, nem sempre é possível, com a leitura do despacho do Ministério Público que instaura o inquérito, delimitar o objeto da investigação. Portanto, não é de se exigir rigor no exame do objeto do inquérito para os fins previstos no inc. III do art. 26, vale dizer, suspensão do prazo decadencial: basta que o vício de determinado produto esteja sob análise direta ou indireta do Ministério Público.

Diverge a doutrina sobre o significado do termo "obstar", constante no § 2º do art. 26 do CDC, já que, tradicionalmente, ao se referir a prazos cujos efeitos são a extinção do direito ou de pretensão decorrente de sua violação, a doutrina e a lei aludiam à possibilidade de interrupção ou suspensão do curso do prazo: na primeira hipótese (interrupção), com recontagem integral do prazo, enquanto na suspensão, com aproveitamento do prazo anterior ao ato que suspendeu o curso.

Historicamente, até o advento do Código Civil (2002), a par de longos debates doutrinários para tentar estabelecer critérios distintivos entre prescrição e decadência, sustentava-se que os prazos decadenciais não estavam sujeitos a causas suspensivas ou interruptivas. O art. 207 do CC enseja a possibilidade de impedimento de suspensão, interrupção do prazo decadencial, ao dispor que, "salvo disposição legal em contrário, não se aplicam à decadência as normas que impedem, suspendem ou interrompem a prescrição".

Fato é que, em 1990, o CDC previu expressamente as duas hipóteses que obstam os prazos decadenciais relativos ao direito de reclamar pelos vícios dos produtos e serviços, o que gerou alguma perplexidade e dúvidas sobre se há reinício do prazo ou aproveitamento do período anterior.

Em que pese a dificuldade que a matéria comporta, a redação do art. 26 indica que se trata de hipótese de suspensão, ou seja, com a resposta do fornecedor ou encerramento do inquérito civil, o prazo volta a correr, abatendo-se o prazo anterior.

 Dicas práticas

O art. 26, § 2º, III, do CDC possui pouca aplicação prática, pois dificilmente um consumidor com problema concreto (ex.: aparelho celular que não funciona) aguardará a conclusão das investigações do Ministério Público que, por natureza, priorizam análise da lesão sob aspecto coletivo. O consumidor, principalmente diante de lesões que afetam suas atividades diárias, opta por levar a questão para o PROCON ou Justiça.

O consumidor deve ficar atento à prática ilegal de alguns fornecedores de incluir o prazo da garantia legal como início da garantia contratual de fábrica. Tal disposição, constante nos termos de garantia, não tem qualquer valor jurídico.

 Jurisprudência

1. Critério da vida útil na contagem do prazo decadencial (vício oculto)

"Art. 26, § 3º, do Código de Defesa do Consumidor. Vício oculto. *Dies a quo* do prazo decadencial. Momento em que o vício se torna perceptível ao consumidor. Ou seja, a data em que o produto não funciona ou funciona inadequadamente, e não a data da aquisição dos bens" (STJ, AgRg no REsp 1.171.635/MT, Rel. Min. Vasco Della Giustina (Desembargador convocado do TJRS), j. 23.11.2010, *DJe* 03.12.2010).

"De fato, conforme premissa de fato fixada pela Corte de origem, o vício do produto era oculto. Nesse sentido, o *dies a quo* do prazo decadencial de que trata o art. 26, § 3º, do Código de Defesa do Consumidor é a data em que ficar evidenciado o aludido vício, ainda que haja uma garantia contratual, sem abandonar, contudo, o critério da vida útil do bem durável, a fim de que o fornecedor não fique responsável por solucionar o vício eternamente. A propósito, esta Corte já apontou nesse sentido" (STJ, REsp 1.123.004/DF, Rel. Min. Mauro Campbell Marques, j. 01.12.2011, *DJe* 09.12.2011).

"4. O prazo de decadência para a reclamação de defeitos surgidos no produto não se confunde com o prazo de garantia pela qualidade do produto – a qual pode ser convencional ou, em algumas situações, legal. O Código de Defesa do Consumidor não traz, exatamente, no art. 26, um prazo de garantia legal para o fornecedor responder pelos vícios do produto. Há apenas um prazo para que, tornando-se aparente o defeito, possa o consumidor reclamar a reparação, de modo que, se este realizar tal providência dentro do prazo legal de decadência, ainda é preciso saber se o fornecedor é ou não responsável pela reparação do vício. 5. Por óbvio, o fornecedor não está, *ad aeternum*, responsável pelos produtos colocados em circulação, mas sua responsabilidade não se limita pura e simplesmente ao prazo contratual de garantia, o qual é estipulado unilateralmente por ele próprio. Deve ser considerada para a aferição da responsabilidade do fornecedor a natureza do vício que inquinou o produto, mesmo que tenha ele se manifestado somente ao término da garantia. 6. Os prazos de garantia, sejam eles legais ou contratuais, visam a acautelar o adquirente de produtos contra defeitos relacionados ao desgaste natural da coisa, como sendo um intervalo mínimo de tempo no qual não se espera que haja deterioração do objeto. Depois desse prazo, tolera-se que, em virtude do uso ordinário do produto, algum desgaste possa mesmo surgir. Coisa diversa é o vício intrínseco do produto existente desde sempre, mas que somente veio a se manifestar depois de expirada a garantia. Nessa categoria de vício intrínseco certamente se inserem os defeitos de fabricação relativos a projeto, cálculo estrutural, resistência de materiais, entre outros, os quais, em não raras vezes, somente se tornam conhecidos depois de algum tempo de uso, mas que, todavia, não decorrem diretamente da fruição do bem, e sim de uma característica oculta que esteve latente até então. 7. Cuidando-se de vício aparente, é certo que o consumidor deve exigir a reparação no prazo de 90 dias, em se tratando de produtos duráveis, iniciando a contagem a partir da entrega efetiva do bem e não fluindo o citado prazo durante a garantia contratual. Porém, conforme assevera a doutrina consumerista, o Código de Defesa do Consumidor, no § 3º do art. 26, no que concerne à disciplina do vício oculto, adotou o critério da vida útil do bem, e não o critério da garantia, podendo o fornecedor se responsabilizar pelo vício em um espaço largo de tempo, mesmo depois de expirada a garantia contratual. 8. Com efeito, em se tratando de vício oculto não decorrente do desgaste natural gerado pela fruição ordinária do produto, mas da própria fabricação, e relativo a projeto, cálculo estrutural, resistência de materiais, entre outros, o prazo para reclamar pela reparação se inicia no momento em que ficar evidenciado o defeito, não obstante tenha isso ocorrido depois de expirado o prazo contratual de garantia, devendo ter-se sempre em vista o critério da vida útil do bem.

9. Ademais, independentemente de prazo contratual de garantia, a venda de um bem tido por durável com vida útil inferior àquela que legitimamente se esperava, além de configurar um defeito de adequação (art. 18 do CDC), evidencia uma quebra da boa-fé objetiva, que deve nortear as relações contratuais, sejam de consumo, sejam de direito comum. Constitui, em outras palavras, descumprimento do dever de informação e a não realização do próprio objeto do contrato, que era a compra de um bem cujo ciclo vital se esperava, de forma legítima e razoável, fosse mais longo" (STJ, REsp 984.106/SC, Rel. Min. Luis Felipe Salomão, j. 04.10.2012, *DJe* 20.11.2012).

2. Garantia contratual como parâmetro para definir o critério da vida útil do produto

"6. Há de ser diferenciado o prazo pelo qual fica o fornecedor obrigado a assegurar a adequação do produto com relação aos vícios ocultos, do prazo decadencial durante o qual o consumidor pode exercer o direito de reclamar, com fulcro no art. 18, § 1º, do CDC. Enquanto o primeiro limita a responsabilidade do fornecedor; o segundo limita o direito de o consumidor exigir a substituição do produto, a restituição imediata da quantia paga, ou o abatimento proporcional do preço. 7. Na ausência de expressa disposição legal sobre o prazo que vincula o fornecedor à garantia contra vícios ocultos, adotou-se como baliza a vida útil do bem, pois, se os bens de consumo trazem em si uma longevidade previsível, criam, no consumidor, a legítima expectativa quanto à sua durabilidade adequada. 8. A regra extraída do art. 50 do CDC, a partir de uma interpretação teleológica e sistemática da lei consumerista, é a da não sobreposição das garantias legal e contratual. 9. A garantia contratual, enquanto ato de mera liberalidade do fornecedor, implica o reconhecimento de um prazo mínimo de vida útil do bem, de modo que, se o vício oculto se revela neste período, surge para o consumidor a faculdade de acioná-la, segundo os termos do contrato, sem que contra ele corra o prazo decadencial do art. 26 do CDC; ou de exercer seu direito à garantia legal, com base no art. 18, § 1º, do CDC, no prazo do art. 26 do CDC. 10. A garantia estabelecida pelo fabricante, porque se agrega ao produto como fator de valorização e, assim, interfere positivamente na tomada de decisão do consumidor pela compra, vincula também o comerciante, que dela se vale para favorecer a concretização da venda. 12. Ademais, o art. 18 do CDC, ao impor a responsabilidade solidária da cadeia de fornecedores, confere ao consumidor a possibilidade de demandar qualquer deles, indistintamente, pelo vício do produto, de modo que, surgindo o vício durante a garantia contratual oferecida pelo fabricante, pode o consumidor exercer o direito de reclamar contra o comerciante. 13. A regra do art. 18 do CDC induz à conclusão de que a reclamação direcionada a qualquer dos fornecedores é ato capaz de obstar o prazo decadencial previsto no art. 26 em face de toda a cadeia, porque é a demonstração inequívoca da intenção do consumidor de ver sanado o vício, sob pena de exercer seu direito de exigir a adoção das medidas previstas no § 1º daquele dispositivo legal. 14. De acordo com o CDC, tem o fornecedor o direito de, no prazo máximo de 30 dias, sanar o vício apresentado no produto (primeiro nível de proteção), contado esse lapso, sem interrupção ou suspensão, desde a primeira manifestação do vício até o seu efetivo reparo. 15. A tolerância do consumidor, que crê e aguarda a solução do problema, mesmo depois de ultrapassado o prazo legal concedido ao fornecedor, para assim tentar preservar o negócio jurídico tal qual celebrado, não deve, em princípio, ser interpretada como renúncia ao seu direito de reclamar, inclusive porque, até que receba uma resposta inequívoca, não corre contra ele o respectivo prazo decadencial (art. 26, § 3º, do CDC). 16. Mesmo depois de integralmente sanado o vício, é possível que persista o interesse na substituição do produto, na restituição imediata da quantia paga ou no abatimento proporcional do preço, se, em razão da extensão do vício, a troca das partes viciadas comprometer a qualidade ou as características do produto, diminuir-lhe o valor ou se se tratar de produto essencial. 17. No particular, sanado o vício pelo fornecedor, depois de transcorrido o trintídio legal, o consumidor exerceu a pretensão de exigir a substituição do veículo ou a restituição da quantia paga quando já escoado o prazo de 90 dias previsto no art. 26, II, do CDC, sendo forçoso pronunciar a decadência do seu direito" (STJ, REsp 1.734.541/SE, 3ª Turma, Rel. Min. Nancy Andrighi, j. 13.11.2018, *DJe* 22.11.2018).

3. Não se aplica o prazo decadencial se a pretensão do consumidor é de natureza indenizatória

"A jurisprudência desta Corte é assente no sentido de que quando 'a pretensão do consumidor é de natureza indenizatória (isto é, de ser ressarcido pelo prejuízo decorrente dos vícios do imóvel) não há incidência de prazo decadencial' (REsp 1.717.160/DF, Rel. Ministra Nancy Andrighi, Terceira Turma, julgado em 22/03/2018, DJe 26/03/2018). No caso dos autos, toda a fundamentação da exordial está centrada na condenação das empresas demandadas pelos danos materiais e morais suportados, tratando-se, portanto, de uma pretensão indenizatória" (STJ, AgInt no AgInt no AREsp 1612898/SP, Rel. Min. Marco Aurélio Bellizze, 3ª Turma, j. 19.04.2021, *DJe* 23.04.2021).

4. Reclamação do consumidor obsta o prazo decadencial

"Está pacificado nesta Corte o entendimento de que a reclamação do consumidor formulada diretamente ao fornecedor obsta o prazo de decadência até a resposta negativa deste. Precedente" (STJ, AgInt no AREsp 142.903/RJ, 4ª Turma, Rel. Min. Raul Araújo, j. 07.03.2017, *DJe* 17.03.2017).

"1. Nos termos do entendimento jurisprudencial desta Corte Superior, o prazo decadencial de 90 (noventa) dias, a que alude o art. 26, II, do CDC, não se aplica à pretensão em caso de indenização por danos materiais e morais decorrentes de fato do produto, devendo ser observado o prazo quinquenal previsto no art. 27 do CDC. Precedentes. 2. Agravo interno a que se nega provimento" (STJ, AgInt no REsp 995.064/RJ, 4ª Turma, Rel. Min. Raul Araújo, j. 18.05.2017, *DJe* 01.06.2017).

5. Forma de contagem do prazo decadencial e conceito de bem durável

"1. A garantia legal de adequação de produtos e serviços é direito potestativo do consumidor, assegurado em lei de ordem pública (arts. 1º, 24 e 25 do Código de Defesa do Consumidor). 2. A facilidade de constatação do vício e a durabilidade ou não do produto ou serviço são os critérios adotados no Código de Defesa do Consumidor para a fixação do prazo decadencial de reclamação de vícios aparentes ou de fácil constatação em produtos ou serviços. 3. O direito de reclamar pelos vícios aparentes ou de fácil constatação caduca 30 (trinta), em se tratando de produto não durável, e em 90 (noventa) dias, em se tratando de produto durável (art. 26, incisos I e II, do CDC). 4. O início da contagem do prazo para os vícios aparentes ou de fácil constatação é a entrega efetiva do produto (tradição) ou, no caso de serviços, o término da sua execução (art. 26, § 1º, do CDC), pois a constatação da inadequação é verificável de plano a partir de um exame superficial pelo 'consumidor médio'. 5. A decadência é obstada pela reclamação comprovadamente formulada pelo consumidor perante o fornecedor de produtos e serviços até a resposta negativa correspondente, que deve ser transmitida de forma inequívoca (art. 26, § 2º, inciso I, do CDC), o que ocorreu no caso concreto. 6. O vestuário representa produto durável por natureza, porque não se exaure no primeiro uso ou em pouco tempo após a aquisição, levando certo tempo para se desgastar, mormente quando classificado como artigo de luxo, a exemplo do vestido de noiva, que não tem uma razão efêmera. 7. O bem durável é aquele fabricado para servir durante determinado transcurso temporal, que variará conforme a qualidade da mercadoria, os cuidados que lhe são emprestados pelo usuário, o grau de utilização e o meio ambiente no qual inserido. Por outro lado, os produtos 'não duráveis' extinguem-se em um único ato de consumo, porquanto imediato o seu desgaste" (STJ, REsp 1.161.941/DF, 3ª Turma, Rel. Min. Ricardo Villas Bôas Cueva, j. 05.11.2013, *DJe* 14.11.2013).

6. Distinção entre o prazo decadencial (art. 26) e prescricional (art. 27)

"Código de Defesa do Consumidor. Responsabilidade pelo fato do produto. Prescrição. A ação de indenização por fato do produto prescreve em cinco anos (arts. 12 e 27 do CDC), não se aplicando à hipótese as disposições sobre vício do produto (arts. 18, 20 e 26 do CDC)" (STJ, REsp 100.710, Rel. Min. Ruy Rosado de Aguiar, j. 25.11.1996, *DJ* 03.02.1997).

"2. O Código de Defesa do Consumidor estabelece dois regimes jurídicos para a responsabilidade civil do fornecedor: a responsabilidade por fato do produto ou serviço (arts. 12 a 17) e a responsabilidade por vício do produto ou serviço (arts. 18 a 25). Basicamente, a distinção entre ambas reside em que, na primeira, além da desconformidade do produto ou serviço com uma expectativa legítima do consumidor, há um acontecimento externo (acidente de consumo) que causa dano material ou moral ao consumidor. Na segunda, o prejuízo do consumidor decorre do defeito interno do produto ou serviço (incidente de consumo). 3. Para cada um dos regimes jurídicos, o CDC estabeleceu limites temporais próprios para a responsabilidade civil do fornecedor: prescrição de 5 anos (art. 27) para a pretensão indenizatória pelos acidentes de consumo; e decadência de 30 ou 90 dias (art. 26) para a reclamação pelo consumidor, conforme se trate de produtos ou serviços não duráveis ou duráveis. 4. Tratando-se de vício oculto do produto, o prazo decadencial tem início no momento em que evidenciado o defeito, e a reclamação do consumidor formulada diretamente ao fornecedor obsta o prazo de decadência até a resposta negativa deste" (STJ, REsp 1303510/SP, Rel. Min. João Otávio De Noronha, 3ª Turma, j. 03.11.2015, *DJe* 06.11.2015).

"1. Segundo a jurisprudência desta Corte, se o produto apresenta vício quanto à quantidade ou qualidade, ou que lhe diminua o valor, estar-se-á diante de vício aparente ou de fácil constatação, de acordo com o art. 26 do Código de Defesa do Consumidor. Precedentes. 2. No caso, o pedido de obrigação de fazer tem fundamento em vício aparente ou de fácil constatação (divergência das janelas instaladas na unidade imobiliária), hipótese em que se aplica o prazo decadencial de 90 (noventa) dias, de acordo com o art. 26, II, do CDC, não havendo que se falar em vício construtivo" (STJ, AgInt no AREsp 1698416/SP, Rel. Min. Raul Araújo, 4ª Turma, j. 01.03.2021, *DJe* 22.03.2021).

7. Prazo decadencial (art. 26) não se aplica à ação de prestação de contas

"Inaplicável o art. 26 do Código de Defesa do Consumidor, que determina prazo decadencial para a reclamação por vícios em produtos ou serviços prestados, à ação de prestação de contas ajuizada pelo correntista com o escopo de obter esclarecimentos acerca da cobrança de taxas, tarifas e/ou encargos bancários. Precedentes" (STJ, AgInt no REsp 1.841.465/PR, 3ª Turma, Rel. Min. Ricardo Villas Bôas Cueva, j. 01.06.2020, *DJe* 04.06.2020).

> **Art. 27.** Prescreve em 5 (cinco) anos a pretensão à reparação pelos danos causados por fato do produto ou do serviço prevista na Seção II deste Capítulo, iniciando-se a contagem do prazo a partir do conhecimento do dano e de sua autoria.
>
> **Parágrafo único.** (Vetado).[9]

Legislação correlata

Código Civil, arts. 205 e 206.

Análise doutrinária

1. Prazo prescricional de cinco anos para acidentes de consumo

O art. 27 do CDC estabelece o prazo prescricional de cinco anos para ações indenizatórias decorrentes de fato do produto ou do serviço (acidente de consumo). Esclarece, ainda, que o início da contagem do prazo é a partir "do conhecimento do dano e de sua autoria".

Em regra, o termo inicial de contagem do prazo prescricional de cinco anos coincide com a data do acidente de consumo. Assim, se um aparelho celular explode e causa danos à integridade física do consumidor, ele tem já ciência, no mesmo momento, "do dano e de sua autoria". Todavia, há situações em que o dano pode ocorrer dias ou meses depois do fato. Imagine-se a ingestão de alimento impróprio ao consumo e surgimento de infecção alimentar três dias depois ou, ainda, procedimento cirúrgico defeituoso cujas consequências (ex.: perda de movimento da mão) só podem ser percebidas meses depois.

---

[9]   Mensagem de Veto 664/90, *do parágrafo único do art. 27*: "Essa disposição padece de grave defeito de formulação, que impossibilita o seu entendimento, uma vez que o § 1º do art. 26 refere-se ao termo inicial dos prazos de decadência, nada dispondo sobre interrupção da prescrição".

O prazo previsto no art. 27 não se confunde com os prazos decadenciais em face de vícios de produtos e serviços. Em virtude da clareza do CDC em diferenciar o prazo prescricional de cinco anos para pretensões indenizatórias advindas de acidentes de consumo (art. 27) do prazo decadencial de 30 e 90 dias para reclamar dos vícios dos produtos e serviços (art. 26), não pode haver dúvidas a respeito da distinção dos aludidos prazos.

O debate possível gira em torno do prazo para requerer perdas e danos decorrentes de vícios dos produtos ou serviços ou, ainda, se é possível pleitear indenização no prazo de cinco anos, quando há decadência do prazo para exercer as opções em face do de determinado vício.

Ilustre-se com a situação de vício de veículo que trouxe gasto de R$ 700,00 ao consumidor com custo transporte individual (ex.: táxi) por determinado período. O valor deve ser pleiteado no prazo e na mesma ação na qual se requer a troca do produto ou devolução do dinheiro (art. 18, § 1º, I e II)? Ou os direitos previstos nos incs. I, II, e III submetem-se ao prazo decadencial de 90 dias (art. 26) enquanto a indenização pelo valor gasto se sujeita à prescrição de cinco anos (art. 27)?

A resposta pode invocar o debate doutrinário concernente à própria caracterização das perdas e danos como fato ou vício do produto ou serviço ou o que se tem denominado danos *circa rem* ou *extra rem*. *Circa rem* seria o dano inerente ao próprio vício. Já o dano *extra rem* teria dimensão maior, estaria na esfera extracontratual. Com essa distinção, sustenta-se que o dano *circa rem* está sujeito ao prazo do art. 26 e o dano *extra rem* ao prazo prescricional do art. 27.

Sem recorrer às referidas categorias, o STJ, em interpretação mais favorável ao consumidor, permite, após superado o prazo decadencial de 30 ou 90 dias, que seja formulado pleito indenizatório para obter ressarcimento de gastos (perdas e danos) com reparo de vícios dos produtos e serviços. A Corte destaca, por exemplo, que é possível requerer indenização no prazo de cinco anos, após decadência do direito dos autores de reclamarem da diferença entre a metragem real do imóvel daquela veiculada em publicidade. Em outra decisão, manifesta que a pretensão indenizatória do consumidor se submete ao prazo de dez anos previsto no Código Civil (art. 205).

2. Suspensão e impedimento dos prazos *prescricionais* no período da pandemia do novo coronavírus (Covid-19)

Como já apontado (v. comentários ao art. 6º, V), a Lei 14.010, de 10 de junho de 2020, dispõe sobre o Regime Jurídico Emergencial e Transitório das relações jurídicas de Direito Privado (RJET) no período da pandemia do novo coronavírus (Covid-19). Além de suspender a aplicação do direito de arrependimento em situações específicas (v. comentários ao art. 49), prevê impedimento e suspensão de prazos *prescricionais* até 30 de outubro de 2020.

O art. 3º da Lei 14.010/2020 suspende e impede o transcurso dos prazos *prescricionais* da data de publicação da norma – 12 de junho de 2020 – até o dia 30 de outubro de 2020. O impedimento significa que, havendo lesão a direito do consumidor, a contagem do prazo prescricional sequer se inicia. No caso de suspensão, deve-se considerar o prazo transcorrido até o início da vigência da referida norma. Se já houver outra hipótese de impedimento, suspensão ou interrupção dos prazos prescricionais, não há incidência da Lei 14.010/2020, conforme dispõe o § 1º do art. 3º.

Os prazos *decadenciais* não foram afetados pela Lei 14.010/2020, conforme disposto no § 2º do art. 3º.

Acrescente-se que o Conselho Nacional de Justiça (CNJ), considerando a declaração pública de pandemia do novo coronavírus pela OMS, em 11 de março de 2020, editou, em 19 de março de 2020, a Resolução 313, a qual suspendeu os prazos processuais, ao mesmo tempo que estabeleceu plantão para medidas urgentes (art. 4º). A Resolução, que "não obsta a prática de ato processual necessário à preservação de direitos e de natureza urgente", foi sucessivamente prorrogada até 14 de junho de 2020 (Res. 318/2020 e Port. CNJ 79/2020).

 Dicas práticas

Há autonomia em relação à pretensão indenizatória do consumidor em face de vício dos produtos e serviços. Portanto, se houve perda do prazo decadencial (art. 26), é possível, na linha de precedentes do STJ, requerer indenização por danos materiais e morais no prazo de cinco ou dez anos.

 Jurisprudência

1. Prazo prescricional (art. 27) e decadencial (art. 26)

"A ação de indenização por fato do produto prescreve em cinco anos (arts. 12 e 27 do CDC), não se aplicando à hipótese as disposições sobre vício do produto (arts. 18, 20 e 26 do CDC)" (STJ, REsp 100.710, Rel. Min. Ruy Rosado de Aguiar, j. 25.11.1996, *DJ* 03.02.1997).

"O Código de Defesa do Consumidor estabeleceu limites temporais diferentes para a responsabilização civil do fornecedor. O art. 27 prevê o prazo prescricional de 5 (cinco) anos para a pretensão indenizatória pelos danos causados por fato do produto ou do serviço; e o art. 26, o prazo decadencial de 30 (trinta) ou 90 (noventa) dias para a reclamação, conforme se trate de vícios aparentes ou de fácil constatação de produtos ou serviços não duráveis ou duráveis. Segundo a jurisprudência desta Corte, se o produto apresenta vício quanto à quantidade ou qualidade, ou que lhe diminua o valor, estar-se-á diante de vício aparente ou de fácil constatação, de acordo com o art. 26 do Código Consumerista. No caso, decaiu em 90 (noventa) dias o direito de os autores reclamarem da diferença entre a metragem do imóvel veiculada em propaganda e a área do apartamento descrita na promessa de compra e venda. A pretensão de indenização pelos danos morais experimentados pelos autores pode ser ajuizada no prazo prescricional de 5 (cinco) anos. Precedentes" (STJ, REsp 1.488.239/PR, Rel. Min. Ricardo Villas Bôas Cueva, j. 01.03.2016, *DJe* 07.03.2016).

2. Escoado o prazo decadencial, o consumidor pode, no prazo prescricional, requerer indenização pelos danos

"1. Escoado o prazo decadencial de 90 (noventa) dias previsto no art. 26, II, do CDC, não poderá o consumidor exigir do fornecedor do serviço as providências previstas no art. 20 do mesmo Diploma – reexecução do serviço, restituição da quantia paga ou o abatimento proporcional do preço –, porém, a pretensão de indenização dos danos por ele experimentados pode ser ajuizada durante o prazo prescricional de 5 (cinco) anos, porquanto rege a hipótese o art. 27 do CDC" (STJ, REsp 683.809/RS, 4ª Turma, Rel. Min. Luis Felipe Salomão, j. 20.04.2010, *DJe* 03.05.2010).

"É de 90 (noventa) dias o prazo para o consumidor reclamar por vícios aparentes ou de fácil constatação no imóvel por si adquirido, contado a partir da efetiva entrega do bem (art. 26, II e § 1º, do CDC). No referido prazo decadencial, pode o consumidor exigir qualquer das alternativas previstas no art. 20 do CDC, a saber: a reexecução dos serviços, a restituição imediata da quantia paga ou o abatimento proporcional do preço. Cuida-se de verdadeiro direito potestativo do consumidor, cuja tutela se dá mediante as denominadas ações constitutivas, positivas ou negativas. Quando, porém, a pretensão do consumidor é de natureza indenizatória (isto é, de ser ressarcido pelo prejuízo decorrente dos vícios do imóvel) não há incidência de prazo decadencial. A ação, tipicamente condenatória, sujeita-se a prazo de prescrição. À falta de prazo específico no CDC que regule a pretensão de indenização por inadimplemento contratual, deve incidir o prazo geral decenal previsto no art. 205 do CC/2002, o qual corresponde ao prazo vintenário de que trata a Súmula 194/STJ, aprovada ainda na vigência do Código Civil de 1916 ('Prescreve em vinte anos a ação para obter, do construtor, indenização por defeitos na obra')" (STJ, REsp 1.534.831/DF, Rel. Min. Ricardo Villas Bôas Cueva, Rel. p/ acórdão Min. Nancy Andrighi, j. 20.02.2018, *DJe* 02.03.2018).

"6. A entrega de bem imóvel em metragem diversa da contratada não pode ser considerada vício oculto, mas sim aparente, dada a possibilidade de ser verificada com a mera medição das dimensões do imóvel – o que, por precaução, o adquirente, inclusive, deve providenciar tão logo receba a unidade imobiliária. 7. É de 90 (noventa) dias o prazo para o consumidor reclamar por vícios aparentes ou de fácil constatação no imóvel por si adquirido, contado a partir da efetiva entrega do bem (art. 26, II e § 1º, do CDC). 8. O prazo decadencial previsto no art. 26 do CDC relaciona-se ao período de que dispõe o consumidor para exigir em juízo alguma das alternativas que lhe são conferidas pelos arts. 18, § 1º, e 20, *caput*, do mesmo diploma legal (a saber, a substituição do produto, a restituição da quantia paga, o abatimento proporcional do preço e a reexecução do serviço), não se confundindo com o prazo prescricional a que se sujeita o consumidor para pleitear indenização decorrente da má-execução do contrato. 9. Quando a pretensão do consumidor é de natureza indenizatória (isto é, de ser ressarcido pelo prejuízo decorrente dos vícios do imóvel) não há incidência de prazo decadencial. A ação, tipicamente condenatória, sujeita-se a prazo de prescrição. 10. À falta de prazo específico no CDC que regule a pretensão de indenização por inadimplemento contratual, deve incidir o prazo geral decenal previsto no art. 205 do CC/2002" (STJ, REsp 1.819.058/SP, 3ª Turma, Rel. Min. Nancy Andrighi, j. 03.12.2019, *DJe* 05.12.2019).

"A jurisprudência do Superior Tribunal de Justiça é firme no sentido de que se a pretensão do consumidor é de natureza indenizatória (de ressarcimento pelo prejuízo decorrente dos vícios do imóvel), não há incidência de prazo decadencial. A ação condenatória sujeita-se a prazo de prescrição" (STJ, AgInt no AgInt no REsp 1.783.556/SP, 3ª Turma, Rel. Min. Ricardo Villas Bôas Cueva, j. 25.05.2020, *DJe* 28.05.2020).

"A jurisprudência desta Corte é assente no sentido de que quando "a pretensão do consumidor é de natureza indenizatória (isto é, de ser ressarcido pelo prejuízo decorrente dos vícios do imóvel) não há incidência de prazo decadencial' (REsp 1.717.160/DF, Rel. Ministra Nancy Andrighi, Terceira Turma, julgado em 22/03/2018, DJe 26/03/2018). No caso dos autos, toda a fundamentação da exordial está centrada na condenação das empresas demandadas pelos danos materiais e morais suportados, tratando-se, portanto, de uma pretensão indenizatória" (STJ, AgInt no AgInt no AREsp 1612898/SP, Rel. Min. Marco Aurélio Bellizze, 3ª Turma, j. 19.04.2021, DJe 23.04.2021).

3. Diferença de metragem do imóvel e prazo decadencial de um ano (Código Civil)

"5. A entrega de bem imóvel em metragem diversa da contratada não pode ser considerada vício oculto, mas sim aparente, dada a possibilidade de ser verificada com a mera medição das dimensões do imóvel – o que, por precaução, o adquirente, inclusive, deve providenciar tão logo receba a unidade imobiliária. 6. É de 90 (noventa) dias o prazo para o consumidor reclamar por vícios aparentes ou de fácil constatação no imóvel por si adquirido, contado a partir da efetiva entrega do bem (art. 26, II e § 1º, do CDC). 7. O prazo decadencial previsto no art. 26 do CDC relaciona-se ao período de que dispõe o consumidor para exigir em juízo alguma das alternativas que lhe são conferidas pelos arts. 18, § 1º, e 20, caput, do mesmo diploma legal (a saber, a substituição do produto, a restituição da quantia paga, o abatimento proporcional do preço e a reexecução do serviço), não se confundindo com o prazo prescricional a que se sujeita o consumidor para pleitear indenização decorrente da má-execução do contrato. 8. Para as situações em que as dimensões do imóvel adquirido não correspondem às noticiadas pelo vendedor, cujo preço da venda foi estipulado por medida de extensão ou com determinação da respectiva área (venda ad mensuram), aplica-se o disposto no art. 501 do CC/02, que prevê o prazo decadencial de 1 (um) ano para a propositura das ações previstas no antecedente artigo (exigir o complemento da área, reclamar a resolução do contrato ou o abatimento proporcional do preço). 9. Na espécie, o TJ/SP deixou expressamente consignada a natureza da ação ajuizada pelo recorrido, isto é, de abatimento proporcional do preço, afastando-se, por não se tratar de pretensão indenizatória, o prazo prescricional geral de 10 (dez) anos previsto no art. 205 do CC/02. 10. Ao mesmo tempo em que reconhecida, pela instância de origem, que a venda do imóvel deu-se na modalidade ad mensuram, não se descura que a relação havida entre as partes é, inegavelmente, de consumo, o que torna prudente a aplicação da teoria do diálogo das fontes para que se possa definir a legislação aplicável, com vistas a aplicar o prazo mais favorável ao consumidor. 11. De qualquer forma, ainda que se adote o prazo decadencial de 1 (um) ano previsto no CC/02, contado da data de registro do título – por ser ele maior que o de 90 (noventa) dias previsto no CDC – impossível afastar o reconhecimento da implementação da decadência na espécie, vez que o registro do título deu-se em 18/07/2016 e a ação somente foi ajuizada em 02/07/2018" (STJ, REsp 1890327/SP, Rel. Min. Nancy Andrighi, 3ª Turma, j. 20.04.2021, DJe 26.04.2021).

"Na linha dos precedentes desta Corte, o prazo que o consumidor dispõe para perseguir o abatimento proporcional do preço, em situações como a dos autos, é decadencial de um ano previsto no art. 501 do CC/02. Tendo o Tribunal paulista afirmado expressamente que a natureza da ação ajuizada pelo agravante é de abatimento proporcional do preço, afasta-se, por não se tratar de pretensão indenizatória, o prazo prescricional geral de 10 (dez) anos previsto no art. 205 do CC/02" (STJ, AgInt no AREsp 1809808/SP, Rel. Min. Moura Ribeiro, 3ª Turma, j. 25.05.2021, *DJe* 28.05.2021).

4. Danos materiais e morais decorrentes de vício do serviço se submetem ao prazo prescricional de cinco anos

"3. Os serviços viciados podem causar danos morais e materiais, mas, nessa hipótese, haverá acidente de consumo, ou fato do serviço, disciplinado no art. 14 do CDC, que é evento danoso externo e indiretamente relacionado à inadequação do serviço, ensejado por um novo elemento de desvalia que acarreta um acontecimento autônomo, não coincidente com o mero vício do serviço. 6. Para que se configure o dano moral de natureza individual, deve o julgador ser capaz de identificar na hipótese concreta uma grave agressão ou atentado à dignidade da pessoa humana, capaz de romper o equilíbrio psicológico do indivíduo por um período de tempo desarrazoado. 7. Na hipótese em exame, o pleito compensatório do recorrente está justificado na ausência de atendimento integral na agência bancária por prazo superior a 200 (duzentos) dias. 8. Não tendo sido traçada qualquer nota adicional que pudesse, para além da permanência da prestação parcial de serviços, ensejar a violação de direito da personalidade a ponto de causar grave sofrimento ou angústia no consumidor recorrente, não há dano moral a ser indenizado" (STJ, REsp 1.767.948/SE, 3ª Turma, Rel. Min. Nancy Andrighi, j. 03.09.2019, *DJe* 05.09.2019).

5. Pretensão de indenização por inadimplemento contratual se sujeita a prazo de dez anos

"1. Nos termos da jurisprudência desta Corte, à falta de prazo específico no CDC que regule a pretensão de indenização por inadimplemento contratual, deve incidir o prazo geral decenal previsto no art. 205 do CC/2002, o qual corresponde ao prazo vintenário de que trata a Súmula 194/STJ, aprovada ainda na vigência do Código Civil de 1916 ('Prescreve em vinte anos a ação para obter, do construtor, indenização por defeitos na obra') (REsp 1.534.831/DF, Rel. Ministro Ricardo Villas Bôas Cueva, Rel. p/ Acórdão Ministra Nancy Andrighi, Terceira Turma, julgado em 20.02.2018, *DJe* 02.03.2018). 2. Outrossim, é certo que 'a responsabilidade civil decorrente de inadimplemento contratual não se assemelha àquela advinda de danos causados por fato do produto ou do serviço (acidente de consumo), cujo prazo prescricional para exercício da pretensão à reparação é o quinquenal previsto no artigo 27 do Código de Defesa do Consumidor' (AgRg no AREsp 521.484/SP, Rel. Ministro Marco Buzzi, Quarta Turma, julgado em 11.11.2014, *DJe* 17.11.2014). 3. A 'solidez e segurança do trabalho de empreitada de edifícios ou outras construções consideráveis' foram destacadas pelo legislador (artigo 618 do Código Civil) para fins de atendimento ao prazo irredutível de garantia de cinco anos, não consubstanciando, contudo, critério para aplicação do prazo prescricional enunciado na Súmula 194 do STJ" (STJ, AgInt no AREsp 438.665/RS, 4ª Turma, Rel. Min. Luis Felipe Salomão, j. 19.09.2019, *DJe* 24.09.2019).

6. Prazo prescricional de três anos para indenização decorrente de inscrição indevida em banco de dados de proteção ao crédito (Código Civil)

"Conforme a jurisprudência dominante do STJ, o prazo prescricional para o pedido de indenização por dano moral, decorrente da indevida inscrição do nome do consumidor em cadastro de inadimplentes, é o previsto no art. 206, § 3º, V, do Código Civil. Precedente do STJ: AgInt no AREsp 1.457.180/RS, Rel. Ministro RI-CARDO VILLAS BÔAS CUEVA, TERCEIRA TURMA, DJe de 05/09/2019" (STJ, AgInt no AREsp 773.756/SP, Rel. Min. Assusete Magalhães, 2ª Turma, j. 14.06.2021, *DJe* 17.06.2021).

7. Ação revisional de contrato bancário possui prazo prescricional de dez anos (Código Civil)

"O entendimento do acórdão recorrido está em conformidade com o entendimento desta Corte de que, tratando-se de ação revisional, o prazo prescricional aplicável é aquele previsto no art. 205, caput, do Código Civil de 2002, ou seja, 10 (dez) anos. Incidência da Súmula n. 83/STJ" (STJ, AgInt no REsp 1862436/RS, Rel. Min. Marco Aurélio Bellizze, 3ª Turma, j. 29.03.2021, *DJe* 06.04.2021).

8. Ação fundada na inexistência de contrato bancário possui prazo prescricional de cinco anos (art. 27 do CDC)

"A jurisprudência sedimentada nesta Corte Superior é no sentido de que, fundando-se o pedido na ausência de contratação de empréstimo com instituição financeira, ou seja, em decorrência de defeito do serviço bancário, aplica-se o prazo quinquenal previsto no art. 27 do Código de Defesa do Consumidor. Em relação ao termo inicial, insta esclarecer que a jurisprudência desta Casa é firme no sentido de que o prazo prescricional para o exercício da referida pretensão flui a partir da data do último desconto no benefício previdenciário" (STJ, AgInt no AREsp 1728230/MS, Rel. Min. Marco Aurélio Bellizze, 3ª Turma, j. 08.03.2021, *DJe* 15.03.2021).

Seção V
Da desconsideração da personalidade jurídica

Art. 28. O juiz poderá desconsiderar a personalidade jurídica da sociedade quando, em detrimento do consumidor, houver abuso de direito, excesso de poder, infração da lei, fato ou ato ilícito ou violação dos estatutos ou contrato social. A desconsideração também será efetivada quando houver falência, estado de insolvência, encerramento ou inatividade da pessoa jurídica provocados por má administração.

§ 1º (Vetado).[10]

§ 2º As sociedades integrantes dos grupos societários e as sociedades controladas são subsidiariamente responsáveis pelas obrigações decorrentes deste Código.

---

[10] Mensagem de Veto nº 664/90, *do § 1º do art. 28*: O *caput* do art. 28 já contém todos os elementos necessários à aplicação da desconsideração da personalidade jurídica, que constitui, conforme doutrina amplamente dominante no direito pátrio e alienígena, técnica excepcional de repressão a práticas abusivas.

> **§ 3º** As sociedades consorciadas são solidariamente responsáveis pelas obrigações decorrentes deste Código.
>
> **§ 4º** As sociedades coligadas só responderão por culpa.
>
> **§ 5º** Também poderá ser desconsiderada a pessoa jurídica sempre que sua personalidade for, de alguma forma, obstáculo ao ressarcimento de prejuízos causados aos consumidores.

 Legislação correlata

Código Civil, art. 49-A, 50, 980-A e 1.097 a 1.101.

Lei 6.404/1976 (Lei das Sociedades Anônimas).

Código de Processo Civil, arts. 133 a 137.

 Análise doutrinária

1. Desconsideração da personalidade jurídica

A desconsideração da personalidade jurídica está prevista em diversas áreas do ordenamento jurídico brasileiro (civil, trabalhista, tributário etc.). Apesar de pequenas diferenças em relação aos pressupostos, todas possuem em comum a ideia inicial de autonomia da pessoa jurídica em relação a pessoas físicas que a integram ou exercem atos de gestão. No Código Civil, está prevista nos arts. 49-A e 50, e sofreu algumas alterações em 2019, promovidas pela Lei da Liberdade Econômica (Lei 13.874).

O *caput* do art. 28 e seu § 5º preveem os requisitos da desconsideração da personalidade jurídica no âmbito das relações de consumo. Os §§ 2º, 3º e 4º tratam de responsabilidade civil perante o consumidor de empresas consorciadas, coligadas ou que integram o mesmo grupo societários. Melhor seria que os referidos temas – pelas diferenças de enfoque – fossem tratados em dispositivos diversos.

A instituição de uma pessoa jurídica com o objetivo de explorar determinada atividade econômica atende, de um modo geral, a vários propósitos, dentre os quais: 1) reunião de várias pessoas, com habilidade e capacidade profissionais diversas; 2) colaboração patrimonial entre os futuros sócios para definir o capital social; 3) incentivos fiscais; 4) limitação, como regra, da responsabilidade dos atos praticados pela pessoa jurídica, de modo a não atingir o patrimônio pessoal dos sócios.

O disposto no art. 49-A do CC, incluído pela Lei 13.874/2019 (Lei da Liberdade Econômica), é didático ao estabelecer que "a pessoa jurídica não se confunde com os seus sócios, associados, instituidores ou administradores". O parágrafo único esclarece que a autonomia patrimonial das pessoas jurídicas é instrumento lícito de alocação de riscos e que tem por objetivo estimular o empreendedorismo.

Realmente, se houvesse indefinição patrimonial entre pessoa física e jurídica, pouquíssimos se animariam a realizar empreendimento com riscos e, em caso de insucesso, de responder com seu patrimônio, com prejuízos irreparáveis pessoais e para a família. Desse modo, apenas excepcionalmente é que se admite – ou se deveria admitir – que o patrimônio da pessoa natural responda a dívidas da pessoa jurídica da qual faz parte.

Em sua construção original, a desconsideração da personalidade jurídica (*disregard doctrine* ou *disregard of legal entity*) estava associada a situações de má-fé, abuso, intenção de causar prejuízo, com utilização da pessoa jurídica como espécie de escudo para ilicitudes diversas. O art. 28 do CDC não prima por rigor técnico. Utiliza, sem qualquer preocupação em conceituar, uma diversidade de termos e expressões que ensejam a desconsideração: abuso de direito, excesso de poder, infração da lei, fato ou ato ilícito, violação do estatuto ou contrato social. Ademais, no § 5º, amplia-se a desconsideração sempre que a pessoa jurídica for, "de alguma forma, obstáculo ao ressarcimento de prejuízos causados aos consumidores".

Há contundentes censuras doutrinárias à redação do § 5º do art. 28 do CDC, que, ao final, acabe por retirar ou mitigar o caráter absolutamente excepcional da desconsideração. Independentemente de má-fé ou de qualquer conduta abusiva, o patrimônio dos sócios pode ser alcançado e penhorado para satisfazer dívida em favor do consumidor. Em outras palavras e em interpretação literal do dispositivo: basta existência de dívida vencida decorrente de relação de consumo para que se atinja o patrimônio pessoal dos sócios.

Em que pesem tais críticas, o STJ aceita a literalidade do disposto no § 5º. A Corte admite a incidência e aplicação isolada do dispositivo, ou seja, a desconsideração da pessoa jurídica "sempre que sua personalidade for, de alguma forma, obstáculo ao ressarcimento de prejuízos causados aos consumidores". A desconsideração baseada na redação literal e isolada do disposto no § 5º do art. 28 do CDC é denominada de Teoria Menor da desconsideração da personalidade jurídica, em contraste com as exigências decorrentes do disposto no *caput* do art. 28 (Teoria Maior).

A Teoria Menor (§ 5º do art. 28) acaba por desestimular a iniciativa de muitos que desejam realizar alguma atividade econômica. Ao lado do reconhecimento da vulnerabilidade do consumidor na relação de consumo, não se deve ignorar o fato de que muitos fornecedores que atuam no mercado são microempresários, pequenos empreendedores, que atuam com toda a diligência e cuidado para o desenvolvimento da atividade e respeito às obrigações assumidas em todos os campos (tributário, trabalhista, consumidor etc.).

Ora, tais pequenas empresas estão sujeitas a riscos e inúmeras adversidades. Em 2020 e 2021, a pandemia do novo coronavírus (Covid-19) levou e, ainda, levará muitos à situação de insolvência, por fato absolutamente imprevisível e invencível. A desconsideração da pessoa jurídica, em tais situações, não deveria ser automática, sem análise do elemento subjetivo (má-fé, abuso).

Destaque-se tendência normativa de ampliar as modalidades de pessoas jurídicas que são integradas apenas por um sócio. Em 2011, o Código Civil foi alterado para instituir a EIRELI, empresa individual de responsabilidade limitada com capital não inferior a 100 vezes o salário mínimo (art. 980-A e seguintes do Código Civil). Recentemente, por meio da Lei 13.784/2019 (Lei da Liberdade Econômica), novas alterações foram realizadas para simplificar a constituição de pessoa jurídica integrada por uma única pessoa natural e, paralelamente, destacar a excepcionalidade de desconsideração da pessoa jurídica.

2. Aspectos processuais da desconsideração da personalidade jurídica

Até o advento do atual Código de Processo Civil (2015), havia muitas incertezas processuais no tocante aos procedimentos para realizar a desconsideração da personalidade jurídica. Muitas vezes, a desconsideração era realizada sem qualquer contraditório ou possibilidade de defesa, em fase de penhora, após se constatar a ausência de patrimônio da pessoa jurídica. O tema está agora regulamentado nos arts. 133 a 137 do CPC como incidente processual.

Em resumo, deve-se, de um lado, apresentar os argumentos fáticos e jurídicos que embasam o pedido de desconsideração da personalidade jurídica e, de outro, permitir ao sócio (pessoa natural) o contraditório e a ampla defesa, inclusive com a produção de provas.

Inicialmente, destaque-se que o incidente "é cabível em todas as fases do processo de conhecimento, no cumprimento de sentença e na execução fundada em título executivo extrajudicial" (art. 134). Pode ser requerido pela parte ou pelo Ministério Público (art. 133).

Há outra opção para desconsideração da personalidade jurídica: pedido na própria ação de conhecimento, quando os sócios (pessoas naturais) devem figurar no polo passivo. A propósito, assim estabelece o § 2º do art. 134: "dispensa-se a instauração do incidente se a desconsideração da personalidade jurídica for requerida na petição inicial, hipótese em que será citado o sócio ou a pessoa jurídica".

Em qualquer hipótese, antes de eventual desconsideração, o sócio (pessoa natural) deve ter oportunidade para se manifestar e produzir as provas que embasam sua argumentação. Se for por meio do incidente, "o sócio ou a pessoa jurídica será citado para manifestar-se e requerer as provas cabíveis no prazo de 15 (quinze) dias" (art. 135). Nesse caso, a decisão tem natureza interlocutória (art. 136).

Destaque-se, por fim, que a desconsideração é ato episódico. Não extingue a pessoa jurídica. Apenas permite que o patrimônio dos sócios seja alcançado em face da caracterização de uma das hipóteses previstas para a desconsideração. Nesse ponto, o art. 50 do CC é didático, ao estabelecer que a desconsideração gera "efeitos de certas e determinadas relações de obrigações sejam estendidos aos bens particulares de administradores ou de sócios da pessoa jurídica beneficiados direta ou indiretamente pelo abuso".

3. Responsabilidade decorrente de grupos societários, consórcios e sociedades coligadas

Os §§ 2º, 3º e 4º do art. 28 do CDC não cuidam propriamente de desconsideração da personalidade jurídica, ou seja, de situações nas quais é possível excepcionar a regra da separação patrimonial entre sócio (pessoa natural) e sociedade (pessoa jurídica). Os dispositivos disciplinam a responsabilidade civil (contratual e extracontratual) perante o consumidor de empresas consorciadas, coligadas ou que integram o mesmo grupo societário.

Inicialmente, estabelece responsabilidade subsidiária entre sociedades que integram o mesmo grupo ou que são controladas (§ 2º). No § 3º do art. 28, institui responsabilidade solidária entre entidades consorciadas. Por fim, o § 4º dispõe que as sociedades coligadas só respondem por culpa (responsabilidade subjetiva).

O conceito de sociedade controlada decorre do disposto no art. 1.098 do CC, o qual estabelece que é controlada: "I – a sociedade de cujo capital outra sociedade possua a maioria dos votos nas deliberações dos quotistas ou da assembleia geral e o poder de eleger a maioria dos administradores; II – a sociedade cujo controle, referido no inciso antecedente, esteja em poder de outra, mediante ações ou quotas possuídas por sociedades ou sociedades por esta já controladas". Já no tocante às sociedades anônimas, o art. 243, § 2º, da Lei 6.404/1976 (Lei das Sociedades Anônimas) dispõe ser controlada "a sociedade na qual a controladora, diretamente ou através de outras controladas, é titular de direitos de sócio que lhe assegurem, de modo permanente, preponderância nas deliberações sociais e o poder de eleger a maioria dos administradores".

Por sua vez, o consórcio nada mais é do que a união pontual de empresas para realização de empreendimento específico, como, por exemplo, determinada incorporação imobiliária (venda de unidades imobiliárias durante a construção). Os fornecedores que são partes do consórcio não ganham, por óbvio, personalidade jurídica própria. A propósito, assim estabelece o art. 278, § 1º, da Lei 6.404/1976 (Lei das Sociedade Anônimas): "o consórcio não tem personalidade jurídica e as consorciadas somente se obrigam nas condições previstas no respectivo contrato, respondendo cada uma por suas obrigações, sem presunção de solidariedade".

Quanto à solidariedade, o § 3º do art. 28 do CDC existe justamente para excepcionar a parte final do dispositivo da Lei das Sociedades Anônimas – que se refere à ausência de presunção de solidariedade –, ou seja, em caso de consórcio, todos os fornecedores são solidariamente responsáveis perante o consumidor pelas obrigações assumidas e pelas consequências (responsabilidade civil) decorrentes de eventual descumprimento do contrato de consumo.

Por fim, o CDC estabelece responsabilidade subjetiva da empresa coligada, que é justamente aquela que, por reduzida participação no controle acionário, possui pouca ou nenhuma influência na gestão. De acordo com o art. 1.099 do CC, "diz-se coligada ou filiada a sociedade de cujo capital outra sociedade participa com dez por cento ou mais, do capital da outra, sem controlá-la". Na Lei das Sociedades Anônimas, a coligada está sujeita à "influência significativa" da investidora (o § 1º do art. 243 da Lei 6.404/1976).

Em que pese a importância das regras de responsabilidade solidária, subsidiária e subjetiva, decorrentes dos §§ 2º, 3º e 4º, deve-se observar, no caso concreto, e na linha da jurisprudência do STJ, eventual incidência da Teoria da Aparência que pode significar, em termos práticos, justamente a igualdade de responsabilidade de todos os fornecedores.

De fato, é crescente a tendência de atuação conjunta ou em colaboração de inúmeros fornecedores para prestar serviços e comercializar produtos: todos procurando se beneficiar do nome de marcas já consagradas. O consumidor, invariavelmente, não sabe exatamente com qual pessoa está contratando. Ao contrário, por estratégias de *marketing*, é induzido a crer que seu vínculo é direto com determinado fornecedor ou, de algum modo, amparado por empresa ou marca de prestígio.

A solidariedade passiva dos fornecedores pode abranger tanto as *obrigações originárias*, decorrentes do contrato de consumo, como as *obrigações sucessivas*, ou seja, o dever de reparar os danos materiais e morais causados ao consumidor (v. comentários ao parágrafo único do art. 7º).

Dicas práticas

Em que pese a importância das regras de responsabilidade solidária, subsidiária e subjetiva, decorrentes dos §§ 2º, 3º e 4º do art. 28, o intérprete e aplicador do direito deve analisar, no caso concreto e na linha da jurisprudência do STJ, eventual incidência da Teoria da Aparência, o que pode significar, em termos práticos, justamente a igualdade de responsabilidade de todos os fornecedores integrantes da cadeia.

Jurisprudência

1. Teoria Menor da desconsideração da personalidade jurídica

"Considerada a proteção do consumidor um dos pilares da ordem econômica, e incumbindo ao Ministério Público a defesa da ordem jurídica, do regime democrático e dos interesses sociais e individuais indisponíveis, possui o Órgão Ministerial legitimidade para atuar em defesa de interesses individuais homogêneos de consumidores, decorrentes de origem comum. – A teoria maior da desconsideração, regra geral no sistema jurídico brasileiro, não pode ser aplicada com a mera demonstração de estar a pessoa jurídica insolvente para o cumprimento de suas obrigações. Exige-se, aqui, para além da prova de insolvência, ou a demonstração de desvio de finalidade (teoria subjetiva da desconsideração), ou a demonstração de confusão patrimonial (teoria objetiva da desconsideração). – A teoria menor da desconsideração, acolhida em nosso ordenamento jurídico excepcionalmente no Direito do Consumidor e no Direito Ambiental, incide com a mera prova de insolvência da pessoa jurídica para o pagamento de suas obrigações, independentemente da existência de desvio de finalidade ou de confusão patrimonial. – Para a teoria menor, o risco empresarial normal às atividades econômicas não pode ser suportado pelo terceiro que contratou com a pessoa jurídica, mas pelos sócios e/ou administradores desta, ainda que estes demonstrem conduta administrativa proba, isto é, mesmo que não exista qualquer prova capaz de identificar conduta culposa ou dolosa por parte dos sócios e/ou administradores da pessoa jurídica. – A aplicação da teoria menor da desconsideração às relações de consumo está calcada na exegese autônoma do § 5º do art. 28, do CDC, porquanto a incidência desse dispositivo não se subordina à demonstração dos requisitos previstos no *caput* do artigo indicado, mas apenas à prova de causar, a mera existência da pessoa jurídica, obstáculo ao ressarcimento de prejuízos causados aos consumidores" (STJ, REsp 279.273/SP, 3ª Turma, Rel. Min. Ari Pargendler, Rel. p/ acórdão Min. Nancy Andrighi, j. 04.12.2003, *DJ* 29.03.2004).

"1. É possível, em linha de princípio, em se tratando de vínculo de índole consumerista, a utilização da chamada Teoria Menor da desconsideração da personalidade jurídica, a qual se contenta com o estado de insolvência do fornecedor, somado à má administração da empresa, ou, ainda, com o fato de a personalidade jurídica representar um 'obstáculo ao ressarcimento de prejuízos causados aos consumidores' (art. 28 e seu § 5º, do Código de Defesa do Consumidor). 2. Omitindo-se o Tribunal *a quo* quanto à tese de incidência do art. 28, § 5º, do CDC (Teoria Menor), acolhe-se a alegação de ofensa ao art. 535 do CPC" (STJ, REsp 1.111.153/RJ, 4ª Turma, Rel. Min. Luis Felipe Salomão, j. 06.12.2012, *DJe* 04.02.2013).

2. Teoria menor da desconsideração não atinge patrimônio da pessoa que não integra o quadro societário

"2. Para fins de aplicação da Teoria Menor da desconsideração da personalidade jurídica (art. 28, § 5º, do CDC), basta que o consumidor demonstre o estado de insolvência do fornecedor ou o fato de a personalidade jurídica representar um obstáculo ao ressarcimento dos prejuízos causados. 3. A despeito de não exigir prova de abuso ou fraude para fins de aplicação da Teoria Menor da desconsideração da personalidade jurídica, tampouco de confusão patrimonial, o § 5º do art. 28 do CDC não dá margem para admitir a responsabilização pessoal de quem não integra o quadro societário da empresa, ainda que nela atue como gestor. Precedente" (STJ, REsp 1862557/DF, Rel. Min. Ricardo Villas Bôas Cueva, 3ª Turma, j. 15/06/2021, *DJe* 21/06/2021).

3. Teoria menor da desconsideração não atinge patrimônio da pessoa que não exerceu direção de cooperativa habitacional

"2. Ao contrário do que estabelece o Código Civil (art. 50), que adota a teoria maior da desconsideração da personalidade jurídica, a qual exige a demonstração de abuso da personalidade, consubstanciado no desvio de finalidade ou confusão patrimonial, o Código de Defesa do Consumidor acolhe a teoria menor, segundo a qual a responsabilização dos sócios ou administradores será possível sempre que a pessoa jurídica for obstáculo ao ressarcimento dos prejuízos causados ao consumidor (CDC, art. 28, § 5º). 3. Na hipótese em julgamento, considerando que a cooperativa executada é do ramo habitacional, em cujo conselho fiscal participou o recorrente, deve ser aplicada a teoria menor da desconsideração da personalidade jurídica, pois, nos termos da Súmula n. 602/STJ, 'o Código de Defesa do Consumidor é aplicável aos empreendimentos habitacionais promovidos pelas sociedades cooperativas'. 4. No entanto, mesmo sendo aplicada a teoria menor no presente caso, em que não se exige a prova do abuso da personalidade jurídica, o art. 28, § 5º, do Código de Defesa do Consumidor não pode ser interpretado de forma tão ampla a permitir a responsabilização de quem jamais integrou a diretoria ou o conselho de administração da cooperativa, como no caso do ora recorrente, que exerceu, por breve período, apenas o cargo de conselheiro fiscal, o qual não possui função de gestão da sociedade. 5. Dessa forma, salvo em casos excepcionais, em que houver comprovação de que o conselheiro fiscal tenha agido com fraude ou abuso de direito, ou, ainda, tenha se beneficiado, de forma ilícita, em razão do cargo exercido, não se revela possível a sua responsabilização por obrigações da sociedade cooperativa" (STJ, REsp 1804579/SP, Rel. Min. Marco Aurélio Bellizze, 3ª Turma, j. em 27.04.2021, *DJe* 04.05.2021).

4. Teoria menor da desconsideração não atinge patrimônio de integrante do conselho fiscal

"1. Para fins de aplicação da Teoria Menor da desconsideração da personalidade jurídica (art. 28, § 5º, do CDC), basta que o consumidor demonstre o estado de insolvência do fornecedor ou o fato de a personalidade jurídica representar um obs-táculo ao ressarcimento dos prejuízos causados. 2. A despeito de não se exigir prova de abuso ou fraude para fins de aplicação da Teoria Menor da desconsideração da personalidade jurídica, tampouco de confusão patrimonial, o § 5º do art. 28 do CDC não dá margem para admitir a responsabilização pessoal de quem jamais atuou como gestor da empresa. 3. A desconsideração da personalidade jurídica de uma sociedade cooperativa, ainda que com fundamento no art. 28, § 5º, do CDC (Teoria Menor), não pode atingir o patrimônio pessoal de membros do Conselho Fiscal sem que que haja a mínima presença de indícios de que estes contribuíram, ao menos culposamente, e com desvio de função, para a prática de atos de administração" (STJ, REsp 1766093/SP, Rel. Min. Nancy Andrighi, Rel. p/ Acórdão Min. Ricardo Villas Bôas Cueva, 3ª Turma, j. 12.11.2019, *DJe* 28.11.2019).

5. Teoria Maior da desconsideração da personalidade jurídica (antes do CPC/2015)

"1. A teoria da desconsideração da personalidade jurídica – *disregard doctrine* –, conquanto encontre amparo no direito positivo brasileiro (art. 2º da Consolidação das Leis Trabalhistas, art. 28 do Código de Defesa do Consumidor, art. 4º da Lei n. 9.605/98, art. 50 do CC/2002, dentre outros), deve ser aplicada com cautela, diante da previsão de autonomia e existência de patrimônios distintos entre as pessoas físicas e jurídicas. 2. A jurisprudência da Corte, em regra, dispensa ação autônoma para se levantar o véu da pessoa jurídica, mas somente em casos de abuso de direito – cujo delineamento conceitual encontra-se no art. 187 do CC/2002 –, desvio de finalidade ou confusão patrimonial, é que se permite tal providência. Adota-se, assim, a 'teoria maior' acerca da desconsideração da personalidade jurídica, a qual exige a configuração objetiva de tais requisitos para sua configuração. 3. No caso dos autos, houve a arrecadação de bens dos diretores de sociedade que sequer é a falida, mas apenas empresa controlada por esta, quando não se cogitava de sócios solidários, e mantida a arrecadação pelo Tribunal *a quo* por 'possibilidade de ocorrência de desvirtuamento da empresa controlada', o que, à toda evidência, não é suficiente para a superação da personalidade jurídica. Não há notícia de qualquer indício de fraude, abuso de direito ou confusão patrimonial, circunstância que afasta a possibilidade de superação da pessoa jurídica para atingir os bens particulares dos sócios" (STJ, REsp 693.235/MT, 4ª Turma, Rel. Min. Luis Felipe Salomão, j. 17.11.2009, *DJe* 30.11.2009).

6. Teoria da Aparência e responsabilidade solidária

"1. A melhor exegese dos arts. 14 e 18 do CDC indica que todos aqueles que participam da introdução do produto ou serviço no mercado devem responder solidariamente por eventual defeito ou vício, isto é, imputa-se a toda a cadeia de fornecimento a responsabilidade pela garantia de qualidade e adequação. 2. O art. 34 do CDC materializa a teoria da aparência, fazendo com que os deveres de boa-fé, cooperação, transparência e informação alcancem todos os fornecedores, diretos ou indiretos, principais ou auxiliares, enfim todos aqueles que, aos olhos do consumidor, participem da cadeia de fornecimento. 3. No sistema do CDC fica a critério do consumidor a escolha dos fornecedores solidários que irão integrar o polo passivo da ação. Poderá exercitar sua pretensão contra todos ou apenas contra alguns desses fornecedores, conforme sua comodidade e/ou conveniência. 4. O art. 126 do DL nº 73/66 não afasta a responsabilidade solidária entre corretoras e seguradoras; ao contrário, confirma-a, fixando o direito de regresso destas por danos causados por aquelas" (STJ, REsp 1.077.911/SP, 3ª Turma, Rel. Min. Nancy Andrighi, j. 04.10.2011, *DJe* 14.10.2011).

"1. Segundo consta dos autos, o consumidor adquiriu, no Carrefour de Uberlândia, um videogame Playstation III, 80 GB AX e um controle PS3, sem fio, *dual shock*, Sony AX, pelo valor total de R$ 1.698,00. Em virtude de vício no produto, solicitou ao vendedor o envio do bem à assistência técnica do fabricante, o que não foi feito, sob o argumento de indisponibilidade, no Brasil, de tal serviço autorizado. A empresa Sony Brasil alegou não ter colocado o produto no mercado e que a responsável seria a empresa americana Sony Computer Entertainment America INC. 2. Extrai-se do acórdão recorrido que o entendimento do Tribunal de origem está em consonância com a orientação do Superior Tribunal de Justiça, de que, se empresas nacionais se beneficiam de marcas mundialmente conhecidas, incumbe-lhes responder também pelos vícios dos produtos que oferecem, anunciam ou comercializam. 3. Segundo o Tribunal de Justiça de Minas Gerais, 'não se revela razoável exigir-se que o consumidor, que adquire um produto de marca de renome mundial, como a SONY, tenha ciência de que a empresa SONY BRASIL S/A difere-se da SONY AMERICA INC., sendo possível a aplicação da teoria da aparência'. 4. À luz do sistema de proteção do consumidor, a teoria da aparência e a teoria da confiança, duas faces da mesma moeda, protegem a segurança jurídica e a boa-fé objetiva dos sujeitos vulneráveis e dos contratantes em geral. Em consequência, atribuem força negocial vinculante à marca mundial em detrimento de ficções contratuais, contábeis ou tributárias que contrariam a realidade dos fatos tal qual se apresentam nas transações de consumo e, simultaneamente, embasam – como técnica de defesa judicial contra o consumidor-vulnerável – a fragmentação de pessoas jurídicas em mercado reconhecidamente globalizado. 5. Quando campanhas publicitárias massivas e altamente sofisticadas são veiculadas de maneira a estimular sentimento, percepção e, correlatamente, expectativas legítimas dos consumidores, de um produto ou serviço único, que dilui e supera fronteiras nacionais – tornando irrelevante o país em que a operação negocial venha a se realizar –, justifica-se afastar a formalidade burocrática do nome do fornecedor ocasionalmente estampado na Nota Fiscal ou no contrato. Desarrazoado pretender que o consumidor faça distinção entre Sony Brasil Ltda. e Sony América Inc. Para qualquer adquirente, o produto é simplesmente Sony, é oferecido como Sony e comprado como Sony. 6. No CDC, a regra geral é a da responsabilidade civil objetiva e solidária. Não se sustenta, pois, a tese da recorrente, rechaçada pelo Tribunal *a quo*, de que o art. 265 do Código Civil, em casos de incidência das teorias da aparência e da confiança, afastaria a solidariedade do art. 18 do CDC. É exatamente por conta da teoria da aparência e da teoria da confiança que os fabricantes de marcas globalizadas, por meio de seus representantes no Brasil, 'respondem solidariamente pelos vícios de qualidade ou quantidade' (art. 18) que se apresentem nos bens de consumo ofertados. Não custa lembrar que, no microssistema do CDC, existe inafastável obrigação de assistência técnica, associada não só ao vendedor direto, como também ao fabricante e ao titular da marca global, em nome próprio ou por meio de seu representante legal no país. 7. Em vez de deixar o consumidor à míngua de remédio jurídico e financeiro, compete às empresas integrantes de grupos econômicos com operação mundial, ou regional, prever, em contratos comerciais que celebrem entre si, mecanismos de ressarcimento e compensação recíprocos para hipóteses como a dos autos. Investir maciçamente em marcas mundiais para, logo após, contraditoriamente e em detrimento de sujeitos vulneráveis, usar de artifícios jurídicos vetustos e injustos de uma contratualística ultrapassada (nos planos ético e político) para negar, no varejo dos negócios, o que, com afinco, se pregou a quatro ventos, caracteriza *venire contra factum proprium* (o *proprium* aqui significando a força comum e abrangente da marca globalizada), ou seja, prática abusiva, nos termos do art. 39 do CDC. Não se pode punir o consumidor que acredita em marca globalizada, mundialização essa que é estimulada pelo próprio titular da marca e que a ele favorece. 8. Logo, para fins legais, consoante dispõe o art. 34 do CDC e por força da teoria de aparência e da teoria da confiança, a Sony Brasil inclui-se no rol de fornecedores e, portanto, na cadeia de solidariedade prevista no art. 18 do CDC. Daí sua responsabilidade por vício de qualidade ou de quantidade em produtos que ostentem a mesma marca, obrigação genérica que inclui a de prestar assistência técnica – de início, não custa lembrar, foi esse o único pleito (modesto, legítimo e compreensível) do consumidor lesado" (STJ, REsp 1.709.539/MG, 2ª Turma, Rel. Min. Herman Benjamin, j. 05.06.2018, *DJe* 05.12.2018).

7. Consórcio de empresas e responsabilidade solidária

"A jurisprudência desta Corte é no sentido de que na 'hipótese de responsabilidade derivada de relação de consumo, afasta-se a regra geral da ausência de solidariedade entre as consorciadas por força da disposição expressa contida no art. 28, § 3º, do CDC. (...)'.(REsp 1635637/RJ, Rel. Ministra NANCY ANDRIGHI, TERCEIRA TURMA, julgado em 18/09/2018, DJe 21/09/2018)" (STJ, AgInt no AREsp 1536260/RJ, Rel. Min. Mauro Campbell Marques, 2ª Turma, j. 25.05.2020, *DJe* 28.05.2020).

8. Consórcio de empresas e interpretação restritiva da solidariedade

"2. De fato, 'na hipótese de responsabilidade derivada de relação de consumo, afasta-se a regra geral da ausência de solidariedade entre as consorciadas por força da disposição expressa contida no art. 28, § 3º, do CDC. Essa exceção em matéria consumerista justifica-se pela necessidade de se atribuir máxima proteção ao consumidor, mediante o alargamento da base patrimonial hábil a suportar a indenização. 2.1. Não obstante, é certo que, por se tratar de exceção à regra geral, a previsão de solidariedade contida no art. 28, § 3º, do CDC deve ser interpretada restritivamente, de maneira a abarcar apenas as obrigações resultantes do objeto do consórcio, e não quaisquer obrigações assumidas pelas consorciadas em suas atividades empresariais' (REsp 1.635.637/RJ, Rel. Ministra Nancy Andrighi, Terceira Turma, julgado em 18/9/2018, DJe 21/9/2018)" (STJ, AgInt no AREsp 1658330/RJ, Rel. Min. Marco Aurélio Bellizze, 3ª Turma, j. 14.09.2020, *DJe* 21.09.2020)

CAPÍTULO V
Das Práticas Comerciais

Seção I
Das disposições gerais

Art. 29. Para os fins deste Capítulo e do seguinte, equiparam-se aos consumidores todas as pessoas determináveis ou não, expostas às práticas nele previstas.

Análise doutrinária

1. Consumidor por equiparação

O CDC, como já destacado, possui três conceitos de consumidor por equiparação, também denominados *consumidores equiparados*. Estão previstos no art. 2º, parágrafo único, no art. 17 e no art. 29, o qual estabelece que, "para os fins deste Capítulo e do seguinte, equiparam-se aos consumidores todas as pessoas, determináveis ou não, expostas às práticas nele previstas".

Os capítulos referidos pelo art. 29 indicam a extensão de sua abrangência: 1) capítulo das práticas comerciais, que abrange oferta, publicidade, práticas abusivas, cobrança de dívidas e bancos de dados e cadastros de consumidores; e 2) capítulo da proteção contratual, o que inclui as disposições gerais, as cláusulas abusivas e os contratos de adesão.

Pela descrição das matérias reguladas nos referidos capítulos, resta clara a importância de delimitar o sentido e o alcance do art. 29. A maior parte das disposições de direito material do CDC estão sob as luzes do conceito de consumidor equiparado do art. 29 e não do conceito padrão do *caput* do art. 2º ou, ainda, da equiparação do art. 17 (*bystander*). Em contraste, o que se observa é um quase esquecimento do dispositivo. As discussões doutrinárias e jurisprudenciais centram-se no conceito *standard* de consumidor do *caput* do art. 2º, particularmente no sentido conceitual da expressão destinatário final, conforme correntes *maximalista* e *finalista*.

Em contraste ao amplo debate sobre o elemento teleológico da relação de consumo referido pelo *caput* do art. 2º do CDC (destinatário final), um ou outro acórdão do STJ referem-se ao art. 29 da Lei quando a maioria dos temas tratados (oferta, publicidade, nulidade de cláusula contratual) estão sob a regência preponderante do conceito de consumidor equiparado, oferecido pelo art. 29 do CDC.

No debate doutrinário sobre o sentido e o alcance do disposto no art. 29 colhem-se algumas conclusões: 1) o art. 29 possibilita uma proteção preventiva do consumidor, pois basta a exposição às práticas indicadas – não se faz necessária a aquisição do produto ou serviço – para poder invocar o CDC; 2) o dispositivo (art. 29), ao se referir a "pessoas determináveis ou não", permite ou reforça a tutela dos direitos coletivos do consumidor; 3) com algumas controvérsias, sustenta-se que o art. 29 afasta a exigência do elemento teleológico destinatário final referido pelo *caput* do art. 2º.

Em relação aos pontos 1 e 2, não há maiores problemas nem inovação. Afinal, não é por conta do disposto no art. 29 que se permite uma proteção preventiva em relação às matérias indicadas (oferta, publicidade, bancos de dados), e sim porque o CDC disciplina de modo expresso tais temas que integram o momento pré-contratual, a fase das tratativas que antecede a celebração do contrato. Portanto, mesmo na ausência do art. 29, a tutela do momento anterior à aquisição dos produtos e serviços continuaria passível de ser invocada.

De outro lado, a proteção, judicial ou extrajudicial, aos direitos coletivos (*lato sensu*) do consumidor é possível não em razão do disposto no art. 29, mas da existência de densa disciplina, no ordenamento jurídico brasileiro, concernente à tutela dos direitos difusos, coletivos e individuais homogêneos, como já referido. A proteção dos direitos difusos, coletivos e individuais homogêneos dos consumidores fundamenta-se na Constituição Federal (art. 129, III, IX) e em diversos outros diplomas legais, com destaque para a Lei 7.347/1985 (Lei da Ação Civil Pública), para as Leis Orgânicas do Ministério Público e para o próprio CDC (v. comentários ao art. 81).

Desse modo, embora o art. 29 reforce, de fato, a importância de uma tutela preventiva e coletiva dos interesses do consumidor, não é esse o principal aspecto a ser enfrentado. Além de se perceber que a definição do art. 29 é tão ou mais importante que o conceito de consumidor do *caput* do art. 2º, as atenções precisam verificar se o requisito da destinação final – elemento teológico da relação jurídica – está ou não afastado.

A principal polêmica doutrinária da interpretação do art. 29 do CDC diz respeito à necessidade de analisar a presença do elemento teleológico do art. 2º, *caput*, da lei, ou seja, se há destinação final (real ou potencial) do produto ou serviço (v. item seguinte).

2. Desnecessidade da presença do elemento teleológico (destinatário final)

Não é o melhor caminho interpretar o art. 29 preso ao elemento teleológico da relação de consumo indicado pelo *caput* do art. 2º (destinatário final). Se, de um lado, a interpretação isolada pode, de fato, alcançar praticamente todas as pessoas físicas e jurídicas (fornecedores ou não) que se propõem a adquirir produtos ou serviços, é verdade que a interpretação conjugada entre o conceito do art. 2º, *caput*, com o do art. 29 esvazia por completo a equiparação.

Reitere-se: não é mérito do art. 29 ensejar a proteção do consumidor no momento anterior à aquisição de produtos e serviços. Essa tutela decorre da própria disciplina legal dos fatos que constituem o chamado momento pré-contratual (suporte fático) e, antes disso, do princípio da boa-fé objetiva (arts. 4º, III, e 51, IV, do CDC). Ora, se tais fatos e circunstâncias foram regulados e por que possuem relevância para o direito.

Assim, exigir, ao aplicar o art. 29, que o consumidor seja um potencial adquirente final de produtos ou serviços retira toda e qualquer eficácia ao dispositivo, como se ele não existisse, conclusão a que, por óbvio, não se deve chegar. Ademais, como vislumbrar que o consumidor é um potencial adquirente final dos bancos de dados de proteção ao crédito (SPC, SERASA etc.)? Também, nem sempre há um potencial adquirente final de pessoas expostas a publicidades abusivas que nem indiretamente se referem a um fornecedor ou aos seus produtos e serviços.

Imagine-se uma pessoa natural que tenha, com base no art. 299 e seguintes do Código Civil, assumido uma dívida contraída no mercado de consumo. Ela não foi nem será adquirente final de produto ou serviço, mas é absolutamente justificável sua proteção em relação aos procedimentos abusivos de cobrança de dívidas (arts. 42 e 71 do CDC). Isso ocorre, repita-se, porque o CDC, muitas vezes, concentra sua disciplina na atividade, deixando para segundo plano os conceitos de consumidor e fornecedor oferecidos pelos arts. 2º e 3º do CDC. Daí o desenvolvimento do conceito de *fornecedor equiparado* (v. comentários ao art. 3º).

A solução está em interpretar o art. 29 a partir de perspectiva constitucional, vale dizer, considerando as razões de tutela do consumidor, que vão indicar, nos casos difíceis, quem merece ou não a proteção da lei.

Em síntese, é o imperativo constitucional de densificar o princípio da isonomia (igualdade material), com tutela a interesses existenciais (pessoa natural), que fundamenta o Código de Defesa do Consumidor. Essa necessidade é, pelo próprio texto constitucional e interpretação sistemática do CDC, maior em relação à pessoa humana (arts. 4º, 6º e 51, I). O CDC visa a proteger interesses econômicos, situações patrimoniais das pessoas mais frágeis (vulneráveis): não há dúvida. Contudo, as diversas e cada vez mais complexas situações jurídicas e relações forjadas pelo mercado de consumo vão, invariavelmente, expor à dignidade da pessoa humana seus direitos da personalidade.

Portanto, em relação à pessoa natural, pode-se concluir que todos estão abrangidos pelo art. 29 do CDC, independentemente da análise do elemento subjetivo da relação de consumo – a (potencial) destinação final do produto ou serviço – e também de qualquer questionamento quanto à vulnerabilidade da pessoa natural que, no caso, é presumida.

Em relação às pessoas jurídicas, mais uma vez, se faz necessário examinar a situação específica, verificar a fragilidade das pessoas envolvidas como decorrência da atividade disciplinada (publicidade, bancos e cadastros e cadastros de consumo, cobrança de dívidas etc.). Em outras palavras, deve-se, na linha do *finalismo aprofundado*, analisar a vulnerabilidade da pessoa jurídica no caso concreto (v. comentários ao art. 2º, *caput*). O suporte fático não se constituiria apenas em estar exposto às práticas indicadas, mas, além disso, necessária seria a caracterização de vulnerabilidade em concreto.

Na interpretação do conceito de consumidor por equiparação do art. 29, é importante perceber, pela própria redação do art. 29 – que se refere a práticas –, a preponderância conferida a determinada atividade e não mais ao sujeito (elemento subjetivo da relação jurídica). O óbice decorrente do argumento de uma excessiva abrangência do CDC é superado com a necessária interpretação em perspectiva constitucional, o que, em termos práticos, irá excluir a aplicação do sistema protetivo da lei para algumas pessoas jurídicas, as que não são ou estão vulneráveis. Na análise da fragilidade em concreto, deve-se verificar todos os aspectos específicos da vulnerabilidade – técnico, jurídico, fático, psicológico (v. comentários ao art. 4º).

3. Necessidade de enfrentamento pela jurisprudência do art. 29

Em que pese a abrangência do conceito de consumidor por equiparação, o sentido e o alcance do disposto no art. 29 do CDC não têm sido debatidos pelos tribunais. Vários casos nos quais se discutem oferta (arts. 30 a 35), publicidade (arts. 36 a 38) e, principalmente, proteção contratual (arts. 46 a 54) deveriam ser definidos a partir da interpretação do art. 29 do CDC e não discutir a preponderância da corrente finalista ou maximalista, da correta definição do elemento subjetivo da relação de consumo (destinatário final) definido pelo *caput* do art. 2º.

Poucas são as decisões que debatem o sentido e o alcance do disposto no art. 29 do CDC. A maioria dos acórdãos, ao decidir se determinada situação fática está sob a regência da Lei 8.078/1990, apenas se refere ao art. 29 como reforço de argumento para aplicação do finalismo mitigado (v. comentários ao art. 2º). Não se examina a necessidade ou não do elemento teleológico (destinação final) e, muitas vezes, não se percebe a dimensão da matéria que se submete ao art. 29 do CDC.

No Superior Tribunal de Justiça, observa-se também reflexo das discussões doutrinárias que se concentram excessivamente no elemento teleológico – destinação final – da relação de consumo, desconsiderando-se, invariavelmente, o disposto no art. 29 do CDC, ainda que a matéria, pela sua localização na Lei, esteja em capítulo sob a influência do referido conceito de consumidor.

 Dicas práticas

O profissional do direito deve ficar atento ao conceito de consumidor por equiparação constante no art. 29 do CDC em face de sua amplitude e matérias que se vinculam ao referido conceito. Muitas questões materiais da lei de proteção ao consumo estão abrangidas pelo referido dispositivo.

 Jurisprudência

1. Vulnerabilidade da pessoa jurídica no caso concreto

"A relação jurídica qualificada por ser 'de consumo' não se caracteriza pela presença de pessoa física ou jurídica em seus polos, mas pela presença de uma parte vulnerável de um lado (consumidor), e de um fornecedor, de outro. – Mesmo nas relações entre pessoas jurídicas, se da análise da hipótese concreta decorrer inegável vulnerabilidade entre a pessoa-jurídica consumidora e a fornecedora, deve-se aplicar o CDC na busca do equilíbrio entre as partes. Ao consagrar o critério finalista para interpretação do conceito de consumidor, a jurisprudência deste STJ também reconhece a necessidade de, em situações específicas, abrandar o rigor do critério subjetivo do conceito de consumidor, para admitir a aplicabilidade do CDC nas relações entre fornecedores e consumidores-empresários em que fique evidenciada a relação de consumo. São equiparáveis a consumidor todas as pessoas, determináveis ou não, expostas às práticas comerciais abusivas" (STJ, REsp 476.428/SC, 3ª Turma, Rel. Min. Nancy Andrighi, j. 19.04.2005, *DJ* 09.05.2005).

"1. A pessoa jurídica adquirente de um produto ou serviço pode ser equiparada à condição de consumidora (art. 29 do CDC), por ostentar, frente ao fornecedor, alguma vulnerabilidade que, frise-se, é o princípio-motor da política nacional das relações de consumo (art. 4º, I, do CDC). Aplicação temperada da teoria finalista frente às pessoas jurídicas, processo denominando pela doutrina como finalismo aprofundado – Precedentes. 2. Consignada no acórdão a hipossuficiência e a desproporção de forças entre as partes, fica evidenciada a existência de relação de consumo, exigindo a inversão do julgado o vedado reexame do acervo fático-probatório. Incidência do enunciado nº 7 da Súmula do STJ, óbice aplicável por ambas as alíneas do inc. III do art. 105 da Constituição Federal" (STJ, AgRg no AREsp 735.249/SC, 3ª Turma, Rel. Min. Ricardo Villas Bôas Cueva, j. 15.12.2015, *DJe* 04.02.2016).

2. Prática abusiva e consumidor equiparado

"Inaplicabilidade do conceito de consumidor equiparado do art. 29 do CDC, devido à inocorrência de uma prática comercial abusiva dirigida ao mercado de consumo. Doutrina sobre o tema" (STJ, REsp 1.435.979, 3ª Turma, Rel. Min. Paulo de Tarso Sanseverino, *DJE* 05.05.2017).

"A jurisprudência do STJ firmou o entendimento no sentido de que, em situações excepcionais, é possível a mitigação dos rigores da teoria finalista para autorizar a incidência do Código de Defesa do Consumidor, nas hipóteses em que a parte (pessoa física ou jurídica), embora não seja propriamente a destinatária final do produto ou serviço, se apresenta em situação de vulnerabilidade ou submetida a prática abusiva, atraindo a incidência da equiparação tratada no art. 29 do CDC" (STJ, AgInt no AREsp 383.168/RJ, 4ª Turma, Rel. Min. Maria Isabel Gallotti, j. 24.09.2019, *DJe* 02.10.2019).

3. Ato cooperativo típico e inaplicabilidade do art. 29 do CDC

"2.1 Controvérsia acerca da aplicabilidade do Código de Defesa do Consumidor à hipótese dos autos. 2.2. Inaplicabilidade do Código de Defesa do Consumidor ao negócio jurídico estabelecido entre cooperativa e cooperado, quando se tratar de ato cooperativo típico (cf. art. 79 da Lei 5.764/71). Julgados desta Corte e doutrina especializada sobre o tema. 2.3. Hipótese em que a CPR-F teria sido emitida para capitalizar uma cooperativa agrícola, conforme constou no acórdão recorrido, tratando-se, portanto, de ato cooperativo típico, não havendo falar em relação de consumo. 2.4. Inaplicabilidade do conceito de consumidor equiparado do art. 29 do CDC, devido à inocorrência de uma prática comercial abusiva dirigida ao mercado de consumo. Doutrina sobre o tema. 2.5. Validade da multa moratória pactuada em 10% do valor da dívida, não se aplicando o limite de 2% previsto no art. 52, § 1º, do Código de Defesa do Consumidor" (STJ, REsp 1435979/SP, Rel. Min. Paulo de Tarso Sanseverino, 3ª Turma, j. 30.03.2017, *DJe* 05.05.2017).

> ### Seção II
> ### Da oferta
>
> **Art. 30.** Toda informação ou publicidade, suficientemente precisa, veiculada por qualquer forma ou meio de comunicação com relação a produtos e serviços oferecidos ou apresentados, obriga o fornecedor que a fizer veicular ou dela se utilizar e integra o contrato que vier a ser celebrado.

 Legislação correlata

Código Civil, arts. 427 a 435.

Lei 8.137/1990 (Define infrações penais contra as relações de consumo), art. 7º, VII.

 **Análise doutrinária**

1. A vinculação da oferta publicitária e não publicitária

A celebração de um contrato, que se define como acordo de vontades, requer manifestação inicial de uma das partes. O Código Civil trata desse tema no art. 427 e seguintes. Cuida-se da disciplina da *proposta*, que encontra paralelo com a *oferta* no CDC (art. 30).

O *princípio da vinculação da oferta*, constante no art. 30 do CDC, é decorrência lógica do da boa-fé objetiva (confiança e lealdade). Apresenta importante regra relativa às ofertas publicitárias e não publicitárias: tudo que proposto e informado objetivamente pelo fornecedor, por qualquer meio de comunicação, vincula e integra o contrato.

Inicialmente, ressalte-se que o dispositivo alude à *informação e publicidade*. Na verdade, toda publicidade contém informação sobre produtos e serviços. O que se quis explicitar é que a vinculação ocorre tanto em relação à oferta publicitária – publicidade – como em relação à oferta não publicitária – informação.

É certo, de um lado, que se caracteriza como *oferta não publicitária* tudo que o diretor, gerente, vendedor oferece verbalmente ao consumidor. Embora o que é ofertado desse modo deve ser cumprido pelo fornecedor, não se trata, tecnicamente, de publicidade. De outro lado, mensagens sobre produtos e serviços veiculadas por meios que atinjam uma coletividade de pessoas (potenciais consumidores) constituem-se em oferta publicitária

Todavia, não existe no CDC uma distinção rigorosa entre oferta publicitária e não publicitária. A doutrina também encontra dificuldades em algumas situações, como no caso de informações constantes em rótulos ou manuais ou pequenos anúncios em interior de estabelecimentos, o que pode gerar dúvida quanto ao tipo penal incidente.

A noção de publicidade se associa à ideia de comunicação de massa, dirigida a um número indeterminado de consumidores, como no caso de anúncios em jornais, na televisão e em *outdoors*. A *oferta não publicitária* tem objetivo mais restrito: ora se dirige unicamente ao comprador (informações orais prestadas pelo vendedor, informações em rótulos ou manuais), ora se apresenta em locais de acesso limitado a consumidores, como no caso de pequenos cartazes no interior de um supermercado.

Apesar da tentativa de distinção, fato é que tanto uma quanto a outra atraem o *princípio da vinculação da oferta*: tudo que foi ofertado deve ser cumprido. O efeito vinculante resta afastado quando a informação não é "suficientemente precisa" (art. 30), ou seja, quando apresenta qualidades, adjetivos ou locuções adjetivas que não indicam objetividade ou impossibilitam a mensuração. Os exemplos são inúmeros: alimento saboroso, poltrona macia, apartamento com linda vista ou espaçoso etc. A situação é diferente, quando se oferece apartamento com 150 metros quadrados de área ou com vista permanente para o mar, veículo que faz 16 quilômetros com um litro de gasolina ou o melhor preço da cidade.

Em síntese, "não é qualquer informação veiculada que vincula o fornecedor. Tem ela de conter uma qualidade essencial: a precisão. Só que não se trata de precisão absoluta, aquela que não deixa dúvidas: o Código se contenta com uma precisão suficiente, vale dizer, com um mínimo de concisão. É exatamente por lhe faltar essa precisão mínima que o exagero (*puffing*), geralmente, não tem força vinculante" (BENJAMIN, 2017, p. 281).

A oferta – publicitária ou não publicitária – é momento pré-contratual de extrema relevância para o consumidor exercer liberdade de escolha (art. 6º, II). Por isso que, ao contrário da *proposta* no Código Civil (art. 429), é irrevogável.

Antes da compra de produtos e serviços, é natural que o consumidor obtenha informações detalhadas de diversos fornecedores para exercer a comparação e, ao final, com base no preço, qualidade, durabilidade etc., decida o que mais lhe convém. Daí a importância, num desejado ambiente de lealdade, confiança e transparência, que as informações atendam ao atributo da veracidade, pois geram legítimas expectativas no consumidor. Ademais, a omissão e a informação enganosa ofendem a livre concorrência, pois não permite comparar adequadamente os produtos e serviços.

A experiência de três décadas do Código de Defesa do Consumidor indica como é importante para o consumidor a transparência e informações completas no momento pré-contratual (oferta). Os contratos de consumo são celebrados com base em tais informações e, invariavelmente, após pagamento parcial do preço ou primeira parcela (em contratos de longa duração), o consumidor recebe contrato de adesão padronizado cujas cláusulas contrariam o que foi ofertado, apresentam limitações não indicadas etc. Nesses casos, o consumidor pode exigir o cumprimento forçado do que foi prometido ou a extinção do vínculo, com devolução do que foi pago e, eventualmente, compensação por danos morais (art. 35 c/c o art. 46 do CDC). O art. 30, ao estipular a vinculação do fornecedor a todas as informações publicitárias e não publicitárias, impõe seriedade a esse importante momento pré-contratual e diminui a tolerância do direito civil com os exageros do vendedor sobre as qualidades do que se comercializa (*dolus bonus*). Todavia, não impede nem proíbe a criatividade na atividade publicitária, o que permite, por exemplo, indicar que o consumo de determinado alimento pode fazer o consumidor flutuar. Também não afasta a comercialização e publicidade de produtos místicos.

O fornecedor deve indicar o número de produtos que estão em condições promocionais? O art. 30 não se refere expressamente à necessidade dessa referência numérica, mas o princípio da boa-fé objetiva, com suas exigências de lealdade, transparência e confiança, indica que sim. Principalmente, em oferta que abrange poucos itens (ex.: cinco produtos com desconto de 50%), é importante que o consumidor saiba para que considere tal limitação numérica na sua decisão de compra que pode envolver o deslocamento físico até o local, tempo gasto etc.

Em caso de recusa da oferta, a lei oferece três alternativas ao consumidor (art. 35): 1) cumprimento forçado dos termos da oferta (obrigação de fazer); 2) outro produto ou serviço equivalente; ou 3) rescisão do contrato com devolução dos valores pagos, além de perdas e danos.

2. Equívoco no anúncio publicitário

O princípio da vinculação da oferta se aplica quando há erro na informação publicitária? Os exemplos oferecidos pela doutrina são sempre relativos ao preço: uma televisão cujo preço gira em torno de R$ 3.000,00 é anunciada, por equívoco, por R$ 300,00. Nesse caso, o consumidor pode exigir o cumprimento da oferta, mesmo estando diante de "evidente" equívoco do fornecedor?

Há, tradicionalmente, duas respostas. A primeira defende que a publicidade deve ser realizada por conta e risco do fornecedor. A oferta, mesmo equivocada em seu teor, vincula. Pode o fornecedor, num segundo momento, exigir, se for o caso, indenização da agência publicitária que tenha suprimido, no exemplo citado, um zero do preço final – em vez de R$ 3.000,00, veiculou R$ 300,00.

Em sentido oposto, autores defendem que, quando há evidente equívoco na informação do preço, não se aplica o princípio da vinculação, pois, em última análise, o consumidor estaria agindo com má-fé (deslealdade) para obter vantagem ilícita (enriquecimento sem causa).

A melhor resposta está em interpretação intermediária, que exige análise cuidadosa do caso concreto. Não se questiona que o princípio da boa-fé objetiva e a ideia de lealdade se aplicam tanto à conduta do fornecedor como à do consumidor. No entanto, não se deve concluir que o consumidor que compra um produto extremamente barato está de má-fé. Há muito, o Brasil ingressou em era de acirrada competição, particularmente no comércio eletrônico. Não são raras, por motivos variados (queima de estoque, estratégia publicitária etc.), promoções com preços bem abaixo do custo, muitas vezes com valores simbólicos.

Portanto, de um lado, o direito não deve tolerar a postura do consumidor que, ao perceber realmente um equívoco no preço de determinado produto, compra várias unidades, indicando até propósito de futura revenda. Todavia, deve-se prestigiar o princípio da vinculação se, no caso concreto, verificar que o consumidor agiu de boa-fé, pretendia realmente comprar o produto e se deparou com promoção geradora de legítima expectativa.

 Dicas práticas

Em face do rigor do princípio da vinculação da oferta, os profissionais do direito devem ficar atentos ao conteúdo da publicidade: o diálogo entre o setor jurídico e de *marketing* das empresas é fundamental.

As publicidades vinculam o fornecedor. Podem, em alguns casos, induzir a erro o consumidor (enganosa). Os cuidados nessa área, além de evitar indesejados prejuízos materiais, afastam a possibilidade de instauração de investigação penal para apurar crimes relacionados a informações e publicidade enganosas (arts. 66 e 67 do CDC; art. 7º, VII, da Lei 8.137/1990).

 Jurisprudência

1. Boa-fé objetiva e princípio da vinculação da oferta

"1. O Código do Consumidor é norteado principalmente pelo reconhecimento da vulnerabilidade do consumidor e pela necessidade de que o Estado atue no mercado para minimizar essa hipossuficiência, garantindo, assim, a igualdade material entre as partes. Sendo assim, no tocante à oferta, estabelece serem direitos básicos do consumidor o de ter a informação adequada e clara sobre os diferentes produtos e serviços (CDC, art. 6º, III) e o de receber proteção contra a publicidade enganosa ou abusiva (CDC, art. 6º, IV). 2. É bem verdade que, paralelamente ao dever de informação, se tem a faculdade do fornecedor de anunciar seu produto ou serviço, sendo certo que, se o fizer, a publicidade deve refletir fielmente a realidade anunciada, em observância à principiologia do CDC. Realmente, o princípio da vinculação da oferta reflete a imposição da transparência e da boa-fé nos métodos comerciais, na publicidade e nos contratos, de forma que esta exsurge como princípio máximo orientador, nos termos do art. 30. 3. Na hipótese, inequívoco o caráter vinculativo da oferta, integrando o contrato, de modo que o fornecedor de produtos ou serviços se responsabiliza também pelas expectativas que a publicidade venha a despertar no consumidor, mormente quando veicula informação de produto ou serviço com a chancela de determinada marca, sendo a materialização do princípio da boa-fé objetiva, exigindo do anunciante os deveres anexos de lealdade, confiança, cooperação, proteção e informação, sob pena de responsabilidade. 4. A responsabilidade civil da fabricante decorre, no caso concreto, de pelo menos duas circunstâncias: a) da premissa fática incontornável adotada pelo acórdão de que os mencionados produtos e serviços ofertados eram avalizados pela montadora através da mensagem publicitária veiculada; b) e também, de um modo geral, da percepção de benefícios econômicos com as práticas comerciais da concessionária, sobretudo ao permitir a utilização consentida de sua marca na oferta de veículos usados e revisados com a excelência da GM. 5. Recurso especial não provido" (STJ, REsp 1.365.609/SP, 4ª Turma, Rel. Min. Luis Felipe Salomão, j. 28.04.2015, *DJe* 25.05.2015).

"1. O direito à informação e o princípio da vinculação da publicidade refletem a imposição da transparência e da boa-fé nos métodos comerciais, na publicidade e nos contratos, de modo que o fornecedor de produtos ou serviços se responsabiliza também pelas expectativas que a sua publicidade desperta no consumidor, mormente no que tange ao uso coletivo de uma mesma marca. 2. A publicidade do Sistema Unimed busca instigar o indivíduo à contratação mediante a convicção de que se trata de uma entidade única com atuação em âmbito nacional, não sendo informado ao filiado sobre a autonomia e a independência de suas unidades, o que só faz reforçar nele a ideia de que esse sistema lhe oferece uma maior gama de serviços e facilidades. 3. Ademais, a complexa estrutura das cooperativas prestadoras de serviço, se, por um lado, visa ao estímulo e reforço do sistema cooperativo regido pela Lei n. 5.764/1971, possibilitando a atuação sob uma mesma marca e a constituição de sociedades cooperativas singulares, federações de cooperativas e confederações; por outro lado, tem como efeito externo a responsabilização de toda a cadeia de fornecimento – no caso, o Sistema Unimed – de forma solidária, uma vez que não se pode exigir do consumidor que conheça as intrincadas relações entre os diversos membros dessa cadeia, mormente quando a publicidade veiculada pelo grupo faz-lhe crer que se trata de uma entidade una. 4. Dessarte, o fato de várias sociedades explorarem uma mesma marca, ainda que com personalidades jurídicas distintas – por não ter havido a informação clara ao consumidor acerca de eventuais diferenças no conteúdo dos serviços ou na cobertura oferecida por cada uma –, traz como consequência a possibilidade de serem acionadas a responder solidariamente pelas obrigações contratadas por qualquer delas. 5. Recurso especial não provido" (REsp 1.377.899/SP, 4ª Turma, Rel. Min. Luis Felipe Salomão, j. 18.12.2014, *DJe* 11.02.2015).

2. Vinculação da oferta e interpretação mais favorável ao consumidor

"1. Controvérsia em torno do direito do demandante ao recebimento de prêmio constante do título de capitalização denominado Telesena, edição Primavera, na modalidade 'raspadinha', premiando com 'salário extra', correspondente a uma prestação mensal de R$ 5.000,00 pelo período de um ano. 2. A oxigenação do sistema de Direito Privado promovida pelo Código de Defesa do Consumidor, em todos os momentos de uma relação de consumo, operou-se, notadamente, no tocante à exigência de informações claras no período pré-negocial, tendo em vista o modelo de transparência por ele estatuído. 3. Diante da indevida contradição entre as informações constantes em destaque no título de capitalização, no sentido de que três valores iguais seriam suficientes para o pagamento do prêmio instantâneo, e aquelas constantes nas cláusulas gerais, de que seriam necessários, além dos três valores iguais, a frase 'ligue 0800...', deve prevalecer, sempre, a interpretação mais favorável ao consumidor, na forma do art. 47 do CDC. 4. Vinculação da oferta constante do título de capitalização no sentido de que o seu adquirente ganhará o prêmio instantâneo ao encontrar por três vezes repetidas a frase 'R$ 5.000,00 POR MÊS DURANTE 1 ANO'. Aplicação do disposto nos artigos 30 e 46 do CDC. 5. Ausência de razoabilidade da tentativa de recusar o pagamento do prêmio por estar ausente, a locução 'ligue 0800...', prevista sem destaque em cláusulas gerais" (STJ, REsp 1740997/CE, Rel. Min. Paulo De Tarso Sanseverino, 3ª Turma, j. 09.06.2020, *DJe* 12.06.2020).

3. Princípio da vinculação da oferta diante de informações contraditórias

"2. A oxigenação do sistema de Direito Privado promovida pelo Código de Defesa do Consumidor, em todos os momentos de uma relação de consumo, operou-se, notadamente, no tocante à exigência de informações claras no período pré-negocial, tendo em vista o modelo de transparência por ele estatuído. 3. Diante da indevida contradição entre as informações constantes em destaque no título de capitalização, no sentido de que três valores iguais seriam suficientes para o pagamento do prêmio instantâneo, e aquelas constantes nas cláusulas gerais, de que seriam necessários, além dos três valores iguais, a frase 'ligue 0800...', deve prevalecer, sempre, a interpretação mais favorável ao consumidor, na forma do art. 47 do CDC. 4. Vinculação da oferta constante do título de capitalização no sentido de que o seu adquirente ganhará o prêmio instantâneo ao encontrar por três vezes repetidas a frase 'R$ 5.000,00 POR MÊS DURANTE 1 ANO'. Aplicação do disposto nos artigos 30 e 46 do CDC. 5. Ausência de razoabilidade da tentativa de recusar o pagamento do prêmio por estar ausente, a locução 'ligue 0800...', prevista sem destaque em cláusulas gerais" (STJ, REsp 1740997/CE, Rel. Min. Paulo de Tarso Sanseverino, 3ª Turma, j. 09.06.2020, *DJe* 12.06.2020).

4. Falta de indicação da quantidade de produtos que estão em oferta

"1. A falta de indicação de restrição quantitativa relativa à oferta de determinado produto, pelo fornecedor, não autoriza o consumidor exigir quantidade incompatível com o consumo individual ou familiar, nem, tampouco, configura dano ao seu patrimônio extra-material. 2. Os aborrecimentos vivenciados pelo consumidor, na hipótese, devem ser interpretados como 'fatos do cotidiano', que não extrapolam as raias das relações comerciais, e, portanto, não podem ser entendidos como ofensivos ao foro íntimo ou à dignidade do cidadão. Recurso especial, ressalvada a terminologia, não conhecido" (STJ, REsp 595.734/RS, 3ª Turma, Rel. Min. Nancy Andrighi, Rel. p/ acórdão Min. Castro Filho, j. 02.08.2005, *DJ* 28.11.2005).

> **Art. 31.** A oferta e apresentação de produtos ou serviços devem assegurar informações corretas, claras, precisas, ostensivas e em língua portuguesa sobre suas características, qualidades, quantidade, composição, preço, garantia, prazos de validade e origem, entre outros dados, bem como sobre os riscos que apresentam à saúde e segurança dos consumidores.
>
> **Parágrafo único.** As informações de que trata este artigo, nos produtos refrigerados oferecidos ao consumidor, serão gravadas de forma indelével.

 Legislação correlata

Lei 8.137/1990 (Define infrações penais contra as relações de consumo), art. 7º, VIII.

 Análise doutrinária

1. Conteúdo do dever de informar

O art. 31 do CDC detalha o conteúdo do dever de informar do fornecedor. Estabelece que a oferta e apresentação de produtos e serviços deve oferecer, entre outros dados, informações sobre suas características, qualidades, quantidade, composição, preço, garantia, prazos de validade e origem, entre outros dados, bem como sobre os riscos que apresentam à saúde e segurança dos consumidores.

O direito à informação clara, adequada e completa decorre da boa-fé objetiva (confiança e lealdade). Perpassa todo o Código de Defesa do Consumidor. Trata-se de direito básico (art. 6º, III) que deve acompanhar todo produto e serviço (art. 31), exigência para exercício do direito de escolha (art. 6º, II). Sua ausência pode caracterizar defeito do produto (arts. 12 e 14). Gera vinculação (art. 30). A informação inexata ou enganosa é elemento da publicidade enganosa (art. 37) e traz repercussões no âmbito penal (arts. 63, 66, 67 e 69 do CDC; Lei 8.137/1990, art. 7º, VII).

O rol de dados estipulado pelo art. 31 é exemplificativo: o próprio dispositivo utiliza a expressão "entre outros dados". Quais seriam essas informações adicionais? Toda e qualquer informação que pode, em tese, afetar o direito de liberdade de escolha do consumidor (art. 6º, II). As informações devem ser em língua portuguesa, o que significa, na prática, a necessidade de rótulos, impressos e manuais com tradução adequada.

Por exemplo, a informação sobre a *vida útil do produto* é relevante para exercício do direito de liberdade de escolha do consumidor (art. 6º, II, do CDC). O nível de durabilidade de determinado produto ou do resultado de serviço prestado é um dado relevante. Para uma comparação adequada entre as opções de compra, o consumidor precisa ter acesso a essa informação. Não se defende que produtos com durabilidade menor sejam viciados ou impróprios. Na verdade, o consumidor pode aceitar ou, ativamente, fazer opção por produtos descartáveis ou com vida útil reduzida, mas, em homenagem à boa-fé objetiva (transparência e lealdade), há necessidade de informação clara e objetiva para análise dos custos e benefícios decorrentes do contrato.

Cabe observar que a lei não impõe, como regra, o formato e o local da informação (manual, embalagem, rótulo etc.). A preocupação é que a informação seja clara, precisa e ostensiva, de modo a atingir a sua finalidade.

Em outras passagens da norma, há referências pontuais quanto à forma da informação. O § 1º do art. 8º esclarece que as informações sobre periculosidade do produto industrial devem ser apresentadas pelo fabricante, por meio "de impressos apropriados que devam acompanhar o produto". O parágrafo único do art. 50, ao se referir à garantia contratual, vai além e acrescenta que o termo de garantia deve ser "acompanhado de manual de instrução, de instalação e uso do produto em linguagem didática, com ilustrações". Nos contratos de adesão, a fonte do tamanho da letra "não será inferior ao corpo doze". Ademais, as cláusulas que limitam direito do consumidor devem estar em destaque (art. 54, §§ 3º e 4º).

Por fim, destaque-se que as informações elencadas no art. 31 não precisam necessariamente integrar a publicidade de produtos ou serviços. A Lei exige que, em algum momento, tais informações cheguem ao seu destinatário, mas não impõe a veiculação por meio de publicidade. Em outros termos, não se caracteriza publicidade enganosa por omissão a ausência dos elementos indicados no art. 31: a análise de omissão de "dado essencial" depende do contexto e conteúdo das informações constantes na publicidade (v. comentários ao art. 37).

 Jurisprudência

1. Boa-fé objetiva e direito à informação

"1. O direito à informação, no Código de Defesa do Consumidor, é corolário das normas intervencionistas ligadas à função social e à boa-fé, em razão das quais a liberdade de contratar assume novel feição, impondo a necessidade de transparência em todas as fases da contratação: o momento pré-contratual, o de formação e o de execução do contrato e até mesmo o momento pós-contratual. 2. O princípio da vinculação da publicidade reflete a imposição da transparência e da boa-fé nos métodos comerciais, na publicidade e nos contratos, de modo que o fornecedor de produtos ou serviços obriga-se nos exatos termos da publicidade veiculada, sendo certo que essa vinculação estende-se também às informações prestadas por funcionários ou representantes do fornecedor. 3. Se a informação se refere a dado essencial capaz de onerar o consumidor ou restringir seus direitos, deve integrar o próprio anúncio, de forma precisa, clara e ostensiva, nos termos do art. 31 do CDC, sob pena de configurar publicidade enganosa por omissão. 4. No caso concreto, desponta estreme de dúvida que o principal atrativo do projeto foi a sua divulgação como um empreendimento hoteleiro – o que se dessume à toda vista da proeminente reputação que a Rede Meliá ostenta nesse ramo –, bem como foi omitida a falta de autorização do Município para que funcionasse empresa dessa envergadura na área, o que, à toda evidência, constitui publicidade enganosa, nos termos do art. 37, *caput* e § 3º, do CDC, rendendo ensejo ao desfazimento do negócio jurídico, à restituição dos valores pagos, bem como à percepção de indenização por lucros cessantes e por dano moral" (STJ, REsp 1.188.442/RJ, 4ª Turma, Rel. Min. Luis Felipe Salomão, j. 06.11.2012, *DJe* 05.02.2013).

2. O prazo de garantia legal não precisa ser indicado nos rótulos/embalagens do produto

"3. O dever de o fornecedor assegurar informações corretas, claras e precisas na apresentação dos produtos e serviços ofertados no mercado de consumo (art. 31 da Lei n. 8.078/90) não contempla a obrigação de transcrever a garantia legal nos rótulos/embalagens, porquanto esta deflui diretamente da própria lei (art. 24 e 26 do CDC), a qual o ordenamento jurídico presume ser de conhecimento de todos ('ninguém se escusa de cumprir a lei, alegando que não a conhece' – art. 3º da Lei de Introdução do Direito Brasileiro). 4. A norma em voga prescreve um rol mínimo de itens a serem informados pelo fabricante e comerciante, cujo objetivo é conferir dados suficientes ao consumidor, a fim de que possa emitir um juízo particularizado sobre o bem ou serviço que tenciona adquirir, destacando-se as condições e vantagens oferecidas, aí incluída a garantia contratual, e não a legal (30 ou 90 dias, conforme o caso), justamente por esta última decorrer do próprio sistema. 5. Recurso especial a que se nega provimento" (STJ, REsp 1.067.530/SP, 4ª Turma, Rel. Min. Marco Buzzi, j. 28.05.2013, *DJe* 10.06.2013).

3. Necessidade de indicação do preço no anúncio publicitário

"3. É considerada publicidade enganosa a que contém informação total ou parcialmente falsa, ou que, mesmo por omissão, é capaz de induzir o consumidor a erro (art. 37, §§ 1º e 3º, do CDC). 4. O art. 31 do CDC traz relação meramente exemplificativa de algumas informações que devem constar na publicidade de um produto ou serviço, tais como 'características, qualidades, quantidade, composição, preço, garantia, prazos de validade e origem, entre outros dados, bem como sobre os riscos que apresentam à saúde e segurança dos consumidores'. 5. No entanto, para a caracterização da ilegalidade omissiva, a ocultação deve ser de qualidade essencial do produto, do serviço ou de suas reais condições de contratação, considerando, na análise do caso concreto, o público alvo do anúncio publicitário. 6. Assim, a Corte Estadual, ao entender pela publicidade enganosa em razão da omissão do 'preço' no encarte publicitário, sem verificar os pressupostos objetivos e subjetivos da substancialidade do dado omitido, viola o disposto nos arts. 31 e 37, § 1º, do CDC. 7. 'Embargos de declaração manifestados com notório propósito de prequestionamento não têm caráter protelatório' (Súmula n. 98/STJ). 8. Recurso especial parcialmente provido para determinar o retorno dos autos ao Tribunal de origem, a fim de que analise a essencialidade do dado omitido 'preço' no encarte publicitário, e para afastar a multa prevista no parágrafo único do art. 538 do CPC/1973" (STJ, REsp 1.705.278/MA, 4ª Turma, Rel. Min. Antonio Carlos Ferreira, j. 19.11.2019, *DJe* 02.12.2019).

4. Direito à informação sobre comissão de corretagem

"1. 'A comissão de corretagem é devida, desde que seja respeitado o direito de informação do consumidor, acerca de sua exigibilidade e de seu valor. E em relação à cláusula que impõe o repasse para o consumidor dos custos de serviço de assessoria técnico-imobiliária, ela é sempre considerada nula e abusiva' (AgInt no AgInt no AREsp 903.601/SP, Rel. Ministro LUIS FELIPE SALOMÃO, QUARTA TURMA, julgado em 18/9/2018, DJe 21/9/2018). 2. Não cabe, em recurso especial, reexaminar matéria fático-probatória (Súmula 7/STJ)" (STJ, AgInt no AREsp 1432103/SP, Rel. Min. Maria Isabel Gallotti, 4ª Turma, j. 28.09.2020, *DJe* 01.10.2020).

5. Direito à informação sobre prazo de entrega de imóvel

"É válida a cláusula de tolerância, desde que observado o direito de informação do consumidor. Precedentes. No caso, o Tribunal de origem entendeu que a cláusula de tolerância contém informação clara quanto ao prazo final para entrega do imóvel, não gerando dúvidas no consumidor. A modificação de tal entendimento demandaria o reexame do suporte fático-probatório dos autos, providência inviável no recurso especial, nos termos da Súmula 7/STJ" (STJ, AgInt no REsp 1869783/SP, Rel. Min. Raul Araújo, 4ª Turma, j. 16.11.2020, *DJe* 14.12.2020).

6. Direito à informação de limitações de contrato de seguro

"1. Precedente específico desta Corte no sentido de que '(...) a seguradora deve sempre esclarecer previamente o consumidor e o estipulante (seguro em grupo) sobre os produtos que oferece e existem no mercado, prestando informações claras a respeito do tipo de cobertura contratada e as suas consequências, de modo a não induzi-los em erro' (REsp 1449513/SP, Rel. Ministro RICARDO VILLAS BÔAS CUEVA, TERCEIRA TURMA, julgado em 05/03/2015, DJe 19/03/2015) 2. Atração do enunciado 568/STJ, tendo em vista os multifários precedentes desta Corte acerca do dever de informar da fornecedora dos serviços de seguro de vida em grupo. 3. Não atração dos óbices dos enunciados 5 e 7/STJ, na conformação do quanto decidido pelo acórdão, que se limitou a dizer, ao arrepio da legislação disciplinante, que a seguradora não tem o dever de informar o segurado" (STJ, AgInt no REsp 1840887/SC, Rel. Min. Paulo de Tarso Sanseverino, 3ª Turma, j. 16.11.2020, *DJe* 19.11.2020).

7. Direito à informação de contrato de seguro de vida coletivo

"3. Como corolário da boa-fé contratual, já se pode antever o quanto sensível é para a higidez do tipo de contrato em comento, a detida observância, de parte a parte, do dever de informação. O segurado há de ter prévia, plena e absoluta ciência acerca da abrangência da garantia prestada pelo segurador, especificamente quanto aos riscos e eventos que são efetivamente objeto da cobertura ajustada, assim como aqueles que dela estejam excluídos. Ao segurador, de igual modo, também deve ser concedida a obtenção de todas as informações acerca das condições e das qualidades do bem objeto da garantia, indispensáveis para a contratação como um todo e para o equilíbrio das prestações contrapostas. 4. Encontrando-se o contrato de seguro de vida indiscutivelmente sob o influxo do Código de Defesa do Consumidor, dada a assimetria da relação jurídica estabelecida entre segurado e segurador, a implemen-tação do dever de informação prévia dá-se de modo particular e distinto conforme a modalidade da contratação, se 'individual' ou se 'em grupo'. 5. A contratação de seguro de vida coletivo dá-se de modo diverso e complexo, pressupondo a existência de anterior vínculo jurídico (que pode ser de cunho trabalhista ou associativo) entre o tomador do seguro (a empresa ou a associação estipulante) e o grupo de segurados (trabalhadores ou associados). 5.1 O estipulante (tomador do seguro), com esteio em vínculo jurídico anterior com seus trabalhadores ou com seus associados, celebra contrato de seguro de vida coletivo diretamente com o segurador, representando-os e assumindo, por expressa determinação legal, a responsabilidade pelo cumprimento de todas as obrigações contratuais perante o segurador. 5.2 O segurador, por sua vez, tem por atribuição precípua garantir os interesses do segurado, sempre que houver a implementação dos riscos devidamente especificados no contrato de seguro de vida em grupo, cuja abrangência, por ocasião da contratação, deve ter sido clara e corretamente informada ao estipulante, que é quem celebra o contrato de seguro em grupo. 5.3 O grupo de segurados é composto pelos usufrutuários dos benefícios ajustados, assumindo suas obrigações para com o estipulante, sobretudo o pagamento do prêmio, a ser repassado à seguradora. 6. É relevante perceber que, por ocasião da contratação do seguro de vida coletivo, não há, ainda, um grupo definido de segurados. A condição de segurado dar-se-á, voluntariamente, em momento posterior à efetiva contratação, ou seja, em momento em que as bases contratuais, especificamente quanto à abrangência da cobertura e dos riscos dela excluídos, já foram definidas pelo segurador e aceitas pelo estipulante. Assim, como decorrência do princípio da boa-fé contratual, é imposto ao segurador, antes e por ocasião da contratação da apólice coletiva de seguro, o dever legal de conceder todas as informações necessárias a sua perfectibilização ao estipulante, que é quem efetivamente celebra o contrato em comento. Inexiste, ao tempo da contratação do seguro de vida coletivo – e muito menos na fase pré-contratual – qualquer interlocução direta da seguradora com os segurados, individualmente considerados, notadamente porque, nessa ocasião, não há, ainda, nem sequer definição de quem irá compor o grupo dos segurados. 7. Somente em momento posterior à efetiva contratação do seguro de vida em grupo, caberá ao trabalhador ou ao associado avaliar a conveniência e as vantagens de aderir aos termos da apólice de seguro de vida em grupo já contratada. A esse propósito, afigura-se indiscutível a obrigatoriedade legal de bem instruir e informar o pretenso segurado sobre todas as informações necessárias à tomada de sua decisão de aderir à apólice de seguro de vida contratada. Essa obrigação legal de informar o pretenso segurado previamente à sua adesão, contudo, deve ser atribuída exclusivamente ao estipulante, justamente em razão da posição jurídica de representante dos segurados, responsável que é pelo cumprimento de todas as obrigações contratuais assumidas perante o segurador. Para o adequado tratamento da questão posta, mostra-se relevante o fato de que não há, também nessa fase contratual, em que o segurado adere à apólice de seguro de vida em grupo, nenhuma interlocução da seguradora com este, ficando a formalização da adesão à apólice coletiva restrita ao estipulante e ao proponente. 8. Em conclusão, no contrato de seguro coletivo em grupo cabe exclusivamente ao estipulante, e não à seguradora, o dever de fornecer ao segurado (seu representado) ampla e prévia informação a respeito dos contornos contratuais, no que se inserem, em especial, as cláusulas restritivas" (STJ, REsp 1825716/SC, Rel. Min. Marco Aurélio Bellizze, 3ª Turma, j. 27.10.2020, *DJe* 12.11.2020).

8. Direito à informação sobre medicamentos

"5. O risco inerente ao medicamento impõe ao fabricante um dever de informar qualificado (art. 9º do CDC), cuja violação está prevista no § 1º, II, do art. 12 do CDC como hipótese de defeito do produto, que enseja a responsabilidade objetiva do fornecedor pelo evento danoso dele decorrente.6. O ordenamento jurídico não exige que os medicamentos sejam fabricados com garantia de segurança absoluta, até porque se trata de uma atividade de risco permitido, mas exige que garantam a segurança legitimamente esperável, tolerando os riscos considerados normais e previsíveis em decorrência de sua natureza e fruição, desde que o consumidor receba as informações necessárias e adequadas a seu respeito (art. 8º do CDC). 7. O fato de o uso de um medicamento causar efeitos colaterais ou reações adversas, por si só, não configura defeito do produto se o usuário foi prévia e devidamente informado e advertido sobre tais riscos inerentes, de modo a poder decidir, de forma livre, refletida e consciente, sobre o tratamento que lhe é prescrito, além de ter a possibilidade de mitigar eventuais danos que venham a ocorrer em função dele. 8. O risco do desenvolvimento, entendido como aquele que não podia ser conhecido ou evitado no momento em que o medicamento foi colocado em circulação, constitui defeito existente desde o momento da concepção do produto, embora não perceptível a *priori*, caracterizando, pois, hipótese de fortuito interno. 9. Embora a bula seja o mais importante documento sanitário de veiculação de informações técnico-científicas e orientadoras sobre um medicamento, não pode o fabricante se aproveitar da tramitação administrativa do pedido de atualização junto a Anvisa para se eximir do dever de dar, prontamente, amplo conhecimento ao público - pacientes e profissionais da área de saúde -, por qualquer outro meio de comunicação, dos riscos inerentes ao uso do remédio que fez circular no mercado de consumo. 10. Hipótese em que o desconhecimento quanto à possibilidade de desenvolvimento do jogo patológico como reação adversa ao uso do medicamento SIFROL subtraiu da paciente a capacidade de relacionar, de imediato, o transtorno mental e comportamental de controle do impulso ao tratamento médico ao qual estava sendo submetida, sobretudo por se tratar de um efeito absolutamente anormal e imprevisível para a consumidora leiga e desinformada, especialmente para a consumidora portadora de doença de Parkinson, como na espécie. 11. De um lado, a culpa concorrente do consumidor não está elencada dentre as hipóteses que excluem a responsabilidade do fabricante, previstas no rol do § 3º do art. 12 do CDC; de outro lado, a responsabilidade por eventual superdosagem ou interação medicamentosa não pode recair sobre o paciente que ingere a dose prescrita por seu médico, considerando, sobretudo, a sua vulnerabilidade técnica enquanto consumidor" (STJ, REsp 1774372/RS, Rel. Min. Nancy Andrighi, 3ª Turma, j. 05.05.2020, *DJe* 18.05.2020).

9. Informação insuficiente sobre capitalização de juros e invalidade da cláusula

"1. Controvérsia acerca do cumprimento de dever de informação na hipótese em que pactuada capitalização diária de juros em contrato bancário. 2. Necessidade de fornecimento, pela instituição financeira, de informações claras ao consumidor acerca da periodicidade da capitalização dos juros adotada no contrato, e das respectivas taxas. 3. Insuficiência da informação acerca das taxas efetivas mensal e anual, na hipótese em que pactuada capitalização diária, sendo imprescindível, também, informação acerca da taxa diária de juros, a fim de se garantir ao consumidor a possibilidade de controle 'a priori' do alcance dos encargos do contrato. Julgado específico da Terceira Turma. 4. Na espécie, abusividade parcial da cláusula contratual na parte em que, apesar de pactuar as taxas efetivas anual e mensal, que ficam mantidas, conforme decidido pelo acórdão recorrido, não dispôs acerca da taxa diária" (STJ, Resp 1826463/SC, Rel. Min. Paulo de Tarso Sanseverino, 2ª Seção, j. 14.10.2020, *DJe* 29.10.2020).

Art. 32. Os fabricantes e importadores deverão assegurar a oferta de componentes e peças de reposição enquanto não cessar a fabricação ou importação do produto.

Parágrafo único. Cessadas a produção ou importação, a oferta deverá ser mantida por período razoável de tempo, na forma da lei.

 Análise doutrinária

1. Peças de reposição após cessada a fabricação ou importação do produto

Um dos fatores que influenciam a compra de produtos é, com certeza, a existência e qualidade de rede de assistência técnica. O consumidor, quando exerce o direito de escolha por determinada marca ou fornecedor, nacional ou estrangeiro, possui legítima expectativa de que, em caso de vício, haverá peças e componentes para reposição.

Desde a edição do CDC, observa-se crescente competição de fornecedores em várias áreas, com destaque para o aumento de empresas e marcas estrangeiras no Brasil. Em contrapartida, os órgãos de defesa do consumidor presenciaram muito produtos sem conserto por ausência ou demora no transporte internacional de peça de reposição.

Inspirado em confiança e lealdade (boa-fé objetiva), que devem nortear as relações de consumo, estabelece o parágrafo único do art. 32 obrigação pós-contratual: os fabricantes e importadores devem assegurar peças de reposição dos seus produtos, "por período razoável de tempo", mesmo após cessadas a produção ou a importação.

A grande questão para o intérprete e aplicador do direito é definir, no caso concreto, um "período razoável de tempo". O próprio CDC, ciente da abertura do dispositivo, estabelece que tal prazo seria "na forma da lei". Como ainda não existe tal norma, o critério, ainda aberto, deve ser o tempo médio de duração do produto. Deve-se considerar, entre outros dados, o que foi, eventualmente, estipulado na oferta e publicidade sobre durabilidade do bem.

A aplicação do parágrafo único do art. 32 seria facilitada se os fornecedores, no cumprimento do dever de informar (art. 31), tivessem o cuidado de esclarecer o tempo médio de vida útil do produto. Tal informação, além de estimular positiva competição entre fornecedores, auxiliaria o consumidor a exercer a liberdade de escolha e, também, seria parâmetro para definição do critério da vida útil no tocante à contagem do prazo decadencial em caso de vício oculto (v. comentários aos arts. 26 e 31).

O descumprimento do art. 32 enseja aplicação de sanção administrativa pelos órgãos de defesa do consumidor, com fundamento no art. 56 e seguintes do CDC. Em ótica individual, cabe indenização pelos danos eventualmente sofridos pelo consumidor, tanto por eventual inutilidade do bem pela ausência da peça, como pelos gastos feitos no período de espera da peça. Ilustre-se com um veículo parado por 90 dias sem possibilidade de conserto por ausência de peça necessária. O fundamento da ação é a cláusula geral de responsabilidade civil no CDC (v. comentários ao art. 6º, VI).

Para finalizar, registre-se caso emblemático julgado no ano 2000 pelo STJ, que ficou conhecido como *caso Panasonic*. Embora não se tenha discutido o teor do art. 32, a decisão impôs responsabilidade de empresa nacional, que se beneficia de marca internacional, por garantia de produto (filmadora) adquirido no exterior. Atualmente, a Corte, com base na Teoria da Aparência, tem imposto solidariedade entre fornecedores que se beneficiam, na comercialização de produtos e serviços, de prestígio de nomes e marcas (v. comentários ao parágrafo único do art. 7º e ao art. 34).

 Dicas práticas

O descumprimento do art. 32 do CDC enseja aplicação de sanção administrativa e, em ótica individual, ação indenizatória, com fundamento no art. 6º, VI, por eventuais danos ocasionados ao consumidor.

 Jurisprudência

1. Garantia no Brasil de produto comprado no exterior

"I – Se a economia globalizada não mais tem fronteiras rígidas e estimula e favorece a livre concorrência, imprescindível que as leis de proteção ao consumidor ganhem maior expressão em sua exegese, na busca do equilíbrio que deve reger as relações jurídicas, dimensionando-se, inclusive, o fator risco, inerente à competitividade do comércio e dos negócios mercantis, sobretudo quando em escala internacional, em que presentes empresas poderosas, multinacionais, com filiais em vários países, sem falar nas vendas hoje efetuadas pelo processo tecnológico da informática e no forte mercado consumidor que representa o nosso País. II – O mercado consumidor, não há como negar, vê-se hoje 'bombardeado' diuturnamente por intensa e hábil propaganda, a induzir a aquisição de produtos, notadamente os sofisticados de procedência estrangeira, levando em linha de conta diversos fatores, dentre os quais, e com relevo, a respeitabilidade da marca. III – Se empresas nacionais se beneficiam de marcas mundialmente conhecidas, incumbe-lhes responder também pelas deficiências dos produtos que anunciam e comercializam, não sendo razoável destinar-se ao consumidor as consequências negativas dos negócios envolvendo objetos defeituosos. IV – Impõe-se, no entanto, nos casos concretos, ponderar as situações existentes. V – Rejeita-se a nulidade arguida quando sem lastro na lei ou nos autos" (STJ, REsp 63.981/SP, 4ª Turma, Rel. Min. Aldir Passarinho Junior, Rel. p/ acórdão Min. Sálvio de Figueiredo Teixeira, j. 11.04.2000, *DJ* 20.11.2000).

Art. 33. Em caso de oferta ou venda por telefone ou reembolso postal, deve constar o nome do fabricante e endereço na embalagem, publicidade e em todos os impressos utilizados na transação comercial.

Parágrafo único. É proibida a publicidade de bens e serviços por telefone, quando a chamada for onerosa ao consumidor que a origina.

Legislação correlata

Decreto 6.523/2008 (Decreto do SAC).

Decreto 7.962/2013 (Comércio Eletrônico).

Decreto 10.271/2020 (Comércio Eletrônico no âmbito do Mercosul).

 Análise doutrinária

1. Identificação do fabricante nas vendas a distância

A *ratio* do *caput* do art. 33 do CDC é, nas vendas a distância, identificar o nome e o endereço do fabricante para, se necessário, facilitar o exercício de direitos do consumidor, inclusive, se for o caso, o acesso à Justiça (art. 6º, VII e VIII).

O CDC, vale lembrar, é do início da década de 1990, quando inexistia comércio eletrônico no Brasil. Daí a referência unicamente a "venda por telefone ou reembolso postal". Por analogia, o dever de identificação do fabricante deve ocorrer em toda e qualquer venda a distância.

No comércio eletrônico, está em vigor o Decreto 7.962/2013, que, reforçando a ideia do art. 33 do CDC, estabelece no art. 2º que os sítios eletrônicos "devem disponibilizar, em local de destaque e de fácil visualização, as seguintes informações: I – nome empresarial e número de inscrição do fornecedor, quando houver, no Cadastro Nacional de Pessoas Físicas ou no Cadastro Nacional de Pessoas Jurídicas do Ministério da Fazenda; II – endereço físico e eletrônico, e demais informações necessárias para sua localização e contato (...)".

Na mesma linha, acrescente-se que, em 6 de março de 2020, editou-se o Decreto 10.271, o qual objetiva internalizar a Resolução GMC 37/2019, adotada pelo Grupo Mercado Comum, em 15 de julho de 2019. O propósito é uniformizar regras relativas ao comércio eletrônico entre os países que integram o Mercosul.

Ao lado de informações necessárias sobre os produtos e serviços comerciais, há, paralelamente, o dever de qualificar o fornecedor. Novamente, o art. 2º da Resolução 37/2019 estabelece a exigência de divulgar nos sítios da internet, em local de fácil visualização, entre outros dados, os seguintes: "I – nome comercial e social do fornecedor; II – endereço físico e eletrônico do fornecedor; III – endereço de correio eletrônico de serviço de atendimento ao consumidor; IV – número de identificação tributária do fornecedor; V – identificação do fabricante, se corresponder (...)".

O parágrafo único do art. 33 foi acrescido, em 2008, pela Lei 11.800. Proíbe-se a realização de publicidade de produtos e serviços por telefone, quando se tratar de chamada onerosa para o consumidor. O Decreto 6.523/2008, mais conhecido como "Decreto do SAC", que se aplica unicamente aos serviços regulados pelo poder público federal (telefonia, planos de saúde, aviação civil etc.), estipula gratuidade das ligações, mas proíbe a veiculação de publicidade sem autorização do consumidor: "é vedada a veiculação de mensagens publicitárias durante o tempo de espera para o atendimento, salvo se houver prévio consentimento do consumidor" (art. 14).

> **Art. 34.** O fornecedor do produto ou serviço é solidariamente responsável pelos atos de seus prepostos ou representantes autônomos.

 Legislação correlata

Código Civil, arts. 113, 187, 422 e 1.169 a 1.171.

Lei 4.886/1965 (Regula a atividade dos representantes comerciais autônomos).

 Análise doutrinária

1. Responsabilidade solidária de preposto e representantes autônomos

O art. 34 do CDC apresenta importante regra de solidariedade nas relações de consumo. Recorde-se, inicialmente, que há solidariedade passiva quando mais de uma pessoa deve responder integralmente por determinada obrigação (contratual ou extracontratual). A solidariedade pode abranger as obrigações do fornecedor estipuladas no contrato de consumo, como construir e entregar um imóvel, prestar serviço médico, transferir a propriedade de um produto, bem como obrigação decorrente de descumprimento do contrato (responsabilidade civil). No primeiro caso, fala-se em *obrigação originária* ou *primária*. No segundo, em *obrigação sucessiva* ou *secundária*.

A solidariedade não se presume. Decorre diretamente da lei ou de manifestação de vontade (art. 246 do CC). Na solidariedade decorrente de lei, é a redação da norma que indica sua abrangência. A leitura e a interpretação do dispositivo indicam quais obrigações estão sob o regime da solidariedade passiva. A norma pode, também, apresentar espécie de condição para que a solidariedade se configure, como é o caso do comerciante em relação ao fato do produto (art. 13): a solidariedade se configura se ocorrer uma das três hipóteses indicadas (fabricante não identificado, fabricante mal identificado ou produtos perecíveis).

Na verdade, em relação às obrigações no âmbito das relações de consumo, é possível identificar quatro espécies de solidariedade passiva: 1) solidariedade decorrente de ato ilícito (art. 7º, parágrafo único); 2) solidariedade automática (ex.: art. 18, *caput*, do CDC: "os fornecedores (...) respondem solidariamente"); 3) solidariedade automática condicionada (art. 13); e 4) solidariedade decorrente da Teoria da Aparência.

O art. 34 do CDC institui importante hipótese de solidariedade automática, ou seja, aquela que não requer qualquer esforço probatório concernente a nexo de causalidade ou elemento subjetivo (culpa). Estabelece o dispositivo a solidariedade legal automática do fornecedor por atos dos seus prepostos e representantes autônomos. A redação do dispositivo indica que a solidariedade alcança tanto as obrigações originárias quanto as sucessivas (responsabilidade civil).

Embora previsto no Código Civil (arts. 1.169 a 1.171), o termo *preposto* é mais utilizado no Direito do Trabalho (art. 843 da CLT), como representante empregador na Justiça do Trabalho. De modo geral, tem o significado de representação, de pessoa que age em nome de outra.

O *representante autônomo*, por sua vez, está, em sua relação com a pessoa jurídica, submetido ao disposto na Lei 4.886/1965, cujo art. 1º dispõe que "exerce a representação comercial autônoma a pessoa jurídica ou a pessoa física, sem relação de emprego, que desempenha, em caráter não eventual por conta de uma ou mais pessoas, a mediação para a realização de negócios mercantis, agenciando propostas ou pedidos, para, transmiti-los aos representados, praticando ou não atos relacionados com a execução dos negócios".

A solidariedade, na hipótese, visa resguardar a confiança (boa-fé objetiva) gerada no consumidor em face de pessoas que se apresentam como extensão ou pessoa que integra ou representa, de algum modo, o fornecedor. Em outras palavras, tutela-se a legítima expectativa do consumidor (confiança) ao contratar a compra de produtos e serviços no mercado de consumo. Nesse contexto, deve-se priorizar a interpretação teleológica do art. 34, desvinculada de amarras conceituais: todo aquele que se apresenta ou se coloca como representante do fornecedor responde solidariamente pelos seus atos – obrigações originárias e sucessivas.

No mercado de consumo, é crescente a tendência de atuação conjunta ou em colaboração de inúmeros fornecedores para prestar serviços e comercializar produtos. O intuito é dividir tarefas, diminuir custos e, ao mesmo tempo, ampliar as vendas com o prestígio inerente a marcas e fornecedores famosos. Muitas vezes, há consórcio de duas marcas já consagradas para, por exemplo, lançar um novo produto ou serviço. Em outros casos, dentro de um estabelecimento físico único, atuam empregados de outra pessoa jurídica para, por exemplo, realizar ou intermediar um financiamento.

Nesse cenário de múltiplos fornecedores, em colaboração e parcerias para venda de produtos e serviços, o consumidor, invariavelmente, não sabe exatamente com quem está contratando. Ao contrário, por estratégias de *marketing*, é induzido a crer que seu vínculo é direto com determinado fornecedor ou, de algum modo, amparado por empresa que inspira credibilidade e confiança. É exatamente nesse contexto que se compreendem o sentido e o alcance da redação do art. 34 do CDC, o qual, em interpretação teleológica, reforça a Teoria da Aparência.

O Superior Tribunal de Justiça tem utilizado com frequência a Teoria da Aparência no mercado de consumo. Para proteger as legítimas expectativas do consumidor, a Corte estabelece solidariedade passiva, para obrigações principais (originárias) e para o dever de indenizar (obrigação sucessiva), em inúmeros casos de atuação conjunta, indefinição da qualificação do fornecedor.

 Dicas práticas

O profissional do direito deve estar atento às diferentes hipóteses de solidariedade previstas no CDC. No caso do art. 34, trata-se de solidariedade *automática* que abrange tanto as obrigações originárias quanto as sucessivas (responsabilidade civil).

 **Jurisprudência**

1. Teoria da Aparência e solidariedade

"Consórcio. Teoria da aparência. Publicidade. Responsabilidade civil. Legitimidade passiva. A empresa que, segundo se alegou na inicial, permite a utilização da sua logomarca, de seu endereço, instalações e telefones, fazendo crer, através da publicidade e da pratica comercial, que era a responsável pelo empreendimento consorcial, e parte passiva legitima para responder pela ação indenizatória proposta pelo consorciado fundamentada nesses fatos" (STJ, REsp 113.012/MG, 4ª Turma, Rel. Min. Ruy Rosado de Aguiar, j. 18.03.1997, *DJ* 12.05.1997).

"O banco líder de conglomerado financeiro é parte legítima para responder à ação de revisão de cláusulas de contrato de mútuo feneratício, realizado em suas instalações, com pessoa jurídica diversa, mas integrante do mesmo grupo econômico. Aplicação da teoria da aparência" (STJ, REsp 879.113/DF, 3ª Turma, Rel. Min. Nancy Andrighi, j. 01.09.2009, *DJe* 11.09.2009).

"É legitimado passivamente aquele que intervém na contratação, comportando-se como representante da seguradora, por aplicação da teoria da aparência. 3. A revisão da conclusão de legitimidade passiva da ora recorrente esbarra nos óbices das Súmulas 5 e 7/STJ" (STJ, AgRg no AREsp 531.320/RS, 4ª Turma, Rel. Min. Maria Isabel Gallotti, j. 14.10.2014, *DJe* 30.10.2014).

"1. Na hipótese dos autos, a instância ordinária constatou que havia uma interação comercial entre a revendedora de veículos e a casa bancária, refletida, sobretudo, conforme a prova dos autos, na manutenção de um posto específico da instituição financeira dentro da propriedade da loja, no sentido de viabilizar e fomentar os negócios mercantis lá oferecidos. 2. Como é sabido, à luz da teoria da aparência, 'os integrantes da cadeia de consumo, em ação indenizatória consumerista, também são responsáveis pelo danos gerados ao consumidor, não cabendo a alegação de que o dano foi gerado por culpa exclusiva de um dos seus integrantes' (AgRg no AREsp 207.708/SP, Rel. Ministro Marco Buzzi, Quarta Turma, julgado em 24/09/2013, *DJe* 03/10/2013)" (STJ, AgInt no AREsp 1.299.783/RJ, 4ª Turma, Rel. Min. Lázaro Guimarães (Desembargador convocado do TRF 5ª Região), Rel. p/ acórdão Min. Marco Buzzi, j. 13.12.2018, *DJe* 14.03.2019).

2. Teoria da Aparência e rede nacional UNIMED

"A jurisprudência reconhece a aparência de integração da rede nacional UNIMED, composta pelas cooperativas identificadas pelo mesmo nome, como elemento central da decisão de contratação do plano de saúde pelo consumidor. A incidência da teoria da aparência induz impor-se a cobertura do tratamento pelo plano de saúde contratado, quando o paciente lança mão de hospital credenciado pela rede, mesmo que seja conveniado apenas a outra cooperativa do mesmo sistema, havendo que se reconhecer a solidariedade obrigacional presente na hipótese. Incidência da Súmula 83 do STJ" (STJ, AgInt no AREsp 1.505.912/SP, 4ª Turma, Rel. Min. Luis Felipe Salomão, j. 24.09.2019, *DJe* 30.09.2019).

"A jurisprudência desta Corte Superior é assente em reconhecer a legitimidade das unidades cooperativas ligadas à UNIMED, por aplicação da teoria da aparência

(AgInt nos EDcl no AgInt no AREsp 833.153/MS, Rel. Ministra Maria Isabel Gallotti, Quarta Turma, julgado em 06/11/2018, DJe de 13/11/2018)" (STJ, AgInt no AREsp 1715038/PR, Rel. Min. Raul Araújo, Quarta Turma, j. 07.12.2020, *DJe* 01.02.2021).

3. O art. 34 do CDC materializa a Teoria da Aparência

"1. A melhor exegese dos arts. 14 e 18 do CDC indica que todos aqueles que participam da introdução do produto ou serviço no mercado devem responder solidariamente por eventual defeito ou vício, isto é, imputa-se a toda a cadeia de fornecimento a responsabilidade pela garantia de qualidade e adequação. 2. O art. 34 do CDC materializa a teoria da aparência, fazendo com que os deveres de boa-fé, cooperação, transparência e informação alcancem todos os fornecedores, direitos ou indiretos, principais ou auxiliares, enfim todos aqueles que, aos olhos do consumidor, participem da cadeia de fornecimento. 3. No sistema do CDC fica a critério do consumidor a escolha dos fornecedores solidários que irão integrar o polo passivo da ação. Poderá exercitar sua pretensão contra todos ou apenas contra alguns desses fornecedores, conforme sua comodidade e/ou conveniência. 4. O art. 126 do DL nº 73/66 não afasta a responsabilidade solidária entre corretoras e seguradoras; ao contrário, confirma-a, fixando o direito de regresso destas por danos causados por aquelas. 5. Tendo o consumidor realizado a vistoria prévia, assinado proposta e pago a primeira parcela do prêmio, pressupõe-se ter havido a aceitação da seguradora quanto à contratação do seguro, não lhe sendo mais possível exercer a faculdade de recusar a proposta. 6. Recurso especial não provido" (STJ, REsp 1.077.911/SP, 3ª Turma, Rel. Min. Nancy Andrighi, j. 04.10.2011, *DJe* 14.10.2011).

4. Fornecedor aparente

"Hipótese: A presente controvérsia cinge-se a definir o alcance da interpretação do art. 3º do Código de Defesa do Consumidor, a fim de aferir se na exegese de referido dispositivo contempla-se a figura do fornecedor aparente – e, consequentemente, sua responsabilidade –, entendido como aquele que, sem ser o fabricante direto do bem defeituoso, compartilha a mesma marca de renome mundial para comercialização de seus produtos. 1. A adoção da teoria da aparência pela legislação consumerista conduz à conclusão de que o conceito legal do art. 3º do Código de Defesa do Consumidor abrange também a figura do fornecedor aparente, compreendendo aquele que, embora não tendo participado diretamente do processo de fabricação, apresenta-se como tal por ostentar nome, marca ou outro sinal de identificação em comum com o bem que foi fabricado por um terceiro, assumindo a posição de real fabricante do produto perante o mercado consumidor. 2. O fornecedor aparente em prol das vantagens da utilização de marca internacionalmente reconhecida, não pode se eximir dos ônus daí decorrentes, em atenção à teoria do risco da atividade adotada pelo Código de Defesa do Consumidor. Dessa forma, reconhece-se a responsabilidade solidária do fornecedor aparente para arcar com os danos causados pelos bens comercializados sob a mesma identificação (nome/marca), de modo que resta configurada sua legitimidade passiva para a respectiva ação de indenização em razão do fato ou vício do produto ou serviço. 3. No presente caso, a empresa recorrente deve ser caracterizada como fornecedora aparente para fins de responsabilização civil pelos danos causados pela comercialização do produto defeituoso que ostenta a marca TOSHIBA, ainda que não tenha sido sua fabricante direta, pois ao utilizar marca de expressão global, inclusive com a inserção da mesma em sua razão social, beneficia-se da confiança previamente angariada por essa perante os consumidores. É de rigor, portanto, o reconhecimento da legitimidade passiva da empresa ré para arcar com os danos pleiteados na exordial" (STJ, REsp 1.580.432/SP, 4ª Turma, Rel. Min. Marco Buzzi, j. 06.12.2018, *DJe* 04.02.2019).

"1. A seguradora de seguro de responsabilidade civil, na condição de fornecedora, responde solidariamente perante o consumidor pelos danos materiais decorrentes de defeitos na prestação dos serviços por parte da oficina que credenciou ou indicou, pois, ao fazer tal indicação ao segurado, estende sua responsabilidade também aos consertos realizados pela credenciada, nos termos dos arts. 7º, parágrafo único, 14, 25, § 1º, e 34 do Código de Defesa do Consumidor. 2. São plenamente aplicáveis as normas de proteção e defesa do consumidor, na medida em que se trata de relação de consumo, em decorrência tanto de disposição legal (CDC, art. 3º, § 2º) como da natureza da relação estabelecida, de nítida assimetria contratual, entre o segurado, na condição de destinatário final do serviço securitário, e a seguradora, na qualidade de fornecedora desse serviço. 3. O ato de credenciamento ou de indicação de oficinas como aptas a proporcionar ao segurado um serviço adequado no conserto do objeto segurado sinistrado não é uma simples gentileza ou comodidade proporcionada pela seguradora ao segurado. Esse credenciamento ou indicação se faz após um prévio acerto entre a seguradora e a oficina, em que certamente ajustam essas sociedades empresárias vantagens recíprocas, tais como captação de mais clientela pela oficina e concessão por esta de descontos nos preços dos serviços de reparos cobrados das seguradoras. Passa, então, a existir entre a seguradora e a oficina credenciada ou indicada uma relação institucional, de trato duradouro, baseada em ajuste vantajoso para ambas" (STJ, REsp 827.833/MG, 4ª Turma, Rel. Min. Raul Araújo, j. 24.04.2012, *DJe* 16.05.2012).

5. Conceito de preposto: desnecessidade de vínculo contratual

"Para o reconhecimento do vínculo de preposição, não é preciso que exista um contrato típico de trabalho; é suficiente a relação de dependência ou que alguém preste serviço sob o interesse e o comando de outrem. Precedentes. Recurso especial não conhecido" (STJ, REsp 304.673/SP, 4ª Turma, Rel. Min. Barros Monteiro, j. 25.09.2001, *DJ* 11.03.2002).

"Legitimidade passiva. Empresa tomadora de serviços. Funcionário terceirizado. Atuação como preposto. Precedentes. Responsabilidade objetiva. – O fato do suposto causador do ato ilícito ser funcionário terceirizado não exime a tomadora do serviço de sua eventual responsabilidade. – A jurisprudência do STJ entende como preposto aquele que possui relação de dependência ou presta serviço sob o interesse de outrem. Precedentes. – O acórdão recorrido fixou a responsabilidade objetiva da concessionária de serviço público, por ter o acusado agido na qualidade de agente da recorrente" (STJ, REsp 904.127/RS, 3ª Turma, Rel. Min. Nancy Andrighi, j. 18.09.2008, *DJe* 03.10.2008).

"(...) o Código do Consumidor estabelece expressamente no art. 34 que 'o fornecedor do produto ou serviço é solidariamente responsável pelos atos de seus prepostos ou representantes autônomos', ou seja, há responsabilidade solidária independentemente de vínculo trabalhista ou de subordinação, responsabilizando-se qualquer dos integrantes da cadeia de fornecimento que venha dela se beneficiar, pelo descumprimento dos deveres de boa-fé, transparência, informação e confiança. 8. Ademais, pelas próprias alegações da recorrente, os corretores em questão agiram de forma parcial, atendendo aos interesses do dono do negócio, inclusive recebendo treinamento deste. Em razão disso, ambos, intermediador e fornecedor, atraíram a responsabilização solidária pelo negócio" (STJ, REsp 1.209.633/RS, 4ª Turma, Rel. Min. Luis Felipe Salomão, j. 14.04.2015, *DJe* 04.05.2015).

6. Solidariedade entre clube de turismo e hotéis cadastrados

"1. O 'Clube de Turismo Bancorbrás' funciona mediante a oferta de títulos aos consumidores, que, após o pagamento de taxas de adesão e de manutenção mensal, bem como a observância de prazo de carência, adquirem o direito não cumulativo de utilizar 7 (sete) diárias, no período de um ano, em qualquer um dos hotéis pré--selecionados pela Bancorbrás no Brasil e no exterior ('rede conveniada'). 2. Em se tratando de relações consumeristas, o fato do produto ou do serviço (ou acidente de consumo) configura-se quando o defeito ultrapassar a esfera meramente econômica do consumidor, atingindo-lhe a incolumidade física ou moral, como é o caso dos autos, em que a autora, no período de lazer programado, fora – juntamente com seus familiares (marido e filha de quatro meses) – submetida a desconforto e aborrecimentos desarrazoados, em virtude de alojamento em quarto insalubre em resort integrante da rede conveniada da Bancorbrás. (...) 4. Sob essa ótica e tendo em vista o disposto no parágrafo único do artigo 7º e no § 1º do artigo 25 do CDC, sobressai a solidariedade entre todos os integrantes da cadeia de fornecimento de serviços, cabendo direito de regresso (na medida da participação na causação do evento lesivo) àquele que reparar os danos suportados pelo consumidor." (STJ, REsp 1.378.284/PB, 4ª Turma, Rel. Min. Luis Felipe Salomão, j. 08.02.2018, *DJe* 07.03.2018).

7. Marca globalizada e Teoria da Aparência

"1. Segundo consta dos autos, o consumidor adquiriu, no Carrefour de Uberlândia, um videogame Playstation III, 80 GB AX e um controle PS3, sem fio, *dual shock*, Sony AX, pelo valor total de R$ 1.698,00. Em virtude de vício no produto, solicitou ao vendedor o envio do bem à assistência técnica do fabricante, o que não foi feito, sob o argumento de indisponibilidade, no Brasil, de tal serviço autorizado. A empresa Sony Brasil alegou não ter colocado o produto no mercado e que a responsável seria a empresa americana Sony Computer Entertainment America INC. 2. Extrai-se do acórdão recorrido que o entendimento do Tribunal de origem está em consonância com a orientação do Superior Tribunal de Justiça, de que, se empresas nacionais se beneficiam de marcas mundialmente conhecidas, incumbe-lhes responder também pelos vícios dos produtos que oferecem, anunciam ou comercializam. 3. Segundo o Tribunal de Justiça de Minas Gerais, 'não se revela razoável exigir-se que o consumidor, que adquire um produto de marca de renome mundial, como a SONY, tenha ciência de que a empresa SONY BRASIL S/A difere-se da SONY AMERICA INC., sendo possível a aplicação da teoria da aparência'. 4. À luz do sistema de proteção do consumidor, a teoria da aparência e a teoria da confiança, duas faces da mesma moeda, protegem a segurança jurídica e a boa-fé objetiva dos sujeitos vulneráveis e dos contratantes em geral. Em consequência, atribuem força negocial vinculante à marca mundial em detrimento de ficções contratuais, contábeis ou tributárias que contrariam a realidade dos fatos tal qual se apresentam nas transações de consumo e, simultaneamente, embasam – como técnica de defesa judicial contra o consumidor-vulnerável – a fragmentação de pessoas jurídicas em mercado reconhecidamente globalizado. 5. Quando campanhas publicitárias massivas e altamente sofisticadas são veiculadas de maneira a estimular sentimento, percepção e, correlatamente, expectativas legítimas dos consumidores, de um produto ou serviço único, que dilui e supera fronteiras nacionais – tornando irrelevante o país em que a operação negocial venha a se realizar –, justifica-se afastar a formalidade burocrática do nome do fornecedor ocasionalmente estampado na Nota Fiscal ou no contrato. Desarrazoado pretender que o consumidor faça distinção entre Sony Brasil Ltda. e Sony América Inc. Para qualquer adquirente, o produto é simplesmente Sony, é oferecido como Sony e comprado como Sony. 6. No CDC, a regra geral é a da responsabilidade civil objetiva e solidária. Não se sustenta, pois, a tese da recorrente, rechaçada pelo Tribunal *a quo*, de que o art. 265 do Código Civil, em casos de incidência das teorias da aparência e da confiança, afastaria a solidariedade do art. 18 do CDC. É exatamente por conta da teoria da aparência e da teoria da confiança que os fabricantes de marcas globalizadas, por meio de seus representantes no Brasil, 'respondem solidariamente pelos vícios de qualidade ou quantidade' (art. 18) que se apresentem nos bens de consumo ofertados. Não custa lembrar que, no microssistema do CDC, existe inafastável obrigação de assistência técnica, associada não só ao vendedor direto, como também ao fabricante e ao titular da marca global, em nome próprio ou por meio de seu representante legal no país. 7. Em vez de deixar o consumidor à míngua de remédio jurídico e financeiro, compete às empresas integrantes de grupos econômicos com operação mundial, ou regional, prever, em contratos comerciais que celebrem entre si, mecanismos de ressarcimento e compensação recíprocos para hipóteses como a dos autos. Investir maciçamente em marcas mundiais para, logo após, contraditoriamente e em detrimento de sujeitos vulneráveis, usar de artifícios jurídicos vetustos e injustos de uma contratualística ultrapassada (nos planos ético e político) para negar, no varejo dos negócios, o que, com afinco, se pregou a quatro ventos, caracteriza *venire contra factum proprium* (o *proprium* aqui significando a força comum e abrangente da marca globalizada), ou seja, prática abusiva, nos termos do art. 39 do CDC. Não se pode punir o consumidor que acredita em marca globalizada, mundialização essa que é estimulada pelo próprio titular da marca e que a ele favorece. 8. Logo, para fins legais, consoante dispõe o art. 34 do CDC e por força da teoria de aparência e da teoria da confiança, a Sony Brasil inclui-se no rol de fornecedores e, portanto, na cadeia de solidariedade prevista no art. 18 do CDC. Daí sua responsabilidade por vício de qualidade ou de quantidade em produtos que ostentem a mesma marca, obrigação genérica que inclui a de prestar assistência técnica – de início, não custa lembrar, foi esse o único pleito (modesto, legítimo e compreensível) do consumidor lesado" (STJ, REsp 1.709.539/MG, 2ª Turma, Rel. Min. Herman Benjamin, j. 05.06.2018, *DJe* 05.12.2018).

8. Teoria da Aparência: responsabilidade entre concessionária e montadora de veículo

"Responsabilidade solidária da montadora perante os consumidores que aderiram a grupo de consórcio formado irregularmente pela concessionária. 4. Aplicação da teoria da aparência ao caso, tendo em vista a legítima expectativa gerada nos consumidores em virtude da ampla utilização (cf. art. 3º, inciso III, da Lei Ferrari) da marca da montadora pela concessionária. Julgados desta Corte Superior" (STJ, AgInt no REsp 1757698/PR, Rel. Min. Paulo de Tarso Sanseverino, 3ª Turma, j. 12.04.2021, *DJe* 15.04.2021).

9. Não aplicação da Teoria da Aparência

"1 – Se não há participação da concedente (Fiat) no consórcio, restando impossibilitada a aplicação da teoria da aparência, tampouco se enquadrando a concessionária (única operadora do consórcio) como representante autônoma da fabricante, não se pode responsabilizar a Fiat pelo não cumprimento do contrato, ficando afastada, no caso, a aplicação do art. 34 do CDC, até porque as premissas fixadas nas instâncias ordinárias não podem ser elididas na via especial, sob pena de infringência às súmulas 5 e 7 deste Superior Tribunal de Justiça" (STJ, REsp 566.735/PR, 4ª Turma, Rel. Min. Luis Felipe Salomão, Rel. p/ acórdão Min. Fernando Gonçalves, j. 10.11.2009, *DJe* 01.03.2010).

> **Art. 35.** Se o fornecedor de produtos ou serviços recusar cumprimento à oferta, apresentação ou publicidade, o consumidor poderá, alternativamente e à sua livre escolha:
>
> **I -** exigir o cumprimento forçado da obrigação, nos termos da oferta, apresentação ou publicidade;
>
> **II -** aceitar outro produto ou prestação de serviço equivalente;
>
> **III -** rescindir o contrato, com direito à restituição de quantia eventualmente antecipada, monetariamente atualizada, e perdas e danos.

 Análise doutrinária

1. Descumprimento da oferta e alternativas do consumidor

O art. 35 está diretamente relacionado ao *princípio da vinculação da oferta* estabelecido no art. 30 do CDC. Em caso de recusa da oferta, a Lei oferece três alternativas ao consumidor (art. 35): 1) cumprimento forçado dos termos da oferta (obrigação de fazer); 2) outro produto ou serviço equivalente; ou 3) rescisão do contrato com devolução dos valores pagos, além de perdas e danos.

O dispositivo deixa claro que a escolha, entre as três alternativas, é do consumidor. É evidente que, em várias situações, não será possível obter o cumprimento forçado da oferta. Os exemplos são inúmeros. Promessa falsa de que determinado medicamento apresenta cura de doença. Oferta falsa de que o veículo tem consumo reduzido de combustível. Nesses casos, sempre há opção para o consumidor pedir o reembolso do valor pago atualizado, além das perdas e danos (inc. III).

Reitere-se que o CDC, em várias passagens, ressalta a importância de o consumidor receber o produto ou serviço prometido (arts. 30, 39, II, IX, e 40). Em termos processuais, o art. 84 determina que, na ação "que tenha por objeto o cumprimento da obrigação de fazer ou não fazer, o juiz concederá a tutela específica da obrigação ou determinará providências que assegurem o resultado prático equivalente ao do adimplemento".

Embora as perdas e os danos estejam previstos expressamente apenas no tocante à opção constante no inc. III (devolução do valor pago), são cabíveis – se houver dano – nas três alternativas, em respeito ao direito básico do consumidor de efetiva reparação de danos sofridos no mercado de consumo (art. 6º, VI).

Dicas práticas

Em caso de descumprimento dos termos da oferta, o CDC estabelece instrumentos processuais para realizar a obrigação conforme prometido. Na prática, todavia, deve-se ponderar se vale a pena optar pelo processo de modo a tentar obter "resultado prático equivalente ao do adimplemento" (art. 84). Muitas vezes, pelo desgaste inerente a qualquer demanda judicial, a escolha por outro produto ou serviço ou mesmo indenização pode se apresentar mais razoável.

Jurisprudência

1. O fornecedor que se beneficia da publicidade deve cumprir a oferta

"A fornecedora de refrigerante que lança no mercado campanha publicitária sob forma de concurso com tampinhas premiadas, não se libera de sua obrigação ao fundamento de que a numeração é ilegível. O sistema do CDC, que incide nessa relação de consumo, não permite à fornecedora – que se beneficia com a publicidade – exonerar-se do cumprimento da sua promessa apenas porque a numeração que ela mesma imprimiu é defeituosa. A regra do art. 17 do Dec. 70.951/72 apenas regula a hipótese em que o defeito tiver sido comprovadamente causado pelo consumidor" (STJ, REsp 396.943/RJ, 4ª Turma, Rel. Min. Ruy Rosado de Aguiar, j. 02.05.2002, *DJ* 05.08.2002).

2. Exigência legítima de entrega do produto que não está no estoque do fornecedor

"4. No direito contratual clássico, firmado entre pessoas que se presumem em igualdades de condições, a proposta é uma firme manifestação de vontade, que pode ser dirigida a uma pessoa específica ou ao público em geral, que somente vincula o proponente na presença da firmeza da intenção de concreta de contratar e da precisão do conteúdo do futuro contrato, configurando, caso contrário, mero convite à contratação. 5. Como os processos de publicidade e de oferta ao público possuem importância decisiva no escoamento da produção em um mercado de consumo em massa, conforme dispõe o art. 30 do CDC, a informação no contida na própria oferta é essencial à validade do conteúdo da formação da manifestação de vontade do consumidor e configura proposta, integrando efetiva e atualmente o contrato posteriormente celebrado com o fornecedor. 6. Como se infere do art. 35 do CDC, a recusa à oferta oferece ao consumidor a prerrogativa de optar, alternativamente e a sua livre escolha, pelo cumprimento forçado da obrigação, aceitar outro produto, ou rescindir o contrato, com direito à restituição de quantia eventualmente antecipada, monetariamente atualizada, somada a perdas e danos. 7. O CDC consagrou expressamente, em seus arts. 48 e 84, o princípio da preservação dos negócios jurídicos, segundo o qual se pode determinar qualquer providência a fim de que seja assegurado o resultado prático equivalente ao adimplemento da obrigação de fazer, razão pela qual a solução de extinção do contrato e sua conversão em perdas e danos é a *ultima ratio*, o último caminho a ser percorrido. 8. As opções do art. 35 do CDC são intercambiáveis e produzem, para o consumidor, efeitos práticos equivalentes ao adimplemento, pois guardam relação com a satisfação da intenção validamente manifestada ao aderir à oferta do fornecedor, por meio da previsão de resultados práticos equivalentes ao adimplemento da obrigação de fazer ofertada ao público. 9. A impossibilidade do cumprimento da obrigação de entregar coisa, no contrato de compra e venda, que é consensual, deve ser restringida exclusivamente à inexistência absoluta do produto, na hipótese em que não há estoque e não haverá mais, pois aquela espécie, marca e modelo não é mais fabricada. 10. Na hipótese dos autos, o acórdão recorrido impôs à recorrente a adequação de seu pedido às hipóteses dos incisos II e III do art. 35 do CDC, por considerar que a falta do produto no estoque do fornecedor impediria o cumprimento específico da obrigação" (STJ, REsp 1872048/RS, Rel. Min. Nancy Andrighi, 3ª Turma, j. 23.02.2021, *DJe* 01.03.2021).

Seção III
Da publicidade

Art. 36. A publicidade deve ser veiculada de tal forma que o consumidor, fácil e imediatamente, a identifique como tal.

Parágrafo único. O fornecedor, na publicidade de seus produtos ou serviços, manterá, em seu poder, para informação dos legítimos interessados, os dados fáticos, técnicos e científicos que dão sustentação à mensagem.

 Legislação correlata

Constituição Federal, art. 220, § 4º.

Lei 9.294/1996 (Propaganda de produtos fumígeros, bebidas alcoólicas e outros).

Lei 13.709/2018 (Lei Geral de Proteção de Dados Pessoais).

 Análise doutrinária

1. Publicidade, propaganda e *marketing*

O art. 36 do CDC inaugura a seção denominada "da publicidade". Antes de analisar o sentido e o alcance dos dispositivos que integram a referida seção, são necessários alguns esclarecimentos conceituais. É importante comentar o significado jurídico dos termos *propaganda*, *publicidade* e *marketing*, bem como trazer breves considerações sobre a importância atual da publicidade.

O *marketing* é toda e qualquer atividade empresarial que objetiva, direta ou indiretamente, ampliar as vendas de determinado fornecedor. Em outras palavras, são estratégias de atuação da empresa que objetiva fortalecer e intensificar sua imagem e vendas. Abrange ações de concepção do produto ou serviço, publicidade, relacionamento com consumidores etc. A face mais visível do *marketing* talvez seja a publicidade de produtos e serviços.

O ordenamento jurídico brasileiro aproxima os termos *publicidade* e *propaganda*, em que pese advertência de alguns autores quanto à diferença: a publicidade estaria relacionada à divulgação, direta ou indireta, de produtos e serviços no mercado de consumo, enquanto a propaganda seria expressão mais genérica que abrange difusão de pensamento, ideia, religião etc. Nessa distinção, o termo mais adequado para o direito do consumidor seria publicidade.

Ocorre que o próprio CDC não é rigoroso com as palavras. Embora prefira o termo *publicidade* em diversos dispositivos (arts. 6º, IV, 30, 34, 35, 36, 37, 67, 68 e 69), refere-se à *contrapropaganda* nos arts. 56, XII, e 60 do CDC. Ademais, a Constituição Federal utiliza, no art. 220, § 4º, a expressão "propaganda comercial de tabaco, bebidas alcoólicas, agrotóxicos, medicamentos e terapia". A Lei 9.294/1996, que regulamenta o referido dispositivo constitucional, também confere prioridade ao termo *propaganda*, embora utilize a palavra *publicidade* em duas passagens.

Há vários meios de comunicação do fornecedor sobre seus produtos e serviços. Sempre que o canal de comunicação tiver a potencialidade de atingir grande quantidade de consumidores, está caracterizado o caráter publicitário da comunicação. Portanto, a publicidade, além de relacionada ao mercado de consumo, tem por característica fundamental a forma de transmissão que deve se dirigir à coletividade de destinatários (internet, redes sociais, televisão, rádio, *outdoor* etc.).

2. Importância da publicidade, novas técnicas e necessidade de limites

Ninguém duvida da importância crescente da publicidade no mercado, pois se trata da própria apresentação – por meios de comunicação de massa – da empresa, dos seus produtos e serviços, ao consumidor. Não é à toa que frases como "a propaganda é a alma do negócio" ou "se eu tivesse um único dólar, investiria em propaganda" (Henry Ford) são bastantes conhecidas. De nada adianta pensar e fabricar um produto diferenciado, com inúmeras qualidades, se o consumidor, perdido em meio a tantas informações, não tiver oportunidade de conhecê-lo.

A publicidade cumpre a tarefa de informar o mercado sobre determinado produto e serviço. Paralelamente, há objetivo de convencimento sobre a importância de se adquirir o produto ou serviço. Todavia, o que se destaca nas comunicações publicitárias é o foco no convencimento do consumidor. Ampliam-se as técnicas e os procedimentos de persuasão que vão desde associação a celebridades, influenciadores digitais, *status* diferenciado na sociedade até a sugestão, muitas vezes implícita, de que possuir determinado produto ou marca afasta sentimentos negativos de tristeza, solidão, ansiedade etc.

Nas últimas duas décadas, ampliou-se bastante a abordagem ao consumidor. Ao lado de publicidades tradicionais, veiculadas de modo amplo e uniforme para grupo indeterminado de consumidores, observam-se, com apoio da informática e técnicas de monitoramento de hábitos do consumidor, o desenvolvimento e o aprimoramento de publicidade direcionada, também denominada de publicidade contextual.

O avanço da tecnologia, particularmente na área informática, tem propiciado diferentes formas de publicidade. Muitos fornecedores entendem ser mais eficaz dirigir a publicidade para consumidores determinados, que, em tese, possuem maior interesse para produtos ou serviços específicos. Assim, o primeiro passo é justamente obter o perfil do consumidor ou consumidores, por meio de técnicas de *profiling* que vão desde o monitoramento de navegação na internet (*tracking*) até obtenção de variadas informações repassadas por redes sociais, aplicativos de *smartphones*, que podem incluir até mapeamento de locais mais visitados pelo usuário (geolocalização).

Definido o perfil e realizada a segmentação do consumidor, realiza-se, por diversos canais (SMS, WhatsApp, e-mail, na própria rede social etc.), publicidade dirigida cuja chance de convencimento à aquisição do produto ou serviço é bastante ampliada. Entre tantas novas formas de abordagem, existe o *mobile marketing* que, a partir de informações sobre a localização e gostos, promove anúncio de bem ou serviço cujo fornecedor está próximo ao consumidor no momento da oferta.

É fato que tais modalidades de tratamento de dados desconsideram, invariavelmente, os parâmetros da Lei Geral de Proteção de Dados Pessoais (Lei 13.709/2018) e ensejam sanções civis e administrativas. Todavia, no momento, o que se pretende destacar é a evolução das técnicas publicitárias e a necessidade de o intérprete e aplicador do direito estar atento às novas modalidades publicitárias.

Também tem sido crescente a procura das empresas por pessoas que, por motivos variados, ganharam notoriedade nas redes sociais (Facebook, Instagram, Youtube etc.) e, mediante pagamento, contratarem as referidas celebridades para divulgarem produtos e serviços. Também, neste caso, há pesquisa antecipada do perfil dos seguidores de determinada pessoa.

Todas essas formas de publicidade sequer foram imaginadas pelo CDC, que foi promulgado há 30 anos. Não mereceram, portanto, disciplina específica. Todavia, a lei de proteção ao consumidor, em face do seu caráter principiológico e da ampla possibilidade de diálogo com outras fontes legais (v. comentários ao art. 7º), é capaz de apresentar respostas aos novos possíveis questionamentos decorrentes das técnicas publicitárias desenvolvidas no século XXI.

Embora existam técnicas novas, e tantas outras que surgirão nos próximos anos, a principal preocupação permanece: a publicidade, além de informar, é estratégia de convencimento que precisa ser limitada em face da natural tendência a exagerar as qualidades dos produtos e serviços e, ao mesmo tempo, omitir informações relevantes. Em síntese: menos transparência do que a ética e boa-fé objetiva exigem.

No Brasil, ao lado do controle estatal da publicidade, representado por normas federais e atos infralegais, existe o controle do próprio setor (autorregulamentação). Em 1980, foi instituído o Conselho Nacional de Autorregulamentação Publicitária – Conar, entidade civil (não governamental), cujo objetivo principal é justamente estabelecer regras de cumprimento voluntário (*soft law*) pelos associados, "promover a liberdade de expressão publicitária e defender as prerrogativas constitucionais da propaganda comercial" (www.conar.org.br).

O Conar indica em sua página na internet que "sua missão inclui principalmente o atendimento a denúncias de consumidores, autoridades, associados ou formuladas pelos integrantes da própria diretoria". A entidade possui como parâmetro de suas decisões o Código Brasileiro de Autorregulamentação. "As denúncias são julgadas pelo Conselho de Ética, com total e plena garantia de direito de defesa aos responsáveis pelo anúncio. Quando comprovada a procedência de uma denúncia, é sua responsabilidade recomendar alteração ou suspender a veiculação do anúncio" (www.conar.org.br).

3. Princípio da identificação da publicidade (art. 36, *caput*)

O art. 36, *caput*, do CDC consagra o princípio da identificação da publicidade, ou seja, exige que toda e qualquer publicidade deve ser veiculada de modo que o destinatário (consumidor) a identifique como tal. A ideia básica é que o consumidor tenha plena consciência de que está diante de atividade cujo objetivo é convencê-lo a adquirir algum produto ou serviço. Com essa ciência, ele passa a assumir postura crítica com relação às informações que são veiculadas. O Código Brasileiro de Autorregulamentação Publicitária do Conar também se norteia pelo princípio da identificação: "o anúncio deve ser claramente distinguido como tal, seja qual for a sua forma ou meio de veiculação" (art. 28).

As publicidades possuem, em regra, dois objetivos: 1) informar; e 2) convencer. A experiência indica que o trabalho de persuasão é cada vez mais intenso, em detrimento, muitas vezes, de informação adequada e desejável. Utiliza-se de técnicas sofisticadas, inclusive, em alguns casos, de *neuromarketing*. Daí a importância de se colocar o consumidor em posição crítica e até, por que não dizer, defensiva.

Em face do princípio da identificação, vedam-se as publicidades subliminares e clandestinas. A publicidade subliminar é aquela em que mensagens, imagens ou qualquer outro estímulo, pela velocidade com que são transmitidos, atingem apenas o subconsciente do destinatário, sem qualquer percepção consciente. Há estudos e muitas polêmicas, mas acredita-se que são capazes de influenciar a decisão do consumidor sobre escolhas e compras.

Já a publicidade clandestina é aquela que, por modalidades diversas, se disfarça de matéria jornalística ou se apresenta como pesquisa científica. Oculta seu verdadeiro objetivo, que é convencer o consumidor a adquirir produto ou serviço de determinada marca ou fornecedor.

Outro tópico que deve ser analisado à luz do princípio da identificação é o *merchandising*, ou seja, a técnica publicitária de promover durante filmes, novelas etc. a utilização de produtos de determinada marca. A solução que se apresenta é a indicação antecipada de que serão veiculadas publicidades de tais marcas durante filme, novela ou qualquer outro programa.

4. Princípio da transparência da fundamentação: organização de dados fáticos, técnicos e científicos que dão base à publicidade

O parágrafo único do art. 36 é mais um dispositivo do CDC que indica a importância que se confere à boa-fé objetiva, vale dizer, a comportamento que atenda a padrões de lealdade, transparência e confiança. Exige o dispositivo que o fornecedor detenha dados fáticos, técnicos e científicos que oferecem base às informações veiculadas na publicidade. Assim, por exemplo, se o fabricante de veículo automotor anuncia que se trata de carro econômico, capaz de rodar 18 km com um litro de gasolina, devem existir testes sérios que indiquem a veracidade da informação.

O tema é relevante para a lei, a ponto de se sancionar penalmente, com detenção de 1 a 6 meses, a conduta daquele que deixa "de organizar dados fáticos, técnicos e científicos que dão base à publicidade" (art. 69 do CDC). Enquanto dados fáticos se relacionam com informações empíricas, decorrentes de observação e pesquisa do mercado (ex.: produto mais vendido, mais procurado etc.), dados técnicos e científicos devem ser compreendidos como os concernentes às qualidades de adequação às finalidades próprias do bem.

O dispositivo esclarece que os dados fáticos, técnicos e científicos devem estar à disposição dos legítimos interessados, o que abrange tanto os consumidores (destinatários das informações publicitárias) como os órgãos de defesa do consumidor.

5. Influenciador digital

Questão atual, porém pouco debatida nos tribunais, diz respeito aos *influenciadores digitais*, que utilizam o prestígio pessoal, representado por expressiva quantidade de seguidores em redes sociais (Instagram, YouTube, Facebook etc.) e, mediante remuneração direta ou indireta, divulgam produtos e serviços.

Toda publicidade envolve várias fases, desde a sua concepção até os meios de veiculação para atingir a coletividade de consumidores. No caso de publicidades nas quais há participação de um influenciador digital, o formato do anúncio já é concebido com a característica de que será impulsionado por alguém com fama e prestígio. O protagonismo das publicidades veiculadas em redes sociais concentra-se justamente na fama, no reconhecimento e no respeito do influenciador digital. Como a própria expressão indica, são pessoas que se destacam justamente pela forte influência do que falam e divulgam perante os seguidores e, de modo mais amplo, admiradores.

O primeiro cuidado das publicidades veiculadas por meio dos influenciadores digitais diz respeito ao princípio da identificação, ou seja, não se deve dissimular que se trata de publicidade, que há interesse econômico direto ou indireto, na promoção de determinado produto, serviço ou marca (art. 36, *caput*, do CDC).

Ademais, especial atenção do influenciador deve ser voltada à veracidade das informações e se existem dados técnicos e fáticos e científicos que sustentam as informações veiculadas e se não estão, de algum modo, exercendo atividade inerente a profissões regulamentadas (medicina, nutrição, educação física etc.). Em caso de danos ao consumidor, é possível, com fundamento na regra geral de solidariedade passiva por ato ilícito, responsabilizar o influenciador digital (v. comentários ao parágrafo único do art. 7º).

 Dicas práticas

As novas técnicas publicitárias (redes sociais, influenciadores digitais, publicidades direcionadas etc.) precisam observar o princípio da identificação e todos os cuidados inerentes à veracidade do que se divulga. Especial atenção deve ser dada à comprovação científica relativa à qualidade dos produtos e serviços anunciados.

Jurisprudência

1. Sistema de tutela da publicidade no CDC e princípio da identificação

"O sistema de tutela da publicidade trazido pelo Código de Defesa do Consumidor encontra-se assentado em uma série de princípios norteadores que se propõem a direcionar e limitar o uso das técnicas de publicidade, evitando, assim, a exposição do público consumidor a eventos potencialmente lesivos aos direitos tutelados pelo referido diploma legal. Dentre estes princípios, merecem destaque, os da identificação obrigatória, da publicidade veraz, da vinculação contratual e da correção do desvio publicitário" (STJ, REsp 1.546.170/SP, 3ª Turma, Rel. Min. Ricardo Villas Bôas Cueva, j. 18.02.2020, *DJe* 05.03.2020).

2. Publicidade de cigarro e princípio da identificação

"1.4. Os fatos que ensejaram a presente demanda ocorreram anteriormente à edição e vigência da Lei nº 10.167/2000 que proibiu, de forma definitiva, propaganda de cigarro por rádio e televisão. Com efeito, quando da veiculação da propaganda vigorava a Lei nº 9.294/96, cuja redação original restringia entre 21h00 e 06h00 a publicidade do produto. O texto legal prescrevia, ainda, que a publicidade deveria ser ajustada a princípios básicos, não podendo, portanto, ser dirigida a crianças ou adolescentes nem conter a informação ou sugestão de que o produto pudesse trazer bem-estar ou benefício à saúde dos seus consumidores. Isso consta dos incisos II e VI do § 1º, art. 3º da referida lei. 1.5. O direito de informação está fundamentado em outros dois direitos, um de natureza fundamental, qual seja, a dignidade da pessoa humana, e outro, de cunho consumerista, que é o direito de escolha consciente. Dessa forma, a teor dos artigos 9º e 31 do CDC, todo consumidor deve ser informado de forma 'ostensiva e adequadamente a respeito da nocividade ou periculosidade do produto'. 1.5.1. A teor dos artigos 36 e 37, do CDC, nítida a ilicitude da propaganda veiculada. A uma, porque feriu o princípio da identificação da publicidade. A duas, porque revelou-se enganosa, induzindo o consumidor a erro porquanto se adotasse a conduta indicada pela publicidade, independente das consequências, teria condições de obter sucesso em sua vida. 1.5.2. Além disso, a modificação do entendimento lançado no v. acórdão recorrido, o qual concluiu, após realização de contundente laudo pericial, pela caracterização de publicidade enganosa e, por conseguinte, identificou a responsabilidade da ora recorrente pelos danos suportados pela coletividade, sem dúvida demandaria a exegese do acervo fático-probatório dos autos, o que é vedado pelas Súmulas 5 e 7 do STJ. 1.5.3. Em razão da inexistência de uma mensagem clara, direta que pudesse conferir ao consumidor a sua identificação imediata (no momento da exposição) e fácil (sem esforço ou capacitação técnica), reputa-se que a publicidade ora em debate, de fato, malferiu a redação do art. 36, do CDC e, portanto, cabível e devida a reparação dos danos morais coletivos" (STJ, REsp 1.101.949/DF, 4ª Turma, Rel. Min. Marco Buzzi, j. 10.05.2016, *DJe* 30.05.2016).

Art. 37. É proibida toda publicidade enganosa ou abusiva.

§ 1º É enganosa qualquer modalidade de informação ou comunicação de caráter publicitário, inteira ou parcialmente falsa, ou por qualquer outro modo, mesmo por omissão, capaz de induzir em erro o consumidor a respeito da natureza, características, qualidade, quantidade, propriedades, origem, preço e quaisquer outros dados sobre produtos e serviços.

§ 2º É abusiva, dentre outras, a publicidade discriminatória de qualquer natureza, a que incite à violência, explore o medo ou a superstição, se aproveite da deficiência de julgamento e experiência da criança, desrespeita valores ambientais, ou que seja capaz de induzir o consumidor a se comportar de forma prejudicial ou perigosa à sua saúde ou segurança.

§ 3º Para os efeitos deste Código, a publicidade é enganosa por omissão quando deixar de informar sobre dado essencial do produto ou serviço.

§ 4º (Vetado).[11]

 Legislação correlata

Constituição Federal, art. 220, § 4º.

Lei 8.137/1990 (Dispõe sobre crimes contra as relações de consumo).

Lei 9.294/1996 (Propaganda de produtos fumígeros, bebidas alcoólicas e outros).

 Análise doutrinária

1. Proibição de publicidade enganosa e abusiva

A disciplina do CDC no tocante à publicidade se traduz em conferir efeitos vinculantes às ofertas publicitárias (arts. 30 e 35) e, paralelamente, vedar algumas espécies de publicidade, com sanções civis administrativas e penais. O art. 37 e seus dispositivos definem e proíbem as publicidades enganosas e abusivas.

2. Publicidade enganosa

A definição normativa da *publicidade enganosa* indica que se preza a veracidade e clareza dos anúncios publicitários, preocupação que se insere, mais uma vez, no próprio princípio da boa-fé objetiva. Em face da importância e do poder persuasivo das publicidades, não se toleram informações, total ou parcialmente, falsas nem aquelas que são capazes de induzir a erro o consumidor.

---

[11] Mensagem de Veto 664/90, *do § 4º do art. 37*: "A imposição de contrapropaganda, sem que se estabeleçam parâmetros legais precisos, pode dar ensejo a sérios abusos, que poderão redundar até mesmo na paralisação da atividade empresarial, como se vê, aliás, do disposto no § 3º do art. 60. Por outro lado, é inadmissível, na ordem federativa, atribuir a Ministro de Estado competência para apreciar em grau de recurso a legitimidade de atos de autoridade estadual ou municipal, tal como previsto no § 2º do art. 60".

O § 2º do art. 37 define a publicidade enganosa. Sua redação indica claramente duas espécies: 1) publicidade falsa; e 2) publicidade enganosa (em sentido estrito). A falsa é constituída de informação, "inteira ou parcialmente falsa", sobre natureza, características, qualidade, quantidade, propriedades, origem, preço ou quaisquer outros dados sobre produtos e serviços. A publicidade enganosa (em sentido estrito) é aquela que possui potencial de enganar o consumidor em relação ao produto ou serviço anunciado.

Na publicidade falsa, a inverdade é direta e fácil de ser constatada. Se há anúncio publicitário que indica, de modo bastante claro, que o preço final de determinado carro é R$ 42.000,00 e, na prática, está sendo comercializado por R$ 44.000,00, está caracterizada a publicidade falsa. Também é publicidade falsa a informação de que o veículo possui determinado item de série, quando, na verdade, não o possui.

Diferentemente ocorre na publicidade enganosa (sentido estrito), a informação, na hipótese, não é claramente falsa, mas, pela forma de apresentação, pelos termos utilizados ou pelas imagens do produto, é capaz de induzir a erro o destinatário (consumidor potencial) sobre natureza, características, qualidade, quantidade, propriedades, origem, preço ou quaisquer outros dados sobre produtos e serviços.

Típica publicidade enganosa é aquela que coloca o preço ao lado da imagem do produto e, em letras minúsculas, num canto da apresentação do anúncio, informa que o preço deve ser acrescido de frete, outros valores etc. ou, ainda, que a fotografia não corresponde ao veículo que pode ser adquirido com o valor anunciado. A potencialidade de indução a erro é evidente. As vantagens ficam destacadas e, ao mesmo tempo, em letras miúdas são retiradas.

Na análise de potencialidade de induzir a erro o destinatário da informação publicitária, deve-se considerar o consumidor mais vulnerável e não um padrão do que se poderia denominar "consumidor médio". Preza-se, em última análise, o dever anexo de cuidado que é decorrência natural do princípio da boa-fé objetiva.

3. Publicidade enganosa e princípio da vinculação da oferta (art. 30 do CDC)

Importante destacar que o princípio da vinculação da oferta (art. 30) não afasta nem é incompatível com a publicidade enganosa (falsa e enganosa em sentido estrito). Ora, no exemplo do veículo anunciado com preço de R$ 42.000,00, mas comercializado por R$ 44.000,00, ao lado da caracterização da publicidade falsa, com as respectivas sanções penais (art. 67) e administrativas (art. 56), é possível, com fundamento nos arts. 30 e 35 do CDC, exigir o cumprimento forçado da oferta, ou seja, que o carro seja vendido pelo preço anunciado.

O mesmo raciocínio, embora com maior dificuldade prática, pode ser desenvolvido com relação à publicidade enganosa em sentido estrito. Basta pensar em publicidade que é capaz de induzir a erro o consumidor sobre o preço do produto. Apresenta-se preço em destaque ao lado da fotografia do produto e, no mesmo anúncio, em letras miúdas, afirma-se que o preço não é exatamente aquele, já que precisa ser acrescido pelo valor do frete.

É possível, em tese, exigir o cumprimento da oferta: a venda do produto pelo preço em destaque. O fato de a publicidade ser enganosa não afasta o princípio da vinculação. No caso, o debate, quanto à vinculação do preço, será se a informação foi "suficientemente precisa", como exige o princípio da vinculação da oferta, nos termos do art. 30.

A experiência indica que, com frequência, o consumidor, após pagamento de sinal, vincula-se à compra de determinado produto e serviço e, posteriormente, constata que o contrato de adesão contraia os termos da oferta verbal e tudo que foi dito pelo vendedor ou corretor. Há, na hipótese, evidente ofensa à boa-fé objetiva, com possibilidade de exigir a vinculação da oferta ou, alternativamente, a resolução do contrato, além de perdas e danos. A cláusula contratual que ofende o que foi prometido é nula de pleno direito (art. 51, IV, do CDC) ou, se as circunstâncias permitirem, deve ser interpretada de modo mais favorável ao consumidor (art. 47 do CDC).

4. Publicidade comparativa

É juridicamente possível realizar publicidade que compara produtos ou serviços do anunciante com os do seu concorrente? O CDC não veda publicidade comparativa. Ela é permitida, desde que absolutamente verdadeira na divulgação das informações. Ademais, deve o fornecedor, nos termos do art. 36, parágrafo único, do CDC, manter em seu poder os dados fáticos, técnicos e científicos que dão sustentação à mensagem.

O Código Brasileiro de Autorregulamentação Publicitária (Conar) aceita e apresenta parâmetros para a publicidade comparativa no seu art. 32, dentre os quais, cabe destacar: 1) objetivo maior de esclarecimento e defesa do consumidor; 2) objetividade na comparação "posto que dados subjetivos, de fundo psicológico ou emocional, não constituem uma base válida de comparação perante o consumidor"; 3) possibilidade de comprovação; 4) "em se tratando de bens de consumo a comparação seja feita com modelos fabricados no mesmo ano, sendo condenável o confronto entre produtos de épocas diferentes, a menos que se trate de referência para demonstrar evolução, o que, nesse caso, deve ser caracterizado"; 5) evitar confusão entre produtos e marcas concorrentes; 6) "quando se fizer uma comparação entre produtos cujo preço não é de igual nível, tal circunstância deve ser claramente indicada pelo anúncio".

O STJ aceita a publicidade comparativa. Em 2017, por ocasião do julgamento do REsp 1.668.550, a Min. Nancy Andrighi destacou: "a despeito da ausência de abordagem legal específica acerca da matéria, a publicidade comparativa é aceita pelo ordenamento jurídico pátrio, desde que observadas determinadas regras e princípios concernentes ao direito do consumidor, ao direito marcário e ao direito concorrencial, sendo vedada a veiculação de propaganda comercial enganosa ou abusiva, que denigra a imagem da marca comparada, que configure concorrência desleal ou que cause confusão no consumidor".

Em síntese, a publicidade comparativa é permitida. Deve observar parâmetros de lealdade e veracidade, em respeito ao consumidor e à livre concorrência.

5. Publicidade abusiva

O § 2º do art. 37 define a publicidade abusiva. Interessante observar que o CDC, neste ponto, vai além da preocupação de defender interesses do consumidor: tutelam-se valores diversos, como a não discriminação "de qualquer natureza" e o meio ambiente. Em rol aberto, estabelece o CDC que são abusivas, "dentre outras", as seguintes publicidades: 1) discriminatória; 2) incitadora da violência; 3) exploradora do medo ou a superstição; 4) que se aproveite da deficiência de julgamento e experiência da criança; 5) ofensiva a valores ambientais; ou 6) que seja capaz de induzir o consumidor a se comportar de forma prejudicial ou perigosa à sua saúde ou segurança.

O rol de valores protegidos é aberto. Cabe ao intérprete e aplicador do direito ver em que medida determinada publicidade, ao divulgar produtos e serviços, acabe por afetar valores consagrados pelo ordenamento jurídico. A ideia que inspira a proibição da publicidade abusiva é claramente a noção de abuso de direito, hoje definida no art. 187 do Código Civil, ou seja, trata-se de exercício de direito que excede manifestamente "os limites impostos pelo seu fim econômico ou social, pela boa-fé ou pelos bons costumes".

A publicidade é atividade livre. Trata-se de legítima – muitas vezes, necessária – opção do fornecedor de divulgação dos seus produtos ou serviços para o mercado. Todavia, não pode, no exercício de tal direito, ofender ou atacar valores delineados pelo ordenamento jurídico. É abusiva, por exemplo, publicidade que estimula crianças a praticarem atos infracionais consistentes em furto de fábricas de chocolate.

A preocupação com valores sociais também está consagrada no Código Brasileiro de Autorregulamentação Publicitária do Conar, o qual dedica sete dispositivos ao assunto (arts. 19 a 26).

O Código de Autorregulamentação destaca, inicialmente, que "toda atividade publicitária deve caracterizar-se pelo respeito à dignidade da pessoa humana, à intimidade, ao interesse social, às instituições e símbolos nacionais, às autoridades constituídas e ao núcleo familiar" (art. 19).

Na sequência, refere-se à vedação de "estimular qualquer espécie de ofensa ou discriminação", "atividades criminosas ou ilegais" (arts. 20 e 21). O art. 22 estabelece "que os anúncios não devem conter afirmações ou apresentações visuais ou auditivas que ofendam os padrões de decência que prevaleçam entre aqueles que a publicidade poderá atingir". Os demais dispositivos, na mesma linha do CDC, repudiam "abuso da confiança do consumidor", exploração do medo e superstição, estímulo à violência.

6. Publicidade ilícita e sanções administrativas, penais e civis

A lei brasileira de proteção ao consumidor se destaca no cenário internacional por buscar proteger o consumidor sob os mais diversos aspectos: civil, administrativo, processual e penal. Daí a denominação que recebe de microssistema. O comportamento ilícito do fornecedor no mercado de consumo pode encontrar, a um só tempo, sanções civis, administrativas e penais. O art. 56, *caput*, do CDC é didático ao estabelecer que as infrações das normas de defesa do consumidor sujeitam – de modo cumulado – o infrator a sanções administrativas, civis e penais.

A publicidade ilícita – enganosa, abusiva, que ofenda o princípio da identificação etc. – enseja, após processo administrativo regular, com contraditório e ampla defesa, a aplicação de sanções pelos órgãos de defesa do consumidor, nos termos do art. 56 e seguintes. Dentre as possíveis sanções, o art. 60 estabelece a *contrapropaganda*, a qual deve ser "divulgada pelo responsável da mesma forma, frequência e dimensão e, preferencialmente, no mesmo veículo, local, espaço e horário, de forma capaz de desfazer o malefício da publicidade enganosa ou abusiva" (§ 1º).

Ao lado da sanção administrativa, o CDC elenca três tipos penais relativos à publicidade ilícita. O art. 67 pune a conduta consistente em "fazer ou promover publicidade que sabe ou deveria saber ser enganosa ou abusiva". Na sequência, o art. 68 trata especificamente de uma espécie de publicidade abusiva. Com detenção de seis meses a dois anos, tipifica a seguinte conduta: "Fazer ou promover publicidade que sabe ou deveria saber ser capaz de induzir o consumidor a se comportar de forma prejudicial ou perigosa a sua saúde ou segurança". Por fim, o art. 69 ressalta a importância da veracidade das informações veiculadas na publicidade ao apenar a conduta omissiva de "deixar de organizar dados fáticos, técnicos e científicos que dão base à publicidade".

Além das infrações penais do CDC, a Lei 8.137/1990 tipifica ação de "induzir o consumidor ou usuário a erro, por via de indicação ou afirmação falsa ou enganosa sobre a natureza, qualidade do bem ou serviço, utilizando-se de qualquer meio, inclusive a veiculação ou divulgação publicitária" (art. 7º, VII).

É direito básico do consumidor "a efetiva prevenção e reparação de danos patrimoniais e morais, individuais, coletivos e difusos" (art. 6º, VI). As publicidades ilícitas podem causar danos materiais e/ou morais, o que atrai a sistemática da disciplina da responsabilidade civil no CDC. Ao lado da cláusula geral do dever de indenizar (art. 6º, VI), o CDC detalha a responsabilidade pelo fato e vício do produto e do serviço (arts. 12 a 27). Em face de dano individual ou coletivo, deve-se verificar o enquadramento civil do dever de indenizar.

As publicidades integram a fase pré-contratual. São realizadas, em regra, antes da celebração do contrato: são, na verdade, convite para contratar. Ganham relevância jurídica na própria definição de vício do produto e do serviço. O art. 18 estabelece que, entre as modalidades de vício do produto, estão "aqueles decorrentes da disparidade, com a indicações constantes do recipiente, da embalagem, rotulagem ou mensagem publicitária". Os arts. 19 (vício de quantidade) e 20 (serviços), na mesma linha, dispõem que o vício se caracteriza pela disparidade com a oferta publicitária.

A depender da situação concreta, a publicidade enganosa será qualificadora dos vícios do produto ou do serviço (arts. 18, 19 e 20), os quais, em diálogo com o princípio da vinculação da oferta (arts. 30 a 35), vão delinear a causa de pedir em ação indenizatória do consumidor. Outras situações – desvinculadas das hipóteses de vício – podem atrair a cláusula geral da responsabilidade civil no mercado de consumo (v. comentários ao art. 6º, VI).

Ademais, apesar da ausência de danos individuais, as publicidades enganosas e abusivas, em face de se relacionarem à noção de direito difuso (v. comentários ao art. 81), ensejam, invariavelmente, condenação por dano moral coletivo. A jurisprudência tem caminhado nessa direção.

Ilustrativamente, registre-se condenação por dano moral coletivo no valor de R$ 1.000.000,00 de empresa fabricante de veículo, em face de publicidade enganosa de carros, quando restou consignado que "o dano moral difuso, compreendido como o resultado de uma lesão a bens e valores jurídicos extrapatrimoniais inerentes a toda a coletividade, de forma indivisível, se dá quando a conduta lesiva agride, de modo injusto e intolerável, o ordenamento jurídico e os valores éticos fundamentais da sociedade em si considerada, a provocar repulsa e indignação na própria consciência coletiva" (REsp 1.546.170, j. fev. 2020).

 Dicas práticas

Na elaboração das publicidades, especial atenção deve ser conferida ao potencial de induzir consumidores a erro, por ausência de clareza ou informações ambíguas.

Jurisprudência

1. Publicidade enganosa, vulnerabilidade do consumidor e princípio da boa-fé objetiva

"1. Cuida-se de ação de cobrança proposta por consumidora contra empresa sob alegação de ter sido vítima de propaganda enganosa em relação a sorteio de título de capitalização denominado 'Tele Sena Dia das Mães 1999'. 2. Enganosa é a mensagem falsa ou que tenha aptidão a induzir a erro o consumidor, que não conseguiria distinguir natureza, características, quantidade, qualidade, preço, origem e dados do produto ou serviço contratado. 3. No caso concreto, extrai-se dos autos que dados essenciais do produto ou serviço adquirido foram omitidos, gerando confusão para qualquer consumidor médio, facilmente induzido a erro. 4. As regras contratuais devem ser postas de modo a evitar falsas expectativas, tais como aquelas dissociadas da realidade, em especial quanto ao consumidor desprovido de conhecimentos técnicos.5. O CDC, norma principiológica por natureza, proíbe e limita os contratos impressos com letras minúsculas que dificultem, desestimulem ou impeçam a leitura e compreensão pelo consumidor, visando permitir o controle de cláusulas contratuais gerais e a realização da liberdade contratual. 6. À luz do princípio da vulnerabilidade (art. 4º, I, do CDC), princípio norteador das relações de consumo, as cláusulas contratuais são interpretadas de maneira mais favorável ao consumidor (art. 47 do CDC). 7. A transparência e a boa-fé permeiam a contratação na fase pré-contratual.8. É vedada a cláusula surpresa como garantia do equilíbrio contratual e do direito de informação ao consumidor" (STJ, REsp 1344967/SP, Rel. Min. Ricardo Villas Bôas Cueva, 3ª Turma, j. 26.08.2014, *DJe* 15.09.2014).

"Segundo a jurisprudência do STJ, a veiculação de publicidade enganosa fere, de forma direta, os princípios da transparência, da confiança e da boa-fé objetiva e, de forma remota, os princípios da solidariedade, da vulnerabilidade do consumidor e da concorrência leal" (STJ, EDcl no REsp 1832217/DF, Rel. Min. Ricardo Villas Bôas Cueva, 3ª Turma, j. 11.05.2021, *DJe* 20.05.2021).

2. Publicidade enganosa: nota explicativa e acessória em dissonância com a mensagem principal

"(...) o acórdão recorrido está de acordo com o microssistema do Código de Defesa do Consumidor e a jurisprudência do STJ, na medida em que ambos repelem vigorosamente a publicidade enganosa, seja comissiva, seja omissiva, e as práticas abusivas. DIREITO À INFORMAÇÃO E PRINCÍPIOS GERAIS DO DIREITO DO CONSUMIDOR 4. Uníssona a jurisprudência do STJ ao vedar e punir oferta e publicidade enganosas e vinculá-las ao direito de informação e, em sentido mais amplo, à principiologia do Direito do Consumidor, em particular, proximamente, aos princípios da transparência, da confiança e da boa-fé objetiva, e, remotamente, aos princípios da solidariedade, da vulnerabilidade do consumidor e da concorrência leal. Precedentes do STJ. ENGANOSIDADE POR DISCREPÂNCIA ENTRE TÍTULO, CONTEÚDO E RESSALVA DE MENSAGEM. 5. Título, chamada, conteúdo principal e eventuais notas explicativas de oferta, publicitária ou não, devem guardar perfeita harmonia entre si. Impróprio ao acessório no anúncio contradizer, esvaziar ou negar o principal.

Assim, ressalva ou reserva - caso se pretenda frustrar ou substancialmente condicionar a mensagem de maior destaque ou impacto - deveriam elas próprias assumir a função de título e de corpo, e não o inverso. Daí absolutamente ilícito, de maneira aberta ou dissimulada, desdizer, contrariar, exonerar ou limitar, em ressalva no pé ou lateral de página, ou por qualquer outro meio, o que, com realce, se afirmou ou se insinuou na oferta ou anúncio. Precedente do STJ" (STJ, REsp 1794971/SP, Rel. Min. Herman Benjamin, 2ª Turma, j. 10.03.2020, *DJe* 24.06.2020).

3. Publicidade enganosa: mensagem secundária que altera o preço do veículo

"2. Na presente demanda, a Corte Bandeirante confirmou a sentença que julgou improcedente a pretensão anulatória de auto de infração do PROCON aplicada em desfavor de pessoa jurídica empresarial, frente à constatada prática de publicidade enganosa. 3. De fato, ficou comprovado nos autos que a empresa publicou no jornal de grande circulação O Estado de São Paulo (fl. A29-página inteira), em 09.07.2011, publicidade denominada 'COMPAROU COMPROU!', ofertando o veículo J3-JAC Motors por entrada + parcelas de R$ 299. Em mensagem secundária, cita no rodapé de fl. A30,contrariando a publicidade inicialmente apresentada à fl. A29, que somente as 12 primeiras parcelas têm o valor de R$ 299 e as 48 parcelas restantes são no valor de R$ 597,83 (fls. 295). 4. A Corte Bandeirante, para reputar existente a publicidade enganosa, considerou que o que efetivamente foi anunciado é que o veículo J3 - Jac Motors poderia ser adquirido por meio de financiamento com parcelas fixas de R$ 299,00, quando na realidade tal condição estava limitada às 12 prestações iniciais (fls. 297). 5. De fato, observa-se que, ao contrário dos esforços argumentativos da empresa agravante - que apontam para a plena regularidade do informe -, o anúncio em questão não conduz o consumidor a atentar-se para o valor total do veículo, levando-o a crer que as parcelas de R$ 299,00 iriam vigorar até o final do contrato. No entanto, como visto, referida condição de pagamento estava limitada às 12 primeiras prestações, e essa informação não foi franqueada ao consumidor. Daí adveio o auto de infração da autoridade administrativa, no valor de R$ 95.087,64" (STJ, AgInt no AREsp 1086752/SP, Rel. Min. Napoleão Nunes Maia Filho, 1ª Turma, j. 15.12.2020, *DJe* 18.12.2020).

4. Publicidade enganosa: oferta de curso que contraria resolução do Ministério da Educação

"(...) Em relação à existência de requisitos ensejadores de reparação civil, observa-se que a Corte de origem, diante da análise apurada do conjunto fático e probatório constante nos autos, concluiu pela existência de publicidade enganosa, visto que oferecera o curso de Farmácia-Bioquímica, sabendo que, conforme Resolução do Ministério da Educação, já não era possível dupla titulação, o que configura dano moral" (STJ, REsp 1840564/GO, Rel. Min. Herman Benjamin, 2ª Turma, j. 06.02.2020, *DJe* 25.05.2020).

"A segunda instância, com base nos elementos fático-probatórios, concluiu pela demonstração da propaganda enganosa acerca do curso de Farmácia, a ensejar danos morais indenizáveis. Entendeu o aresto que, à época do ingresso dos discentes na instituição, não havia normativo autorizando a diplomação no curso de Farmácia-bioquímica, logo, este não existia, bem como sonegou-lhes informação importante, no sentido de que não era possível registar seu diploma com a titulação divulgada"

(STJ, AgInt no AREsp 1223743/GO, Rel. Min. Marco Aurélio Bellizze, 3ª Turma, j. 22.06.2020, *DJe* 25.06.2020).

5. Publicidade comparativa

"2 – O propósito recursal é definir se a estratégia de marketing utilizada pela recorrida, baseada em publicidade comparativa, violou direito marcário titulado pelas recorrentes. 3 – A ausência de decisão acerca dos dispositivos legais indicados como violados impede, quanto às normas por eles veiculadas, o conhecimento do recurso especial. 4 – A publicidade comparativa pode ser definida como método ou técnica de confronto empregado para enaltecer as qualidades ou o preço de produtos ou serviços anunciados em relação a produtos ou serviços de um ou mais concorrentes, explícita ou implicitamente, com o objetivo de diminuir o poder de atração da concorrência frente ao público consumidor. 5 – A despeito da ausência de abordagem legal específica acerca da matéria, a publicidade comparativa é aceita pelo ordenamento jurídico pátrio, desde que observadas determinadas regras e princípios concernentes ao direito do consumidor, ao direito marcário e ao direito concorrencial, sendo vedada a veiculação de propaganda comercial enganosa ou abusiva, que denigra a imagem da marca comparada, que configure concorrência desleal ou que cause confusão no consumidor. Precedentes. 6 – Na hipótese dos autos, conforme as premissas fáticas assentadas pelo juízo de origem – soberano no exame do acervo probatório –, verifica-se que a publicidade comparativa veiculada pela recorrida não violou os ditames da boa-fé, foi realizada com propósito informativo e em benefício do consumidor, não tendo sido constatada a prática de atos de concorrência desleal, tampouco de atos que tenham denegrido a marca ou a imagem dos produtos das recorrentes. 7 – Recurso especial não provido" (STJ, REsp 1.668.550/RJ, 3ª Turma, Rel. Min. Nancy Andrighi, j. 23.05.2017, *DJe* 26.05.2017).

"Publicidade comparativa como prática abusiva. Publicidade comparativa, em si, não contradiz o espírito e a letra do CDC. Muito ao contrário, serve para ampliar o grau e a qualidade da informação existente no mercado, estimulando a concorrência e fortalecendo a liberdade de escolha do consumidor. Contudo, o legal vira ilícito, e o legítimo vira abusivo quando a publicidade comparativa manipula ou suprime dados, ou os utiliza infringindo condição de divulgação fixada pela fonte de origem. Em tais circunstâncias, a publicidade comparativa se converte em prática abusiva, podendo, em acréscimo e simultaneamente, tipificar oferta (publicitária ou não) enganosa ou abusiva" (STJ, REsp 1794971/SP, Rel. Min. Herman Benjamin, 2ª Turma, j. 10.03.2020, *DJe* 24.06.2020).

6. Publicidade enganosa por omissão: necessidade de indicação do preço depende do contexto

"3. É considerada publicidade enganosa a que contém informação total ou parcialmente falsa, ou que, mesmo por omissão, é capaz de induzir o consumidor a erro (art. 37, §§ 1º e 3º, do CDC). 4. O art. 31 do CDC traz relação meramente exemplificativa de algumas informações que devem constar na publicidade de um produto ou serviço, tais como 'características, qualidades, quantidade, composição, preço, garantia, prazos de validade e origem, entre outros dados, bem como sobre os riscos que apresentam à saúde e segurança dos consumidores'. 5. No entanto, para a caracterização da ilegalidade omissiva, a ocultação deve ser de qualidade essencial do produto, do serviço ou de suas reais condições de contratação, considerando, na análise do caso concreto, o público-alvo do anúncio publicitário. 6. Assim, a Corte Estadual, ao entender pela publicidade enganosa em razão da omissão do 'preço' no encarte publicitário, sem verificar os pressupostos objetivos e subjetivos da substancialidade do dado omitido, viola o disposto nos arts. 31 e 37, § 1º, do CDC. 7. 'Embargos de declaração manifestados com notório propósito de prequestionamento não têm caráter protelatório' (Súmula n. 98/STJ). 8. Recurso especial parcialmente provido para determinar o retorno dos autos ao Tribunal de origem, a fim de que analise a essencialidade do dado omitido 'preço' no encarte publicitário, e para afastar a multa prevista no parágrafo único do art. 538 do CPC/1973" (STJ, REsp 1.705.278/MA, 4ª Turma, Rel. Min. Antonio Carlos Ferreira, j. 19.11.2019, *DJe* 02.12.2019).

7. Publicidade enganosa sobre itens de série no lançamento de novo veículo

"5. O sistema de tutela da publicidade trazido pelo Código de Defesa do Consumidor encontra-se assentado em uma série de princípios norteadores que se propõem a direcionar e limitar o uso das técnicas de publicidade, evitando, assim, a exposição do público consumidor a eventos potencialmente lesivos aos direitos tutelados pelo referido diploma legal. Dentre estes princípios, merecem destaque, os da identificação obrigatória, da publicidade veraz, da vinculação contratual e da correção do desvio publicitário. 6. O acervo probatório carreado nos autos (que não pode ser objeto de reexame na via especial por força do que dispõe a Súmula nº 7/STJ) apontou para a existência de ação deliberada da fabricante com o propósito de levar a erro a imprensa especializada e, consequentemente, o público consumidor, ao repassar a veículos de comunicação especializados a respeito da indústria automotiva, a falsa informação de que a versão mais básica do automóvel Hyundai i30, seria comercializado no país contendo determinados itens de série que, mais tarde, se fizeram presentes apenas em versões mais luxuosas do referido veículo. 7. Impossível negar o intuito de ludibriar o consumidor, no comportamento adotado por empresa revendedora de automóveis que, meses antes do lançamento de determinado modelo no mercado nacional, inunda a imprensa especializada com informações falsas a respeito do mesmo, de modo a criar no imaginário popular a falsa impressão de que seria infinitamente superior aos veículos de mesma categoria oferecidos por suas concorrentes. 8. O dano moral difuso, compreendido como o resultado de uma lesão a bens e valores jurídicos extrapatrimoniais inerentes a toda a coletividade, de forma indivisível, se dá quando a conduta lesiva agride, de modo injusto e intolerável, o ordenamento jurídico e os valores éticos fundamentais da sociedade em si considerada, a provocar repulsa e indignação na própria consciência coletiva. A obrigação de promover a reparação desse tipo de dano encontra respaldo nos arts. 1º da Lei nº 7.347/1985 e 6º, VI, do CDC, bem como no art. 944 do CC" (STJ, REsp 1.546.170/SP, 3ª Turma, Rel. Min. Ricardo Villas Bôas Cueva, j. 18.02.2020, *DJe* 05.03.2020).

8. Publicidade enganosa: informação falsa sobre cura de doença

"1. Viola a boa-fé objetiva a conduta do fornecedor do produto que, abusando da frágil saúde do consumidor, de sua idade avançada e de sua condição social, falsamente promete a cura para suas doenças com produto sabidamente ineficaz. E, mais, o induz a celebrar contrato de financiamento com a garantia do desconto em seus benefícios previdenciários. 2. O consumidor, ao empregar recursos na compra de caro equipamento, absolutamente ineficaz, deixou de ter a possibilidade de adquirir remédios e custear tratamentos adequados para curar ou amenizar seus males. 3. 'O intuito de lucro desarrazoado, a partir da situação de premente necessidade do recorrente, é situação que desafia a reparação civil' (REsp 1.329.556/SP, Rel. Ministro Ricardo Villas Bôas Cueva, Terceira Turma, *DJe* 9.12.2014), que, neste caso, prescinde da demonstração de sofrimento íntimo da vítima, por ocorrer *in re ipsa*. 4. Recurso especial provido" (STJ, REsp 1.250.505/RS, 4ª Turma, Rel. Min. Maria Isabel Gallotti, j. 25.10.2016, *DJe* 04.11.2016).

9. Tema sensível e publicidade abusiva: dano moral coletivo

"3. O propósito recursal consiste em determinar se: a) ocorreu negativa de prestação jurisdicional; e b) se, na hipótese concreta, a veiculação da publicidade considerada abusiva é capaz de configurar dano moral coletivo. 4. Ausentes os vícios do art. 535 do CPC/73, rejeitam-se os embargos de declaração. 5. Os danos morais coletivos configuram-se na própria prática ilícita, dispensam a prova de efetivo dano ou sofrimento da sociedade e se baseiam na responsabilidade de natureza objetiva, a qual dispensa a comprovação de culpa ou de dolo do agente lesivo, o que é justificado pelo fenômeno da socialização e coletivização dos direitos, típicos das lides de massa. 6. Ademais, os danos morais coletivos têm como função a repressão e a prevenção à prática de condutas lesivas à sociedade, além de representarem uma forma de reverter a vantagem econômica obtida individualmente pelo causador do dano em benefício de toda a coletividade. 7. A publicidade questionada reproduz o seguinte diálogo: '– Posso trazer meu namorado para dormir em casa, passar a noite fazendo sexo selvagem e acordando a vizinhança toda? – Claro filhote! – Aí paizão, valeu! Sabia que cê ia deixar. – Ufa! Achei que ela ia me pedir o carro!'. 8. Na hipótese concreta, tendo o acórdão recorrido reconhecido a reprovabilidade do conteúdo da publicidade, considerando-a abusiva, não poderia ter deixado de condenar a recorrida a ressarcir danos morais coletivos, sob pena de tornar inepta a proteção jurídica à indevida lesão de interesses transindividuais, deixando de aplicar a função preventiva e pedagógica típica de referidos danos e permitindo a apropriação individual de vantagens decorrentes da lesão de interesses sociais. 9. Recurso especial parcialmente provido. Sentença reestabelecida" (STJ, REsp 1.655.731/SC, 3ª Turma, Rel. Min. Nancy Andrighi, j. 14.05.2019, *DJe* 16.05.2019).

10. Publicidade enganosa e dano moral coletivo: posto de gasolina e infidelidade de bandeira

"1. O dano moral coletivo é aferível *in re ipsa*, ou seja, sua configuração decorre da mera constatação da prática de conduta ilícita que, de maneira injusta e intolerável, viole direitos de conteúdo extrapatrimonial da coletividade, revelando-se despicienda a demonstração de prejuízos concretos ou de efetivo abalo moral. 2. No caso concreto, o Ministério Público do Estado de Mato Grosso ajuizou ação civil pública em face de revendedor de combustível automotivo, que, em 21.01.2004, fora autuado pela Agência Nacional de Petróleo, pela prática da conduta denominada 'infidelidade de bandeira', ou seja, o ato de ostentar marca comercial de uma distribuidora (Petrobras – BR) e, não obstante, adquirir e revender produtos de outras (artigo 11 da Portaria ANP 116/2000), o que se revelou incontroverso na origem. 3. Deveras, a conduta ilícita perpetrada pelo réu não se resumiu à infração administrativa de conteúdo meramente técnico sem amparo em qualquer valor jurídico fundamental. Ao ostentar a marca de uma distribuidora e comercializar combustível adquirido de outra, o revendedor expôs todos os consumidores à prática comercial ilícita expressamente combatida pelo código consumerista, consoante se infere dos seus artigos 30, 31 e 37, que versam sobre a oferta e a publicidade enganosa. 4. A relevância da transparência nas relações de consumo, observados o princípio da boa-fé objetiva e o necessário equilíbrio entre consumidores e fornecedores, reclama a inibição e a repressão dos objetivos mal disfarçados de esperteza, lucro fácil e imposição de prejuízo à parte vulnerável. 5. Assim, no afã de resguardar os direitos básicos de informação adequada e de livre escolha dos consumidores, protegendo-os, de forma efetiva, contra métodos desleais e práticas comerciais abusivas, é que o Código de Defesa do Consumidor procedeu à criminalização das condutas relacionadas à fraude em oferta e à publicidade abusiva ou enganosa (artigos 66 e 67). 6. Os objetos jurídicos tutelados em ambos os crimes (de publicidade enganosa ou abusiva e de fraude em oferta) são os direitos do consumidor, de livre escolha e de informação adequada, considerada a relevância social da garantia do respeito aos princípios da confiança, da boa-fé, da transparência e da equidade nas relações consumeristas. Importante destacar, outrossim, que a tipicidade das condutas não reclama a efetiva indução do consumidor em erro, donde se extrai a evidente intolerabilidade da lesão ao direito transindividual da coletividade ludibriada, não informada adequadamente ou exposta à oferta fraudulenta ou à publicidade enganosa ou abusiva. 7. Nesse contexto, a infidelidade de bandeira constitui prática comercial intolerável, consubstanciando, além de infração administrativa, conduta tipificada como crime à luz do código consumerista (entre outros), motivo pelo qual a condenação do ofensor ao pagamento de indenização por dano extrapatrimonial coletivo é medida de rigor, a fim de evitar a banalização do ato reprovável e inibir a ocorrência de novas lesões à coletividade. 8. A intolerabilidade da conduta é extraída, outrossim, da constatada recalcitrância do fornecedor que, ainda em 2007 (ano do ajuizamento da ação civil pública), persistia com a conduta de desrespeito aos direitos de escolha e de adequada informação do consumidor, ignorando o conteúdo valorativo da autuação levada a efeito pela agência reguladora em 2004" (STJ, REsp 1.487.046/MT, 4ª Turma, Rel. Min. Luis Felipe Salomão, j. 28.03.2017, *DJe* 16.05.2017).

11. Publicidade abusiva e dano moral coletivo: loteamento irregular e omissão de informação

"3. No presente caso, a pretensão reparatória de dano moral coletivo, deduzida pelo Ministério Público estadual na ação civil pública, tem por causas de pedir a alienação de terrenos em loteamento irregular (ante a violação de normas de uso e ocupação do solo) e a veiculação de publicidade enganosa a consumidores de baixa renda, que teriam sido submetidos a condições precárias de moradia. 4. As instâncias ordinárias reconheceram a ilicitude da conduta dos réus, que, utilizando-se de ardil e omitindo informações relevantes para os consumidores/adquirentes, anunciaram a venda de terrenos em loteamento irregular – com precárias condições urbanísticas - como se o empreendimento tivesse sido aprovado pela municipalidade e devidamente registrado no cartório imobiliário competente; nada obstante, o pedido de indenização por dano moral coletivo foi julgado improcedente. 5. No afã de resguardar os direitos básicos de informação adequada e de livre escolha dos consumidores – protegendo-os, de forma efetiva, contra métodos desleais e práticas comerciais abusivas –, o CDC procedeu à criminalização das condutas relacionadas à fraude em oferta e à publicidade abusiva ou enganosa (artigos 66 e 67), tipos penais de mera conduta voltados à proteção do valor ético-jurídico encartado no princípio constitucional da dignidade humana, conformador do próprio conceito de Estado Democrático de Direito, que não se coaduna com a permanência de profundas desigualdades, tal como a existente entre o fornecedor e a parte vulnerável no mercado de consumo" (STJ, REsp 1539056/MG, Rel. Min. Luis Felipe Salomão, 4ª Turma, j. 06.04.2021, *DJe* 18.05.2021).

12. Criança e publicidade abusiva

"2. A hipótese dos autos caracteriza publicidade duplamente abusiva. Primeiro, por se tratar de anúncio ou promoção de venda de alimentos direcionada, direta ou indiretamente, às crianças. Segundo, pela evidente 'venda casada', ilícita em negócio jurídico entre adultos e, com maior razão, em contexto de *marketing* que utiliza ou manipula o universo lúdico infantil (art. 39, I, do CDC). 3. *In casu*, está configurada a venda casada, uma vez que, para adquirir/comprar o relógio, seria necessário que o consumidor comprasse também 5 (cinco) produtos da linha 'Gulosos'" (STJ, REsp 1.558.086/SP, 2ª Turma, Rel. Min. Humberto Martins, j. 10.03.2016, *DJe* 15.04.2016).

> **Art. 38.** O ônus da prova da veracidade e correção da informação ou comunicação publicitária cabe a quem as patrocina.

 Legislação correlata

Código de Processo Civil, art. 373.

 Análise doutrinária

1. Publicidade e inversão *ope legis* do ônus da prova

O art. 38 apresenta regra processual sobre o ônus da prova no tocante às publicidades. Estabelece que o encargo probatório sobre veracidade e correção da mensagem é do fornecedor, o responsável pela publicidade. A lei se refere ao patrocinador, que é justamente o que paga pela publicidade.

De acordo com classificação tradicional da doutrina, o Código de Defesa do Consumidor prevê, ao lado da inversão *ope judicis* do ônus da prova (art. 6º, VIII), três hipóteses de inversão *ope legis*. Entre as três, estão relacionadas a excludentes de responsabilidade pelo fato do produto e do serviço (arts. 12, § 3º, e 14, § 3º). A terceira está justamente no art. 38.

Na inversão *ope judicis*, cabe ao juiz analisar o caso concreto para verificar a presença dos elementos que ensejam a inversão (hipossuficiência e verossimilhança). Presentes os requisitos, deve o magistrado promover a inversão (v. comentários ao art. 6º, VIII). Diferentemente, nas três situações indicadas, o ônus probatório já está previamente definido na norma: não cabe análise judicial de presença de requisitos.

Estabelece o CPC que o ônus da prova incumbe: "I – ao autor, quanto ao fato constitutivo de seu direito; II – ao réu, quanto à existência de fato impeditivo, modificativo ou extintivo do direito do autor" (art. 373). Em demanda individual ou coletiva, em que se discute veracidade de determinada publicidade, cabe ao autor demonstrar a existência da publicidade e afirmar que o seu teor não é verdadeiro por motivos específicos. O ônus da prova da veracidade é, automaticamente, do fornecedor.

Se não houvesse a regra processual do art. 38, poder-se-ia entender que o "fato constitutivo" do direito do autor seria em relação a dois aspectos: 1) veiculação da publicidade; ou 2) caráter falso ou enganoso. O dispositivo retira o encargo do autor de demonstrar o caráter falso ou enganoso. Basta afirmar: o ônus da prova passa a ser do fornecedor (patrocinador).

 Dicas práticas

Na elaboração das publicidades, especial atenção deve ser conferida à veracidade e correções da informação. Em caso de questionamento judicial, o ônus da exatidão do que foi anunciado é do fornecedor.

Seção IV
Das práticas abusivas

Art. 39. É vedado ao fornecedor de produtos ou serviços, dentre outras práticas abusivas:

 Legislação correlata

Código Civil, art. 187.

 Análise doutrinária

1. Rol exemplificativo de práticas abusivas

O art. 39 do CDC apresenta rol *exemplificativo* de condutas consideradas abusivas e, portanto, ilegais. A redação do *caput* do dispositivo, ao utilizar a expressão "dentre outras práticas abusivas", não deixa qualquer dúvida de que a lista apresentada não é fechada. A grande questão que se coloca é como delinear as demais práticas abusivas não listadas explicitamente no dispositivo. A doutrina responde que "novas" práticas abusivas devem ser identificadas pelos princípios que norteiam o CDC, com destaque para o princípio da boa-fé objetiva, que se traduz em lealdade e confiança (v. comentários ao art. 4º).

A abertura permitida pelo disposto no art. 39 do CDC, de um lado, é importante para enfrentar as rápidas mudanças que ocorrem no mercado, de modo a coibir condutas não previstas, mas que, à evidência, se apresentam nocivas e contrárias a legítimos interesses do consumidor. De outro lado, todavia, abre indesejado caminho para subjetivismo e arbítrio do intérprete e aplicador da norma, o que gera insegurança aos fornecedores que precisam de segurança, necessitam conhecer as *regras do jogo*, para cálculo do custo empresarial.

Foi justamente com base na abertura permitida pelo disposto no *caput* do art. 39 do CDC que o STJ já se posicionou no sentido de que é prática abusiva o cancelamento de voos por empresas aéreas, sem comprovação pelo fornecedor de razões técnicas ou de segurança (REsp 1.469.087).

2. Noção de abusividade

É recorrente, ao longo do Código de Defesa do Consumidor, a utilização do adjetivo *abusivo*. Há referências a publicidade abusiva (art. 37), cláusula abusiva (art. 51), prática abusiva (art. 39) e, também, *abuso de direito* na desconsideração da personalidade jurídica (art. 28). O adjetivo *abusivo*, em todos os casos, vincula-se à ideia de excesso e desproporção no exercício de direito.

Em setembro de 1990, quando o CDC foi promulgado, estava em vigor o Código Civil de 1916, o qual não previa expressamente o conceito de abuso do direito. Todavia, era categoria amplamente aceita pela doutrina e jurisprudência. Atualmente, encontra previsão no art. 187 do Código Civil: "Também comete ato ilícito o titular de um direito que, ao exercê-lo, excede manifestamente os limites impostos pelo seu fim econômico ou social, pela boa-fé ou pelos bons costumes".

O que orienta a disciplina das condutas abusivas (publicidade, cláusula e prática) é justamente a observância de parâmetros relativos a boa-fé objetiva, fim econômico e social e bons costumes no exercício de direitos. A princípio, é direito do fornecedor realizar publicidade. Todavia, não deve abusar desse direito e, por exemplo, em meio ao anúncio publicitário, incitar a violência, explorar o medo ou a superstição (art. 37, § 2º).

Pode o fornecedor estabelecer cláusulas contratuais, mas, novamente, veda-se o abuso, o excesso, a cláusula que, na prática, coloca o consumidor em desvantagem visível e exagerada (art. 51, IV). As práticas abusivas estão na mesma linha. O rol do art. 39 parte primeiro da ideia de exercício legítimo de atividades e direitos inerentes àquele que se apresenta como fornecedor no mercado de consumo, mas afasta e delimita os excessos que prejudicam o consumidor.

A prática abusiva não requer, para sua configuração, que ocorra dano material ou moral ao consumidor. A redação das 14 hipóteses do art. 39 já indica que o dano – material ou moral – não é pressuposto para sua caracterização. Também não cabe discutir, simplesmente pela ausência de exigência legal, se o fornecedor agiu com dolo (intenção) ou culpa na realização das condutas descritas. Deve-se verificar objetivamente se a conduta do fornecedor se encaixa na descrição da prática vedada.

Excepcionalmente, deve-se analisar a presença de elemento subjetivo (dolo ou culpa) na caracterização de determinada prática abusiva. O verbo nuclear da conduta pode indicar essa necessidade, como é o caso da prática descrita no art. 39, IV: "prevalecer-se da fraqueza ou ignorância do consumidor". Nesse caso, o significado do verbo já indica que o abuso ocorre a partir de intenção (dolo) do fornecedor de se beneficiar de situações de hipervulnerabilidade.

Por fim, a prática abusiva enseja sempre sanção administrativa e, eventualmente, civil e penal. A sanção civil, no sentido de indenização ao consumidor, ocorrerá se do fato decorrerem danos morais e materiais. A sanção penal tem incidência se o fato estiver descrito como infração penal, em homenagem ao princípio da reserva legal: não há crime sem lei anterior que o defina (v. comentários ao art. 61). Ilustrativamente, até o advento da Lei 12.529/2011 (Lei Antitruste), a venda casada, além de prática abusiva, era ilícito penal, descrito no art. 5º, II, da Lei 8.137/1990.

 Jurisprudência

1. Rol exemplificativo

"2. Prática abusiva (*lato sensu*) é aquela que contraria as regras mercadológicas de boa e leal conduta com os consumidores, sendo, de rigor, sua prevenção, reparação e repressão. O Código de Defesa do Consumidor traz rol meramente exemplificativo de práticas abusivas (art. 39), cabendo ao juiz identificar, no caso concreto, hipóteses de violação dos princípios que orientam o microssistema. 3. Independentemente do número de consumidores lesados ou do abuso de poder econômico pelo fornecedor, a presença da cláusula abusiva no contrato é, por si só, reprovável, pois contrária à ordem econômica e às relações de consumo. O Código de Defesa do Consumidor elenca as cláusulas abusivas de modo não taxativo (art. 51), o que admite o enquadramento de outras abusividades que atentem contra o equilíbrio entre as partes" (STJ, REsp 1.539.165/MG, 2ª Turma, Rel. Min. Humberto Martins, j. 23.08.2016, *DJe* 16.11.2016).

2. Força expansiva do art. 39, caput, do CDC: veículos novos e demora para reparo

"3. No âmbito no Código de Defesa do Consumidor, não se confundem, de um lado, medida civil reparatória ou preventiva e, do outro, medida sancionatória administrativa ou penal. Logo, contemplar o art. 18, § 1º, prazo de trinta dias para conserto do bem com vício de qualidade não equivale, ipso facto, a concluir que a conduta em si não caracterize infração administrativa, como prática abusiva, diante da força expansiva do art. 39, caput ('dentre outras'). Equivocado, então, enxergar no trintídio passe-livre ou carta de alforria ampla e irrestrita para o fornecedor colocar no mercado produtos e serviços com vícios de qualidade ou postergar solução das desconformidades apresentada" (STJ, REsp 1821331/SP, Rel. Min. Herman Benjamin, 2ª Turma, j. 23.06.2020, *DJe* 09.09.2020).

3. Constitui prática abusiva cancelamento de voo sem justificativa

"(…) 3. O transporte aéreo é serviço essencial e, como tal, pressupõe continuidade. Difícil imaginar, atualmente, serviço mais 'essencial' do que o transporte aéreo, sobretudo em regiões remotas do Brasil. 4. Consoante o art. 22, *caput* e parágrafo único, do CDC, a prestação de serviços públicos, ainda que por pessoa jurídica de direito privado, envolve dever de fornecimento de serviços com adequação, eficiência, segurança e, se essenciais, continuidade, sob pena de ser o prestador compelido a bem cumpri-lo e a reparar os danos advindos do descumprimento total ou parcial. 5. A partir da interpretação do art. 39 do CDC, considera-se prática abusiva tanto o cancelamento de voos sem razões técnicas ou de segurança inequívocas como o descumprimento do dever de informar o consumidor, por escrito e justificadamente, quando tais cancelamentos vierem a ocorrer. 6. A malha aérea concedida pela ANAC é oferta que vincula a concessionária a prestar o serviço nos termos dos arts. 30 e 31 do CDC. Independentemente da maior ou menor demanda, a oferta obriga o fornecedor a cumprir o que ofereceu, a agir com transparência e a informar adequadamente o consumidor. Descumprida a oferta, a concessionária viola os direitos não apenas dos consumidores concretamente lesados, mas de toda a coletividade a quem se ofertou o serviço, dando ensejo à reparação de danos materiais e morais (inclusive, coletivos)" (STJ, REsp 1.469.087/AC, Rel. Min. Humberto Martins, j. 18.08.2016, *DJe* 17.11.2016).

4. Taxa de conveniência e venda casada

"1. Cuida-se de ação coletiva de consumo na qual se pleiteia, essencialmente: a) o reconhecimento da ilegalidade da cobrança de 'taxa de conveniência' pelo simples fato de a recorrida oferecer a venda de ingressos na internet; b) a condenação da recorrida em danos morais coletivos; e c) a condenação em danos materiais, correspondentes ao ressarcimento aos consumidores dos valores cobrados a título de taxa de conveniência nos últimos 5 (cinco) anos. (...). 5. A essência do microssistema de defesa do consumidor se encontra no reconhecimento de sua vulnerabilidade em relação aos fornecedores de produtos e serviços, que detêm todo o controle do mercado, ou seja, sobre o que produzir, como produzir e para quem produzir, sem falar-se na fixação de suas margens de lucro. 6. O CDC adotou formas abertas e conceitos indeterminados para definir as práticas e cláusulas abusivas, encarregando o magistrado da tarefa de examinar, em cada hipótese concreta, a efetiva ocorrência de referidas práticas ilegais. 7. A boa-fé objetiva é uma norma de conduta que impõe a cooperação entre os contratantes em vista da plena satisfação das pretensões que servem de ensejo ao acordo de vontades que dá origem à avença, sendo tratada, de forma expressa, no CDC, no reconhecimento do direito dos consumidores de proteção contra métodos comerciais coercitivos ou desleais bem como práticas e cláusulas abusivas ou impostas no fornecimento de produtos ou serviços (art. 6º, IV, do CDC). 8. Segundo a lesão enorme, são abusivas as cláusulas contratuais que configurem lesão pura, decorrentes da simples quebra da equivalência entre as prestações, verificada, de forma objetiva, mesmo que não exista vício na formação do acordo de vontades (arts. 39, V, 51, IV, § 1º, III, do CDC). 9. Uma das formas de violação da boa-fé objetiva é a venda casada (*tying arrangement*), que consiste no prejuízo à liberdade de escolha do consumidor decorrente do condicionamento, subordinação e vinculação da aquisição de um produto ou serviço (principal – 'tying') à concomitante aquisição de outro (secundário – 'tied'), quando o propósito do consumidor é, unicamente, o de obter o produto ou serviço principal. 10. A venda casada 'às avessas', indireta ou dissimulada consiste em se admitir uma conduta de consumo intimamente relacionada a um produto ou serviço, mas cujo exercício é restringido à única opção oferecida pelo próprio fornecedor, limitando, assim, a liberdade de escolha do consumidor. Precedentes. 11. O CDC prevê expressamente uma modalidade de venda casada, no art. 39, IX, que se configura em razão da imposição, pelo fornecedor ao consumidor, da contratação indesejada de um intermediário escolhido pelo fornecedor, cuja participação na relação negocial não é obrigatória segundo as leis especiais regentes da matéria. 12. A venda do ingresso para um determinado espetáculo cultural é parte típica e essencial do negócio, risco da própria atividade empresarial que visa o lucro e integrante do investimento do fornecedor, compondo, portanto, o custo básico embutido no preço. 13. Na intermediação por meio da corretagem, como não há relação contratual direta entre o corretor e o terceiro (consumidor), quem deve arcar, em regra, com a remuneração do corretor é a pessoa com quem ele se vinculou, ou seja, o incumbente. Precedente. 14. A assunção da dívida do fornecedor junto ao intermediário exige clareza e transparência na previsão contratual acerca da transferência para o comprador (consumidor) do dever de pagar a comissão de corretagem. Tese repetitiva. 15. Na hipótese concreta, a remuneração da recorrida é integralmente garantida por meio da 'taxa de conveniência', cobrada nos moldes do art. 725 do CC/02, devida pelos consumidores que comprarem ingressos em seu meio virtual, independentemente do direito de arrependimento (art. 49 do CDC). 16. A venda pela internet, que alcança interessados em número infinitamente superior de do que a venda por meio presencial, privilegia os interesses dos produtores e promotores do espetáculo cultural de terem, no menor prazo possível, vendidos os espaços destinados ao público e realizado o retorno dos investimentos até então empregados e transfere aos consumidores parcela considerável do risco do empreendimento, pois os serviços a ela relacionados, remunerados pela 'taxa de conveniência', deixam de ser arcados pelos próprios fornecedores. 17. Se os incumbentes optam por submeter os ingressos à venda terceirizada em meio virtual (da internet), devem oferecer ao consumidor diversas opções de compra em diversos sítios eletrônicos, caso contrário, a liberdade dos consumidores de escolha da intermediadora da compra é cerceada, limitada unicamente aos serviços oferecidos pela recorrida, de modo a ficar configurada a venda casada, nos termos do art. 39, I e IX, do CDC. 18. A potencial vantagem do consumidor em adquirir ingressos sem se deslocar de sua residência fica totalmente aplacada pelo fato de ser obrigado a se submeter, sem liberdade, às condições impostas pela recorrida e pelos incumbentes no momento da contratação, o que evidencia que a principal vantagem desse modelo de negócio – disponibilização de ingressos na internet – foi instituída em seu favor dos incumbentes e da recorrida. 19. *In casu*, não há declaração clara e destacada de que o consumidor está assumindo um débito que é de responsabilidade do incumbente – produtor ou promotor do espetáculo cultural – não se podendo, nesses termos, reconhecer a validade da transferência do encargo (assunção de dívida pelo consumidor)" (STJ, REsp 1.737.428/RS, 3ª Turma, Rel. Min. Nancy Andrighi, j. 12.03.2019, *DJe* 15.03.2019).

5. Não constitui prática abusiva exigir tarifa mínima para utilização de estacionamento

"5. O estabelecimento de uma tarifa mínima para a utilização do estacionamento do shopping center, ainda que o consumidor não venha a usar a totalidade do tempo ali abrangido - prática comercial largamente utilizada pelo segmento em exame - não encerra prática comercial abusiva. 5.1 O empreendedor, levando-se em consideração uma série de fatores atinentes a sua atividade, pode eleger um valor mínimo que repute adequado para remunerar o serviço colocado à disposição do público, a fim de remunerar um custo inicial mínimo, cabendo ao consumidor, indiscutivelmente ciente do critério proposto, a faculdade de utilizar ou não o serviço de estacionamento do shopping center, inexistindo imposição ou condicionamento da aquisição do serviço a limites quantitativos sem justa causa. 6. Não se concebe que a 'defesa do consumidor', erigida a princípio destinado a propiciar o regular funcionamento da ordem econômica, possa, ao mesmo tempo, ser utilizada como fundamento para justamente fulminar a livre iniciativa - a qual possui como núcleo central, a livre estipulação de preço pelo empreendedor -, basilar da ordem econômica" (STJ, REsp 1855136/SE, Rel. Min. Marco Aurélio Bellizze, 3ª Turma, j. 15.12.2020, *DJe* 18.12.2020).

> **I - condicionar o fornecimento de produto ou de serviço ao fornecimento de outro produto ou serviço, bem como, sem justa causa, a limites quantitativos;**

Legislação correlata

Lei 12.529/2011 (Lei Antitruste).

Análise doutrinária

1. Venda casada

O inc. I do art. 39 do CDC considera prática abusiva a venda casada, ou seja, condicionar o fornecimento de produto ou serviço à compra de outro produto ou serviço. Também pode se denominar de casada a comercialização de limites máximos ou mínimos de determinado produto ou serviço. Todavia, no tocante aos limites quantitativos, o dispositivo afasta a ilegalidade se houver "justa causa".

Em perspectiva concorrencial, a venda casada também encontra repulsa. O art. 36, § 3º, XVIII, da Lei 12.529/2011 (Lei Antitruste) considera infração da ordem econômica a seguinte conduta: "subordinar a venda de um bem à aquisição de outro ou à utilização de um serviço, ou subordinar a prestação de um serviço à utilização de outro ou à aquisição de um bem". Em ótica penal, a venda casada, além de prática abusiva, era, até o ano de 2011, ilícito penal, descrito no art. 5º, II, da Lei 8.137/1990. O referido tipo penal foi revogado pela Lei Antitruste.

Em que pese a proibição da venda casada, os 30 anos de prática do CDC não foram suficientes para eliminar do mercado a referida conduta. Ainda é comum, em várias áreas, condicionar compra de produto à compra de outro produto ou serviço. Não é à toa que o Superior Tribunal de Justiça editou, em 2012, a Súmula 473: "o mutuário do SFH não pode ser compelido a contratar seguro habitacional obrigatório com a instituição financeira mutuante ou com a seguradora por ela indicada".

Cabe destacar que, a princípio, não ocorre venda casada quando se trata de promoção, ou seja, se for oferecido preço menor, caso haja compra de outro produto ou contratação de determinado serviço. A venda casada ocorre quando o consumidor praticamente não tem a opção de comprar apenas o produto ou serviço que deseja. Nessa linha, não há venda casada quando se condiciona compra, com desconto, de aparelho celular desde que haja contratação de serviços de telefonia por determinado período (fidelização). Assim já decidiu o STJ.

Deve-se observar também, na linha de raciocínio do STJ, as situações do que se denomina venda casada oblíqua, como no caso de sala de cinema que, ao proibir consumidores de ingressar com produtos alimentícios adquiridos em outros locais, acaba por forçar a comercialização exclusiva no próprio estabelecimento. Considerou-se que a compra de produtos alimentícios não é a atividade principal da empresa cinematográfica. Essa posição, todavia, não afasta a legitimidade de a empresa simplesmente proibir, considerando o interesse coletivo dos consumidores, o ingresso de determinado alimento ou bebida (ex.: alimento com forte cheiro).

Em julgados mais recentes, o STJ tem se posicionado no sentido de que a análise de prática de venda casada envolve, invariavelmente, reexame de prova, o que atrai a incidência da Súmula 7 da Corte: "a pretensão de simples reexame de prova não enseja recurso especial".

2. Pandemia do novo coronavírus (Covid-19) e limite máximo de unidades por consumidor

A parte final do art. 39, I, do CDC faz referência à venda casada de limites quantitativos. O dispositivo veda imposição de compra de quantidade mínima ou máxima de unidades de determinado produto, salvo hipótese de "justa causa".

Em que pese a abertura semântica da expressão – justa causa –, é fato que a pandemia do novo coronavírus (Covid-19) é bastante emblemática e ilustrativa de real motivo para limitar a venda de determinado produto. O parâmetro é sempre o interesse público, a coletividade dos consumidores. Com a pandemia, observou-se, no início de 2020, aumento de procura por determinados itens de higiene (álcool em gel, máscaras, luvas etc.). Muitos consumidores, assustados com o cenário da doença, e, em postura pouco altruísta, procuraram comprar quantidades exageradas desses itens, com o objetivo de realizar estoque.

Como reação, vários estabelecimentos impuseram limites quantitativos de compra dos produtos por consumidor (ex.: no máximo, duas unidades). Na hipótese, não está configurada a venda casada, considerando a presença da *justa causa*, ou seja, há interesse coletivo na limitação da venda individual, de modo a beneficiar um maior número de consumidores que, ao utilizarem os produtos de higiene, irão diminuir o contágio e a propagação da doença.

 Dicas práticas

A limitação máxima e mínima de unidades de determinado produto deve, além de se amparar em justa causa, ser adequadamente informada ao consumidor (art. 31 do CDC).

Jurisprudência

1. Constitui venda casada condicionar parcelamento de preço a aquisição de outro produto

"1. O Tribunal *a quo* manteve a concessão de segurança para anular auto de infração consubstanciado no art. 39, I, do CDC, ao fundamento de que a impetrante apenas vinculou o pagamento a prazo da gasolina por ela comercializada à aquisição de refrigerantes, o que não ocorreria se tivesse sido paga à vista. 2. O art. 39, I, do CDC, inclui no rol das práticas abusivas a popularmente denominada 'venda casada', ao estabelecer que é vedado ao fornecedor 'condicionar o fornecimento de produto ou de serviço ao fornecimento de outro produto ou serviço, bem como, sem justa causa, a limites quantitativos'. 3. Na primeira situação descrita nesse dispositivo, a ilegalidade se configura pela vinculação de produtos e serviços de natureza distinta e usualmente comercializados em separado, tal como ocorrido na hipótese dos autos. 4. A dilação de prazo para pagamento, embora seja uma liberalidade do fornecedor – assim como o é a própria colocação no comércio de determinado produto ou serviço –, não o exime de observar normas legais que visam a coibir abusos que vieram a reboque da massificação dos contratos na sociedade de consumo e da vulnerabilidade do consumidor. 5. Tais normas de controle e saneamento do mercado, ao contrário de restringirem o princípio da liberdade contratual, o aperfeiçoam, tendo em vista que buscam assegurar a vontade real daquele que é estimulado a contratar. 6. Apenas na segunda hipótese do art. 39, I, do CDC, referente aos limites quantitativos, está ressalvada a possibilidade de exclusão da prática abusiva por justa causa, não se admitindo justificativa, portanto, para a imposição de produtos ou serviços que não os precisamente almejados pelo consumidor" (STJ, REsp 384.284/RS, 2ª Turma, Rel. Min. Herman Benjamin, j. 20.08.2009, *DJe* 15.12.2009).

2. Constitui venda casada oblíqua a empresa de cinema vedar ingresso de produtos alimentícios adquiridos em outro estabelecimento

"1. A intervenção do Estado na ordem econômica, fundada na livre-iniciativa, deve observar os princípios do direito do consumidor, objeto de tutela constitucional fundamental especial (CF, arts. 170 e 5º, XXXII). 2. Nesse contexto, consagrou-se ao consumidor no seu ordenamento primeiro a saber: o Código de Defesa do Consumidor Brasileiro, dentre os seus direitos básicos 'a educação e divulgação sobre o consumo adequado dos produtos e serviços, asseguradas a liberdade de escolha e a igualdade nas contratações' (art. 6º, II, do CDC). 3. A denominada 'venda casada', sob esse enfoque, tem como *ratio essendi* da vedação a proibição imposta ao fornecedor de, utilizando de sua superioridade econômica ou técnica, opor-se à liberdade de escolha do consumidor entre os produtos e serviços de qualidade satisfatório e preços competitivos. 4. Ao fornecedor de produtos ou serviços, consectariamente, não é lícito, dentre outras práticas abusivas, condicionar o fornecimento de produto ou de serviço ao fornecimento de outro produto ou serviço (art. 39, I do CDC). 5. A prática abusiva revela-se patente se a empresa cinematográfica permite a entrada de produtos adquiridos na suas dependências e interdita o adquirido alhures, engendrando por via oblíqua a cognominada 'venda casada', interdição inextensível ao estabelecimento cuja venda de produtos alimentícios constituiu a essência da sua atividade comercial como, *verbi gratia*, os bares e restaurantes.

6. O juiz, na aplicação da lei, deve aferir as finalidades da norma, por isso que, *in casu*, revela-se manifesta a prática abusiva" (STJ, REsp 744.602/RJ, 1ª Turma, Rel. Min. Luiz Fux, j. 01.03.2007, *REPDJ* 22.03.2007, *DJ* 15.03.2007).

3. Constitui venda casada condicionar serviços de telefonia à compra de aparelho

"11. A prática de venda casada por parte de operadora de telefonia é capaz de romper com os limites da tolerância. No momento em que oferece ao consumidor produto com significativas vantagens – no caso, o comércio de linha telefônica com valores mais interessantes do que a de seus concorrentes – e de outro, impõe-lhe a obrigação de aquisição de um aparelho telefônico por ela comercializado, realiza prática comercial apta a causar sensação de repulsa coletiva a ato intolerável, tanto intolerável que encontra proibição expressa em lei. 12. Afastar, da espécie, o dano moral difuso, é fazer tabula rasa da proibição elencada no art. 39, I, do CDC e, por via reflexa, legitimar práticas comerciais que afrontem os mais basilares direitos do consumidor" (STJ, REsp 1.397.870/MG, 2ª Turma, Rel. Min. Mauro Campbell Marques, j. 02.12.2014, *DJe* 10.12.2014).

4. Não constitui venda casada a condição de fidelidade na compra de aparelho celular com desconto

"1. Contratação simultânea de prestação de serviços de telefonia móvel e de 'comodato' de aparelhos celulares, com cláusula de 'fidelização'. Previsão de permanência mínima que, em si, não encerra 'venda casada'. 2. Não caracteriza a prática vedada pelo art. 39, inc. I, do CDC, a previsão de prazo de permanência mínima ('fidelização') em contrato de telefonia móvel e de 'comodato', contanto que, em contrapartida, haja a concessão de efetivos benefícios ao consumidor (*v.g.* custo reduzido para realização de chamadas, abono em ligações de longa distância, baixo custo de envio de 'short message service – SMS', dentre outras), bem como a opção de aquisição de aparelhos celulares da própria concessionária, sem vinculação a qualquer prazo de carência, ou de outra operadora, ou mesmo de empresa especializada na venda de eletroportáteis. (...) 4. Em que pese ser possível a fixação de prazo mínimo de permanência, na hipótese dos autos, o contrato de 'comodato' de estações móveis entabulado entre as partes estabeleceu a vigência por 24 (vinte e quatro) meses, distanciando-se das determinações regulamentares da ANATEL (Norma Geral de Telecomunicações n. 23/96 e Resolução 477/2007), de ordem a tornar tal estipulação, inequivocamente, abusiva, haja vista atentar contra a liberdade de escolha do consumidor, direito básico deste" (STJ, REsp 1.097.582/MS, 4ª Turma, Rel. Min. Marco Buzzi, j. 19.03.2013, *DJe* 08.04.2013).

5. Constitui venda casada condicionar empréstimo a contratação de seguro obrigatório com seguradora indicada pela instituição financeira

Súmula 473 do STJ: "O mutuário do SFH não pode ser compelido a contratar seguro habitacional obrigatório com a instituição financeira mutuante ou com a seguradora por ela indicada".

6. Venda casada e reexame de prova

"Concluindo o Tribunal estadual, mediante a apreciação dos fatos e das provas acostadas aos autos, pela inexistência de venda casada na contratação do seguro habitacional, descabe a esta Corte Superior a modificação dos fundamentos adotados, ante a incidência das Súmulas 5 e 7/STJ" (STJ, AgInt no AREsp 1.325.460/RJ, 3ª Turma, Rel. Min. Marco Aurélio Bellizze, j. 16.03.2020, *DJe* 20.03.2020).

7. Constitui venda casada a conduta de empresa aérea que condiciona o "trecho de volta" à utilização do "trecho de ida"

"1. A controvérsia instaurada neste feito consiste em saber se configura conduta abusiva o cancelamento automático e unilateral, por parte da empresa aérea, do trecho de volta do passageiro que adquiriu as passagens do tipo ida e volta, em razão de não ter utilizado o trecho inicial. (...) 3. Dentre os diversos mecanismos de proteção ao consumidor estabelecidos pela lei, a fim de equalizar a relação faticamente desigual em comparação ao fornecedor, destacam-se os arts. 39 e 51 do CDC, que, com base nos princípios da função social do contrato e da boa-fé objetiva, estabelecem, em rol exemplificativo, as hipóteses, respectivamente, das chamadas práticas abusivas, vedadas pelo ordenamento jurídico, e das cláusulas abusivas, consideradas nulas de pleno direito em contratos de consumo, configurando nítida mitigação da força obrigatória dos contratos (*pacta sunt servanda*). 4. A previsão de cancelamento unilateral da passagem de volta, em razão do não comparecimento para embarque no trecho de ida (no show), configura prática rechaçada pelo Código de Defesa do Consumidor, nos termos dos referidos dispositivos legais, cabendo ao Poder Judiciário o restabelecimento do necessário equilíbrio contratual. 4.1. Com efeito, obrigar o consumidor a adquirir nova passagem aérea para efetuar a viagem no mesmo trecho e hora marcados, a despeito de já ter efetuado o pagamento, configura obrigação abusiva, pois coloca o consumidor em desvantagem exagerada, sendo, ainda, incompatível com a boa-fé objetiva, que deve reger as relações contratuais (CDC, art. 51, IV). Ademais, a referida prática também configura a chamada 'venda casada', pois condiciona o fornecimento do serviço de transporte aéreo do 'trecho de volta' à utilização do 'trecho de ida' (CDC, art. 39, I)" (STJ, REsp 1.699.780/SP, 3ª Turma, Rel. Min. Marco Aurélio Bellizze, j. 11.09.2018, *DJe* 17.09.2018).

8. Não constitui venda casada a fixação de tarifa mínima para estacionamento de shopping

"Além de não haver nenhuma obrigatoriedade na utilização do serviço de estacionamento ofertado pelo *shopping* aos seus consumidores, o que, por si, já tem o condão de afastar a propalada venda casada prevista no art. 39, I, do Código de Defesa do Consumidor, atribui à iniciativa privada função que, a toda evidência, não lhe incumbe. O estabelecimento de uma tarifa mínima para a utilização do estacionamento do shopping center, ainda que o consumidor não venha a usar a totalidade do tempo ali abrangido – prática comercial largamente utilizada pelo segmento em exame – não encerra prática comercial abusiva" (STJ, REsp 1855136/SE, Rel. Min. Marco Aurélio Bellizze, 3ª Turma, j. 15.12.2020, *DJe* 18.12.2020).

> **II –** recusar atendimento às demandas dos consumidores, na exata medida de suas disponibilidades de estoque, e, ainda, de conformidade com os usos e costumes;

Legislação correlata

Lei 8.137/1990 (Dispõe sobre os crimes contra as relações de consumo).

Análise doutrinária

1. Recusa de atendimento a demandas dos consumidores

O fornecedor que se apresenta no mercado de consumo gera legítimas expectativas na coletividade de consumidores no sentido de que, mediante contraprestação – pagamento do preço –, haverá aquisição do produto ou serviço apresentado. É prática abusiva, como consequência, a recusa do fornecedor de atender a demanda do consumidor.

É mais um dispositivo do CDC, ao lado de tantos outros (arts. 30, 39, IX, 48, 51, IX, 54, § 2º, e 84), que evidencia a repulsa normativa à conduta do fornecedor, que se apresenta no mercado de consumo e, direta ou indiretamente, se nega a comercializar produtos e serviços. Ora, a exposição de produtos e serviços no mercado, com informações sobre preço e demais características, gera, em face do caráter vinculante da oferta (art. 30), justa expectativa do consumidor de aquisição do que for do seu interesse mediante pagamento.

O dispositivo deve ser interpretado em conjunto com outros. Pode o fornecedor, se houver justa causa, limitar a quantidade máxima de determinado produto por consumidor. A pandemia da Covid-19 é, por exemplo, uma justificativa (v. comentários ao art. 39, I). Ademais, a recusa é legítima se, por motivos variados, não há produtos em estoque. Nesse caso, deve honrar as encomendas – promessas de venda – realizadas antes de esgotar os estoques.

O dispositivo também não exclui, por óbvio, a possibilidade de recusa de empréstimo ou venda financiada se a análise de risco de crédito de determinado consumidor for negativa. Nesse caso, deve, com transparência, informar ao consumidor os critérios objetivos considerados na recusa de crédito. A legislação obriga a aceitação do preço em moeda corrente. Assim, é abusiva, ilustrativamente, a prática de algumas academias de ginástica exigirem o pagamento apenas em cartão de crédito ou débito.

De outro lado, ainda no tocante ao pagamento, nenhum fornecedor é obrigado a aceitar outro meio, como cheque ou mesmo cartão de débito ou crédito. Caso aceite, pode estabelecer criteriosamente – sob pena de ofensa ao princípio de isonomia nas contratações (art. 6º, II) – as condições para aceitação, como, por exemplo, exigência objetiva de que a conta bancária tenha, no mínimo, dois anos ou que o cartão só pode ser utilizado para compras acima de R$ 10,00. Em todos os casos, as condições devem ser informadas adequadamente ao consumidor (art. 31 do CDC).

É possível diferenciar consumidores e, eventualmente, não contratar. A questão mais importante, nesta análise, é o motivo, o critério utilizado na diferenciação ou recusa de comercialização de produto ou serviço. Embora tenha se amparado na prática abusiva descrita no art. 39, IX, do CDC, o Superior Tribunal de Justiça considerou ilegal conduta de pessoa jurídica que se recusou a contratar seguro de vida, simplesmente porque o consumidor foi portador, no passado, de leucemia (REsp 1.300.116).

Portanto, salvo critérios objetivos, justificados e informados, o fornecedor não pode diferenciar (discriminar) consumidor ou meios de pagamento. Em muitos casos, é a própria lei que proíbe a venda (venda de bebidas para menores de 18 anos) ou estabelece condições (comercialização de armas de fogo). A recusa, na ausência de tais critérios, ofende, em última análise, o princípio da isonomia (art. 5º, *caput*, da CF) em sua perspectiva de eficácia horizontal dos direitos fundamentais (art. 6º, II, do CDC).

Acrescente-se relevância penal em algumas condutas discriminatórias na comercialização de produtos ou serviços. A propósito, a Lei 8.137/1990 descreve duas infrações penais no seu art. 7º: 1) "favorecer ou preferir, sem justa causa, comprador ou freguês, ressalvados os sistemas de entrega ao consumo por intermédio de distribuidores ou revendedores" (inc. I); 2) "sonegar insumos ou bens, recusando-se a vendê-los a quem pretenda comprá-los nas condições publicamente ofertadas, ou retê-los para o fim de especulação" (inc. VI).

 Dicas práticas

A principal lição do dispositivo é que qualquer conduta que implique, direta ou indiretamente, diferenciação de consumidor, de meio de pagamento ou recusa de contratação exige justificativa plausível e, paralelamente, absoluta transparência (art. 31 do CDC). A questão mais importante, nesta análise, é delimitação e equidade do critério utilizado na diferenciação ou recusa de comercialização de produto ou serviço.

 Jurisprudência

1. Arbitrariedade de recusa de contratação de seguro de vida por doença no passado

"Nos dias de hoje a contratação de seguros, seja de saúde, de automóveis ou de vida, é prática cada vez mais comum, integrando o dia a dia das pessoas. Assim, conquanto o direito securitário tenha um notório viés econômico, é inegável que também apresenta um acentuado componente social. Assim, a negativa de aceitar um consumidor na contratação de seguro deve ser regra absolutamente excepcional. Para a manutenção do equilíbrio da carteira de seguros, é importante que a companhia seguradora formule um preço que respeite o correto cálculo atuarial. Consumidores que apresentam grau de risco maior devem arcar com prêmios mais elevados, ao passo que consumidores cujo risco seja menor, devem poder contratar o seguro a preço mais baixo. Se um jovem foi portador de leucemia, mas apresenta-se clinicamente curado, a pura e simples negativa de contratar seguro de vida é ilícita, violando a regra do art. 39, IX, do CDC. Diversas opções poderiam substituir a simples negativa, como a formulação de prêmio mais alto ou mesmo a redução da cobertura securitária, excluindo-se os sinistros relacionados à doença pré-existente. Rejeitar o consumidor, pura e simplesmente, notadamente em situações em que o seguro é oferecido como consectário do contrato de estágio, gera dano moral. O consumidor, rejeitado pelo seguro, vê sua doença desnecessariamente exposta em seu ambiente de trabalho" (STJ, REsp 1.300.116/SP, Rel. Min. Nancy Andrighi, j. 23.10.2012, *DJe* 13.11.2012).

2. Recusa de crédito consignado e discriminação positiva de idoso

"2. O propósito recursal consiste em dizer da negativa de prestação jurisdicional pelo Tribunal de origem e se existe discriminação abusiva de idosos na restrição ao empréstimo consignado em instituição financeira quando a soma da idade do cliente com o prazo do contrato for maior que 80 anos. (...) 4. A partir da reflexão sobre o valor humano no tratamento jurídico dos conflitos surgidos na sociedade diante do natural e permanente envelhecimento da população, torna-se imprescindível avaliar também sobre a racionalidade econômica e suas intencionalidades de eficiência pragmática na organização da comunidade, por vezes, (con)fundida com a ética utilitarista de 'garantir a cada um o máximo possível'. 5. Indispensável compreender a velhice em sua totalidade, como fato biológico e cultural, absorvendo a preocupação assinalada em âmbito internacional (*v.g.* Plano de Ação Internacional sobre o Envelhecimento, fruto da Assembleia Mundial sobre o Envelhecimento, da Organização das Nações Unidas) e nacional (sobretudo o Estatuto do Idoso) de respeito e valorização da pessoa idosa. 6. A adoção de critério etário para distinguir o tratamento da população em geral é válida quando adequadamente justificada e fundamentada no Ordenamento Jurídico, sempre atentando-se para a sua razoabilidade diante dos princípios da igualdade e da dignidade da pessoa humana. 7. O próprio Código Civil se utiliza de critério positivo de discriminação ao instituir, por exemplo, que é obrigatório o regime da separação de bens no casamento da pessoa maior de 70 anos (art. 1.641, II). 8. A instituição financeira declinou as razões acerca da realidade de superendividamento da população idosa, da facilidade de acesso ao empréstimo consignado e o caráter irrevogável da operação, ao mesmo tempo em que registrou disponibilizar outras opções de acesso ao crédito em conformidade aos riscos assumidos na sua atividade no mercado financeiro. 9. O critério de vedação ao crédito consignado – a soma da idade do cliente com o prazo do contrato não pode ser maior que 80 anos – não representa discriminação negativa que coloque em desvantagem exagerada a população idosa que pode se socorrer de outras modalidades de acesso ao crédito bancário" (STJ, REsp 1.783.731/PR, 3ª Turma, Rel. Min. Nancy Andrighi, j. 23.04.2019, *DJe* 26.04.2019).

> **III –** enviar ou entregar ao consumidor, sem solicitação prévia, qualquer produto, ou fornecer qualquer serviço;

 Análise doutrinária

1. Envio ou entrega de produto ou serviço sem solicitação prévia

O art. 39, III, do CDC considera abusiva a conduta de enviar ou entregar ao consumidor, sem prévia solicitação, qualquer produto ou fornecer serviço. O parágrafo único do art. 39 completa o dispositivo para estabelecer sanção específica para o descumprimento do preceito: equiparam-se às amostras grátis, inexistindo obrigação de pagamento no tocante aos serviços prestados e aos produtos remetidos ou entregues ao consumidor.

A infração de norma de defesa do consumidor enseja aplicação de sanções cumuladas (civil, administrativa e penal), quando atendidos pressupostos específicos. Na hipótese, existência da sanção referida (ausência de obrigação de pagamento), que possui natureza civil, não afasta aplicação de sanção administrativa, com fundamento no art. 56 do CDC.

No passado, o dispositivo serviu para afastar a legalidade de cobrança por ligações internacionais (0900) para serviços como "disque-prazer" ou "tele-sexo". A situação mais recorrente ainda é de envio de cartão de crédito por instituições financeiras, o que gerou, inclusive, a edição da Súmula 532 do STJ: "Constitui prática comercial abusiva o envio de cartão de crédito, sem prévia e expressa solicitação do consumidor, configurando-se ato ilícito indenizável e sujeito à aplicação de multa administrativa".

 Dicas práticas

O profissional do direito deve estar atento ao fato de que a sanção específica consistente na gratuidade do produto ou serviço (parágrafo único do art. 39) não afasta incidência de sanção administrativa (art. 56 do CDC).

 Jurisprudência

1. Envio de cartão de crédito ao consumidor, sem prévia solicitação, mesmo que bloqueado, constitui prática abusiva

Súmula 532 do STJ: "Constitui prática comercial abusiva o envio de cartão de crédito sem prévia e expressa solicitação do consumidor, configurando-se ato ilícito indenizável e sujeito à aplicação de multa administrativa".

"Independentemente da múltipla função e do bloqueio da função crédito, constitui prática comercial abusiva o envio de cartão de crédito sem prévia e expressa solicitação do consumidor, configurando-se ato ilícito indenizável e sujeito à aplicação de multa administrativa. Precedentes" (STJ, AgInt no REsp 1.692.076/SP, 4ª Turma, Rel. Min. Antonio Carlos Ferreira, j. 06.02.2020, *DJe* 11.02.2020).

2. Constitui prática abusiva envio de cartão de crédito múltiplo quando o consumidor solicita apenas cartão de débito

"Conforme analisado pela Corte de origem, a conduta constatada diz respeito ao fato de a parte recorrente ter enviado um 'cartão de crédito múltiplo, sem que tivesse havido solicitação a parte do consumidor'. Ou seja, o pedido do consumidor não disse respeito a um cartão de crédito múltiplo, tendo sido a conduta comprovada a partir dos elementos fáticos e probatórios constantes dos autos. 3. O art. 39, inciso III, do Código de Defesa do Consumidor veda a prática de enviar ao consumidor produtos ou serviços não requeridos por ele. Nesse ponto, cai por terra a alegação da parte recorrente de que o cartão enviado estaria com a função crédito inativada, pois tal argumento é irrelevante para o deslinde da controvérsia. Isso porque, pelo o que consta do acórdão impugnado, o pedido da consumidora se restringiu a um cartão de débito, tão somente, não havendo registro de que tenha havido qualquer manifestação de vontade por parte dela quanto ao cartão múltiplo. 4. Há a abusividade da conduta com o simples envio do cartão de crédito, sem pedido pretérito e expresso do consumidor, independentemente da múltipla função e do bloqueio da função crédito, pois tutelam-se os interesses dos consumidores em fase pré-contratual, evitando a ocorrência de abuso de direito na atuação dos fornecedores na relação consumerista com esse tipo de prática comercial, absolutamente contrária à boa-fé objetiva. Precedentes: REsp 1199117/SP, Rel. Ministro Paulo de Tarso Sanseverino, Terceira Turma, julgado em 18/12/2012, *DJe* 04/03/2013; AgRg no AREsp 152.596/SP, Rel. Ministro Sidnei Beneti, Terceira Turma, julgado em 15/05/2012, *DJe* 28/05/2012" (STJ, REsp 1.261.513/SP, 2ª Turma, Rel. Min. Mauro Campbell Marques, j. 27.08.2013, *DJe* 04.09.2013).

3. Constitui prática abusiva a aplicação em fundo de risco incompatível com o perfil conservador do consumidor sem autorização prévia

"1. A Lei 8.078/90, cumprindo seu mister constitucional de defesa do consumidor, conferiu relevância significativa aos princípios da confiança, da boa-fé, da transparência e da equidade nas relações consumeristas, salvaguardando, assim, os direitos básicos de informação adequada e de livre escolha da parte vulnerável, o que, inclusive, ensejou a criminalização da 'omissão de informação relevante sobre a natureza, característica, qualidade, quantidade, segurança, desempenho, durabilidade, preço ou garantia de produtos ou serviços' (*caput* do artigo 66 do CDC). 2. Sob tal ótica, a cautela deve nortear qualquer interpretação mitigadora do dever qualificado de informar atribuído, de forma intransferível, ao fornecedor de produtos ou de serviços, porquanto certo que uma 'informação deficiente' – falha, incompleta, omissa quanto a um dado relevante – equivale à 'ausência de informação', na medida em que não atenuada a desigualdade técnica e informacional entre as partes integrantes do mercado de consumo. 3. Nessa ordem de ideias, a jurisprudência desta Corte reconhece a responsabilidade das entidades bancárias por prejuízos advindos de investimentos malsucedidos quando houver defeito na prestação do serviço de conscientização dos riscos envolvidos na operação. Precedentes. 4. Ademais, a proteção contra práticas abusivas, assim como o direito à informação, é direito básico do consumidor, cuja manifesta vulnerabilidade (técnica e informacional) impõe a defesa da qualidade do seu consentimento, bem como a vedação da ofensa ao equilíbrio contratual. 5. Com esse nítido escopo protetivo, o artigo 39 do CDC traz rol exemplificativo das condutas dos fornecedores consideradas abusivas, tais como o fornecimento ou a execução de qualquer serviço sem 'solicitação prévia' ou 'autorização expressa' do consumidor (incisos III e VI), requisitos legais que ostentam relação direta com o direito à informação clara e adequada, viabilizadora do exercício de uma opção desprovida de vício de consentimento da parte cujo déficit informacional é evidente. 6. Nessa perspectiva, em se tratando de práticas abusivas vedadas pelo código consumerista, não pode ser atribuído ao silêncio do consumidor (em um dado decurso de tempo) o mesmo efeito jurídico previsto no artigo 111 do Código Civil (anuência/aceitação tácita), tendo em vista a exigência legal de declaração de vontade expressa para a prestação de serviços ou aquisição de produtos no mercado de consumo, ressalvada tão somente a hipótese de 'prática habitual' entre as partes. 7. Ademais, é certo que o código consumerista tem aplicação prioritária nas relações entre consumidor e fornecedor, não se afigurando cabida a mitigação de suas normas – que partem da presunção legal absoluta da existência de desigualdade técnica e informacional entre os referidos agentes econômicos

–, mediante a incidência de princípios do Código Civil que pressupõem a equidade (o equilíbrio) entre as partes. 8. Na espécie, conforme consta da moldura fática, se o correntista tem hábito de autorizar investimentos sem nenhum risco de perda (como é o caso do CDB – título de renda fixa com baixo grau de risco) e o banco, por iniciativa própria e sem respaldo em autorização expressa do consumidor, realiza aplicação em fundo de risco incompatível com o perfil conservador de seu cliente, a ocorrência de eventuais prejuízos deve, sim, ser suportada, exclusivamente, pela instituição financeira, que, notadamente, não se desincumbiu do seu dever de esclarecer de forma adequada e clara sobre os riscos da operação. 9. A manutenção da relação bancária entre a data da aplicação e a manifestação da insurgência do correntista não supre seu déficit informacional sobre os riscos da operação financeira realizada a sua revelia. Ainda que indignado com a utilização indevida do seu patrimônio, o consumidor (mal informado) poderia confiar, durante anos, na expertise dos prepostos responsáveis pela administração de seus recursos, crendo que, assim como ocorria com o CDB, não teria nada a perder ou, até mesmo, que só teria a ganhar. 10. A aparente resignação do correntista com o investimento financeiro realizado a sua revelia não pode, assim, ser interpretada como ciência em relação aos riscos da operação. Tal informação ostenta relevância fundamental, cuja incumbência cabia ao banco, que, no caso concreto, não demonstrou ter agido com a devida diligência. 11. Consequentemente, sobressai a ilicitude da conduta da casa bancária, que, aproveitando-se de sua posição fática privilegiada, transferiu, sem autorização expressa, recursos do correntista para modalidade de investimento incompatível com o perfil do investidor, motivo pelo qual deve ser condenada a indenizar os danos materiais e morais porventura causados com a operação" (STJ, REsp 1.326.592/GO, 4ª Turma, Rel. Min. Luis Felipe Salomão, j. 07.05.2019, *DJe* 06.08.2019).

> **IV -** prevalecer-se da fraqueza ou ignorância do consumidor, tendo em vista sua idade, saúde, conhecimento ou condição social, para impingir-lhe seus produtos ou serviços;

Legislação correlata

Lei 10.674/2003 (Lei do Glúten).

Análise doutrinária

1. Abuso da hipervulnerabilidade do consumidor

O art. 39, IV, estabelece que é prática abusiva o fornecedor se aproveitar de fraqueza ou ignorância do consumidor, considerando sua idade, saúde, conhecimento ou condição social, para impingir produtos e serviços. Todo consumidor é, por definição, vulnerável (art. 4º, I), o que significa justamente fragilidade nas relações estabelecidas no âmbito do mercado de consumo. O foco do dispositivo é com aqueles consumidores que possuem, por motivos e circunstâncias diversas, vulnerabilidade agravada.

De modo geral, a caracterização de qualquer prática abusiva afasta análise de eventual dolo ou culpa. As condutas são analisadas objetivamente, sem qualquer perquirição sobre eventual presença do elemento subjetivo. A prática abusiva descrita no art. 39, IV, constitui exceção, na medida em que associa os verbos *prevalecer* e *impingir*, ou seja, o fornecedor deve ter conhecimento da qualidade de vulnerabilidade e, intencionalmente ou por falta de cuidado profissional (culpa), procurar extrair vantagem da situação.

O Superior Tribunal de Justiça cunhou e utiliza frequentemente o termo *hipervulnerabilidade*. A Corte já reconheceu sua presença em favor de crianças com relação a possível confusão de nomes em embalagens de produtos (REsp 1.188.105, 2013), pessoas com deficiência física (REsp 931.513, 2010), indígenas (REsp 1.064.009, 2011), pessoas com restrição ao glúten (celíacos) no tocante à informação e advertência nos produtos (REsp 586.316, 2009), pessoa com câncer no tocante a medicamentos que promete a cura da doença (REsp 1.322.556, 2014).

Em julgamento ocorrido em 2008, o STJ reconheceu a idade do consumidor como fator relevante para verificar, no caso concreto, prática abusiva de envio de cartão de crédito e indenização por dano moral (REsp 1.061.500). De outro lado, a Corte não reconheceu a *hipervulnerabilidade* de idoso na contratação de cartão de crédito sênior. Reformou a decisão do Tribunal de Justiça do Paraná, a qual "concluiu que a sistemática de funcionamento do Cartão Sênior causava dúvidas ao cliente e favorecia o superendividamento, porque pressupôs que os idosos, sendo uma categoria *hipervulnerável* de consumidores, teriam capacidade cognitiva e discernimento menores do que a população em geral" (REsp 1.358.057, 2018).

Ao cumprir o dever de informar, inclusive por meios publicitários (arts. 6º, 31 e 37, § 1º), o fornecedor deve sempre verificar o potencial de confundir e induzir a erro (caráter enganoso) o consumidor com maior fragilidade e não o homem médio. Se houver, ao contrário, aproveitamento da situação, está caraterizada a prática descrita no art. 39, IV, do CDC.

Dicas práticas

O profissional do direito deve ficar atento à necessidade – excepcional – de presença do elemento subjetivo (dolo ou culpa) para caracterizar a conduta descrita no art. 39, IV.

Jurisprudência

1. Envio de cartão de crédito a consumidor com idade próxima a cem anos

"O envio de cartão de crédito não solicitado, conduta considerada pelo Código de Defesa do Consumidor como prática abusiva (art. 39, III), adicionado aos incômodos decorrentes das providências notoriamente dificultosas para o cancelamento do cartão, causam dano moral ao consumidor, mormente em se tratando de pessoa de idade avançada, próxima dos cem anos de idade à época dos fatos, circunstância que agrava o sofrimento moral" (STJ, REsp 1.061.500/RS, Rel. Min. Sidnei Beneti, j. 04.11.2008).

2. Dever de informar e proteção do consumidor hipervulnerável (doença celíaca)

"7. Entre os direitos básicos do consumidor, previstos no CDC, inclui-se exatamente a 'informação adequada e clara sobre os diferentes produtos e serviços, com especificação correta de quantidade, características, composição, qualidade e preço, bem como sobre os riscos que apresentem' (art. 6º, III). 8. Informação adequada, nos termos do art. 6º, III, do CDC, é aquela que se apresenta simultaneamente completa, gratuita e útil, vedada, neste último caso, a diluição da comunicação efetivamente relevante pelo uso de informações soltas, redundantes ou destituídas de qualquer serventia para o consumidor. (...) 10. A informação deve ser correta (= verdadeira), clara (= de fácil entendimento), precisa (= não prolixa ou escassa), ostensiva (= de fácil constatação ou percepção) e, por óbvio, em língua portuguesa. 11. A obrigação de informação é desdobrada pelo art. 31 do CDC, em quatro categorias principais, imbricadas entre si: a) informação-conteúdo (= características intrínsecas do produto e serviço), b) informação-utilização (= como se usa o produto ou serviço), c) informação-preço (= custo, formas e condições de pagamento), e d) informação-advertência (= riscos do produto ou serviço). (...) 18. Ao Estado Social importam não apenas os vulneráveis, mas sobretudo os hipervulneráveis, pois são esses que, exatamente por serem minoritários e amiúde discriminados ou ignorados, mais sofrem com a massificação do consumo e a 'pasteurização' das diferenças que caracterizam e enriquecem a sociedade moderna. 19. Ser diferente ou minoria, por doença ou qualquer outra razão, não é ser menos consumidor, nem menos cidadão, tampouco merecer direitos de segunda classe ou proteção apenas retórica do legislador. 20. O fornecedor tem o dever de informar que o produto ou serviço pode causar malefícios a um grupo de pessoas, embora não seja prejudicial à generalidade da população, pois o que o ordenamento pretende resguardar não é somente a vida de muitos, mas também a vida de poucos" (STJ, REsp 586.316/MG, 2ª Turma, Rel. Min. Herman Benjamin, j. 17.04.2007, *DJe* 19.03.2009).

"2. O CDC traz, entre os direitos básicos do consumidor, a 'informação adequada e clara sobre os diferentes produtos e serviços, com especificação correta de quantidade, características, composição, qualidade e preço, bem como sobre os riscos que apresentam' (art. 6º, inciso III). 3. Ainda de acordo com o CDC, 'a oferta e a apresentação de produtos ou serviços devem assegurar informações corretas, claras, precisas, ostensivas e em língua portuguesa sobre suas características, qualidades, quantidade, composição, preço, garantia, prazos de validade e origem, entre outros dados, bem como sobre os riscos que apresentam à saúde e segurança dos consumidores' (art. 31). 4. O art. 1º da Lei 10.674/2003 (Lei do Glúten) estabelece que os alimentos industrializados devem trazer em seu rótulo e bula, conforme o caso, a informação 'não contém glúten' ou 'contém glúten', isso é, apenas a informação-conteúdo. Entretanto, a superveniência da Lei 10.674/2003 não esvazia o comando do art. 31, *caput*, do CDC (Lei 8.078/1990), que determina que o fornecedor de produtos ou serviços deve informar 'sobre os riscos que apresentam à saúde e segurança dos consumidores', ou seja, a informação-advertência. 5. Para que a informação seja correta, clara e precisa, torna-se necessária a integração entre a Lei do Glúten (lei especial) e o CDC (lei geral), pois, no fornecimento de alimentos e medicamentos, ainda mais a consumidores hipervulneráveis, não se pode contentar com o standard mínimo, e sim com o standard mais completo possível. 6. O fornecedor de alimentos deve complementar a informação-conteúdo 'contém glúten' com a informação-advertência de que o glúten é prejudicial à saúde dos consumidores com doença celíaca. Embargos de divergência providos para prevalecer a tese do acórdão paradigma no sentido de que a informação-conteúdo 'contém glúten' é, por si só, insuficiente para informar os consumidores sobre o prejuízo que o alimento com glúten acarreta à saúde dos doentes celíacos, tornando-se necessária a integração com a informação-advertência correta, clara, precisa, ostensiva e em vernáculo: 'CONTÉM GLÚTEN: O GLÚTEN É PREJUDICIAL À SAÚDE DOS DOENTES CELÍACOS.'" (STJ, EREsp 1.515.895/MS, Corte Especial, Rel. Min. Humberto Martins, j. 20.09.2017, *DJe* 27.09.2017).

3. Promessa de cura do câncer a consumidor doente

"Cuida-se de ação por danos morais proposta por consumidor ludibriado por propaganda enganosa, em ofensa a direito subjetivo do consumidor de obter informações claras e precisas acerca de produto medicinal vendido pela recorrida e destinado à cura de doenças malignas, dentre outras funções. O Código de Defesa do Consumidor assegura que a oferta e apresentação de produtos ou serviços propiciem informações corretas, claras, precisas e ostensivas a respeito de características, qualidades, garantia, composição, preço, prazos de validade e origem, além de vedar a publicidade enganosa e abusiva, que dispensa a demonstração do elemento subjetivo (dolo ou culpa) para sua configuração. A propaganda enganosa, como atestado pelas instâncias ordinárias, tinha aptidão a induzir em erro o consumidor fragilizado, cuja conduta subsume-se à hipótese de estado de perigo (art. 156 do Código Civil). A vulnerabilidade informacional agravada ou potencializada, denominada hipervulnerabilidade do consumidor, prevista no art. 39, IV, do CDC, deriva do manifesto desequilíbrio entre as partes. O dano moral prescinde de prova e a responsabilidade de seu causador opera-se *in re ipsa* em virtude do desconforto, da aflição e dos transtornos suportados pelo consumidor. Em virtude das especificidades fáticas da demanda, afigura-se razoável a fixação da verba indenizatória por danos morais no valor de R$ 30.000,00 (trinta mil reais)" (STJ, REsp 1.329.556/SP, Rel. Min. Ricardo Villas Bôas Cueva, j. 25.11.2014, *DJe* 09.12.2014).

4. Idoso como hipervulnerável: interpretação da norma a seu favor

"Na trilha dessa interpretação extensiva dos preceitos legais, conclui-se que, falecendo o titular do plano de saúde coletivo, seja este empresarial ou por adesão, nasce para os dependentes já inscritos o direito de pleitear a sucessão da titularidade, nos termos dos arts. 30 ou 31 da Lei 9.656/1998, a depender da hipótese, desde que assumam o seu pagamento integral. 7. E, em se tratando de dependente idoso, a interpretação das referidas normas há de ser feita sob as luzes do Estatuto do Idoso (Lei nº 10.741/03) e sempre considerando a sua peculiar situação de consumidor hipervulnerável" (STJ, REsp 1871326/RS, Rel. Min. Nancy Andrighi, 3ª Turma, j. 01.09.2020, *DJe* 09.09.2020).

V - exigir do consumidor vantagem manifestamente excessiva;

Legislação correlata

Lei 12.529/2011 (Lei Antitruste).

 Análise doutrinária

1. Exigência de vantagem manifestamente excessiva

O art. 39, V, dispõe ser prática abusiva a conduta do fornecedor consistente em exigir vantagem manifestamente excessiva do consumidor. Pela abertura semântica, cuida-se de conceito jurídico indeterminado que deve ser analisado circunstancialmente pelo intérprete e aplicador do direito.

A prática abusiva referida no inciso V se aproxima da ideia constante no art. 51, IV, que declara ser nula a cláusula que estabeleça obrigações iníquas, abusivas, que coloquem o consumidor em desvantagem exagerada, ou sejam incompatíveis com a boa-fé ou a equidade (v. comentários ao art. 51, IV). A principal diferença é que a caracterização da prática abusiva descrita no art. 39, V, é independente da celebração do contrato de consumo. Ou seja, pode restar configurada antes e, até mesmo, sem qualquer contratação posterior. Como exemplo, imagine-se cobrança de preço majorado artificialmente, como resultado de prática de cartel.

A conclusão pela cobrança de vantagem manifestamente excessiva envolve diversos aspectos da oferta do produto ou serviço (momento pré-contratual) e eventual contratação. Como exemplo, registre-se julgado do STJ (REsp 1.737.428) que considerou abusiva a prática imposta ao consumidor de pagar taxa de conveniência para compra de ingresso de evento cultural. Na ocasião, além de análise circunstancial da contratação, invocaram-se diversos dispositivos do CDC (arts. 6º, V, 39, I, V, IX, e 51, IV, § 1º, III) para se concluir pela ilegalidade da prática.

 Jurisprudência

1. Prática abusiva de cobrança de taxa de conveniência

"5. A essência do microssistema de defesa do consumidor se encontra no reconhecimento de sua vulnerabilidade em relação aos fornecedores de produtos e serviços, que detêm todo o controle do mercado, ou seja, sobre o que produzir, como produzir e para quem produzir, sem falar-se na fixação de suas margens de lucro. 6. O CDC adotou formas abertas e conceitos indeterminados para definir as práticas e cláusulas abusivas, encarregando o magistrado da tarefa de examinar, em cada hipótese concreta, a efetiva ocorrência de referidas práticas ilegais. 7. A boa-fé objetiva é uma norma de conduta que impõe a cooperação entre os contratantes em vista da plena satisfação das pretensões que servem de ensejo ao acordo de vontades que dá origem à avença, sendo tratada, de forma expressa, no CDC, no reconhecimento do direito dos consumidores de proteção contra métodos comerciais coercitivos ou desleais bem como práticas e cláusulas abusivas ou impostas no fornecimento de produtos ou serviços (art. 6º, IV, do CDC). 8. Segundo a lesão enorme, são abusivas as cláusulas contratuais que configurem lesão pura, decorrentes da simples quebra da equivalência entre as prestações, verificada, de forma objetiva, mesmo que não exista vício na formação do acordo de vontades (arts. 39, V, 51, IV, § 1º, III, do CDC). 9. Uma das formas de violação da boa-fé objetiva é a venda casada (*tying arrangement*), que consiste no prejuízo à liberdade de escolha do consumidor decorrente do condicionamento, subordinação e vinculação da aquisição de um produto ou serviço (principal – 'tying') à concomitante aquisição de outro (secundário – 'tied'), quando o propósito do consumidor é, unicamente, o de obter o produto ou serviço principal. 10. A venda casada 'às avessas', indireta ou dissimulada consiste em se admitir uma conduta de consumo intimamente relacionada a um produto ou serviço, mas cujo exercício é restringido à única opção oferecida pelo próprio fornecedor, limitando, assim, a liberdade de escolha do consumidor. Precedentes. 11. O CDC prevê expressamente uma modalidade de venda casada, no art. 39, IX, que se configura em razão da imposição, pelo fornecedor ao consumidor, da contratação indesejada de um intermediário escolhido pelo fornecedor, cuja participação na relação negocial não é obrigatória segundo as leis especiais regentes da matéria. 12. A venda do ingresso para um determinado espetáculo cultural é parte típica e essencial do negócio, risco da própria atividade empresarial que visa o lucro e integrante do investimento do fornecedor, compondo, portanto, o custo básico embutido no preço. 13. Na intermediação por meio da corretagem, como não há relação contratual direta entre o corretor e o terceiro (consumidor), quem deve arcar, em regra, com a remuneração do corretor é a pessoa com quem ele se vinculou, ou seja, o incumbente. Precedente. 14. A assunção da dívida do fornecedor junto ao intermediário exige clareza e transparência na previsão contratual acerca da transferência para o comprador (consumidor) do dever de pagar a comissão de corretagem. Tese repetitiva. 15. Na hipótese concreta, a remuneração da recorrida é integralmente garantida por meio da 'taxa de conveniência', cobrada nos moldes do art. 725 do CC/02, devida pelos consumidores que comprarem ingressos em seu meio virtual, independentemente do direito de arrependimento (art. 49 do CDC). 16. A venda pela internet, que alcança interessados em número infinitamente superior de do que a venda por meio presencial, privilegia os interesses dos produtores e promotores do espetáculo cultural de terem, no menor prazo possível, vendidos os espaços destinados ao público e realizado o retorno dos investimentos até então empregados e transfere aos consumidores parcela considerável do risco do empreendimento, pois os serviços a ela relacionados, remunerados pela 'taxa de conveniência', deixam de ser arcados pelos próprios fornecedores. 17. Se os incumbentes optam por submeter os ingressos à venda terceirizada em meio virtual (da internet), devem oferecer ao consumidor diversas opções de compra em diversos sítios eletrônicos, caso contrário, a liberdade dos consumidores de escolha da intermediadora da compra é cerceada, limitada unicamente aos serviços oferecidos pela recorrida, de modo a ficar configurada a venda casada, nos termos do art. 39, I e IX, do CDC. 18. A potencial vantagem do consumidor em adquirir ingressos sem se deslocar de sua residência fica totalmente aplacada pelo fato de ser obrigado a se submeter, sem liberdade, às condições impostas pela recorrida e pelos incumbentes no momento da contratação, o que evidencia que a principal vantagem desse modelo de negócio – disponibilização de ingressos na internet – foi instituída em seu favor dos incumbentes e da recorrida. 19. *In casu*, não há declaração clara e destacada de que o consumidor está assumindo um débito que é de responsabilidade do incumbente – produtor ou promotor do espetáculo cultural – não se podendo, nesses termos, reconhecer a validade da transferência do encargo (assunção de dívida pelo consumidor)" (STJ, REsp 1.737.428/RS, 3ª Turma, Rel. Min. Nancy Andrighi, j. 12.03.2019, *DJe* 15.03.2019).

> **VI –** executar serviços sem a prévia elaboração de orçamento e autorização expressa do consumidor, ressalvadas as decorrentes de práticas anteriores entre as partes;

 Análise doutrinária

1. Execução de serviços sem prévia elaboração de orçamento

O art. 39, VI, do CDC considera prática abusiva a execução de serviços sem elaboração prévia de orçamento e autorização expressa do consumidor, salvo "práticas anteriores entre as partes".

A melhor compreensão do dispositivo atrai a disciplina sobre orçamento constante no art. 40 do CDC. O dispositivo, ao lado de outras regras, dispõe que o fornecedor deve entregar ao consumidor orçamento prévio, com discriminação do valor da mão de obra, dos materiais e equipamentos a serem empregados, data de início e término do serviço, bem como as condições de pagamento (v. comentários ao art. 40).

Há situações fáticas nas quais a exigência prévia de orçamento pode, pela urgência e dinâmica própria da contratação, prejudicar o consumidor. Ilustrativamente, o Superior Tribunal de Justiça afastou a necessidade de orçamento prévio em relação a serviço de emergência prestado por hospital (REsp 1.256.703, 2011).

A execução de serviço sem autorização do consumidor, além de não gerar a obrigação de pagamento (art. 40), enseja aplicação de sanção administrativa (art. 56 do CDC).

 Dicas práticas

Mesmo em contratações mais simples e baratas, é necessária a elaboração de orçamento que, em última análise, se constitui do próprio contrato a reger as condições (direitos e deveres) de prestação de serviço ao consumidor. Resguarda interesse de ambas as partes (consumidor e fornecedor), ao mesmo tempo que evita desgastes probatórios sobre os limites e objeto do contrato de consumo.

 Jurisprudência

1. Cobrança indevida na ausência de autorização do consumidor

"O art. 39, VI, do Código de Defesa do Consumidor determina que o serviço somente pode ser realizado com a expressa autorização do consumidor. Em consequência, não demonstrada a existência de tal autorização, é imprestável a cobrança, devido, apenas, o valor autorizado expressamente pelo consumidor" (STJ, REsp 332.869/RJ, 3ª Turma, Rel. Min. Carlos Alberto Menezes Direito, j. 24.06.2002, *DJ* 02.09.2002).

2. Não exigência de orçamento prévio para serviço hospitalar de emergência

"3. Não há dúvida de que houve a prestação de serviço médico-hospitalar e que o caso guarda peculiaridades importantes, suficientes ao afastamento, para o próprio interesse do consumidor, da necessidade de prévia elaboração de instrumento contratual e apresentação de orçamento pelo fornecedor de serviço, prevista no artigo 40 do CDC, dado ser incompatível com a situação médica emergencial experimentada pela filha do réu. 4. Os princípios da função social do contrato, boa-fé objetiva, equivalência material e moderação impõem, por um lado, seja reconhecido o direito à retribuição pecuniária pelos serviços prestados e, por outro lado, constituem instrumentário que proporcionará ao julgador o adequado arbitramento do valor a que faz *jus* o recorrente" (STJ, REsp 1.256.703/SP, 4ª Turma, Rel. Min. Luis Felipe Salomão, j. 06.09.2011, *DJe* 27.09.2011).

> **VII –** repassar informação depreciativa, referente a ato praticado pelo consumidor no exercício de seus direitos;

Legislação correlata

Lei 12.414/2011 (Lei do Cadastro Positivo).

Lei 13.709/2018 (Lei Geral de Proteção de Dados Pessoais).

Análise doutrinária

1. Repasse de informação depreciativa

O art. 39, VII, considera prática abusiva transmitir informação depreciativa sobre consumidor relativa a exercício de seu direito. Há, ao menos numa primeira leitura do dispositivo, uma contradição: o exercício de direito, pela sua própria natureza, não possui caráter depreciativo. Por exemplo, a informação de que o consumidor, exercitando direito de assegurado constitucionalmente, ajuizou ação contra determinada empresa ou, com base no CDC, formulou reclamação perante o PROCON não possui – ou não deveria possuir – significado negativo.

Todavia, se constatada prática de divulgação de lista ou relação de consumidores litigantes como o objetivo de, num segundo momento, recusar contratação ou discriminar, de alguma forma, o consumidor, há evidente abuso. Em outros termos, o art. 39, VII, exige interpretação teleológica. Quer-se evitar que o consumidor seja discriminado sem critério. A ilegalidade é praticada tanto por aqueles que colaboram com a formação da lista de consumidores quanto pelos que dela se utilizam para recusar a contratação ou oferecer tratamento discriminatório (art. 39, II).

De outro lado, informações realmente negativas, como deixar de pagar dívida vencida, podem interessar ao mercado e, portanto, serem divulgadas, tanto é que o CDC regulamenta em dispositivo próprio as atividades desenvolvidas por entidades de proteção ao crédito. Na área de informações para análise de risco de concessão de crédito, o tema está exaustivamente disciplinado pelo art. 43 do CDC em diálogo com a Lei do Cadastro Positivo (Lei 12.414/2011).

Ademais, com a edição da Lei Geral de Proteção de Dados Pessoais (Lei 13.709/2018), o tratamento (coleta, armazenamento e divulgação) de informações sobre consumidores está bastante regrado. A Lei 13.709/2018, que representa o tão esperado marco legal de proteção de dados no Brasil, disciplina exaustivamente a difusão de informações sobre consumidor para o mercado. O art. 7º indica dez hipóteses autorizadoras de tratamento de informações. A análise de tratamento ilegal e abusivo deve ser realizada a partir de diálogo com a LGPD. Afinal, não pode o ordenamento jurídico conviver com contradições. Se há lei específica que autoriza, em determinadas situações, a divulgação de informação, tal fato não pode ser considerado ilegal.

 Dicas práticas

A legalidade ou ilegalidade do tratamento (coleta, armazenamento, difusão) de informações sobre consumidores exige diálogo com a Lei Geral de Proteção de Dados Pessoais e, na área de proteção ao crédito, com a Lei do Cadastro Positivo.

> **VIII -** colocar, no mercado de consumo, qualquer produto ou serviço em desacordo com as normas expedidas pelos órgãos oficiais competentes ou, se normas específicas não existirem, pela Associação Brasileira de Normas Técnicas ou outra entidade credenciada pelo Conselho Nacional de Metrologia, Normalização e Qualidade Industrial – CONMETRO;

 Legislação correlata

Lei 5.966/1973 (Sistema Nacional de Metrologia, Normalização e Qualidade Industrial).

 Análise doutrinária

1. Colocação no mercado de produtos e serviços em desacordo com as normas da administração pública

O art. 39, VIII, do CDC considera prática abusiva introduzir no mercado de consumo qualquer produto ou serviço que não observe normas regulamentares da ABNT ou de entidade credenciada pelo Conmetro. A redação do art. 39, VIII, reforça o conceito de *produto impróprio*. O art. 18, § 6º, do CDC estipula, entre outras hipóteses, que se considera impróprio ao uso e consumo produto que esteja "em desacordo com as normas regulamentares de fabricação, distribuição ou apresentação" (inc. II).

Em dezembro de 1973, foi editada a Lei 5.966, a qual instituiu o Sistema Nacional de Metrologia, Normalização e Qualidade Industrial, com o objetivo de "formular e executar a política nacional de metrologia, normalização industrial e certificação de qualidade de produtos industriais" (art. 1º). O referido diploma legal criou, no âmbito do Ministério da Indústria e do Comércio, o Conselho Nacional de Metrologia, Normalização e Qualidade Industrial – Conmetro, órgão normativo do Sistema Nacional de Metrologia, Normalização e Qualidade Industrial (art. 2º). Criou também o Instituto Nacional de Metrologia, Qualidade e Tecnologia (Inmetro), autarquia federal, como órgão executivo do Sistema.

Dentre as atribuições do Conmetro, destacam-se: 1) assegurar a uniformidade e a racionalização das unidades de medida utilizadas em todo o território nacional; 2) estimular as atividades de normalização voluntária no País; 3) estabelecer normas referentes a materiais e produtos industriais; 4) fixar critérios e procedimentos para certificação da qualidade de materiais e produtos industriais (art. 3º).

Em síntese, objetiva-se estabelecer padrões mínimos de uniformidade e qualidade dos produtos. Foram órgãos criados em 1973 que convivem hoje com vários outros da União, Estados, Distrito Federal e Municípios, os quais, direta ou indiretamente, atuam também na definição de padrões de qualidade (funcionalidade e segurança) dos produtos e serviços.

O art. 39, VIII, do CDC abrange todos os órgãos públicos e entidades privadas credenciadas pelo Conmetro no que diz respeito a produtos e serviços colocados no mercado de consumo. O que o dispositivo destaca é que, além das normas do CDC, os padrões de uniformidade, adequação, funcionalidade e segurança decorrem, invariavelmente, de normas expedidas pelo Poder Público federal, estadual e/ou municipal. A depender da área, há um grande número de normas de produção, distribuição e comercialização de produtos e fornecimento de serviços.

Essas normas, embora não afastem análise judicial de adequação e segurança de produtos e serviços colocados no mercado de consumo, servem como parâmetro mínimo obrigatório. Significa dizer que todo produto ou serviço deve observar tais normas. De outro lado, um produto ou serviço que atenda integralmente às normas expedidas pelo Poder Público ou pela ABNT pode, ainda assim, ser considerado com vício por ausência de funcionalidade ou por representar risco à saúde e segurança do consumidor e de terceiros.

Ao lado da sanção administrativa (art. 56), na ótica do consumidor, o produto ou serviço comercializado sem observância das referidas normas é considerado impróprio. Atrai, por consequência, a disciplina constante nos arts. 18 a 21 do CDC. Além de indenização, enseja pedido de devolução do dinheiro, troca do bem e abatimento do preço. No tocante aos serviços, o consumidor pode, também, exigir a reexecução dos serviços (v. comentários ao art. 20).

Acrescente-se, por fim, que a inobservância de norma técnica de segurança de produto ou serviço é dado relevante para configurar defeito do produto ou serviço e, consequentemente, a responsabilidade civil do fornecedor em caso de acidente de consumo, nos termos dos arts. 12 a 14 do CDC (v. comentários).

Dicas práticas

O fornecedor, antes de comercializar produtos ou serviços, deve ter a preocupação de conhecer e observar as normas técnicas de segurança e qualidade aplicáveis ao setor, bem como a jurisprudência definidora de critérios de segurança, de modo a calcular adequadamente os custos empresariais da atividade econômica.

 Jurisprudência

1. Competência do Inmetro

"O CONMETRO, usando de sua competência normativa e atribuições legais, em consonância com o disposto nas alíneas 'a' e 'c' dos itens 4.1 e 4.2 do Regulamento, concedeu ao INMETRO atribuição de expedir atos normativos metrológicos, necessários à implementação de suas atividades, com amparo na Resolução nº 11/88 e art. 39, VIII do Código de Defesa do Consumidor. É legítima a edição pelo INMETRO da Portaria nº 74/95, que dispõe sobre exames quantitativos de mercadorias e critérios para verificação do conteúdo líquido e do conteúdo nominal dos produtos comercializados nas grandezas de massa e volume, porquanto este órgão não extrapolou os limites de sua competência" (STJ, REsp 423.274/PR, 1ª Turma, Rel. Min. Garcia Vieira, j. 25.06.2002, *DJ* 26.08.2002).

2. Proibição de comercializar produto ou serviço em desacordo com normas dos órgãos oficiais competentes

"2. Não há ilegalidade na Resolução nº 11/88 do CONMETRO e na Resolução nº 74/95 do INMETRO, por se tratarem de atos que estabelecem normas e critérios para efetivar a política nacional de metrologia, nos termos da Lei nº 5.966/73. 3. Ademais, Código de Defesa do Consumidor veda a introdução no mercado de consumo de qualquer produto ou serviço em desacordo com as normas expedidas pelos órgãos oficiais competentes (Art. 39, VIII)" (STJ, REsp 416.211/PR, 1ª Turma, Rel. Min. Denise Arruda, j. 04.05.2004, *DJ* 31.05.2004).

> **IX –** recusar a venda de bens ou a prestação de serviços, diretamente a quem se disponha a adquiri-los mediante pronto pagamento, ressalvados os casos de intermediação regulados em leis especiais;

 Legislação correlata

Código Civil, arts. 722 a 729.

Decreto-lei 3.688/1941 (Lei de Contravenções Penais).

Análise doutrinária

1. Recusa de venda direta de bens ou prestação de serviços

O inc. IX do art. 39 considera prática abusiva recusar a comercialização – direta – de produtos ou serviços ao consumidor que se disponha a pagar, com ressalva para casos de intermediação regulados por lei. É mais um dispositivo do CDC que, ao lado de tantos outros (arts. 30, 39, II, 48, 51, IX, 54, § 2º, e 84), evidencia a repulsa normativa à conduta do fornecedor que se apresenta no mercado de consumo e, direta ou indiretamente, se nega a comercializar produtos e serviços. Ora, a exposição de produtos e serviços no mercado, com informações sobre preço e demais características, gera, em face do caráter vinculante da oferta (art. 30), justa expectativa do consumidor de aquisição do que for do seu interesse mediante pagamento.

Apesar da aproximação com o disposto no art. 39, II, este dispositivo (art. 39, IX) realça, em sua parte final, a ilegalidade de imposição de intermediário na contratação de produto ou serviço. Salvo hipótese de expressa previsão legal, o fornecedor não pode recusar a venda direta de produto ou serviço ao consumidor. A lei, por óbvio, não veda que o consumidor, por vontade própria, decida contratar um corretor ou intermediário, com base no art. 722 do CC, para pesquisa de mercado e auxílio na escolha de determinado produto ou serviço, mas, neste caso, não há imposição, e sim livre opção do consumidor.

O pronto pagamento a que alude o dispositivo se faz por meio de moeda corrente – o real. Os outros meios de pagamento – cartão de crédito e débito, transferência bancária, boleto bancário, cheque etc. – são possíveis desde que haja concordância do fornecedor. Como o preço e a forma de pagamento de determinado produto ou serviço são os principais fatores para exercício do direito de escolha de compra, é fundamental que existam informações adequadas, claras e suficientes sobre os meios de pagamento aceitos em determinado estabelecimento (arts. 6º, III, e 31).

No início da década de 1990, quando a Lei 8.078/1990 foi promulgada, ainda era bastante usual adquirir produtos e serviços com pagamento em dinheiro ou cheque, inclusive por meio do famoso pré-datado. Em 30 anos de vigência do CDC, os pagamentos em dinheiro e cheque diminuíram substancialmente. Deram lugar aos cartões de débito e crédito, pagamento por smartphone, transferência eletrônica, entre outras modalidades. Todavia, a moeda corrente ainda é o único meio de pagamento que não pode ser recusado pelo fornecedor, sob pena de prática de contravenção penal prevista no art. 43 da Lei de Contravenções Penais (Decreto-lei 3.688/1941). O tipo incriminador, com pena de multa, guarda a seguinte redação: "recusar-se a receber, pelo seu valor, moeda de curso legal no país".

As demais formas de pagamento, reitere-se, dependem diretamente da concordância do fornecedor. São amplamente aceitas e estimuladas pela facilidade que representam para o consumidor e para o mercado. Quanto maior o número de alternativas para pagamento, maiores as possibilidades de vendas. Há uma concorrência positiva e permanente entre fornecedores para ampliar os meios de pagamento. O Banco Central tem estimulado novos meios de pagamento e lançou, no início de 2020, sistema de transferências instantâneas, batizado de PIX, que pode ser utilizado pelo consumidor, de modo seguro e rápido, em qualquer horário do dia. Mesmo assim, salvo alteração da Lei de Contravenções Penais, sempre deve existir a possibilidade de pagamento em dinheiro.

Se houver possibilidade de parcelamento do preço, ou seja, concessão de crédito direta ou por intermédio de instituição financeiras, o consumidor precisa ser adequadamente informado. Não caracteriza a prática abusiva do art. 39, IX, quando o pagamento se vincula a aprovação de crédito ao consumidor. A concessão de crédito, de outro lado, deve observar critérios objetivos (v. comentários ao art. 39, II).

Por fim, registre-se que o Superior Tribunal de Justiça, com posições divergentes, já utilizou o disposto no art. 39, IX, do CDC, para análise da possibilidade de encerramento unilateral de conta-corrente. A Corte entende abusiva a prática consistente em recusar contratação de seguro pessoal considerando o estado de saúde do consumidor, como, por exemplo, doença no passado.

 Dicas práticas

O fornecedor, ao aceitar modalidades de pagamento diversas à moeda correta, deve informar, por meio de cartazes e avisos, quais meios são aceitos e eventuais restrições – que precisam ser objetivas e criteriosas.

Não se pode recusar, em qualquer hipótese, pagamento de produtos ou serviços em moeda corrente.

 Jurisprudência

1. Constitui prática abusiva encerramento unilateral de conta-corrente antiga

"Não pode o banco, por simples notificação unilateral imotivada, sem apresentar motivo justo, encerrar conta-corrente antiga de longo tempo, ativa e em que mantida movimentação financeira razoável. Configurando contrato relacional ou cativo, o contrato de conta-corrente bancária de longo tempo não pode ser encerrado unilateralmente pelo banco, ainda que após notificação, sem motivação razoável, por contrariar o preceituado no art. 39, IX, do CDC. Condenação do banco à manutenção das contas-correntes dos autores. Dano moral configurado, visto que atingida a honra dos correntistas, deixando-os em situação vexatória, causadora de padecimento moral indenizável" (STJ, REsp 1.277.762/SP, Rel. Min. Sidnei Beneti, j. 04.06.2013, *DJe* 13.08.2013).

2. Não constitui prática abusiva encerramento unilateral de conta-corrente

"O banco pode encerrar conta-corrente mediante notificação ao correntista, nos termos previstos no contrato, não se aplicando ao caso a vedação do art. 39, IX-A, do Código de Defesa do Consumidor" (STJ, REsp 567.587/MA, 3ª Turma, Rel. Min. Carlos Alberto Menezes Direito, j. 28.06.2004, *DJ* 11.10.2004).

"1. Em regra, nos contratos bancários, envolvendo relações dinâmicas e duráveis, de execução continuada, *intuito personae* – como nos casos de conta-corrente bancária e de cheque especial –, que exigem da instituição financeira frequentes pesquisa cadastral e análise de riscos, entre outras peculiaridades, não há como se impor, como aos demais fornecedores de produtos e serviços de pronto pagamento pelo consumidor, a obrigação de contratar prevista no inciso IX do art. 39 do CDC. 2. Conforme a Resolução BACEN/CMN nº 2.025/1993, com a redação dada pela Resolução BACEN/CMN nº 2.747/2000, podem as partes contratantes rescindir unilateralmente os contratos de conta-corrente e de outros serviços bancários (CC/2002, art. 473)" (STJ, REsp 1.538.831/DF, 4ª Turma, Rel. Min. Raul Araújo, j. 04.08.2015, *DJe* 17.08.2015).

3. Constitui prática abusiva recusar contratação de seguro em face de doença já curada do consumidor

"1. Na esteira de precedentes desta Corte, a oferta de seguro de vida por companhia seguradora vinculada a instituição financeira, dentro de agência bancária, implica responsabilidade solidária da empresa de seguros e do Banco perante o consumidor. 2. Nos dias de hoje a contratação de seguros, seja de saúde, de automóveis ou de vida, é prática cada vez mais comum, integrando o dia a dia das pessoas. Assim, conquanto o direito securitário tenha um notório viés econômico, é inegável que também apresenta um acentuado componente social. Assim, a negativa de aceitar um consumidor na contratação de seguro deve ser regra absolutamente excepcional. 3. Para a manutenção do equilíbrio da carteira de seguros, é importante que a companhia seguradora formule um preço que respeite o correto cálculo atuarial. Consumidores que apresentam grau de risco maior, devem arcar com prêmios mais elevados, ao passo que consumidores cujo risco seja menor, devem poder contratar o seguro a preço mais baixo. 4. Se um jovem foi portador de leucemia, mas apresenta-se clinicamente curado, a pura e simples negativa de contratar seguro de vida é ilícita, violando a regra do art. 39, IX, do CDC. Diversas opções poderiam substituir a simples negativa, como a formulação de prêmio mais alto ou mesmo a redução da cobertura securitária, excluindo-se os sinistros relacionados à doença pré-existente. Rejeitar o consumidor, pura e simplesmente, notadamente em situações em que o seguro é oferecido como consectário do contrato de estágio, gera dano moral. O consumidor, rejeitado pelo seguro, vê sua doença desnecessariamente exposta em seu ambiente de trabalho" (STJ, REsp 1.300.116/SP, 3ª Turma, Rel. Min. Nancy Andrighi, j. 23.10.2012, *DJe* 13.11.2012).

4. Prática abusiva: recusa de venda de seguro para pagamento à vista

"2. Ação civil pública ajuizada pelo Ministério Público estadual visando compelir seguradora a se abster de recusar a contratação ou a renovação de seguro a quem se dispuser a pronto pagamento, ainda que possua restrição financeira junto a órgãos de proteção ao crédito. (...) 5. Nas relações securitárias, a interpretação do art. 39, IX, do CDC é mitigada, devendo sua incidência ser apreciada concretamente, ainda mais se for considerada a ressalva constante na parte final do mencionado dispositivo legal e a previsão dos arts. 9º e 10 do Decreto-lei nº 73/1966. 6. Existem situações em que a recusa de venda se justifica, havendo motivo legítimo o qual pode se opor à formação da relação de consumo, sobretudo nas avenças de natureza securitária, em que a análise do risco pelo ente segurador é de primordial importância, sendo um dos elementos desse gênero contratual, não podendo, portanto, ser tolhido. Aplicação do art. 2º, § 4º, da Circular

SUSEP nº 251/2004, que estabelece ser obrigação da seguradora, no caso de não aceitação da proposta de seguro, proceder à comunicação formal, justificando a recusa. 7. No que tange especificamente à recusa de venda de seguro (contratação ou renovação) a quem tenha restrição financeira junto a órgãos de proteção ao crédito, tal justificativa é válida se o pagamento do prêmio for parcelado, a representar uma venda a crédito, a evitar os adquirentes de má-fé, incluídos os insolventes ou maus pagadores, mas essa motivação é superada se o consumidor se dispuser a pagar prontamente o prêmio. De qualquer maneira, há alternativas para o ente segurador, como a elevação do valor do prêmio, diante do aumento do risco, visto que a pessoa com restrição de crédito é mais propensa a sinistros ou, ainda, a exclusão de algumas garantias (cobertura parcial)" (STJ, REsp 1.594.024/SP, 3ª Turma, Rel. Min. Ricardo Villas Bôas Cueva, j. 27.11.2018, *DJe* 05.12.2018).

> **X –** elevar sem justa causa o preço de produtos ou serviços;

Legislação correlata

Código Civil, arts. 156 e 157.

Lei 8.137/1990 (Define crimes contra as relações de consumo).

Lei 12.529/2011 (Lei Antitruste).

Análise doutrinária

1. Elevação de preço sem justa causa

Como consequência da lei econômica da oferta e procura (demanda), quando se eleva o preço de determinado produto ou serviço, a procura diminui. Os consumidores optam por produtos ou serviços dos concorrentes e/ou produtos ou serviços equivalentes (complementares). Quando o preço é reduzido, aumenta-se a procura e, consequentemente, a venda. Numa economia de mercado, com verdadeira concorrência, os preços tendem a atingir exatamente um ponto de equilíbrio entre procura e oferta. Quando há real concorrência em determinado mercado, sobra pouco espaço para aumento abusivo de preço.

O art. 39, X, proíbe o aumento abusivo de preço de produtos e serviços, ou seja, aquele que é praticado sem justa causa. O dispositivo se refere a oferta (proposta) de preços no tocante a produtos e serviços no mercado de consumo. A experiência de três décadas do CDC indica que o aumento abusivo de preço está, invariavelmente, atrelado com conduta anticompetitiva, particularmente o ajuste entre fornecedores sobre o preço final (cartel), o que enseja aplicação de sanções administrativas pelo Conselho Administrativo de Defesa Econômica – Cade, com fundamento no art. 36 da Lei 12.529/2011.

Em perspectiva penal, a Lei 8.137/1990 define ser crime contra a ordem econômica: "abusar do poder econômico, dominando o mercado ou eliminando, total ou parcialmente, a concorrência mediante qualquer forma de ajuste ou acordo de empresas" (art. 4º, I) e "formar acordo, convênio, ajuste ou aliança entre ofertantes, visando: a) à fixação artificial de preços ou quantidades vendidas ou produzidas; b) ao controle regionalizado do mercado por empresa ou grupo de empresas; c) ao controle, em detrimento da concorrência, de rede de distribuição ou de fornecedores" (art. 4º, II). A sanção é reclusão de 2 (dois) a 5 (cinco) anos e multa.

Mesmo em economias absolutamente liberais (EUA) – e sem desconsiderar a natural tendência de retorno ao equilíbrio do preço depois de algum tempo – há leis que censuram a conduta abusiva daquele que, aproveitando-se da extrema necessidade alheia, principalmente em face de acidentes naturais (furacões, enchentes etc.) ou pandemias (Covid-19), agem de modo desproporcional no exercício do direito de fixação do preço.

Nas relações privadas, é anulável o negócio jurídico quando configurado o estado de perigo, ou seja, "quando alguém, premido da necessidade de salvar-se, ou a pessoa de sua família, de grave dano conhecido pela outra parte, assume obrigação excessivamente onerosa" (art. 156 do CC). Ademais, em situação próxima, configura-se a lesão "quando uma pessoa, sob premente necessidade, ou por inexperiência, se obriga a prestação manifestamente desproporcional ao valor da prestação oposta" (art. 157 do CC).

Se já existe vínculo contratual prévio com o consumidor (contrato de consumo), deve-se analisar eventual nulidade de cláusula que permite o aumento do preço, em face do disposto no art. 51, particularmente os incs. IV e X (v. comentários).

 ### Dicas práticas

O profissional do direito deve ficar atento e perceber que a elevação de justa causa de produtos e serviços está, invariavelmente, associada à prática anticoncorrencial no mercado de consumo.

 ### Jurisprudência

1. Constitucionalidade de lei que estabelece política de preços

"Ação direta de inconstitucionalidade. Lei 8.039, de 30 de maio de 1990, que dispõe sobre critérios de reajuste das mensalidades escolares e da outras providencias. – Em face da atual Constituição, para conciliar o fundamento da livre-iniciativa e do princípio da livre concorrência com os da defesa do consumidor e da redução das desigualdades sociais, em conformidade com os ditames da justiça social, pode o Estado, por via legislativa, regular a política de preços de bens e de serviços, abusivo que e o poder econômico que visa ao aumento arbitrário dos lucros. – Não é, pois, inconstitucional a Lei 8.039, de 30 de maio de 1990, pelo só fato de ela dispor sobre critérios de reajuste das mensalidades das escolas particulares. – Exame das inconstitucionalidades alegadas com relação a cada um dos artigos da mencionada Lei. Ofensa ao princípio da irretroatividade com relação a expressão 'marco' contida no § 5º do artigo 2º da referida Lei. Interpretação conforme a Constituição aplicada ao 'caput' do artigo 2º, ao § 5º desse mesmo artigo e ao artigo 4º, todos da Lei em causa. Ação que se julga procedente em parte, para declarar a inconstitucionalidade da expressão 'marco' contida no § 5º do artigo 2º da Lei nº 8.039/90, e, parcialmente, o '*caput*' e o § 2º do artigo 2º, bem como o artigo 4º os três em todos os sentidos que não aquele segundo o qual de sua aplicação estão ressalvadas as hipóteses em que, no caso concreto, ocorra direito adquirido, ato jurídico perfeito e coisa julgada" (STF, ADI 319 QO, Tribunal Pleno, Rel. Min. Moreira Alves, j. 03.03.1993, *DJ* 30.04.1993, p. 7563, *Ement.* vol-01701-01, p. 36).

2. Tarifa mínima para estacionamento não configura elevação, sem justa causa, de preço

"1.1 Discute-se, especificamente, no bojo de ação civil pública promovida pela Defensoria Pública estadual, se a cobrança de uma tarifa mínima para a utilização do estacionamento do *shopping center* (no caso, estipulada para as primeiras quatro horas, com ressalva de vinte minutos de tolerância), independentemente de o consumidor vir a utilizar a integralidade desse período, revelaria, tal como compreendido pelo Tribunal de origem, prática abusiva vedada pelo art. 39, inciso I, parte final (condicionamento sem justa causa do fornecimento do serviço a limites quantitativos), e inciso X (elevação, sem justa causa, do preço do serviço), ambos do Código de Defesa do Consumidor, a desbordar dos princípios da razoabilidade, proporcionalidade e equidade. 2. O preço praticado pelo empresário no desenvolvimento de sua atividade econômica consubstancia, indiscutivelmente, elemento essencial da livre iniciativa (concebida como um dos pilares da ordem econômica, ao lado da valorização do trabalho humano), sendo, pois, (o preço) regulado espontaneamente pelo mercado concorrencial, e não pelo Estado, em um sistema de dirigismo econômico não adotado, em absoluto, pela Constituição Federal. 2.1 Ao empreendedor, por meio do desenvolvimento de seu trabalho com vistas à obtenção do lucro - finalidade, registra-se, absolutamente legítima -, há de se garantir a liberdade de concorrência, cabendo-lhe, tão só, determinar o objeto de sua atividade produtiva (bens e serviços), o modo pelo qual a desenvolve e, principalmente, o preço que reputa adequado praticar. Não é despiciendo anotar, a esse propósito, que a estipulação do preço do produto ou do serviço colocado no mercado leva em conta uma série de fatores (custos de produção, impostos, análises mercadológicas, entre outros), que devem ser considerados unicamente pelo empreendedor, que assume naturalmente todos os riscos de sua atividade empresarial. Assim, a definição do preço e, sobretudo, seu controle, afiguram-se completamente alheios ao destinatário final e, muito menos, ao Estado, em descabida atividade interventiva. 3. A pretendida intervenção estatal no controle de preço praticado pelo empresário, absolutamente excepcional, haveria de evidenciar, necessariamente, a ocorrência de abuso do poder econômico que vise 'à dominação dos mercados, à eliminação da concorrência e ao aumento arbitrário dos lucros', ou a inobservância de específica regulação setorial destinada ao funcionamento da ordem econômica, a derruir a própria estrutura do segmento econômico em análise, do que, na hipótese dos autos, em momento algum se cogitou, a partir da causa de pedir delineada pela parte então demandante. 4. A partir dos fundamentos vertidos na inicial, verifica-se, ainda, um claro desvirtuamento do papel da iniciativa privada na ordem econômica, centrada na alegação de que os consumidores que desejassem frequentar os shopping centers demandados, diante da falta de vagas nas vias públicas e da precariedade do serviço de transporte público, estariam obrigados a utilizar o serviço de estacionamento. 4.1 Além de não haver nenhuma obrigatoriedade na utilização do serviço de estacionamento ofertado pelo shopping aos seus consumidores, o que, por si, já tem o condão de afastar a propalada venda casada prevista no art. 39, I, do Código de Defesa do Consumidor, atribui à iniciativa privada função que, a toda evidência, não lhe incumbe. 5. O estabelecimento de uma tarifa mínima para a utilização do estacionamento do shopping center, ainda que o consumidor não venha a usar a totalidade do tempo ali abrangido – prática comercial largamente utilizada pelo segmento em exame – não encerra prática comercial abusiva. 5.1 O empreendedor, levando-se em consideração uma série de fatores atinentes a sua atividade, pode eleger um valor mínimo que repute adequado para remunerar o serviço colocado à disposição do público, a fim de remunerar um custo inicial mínimo, cabendo ao consumidor, indiscutivelmente ciente do critério proposto, a faculdade de utilizar ou não o serviço de estacionamento do shopping center, inexistindo imposição ou condicionamento da aquisição do serviço a limites quantitativos sem justa causa. 6. Não se concebe que a 'defesa do consumidor', erigida a princípio destinado a propiciar o regular funcionamento da ordem econômica, possa, ao mesmo tempo, ser utilizada como fundamento para justamente fulminar a livre iniciativa - a qual possui como núcleo central, a livre estipulação de preço pelo empreendedor -, basilar da ordem econômica" (STJ, REsp 1855136/SE, Rel. Min. Marco Aurélio Bellizze, 3ª Turma, j. 15.12.2020, *DJe* 18.12.2020).

> **XI –** (Inciso acrescentado pela MP nº 1.890-67, de 22.10.1999, e transformado em inciso XIII, quando da conversão na Lei nº 9.870, de 23.11.1999);

 Análise doutrinária

1. Transformação do inciso XI em inciso XIII

Como esclarecido no próprio dispositivo, o inc. XI foi acrescentado pela MP 1.890/1999 e, posteriormente, transportado para o inc. XIII. Considera-se prática abusiva aplicar fórmula ou índice de reajuste diverso do legal ou contratualmente estabelecido (v. comentários ao inciso XIII do art. 39).

> **XII –** deixar de estipular prazo para o cumprimento de sua obrigação ou deixar a fixação de seu termo inicial a seu exclusivo critério;

 Legislação correlata

Lei da Hora Marcada.

 Análise doutrinária

1. Ausência de prazo para cumprimento da obrigação do fornecedor

A escolha de compra de determinado produto ou serviço envolve vários fatores, entre eles o preço e o momento em que se pode usufruir do que foi adquirido. O art.

39, XII, do CDC considera abusiva a ausência de indicação de prazo para cumprimento da obrigação do fornecedor ou da fixação de termo inicial. A redação do inc. XII não define qual *obrigação* do fornecedor está sujeita à definição de prazo. Na ausência dessa definição, presume-se que se trata da obrigação principal do contrato, ou seja, a entrega do bem ou prestação do serviço adquirido.

É abusivo, portanto, um contrato de incorporação imobiliária (compra de imóvel em construção), no qual todas as obrigações do consumidor possuem prazos e datas de vencimento bem definidos, enquanto não há nada sobre o cronograma da construção da unidade imobiliária ou entrega do imóvel. Também configura a prática abusiva quando se compra um produto, como sofá, cama, geladeira, e não há definição da data da entrega do bem na casa do comprador. O mesmo raciocínio tem aplicação na contratação de serviço de pintura da casa ou de contrato de transporte de mercadoria.

Em face de inúmeros abusos por ausência de data para entrega de produtos ou simplesmente descumprimento do que foi combinado, vários Estados, como São Paulo e Rio de Janeiro, promulgaram leis estaduais conhecidas como *Lei da Hora Marcada*, que exige do fornecedor não apenas o dia, mas principalmente a indicação do horário aproximado de entrega (turno da manhã, da tarde ou da noite).

 Dicas práticas

O fornecedor, quando promete a entrega do bem para data futura, deve verificar se existe no local do domicílio do consumidor Lei da Hora Marcada.

> **XIII -** aplicar fórmula ou índice de reajuste diverso do legal ou contra-tualmente estabelecido;

 Legislação correlata

Lei 9.656/1998 (Lei dos Planos de Saúde).

Lei 9.870/1999 (Lei sobre reajuste das mensalidades escolares).

Lei 10.741/2003 (Estatuto do Idoso).

 Análise doutrinária

1. Aplicação de índice de reajuste diverso do legal ou previsto no contrato

O denominado reajuste de preço nada mais é do que aplicação de índice para amenizar ou afastar o impacto da inflação nos contratos que se prolongam no tempo. Quando há liberdade para fixação do índice ou fórmula de reajuste, deve-se observar o que as partes – livremente – pactuaram a respeito. É prática abusiva desobedecer o índice fixado contratualmente.

Há, de outro lado, áreas em que não há liberdade de fixação de índice de reajuste. Nesses setores, como de mensalidades escolares (Lei 9.870/1999) e planos de saúde (Lei 9.656/1998), o fornecedor deve, por óbvio, observar a legislação pertinente na aplicação do reajuste. O dispositivo considera prática abusiva o desrespeito ao que ficou estabelecido no contrato, o que enseja sanção administrativa e, paralelamente, a possibilidade de determinação judicial, em ação individual ou coletiva, de reduzir o valor cobrado pelo fornecedor.

Pode o Estado estabelecer, em determinadas áreas, critérios e políticas de reajuste de preços. Também pode, considerando interesse social, vetar o reajuste da contra-prestação do consumidor a partir de determinada idade. Foi o que fez o Estatuto do Idoso (Lei 10.741/2003), ao proibir, no art. 15, § 3º, a "discriminação do idoso nos planos de saúde pela cobrança de valores diferenciados em razão da idade".

 Dicas práticas

Em algumas áreas do mercado, que envolvem contratos que se prolongam no tempo ou se renovam periodicamente, como mensalidade escolar, plano de saúde, existem parâmetros e critérios normativos para reajuste do valor a ser pago pelo consumidor.

 Jurisprudência

1. Constitucionalidade de lei que estabelece política de preços (mensalidade escolar)

"Ação direta de inconstitucionalidade. Lei 8.039, de 30 de maio de 1990, que dispõe sobre critérios de reajuste das mensalidades escolares e dá outras providencias. – Em face da atual Constituição, para conciliar o fundamento da livre iniciativa e do princípio da livre concorrência com os da defesa do consumidor e da redução das desigualdades sociais, em conformidade com os ditames da justiça social, pode o Estado, por via legislativa, regular a política de preços de bens e de serviços, abusivo que e o poder econômico que visa ao aumento arbitrário dos lucros. – Não é, pois, inconstitucional a Lei 8.039, de 30 de maio de 1990, pelo só fato de ela dispor sobre critérios de reajuste das mensalidades das escolas particulares. – Exame das inconstitucionalidades alegadas com relação a cada um dos artigos da mencionada Lei. Ofensa ao princípio da irretroatividade com relação a expressão 'marco' contida no § 5º do artigo 2º da referida Lei. Interpretação conforme a Constituição aplicada ao 'caput' do artigo 2º, ao § 5º desse mesmo artigo e ao artigo 4º, todos da Lei em causa. Ação que se julga procedente em parte, para declarar a inconstitucionalidade da expressão 'marco' contida no § 5º do artigo 2º da Lei nº 8.039/90, e, parcialmente, o 'caput' e o § 2º do artigo 2º, bem como o artigo 4º os três em todos os sentidos que não aquele segundo o qual de sua aplicação estão ressalvadas as hipóteses em que, no caso concreto, ocorra direito adquirido, ato jurídico perfeito e coisa julgada" (STF,

ADI 319 QO, Tribunal Pleno, Rel. Min. Moreira Alves, j. 03.03.1993, *DJ* 30.04.1993, p. 7563, *Ement.* vol-01701-01, p. 36).

2. Parâmetros para reajuste do plano de saúde em razão de mudança de faixa etária

"2. A Segunda Seção do STJ firmou, em recurso repetitivo, a seguinte tese: 'o reajuste de mensalidade de plano de saúde individual ou familiar fundado na mudança de faixa etária do beneficiário é válido desde que (i) haja previsão contratual, (ii) sejam observadas as normas expedidas pelos órgãos governamentais reguladores e (iii) não sejam aplicados percentuais desarrazoados ou aleatórios que, concretamente e sem base atuarial idônea, onerem excessivamente o consumidor ou discriminem o idoso' (REsp 1.568.244/RJ, Rel. Min. Ricardo Villas Bôas Cueva, julgado em 14/12/2016, *DJe* 19/12/2016). 3. Na espécie, contudo, a Corte estadual, com base na interpretação de cláusulas contratuais e no contexto fático-probatório, considerou abusivo o reajuste promovido no plano de saúde da agravada, no patamar de 70,368%. Nesse aspecto, para reverter a conclusão do Tribunal a quo, seriam necessários a interpretação de cláusulas contratuais e o revolvimento do acervo fático-probatório dos autos, providências incabíveis ante a natureza excepcional da via eleita, conforme enunciado das Súmulas 5 e 7 do STJ" (STJ, AgInt no REsp 1.835.772/RJ, 3ª Turma, Rel. Min. Marco Aurélio Bellizze, j. 16.03.2020, *DJe* 20.03.2020).

"1. A Segunda Seção deste Tribunal Superior, quando do julgamento do REsp nº 1.280.211/SP (Rel. Ministro Marco Buzzi, DJe 4/9/2014), firmou o entendimento de ser válido o reajuste de mensalidade de plano de saúde em razão da mudança de faixa etária do beneficiário, pois com o incremento da idade há o aumento do risco de a pessoa vir a necessitar de serviços de assistência médica. 2. Para se evitar abusividades, a Segunda Seção deste Tribunal Superior, quando do julgamento do REsp nº 1.568.244/RJ (Rel. Ministro Ricardo Villas Bôas Cueva, julgado em 14/12/2016, DJe 19/12/2016), firmou alguns parâmetros que devem ser observados, tais como (i) a expressa previsão contratual; (ii) não serem aplicados índices de reajuste desarrazoados ou aleatórios, que onerem em demasia o consumidor, em manifesto confronto com a equidade e a cláusula geral da boa-fé objetiva e da especial proteção do idoso, dado que aumentos excessivamente elevados, sobretudo para esta última categoria, poderão, de forma discriminatória, impossibilitar a sua permanência no plano; e (iii) serem respeitadas as normas expedidas pelos órgãos governamentais. Precedente. 3 Assim, a abusividade dos aumentos das mensalidades de plano de saúde por inserção do usuário em nova faixa de risco, sobretudo de participantes idosos, deverá ser aferida em cada caso concreto. E tal reajuste será adequado e razoável sempre que o percentual de majoração for justificado atuarialmente, a permitir a continuidade contratual tanto de jovens quanto de idosos, bem como a sobrevivência do próprio fundo mútuo e da operadora, que visa comumente o lucro, o qual não pode ser predatório, ante a natureza da atividade econômica explorada: serviço público impróprio ou atividade privada regulamentada, complementar, no caso, ao Serviço Único de Saúde (SUS), de responsabilidade do Estado" (STJ, AgInt no REsp 1916567/SP, Rel. Min. Luis Felipe Salomão, 4ª Turma, j. 07.06.2021, *DJe* 14.06.2021).

3. Critérios para reajuste de plano individual e proteção do idoso e o princípio da solidariedade intergeracional

"1. A variação das contraprestações pecuniárias dos planos privados de assistência à saúde em razão da idade do usuário deverá estar prevista no contrato, de forma clara, bem como todos os grupos etários e os percentuais de reajuste correspondentes, sob pena de não ser aplicada (arts. 15, *caput*, e 16, IV, da Lei nº 9.656/1998). 2. A cláusula de aumento de mensalidade de plano de saúde conforme a mudança de faixa etária do beneficiário encontra fundamento no mutualismo (regime de repartição simples) e na solidariedade intergeracional, além de ser regra atuarial e asseguradora de riscos. 3. Os gastos de tratamento médico-hospitalar de pessoas idosas são geralmente mais altos do que os de pessoas mais jovens, isto é, o risco assistencial varia consideravelmente em função da idade. Com vistas a obter maior equilíbrio financeiro ao plano de saúde, foram estabelecidos preços fracionados em grupos etários a fim de que tanto os jovens quanto os de idade mais avançada paguem um valor compatível com os seus perfis de utilização dos serviços de atenção à saúde. 4. Para que as contraprestações financeiras dos idosos não ficassem extremamente dispendiosas, o ordenamento jurídico pátrio acolheu o princípio da solidariedade intergeracional, a forçar que os de mais tenra idade suportassem parte dos custos gerados pelos mais velhos, originando, assim, subsídios cruzados (mecanismo do *community rating* modificado). 5. As mensalidades dos mais jovens, apesar de proporcionalmente mais caras, não podem ser majoradas demasiadamente, sob pena de o negócio perder a atratividade para eles, o que colocaria em colapso todo o sistema de saúde suplementar em virtude do fenômeno da seleção adversa (ou antisseleção). 6. A norma do art. 15, § 3º, da Lei nº 10.741/2003, que veda 'a discriminação do idoso nos planos de saúde pela cobrança de valores diferencia-dos em razão da idade', apenas inibe o reajuste que consubstanciar discriminação desproporcional ao idoso, ou seja, aquele sem pertinência alguma com o incremento do risco assistencial acobertado pelo contrato. 7. Para evitar abusividades (Súmula nº 469/STJ) nos reajustes das contraprestações pecuniárias dos planos de saúde, alguns parâmetros devem ser observados, tais como (i) a expressa previsão contratual; (ii) não serem aplicados índices de reajuste desarrazoados ou aleatórios, que onerem em demasia o consumidor, em manifesto confronto com a equidade e as cláusulas gerais da boa-fé objetiva e da especial proteção ao idoso, dado que aumentos excessivamente elevados, sobretudo para esta última categoria, poderão, de forma discriminatória, impossibilitar a sua permanência no plano; e (iii) respeito às normas expedidas pelos órgãos governamentais: a) No tocante aos contratos antigos e não adaptados, isto é, aos seguros e planos de saúde firmados antes da entrada em vigor da Lei nº 9.656/1998, deve-se seguir o que consta no contrato, respeitadas, quanto à abusividade dos percen-tuais de aumento, as normas da legislação consumerista e, quanto à validade formal da cláusula, as diretrizes da Súmula Normativa nº 3/2001 da ANS. b) Em se tratando de contrato (novo) firmado ou adaptado entre 2/1/1999 e 31/12/2003, deverão ser cumpridas as regras constantes na Resolução CONSU nº 6/1998, a qual determina a observância de 7 (sete) faixas etárias e do limite de variação entre a primeira e a última (o reajuste dos maiores de 70 anos não poderá ser superior a 6 (seis) vezes o previsto para os usuários entre 0 e 17 anos), não podendo também a variação de valor na contraprestação atingir o usuário idoso vinculado ao plano ou seguro saúde há mais de 10 (dez) anos. c) Para os contratos (novos) firmados a partir de 1º/1/2004, incidem as regras da RN nº 63/2003 da ANS, que prescreve a observância (i) de 10 (dez) faixas etárias, a última aos 59 anos; (ii) do valor fixado para a última faixa etária não poder ser superior a 6 (seis) vezes o previsto para a primeira; e (iii) da variação acumulada entre a sétima e décima faixas não poder ser superior à variação cumulada entre a primeira e sétima faixas. 8. A abusividade dos aumentos das mensalidades de plano de saúde por inserção do usuário em nova faixa de risco, sobretudo de participantes idosos, deverá ser aferida em cada caso concreto. Tal reajuste será adequado e razoável sempre que o percentual de majoração for justificado atuarialmente, a permitir a continuidade contratual tanto de jovens quanto de idosos, bem como a sobrevivência do próprio fundo mútuo e da operadora, que visa comumente o lucro, o qual não pode ser predatório, haja vista a natureza da atividade econômica explorada: serviço público impróprio ou atividade privada regulamentada, complementar, no caso, ao Serviço Único de Saúde (SUS), de responsabilidade do Estado. 9. Se for reconhecida a abusividade do aumento praticado pela operadora de plano de saúde em virtude da alteração de faixa etária do usuário, para não haver desequilíbrio contratual, faz-se necessária, nos termos do art. 51, § 2º, do CDC, a apuração de percentual adequado e razoável de majoração da mensalidade em virtude da inserção do consumidor na nova faixa de risco, o que deverá ser feito por meio de cálculos atuariais na fase de cumprimento de sentença. 10. TESE para os fins do art. 1.040 do CPC/2015: O reajuste de mensalidade de plano de saúde individual ou familiar fundado na mudança de faixa etária do beneficiário é válido desde que (i) haja previsão contratual, (ii) sejam observadas as normas expedidas pelos órgãos governamentais reguladores e (iii) não sejam aplicados percentuais desarrazoados ou aleatórios que, concretamente e sem base atuarial idônea, onerem excessivamente o consumidor ou discriminem o idoso. 11. Caso concreto: Não restou configurada nenhuma política de preços desmedidos ou tentativa de formação, pela operadora, de 'cláusula de barreira' com o intuito de afastar a usuária quase idosa da relação contratual ou do plano de saúde por impossibilidade financeira. Longe disso, não ficou patente a onerosidade excessiva ou discriminatória, sendo, portanto, idôneos o percentual de reajuste e o aumento da mensalidade fundados na mudança de faixa etária da autora" (STJ, REsp 1.568.244/RJ, 2ª Seção, Rel. Min. Ricardo Villas Bôas Cueva, j. 14.12.2016, *DJe* 19.12.2016).

4. Reajuste do plano de saúde por variação de custos ou aumento de sinistralidade

"1. A jurisprudência desta Corte é firme no sentido de que não é abusiva a cláusula que prevê a possibilidade de reajuste do plano de saúde, seja por variação de custos ou por aumento de sinistralidade, cabendo ao magistrado a respectiva análise, no caso concreto, do caráter abusivo do reajuste efetivamente aplicado. Precedentes. 2. Na hipótese, o Tribunal de origem, analisando o conjunto fático-probatório contido nos autos, concluiu que foi abusivo o índice aplicado no contrato em análise porque a recorrente não se desincumbiu do ônus de comprovar o aumento da sinistralidade, razão pela qual devem ser aplicados os reajustes anuais da ANS, sendo inviável a modificação de tal entendimento, em razão da incidência das Súmulas 5 e 7 do STJ" (STJ, AgInt no REsp 1924147/SP, Rel. Min. Raul Araújo, 4ª Turma, j. 21.06.2021, *DJe* 01.07.2021).

5. Ausência de controle da ANS com relação aos reajustes dos planos coletivos

"Apenas os planos individuais/familiares estão sujeitos à autorização de reajuste pela ANS, conforme procedimento disciplinado pelos arts. 2º ao 11 da RN ANS 171/08, inclusive com previsão do índice de reajuste máximo autorizado pela Diretoria Colegiada da ANS. 7. Em relação aos planos coletivos, todavia, a ANS exige apenas o comunicado de reajuste realizado com as pessoas jurídicas, sem estabelecer maiores intervenções nas tratativas estabelecidas entre operadora e pessoa jurídica contratante" (STJ, REsp 1.770.119/SC, 3ª Turma, Rel. Min. Nancy Andrighi, j. 27.11.2018, *DJe* 06.12.2018).

> **XIV -** permitir o ingresso em estabelecimentos comerciais ou de serviços de um número maior de consumidores que o fixado pela autoridade administrativa como máximo.

Análise doutrinária

1. Limite máximo de consumidores em estabelecimentos comerciais

Os estabelecimentos comerciais, principalmente os que promovem shows e eventos, devem limitar o número possível de frequentadores para qualidade da prestação do serviço e, também, por questões de segurança, principalmente em caso de necessidade de evacuação da área. Tal questão é sensível. É o poder público que estabelece e controla o número máximo de consumidores. Em face da pandemia do novo coronavírus (Covid-19) e da possibilidade de contágio da doença em estabelecimentos comerciais, muitos Estados reduziram substancialmente o número máximo de frequentadores.

É prática abusiva do fornecedor autorizar o ingresso de número maior de consumidores do que foi estabelecido como limite máximo pela autoridade administrativa. A redação do inc. XIV do art. 39 do CDC foi acrescida pela Lei 13.425/2017, a qual foi promulgada como reação à tragédia que ficou conhecida como *incêndio da boate Kiss*. Na madrugada do dia 27 de janeiro de 2013, houve um incêndio no estabelecimento, situado em Santa Maria, Rio Grande do Sul. A tragédia matou 242 e feriu aproximadamente 680 pessoas. Entre os diversos fatores para a ocorrência do acidente de consumo, há informações de que havia no local de 1000 a 1500 pessoas, quando a capacidade máxima de consumidores seria de 691.

Além de prática abusiva, estabelece o § 2º do art. 65 do CDC que a conduta descrita no inc. XIV do art. 39 do CDC também caracteriza o crime previsto no *caput* do art. 65, cuja pena é detenção de seis meses a dois anos e multa, sem prejuízo das correspondentes à lesão corporal e à morte (v. comentários ao art. 65).

Dicas práticas

A segurança coletiva é o foco principal na limitação de número de pessoas em determinados estabelecimentos comerciais. Todavia, em ótica individual, é possível identificar vício de qualidade do serviço com a consequente possibilidade de o consumidor requerer a devolução do dinheiro ou abatimento proporcional do preço (art. 20 do CDC).

> **Parágrafo único.** Os serviços prestados e os produtos remetidos, ou entregues ao consumidor, na hipótese prevista no inciso III, equiparam-se às amostras grátis, inexistindo obrigação de pagamento.

 **Análise doutrinária**

1. Gratuidade dos serviços prestados e produtos remetidos ao consumidor sem solicitação prévia

Constitui prática abusiva, como já destacado, a conduta de remeter ou entregar ao consumidor, sem prévia solicitação, qualquer produto ou fornecer serviço (art. 39, III). O parágrafo único do art. 39 apresenta sanção específica para o descumprimento do preceito: equiparam-se às amostras grátis, inexistindo obrigação de pagamento no tocante aos serviços prestados e aos produtos remetidos ou entregues ao consumidor.

Como já destacado em comentário ao art. 39, III, trata-se de sanção de natureza civil, que não afasta a aplicação simultânea (cumulativa) de sanção administrativa, com base no art. 56 do CDC e, eventualmente, indenização se a conduta gerar danos ao consumidor.

> **Art. 40.** O fornecedor de serviço será obrigado a entregar ao consumidor orçamento prévio discriminando o valor da mão-de-obra, dos materiais e equipamentos a serem empregados, as condições de pagamento, bem como as datas de início e término dos serviços.
>
> **§ 1º** Salvo estipulação em contrário, o valor orçado terá validade pelo prazo de dez dias, contado de seu recebimento pelo consumidor.
>
> **§ 2º** Uma vez aprovado pelo consumidor, o orçamento obriga os contraentes e somente pode ser alterado mediante livre negociação das partes.
>
> **§ 3º** O consumidor não responde por quaisquer ônus ou acréscimos decorrentes da contratação de serviços de terceiros, não previstos no orçamento prévio.

 Análise doutrinária

1. Orçamento e seus requisitos

O art. 40 e seus três parágrafos apresentam regra detalhada sobre *orçamento* que, para fins de aplicação do CDC, deve ser compreendido como documento, físico ou digital, que contém a descrição de serviço a ser realizado, com indicação do material a ser utilizado e, principalmente, do preço (custo). Assim, o consumidor, com o objetivo de contratar determinado serviço, tem direito a exigir o detalhamento do serviço, materiais e equipamentos utilizados e custos. O orçamento serve para o consumidor avaliar o que será feito e como será realizado o serviço. Serve, também, para comparar com propostas de outros fornecedores de modo a exercer plenamente o exercício do direito à liberdade de escolha (art. 6º, II).

A necessidade de orçamento se aplica tanto a serviços para reparar produtos com vício, como o conserto de uma televisão, como para quaisquer outros serviços, como a pintura da casa. Em caso de reparação de produtos, recorde-se a regra constante no art. 21 do CDC, a qual determina a utilização de componentes de reposição originais adequados e novos ou que mantenham as especificações técnicas do fabricante.

Na contratação de prestação de serviços, é fundamental, para pleno exercício da liberdade de escolha (art. 6º, II), a indicação do preço, condições possíveis de pagamento e tempo que será despendido na execução do serviço. Na ausência de indicação expressa de tempo de validade do orçamento, o valor orçado "terá validade pelo prazo de dez dias, contado de seu recebimento pelo consumidor" (§ 1º do art. 40).

O orçamento tem nítido caráter contratual. Cuida-se de proposta de celebração de contrato com efeito vinculante (art. 30 do CDC). Após aceitação do consumidor, é evidente, justamente pelo caráter contratual, que eventual alteração do orçamento requer nova manifestação de vontade de ambas as partes. De qualquer modo, o CDC optou por ser didático ao estabelecer que, "uma vez aprovado pelo consumidor, o orçamento obriga os contraentes e somente pode ser alterado mediante livre negociação das partes" (§ 2º do art. 40).

O § 3º do art. 40 estabelece que o consumidor não responde por custos adicionais decorrentes da contratação de serviços de terceiros não previstos no orçamento prévio. Na verdade, o consumidor não dever responder por nada além do que está expresso no orçamento que, repita-se, possui natureza contratual. Qualquer atividade, inclusive de terceiros, que gere custo adicional, não previsto inicialmente ou sem a concordância posterior do consumidor, não gera a obrigação de pagamento. É nesse quadro que se compreende a prática abusiva consistente em realizar serviço sem orçamento e autorização expressa do consumidor, com ressalva de prática sedimentada entre as partes (art. 39, VI).

 Dicas práticas

Observa-se crescente tendência dos consumidores de compra de novos produtos – em vez de reparar os defeitos. Mesmo assim, o art. 40 do CDC ainda tem bastante relevância prática e serve como fundamento jurídico em face de cobrança por serviços não contratados.

Embora não se exija expressamente a forma escrita na aceitação do consumidor em relação ao orçamento, é importante, quando possível, obter documento específico para eventual necessidade de prova.

 Jurisprudência

1. Não exigência de orçamento prévio para serviço hospitalar de emergência

"Não há dúvida de que houve a prestação de serviço médico-hospitalar e que o caso guarda peculiaridades importantes, suficientes ao afastamento, para o próprio interesse do consumidor, da necessidade de prévia elaboração de instrumento contratual e apresentação de orçamento pelo fornecedor de serviço, prevista no artigo 40 do CDC, dado ser incompatível com a situação médica emergencial experimentada pela filha do réu" (STJ, REsp 1.256.703/SP, 4ª Turma, Rel. Min. Luis Felipe Salomão, j. 06.09.2011, *DJe* 27.09.2011).

"6. Em atendimentos de urgência e emergência, exigir do hospital a apresentação de orçamento prévio – com descrição minuciosa do valor da mão de obra, dos materiais e equipamentos a serem empregados, as condições de pagamento, bem como as datas de início e término dos serviços – implica a inviabilidade da prestação do próprio serviço ao paciente, pois a dinâmica indispensável ao diagnóstico e resposta ao problema de saúde nessas circunstâncias impede a sua exaustiva discriminação prévia. 7. Apesar da inegável importância do dever de informação, como elemento indispensável na oferta de serviços no mercado de consumo, certo é que sua invocação não pode subverter a relação para impor vantagem oportunista de quem consome o serviço prestado pelo fornecedor. Inadmissível, portanto, o propósito do consumidor de equiparar o serviço médico-hospitalar de emergência como oferta grátis do hospital. 8. O estado de perigo é vício de consentimento dual, que exige para a sua caracterização, a premência da pessoa em se salvar, ou a membro de sua família e, de outra banda, a ocorrência de obrigação excessivamente onerosa, aí incluída a imposição de serviços desnecessários, conscientemente fixada pela contraparte da relação negocial. 9. O tão só sacrifício patrimonial extremo de alguém, na busca de assegurar a sua sobrevida ou de algum familiar próximo, não caracteriza o estado de perigo, pois embora se reconheça que a conjuntura tenha premido a pessoa a se desfazer de seu patrimônio, a depauperação ocorrida foi conscientemente realizada, na busca pelo resguardo da própria integridade física, ou de familiar. 10. Atividades empresariais voltadas especificamente para o atendimento de pessoas em condição de perigo iminente, como se dá com as emergências de hospitais particulares, não podem ser obrigadas a suportar o ônus financeiro do tratamento de todos que lá aportam em situação de risco à integridade física, ou mesmo à vida, pois esse é o público-alvo desses locais, e a atividade que desenvolvem com fins lucrativos é legítima, e detalhadamente regulamentada pelo Poder Público. 11. Se o nosocômio não exigir, nessas circunstâncias, nenhuma paga exagerada, tampouco impor a utilização de serviços não necessários, ou mesmo garantias extralegais, mas se restringir a cobrar o justo e usual, pelos esforços realizados para a manutenção da vida, não há defeito no negócio jurídico que dê ensejo à sua anulação" (STJ, REsp 1.578.474/SP, 3ª Turma, Rel. Min. Nancy Andrighi, j. 11.12.2018, *DJe* 13.12.2018).

> **Art. 41.** No caso de fornecimento de produtos ou de serviços sujeitos ao regime de controle ou de tabelamento de preços, os fornecedores deverão respeitar os limites oficiais sob pena de, não o fazendo, responderem pela restituição da quantia recebida em excesso, monetariamente atualizada, podendo o consumidor exigir, à sua escolha, o desfazimento do negócio, sem prejuízo de outras sanções cabíveis.

 Análise doutrinária

1. Controle e tabelamento de preços

O disposto no art. 41, que se refere a fornecimento de produtos e serviços sujeitos a "regime de controle e tabelamento de preços", só pode ser compreendido pelo contexto histórico no qual foi promulgado o CDC. No início da década de 1990, o Brasil convivia com altíssimos índices de inflação (hiperinflação) e, em que pesem as críticas de alguns economistas, acreditou-se que o tabelamento de preços seria um caminho possível para fazer cessar o aumento generalizado e permanente de preços dos produtos e serviços.

Invariavelmente, os planos econômicos editados nas décadas de 1980 e 1990 estabeleciam controle, congelamento e tabelamento de preços, o que, em termos jurídicos, gerava direitos subjetivos ao consumidor no sentido de exigir determinado preço, a devolução do que eventualmente tenha pago em excesso ou até mesmo a rescisão do contrato.

Não se deve confundir tabelamento de preços – que é a fixação do valor máximo a ser cobrado do consumidor – com a obrigatoriedade, em determinados setores, de utilizar índices inflacionários para reajustes de valores relativos a contratos que se prolongam no tempo, como mensalidade escolar e plano de saúde individual (v. comentários ao art. 39, XIII).

Dicas práticas

Com o fim dos planos econômicos que impuseram tabelamento e congelamento de preços no Brasil, a importância do dispositivo diminuiu substancialmente.

Jurisprudência

1. Constitucionalidade de lei que estabelece política de preços

"Ação direta de inconstitucionalidade. Lei 8.039, de 30 de maio de 1990, que dispõe sobre critérios de reajuste das mensalidades escolares e da outras providencias. – Em face da atual Constituição, para conciliar o fundamento da livre iniciativa e do princípio da livre concorrência com os da defesa do consumidor e da redução das desigualdades sociais, em conformidade com os ditames da justiça social, pode o Estado, por via legislativa, regular a política de preços de bens e de serviços, abusivo que e o poder econômico que visa ao aumento arbitrário dos lucros. – Não é, pois, inconstitucional a Lei 8.039, de 30 de maio de 1990, pelo só fato de ela dispor sobre critérios de reajuste das mensalidades das escolas particulares. – Exame das inconstitucionalidades alegadas com relação a cada um dos artigos da mencionada Lei. Ofensa ao princípio da irretroatividade com relação a expressão 'marco' contida no § 5º do artigo 2º da referida Lei. Interpretação conforme a Constituição aplicada ao 'caput' do artigo 2º, ao § 5º desse mesmo artigo e ao artigo 4º, todos da Lei em causa. Ação que se julga procedente em parte, para declarar a inconstitucionalidade da expressão 'marco' contida no § 5º do artigo 2º da Lei nº 8.039/90, e, parcialmente, o 'caput' e o § 2º do artigo 2º, bem como o artigo 4º os três em todos os sentidos que não aquele segundo o qual de sua aplicação estão ressalvadas as hipóteses em que, no caso concreto, ocorra direito adquirido, ato jurídico perfeito e coisa julgada" (STF, ADI 319 QO, Tribunal Pleno, Rel. Min. Moreira Alves, j. 03.03.1993, *DJ* 30.04.1993, p. 7563, *Ement.* vol-01701-01, p. 36).

2. Tabelamento de preços e mercadorias com pequenos defeitos

"1. A rigidez das normas de congelamento não pode impor a sua aplicação verticalizada sem exceção alguma. 2. Mercadorias com pequenos defeitos poderiam fugir às regras do preço tabelado, para venda promocional" (REsp 353.765/ES, 2ª Turma, Rel. Min. Eliana Calmon, j. 18.02.2003, *DJ* 31.03.2003).

Seção V
Da cobrança de dívidas

Art. 42. Na cobrança de débitos, o consumidor inadimplente não será exposto a ridículo, nem será submetido a qualquer tipo de constrangimento ou ameaça.

Parágrafo único. O consumidor cobrado em quantia indevida tem direito à repetição do indébito, por valor igual ao dobro do que pagou em excesso, acrescido de correção monetária e juros legais, salvo hipótese de engano justificável.

 Legislação correlata

Código Civil, art. 940.
Código de Processo Civil, art. 17.

 Análise doutrinária

1. Cobrança extrajudicial de débitos

O art. 42, *caput*, do CDC disciplina a cobrança extrajudicial de dívidas do consumidor inadimplente. Destaque-se, inicialmente, que nada mais natural e até necessário (art. 17 do CPC) que, antes do ajuizamento de ação de cobrança, o credor procure obter a satisfação do seu direito por meio de contato direto com o devedor. O CDC não proíbe a cobrança extrajudicial de dívidas vencidas: preocupa-se com procedimentos desproporcionais e, portanto, abusivos.

Para configuração das vedações descritas no art. 42, *caput*, do CDC, é necessário que a dívida seja oriunda de relação de consumo. O sujeito ativo, todavia, não é necessariamente pessoa física vinculada ao fornecedor-credor (art. 3º, *caput*, do CDC). A prática, ao revés, demonstra que são pessoas jurídicas – escritórios ou empresas de cobrança – que não mantiveram qualquer vínculo contratual com o consumidor/devedor de quem realizam a cobrança dos débitos. Tanto a cobrança extrajudicial de dívidas realizada diretamente pelo fornecedor (credor) quanto as que são transferidas para terceiros (escritórios de cobrança) estão sujeitas aos limites estabelecidos no CDC.

2. Procedimentos abusivos de cobrança de débitos

O *caput* do art. 42 divisa duas modalidades abusivas de cobrança de débitos: 1) exposição do consumidor a ridículo; e 2) submissão a constrangimento ou ameaça. Para melhor definir o sentido e o alcance do *caput* do art. 42, é necessário analisá-lo em conjunto com a infração penal descrita no art. 71 do CDC: "utilizar, na cobrança de dívidas, de ameaça, coação, constrangimento físico ou moral, afirmações falsas incorretas ou enganosas ou de qualquer outro procedimento que exponha o consumidor, injustificadamente, a ridículo ou interfira com seu trabalho, descanso ou lazer".

O tipo penal, a par de esclarecer o sentido e o alcance do art. 42, acrescenta outras vedações. A análise do art. 72 evidencia que a proibição vai além das condutas indicadas no art. 42. Ao lado da exposição ao ridículo e constrangimento ou ameaça, o tipo penal refere-se à utilização de informações falsas (incorretas) ou enganosas e também à impossibilidade de interferência no trabalho, descanso ou lazer. Todas as hipóteses são examinadas.

A *ameaça* no direito privado possui significado decorrente da *coação* que está prevista no Código Civil, em seus arts. 151 a 155. Significa, em síntese, a afirmação que causará algum dano considerável ao consumidor, sua família ou seus bens. Todavia, não há ilegalidade quando o credor informa que irá realizar alguma conduta ou providência que esteja prevista no ordenamento jurídico, como, por exemplo, ajuizar ação, protestar o título ou incluir o nome do consumidor em entidade de proteção ao crédito. Trata-se de exercício regular de direito. Não há que se falar em ameaça na hipótese. Ameaça refere-se a condutas ilegais e não a procedimentos permitidos pelo ordenamento jurídico.

O *caput* do art. 42 refere-se também a *constrangimento*, que deve ser compreendido com o próprio uso de força física de modo a gerar dor e/ou lesões corporais no consumidor e, consequentemente, convencê-lo a pagar a dívida.

O art. 42 também veda a *exposição a ridículo* na cobrança da dívida. A verdade é que a cobrança de débitos, por si só, já é algo constrangedor e que, invariavelmente, gera algum sentimento de vergonha. Por isso, o tipo penal (art. 71) acrescenta o advérbio *injustificadamente* ao se referir a exposição ao ridículo.

Assim, não se deve, no momento da cobrança extrajudicial da dívida, dar publicidade a situação do devedor ou utilizar de expediente desnecessário que exponha o consumidor. Portanto, uma ligação para o telefone pessoal (celular), residencial ou de trabalho, o encaminhamento de uma carta, sem sinais indicativos de que se trata de cobrança, são condutas legítimas tanto sob o aspecto cível quanto sob o penal.

O tipo penal (art. 71) adiciona outras proibições com repercussões diretas de natureza civil ou administrativa, ou seja, a inobservância do preceito pode ensejar, conforme o caso, indenização por dano moral e/ou material, ao lado de sanção administrativa. As outras vedações são as seguintes: 1) uso de afirmações falsas, incorretas ou enganosas; 2) interferência com seu trabalho, descanso ou lazer.

Inicialmente, cabe esclarecer que afirmação falsa é simplesmente a declaração do fornecedor que não corresponde à verdade, como, por exemplo, "se não pagar imediatamente a dívida, jamais terá crédito novamente". Falsa, portanto, é sinônimo de incorreta. De outro lado, o sentido da informação *enganosa* deve ser extraído do próprio CDC, que define, no art. 37, a publicidade enganosa. A afirmação enganosa é aquela capaz de induzir o consumidor a erro. É ambígua, muitas vezes contraditória. Tem potencial de gerar no consumidor compreensão equivocada da realidade (v. comentários ao art. 37).

Por fim, há vedação de interferência no trabalho, descanso ou lazer do consumidor. Como a pessoa passa boa parte do seu dia em atividade de trabalho, descanso ou lazer, há que se realizar interpretação teleológica (finalística) da vedação. Não estão proibidos, por exemplo, ligação ou encaminhamento de mensagens por celular para cobrar a dívida. Não existe proibição de encaminhar carta para a residência do consumidor. Há que se caracterizar uma interferência real que ocorre quando há exagero e desproporção. É abusivo realizar três ligações, no mesmo dia, para o trabalho do consumidor ou mesmo para o seu celular, principalmente quando o consumidor informa que, por qualquer motivo, não irá realizar o pagamento extrajudicial da dívida cobrada.

3. Devolução em dobro do que foi pago indevidamente

O parágrafo único do art. 42 estabelece sanção civil específica em favor do consumidor que pagou quantia indevidamente exigida. Em caso de cobrança indevida, o consumidor tem direito a receber de volta o valor em dobro do que pagou em excesso, além de correção monetária e juros legais. Assim, se pagou R$ 500,00 indevidamente, tem direito a receber R$ 1.000,00, corrigido monetariamente com juros.

O dispositivo deixa claro que não basta a cobrança indevida. Deve existir o efetivo pagamento pelo consumidor do valor cobrado. Se parte do valor era devido, a incidência da sanção civil – devolução em dobro – recai unicamente sobre o que excedeu o valor devido. Por exemplo, se o consumidor deve R$ 320,00 à empresa de telefonia que cobra, indevidamente, R$ 520,00, o valor indevido equivale a R$ 200,00. A devolução desse valor será em dobro, ou seja, R$ 400,00, além de correção monetária e juros.

A incidência da sanção civil – devolução em dobro – não afasta o dever de o fornecedor indenizar eventuais danos morais e materiais causados ao consumidor. Mais uma vez, tem incidência o disposto no art. 6º, VI, do CDC, que estabelece ser direito básico do consumidor a efetiva reparação de danos sofridos em face de atividades desenvolvidas no mercado de consumo. Ademais, é cabível, paralelamente, sanção administrativa (art. 56 do CDC).

Muitos fornecedores de serviços continuados, tais como TV por assinatura, telefonia etc., realizam, com a concordância do consumidor, cobrança por meio de débito em conta. Em determinado dia do mês, o valor é automaticamente retirado da conta do consumidor e transferido para o fornecedor. Se o valor debitado na conta do consumidor for indevido, há incidência da sanção civil consistente na devolução em dobro. Nesse caso, há, com base na confiança do consumidor, autorização prévia para, sem qualquer nova manifestação do consumidor, ser retirado o valor diretamente da conta bancária.

Na parte final do dispositivo, exclui-se a sanção civil correspondente à devolução em dobro em caso de "engano justificável". Qual o significado? Não é qualquer engano que exclui a sanção. Deve ser *justificável*. O engano *não justificável* não afasta a sanção específica. Significa, a princípio, que as cobranças culposas também ensejam a devolução em dobro do valor cobrado. Portanto, tanto as cobranças culposas como, por óbvio, as dolosas (com má-fé) atraem a sanção civil.

Não se deve confundir a disciplina do CDC, que sanciona a conduta culposa e dolosa do fornecedor, com a do art. 940 do CC, que possui outros pressupostos: "aquele que demandar por dívida já paga, no todo ou em parte, sem ressalvar as quantias recebidas ou pedir mais do que for devido, ficará obrigado a pagar ao devedor, no primeiro caso, o dobro do que houver cobrado e, no segundo, o equivalente do que dele exigir, salvo se houver prescrição". Nas relações privadas, ao lado da necessidade de tratar de cobrança *judicial* do débito, a doutrina exige a *má-fé* do credor.

O enfrentamento do art. 42 do CDC sofreu oscilação no âmbito do STJ, talvez por indevida influência do direito civil. Não se sustenta a tese, adotada em alguns julgados da Corte, no sentido de que somente a cobrança com má-fé (dolo) do fornecedor enseja a multa civil. Apenas se o termo *engano* estivesse desacompanhado do adjetivo *justificável* levaria à conclusão de que a cobrança culposa, realizada com negligência, falta de cuidado, afastaria a sanção específica prevista no dispositivo. O legislador, todavia, foi além. Não basta o *engano*. Ele deve ser *justificável*. Deve ser demonstrado que, no caso concreto, é possível justificar a falha da empresa. Pode-se fazer paralelo com o art. 20, § 1º, do CP: o erro sobre elemento do tipo, desde que "plenamente justificável pelas circunstâncias", isenta o agente de pena.

A cobrança e o recebimento de valores devidos pelo consumidor pela comercialização de produtos são inerentes à atividade profissional de qualquer fornecedor que se apresenta no mercado de consumo. Se é parte da própria atividade profissional, erros não devem ser admitidos. Não é justificativa – engano justificável – argumentar que foi falha do sistema de informática ou de terceiro (banco ou administradora de cartão de crédito). Cabe ao fornecedor, como profissional que é, cuidar para que nada disso ocorra.

O engano justificável seria excepcionalmente admitido, quando houvesse ato infralegal – resolução de agência reguladora, por exemplo – determinando ou permitindo a cobrança. Também seria justificável se amparado em cláusula contratual com permissão da cobrança. Mas, mesmo nesta hipótese, não poderia ser cláusula com caráter abusivo já reconhecido pela jurisprudência.

Com o objetivo de afastar as divergências em torno do assunto (Tema 929/STJ), julgou-se, em outubro de 2020, o EREsp 1.413.542/RS para, ao final, estabelecer a seguinte tese: "a repetição em dobro, prevista no parágrafo único do art. 42 do CDC, é cabível quando a cobrança indevida consubstanciar conduta contrária à boa-fé objetiva, ou seja, deve ocorrer independentemente da natureza do elemento volitivo". Os efeitos da decisão foram modulados para "quanto a indébitos não decorrentes de prestação de serviço público – se aplique somente a cobranças realizadas após a data da publicação do presente acórdão".

No referido julgamento, o critério da Corte passa a ser a contrariedade à boa-fé objetiva. Definiu-se que "a expressão 'salvo hipótese de engano justificável' do art. 42, parágrafo único, do CDC deve ser apreendida como elemento de causalidade, e não como elemento de culpabilidade". A decisão, como se observa pelos debates entre os ministros, procurou uma terceira posição, mas que, na prática, ao afastar análise do elemento subjetivo, aproxima-se corretamente da tese de que a exigência de má-fé do fornecedor não é pressuposto necessário para estabelecer a devolução em dobro.

Dicas práticas

É legítimo e necessário o fornecedor cobrar as dívidas do consumidor antes do ajuizamento da respectiva ação, até para caracterizar interesse de agir (art. 17 do CPC). Todavia, em face de certa abertura do que se compreende por cobrança abusiva, deve-se ter cautela e priorizar a comunicação direta e reservada com o consumidor.

 Jurisprudência

1. Prazo prescricional de dez anos para ação de repetição de indébito

"1. Trata-se de embargos de divergência interpostos contra acórdão em que se discute o lapso prescricional cabível aos casos de repetição de indébito por cobrança indevida de valores referentes a serviços não contratados, promovida por empresa de telefonia. 2. A Primeira Seção, no julgamento do REsp 1.113.403/RJ, de relatoria do Ministro Teori Albino Zavascki (*DJe* 15/9/2009), submetido ao regime dos recursos repetitivos do art. 543-C do Código de Processo Civil e da Resolução STJ 8/2008, firmou o entendimento de que, ante a ausência de disposição específica acerca do prazo prescricional aplicável à prática comercial indevida de cobrança excessiva, é de rigor a incidência das normas gerais relativas à prescrição insculpidas no Código Civil na ação de repetição de indébito de tarifas de água e esgoto. Assim, tem-se prazo vintenário, na forma estabelecida no art. 177 do Código Civil de 1916, ou decenal, de acordo com o previsto no art. 205 do Código Civil de 2002. Diante da mesma conjuntura, não há razões para adotar solução diversa nos casos de repetição de indébito dos serviços de telefonia. (...) 4. Embargos de divergência providos, de sorte a vingar a tese de que a repetição de indébito por cobrança indevida de valores referentes a serviços não contratados, promovida por empresa de telefonia, deve seguir a norma geral do lapso prescricional (10 anos – art. 205, Código Civil/2002), a exemplo do que decidido e sumulado (Súmula 412/STJ), no que diz respeito ao lapso prescricional para repetição de indébito de tarifas de água e esgoto" (STJ, EREsp 1.523.744/RS, Corte Especial, Rel. Min. Og Fernandes, j. 20.02.2019, *DJe* 13.03.2019).

2. Devolução em dobro exige pagamento indevido e culpa do credor

"1. O STJ firmou a orientação de que tanto a má-fé como a culpa (imprudência, negligência e imperícia) dão ensejo à punição do fornecedor do produto na restituição em dobro. 2. Hipótese em que o Tribunal de origem consignou: 'Portanto, não há discussão acerca da aplicação do artigo 42, parágrafo único do CDC, que autoriza a devolução em dobro do indébito, já que comprovada a conduta da concessionária ré em emitir faturas com base em estimativas e não de acordo com o consumo efetivamente medido pelo hidrômetro levando em conta a tarifa social. Corroborando esse entendimento firmou orientação o Colendo Superior Tribunal de Justiça que nessa hipótese não é necessário a existência de dolo para que haja condenação à devolução em dobro, assim se posicionando: 'O STJ firmou orientação de que basta a configuração de culpa para o cabimento da devolução em dobro dos valores pagos indevidamente pelo consumidor' (REsp 1.079.064/SP, 2ª Turma, Rel. Min. Hermam Benjamim, *DJe*

20/04/2009). Nesse diapasão, correta foi a decisão de 1º grau que, não reconhecendo engano justificável capaz de afastar a culpa da concessionária, reconheceu a incidência do artigo 42, parágrafo único do CDC, com a consequente devolução em dobro do indébito' (fl. 268, e-STJ). A revisão desse entendimento demanda nova análise dos elementos fático-probatórios, o que esbarra no óbice da Súmula 7/STJ" (STJ, AgRg no AREsp 488.147/RJ, 2ª Turma, Rel. Min. Herman Benjamin, j. 10.03.2015, *DJe* 06.04.2015).

3. Devolução em dobro exige pagamento indevido e má-fé do credor

"A aplicação do parágrafo único do art. 42 do Código de Defesa do Consumidor, que determina a devolução em dobro do indébito, exige, além da cobrança de quantia indevida, a configuração de má-fé do credor, o que não se verifica no caso em apreço" (STJ, REsp 1.626.275/RJ, 3ª Turma, Rel. Min. Ricardo Villas Bôas Cueva, j. 04.12.2018, *DJe* 07.12.2018).

"A devolução em dobro dos valores pagos pelo consumidor pressupõe a existência de pagamento indevido e a má-fé do credor, consoante o entendimento desta Corte. Na presente causa, não ficou evidenciada a má-fé" (STJ, AgInt no REsp 1.502.471/RS, 4ª Turma, Rel. Min. Antonio Carlos Ferreira, j. 29.10.2019, *DJe* 05.11.2019).

4. Devolução em dobro é cabível quando a cobrança indevida consubstanciar conduta contrária à boa-fé objetiva

"(...) RESUMO DA PROPOSTA DE TESE RESOLUTIVA DA DIVERGÊNCIA JURISPRUDENCIAL 22. A proposta aqui trazida – que procura incorporar, tanto quanto possível, o mosaico das posições, nem sempre convergentes, dos Ministros MARIA THEREZA DE ASSIS MOURA, NANCY ANDRIGHI, LUIS FELIPE SALOMÃO, OG FERNANDES, JOÃO OTÁVIO DE NORONHA E RAUL ARAÚJO – consiste em reconhecer a irrelevância da natureza volitiva da conduta (se dolosa ou culposa) que deu causa à cobrança indevida contra o consumidor, para fins da devolução em dobro a que refere o parágrafo único do art. 42 do CDC, e fixar como parâmetro excludente da repetição dobrada a boa-fé objetiva do fornecedor (ônus da defesa) para apurar, no âmbito da causalidade, o engano justificável da cobrança. 23. Registram-se trechos dos Votos proferidos que contribuíram diretamente ou serviram de inspiração para a posição aqui adotada (grifos acrescentados): 23.1. MINISTRA NANCY ANDRIGHI: 'O requisito da comprovação da má-fé não consta do art. 42, parágrafo único, do CDC, nem em qualquer outro dispositivo da legislação consumerista. A parte final da mencionada regra – 'salvo hipótese de engano justificável – não pode ser compreendida como necessidade de prova do elemento anímico do fornecedor.' 23.2. MINISTRA MARIA THEREZA DE ASSIS MOURA: 'Os requisitos legais para a repetição em dobro na relação de consumo são a cobrança indevida, o pagamento em excesso e a inexistência de engano justificável do fornecedor. A exigência de indícios mínimos de má-fé objetiva do fornecedor é requisito não previsto na lei e, a toda evidência, prejudica a parte frágil da relação.' 23.3. MINISTRO OG FERNANDES: 'A restituição em dobro de indébito (parágrafo único do art. 42 do CDC) independe da natureza do elemento volitivo do agente que cobrou o valor indevido, revelando-se cabível quando a cobrança indevida consubstanciar conduta contrária à boa-fé objetiva.' 23.4. MINISTRO RAUL ARAÚJO: 'Para a aplicação da sanção civil prevista no art. 42, parágrafo único, do CDC, é necessária a caracterização de conduta contrária à boa-fé objetiva para justificar a reprimenda civil de imposição da devolução em dobro dos valores cobrados indevidamente.' 23.5. MINISTRO LUIS FELIPE SALOMÃO: 'O código consumerista introduziu novidade no ordenamento jurídico brasileiro, ao adotar a concepção objetiva do abuso do direito, que se traduz em uma cláusula geral de proteção da lealdade e da confiança nas relações jurídicas, prescindindo da verificação da intenção do agente – dolo ou culpa – para caracterização de uma conduta como abusiva (...) Não há que se perquirir sobre a existência de dolo ou culpa do fornecedor, mas, objetivamente, verificar se o engano/equívoco/erro na cobrança era ou não justificável.' 24. Sob o influxo da proposição do Ministro Luis Felipe Salomão, acima transcrita, e das ideias teórico--dogmáticas extraídas dos Votos das Ministras Nancy Andrighi e Maria Thereza de Assis Moura e dos Ministros Og Fernandes, João Otávio de Noronha e Raul Araújo, fica assim definida a resolução da controvérsia: a repetição em dobro, prevista no parágrafo único do art. 42 do CDC, é cabível quando a cobrança indevida consubstanciar conduta contrária à boa-fé objetiva, ou seja, deve ocorrer independentemente da natureza do elemento volitivo. PARCIAL MODULAÇÃO TEMPORAL DOS EFEITOS DA PRESENTE DECISÃO 25. O art. 927, § 3º, do CPC/2015 prevê a possibilidade de modulação de efeitos não somente quando alterada a orientação firmada em julgamento de recursos repetitivos, mas também quando modificada jurisprudência dominante no STF e nos tribunais superiores. 26. Na hipótese aqui tratada, a jurisprudência da Segunda Seção, relativa a contratos estritamente privados, seguiu compreensão (critério volitivo doloso da cobrança indevida) que, com o presente julgamento, passa a ser completamente superada, o que faz sobressair a neces- sidade de privilegiar os princípios da segurança jurídica e da proteção da confiança dos jurisdicionados. 27. Parece prudente e justo, portanto, que se deva modular os efeitos da presente decisão, de maneira que o entendimento aqui fixado seja aplicado aos indébitos de natureza contratual não pública cobrados após a data da publicação deste acórdão. TESE FINAL 28. Com essas considerações, conhece-se dos Embargos de Divergência para, no mérito, fixar-se a seguinte tese: A REPETIÇÃO EM DOBRO, PREVISTA NO PARÁGRAFO ÚNICO DO ART. 42 DO CDC, É CABÍVEL QUANDO A COBRANÇA INDEVIDA CONSUBSTANCIAR CONDUTA CONTRÁRIA À BOA-FÉ OBJETIVA, OU SEJA, DEVE OCORRER INDEPENDENTEMENTE DA NATUREZA DO ELEMENTO VOLITIVO. MODULAÇÃO DOS EFEITOS 29. Impõe-se MODULAR OS EFEITOS da presente decisão para que o entendimento aqui fixado – quanto a indébitos não decorrentes de prestação de serviço público – se aplique somente a cobranças realizadas após a data da publicação do presente acórdão. RESOLUÇÃO DO CASO CONCRETO 30. Na hipótese dos autos, o acórdão recorrido fixou como requisito a má-fé, para fins do parágrafo único do art. 42 do CDC, em indébito decorrente de contrato de prestação de serviço público de telefonia, o que está dissonante da compreensão aqui fixada. Impõe-se a devolução em dobro do indébito. CONCLUSÃO 31. Embargos de Divergência providos" (STJ, EREsp 1413542/RS, Rel. Min. Maria Thereza de Assis Moura, Rel. p/ Acórdão Min. Herman Benjamin, Corte Especial, j. 21.10.2020, *DJe* 30.03.2021).

5. Não cabe a devolução em dobro em face de tema controvertido na jurisprudência

"O art. 42, parágrafo único, do Código de Defesa do Consumidor não se aplica quando o objeto da cobrança está sujeito à controvérsia na jurisprudência dos Tribu- nais" (STJ, REsp 528.186/RS, 3ª Turma, Rel. Min. Carlos Alberto Menezes Direito, j. 18.12.2003, *DJ* 22.03.2004).

"O pagamento resultante de cláusula contratual mais tarde declarada nula em sede judicial deve ser devolvido de modo simples, e não em dobro; age no exercício regular de direito quem recebe a prestação prevista em contrato" (STJ, EREsp 328.338/MG, 2ª Seção, Rel. Min. Ari Pargendler, j. 26.10.2005, *DJ* 01.02.2006).

6. Devolução em dobro em contrato de abertura de crédito não exige prova do erro (culpa)

Súmula 322 do STJ: "Para a repetição de indébito, nos contratos de abertura de crédito em conta-corrente, não se exige a prova do erro".

7. Cobrança extrajudicial e judicial de dívidas: paralelo entre a disciplina do Código Civil e do Código de Defesa do Consumidor

"2. Cinge-se a controvérsia a discutir a possibilidade de se aplicar a sanção do art. 940 do Código Civil – pagamento da repetição do indébito em dobro – na hipótese de cobrança indevida de dívida oriunda de relação de consumo. (...) 4. Os artigos 940 do Código Civil e 42, parágrafo único, do Código de Defesa do Consumidor possuem pressupostos de aplicação diferentes e incidem em hipóteses distintas. 5. A aplicação da pena prevista no parágrafo único do art. 42 do CDC apenas é possível diante da presença de engano justificável do credor em proceder com a cobrança, da cobrança extrajudicial de dívida de consumo e de pagamento de quantia indevida pelo consumidor. 6. O artigo 940 do CC somente pode ser aplicado quando a cobrança se dá por meio judicial e fica comprovada a má-fé do demandante, independentemente de prova do prejuízo. 7. No caso, embora não estejam preenchidos os requisitos para a aplicação do art. 42, parágrafo único, do CDC, visto que a cobrança não ensejou novo pagamento da dívida, todos os pressupostos para a aplicação do art. 940 do CC estão presentes. 8. Mesmo diante de uma relação de consumo, se inexistentes os pressupostos de aplicação do art. 42, parágrafo único, do CDC, deve ser aplicado o sistema geral do Código Civil, no que couber. 9. O art. 940 do CC é norma complementar ao art. 42, parágrafo único, do CDC e, no caso, sua aplicação está alinhada ao cumprimento do mandamento constitucional de proteção do consumidor" (STJ, REsp 1645589/MS, Rel. Min. Ricardo Villas Bôas Cueva, 3ª Turma, j. 04.02.2020, *DJe* 06.02.2020).

Art. 42-A. Em todos os documentos de cobrança de débitos apresentados ao consumidor, deverão constar o nome, o endereço e o número de inscrição no Cadastro de Pessoas Físicas – CPF ou no Cadastro Nacional de Pessoa Jurídica – CNPJ do fornecedor do produto ou serviço correspondente.

 Análise doutrinária

1. Qualificação do fornecedor na cobrança de dívida

O art. 42-A foi acrescido ao CDC em 2009, por meio da Lei 12.039. Restou estabelecido que, nos documentos de dívidas, deve constar a qualificação do fornecedor do produto ou serviço, com a indicação de nome, endereço, CPF ou CNPJ. O objetivo é permitir contato direto do consumidor para verificar e, eventualmente, confirmar a existência do débito, de modo a permitir sua quitação antes de outras providências, como inscrição em entidade de proteção ao crédito ou ajuizamento de ação de cobrança.

Para atingir o propósito do dispositivo, o termo *documento* deve ser interpretado de modo amplo. Não se trata unicamente de documento físico, como uma carta, por exemplo. Abrange arquivos digitais, inclusive mensagens encaminhadas para telefone móvel do consumidor.

Destaque-se, por fim, que o dispositivo se refere à qualificação do credor original, o qual pode ou não coincidir com aquele que está realizando a cobrança de dívida do consumidor.

 Dicas práticas

A qualificação do devedor é importante para verificar a real existência da dívida. Têm ocorrido alguns golpes de cobrança de dívidas inexistentes: encaminha-se boleto para a casa do consumidor com valores pequenos. Muitas vezes, paga-se o boleto sem sequer verificar a real procedência da dívida.

> ### Seção VI
> ### Dos bancos de dados e cadastros de consumidores
>
> **Art. 43.** O consumidor, sem prejuízo do disposto no art. 86, terá acesso às informações existentes em cadastros, fichas, registros e dados pessoais e de consumo arquivados sobre ele, bem como sobre as suas respectivas fontes.

 Legislação correlata

Constituição Federal, art. 5º, X.

Código Civil, arts. 11 a 20.

Lei 10.522/2002 (Dispõe sobre o cadastro informativo dos créditos não quitados de órgãos federais).

Lei 12.414/2011 (Lei do Cadastro Positivo).

Lei 12.965/2014 (Marco Civil da Internet).

Lei 13.709/2018 (Lei Geral de Proteção de Dados Pessoais).

Decreto 9.936/2019 (Regulamenta a Lei do Cadastro Positivo).

Resolução 4.571/2017, do Banco Central do Brasil.

Análise doutrinária

1. Panorama dos bancos de dados e cadastros de consumo

O Código de Defesa do Consumidor, em um único dispositivo (art. 43), disciplina uma vasta e relevante matéria que afeta praticamente a vida de todo consumidor: os *bancos de dados* e *cadastros de consumo*. O CDC – mesmo antes do atual debate sobre a importância da proteção de dados pessoais – aceita e regulamenta os arquivos de consumo. Considera que são úteis para a dinamicidade da economia, com benefícios ao fornecedor e consumidor, mas, já no início da década de 1990, percebia a tensão que representam a direitos da personalidade (privacidade, dados pessoais e honra).

Após a edição do CDC, particularmente nos últimos dez anos, o tema da *proteção de dados pessoais* ganhou crescente realce e influenciou, direta e indiretamente, várias normas, como o Marco Civil da Internet (Lei 12.965/2014), a Lei do Cadastro Positivo (Lei 12.414/2011), com sua recente modificação promovida pela Lei Complementar 166/2019 e, principalmente, a Lei Geral de Proteção de Dados Pessoais (Lei 13.709/2018).

Antes da análise pontual dos dispositivos do CDC, é fundamental apresentar alguns conceitos e panorama fático dos bancos de dados de proteção ao crédito.

Inicialmente, cabe apontar distinção promovida pelo CDC entre *os bancos de dados e os cadastros de consumo*, até para melhor situar e compreender os bancos de dados de proteção ao crédito (SPC, Serasa etc.), que é a espécie que ainda apresenta maior interesse ao consumidor e ao mercado.

Embora as leis mais recentes (Lei do Cadastro Positivo e Lei Geral de Proteção de Dados Pessoais) não observem a distinção terminológica entre *bancos de dados* e *cadastros*, o CDC, editado no início da década de 1990, trilhou caminho diverso: cuida, como o próprio título da seção indica, dos *bancos de dados* e dos *cadastros de consumidores*.

A Lei trata das duas categorias, mas não explicita os respectivos elementos diferenciadores. A distinção foi realizada a partir de critérios apresentados por Herman Benjamin (2020b, p. 444-448).

Em síntese, dois aspectos se destacam na distinção entre bancos de dados e cadastros de consumo: a origem da informação (fonte) e seu destino. Nos cadastros, é o próprio consumidor que, independentemente de parcelamento do preço do produto adquirido, oferece seus dados para o estabelecimento físico ou virtual, os quais serão utilizados para estreitar a relação com o consumidor. A fonte da informação é o próprio consumidor e o destino é um fornecedor específico.

De outro lado, nos bancos de dados de consumo, cuja principal espécie são justamente as entidades de proteção ao crédito, a informação advém, em regra, dos estabelecimentos comerciais. O destino final da informação, embora ela permaneça armazenada na entidade, é o mercado, ou seja, os fornecedores.

Os bancos de dados de consumo são aqueles cujas informações são importantes para o mercado de consumo. Podem possuir propósitos absolutamente diversos, que vão desde a obtenção de informações para fins históricos, estatísticos, passando pelos arquivos de proteção ao crédito, até aqueles que coletam informações úteis para as companhias seguradoras.

Os bancos de dados de proteção ao crédito (SPC, Serasa Experian, Boa Vista, Quod, CCF etc.) configuram, nessa linha de raciocínio, espécie dos bancos de dados de consumo: são entidades que têm por principal objeto a coleta, o armazenamento e a transferência a terceiros (credor potencial) de informações pessoais dos pretendentes (consumidores) à obtenção de crédito, para análise de risco de concessão de crédito.

Os bancos de dados de proteção ao crédito não são a única espécie de bancos de dados de consumo. Todavia, são os que têm despertado maior interesse da doutrina e da jurisprudência, em razão do seu decisivo e fatal poder na vida do consumidor: excluí-lo ou não do mercado de consumo. São milhões de pessoas expostas às suas atividades, as quais, embora relevantes para a dinamicidade da economia e do mercado, são potencialmente ofensivas a direitos da personalidade. Um dado interessante revela a importância: é o tema que, na área de direito do consumidor, mais gerou súmulas no âmbito do STJ.

2. Os bancos de dados de proteção ao crédito no Brasil

Os bancos de dados de proteção ao crédito surgiram no Brasil na década de 1950 como resposta ao crescimento das vendas a crédito. Inicialmente, a coleta de informações sobre o consumidor – que pretendia obter crédito – era bastante lenta. As grandes lojas acabaram criando setores próprios com o objetivo de realizar pesquisa sobre os hábitos de pagamento do pretendente a realizar a compra de determinado produto ou serviço por intermédio de crediário.

O progressivo aumento da relevância dos bancos de dados de proteção ao crédito vincula-se diretamente à massificação e ao anonimato da sociedade de consumo e, mais recentemente, à expansão da oferta de crédito. Quanto menos se conhecem os consumidores, potenciais tomadores de empréstimos, maior a importância e dependência dos arquivos de consumo. Quanto maior a oferta de crédito, mais relevantes são as atividades desenvolvidas pelas entidades de proteção ao crédito.

Um olhar retrospectivo aponta que o trabalho de obtenção de informações relativas ao pretendente à obtenção de crédito foi transferido do lojista (fornecedor) – cedente potencial do crédito – para terceiros.

Com o passar do tempo, percebeu-se que o tratamento de informações para análise de risco de crédito seria mais dinâmico, racional e barato se exercido por entidade voltada unicamente para tal objetivo. Assim, referida tarefa foi assumida pelas associações de classe dos lojistas.

Em julho de 1955, a Câmara de Dirigentes Lojistas de Porto Alegre fundou o primeiro Serviço de Proteção ao Crédito (SPC). Logo depois, em outubro de 1955, São Paulo seguiu o exemplo e também instituiu seu SPC. Atualmente, são mais de 2000 Câmaras de Dirigentes Lojistas (CDL) em todo o País, interconectadas e formando o SPC-Brasil, responsável por um banco de dados com dezenas de milhões de registros.

Ao lado das associações de fornecedores e lojistas, o setor de proteção ao crédito começou, a partir da década de 1960, a ser explorado economicamente por empresas como Serasa Experian, Boa Vista, entre outras.

Em 2016, cinco grandes bancos se uniram para criar uma nova empresa no mercado de informações ao crédito. Trata-se da Gestora de Inteligência de Crédito S.A., que se apresenta como Quod. A empresa foi constituída pelo Banco do Brasil, Bradesco, Caixa Econômica Federal, Itaú-Unibanco e Santander, com o objetivo declarado de impulsionar o cadastro positivo.

O setor público também conta com mecanismo e atividades de proteção ao crédito. O Banco Central do Brasil, autarquia federal, também atua nessa área, com destaque para três bancos de dados de proteção ao crédito. Dois deles realizam basicamente o tratamento de informações negativas. O primeiro é o conhecido Cadastro de Emitentes de Cheques sem Fundos (CCF). O segundo é o Cadastro Informativo dos Créditos de Órgãos e Entidades Federais Não Quitados – Cadin. Também pertence à autarquia a Central de Risco de Crédito (CRC) que, desde 1997, denomina-se Sistema de Informações de Crédito do Banco Central – SCR. Ao contrário dos outros dois, o SCR já realiza o tratamento de informações positivas.

O CCF é disciplinado por atos normativos do Conselho Monetário Nacional e do Banco Central do Brasil. O objetivo inicial do CCF, à época de sua criação, era apenas ter as instituições financeiras como destinatárias das informações armazenadas. Hoje, em virtude da realização de inúmeros *convênios*, as informações constantes no CCF são compartilhadas com outras entidades de proteção ao crédito. Os registros referem-se, conforme regulamentação própria, às dívidas dos cheques emitidos sem suficiente provisão de fundos, *apresentados pela segunda vez*, aos cheques de contas encerradas (e às *práticas espúrias*).

O segundo arquivo de proteção ao crédito do Banco Central é o Cadin, ou seja, o Cadastro Informativo dos Créditos de Órgãos e Entidades Federais não Quitados. O Banco Central, por meio do Sistema de Informações do Banco Central (Sisbacen), administra as informações do Cadin.

Como o próprio nome indica, cuida-se de base de dados que armazena informações negativas – dívidas vencidas e não pagas. Nos termos do art. 2º da Lei 10.522/2002, o Cadin contém a relação de pessoas jurídicas e físicas que: "I – sejam responsáveis por obrigações pecuniárias vencidas e não pagas, para com órgãos e entidades da Administração Pública Federal, direta e indireta; II – estejam com a inscrição nos cadastros indicados, do Ministério da Fazenda, em uma das seguintes situações: a) cancelada no Cadastro de Pessoas Físicas – CPF; b) declarada inapta perante o Cadastro Geral de Contribuintes – CGC".

O terceiro banco de dados de proteção ao crédito vinculado ao Banco Central do Brasil é o Sistema de Informações de Crédito do Banco Central – SCR, antes denominado Central de Riscos do Banco Central. Ao contrário do CCF, o SCR não se refere a situações de devolução de cheques pelas agências bancárias.

Trata-se de base de dados com tratamento (coleta, armazenamento e divulgação) de informações positivas. Todas as operações de crédito acima de R$ 200,00 no Brasil são registradas num banco de dados chamado Sistema de Informações de Crédito do Banco Central (SCR). O SCR é administrado pelo BC e alimentado periodicamente pelas instituições financeiras. O principal ato normativo que disciplina o SCR é Resolução 4.571/2017, do Banco Central do Brasil.

São dois os objetivos declarados pelo Banco Central do Brasil em relação ao SCR: 1) a possibilidade de supervisão bancária de modo a verificar avaliação de riscos inerentes à atividade; e 2) a facilitação da tomada de decisão de concessão de crédito, com a diminuição de riscos para o credor e aumento de competição entre as instituições do Sistema Financeiro Nacional (SFN).

Embora não tenha sido criado com o propósito principal de análise de risco de concessão de crédito, cabe fazer referência ao Sisbacen – Sistema de Informações do Banco Central. De acordo com atos normativos do Banco Central, constituiu-se em "conjunto de sistemas e recursos de tecnologia da informação do Banco Central do Brasil para a condução de seus processos de trabalho".

Os objetivos do Sisbacen são os seguintes: "I – prover o Banco Central do Brasil de instrumentos de tecnologia da informação para o cumprimento da sua missão institucional; II – facilitar a captação, o tratamento e a divulgação de informações de interesse do Banco Central do Brasil; e III – disponibilizar para órgãos e entidades do Poder Público, bem como a pessoas físicas e jurídicas, informações constantes das suas bases de dados e de interesse desses entes, observados os preceitos de sigilo que legalmente envolvem essas informações" (Circular 3.913/2018, do Banco Central do Brasil).

Se, na prática, o referido sistema funcionar como banco de dados de proteção ao crédito, não há dúvida da incidência dos limites impostos pelo CDC, Lei do Cadastro Positivo e Lei Geral de Proteção de Dados.

No tocante ao âmbito de aplicação, as normas referidas, em interpretação sistemática, são claras no sentido de que o tratamento de dados realizado por pessoa jurídica de direito público, para fins de análise de risco de concessão de crédito devem respeitar os direitos do consumidor (BESSA, 2019, p. 69-75). Discorda-se, portanto, da decisão do STJ proferida no REsp 1.626.547/RS (Rel. Min. Regina Helena Costa, 1ª Turma, j. 06.04.2021).

3. Relevância dos bancos de dados de proteção ao crédito e necessidade de controle

Não se concebe a concessão de crédito sem informações do potencial beneficiário do empréstimo. A obtenção de dados pessoais é necessária para propiciar conhecimento mínimo do consumidor e, num segundo momento, avaliar o risco de concessão de crédito. Almeja-se ganhar confiança, grau favorável de *segurança* em relação a determinado negócio jurídico. O crédito se ampara na crença de que o mutuário (consumidor) irá cumprir as obrigações assumidas. Assim, presente a intenção de se conceder crédito, há, simultaneamente, o legítimo interesse de colher informações do consumidor para análise do risco de concessão de crédito.

O surgimento e o progressivo aumento da relevância dos bancos de dados de proteção ao crédito estão vinculados diretamente à massificação e ao anonimato da sociedade de consumo e, mais recentemente, à expansão da oferta de crédito. Quanto menos se conhecem os consumidores, potenciais tomadores de empréstimos, maior a importância e dependência dos arquivos de consumo. Quanto maior a oferta de crédito, mais necessárias são as atividades próprias das entidades de proteção ao crédito.

A confiança, no sentido do grau de segurança em relação ao recebimento futuro do que foi emprestado, decorre diretamente do nível e qualidade de informação e conhecimento que se possui sobre a pessoa, potencial tomadora do crédito. A necessidade de informações sobre o candidato ao crédito é intensivamente destacada pela literatura econômica, principalmente a partir da década de 1970. O objetivo central desses trabalhos é demonstrar que, sob enfoque econômico, a *assimetria de informações* impede, dificulta e encarece o crédito.

Em que pese a identificação dos tempos atuais como *era da informação*, os atores do mercado são anônimos, raramente se conhecem ou encarece o crédito. As relações de compra e venda de produtos e serviços são fugazes e automáticas.

É justamente nesse contexto de *anonimato* dos atores do mercado de bens e serviços que se destacam as atividades exercidas pelos bancos de dados de proteção ao crédito, vale dizer, das entidades que têm por principal objeto a coleta, o armazenamento e a transferência a terceiros (credores potenciais) de informações pessoais dos pretendentes à obtenção de crédito. Tal relevância é amplamente reconhecida pela doutrina e jurisprudência.

4. A Lei do Cadastro Positivo e o necessário diálogo com o CDC

Em 9 de junho de 2011, foi promulgada a Lei 12.414, que ficou conhecida como Lei do Cadastro Positivo. O propósito do referido diploma legal foi disciplinar o tratamento de informações positivas (histórico de crédito do consumidor) para possibilitar redução da taxa de juros.

A norma, que foi substancialmente alterada no início de 2019, pela Lei Complementar 166, estabelece – explicitamente – a necessidade de diálogo com o Código de Defesa do Consumidor. O art. 1º possui a seguinte redação: "esta Lei disciplina a formação e consulta a bancos de dados com informações de adimplemento, de pessoas naturais ou de pessoas jurídicas, para formação de histórico de crédito, sem prejuízo do disposto na Lei 8.078/90 (art. 1º)".

A Lei reforça o que a doutrina tem denominado *diálogo das fontes*, ou seja, a necessidade atual de interpretação e análise conjunta de diversos diplomas legais incidentes sobre o mesmo fato (suporte fático), afastando-se postura hermenêutica que procura, antes de conciliar, concluir pela revogação total ou parcial das leis mais antigas (v. comentários ao art. 7º).

Objetivamente e como resposta de exame simultâneo das duas normas (CDC e Lei do Cadastro Positivo), podem ser estabelecidas as seguintes conclusões: 1) a Lei 12.414/2011 não revoga qualquer dispositivo do Código de Defesa do Consumidor; 2) os princípios (boa-fé objetiva, transparência, proteção à dignidade do consumidor, entre outros) do CDC, bem como seus conceitos legais e doutrinários (consumidor, fornecedor, banco de dados e cadastro de consumo), devem ser considerados e aproveitados na interpretação da Lei 12.414/2011; 3) eventual omissão (lacuna) de uma norma deve ser suprida pela outra; 4) eventual conflito entre os diplomas deve ser resolvido, com a técnica da proporcionalidade, sob as luzes da Constituição Federal, prevalecendo, no caso concreto, a norma que mais densifica princípio ou valor constitucional.

5. O tratamento de informações positivas e a Lei Complementar 166/2019

Em 8 de abril de 2019, foi editada a Lei Complementar 166, que alterou substancialmente a redação original da Lei do Cadastro Positivo. Em julho de 2019, editou-se o Decreto regulamentador 9.936. O objetivo foi estimular e ampliar o tratamento de informações positivas relativas a histórico de créditos, com a expectativa de redução da taxa de juros para muitos consumidores. Para tanto, adotou o modelo *opt out*, o que significa que todos os consumidores serão incluídos automaticamente no cadastro positivo (art. 4º, I e II), até manifestação em sentido contrário (art. 5º, I).

Na sistemática anterior, conforme redação original da Lei do Cadastro Positivo, o modelo era o *opt in*, ou seja, somente a partir de opção expressa do consumidor (consentimento informado) haveria a abertura de cadastro positivo

Na verdade, antes mesmo da edição, em 2011, da Lei 12.414, era nítida a tendência brasileira em ampliar o número de informações a serem tratadas pelos bancos de dados de proteção ao crédito. Mesmo na ausência de um marco legal, houve iniciativas de algumas entidades em realizar o tratamento de *informações positivas*, além de apresentação de projetos de leis para disciplinar com mais detalhes o tratamento de informações positivas, evitando questionamentos judiciais.

Como justificativa principal, a ideia de que a referida análise resta otimizada, se disponível um maior número de informações pessoais, que não devem se restringir a dívidas vencidas e não pagas (informações negativas). Em favor do tomador do empréstimo (consumidor), o principal argumento é a possibilidade de redução de juros em face de um bom histórico de crédito. A literatura econômica sustenta que, para afastar a assimetria de informações e reduzir o valor da taxa de juros para os bons pagadores, é importante que as entidades de proteção ao crédito realizem o tratamento de informações positivas.

A grande promessa nessa tendência de tratamento de informações positivas é a possibilidade de redução da taxa de juros remuneratórios, sob a premissa de que, quando as informações são precárias, reflexos apenas de dívidas vencidas e não pagas, não há como distinguir adequadamente o bom pagador daquele que costuma falhar no cumprimento das obrigações, forçando a distribuição entre todos os consumidores do custo da inadimplência do conjunto de devedores. Ao revés, quando viável, por meio de informações positivas, a identificação do bom pagador, é possível cobrar dele uma taxa reduzida de juros, considerando que o custo de eventual inadimplência será menor ou até inexistente.

A Exposição de Motivos da Lei Complementar 166/2019 utiliza tais argumentos econômicos. Acredita-se na diminuição de aproximadamente 40% do nível de inadimplência dos empréstimos e, consequentemente, na redução da taxa de juros do consumidor final. Destaca que a lei anterior e seu modelo *opt in* dificultaram enormemente o funcionamento do cadastro positivo.

Transcreva-se o seguinte trecho: "De acordo com o relatório de Política Monetária, Operações de Crédito do Banco Central (dados até nov./16), a taxa média de empréstimos para pessoas físicas é de 42,7% ao ano e o spread bancário PF é de 33,1% ao ano. Conforme levantamentos do próprio BC, a inadimplência representa cerca de 30% do *spread* e, de acordo com estudo do Banco Mundial (2003, Majnoni, Miller,

Mylenko and Powel), a implantação do Cadastro Positivo no Brasil poderia reduzir a inadimplência de cerca de 40%. A previsão do setor é que a redução da inadimplência diminua a taxa final média de empréstimos e com a taxa de juros mais baixa haveria uma alavancagem tanto na concessão de novos empréstimos aos consumidores que já possuam acesso ao crédito, por um menor comprometimento de sua renda, como para os novos ingressantes ao mercado de crédito, e que hoje estão fora desse mercado, não por alguma eventual negativação, mas sim pela insuficiência de informação a seu respeito. São os 'falsos negativos', pois merecem receber o crédito, mas por falta de dados não são aprovados".

Sob a ótica financeira, é possível justificar que não apenas o histórico de crédito do candidato ao empréstimo, mas também outras informações são auxiliares para uma melhor definição do perfil da pessoa e, consequentemente, para possibilitar análise de risco mais precisa, evitando a inadimplência e, ao mesmo tempo, a possibilidade de taxa de juros menor.

O tratamento de informações sobre histórico de crédito dos consumidores é, sem dúvida, fator que permite e estimula a redução do *spread* bancário, com benefícios ao consumidor. Existem experiências exitosas.

Entretanto – e esta discussão não é nova –, para uma efetiva redução das taxas de juros ao consumidor, há necessidade paralela de medidas que promovam uma real concorrência entre os bancos. Não é facilmente compreensível que a permanente redução da taxa Selic nos últimos anos (principal custo dos bancos) não apresente qualquer mudança na taxa de juros que é cobrada do consumidor. Em que pese a realização de algumas medidas, como estímulo às *fintechs*, a regulamentação da portabilidade e o acordo BC-Cade (para análise de atos de concentração), é necessária atuação mais contundente do Banco Central.

Também não há dúvidas de que o aumento do volume de crédito responsável é auspicioso para a economia e dinâmica do mercado. Apresenta benefícios ao consumidor, particularmente o de baixa renda que, em regra, não tem condições financeiras de adquirir bens essenciais (geladeira, fogão, eletrodomésticos, móveis) sem a obtenção de empréstimo.

Todavia, outros elementos devem ser considerados, pelo legislador e pelo intérprete, em qualquer discussão sobre a regulamentação e disciplina do mercado de tratamento de informações (positivas ou negativas) para o crédito: aspecto da privacidade relativa à proteção de dados do consumidor, particularmente após a edição da Lei Geral de Proteção de Dados Pessoais.

6. Cadastro positivo e a mudança para o modelo *opt out*

A existência do cadastro positivo significa a possibilidade de as fontes (credores) oferecerem informações periódicas sobre o pagamento das parcelas da dívida do consumidor para vários gestores de bancos de dados.

Passados mais de sete anos de vigência da versão original da Lei do Cadastro Positivo, constatou-se que poucos consumidores aderiram ao referido cadastro. A principal alteração promovida pela Lei Complementar 166/2019 é a inclusão automática de todos os consumidores no cadastro positivo. Até manifestação em sentido contrário (cancelamento), as informações de histórico de crédito serão enviadas periodicamente às entidades de proteção ao crédito (gestores).

O art. 4º da Lei 12.414/2011 – que previa o consentimento informado do consumidor para ingressar no cadastro positivo – foi totalmente alterado. Na redação antiga, cabia ao consumidor decidir, de modo livre e racional, sobre a formação cadastral do seu histórico de crédito (modelo *opt in*). A atual redação do art. 4º autoriza o gestor a tratar informações de adimplemento do consumidor independente de qualquer manifestação prévia do consumidor (modelo *opt in*).

A nova redação do dispositivo está em consonância com a LGPD (Lei 13.709/2018). O inc. II do art. 7º dispõe que o tratamento de dados pode ser realizado "para o cumprimento de obrigação legal". O inc. X remete o tratamento de dados para proteção ao crédito à legislação específica, que é justamente a Nova Lei do Cadastro Positivo.

O legislador, com a nova redação, não deixa de prestigiar o direito à privacidade e proteção de dados e, particularmente, a vontade do consumidor. Se o titular de dados não desejar a abertura do cadastro positivo, basta manifestar sua vontade assim que for comunicado (art. 4º, § 4º, da Lei 12.414/2011). Realizada a abertura do cadastro, deve o gestor, no prazo de 30 dias, comunicar ao consumidor a referida abertura. Na mesma comunicação, o titular dos dados deve ser informado "de maneira clara e objetiva os canais disponíveis para o cancelamento do cadastro no banco de dados" (art. 4º, § 4º, III). Esclarece a lei que a comunicação deve ser "sem custo" e que pode ser realizada diretamente pelo gestor ou por intermédio de determinada fonte (credor).

Além de prestigiar a vontade do consumidor – em permanecer ou não no cadastro –, a Nova Lei do Cadastro Positivo e a Lei Geral de Proteção de Dados Pessoais (LGPD) estabelecem uma série de direitos e mecanismos de controle do adequado e legítimo tratamento de dados.

A atual redação do inc. I do art. 4º, ao dispor que o gestor (entidade de proteção ao crédito) está autorizado, atendidas determinadas condições, a "abrir cadastro em banco de dados com informações de inadimplemento de pessoas naturais e jurídicas", fez opção – juridicamente – válida. O direito à privacidade, além de não ser direito absoluto, é disponível. Não há dúvida de que a opção do legislador é compatível com a Constituição Federal (art. 5º, X).

Com a Nova Lei do Cadastro Positivo, muda-se a perspectiva. Sai do modelo *opt in* para o *opt out*. Ambas as opções são legítimas e constitucionalmente válidas. Ambas prestigiam a autonomia do consumidor. Diante da promessa de redução de taxas de juros e consequentes benefícios materiais, cabe ao consumidor a escolha em integrar ou não o cadastro positivo. Tanto no modelo antigo como no atual não se vislumbra ofensa à privacidade na perspectiva de proteção de dados pessoais (art. 5º, X, da CF).

7. Direito de acesso (art. 43, *caput*, do CDC)

Como resultado de intenso debate sobre o direito à proteção de dados pessoais, o direito ao acesso às informações pessoais constantes em banco de dados está hoje assegurado nos mais diversos países. A Lei do Cadastro Positivo reforça o direito de acesso do consumidor a informações constantes em bancos de dados de proteção ao crédito (art. 5º, II). A LGPD também destaca a importância do direito de acesso a qualquer base de informações com dados pessoais (art. 9º). O direito ao acesso é tão relevante para o legislador que obteve tutela penal (art. 72 do CDC).

Qualquer pessoa pode se dirigir à entidade responsável pela administração dos bancos de dados de consumo (SPC, Serasa, Boa Vista, Quod) ou dos cadastros de consumo (agência bancária, seguradora, lojas diversas) e exigir informação sobre a existência e o conteúdo de registros pessoais, bem como a indicação da respectiva fonte.

Ressalte-se que o direito de acesso não diz respeito unicamente às entidades de proteção ao crédito, principal espécie de banco de dados de consumo. Abrange, na distinção do CDC, os *cadastros de consumo*, ou seja, as informações pessoais passadas pelo próprio consumidor no momento de uma compra (física ou virtual) e que são posteriormente organizadas em arquivo do fornecedor.

O que se observa nessa área é o desconhecimento e certo desinteresse pelas informações constantes nas bases dos mais diferentes estabelecimentos, talvez pela sensação – equivocada – de que os dados são exatamente os mesmos que foram transmitidos no momento da compra. O fato é que o consumidor, tenha havido ou não prévia relação contratual, possui o direito de acesso a eventuais informações pessoais constantes nos estabelecimentos.

O acesso do consumidor aos arquivos de consumo (bancos de dados e cadastros) é faculdade imprescindível para evitar, ou fazer cessar, ofensa a direitos da personalidade. É aspecto fundamental do direito à proteção de dados pessoais: só é possível exercer certo controle sobre as informações pessoais obtidas por terceiros se garantido o direito de acesso a elas.

Com relação à formação do histórico de crédito (informação positiva), o acesso serve para controlar o fluxo de informações sobre os contratos de empréstimo, tanto para verificar a veracidade dos registros como também para analisar a constância de alimentação, considerando que o tratamento dessas informações interessa tanto ao mercado como ao próprio consumidor, que pode, teoricamente, se beneficiar, no futuro, com taxas de juros mais vantajosas. Ao acessar seus registros pessoais e verificar alguma falha pontual no fluxo de informações, pode o consumidor, com fundamento no art. 5º, III, da Lei 12.414/2011 (Lei do Cadastro Positivo), suprir a omissão demonstrando que tal prestação foi paga em dia.

O direito ao acesso não pode ser cobrado. É gratuito, por expressa disposição constante no art. 5º, II, da Lei do Cadastro Positivo. Também não pode haver limitação temporal para o exercício do direito ao acesso. Salvo situações de abuso (art. 187 do CC), o consumidor pode, com a frequência necessária para a proteção dos seus interesses, acessar várias vezes os bancos de dados em curto espaço temporal.

Em caso de recusa da entidade ou apresentação de qualquer dificuldade de acesso, o interessado pode ajuizar ação de *habeas data* (v. comentários ao § 4º do art. 43). Todavia, a experiência de três décadas de Código de Defesa do Consumidor aponta facilidade no exercício do direito de acesso às informações constantes em bancos de dados de proteção ao crédito.

Para evitar a prática do passado de cobrança de valor (R$ 8,00 a R$ 10,00) pela emissão de documento no qual constem os dados do consumidor, deveria a Lei ter sido mais clara no sentido de que o acesso abrange a emissão de documento escrito a ser entregue ao consumidor.

 Jurisprudência

1. Privacidade e importância dos arquivos de consumo

"A convivência entre a proteção da privacidade e os chamados arquivos de consumo, mantidos pelo próprio fornecedor de crédito ou integrados em bancos de dados, tornou-se um imperativo da economia da sociedade de massas: de viabilizá-la cuidou o CDC, segundo o molde das legislações mais avançadas: ao sistema instituído pelo Código de Defesa do Consumidor para prevenir ou reprimir abusos dos arquivos de consumo, hão de submeter-se as informações sobre os protestos lavrados, uma vez obtidas na forma prevista no edito impugnado e integradas aos bancos de dados das entidades credenciadas à certidão diária de que se cuida: é o bastante a tornar duvidosa a densidade jurídica do apelo da arguição à garantia da privacidade, que há de harmonizar-se à existência de bancos de dados pessoais, cuja realidade a própria Constituição reconhece (art. 5º, LXXII, *in fine*) e entre os quais os arquivos de consumo são um dado inextirpável da economia fundada nas relações massificadas de crédito" (STF, ADI 1.790 MC, Tribunal Pleno, Rel. Min. Sepúlveda Pertence, j. 23.04.1998, *DJ* 08.09.2000, p. 4, *Ement.* vol-02003-01, p. 199).

"A instituição de cadastros e/ou bancos de dados com informações sobre consumidores e fornecedores presta um grande servido de proteção ao crédito, ao consumo e ao mercado em geral" (STJ, REsp 348.275/PB, 4ª Turma, Rel. Min. Cesar Asfor Rocha, j. 16.04.2002, *DJ* 02.09.2002).

2. Função social dos bancos de dados de proteção ao crédito e tensão com direitos da personalidade

"3. A essência – e, por conseguinte, a função social dos bancos de dados – é reduzir a assimetria de informação entre o credor/vendedor, garantindo informações aptas a facilitarem a avaliação do risco dos potenciais clientes, permitindo aos credores e comerciantes estabelecer preços, taxas de juros e condições de pagamento justas e diferenciadas para bons e maus pagadores. 4. Em vista da tensão com os direitos da personalidade e da dignidade da pessoa humana, o CDC, disciplinando a matéria, atribuiu caráter público às entidades arquivistas, para instituir um amplo, rigoroso e público controle de suas operações, no interesse da comunidade" (STJ, REsp 1.630.889/DF, 3ª Turma, Rel. Min. Nancy Andrighi, j. 11.09.2018, *DJe* 21.09.2018).

3. Diálogo entre o CDC e a Lei do Cadastro Positivo: exigências mínimas para inscrição regular

"1. O Código do Consumidor disciplinou em uma única seção 'os bancos de dados e cadastros de consumidores', estabelecendo limites e critérios aos quais, na seara do mercado de consumo, podem ser desenvolvidos e utilizados, sempre visando respaldar em específico a dignidade dos consumidores. 2. No tocante ao conteúdo dos dados arquivados, dispôs no § 1º do art. 43 que 'Os cadastros e dados de consumidores devem ser objetivos, claros, verdadeiros e em linguagem de fácil compreensão, não podendo conter informações negativas referentes a período superior a cinco anos'. 3. Portanto, o ato registral, além da linguagem de fácil compreensão, com dados objetivos, deve ser claro – sem deixar dúvida, contradição – e, principalmente, verdadeiro – isto é, exato, completo, reproduzindo os fatos fielmente como são. 4. No caso em comento, acabou a recorrida construindo um perfil da recorrente que simplesmente não corresponde à realidade, atribuindo-lhe a pecha de má pagadora sem que houvesse razão para tanto. É que a falta de uma qualificação mínima (nome e CPF ou RG, ou nome e ascendência, dentre tantos outros critérios) demonstra que a recorrida não observou o básico para atender ao atributo da precisão na elaboração do cadastro. 5. É que da mesma forma que se proíbem as anotações de informações excessivas (art. 3º, § 3º, da Lei n. 12.414/2011), deve ser vedado o tratamento de informações módicas, escassas, insuficientes, sob pena de não se preservar o núcleo essencial do direito à privacidade. 6. De fato, na qualidade de administradora do banco de dados de proteção ao crédito, conforme impõe o CDC, deve ter total controle da informação que dissemina, inclusive para retificá-la ou excluí-la, sendo que a omissão de informação basilar na divulgação acaba por violar, além do princípio da veracidade, o princípio da boa-fé objetiva, haja vista a potencialidade danosa dessa conduta, configurando falha na prestação do serviço. 7. Saliente-se que, no caso, se trata de inscrição *sponte propria*, na qual o arquivista retira informações de domínio público, sem o dever de notificar o devedor, tão somente para abastecer o seu banco de dados com a finalidade precípua de auferir lucros, devendo, por isso, assumir os riscos e cuidados de sua atividade. 8. É pacífica a jurisprudência desta Corte 'no sentido de que a ausência de prévia comunicação ao consumidor da inscrição de seu nome em cadastros de proteção ao crédito, prevista no art. 43, § 2º, do CDC, não dá ensejo à reparação de danos morais quando oriunda de informações contidas em assentamentos provenientes de serviços notariais e de registros, bem como de distribuição de processos judiciais, por serem de domínio público' (Rcl n. 6.173/SP, 2ª Seção, Rel. Min. Raul Araújo, *DJe* de 15/3/2012). 9. Tal entendimento, contudo, só vem a reforçar o fato de que, como não há obrigação de notificação – oportunidade em que o devedor inscrito poderia solicitar a correção ou a exclusão –, o dever de zelo do arquivista deve ser muito maior. Deveras, justamente por estar isento do dever de notificação é que, nesses casos, o mínimo possível de informações para a identificação da pessoa que será registrada deverá ser respeitada, principalmente porque a finalidade do banco de dados é justamente prestar informações mais relevantes para a decisão de concessão de crédito" (STJ, REsp 1.297.044/SP, 4ª Turma, Rel. Min. Luis Felipe Salomão, j. 20.08.2015, *DJe* 29.09.2015).

4. Não incidência do CDC ao SISBACEN (Banco Central do Brasil)

"1. A partir dos termos da legislação afeta ao Sistema Financeiro Nacional, os cadastros integrantes do SISBACEN se destinam, precipuamente, à atividade fiscalizadora do Recorrente, *discrimen* suficiente para justificar o afastamento das regras consumeristas aplicáveis aos cadastros restritivos de crédito que praticam serviços de informação mercantil. 2. Ante o papel de gestor do SISBACEN, de natureza pública e distinto dos cadastros privados como o SERASA e o SPC, que auferem lucros com o cadastramento dos inadimplentes, o Banco Central do Brasil é parte ilegítima para figurar no polo passivo da ação manejada, na origem, pelo ora Recorrido. Inteligência da Súmula 572/STJ" (STJ, REsp 1626547/RS, Rel. Min. Regina Helena Costa, 1ª Turma, j. 06.04.2021, *DJe* 08.04.2021).

§ 1º Os cadastros e dados de consumidores devem ser objetivos, claros, verdadeiros e em linguagem de fácil compreensão, não podendo conter informações negativas referentes a período superior a cinco anos.

Legislação correlata

Código Civil, art. 402.

Lei 12.414/2011 (Lei do Cadastro Positivo).

Lei 13.709/2018 (Lei Geral de Proteção de Dados Pessoais).

Análise doutrinária

1. Qualidade dos dados

O § 1º do art. 43 exige que os dados sejam objetivos, claros, verdadeiros e em linguagem de fácil compreensão. Acrescenta que as informações negativas não podem ser superiores a cinco anos (v. comentários ao § 5º do art. 43). O dispositivo possui paralelo com a Lei de Cadastro Positivo, cujo § 1º do art. 3º estabelece que as informações tratadas por bancos de dados de proteção ao crédito devem ser objetivas, claras, verdadeiras e de fácil compreensão, além de necessárias para avaliar a situação do consumidor.

A delimitação da qualidade das informações que são tratadas pelos bancos de dados de proteção ao crédito, bem como a condição de que "sejam necessárias para avaliar a situação econômica do cadastrado" são exigências para proteção da privacidade do consumidor. Exatamente nessa linha, a LGPD (Lei 13.709/2018) institui, no art. 6º, a boa-fé objetiva – que significa transparência e lealdade nas relações – e o princípio da qualidade dos dados, ou seja: "garantia, aos titulares, de exatidão, clareza, relevância e atualização dos dados, de acordo com a necessidade e para o cumprimento da finalidade de seu tratamento" (inc. V).

A Lei do Cadastro Positivo, no § 2º do art. 3º, avança em relação ao CDC e define o significado dos termos. Cabe aqui o *diálogo das fontes*: uma norma complementa e auxilia a interpretação da outra.

As informações objetivas, de acordo com o inc. I do § 2º da Lei do Cadastro Positivo, são "aquelas descritivas dos fatos e que não envolvam juízo de valor". Está correta a opção legal em exigir esse atributo, pois o propósito dos bancos de dados de proteção ao crédito é oferecer informações para que o consulente avalie e verifique como e em que medida irão afetar a decisão de conceder crédito ao consumidor. Quem faz a avaliação – juízo de valor – é o fornecedor (consulente) que tem acesso à informação. A Lei, entretanto, previu exceção a essa regra ao permitir que o gestor dos bancos de dados realize "análise de risco" e disponibilize ao consulente "nota ou pontuação de crédito" (art. 7º-A).

Além de objetiva, a informação deve ser veraz. Informação inexata ou, em outros termos, que não corresponda a uma situação real não interessa a ninguém. O consulente, para uma correta avaliação dos riscos de concessão de crédito ou para reduzir a taxa de juros a ser cobrada do consumidor, precisa, por óbvio, de informações verdadeiras.

A dívida inscrita em arquivos de proteção ao crédito não precisa ser necessariamente decorrente de relação de consumo prévia. Primeiro porque a lei não faz essa exigência. Em segundo lugar, deve-se considerar o objetivo da entidade de proteção ao crédito: oferecer informações úteis para futura análise de risco de concessão de crédito ao consumidor. Em princípio, toda e qualquer dívida vencida e não paga é útil para decisão de conceder crédito. Ilustrativamente, o débito pode ser decorrente de não pagamento de taxa condominial ou, até mesmo, oriundo de relação tributária. Cabe ao consulente do banco de dados avaliar adequadamente a importância e impacto de tais inscrições para o crédito almejado pelo consumidor.

O consumidor, de outro lado, cujas informações registradas são inexatas, além de avaliado incorretamente pelo consulente, é ofendido em seus direitos da personalidade, particularmente no tocante à honra, já que, no final, acabam por ser construídos perfil e fatos relativos ao consumidor que simplesmente não correspondem à realidade.

De acordo com o art. 3º, § 2º, III, da Lei do Cadastro Positivo, informações verdadeiras são as "exatas, completas e sujeitas à comprovação". Além da exigência de veracidade dos dados, destaca o dispositivo que as informações devem ser *completas*. Informação incompleta equipara-se, muitas vezes, a informação inexata, pois não permite ao consulente uma adequada e integral visão dos fatos.

Em que pese a exigência legal de veracidade da informação (art. 43, § 1º, do CDC e art. 3º, § 2º, III, da Lei 12.414/2011), os bancos de dados de proteção ao crédito não exigem, num primeiro momento, comprovação da exatidão para efetuar o registro. Há uma presunção de que a informação é verídica. Em termos práticos, não há outro caminho, pois seria inviável aos bancos de dados realizar diariamente milhares de análises de pedidos de registro, exigindo documentos específicos da dívida, cópias de títulos de crédito ou qualquer outro meio de comprovação da dívida.

A Lei de Cadastro Positivo dispõe que informações verdadeiras são aquelas "sujeitas à comprovação". Significa justamente que não há obrigatoriedade de se exigir, previamente, essa comprovação, pela própria velocidade e dinâmica das atividades dos bancos de dados de proteção ao crédito. De outro lado, tanto o arquivista como o fornecedor sabem que o tratamento de informações inexatas acarreta sanções, devendo eles agir com absoluta lealdade e cuidado (boa-fé objetiva) no tratamento de informações do consumidor. Ademais, o consumidor (cadastrado) pode, a qualquer tempo, questionar a exatidão da informação (art. 43, § 3º, do CDC; art. 5º, III, da Lei 12.414/2011).

De acordo com art. 3º, § 2º, IV, da Lei do Cadastro Positivo, são informações de fácil compreensão "aquelas em sentido comum que assegurem ao cadastrado o pleno conhecimento do conteúdo, do sentido e do alcance dos dados sobre ele anotados". O propósito legal é possibilitar ao consumidor, particularmente quando exercer o direito de acesso aos dados pessoais (art. 4º, *caput*, do CDC e art. 5º, II, da Lei 12.414/2011), compreender o registro.

Essa compreensão é fundamental para saber por que motivo eventual crédito foi negado ou, ainda, por que não houve redução de taxa de juros. Também é o atributo da informação "de fácil compreensão" que permite ao interessado exigir a retificação dos dados, com fundamento no art. 43, § 3º, do CDC e no art. 5º, III, da Nova Lei do Cadastro Positivo.

Em consequência da determinação contida no inc. IV, não se admitem informações codificadas, linguagem técnica, prolixa, ou utilização de idioma estrangeiro. Os registros em bancos de dados são dirigidos aos fornecedores, mas seu conteúdo deve ser facilmente compreendido pelos consumidores.

A informação de fácil compreensão também se refere "aos elementos e critérios considerados para composição da nota ou pontuação de crédito da pessoa" (art. 7º-A). A Nova Lei do Cadastro Positivo, em boa hora, exige maior transparência em relação ao *credit scoring*, além de vedar o tratamento de certas informações para composição da nota do consumidor.

Além de estabelecer atributos para legitimar o tratamento de dados, o § 3º do art. 3º da Lei do Cadastro Positivo proíbe expressamente as informações excessivas e sensíveis. As vedações de informações sensíveis e excessivas visam mitigar a potencialidade ofensiva dos bancos de dados ao direito à privacidade.

O dispositivo recebeu influência do Direito europeu. Tanto a revogada Diretiva 95/46 da União Europeia como o atual Regulamento 679/2016 estipulam que os dados devem ser adequados, pertinentes e *não excessivos* em relação aos propósitos para os quais foram recolhidos.

Se pode ser verdadeiro que, sob a ótica econômica, quanto mais informações, melhor é a avaliação de crédito (*more is better*), para o direito, para proteção jurídica da privacidade, é fundamental restringir, tanto no tempo, como na qualidade e quantidade, as informações que circulam pelos bancos de dados de proteção ao crédito.

O STJ, em julgamento de recurso repetitivo, considera lícito o denominado sistema de *credit scoring*, mas, ao mesmo tempo, estabelece uma série de limitações, dentre elas, justamente eventual caráter excessivo da informação. Em 19 de outubro de 2015, foi publicada a Súmula 550 do STJ: "A utilização de escore de crédito, método estatístico de avaliação de risco que não constitui banco de dados, dispensa o consentimento do consumidor, que terá o direito de solicitar esclarecimentos sobre as informações pessoais valoradas e as fontes dos dados considerados no respectivo cálculo". O tema hoje está regulamentado pelo disposto no art. 7º-A, conforme redação conferida pela Lei Complementar 166/2019.

Consigne-se, por fim, que o CDC impõe limites temporais à manutenção de inscrições em bancos de dados de proteção ao crédito. São, na verdade, duas referências a limites cronológicos no art. 43. De um lado, o § 1º estabelece que os cadastros e dados de consumidores não podem "conter informações negativas referentes a período superior a cinco anos". Mais à frente, o § 5º veda tratamento de informações de dívidas prescritas. Os dois prazos – que não se confundem – são analisados nos comentários ao § 5º do art. 43.

2. Responsabilidade civil dos bancos de dados de proteção ao crédito

A responsabilidade civil das entidades de proteção ao crédito por danos ao consumidor deve ser analisada a partir de diálogo entre o CDC e a Lei do Cadastro Positivo, cujo art. 16 – que trata do tema – foi alterado recentemente pela Lei Complementar

166/2019. O dispositivo foi modificado para remeter ao CDC todas as questões relacionadas à responsabilidade civil, nos seguintes termos: "O banco de dados, a fonte e o consulente são responsáveis, objetiva e solidariamente, pelos danos materiais e morais que causarem ao cadastrado, nos termos da Lei 8.078, de 11 de setembro de 1990".

No âmbito do CDC, a primeira questão que se coloca no tocante à análise da responsabilidade civil diz respeito ao seu fundamento jurídico. Afinal, em qual dispositivo legal se fundamenta o dever de indenizar das entidades de proteção ao crédito?

Como reiteradamente pontuado, o CDC, em tema de responsabilidade civil, disciplina – em duas seções específicas – responsabilidade pelo fato e vício do produto e serviço. Todavia, antes disso, estabelece no art. 6º, VI, que é direito básico do consumidor a "efetiva prevenção e reparação de danos patrimoniais e morais".

O referido dispositivo, embora nem sempre destacado como tal, institui verdadeira cláusula geral da responsabilidade civil no mercado de consumo, ou seja, serve de fundamento geral para permitir indenização de lesões (patrimoniais e morais) ocasionadas ao consumidor quando a situação fática, geradora do dano, não se configura responsabilidade pelo fato ou vício do produto ou do serviço.

É equivocado pensar que toda e qualquer lesão causada ao consumidor decorre necessariamente de vício ou fato do produto ou serviço. Muitos danos (morais e materiais) ocasionados ao consumidor são consequências de atividades que não se enquadram em *fato* ou *vício* do produto ou serviço.

Nessas situações, o fundamento da responsabilidade civil deve ser buscado no dispositivo que abrange, de modo geral, os danos inerentes às atividades desenvolvidas no mercado de consumo. A ideia de que o art. 6º, VI, do CDC se caracteriza como cláusula geral da responsabilidade civil nas relações de consumo não tem sido debatida com a necessária ênfase pela doutrina, o que acaba por estimular o equívoco de se procurar encaixar toda situação fática de dano ao consumidor nas categorias de vício e fato do produto ou serviço (v. comentários ao art. 6º, VI).

O desrespeito aos limites jurídicos da atuação dos bancos de dados de proteção ao crédito, além da sanção administrativa e eventual prática de crime (sanção penal), gera o dever de indenizar os danos morais e materiais decorrentes da ilicitude (art. 6º, VI) e possibilita o ajuizamento de ações diversas para fazer cessar imediatamente a ofensa a direitos da personalidade.

O consumidor, cujos direitos não forem observados pelos arquivos de consumo e pelos fornecedores, pode requerer indenização cumulada dos danos morais e materiais decorrentes do ato (Súmula 37 do STJ).

Cabe destacar que não é unicamente o registro baseado em informação inverídica que enseja a indenização por danos morais e materiais. Qualquer violação dos deveres impostos aos bancos de dados de proteção ao crédito, como veracidade, comunicação prévia, objetividade da informação, atrai o regime da responsabilidade civil do CDC. Se todos os pressupostos legais que legitimam a atuação das entidades de proteção ao crédito não forem rigorosamente observados, há imediata caracterização de ofensa a direitos da personalidade do consumidor.

Assim, o registro sem a prévia comunicação ao interessado é ilícito, assim como é ilícito o registro de informações que não atente aos requisitos da clareza ou objetividade ou ao limite temporal, para citar apenas alguns exemplos. Há ofensa, em todos os casos, aos direitos da personalidade (privacidade e honra) do titular dos dados.

Um aspecto da sanção civil decorrente de inscrição irregular em bancos de dados de proteção ao crédito é a indenização por danos morais. Na hipótese, basta a demonstração da irregularidade do procedimento de registro (informação inexata, falta de comunicação prévia etc.), uma vez que a inobservância de qualquer requisito constitucional ou legal que legitima a atuação dos arquivos de consumo retira o manto do exercício regular de direito e ofende a privacidade e honra do consumidor.

Cada inscrição indevida, ou seja, que não atende aos pressupostos indicados pelo art. 43 do CDC, configura novo ato ilícito ensejador de indenização por danos morais e materiais. Várias inscrições significam diferentes lesões a direitos da personalidade. Não há, desse modo, como concordar com o teor da Súmula 385 do STJ, a qual estabelece: "Da anotação irregular em cadastro de proteção ao crédito, não cabe indenização por dano moral, quando preexistente legítima inscrição, ressalvado do direito ao cancelamento".

Os danos morais, decorrentes de registro indevido em bancos de dados de proteção ao crédito, devem ser encarados sob tríplice perspectiva: ofensa à privacidade e honra, assim como eventual alteração negativa do estado anímico da pessoa (ofensa à integridade psicofísica). O que, em princípio, era lícito, justamente pela rigorosa observância dos limites, passa a se constituir em ofensa à privacidade, no aspecto de direito à proteção de dados pessoais. A honra objetiva do consumidor, invariavelmente, é atingida, pois se divulga fato ofensivo a sua reputação: o não cumprimento das obrigações contratuais. Além disso, conforme as circunstâncias do caso concreto, pode haver afetação da integridade psicofísica do consumidor (constrangimento, vergonha ou outro sentimento negativo).

Embora a concepção do dano moral, principalmente sua vinculação ou não à dor psíquica, seja tema bastante polêmico na doutrina, é incontroverso no Superior Tribunal de Justiça – especificamente na área de entidades de proteção ao crédito – que, para o deferimento de indenização por dano moral, basta ao interessado demonstrar que o registro foi irregular: não há necessidade de demonstrar que houve afetação ao bem-estar psicofísico da pessoa, ou seja, que a inscrição gerou vergonha, constrangimento, tristeza ou qualquer outro sentimento negativo. A Corte entende que o dano é *in re ipsa*.

Ao lado dos danos morais, o consumidor pode requerer indenização pelos danos materiais, ou seja, o dano emergente e os lucros cessantes (o que efetivamente se perdeu e razoavelmente deixou de lucrar – art. 402 do CC). Denomina-se dano emergente ou positivo o que constitui uma diminuição imediata no patrimônio da vítima em decorrência do ato ilícito. De outra parte, denomina-se lucro cessante o reflexo patrimonial negativo oriundo de análise futura das consequências do ato ilícito. Ao contrário dos danos morais, há necessidade de prova específica concernente ao prejuízo material sofrido pelo consumidor.

Assim, o consumidor deve provar, por exemplo, que a não obtenção do financiamento pretendido impediu o conserto imediato de aparelho utilizado profissionalmente, o que, ao final, implicou uma redução de receita num valor específico (lucro cessante).

Por fim, consigne-se que, a par de se pleitear indenização por danos morais e materiais, há sempre a possibilidade de realizar providência processual para cancelar imediatamente a inscrição irregular, com fundamento no caráter extrapatrimonial dos diretos da personalidade e na respectiva necessidade de proteção preventiva.

A respeito, o art. 12 do Código Civil, que está em consonância com o art. 6º, VI, do CDC, é claro: "pode-se exigir que cesse a ameaça, ou a lesão, a direito da personalidade, e reclamar perdas e danos, sem prejuízo de outras sanções previstas em lei".

3. Responsabilidade objetiva e crítica à utilização do art. 14 do CDC para embasar as pretensões indenizatórias

É objetiva a responsabilidade civil dos bancos de dados de proteção ao crédito decorrente de registros indevidos. Não cabe discutir, nas respectivas ações indenizatórias, se a entidade arquivista agiu com intenção, negligência, imprudência ou imperícia na realização da inscrição.

O fundamento dessa responsabilidade extrai-se diretamente da proteção constitucional conferida à privacidade e à honra (art. 5º, X) em diálogo com a cláusula geral da responsabilidade civil nas relações de consumo (arts. 6º, VI, e 16 da Lei do Cadastro Positivo).

Assim, ao consumidor é suficiente, para obter êxito em sua pretensão indenizatória, demonstrar, a par dos danos, que a entidade arquivista ou o fornecedor realizou o registro sem atender a qualquer um dos pressupostos indicados pelo ordenamento jurídico, tais como veracidade, objetividade, clareza da informação e ausência de comunicação prévia.

Há julgados de tribunais estaduais que sustentam que o fundamento da responsabilidade civil em face de registro irregular em serviço de proteção ao crédito decorre do disposto no art. 14 do CDC (fato do serviço). Entende-se, direta ou indiretamente, que a entidade de proteção ao crédito oferece serviço defeituoso ao comerciante, quando, por exemplo, informa dívida inexistente. O consumidor, vítima de inscrição irregular, poderia invocar o CDC a seu favor com base no art. 17 da Lei (*bystander*).

Tal posição, principalmente quando não há prévia relação contratual entre o consumidor e o fornecedor (que determinou a inscrição) não é correta. Imagine-se a situação – bastante comum – de inscrição em entidade de proteção ao crédito a partir de uso fraudulento dos dados do consumidor e, consequentemente, dívidas inexistentes. Nesse caso, não é possível se falar em defeito do serviço (art. 14 do CDC) já que o consumidor não realizou qualquer contrato de prestação de serviços com o fornecedor.

Também, não se vislumbra, na hipótese, relação de consumo entre bancos de dados de proteção ao crédito e comerciante, pois os serviços fornecidos por entidades de proteção ao crédito aos fornecedores dizem respeito à atividade empresarial exercida (finalismo). Ademais, não se verifica a vulnerabilidade no caso concreto da pessoa jurídica (finalismo aprofundado). Ora, se inexiste vínculo de consumo e consequentemente responsabilidade pelo fato do serviço, como se identifica a figura de uma vítima de acidente de consumo (art. 17 do CDC)?

Esse entendimento equivocado – de uso recorrente do disposto no art. 14 do CDC - é reflexo da tendência em visualizar apenas duas espécies de responsabilidade civil no CDC: 1) fato do produto e do serviço; e 2) vício do produto e do serviço.

Ignora-se, com tal postura, a existência de cláusula geral da responsabilidade civil nas relações de consumo (v. comentários ao art. 6º, VI, do CDC).

De outro lado, quando há prévia relação contratual do consumidor com aquisição de produto ou serviço, para atrair a disciplina do art. 14 do CDC devem estar presentes os pressupostos que lhe são inerentes: 1) prestação de serviço defeituoso; 2) nexo de causalidade; 3) dano. O art. 14 impõe o dever de o fornecedor indenizar os danos decorrentes de "defeitos relativos à prestação dos serviços".

A cobrança pelo fornecedor de dívida decorrente de contratação de um produto ou serviço, inclusive empréstimo, é atividade que ganha bastante independência em relação ao objeto principal do contrato de consumo. Só mesmo por meio de um grande esforço hermenêutico, seria possível concluir que a inscrição indevida caracteriza um serviço defeituoso, como uma espécie de efeito colateral do pacto principal.

Portanto, o mais correto é fundamentar a pretensão indenizatória do consumidor na cláusula geral da responsabilidade civil das relações de consumo que está prevista no art. 6º, VI, do CDC. Não se trata de acidente de consumo. Não tem aplicação o disposto no art. 27 do CDC que prevê prazo prescricional de cinco anos. Incide, na hipótese, o prazo de três anos, previsto no art. 206, § 3º, V, do Código Civil (STJ, AgInt no AREsp 773.756/SP, Rel. Min. Assusete Magalhães, 2ª Turma, j. 14.06.2021).

4. Responsabilidade solidária entre banco de dados e fornecedor

Um importante aspecto da responsabilidade civil concerne à identificação do sujeito passivo, ou seja, de quem, diante de um registro indevido, tem o dever de indenizar os danos morais e materiais decorrentes do ato.

Os arquivos promovem a circulação das informações como se verdadeiras fossem. Se o banco de dados registra – ou permite que o fornecedor registre diretamente – informação sem qualquer exigência ou cautela quanto à demonstração da veracidade dos dados, deve, naturalmente, arcar com as sanções civis decorrentes de sua conduta. A entidade pode – e deve – estipular, em sua relação com as fontes, a responsabilidade final delas, caso se verifique, posteriormente, a inverdade da informação. Todavia, a relação entre o solicitador do registro (fonte) e o arquivo de proteção ao crédito é estranha ao consumidor.

Portanto, há, necessariamente, concorrência entre fornecedor (lojista, instituição financeira) e banco de dados na realização do ato ilícito: ambos devem responder perante o consumidor. O fornecedor apresentou, desatendendo o disposto no art. 43, § 1º, informação inverídica. A entidade arquivista aceitou como verdadeira a informação e a colocou à disposição de terceiros. Em outros termos, há solidariedade passiva em relação ao dever de indenizar (obrigação sucessiva) por ato ilícito (v. comentários ao parágrafo único do art. 7º).

 Dicas práticas

A definição da qualidade dos dados tratados por entidades de proteção ao crédito decorre de diálogo entre o CDC e a Lei de Cadastro Positivo. Daí a importância de interpretação e análise conjunta dos referidos diplomas legais.

Jurisprudência

1. Inscrições indevidas e dano moral *in re ipsa*

"Segundo a jurisprudência do Superior Tribunal de Justiça, a inscrição indevida em cadastros de inadimplentes constitui dano *in re ipsa*, dispensada, assim, a comprovação do efetivo prejuízo. A alteração do *quantum* indenizatório apenas é possível, na instância especial, se o valor for irrisório ou excessivo, circunstâncias inexistentes na espécie (R$ 5.100,00)" (STJ, AgRg no AREsp 129.409/RS, 1ª Turma, Rel. Min. Olindo Menezes (Desembargador convocado do TRF 1ª Região), j. 03.09.2015, *DJe* 15.09.2015).

"3. Segundo a jurisprudência desta Corte, pode-se definir dano moral como lesões a atributos da pessoa, enquanto ente ético e social que participa da vida em sociedade, estabelecendo relações intersubjetivas em uma ou mais comunidades, ou, em outras palavras, são atentados à parte afetiva e à parte social da personalidade. 4. A jurisprudência do Superior Tribunal de Justiça é pacífica no sentido de que inscrições indevidas são causa de dano moral *in re ipsa*, salvo algumas exceções bem delimitadas, como a existência de prévia anotação de débito nos serviços de proteção de crédito. 5. Na hipótese, é possível a aplicação da Súmula 385/STJ, considerando que, ao momento de sua realização, a inscrição da recorrente em serviço de proteção de crédito, ocorreu de maneira legítima" (STJ, REsp 1.562.194/RS, 3ª Turma, Rel. Min. Nancy Andrighi, j. 06.08.2019, *DJe* 12.08.2019).

"Está pacificado nesta Corte Superior que a inscrição indevida em cadastro negativo de crédito, por si só, configura *dano in re ipsa*. Precedentes" (STJ, AgInt no AREsp 1403554/MS, Rel. Min. Marco Buzzi, 4ª Turma, j. 31.05.2021, *DJe* 04.06.2021).

"Nos termos da jurisprudência do STJ, a inscrição indevida do nome do devedor no cadastro de inadimplentes configura ato ilícito e enseja na reparação por dano moral. Incidência da Súmula 83/STJ (AgInt no AREsp 1.647.046/PR, Rel. Ministro Marco Buzzi, Quarta Turma, julgado em 24/08/2020, DJe 27/08/2020)" (STJ, AgInt no AREsp 1781705/RJ, Rel. Min. Marco Aurélio Bellizze, 3ª Turma, j. 12.04.2021, *DJe* 15.04.2021).

2. Responsabilidade solidária entre lojista e entidade de proteção ao crédito

"A jurisprudência desta Corte reconhece a legitimidade *ad causam* de associação ou câmara de dirigentes lojistas que reproduz informações contidas em outros bancos de dados desenvolvendo, por isso, típico serviço de proteção ao crédito, devendo, assim, responder pela ausência de notificação prévia ao consumidor da inscrição de seu nome em cadastro de proteção ao crédito" (STJ, AgInt no AREsp 1.081.367/RS, Rel. Min. Raul Araújo, j. 21.09.2017, *DJe* 20.10.2017).

3. Não cabe indenização por dano moral quando preexistente legítima inscrição

Súmula 385 do STJ: "Da anotação irregular em cadastro de proteção ao crédito, não cabe indenização por dano moral, quando preexistente legítima inscrição, ressalvado do direito ao cancelamento".

"A ocorrência de inscrições pretéritas em cadastro de inadimplentes obsta a concessão de indenização por dano moral em virtude de inscrição posterior, ainda que esta seja irregular. Súmula 385 do STJ" (STJ, AgInt no AREsp 1772584/RS, Rel. Min. Marco Buzzi, 4ª Turma, j. 31.05.2021, *DJe* 04.06.2021).

4. O credor deve excluir o registro no prazo de cinco dias úteis

"1. É do credor, e não do devedor, o ônus da baixa da indicação do nome do consumidor em cadastro de proteção ao crédito, em virtude do que dispõe o art. 43, § 3º, combinado com o art. 73, ambos do CDC. A propósito, este último, pertencente às disposições penais, tipifica como crime a não correção imediata de informações inexatas acerca de consumidores constantes em bancos de dados" (STJ, AgRg no Ag 1.373.920/SP, 4ª Turma, Rel. Min. Luis Felipe Salomão, j. 22.05.2012, *DJe* 28.05.2012).

Súmula 548 do STJ: "Incumbe ao credor a exclusão do registro da dívida em nome do devedor no cadastro de inadimplentes no prazo de cinco dias úteis, a partir do integral e efetivo pagamento do débito".

5. *Credit scoring*

"Recurso especial representativo de controvérsia (art. 543-C do CPC/1973 [art. 1.036 do CPC/2015]). Tema 710/STJ. Direito do consumidor. Arquivos de crédito. Sistema 'credit scoring'. Compatibilidade com o direito brasileiro. Limites. Dano moral. I. – Teses: 1) O sistema 'credit scoring' é um método desenvolvido para avaliação do risco de concessão de crédito, a partir de modelos estatísticos, considerando diversas variáveis, com atribuição de uma pontuação ao consumidor avaliado (nota do risco de crédito); 2) Essa prática comercial é lícita, estando autorizada pelo art. 5º, IV, e pelo art. 7º, I, da Lei n. 12.414/2011 (Lei do Cadastro Positivo); 3) Na avaliação do risco de crédito, devem ser respeitados os limites estabelecidos pelo sistema de proteção do consumidor no sentido da tutela da privacidade e da máxima transparência nas relações negociais, conforme previsão do CDC e da Lei n. 12.414/2011; 4) Apesar de desnecessário o consentimento do consumidor consultado, devem ser a ele fornecidos esclarecimentos, caso solicitados, acerca das fontes dos dados considerados (histórico de crédito), bem como as informações pessoais valoradas; 5) O desrespeito aos limites legais na utilização do sistema 'credit scoring', configurando abuso no exercício desse direito (art. 187 do CC/2002), pode ensejar a responsabilidade objetiva e solidária do fornecedor do serviço, do responsável pelo banco de dados, da fonte e do consulente (art. 16 da Lei n. 12.414/2011) pela ocorrência de danos morais nas hipóteses de utilização de informações excessivas ou sensíveis (art. 3º, § 3º, I e II, da Lei n. 12.414/2011), bem como nos casos de comprovada recusa indevida de crédito pelo uso de dados incorretos ou desatualizados" (STJ, REsp 1.419.697/RS, 2ª Seção, Rel. Min. Paulo de Tarso Sanseverino, j. 12.11.2014, *DJe* 17.11.2014).

Súmula 550 do STJ: "A utilização de escore de crédito, método estatístico de avaliação de risco que não constitui banco de dados, dispensa o consentimento do consumidor, que terá o direito de solicitar esclarecimentos sobre as informações pessoais valoradas e as fontes dos dados considerados no respectivo cálculo".

> **§ 2º** A abertura de cadastro, ficha, registro e dados pessoais e de consumo deverá ser comunicada por escrito ao consumidor, quando não solicitada por ele.

Legislação correlata

Lei 12.414/2011 (Lei do Cadastro Positivo).

Lei 12.965/2014 (Marco Civil da Internet).

Lei 13.709/2018 (Lei Geral de Proteção de Dados Pessoais).

 Análise doutrinária

1. Direito à comunicação

O § 2º do art. 43 dispõe sobre o dever de comunicar a abertura "de cadastro, ficha, registro e dados pessoais e de consumo". O dispositivo dispensa, na parte final, a comunicação quando houver solicitação do próprio consumidor. Tal solicitação não é nada comum com relação aos *bancos de dados* de proteção ao crédito. A sua ocorrência, na verdade, se dá em relação aos cadastros de consumidores elaborados pelo próprio fornecedor, conforme distinção já realizada. Ou seja, a "solicitação" diz respeito à hipótese na qual os dados são voluntariamente oferecidos ao consumidor na elaboração de um cadastro de uma loja, por exemplo.

O direito à comunicação de registro de informação negativa é relevante, pois possibilita, em regra, o exercício do direito de retificação das informações registradas, protegendo ou fazendo cessar ofensa a direitos da personalidade. A ausência de comunicação, por si só, enseja o dever de indenizar. O tratamento de informações negativas é possível e lícito desde que observados todos os pressupostos previstos no art. 43. A ausência do dever de comunicar conduz o registro ao campo da ilicitude e enseja o dever de indenizar. Tal tema é pacífico na jurisprudência.

O dever de comunicação refere-se a qualquer novo registro no banco de dados. Não importa se a fonte da informação é acessível a todos. Os efeitos decorrentes de um protesto de título em cartório são absolutamente diversos das consequências de estar negativado em serviço de proteção ao crédito. Ademais, a Lei, no art. 43, § 2º, não faz qualquer ressalva.

A Lei, em relação ao meio de comunicação, exige que seja por escrito. O CDC não exige que seja realizada com documento comprobatório, como aviso de recebimento (AR). Em novembro de 2009, o STJ editou a Súmula 404, que afastou qualquer discussão quanto à necessidade de AR para realizar a comunicação prevista no art. 43, § 2º, do CDC: "É dispensável o Aviso de Recebimento (AR) na carta de comunicação ao consumidor sobre a negativação de seu nome em bancos de dados e cadastros".

A comunicação é necessária para cada nova informação negativa. A sistemática é diferente para o tratamento de informações positivas (histórico de créditos). A nova redação da Lei do Cadastro Positivo, promovida pela Lei Complementar 166/2019, impõe uma única comunicação (§ 4º do art. 4º): no início do tratamento das informações para que o consumidor possa, querendo, se opor ao tratamento do seu histórico de crédito (art. 5º, I). No tocante ao meio, o § 6º do art. 4º estabelece várias possibilidades: endereço residencial, comercial ou eletrônico, conforme indicação do consumidor.

2. Prazo e conteúdo da comunicação

O CDC foi omisso quanto ao prazo para realizar a comunicação ao consumidor. A doutrina e, posteriormente, a jurisprudência, considerando a relevância dos direitos da personalidade do consumidor, possuem entendimento de que deve haver lapso de tempo entre a comunicação e a realização do registro, de modo a permitir manifestação prévia do consumidor quanto à veracidade ou outros vícios da inscrição que se pretende realizar.

Em setembro de 2008, o STJ editou a Súmula 359, a qual dispõe que "cabe ao órgão mantenedor do Cadastro de Proteção ao Crédito a notificação do devedor antes de proceder à inscrição" (grifou-se).

A referida Súmula, além de indicar que o arquivo de consumo é o responsável pelo dever de comunicação, previsto no § 2º do art. 43 do CDC, confirma o entendimento de que a comunicação deve ser anterior ao registro. Assim como se concede oportunidade para o fornecedor se defender antes de ingressar em lista de maus fornecedores mantida por órgãos públicos de defesa do consumidor (art. 44 do CDC), procedimento semelhante deve ser observado em relação à inscrição do consumidor em banco de dados de proteção ao crédito.

Necessário acrescentar que não basta expedir a comunicação: o correto é, além da certeza quanto à efetiva comunicação do registro, conceder prazo razoável, pelo menos de cinco dias úteis, para eventual exercício do direito à retificação.

A comunicação sobre o iminente registro é fundamental na medida em que possibilita ao interessado impugnar os dados, provar, por exemplo, que a dívida já foi paga, evitando uma lesão – sempre irreparável – a direitos da personalidade.

Repassar informações negativas a terceiros, antes de conferir oportunidade de contestação, é conduta que desconsidera o caráter extrapatrimonial dos direitos da personalidade, bem como o direito básico do consumidor de "efetiva prevenção e reparação de danos patrimoniais e morais, individuais, coletivos e difusos" (art. 6º, VI).

A mesma conclusão é válida, até com mais razão, quando não há solicitação por terceiros de inclusão de informações nos bancos de dados, vale dizer, quando o próprio banco de dados busca informações (em cartórios de distribuição, por exemplo) e as registra por iniciativa própria. Também, nessa hipótese, não é lícita a transferência das informações, sem a prévia comunicação e oportunidade para exercício do direito à retificação.

A comunicação deve ser por escrito e indicar a qualificação do solicitante do registro, todos os detalhes referentes à dívida, o endereço da agência de proteção ao crédito, bem como a possibilidade e o modo de exercício do direito de acesso e retificação. Só assim estar-se-á conferindo atenção adequada à dignidade da pessoa humana, à privacidade e à honra do consumidor e realizando o princípio da efetiva prevenção a danos materiais e morais (art. 6º, VI, do CDC).

Registre-se importante avanço trazido pela Lei do Cadastro Positivo, a qual detalha, nos arts. 5º e 6º, os direitos dos consumidores, principalmente no tocante às informações sobre a forma de tratamento de dados pelas entidades de proteção ao crédito. Destaque-se o direito de receber "cópia de texto com o sumário dos seus direitos, definidos em lei ou em normas infralegais pertinentes à sua relação com gestores, bem como a lista dos órgãos governamentais aos quais poderá ele recorrer, caso considere que esses direitos foram infringidos" (art. 6º, V).

3. Responsável pela comunicação

O CDC também não é expresso no sentido de definir a quem incumbe realizar a comunicação: enfatizou apenas que a abertura de registro em bancos de dados "deverá ser comunicada por escrito ao consumidor, quando não solicitada por ele" (§ 2º do art. 43). O silêncio da Lei serviu, no passado (logo após a edição do CDC), de escusa por parte de algumas entidades de proteção ao crédito em cumprir o dever legal, sob o argumento de que caberia ao credor realizar a referida comunicação.

Na verdade, a Lei foi sábia em não indicar a quem cabe o dever de comunicação, pois o que importa é que o consumidor seja efetivamente comunicado. Ou seja, a preocupação não foi definir o sujeito passivo do dever de comunicar, e sim exigir, objetivamente, que a comunicação seja realizada, sob pena de ilicitude da inscrição. Todos os atores que contribuem para a dinâmica das entidades de proteção ao crédito devem cuidar para que as exigências do CDC sejam rigorosamente observadas. A omissão da lei em não indicar expressamente a quem compete o dever de comunicação há de ser interpretada como silêncio eloquente, uma indicação clara de que a importância do assunto se concentra no fazer e não em quem irá fazer.

Ademais, pouco importa, para fins de pretensão indenizatória do consumidor, que a comunicação tenha sido delegada pelo banco de dados ou pelo lojista a uma terceira pessoa, a exemplo – bastante comum – do que ocorre em relação à Empresa de Correios e Telégrafos (ECT). O que interessa é a prévia e efetiva comunicação ao titular dos dados.

A posição defendida está em congruência com o princípio da efetiva prevenção e reparação dos danos morais e materiais (art. 6º, VI, do CDC) e, também, com a ideia de evitar ofensa aos direitos da personalidade, dado o seu caráter extrapatrimonial: primeiro, porque enfatiza o dever de cuidado de todos que operam e se beneficiam dos sistemas de proteção ao crédito; e, segundo, porque amplia o número de pessoas que devem, perante o consumidor, responder pelos danos morais e materiais decorrentes de registros ilícitos por falta de comunicação.

Todavia, não é esse o entendimento do STJ. A Súmula 359, já referida, além de definir corretamente que a comunicação deve ser anterior ao registro, estabelece que a responsabilidade da comunicação é do "órgão mantenedor do Cadastro de Proteção ao Crédito". Como consequência desse entendimento, quando a pretensão indenizatória do consumidor se basear na ausência de comunicação, a ação deve ser ajuizada contra a entidade de proteção ao crédito.

No caso do Banco do Brasil, como gestor do CCF, tal raciocínio, na visão da Corte, não se aplica. Em que pese haver julgado do STJ que sustenta a plena aplicação do CDC ao CCF (REsp 999.729, j. em 12.06.2008), em maio de 2016, editou-se entendimento específico para o Cadastro de Emitentes de Cheques sem Fundos: "O Banco do Brasil, na condição de gestor do Cadastro de Emitentes de Cheques sem Fundos (CCF), não tem a responsabilidade de notificar previamente o devedor acerca da sua inscrição no aludido cadastro, tampouco legitimidade passiva para as ações de reparação de danos fundadas na ausência de prévia comunicação" (Súmula 572).

 **Jurisprudência**

1. Ausência de comunicação e direito à indenização

"1. A teor do art. 43, § 2º, do CDC, o consumidor deve ser comunicado sobre a inscrição de seu nome em cadastro de inadimplentes por meio de notificação postal. 2. O descumprimento da formalidade legal enseja o direito à indenização por danos morais, não havendo necessidade de prova do prejuízo" (STJ, AgRg no REsp 1.182.290/RS, Rel. Min. João Otávio de Noronha, j. 16.12.2010, *DJe* 01.02.2011).

"A Segunda Seção desta Corte estabeleceu, no julgamento do REsp 1.061.134/RS, Rel. Ministra Nancy Andrighi, que 'a ausência de prévia comunicação ao consumidor da inscrição do seu nome em cadastros de proteção ao crédito, prevista no art. 43, § 2º do CDC, enseja o direito à compensação por danos morais, salvo quando preexista inscrição desabonadora regularmente realizada'" (STJ, AgInt no AREsp 1.072.898/RS, 4ª Turma, Rel. Min. Maria Isabel Gallotti, j. 16.11.2017, *DJe* 23.11.2017).

2. Ausência de informação e cancelamento do registro

"É ilegal e sempre deve ser cancelada a inscrição do nome do devedor em cadastros de proteção ao crédito realizada sem a prévia notificação exigida pelo art. 43, § 2º, do CDC" (STJ, REsp 1.061.134, Rel. Min. Nancy Andrighi, j. 10.12.2008, *DJe* 01.04.2009).

3. A comunicação não precisa de AR

Súmula 404 do STJ: "É dispensável o aviso de recebimento (AR) na carta de comunicação ao consumidor sobre a negativação de seu nome em bancos de dados e cadastros".

4. Comunicação deve ser prévia e realizada pela entidade de proteção ao crédito

Súmula 359 do STJ: "Cabe ao órgão mantenedor do Cadastro de Proteção ao Crédito a notificação do devedor antes de proceder à inscrição".

5. Banco do Brasil, como gestor do CCF, não tem o dever de comunicar o consumidor

Súmula 572 do STJ: "O Banco do Brasil, na condição de gestor do Cadastro de Emitentes de Cheques sem Fundos (CCF), não tem a responsabilidade de notificar previamente o devedor acerca da sua inscrição no aludido cadastro, tampouco legitimidade passiva para as ações de reparação de danos fundadas na ausência de prévia comunicação".

6. Inclusão de dívidas fiscais em bancos de dados de proteção ao crédito

"O Superior Tribunal de Justiça tem entendimento pacífico de que é permitido, no âmbito da execução fiscal, o pedido de inclusão do nome dos executados nos cadastros de inadimplentes, tais como BacenJUD, RenaJUD, SerasaJUD, Serasa, etc. Sobre o assunto, confiram-se os seguintes precedentes: (REsp n. 1.799.572/SC, Rel. Min. Francisco Falcão, Julgado em 9/5/2019 e RMS 31.859/GO, Rel. Ministro Herman

Benjamin, Segunda Turma, julgado em 8/6/2010, DJe 1/7/2010)" (STJ, AgInt no AREsp 1545969/RJ, Rel. Min. Francisco Falcão, 2ª Turma, j. 10.03.2020, *DJe* 17.03.2020).

"1. O objeto da presente demanda é definir se o art. 782, § 3º, do CPC é aplicável apenas às execuções de título judicial ou também às de título extrajudicial, mais especificamente, às execuções fiscais. 2. O art. 782, § 3º, do CPC está inserido no Capítulo III ('Da competência'), do Título I ('Da execução em geral'), do Livro II ('Do processo de execução') do CPC, sendo que o art. 771 dispõe que 'este Livro regula o procedimento da execução fundada em título extrajudicial'. 3. Não há dúvidas, portanto, de que o art. 782, § 3º, ao determinar que 'A requerimento da parte, o juiz pode determinar a inclusão do nome do executado em cadastros de inadimplentes', dirige-se às execuções fundadas em títulos extrajudiciais. 4. O art. 782, § 5º, ao prever que 'O disposto nos §§ 3º e 4º aplica-se à execução definitiva de título judicial', possui dupla função: 1) estender às execuções de títulos judiciais a possibilidade de inclusão do nome do executado em cadastros de inadimplentes; 2) excluir a incidência do instituto nas execuções provisórias, restringindo-o às execuções definitivas. 5. Nos termos do art. 1º da Lei nº 6.830/80, o CPC tem aplicação subsidiária às execuções fiscais, caso não haja regulamentação própria sobre determinado tema na legislação especial, nem se configure alguma incompatibilidade com o sistema. É justamente o caso do art. 782, § 3º do CPC, que se aplica subsidiariamente às execuções fiscais pois: 1) não há norma em sentido contrário na Lei nº 6.830/1980; 2) a inclusão em cadastros de inadimplência é medida coercitiva que promove no subsistema os valores da efetividade da execução, da economicidade, da razoável duração do processo e da menor onerosidade para o devedor (arts. 4º, 6º, 139, inc. IV, e 805 do CPC). Precedentes do STJ. 6. O Poder Judiciário determina a inclusão nos cadastros de inadimplentes com base no art. 782, § 3º, por meio do SERASAJUD, sistema gratuito e totalmente virtual, regulamentado pelo Termo de Cooperação Técnica nº 020/2014 firmado entre CNJ e SERASA. O ente público, por sua vez, tem a opção de promover a inclusão sem interferência ou necessidade de autorização do magistrado, mas isso pode lhe acarretar despesas a serem negociadas em convênio próprio. 7. A situação ideal a ser buscada é que os entes públicos firmem convênios mais vantajosos com os órgãos de proteção ao crédito, de forma a conseguir a quitação das dívidas com o mínimo de gastos e o máximo de eficiência. Isso permitirá que, antes de ajuizar execuções fiscais que abarrotarão as prateleiras (físicas ou virtuais) do Judiciário, com baixo percentual de êxito (conforme demonstrado ano após ano no 'Justiça em Números' do CNJ), os entes públicos se valham do protesto da CDA ou da negativação dos devedores, com uma maior perspectiva de sucesso. 8. Porém, no momento atual, em se tratando de execuções fiscais ajuizadas, não há justificativa legal para o magistrado negar, de forma abstrata, o requerimento da parte de inclusão do executado em cadastros de inadimplentes, baseando-se em argumentos como: 1) o art. 782, § 3º, do CPC apenas incidiria em execução definitiva de título judicial; 2) em se tratando de título executivo extrajudicial, não haveria qualquer óbice a que o próprio credor providenciasse a efetivação da medida; 3) a intervenção judicial só caberá se eventualmente for comprovada dificuldade significativa ou impossibilidade de o credor fazê-lo por seus próprios meios; 4) ausência de adesão do tribunal ao convênio SERASAJUD ou a indisponibilidade do sistema. Como visto, tais requisitos não estão previstos em lei. 9. Em suma, tramitando uma execução fiscal e sendo requerida a negativação do executado com base no art. 782, § 3º, do CPC, o magistrado deverá deferi-la, salvo se vislumbrar alguma dúvida razoável à existência do direito ao crédito previsto na Certidão de Dívida Ativa – CDA, a exemplo da prescrição, da ilegitimidade passiva *ad causam*, ou outra questão identificada no caso concreto. 10. Outro ponto importante a ser fixado é que, sendo medida menos onerosa, a anotação do nome da parte executada em cadastro de inadimplentes pode ser determinada antes de exaurida a busca por bens penhoráveis. Atende-se, assim, ao princípio da menor onerosidade da execução, positivado no art. 805 do CPC. Precedentes do STJ. 11. Por fim, sob um prisma da análise econômica do Direito, e considerando as consequências práticas da decisão – nos termos do art. 20 do Decreto-Lei nº 4.657/1942 (acrescentado pela Lei nº 13.655/2018, que deu nova configuração à Lei de Introdução às Normas do Direito Brasileiro – LINDB) –, não se pode deixar de registrar a relevância para a economia do país e para a diminuição do 'Custo Brasil' de que a atualização dos bancos de dados dos birôs de crédito seja feita por meio dos procedimentos menos burocráticos e dispendiosos, tais como os utilizados no SERASAJUD, a fim de manter a qualidade e precisão das informações prestadas. Postura que se coaduna com a previsão do art. 5º, inc. XXXIII, da CF/88 ('todos têm direito a receber dos órgãos públicos informações de seu interesse particular, ou de interesse coletivo ou geral, que serão prestadas no prazo da lei, sob pena de responsabilidade, ressalvadas aquelas cujo sigilo seja imprescindível à segurança da sociedade e do Estado'). 12. Com base no art. 927, § 3º, do CPC, rejeito a modulação dos efeitos proposta pela Associação Norte-Nordeste de Professores de Processo – ANNEP, uma vez que o entendimento firmado no presente recurso repetitivo é predominante no STJ há bastante tempo. 13. Tese jurídica firmada: 'O art. 782, § 3º do CPC é aplicável às execuções fiscais, devendo o magistrado deferir o requerimento de inclusão do nome do executado em cadastros de inadimplentes, preferencialmente pelo sistema SERASAJUD, independentemente do esgotamento prévio de outras medidas executivas, salvo se vislumbrar alguma dúvida razoável à existência do direito ao crédito previsto na Certidão de Dívida Ativa – CDA'" (STJ, REsp 1807923/SC, Rel. Min. Og Fernandes, 1ª Seção, j. 24.02.2021, *DJe* 11.03.2021).

7. Prazo prescricional de três anos para pretensão indenizatória decorrente de registro irregular

"Conforme a jurisprudência dominante do STJ, o prazo prescricional para o pedido de indenização por dano moral, decorrente da indevida inscrição do nome do consumidor em cadastro de inadimplentes, é o previsto no art. 206, § 3º, V, do Código Civil. Precedente do STJ: AgInt no AREsp 1.457.180/RS, Rel. Ministro RICARDO VILLAS BÔAS CUEVA, TERCEIRA TURMA, DJe de 05/09/2019" (STJ, AgInt no AREsp 773.756/SP, Rel. Min. Assusete Magalhães, 2ª Turma, j. 14.06.2021, *DJe* 17.06.2021).

> **§ 3º** O consumidor, sempre que encontrar inexatidão nos seus dados e cadastros, poderá exigir sua imediata correção, devendo o arquivista, no prazo de cinco dias úteis, comunicar a alteração aos eventuais destinatários das informações incorretas.

Legislação correlata

Lei 9.507/1997 (Lei de *Habeas Data*).
Lei 12.414/2011 (Lei do Cadastro Positivo).
Lei 12.965/2014 (Marco Civil da Internet).
Lei 13.709/2018 (Lei Geral de Proteção de Dados Pessoais).

 Análise doutrinária

1. Direito à correção das informações negativas e positivas

O § 3º do art. 43 estabelece direito do consumidor de exigir correção das informações constantes em bancos de dados e cadastro de consumo. Paralelamente, a Lei do Cadastro Positivo dispõe ser direito do cadastrado "solicitar a impugnação de qualquer informação sobre ele erroneamente anotada em banco de dados e ter, em até 10 (dez) dias, sua correção ou seu cancelamento em todos os bancos de dados que compartilharam a informação" (art. 5º, III).

Cuida-se de relevante faculdade existente em favor de quem possui informações pessoais registradas em bancos de dados de proteção ao crédito ou, de modo mais geral, em qualquer arquivo de consumo. A importância do direito fez o legislador conceder-lhe proteção penal. É crime, punível com detenção de um a seis meses ou multa, "deixar de corrigir imediatamente informação sobre consumidor constante de cadastro, banco de dados, fichas ou registros que sabe ou deveria saber ser inexata" (art. 73 do CDC).

Assim como ocorre em relação ao direito de acesso, há consenso, nas mais diversas legislações sobre proteção de dados pessoais, de que é fundamental, para evitar discriminações abusivas a partir de perfil digital, garantir a possibilidade de o titular exigir a correção das informações.

A exigência de correção pode se referir ao nome, endereço, telefone, valor do débito, valor da prestação, pontualidade no pagamento da dívida, enfim, todo e qualquer tipo de informação registrada nos bancos de dados de proteção ao crédito. Embora óbvio, acentue-se que a correção deve se referir necessariamente a informações *pessoais*: não é possível pretender a correção de informações relativas a outras pessoas.

2. Meios e procedimento na correção dos dados

Não se estabeleceu procedimento específico para análise da pretensão de correção dos dados. Considerando a relevância dos direitos da personalidade em jogo (privacidade, dados pessoais e honra), os arquivos de consumo devem possuir o maior interesse em manter registros verdadeiros e atualizados. A tipificação penal da conduta daquele que não corrige imediatamente informações inexatas evidencia que o banco de dados, por seus funcionários, deve manter constante cuidado e diligência quanto à veracidade e atualidade da informação.

Até o momento em que se formula requerimento de correção de dados, há certa presunção de exatidão das informações. Entretanto, a partir da contestação da correção dos dados, essa presunção simplesmente deixa de existir. Em princípio, até prova em contrário, deve-se atender ao requerimento do consumidor e promover a correção exigida. Como é o próprio consumidor a pessoa que mais possui informações sobre si própria, sua contestação quanto à exatidão dos registros deve ser levada a sério, até que a fonte indique elementos que demonstrem o contrário do alegado. Recorde-se, ademais, que informação verdadeira, para fins legais, é aquela "sujeita à comprovação" (art. 3º, § 2º, III, da Lei do Cadastro Positivo).

O CDC estabelece que o consumidor, ao encontrar inexatidão nos seus dados, "poderá exigir sua imediata correção" (§ 3º do art. 43). O inc. III do art. 5º da Lei do Cadastro Positivo se refere ao prazo máximo de dez dias. Assim, o *diálogo das fontes* indica que a *imediata* correção significa prazo máximo de dez dias.

A redação de ambos os dispositivos, embora não possuam o significado de que toda e qualquer solicitação do consumidor de alteração dos dados deve ser acatada, realça a presunção de veracidade das alegações do consumidor. Ou seja, não se deve presumir que o consumidor esteja de má-fé. Ademais, qualquer afirmação falsa do consumidor caracteriza, em tese, o crime de falsidade ideológica previsto no art. 299 do CP.

Feito o requerimento, que deve ser acompanhado de documentos (recibos, declarações, boletim de ocorrência) ou outro meio qualquer de prova, nasce o dever para a entidade de proteção ao crédito de investigar o registro. Pode-se, aqui, aplicar por analogia a inversão do ônus da prova se presentes os requisitos da hipossuficiência e verossimilhança das alegações do consumidor (v. comentários ao art. 6º, VIII). Essa interpretação está em consonância com a relevância dos direitos da personalidade (privacidade, proteção de dados e honra) que estão sob constante situação de tensão no tratamento de informações para proteção ao crédito.

Todavia, o procedimento de análise das informações pode, em algumas situações, ser imediatamente indeferido. É razoável aplicar o mesmo critério estabelecido pelo *Fair Credit Reporting Act*, qual seja: se a alegação do consumidor for frívola ou irrelevante (*frivolous or irrelevant*), o procedimento de apuração dos fatos apresentados pelo consumidor pode ser encerrado. Para ilustrar, imagine-se que determinada pessoa, ao exercer o direito de correção, argumentasse apenas que reconhece a dívida e o atraso, mas considera injusto o registro da informação em arquivo de consumo. Nesse caso, não há que se falar em suspensão do registro, muito menos em retificação ou cancelamento.

Especificamente em relação às *informações positivas* (histórico de crédito), a pretensão do consumidor pode ser apenas de correção do número telefônico, endereço físico ou eletrônico, data do efetivo pagamento de uma prestação. Pode o consumidor, por exemplo, suprir omissão do fornecedor em relação ao registro de pagamento de algumas prestações.

Ainda que exista presunção de veracidade das informações apresentadas pelo consumidor, a decisão relativa à correção ou não da informação, com seu eventual cancelamento, caberá ao banco de dados (gestor), sem prejuízo de posterior questionamento perante o Poder Judiciário, que, ao entender que uma informação foi mantida, quando deveria ter sido corrigida ou excluída, poderá condenar o arquivo de consumo a indenizar os prejuízos materiais e morais sofridos pelo consumidor.

A correção da informação não traz como consequência necessária a exclusão de um dado ou sua alteração: pode significar simplesmente o acréscimo de novas informações para que se atenda ao atributo da precisão. Imagine-se, por exemplo, que, no registro de histórico de crédito, não tenha constado o número de parcelas do empréstimo ou mesmo o valor emprestado. O consumidor pode exigir o acréscimo dessas informações, exatamente como previsto no art. 7º, I, da Lei 9.507/1997 (Lei do *Habeas Data*).

O § 3º do art. 43 do CDC estabelece que a entidade possui prazo de cinco dias úteis para comunicar a alteração a terceiros que tenham recebido as informações incorretas. A Lei de Cadastro Positivo estabelece, no art. 5º, III, prazo de dez dias para todo procedimento: análise da impugnação, eventual correção e comunicação com outros gestores. A análise conjunta e harmônica dos dispositivos indica que, independentemente da maior ou menor relevância da informação alterada, seja o dado positivo ou negativo, a entidade de proteção ao crédito deve comunicar a alteração a todos os bancos de dados e consulentes com os quais a informação foi compartilhada a informação no prazo máximo de dez dias.

Por fim, o CDC e a Lei 12.414/2011 (Lei do Cadastro Positivo) não tratam expressamente da possibilidade de cobrança de valor pecuniário decorrente do exercício do direito à retificação. Todavia, o art. 21 da Lei 9.507/1997 (Lei do *Habeas Data*) é expresso quanto à gratuidade do procedimento extrajudicial de retificação dos dados.

O impedimento ou apresentação de dificuldades ao direito de exigir a correção dos dados, a par de configurar, em tese, a prática de ilícito penal (art. 73 do CDC), enseja a incidência de sanções administrativas e civis, bem como a possibilidade de ajuizamento de *habeas data*.

 Dicas práticas

O acesso e correção de informações do consumidor é importante para que o perfil digital corresponda à veracidade de modo a evitar discriminações abusivas pelo mercado. No procedimento de retificação, é importante que o consumidor apresente todos os documentos que comprovem o alegado no requerimento.

 Jurisprudência

1. Discussão judicial e cancelamento do registro negativo

"A simples discussão judicial da dívida não é suficiente para obstaculizar ou remover a negativação do devedor nos bancos de dados, a qual depende da presença concomitante dos seguintes requisitos: a) ação proposta pelo devedor contestando a existência integral ou parcial do débito; b) efetiva demonstração de que a pretensão funda-se na aparência do bom direito; e c) depósito ou prestação de caução idônea do valor referente à parcela incontroversa, para o caso de a contestação ser apenas de parte do débito" (STJ, REsp 1.033.274/MS, Rel. Min. Luis Felipe Salomão, j. 06.08.2013, *DJe* 27.09.2013).

> **§ 4º** Os bancos de dados e cadastros relativos a consumidores, os serviços de proteção ao crédito e congêneres são considerados entidades de caráter público.

 Legislação correlata

Constituição Federal, art. 5º, LXXII.

Lei 12.414/2011 (Lei do Cadastro Positivo).

Lei 12.965/2014 (Marco Civil da Internet).

Lei 13.709/2018 (Lei Geral de Proteção de Dados Pessoais).

 Análise doutrinária

1. Entidades de caráter público e o *habeas data*

O § 4º do art. 43 do CDC dispõe que "os bancos de dados e cadastros relativos a consumidores, os serviços de proteção ao crédito e congêneres são considerados entidades de caráter público". O principal propósito da norma, ao estabelecer o "caráter público" dos bancos de dados e cadastros de consumidores, foi permitir o ajuizamento de *habeas data* para acesso e retificação das informações, uma vez que a CF, no art. 5º, LXXII, dispõe que o *habeas data* pode ser impetrado contra *entidades governamentais* ou de *caráter público*.

O *habeas data* está previsto na CF, no art. 5º, inciso LXXII: "conceder-se-á habeas data: a) para assegurar o conhecimento de informações relativas à pessoa do impetrante, constantes de registros ou bancos de dados de entidades governamentais ou de caráter público; b) para a retificação de dados, quando não se prefira fazê-lo por processo sigiloso, judicial ou administrativo".

A Lei 9.507/1997 disciplina o procedimento do *habeas data*, além de prever, nos arts. 2º a 4º, a possibilidade de o interessado exercer extrajudicialmente o direito de acesso e retificação perante os bancos de dados. Logo no início, encontra-se definição que reforça a tese de que os bancos de dados de proteção ao crédito podem figurar no polo passivo da demanda: "considera-se de caráter público todo registro ou banco de dados contendo informações que sejam ou que possam ser transmitidas a terceiros ou que não sejam de uso privativo do órgão ou entidade produtora ou depositária das informações" (parágrafo único do art. 1º).

Ora, como os bancos de dados de proteção ao crédito são constituídos justamente para coletar, armazenar e fornecer informações a terceiros, não há dúvida de que os interessados podem se valer do *habeas data* para requerer judicialmente que lhes seja garantido o direito de acesso e retificação. Portanto, não surtiu o efeito desejado o veto ao art. 86, referido expressamente pelo *caput* do art. 43, como a via natural para obtenção judicial de acesso às informações constantes em arquivos de consumo.

É possível a utilização do *habeas data* para acesso às informações arquivadas nos bancos de dados de proteção ao crédito, bem como para exigir a correção ou cancelamento, se for o caso, de dados inexatos, posição que, inclusive, ficou reforçada com a edição da Lei 9.507/1997, disciplinadora do rito processual do *habeas data*.

Além de viabilizar a impetração do *habeas data*, entende-se que o *caráter público* denota que os arquivos de consumo, com destaque para as entidades de proteção ao crédito (Serasa, Quod, SPC, CCF etc.), atuam em seara permeada pelo *interesse público*, o que significa a impossibilidade de excluir ou atenuar, por qualquer modo, os deveres impostos às entidades arquivistas. O regulamento interno das entidades, bem como as resoluções e circulares do Conselho Monetário Nacional não possuem qualquer valor jurídico se não estiverem em harmonia com as disposições do CDC, da Lei do Cadastro Positivo e da LGPD.

A qualificação de caráter público, portanto, longe de criar benefícios para tais entidades, deixa claro o interesse público e o rigor envolvido na disciplina dos arquivos de consumo, considerando que realizam ações potencialmente ofensivas a direitos da personalidade.

 Dicas práticas

As entidades de proteção ao crédito devem desenvolver mecanismos seguros para que o consumidor possa acessar remotamente, por meios informáticos, suas bases de dados, de modo a evitar as dificuldades inerentes de deslocamento físico até uma agência do gestor.

 Jurisprudência

1. Função social dos bancos de dados de proteção ao crédito

"A essência – e, por conseguinte, a função social dos bancos de dados – é reduzir a assimetria de informação entre o credor/vendedor, garantindo informações aptas a facilitarem a avaliação do risco dos potenciais clientes, permitindo aos credores e comerciantes estabelecer preços, taxas de juros e condições de pagamento justas e diferenciadas para bons e maus pagadores. 4. Em vista da tensão com os direitos da personalidade e da dignidade da pessoa humana, o CDC, disciplinando a matéria, atribuiu caráter público às entidades arquivistas, para instituir um amplo, rigoroso e público controle de suas operações, no interesse da comunidade" (STJ, REsp 1.630.889/DF, 3ª Turma, Rel. Min. Nancy Andrighi, j. 11.09.2018, *DJe* 21.09.2018).

2. Não cabe *habeas data* se a informação mantida por instituição financeira não é compartilhada com terceiros

"1. O caráter público, referido nas normas constitucional e legal, tratando do direito ao conhecimento de informação relativa à pessoa do impetrante de *habeas data*, diz respeito ao banco de dados, aos registros, e não à entidade que os detém

(CF, art. 5º, LXXII, a; Lei 9.507/97, art. 1º, parágrafo único). 2. Ensejam *habeas data* as informações acerca do impetrante constantes de: 2.1) registros ou bancos de dados de órgãos e entidades integrantes da administração pública, cuja natureza, na expressão legal, é 'governamental', isto é, essencialmente pública; ou 2.2) registros ou bancos de dados de caráter público, ou seja, aqueles que, embora instituídos ou mantidos por entidades de natureza privada, tenham caráter público, pelo fato de serem compartilhados com outras pessoas físicas ou jurídicas externas, desvinculadas da detentora privada das informações. 3. Assim, não há inibição ou embaraço a que as entidades privadas, especialmente as que exploram atividade econômica, formem ou mantenham cadastros ou bancos de dados contendo informações sobre clientela, desde que preservem o caráter reservado desses conteúdos. 4. Não ensejam *habeas data* os registros ou bancos de dados não compartilhados com terceiros, servindo as informações deles constantes apenas para orientação da política interna de negócios da própria entidade privada detentora, a qual somente dá conhecimento deles internamente, ao próprio corpo de dirigentes e empregados" (STJ, REsp 1267619/SP, Rel. Min. Marco Buzzi, Rel. p/ Acórdão Min. Raul Araújo, 4ª Turma, j. 06.10.2020, *DJe* 18.02.2021).

> **§ 5º** Consumada a prescrição relativa à cobrança de débitos do consumidor, não serão fornecidas, pelos respectivos Sistemas de Proteção ao Crédito, quaisquer informações que possam impedir ou dificultar novo acesso ao crédito junto aos fornecedores.

Legislação correlata

Código Civil, arts. 202 a 206.
Lei 12.414/2011 (Lei do Cadastro Positivo), art. 14.

Análise doutrinária

1. Limites temporais

O CDC estabelece dois limites temporais à manutenção de inscrições em bancos de dados de proteção ao crédito. De um lado, o § 1º do art. 43 dispõe que os cadastros e dados de consumidores não podem "conter informações negativas referentes a período superior a cinco anos". No § 5º do art. 43, de outro lado, estipula que, havendo transcurso da prescrição da dívida, "não serão fornecidas, pelos respectivos Sistemas de Proteção ao Crédito, quaisquer informações que possam impedir ou dificultar novo acesso ao crédito junto aos fornecedores". Os dois prazos não se confundem, como se passa a explicar.

Os bancos de dados de proteção ao crédito não podem conter informações negativas referentes a período superior a cinco anos (art. 43, § 1º), independentemente do prazo de prescrição da pretensão de cobrança do débito. O primeiro ponto é definir o termo inicial da contagem do prazo de cinco anos. A melhor interpretação é no sentido de que o critério é objetivo: deve coincidir com o momento em que é possível efetuar a inscrição da informação nos bancos de dados de proteção ao crédito: dia seguinte à data de vencimento da dívida.

A definição do termo inicial do prazo de cinco anos não deve ficar submetida à vontade do banco de dados ou do fornecedor, sob pena de esvaziar, por completo, o propósito legal de impedir consequências negativas, como a denegação do crédito, em decorrência de dívidas consideradas – legalmente – antigas e irrelevantes. Assim, vencida a obrigação e não havendo pagamento, inicia-se a respectiva contagem do prazo de cinco anos, independentemente da efetiva inscrição nos arquivos de consumo.

Desse modo, para possibilitar a correta aplicação da lei no que concerne ao aludido limite temporal e, também, em relação ao atributo da clareza, é dever do fornecedor indicar a *data de vencimento* da obrigação. De outro lado, os bancos de dados de proteção ao crédito não podem efetuar ou aceitar o registro de qualquer informação negativa sem a data do vencimento da obrigação. De fato, "em razão do respeito à exigibilidade do crédito e ao princípio da veracidade da informação, o termo inicial do limite temporal de cinco anos em que a dívida pode ser inscrita no banco de dados de inadimplência é contado do primeiro dia seguinte à data de vencimento da dívida" (STJ, REsp 1.630.889/DF, Min. Nancy Andrighi, j. set. 2018).

Ao lado do prazo de cinco anos, previsto no § 1º do art. 43, o CDC estipula que, "consumada a prescrição relativa à cobrança de débitos do consumidor, não serão fornecidas, pelos respectivos Sistemas de Proteção ao Crédito, quaisquer informações que possam impedir ou dificultar novo acesso ao crédito junto aos fornecedores" (§ 5º).

A regra é bastante clara: prescrita a ação para cobrança de dívidas, não pode o banco de dados de proteção ao crédito transferir a terceiros quaisquer informações a respeito do débito. Trata-se de outro limite temporal imposto às entidades arquivistas, que convive, sem dificuldades, com o quinquênio estabelecido no § 1º do art. 43.

A informação deve ser excluída do banco de dados no prazo de cinco anos se antes não restar caracterizada a prescrição da ação para cobrança da obrigação. Assim, se determinada ação, referente à obrigação registrada, possuir prazo prescricional de cobrança inferior a cinco anos, tal lapso pode, em tese, prevalecer. Ressalte-se, todavia, que o dispositivo (§ 5º do art. 43) é claro em estabelecer que a vedação se refere à dívida com prescrição *consumada*. Ocorrendo hipótese de interrupção da prescrição, não há consumação (arts. 202 a 204 do Código Civil).

Alguns autores sustentaram no passado, logo após o início da vigência do atual Código Civil, que, se a dívida fosse decorrente de título cambial, o prazo prescricional a ser considerado seria o da ação cambial e não o da ação ordinária de cobrança do débito. Discorda-se. O CDC, ao se referir à "prescrição relativa à cobrança de débitos do consumidor", não deixou espaço para o intérprete concluir que, no caso de dívidas representadas, também, por títulos de crédito, a prescrição refere-se à ação de execução. Ao contrário, o objetivo da norma, ao aludir à *cobrança de débitos*, parece ter sido justamente explicitar que a prescrição aludida *não é* a da ação cambial. Portanto, correta a posição do STJ no sentido de que a prescrição se refere à ação de cobrança (Súmula 323).

Esclareça-se que, especialmente nas relações entre fornecedor e consumidor, não é o título que faz nascer a dívida do consumidor, e sim o contrato – oral ou escrito – de compra e venda de produtos e serviços. A cártula, cuja emissão decorre de vontade das partes, apenas facilita, com seus princípios próprios (cartularidade, literalidade, autonomia das obrigações), a circulação do crédito e respectiva cobrança judicial, por intermédio de ação cambial que, de regra, apresenta duas vantagens mais visíveis: 1) segue a via executiva; 2) não se discute, em relação a terceiros de boa-fé, a existência da causa, do negócio subjacente, cujo pagamento foi representado, *também*, por título de crédito.

Desse modo, expirado o prazo para ajuizamento da ação executiva, pode o credor, por exemplo, promover ação ordinária de cobrança do débito, na qual o título de crédito servirá apenas como meio de prova concernente ao negócio jurídico realizado. No CC/1916, o prazo prescricional para ação de cobrança era de 20 anos (art. 177). O atual Código Civil estabelece, ao lado do prazo ordinário de dez anos (art. 205), o prazo de cinco anos para "cobrança de dívidas líquidas constantes de instrumentos público ou particular" (art. 206, § 5º, I). As reduções, todavia, não alteram, em princípio, os limites temporais dos registros em bancos de dados de proteção ao crédito, pois não são menores que o quinquênio previsto no § 1º do art. 43 do CDC.

Observe-se que, enquanto o § 1º alude a informações *negativas*, o § 5º refere-se a informações que possam impedir ou dificultar a obtenção de crédito. A distinção tem pouca relevância prática, especialmente porque as entidades de proteção ao crédito realizam o tratamento de informações (negativas ou positivas) que, em tese, servem para denegar a concessão de crédito ao consumidor.

A Lei do Cadastro Positivo, em seu art. 14, apresenta novo limite temporal de registro de informações em bancos de dados de proteção ao crédito: "As informações de adimplemento não poderão constar de bancos de dados por período superior a 15 (quinze) anos". Tratando-se, portanto, de informações de adimplemento (informação positiva), que visam formar o histórico de crédito do consumidor, o tempo máximo de registro é de 15 anos.

Tal prazo deve gerar dificuldades práticas. Afinal, o que fazer se, em meio ao registro de informações positivas (histórico de crédito), o consumidor deixou de pagar algumas prestações antigas (vencidas há sete anos, por exemplo)? É possível manter o registro desse inadimplemento (informação negativa)? Como fica o limite temporal de cinco anos do CDC (art. 43, § 1º) para informações negativas?

O ideal seria que fosse estabelecido um limite temporal único para registro de informações tanto positivas como negativas, pois, invariavelmente, em meio a anotações de histórico de crédito (informação positiva), poderá haver situações de atraso ou até mesmo não pagamento de algumas parcelas (informações negativas). Se esses atrasos ou parcelas não pagas superarem o prazo de cinco anos, não poderá haver o respectivo registro, mas a ausência de informação de pagamento dessas parcelas irá sugerir a existência de informação negativa.

Dicas práticas

É importante distinguir o prazo de cinco anos do relativo à prescrição da cobrança da dívida. Deve-se verificar, no caso concreto, se houve alguma causa de interrupção da prescrição, porque o dispositivo é claro em estabelecer que a vedação se refere a dívida com prescrição *consumada*.

Jurisprudência

1. Prazo de prescrição é da ação de cobrança e não da execução

"A prescrição a que se refere o art. 43, § 5º do Código de Defesa do Consumidor é o da ação de cobrança e não o da ação executiva. Em homenagem ao § 1º do Art. 43 as informações restritivas de crédito devem cessar após o quinto ano do registro" (STJ, REsp 472.203/RS, 2ª Seção, Rel. Min. Humberto Gomes de Barros, j. 23.06.2004, *DJ* 29.11.2004).

Súmula 323 do STJ: "A inscrição do nome do devedor pode ser mantida nos serviços de proteção ao crédito até o prazo máximo de cinco anos, independentemente da prescrição da execução".

2. Função social dos bancos de dados e termo inicial da contagem do prazo de cinco anos

"2. O propósito recursal é determinar qual o termo inicial do limite temporal previsto no § 1º do art. 43 do CDC, a quem cabe a responsabilidade pela verificação do prazo máximo de permanência da inscrição em cadastros de proteção ao crédito, na hipótese de anotações decorrentes de protesto de títulos e a possibilidade de configuração de danos morais indenizáveis. 3. A essência – e, por conseguinte, a função social dos bancos de dados – é reduzir a assimetria de informação entre o credor/vendedor, garantindo informações aptas a facilitarem a avaliação do risco dos potenciais clientes, permitindo aos credores e comerciantes estabelecer preços, taxas de juros e condições de pagamento justas e diferenciadas para bons e maus pagadores. 4. Em vista da tensão com os direitos da personalidade e da dignidade da pessoa humana, o CDC, disciplinando a matéria, atribuiu caráter público às entidades arquivistas, para instituir um amplo, rigoroso e público controle de suas operações, no interesse da comunidade. 5. O princípio da finalidade atua de forma preventiva, impedindo que os dados – na maioria das vezes negativos e obtidos sem o consentimento dos consumidores – sejam desvirtuados pelos usuários do sistema, para garantir o débito, punir o devedor faltoso ou coagir ao pagamento. 6. Os dados cadastrados de consumidores devem ser objetivos, claros e verdadeiros, haja vista que informações desatualizadas ou imprecisas dificultam a efetiva proteção ao crédito e prejudicam a atividade econômica do consumidor e também do fornecedor. 7. As entidades mantenedoras de cadastros de crédito devem responder solidariamente com a fonte e o consulente pela inexatidão das informações constantes em seus arquivos e pelos danos que podem causar danos aos consumidores (art. 16 da Lei 12.414/2011). 8. Nas obrigações de fazer no Direito do Consumidor, o juiz deve conceder a tutela específica da obrigação ou determinar providências que assegurem o resultado prático equivalente ao adimplemento (art. 84 do CDC). 9. A jurisprudência do STJ concilia e harmoniza os prazos do § 1º com o do § 5º do art. 43 do CDC, para estabelecer que a manutenção da inscrição negativa nos cadastros de proteção ao crédito respeita a exigibilidade do débito inadimplido, tendo, para tanto, um limite máximo de cinco anos que pode ser, todavia, restringido, se for menor o prazo prescricional para a cobrança do crédito. 10. Em razão do respeito à exigibilidade do crédito e ao princípio da veracidade da informação, o termo inicial do limite temporal de cinco anos em que a dívida pode ser inscrita no banco de dados de inadimplência é contado do primeiro dia seguinte à data de vencimento da dívida. 11. Os arquivistas devem adotar a posição que evite o dano potencial ao direito da personalidade do consumidor, razão pela qual é legítima a imposição da obrigação de não fazer, consistente em não incluir em sua base de dados informações coletadas dos cartórios de protestos, sem a informação do prazo de vencimento da dívida, para controle de ambos os limites temporais estabelecidos no art. 43 da Lei 8.078/90. 12. Condenação genérica das recorridas à indenização dos danos materiais e compensação dos danos morais eventual e individualmente sofridos pelos consumidores, desde que seja comprovado que todas as anotações em seus nomes sejam imprecisas em razão de sua desatualização. 13. Abrangência da decisão proferida em ação coletiva em todo o território nacional, respeitados os limites objetivos e subjetivos do que decidido. Tese repetitiva. 14. Recurso especial provido" (STJ, REsp 1.630.889/DF, 3ª Turma, Rel. Min. Nancy Andrighi, j. 11.09.2018, *DJe* 21.09.2018).

> **§ 6º** Todas as informações de que trata o *caput* deste artigo devem ser disponibilizadas em formatos acessíveis, inclusive para a pessoa com deficiência, mediante solicitação do consumidor.

 Legislação correlata

Lei 13.709/2018 (Lei Geral de Proteção de Dados Pessoais), art. 19, § 1º.

 Análise doutrinária

1. Informações em formato acessível

O § 6º do art. 43 ressalta a necessidade de as informações sobre o consumidor estarem disponibilizadas "em formatos acessíveis", particularmente "para as pessoas com deficiência". Na mesma linha, estabelece o § 1º do art. 19 da LGPD: "os dados pessoais serão armazenados em formato que favoreça o exercício do direito de acesso". Realmente, de nada adianta garantir o direito de acesso às informações arquivadas se não houver clareza que permita a compreensão do que está registrado. A parte final do dispositivo se refere à pessoa "com deficiência", o que abrange dificuldades visuais ou, de modo mais amplo, qualquer outra deficiência que, ao final, implique dificuldade maior de compreensão da informação. A partir da solicitação do consumidor, os arquivos de consumo devem providenciar meios para que o consumidor com deficiência tenha plenas condições de compreender as informações registradas a seu respeito.

> **Art. 44.** Os órgãos públicos de defesa do consumidor manterão cadastros atualizados de reclamações fundamentadas contra fornecedores de produtos e serviços, devendo divulgá-los pública e anualmente. A divulgação indicará se a reclamação foi atendida ou não pelo fornecedor.

> **§ 1º** É facultado o acesso às informações lá constantes para orientação e consulta por qualquer interessado.
>
> **§ 2º** Aplicam-se a este artigo, no que couber, as mesmas regras enunciadas no artigo anterior e as do parágrafo único do art. 22 deste Código.

 Legislação correlata

Decreto 2.181/1997 (Dispõe sobre a organização do Sistema Nacional de Defesa do Consumidor), arts. 57 a 62.

Decreto 10.051/2019 (Institui o Colégio de Ouvidores do Sistema Nacional de Defesa do Consumidor).

 Análise doutrinária

1. Cadastros de reclamações fundamentadas do consumidor

Ao lado de aplicação de sanções administrativas (art. 56), do trabalho educativo e de conciliação, os Procons, bem como todos os órgãos públicos de defesa do consumidor, possuem o dever de organizar e divulgar relação de fornecedores que não respeitam os direitos dos consumidores. É esse o objetivo do art. 44 do CDC.

É fácil perceber a utilidade da lista de fornecedores do art. 44. A sociedade de consumo é massificada e anônima. Novas e desconhecidas empresas, principalmente no ambiente virtual, surgem a cada dia, atraindo a atenção do consumidor com suas ofertas. O fornecedor levanta uma série de informações sobre o comprador quando lhe vende a prazo. O mesmo cuidado deve ser seguido pelo consumidor para evitar lesões a seus direitos. Daí a importância de se informar, conhecer as empresas que vendem produtos e serviços de qualidade, saber como é o tratamento após a venda, enfim, se há respeito às disposições do CDC. O cadastro de fornecedores (art. 44 do CDC) permite que o consumidor se informe e evite lesões a seus direitos.

O objeto do cadastro referido no art. 44 é oferecer ao consumidor informações sobre a conduta dos fornecedores, de modo a auxiliá-lo na liberdade do direito de escolha (art. 6º, II). Assim como o fornecedor, quando concede crédito, tem o legítimo interesse de obter informações sobre o consumidor, o mesmo raciocínio vale para o consumidor. É importante, particularmente quando se cria vínculo duradouro ou a entrega do bem ou serviço se dá no futuro, ter informações sobre o fornecedor.

Como acentuado em outra oportunidade, "o comerciante, quando vende seus produtos e serviços a prazo, toma um cuidado especial para saber quem é o consumidor. Procura-se verificar se a pessoa possui registro em algum serviço de proteção ao crédito, referências bancárias e comerciais são solicitadas, além de profissão, residência e diversos outros dados". Todavia, quando a situação é inversa, "sobretudo quando se adianta dinheiro para receber o produto ou serviço em data futura, o consumidor, infelizmente, não tem a mesma postura. Não procura se informar sobre a idoneidade do fornecedor, se ele cumpre com os prazos de entrega e se os produtos e serviços oferecidos têm a qualidade desejada. Um enorme número de casos de consumidores lesados que vão parar nos órgãos de defesa do consumidor poderia ter sido evitado se a regra básica de se procurar saber quem é o fornecedor tivesse sido observada" (BESSA, 2006, p. 64-65).

O Decreto 2.181/1997 detalha o procedimento para formação e divulgação do cadastro de fornecedores nos arts. 57 a 62. Estabelece limite temporal de cinco anos para o arquivo (§ 3º do art. 59), bem como a possibilidade de o fornecedor requerer a correção da informação inexata (art. 61). Entre outras disposições, ressalta que os cadastros que "são considerados arquivos públicos, sendo informações e fontes a todos acessíveis, gratuitamente, vedada a utilização abusiva ou, por qualquer outro modo, estranha à defesa e orientação dos consumidores, ressalvada a hipótese de publicidade comparativa" (art. 60).

O art. 44 do CDC estabelece um patamar temporal quanto à periodicidade da publicação da lista. A divulgação do cadastro deve ser, *no mínimo*, anual. É uma garantia mínima ao consumidor. Nada impede que a periodicidade seja semestral ou até em período menor. Por óbvio, considerando as repercussões negativas da publicação, é importante estabelecer critérios objetivos para manutenção e divulgação do cadastro. Também é recomendável que tais critérios sejam divulgados, até para melhor orientar os consumidores que irão consultar a lista.

É obrigatória a inclusão no cadastro dos nomes dos fornecedores (razão social e nome de fantasia) contra os quais foram apresentadas reclamações fundamentadas. E mais: se a reclamação foi atendida ou não. O art. 44 do CDC é claro a esse respeito. O que precisa ser destacado é que a lei estabelece um piso mínimo para o nível de informações que são divulgadas.

É bastante útil a divulgação de outras informações, entre elas a lista de fornecedores que, em espaço de tempo delimitado, receberam sanções administrativas do órgão (o que pressupõe observância do contraditório e da ampla defesa em procedimento administrativo), esclarecendo-se se eventual recurso administrativo já foi julgado.

Embora se possa perceber crescente conscientização do consumidor, avanços são desejados. O objetivo legal é de ampla divulgação. Não basta a fixação da lista no órgão. É necessária, ao menos, a publicação no diário oficial local. Além da publicação periódica do cadastro, deve o documento ficar sempre à disposição do consumidor. Esta é a determinação do § 1º do art. 44: "É facultado o acesso às informações lá constantes para orientação e consulta por qualquer interessado".

O avanço tecnológico na área de informática após a edição do CDC em 1990 foi muito intenso e permitiu a criação e o desenvolvimento de outras bases de dados sobre informações e comportamento do fornecedor no mercado. Tais cadastros, além de oferecer informações úteis para as escolhas dos consumidores, servem para subsidiar a definição de políticas públicas pelos órgãos de defesa do consumidor. Entre tais bases, cabem referências ao SINDEC.

2. Sistema Nacional de Informações de Defesa do Consumidor – Sindec

Dentre as bases de dados de informações sobre consumidores, cabe destacar, pela relevância, o Sistema Nacional de Informações de Defesa do Consumidor – Sindec, idealizado e mantido pela Secretaria Nacional do Consumidor – Senacon (Ministério da Justiça e Segurança Pública).

De acordo com a própria Senacon, cuida-se de "sistema informatizado que permite o registro das demandas individuais dos consumidores que recorrem aos Procons. Ele consolida registros em bases locais e forma um banco nacional de informações sobre problemas enfrentados pelos consumidores". O Sindec foi criado para sistematizar e integrar a ação dos Procons. Porém, com o tempo, tornou-se fonte primária de informações para a definição de políticas públicas de defesa do consumidor. Mais do que integrar órgãos e subsidiar a definição de políticas, a base de dados do Sindec se tornou referência também para consumidores e fornecedores, na medida em que representa uma amostra qualificada dos diversos problemas vivenciados pelos consumidores no mercado de consumo (sindecnacional.mj.gov.br).

O Sindec institui uma base de dados nacional e estadual que disponibiliza informações e gráficos em tempo real, cria novos mecanismos para a inclusão dos órgãos municipais e ainda estabelece a base tecnológica necessária para a elaboração de Cadastros Estaduais e Nacional de Reclamações Fundamentadas, previstos no Código de Defesa do Consumidor.

Atualmente, são 627 Procons e 980 postos de atendimento integrados ao SINDEC. A consulta se dá mediante acesso à página na internet. Podem ser obtidas informações sobre perfil do consumidor, assuntos mais reclamados, índice de resolução etc. Cabe destacar que são registros formulados perante os Procons e postos de atendimento conectados ao Sistema, os quais podem se constituir em reclamações ou simples consultas.

Portanto, as informações veiculadas pelo SINDEC não coincidem com o cadastro de reclamações fundamentadas referido pelo art. 44 do CDC. Enquanto o SINDEC é um reflexo das *demandas* dirigidas aos Procons, o cadastro é a resposta do órgão em relação às reclamações dos consumidores, devendo informar os nomes dos fornecedores contra os quais foram apresentadas reclamações fundamentadas em determinado período, bem como se a pretensão do consumidor foi atendida ou não.

 Dicas práticas

Após três décadas de experiência do CDC, o consumidor interessado em obter informações sobre o comportamento dos fornecedores no mercado de consumo possui hoje acesso a várias bases de dados. Além da lista de reclamações fundamentadas, que são divulgadas pelos Procons estaduais e municipais, cabe destacar o Sistema Nacional de Informações de Defesa do Consumidor – Sindec (sindecnacional.mj.gov.b) e a plataforma Consumidor.gov (www.consumidor.gov.br).

Art. 45. (Vetado).[12]

---

[12]   Mensagem de Veto 664/90, *do art. 45*: "O art. 12 e outras normas já dispõem de modo cabal sobre a reparação do dano sofrido pelo consumidor. Os dispositivos ora vetados criam a figura de "multa civil", sempre de valor expressivo, sem que sejam definidas a sua destinação e finalidade".

CAPÍTULO VI
Da Proteção Contratual

Seção I
Disposições gerais

Art. 46. Os contratos que regulam as relações de consumo não obrigarão os consumidores, se não lhes for dada a oportunidade de tomar conhecimento prévio de seu conteúdo, ou se os respectivos instrumentos forem redigidos de modo a dificultar a compreensão de seu sentido e alcance.

 Legislação correlata

Código Civil, arts. 421 a 422.

 Análise doutrinária

1. Nova Teoria Contratual e o CDC

Antes de analisar especificamente os dispositivos que integram o capítulo do CDC denominado "Da proteção contratual", faz-se necessário contextualizar o surgimento do CDC em âmbito de mudanças do próprio direito privado. Em síntese, não é o CDC que promove e sistematiza uma nova teoria contratual. A lei de proteção ao consumo, na parte contratual, é, antes de tudo, reflexo de mudanças de alguns paradigmas do direito privado.

O ideal, imaginado no início do século XIX (há duzentos anos), de que os homens são *livres* e *iguais* e, portanto, capazes de cuidar dos próprios interesses financeiros, de escolher adequadamente o parceiro contratual, bem como de definir o conteúdo do contrato, foi desmentido pela realidade: as pessoas são diferentes e os economicamente mais fortes impõem seus interesses nas mais diversas situações, principalmente no mercado de consumo. Além disso, fatores externos ao contrato – guerras, pandemias, crises econômicas – devem ser considerados para recompor as bases negociais e restabelecer um desejado equilíbrio.

Sob essa visão tradicional, o contrato é expressão da liberdade individual; a vontade, fonte geradora de obrigações. Os homens, por serem *livres* e *iguais*, teriam condições de proteger adequadamente seus interesses econômicos. Procura-se definir os limites entre o público e o privado, afastar todos os resquícios do feudalismo e dos vínculos estamentais, de modo a permitir ampla liberdade aos indivíduos na realização dos mais diversos negócios, promovendo-se uma rápida circulação de riqueza.

A função do Estado seria de interferir minimamente nas relações individuais e, num segundo momento, garantir a execução e o cumprimento das obrigações assumidas pelas partes contratantes (*pacta sunt servanda*). As limitações à liberdade individual, as normas de ordem pública, eram raras e excepcionais.

Tal concepção, formada ao longo do século XIX e com reflexos nos primeiros anos do século XX, com especiais contribuições do Código francês de 1804 e do Código Civil alemão de 1896, influenciou diretamente o direito privado da Europa e, naturalmente, da América do Sul. Os princípios básicos do direito contratual delineadores da teoria contratual clássica foram formulados nesta fase: 1) a *autonomia da vontade* ou *liberdade contratual*, que consiste na liberdade de contratar, na escolha do parceiro contratual e na definição do conteúdo do contrato; 2) a *força vinculante* ou *força obrigatória* dos contratos (*pacta sunt servanda*), ou seja, concluído o contrato, estão as partes a ele vinculadas e obrigadas a cumprir seu conteúdo, cabendo ao Estado, com o uso da força, se necessário, assegurar a execução dos acordos; 3) a *relatividade dos efeitos contratuais*: os contratos só possuem efeitos em relação às partes contratantes, não podendo criar direitos ou obrigações para terceiros.

Em outros termos, na concepção clássica do contrato, o Estado – tanto o legislador como o julgador – deve interferir o mínimo possível na autonomia privada e na liberdade contratual. A atenção básica é com a capacidade das partes e com a livre manifestação da vontade, ou seja, sem os tradicionais vícios do consentimento (erro, dolo ou coação).

Em que pesem críticas formuladas posteriormente a essa concepção, não se deve ignorar ou diminuir a relevância histórica da construção do princípio da liberdade contratual (corolário da autonomia da vontade) como afirmação do indivíduo, abolição dos vínculos de grupo (inerentes ao feudalismo) e estímulo à criatividade e potencialidade individuais.

Como bem destaca Roppo: "Liberdade de contratar significa abolição dos vínculos de grupo, de corporação, de 'estado', que na sociedade antiga aprisionavam o indivíduo numa rede de incapacidades legais que lhe precludiam a plena expansão da sua iniciativa, das suas potencialidades produtivas, em suma da sua personalidade, e configuravam, assim, uma organização econômico-social fechada, pouco dinâmica. Significa, portanto, restituição ao indivíduo – e, por força do princípio da igualdade perante a lei, a todos os indivíduos, numa base de paridade formal, sem as discriminações e privilégios do passado – da abstrata possibilidade de determinar por si só o seu próprio destino no mundo do tráfico e das relações jurídicas, e o simultâneo nascimento de um sistema que a multiplicidade destas livres-iniciativas e contribuições individuais tornaria mais dinâmico, mais aberto às inovações e potenciado nas suas próprias forças produtivas; significa, numa palavra, passagem a uma forma superior de sociedade" (1988, p. 36-37).

Todavia, o século XX, ao lado do notável crescimento da economia, foi marcado também por guerras, pandemia e crises econômicas. A história ofereceu lições em todos os campos. Na área jurídica, indicou que a concepção clássica do contrato exigia mudanças.

No Brasil, tal revisão ganha especial relevo em 1988, com a promulgação de uma nova Constituição Federal, a qual, como se sabe, deixa de ser considerada como mero texto programático, de sugestões e conselhos. A CF assume explicitamente que possui como fundamento a dignidade da pessoa humana e os valores sociais da livre-

-iniciativa (art. 1º, III e IV) e declara ser objetivo da República Federativa do Brasil construir uma sociedade solidária, a redução das desigualdades sociais e regionais, bem como a promoção do bem de todos (art. 3º).

É da Constituição Federal de 1988 que se extraem os fundamentos para *uma nova teoria contratual*, com destaque para o princípio da boa-fé objetiva. Por exigência constitucional, o contrato não é mais simples instrumento para a satisfação de interesses egoísticos. O CDC, promulgado dois anos após a Constituição de 1988, vai, naturalmente, absorver as diretrizes constitucionais de solidariedade social e consagrar especial atenção ao vulnerável, com destaque para a proteção contratual.

Como resposta à realidade de sujeição do consumidor a contratos de massa elaborados – prévia e unilateralmente – pelos fornecedores, o CDC, antecipando-se ao Código Civil de 2002, previu o *princípio da boa-fé objetiva* e do *equilíbrio contratual* (arts. 4º, 6º, V, 39, V, e 51, IV), além de estabelecer regras específicas daí decorrentes, realçando-se a grande atenção ao momento anterior à celebração do contrato (fase da aproximação das partes, das tratativas). Nessa linha, há regramento específico da oferta (arts. 30 a 35), da publicidade (arts. 30, 35 a 37), dos pré-contratos (art. 48) e de aspectos de apresentação dos contratos de adesão (arts. 46 e 54, §§ 3º e 4º). Determina-se que "as cláusulas contratuais serão interpretadas de maneira mais favorável ao consumidor" (art. 47).

Os princípios contratuais clássicos (autonomia da vontade, força vinculante – *pacta sunt servanda* – e relatividade das convenções) não *morreram*: devem agora ser analisados sob diferente perspectiva, delineada pelos valores constitucionais de solidariedade social e proteção de dignidade da pessoa humana. Devem conviver com a boa-fé objetiva, com o equilíbrio econômico e com a função social do contrato.

2. Aspectos formais e procedimentos para validade do contrato de consumo

Embora o art. 46 do CDC inaugure, formalmente, o capítulo "Da proteção contratual", é fato que a disciplina do contrato de consumo está esparsa em toda a Lei: abrange, inclusive, a regulamentação da oferta e publicidade (arts. 30 a 38), que integram o momento pré-contratual e são de extrema relevância até mesmo para reconhecer nulidade de cláusula assinada posteriormente.

Não se desconhece que há inúmeros contratos verbais e até tácitos no dia a dia do consumidor (compra de pão na padaria, transporte individual por aplicativo etc.). Todavia, quando o valor do preço do produto ou serviço é maior ou quando se trata de vínculo que irá se estender ao longo do tempo, surgem os contratos escritos que, na sua grande maioria, são de *adesão*, ou seja, já vêm *prontos*, elaborados unilateralmente pelo fornecedor. O consumidor não tem possibilidade real de modificar as cláusulas e condições apresentadas, as quais, invariavelmente, procuram resguardar apenas os interesses materiais do fornecedor.

A vulnerabilidade do consumidor parece clara no campo contratual. É rara, senão impossível, a celebração de contrato a partir da discussão de cláusula por cláusula, de uma avaliação cuidadosa e criteriosa das diversas consequências jurídicas da assinatura do documento. Nos contratos de adesão, o consumidor limita-se, na maior parte das vezes, a aderir e assinar o documento, no qual são utilizadas palavras complicadas, termos técnicos, de difícil entendimento e compreensão.

A preocupação do art. 46, que deve ser interpretado em conjunto com os §§ 3º e 4º do art. 54 (v. comentários), é com a clareza do texto e a compreensão do consumidor com relação ao conteúdo do contrato. O CDC aceita a realidade da contratação em massa, das cláusulas gerais e dos contratos de adesão. A Lei reconhece que faz parte da dinâmica e velocidade atual das contratações. Todavia, são estabelecidos procedimentos e regras cuja inobservância pode invalidar o negócio jurídico.

O dispositivo deve ser visto e interpretado como decorrência de uma *nova teoria contratual*, da qual se destaca o princípio da boa-fé objetiva (arts. 4º, III, e 51, IV). O foco inicial é com o momento pré-contratual, quando ocorre a aproximação das partes, ocasião na qual o consumidor busca obter o maior número de informações para avaliar as vantagens e desvantagens de concluir determinado negócio jurídico com esse fornecedor ou com o concorrente. Enfim, exercer o direito de liberdade de escolha (art. 6º, II).

Com base nessa ideia e considerando que o contrato escrito é, invariavelmente, elaborado pelo fornecedor, estabelece o art. 46 a necessidade de clareza das cláusulas contratuais. O CDC não vedou a utilização do contrato de adesão, mas impôs uma série de regras para sua validade. Proíbem-se expressões e termos técnicos e prolixos. Deseja-se que o consumidor entenda adequadamente seus direitos e obrigações, o preço e a forma de pagamento do produto ou serviço que está sendo adquirido.

O contrato de adesão, por ser elaborado unilateralmente pelo fornecedor, é reflexo inevitável de um esforço de resguardar os interesses econômicos do empresário. Embora permitido pelo Código de Defesa do Consumidor, há inúmeros limites normativos, tanto em relação à apresentação do documento (arts. 46 e 54, §§ 3º e 4º) quanto ao seu conteúdo (art. 51).

Em última análise, o art. 46 estabelece que o fornecedor deve cuidar para que o consumidor compreenda adequadamente seus direitos e obrigações decorrentes do vínculo. Ora, se o contrato é elaborado unilateralmente, com pequena possibilidade de mudança de suas cláusulas, é mais do que razoável que o aderente (o consumidor) compreenda o conteúdo do contrato, conheça suas obrigações, saiba das implicações econômicas da assinatura do instrumento. Não se toleram letras miúdas, terminologia complexa, termos técnicos sem explicação sobre o seu significado.

A inobservância do art. 46 tem como sanção a *ineficácia*, como deixa claro o próprio dispositivo ao afirmar que os contratos "não obrigarão os consumidores". Em outras palavras, a ausência de oportunidade ao consumidor de tomar conhecimento prévio do seu conteúdo ou a redação de suas cláusulas de modo a dificultar seu sentido e alcance acarreta a invalidade do acordo de vontade. Na prática, devem as partes voltar ao estado anterior da "contratação", sem prejuízo de eventual indenização em favor do consumidor.

A experiência de três décadas do Código de Defesa do Consumidor indica como é importante para o consumidor a transparência e informações completas na fase pré--contratual (v. comentário sobre oferta, art. 30 do CDC). Os contratos de consumo são celebrados com base em tais informações e, invariavelmente, após pagamento parcial do preço ou primeira parcela (em contratos de longa duração), o consumidor recebe, sem observância do art. 46, contrato de adesão padronizado cujas cláusulas contrariam o que foi ofertado, apresentam limitações não indicadas etc.

Nesses casos, o consumidor pode exigir o cumprimento forçado do que foi prometido ou a extinção do vínculo, com devolução do que foi pago e, eventualmente, perdas e danos materiais e compensação por danos morais (art. 35 c/c o art. 46 do CDC). Os danos morais são cabíveis se houver ofensa a direitos da personalidade do consumidor, entre os quais o direito à integridade psíquica (v. comentários ao art. 6º, VI).

 Dicas práticas

Para cumprimento efetivo da ideia que inspira do art. 46 – consumidor conhecer os direitos e obrigações em determinada relação –, é fundamental elaborar e destacar uma espécie de síntese, ou quadro-resumo, com os principais deveres e direito das partes. Contratos longos raramente são lidos pelo consumidor.

 Jurisprudência

1. Mera remissão ao Código Penal não é informação suficiente para o consumidor

"A mera remissão a conceitos e artigos do Código Penal contida em cláusula de contrato de seguro não se compatibiliza com a exigência do art. 54, § 4º, do CDC, uma vez que materializa informação insuficiente, que escapa à compreensão do homem médio, incapaz de distinguir entre o crime de roubo e o delito de extorsão, dada sua aproximação topográfica, conceitual e da forma probatória. Dever de cobertura caracterizado" (STJ, REsp 1.106.827/SP, Rel. Min. Marco Buzzi, j. 16.10.2012, *DJe* 23.10.2012).

2. Necessidade de ciência antecipada do contrato

"I – Examinando as circunstâncias fáticas da causa, concluiu o Colegiado estadual que o segurado não teve ciência antecipada das cláusulas do contrato, não estando, por isso, obrigado ao seu cumprimento, nos termos do art. 46 do CDC, as quais devem ser interpretadas a seu favor, conforme preconiza o art. 47 do referido diploma consumerista. II – Considerou, ainda, nula de pleno direito a cláusula que fixou os parâmetros para o pagamento da indenização, porque abusiva, onerosa e extremamente prejudicial ao consumidor, a teor do que dispõe o art. 51, § 1º, I, II e III, do CDC. III – Esses fundamentos, suficientes, por si sós, para manter a conclusão do julgado, não foram impugnados nas razões do especial, atraindo, à hipótese, a aplicação da Súmula 283 do Supremo Tribunal Federal. Agravo improvido" (STJ, AgRg no Ag 736.617/MT, Rel. Min. Sidnei Beneti, j. 04.09.2008, *DJ* 23.09.2008).

3. Invalidade de cláusula constante no manual do segurado

"1. Por se tratar de relação de consumo, a eventual limitação de direito do segurado deve constar, de forma clara e com destaque, nos moldes do art. 54, § 4º do CODECON e, obviamente, ser entregue ao consumidor no ato da contratação, não sendo admitida a entrega posterior. 2. No caso concreto, surge incontroverso que o documento que integra o contrato de seguro de vida não foi apresentado por ocasião da contratação, além do que a cláusula restritiva constou tão somente do 'manual do segurado, enviado após a assinatura da proposta. Portanto, configurada a violação ao artigo 54, § 4º do CDC. 3. Nos termos do artigo 46 do Código de Defesa do Consumidor: 'Os contratos que regulam as relações de consumo não obrigarão os consumidores, se não lhes for dada a oportunidade de tomar conhecimento prévio de seu conteúdo, ou se os respectivos instrumentos forem redigidos de modo a dificultar a compreensão de seu sentido e alcance'" (STJ, REsp 1.219.406/MG, 4ª Turma, Rel. Min. Luis Felipe Salomão, j. 15.02.2011, *DJe* 18.02.2011).

4. Insuficiência de informação no contrato

"5. Insuficiência da informação a respeito das taxas equivalentes sem a efetiva ciência do devedor acerca da taxa efetiva aplicada decorrente da periodicidade de capitalização pactuada. 6. Necessidade de se garantir ao consumidor a possibilidade de controle 'a priori' do contrato, mediante o cotejo das taxas previstas, não bastando a possibilidade de controle 'a posteriori'. 7. Violação do direito do consumidor à informação adequada. 8. Aplicação do disposto no art. 6º, inciso III, combinado com os artigos 46 e 52, do Código de Defesa do Consumidor (CDC). 9. Reconhecimento da abusividade da cláusula contratual no caso concreto em que houve previsão de taxas efetivas anual e mensal, mas não da taxa diária" (STJ, REsp 1.568.290/RS, 3ª Turma, Rel. Min. Paulo de Tarso Sanseverino, j. 15.12.2015, *DJe* 02.02.2016).

5. Vinculação da oferta e interpretação mais favorável ao consumidor

"1. Controvérsia em torno do direito do demandante ao recebimento de prêmio constante do título de capitalização denominado Telesena, edição Primavera, na modalidade 'raspadinha', premiando com 'salário extra', correspondente a uma prestação mensal de R$ 5.000,00 pelo período de um ano. 2. A oxigenação do sistema de Direito Privado promovida pelo Código de Defesa do Consumidor, em todos os momentos de uma relação de consumo, operou-se, notadamente, no tocante à exigência de informações claras no período pré-negocial, tendo em vista o modelo de transparência por ele estatuído. 3. Diante da indevida contradição entre as informações constantes em destaque no título de capitalização, no sentido de que três valores iguais seriam suficientes para o pagamento do prêmio instantâneo, e aquelas constantes nas cláusulas gerais, de que seriam necessários, além dos três valores iguais, a frase 'ligue 0800...', deve prevalecer, sempre, a interpretação mais favorável ao consumidor, na forma do art. 47 do CDC. 4. Vinculação da oferta constante do título de capitalização no sentido de que o seu adquirente ganhará o prêmio instantâneo ao encontrar por três vezes repetidas a frase 'R$ 5.000,00 POR MÊS DURANTE 1 ANO'. Aplicação do disposto nos artigos 30 e 46 do CDC. 5. Ausência de razoabilidade da tentativa de recusar o pagamento do prêmio por estar ausente, a locução 'ligue 0800...', prevista sem destaque em cláusulas gerais" (STJ, REsp 1740997/CE, Rel. Min. Paulo de Tarso Sanseverino, 3ª Turma, j. 09.06.2020, *DJe* 12.06.2020).

6. Invalidade de cláusula que exclui cobertura de seguro sem prévio conhecimento do consumidor

"1. Nas relações de consumo, o consumidor só se vincula às disposições contratuais em que, previamente, lhe é dada a oportunidade de prévio conhecimento, nos termos do Código de Defesa do Consumidor. 2. A existência de cláusula contratual excluindo a cobertura, para ser válida entre as partes, necessitaria do conhecimento prévio do segurado no momento da contratação, o que não foi observado na espécie" (STJ, AgInt no AgInt no REsp 1754047/DF, Rel. Min. Raul Araújo, 4ª Turma, j. 01.03.2021, *DJe* 22.03.2021).

"1. No caso, não houve comprovação do prévio esclarecimento do segurado sobre o tipo de cobertura contratada e suas especificidades. 2. Embora a cobertura IFPD (invalidez funcional) seja bem mais restritiva que a cobertura ILPD (invalidez profissional ou laboral), tal cláusula não é, em si mesma, abusiva. Contudo há que se ressalvar, que os consumidores devem ser previa e devidamente esclarecidos, prestando-se 'informações claras a respeito do tipo de cobertura contratada e as suas consequências, de modo a não induzi-los em erro.' Tendo se consignado pelo Tribunal de origem a ocorrência de tal omissão, impõe-se o reconhecimento da abusividade e ofensa ao disposto no art. 46 do CDC. – Precedentes" (STJ, EDcl no AREsp 1682323/RS, Rel. Min. Luis Felipe Salomão, 4ª Turma, j. 26.04.2021, *DJe* 28.04.2021).

7. Informação insuficiente sobre capitalização de juros e invalidade da cláusula

"1. Controvérsia acerca do cumprimento de dever de informação na hipótese em que pactuada capitalização diária de juros em contrato bancário. 2. Necessidade de fornecimento, pela instituição financeira, de informações claras ao consumidor acerca da periodicidade da capitalização dos juros adotada no contrato, e das respectivas taxas. 3. Insuficiência da informação acerca das taxas efetivas mensal e anual, na hipótese em que pactuada capitalização diária, sendo imprescindível, também, informação acerca da taxa diária de juros, a fim de se garantir ao consumidor a possibilidade de controle *a priori* do alcance dos encargos do contrato. Julgado específico da Terceira Turma. 4. Na espécie, abusividade parcial da cláusula contratual na parte em que, apesar de pactuar as taxas efetivas anual e mensal, que ficam mantidas, conforme decidido pelo acórdão recorrido, não dispôs acerca da taxa diária" (STJ, REsp 1826463/SC, Rel. Ministro Paulo Dd Tarso Sanseverino, 2ª Seção, j. 14.10.2020, *DJe* 29.10.2020).

> **Art. 47.** As cláusulas contratuais serão interpretadas de maneira mais favorável ao consumidor.

Legislação correlata

Código Civil, art. 423.

Análise doutrinária

1. Interpretação de cláusula de modo mais favorável ao consumidor

Assim como as leis precisam ser interpretadas para definir o seu sentido e alcance, o mesmo ocorre com as cláusulas contratuais. Muitas vezes, uma cláusula pode gerar duas ou até mais interpretações possíveis. O CDC, atento a essa realidade, estabelece, no art. 47, importante regra de hermenêutica em relação aos contratos de consumo, ao dispor que suas cláusulas serão interpretadas de maneira mais favorável ao consumidor.

De início, cabe observar que a referida diretriz de interpretação não se aplica unicamente aos contratos de adesão (art. 54): a regra da interpretação mais favorável ao consumidor incide em qualquer espécie de contrato firmado com o consumidor, inclusive nos acordos verbais.

O objetivo do art. 47 do CDC é amenizar a desigualdade existente, em regra, entre consumidor e fornecedor, a qual, no campo contratual, ganha força quando se constata que a maioria dos contratos de consumo é elaborada unilateralmente, com poupa possibilidade de influência do consumidor no seu conteúdo.

Interpretar uma cláusula de maneira mais favorável ao consumidor significa que, entre dois ou mais sentidos possíveis de serem extraídos da leitura do contrato, deve-se privilegiar o entendimento hermenêutico que mais atende aos interesses contratuais do consumidor. Ademais, entre duas disposições contraditórias ou aparentemente dissonantes, deve-se observar a mais vantajosa ao consumidor.

Cabe destacar que a análise da cláusula contratual se insere em contexto mais amplo de surgimento e desenvolvimento do vínculo obrigacional. Importante verificar as condições da contratação, particularmente as expectativas criadas pelo fornecedor no momento pré-contratual consubstanciado pela oferta publicitária ou não publicitária do produto ou serviço e seu efeito vinculante (art. 30).

O Código Civil também possui regra de interpretação dos contratos. A propósito, assim estabelece o art. 423: "Quando houver no contrato de adesão cláusulas ambíguas ou contraditórias, dever-se-á adotar a interpretação mais favorável ao aderente". Como se vê, o dispositivo reconhece implicitamente a fragilidade do aderente, mesmo nas relações civis (entre iguais), e determina que as disposições ambíguas ou contraditórias sejam interpretadas a seu favor.

O dispositivo do Código Civil (art. 423), ao ser comparado com o CDC (art. 47), serve para enfatizar que interpretação mais favorável ao consumidor, determinada pelo art. 47 do CDC, tem cabimento tanto em face de cláusulas obscuras e contraditórias como também diante de "cláusulas claras" que, em princípio, não ensejam dificuldades em sua aplicação.

Se houver disposição contratual que contrarie a oferta (verbal ou escrita), publicidade, pré-contrato, não é exatamente o caso de interpretar seu conteúdo, mas, sim, de declarar sua nulidade, por desacordo "com o sistema de proteção ao consumidor" (art. 51, XV), e, ao mesmo tempo, conferir eficácia à fase pré-contratual, com fundamento nos arts. 30 e 48 do CDC.

 ### Dicas práticas

Contratos de adesão muito extensos apresentam, invariavelmente, disposições contraditórias que merecem atenção especial do intérprete para a regra do art. 47 do CDC. Deve-se atentar, também, para a oferta e publicidade do produto e do serviço. Verificar, no caso concreto, as legítimas expectativas criadas pelo consumidor, particularmente em face dos termos da oferta (art. 30). Dentre duas interpretações possíveis, deve prevalecer aquela que está em consonância com o que foi ofertado.

 Jurisprudência

1. Intepretação mais favorável ao consumidor

"Firmada pela Corte *a quo* a natureza consumerista da relação jurídica estabelecida entre as partes, forçosa sua submissão aos preceitos de ordem pública da Lei 8.078/1990, a qual elegeu como premissas hermenêuticas a interpretação mais favorável ao consumidor (art. 47), a nulidade de cláusulas que atenuem a responsabilidade do fornecedor, ou redundem em renúncia ou disposição de direitos pelo consumidor (art. 51, I, do CDC), ou desvirtuem direitos fundamentais inerentes à natureza do contrato (art. 51, § 1º, II)" (STJ, REsp 1.106.827/SP, Rel. Min. Marco Buzzi, j. 16.10.2012, *DJe* 23.10.2012).

"2. Enganosa é a mensagem falsa ou que tenha aptidão a induzir a erro o consumidor, que não conseguiria distinguir natureza, características, quantidade, qualidade, preço, origem e dados do produto ou serviço contratado. 3. No caso concreto, extrai-se dos autos que dados essenciais do produto ou serviço adquirido foram omitidos, gerando confusão para qualquer consumidor médio, facilmente induzido a erro. 4. As regras contratuais devem ser postas de modo a evitar falsas expectativas, tais como aquelas dissociadas da realidade, em especial quanto ao consumidor desprovido de conhecimentos técnicos. 5. O CDC, norma principiológica por natureza, proíbe e limita os contratos impressos com letras minúsculas que dificultem, desestimulem ou impeçam a leitura e compreensão pelo consumidor, visando permitir o controle de cláusulas contratuais gerais e a realização da liberdade contratual. 6. À luz do princípio da vulnerabilidade (art. 4º, I, do CDC), princípio norteador das relações de consumo, as cláusulas contratuais são interpretadas de maneira mais favorável ao consumidor (art. 47 do CDC). 7. A transparência e a boa-fé permeiam a contratação na fase pré-contratual. 8. É vedada a cláusula surpresa como garantia do equilíbrio contratual e do direito de informação ao consumidor" (STJ, REsp 1344967/SP, Rel. Min. Ricardo Villas Bôas Cueva, Terceira Turma, j. 26.08.2014, *DJe* 15.09.2014).

"A falta de clareza e dubiedade das cláusulas impõem ao julgador uma interpretação favorável ao consumidor (art. 47 do CDC), parte hipossuficiente por presunção legal. Para prevalecer a pretensão em sentido contrário à conclusão do tribunal de origem, mister se faz a análise do contrato e revisão do conjunto fático-probatório dos autos, o que, como já decidido, é inviabilizado, nesta instância superior, pelas Súmulas 5 e 7/STJ" (STJ, AgRg no AREsp 539.402/SP, Rel. Min. Ricardo Villas Bôas Cueva, j. 18.06.2015, *DJe* 05.08.2015).

"Polêmica em torno da cobertura por plano de saúde do serviço de 'home care' para paciente portador de doença pulmonar obstrutiva crônica. O serviço de 'home care' (tratamento domiciliar) constitui desdobramento do tratamento hospitalar contratualmente previsto que não pode ser limitado pela operadora do plano de saúde. Na dúvida, a interpretação das cláusulas dos contratos de adesão deve ser feita da forma mais favorável ao consumidor. Inteligência do enunciado normativo do art. 47

do CDC. Doutrina e jurisprudência do STJ acerca do tema" (STJ, REsp 1.378.707/RJ, Rel. Min. Paulo de Tarso Sanseverino, j. 26.05.2015, *DJe* 15.06.2015).

2. Dubiedade sobre o início de vigência do contrato: interpretação mais favorável ao consumidor

"3. Uma vez que a Corte local reputou que a relação jurídica estabelecida entre as partes é de consumo, forçosa sua submissão aos preceitos de ordem pública da Lei n. 8.078/90, a qual elegeu como premissas hermenêuticas a interpretação mais favorável ao consumidor (art. 47), a nulidade de cláusulas que atenuem a responsabilidade do fornecedor, ou redundem em renúncia ou disposição de direitos pelo consumidor (art. 51, I), ou desvirtuem direitos fundamentais inerentes à natureza do contrato (art. 51, § 1º, II) (REsp nº 1.106.827/SP, Rel. Ministro Marco Buzzi, Quarta Turma, *DJe* 23/10/2012). 4. Sendo evidente a existência de datas diferentes relacionadas a uma mesma proposta de seguro, a condição contratual mais benéfica ao consumidor deve ser prestigiada. 5. A dubiedade em relação a elemento essencial ao aperfeiçoamento da contratação reclama do julgador uma interpretação favorável ao consumidor, parte presumidamente hipossuficiente da relação de consumo. 6. Ao interpretar o contrato de seguro de forma desfavorável ao consumidor, o acórdão vergastado acabou por ofender o art. 47 do Código de Defesa do Consumidor, revestindo-se de ilegalidade, visto que negou o direito dos herdeiros beneficiários à indenização contratualmente estabelecida. 7. Recurso especial provido" (STJ, REsp 1.726.225/RJ, 3ª Turma, Rel. Min. Moura Ribeiro, j. 18.09.2018, *DJe* 24.09.2018).

3. Cobertura de plano de saúde e interpretação a favor do consumidor

"1. Segundo a jurisprudência desta Corte Superior, ainda que admitida a possibilidade de o contrato de plano de saúde conter cláusulas limitativas dos direitos do consumidor, revela-se abusiva a que exclui o custeio dos meios e materiais necessários ao melhor desempenho do tratamento de doença coberta pelo plano. 1.1. Ademais, é inadmissível a recusa do plano de saúde em cobrir tratamento médico voltado à cura de doença coberta pelo contrato sob o argumento de não constar da lista de procedimentos da ANS, pois este rol é exemplificativo, impondo-se uma interpretação mais favorável ao consumidor" (STJ, AgInt no AREsp 1.553.980/MS, 3ª Turma, Rel. Min. Marco Aurélio Bellizze, j. 09.12.2019, *DJe* 12.12.2019).

4. Indenização securitária e interpretação a favor do consumidor

"1. O propósito recursal é definir acerca da responsabilidade da seguradora recorrida pelo pagamento de indenização securitária à recorrente, a despeito de cláusula contratual que garante a proteção patrimonial apenas na hipótese de roubo/furto qualificado sem haver a cobertura também para o furto simples, bem ainda acerca da configuração de danos morais e materiais hábeis a serem compensados/reparados por aquela. 2. Nos contratos de adesão, as cláusulas que implicarem limitação de direito do consumidor deverão ser redigidas com destaque para permitir sua imediata e fácil compreensão, garantindo-lhe, ademais, uma informação adequada e clara sobre os diferentes produtos e serviços, com especificação correta de quantidade, características, composição, qualidade, tributos incidentes e preço, bem como sobre os riscos que apresentem. 3. Como o segurado é a parte mais fraca, hipossuficiente e vulnerável, inclusive no sentido informacional da relação de consumo, e o segurador detém todas as informações essenciais acerca do conteúdo do contrato, abusivas serão as cláusulas dúbias, obscuras e redigidas com termos técnicos, de difícil entendimento. 4. O consumidor tem direito a informação plena do objeto do contrato, e não só uma clareza física das cláusulas limitativas, pelo simples destaque destas, mas, essencialmente, clareza semântica, com um significado homogêneo dessas cláusulas, as quais deverão estar ábdito a ambiguidade. 5. Hipótese em que, diante da ausência de clareza da cláusula contratual que exclui a cobertura securitária no caso de furto simples, bem como a precariedade da informação oferecida à recorrente, associado ao fato de que as cláusulas preestabelecidas em contratos de adesão devem ser interpretadas de forma mais favorável ao consumidor, a referida exclusão se mostra abusiva e, em razão disso, devida a indenização securitária" (STJ, REsp 1.837.434/SP, 3ª Turma, Rel. Min. Nancy Andrighi, j. 03.12.2019, *DJe* 05.12.2019).

5. Vinculação da oferta e interpretação mais favorável ao consumidor

"1. Controvérsia em torno do direito do demandante ao recebimento de prêmio constante do título de capitalização denominado Telesena, edição Primavera, na modalidade 'raspadinha', premiando com 'salário extra', correspondente a uma prestação mensal de R$ 5.000,00 pelo período de um ano. 2. A oxigenação do sistema de Direito Privado promovida pelo Código de Defesa do Consumidor, em todos os momentos de uma relação de consumo, operou-se, notadamente, no tocante à exigência de informações claras no período pré-negocial, tendo em vista o modelo de transparência por ele estatuído. 3. Diante da indevida contradição entre as informações constantes em destaque no título de capitalização, no sentido de que três valores iguais seriam suficientes para o pagamento do prêmio instantâneo, e aquelas constantes nas cláusulas gerais, de que seriam necessários, além dos três valores iguais, a frase 'ligue 0800...', deve prevalecer, sempre, a interpretação mais favorável ao consumidor, na forma do art. 47 do CDC. 4. Vinculação da oferta constante do título de capitalização no sentido de que o seu adquirente ganhará o prêmio instantâneo ao encontrar por três vezes repetidas a frase 'R$ 5.000,00 POR MÊS DURANTE 1 ANO'. Aplicação do disposto nos artigos 30 e 46 do CDC. 5. Ausência de razoabilidade da tentativa de recusar o pagamento do prêmio por estar ausente, a locução 'ligue 0800...', prevista sem destaque em cláusulas gerais" (STJ, REsp 1740997/CE, Rel. Ministro Paulo de Tarso Sanseverino, 3ª Turma, j. 09.06.2020, *DJe* 12.06.2020).

6. Validade do contrato com ausência de informação sobre seguro prestamista

"4. A interpretação dos contratos de adesão mais favorável ao consumidor (art. 47 do CDC) ou aderente (art. 423 do CC) revela-se pertinente quando as cláusulas forem ambíguas ou contraditórias, o que não se evidencia na hipótese. 5. O objetivo do seguro prestamista é salvaguardar o regular cumprimento de uma obrigação financeira, na hipótese de ocorrência do sinistro, estando, desse modo, sempre vinculado, ao contrato originário da dívida garantida. Bem se vê, com isso, que o seguro prestamista será sempre um contrato acessório subordinado ao contrato principal representativo da operação de crédito assegurada. 6. Portanto, considerando o caráter acessório do seguro prestamista, cujo propósito central é assegurar o cumprimento de uma obrigação financeira (contrato principal) a que está vinculado, mostra-se prescindível a indicação, no próprio contrato de seguro, do valor nominal devido a título de cobertura securitária, com a ocorrência do sinistro, uma vez que esse valor constará do contrato representativo da operação de crédito assegurada, devendo ser objeto de análise conjunta. 7. No presente caso, o capital segurado individual, considerando a clareza do teor dos documentos juntados aos autos e mencionados na sentença e no acórdão recorrido, é: i) o saldo devedor dos contratos de empréstimo no momento do sinistro, cujos valores já foram quitados, o que é incontroverso, não havendo, desse modo, montante residual concernente à Apólice n. 077.000.090; e ii) o limite do crédito disponibilizado na conta-corrente do segurado a título de cheque especial na data do sinistro (no tocante à Apólice n. 077.000.088), valor facilmente apurável no cumprimento de sentença" (STJ, REsp 1876762/MS, Rel. Min. Nancy Andrighi, Rel. p/ Acórdão Min. Marco Aurélio Bellizze, 3ª Turma, j. 01.06.2021, *DJe* 30.06.2021).

> **Art. 48.** As declarações de vontade constantes de escritos particulares, recibos e pré-contratos relativos às relações de consumo, vinculam o fornecedor, ensejando inclusive execução específica, nos termos do art. 84 e parágrafos.

 Legislação correlata

Código Civil, arts. 427 a 435.

 Análise doutrinária

1. Vinculação da manifestação pré-contratual do fornecedor

O art. 48, ao dispor que toda e qualquer manifestação de vontade do fornecedor (recibos, escritos particulares, pré-contratos) tem o potencial de estabelecer liame contratual, reforça o princípio da vinculação da oferta constante no art. 30 do CDC. Tal disciplina encontra paralelo com a *proposta* no Código Civil (art. 427 e seguintes). Todavia, é mais rigorosa em relação aos efeitos jurídicos e impossibilidade de revogação. Toda expressão de vontade do fornecedor, com relação a seus produtos e serviços, traz consequências jurídicas: significa proposta de contrato. Havendo a concordância do consumidor, que pode ser manifestada por qualquer meio, está formado o contrato.

A análise conjunta do art. 30 com o art. 48 evidencia que a manifestação de vontade do fornecedor, verbal ou apoiada em qualquer meio (físico ou digital), traz vínculo e pode ser exigida pelo consumidor, em caso de recusa ou resistência. Ressalte-se, no caso das pessoas jurídicas, que todos os empregados, gerentes, diretores etc. são pessoas com legitimidade para manifestar a vontade do fornecedor, até porque o consumidor deve confiar na seriedade das informações apresentadas. Portanto, até mesmo um cartão de visita com a indicação no verso do modelo de veículo e condições de pagamento gera o vínculo jurídico referido pelos arts. 30 e 48 do CDC.

A vinculação do que é dito e anunciado pelo fornecedor decorre da exigência de boa-fé objetiva, da lealdade e confiança que devem nortear as relações de consumo. O CDC, como já se destacou (art. 30), não tolera mentiras, exageros na qualidade dos produtos, omissões sobre dados relevantes. A informação deve ser direta, clara e precisa. O consumidor deve poder confiar nas informações apresentadas para, num segundo momento, realizar comparação com os produtos e serviços de outros fornecedores e decidir qual apresenta mais vantagens considerando seus interesses e possibilidades financeiras.

A vinculação da oferta, manifestada por qualquer meio (recibos, escritos particulares, pré-contratos), é também relevante forma de estimular e preservar uma concorrência honesta. Afinal, o fornecedor que apresenta informações falsas ou enganosas se coloca em "vantagem" em relação ao fornecedor sério que tem a preocupação de apresentar informações verazes e completas para exercício da liberdade de escolha do consumidor (art. 6º, II).

A competição entre os fornecedores para atrair o maior número de consumidores e aumentar as vendas deve ser leal, pautar-se pela transparência e veracidade. Não é por outro motivo que o art. 36, I, da Lei Antitruste (Lei 12.529/2011) estabelece ser infração contra a ordem econômica praticar qualquer ato que tenha por objeto ou possa produzir os efeitos de limitar, falsear ou de qualquer forma prejudicar a livre concorrência ou a livre-iniciativa.

O art. 48, em sua parte final, faz referência ao art. 84 do CDC, dispositivo que prestigia – em detrimento às perdas e danos – o cumprimento da obrigação de fazer ou não fazer, com tutela específica da obrigação ou providências que assegurem o resultado prático equivalente (v. comentários ao art. 84).

 Dicas práticas

O consumidor, de um lado, deve saber que tudo que lhe é oferecido gera vínculos contratuais. É importante, sempre que possível, obter algum documento escrito sobre o teor da oferta.

Os fornecedores devem conhecer a regra do CDC sobre vinculação da oferta e pré-contratos e, paralelamente, instruir seus empregados sobre a importância e consequência do que é oferecido aos consumidores.

 Jurisprudência

1. Vinculação da oferta do fornecedor

"1. O Código do Consumidor é norteado principalmente pelo reconhecimento da vulnerabilidade do consumidor e pela necessidade de que o Estado atue no mercado para minimizar essa hipossuficiência, garantindo, assim, a igualdade material entre as partes. Sendo assim, no tocante à oferta, estabelece serem direitos básicos do consumidor o de ter a informação adequada e clara sobre os diferentes produtos e serviços (CDC, art. 6º, III) e o de receber proteção contra a publicidade enganosa ou abusiva (CDC, art. 6º, IV). 2. É bem verdade que, paralelamente ao dever de informação, se tem a faculdade do fornecedor de anunciar seu produto ou serviço, sendo certo que, se o fizer, a publicidade deve refletir fielmente a realidade anunciada, em observância à principiologia do CDC. Realmente, o princípio da vinculação da oferta reflete a imposição da transparência e da boa-fé nos métodos comerciais, na publicidade e nos contratos, de forma que esta exsurge como princípio máximo orientador, nos termos do art. 30" (STJ, REsp 1.365.609/SP, 4ª Turma, Rel. Min. Luis Felipe Salomão, j. 28.04.2015, *DJe* 25.05.2015).

2. Princípio da conservação do contrato (arts. 30 e 48 do CDC)

"3. O propósito recursal consiste em determinar se, diante da vinculação do fornecedor à oferta, a alegação de ausência de produto em estoque é suficiente para inviabilizar o pedido do consumidor pelo cumprimento forçado da obrigação, previsto no art. 35, I, do CDC. 4. No direito contratual clássico, firmado entre pessoas que se presumem em igualdades de condições, a proposta é uma firme manifestação de vontade, que pode ser dirigida a uma pessoa específica ou ao público em geral, que somente vincula o proponente na presença da firmeza da intenção de concreta de contratar e da precisão do conteúdo do futuro contrato, configurando, caso contrário, mero convite à contratação. 5. Como os processos de publicidade e de oferta ao público possuem importância decisiva no escoamento da produção em um mercado de consumo em massa, conforme dispõe o art. 30 do CDC, a informação no contida na própria oferta é essencial à validade do conteúdo da formação da manifestação de vontade do consumidor e configura proposta, integrando efetiva e atualmente o contrato posteriormente celebrado com o fornecedor. 6. Como se infere do art. 35 do CDC, a recusa à oferta oferece ao consumidor a prerrogativa de optar, alternativamente e a sua livre escolha, pelo cumprimento forçado da obrigação, aceitar outro produto, ou rescindir o contrato, com direito à restituição de quantia eventualmente antecipada, monetariamente atualizada, somada a perdas e danos. 7. O CDC consagrou expressamente, em seus arts. 48 e 84, o princípio da preservação dos negócios jurídicos, segundo o qual se pode determinar qualquer providência a fim de que seja assegurado o resultado prático equivalente ao adimplemento da obrigação de fazer, razão pela qual a solução de extinção do contrato e sua conversão em perdas e danos é a ultima ratio, o último caminho a ser percorrido. 8. As opções do art. 35 do CDC são intercambiáveis e produzem, para o consumidor, efeitos práticos equivalentes ao adimplemento, pois guardam relação com a satisfação da intenção validamente manifestada ao aderir à oferta do fornecedor, por meio da previsão de resultados práticos equivalentes ao adimplemento da obrigação de fazer ofertada ao público. 9. A impossibilidade do cumprimento da obrigação de entregar coisa, no contrato de compra e venda, que é consensual, deve ser restringida exclusivamente à inexistência absoluta do produto, na hipótese em que não há estoque e não haverá mais, pois aquela espécie, marca e modelo não é mais fabricada. 10. Na hipótese dos autos, o acórdão recorrido impôs à recorrente a adequação de seu pedido às hipóteses dos incisos II e III do art. 35 do CDC, por considerar que a falta do produto no estoque do fornecedor impediria o cumprimento específico da obrigação" (STJ, REsp 1872048/RS, Rel. Min. Nancy Andrighi, 3ª Turma, j. 23.02.2021, *DJe* 01.03.2021).

Art. 49. O consumidor pode desistir do contrato, no prazo de 7 dias a contar de sua assinatura ou do ato de recebimento do produto ou serviço, sempre que a contratação de fornecimento de produtos e serviços ocorrer fora do estabelecimento comercial, especialmente por telefone ou a domicílio.

Parágrafo único. Se o consumidor exercitar o direito de arrependimento previsto neste artigo, os valores eventualmente pagos, a qualquer título, durante o prazo de reflexão, serão devolvidos, de imediato, monetariamente atualizados.

 Legislação correlata

Decreto 7.962/2013 (Decreto do Comércio Eletrônico).

Decreto 10.271/2020 (Dispõe sobre a proteção dos consumidores nas operações de comércio eletrônico no Grupo Mercado Comum).

Lei 14.010/2020 (Estabelece o Regime Jurídico Emergencial e Transitório das relações jurídicas de Direito Privado – RJET, no período da pandemia do novo coronavírus).

 Análise doutrinária

1. Direito ao arrependimento

O art. 49, que se situa na seção das "Disposições Gerais" do Capítulo denominado "Da Proteção Contratual", traz importante regra relativa ao arrependimento e à desistência dos contratos de consumo. Permite ao consumidor desistir do contrato – sem qualquer justificativa – no prazo de sete dias, quando a contratação ocorrer "fora do estabelecimento comercial, especialmente por telefone ou a domicílio".

Estão abrangidas pelo dispositivo as vendas em que o fornecedor se dirige à residência do consumidor (venda em domicílio) ou ao seu local de trabalho, as contratações por telefone e, principalmente, pelo comércio eletrônico.

O direito à desistência no prazo de sete dias não está condicionado a qualquer existência de vício do produto ou serviço. Não há nenhuma necessidade de indicar o motivo do arrependimento do contrato. Basta dirigir manifestação de vontade ao fornecedor por qualquer meio (telefone, carta, correio eletrônico) e solicitar a devolução dos valores pagos pelo produto ou serviço.

O CDC, não custa lembrar, foi promulgado há 30 anos, quando praticamente inexistia comércio eletrônico no Brasil. Na ocasião, a justificativa maior do direito de arrependimento era com relação à compra por impulso, que ocorria a partir de visita inesperada do fornecedor à casa do consumidor, sem que houvesse o necessário e saudável período de reflexão para amadurecimento sobre a real necessidade do bem. Hoje, tal tipo de comercialização praticamente não existe. A abordagem se dá por meios eletrônicos (computador, celular etc.) sem contato físico com o fornecedor.

A outra justificativa, que está presente ao lado da primeira, relaciona-se à impossibilidade de o consumidor ter contato direto com o produto, visualizar, tocar, testar etc.

O comércio eletrônico surge, no País, em meados da década de 1990. As justificativas da edição do art. 49 se aplicam, em sua maioria, ao comércio eletrônico, evidenciando que a lei é mais sábia que o legislador. No caso do comércio eletrônico, a razão para o direito de arrependimento é a impossibilidade de contato físico com o produto. Por mais que se mostrem diversas fotos, sejam esclarecidas as características e qualidades do produto, nada substitui o contato direto do consumidor com o bem, fator imprescindível para liberdade do direito de escolha (art. 6º, II) e decisão de compra.

Acrescente-se complexidade inerente à informática e ao ambiente virtual, no qual até consumidores mais informados podem, com uma digitação equivocada, cometer erros em relação a aspectos do produto ou da própria forma de pagamento.

O prazo para manifestação da desistência é de sete dias "a contar de sua assinatura ou do ato de recebimento do produto ou serviço". No caso de compra pelo telefone e internet, a contagem dos sete dias deve se iniciar a partir do ato de recebimento do produto e não do dia da solicitação (contratação), até porque o prazo de entrega pode, com facilidade, ser superior a sete dias, frustrando totalmente o exercício do direito de arrependimento.

A interpretação da incidência do prazo de sete dias deve prestigiar a finalidade da norma: proteger o comprador que, até o recebimento físico do bem, não pode examinar adequadamente o produto. A aplicação do termo inicial "a contar de sua assinatura" se restringe a situações em que o consumidor já pode usufruir do bem ou serviço, como no caso de bens imateriais (arquivos digitais, aplicativos etc.).

Em caso de arrependimento, todos os gastos e despesas do consumidor, inclusive de transporte (frete) do produto, devem ser imediatamente devolvidos. Assim estabelece o parágrafo único do art. 49: "Se o consumidor exercitar o direito de arrependimento previsto neste artigo, *os valores eventualmente pagos, a qualquer título*, durante o prazo de reflexão, serão devolvidos, de imediato, monetariamente atualizados" (grifou-se).

O comércio eletrônico vem crescendo substancialmente no Brasil. Em 2010, movimentou aproximadamente 17 bilhões de reais. Dez anos depois (2020), esse número foi de aproximadamente 90 bilhões de reais. Entre as causas, está a necessidade de isolamento social promovida pela pandemia da Covid-19. Independentemente desse fator, todas as projeções de entidades especializadas fazem previsão de aumento permanente das vendas, o que indica a importância de legislação mais detalhada sobre o tema, houve, no primeiro semestre de 2020, destacado aumento das compras a distância.

2. Comércio eletrônico e atualização do CDC

O mercado virtual de produtos e serviços apresenta muitas vantagens e facilidades para consumidores e fornecedores, tais como diminuição de custos, maior facilidade na comparação de preços e de recebimento dos bens e serviços. Daí a preocupação de oferecer regras mais detalhadas e claras para oferecer mais confiança e segurança a fornecedores e consumidores.

Com esse propósito, em novembro de 2010, por meio do Ato do Presidente 308, o Senado Federal instituiu-se Comissão de Juristas (Antonio Herman Benjamin –

Presidente, Claudia Lima Marques – Relatora-Geral, Ada Pellegrini Grinover, Kazuo Watanabe, Leonardo Roscoe Bessa e Roberto Augusto Pfeiffer) para propor atualização e aperfeiçoamento do Código de Defesa do Consumidor. Em 2015, os projetos relativos ao comércio eletrônico (PLS 281) e superendividamento do consumidor (PLS 282) foram aprovados no Senado. O do comércio eletrônico tramita na Câmara dos Deputados sob o número 3.514. A proposta relativa ao superendividamento foi aprovada e se transformou na Lei 14.181/2021, com diversos acréscimos de dispositivos ao Código de Defesa do Consumidor.

Para amenizar a lacuna legal relativa ao comércio eletrônico, editou-se, em 15 de março de 2013, com base no art. 84, IV, da Constituição Federal, o Decreto 7.962/2013 para "dispor sobre a contratação no comércio eletrônico". O ato normativo reforça e especifica o dever de informar do fornecedor de produtos e serviços (arts. 2º, 3º e 5º), busca incrementar o atendimento ao consumidor (art. 4º) e detalha alguns procedimentos e providências sobre o direito de arrependimento do consumidor.

No tocante ao exercício do direito de arrependimento, o Decreto, em seu art. 5º, apresenta importantes pontos. Estabelece, inicialmente, que o fornecedor deve informar, de forma clara e ostensiva, os meios adequados para o exercício do direito de arrependimento, devendo, inclusive, remeter ao consumidor confirmação imediata do recebimento da manifestação de arrependimento. Acrescenta que consumidor pode exercer o direito pela mesma ferramenta utilizada para a contratação (sem prejuízo de outros meios).

Ao final, pontua-se que o arrependimento implica a rescisão dos contratos acessórios, sem qualquer ônus para o consumidor. Quanto à devolução do valor, o § 3º do art. 5º dispõe que o "exercício do direito de arrependimento será comunicado imediatamente pelo fornecedor à instituição financeira ou à administradora do cartão de crédito ou similar, para que: I – a transação não seja lançada na fatura do consumidor; ou II – seja efetivado o estorno do valor, caso o lançamento na fatura já tenha sido realizado".

Na mesma linha, acrescente-se a edição, em 6 de março de 2020, do Decreto 10.271, o qual objetiva internalizar a Resolução GMC 37/19, adotada pelo Grupo Mercado Comum, em 15 de julho de 2019. O propósito é uniformizar regras relativas ao comércio eletrônico entre os países que integram o Mercosul.

Ao lado da obrigatoriedade de oferecer informações adequadas sobre os produtos e serviços e, particularmente, no tocante à qualificação do fornecedor, o art. 6º estabelece que "o consumidor poderá exercer seu direito de arrependimento ou retratação nos prazos que a norma aplicável estabelecer".

3. Suspensão do direito do arrependimento em face da pandemia do novo coronavírus (Covid-19)

Como já pontuado, a pandemia do novo coronavírus (Covid-19) afetou inúmeros aspectos das relações de consumo. O ordenamento jurídico possui respostas para as questões que se apresentam. De qualquer modo, muitos países optaram pela edição de leis temporárias para enfrentamento de questões pontuais (v. comentários ao art. 6º, VI).

No caso do Brasil, cabe destacar a Lei 14.010, de 10 de junho de 2020, a qual estabelece o Regime Jurídico Emergencial e Transitório das relações jurídicas de Direito Privado (RJET) no período da pandemia do novo coronavírus.

A única referência às relações de consumo decorre do disposto no art. 8º, o qual suspende temporariamente a incidência do direito de arrependimento (art. 49) para determinados contratos, nos seguintes termos: "Até 30 de outubro de 2020, fica suspensa a aplicação do art. 49 do Código de Defesa do Consumidor na hipótese de entrega domiciliar (*delivery*) de produtos perecíveis ou de consumo imediato e de medicamentos".

Dentre as medidas para conter a contaminação do novo coronavírus, muitos estabelecimentos comerciais, particularmente no setor de alimentos, foram obrigados a suspender as atividades presenciais. Permitiu-se, todavia, a entrega domiciliar, o que ampliou a procura por essa atividade. O objetivo da norma, nesse contexto, é evitar cancelamentos imotivados de compras, o que, em tese, poderia gerar custos e impactos negativos para um setor de crescente importância em tempos de isolamento e distanciamento social.

A norma, que vigorou até o dia 30 de outubro de 2020, simplesmente quis impedir o arrependimento desmotivado para aquisição de produtos perecíveis ou de consumo imediato (alimentos) e medicamentos. Embora bem intencionada, a prática do CDC e bom senso indicam pouquíssimos casos de desistência imotivada de compras por *delivery* para alimentos e medicamentos. O que pode ocorrer – e não restou abrangido pela Lei 14.010/2020 – é a possibilidade de o consumidor requerer a devolução do dinheiro por vício do produto (art. 18) ou descumprimento da oferta (art. 30).

Imagine-se a promessa de entrega do produto (alimento) em 30 a 45 minutos e a efetiva entrega duas horas depois, quando o consumidor, em face da demora, acaba por optar por outra alternativa para suprir a necessidade de alimentação. No caso, com base no arts. 30 e 35, é possível requerer a devolução do dinheiro ou eventualmente permanecer com crédito do valor pago para outras compras.

Outro exemplo seria relativo ao alimento com vício, impróprio para o consumo, ou receber medicamento avariado ou com embalagem corrompida. Ora, nestas hipóteses, o consumidor pode, com base no art. 18, requerer a devolução do dinheiro, a substituição do produto ou o abatimento proporcional do preço (v. comentários ao art. 18).

 Dicas práticas

Em que pese a proteção normativa conferida pelo CDC e pelo Decreto do Comércio Eletrônico às compras a distância, o consumidor deve sempre se certificar sobre a idoneidade do fornecedor. Além de inúmeras fraudes, especial cuidado deve ser tomado com relação a empresas que atuam fora do Brasil.

 Jurisprudência

1. Desnecessidade de motivação ao exercer direito de arrependimento

"Quando o contrato de consumo for concluído fora do estabelecimento comercial, o consumidor tem o direito de desistir do negócio em 7 dias, sem nenhuma motivação, nos termos do art. 49 do CDC" (STJ, AgRg no AREsp 533.990/MG, Rel. Min. Moura Ribeiro, j. 18.08.2015, *DJe* 27.08.2015).

2. Direito de arrependimento e consequências para o contrato de financiamento

"Consumidor. Recurso especial. Ação de busca e apreensão. Aplicação do CDC às instituições financeiras. Súmula 297/STJ. Contrato celebrado fora do estabelecimento comercial. Direito de arrependimento manifestado no sexto dia após a assinatura do contrato. Prazo legal de sete dias. Art. 49 do CDC. Ação de busca e apreensão baseada em contrato resolvido por cláusula de arrependimento. Improcedência do pedido. – O Código de Defesa do Consumidor é aplicável às instituições financeiras. Súmula 297/ STJ. – Em ação de busca e apreensão, é possível discutir a resolução do contrato de financiamento, garantido por alienação fiduciária, quando incide a cláusula tácita do direito de arrependimento, prevista no art. 49 do CDC, porque esta objetiva restabelecer os contraentes ao estado anterior à celebração do contrato. – É facultado ao consumidor desistir do contrato de financiamento, no prazo de 7 (sete) dias, a contar da sua assinatura, quando a contratação ocorrer fora do estabelecimento comercial, nos termos do art. 49 do CDC. – Após a notificação da instituição financeira, a cláusula de arrependimento, implícita no contrato de financiamento, deve ser interpretada como causa de resolução tácita do contrato, com a consequência de restabelecer as partes ao estado anterior. – O pedido da ação de busca e apreensão deve ser julgado improcedente, quando se basear em contrato de financiamento resolvido por cláusula de arrependimento" (STJ, REsp 930.351/SP, 3ª Turma, Rel. Min. Nancy Andrighi, j. 27.10.2009, *DJe* 16.11.2009).

3. Desistência de contrato de financiamento celebrado no escritório do consumidor

"Em ação de busca e apreensão, é possível discutir a resolução do contrato de financiamento, garantido por alienação fiduciária, quando incide a cláusula tácita do direito de arrependimento, prevista no art. 49 do CDC, porque esta objetiva restabelecer os contraentes ao estado anterior à celebração do contrato. É facultado ao consumidor desistir do contrato de financiamento, no prazo de 7 (sete) dias, a contar da sua assinatura, quando a contratação ocorrer fora do estabelecimento comercial, nos termos do art. 49 do CDC" (STJ, REsp 930.351/SP, Rel. Min. Nancy Andrighi, j. 27.10.2009, *DJe* 16.11.2009).

4. Televenda

"Ação de indenização. Compra. Sistema televendas. Direito de arrependimento. Prazo legal de sete dias. Art. 49 do CDC. Decisão agravada. Manutenção. I – É facultado ao consumidor desistir do contrato de compra, no prazo de 7 (sete) dias, a contar da sua assinatura, quando a contratação ocorrer fora do estabelecimento comercial, nos termos do art. 49 do CDC" (STJ, AgRg no REsp 1.189.740/RS, Rel. Min. Sidnei Beneti, j. 22.06.2010, *DJe* 01.07.2010).

5. É do fornecedor as despesas relativas à devolução do produto

"O art. 49 do CDC dispõe que, quando o contrato de consumo for concluído fora do estabelecimento comercial, o consumidor tem o direito de desistir do negócio em 7 dias ('período de reflexão'), sem qualquer motivação. Trata-se do direito de arrependimento, que assegura ao consumidor a realização de uma compra consciente, equilibrando as relações de consumo. Exercido o direito de arrependimento, o parágrafo único do art. 49 do CDC especifica que o consumidor terá de volta, imediatamente e monetariamente atualizados, todos os valores eventualmente pagos, a qualquer título, durante o prazo de reflexão, entendendo-se incluídos nestes valores todas as despesas com o serviço postal para a devolução do produto, quantia esta que não pode ser repassada ao consumidor. Eventuais prejuízos enfrentados pelo fornecedor neste tipo de contratação são inerentes à modalidade de venda agressiva fora do estabelecimento comercial (*internet*, telefone, domicílio). Aceitar o contrário é criar limitação ao direito de arrependimento legalmente não previsto, além de desestimular tal tipo de comércio tão comum nos dias atuais" (STJ, REsp 1.340.604, Rel. Min. Mauro Campbell Marques, j. 15.08.2013).

6. Comércio eletrônico e ausência de responsabilidade do provedor de busca

"2. A exploração comercial da Internet sujeita as relações de consumo daí advindas à Lei nº 8.078/90. 3. O fato de o serviço prestado pelo provedor de serviço de Internet ser gratuito não desvirtua a relação de consumo. 4. Existência de múltiplas formas de atuação no comércio eletrônico. 5. O provedor de buscas de produtos que não realiza qualquer intermediação entre consumidor e vendedor não pode ser responsabilizado por qualquer vício da mercadoria ou inadimplemento contratual" (STJ, REsp 1.444.008/RS, 3ª Turma, Rel. Min. Nancy Andrighi, j. 25.10.2016, *DJe* 09.11.2016).

7. Comércio eletrônico e solidariedade entre fornecedores

"No que tange à legitimidade da ora recorrente, o Tribunal de origem, com base no contexto fático-probatório dos autos consignou que 'não obstante a existência de duas pessoas jurídicas formalmente distintas, este fato é indiferente ao reconhecimento do consumidor para cujo convencimento, negocia com a empresa Walmart, e é o quanto lhe basta pois ambas pertencem ao mesmo grupo econômico e se apresentam com entidade única' (fls. 873-874, e-STJ). É inviável a inversão do julgado no ponto ante o óbice da Súmula 7/STJ" (STJ, REsp 1.816.631/SP, 2ª Turma, Rel. Min. Herman Benjamin, j. 10.09.2019, *DJe* 11.10.2019).

"A jurisprudência do STJ tem se manifestado no sentido de que a responsabilidade no sistema do CDC é solidária, mais ainda no comércio eletrônico, onde o consumidor não tem contato físico com os fornecedores. Precedentes: REsp 1.816.631/SP, Rel. Min. Herman Benjamin, Segunda Turma, Dje 11/10/2019; AgRg no AREsp 680.394/SP, Rel. Min. Marco Aurélio Bellizze, Terceira Turma, DJe 29/10/2015" (STJ, AgInt nos EDcl no REsp 1760965/SC, Rel. Min. Benedito Gonçalves, 1ª Turma, j. 21.06.2021, *DJe* 23.06.2021).

8. Comércio eletrônico e ausência de solidariedade em caso de fraude em ambiente externo

"2. O propósito recursal é definir se o site intermediador no comércio eletrônico pode ser responsabilizado por fraude perpetrada por terceiro, a qual culminou na venda do produto pelo ofertante sem o recebimento da contraprestação devida.

(...) 4. O comércio eletrônico é utilizado em larga escala pelos consumidores e, ante a proliferação dos dispositivos móveis, se tornou, para muitos, o principal meio de aquisição de bens e serviços. Nesse cenário, os sites de intermediação (facilitadores) têm especial relevância, já que facilitam a aproximação de vendedores e compradores em ambiente virtual. O Mercado Livre atua nesse ramo desde 1999, propiciando a veiculação de anúncios na internet e o contato entre ofertantes e adquirentes. A principal finalidade desses sites é viabilizar a circulação de riquezas na internet e equiparar vendedores e adquirentes, de modo a simplificar as transações on-line. 5. Para o Marco Civil da Internet, os sites de intermediação enquadram-se na categoria dos provedores de aplicações, os quais são responsáveis por disponibilizar na rede as informações criadas ou desenvolvidas pelos provedores de informação. Isso significa que os intermediadores estão sujeitos às normas previstas na Lei 12.965/2014, em especial àquelas voltadas aos provedores de conteúdo. 6. A relação jurídica firmada entre o site intermediador e os anunciantes, embora tangencie diversas modalidades contratuais disciplinadas no CC/02, é atípica. Tal circunstância impõe ao julgador a laboriosa tarefa de definir o regime de responsabilidade civil aplicável ao vínculo firmado entre o intermediário e o ofertante. 7. O responsável pelo site de comércio eletrônico, ao veicular ofertas de produtos, disponibilizando sua infraestrutura tecnológica e, sobretudo, ao participar das respectivas negociações em caso de aceitação por parte do adquirente, assume a posição de fornecedor de serviços. A remuneração pelo serviço prestado pelo intermediador, por sua vez, é variável e pode ser direta ou indireta. Nesta, a remuneração é oriunda de anúncios publicitários realizados no site, enquanto naquela, normalmente é cobrada uma comissão consistente em percentagem do valor da venda realizada no site. 8. A relação entre o ofertante e o intermediador será ou não de consumo a depender da natureza da atividade exercida pelo anunciante do produto ou serviço. Se o vendedor for um profissional que realiza a venda de produtos com habitualidade, ele não se enquadrará no conceito de fornecedor instituído no art. 3º do CDC, de modo que a responsabilidade civil do site será regida pelas normas previstas no Código Civil. Lado outro, caso o vendedor não seja um profissional e não venda produtos ou ofereça serviços de forma habitual, havendo falha na prestação de serviços por parte do intermediário, aplicam-se as normas previstas no CDC. Sendo a relação de consumo, para emergir a responsabilidade do fornecedor de serviços, é suficiente a comprovação do dano; da falha na prestação dos serviços e do nexo de causalidade entre o prejuízo e o vício ou defeito do serviço. 9. Na espécie, o fato de o fraudador não ter usufruído de mecanismos utilizados na intermediação do comércio eletrônico, nem utilizando-se da plataforma disponibilizada pelo Mercado Livre para praticar a fraude, obsta a qualificação do ocorrido como uma falha no dever de segurança. Não houve, ademais, divulgação indevida de dados pessoais, nem mesmo violação do dever de informar. Resta ausente, assim, a falha na prestação dos serviços. Não só, a fraude praticada por terceiro em ambiente externo àquele das vendas on-line não tem qualquer relação com o comportamento da empresa, tratando-se de fato de terceiro que rompeu o nexo causal entre o dano e o fornecedor de serviços" (STJ, REsp 1880344/SP, Rel. Min. Nancy Andrighi, 3ª Turma, j. 09.03.2021, *DJe* 11.03.2021).

Art. 50. A garantia contratual é complementar à legal e será conferida mediante termo escrito.

> **Parágrafo único.** O termo de garantia ou equivalente deve ser padronizado e esclarecer, de maneira adequada, em que consiste a mesma garantia, bem como a forma, o prazo e o lugar em que pode ser exercitada e os ônus a cargo do consumidor, devendo ser-lhe entregue, devidamente preenchido pelo fornecedor, no ato do fornecimento, acompanhado de manual de instrução, de instalação e uso do produto em linguagem didática, com ilustrações.

 Legislação correlata

Código Civil, arts. 441 a 446.

 Análise doutrinária

1. Exigência do termo da garantia contratual e seu caráter complementar

A disciplina sobre vícios de adequação dos produtos e serviços constitui a denominada *garantia legal*, ou seja, os direitos do consumidor decorrem diretamente da lei, independentemente de qualquer manifestação do fornecedor. Na *garantia legal*, assim que adquirido o produto ou serviço, o consumidor passa, imediatamente e sem qualquer formalidade documental, a ser titular dos direitos estabelecidos pelo CDC nos arts. 18 a 26. Ocorrendo o vício, basta demonstrar a ocorrência de relação de consumo para exercer seus direitos. A *garantia legal* não requer termo específico ou qualquer espécie de documento, como deixa claro o art. 24 do CDC. A redação do *caput* do art. 50 reforça tal posição.

De outro lado, o fornecedor, para aumentar suas vendas de produtos ou serviços, oferece *garantia de fábrica* e, muitas vezes, mediante remuneração, a *garantia estendida*. Ambas são garantias contratuais.

O *termo de garantia* é exigência do CDC para as *garantias contratuais*: 1) garantia de fábrica; 2) garantia estendida. O parágrafo único do art. 50 estipula o formato e requisitos mínimos do *termo de garantia* contratual, na qual, justamente por decorrer da vontade do fornecedor, pode apresentar limites, condições e singularidades. Por exemplo, pode o fornecedor oferecer garantia de um ano para o motor do veículo e de três anos para pintura. Pode apresentar condições para exercício da garantia, como proibir acrescentar componentes não originais ou alterar o sistema elétrico do carro.

O termo de garantia tem justamente o objetivo principal de esclarecer em que ela consiste, quais os direitos e vantagens do consumidor, prazo, condições para exercício etc. A Lei considera documento de alta relevância, tanto é que constitui infração penal "deixar de entregar ao consumidor o termo de garantia adequadamente preenchido e com especificação clara do seu conteúdo" (v. comentários ao art. 74).

O parágrafo único do art. 50, em sua parte final, estabelece que o termo de garantia contratual deve ser acompanhado de manual de instrução, de instalação e uso do produto em linguagem didática, com ilustrações. Aqui há um reforço do dever de informar sobre os produtos e serviços (arts. 6º, III, e 31). A informação é importante para um uso adequado e eficiente dos produtos e serviços e, também, para prevenir acidentes de consumo (art. 8º).

O *caput* do art. 50 também estabelece que a garantia contratual é complementar à legal. Significa dizer que há uma espécie de *soma* de vantagens e direitos em favor do consumidor: alguns decorrentes diretamente da garantia legal, outros decorrentes da garantia contratual. Existem, muitas vezes, direitos que decorrem de ambas as garantias. A garantia de fábrica impõe, em regra, deveres apenas para o fabricante. Exclui-se o comerciante. Todavia, pode apresentar, no caso concreto, prazo mais vantajoso que a garantia contratual. Cabe ao consumidor, em face de determinado vício, analisar qual garantia será acionada.

Observe-se que o dispositivo não trata nem influencia a forma de contagem dos prazos das garantias. Como já destacado, o prazo da garantia legal se define pelo prazo decadencial, cujos termos iniciais da contagem, em relação tanto aos vícios ocultos quanto aos aparentes, estão expressamente indicados no art. 26: não guardam eles qualquer relação com a garantia contratual conferida pelo fornecedor. Em caso de vício aparente, "inicia-se a contagem do prazo decadencial a partir da entrega efetiva do produto ou do término da execução dos serviços" (art. 26, § 1º). De outro lado, se o vício é oculto, o prazo se inicia "no momento em que ficar evidenciado o defeito" (art. 26, § 3º).

O prazo e os termos – inicial e final – da garantia legal não podem ser alterados pelo fornecedor, nem ser afetados pela garantia contratual, já que se trata de norma de ordem pública, inafastável por vontade das partes (arts. 24, 25 e 51, I). Portanto, está equivocado o entendimento de alguns acórdãos do STJ no sentido de que o prazo de garantia legal só começa a fluir quando encerrado o prazo de garantia contratual. Na verdade, o art. 50 reforça o caráter de indisponibilidade das normas de proteção ao consumo em relação à garantia legal. Não foi propósito da lei indicar forma de contagem dos prazos de garantia.

Ademais, o entendimento de soma dos prazos pode, na prática, acabar por confundir o consumidor e dificultar ou, até mesmo, impedir o exercício dos seus direitos. Como a garantia contratual decorre da vontade do fornecedor, ela pode ter condições menos vantajosas ou limitadas a algumas partes do produto. Em regra, não se oferecem as mesmas possibilidades do CDC (troca do produto, devolução do dinheiro, abatimento proporcional do preço): a ênfase é no conserto do bem.

Desse modo, admitindo-se a soma das garantias, o prazo decadencial, por questão lógica, só não transcorreria no tocante a direitos amparados tanto pela garantia contratual como pela legal. Se a garantia legal não cobre determinada parte do produto (parte elétrica de um veículo, por exemplo), não há falar em soma de prazos em relação aos vícios surgidos no sistema elétrico do carro. Tal fato conduzirá o consumidor a ter de analisar minuciosamente ambas as garantias para verificar em que medida são coincidentes e, ainda, em quais aspectos poderá se valer de uma ou de outra.

A dificuldade será inevitável e, muitas vezes, conduzirá à perda do direito do consumidor, em face de um exame equivocado dos termos, condições e limites da garantia contratual. Esse é um outro fator prático que deve também ser considerado na interpretação de norma que objetiva justamente o conhecimento dos direitos, a facilitação de sua defesa e a prevenção de danos ao consumidor (art. 6º, II, VI e VIII).

Em síntese, não é a melhor interpretação do disposto no *caput* do art. 50 do CDC concluir pela soma dos prazos da garantia. O *critério da vida útil* dos produtos, que tem sido utilizado em acórdãos mais recentes do STJ, é a forma mais adequada de contagem do prazo decadencial para vício de adequação de produtos e serviços.

Dicas práticas

O consumidor deve estar atento à distinção entre garantia contratual de fábrica e garantia legal (arts. 18/20 c/c o art. 26) de modo a saber, conforme a situação, qual será invocada para proteção dos seus interesses e direitos.

Jurisprudência

1. Contagem da garantia legal depois do prazo da contratual

"Na verdade, se existe uma garantia contratual de um ano tida como complementar à legal, o prazo de decadência somente pode começar da data em que encerrada a garantia contratual, sob pena de submetermos o consumidor a um engodo com o esgotamento do prazo judicial antes do esgotamento do prazo de garantia. É isso que o art. 50 do Código de Defesa do Consumidor quis evitar" (STJ, REsp 225.859, Rel. Min. Waldemar Zveiter, j. 15.02.2001, *DJ* 13.08.2001).

"A garantia legal é obrigatória, dela não podendo se esquivar o fornecedor. Paralelamente a ela, porém, pode o fornecedor oferecer uma garantia contratual, alargando o prazo ou o alcance da garantia legal. A lei não fixa expressamente um prazo de garantia legal. O que há é prazo para reclamar contra o descumprimento dessa garantia, o qual, em se tratando de vício de adequação, está previsto no art. 26 do CDC, sendo de 90 (noventa) ou 30 (trinta) dias, conforme seja produto ou serviço durável ou não. Diferentemente do que ocorre com a garantia legal contra vícios de adequação, cujos prazos de reclamação estão contidos no art. 26 do CDC, a lei não estabelece prazo de reclamação para a garantia contratual. Nessas condições, uma interpretação teleológica e sistemática do CDC permite integrar analogicamente a regra relativa à garantia contratual, estendendo-lhe os prazos de reclamação atinentes à garantia legal, ou seja, a partir do término da garantia contratual, o consumidor terá 30 (bens não duráveis) ou 90 (bens duráveis) dias para reclamar por vícios de adequação surgidos no decorrer do período desta garantia" (STJ, REsp 967.623/RJ, Rel. Min. Nancy Andrighi, j. 16.04.2009, *DJe* 29.06.2009).

2. Suspensão do prazo da garantia contratual no período em que o veículo ficou na oficina: influência no prazo decadencial

"Trata-se, na hipótese, da fixação do termo inicial para a contagem do prazo decadencial de garantia, determinado no CDC, quando, durante o período de garantia ofertado pela concessionária, veículo novo que apresenta defeito é encaminhado, recorrentemente, à rede autorizada, voltando sempre com o mesmo defeito. – Se ao término do prazo de garantia contratado, o veículo se achava retido pela oficina mecânica para conserto, impõe-se reconhecer o comprovado período que o automóvel passou nas dependências da oficina mecânica autorizada, sem solução para o defeito, como de suspensão do curso do prazo de garantia. – Prorroga-se, nessa circunstância, o prazo de garantia inicialmente ofertado, até a efetiva devolução do veículo ao consumidor, sendo este momento fixado como dies *a quo* do prazo decadencial para se reclamar vícios aparentes em produtos duráveis" (REsp 579.941/RJ, 3ª Turma, Rel. Min. Carlos Alberto Menezes Direito, Rel. p/ acórdão Min. Nancy Andrighi, j. 28.06.2007, *DJe* 10.12.2008).

"(...) 2. O prazo de decadência para a reclamação de vícios do produto (art. 26 do CDC) não corre durante o período de garantia contratual, em cujo curso o veículo foi, desde o primeiro mês da compra, reiteradamente apresentado à concessionária com defeitos. Precedentes" (STJ, REsp 547.794/PR, Rel. Min. Maria Isabel Gallotti, j. 15.02.2011, *DJe* 22.02.2011).

3. O termo de garantia não precisa estar transcrito na embalagem do produto

"O dever de o fornecedor assegurar informações corretas, claras e precisas na apresentação dos produtos e serviços ofertados no mercado de consumo (art. 31 da Lei 8.078/1990) não contempla a obrigação de transcrever a garantia legal nos rótulos/embalagens, porquanto esta deflui diretamente da própria lei (arts. 24 e 26 do CDC), a qual o ordenamento jurídico presume ser de conhecimento de todos ('ninguém se escusa de cumprir a lei, alegando que não a conhece' – art. 3º da Lei de Introdução [às Normas] do Direito Brasileiro). A norma em voga prescreve um rol mínimo de itens a serem informados pelo fabricante e comerciante, cujo objetivo é conferir dados suficientes ao consumidor, a fim de que possa emitir um juízo particularizado sobre o bem ou serviço que tenciona adquirir, destacando-se as condições e vantagens oferecidas, aí incluída a garantia contratual, e não a legal (30 ou 90 dias, conforme o caso), justamente por esta última decorrer do próprio sistema" (STJ, REsp 1.067.530/SP, Rel. Min. Marco Buzzi, j. 28.05.2013, *DJe* 10.06.2013)

4. Independência do prazo da garantia legal em relação à garantia contratual: critério da vida útil

"4. O prazo de decadência para a reclamação de defeitos surgidos no produto não se confunde com o prazo de garantia pela qualidade do produto – a qual pode ser convencional ou, em algumas situações, legal. O Código de Defesa do Consumidor não traz, exatamente, no art. 26, um prazo de garantia legal para o fornecedor responder pelos vícios do produto. Há apenas um prazo para que, tornando-se aparente o defeito, possa o consumidor reclamar a reparação, de modo que, se este realizar tal providência dentro do prazo legal de decadência, ainda é preciso saber se o fornecedor é ou não responsável pela reparação do vício. 5. Por óbvio, o fornecedor não está, *ad aeternum*, responsável pelos produtos colocados em circulação, mas sua responsabilidade não se limita pura e simplesmente ao prazo contratual de garantia, o qual é estipulado unilateralmente por ele próprio. Deve ser considerada para a aferição da responsabilidade do fornecedor a natureza do vício que inquinou o produto, mesmo que tenha ele se manifestado somente ao término da garantia. 6. Os prazos de garantia, sejam eles legais ou contratuais, visam a acautelar o adquirente de produtos contra defeitos relacionados ao desgaste natural da coisa, como sendo um intervalo mínimo de tempo no qual não se espera que haja deterioração do objeto. Depois desse prazo, tolera-se que, em virtude do uso ordinário do produto, algum desgaste possa mesmo surgir. Coisa diversa é o vício intrínseco do produto existente desde sempre, mas que somente veio a se manifestar depois de expirada a garantia. Nessa categoria de vício intrínseco certamente se inserem os defeitos de fabricação relativos a projeto, cálculo estrutural, resistência de materiais, entre outros, os quais, em não raras vezes, somente se tornam conhecidos depois de algum tempo de uso, mas que, todavia, não decorrem diretamente da fruição do bem, e sim de uma característica oculta que esteve latente até então. 7. Cuidando-se de vício aparente, é certo que o consumidor deve exigir a reparação no prazo de 90 dias, em se tratando de produtos duráveis, iniciando a contagem a partir da entrega efetiva do bem e não fluindo o citado prazo durante a garantia contratual. Porém, conforme assevera a doutrina consumerista, o Código de Defesa do Consumidor, no § 3º do art. 26, no que concerne à disciplina do vício oculto, adotou o critério da vida útil do bem, e não o critério da garantia, podendo o fornecedor se responsabilizar pelo vício em um espaço largo de tempo, mesmo depois de expirada a garantia contratual. 8. Com efeito, em se tratando de vício oculto não decorrente do desgaste natural gerado pela fruição ordinária do produto, mas da própria fabricação, e relativo a projeto, cálculo estrutural, resistência de materiais, entre outros, o prazo para reclamar pela reparação se inicia no momento em que ficar evidenciado o defeito, não obstante tenha isso ocorrido depois de expirado o prazo contratual de garantia, devendo ter-se sempre em vista o critério da vida útil do bem. 9. Ademais, independentemente de prazo contratual de garantia, a venda de um bem tido por durável com vida útil inferior àquela que legitimamente se esperava, além de configurar um defeito de adequação (art. 18 do CDC), evidencia uma quebra da boa-fé objetiva, que deve nortear as relações contratuais, sejam de consumo, sejam de direito comum. Constitui, em outras palavras, descumprimento do dever de informação e a não realização do próprio objeto do contrato, que era a compra de um bem cujo ciclo vital se esperava, de forma legítima e razoável, fosse mais longo" (STJ, REsp 984.106/SC, Rel. Min. Luis Felipe Salomão, j. 04.10.2012, *DJe* 20.11.2012).

"6. Há de ser diferenciado o prazo pelo qual fica o fornecedor obrigado a assegurar a adequação do produto com relação aos vícios ocultos, do prazo decadencial durante o qual o consumidor pode exercer o direito de reclamar, com fulcro no art. 18, § 1º, do CDC. Enquanto o primeiro limita a responsabilidade do fornecedor; o segundo limita o direito de o consumidor exigir a substituição do produto, a restituição imediata da quantia paga, ou o abatimento proporcional do preço. 7. Na ausência de expressa disposição legal sobre o prazo que vincula o fornecedor à garantia contra vícios ocultos, adotou-se como baliza a vida útil do bem, pois, se os bens de consumo trazem em si uma longevidade previsível, criam, no consumidor, a legítima expectativa quanto à sua durabilidade adequada. 8. A regra extraída do art. 50 do CDC, a partir de uma interpretação teleológica e sistemática da lei consumerista, é a da não sobreposição das garantias legal e contratual. 9. A garantia contratual, enquanto ato de mera liberalidade do fornecedor, implica o reconhecimento de um prazo mínimo de vida útil do bem, de modo que, se o vício oculto se revela neste período, surge para o consumidor a faculdade de acioná-la, segundo os termos do contrato, sem que contra ele corra o prazo decadencial do art. 26

do CDC; ou de exercer seu direito à garantia legal, com base no art. 18, § 1º, do CDC, no prazo do art. 26 do CDC. 10. A garantia estabelecida pelo fabricante, porque se agrega ao produto como fator de valorização e, assim, interfere positivamente na tomada de decisão do consumidor pela compra, vincula também o comerciante, que dela se vale para favorecer a concretização da venda" (STJ, REsp 1.734.541/SE, 3ª Turma, Rel. Min. Nancy Andrighi, j. 13.11.2018, *DJe* 22.11.2018).

5. Garantia legal e contratual no CDC

"1. O sistema de garantias por vícios de qualidade previsto no Código de Defesa do Consumidor contempla as garantias contratuais (ofertadas pelo fornecedor), bem como as garantias legais, estas de incidência obrigatória a todo e qualquer produto inserido no mercado de consumo, novo ou usado, independente, portanto, da vontade do fornecedor ou de termo específico. Exegese dos arts. 1º, 18, 24, 25 e 51, I, do CDC" (STJ, REsp 1661913/MG, Rel. Min. Luis Felipe Salomão, 4ª Turma, j. 20.10.2020, *DJe* 10.02.2021).

Seção II
Das cláusulas abusivas

Art. 51. São nulas de pleno direito, entre outras, as cláusulas contratuais relativas ao fornecimento de produtos e serviços que:

 Legislação correlata

Código Civil, arts. 166 a 170 e 421 a 424.
Código de Processo Civil, art. 141.

 Análise doutrinária

1. Rol exemplificativo de cláusulas abusivas e a nulidade como sanção

O art. 51 é o principal dispositivo do CDC relativo à análise do conteúdo do contrato de consumo. O dispositivo apresenta rol exemplificativo (*numerus apertus*) de cláusulas abusivas. O *caput* do art. 51, por meio da expressão "entre outras", não deixa qualquer dúvida quanto à abertura do rol. Ademais, os incs. IV e XV do art. 51 reforçam o caráter exemplificativo, ao indicar, de modo genérico, critérios para aferição de abusividade.

Outro ponto que merece destaque é que o CDC não apresenta qualquer exigência de elemento subjetivo para a caracterização de qualquer cláusula abusiva. Em outros termos, o caráter abusivo independe de análise subjetiva da conduta do fornecedor, se houve ou não malícia, intuito de obter vantagem indevida ou exagerada.

Em nenhum momento a Lei 8.078/1990 exige a má-fé, o dolo do fornecedor, para caracterização da abusividade da cláusula. Essa posição está em consonância com a ideia de que, "no direito civil contemporâneo, a aferição de abusividade no exercício de um direito deve ser exclusivamente objetiva, ou seja, deve depender tão somente da verificação de desconformidade concreta entre o exercício da situação jurídica e os valores tutelados pelo ordenamento civil constitucional" (TEPEDINO et al., *Código Civil interpretado*, p. 342).

O art. 51 também apresenta a sanção para a cláusula abusiva: nulidade de pleno direito ou nulidade absoluta, na terminologia do Código Civil. Significa que, reconhecida a abusividade, a disposição contratual não surte qualquer efeito jurídico. A cláusula é inválida.

A sanção para as cláusulas abusivas no CDC é indicada expressamente no CDC em duas oportunidades. O art. 51, *caput*, explicita que as cláusulas são *nulas de pleno direito* (art. 51, *caput*). Posteriormente, ao dispor sobre o princípio da conservação do contrato, o § 2º do art. 51 reitera a sanção: "*a nulidade de uma cláusula contratual abusiva* não invalida o contrato, exceto quando de sua ausência, apesar dos esforços de integração, decorrer ônus excessivo a qualquer das partes" (grifou-se).

Se da ausência da cláusula abusiva decorrer ônus excessivo a qualquer das partes, todo o contrato deve ser invalidado, restituindo-se as partes ao estado anterior (art. 182 do CC). Nessa hipótese, cabe ao consumidor requerer indenização pelos prejuízos decorrentes da nulidade do contrato. Além da possibilidade de reconhecimento da nulidade, o CDC prevê, paralelamente, a possibilidade de alteração do conteúdo da cláusula, promovendo-se a modificação da cláusula que estabeleça prestação desproporcional, com base no art. 6º. Em síntese, a atitude do Judiciário deve ser dinâmica, procurando preservar o contrato, atendendo os interesses de ambas as partes (v. comentários ao § 2º do art. 51).

As normas de proteção ao consumidor da Lei 8.078/1990 são de "ordem pública e interesse social" (art. 1º do CDC). A sanção específica para as cláusulas abusivas é a "nulidade de pleno direito" (art. 51, *caput*) ou "nulidade absoluta", utilizando-se da terminologia do Código Civil (arts. 166 a 170). Como consequência, pode o juiz declarar a nulidade independentemente de formulação de pedido na petição inicial. A propósito, assim estabelece o parágrafo único do art. 168 do CC: "As nulidades devem ser pronunciadas pelo juiz, quando conhecer do negócio jurídico ou dos seus efeitos e as encontrar provadas, não lhe sendo permitido supri-las, ainda que a requerimento das partes".

Portanto, a abusividade, e consequente declaração de nulidade das cláusulas inseridas em contratos de consumo, pode e deve ser conhecida de ofício (*ex officio*) pelo magistrado. O próprio art. 141 do CPC, após estabelecer a regra de que "o juiz decidirá o mérito nos limites propostos pelas partes", prevê exceção, em sua parte final, quando esclarece que o magistrado não pode "conhecer de questões não suscitadas *a cujo respeito a lei exige iniciativa da parte*" (grifou-se).

A possibilidade de reconhecimento de ofício de abusividade de cláusula em contrato de consumo não afasta a realização de contraditório quanto ao tema, nos termos do art. 10 do CPC: "O juiz não pode decidir, em grau algum de jurisdição, com base em fundamento a respeito do qual não se tenha dado às partes oportunidade de se manifestar, ainda que se trate de matéria sobre a qual deva decidir de ofício". Significa dizer que, ao se vislumbrar a possibilidade de reconhecimento de nulidade de cláusula contratual, deve o magistrado, antes de proferir decisão, oferecer oportunidade às partes para se manifestarem a respeito.

Em que pese o entendimento majoritário da doutrina quanto à possibilidade de reconhecimento de ofício das cláusulas abusivas, o STJ, após divergências internas, manifestou-se no seguinte sentido: "Em março de 2006, a 2ª Seção da Corte, considerando a existência de divergência interna no STJ, posicionou-se, por maioria, no sentido de que 'não é lícito ao STJ rever de ofício o contrato, para anular cláusulas consideradas abusivas com base no art. 51, IV, do CDC'" (STJ, EREsp 702.524, rel. Min. Humberto Gomes de Barros, j. 08.03.2006, *DJ* 09.10.2006).

Em maio de 2009, o STJ editou a Súmula 381 com o seguinte teor: "Nos contratos bancários, é vedado ao julgador conhecer, de ofício, da abusividade das cláusulas". Embora relacionada a contratos bancários, os argumentos da Corte se aplicam a todos os contratos de consumo.

A utilização de cláusula abusiva em contratos de adesão enseja, se houver danos ao consumidor, ação indenizatória e, paralelamente, sanção administrativa a ser aplicada pelos órgãos de defesa do consumidor, com fundamento no art. 56 do CDC.

 Dicas práticas

Apesar da abertura do *caput* do art. 51, o qual permite definição judicial de novas cláusulas abusivas, muitas delas já foram, após 30 décadas de experiência do CDC, definidas pela jurisprudência. Ganha relevo maior o conhecimento da posição dos tribunais sobre o tema.

 Jurisprudência

1. Rol meramente exemplificativo

"O art. 51 do CDC traz um rol meramente exemplificativo de cláusulas abusivas, num 'conceito aberto' que permite o enquadramento de outras abusividades que atentem contra o equilíbrio entre as partes no contrato de consumo, de modo a preservar a boa-fé e a proteção do consumidor" (STJ, REsp 1.479.039/MG, Rel. Min. Humberto Martins, j. 06.10.2015, *DJe* 16.10.2015).

2. Impossibilidade de reconhecimento de ofício pelo juiz

Súmula 381 do STJ: "Nos contratos bancários, é vedado ao julgador conhecer, de ofício, da abusividade das cláusulas".

"Não é possível ao Tribunal de origem reconhecer, de ofício, a nulidade de cláusulas consideradas abusivas, em contratos regulados pelo CDC. Para tanto, é necessário a interposição de recurso pela parte interessada. Precedentes" (STJ, REsp 1.408.494/PR, Rel. Min. Nancy Andrighi, j. 12.12.2017, *DJe* 18.12.2017).

"2. Ponderação do relator no sentido da revisão por esta Corte da orientação jurisprudencial firmada em sede de recurso repetitivo (REsp 1.031.530/RS, *DJe* 10/03/2009) e transformada na Súmula nº 381/STJ ('Nos contratos bancários, é vedado ao julgador conhecer, de ofício, da abusividade das cláusulas'), em face do disposto no art. 10 do CPC/2015" (STJ, REsp 1.465.832/RS, 3ª Turma, Rel. Min. Paulo de Tarso Sanseverino, j. 06.06.2017, *DJe* 27.06.2017).

3. Cláusulas abusivas como mitigação do princípio da obrigatoriedade (*pacta sunt servanda*)

"1. Nas relações jurídicas regidas pelo Código de Defesa do Consumidor, há a mitigação do princípio do *pacta sunt servanda*, podendo haver a declaração de nulidade de cláusulas contratuais que coloquem o consumidor em desvantagem (aplicação do art. 51 do CDC), como se apresenta. Aplicação da Súmula 83/STJ" (STJ, AgInt no AREsp 1.347.862/SC, 3ª Turma, Rel. Min. Marco Aurélio Bellizze, j. 11.02.2019, *DJe* 14.02.2019).

> **I –** impossibilitem, exonerem ou atenuem a responsabilidade do fornecedor por vícios de qualquer natureza dos produtos e serviços ou impliquem renúncia ou disposição de direitos. Nas relações de consumo entre o fornecedor e o consumidor-pessoa jurídica, a indenização poderá ser limitada, em situações justificáveis;

 Legislação correlata

Lei 7.565/1986 (Código Brasileiro da Aeronáutica).

Lei 14.034/2020 (Dispõe sobre medidas emergenciais para a aviação civil brasileira em razão da pandemia da Covid-19 e modifica a Lei 7.565/1986).

 Análise doutrinária

1. Vedação de limitação de direito do consumidor

O inciso I do art. 51 parte da ideia de que as normas de defesa do consumidor são de ordem pública e interesse social (art. 1º) e proíbe qualquer espécie de cláusula que afasta os deveres e obrigações decorrentes da responsabilidade pelo fato ou pelo vício do produto ou serviço. Em outras palavras, o dispositivo abrange tanto os direitos e indenizações decorrentes dos vícios do produto e do serviço (arts. 18 a 25) quanto as hipóteses indenizatórias relativas ao fato do produto e do serviço (acidentes de consumo), previstas nos arts. 12 a 17.

O preceito constante no art. 51 é reforçado por outros dois dispositivos. O art. 24, ao se referir especificamente sobre vícios dos produtos e serviços, estabelece: "A garantia legal de adequação do produto ou serviço independe de termo expresso, vedada a exoneração contratual do fornecedor". O art. 25 do CDC reforça, na sequência, a vedação de qualquer estipulação contratual que exonere ou diminua a obrigação de indenizar decorrente de fato ou de vício dos produtos e serviços: "É vedada a estipulação contratual de cláusula que impossibilite, exonere ou atenue a obrigação de indenizar prevista nesta e nas Seções anteriores".

Em que pese a clareza e a ênfase conferidas pelo CDC, as três décadas de existência da norma não foram suficientes para afastar algumas tentativas de afastar os direitos do consumidor ou, no mínimo, gerar desinformação. Alguns estabelecimentos ainda inserem em recibos, notas fiscais de eletrodomésticos, dizeres no sentido de que a troca (mesmo em caso de vícios) só será efetuada no prazo de 48 ou 72 horas após a data da venda, desconsiderando por completo toda a disciplina de ordem pública relativa aos vícios dos produtos e serviços.

Importante destacar que o art. 51, I, não proíbe a imposição de cláusula penal compensatória em favor do fornecedor, ou seja, a prévia estipulação contratual de um valor indenizatório decorrente da rescisão contratual. Há, entretanto, que se ter cuidado especial nesta área, pois a experiência demonstra que a estipulação e a obtenção de vantagem exagerada pelo fornecedor ocorrem muitas vezes justamente por ocasião da extinção do vínculo contratual.

Pode-se, assim, por exemplo, estipular cláusula de decaimento em razão de rescisão de contrato de incorporação imobiliária (compra do imóvel *na planta*) na hipótese de mera desistência por parte do consumidor. Todavia, deve o magistrado, norteando-se pela ideia de equilíbrio e da vedação de enriquecimento sem causa (art. 51, IV), verificar a razoabilidade do valor estipulado a título de prefixação de perdas e danos.

O Superior Tribunal de Justiça conferiu prestígio ao disposto no art. 51, I, ao analisar, em diversos julgamentos, a possibilidade de empresas de aviação estabelecerem contratualmente a limitação de indenização por danos aos consumidores decorrentes de atraso de voo e extravio de bagagem. A Corte examinou a permissão de indenização tarifada (limitada), constante tanto do Código Brasileiro de Aeronáutica (Lei 7.565/1986) quanto da Convenção de Varsóvia, em confronto com o princípio da indenização integral do Código de Defesa do Consumidor (arts. 6º, VI, 24, 25 e 51, I).

Posteriormente, em 2017, o Supremo Tribunal Federal, que até então possuía o mesmo entendimento do Superior Tribunal de Justiça, ao analisar a questão à luz do disposto no art. 178 da Constituição Federal, decidiu que "as normas e os tratados internacionais limitadores da responsabilidade das transportadoras aéreas de passageiros, especialmente as Convenções de Varsóvia e Montreal, têm prevalência em relação ao Código de Defesa do Consumidor" (RE 636.331). Esse é o entendimento que prevalece atualmente.

Novos debates e polêmicas vão surgir em torno do tema em face da recente promulgação da Lei 14.034/2020, a qual dispõe "sobre medidas emergenciais para a aviação civil brasileira em razão da pandemia da Covid-19". Além de estabelecer regras temporárias em casos de cancelamento do voo e desistência do contrato pelo consumidor (entre 19 de março de 2020 e 31 de dezembro de 2020), foram realizadas alterações e acréscimo à Lei 7.565/1986.

Sem muito rigor técnico, acrescentou-se ao referido diploma legal o art. 251-A com o seguinte teor: "A indenização por dano extrapatrimonial em decorrência de falha na execução do contrato de transporte fica condicionada à demonstração da efetiva ocorrência do prejuízo e de sua extensão pelo passageiro ou pelo expedidor ou destinatário de carga".

Em outras palavras, pretende-se condicionar indenização (*rectius*: compensação) por danos morais à "efetiva ocorrência de prejuízo", quando a característica principal do dano moral é justamente a ofensa a direitos da personalidade que não se traduzem facilmente em "prejuízo" (v. comentários ao art. 6º, VI).

2. Possibilidade de restringir indenização do consumidor-pessoa jurídica

A parte final do inc. I do art. 51 dispõe que "as relações de consumo entre o fornecedor e o consumidor-pessoa jurídica, a indenização poderá ser limitada, em situações justificáveis".

O Código de Defesa do Consumidor é claro no sentido de que a pessoa jurídica também pode ser consumidora (arts. 2º, 17 e 29). Todavia, reconhece – e este dispositivo é um bom exemplo – que a vulnerabilidade da pessoa natural é sempre mais acentuada. Assim, em "situações justificáveis", pode haver limitação de indenização.

Não basta ser consumidor-pessoa jurídica para se limitar a indenização. É necessário caracterizar-se uma "situação justificável", como explicitamente indicado pelo inc. I do art. 51. A doutrina tem exigido a presença de vários requisitos, entre eles que exista alguma vantagem patrimonial em favor do consumidor e que a cláusula limitadora seja resultado de efetiva negociação entre as partes.

 Dicas práticas

Em que pese a reiterada proibição do CDC em afastar a garantia legal (arts. 24, 25 e 51, I), ainda é bastante comum o fornecedor, por meio de rápidas informações constantes em recibo, notas fiscais e outros documentos, limitar o tempo de garantia legal (art. 18) ou, até mesmo, excluir a responsabilidade solidária do comerciante. Tais informações, que objetivam, em última análise, afastar o CDC, não possuem qualquer valor jurídico.

 Jurisprudência

1. Impossibilidade de limitação de indenização em transporte aéreo

"1. A jurisprudência deste Superior Tribunal de Justiça se orienta no sentido de prevalência das normas do Código de Defesa do Consumidor, em detrimento das disposições insertas em Convenções Internacionais, como a Convenção de Montreal, aos casos de falha na prestação de serviços de transporte aéreo internacional, por verificar a existência da relação de consumo entre a empresa aérea e o passageiro, haja vista que a própria Constituição Federal de 1988 elevou a defesa do consumidor à esfera constitucional de nosso ordenamento" (STJ, AgRg no Ag 1.410.672/RJ, 3ª Turma, Rel. Min. Sidnei Beneti, j. 09.08.2011, *DJe* 24.08.2011).

"1. O princípio da defesa do consumidor se aplica a todo o capítulo constitucional da atividade econômica. 2. Afastam-se as normas especiais do Código Brasileiro da Aeronáutica e da Convenção de Varsóvia quando implicarem retrocesso social ou vilipêndio aos direitos assegurados pelo Código de Defesa do Consumidor. 3. Não cabe discutir, na instância extraordinária, sobre a correta aplicação do Código de Defesa do Consumidor ou sobre a incidência, no caso concreto, de específicas normas de consumo veiculadas em legislação especial sobre o transporte aéreo internacional. Ofensa indireta à Constituição da República" (STF, RE 351.750-3/RJ, j. 17.03.2009).

2. Possibilidade de limitação de indenização em transporte aéreo

"Recurso extraordinário com repercussão geral. 2. Extravio de bagagem. Dano material. Limitação. Antinomia. Convenção de Varsóvia. Código de Defesa do Consumidor. 3. Julgamento de mérito. É aplicável o limite indenizatório estabelecido na Convenção de Varsóvia e demais acordos internacionais subscritos pelo Brasil, em relação às condenações por dano material decorrente de extravio de bagagem, em voos internacionais. 5. Repercussão geral. Tema 210. Fixação da tese: 'Nos termos do art. 178 da Constituição da República, as normas e os tratados internacionais limitadores da responsabilidade das transportadoras aéreas de passageiros, especialmente as Convenções de Varsóvia e Montreal, têm prevalência em relação ao Código de Defesa do Consumidor'. 6. Caso concreto. Acórdão que aplicou o Código de Defesa do Consumidor. Indenização superior ao limite previsto no art. 22 da Convenção de Varsóvia, com as modificações efetuadas pelos acordos internacionais posteriores. Decisão recorrida reformada, para reduzir o valor da condenação por danos materiais, limitando-o ao patamar estabelecido na legislação internacional" (STF, RE 636.331, Tribunal Pleno, Rel. Min. Gilmar Mendes, j. 25.05.2017, DJe-257, Divulg. 10.11.2017, Public. 13.11.2017).

"1. No caso concreto, aplica-se o entendimento do Supremo Tribunal Federal, consolidado com o julgamento do RE 636.331/RJ, sob a sistemática da repercussão geral, no sentido de que 'nos termos do art. 178 da Constituição da República, as normas e os tratados internacionais limitadores da responsabilidade das transportadoras aéreas de passageiros, especialmente as Convenções de Varsóvia e Montreal, têm prevalência em relação ao Código de Defesa do Consumidor' (Tema 210). 2. Dessa forma, devem ser aplicadas, na hipótese vertente, as Convenções de Varsóvia e Montreal, inclusive no que tange à limitação das indenizações pleiteadas" (STJ, AgInt no REsp 1.782.487/SP, 4ª Turma, Rel. Min. Luis Felipe Salomão, j. 18.06.2019, DJe 25.06.2019).

3. Nulidade de imitação contratual do valor de joia empenhada, no caso de extravio, furto ou roubo

"No contrato de penhor é notória a hipossuficiência do consumidor, pois este, necessitando de empréstimo, apenas adere a um contrato cujas cláusulas são inegociáveis, submetendo-se à avaliação unilateral realizada pela instituição financeira. Nesse contexto, deve-se reconhecer a violação ao art. 51, I, do CDC, pois mostra-se abusiva a cláusula contratual que limita, em uma vez e meia o valor da avaliação, a indenização devida no caso de extravio, furto ou roubo das joias que deveriam estar sob a segura guarda da recorrida. O consumidor que opta pelo penhor assim o faz pretendendo receber o bem de volta, e, para tanto, confia que o mutuante o guardará pelo prazo ajustado. Se a joia empenhada fosse para o proprietário um bem qualquer, sem valor sentimental, provavelmente o consumidor optaria pela venda da joia, pois, certamente, obteria um valor maior. Anulada a cláusula que limita o valor da indenização, o *quantum* a título de danos materiais e morais deve ser estabelecido conforme as peculiaridades do caso, sempre com observância dos princípios da razoabilidade e da proporcionalidade" (STJ, REsp 1.155.395, Rel. Min. Raul Araújo, j. 01.10.2013, *DJe* 29.10.2013).

"Tendo ocorrido o roubo das joias empenhadas, a Caixa Econômica Federal deve indenizar a recorrente por danos materiais. A cláusula contratual que restringiu a responsabilidade da CEF a 1,5 (um inteiro e cinco décimos) vez o valor de avaliação das joias empenhadas deve ser considerada abusiva, por força do art. 51, I, da Lei 8.078/1990. Precedentes do STJ" (STJ, REsp 1.227.909/PR, Rel. Min. Ricardo Villas Bôas Cueva, j. 15.09.2015, *DJe* 23.09.2015).

4. Nulidade de cláusula que limita indenização decorrente de seguro--saúde

"É abusiva a cláusula contratual de seguro de saúde que estabelece limitação de valor para o custeio de despesas com tratamento clínico, cirúrgico e de internação hospitalar. O sistema normativo vigente permite às seguradoras fazer constar da apólice de plano de saúde privado cláusulas limitativas de riscos adicionais relacionados com o objeto da contratação, de modo a responder pelos riscos somente na extensão contratada. Essas cláusulas meramente limitativas de riscos extensivos ou adicionais relacionados com o objeto do contrato não se confundem, porém, com cláusulas que visam afastar a responsabilidade da seguradora pelo próprio objeto nuclear da contratação, as quais são abusivas. Na espécie, a seguradora assumiu o risco de cobrir o tratamento da moléstia que acometeu a segurada. Todavia, por meio de cláusula limitativa e abusiva, reduziu os efeitos jurídicos dessa cobertura, ao estabelecer um valor máximo para as despesas hospitalares, tornando, assim, inócuo o próprio objeto do contrato. A cláusula em discussão não é meramente limitativa de extensão de risco, mas abusiva, porque excludente da própria essência do risco assumido, devendo ser decretada sua nulidade" (STJ, REsp 735.750/SP, Rel. Min. Raul Araújo, j. 14.02.2012, *DJe* 16.02.2012).

> **II –** subtraiam ao consumidor a opção de reembolso da quantia já paga, nos casos previstos neste Código;

 Análise doutrinária

1. Nulidade de cláusula que afasta direito a reembolso

O inc. II do art. 51 proíbe cláusula contratual que afaste o direito do consumidor de reembolso da quantia já paga nos casos previstos no CDC. Ou seja, sempre que houver previsão normativa de o consumidor optar, em determinado vínculo contratual, pela devolução do valor pago, nenhuma cláusula pode afastar este direito. O art. 51, II, é, antes de tudo, didático, já que o CDC é norma "de ordem pública e interesse social" (art. 1º). Suas disposições são, a princípio, inafastáveis por disposição contratual.

Cabe ressaltar que o dispositivo não impõe um direito geral de reembolso em favor do consumidor, apenas ressalta que, nas situações em que já há previsão de reembolso, não é possível afastar, por meio de cláusula, o referido direito. Assim, ilustrativamente, nas compras de produtos e serviços realizadas "fora do estabelecimento comercial", pode o consumidor, com fundamento no art. 49 do CDC, desistir do contrato e receber de volta o valor pago. É abusiva eventual cláusula que pretenda afastar o reembolso na hipótese.

Além do art. 49, o art. 18, § 1º, II, também estabelece hipótese de "reembolso" ao dispor que o consumidor, em caso de vício do produto, pode exigir "a restituição imediata da quantia paga, monetariamente atualizada, sem prejuízo de eventuais perdas e danos". O mesmo ocorre em relação ao vício do produto por quantidade (art. 19, IV) e ao vício do serviço por qualidade (art. 20, II).

Acrescente-se, também, a hipótese de recusa ao cumprimento dos termos da oferta ou publicidade (art. 30), a qual enseja, nos termos do art. 35, III, a rescisão do contrato "com direito à restituição de quantia eventualmente antecipada, monetaria-mente atualizada, e a perdas e danos".

Dicas práticas

O dispositivo não estabelece – de modo genérico – o direito do consumidor de cancelar contratos e receber de volta o valor pago. Destaca que, nas hipóteses já previstas pelo CDC de devolução (ex.: art. 49), é nula a cláusula que pretende afastar a faculdade do consumidor.

Jurisprudência

1. Cláusula penal e direito a reembolso

"Não há nulidade na cláusula do distrato de que resulte haver a parte transigi-do, recebendo como reembolso, importância menor do que a que lhe seria devida. Hipótese que não se confunde com a disposição contratual em que se estabeleça não ter a parte direito ao reembolso integral, em caso de desfazimento do contrato" (STJ, REsp 158.036/DF, 3ª Turma, Rel. Min. Eduardo Ribeiro, j. 03.12.1998, *DJ* 22.03.1999).

> **III –** transfiram responsabilidades a terceiros;

Legislação correlata

Código Civil, arts. 293 a 303.

Análise doutrinária

1. Nulidade de cláusula que transfere responsabilidade a terceiros

O art. 51, III, proíbe, por meio de cláusula contratual, a transferência de res-ponsabilidade do fornecedor a terceiros. Parte-se do pressuposto de que a escolha realizada pelo consumidor decorre, dentre outros fatores, de confiança e qualidades de determinado fornecedor.

O termo "responsabilidade" no dispositivo sob análise não possui apenas o sentido de consequências decorrentes do não cumprimento da obrigação originalmente assumida pelo fornecedor. A palavra abrange a própria obrigação principal do fornecedor. Desse modo, tem-se a impossibilidade de o consumidor contratar determinada empresa, uma companhia aérea, por exemplo, e, no momento da prestação do serviço, surgir uma outra empresa para cumprir o contrato.

O dispositivo não afasta a crescente tendência do mercado de dividir tarefas na produção e comercialização de produtos, na prestação de serviços. O que se veda, inicialmente, é a surpresa do consumidor, como no exemplo da companhia aérea, o que pode ser afastado com ampla informação no momento da contratação. Veda-se, também, o intuito de se desonerar perante o consumidor sob o argumento de que determinada etapa do processo ou atividade depende de terceira pessoa.

Em face do disposto no art. 51, III, não se aplica integralmente a disciplina da assunção de dívida (arts. 299 a 303 do CC) nas relações de consumo. A cláusula que estipula o prévio consentimento do credor (consumidor) para que terceiro (outro fornecedor) assuma a dívida do fornecedor contratado é nula (art. 299).

A transferência *integral* de obrigações a terceiros só é possível quando o consumidor está prévia e devidamente informado, o que, na prática, acaba por caracterizar a pessoa (que teve contato direito com o consumidor) como mero intermediário, preposto ou representante, nos termos do art. 34 e, consequentemente, responsável solidário pela obrigação originária e, em caso de descumprimento, obrigação sucessiva (responsabilidade civil).

Ademais, há situações em que o próprio CDC autoriza expressamente a transferência das obrigações, como é a hipótese prevista no art. 20, § 1º. Em caso de vício do serviço, o consumidor, entre outras alternativas, pode exigir a reexecução do serviço, que "poderá ser confiada a terceiros devidamente capacitados, por conta e risco do fornecedor".

Por fim, o art. 51, III, não impede que o fornecedor celebre contrato de seguro para obter indenização em hipóteses variadas de danos ao consumidor. Em caso de futura ação indenizatória, o fornecedor pode realizar o chamamento ao processo da seguradora (v. comentários art. 101, II, do CDC).

 Jurisprudência

1. Responsabilidade de operadora de plano de saúde por erro de profissional credenciado

"I. A empresa prestadora do plano de assistência à saúde é parte legitimada passivamente para a ação indenizatória movida por filiado em face de erro verificado em tratamento odontológico realizado por dentistas por ela credenciados, ressalvado o direito de regresso contra os profissionais responsáveis pelos danos materiais e morais causados" (STJ, REsp 328.309/RJ, 4ª Turma, Rel. Min. Aldir Passarinho Junior, j. 08.10.2002, *DJ* 17.03.2003).

IV – estabeleçam obrigações consideradas iníquas, abusivas, que colo-quem o consumidor em desvantagem exagerada, ou sejam incompatíveis com a boa-fé ou a equidade;

Legislação correlata

Código Civil, arts. 113, 187 e 422.

Análise doutrinária

1. Nulidade de cláusula que contraria a boa-fé objetiva e o equilíbrio do contrato

O art. 51, IV, em redação genérica e abrangente do *princípio da boa-fé objetiva* e do *equilíbrio econômico do contrato*, é, sem dúvida, o principal dispositivo para exame de abusividade de cláusula em contratos de consumo. Indica a absorção pelo CDC da nova teoria contratual, ao declarar a nulidade de obrigações abusivas, iniquas, que "coloquem o consumidor em desvantagem exageradas ou que sejam incompatíveis com a boa-fé ou a equidade".

O § 1º do próprio art. 51 complementa o alcance do inciso ao estabelecer que, entre outros casos, se presume exagerada a vantagem que: 1) ofende princípio do sistema jurídico; 2) restringe direitos inerentes à natureza do contrato de modo a ameaçar o equilíbrio do vínculo; 3) estabelece obrigação excessivamente onerosa, conforme a natureza e circunstância do caso concreto (v. comentários).

O art. 51, IV, permite exame circunstancial de inúmeros aspectos e fatores en-volvidos em todas as fases da contratação. A abertura semântica do dispositivo enseja, ademais, o exame da lealdade e transparência, dos termos da oferta e publicidade (fase pré-contratual), das legítimas expectativas do consumidor, do equilíbrio econômico, da configuração da *lesão*.

As três funções da boa-fé objetiva (critério hermenêutico, criação de deveres anexos e limitação do exercício de direitos) devem ser trazidas a exame para se con-cluir pela nulidade ou não de cláusulas contratuais. Se, por exemplo, determinada cláusula for contrária ao dever anexo de informação, a disposição é nula. Também é nula a cláusula que imponha uma série de procedimentos burocráticos para que o consumidor possa exercitar direito inerente à natureza do contrato, por violação do dever anexo de proteção e cuidado.

2. Cláusula geral e conceito jurídico indeterminado: a relevância do papel do Juiz

No início do século XIX, no contexto social e histórico da edição do Código Civil francês (1804), que veio a influenciar boa parte do direito privado da família do sistema *civil law*, imaginou-se que a lei, como mais bem elaborado fruto do racionalismo humano, seria tão perfeita e completa que não sobraria nenhum espaço para o intérprete e aplicador da norma (Escola da Exegese). O juiz seria apenas a *boca da lei* (*bouche de la loi*). Seu trabalho se reduziria a raciocínio lógico de silogismo (premissa maior, premissa menor e conclusão). Basicamente, deveria encaixar os fatos à norma (subsunção) e obter o resultado esperado pelo legislador.

Os anos seguintes desmentiram essa visão. As leis – nem mesmo em sociedade com mudanças mais lentas (séc. XIX) – conseguiam tudo prever e regular. O silogismo, o automatismo do magistrado, conduzia, muitas vezes, a resultados absolutamente injustos e ofensivos a valores sociais. No direito privado, o Código Civil perde centralidade, abre, em face de suas lacunas, espaço para edição de leis "extravagantes", depois denominadas apenas especiais.

O legislador de hoje é mais cauteloso. Sabe da sua incapacidade de tudo prever, em face de mudanças sociais e culturais cada vez mais rápidas. É cada vez mais frequente a edição de normas com textura aberta. Diferenciam-se os *princípios* das *regras*. Intensificam-se a importância e a responsabilidade do magistrado que, ao final, deverá definir o sentido e o alcance da disposição normativa no caso concreto.

No Brasil, tanto o Código Civil como o CDC possuem inúmeras normas de tessitura aberta cuja delimitação de conteúdo depende de trabalho de interpretação. O CDC é norma principiológica. Ao lado de regras, possuem o que a doutrina denomina *cláusulas gerais* e *conceitos jurídicos indeterminados*, ou seja, termos – propositalmente – vagos e indeterminados (vagueza semântica).

Alguns autores realizam a seguinte distinção. No conceito jurídico indeterminado, a norma possui vagueza nas palavras, mas apresenta e define a consequência jurídica (sanção), enquanto na cláusula geral o trabalho de definir a consequência também depende do intérprete. O mais importante, todavia, é perceber que o sentido e o alcance da norma exigem postura dinâmica e, ao mesmo tempo, mais responsável do juiz. O significado e os contornos da norma são resultado de amadurecimento jurisprudencial. Daí a importância, no caso do CDC, do papel do STJ, que tem competência para afirmar qual é a melhor interpretação do direito infraconstitucional.

3. Importância da jurisprudência na definição do conteúdo do art. 51, IV

O art. 51, IV, do CDC é cláusula geral cujos contornos muito depende de labor hermenêutico do aplicador do direito para preenchimento, em concreto, do seu conteúdo. O juiz possui boa margem de liberdade na análise de eventual nulidade de cláusula contratual, com fundamento no art. 51, IV. Daí a *maior* necessidade de bem fundamentar as decisões judiciais que, com base no dispositivo, declarem a nulidade de cláusula contratual. A responsabilidade do Judiciário é, portanto, mais intensa, de modo a afastar as críticas – muito comuns – de *subjetivismo* e *arbitrariedade* na análise de abusividade das cláusulas contratuais.

A jurisprudência brasileira, passadas três décadas de experiência do CDC, tem utilizado com ponderação e discernimento o disposto no inc. IV do art. 51 na análise dos mais diversos tipos de contrato de consumo. Se é certo, de um lado, que o perigo de arbitrariedade existe, é verdadeiro, de outro, que tais atitudes podem e devem ser corrigidas – por meio de recursos – no próprio Poder Judiciário, que, com o correr do tempo, tem construído com sabedoria e firmeza os contornos da boa-fé objetiva e do equilíbrio econômico do contrato com base no art. 51, IV, do CDC.

Foi justamente com base no art. 51, IV, do CDC (e também no art. 924 do CC/1916, atual art. 413) que o STJ, antes da edição da Lei do Distrato (v. comentários ao art. 53), estabeleceu os limites máximos da cláusula penal compensatória – também denominada de cláusula de decaimento – nos contratos de incorporação imobiliária. Em regra, houve redução do percentual da cláusula, considerando-se que, na maioria dos casos, o imóvel (ainda em construção) voltaria para a empresa comercializar novamente o bem. Num primeiro momento, a Corte manifestou-se no sentido de que a incorporadora não poderia reter mais do que 10% dos valores pagos. Esse valor foi posteriormente ampliado e, conforme as peculiaridades do caso, poderia ser aumentado para até 25% dos valores pagos.

Também foi com base no art. 51, IV, e, antes da Lei do Distrato, que a Corte manifestou no sentido de ser nula a cláusula que obriga o consumidor a esperar o término de construção do edifício para devolução do dinheiro a que tem direito, sob argumento de que "Há enriquecimento ilícito da incorporadora (...), pois aquela poderá revender imediatamente o imóvel sem assegurar, ao mesmo tempo, a fruição pelo consumidor do dinheiro ali investido" (STJ, AgRg no REsp 1.219.345/SC, Rel. Min. Sidnei Beneti, j. 15.02.2011).

O art. 51, IV, permitiu ao STJ discutir e adotar a tese do *adimplemento substancial*: "O cumprimento do contrato de financiamento, com a falta apenas da última prestação, não autoriza o credor a lançar mão da ação de busca e apreensão, em lugar da cobrança da parcela faltante. O adimplemento substancial do contrato pelo devedor não autoriza ao credor a propositura de ação para a extinção do contrato, salvo se demonstrada a perda do interesse na continuidade da execução, que não é o caso. Na espécie, ainda houve a consignação judicial do valor da última parcela. Não atende à exigência da boa-fé objetiva a atitude do credor que desconhece esses fatos e promove a busca e apreensão, com pedido liminar de reintegração de posse" (REsp 272.739/MG, Rel. Min. Ruy Rosado de Aguiar, j. 01.03.2001, *DJ* 02.04.2001, p. 299). No mesmo sentido foi o julgamento do REsp 76.362, Min. Ruy Rosado de Aguiar, j. 11.12.1995.

O STJ utilizou o argumento da *vantagem exagerada*, prevista no art. 51, para vedar a cobrança do consumidor de boleto bancário com a seguinte fundamentação: "Sendo os serviços prestados pelo banco remunerados pela tarifa interbancária, conforme referido pelo Tribunal de origem, a cobrança de tarifa dos consumidores pelo pagamento mediante boleto/ficha de compensação constitui enriquecimento sem causa por parte das instituições financeiras, pois há dupla remuneração pelo mesmo serviço, importando em vantagem exagerada dos bancos em detrimento dos consumidores, razão pela qual abusiva a cobrança da tarifa, nos termos do art. 39, V, do CDC c/c art. 51, § 1º, I e III, do CDC" (REsp 794.752/MA, Rel. Min. Luis Felipe Salomão, j. 16.03.2010, *DJe* 12.04.2010).

O STJ já invocou o art. 51, IV, para afastar imposição ao consumidor de responsabilidade por despesas efetuadas com cartão de crédito furtado até a data e hora da comunicação do furto. Eventuais disposições contratuais nesse sentido são ofensivas à boa-fé objetiva e equidade, de acordo com o julgamento proferido no REsp 348.343, "pois as administradoras e os vendedores têm o dever de apurar a regularidade no uso dos cartões" (trecho do voto do relator, Min. Humberto Gomes de Barros).

O art. 51, IV, também serviu de fundamento jurídico para invalidação da cláusula de eleição nos contratos de consumo com o argumento de que "a nulidade da cláusula que coloque o consumidor em desvantagem exagerada há de ser reconhecida não só no plano do direito material, mas também no processual" (STJ, CC 20.969, Rel. Min. Eduardo Ribeiro, j. 11.11.1998, *DJ* 22.03.1999).

Acrescente-se decisão, proferida em fevereiro de 2018, na qual a Corte invoca, entre outros argumentos, o disposto no art. 51, IV, para tornar sem efeito cláusula que enseja o enriquecimento ilícito do fornecedor ao permitir o cancelamento do voo de volta quando o consumidor não utiliza o trecho de ida de bilhete aéreo (REsp 1.595.731/RO, Rel. Min. Luis Felipe Salomão, j. 14.11.2017).

O art. 51, IV, do CDC também possui bastante aplicação na análise de cláusulas de contratos de planos de saúde: para vedar limite máximo de tempo de internação do consumidor, para proibir limitação financeira das coberturas, para afastar a exclusão de doença preexistente, para não permitir o cancelamento do contrato em virtude de atraso no pagamento de uma única parcela pelo consumidor (doutrina do *adimplemento substancial*), para afastar limitações em relação a transplante de órgãos e, também, prazos exagerados de carência para atendimento (em situações de emergência e urgência). Também, é orientação da Corte invalidar cláusula que exclui procedimentos específicos (indicados pelo médico) para tratamento de doenças com cobertura pelo contrato.

Destaque-se, por fim, relevante decisão proferida, ao final de 2017, pelo Superior Tribunal de Justiça que, antes da promulgação da Lei 13.709/2018 (LGPD), analisa validade do consentimento do consumidor, por meio de cláusula inserida em contrato de adesão, em permitir o compartilhamento de seus dados pessoais com outras empresas. Com fundamento no art. 51, IV, do CDC e na compreensão do significado atual do direito à proteção de dados pessoais, a Corte invalida a cláusula que permite compartilhamento de dados de consumidores com outras empresas.

Cuida-se de verdadeiro *leading case* sobre tema de proteção de dados pessoais, mais especificamente dos pressupostos que legitimam o tratamento de dados do consumidor em tempos de *Big Data*. Entre os argumentos, foi apontado pela Corte que, na prática, só há a contratação do serviço se o consumidor "aceitar" o compartilhamento de dados, ou seja, não há que se falar na presença do consentimento informado do consumidor. Ademais, há ofensa ao princípio da transparência e confiança (STJ, REsp 1.348.532/SP, Rel. Min. Luis Felipe Salomão, j. 10.10.2017).

 ### Dicas práticas

Apesar da abertura do disposto no art. 51, IV, o qual permite definição judicial de novas cláusulas abusivas, muitas delas já foram, após 30 décadas de experiência do CDC, definidas pela jurisprudência. Ganha relevo maior o conhecimento da posição dos tribunais sobre o tema.

 ### Jurisprudência

1. Nulidade de cláusula que afeta a essência do contrato

"3. À luz do Código de Defesa do Consumidor, devem ser reputadas como abusivas as cláusulas que nitidamente afetam de maneira significativa a própria essência do contrato, impondo restrições ou limitações aos procedimentos médicos, fisioterápicos e hospitalares (*v.g.* limitação do tempo de internação, número de sessões de fisioterapia, entre outros) prescritos para doenças cobertas nos contratos de assistência e seguro de saúde dos contratantes. 4. Se há cobertura de doenças ou sequelas relacionadas a certos eventos, em razão de previsão contratual, não há possibilidade de restrição ou limitação de procedimentos prescritos pelo médico como imprescindíveis para o êxito do tratamento, inclusive no campo da fisioterapia" (STJ, AgInt no REsp 1.349.647/RJ, 4ª Turma, Rel. Min. Raul Araújo, j. 13.11.2018, *DJe* 23.11.2018).

2. Nulidade de cláusula que estabelece responsabilidade do consumidor por cartão de crédito furtado

"Consumidor. Cartão de crédito. Furto. Responsabilidade pelo uso. Cláusula que impõe a comunicação. Nulidade. CDC, art. 51, IV. São nulas as cláusulas contratuais que impõem ao consumidor a responsabilidade absoluta por compras realizadas com cartão de crédito furtado até o momento (data e hora) da comunicação do furto. Tais avenças de adesão colocam o consumidor em desvantagem exagerada e militam contra a boa-fé e a equidade, pois as administradoras e os vendedores têm o dever de apurar a regularidade no uso dos cartões" (STJ, REsp 348.343/SP, Rel. Min. Humberto Gomes de Barros, j. 14.02.2006, *DJ* 26.06.2006).

3. Nulidade de cláusula que permite o compartilhamento de dados pessoais do consumidor

"É abusiva e ilegal cláusula prevista em contrato de prestação de serviços de cartão de crédito, que autoriza o banco contratante a compartilhar dados dos consumidores com outras entidades financeiras, assim como com entidades mantenedoras de cadastros positivos e negativos de consumidores, sem que seja dada opção de discordar daquele compartilhamento. A cláusula posta em contrato de serviço de cartão de crédito que impõe a anuência com o compartilhamento de dados pessoais do consumidor é abusiva por deixar de atender a dois princípios importantes da relação de consumo: transparência e confiança. A impossibilidade de contratação do serviço de cartão de crédito, sem a opção de negar o compartilhamento dos dados do consumidor, revela exposição que o torna indiscutivelmente vulnerável, de maneira impossível de ser mensurada e projetada" (STJ, REsp 1.348.532/SP, Rel. Min. Luis Felipe Salomão, j. 10.10.2017, *DJe* 30.11.2017).

4. Nulidade de cláusula que, em plano de saúde, exclui custeio de meios necessários ao tratamento

"A jurisprudência desta Corte firmou-se no sentido de que, apesar da possibilidade de contrato de plano de saúde prever limitação aos direitos do consumidor, a exclusão do custeio dos meios necessários ao melhor tratamento clínico ou internação hospitalar evidencia abusividade" (STJ, AgInt no AREsp 1.361.742/SP, 3ª Turma, Rel. Min. Ricardo Villas Bôas Cueva, j. 01.04.2019, *DJe* 10.04.2019).

5. Nulidade de cláusula que pretende legitimar cobrança de taxa de conveniência

"5. A essência do microssistema de defesa do consumidor se encontra no reconhecimento de sua vulnerabilidade em relação aos fornecedores de produtos e serviços, que detêm todo o controle do mercado, ou seja, sobre o que produzir, como produzir e para quem produzir, sem falar-se na fixação de suas margens de lucro. 6. O CDC adotou formas abertas e conceitos indeterminados para definir as práticas e cláusulas abusivas, encarregando o magistrado da tarefa de examinar, em cada hipótese concreta, a efetiva ocorrência de referidas práticas ilegais. 7. A boa-fé objetiva é uma norma de conduta que impõe a cooperação entre os contratantes em vista da plena satisfação das pretensões que servem de ensejo ao acordo de vontades que dá origem à avença, sendo tratada, de forma expressa, no CDC, no reconhecimento do direito dos consumidores de proteção contra métodos comerciais coercitivos ou desleais bem como práticas e cláusulas abusivas ou impostas no fornecimento de produtos ou serviços (art. 6º, IV, do CDC). 8. Segundo a lesão enorme, são abusivas as cláusulas contratuais que configurem lesão pura, decorrentes da simples quebra da equivalência entre as prestações, verificada, de forma objetiva, mesmo que não exista vício na formação do acordo de vontades (arts. 39, V, 51, IV, § 1º, III, do CDC). 9. Uma das formas de violação da boa-fé objetiva é a venda casada (*tying arrangement*), que consiste no prejuízo à liberdade de escolha do consumidor decorrente do condicionamento, subordinação e vinculação da aquisição de um produto ou serviço (principal – 'tying') à concomitante aquisição de outro (secundário – 'tied'), quando o propósito do consumidor é, unicamente, o de obter o produto ou serviço principal. 10. A venda casada 'às avessas', indireta ou dissimulada consiste em se admitir uma conduta de consumo intimamente relacionada a um produto ou serviço, mas cujo exercício é restringido à única opção oferecida pelo próprio fornecedor, limitando, assim, a liberdade de escolha do consumidor. Precedentes. 11. O CDC prevê expressamente uma modalidade de venda casada, no art. 39, IX, que se configura em razão da imposição, pelo fornecedor ao consumidor, da contratação indesejada de um intermediário escolhido pelo fornecedor, cuja participação na relação negocial não é obrigatória segundo as leis especiais regentes da matéria. 12. A venda do ingresso para um determinado espetáculo cultural é parte típica e essencial do negócio, risco da própria atividade empresarial que visa o lucro e integrante do investimento do fornecedor, compondo, portanto, o custo básico embutido no preço. 13. Na intermediação por meio da corretagem, como não há relação contratual direta entre o corretor e o terceiro (consumidor), quem deve arcar, em regra, com a remuneração do corretor é a pessoa com quem ele se vinculou, ou seja, o incumbente. Precedente. 14. A assunção da dívida do fornecedor junto ao intermediário exige clareza e transparência na previsão contratual acerca da transferência para o comprador (consumidor) do dever de pagar a comissão de corretagem. Tese repetitiva. 15. Na hipótese concreta, a remuneração da recorrida é integralmente garantida por meio da 'taxa de conveniência', cobrada nos moldes do art. 725 do CC/02, devida pelos consumidores que comprarem ingressos em seu meio virtual, independentemente do direito de arrependimento (art. 49 do CDC). 16. A venda pela internet, que alcança interessados em número infinitamente superior de do que a venda por meio presencial, privilegia os interesses dos produtores e promotores do espetáculo cultural de terem, no menor prazo possível, vendidos os espaços destinados ao público e realizado o retorno dos investimentos até então empregados e transfere aos consumidores parcela considerável do risco do empreendimento, pois os serviços a ela relacionados, remunerados pela 'taxa de conveniência', deixam de ser arcados pelos próprios fornecedores. 17. Se os incumbentes optam por submeter os ingressos à venda terceirizada em meio virtual (da internet), devem oferecer ao consumidor diversas opções de compra em diversos sítios eletrônicos, caso contrário, a liberdade dos consumidores de escolha da intermediadora da compra é cerceada, limitada unicamente aos serviços oferecidos pela recorrida, de modo a ficar configurada a venda casada, nos termos do art. 39, I e IX, do CDC. 18. A potencial vantagem do consumidor em adquirir ingressos sem se deslocar de sua residência fica totalmente aplacada pelo fato de ser obrigado a se submeter, sem liberdade, às condições impostas pela recorrida e pelos incumbentes no momento da contratação, o que evidencia que a principal vantagem desse modelo de negócio – disponibilização de ingressos na internet – foi instituída em seu favor dos incumbentes e da recorrida. 19. *In casu*, não há declaração clara e destacada de que o consumidor está assumindo um débito que é de responsabilidade do incumbente – produtor ou promotor do espetáculo cultural – não se podendo, nesses termos, reconhecer a validade da transferência do encargo (assunção de dívida pelo consumidor)" (STJ, REsp 1.737.428/RS, 3ª Turma, Rel. Min. Nancy Andrighi, j. 12.03.2019, *DJe* 15.03.2019).

6. Nulidade de cláusula de cancelamento da passagem aérea de volta pelo não comparecimento do consumidor no trecho de ida

"3. Dentre os diversos mecanismos de proteção ao consumidor estabelecidos pela lei, a fim de equalizar a relação faticamente desigual em comparação ao fornecedor, destacam-se os arts. 39 e 51 do CDC, que, com base nos princípios da função social do contrato e da boa-fé objetiva, estabelecem, em rol exemplificativo, as hipóteses, respectivamente, das chamadas práticas abusivas, vedadas pelo ordenamento jurídico, e das cláusulas abusivas, consideradas nulas de pleno direito em contratos de consumo, configurando nítida mitigação da força obrigatória dos contratos (pacta sunt servanda). 4. A previsão de cancelamento unilateral da passagem de volta, em razão do não comparecimento para embarque no trecho de ida (*no show*), configura prática rechaçada pelo Código de Defesa do Consumidor, nos termos dos referidos dispositivos legais, cabendo ao Poder Judiciário o restabelecimento do necessário equilíbrio contratual. 4.1. Com efeito, obrigar o consumidor a adquirir nova passagem aérea para efetuar a viagem no mesmo trecho e hora marcados, a despeito de já ter efetuado o pagamento, configura obrigação abusiva, pois coloca o consumidor em desvantagem exagerada, sendo, ainda, incompatível com a boa-fé objetiva, que deve reger as relações contratuais (CDC, art. 51, IV). Ademais, a referida prática também configura a chamada 'venda casada', pois condiciona o fornecimento do serviço de transporte aéreo do 'trecho de volta' à utilização do 'trecho de ida' (CDC, art. 39, I). 4.2. Tratando-se de relação consumerista, a força obrigatória do contrato é mitigada, não podendo o fornecedor de produtos e serviços, a pretexto de maximização do lucro, adotar prática abusiva ou excessivamente onerosa à parte mais vulnerável na relação, o consumidor" (STJ, REsp 1.699.780/SP, 3ª Turma, Rel. Min. Marco Aurélio Bellizze, j. 11.09.2018, *DJe* 17.09.2018).

7. Nulidade de cláusula que limita tempo de internação nos hospitais

Súmula 302 do STJ: "É abusiva a cláusula contratual de plano de saúde que limita no tempo a internação hospitalar do segurado".

8. Nulidade de cláusula que limita o número de sessões de quimioterapia

"Reconhecida a incidência do Código de Defesa do Consumidor, impende reconhecer, também, a abusividade da cláusula contratual/estatutária que limita a quantidade de sessões anuais de rádio e de quimioterapia cobertas pelo plano. Aplicação, por analogia, da Súmula 302/STJ" (STJ, REsp 1.115.588/SP, 3ª Turma, Rel. Min. Sidnei Beneti, j. 25.08.2009, *DJe* 16.09.2009).

9. Nulidade de cláusula que limita o valor de indenização decorrente de seguro-saúde

"A finalidade essencial do seguro-saúde reside em proporcionar adequados meios de recuperação ao segurado, sob pena de esvaziamento da sua própria *ratio*, o que não se coaduna com a presença de cláusula limitativa do valor indenizatório de tratamento que as instâncias ordinárias consideraram coberto pelo contrato" (STJ, REsp 326.147/SP, 4ª Turma, Rel. Min. Aldir Passarinho Junior, j. 21.05.2009, *DJe* 08.06.2009).

"É abusiva a cláusula contratual de seguro de saúde que estabelece limitação de valor para o custeio de despesas com tratamento clínico, cirúrgico e de internação hospitalar. O sistema normativo vigente permite às seguradoras fazer constar da apólice de plano de saúde privado cláusulas limitativas de riscos adicionais relacionados com o objeto da contratação, de modo a responder pelos riscos somente na extensão contratada. Essas cláusulas meramente limitativas de riscos extensivos ou adicionais relacionados com o objeto do contrato não se confundem, porém, com cláusulas que visam afastar a responsabilidade da seguradora pelo próprio objeto nuclear da contratação, as quais são abusivas. Na espécie, a seguradora assumiu o risco de cobrir o tratamento da moléstia que acometeu a segurada. Todavia, por meio de cláusula limitativa e abusiva, reduziu os efeitos jurídicos dessa cobertura, ao estabelecer um valor máximo para as despesas hospitalares, tornando, assim, inócuo o próprio objeto do contrato. A cláusula em discussão não é meramente limitativa de extensão de risco, mas abusiva, porque excludente da própria essência do risco assumido, devendo ser decretada sua nulidade" (STJ, REsp 735.750/SP, Rel. Min. Raul Araújo, j. 14.02.2012, *DJe* 16.02.2012).

10. Nulidade de cláusula que exclui o custeio dos meios e materiais necessários ao melhor desempenho do tratamento da doença coberta

"A jurisprudência do STJ firmou o entendimento de que, ainda que admitida a possibilidade de o contrato de plano de saúde conter cláusulas limitativas dos direitos do consumidor, revela-se abusiva a que exclui o custeio dos meios e materiais necessários ao melhor desempenho do tratamento da doença coberta pelo plano. Precedentes" (STJ, AgInt no AREsp 1.018.057/CE, Rel. Min. Marco Aurélio Bellizze, j. 04.04.2017, *DJe* 18.04.2017).

"Aplicação do Código de Defesa do Consumidor aos contratos de plano de saúde. Súmula 469/STJ. Recusa indevida, pela operadora de plano de saúde, da cobertura financeira do tratamento médico do beneficiário. Ainda que admitida a possibilidade de previsão de cláusulas limitativas dos direitos do consumidor (desde que escritas com destaque, permitindo imediata e fácil compreensão), revela-se abusivo o preceito constante do contrato de plano de saúde excludente do custeio dos meios e materiais necessários ao melhor desempenho do tratamento clínico ou do procedimento cirúrgico coberto ou de internação hospitalar. Precedentes" (STJ, AgRg no AREsp 191.277/RS, Rel. Min. Marco Buzzi, j. 28.05.2013, *DJe* 11.06.2013).

"2. 'Embora a Lei 9.656/98 não retroaja aos contratos celebrados antes de sua vigência, é possível aferir a abusividade de suas cláusulas à luz do Código de Defesa do Consumidor, ainda que tenham sido firmados antes mesmo de seu advento' (AgRg no REsp 1.260.121/SP, Relator Ministro Paulo de Tarso Sanseverino, Terceira Turma, julgado em 27/11/2012, *DJe* 6/12/2012). 3. Consoante entendimento da Segunda

Seção, é abusiva a cláusula que exclua ou limite a cobertura de órteses, próteses e materiais diretamente ligados ao procedimento cirúrgico, bem como o fornecimento de medicação somente pelo fato de ser ministrada em ambiente domiciliar (precedentes). 4. A jurisprudência desta Corte Superior firmou o entendimento de que é 'abusiva a recusa de custeio do medicamento prescrito pelo médico responsável pelo tratamento do beneficiário, ainda que ministrado em ambiente domiciliar' (AgInt no AREsp 1.433.371/SP, Rel. Ministra Maria Isabel Gallotti, Quarta Turma, julgado em 17/9/2019, *DJe* 24/9/2019)" (STJ, AgInt no AREsp 1.411.232/SP, 4ª Turma, Rel. Min. Antonio Carlos Ferreira, j. 18.05.2020, *DJe* 21.05.2020).

"1. Ação cominatória cumulada com compensação por dano moral, em razão de negativa de custeio integral de tratamento de terapia, visto que a operadora do plano de saúde limitou a cobertura a determinado número de sessões anuais. 2. É forçoso concluir que o rol de procedimentos e eventos em saúde da ANS tem natureza meramente exemplificativa, porque só dessa forma se concretiza, a partir das desigualdades havidas entre as partes contratantes, a harmonia das relações de consumo e o equilíbrio nas relações entre consumidores e fornecedores, de modo a satisfazer, substancialmente, o objetivo da Política Nacional das Relações de Consumo (REsp 1.846.108/SP, 3ª Turma, DJe 05/02/2021). 3. Hipótese em que a circunstância de o rol de procedimentos e eventos em saúde estabelecer um número mínimo de sessões de psicoterapia de cobertura obrigatória, ao arrepio da lei, não é apta a autorizar a operadora a recusar o custeio das sessões que ultrapassam o limite previsto. Precedentes" (STJ, AgInt no REsp 1924522/SP, Rel. Min. Nancy Andrighi, 3ª Turma, j. 18.05.2021, *DJe* 20.05.2021).

11. Nulidade de cláusula que significa renúncia em declaração de saúde

"A inserção de cláusula de renúncia em declaração de saúde é abusiva por induzir o segurado a abrir mão do direito ao exercício livre da opção de ser orientado por um médico por ocasião do preenchimento daquela declaração, notadamente porque se trata de documento que tem o condão de viabilizar futura negativa de cobertura de procedimento ou tratamento" (STJ, REsp 1.554.448/PE, Rel. Min. João Otávio de Noronha, j. 18.02.2016, *DJe* 26.02.2016).

12. Nulidade de cláusula que limita cobertura securitária: análise das circunstâncias da contratação

"1. Devem ser consideradas abusivas as cláusulas impostas unilateralmente pelo fornecedor, que contrariem a boa-fé objetiva e a equidade, promovendo desequilíbrio contratual, com consequente oneração excessiva do consumidor. 2. O caso dos autos cinge-se a verificar, em abstrato, a legalidade de cláusulas em contrato de seguro de vida em grupo, com garantia adicional por 'Invalidez Permanente Total ou Parcial por Acidente' (IPA), nas quais há delimitação dos riscos, com exclusão da cobertura em hipóteses restritas e predeterminadas de invalidez por acidente. 3. Nas relações consumeristas, ante a fragilidade do polo consumidor, é possível afastar a autonomia privada e alterar os termos do negócio jurídico quando reconhecida a abusividade das cláusulas ou das condições do contrato, evidenciando onerosidade excessiva. Por sua vez, caso não configurada a abusividade contratual ou ainda qualquer vício na manifestação da vontade das partes contratantes, de rigor seja prestigiada a liberdade negocial.4. É da própria natureza do contrato de seguro a prévia delimitação dos riscos cobertos a fim de que exista o equilíbrio atuarial entre o valor a ser pago pelo consumidor e a indenização securitária de responsabilidade da seguradora, na eventual ocorrência do sinistro. 5. A restrição da cobertura do seguro às situações específicas de invalidez por acidente decorrente de 'qualquer tipo de hérnia e suas conseqüências', 'parto ou aborto e suas conseqüências', 'perturbações e intoxicações alimentares de qualquer espécie, bem como as intoxicações decorrentes da ação de produtos químicos, drogas ou medicamentos, salvo quando prescritos por médico devidamente habilitado, em decorrência de acidente coberto' e 'choque anafilático e suas conseqüências" não contraria a natureza do contrato de seguro nem esvazia seu objeto, apenas delimita as hipóteses de não pagamento do prêmio. 6. Ademais, é prudente que a análise da abusividade contratual seja realizada no caso concreto específico e pontual, ocasião em que deverão ser verificados aspectos circunstanciais, como o valor da mensalidade do seguro e do prêmio correspondente, realizando-se ainda uma comparação com outros contratos de seguro ofertados no mercado; as características do consumidor segurado; os efeitos nos cálculos atuariais caso incluída a cobertura de novos riscos; se houve informação prévia, integral e adequada a respeito da cláusula limitativa, inclusive com redação destacada na apólice de seguro, entre outros. 7. Dessa forma, a cláusula contratual que circunscreve e particulariza a cobertura securitária não encerra, por si, abusividade nem indevida condição potestativa por parte da seguradora, ainda que analisada - de forma puramente abstrata - pela ótica do Código de Defesa do Consumidor" (STJ, REsp 1358159/SP, Rel. Min. Antonio Carlos Ferreira, 4ª Turma, j. 08.06.2021, *DJe* 16.06.2021).

"2. O Tribunal estadual firmou que o contrato de seguro conteria disposições contraditórias, ora abarcando, ora excluindo da cobertura os vícios construtivos. Súmula 5/STJ. 3. A jurisprudência do STJ é no sentido de que as cláusulas contratuais devem ser interpretadas da maneira mais favorável ao consumidor (art. 47 do CDC), devendo observar o direito de informação, mediante redação clara, expressa e em destaque das cláusulas limitativas de direitos. Precedentes.4. A interpretação fundada na boa-fé objetiva, contextualizada pela função socioeconômica que desempenha o contrato de seguro habitacional obrigatório vinculado ao SFH, leva a concluir que a restrição de cobertura, no tocante aos riscos indicados, deve ser compreendida como a exclusão da responsabilidade da seguradora com relação aos riscos que resultem de atos praticados pelo próprio segurado ou do uso e desgaste natural e esperado do bem, tendo como baliza a expectativa de vida útil do imóvel, porque configuram a atuação de forças normais sobre o prédio" (STJ, AgInt nos EDcl no AREsp 1610203/SC, Rel. Min. Marco Aurélio Bellizze, 3ª Turma, j. 18.05.2021, *DJe* 24.05.2021).

13. Cláusula de coparticipação em contrato de plano de saúde

"1. Para fins dos arts. 1.036 e seguintes do CPC/2015: 1.1 Nos contratos de plano de saúde não é abusiva a cláusula de coparticipação expressamente ajustada e informada ao consumidor, à razão máxima de 50% (cinquenta por cento) do valor das despesas, nos casos de internação superior a 30 (trinta) dias por ano, decorrente de transtornos psiquiátricos, preservada a manutenção do equilíbrio financeiro" (STJ, REsp 1755866/SP, Rel. Min. Marco Buzzi, 2ª Seção, j. 09.12.2020, *DJe* 16.12.2020).

V – (Vetado);[13]
VI – estabeleçam inversão do ônus da prova em prejuízo do consumidor;

 Legislação correlata

Código de Processo Civil, art. 373 e seguintes.

 Análise doutrinária

1. Nulidade de cláusula que altera inversão legal do ônus da prova

Qualquer disposição contratual que procure alterar a distribuição do ônus da prova estabelecida no CDC é nula. Deve, portanto, simplesmente ser desconsiderada pelo juiz ao julgar a causa. Em síntese, esse é o significado do disposto no art. 51, VI, do CDC.

Esclareça-se, inicialmente, que *ônus processual* não significa *dever* ou *obrigação* da parte, e sim um encargo que, se descumprido, acarreta, de regra, consequências negativas ao interessado, como a própria derrota judicial. O art. 373 do CPC, após estabelecer ser ônus do autor a prova de fatos constitutivos do seu direito e, de outro lado, ônus do réu a demonstração de existência de fato impeditivo, modificativo ou extintivo do direito do autor, possibilita que as partes, por meio de disposição contratual, distribuam de maneira diversa o ônus da prova, salvo quando "recair sobre direito indisponível da parte" ou "tornar excessivamente difícil a uma parte o exercício do direito" (§§ 3º e 4º).

Todavia, em caso de relação de consumo, as inversões do ônus da prova estabelecidas pelo CDC (arts. 6º, VIII, 12, § 3º, 14, § 3º, e 38) não podem ser alteradas por disposição contratual, até porque, reitere-se, as normas do CDC são de "ordem pública e interesse social" (art. 1º) e, portanto, inafastáveis por acordo de vontade entre consumidor e fornecedor. A vedação aplica-se tanto à inversão *ope judicis*, prevista no art. 6º, VIII, como a todas as hipóteses consagradas como inversão *ope legis* (arts. 12, § 3º, 14, § 3º, e 38).

 Dicas práticas

Não é comum, na prática do mercado, a tentativa, por meio de cláusula contratual, de alterar a distribuição legal do ônus da prova em prejuízo do consumidor.

---

[13]   Mensagem de Veto 664/90, *do inciso V do art. 51*: "Reproduz, no essencial, o que já está explicitado no inciso IV. É, portanto, desnecessário".

Jurisprudência

1. Distinção entre inversão *ope legis* e *ope judicis* do ônus da prova

"A inversão do ônus da prova pode decorrer da lei ('ope legis'), como na responsabilidade pelo fato do produto ou do serviço (arts. 12 e 14 do CDC), ou por determinação judicial ('ope judicis'), como no caso dos autos, versando acerca da responsabilidade por vício no produto (art. 18 do CDC). Inteligência das regras dos arts. 12, § 3º, II, e 14, § 3º, I, e 6º, VIII, do CDC. A distribuição do ônus da prova, além de constituir regra de julgamento dirigida ao juiz (aspecto objetivo), apresenta-se também como norma de conduta para as partes, pautando, conforme o ônus atribuído a cada uma delas, o seu comportamento processual (aspecto subjetivo). Doutrina. Se o modo como distribuído o ônus da prova influi no comportamento processual das partes (aspecto subjetivo), não pode a inversão 'ope judicis' ocorrer quando do julgamento da causa pelo juiz (sentença) ou pelo tribunal (acórdão)" (STJ, REsp 802.832/MG, 2ª Seção, Rel. Min. Paulo de Tarso Sanseverino, j. 13.04.2011, *DJe* 21.09.2011).

"2. Diferentemente do comando contido no art. 6º, inciso VIII, que prevê a inversão do ônus da prova 'a critério do juiz', quando for verossímil a alegação ou hipossuficiente a parte, o § 3º, do art. 12, preestabelece – de forma objetiva e independentemente da manifestação do magistrado –, a distribuição da carga probatória em desfavor do fornecedor, que 'só não será responsabilizado se provar: I – que não colocou o produto no mercado; II – que, embora haja colocado o produto no mercado, o defeito inexiste; III – a culpa exclusiva do consumidor ou de terceiro'. É a diferenciação já clássica na doutrina e na jurisprudência entre a inversão *ope judicis* (art. 6º, inciso VIII, do CDC) e inversão *ope legis* (arts. 12, § 3º, e art. 14, § 3º, do CDC). Precedente da Segunda Seção" (STJ, REsp 1.095.271/RS, 4ª Turma, Rel. Min. Luis Felipe Salomão, j. 07.02.2013, *DJe* 05.03.2013).

> **VII –** determinem a utilização compulsória de arbitragem;

 Legislação correlata

Lei 9.307/1996 (Lei de Arbitragem).
Código de Processo Civil, art. 3º, § 1º.

 Análise doutrinária

1. Arbitragem nas relações de consumo

A arbitragem é meio de solução extrajudicial de litígios, disciplinada pela Lei 9.307/1996 (Lei de Arbitragem). Dispõe o art. 3º do referido diploma: "as partes interessadas podem submeter a solução de seus litígios ao juízo arbitral mediante convenção de arbitragem, assim entendida a cláusula compromissória e o compromisso arbitral". Ressalte-se que o árbitro "é juiz de fato e de direito, e a sentença que proferir não fica sujeita a recurso ou a homologação pelo Poder Judiciário" (art. 18).

O art. 4º, por seu turno, estabelece: "A cláusula compromissória é a convenção através da qual as partes em um contrato comprometem-se a submeter à arbitragem os litígios que possam vir a surgir, relativamente a tal contrato. § 1º A cláusula compromissória deve ser estipulada por escrito, podendo estar inserta no próprio contrato ou em documento apartado que a ele se refira. § 2º Nos contratos de adesão, a cláusula compromissória só terá eficácia se o aderente tomar a iniciativa de instituir a arbitragem ou concordar, expressamente, com a sua instituição, desde que por escrito em documento anexo ou em negrito, com a assinatura ou visto especialmente para essa cláusula".

Nos termos do art. 51, VII, são nulas as cláusulas contratuais que "determinem a utilização compulsória de arbitragem". A arbitragem, no âmbito das relações de consumo, sempre gerou bastante controvérsias. O dispositivo, que não possui a melhor redação, estimula controvérsias.

Após três décadas de experiência e divergências em torno do sentido e alcance do art. 51, VII, identificam-se três correntes hermenêuticas: 1) não é possível instituir a arbitragem nas relações de consumo (ainda que observado o art. 4º da Lei 9.307/1996); 2) se observados cuidados que preservam a vontade real do consumidor, a cláusula que institui arbitragem é válida; 3) a arbitragem só é possível se a iniciativa partir do consumidor após o conflito entre as partes ou, se prevista anteriormente, houver confirmação explícita ou tácita do consumidor (posição atual do STJ).

Dentre os debates em torno da arbitragem nas relações de consumo, cabe registrar que, em 26 de maio de 2015, por meio de Mensagem 162, o Poder Executivo vetou parcialmente a proposta de nova redação à Lei de Arbitragem (Lei 13.129/2015). Na ocasião, propôs-se a seguinte redação ao § 3º do art. 4º: "Na relação de consumo estabelecida por meio de contrato de adesão, a cláusula compromissória só terá eficácia se o aderente tomar a iniciativa de instituir a arbitragem ou concordar expressamente com a sua instituição".

As razões do referido veto são as seguintes: "Da forma prevista, os dispositivos alterariam as regras para arbitragem em contrato de adesão. Com isso, autorizariam, de forma ampla, a arbitragem nas relações de consumo, sem deixar claro que a manifestação de vontade do consumidor deva se dar também no momento posterior ao surgimento de eventual controvérsia e não apenas no momento inicial da assinatura do contrato. Em decorrência das garantias próprias do direito do consumidor, tal ampliação do espaço da arbitragem, sem os devidos recortes, poderia significar um retrocesso e ofensa ao princípio norteador de proteção do consumidor".

O referido veto reforçou a posição que simplesmente rejeita a arbitragem nas relações de consumo. O STJ, em acórdão proferido em 2007, declarou a invalidade de cláusula inserida em contrato de adesão que institui a arbitragem como solução de conflitos. Na ocasião, o relator, Min. Humberto Gomes de Barros, destacou que a disposição contratual foi inserida em contrato de adesão, não correspondendo à vontade real do consumidor: "É nula a cláusula de convenção de arbitragem inserta em contrato de adesão, celebrado na vigência do Código de Defesa do Consumidor" (REsp 819.519/PE, j. 09.10.2007).

Todavia, a corrente que prevaleceu no Superior Tribunal de Justiça prestigia a arbitragem desde que fique claro que sua instituição, no caso concreto, está em consonância com a vontade real e autonomia do consumidor. Esta é, realmente, a melhor interpretação do dispositivo. Decorre, na verdade, da junção do segundo e terceiro entendimentos supraindicados. O STJ se posiciona no sentido de que está vedada, nas relações de consumo, cláusula que institui previamente a arbitragem. Todavia, após o surgimento do conflito, o consumidor pode optar ou, de algum modo, confirmar essa forma extrajudicial de solução de conflitos.

Em síntese, como observa o Min. Luis Felipe Salomão: "não há incompatibilidade entre os arts. 51, VII, do CDC e 4º, § 2º, da Lei 9.307/1996. Visando conciliar os normativos e garantir a maior proteção ao consumidor é que entende-se que a cláusula compromissória só virá a ter eficácia caso este aderente venha a tomar a iniciativa de instituir a arbitragem, ou concorde, expressamente, com a sua instituição, não havendo, por conseguinte, falar em compulsoriedade".

Ademais, a Corte entende que eventual ajuizamento de ação de consumidor, após o conflito, evidencia discordância com a cláusula de arbitragem, instituída previamente no contrato de consumo.

Dicas práticas

O STJ aceita e indica parâmetros claros e objetivos para legitimar a arbitragem nas relações de consumo. Em última análise, há que ficar caraterizada a opção real – e não apenas formal – do consumidor por esse caminho de solução extrajudicial de conflitos.

Jurisprudência

1. Vontade real do consumidor e possibilidade de arbitragem nas relações de consumo

"1. Um dos nortes a guiar a Política Nacional das Relações de Consumo é exatamente o incentivo à criação de mecanismos alternativos de solução de conflitos de consumo (CDC, art. 4º, § 2º), inserido no contexto de facilitação do acesso à Justiça, dando concretude às denominadas 'ondas renovatórias do direito' de Mauro Cappelletti. 2. Por outro lado, o art. 51 do CDC assevera serem nulas de pleno direito 'as cláusulas contratuais relativas ao fornecimento de produtos e serviços que: VII – determinem a utilização compulsória de arbitragem'. A *mens legis* é justamente proteger aquele consumidor, parte vulnerável da relação jurídica, a não se ver compelido a consentir com qualquer cláusula arbitral. 3. Portanto, ao que se percebe, em verdade, o CDC não se opõe a utilização da arbitragem na resolução de conflitos de consumo, ao revés, incentiva a criação de meios alternativos de solução dos litígios; ressalva, no entanto, apenas, a forma de imposição da cláusula compromissória, que não poderá ocorrer de forma impositiva. 4. Com a mesma *ratio*, a Lei 9.307/1996 estabeleceu, como regra geral, o respeito à convenção arbitral, tendo criado, no que toca ao contrato de adesão, mecanismos para proteger o aderente vulnerável, nos termos do art. 4º, § 2º, justamente porque nesses contratos prevalece a desigualdade entre as partes contratantes. 5. Não há incompatibilidade entre os arts. 51, VII, do CDC e 4º, § 2º, da Lei 9.307/1996. Visando conciliar os normativos e garantir a maior proteção ao consumidor é que entende-se que a cláusula compromissória só virá a ter eficácia caso este aderente venha a tomar a iniciativa de instituir a arbitragem, ou concorde, expressamente, com a sua instituição, não havendo, por conseguinte, falar em compulsoriedade. Ademais, há situações em que, apesar de se tratar de consumidor, não há vulnerabilidade da parte a justificar sua proteção. 6. Dessarte, a instauração da arbitragem pelo consumidor vincula o fornecedor, mas a recíproca não se mostra verdadeira, haja vista que a propositura da arbitragem pelo policitante depende da ratificação expressa do oblato vulnerável, não sendo suficiente a aceitação da cláusula realizada no momento da assinatura do contrato de adesão. Com isso, evita-se qualquer forma de abuso, na medida em o consumidor detém, caso desejar, o poder de libertar-se da via arbitral para solucionar eventual lide com o prestador de serviços ou fornecedor. É que a recusa do consumidor não exige qualquer motivação. Propondo ele ação no Judiciário, haverá negativa (ou renúncia) tácita da cláusula compromissória. 7. Assim, é possível a cláusula arbitral em contrato de adesão de consumo quando não se verificar presente a sua imposição pelo fornecedor ou a vulnerabilidade do consumidor, bem como quando a iniciativa da instauração ocorrer pelo consumidor ou, no caso de iniciativa do fornecedor, venha a concordar ou ratificar expressamente com a instituição, afastada qualquer possibilidade de abuso. 8. Na hipótese, os autos revelam contrato de adesão de consumo em que fora estipulada cláusula compromissória. Apesar de sua manifestação inicial, a mera propositura da presente ação pelo consumidor é apta a demonstrar o seu desinteresse na adoção da arbitragem – não haveria a exigível ratificação posterior da cláusula –, sendo que o recorrido/fornecedor não aventou em sua defesa qualquer das exceções que afastariam a jurisdição estatal, isto é: que o recorrente/consumidor detinha, no momento da pactuação, condições de equilíbrio com o fornecedor – não haveria vulnerabilidade da parte a justificar sua proteção; ou ainda, que haveria iniciativa da instauração de arbitragem pelo consumidor ou, em sendo a iniciativa do fornecedor, que o consumidor teria concordado com ela. Portanto, é de se reconhecer a ineficácia da cláusula arbitral" (STJ, REsp 1.189.050/SP, Rel. Min. Luis Felipe Salomão, j. 01.03.2016, *DJe* 14.03.2016).

"4. Com a promulgação da Lei de Arbitragem, passaram a conviver, em harmonia, três regramentos de diferentes graus de especificidade: (i) a regra geral, que obriga a observância da arbitragem quando pactuada pelas partes, com derrogação da jurisdição estatal; (ii) a regra específica, contida no art. 4º, § 2º, da Lei nº 9.307/96 e aplicável a contratos de adesão genéricos, que restringe a eficácia da cláusula compromissória; e (iii) a regra ainda mais específica, contida no art. 51, VII, do CDC, incidente sobre contratos derivados de relação de consumo, sejam eles de adesão ou não, impondo a nulidade de cláusula que determine a utilização compulsória da arbitragem, ainda que satisfeitos os requisitos do art. 4º, § 2º, da Lei nº 9.307/96. 5. O art. 51, VII, do CDC limita-se a vedar a adoção prévia e compulsória da arbitragem, no momento da celebração do contrato, mas não impede que, posteriormente, diante de eventual litígio, havendo consenso entre as partes (em especial a aquiescência do consumidor), seja instaurado o procedimento arbitral. 6. Na hipótese sob julgamento, a atitude da recorrente (consumidora) de promover o ajuizamento da ação principal perante o juízo estatal evidencia, ainda que de forma implícita, a sua discordância em submeter-se ao procedimento arbitral, não podendo, pois, nos termos do art. 51, VII, do CDC, prevalecer a cláusula que impõe a sua utilização, visto ter-se dado de forma compulsória" (STJ, REsp 1.628.819/MG, 3ª Turma, Rel. Min. Nancy Andrighi, j. 27.02.2018, *DJe* 15.03.2018).

2. Possibilidade de arbitragem após surgimento de conflito

"O art. 51, VII, do CDC limita-se a vedar a adoção prévia e compulsória da arbitragem, no momento da celebração do contrato, mas não impede que, posteriormente, diante de eventual litígio, havendo consenso entre as partes (em especial a aquiescência do consumidor), seja instaurado o procedimento arbitral" (STJ, REsp 1854483/GO, Rel. Min. Nancy Andrighi, 3ª Turma, j. 08.09.2020, *DJe* 16.09.2020).

3. Ajuizamento de ação pelo consumidor significa discordância com a arbitragem

"4. Com a promulgação da Lei de Arbitragem, passaram a conviver, em harmonia, três regramentos de diferentes graus de especificidade: (i) a regra geral, que obriga a observância da arbitragem quando pactuada pelas partes, com derrogação da jurisdição estatal; (ii) a regra específica, contida no art. 4º, § 2º, da Lei nº 9.307/96 e aplicável a contratos de adesão genéricos, que restringe a eficácia da cláusula compromissória; e (iii) a regra ainda mais específica, contida no art. 51, VII, do CDC, incidente sobre contratos derivados de relação de consumo, sejam eles de adesão ou não, impondo a nulidade de cláusula que determine a utilização compulsória da arbitragem, ainda que satisfeitos os requisitos do art. 4º, § 2º, da Lei nº 9.307/96. 5. O art. 51, VII, do CDC limita-se a vedar a adoção prévia e compulsória da arbitragem, no momento da celebração do contrato, mas não impede que, posteriormente, diante de eventual litígio, havendo consenso entre as partes (em especial a aquiescência do consumidor), seja instaurado o procedimento arbitral. 6. Na hipótese sob julgamento, a atitude da recorrente (consumidora) de promover o ajuizamento da ação principal perante o juízo estatal evidencia, ainda que de forma implícita, a sua discordância em submeter-se ao procedimento arbitral, não podendo, pois, nos termos do art. 51, VII, do CDC, prevalecer a cláusula que impõe a sua utilização, visto ter-se dado de forma compulsória" (STJ, REsp 1.628.819/MG, 3ª Turma, Rel. Min. Nancy Andrighi, j. 27.02.2018, *DJe* 15.03.2018).

"3. O art. 51, VII, do CDC se limita a vedar a adoção prévia e compulsória da arbitragem, no momento da celebração do contrato, mas não impede que, posteriormente, diante do litígio, havendo consenso entre as partes – em especial a aquiescência do consumidor –, seja instaurado o procedimento arbitral. Precedentes. 4. É possível a utilização de arbitragem para resolução de litígios originados de relação de consumo quando não houver imposição pelo fornecedor, bem como quando a iniciativa da instauração ocorrer pelo consumidor ou, no caso de iniciativa do fornecedor, venha a concordar ou ratificar expressamente com a instituição. 5. Pelo teor do art. 4º, § 2º, da Lei de Arbitragem, mesmo que a cláusula compromissória esteja na mesma página de assinatura do contrato, as formalidades legais devem ser observadas, com os destaques necessários. Cuida-se de uma formalidade necessária para a validades do ato, por expressa disposição legal, que não pode ser afastada por livre disposição entre as partes. 6. Na hipótese, a atitude da consumidora em promover o ajuizamento da ação evidencia a sua discordância em submeter-se ao procedimento arbitral, não podendo, pois, nos termos do art. 51, VII, do CDC, prevalecer a cláusula que impõe a sua utilização, visto ter-se dado de forma compulsória" (STJ, REsp 1.785.783/GO, 3ª Turma, Rel. Min. Nancy Andrighi, j. 05.11.2019, *DJe* 07.11.2019).

VIII – imponham representante para concluir ou realizar outro negócio jurídico pelo consumidor;

Legislação correlata

Código Civil, arts. 115 a 120.

Análise doutrinária

1. Nulidade de cláusula-mandato

O inc. VIII do art. 51 declara a nulidade de cláusulas que imponham representante ao consumidor para concluir ou realizar outro negócio jurídico por ele. Tal tipo de disposição contratual é conhecida como "cláusula-mandato", já que, em última análise, se traduz em conferir poderes de representação no âmbito de determinado contrato.

Antes mesmo da promulgação do CDC, o Superior Tribunal de Justiça, com base na disciplina sobre mandato (Código Civil), teve oportunidade de examinar a questão. Decidiu pela abusividade de nomeação de representante (mandatário) que, em tese, poderia agir contrariamente aos interesses do representando (mandante).

Os casos discutidos na Corte eram relativos, em sua maioria, à imposição em contratos de mútuo (empréstimo em dinheiro) de cláusula pela qual o mutuário constituía procurador (pessoa jurídica) vinculado à instituição financeira para emitir títulos de crédito pelo valor – nem sempre correto – da dívida após determinado prazo de vencimento da obrigação. Ao final do debate, editou-se a Súmula 60: "É nula a obrigação cambial assumida por procurador do mutuário vinculado ao mutuante, no exclusivo interesse deste".

As razões que motivaram a Súmula 60 do STJ são, basicamente, o fundamento do art. 51, VIII, do CDC, ao invalidar qualquer disposição contratual que, em termos práticos, acaba por impor representante para agir em nome do consumidor: embora se exija lealdade nos vínculos contratuais (boa-fé objetiva), as partes possuem interesses individuais antagônicos, o que afasta a essência do mandato e da representação.

Nessa linha, e com o mesmo tipo de preocupação – conflito de interesses entre representante e representado –, o Código Civil estabelece, no art. 119, ser "anulável o negócio concluído pelo representante em conflito de interesses com o representado, se tal fato era ou devia ser do conhecimento de quem com aquele tratou".

Jurisprudência

1. Interesses antagônicos entre representante e representado

Súmula 60 do STJ: "É nula a obrigação cambial assumida por procurador do mutuário vinculado ao mutuante, no exclusivo interesse deste".

"É nula a cláusula inserta em contrato de abertura de crédito que autoriza o credor a sacar letra de câmbio contra o devedor, com base em saldo apurado de forma unilateral na sua conta-corrente. Incidência da Súmula n. 60-STJ. Recurso especial conhecido, em parte, e provido" (STJ, REsp 504.036/RS, 4ª Turma, Rel. Min. Barros Monteiro, j. 19.05.2005, *DJ* 27.06.2005).

2. Nulidade de cláusula-mandato

"É nula a cláusula contratual em que o devedor autoriza o credor a sacar, para cobrança, título de crédito representativo de qualquer quantia em atraso. Isto porque tal cláusula não se coaduna com o contrato de mandato, que pressupõe a inexistência de conflitos entre mandante e mandatário. Precedentes (REsp 504.036-RS e AgRg Ag 562.705-RS). 2 – Ademais, a orientação desta Corte é no sentido de que a cláusula contratual que permite a emissão da nota promissória em favor do banco/embargado caracteriza-se como abusiva, porque violadora do princípio da boa-fé, consagrado no art. 51, inciso IV, do Código de Defesa do Consumidor. Precedente (REsp 511.450-RS)" (STJ, AgRg no REsp 808.603, Rel. Min. Jorge Scartezzini, j. 04.05.2006, *DJ* 29.05.2006).

"A orientação desta Corte é no sentido de que a cláusula contratual que permite a emissão da nota promissória em favor do banco caracteriza-se como abusiva, porque violadora do princípio da boa-fé, consagrado no art. 51, IV, do Código de Defesa do Consumidor. Aplicação da Súmula 60/STJ" (STJ, AgRg no REsp 1.025.797, Rel. Min. Sidnei Beneti, j. 10.06.2008, *DJ* 20.06.2008).

3. Cartão de crédito e espécies de cláusula-mandato: Súmula 60 do STJ

"2. A cláusula-mandato inserida nos contratos de cartão de crédito possui três acepções distintas, que embora decorram da relação de representação existente entre os interessados, ensejam efeitos jurídicos e materiais totalmente diversos. A primeira é inerente a todos os contratos de cartão de crédito, tenham eles sido estabelecidos com instituições financeiras ou administradoras de cartão *private label*, sendo o real objeto contratado, na qual a operadora se compromete a honrar o compromisso assumido por seu mandante/cliente/consumidor perante o comerciante/prestador de serviço, até o limite estabelecido mediante eventual remuneração (comumente denominada anuidade). A segunda, considerada válida e inerente aos contratos de cartão de crédito mantidos por operadoras de cartões *private label* refere-se à autorização dada pelo mandante (cliente/consumidor) ao mandatário (administradora de cartão de crédito), para que este obtenha recursos no mercado financeiro para saldar eventuais dívidas e financiamentos daquele. A terceira, reputada abusiva pelo ordenamento jurídico pátrio, é no sentido de admitir que o mandatário emita título de crédito em nome do devedor principal mandante/cliente/consumidor. Na presente hipótese, não se está a discutir as duas primeiras acepções que a cláusula-mandato possui, haja vista que somente fora reputada abusiva pelas instâncias precedentes a parte da cláusula do contrato padrão no que permite à administradora de cartão de crédito sacar título cambial em nome do mandante. 3. Compreende-se por abusiva a cláusula-mandato que prevê a emissão de título de crédito, por parte do mandatário contra o mandante, haja vista que tal procedimento expõe o outorgante à posição de extrema vulnerabilidade, a ponto de converter-se em prática ilegítima, eis que dela resulta um instrumento cambial apto a possibilitar a pronta invasão de seu patrimônio por meio da compensação bancária direta ou pela via executiva, reduzindo, inegavelmente, a sua capacidade defensiva, porquanto a expropriação estará lastrada em cártula que, em regra, por mera autorização contratual firmada em contrato de adesão, será sacada independentemente da intervenção do devedor/mandante. Há muito foi sedimentado o entendimento no âmbito desta Corte Superior acerca da ilegalidade da cláusula-mandato destinada ao saque de títulos, consoante se extrai do enunciado da Súmula 60/STJ, assim redigida: 'É nula a obrigação cambial assumida por procurador do mutuário vinculado ao mutuante, no exclusivo interesse deste'. Isso porque, é característica marcante dos títulos de crédito a executoriedade, ou seja, a sua autossuficiência jurídica é assegurada tendo em vista os princípios da cartularidade, da literalidade e da autonomia. Assim, o valor nele contido é certo e a transmissão de sua titularidade encontra amparo na imunidade dos vícios que não sejam incidentes sobre a própria cártula. Esses atributos facilitam, sobremaneira, a obtenção do valor inserido no título, por meio de procedimento executivo, que terá limitado campo de defesa, em razão das características intrínsecas ao documento executado. Ademais, o saque de título contra usuário de cartão de crédito por parte de sua operadora, mediante mandato, não evidencia benefício ao outorgante – ao contrário – pois resulta daí obrigação cambial a ser saldada, limitando-se o campo de defesa do titular do cartão quanto à existência da dívida ou do quantum devido, uma vez que, lançada a cártula, o questionamento do débito no processo executivo é extremamente restrito, face aos atributos e características intrínsecas ao título de crédito. Certamente, a supressão da fase cognitiva para a formação dos elementos obrigacionais cambiais assumidos em nome do cliente só interessa à operadora de cartão de crédito, porquanto possibilita a obtenção de seu crédito de forma mais célere, em detrimento dos princípios da ampla defesa e do contraditório" (STJ, REsp 1.084.640/SP, 2ª Seção, Rel. Min. Marco Buzzi, j. 23.09.2015, *DJe* 29.09.2015).

> **IX –** deixem ao fornecedor a opção de concluir ou não o contrato, embora obrigando o consumidor;

 Análise doutrinária

1. Nulidade de cláusula que permite ao fornecedor não concluir o contrato

O art. 51, IX, do CDC declara ser nula a cláusula que permita ao fornecedor unilateralmente concluir ou não o contrato. Em mais uma oportunidade, o CDC evidencia que o fornecedor, ao se apresentar no mercado de consumidor, com exposição e oferta de bens e serviços, cria legítimas expectativas de contratação e deve, em homenagem à boa-fé objetiva (confiança), cumprir o que oferece (oferta), concluindo o contrato de consumo.

O dispositivo reforça a ideia de que o momento pré-contratual é vinculativo ao fornecedor, não havendo, após concordância do consumidor, possibilidade ou opção de "não concluir" o contrato, até porque a conclusão ocorre, em regra, justamente no momento em que o consumidor aceita os termos da oferta.

A propósito, o art. 30 estabelece o princípio da vinculação da oferta publicitária e não publicitária. Ademais, o art. 48 do CDC dispõe que "as declarações de vontade constantes de escritos particulares, recibos e pré-contratos relativos às relações de consumo vinculam o fornecedor, ensejando inclusive execução específica".

Significa afirmar, em outros termos, que tudo que é ofertado pelo vendedor, gerente, ou qualquer pessoa que fale em nome do fornecedor já produz efeitos jurídicos, vincula o empresário, constitui cláusula contratual (assim que houver aceitação do consumidor), cabendo, inclusive, execução específica (art. 84 do CDC).

Por fim, recorde-se que constitui prática "recusar atendimento às demandas dos consumidores" (art. 39, II), bem como "recusar a venda de bens ou a prestação de serviços, diretamente a quem se disponha a adquiri-los mediante pronto pagamento (...)" (art. 39, IX), ou seja, o fornecedor, no exato momento em que expõe à venda produtos e serviços diversos, simplesmente não pode recusar a venda para ao consumidor que manifestou interesse em contratar. Essa é a regra.

 Dicas práticas

Na dinâmica inerente ao mercado de consumo, há muitos contratos verbais e tácitos que se concretizam após a aceitação dos termos da oferta (art. 30). O consumidor, para futura necessidade de prova e resguardar seus direitos, pode exigir a formalização mínima do teor do negócio por meio de documento escrito.

> **X** – permitam ao fornecedor, direta ou indiretamente, variação do preço de maneira unilateral;

 Legislação correlata

Código Civil, art. 489.

 Análise doutrinária

1. Nulidade de cláusula que permite variação unilateral de preço

O inc. X do art. 51 do CDC proíbe, sob pena de nulidade, as cláusulas que, direta ou indiretamente, permitam a alteração unilateral de preço pelo fornecedor. A rigor, o inc. X é especificação do disposto no inc. XIII, que proíbe as disposições contratuais que "autorizem o fornecedor a modificar unilateralmente o conteúdo ou a qualidade do contrato, após sua celebração". O fundamento é obvio. O preço, em regra, é um dos principais fatores que conduzem à decisão de compra de determinado produto ou serviço. A possibilidade de sua alteração unilateral gera surpresa e ofensa à essência do próprio contrato como conjugação de duas vontades.

Em que pese a obviedade do caráter potestativo de cláusulas que possibilitam a alteração unilateral de preços, ainda é possível, principalmente nos contratos de longa duração, perceber expedientes com esse objetivo, como a previsão de escolha unilateral de novo índice de reajuste do preço, caso o anterior seja, por qualquer motivo, extinto.

No primeiro caso, com base em interpretação equivocada de atos do Conselho Monetário Nacional (Res. 3.518/2007, revogada pela Res. 3.919, de 25.11.2010), os bancos, com frequência, majoram o valor das tarifas bancárias, após divulgação "com trinta dias de antecedência" (art. 18 da Res. 3.919/2010). Na segunda hipótese, é fato notório que os juros remuneratórios do cheque especial flutuam periodicamente (muitas vezes, de mês em mês), o que, em última análise, importa em alteração unilateral do contrato. O correto, para atender a dinâmica inerente ao crédito rotativo, seria estabelecer, no momento da contratação, limite máximo da taxa de juros compensatórios.

Cabe observar, por fim, que não é apenas nas relações de consumo que existe a proibição de alteração unilateral do preço. A noção fundamental do contrato como conjugação de *vontades* já repele qualquer alteração do vínculo baseada unicamente no querer de uma das partes. O próprio Código Civil dispõe, no art. 489, ser nulo "o contrato de compra e venda, quando se deixa ao arbítrio exclusivo de uma das partes a fixação do preço".

> **XI** – autorizem o fornecedor a cancelar o contrato unilateralmente, sem que igual direito seja conferido ao consumidor;

Legislação correlata

Código Civil, art. 473.

Análise doutrinária

1. Nulidade de cláusula que permite o cancelamento unilateral do contrato

O inc. XI do art. 51 declara a nulidade das cláusulas que permitam ao fornecedor o cancelamento unilateral do contrato "sem que igual direito seja conferido ao consumidor".

Inicialmente, cabe destacar a ausência de rigor técnico pelo legislador no uso da terminologia relativa à extinção do contrato de consumo. A norma deveria se referir à *resilição* contratual, que é meio de extinção do vínculo contratual decorrente da manifestação unilateral ou bilateral de vontade, independentemente de descumprimento do acordo. Quando a manifestação é bilateral, há o distrato (art. 472 do Código Civil). O dispositivo refere-se à *resilição unilateral* e possui sentido apenas se aplicado ao contrato duradouro, também denominado *cativo* ou de longa duração, ou seja, aquele em que as obrigações das partes se prolongam no tempo (planos de saúde, seguros de vida, telefonia, TV por assinatura etc.).

De acordo com o inc. XI do art. 51, só é possível prever a resilição contratual por iniciativa do fornecedor se igual direito for assegurado à parte vulnerável da relação (o consumidor). Todavia, em muitos casos, a doutrina destaca que não basta a mera previsão de cláusula possibilitando a resilição do consumidor para legitimar o "cancelamento unilateral" do contrato pelo empresário. Deve-se verificar, em concreto, se há abuso de direito ou ofensa ao princípio da boa-fé objetiva. Cabe aqui o mesmo cuidado em relação ao disposto no inc. XII do art. 51: não é suficiente fazer previsão em favor do consumidor de recebimento dos custos da cobrança. Outros fatores devem ser examinados pelo intérprete.

A experiência, proporcionada por três décadas de existência do CDC, aponta alguns abusos por parte do fornecedor ao cancelar unilateralmente contratos de consumo de longa duração. Muitas vezes, é apenas um expediente para oferecer "novos" serviços com preço majorado ou, pior ainda, uma forma de excluir o consumidor dos benefícios do contrato justamente no momento em que, com o avançar da idade, mais necessita de proteção, a exemplo do que ocorre com alguns contratos nos setores de saúde e previdência privada. Assim tem se manifestado o STJ.

Até mesmo o Código Civil, que disciplina as relações jurídicas entre *iguais*, possui limites de ordem pública relativos à resilição unilateral. De fato, estabelece o parágrafo único do art. 473 que, considerando a natureza do contrato e os investimentos realizados por uma das partes para a execução do acordo, a resilição unilateral "só produzirá efeito depois de transcorrido prazo compatível com a natureza e o vulto dos investimentos". Ou seja, há preocupação normativa para que o impacto da extinção do vínculo não cause danos à outra parte. Essa preocupação é, naturalmente, mais intensa nas relações de consumo, considerando a boa-fé objetiva, a fragilidade de uma das partes e sua dependência (material, física e – até – emocional) em relação a contratos de longa duração.

Em síntese, mesmo havendo previsão semelhante em favor do consumidor, a cláusula de resilição unilateral pode ser considerada nula ao se constatar, na hipótese, exercício abusivo do direito, ofensa ao princípio da boa-fé objetiva.

 Jurisprudência

1. Abusividade de não renovação de seguro de vida

"1 – Se o consumidor contratou, ainda jovem, o seguro de vida oferecido pela recorrida e se esse vínculo vem se renovando desde então, ano a ano, por mais de vinte e seis anos, a pretensão da seguradora de modificar abruptamente as condições do seguro, não renovando o ajuste anterior, ofende os princípios da boa-fé objetiva, da cooperação, da confiança e da lealdade que devem orientar a interpretação dos contratos que regulam relações de consumo. 2 – Constatados prejuízos pela seguradora e identificada a necessidade de modificação da carteira de seguros em decorrência de novo cálculo atuarial, compete a ela ver o consumidor como um colaborador, um parceiro que a tem acompanhado ao longo dos anos. Assim, os aumentos necessários para o reequilíbrio da carteira têm de ser estabelecidos de maneira suave e gradual, mediante um cronograma extenso, do qual o segurado tem de ser cientificado previa-mente. Com isso, a seguradora colabora com o particular, dando-lhe a oportunidade de se preparar para os novos custos que onerarão, ao longo do tempo, o seu seguro de vida, e o particular também colabora com a seguradora, aumentando sua participação e mitigando os prejuízos constatados" (STJ, AgRg no REsp 1.248.457/MG, Rel. Min. Sidnei Beneti, j. 15.09.2011, *DJe* 04.10.2011).

"No moderno direito contratual, reconhece-se, para além da existência dos contratos descontínuos, a existência de contratos relacionais, nos quais as cláusulas estabelecidas no instrumento não esgotam a gama de direitos e deveres das partes. A 2ª Seção do STJ estabeleceu o entendimento de que, em contratos de seguro de vida, cujo vínculo vem se renovando ao longo de anos, a pretensão da seguradora de mo-dificar abruptamente as condições do seguro, não renovando o ajuste anterior, ofende os princípios da boa-fé objetiva, da cooperação, da confiança e da lealdade que devem orientar a interpretação dos contratos que regulam relações de consumo. Admitem--se aumentos suaves e graduais necessários para o reequilíbrio da carteira, mediante um cronograma extenso, do qual o segurado tem de ser cientificado previamente. Precedentes" (STJ, AgRg nos EDcl no Ag 1.140.960/RS, Rel. Min. Nancy Andrighi, j. 23.08.2011, *DJe* 29.08.2011).

"Seguro de vida em grupo. Cancelamento unilateral após longos anos de vigência contratual e sucessivas renovações. Cláusula de não renovação automática. Abusivi-dade. Violação ao CDC. Ofensa aos princípios da boa fé objetiva, da cooperação, da confiança e da lealdade. Incidência da Súmula nº 83/STJ. Decisão mantida pelos seus próprios fundamentos" (STJ, AgRg no AREsp 410.178/SP, 3ª Turma, Rel. Min. Paulo de Tarso Sanseverino, j. 12.02.2015, *DJe* 24.02.2015).

2. Legalidade da não renovação de seguro de vida em grupo

"Rescisão unilateral do contrato de seguro de vida em grupo. O exercício, pela seguradora, da faculdade (igualmente conferida ao consumidor) de não renovação do seguro coletivo, consoante estipulado em cláusula contratual, não encerra conduta abusiva sob a égide do Diploma Consumerista ou inobservância da boa-fé objetiva, notadamente na hipótese em que previamente notificado o segurado de sua intenção de rescisão unilateral (fundada na ocorrência de desequilíbrio atuarial) e não aceita a proposta alternativa apresentada. Precedente da Segunda Seção: REsp 880.605/RN, j. 13.06.2012, rel. Min. Luis Felipe Salomão, rel. p/ Acórdão Min. Massami Uyeda, *DJe* 17.09.2012. Inaplicabilidade da exegese firmada quando do julgamento do REsp 1.073.595/MG (2ª Seção, j. 23.03.2011, rel. Min. Nancy Andrighi, *DJe* 29.04.2011), atinente a contrato de seguro de vida individual cativo de longa duração" (STJ, AgRg no REsp 1.210.136/SP, Rel. Min. Marco Buzzi, j. 19.09.2013, *DJe* 27.09.2013).

3. Distinção de seguro de vida em grupo do seguro individual

"1. A Segunda Seção do Superior Tribunal de Justiça, quando do julgamento do REsp nº 880.605/RN (*DJe* 17/9/2012), firmou o entendimento de não ser abusiva a cláusula contratual que prevê a possibilidade de não renovação automática do seguro de vida em grupo por qualquer dos contratantes, desde que haja prévia notificação em prazo razoável. Essa hipótese difere da do seguro de vida individual que foi reno-vado ininterruptamente por longo período, situação em que se aplica o entendimento firmado no REsp nº 1.073.595/MG (*DJe* 29/4/2011). 2. O exercício do direito de não renovação do seguro de vida em grupo pela seguradora, na hipótese de ocorrência de desequilíbrio atuarial, não fere o princípio da boa-fé objetiva, mesmo porque o mutualismo e a temporariedade são ínsitos a essa espécie de contrato" (STJ, AgInt no REsp 1.608.929/PR, Rel. Min. Ricardo Villas Bôas Cueva, j. 02.02.2017, *DJe* 13.02.2017).

4. Ilegalidade do encerramento unilateral e injustificado de contrato de conta bancária

"Não pode o banco, por simples notificação unilateral imotivada, sem apresentar motivo justo, encerrar conta-corrente antiga de longo tempo, ativa e em que mantida movimentação financeira razoável. Configurando contrato relacional ou cativo, o contrato de conta-corrente bancária de longo tempo não pode ser encerrado unilateralmente pelo banco, ainda que após notificação, sem motivação razoável, por contrariar o preceituado no art. 39, IX, do CDC. Condenação do banco à manutenção das contas-correntes dos autores" (STJ, REsp 1.277.762/SP, Rel. Min. Sidnei Beneti, j. 04.06.2013, *DJe* 13.08.2013).

5. Impossibilidade de resilição unilateral de plano coletivo com menos de 30 beneficiários

"1. Conforme jurisprudência do Superior Tribunal de Justiça, não se admite, por parte das operadoras, a rescisão unilateral imotivada dos contratos de planos de saúde coletivos empresariais que contem com menos de trinta beneficiários" (STJ, AgInt no REsp 1.794.149/SP, 4ª Turma, Rel. Min. Maria Isabel Gallotti, j. 20.02.2020, *DJe* 03.03.2020).

"1. As avenças coletivas com número pequeno de usuários possuem natureza híbrida, pois ostentam valores similares aos planos individuais, já que há reduzida diluição do risco, além de possuírem a exigência do cumprimento de carências e, em contrapartida, estão sujeitos à rescisão unilateral pela operadora e possuem reajustes livremente pactuados, o que lhes possibilita a comercialização no mercado por preços mais baixos e atraentes. 2. Inquestionável a vulnerabilidade dos planos coletivos com quantidade inferior a 30 (trinta) beneficiários, cujos estipulantes possuem pouco poder de negociação diante da operadora, sendo maior o ônus de mudança para outra empresa caso as condições oferecidas não sejam satisfatórias. 3. Não se pode transmudar o contrato coletivo empresarial com poucos beneficiários para plano familiar a fim de se aplicar a vedação do art. 13, parágrafo único, II, da Lei n. 9.656/1998, porém, a rescisão deve ser devidamente motivada, incidindo a legislação consumerista" (STJ, EREsp 1.692.594/SP, 2ª Seção, Rel. Min. Marco Aurélio Bellizze, j. 12.02.2020, *DJe* 19.02.2020).

6. Ilegalidade de cancelamento unilateral pela empresa aérea de parte do contrato (voo de volta)

"Constando-se o condicionamento, para a utilização do serviço, o pressuposto criado para atender apenas o interesse da fornecedora, no caso, o embarque no trecho de ida, caracteriza-se a indesejável prática de venda casada. A abusividade reside no condicionamento de manter a reserva do voo de volta ao embarque do passageiro no voo de ida. Ainda que o valor estabelecido no preço da passagem tenha sido efetivamente promocional, a empresa aérea não pode, sob tal fundamento, impor a obrigação de utilização integral do trecho de ida para validar o de volta, pelo simples motivo de que o consumidor paga para ir e para voltar, e, porque pagou por isso, tem o direito de se valer do todo ou de apenas parte do contrato, sem que isso, por si só, possa autorizar o seu cancelamento unilateral pela empresa aérea" (STJ, REsp 1.595.731/RO, Rel. Min. Luis Felipe Salomão j. 14.11.2017, *DJe* 01.02.2018).

> **XII –** obriguem o consumidor a ressarcir os custos de cobrança de sua obrigação, sem que igual direito lhe seja conferido contra o fornecedor;

 Legislação correlata

Código de Processo Civil, arts. 85 a 96.
Código Civil, arts. 389, 395 e 404.

 Análise doutrinária

1. Ilegalidade de exigência prévia de custos da cobrança: a questão dos honorários advocatícios

O inc. XII do art. 51 proíbe, em última análise, que o consumidor inadimplente seja obrigado a ressarcir com custos da cobrança da sua obrigação "sem que igual direito lhe seja conferido contra o fornecedor". Na prática, o problema diz respeito à prefixação *extrajudicial* de um valor a título de custos de cobrança, o qual recebe – muitas vezes indevidamente – a denominação de honorários advocatícios.

A compreensão do alcance do dispositivo requer diálogo com o Código Civil. Nas relações privadas, se sobressai o princípio da *restitutio in integrum,* o qual impõe ao devedor arcar com as despesas decorrentes da sua mora. Permite-se que o credor cobre do devedor os eventuais gastos com advogado. Os art. 389 estabelece que, "não cumprida a obrigação, responde o devedor por perdas e danos, mais juros e atualização monetária segundo índices oficiais regularmente estabelecidos, e honorários de advogado". Os arts. 395 e 404 reforçam a possibilidade de cobrança de honorários sem maiores esclarecimentos quanto a seus pressupostos.

Tal valor não se confunde com a condenação de honorários advocatícios no processo civil que possui disciplina própria. A ideia básica, no âmbito processual, é que "a sentença condenará o vencido a pagar honorários ao advogado do vencedor (art. 85 do CPC). No âmbito extrajudicial, embora seja justo e razoável que o devedor em mora arque com todas as despesas para a cobrança da dívida, tal fato, mesmo nas relações civis, pode ensejar exercício abusivo de direito (art. 187) e enriquecimento sem causa do credor. Isso se dá porque, entre várias possibilidades de serviços de advocatícia, o credor pode optar pelo mais caro, por contratação até mesmo desnecessária, conforme as circunstâncias do caso concreto.

Esse ponto foi muito bem pontuado pelo Ministro Marco Buzzi, ao proferir seu voto no REsp 1.002.445. Além de haver destacado que o Código Civil prevê a possibilidade de reembolso dos valores pagos com advogado – e não cobrança antecipada –, evidenciou preocupação com abuso nos valores: *"a grosso modo,* os honorários advocatícios previstos nos arts. 389 e 395 do CC devem ser exigidos em reembolso, como acontece normalmente com qualquer serviço a que o credor tenha de contratar por força de ato ilícito praticado pelo devedor: reparo em automóvel, despesas médicas etc. Tudo isso condicionado a que, obviamente, essa quantia encontre-se dentro de parâmetros razoáveis e de acordo com operações similares praticadas no mercado de serviços advocatícios".

No âmbito das relações de consumo, a principal questão que se coloca diz respeito à cobrança *extrajudicial* de "honorários advocatícios" em contratos de trato sucessivo com previsão de pagamento de parcelas mensais. Havendo atraso na quitação de determinada prestação, o débito, após cinco ou dez dias, é encaminhado para escritório de cobrança, que só recebe o pagamento se houver o acréscimo de juros de mora, multa e "honorários", que variam de 10 a 20% do valor devido.

Nesses casos, alguns autores argumentam que, havendo cláusula de ressarcimento de custos de cobrança em favor do consumidor, é legítima a mesma previsão ao fornecedor. Não é bem assim. O inc. XII do art. 51 requer análise sistemática. O CDC norteia-se pelos princípios da boa-fé e do equilíbrio nas relações contratuais (arts. 4º, III, 6º, V, 39, V, 51, IV, c/c § 1º) e afasta obrigações que coloquem o consumidor em desvantagem exagerada ou que importem em enriquecimento sem causa.

Primeiro, porque o dispositivo (art. 51, XII) refere-se a *ressarcimento* de custos de cobrança. Nesse caso, o que ocorre é que o consumidor não está ressarcindo, e sim pagando – antecipadamente – valores unilateralmente estabelecidos sem sequer saber se houve efetiva atividade de advogado ou serviço de cobrança. Trata-se de cobrança automática que, na prática, significa aumento da prestação devida em determinado percentual – 10 a 25%.

O segundo argumento é que tal expediente pode configurar, conforme o caso, o que a doutrina denomina de *fraude à lei,* ou seja, de expedientes que visam burlar determinado propósito legal. Com efeito, diversos diplomas legais, com o objetivo de afastar uma nítida desigualdade material entre os contratantes, limitam o valor da multa (cláusula penal moratória) em decorrência do atraso no pagamento. Citem-se, ilustrativamente, o Decreto-lei 58/1937, a Lei 6.766/1979 e a conhecida Lei de Usura (Decreto 22.626/1933). O próprio CDC dispõe, no art. 52, § 1º, que, no fornecimento de produtos ou serviços que envolva outorga de crédito ou concessão de financiamento, as multas de mora não poderão ser superiores a 2% da prestação.

Muitas vezes, sob o rótulo de "honorários advocatícios" e sem qualquer atividade judicial ou extrajudicial, impõem-se ao consumidor encargos financeiros acima dos limites estabelecidos legalmente. Com o procedimento, uma prestação vencida sofre automática majoração, que pode se aproximar de 25% do valor devido. Acaba-se por afastar o objetivo das leis que limitam os encargos decorrentes do atraso no pagamento. Ademais, há uma fixação prévia do valor dos custos da cobrança extrajudicial que não se vincula necessariamente aos gastos reais.

A ilegalidade decorre do estabelecimento unilateral e exigência de pagamento adiantado – e não ressarcimento! – de valor rotulado de honorários advocatícios, mas que, invariavelmente, não decorreu de qualquer serviço advocatício. Ademais, proíbe-se o pagamento da parcela vencida (com multa e correção monetária), se não houver quitação simultânea do valor correspondente aos "honorários advocatícios".

Em síntese, o dispositivo não permite o pagamento antecipado de qualquer verba que, em tese, se refira a custo de cobrança. Reitere-se: a Lei fala em possibilidade de ressarcimento (reembolso) e não em cobrança antecipada. Ademais, não basta previsão semelhante em favor do consumidor – deve-se verificar *in concreto* se não se cuida de expediente para burlar limites da multa (cláusula penal moratória) e, de modo mais genérico, exercício abusivo de direito (art. 187 do CC). O STJ já proibiu a cobrança extrajudicial de honorários advocatícios em contratos de consumo no passado. Atualmente, aceita a cobrança, inclusive antecipada, com a observação da necessidade de análise do caso concreto para verificar, eventualmente, ofensa ao princípio da boa-fé objetiva e enriquecimento sem causa.

 Dicas práticas

Em que pesem os argumentos que sustentam a ilegalidade da cobrança antecipada de verbas, a jurisprudência, salvo um ponto ou outro, caminha pela aceitação do expediente. Portanto, aumenta a importância de o consumidor verificar previamente e ter ciência de quais encargos estão previstos no contrato de consumo.

 Jurisprudência

1. Impossibilidade de cobrança extrajudicial de honorários em contratos de consumo

"A multa pela mora não pode exceder a 2% da parcela em atraso. É abusiva a cláusula que impõe a obrigação de pagar honorários advocatícios independentemente do ajuizamento de ação. Recurso conhecido em parte e provido" (STJ, REsp 364.140, Rel. Min. Ruy Rosado de Aguiar, j. 18.06.2002, *DJ* 12.08.2002).

2. Possibilidade de cobrança extrajudicial de honorários em contratos de consumo

"Os honorários contratuais decorrentes de contratação de serviços advocatícios extrajudiciais são passíveis de ressarcimento, nos termos do art. 395 do CC/2002. Em contratos de consumo, além da existência de cláusula expressa para a responsabilização do consumidor, deve haver reciprocidade, garantindo-se igual direito ao consumidor na hipótese de inadimplemento do fornecedor. A liberdade contratual integrada pela boa-fé objetiva acrescenta ao contrato deveres anexos, entre os quais, o ônus do credor de minorar seu prejuízo buscando soluções amigáveis antes da contratação de serviço especializado. O exercício regular do direito de ressarcimento aos honorários advocatícios, portanto, depende da demonstração de sua imprescindibilidade para solução extrajudicial de impasse entre as partes contratantes ou para adoção de medidas preparatórias ao processo judicial, bem como da prestação efetiva de serviços privativos de advogado e da razoabilidade do valor dos honorários convencionados" (STJ, REsp 1.274.629, Rel. Min. Nancy Andrighi, j. 16.05.2013, *DJe* 20.06.2013).

"1. Inexiste abuso na exigência, pelo credor, de honorários advocatícios extrajudiciais a serem suportados pelo devedor em mora em caso de cobrança extrajudicial, pois, além de não causar prejuízo indevido para o devedor em atraso, tem previsão expressa nas normas dos arts. 389, 395 e 404 do Código Civil de 2002 (antes, respectivamente, nos arts. 1.056, 956 e 1.061 do CC/1916). 2. Nas relações de consumo, havendo expressa previsão contratual, ainda que em contrato de adesão, não se tem por abusiva a cobrança de honorários advocatícios extrajudiciais em caso de mora ou inadimplemento do consumidor. Igual direito é assegurado ao consumidor, em decorrência de imposição legal, nos termos do art. 51, XII, do CDC, independentemente de previsão contratual" (STJ, REsp 1.002.445/DF, 4ª Turma, Rel. Min. Marco Buzzi, Rel. p/ acórdão Min. Raul Araújo, j. 25.08.2015, *DJe* 14.12.2015).

"1. Possibilidade de cobrança de honorários advocatícios extrajudiciais se expressamente prevista em contrato, ainda que de adesão, em caso de mora ou inadimplemento por parte do consumidor, não se confundindo com os honorários sucumbenciais que eventualmente advenham da cobrança judicial" (STJ, AgInt no REsp 1.813.017/DF, 4ª Turma, Rel. Min. Luis Felipe Salomão, j. 15.10.2019, *DJe* 24.10.2019).

3. Possibilidade de cláusula que prevê cobrança por boletos bancários relativos à assinatura de revista, quando o consumidor foi devidamente esclarecido das formas e opções de cobrança

"No caso, o consumidor, antes de formalizar o negócio jurídico com a Editora Abril (fornecedora), na fase pré-contratual, foi informado da faculdade de optar por uma das três formas de pagamento oferecidas pela empresa: boleto bancário, débito em conta e débito no cartão de crédito" (STJ, REsp 1.339.097/SP, Rel. Min. Ricardo Villas Bôas Cueva, j. 03.02.2015, *DJe* 09.02.2015).

4. Possibilidade de cobrança do consumidor de despesas administrativas (ligações telefônicas) mediante comprovação dos danos e respectivos valores

"À luz do princípio *restitutio in integrum*, consagrado no art. 395 do Código Civil/2002, imputa-se ao devedor a responsabilidade por todas as despesas a que ele der causa em razão da sua mora ou inadimplemento, estando o consumidor, por conseguinte, obrigado a ressarcir os custos decorrentes da cobrança de obrigação inadimplida. Havendo expressa previsão contratual, não se pode afirmar que a exigibilidade das despesas de cobrança em caso de mora ou inadimplemento, ainda que em contrato de adesão, seja indevida, cabendo à instituição financeira apurar e comprovar os danos e os respectivos valores despendidos de forma absolutamente necessária e razoável, para efeito de ressarcimento. Eventual abusividade decorrente da inexistência de provas acerca dos referidos custos, bem como da falta de razoabilidade dos valores cobrados, deve ser examinada em cada caso, a título singular, não se mostrando a ação civil pública adequada a tal propósito, uma vez reconhecida a legalidade, em tese, da cláusula contratual questionada" (STJ, REsp 1.361.699/MG, Rel. Min. Villas Bôas Cueva, j. 12.09.2017, *DJe* 21.09.2017).

> **XIII –** autorizem o fornecedor a modificar unilateralmente o conteúdo ou a qualidade do contrato, após sua celebração;

 Análise doutrinária

1. Nulidade de cláusula que permite alteração unilateral do contrato

O consumidor, ao exercer a liberdade de escolha, pondera, antes de celebrar o contrato, vários fatores: preço, características e qualidade do produto ou do serviço, idoneidade do fornecedor, prazo de entrega de bens ou serviços futuros etc. Realizada a escolha e assinado o contrato, mediante conjugação de vontades, as partes possuem certeza dos direitos e obrigações decorrentes do negócio jurídico.

A alteração do conteúdo e da qualidade do contrato pode ser realizada, desde que haja nova conjugação de vontades no tocante às modificações. É evidente o caráter potestativo de qualquer cláusula que permite alteração unilateral do objeto do contrato de consumo. Inclui-se na vedação a possibilidade de alterar unilateralmente índice de correção monetária em contratos que se prolongam no tempo.

 Jurisprudência

1. Nulidade de cláusula que autoriza o banco a alterar índice de correção do saldo devedor

"É nula de pleno direito a cláusula que autoriza o banco, após a extinção do indexador originalmente contratado, escolher, a seu exclusivo critério, de forma unilateral, qual o índice que vai aplicar na correção dos saldos devedores do financiamento, sendo nítido o maltrato ao que dispõe o art. 51, X e XIII do CDC, ao qual o acórdão recorrido não negou vigência, ao contrário, garantiu plena aplicação. – Permanece válida, contudo, a cláusula na parte em que determina a substituição do índice contratual, em caso de sua extinção, pelo índice oficial que vier a sucedê-lo" (STJ, REsp 274.264/RJ, 4ª Turma, Rel. Min. Cesar Asfor Rocha, j. 26.02.2002, *DJ* 20.05.2002).

2. Nulidade de modificação unilateral de plano de saúde

"1. A operadora do plano de saúde está obrigada ao cumprimento de uma boa-fé qualificada, ou seja, uma boa-fé que pressupõe os deveres de informação, cooperação e cuidado com o consumidor/segurado. 2. No caso, a empresa de saúde realizou a alteração contratual sem a participação do consumidor, por isso é nula a modificação que determinou que a assistência médico-hospitalar fosse prestada apenas por estabelecimento credenciado ou, caso o consumidor escolhesse hospital não credenciado, que o ressarcimento das despesas estaria limitado a determinada tabela. Violação dos arts. 46 e 51, IV e § 1º, do CDC" (STJ, REsp 418.572/SP, Rel. Min. Luis Felipe Salomão, j. 10.03.2009, *DJe* 30.03.2009).

3. Acréscimo unilateral de serviços de telefonia

"1. Controvérsia pertinente à abusividade (ou não) da alteração unilateral de plano de telefonia móvel por parte da operadora, incluindo-se no contrato o fornecimento de aplicativos digitais e serviços de terceiros, todos não pactuados anteriormente com a consumidora. 2. Nos termos do art. 51, inciso XIII, do Código de Defesa do Consumidor: 'São nulas de pleno direito, entre outras, as cláusulas contratuais relativas ao fornecimento de produtos e serviços que: [...] autorizem o fornecedor a modificar unilateralmente o conteúdo ou a qualidade do contrato, após sua celebração'. 3. Caso concreto em que a operadora migrou a consumidora para um plano promocional que previa o fornecimento de aplicativos digitais e serviços de terceiros na modalidade de jogos virtuais. 4. Abusividade da prática comercial da operadora de agregar unilateralmente serviços ao plano de telefonia, ainda que sob a aparência de gratuidade, pois a abusividade prevista no art. 51, inciso XIII, do CDC, prescinde de modificação do preço do serviço ou produto. Doutrina e jurisprudência sobre o tema. 5. Existência de cobrança adicional pelo serviço de jogos virtuais, tendo sido a operadora condenada à repetição do indébito em dobro, estando precluso esse ponto da controvérsia. 6. Ausência de cobrança adicional, contudo, no que tange aos aplicativos digitais agregados ao plano, tendo-se mantido o mesmo preço do contrato originalmente celebrado, como bem apurado pelo Tribunal de origem, à luz das provas dos autos, fazendo-se incidir o óbice da Súmula 7/STJ quanto à pretensão de modificação do acórdão recorrido nesse ponto. 7. Inviabilidade de conhecimento da alegação de que os aplicativos agregados ao plano de telefonia teriam aumentado o consumo de dados móveis da linha telefônica, causando prejuízo à consumidora, pois tal alegação não foi deduzida na inicial, tratando-se, portanto, de inovação recursal" (STJ, REsp 1817576/RS, Rel. Min. Paulo de Tarso Sanseverino, 3ª Turma, j. 01.06.2021, *DJe* 10.06.2021).

XIV - infrinjam ou possibilitem a violação de normas ambientais;

 Legislação correlata

Constituição Federal, art. 225.
Código Civil, art. 421.

 Análise doutrinária

1. Nulidade de cláusula que permite a ofensa ao meio ambiente

O art. 51, XIV, declara a nulidade de cláusulas de contratos de consumo que violem ou permitam a ofensa a normas ambientais. A preocupação é com a preservação do meio ambiente, direito de natureza difusa, assegurado pela Constituição Federal, cujo art. 225 expressa: "Todos têm direito ao meio ambiente ecologicamente equilibrado, bem de uso comum do povo e essencial à sadia qualidade de vida, impondo-se ao Poder Público e à coletividade o dever de defendê-lo e preservá-lo para as presentes e futuras gerações".

O dispositivo é mais um exemplo de que, embora o foco do CDC seja o mercado de consumo, a norma, em algumas passagens, vai além da relação de consumo, tanto em aspectos processuais (ex.: toda disciplina do processo coletivo) como em direito material.

O dispositivo guarda natureza didática. É óbvio que a proteção ao meio ambiente, representada normativamente pela Constituição Federal e vários diplomas infraconstitucionais, possui incisivo caráter de ordem pública, ou seja, não pode ser afetada por acordo de vontades, tanto em contrato de consumo como em qualquer outra categoria negocial.

Aliás, a lógica aqui é simples. O legislador, além do meio ambiente, protege, por normas de ordem pública, uma série de valores e interesses sociais, cuja ofensa ocorre por ação ou omissão do infrator. Se a ofensa se deu em cumprimento a determinada cláusula contratual ou não, pouco importa: trata-se de violação à norma de ordem pública. Portanto, é desnecessário, como fazem alguns autores, estender o conceito de *meio ambiente* para meio ambiente cultural (patrimônio histórico, artístico, arqueológico), artificial (espaço urbano) etc. A proteção a tais bens decorre diretamente da norma e não de declaração de nulidade de cláusula de contratos firmados em qualquer área.

A explicitação de que o contrato, negócio jurídico que, em princípio, envolve interesses das partes contratantes, deve respeitar direitos de terceiros, principalmente se pertencentes à coletividade, decorre da tendência atual de mitigar o princípio da relatividade das convenções. Constitui-se, sem dúvida, em aspecto da função social do contrato, que hoje está expressa no art. 421 do Código Civil: "A liberdade contratual será exercida nos limites da função social do contrato".

> **XV** – estejam em desacordo com o sistema de proteção ao consumidor;

 Análise doutrinária

1. Nulidade de cláusula que contraria o sistema de proteção ao consumidor

O inc. XV do art. 51 declara ser nula toda e qualquer cláusula contrária ao "sistema de proteção ao consumidor". Trata-se de disposição aberta, que, em última análise, reforça duas ideias: 1) a indisponibilidade dos direitos garantidos por se constituírem norma de ordem pública (art. 1º do CDC); 2) os direitos do consumidor decorrem do CDC, de outras normas (fontes) ou do CDC em diálogo com outras leis (v. comentários ao *caput* do art. 7º).

Portanto, qualquer cláusula que procure afastar direito subjetivo instituído em favor do consumidor é abusiva, não produz efeitos jurídicos. Por sistema nacional de proteção ao consumidor deve-se compreender todas as normas que instituem direitos em favor do consumidor, ou seja, os direitos decorrentes tanto da Lei 8.078/1990 como de outros diplomas (Lei de Planos de Saúde, por exemplo) estão abrangidos. Os direitos do consumidor, em face do diálogo das fontes, são oriundos de diferentes leis.

Na verdade, a definição de direito subjetivo (*rectius*: situação subjetiva) do consumidor envolve, invariavelmente, análise sistemática do ordenamento jurídico a partir de enfoque constitucional. O STJ assim tem utilizado a expressão que remete justamente à ideia de diálogo das fontes. Eventual tentativa de afastar, por meio do contrato, direito garantido ao consumidor encontra óbice no inc. XV do art. 51 do CDC: a cláusula é nula. O dispositivo serve como *sanção* por inobservância de diversas normas de proteção ao consumidor.

Dicas práticas

O dispositivo permite argumentar que os direitos instituídos em favor do consumidor por qualquer norma não podem ser afastados por cláusula contratual.

 Jurisprudência

1. Sistema de proteção ao consumidor e nulidade de cláusula de foro de eleição

"Uma vez adotado o sistema de proteção ao consumidor, reputam-se nulas não apenas as cláusulas contratuais que impossibilitem, mas que simplesmente dificultem ou deixem de facilitar o livre acesso do hipossuficiente ao Judiciário. Desta feita, é nula a cláusula de eleição de foro que ocasiona prejuízo à parte hipossuficiente da relação jurídica, deixando de facilitar o seu acesso ao Poder Judiciário (REsp nº 190.860/MG, Rel. Ministro Waldemar Zveiter, *DJ* de 18.12.2000; AgRg no Ag nº 637.639/RS, Rel. Ministro Aldir Passarinho Júnior, *DJ* de 9.5.2005)" (STJ, REsp 669.990/CE, 4ª Turma, Rel. Min. Jorge Scartezzini, j. 17.08.2006, *DJ* 11.09.2006).

2. Sistema de proteção ao consumidor como resultado de análise do CDC em diálogo com a Lei do Cadastro Positivo (Lei 12.414/2011)

"Na avaliação do risco de crédito, devem ser respeitados os limites estabelecidos pelo sistema de proteção do consumidor no sentido da tutela da privacidade e da máxima transparência nas relações negociais, conforme previsão do CDC e da Lei n. 12.414/2011" (STJ, EDcl no REsp 1.419.691/RS, 4ª Turma, Rel. Min. Luis Felipe Salomão, j. 18.12.2014, *DJe* 03.02.2015).

> **XVI –** possibilitem a renúncia do direito de indenização por benfeitorias necessárias.

 Legislação correlata

Código Civil, arts. 96 e 578.

Lei 8.245/1991 (Lei de Locações de Imóveis Urbanos).

 Análise doutrinária

1. Nulidade de cláusula que afasta indenização por benfeitorias necessárias

O último inciso da lista do art. 51 do CDC considera nulas as disposições contratuais que "possibilitem a renúncia do direito de indenização por benfeitorias necessárias".

Conforme classificação do Código Civil (art. 96), as benfeitorias podem ser voluptuárias, úteis ou necessárias. As voluptuárias são "as de mero deleite ou recreio, que não aumentam o uso habitual do bem, ainda que o tornem mais agradável ou sejam de elevado valor" (§ 1º). Benfeitorias úteis são as que "aumentam ou facilitam o uso do bem" (§ 2º). As necessárias são "as que têm por fim conservar o bem ou evitar que se deteriore" (§ 3º).

A questão da indenização das benfeitorias se apresenta, principalmente, nas locações de móveis e imóveis. Em princípio, não havendo relação de consumo, é possível afastar contratualmente o dever de indenizar qualquer espécie de benfeitoria, como se extrai do art. 578 do CC, bem como do art. 35 da Lei 8.245/1991 (Lei de Locação de Imóveis Urbanos).

O art. 578 do CC, relativo à locação de coisas, estabelece: "*Salvo disposição em contrário*, o locatário goza do direito de retenção, no caso de benfeitorias necessárias, ou no de benfeitorias úteis, se estas houverem sido feitas com expresso consentimento do locador". De outro lado, o art. 35 da Lei 8.245/1991 dispõe: "*Salvo expressa disposição contratual em contrário*, as benfeitorias necessárias introduzidas pelo locatário, ainda que não autorizadas pelo locador, bem como as úteis, desde que autorizadas, serão indenizáveis e permitem o exercício do direito de retenção".

É possível que algumas locações imobiliárias estejam sujeitas ao CDC: basta que *locador* e *locatário* se encaixem nos conceitos de fornecedor (*caput* do art. 3º) e consumidor (arts. 2º, 17 ou 29). Nesse caso, há relação de consumo e, portanto, não tem validade jurídica a cláusula contratual que exclua o dever de indenizar as benfeitorias necessárias realizadas pelo consumidor-locatário.

O STJ, todavia, posiciona-se em sentido contrário à aplicação do CDC às locações imobiliárias e, consequentemente, aplica o entendimento constante na Súmula 335: "Nos contratos de locação, é válida a cláusula de renúncia à indenização das benfeitorias e ao direito de retenção".

 Dicas práticas

Em face do atual entendimento do STJ – que afasta o CDC das locações imobiliárias –, a questão da indenização por qualquer tipo de benfeitoria decorre do que for livremente estipulado pelos contratantes.

 Jurisprudência

1. Inaplicabilidade do CDC às locações imobiliárias e possibilidade de afastar indenização por benfeitorias necessárias

"Não é nula, nos contratos de locação urbana, a cláusula que estabelece a renúncia ao direito de retenção ou indenização por benfeitorias. Não se aplica às relações regidas pela Lei 8.245/91, porquanto lei específica, o Código do Consumidor. Recurso conhecido e provido" (STJ, REsp 575.020/RS, 5ª Turma, Rel. Min. José Arnaldo da Fonseca, j. 05.10.2004, *DJ* 08.11.2004).

"2. Inaplicabilidade do Código de Defesa do Consumidor ao contrato de locação regido pela Lei n. 8.245/91, porquanto, além de fazerem parte de microssistemas distintos do âmbito normativo do direito privado, as relações jurídicas locatícias não possuem os traços característicos da relação de consumo, previstos nos arts. 2º e 3º da Lei 8.078/90. Precedentes. 3. Não obstante o art. 35 da Lei 8.245/91 assegure ao locatário o direito de indenização e retenção pelas benfeitorias, é válida a cláusula inserida nos contratos de locação urbana de renúncia aos benefícios assegurados, a teor da Súmula 335/STJ. Hipótese em que os recorrentes renunciaram expressamente ao seu direito. Precedentes" (STJ, AgRg no AREsp 101.712/RS, 4ª Turma, Rel. Min. Marco Buzzi, j. 03.11.2015, *DJe* 06.11.2015).

Súmula 335 do STJ: "Nos contratos de locação, é válida a cláusula de renúncia à indenização das benfeitorias e ao direito de retenção".

> **XVII** - condicionem ou limitem de qualquer forma o acesso aos órgãos do Poder Judiciário;

 Análise doutrinária

O inciso XVII do art. 51 foi acrescentado pela Lei 14.181/2021 (Lei do Superendividamento). Estabelece o dispositivo ser nula de pleno direito cláusula que condicione ou limite de qualquer forma o acesso do consumidor ao Poder Judiciário.

Em síntese, objetiva-se dar concretude, no âmbito das relações de consumo, ao princípio constitucional da indeclinabilidade da jurisdição: "a lei não excluirá da apreciação do Poder Judiciário lesão ou ameaça a direito" (art. 5º, XXXV, da Constituição Federal).

O dispositivo está em consonância com o direito básico do consumidor de "acesso aos órgãos judiciários e administrativos com vistas à prevenção ou reparação de danos patrimoniais e morais, individuais, coletivos ou difusos, assegurada a proteção Jurídica, administrativa e técnica aos necessitados" (art. 6º, VII, do CDC).

Também, na mesma linha, acrescente-se a vedação constante no art. 54-C, V, do CDC. Proíbe-se "condicionar o atendimento de pretensões do consumidor ou o início de tratativas à renúncia ou à desistência de demandas judiciais, ao pagamento de honorários advocatícios ou a depósitos judiciais."

O CDC, ao lado de estabelecer direitos materiais em favor do consumidor, apresenta importantes normas processuais para facilitar a defesa dos seus interesses, quais sejam: 1) inversão do ônus da prova (art. 6º, VIII); 2) proibição de denunciação da lide (art. 88); 3) limitação do chamamento ao processo (art. 101, II); e 4) competência do domicílio do autor (art. 101, I).

É nula qualquer cláusula que objetive, direta ou indiretamente, diminuir o direito de ação do consumidor, de acesso à justiça para prevenir violação a direitos ou restabelecer direitos ofendidos por fornecedores.

 Dicas práticas

O consumidor deve perceber que a tentativa de limitar ou condicionar acesso ao Poder Judiciário pode se dar tanto por meio de cláusula contratual escrita como por estipulação verbal do fornecedor. As duas condutas são ilegais. Na segunda hipótese, apenas há maior dificuldade de provar o fato.

Jurisprudência

1. Acesso à justiça e foro do domicílio do consumidor

"O foro de eleição contratual cede em favor do local do domicílio do devedor, sempre que constatado ser prejudicial à defesa do consumidor, podendo ser declarada de ofício a nulidade da cláusula de eleição pelo julgador" (STJ, AgInt no AREsp 1.337.742/DF, Rel. Min. Luis Felipe Salomão, 4ª Turma, j. 02.04./2019, *DJe* de 08.04.2019).

"2. No caso, o Tribunal de origem concluiu que a eleição do foro em comarca diversa do domicílio do consumidor desequilibra a relação entre as partes, gerando prejuízo à defesa do consumidor lesado" (STJ, AgInt no AREsp 1605331/RO, Rel. Min. Raul Araújo, 4a Turma, j. 26.10.2020, *DJe* 24.11.2020).

"Nos termos da jurisprudência do STJ, 'a cláusula de eleição de foro prevista em contrato de adesão pode ser afastada, quando comprovada a hipossuficiência da parte e a dificuldade de acesso à Justiça, como forma de manter o equilíbrio contratual' (AgInt no AREsp 440.494/PR, Rel. Ministro MARCO BUZZI, QUARTA TURMA, julgado em 04/11/2019, DJe de 08/11/2019). 2. No caso concreto, o eg. Tribunal de origem concluiu pela validade da cláusula de eleição de foro, pois os elementos dos autos não demonstram a hipossuficiência e o prejuízo à defesa do consumidor. A pretensão de alterar tal entendimento, considerando as circunstâncias do caso concreto, demandaria revolvimento de matéria fático-probatória, o que é inviável em sede de recurso especial, consoante preconiza a Súmula 7/STJ" (STJ, AgInt no AREsp 1763888/PR, Rel. Min. Raul Araújo, 4ª Turma, j. 28.06.2021, *DJe* 05.08.2021).

> **XVIII –** estabeleçam prazos de carência em caso de impontualidade das prestações mensais ou impeçam o restabelecimento integral dos direitos do consumidor e de seus meios de pagamento a partir da purgação da mora ou do acordo com os credores;

 Legislação correlata

Lei 9.656/1998 (Lei dos Planos de Saúde).

 Análise doutrinária

1. Proibição de prazos de carência em caso de mora do consumidor

O inciso XVIII, do art. 51, foi acrescentado pela Lei 14.181/2021 (Lei do Superendividamento). O dispositivo declara ser nula a cláusula de contrato de consumo que estabeleça "prazos de carência em caso de impontualidade das prestações mensais ou impeçam o restabelecimento integral dos direitos do consumidor e de seus meios de pagamento a partir da purgação da mora ou do acordo com os credores".

Nas mais diferentes modalidades de contrato de consumo, a mora do consumidor (atraso) acarreta sanções próprias como a multa, juros de mora, correção monetária etc. O dispositivo (inciso XVIII do art. 51) impõe limites para as consequências decorrentes de acordo ou impontualidade do consumidor.

Inicialmente, destaca a proibição de estabelecimento de carência – que é justamente período limitado de tempo, após celebração do contrato, no qual o consumidor não pode exercer integralmente os seus direitos, como ocorre expressamente nos planos de saúde (Lei 9.656/1998, art. 12, V). Na sequência, veda a suspensão de direitos inerentes ao contrato de consumo.

Portanto, assim que purgada a mora pelo consumidor, seus direitos decorrentes de contrato de consumo devem ser integralmente restabelecidos. O mesmo ocorre em caso de celebração de acordo com o fornecedor ou fornecedores. Não tem valor jurídico cláusula que pretenda, nas duas hipóteses, impedir o consumidor de usufruir em plenitude os direitos que decorrem do contrato.

Na área de crédito, ilustre-se acordo com o banco que, todavia, limita os meios de pagamento do consumidor, como uso de cartão de crédito, por determinado período. Tal limitação esbarra diretamente no preceito decorrente do inciso XVIII do art. 51 do CDC.

A proibição não afasta, por óbvio, a possibilidade de extinção definitiva do contrato por culpa do consumidor (resolução contratual). Imagine-se, para ilustrar, o consumidor que desiste e deixa de pagar as prestações de compra de imóvel na planta (incorporação imobiliária).

 Jurisprudência

1. Portabilidade e aproveitamento de carência em plano de saúde

"4. Quando houver o cancelamento do plano privado coletivo de assistência à saúde, deve ser permitido aos empregados ou ex-empregados migrarem para planos individuais ou familiares, sem o cumprimento de carência, desde que a operadora comercialize tais modalidades de plano (arts. 1º e 3º da Res.-CONSU nº 19/1999). 5. A operadora não pode ser obrigada a oferecer plano individual a usuário de plano coletivo extinto se ela não disponibiliza no mercado tal modalidade contratual (arts. 1º e 3º da Res.-CONSU nº 19/1999). Inaplicabilidade, por analogia, da regra do art. 30 da Lei nº 9.656/1998. 6. A exploração da assistência à saúde pela iniciativa privada também possui raiz constitucional (arts. 197 e 199, caput e § 1º, da CF), merecendo proteção não só o consumidor (Súmula nº 469/STJ), mas também a livre iniciativa e o livre exercício da atividade econômica (arts. 1º, IV, 170, IV e parágrafo único, e 174 da CF). 7. A concatenação de normas não significa hierarquização ou supremacia da legislação consumerista sobre a Lei de Planos de Saúde, até porque, em casos de incompatibilidade de dispositivos legais de igual nível, devem ser observados os critérios de superação de antinomias referentes à especialidade e à cronologia. Observância do art. 35-G da Lei nº 9.656/1998. 8. A portabilidade de carências nos planos de saúde poderá ser exercida, entre outras hipóteses, em decorrência da extinção do vínculo de beneficiário - como nas rescisões de contrato coletivo (empresarial ou por adesão) –, devendo haver comunicação desse direito, que poderá ser exercido sem cobrança de tarifas e sem o preenchimento de formulário de Declaração de Saúde (DS), afastando-se objeções quanto a Doenças ou Lesões Preexistentes (DLP). Incidência dos arts. 8º, IV e § 1º, 11 e 21 da RN nº 438/2018 da ANS. 9. A portabilidade de carências, por ser um instrumento regulatório, destina-se a incentivar tanto a concorrência no setor de saúde suplementar quanto a maior mobilidade do beneficiário no mercado, fomentando suas possibilidades de escolha, já que o isenta da necessidade de cumprimento de novo período de carência. 10. Nas situações de denúncia unilateral do contrato de plano de saúde coletivo empresarial, é recomendável ao empregador promover a pactuação de nova avença com outra operadora, evitando-se prejuízos aos seus empregados, que não precisarão se socorrer da portabilidade ou da migração a planos individuais, de custos mais elevados. 11. A operadora de plano de saúde, apesar de poder promover a resilição unilateral do plano de saúde coletivo, não poderá deixar ao desamparo os usuários que se encontram sob tratamento médico. Interpretação sistemática e teleológica dos arts. 8º, § 3º, 'b', e 35-C da Lei nº 9.656/1998 e 18 da RN nº 428/2017 da ANS, conjugada com os princípios da boa-fé, da função social do contrato, da segurança jurídica e da dignidade da pessoa humana. Precedentes. 12. É possível a resilição unilateral e imotivada do plano de saúde coletivo, com base em cláusula prevista contratualmente, desde que cumprido o prazo de 12 (doze) meses de vigência da avença e feita a notificação prévia do contratante com antecedência mínima de 60 (sessenta) dias, bem como respeitada a continuidade do vínculo contratual para os beneficiários que estiverem internados ou em tratamento médico, até a respectiva alta, salvo a ocorrência de portabilidade de carências ou se contratado novo plano coletivo pelo empregador, situações que afastarão o desamparo desses usuários" (STJ, REsp 1846502/DF, Rel. Min. Ricardo Villas Bôas Cueva, 3ª Turma, j. 20.04.2021, *DJe* 26.04.2021).

> **XIX - (VETADO). (Incluído pela Lei nº 14.181, de 2021)**
>
> **§ 1º** Presume-se exagerada, entre outros casos, a vantagem que:
>
> **I –** ofende os princípios fundamentais do sistema jurídico a que pertence;
>
> **II –** restringe direitos ou obrigações fundamentais inerentes à natureza do contrato, de tal modo a ameaçar seu objeto ou o equilíbrio contratual;
>
> **III –** se mostra excessivamente onerosa para o consumidor, considerando-se a natureza e conteúdo do contrato, o interesse das partes e outras circunstâncias peculiares ao caso.

Legislação correlata

Código Civil, arts. 113, 187 e 422.

Análise doutrinária

1. Parâmetros para definição de vantagem exagerada

O § 1º do art. 51 está diretamente vinculado ao disposto no inc. IV, do mesmo artigo, o qual, entre outras hipóteses, estabelece que é nula a cláusula "que coloque o consumidor em desvantagem exagerada". Como apontado, o inc. IV, no rol de cláusulas abusivas do art. 51, é o mais importante e, ao mesmo tempo, o mais genérico.

O art. 51, IV, do CDC é cláusula geral cujos contornos são delineados pelo intérprete. Ganha importância o papel do juiz, o qual possui boa margem de liberdade na análise de eventual nulidade de cláusula contratual. Daí a *maior* necessidade de bem fundamentar as decisões judiciais que, com base no dispositivo, declarem a nulidade de cláusula contratual. A responsabilidade do Judiciário é, portanto, mais intensa, de modo a afastar as críticas – muito comuns – de *subjetivismo* e *arbitrariedade* na análise de abusividade das cláusulas contratuais.

O § 1º do art. 51 traça parâmetros para definição do que deve se compreender como "vantagem exagerada", de modo a diminuir a subjetividade do intérprete. São estabelecidos três parâmetros: 1) ofensa a princípio do sistema jurídico; 2) restrição de direitos inerentes a natureza do contrato de modo a ameaçar o equilíbrio do vínculo: 3) obrigação se mostra excessivamente onerosa, conforme a natureza e circunstância do caso concreto.

Em que pese o esforço de indicar critérios objetivos para definição de vantagem exagerada, fato é que o § 1º do art. 51 pouco ajuda, não apresenta a desejada objetividade. Os três parâmetros são bastantes genéricos e podem ser extraídos do próprio inc. IV. Em síntese, impõe-se a análise dos princípios e peculiaridades do caso concreto, o que é inerente à atividade do intérprete em face de conceitos jurídicos indeterminados e cláusulas gerais (v. comentários ao art. 51, IV).

A maior contribuição está em fazer referência, nos incs. II e III, à *natureza do contrato*. É realmente importante perceber que todo contrato tem uma essência, uma razão de ser, o motivo maior da própria contratação. As cláusulas podem delimitar os contornos do seu objeto, mas jamais afastar sua essência, como pontuado por julgados que invalidam cláusulas de contratos de plano de saúde que, em última análise, simplesmente impedem o exercício de direitos inerentes ao restabelecimento da saúde do consumidor. Nessa linha, foi o entendimento de que o contrato não pode limitar cobertura de tempo em hospital, nem afastar os procedimentos necessários para a cura do paciente.

A outra contribuição é mais sutil. Enquanto o art. 51, IV, alude a *desvantagem* exagerada, o § 1º do art. 51 se refere a *vantagem* exagerada. Com a retirada do prefixo (des), a Lei é clara quanto ao fato de que a desvantagem do consumidor deve estar associada à vantagem do fornecedor. Em contratos bilaterais (sinalagmáticos), é praticamente a regra: o ganho maior de uma das partes está diretamente relacionado à perda da outra parte.

 Dicas práticas

Em face da abertura semântica, deve o profissional do direito verificar o amadurecimento da jurisprudência em torno das questões que se apresentam. O conteúdo das cláusulas gerais e dos conceitos jurídicos indeterminados é oferecido pelos juízes e tribunais.

 Jurisprudência

1. Nulidade de cláusula que afeta a essência (natureza) do contrato

"3. À luz do Código de Defesa do Consumidor, devem ser reputadas como abusivas as cláusulas que nitidamente afetam de maneira significativa a própria essência do contrato, impondo restrições ou limitações aos procedimentos médicos, fonoaudiológicos e hospitalares (*v.g.* limitação do tempo de internação, número de sessões de fonoaudiologia, entre outros) prescritos para doenças cobertas nos contratos de assistência e seguro de saúde dos contratantes. 4. Se há cobertura de doenças ou sequelas relacionadas a certos eventos, em razão de previsão contratual, não há possibilidade de restrição ou limitação de procedimentos prescritos pelo médico como imprescindíveis para o êxito do tratamento, inclusive no campo da fonoaudiologia" (STJ, AgInt no AREsp 1.527.318/SP, 4ª Turma, Rel. Min. Raul Araújo, j. 10.03.2020, *DJe* 02.04.2020).

"1. A jurisprudência desta Corte Superior já sedimentou entendimento no sentido de que 'à luz do Código de Defesa do Consumidor, devem ser reputadas como abusivas as cláusulas que nitidamente afetam de maneira significativa a própria essência do contrato, impondo restrições ou limitações aos procedimentos médicos, fonoaudiológicos e hospitalares (*v.g.* limitação do tempo de internação, número de sessões de fonoaudiologia, entre outros) prescritos para doenças cobertas nos contratos de assistência e seguro de saúde dos contratantes (AgInt no AREsp 1219394/BA, Rel. Ministro Raul Araújo, Quarta Turma, julgado em 7/2/2019, *DJe* 19/2/2019)' (AgInt no REsp n. 1.782.183/PR, Relator Ministro Marco Aurélio Bellizze, Terceira Turma, julgado em 21/10/2019, *DJe* 28/10/2019)" (STJ, AgInt no REsp 1.794.335/SP, 4ª Turma, Rel. Min. Antonio Carlos Ferreira, j. 11.02.2020, *DJe* 18.02.2020).

> **§ 2º** A nulidade de uma cláusula contratual abusiva não invalida o contrato, exceto quando de sua ausência, apesar dos esforços de integração, decorrer ônus excessivo a qualquer das partes.

 Legislação correlata

Código Civil, arts. 113, 182, 187 e 422.

 Análise doutrinária

1. Princípio da conservação do contrato

O § 2º do art. 51 estabelece o *princípio da conservação do contrato,* o que, em síntese, significa manter a validade e efeitos decorrentes do contrato, com exclusão apenas das cláusulas nulas. Mais uma vez, o CDC expressa a importância de dar cumprimento aos contratos de consumo, considerando a confiança e legítimas expectativas geradas no consumidor que, no exercício da liberdade de escolha, optou por determinado fornecedor, pela aquisição de seus produtos ou serviços.

O dispositivo é direcionado ao juiz que, ao constatar a abusividade de uma ou mais cláusulas abusivas, deve realizar esforço de excluí-las sem gerar "ônus excessivo a qualquer das partes". O magistrado, após excluir o efeito da cláusula abusiva, deve verificar se o contrato mantém condições – sem a cláusula abusiva – de cumprir sua função socioeconômica ou, ao contrário, se a nulidade da cláusula irá contaminar e invalidar todo o negócio jurídico.

Na verdade, análise sistemática do CDC evidencia que o magistrado tanto pode invalidar a cláusula abusiva como realizar a modificação do seu conteúdo. Recorde-se que é direito básico do consumidor "a modificação das cláusulas contratuais que estabeleçam prestações desproporcionais ou sua revisão em razão de fatos supervenientes que as tornem excessivamente onerosas" (art. 6º, V).

O dispositivo (art. 6º, V) abrange a figura da *lesão*, própria dos contratos instantâneos (primeira parte), como a possibilidade de revisão dos vínculos que se prolongam no tempo, ou seja, os contratos cativos de longa duração (segunda parte).

Em face do disposto no art. 6º, V, e no art. 51, § 2º, abrem-se duas possibilidades ao magistrado: declarar a nulidade (afastando a cláusula) ou promover a modificação da cláusula. Não há incompatibilidade entre os dois regimes. Ao contrário, o princípio da conservação do contrato exige esforço judicial de permanência do vínculo. É possível declarar a nulidade de determinada cláusula – afastando completamente seus efeitos – e, em seguida, integrar o contrato com base em usos e costumes, com exigências da boa-fé objetiva ou expressa disposição normativa sobre o assunto.

Portanto, o magistrado, na análise do caso, tem várias alternativas. Pode simplesmente afastar a cláusula nula e manter o contrato. Pode afastar a cláusula e, em seu lugar, estabelecer disposição que decorre de norma ou de jurisprudência dos tribunais superiores. Como exemplo, imagine-se contrato de consumo que estipula multa moratória em 15%, ou seja, em valor superior ao permitido pelo art. 52, § 1º, que prevê o limite de 2%. Na hipótese, o mais correto é substituir a cláusula e estabelecer o limite legal de 2%.

Se da ausência da cláusula abusiva decorrer ônus excessivo a qualquer das partes, e não for possível a substituição por regra decorrente de norma ou jurisprudência, todo o contrato deve ser invalidado, restituindo-se as partes ao estado anterior (art. 182 do CC). Nessa hipótese, cabe ao consumidor requerer indenização pelos prejuízos decorrentes da nulidade do contrato.

A modificação do contrato, em termos práticos, possui maior incidência em relação à cláusula que estabelece o preço e sua forma de reajuste. Por se tratar de disposição de extrema relevância, cuja exclusão retira o próprio sentido do acordo, a correção do seu valor pelo juiz – tanto em ação individual como coletiva – é o melhor caminho para preservar o contrato e sua função socioeconômica.

Ilustre-se com ação coletiva na qual se questiona cláusula que permite reajuste em mensalidade escolar em absoluta desconformidade com os parâmetros da lei específica (Lei 9.870/1999). O magistrado deve simplesmente reconhecer a nulidade da cláusula e substituir o critério de reajuste pelo disposto na lei, determinando-se (obrigação de fazer) o valor da mensalidade e critérios para reajuste futuro.

2. Pandemia do novo coronavírus (Covid-19)

O princípio da conservação do contrato, decorrente de exame conjugado do art. 6º, VI, e do art. 51, § 2º, ganha dimensão diferenciada em face dos efeitos nos contratos decorrentes da pandemia do novo coronavírus (Covid-19).

Como já pontuado, para combater a rápida disseminação do vírus, estados e municípios determinaram inúmeras medidas restritivas, tais como fechamento do comércio, bares, boates, restaurantes, clubes, centros comerciais, shoppings, teatros, academias, parques, praias etc. Atividades foram suspensas, como aulas presenciais da rede de ensino pública e privada, visitação a museus, parques ecológicos, vivenciais etc.

A atividade econômica, em consequência, sofreu intenso desaquecimento. O Produto Interno Bruto – PIB de 2020 caiu 4,1% em relação a 2019. Milhões de brasileiros perderam o emprego. Milhões de brasileiros (consumidores) sofreram drástica redução nos rendimentos. Todo esse cenário traz consequências para as relações jurídicas. Os contratos de consumo, particularmente os que se prolongam no tempo (empréstimos, plano de saúde, previdência privada, ensino etc.), são afetados. Muitas obrigações se tornaram excessivamente onerosas e podem, consequentemente, ser revistas (v. comentários ao art. 6º, VI).

A opção das partes (consumidor e fornecedor) e do magistrado deve ser na linha de manutenção do contrato, readequando suas bases à realidade imposta pelas consequências da pandemia. Deve-se analisar individualmente cada contrato, como foram afetados os aspectos financeiros e demais interesses das partes, e verificar em que medida as cláusulas podem ser ajustadas para, no âmbito das novas circunstâncias, permitir que os resultados pretendidos pelos contratantes sejam alcançados, ainda que de modo imperfeito.

 Dicas práticas

Ao invalidar determinada cláusula abusiva, o magistrado deve verificar se existe norma jurídica que possa substituí-la ou, se não houver, entendimento jurisprudencial sobre a matéria.

 Jurisprudência

1. Modificação de cláusula padrão de contrato utilizada por empresa de telefonia móvel, a qual previa a cobrança de multa rescisória em razão de extravio do aparelho celular

"(...) A perda de aparelho celular (vinculado a contrato de prestação de serviço de telefonia móvel pessoal com prazo mínimo de vigência), decorrente de caso fortuito ou força maior, ocasiona onerosidade excessiva para o consumidor, que, além de arcar com a perda do aparelho, pagará por um serviço que não poderá usufruir. Por outro lado, não há como negar que o prazo de carência fixado no contrato de prestação de serviços tem origem no fato de que a aquisição do aparelho é subsidiada pela operadora, de modo que a fidelização do cliente visa a garantir um mínimo de retorno do investimento feito. Tal circunstância exige a compatibilização dos direitos, obrigações e interesses das partes contratantes à nova realidade surgida após a ocorrência de evento inesperado e imprevisível, para o qual nenhuma delas contribuiu, dando ensejo à revisão do contrato, abrindo-se duas alternativas, a critério da operadora: (i) dar em comodato um aparelho ao cliente, durante o restante do período de carência, a fim de possibilitar a continuidade na prestação do serviço e, por conseguinte, a manutenção do contrato; ou (ii) aceitar a resolução do contrato, mediante redução, pela metade, do valor da multa devida, naquele momento, pela rescisão" (STJ, REsp 1.087.783/RJ, Rel. Min. Nancy Andrighi, j. 01.09.2009, *DJe* 10.12.2009).

2. Possibilidade de alterar judicialmente o percentual de reajuste de plano de saúde

"Nos termos do art. 51, § 2º, do Código de Defesa do Consumidor, se for reconhecida a abusividade do aumento praticado pela operadora de plano de saúde em virtude da alteração de faixa etária do usuário, para não haver desequilíbrio contratual, faz-se necessária a apuração de percentual adequado e razoável de majoração da mensalidade, o que deverá ser feito por meio de cálculos atuariais na fase de cumprimento de sentença. Precedentes" (STJ, AgInt no REsp 1883472/SP, Rel. Min. Nancy Andrighi, 3ª Turma, j. 23.11.2020, *DJe* 27.11.2020).

3. Abusividade de cláusula e possibilidade de alteração do conteúdo do contrato

"Nas relações consumeristas, ante a fragilidade do polo consumidor, é possível afastar a autonomia privada e alterar os termos do negócio jurídico quando reconhecida a abusividade das cláusulas ou das condições do contrato, evidenciando onerosidade excessiva. Por sua vez, caso não configurada a abusividade contratual ou ainda qualquer vício na manifestação da vontade das partes contratantes, de rigor seja prestigiada a liberdade negocial" (STJ, REsp 1358159/SP, Rel. Min. Antonio Carlos Ferreira, 4ª Turma, j. 08.06.2021, *DJe* 16.06.2021).

> **§ 3º (Vetado).**[14]
> **§ 4º** É facultado a qualquer consumidor ou entidade que o represente requerer ao Ministério Público que ajuíze a competente ação para ser declarada a nulidade de cláusula contratual que contrarie o disposto neste Código ou de qualquer forma não assegure o justo equilíbrio entre direitos e obrigações das partes.

 Legislação correlata

Lei 7.347/1985 (Lei da Ação Civil Pública).

---

[14] Mensagem de Veto 664/90, *do § 3º do art. 51*: "Tais dispositivos transgridem o art. 128, § 5º, da Constituição Federal, que reserva à lei complementar a regulação inicial das atribuições e da organização do Ministério Público. O controle amplo e geral da legitimidade de atos jurídicos somente pode ser confiado ao Poder Judiciário (CF, art. 5º, XXXV). Portanto, a outorga de competência ao Ministério Público para proceder ao controle abstrato de cláusulas contratuais desfigura o perfil que o Constituinte imprimiu a essa instituição (CF, arts. 127 e 129). O controle abstrato de cláusulas contratuais está adequadamente disciplinado no art. 51, § 4º, do Projeto. Vetado o § 3º do art. 51, impõe-se, também, vetar o § 5º do art. 54.

Por outro lado, somente pode haver litisconsórcio (art. 82, § 2º) se a todos e a cada um tocar qualidade que lhe autorize a condução autônoma do processo. O art. 128 da Constituição não admite o litisconsórcio constante do projeto".

Lei Complementar 75/1993 (Lei Orgânica do Ministério Público da União), art. 6º.

Lei 8.625/1993 (Lei Orgânica do Ministério Público dos estados), arts. 25 e 26.

 Análise doutrinária

1. Nulidade de cláusula e ação coletiva

O § 4º do art. 51 possui, antes de tudo, caráter didático. Esclarece que qualquer consumidor ou entidade civil pode provocar a atuação do Ministério Público para análise de eventual cláusula abusiva e, se for o caso, ajuizar a respectiva ação coletiva. Independente do dispositivo, o Ministério Público, por sua Promotoria de Justiça de Defesa do Consumidor, possui atribuição de instaurar inquérito civil ou procedimento de investigação preliminar para apurar lesão a direitos difusos, coletivos e individuais homogêneos dos consumidores, o que envolve, naturalmente, a questão das cláusulas abusivas em contratos padrões (v. comentários aos arts. 5º e 81 e seguintes).

A investigação pode ocorrer a partir de provocação do interessado ou por iniciativa própria (*ex officio*). Se, após a investigação, restar constatada a existência de cláusula abusiva, a Promotoria de Defesa do Consumidor tem, inicialmente, a opção de firmar termo de ajustamento de conduta (TAC) como fornecedor para excluir a referida cláusula nos contratos futuros. Apenas se não for possível firmar o termo – que traz resultados imediatos para a sociedade – a ação coletiva deve ser ajuizada.

Em caso de ajuizamento de ação coletiva em face de nulidade de cláusula abusiva inserida em contrato de consumo, há, para proteção adequada dos direitos metaindividuais do consumidor, possibilidade de cumulação dos seguintes pedidos: 1) reconhecimento da nulidade de cláusula (direito difuso); 2) proibição de utilizar nos contratos futuros cláusula semelhante (direito difuso); ou 3) indenização aos consumidores lesados pela aplicação da cláusula nula (direito individual homogêneo).

 Dicas práticas

Em que pese a legitimidade do Ministério Público para tutela de direito individual homogêneo, a efetiva indenização por danos decorrentes de cláusula abusiva deve, preferencialmente, ser buscada em processo individual (v. comentários ao art. 95 e seguintes).

 Jurisprudência

1. Legitimidade do Ministério Público para questionar nulidade de cláusula contratual e possibilidade de cumulação de pedidos

"I – O Ministério Público é parte legítima para ajuizar ação coletiva de proteção ao consumidor, em cumulação de demandas, visando: a) a nulidade de cláusula contratual inquinada de nula (juros mensais); b) a indenização pelos consumidores que já firmaram os contratos em que constava tal cláusula; c) a obrigação de não mais inserir nos contratos futuros a referida cláusula" (STJ, REsp 105.215/DF, 4ª Turma, Rel. Min. Sálvio de Figueiredo Teixeira, j. 24.06.1997, *DJ* 18.08.1997).

"O Ministério Público é parte legítima para figurar no polo ativo de ação civil pública e de ações coletivas contra operadoras de planos de saúde para questionar cláusulas contratuais tidas por abusivas, seja em face da indisponibilidade do direito à saúde, seja em decorrência da relevância da proteção e do alcance social" (STJ, REsp 1.554.448/PE, 3ª Turma, Rel. Min. João Otávio de Noronha, j. 18.02.2016, *DJe* 26.02.2016).

"Conforme jurisprudência do Superior Tribunal de Justiça, o Ministério Público possui legitimidade para propositura de ação civil pública, na qual se discute cláusula abusiva nos contratos de compra e venda de imóvel, em defesa dos direitos dos consumidores" (STJ, AgInt no AREsp 1.392.789/DF, 4ª Turma, Rel. Min. Antonio Carlos Ferreira, j. 03.03.2020, *DJe* 09.03.2020).

"1. A ação civil pública vindicando o reconhecimento de abusividade de cláusula de contratos presentes e futuros da incorporadora aborda questão de relevante interesse social, por envolver contratos com preços vultosos, abrangendo muitas vezes todas as economias de famílias e, no caso específico de compra e venda de imóvel em relação de consumo, o próprio direito de moradia. No caso concreto, há: I) direitos individuais homogêneos referentes aos eventuais danos experimentados por aqueles que firmaram contrato; II) direitos coletivos resultantes da suposta ilegalidade em abstrato de cláusula contratual de tolerância, a qual atinge igualmente e de forma indivisível o grupo de contratantes atuais da ré; III) direitos difusos, relacionados aos consumidores futuros, coletividade essa formada por pessoas indeterminadas e indetermináveis. 2. Na linha da jurisprudência do STJ, o Ministério Público tem legitimidade ativa para propor ação civil pública com o propósito de velar direitos difusos, coletivos e, também, individuais homogêneos dos consumidores, ainda que disponíveis. (...) 9. Recurso especial parcialmente provido, apenas para reconhecer a legitimidade ativa do Ministério Público Estadual" (STJ, REsp 1.549.850/SP, 4ª Turma, Rel. Min. Luis Felipe Salomão, j. 20.02.2020, *DJe* 19.05.2020).

Art. 52. No fornecimento de produtos ou serviços que envolva outorga de crédito ou concessão de financiamento ao consumidor, o fornecedor deverá, entre outros requisitos, informá-lo prévia e adequadamente sobre:

I - preço do produto ou serviço em moeda corrente nacional;

II - montante dos juros de mora e da taxa efetiva anual de juros;

III - acréscimos legalmente previstos;

IV - número e periodicidade das prestações;

V - soma total a pagar, com e sem financiamento.

§ 1º As multas de mora decorrentes do inadimplemento de obrigações no seu termo não poderão ser superiores a dois por cento do valor da prestação.

> **§ 2°** É assegurado ao consumidor a liquidação antecipada do débito, total ou parcialmente, mediante redução proporcional dos juros e demais acréscimos.
>
> **§ 3°** (Vetado).[15]

Legislação correlata

Decreto 22.626/1933 (Lei de Usura).

Res. 3.516/2007 do Conselho Monetário Nacional (Veda a cobrança de tarifa em decorrência de liquidação antecipada de contratos de concessão de crédito).

Res. 3.517/2007 do Conselho Monetário Nacional (Dispõe sobre informação e a divulgação do custo efetivo total).

Res. 3.919/2010 do Conselho Monetário Nacional (Dispõe sobre cobrança de tarifas pelas instituições financeiras).

Res. 4.539/2016 do Conselho Monetário Nacional (Dispõe sobre princípios e política institucional de relacionamento com clientes e usuários de produtos e de serviços financeiros).

Análise doutrinária

1. Dever de informar nos empréstimos e financiamentos

O *caput* do art. 52 estabelece regras específicas sobre o dever de informação (arts. 6°, III, e 31) no fornecimento de produtos e serviços mediante concessão de crédito e concessão de empréstimos. Na sequência, o § 1° apresenta limite percentual máximo na fixação de multas moratórias. O § 2°, por fim, garante ao consumidor o direito de amortização ou quitação antecipada dos empréstimos com redução proporcional dos juros.

O dispositivo, após a promulgação da Lei 14.181/2021 (Lei do Superendividamento) deve ser lido em conjunto com as novas disposições normativas, principalmente com o disposto nos arts. 54-B e 54-D.

A ideia central do disposto no *caput* do art. 52, o qual indica as informações mínimas que devem ser apresentadas no momento da concessão de financiamento, é oferecer completa noção do *custo* do empréstimo (juros, "taxas" e tributos).

---

[15]   Mensagem de Veto 664/90, *do § 3° do art. 52*: "O art. 12 e outras normas já dispõem de modo cabal sobre a reparação do dano sofrido pelo consumidor. Os dispositivos ora vetados criam a figura de 'multa civil', sempre de valor expressivo, sem que sejam definidas a sua destinação e finalidade".

Somente conhecendo quanto lhe custará o mútuo, é possível ao consumidor o exercício da liberdade de escolha (art. 6º, II) e, consequentemente, de decisão madura sobre a aquisição do bem mediante crediário e, também, a avaliação das vantagens, ou não, de celebração do contrato. Com as informações, principalmente "soma total a pagar com e sem financiamento", pode o consumidor decidir, refletidamente, sobre os benefícios e diferença entre o pagamento à vista e parcelado (mediante financiamento).

A literalidade e leitura isolada do art. 52 indica sua aplicação apenas aos empréstimos vinculados à compra de determinado produto ou prestação de serviço. Todavia, não há sentido que as exigências de informação ali arroladas se apliquem apenas a financiamento de produtos e serviços. Por analogia, o dispositivo alcança toda e qualquer concessão de crédito em dinheiro (no que couber). Assim se posicionou a doutrina antes da promulgação da Lei 14.181/2021 (Lei do Superendividamento), cujos artigos 54-B e 54-D reforçam o dever de informar em *todas* as modalidades de crédito.

Como o propósito é identificar o *custo* total da operação, a informação deve abranger não apenas a taxa dos juros remuneratórios, mas todos os valores a serem pagos pelo consumidor na obtenção do empréstimo, inclusive impostos incidentes. A informação adequada sobre o custo é importante para o consumidor e, também, para uma leal e efetiva concorrência entre instituições financeiras. A ausência de critérios ou a falta de uniformidade nas informações, além do potencial de enganar o consumidor, coloca em vantagem competitiva a instituição que não preza pela veracidade e correção do custo do mútuo.

Diante desse quadro, e antes da edição da Lei 14.181/2021 (Lei do Superendividamento), o Conselho Monetário Nacional (CMN) editou, em 6 de dezembro de 2007, a Resolução 3.517, que "dispõe sobre a informação e a divulgação do custo efetivo total correspondente a todos os encargos e despesas de operações de crédito e arrendamento mercantil financeiro".

De acordo com o § 2º do art. 1º, o custo efetivo total (CET) deve ser calculado considerando taxa de juros, tributos, tarifas, seguros e "outras despesas cobradas do cliente, mesmo que relativas ao pagamento de serviços de terceiros contratados pela instituição". O objetivo é estabelecer uniformidade em relação aos itens que compõem o preço dos empréstimos, estimulando maior transparência e competição no setor bancário. A Resolução indica uma fórmula para que o CET considere os itens referidos e seja expresso em taxa percentual anual.

Embora o art. 52, III, do CDC obrigue o fornecedor a informar "os acréscimos legalmente previstos", a Resolução 3.517/2007 do CMN se apresenta mais detalhada e, além disso, estabelece fórmula matemática uniforme para as instituições calcularem o CET.

Observe-se, ainda, que o art. 52, II, se refere à informação "dos juros de mora" e "taxa efetiva anual de juros". Duas críticas são possíveis em leitura isolada do dispositivo. Primeira: a taxa de juros de mora, que incide apenas em caso de atraso da prestação, não é a informação principal ao consumidor, e sim os juros compensatórios (remuneratórios) que indicam o principal custo do empréstimo. A segunda crítica é justamente que, no tocante aos juros remuneratórios, o art. 52

exige apenas "taxa efetiva anual", quando o consumidor brasileiro está habituado a avaliar o custo do empréstimo pelo valor da taxa *mensal* de juros remuneratórios. Neste ponto, a Resolução do CMN é novamente mais interessante e adequada, pois, além da taxa de juros – mensal e anual –, impõe a indicação do CET mensal e anual.

Agora, com o necessário diálogo com as inovações trazidas pela Lei 14.181/2021 (Lei do Superendividamento), tais questões estão resolvidas (v. comentários ao art. 54-B).

O inc. V do *caput* do art. 52 – que se aplica apenas para financiamento de produtos ou serviços específico – estabelece a obrigatoriedade de indicar "soma total a pagar, com e sem financiamento". Assim, deve-se informar o valor do preço para pagamento à vista e, ao lado, o valor que resulta da multiplicação do número de parcelas pelo valor individual da parcela, para que o consumidor compare o impacto da compra financiada com o pagamento à vista.

É um erro muito comum avaliar a vantagem de um empréstimo considerando unicamente o valor da prestação e se ela cabe no orçamento mensal. É importante verificar qual o preço final do produto financiado para ter noção real do custo do empréstimo e, consequentemente, exercer o direito baixo à liberdade de escolha (art. 6º, II).

Em tempos de abundante oferta de crédito, a informação adequada e completa sobre o empréstimo, incluindo aí a forma de cálculo de reajuste das prestações, bem como o impacto no orçamento familiar, é fundamental para a decisão do consumidor, particularmente para evitar o *superendividamento* (v. comentários ao art. 54-A e seguintes).

A doutrina, antes mesmo das inovações trazidas pela Lei do Superendividamento (Lei 14.181/2021), já destacava que os fornecedores, a par de informar, possuíam o dever de *aconselhar* sobre todos os riscos do contrato, principalmente os decorrentes da impossibilidade de pagamento.

Como o Brasil possui alta taxa de juros remuneratórios, o tema é sensível, seja em relação a controle judicial de abusividade quanto no tocante à possibilidade de capitalização dos juros (juros sobre juros).

Após longos debates, o Superior Tribunal de Justiça definiu alguns pontos em relação aos juros remuneratórios: 1) as instituições financeiras não se sujeitam aos limites estabelecidos pela Lei de Usura (Decreto 22.626/1933); 2) o Judiciário pode, excepcionalmente, reduzir os juros remuneratórios; 3) "A estipulação de juros remuneratórios superiores a 12% ao ano, por si só, não indica abusividade" (Súmula 382 do STJ); 4) o parâmetro para exame da abusividade da taxa de juros remuneratórios é a média do mercado; 5) a "média do mercado" é um referencial a ser considerado e não um limite a ser necessariamente seguido pelas instituições financeiras; 6) "Os juros remuneratórios não estão limitados nos contratos vinculados ao Sistema Financeiro da Habitação" (Súmula 422); 7) "As empresas administradoras de cartão de crédito são instituições financeiras e, por isso, os juros remuneratórios por elas cobrados não sofrem as limitações da Lei de Usura" (Súmula 283 do STJ).

Também já houve, no âmbito do STJ, ampla discussão sobre possibilidade e periodicidade de capitalização dos juros. As principais conclusões da Corte são as seguintes: 1) é possível a capitalização anual, se houver previsão no contrato; 2) "A legislação sobre cédulas de crédito rural, comercial e industrial admite o pacto de capitalização de juros" (Súmula 93 do STJ); 3) "É permitida a capitalização de juros com periodicidade inferior à anual em contratos celebrados com instituições integrantes do Sistema Financeiro Nacional a partir de 31/3/2000 (MP n. 1.963-17/2000, reeditada como MP 2.170-36/2001), desde que expressamente pactuada" (Súmula 539 do STJ); 4) a existência ou não de capitalização de juros pelo sistema de amortização conhecido como *Tabela Price* constitui questão de fato e, consequentemente, não pode ser analisada pelo STJ; 5) é possível o controle judicial de abusividade dos juros remuneratórios; 6) o parâmetro para controle da abusividade dos juros é a taxa média do mercado.

2. Limite da multa moratória (2%) e comissão de permanência

O § 1º do art. 52 estabelece limite de 2% do valor da prestação de multa decorrente de inadimplemento do consumidor (cláusula penal moratória). Originalmente, o dispositivo previa limite máximo de 10% da multa moratória. Todavia, com a significativa redução dos índices de inflação no Brasil a partir de 1995, a Lei 9.298/1996 alterou o dispositivo, com a redução para 2%.

Registre-se, inicialmente, que, embora o *caput* do art. 52 faça expressa referência a "fornecimento de produtos ou serviços que envolva outorga de crédito ou concessão de financiamento ao consumidor", doutrina e jurisprudência sustentam que o limite percentual deve ser aplicado a todos os contratos de consumo.

Na verdade, a prática indica que a multa de 2% (dois por cento) está prevista na grande maioria de contratos de consumo, salvo justamente nos empréstimos bancários em que, em face de atraso no pagamento da obrigação do consumidor, incide *comissão de permanência*. Cuida-se de valor, estipulado pelo setor financeiro, cobrado após o vencimento da obrigação.

A legalidade de cobrança da comissão de permanência, embora tenha gerado controvérsias nos tribunais estaduais e contundentes críticas da doutrina, é aceita pelo STJ, desde que observados alguns parâmetros.

No julgamento dos Recursos Especiais 1.058.114 e 1.063.343, os quais foram processados como repetitivos, a Corte, além de prestigiar as súmulas já existentes (Súmulas 30, 294, 296 e 472), definiu que: "É admitida a cobrança da comissão de permanência no período da inadimplência, desde que não cumulada com correção monetária, juros moratórios, multa contratual ou juros remuneratórios, calculada à taxa média de mercado, limitada, contudo, à taxa contratada" (AgRg no REsp 737.463/RS, Rel. Min. Paulo de Tarso Sanseverino, j. 21.10.2010, *DJe* 28.10.2010).

3. Amortização ou quitação total do débito

O § 2º do art. 52 assegura amortização (quitação parcial) e liquidação antecipada do débito. Ou seja, o consumidor, tendo condições financeiras, pode optar por, em vez de pagar mensalmente todas as parcelas, realizar amortização (pagamento parcial do saldo devedor) ou quitação antecipada dos valores devidos. Nesse caso, a lei garante "redução proporcional dos juros e demais acréscimos".

Naturalmente, por se tratar de exercício de direito, garantido por *norma de ordem pública* (art. 1º do CDC), não cabe, ainda que prevista no contrato, a cobrança de qualquer tarifa. Eventual disposição contratual que exija algum valor para quitação é nula de pleno direito (art. 51, XV).

Ademais, o art. 1º da Resolução 3.516, do Conselho Monetário Nacional, editada em 06.12.2007, também veda a cobrança de qualquer valor pela quitação antecipada dos empréstimos: "fica vedada às instituições financeiras e sociedades de arrendamento mercantil a cobrança de tarifa em decorrência de liquidação antecipada nos contratos de concessão de crédito e de arrendamento mercantil financeiro".

A atualização do CDC, promovida pela Lei 14.181, reforça essa posição. O inciso V do art. 54-B estabelece que o consumidor, na oferta de crédito, deve ser informado sobre o direito à liquidação antecipada e *não onerosa* do débito.

Qualquer empréstimo, ainda que dure menos que o esperado (contratado), já significa remuneração às instituições financeiras, jamais prejuízo. O valor do que se deixa de ganhar com a quitação antecipada deve, após análise global e estatística, compor o preço (taxa de juros) oferecido ao público.

A redução é relativa ao valor total do empréstimo com os juros. Deve ser proporcional aos meses pagos. Quanto maior o número de prestações vincendas (a vencer), maior deverá ser a redução. Em razão de naturais dificuldades no cálculo matemático do valor a ser pago, a quitação antecipada acaba por ensejar abusos na definição do valor. Atualmente, os parâmetros para calcular o valor a ser pago pelo consumidor estão estabelecidos pela Resolução 3.516/2007 e pela Resolução 4.320/2014.

Por fim, como o CDC não limitou, é ilegal a restrição da amortização a determinada porcentagem do saldo devedor (ex.: a antecipação parcial só é possível se equivalente a, pelo menos, 10% do saldo devedor). A cláusula que assim dispuser é nula de pleno direito (art. 51, XV).

 Dicas práticas

Apesar das críticas doutrinárias, é fato que o Superior Tribunal de Justiça já enfrentou praticamente todas as questões polêmicas que se relacionam com empréstimos ao consumidor. É importante que o profissional do direito esteja atento às súmulas e entendimentos do STJ.

Todavia, não se deve diminuir a importância do caso concreto. Pode, conforme circunstâncias fáticas da contratação, concluir-se pela ilegalidade da cobrança da taxa de juros. Exemplifique-se quando se anuncia determinada taxa ou custo efetivo total e, posteriormente, o descumprimento da oferta (art. 30 do CDC).

As atualizações promovidas pela Lei 14.181/2021 (Lei do Superendividamento) reforçam substancialmente as exigências doutrinárias e jurisprudências de boa-fé objetiva (lealdade e transparência, principalmente no momento pré-contratual.

 Jurisprudência

1. Juros remuneratórios nas relações de consumo

"1. Conforme decidido no Resp. n. 1.061.530/RS, submetido ao regime do art. 543-C do CPC/1973, a estipulação de juros remuneratórios em taxa superior a 12%

ao ano não indica, por si só, abusividade em face do consumidor, permitida a revisão dos contratos de mútuo bancário apenas quando fique demonstrado, no caso concreto, manifesto excesso da taxa praticada ante à média de mercado aplicada a contratos da mesma espécie" (STJ, AgInt no AREsp 1.486.943/RS, 4ª Turma, Rel. Min. Marco Buzzi, j. 26.08.2019, *DJe* 30.08.2019).

"2. A Segunda Seção, por ocasião do julgamento do REsp 1.061.530/RS, submetido ao rito previsto no art. 543-C do CPC, Relatora Ministra Nancy Andrighi, *DJe* 10.3.2009, consolidou o seguinte entendimento quanto aos juros remuneratórios: a) as instituições financeiras não se sujeitam à limitação dos juros remuneratórios estipulada na Lei de Usura (Decreto 22.626/33), Súmula 596/STF; b) a estipulação de juros remuneratórios superiores a 12% ao ano, por si só, não indica abusividade; c) são inaplicáveis aos juros remuneratórios dos contratos de mútuo bancário as disposições do art. 591 combinado com o art. 406 do CC/2002; d) é admitida a revisão das taxas de juros remuneratórios em situações excepcionais, desde que caracterizada a relação de consumo e que a abusividade (capaz de colocar o consumidor em desvantagem exagerada – art. 51, § 1º, do CDC) fique cabalmente demonstrada ante as peculiaridades do julgamento em concreto. 3. O Tribunal *a quo*, com ampla cognição fático-probatória, considerou notadamente demonstrada a abusividade da taxa de juros remuneratórios pactuada no contrato em relação à taxa média do mercado. Incidência da Súmula 7 do STJ. 4. A capitalização de juros não se encontra expressamente pactuada, não podendo, por conseguinte, ser cobrada pela instituição financeira. A inversão do julgado demandaria a análise dos termos do contrato, o que é vedado nesta esfera recursal extraordinária em virtude do óbice contido nas Súmulas 5 e 7 do Superior Tribunal de Justiça. 5. As tarifas de abertura de crédito (TAC) e emissão de carnê (TEC), por não estarem encartadas nas vedações previstas na legislação regente (Resoluções 2.303/1996 e 3.518/2007 do CMN), e ostentarem natureza de remuneração pelo serviço prestado pela instituição financeira ao consumidor, quando efetivamente contratadas, consubstanciam cobranças legítimas, sendo certo que somente com a demonstração cabal de vantagem exagerada por parte do agente financeiro é que podem ser consideradas ilegais e abusivas, o que não ocorreu no caso presente. 6. A cobrança de acréscimos indevidos a título de juros remuneratórios abusivos e de capitalização dos juros tem o condão de descaracterizar a mora do devedor. Precedentes" (STJ, REsp 1.246.622/RS, 4ª Turma, Rel. Min. Luis Felipe Salomão, j. 11.10.2011, *DJe* 16.11.2011).

"1. No tocante aos juros remuneratórios, a jurisprudência pacífica desta Corte Superior é no sentido de ser possível, de forma excepcional, a revisão da taxa de juros remuneratórios prevista em contratos de mútuo, sobre os quais incide a legislação consumerista, desde que a abusividade fique cabalmente demonstrada, mediante a colocação do consumidor em desvantagem exagerada (art. 51, § 1º, do CDC), de acordo com as peculiaridades do julgamento em questão" (STJ, AgInt no AREsp 1756365/MS, Rel. Min. Marco Aurélio Bellizze, 3ª Turma, j. 11.05.2021, *DJe* 14.05.2021).

2. Parâmetro da taxa média do mercado para definir juros abusivos

"1. Conforme decidido no Resp. n. 1.061.530/RS, submetido ao regime do art. 543-C do CPC/1973, a estipulação de juros remuneratórios em taxa superior a 12% ao ano não indica, por si só, abusividade em face do consumidor, permitida a revisão dos contratos de mútuo bancário apenas quando fique demonstrado, no caso concreto, manifesto excesso da taxa praticada ante à média de mercado aplicada a contratos da mesma espécie. 1.1 É inviável rever a conclusão do Tribunal estadual de que os juros remuneratórios, no caso, são abusivos quando comparados à taxa média de mercado, pois demandaria reexame de provas e interpretação de cláusula contratual, providências vedadas em recurso especial (Súmulas 5 e 7/STJ)" (STJ, AgInt no AREsp 1.486.943/RS, 4ª Turma, Rel. Min. Marco Buzzi, j. 26.08.2019, *DJe* 30.08.2019).

"2. De acordo com os parâmetros adotados por esta Corte, a revisão da taxa de juros remuneratórios exige significativa discrepância em relação à média praticada pelo mercado financeiro, circunstância não verificada, sendo insuficiente o simples fato de a estipulação ultrapassar 12% (doze por cento) ao ano, conforme dispõe a Súmula n. 382/STJ" (STJ, AgInt nos EDcl no REsp 1.448.368/SC, 4ª Turma, Rel. Min. Antonio Carlos Ferreira, j. 17.12.2019, *DJe* 19.12.2019).

"(...) 2. É admitida a revisão das taxas de juros remuneratórios em situações excepcionais, desde que caracterizada a relação de consumo e que a cobrança abusiva (capaz de colocar o consumidor em desvantagem exagerada – art. 51, § 1º, do CDC) fique cabalmente demonstrada, ante as peculiaridades do julgamento concreto. 3. Em conformidade com a jurisprudência pacífica desta Corte Superior, firmada por ocasião do julgamento do Recurso Especial 1.061.530/RS, submetido ao rito dos recursos repetitivos, instituído pelo artigo 543-C do CPC, 'o reconhecimento da abusividade nos encargos exigidos no período da normalidade contratual (juros remuneratórios e capitalização) descaracteriza a mora' (AgRg no AREsp 507.275/MG, Relator Ministro LUIS FELIPE SALOMÃO, QUARTA TURMA, julgado em 5/8/2014, DJe de 8/8/2014)" (STJ, AgInt no AREsp 1584971/RS, Rel. Min. Raul Araújo, 4ª Turma, j. 22.03.2021, *DJe* 13.04.2021).

3. Impossibilidade de adoção de critérios genéricos para definir taxa média do mercado

"1. A taxa média de juros do mercado pode ser considerada para fins de apuração da abusividade da taxa de juros remuneratórios cobrada do consumidor, devendo ser considerado, que a tal perquirição não é estanque, o que impossibilita a adoção de critérios genéricos e universais" (STJ, AgInt no REsp 1.846.548/RS, 4ª Turma, Rel. Min. Luis Felipe Salomão, j. 04.05.2020, *DJe* 12.05.2020).

4. Capitalização de juros, tarifa de abertura de cadastro (TAC) e de emissão de carnê (TEC)

"A jurisprudência firmada pela Segunda Seção deste Tribunal Superior, em sede de recurso especial representativo de controvérsia – REsp 973.827/RS, é no sentido de ser possível a cobrança da capitalização mensal dos juros, desde que atendidos os seguintes requisitos: a) existência de previsão contratual expressa da capitalização com periodicidade inferior a um ano; e b) tenha sido o contrato firmado após 31/03/2000, data da primeira edição da MP, então sob o nº 1963-17, não sendo admissível antes dessa data. Além disso, o entendimento deste Sodalício é no sentido de que havendo previsão contratual da taxa de juros anual superior ao duodécuplo da mensal, é suficiente para permitir a cobrança da taxa efetiva anual contratada. No presente caso, o Tribunal de origem consignou que não consta cláusula expressa informando o consumidor sobre a incidência desse encargo no contrato entabulado entre as partes. Alterar esse entendimento do acórdão recorrido não é possível em sede de recurso especial, em razão dos óbices das Súmulas 5 e 7 do STJ. 3. Admite-se a comissão de permanência, desde que não cumulada com outros encargos moratórios. Súmulas 30, 294 e 296/STJ. 4. A jurisprudência desta Corte possui entendimento de que, nos contratos bancários celebrados até 30.4.2008 (fim da vigência da Resolução CMN 2.303/96) era válida a pactuação das tarifas de abertura de crédito (TAC) e de emissão de carnê (TEC), ou outra denominação para o mesmo fato gerador, ressalvado o exame de abusividade em cada caso concreto. 5. A compensação de valores e a repetição de indébito são cabíveis sempre que verificado o pagamento indevido, em repúdio ao enriquecimento ilícito de quem o receber, independentemente da comprovação do erro" (STJ, AgInt no REsp 1.480.331/RS, 4ª Turma, Rel. Min. Luis Felipe Salomão, j. 03.10.2017, *DJe* 05.10.2017).

5. Cumulação (capitalização) de juros

"2. A capitalização de juros consiste na incorporação dos juros ao capital ao final de cada período de contagem. 3. O retrospecto histórico do ordenamento jurídico pátrio acerca da regência legal da capitalização de juros denota que desde tempos remotos é proibido contar juros sobre juros, permitida a acumulação de juros vencidos aos saldos líquidos em conta corrente de ano a ano. 4. Com a evolução, passou-se a admitir a cobrança de juros sobre juros em contratos outros, desde que houvesse lei especial regulatória, bem ainda, prévio ajuste do encargo. 5. Tendo em vista que nos contratos bancários é aplicável o Código de Defesa do Consumidor (Súmula 297/STJ), a incidência da capitalização anual de juros não é automática, devendo ser expressamente pactuada, visto que, ante o princípio da boa-fé contratual e a hipossuficiência do consumidor, esse não pode ser cobrado por encargo sequer previsto contratualmente. 6. A jurisprudência consolidada nesta Corte Superior é no sentido de que a cobrança de juros capitalizados em periodicidade anual nos contratos de mútuo firmado com instituições financeiras é permitida quando houver expressa pactuação. Precedentes. 7. Na hipótese, não colacionado aos autos o contrato firmado entre as partes, inviável presumir o ajuste do encargo" (STJ, AgRg no AREsp 429.029/PR, 2ª Seção, Rel. Min. Marco Buzzi, j. 09.03.2016, *REPDJe* 18.04.2016, *DJe* 14.04.2016).

"A Segunda Seção do STJ, em recurso representativo da controvérsia, firmou o entendimento de que, após a Medida Provisória n. 1.963-17/2000, é permitida a capitalização de juros em periodicidade inferior à anual, quando expressamente pactuada, assim considerada a previsão no contrato bancário de taxa de juros anual superior ao duodécuplo da mensal" (STJ, AgInt no AREsp 1756365/MS, Rel. Min. Marco Aurélio Bellizze, 3ª Turma, j. 11.05.2021, *DJe* 14.05.2021).

6. Abusividade dos juros remuneratórios descaracteriza a mora do consumidor

"Em conformidade com a jurisprudência pacífica desta Corte Superior, firmada por ocasião do julgamento do Recurso Especial 1.061.530/RS, submetido ao rito dos recursos repetitivos, instituído pelo artigo 543-C do CPC, "o reconhecimento da abusividade nos encargos exigidos no período da normalidade contratual (juros remuneratórios e capitalização) descaracteriza a mora" (AgRg no AREsp 507.275/MG, Relator Ministro LUIS FELIPE SALOMÃO, QUARTA TURMA, julgado em 5/8/2014, DJe de 8/8/2014)" (STJ, AgInt no AREsp 1584971/RS, Rel. Min. Raul Araújo, 4ª Turma, j. 22.03.2021, *DJe* 13.04.2021).

7. Comissão de permanência

"É admissível a cobrança de comissão de permanência – tão somente no período de inadimplência – calculada pela taxa média de mercado apurada pelo Banco Central do Brasil, limitada, contudo, à taxa do contrato, sendo vedada, entretanto, a sua cumulação com juros remuneratórios, correção monetária, juros moratórios ou multa contratual. Constatada, no caso, a cobrança de juros moratórios e multa moratória, afasta-se a incidência da comissão de permanência" (STJ, AgRg no REsp 1.299.742/RS, 4ª Turma, Rel. Min. Luis Felipe Salomão, j. 19.04.2012, *DJe* 24.04.2012).

"3. É válida a cláusula contratual que prevê a cobrança da comissão de permanência, calculada pela taxa média de mercado apurada pelo Banco Central do Brasil, de acordo com a espécie da operação, tendo como limite máximo o percentual contratado (Súmula nº 294/STJ). 4. Referida cláusula é admitida apenas no período de inadimplência, desde que pactuada e não cumulada com os encargos da normalidade (juros remuneratórios e correção monetária) e/ou com os encargos moratórios (juros moratórios e multa contratual). Inteligência das Súmulas nº 30 e nº 296/STJ" (STJ, AgRg no AREsp 347.751/RS, 3ª Turma, Rel. Min. Ricardo Villas Bôas Cueva, j. 15.12.2015, *DJe* 02.02.2016).

"2. É possível a cobrança de comissão de permanência, observados os entendimentos contidos na Súmula 30/STJ ('A comissão de permanência e a correção monetária são inacumuláveis') e na Súmula 296/STJ ('Os juros remuneratórios, não cumuláveis com a comissão de permanência, são devidos no período de inadimplência, à taxa média de mercado estipulada pelo Banco Central do Brasil, limitada ao percentual contratado')" (STJ, AgInt nos EDcl no REsp 1.382.141/SC, 4ª Turma, Rel. Min. Raul Araújo, j. 18.02.2020, *DJe* 12.03.2020).

8. Multa de 2% aplica-se a qualquer contrato de consumo

"Os contratos de prestação de serviços de telefonia, por envolverem relação de consumo, estão sujeitos à regra prevista no § 1º do art. 52 do Código de Defesa do Consumidor, segundo a qual é de até 2% do valor da prestação (e não de 10%) a multa de mora decorrente do inadimplemento de obrigação no seu termo" (STJ, REsp 436.224/DF, Rel. Min. Teori Albino Zavascki, j. 18.12.2007, *DJ* 11.02.2008).

"Consumidor. Contrato de prestações de serviços educacionais. Mensalidades escolares. Multa moratória de 10% limitada em 2%. Art. 52, § 1º, do CDC. Aplicabilidade. Interpretação sistemática e teleológica. Equidade. Função social do contrato. É aplicável aos contratos de prestações de serviços educacionais o limite de 2% para a multa moratória, em harmonia com o disposto no § 1º do art. 52, § 1º, do CDC" (STJ, REsp 476.649/SP, 3ª Turma, Rel. Min. Nancy Andrighi, j. 20.11.2003, *DJ* 25.02.2004).

"A redução da multa moratória para 2% prevista no art. 52, § 1º, do Código de Defesa do Consumidor – CDC aplica-se às relações de consumo de natureza contratual" (STJ, AgRg no REsp 1.168.789/SP, Rel. Min. Herman Benjamin, j. 18.03.2010, *DJe* 06.04.2010).

9. Multa de 2% é cabível apenas para contratos firmados após vigência da Lei 9.298/1996

"(...) é legítima a cobrança da multa moratória de 10%, no caso de inadimplemento da obrigação, apenas quando firmado o contrato antes da vigência da Lei 9.298/1996, que modificou o Código de Defesa do Consumidor, uma vez que a redução da multa para 2% é cabível nos contratos celebrados após sua vigência. Precedentes. (AgRg no REsp 1.197.946/MA, j. 24.09.2013, rel. Min. Marco Buzzi, *DJe* 04.10.2013)" (STJ, AgRg no AREsp 347.751/RS, Rel. Min. Ricardo Villas Bôas Cueva, j. 15.12.2015, *DJe* 02.02.2016).

10. Possibilidade de redução judicial da multa de 10% para 2%

"É possível a redução da multa moratória de 10% (dez por cento) para 2% (dois por cento) na hipótese de contratos celebrados após a edição da Lei 9.298/96, que modificou o Código de Defesa do Consumidor, nos termos da jurisprudência do Superior Tribunal de Justiça" (STJ, AgInt no REsp 1.598.229/SC, 4ª Turma, Rel. Min. Raul Araújo, j. 10.12.2019, *DJe* 04.02.2020).

11. Não se aplica a limitação da multa moratória quando não configurada a relação de consumo

"Inexistindo relação de consumo entre as partes, não se aplicam as disposições do artigo 52, § 1º, do Código de Defesa o Consumidor, alterado pela Lei 9.278/96, que limita a multa moratória em 2% (dois por cento)" (STJ, AgInt no AREsp 1704403/SP, Rel. Min. Maria Isabel Gallotti, 4ª Turma, j. 08.03.2021, *DJe* 11.03.2021).

Art. 53. Nos contratos de compra e venda de móveis ou imóveis mediante pagamento em prestações, bem como nas alienações fiduciárias em garantia, consideram-se nulas de pleno direito as cláusulas que estabeleçam a perda total das prestações pagas em benefício do credor que, em razão do inadimplemento, pleitear a resolução do contrato e a retomada do produto alienado.

§ 1º (Vetado).[16]

§ 2º Nos contratos do sistema de consórcio de produtos duráveis, a compensação ou a restituição das parcelas quitadas, na forma deste artigo, terá descontada, além da vantagem econômica auferida com a fruição, os prejuízos que o desistente ou inadimplente causar ao grupo.

§ 3º Os contratos de que trata o *caput* deste artigo serão expressos em moeda corrente nacional.

 Legislação correlata

Código Civil, art. 408 e seguintes.

Lei 4.591/1964 (Lei de Incorporação Imobiliária).

---

[16]   Mensagem de Veto 664/90, *do § 1º do art. 53*: "Torna-se necessário dar disciplina mais adequada à resolução dos contratos de compra e venda, por inadimplência do comprador. A venda de bens mediante pagamento em prestações acarreta diversos custos para o vendedor, que não foram contemplados na formulação do dispositivo. A restituição das prestações monetariamente corrigidas, sem levar em conta esses aspectos, implica tratamento iníquo, de consequências imprevisíveis e danosas para os diversos setores da economia".

Lei 6.766/1979 (Lei do Parcelamento do Solo).

Decreto-lei 911/1969 (Alienação fiduciária de móveis).

Lei 9.514/1997 (Alienação fiduciária de imóveis).

Lei 13.786/2018 (Lei do Distrato).

 Análise doutrinária

1. Cláusula penal compensatória em contratos de incorporação imobiliária, consórcios e outros

O *caput* do art. 53 trata especificamente de *cláusula penal compensatória* para contratos que envolvem pagamento de prestações e alienação fiduciária. A preocupação é evidente: evitar enriquecimento sem causa do fornecedor que, além de ter a posse novamente do bem, receberia de volta tudo que o consumidor pagou.

A cláusula penal compensatória está prevista no art. 408 e seguintes do CC. Tem incidência em face de inexecução do contrato. Sua função é estabelecer previamente o valor das perdas e danos decorrentes da resolução do contrato. Na maior parte das vezes, como o valor indenizatório é estabelecido unilateralmente pela parte mais forte, a cláusula se mostra abusiva.

No próprio Código Civil, que disciplina relações de pessoas que estão em maior nível de igualdade, há previsão de possibilidade de redução judicial do valor da cláusula. Quer-se evitar o enriquecimento sem causa do credor. Após estabelecer que a cláusula penal não pode ser superior ao valor da obrigação principal, o art. 413 do CC dispõe que "a penalidade deve ser reduzida equitativamente pelo juiz se a obrigação principal tiver sido cumprida em parte, ou se o montante da penalidade for manifestamente excessivo, tendo-se em vista a natureza e a finalidade do negócio".

Nas relações de consumo, o propósito em evitar enriquecimento sem causa do fornecedor já decorre do disposto no art. 51, IV, o qual considera abusiva a cláusula que coloque o consumidor em desvantagem exagerada. O tema gerou amplo debate no STJ, particularmente na definição do limite máximo do valor que a empresa de incorporação imobiliária (venda de imóveis em construção) pode reter, em face de inadimplemento do consumidor. Tal disposição contratual é denominada por alguns autores de *cláusula de decaimento*. Sua natureza é de cláusula penal compensatória, ou seja, prefixação de perdas e danos a ser paga pelo consumidor com a resolução do contrato.

Como, em regra, o imóvel está em construção, o fornecedor, com a resolução do contrato, realiza a promessa de venda do imóvel para outro consumidor. Em outras palavras, ao lado da retenção de parte do valor pago, a título de cláusula penal compensatória, o incorporador "recebe de volta" o imóvel, o que permite nova comercialização da unidade imobiliária.

Logo após a edição do CDC, muitas incorporadoras imobiliárias inseriram em seus contratos cláusulas com previsão, na hipótese de resolução do contrato, de perda de 90% do valor pago pelo consumidor, sob o argumento de que o CDC vedava unicamente a *perda total* das prestações. A jurisprudência reagiu e pontuou, corretamente, que o contido no art. 53 deve ser analisado em harmonia com outros dispositivos legais, inclusive do Código Civil, que limitam o valor da cláusula penal compensatória (art. 413).

Após debates e evolução da matéria, considerou-se o disposto nos arts. 51, IV, e 53 do CDC e no art. 413 do Código Civil, para definir os limites máximos da cláusula penal compensatória nos contratos de incorporação imobiliária. Em regra, houve redução do percentual da cláusula, considerando-se que, na maioria dos casos, o imóvel (ainda em construção) voltaria para a empresa comercializar novamente o bem. Num primeiro momento, a Corte manifestou-se no sentido de que a incorporadora não poderia reter mais do que 10% dos valores pagos. Esse valor foi posteriormente ampliado e, conforme as peculiaridades do caso, poderia ser aumentado para até 25% dos valores pagos.

Foi, também, com a preocupação de evitar enriquecimento sem causa do incorporador que a Corte, antes da edição da Lei do Distrato (Lei 13.786/2018), declarou a nulidade de cláusula contratual que obriga o consumidor a esperar o término de construção do edifício para devolução do dinheiro a que tem direito.

Em agosto de 2005, o STJ editou a Súmula 543: "Na hipótese de resolução de contrato de promessa de compra e venda de imóvel submetido ao Código de Defesa do Consumidor, deve ocorrer a imediata restituição das parcelas pagas pelo promitente comprador – integralmente, em caso de culpa exclusiva do promitente vendedor/construtor, ou parcialmente, caso tenha sido o comprador quem deu causa ao desfazimento".

No final de 2018, foi promulgada a Lei 13.786, que ficou conhecida como Lei do Distrato. A norma altera parcialmente a Lei 4.591/1964 (incorporação imobiliária) e, também, a Lei 6.766/1979 (parcelamento do solo) para estabelecer os limites da multa para resolução e contratos de compra de imóvel em construção e lotes decorrentes de parcelamento de solo urbano, bem como os prazos de devolução dos valores pagos pelo consumidor.

Com relação à incorporação imobiliária, restou estabelecido no art. 67-A da Lei 4.591/1964 que, "em caso de desfazimento do contrato celebrado exclusivamente com o incorporador, mediante distrato ou resolução por inadimplemento absoluto de obrigação do adquirente, este fará jus à restituição das quantias que houver pago diretamente ao incorporador, atualizadas com base no índice contratualmente estabelecido para a correção monetária das parcelas do preço do imóvel, delas deduzidas, cumulativamente: I – a integralidade da comissão de corretagem; II – a pena convencional, que não poderá exceder a 25% (vinte e cinco por cento) da quantia paga". Ademais, o § 2º do dispositivo realiza previsão detalhada dos valores a serem compensados quando o consumidor usufruiu do imóvel.

No tocante ao prazo de devolução dos valores devidos ao consumidor, foram fixados dois limites. Quando a incorporação estiver submetida ao registro de patrimônio de afetação (Lei 10.931/2004), os valores devem ser devolvidos "no prazo máximo de 30 (trinta) dias após o habite-se" (§ 5º do art. 67-A da Lei 4.591/1964). Caso a incorporação não esteja submetida ao referido regime, "o pagamento será realizado em parcela única, após o prazo de 180 (cento e oitenta) dias, contado da data do desfazimento do contrato" (§ 6º do art. 67-A da Lei 4.591/1964).

Acrescente-se que, em caso de contrato de alienação fiduciária de imóvel, regido pela Lei 9.514/1997, é entendimento do STJ que, em caso de inadimplemento do consumidor, aplicam-se as regras dos arts. 26 e 27 da referida norma. Afasta-se o disposto no art. 53 do CDC.

Em relação aos imóveis decorrentes de parcelamento do solo urbano, além de prever detalhadamente os valores que podem ser retidos pelo fornecedor em caso de rescisão, estipularam-se os prazos para devolução ao consumidor. O pagamento da restituição ocorrerá em até 12 parcelas mensais, com início após o seguinte prazo de carência: 1) prazo máximo de 180 dias após o previsto em contrato para conclusão das obras (em loteamentos com obras em andamento); 2) prazo máximo de doze meses após a formalização da rescisão contratual (em loteamentos com obras concluídas): no prazo máximo de 12 meses após a formalização da rescisão contratual (art. 32-A da Lei 6.766/1979).

2. Consórcios

O sistema de consórcio é uma espécie de autofinaciamento, uma alternativa para evitar os altos custos dos empréstimos bancários no Brasil. Cuida-se de grupo de pessoas que contribuem mensalmente com determinado valor para um fundo que oferece suporte para futura aquisição de eletrodomésticos, veículos, imóveis etc. Mensalmente, por sorteio ou lance, pessoas do grupo (consumidores) são contempladas com *carta de crédito* para utilizar a sua cota e adquirir o bem. Devem, mesmo com a aquisição do bem, continuar contribuindo até o encerramento do grupo. O consórcio é administrado por pessoa jurídica, a qual é fiscalizada diretamente pelo Banco Central do Brasil.

O § 2º do art. 53 traz regra para sistema de consórcio de produtos duráveis. A preocupação é a mesma do *caput* do art. 53 – evitar enriquecimento sem causa –, só que, agora, com foco no consumidor. Estabelece o dispositivo que o consumidor desistente – que simplesmente deixa de pagar sua contribuição –, quando receber de volta as parcelas quitadas, tem que descontar, além da vantagem econômica auferida com a fruição, os prejuízos que causar ao grupo de consorciados.

Questões relativas a consórcio foram, com frequência, examinadas pelo Superior Tribunal de Justiça. Em 1991, a Corte editou a Súmula 35, que estabelece a incidência de correção monetária sobre os valores a serem devolvidos ao consumidor, em face de sua retirada ou exclusão do grupo.

O STJ também analisou limite do valor da taxa de administração, ao editar a Súmula 538: "As administradoras de consórcio têm liberdade para estabelecer a respectiva taxa de administração, ainda que fixada em percentual superior a dez por cento". Acrescente-se entendimento de que a restituição dos valores devidos ao desistente deve ocorrer, mas até trinta dias da data prevista para encerramento do grupo.

Em caso de consórcio de carros, quando o bem é utilizado pelo consumidor, o entendimento é no sentido de que devem prevalecer as disposições do Decreto-lei 911/1969, que trata da alienação fiduciária em garantia, ou seja, após venda extrajudicial do veículo, apura-se se há valores a serem devolvidos ou se há diferença a ser paga.

 Dicas práticas

O profissional do direito deve ficar atento ao fato de que a Lei do Distrato altera substancialmente a jurisprudência do STJ sobre os valores que podem ser retidos pelo incorporador em face de rescisão de compra de imóvel na planta.

Jurisprudência

1. Consórcio, desistência e correção monetária dos valores devidos ao consumidor

Súmula 35 do STJ: "Incide correção monetária sobre as prestações pagas, quando de sua restituição, em virtude da retirada ou exclusão do participante de plano de consórcio".

2. Consórcio e liberdade para fixar valor da taxa de administração

Súmula 538 do STJ: "As administradoras de consórcio têm liberdade para estabelecer a respectiva taxa de administração, ainda que fixada em percentual superior a dez por cento".

3. Consórcio de veículos e prevalência do Decreto-lei 911/1969 na devolução dos valores ao consumidor

"Ação de cobrança movida por consórcio para obtenção da diferença não coberta pela venda de automóvel alienado fiduciariamente. Bem que se encontrava na posse direta do consumidor à época do inadimplemento. Reconvenção. Alegação de cobrança indevida, pois o art. 53 do CDC garante ao consorciado a devolução dos valores pagos em caso de desistência do negócio. Análise do alcance de tal artigo em consonância com o regramento específico do Decreto-lei nº 911/69. Peculiaridades da espécie. – É por demais conhecida a jurisprudência do STJ no sentido de que o art. 53 do CDC fundamenta, em certas relações jurídicas – como as relativas a compromisso de compra e venda de imóvel e, em alguns casos, o próprio consórcio – a devolução das parcelas pagas pelo consumidor, apenas com uma retenção relativa a custos de administração e eventuais indenizações. – Ocorre que, no âmbito dos consórcios, essa discussão tem sido posta quando a desistência do consumidor se dá antes de que este passe a ter a posse do bem. Na presente hipótese, ao contrário, é fato incontroverso que o consorciado foi contemplado logo no início do plano, tendo feito uso do automóvel alienado fiduciariamente durante quase três anos. – Tal fato provoca, necessariamente, uma mudança de perspectiva na discussão. O tema da alienação fiduciária se sobrepõe, no estado em que a lide se encontra, ao tema do consórcio. Com efeito, se é admitida aquela operação de crédito no âmbito deste plano e o consumidor já usufrui do bem, as regras predominantes em caso de posterior inadimplemento devem ser as relativas ao Decreto-lei nº 911/69. Haveria indisfarçável desequilíbrio se fosse dado ao consumidor o direito à restituição integral do quanto pago após quase três anos de uso de um bem que, particularmente, sofre forte depreciação com o tempo" (STJ, REsp 997.287/SC, 3ª Turma, Rel. Min. Nancy Andrighi, j. 17.12.2009, *DJe* 02.02.2010).

4. Consórcio, fundo de reserva e devolução dos valores em até 30 dias do prazo previsto para encerramento do plano

"2. Recurso especial em que se discute se o consorciado que se retira antecipadamente do grupo de consórcio faz jus à devolução do montante pago a título de fundo de reserva, bem como se os valores devolvidos estão sujeitos a correção monetária. (...) 4. Conforme decidido pela 2ª Seção do STJ no julgamento de recurso afetado como representativo de controvérsia repetitiva nos termos do art. 543-C do CPC, é devida a restituição de valores vertidos por consorciado desistente ao grupo de consórcio, mas não de imediato, e sim em até trinta dias a contar do prazo previsto contratualmente para o encerramento do plano. 5. Nos termos do Enunciado nº 35 da Súmula/STJ, incide correção monetária sobre as prestações pagas em virtude da retirada ou exclusão do participante de plano de consórcio. 6. O fundo de reserva visa a conferir maior segurança ao grupo de consórcio, assegurando o seu perfeito equilíbrio e regular funcionamento, resguardando o fundo comum contra imprevistos como a inadimplência. 7. Por se tratar de uma verba com destinação específica, uma vez encerrado o grupo, eventual saldo positivo da conta deverá ser rateado entre todos os consorciados, inclusive os desistentes, na proporção de sua contribuição. 8. Considerando que o consorciado desistente somente irá receber seus haveres ao final, após o encerramento contábil do grupo – quando todos os participantes já terão sido contemplados e todas as despesas e encargos do grupo, inclusive os decorrentes de inadimplência e retirada antecipada, já estarão pagos – não há motivo para excluí--lo da devolução de eventual saldo do fundo de reserva" (STJ, REsp 1.363.781/SP, 3ª Turma, Rel. Min. Nancy Andrighi, j. 18.03.2014, *DJe* 26.03.2014).

5. Consórcio de veículo e responsabilidade da concessionária

"Responsabilidade solidária da montadora perante os consumidores que aderiram a grupo de consórcio formado irregularmente pela concessionária. 4. Aplicação da teoria da aparência ao caso, tendo em vista a legítima expectativa gerada nos consumidores em virtude da ampla utilização (cf. art. 3º, inciso III, da Lei Ferrari) da marca da montadora pela concessionária. Julgados desta Corte Superior" (STJ, AgInt no REsp 1757698/PR, Rel. Min. Paulo De Tarso Sanseverino, 3ª Turma, j. 12.04.2021, DJe 15.04.2021).

6. Enriquecimento ilícito na devolução dos valores ao consumidor somente ao final da obra

Súmula 543 do STJ: "Na hipótese de resolução de contrato de promessa de compra e venda de imóvel submetido ao Código de Defesa do Consumidor, deve ocorrer a imediata restituição das parcelas pagas pelo promitente comprador – integralmente, em caso de culpa exclusiva do promitente vendedor/construtor, ou parcialmente, caso tenha sido o comprador quem deu causa ao desfazimento".

"Há enriquecimento ilícito da incorporadora na aplicação de cláusula que obriga o consumidor a esperar pelo término completo das obras para reaver seu dinheiro, pois aquela poderá revender imediatamente o imóvel sem assegurar, ao mesmo tempo, a fruição pelo consumidor do dinheiro ali investido" (STJ, AgRg no REsp 1.219.345/SC, Rel. Min. Sidnei Beneti, j. 15.02.2011, *DJe* 28.02.2011).

"Revela-se abusiva, por ofensa ao art. 51, II e IV, do CDC, a cláusula contratual que determina, em caso de rescisão de promessa de compra e venda de imóvel, a restituição das parcelas pagas somente ao término da obra, haja vista que poderá o promitente vendedor, uma vez mais, revender o imóvel a terceiros e, a um só tempo, auferir vantagem com os valores retidos, além do que a conclusão da obra atrasada, por óbvio, pode não ocorrer. Precedentes" (STJ, AgRg no REsp 997.956/SC, Rel. Min. Luis Felipe Salomão, j. 26.06.2012, *DJe* 02.08.2012).

7. Incorporação imobiliária e Ilegalidade de devolução dos valores ao consumidor por meio de carta de crédito

"1. A análise da abusividade da cláusula de decaimento 'é feita tanto frente ao direito tradicional e suas noções de abuso de direito e enriquecimento ilícito, quanto frente ao direito atual, posterior à entrada em vigor do CDC, tendo em vista a natureza especial dos contratos perante os consumidores e a imposição de um novo paradigma de boa-fé objetiva, equidade contratual e proibição da vantagem excessiva nos contratos de consumo (art. 51, IV) e a expressa proibição de tal tipo de cláusula no art. 53 do CDC'. 2. Ao dispor o contrato que a devolução dos referidos valores ao adquirente se daria por meio de duas cartas de crédito, vinculadas à aquisição de um outro imóvel da mesma construtora, isso significa, efetivamente, que não haverá devolução alguma, permanecendo o consumidor-adquirente submetido à construtora, visto que, o único caminho para não perder as prestações já pagas, será o de adquirir uma outra unidade imobiliária da recorrente" (STJ, REsp 437.607/PR, 4ª Turma, Rel. Min. Hélio Quaglia Barbosa, j. 15.05.2007, *DJ* 04.06.2007).

8. Lei do Distrato, tolerância pelo atraso da obra e multa pelo adimplemento tardio do fornecedor

"3. A multa pelo adimplemento tardio constitui pacto acessório por meio do qual as partes determinam previamente uma sanção (geralmente, mas não necessariamente, em pecúnia), consubstanciando prefixação de indenização por inadimplemento relativo (quando se mostrar útil o adimplemento, ainda que defeituoso), o que recebe a denominação de cláusula penal moratória. 4. No caso, o *Parquet* recorrente pretende o julgamento de procedência dos pedidos formulados na inicial, aduzindo que, para a obrigação do consumidor – pagamento do preço –, sempre que não haja pagamento integral à vista, o consumidor se sujeita ao pagamento de multa moratória correspondente a percentual do valor da prestação em atraso, fixada no teto legal de 2% (art. 52, § 1º, do CDC), devendo ser estabelecida em contrato a mesma cláusula penal para a ré. Esse pleito é nocivo ao consumidor, pois, evidentemente, em qualquer hipótese, limita a indenização pelo adimplemento tardio a, no máximo, 2% do preço do imóvel, o que pode não ser suficiente à reparação do dano caso o inadimplemento tenha perdurado por muitos meses. 5. Em vista disso, quando do julgamento de dois recursos repetitivos – Tema 971 –, no acórdão referente ao REsp 1.614.721/DF, em consequência dos limites mais amplos do pedido inicial e recursal, a Segunda Seção solucionou a questão, ponderando ser inegável haver casos em que a previsão contratual de multa limita-se a um único montante ou percentual para o período de mora (por exemplo, multa de 2% do preço do imóvel, atualizado pelos mesmos índices contratuais), que pode ser insuficiente à reparação integral do dano (lucros cessantes) daquele que apenas aderiu ao contrato. Por isso, estabeleceu-se a possibilidade de a autora optar pela indenização pelo período de mora, tomando-se como parâmetro a cláusula penal moratória estabelecida apenas em benefício da incorporadora, afastando-se, nesse caso, a condenação ao pagamento de lucros cessantes. 6. Ademais, como o legitimado extraordinário vindica ao Judiciário disciplinar contratos futuros, o acolhimento do pleito exordial ainda violaria o art. 43-A, § 2º, da Lei n. 4.591/1964 – incluído pela novel Lei n. 13.786/2018 (Lei dos Distratos) –, o qual estabelece que, na hipótese de entrega do imóvel estender-se por prazo superior àquele previsto no *caput* desse artigo, não se tratando de resolução do contrato, será devida ao adquirente adimplente, por ocasião da entrega da unidade, indenização de 1% (um por cento) do valor efetivamente pago à incorporadora, para cada mês de atraso, *pro rata die*, corrigido monetariamente conforme índice estipulado em contrato. 7. No tocante à cláusula de tolerância para entrega de imóvel 'na planta', é 'firme a jurisprudência do STJ no sentido de que, apesar de não considerar abusiva a cláusula de tolerância, deve-se respeitar o prazo máximo de 180 dias para fins de atraso da entrega da unidade habitacional' (AgInt no REsp n. 1737415/SP, Rel. Min. Luis Felipe Salomão, Quarta Turma, julgado em 24/9/2019, *DJe* 30/9/2019). Da mesma forma, como pretende disciplinar contratos futuros, o acolhimento do pleito formulado na inicial igualmente violaria o art. 43-A, *caput*, da Lei n. 4.591/1964 – incluído pela Lei n. 13.786/2018 –, o qual estabelece que a entrega do imóvel em até 180 dias corridos da data estipulada contratualmente como sendo a prevista para a conclusão do empreendimento, desde que expressamente pactuado – o que é incontroverso em relação aos contratos de adesão da ré –, de forma clara e destacada, não dará causa à resolução do contrato por parte do adquirente nem ensejará o pagamento de nenhuma penalidade pelo incorporador. 9. Recurso especial parcialmente provido, apenas para reconhecer a legitimidade ativa do Ministério Público Estadual" (STJ, REsp 1.549.850/SP, 4ª Turma, Rel. Min. Luis Felipe Salomão, j. 20.02.2020, *DJe* 19.05.2020).

9. Não aplicação do art. 53 do CDC em contratos de alienação fiduciária de imóvel

"O Superior Tribunal de Justiça pacificou o entendimento de que, diante da incidência do art. 27, § 4º, da Lei 9.514/1997, que disciplina de forma específica a aquisição de imóvel mediante garantia de alienação fiduciária, não se cogita da aplicação do art. 53 do Código de Defesa do Consumidor, em caso de rescisão do contrato por iniciativa do comprador, ainda que ausente o inadimplemento" (STJ, AgInt no AREsp 1689082/SP, Rel. Min. Maria Isabel Gallotti, 4ª Turma, j. 16.11.2020, *DJe* 20.11.2020).

"O Superior Tribunal de Justiça tem entendimento consolidado no sentido de que, na hipótese de inadimplemento do devedor em contrato de alienação fiduciária em garantia de bens imóveis, a quitação da dívida deve se dar na forma dos arts. 26 e 27 da Lei nº 9.514/1997, afastando-se as regras previstas no Código de Defesa do Consumidor" (STJ, AgInt no REsp 1844226/SP, Rel. Min. Ricardo Villas Bôas Cueva, 3ª Turma, j. 08.02.2021, *DJe* 12.02.2021).

10. Resolução do contrato de alienação fiduciária de imóvel e devolução dos valores pagos

"2. A controvérsia resume-se a definir (i) a possibilidade de o adquirente de imóvel requerer a resolução do contrato de compra e venda com pacto adjeto de alienação fiduciária em garantia devido à impossibilidade de pagamento das prestações, com a consequente devolução dos valores pagos, e (i) a incidência dos art. 26 e 27 da Lei nº 9.514/1997. 3. Vencida e não paga a dívida, o devedor fiduciante deve ser constituído em mora, conferindo-lhe o direito de purgá-la, sob pena de a propriedade ser consolidada em nome do credor fiduciário com o intuito de satisfazer a obrigação. Precedente. 4. A consolidação da propriedade em nome do credor fiduciário e a posterior venda do imóvel em leilão pressupõem o inadimplemento do devedor fiduciante. 5. O inadimplemento, para fins de aplicação dos arts. 26 e 27 da Lei 9.514/1997, não se restringe à ausência de pagamento no tempo, modo e lugar convencionados (mora), abrangendo também o comportamento contrário à continuidade da avença, sem a ocorrência de fato (culpa) imputável ao credor. 6. O pedido de resolução do contrato de compra e venda com pacto de alienação fiduciária em garantia por desinteresse do adquirente configura inadimplemento antecipado do negócio, ensejando a aplicação dos arts. 26 e 27 da Lei 9.514/1997. 7. A devolução das quantias pagas pelo devedor fiduciante observará a disposições previstas nos §§ 4º e 5º do art. 27 da Lei nº 9.514/1997, salvo se frustrada a venda do imóvel, hipótese na qual inexistirá obrigação de restituir valores" (STJ, REsp 1792003/SP, Rel. Min. Ricardo Villas Bôas Cueva, 3ª Turma, j. 15.06.2021, *DJe* 21.06.2021).

Seção III
Dos contratos de adesão

Art. 54. Contrato de adesão é aquele cujas cláusulas tenham sido aprovadas pela autoridade competente ou estabelecidas unilateralmente pelo fornecedor de produtos ou serviços, sem que o consumidor possa discutir ou modificar substancialmente seu conteúdo.

§ 1º A inserção de cláusula no formulário não desfigura a natureza de adesão do contrato.

§ 2º Nos contratos de adesão admite-se cláusula resolutória, desde que alternativa, cabendo a escolha ao consumidor, ressalvando-se o disposto no § 2º do artigo anterior.

§ 3º Os contratos de adesão escritos serão redigidos em termos claros e com caracteres ostensivos e legíveis, cujo tamanho da fonte não será inferior ao corpo doze, de modo a facilitar sua compreensão pelo consumidor.

§ 4º As cláusulas que implicarem limitação de direito do consumidor deverão ser redigidas com destaque, permitindo sua imediata e fácil compreensão.

§ 5º (Vetado).[17]

---

[17]   Mensagem de Veto 664/90, do *§ 5º do art. 54*: "Tais dispositivos transgridem o art. 128, § 5º, da Constituição Federal, que reserva à lei complementar a regulação inicial das atribuições e da organização do Ministério Público. O controle amplo e geral da legitimidade de atos jurídicos somente pode ser confiado ao Poder Judiciário (CF, art. 5º, XXXV). Portanto, a outorga de competência ao Ministério Público para proceder ao controle abstrato de cláusulas contratuais desfigura o perfil que o Constituinte imprimiu a essa instituição (CF, arts. 127 e 129). O controle abstrato de cláusulas contratuais está adequadamente disciplinado no art. 51, § 4°, do Projeto. Vetado o § 3º do art. 51, impõe-se, também, vetar o § 5º do art. 54.

Por outro lado, somente pode haver litisconsórcio (art. 82, § 2º) se a todos e a cada um tocar qualidade que lhe autorize a condução autônoma do processo. O art. 128 da Constituição não admite o litisconsórcio constante do projeto".

Legislação correlata

Código Civil, arts. 421 a 424.

Análise doutrinária

1. Regras e limites do contrato de adesão

O CDC, no art. 54, após definir o *contrato de adesão*, apresenta regras específicas para sua elaboração e apresentação. O objetivo, mais uma vez, decorre da ideia de *confiança* e *transparência* (boa-fé objetiva) que deve nortear as relações de consumo. Daí a preocupação com a objetividade e clareza do instrumento contratual e real compreensão do consumidor quanto ao seu conteúdo, os direitos e obrigações decorrentes do vínculo contratual.

Inicialmente, reitere-se a possibilidade de contratos verbais e até mesmo tácitos nas relações de consumo. Todavia, quanto maior o valor envolvido (preço) e tempo de vínculo do consumidor com o fornecedor, maior a formalidade e, consequentemente, necessidade de documento escrito. Portanto, a contratação de inúmeros serviços e aquisição de bens, tais como os relacionados a plano de saúde, imóvel, previdência privada, conta bancária, empréstimo, telefonia, TV por assinatura etc., ocorre por meio de contrato de adesão.

O *caput* do art. 54 do CDC assim define o contrato de adesão como "aquele cujas cláusulas tenham sido aprovadas pela autoridade competente ou estabelecidas unilateralmente pelo fornecedor de produtos ou serviços, sem que o consumidor possa discutir ou modificar substancialmente seu conteúdo". Em síntese, cuida-se de documento elaborado unilateralmente pelo fornecedor que já contém as cláusulas que devem reger a futura relação contratual. A maior velocidade na contratação e venda de produtos e serviços, bem como a previsibilidade do custo empresarial são os principais motivos para a intensa utilização dos contratos de adesão. Todavia, tal técnica de contratação, embora inerente à sociedade industrial e massificada, reduz, significativamente, a vontade real do consumidor.

O papel da vontade e consentimento do aderente (consumidor) é tão pequeno que já se negou doutrinariamente o caráter contratual – que pressupõe conjugação de vontades – do contrato de adesão. Fato é que a Lei 8.078/1990, embora com restrições, aceita o contrato de adesão como instrumento hábil para a aquisição de produtos e serviços.

A inclusão de algumas cláusulas manuscritas e o preenchimento de campos *em branco* com dados do consumidor e outras informações não afastam o caráter de unilateralidade do contrato, conforme disposto no § 1º do art. 54: "A inserção de cláusula no formulário não desfigura a natureza de adesão do contrato".

No tocante à apresentação do contrato, há duas importantes regras nos §§ 3º e 4º do art. 54 do CDC. Estabelece o § 3º que "os contratos de adesão escritos serão redigidos em termos claros e com caracteres ostensivos e legíveis, cujo tamanho da fonte não será inferior ao corpo doze, de modo a facilitar sua compreensão pelo consumidor". Em seguida, no § 4º, exige-se destaque para as cláusulas que importem em "limitação de direito do consumidor"

O § 3º do art. 54 do CDC foi alterado pela Lei 11.785, de 22.09.2008, que incluiu no dispositivo a exigência de tamanho mínimo da letra. Antes da alteração, o dispositivo não fazia qualquer referência a tamanho da letra. Com a nova redação, restou fixado parâmetro objetivo para aferir o que se deve entender por "caracteres ostensivos". Cabe destacar que o padrão "corpo doze" é mínimo. O magistrado, considerado o grau de vulnerabilidade do consumidor (idoso, por exemplo), pode, em caso concreto, concluir que o tamanho doze (que sofre variação conforme o tipo de letra) não permitiu a compreensão e clareza desejadas.

O contrato de adesão deve ser objetivo, claro, não gerar dúvidas nem ambiguidades. Um meio muito comum de dificultar a compreensão do documento é elaborar contratos longos que, a rigor, nada mais fazem do que repetir diversos artigos do Código Civil e de outras leis aplicáveis, sem qualquer preocupação em substituir termos técnicos por palavras que possam ser entendidas pelo consumidor.

A redação do art. 46 do CDC integra-se aos §§ 3º e 4º do art. 54, ao dispor que "os contratos que regulam as relações de consumo não obrigarão os consumidores, se não lhes for dada a oportunidade de tomar conhecimento prévio de seu conteúdo, ou se os respectivos instrumentos forem redigidos de modo a dificultar a compreensão de seu sentido e alcance".

Em síntese, o fornecedor deve cuidar para que o consumidor compreenda adequadamente seus direitos e obrigações oriundos do vínculo contratual que será estabelecido a partir da assinatura do documento. Ora, se o contrato é elaborado pelo fornecedor, sem possibilidade de alteração substancial do documento, é justo que o aderente (o consumidor) compreenda o conteúdo do contrato, conheça suas obrigações, saiba das consequências financeiras da assinatura do instrumento.

Portanto, não se admitem contratos com letras miúdas, palavras e expressões complexas, fórmulas matemáticas para cálculo de juros, termos técnicos ou de difícil compreensão para o leigo, como *Tabela Price*, método hamburguês, reajuste *pro rata die* etc.

O contrato de adesão deve ser objetivo, claro, não gerar dúvidas nem ambiguidades. Um meio muito comum de dificultar a compreensão do documento é elaborar contratos longos que, a rigor, nada mais fazem do que repetir diversos artigos do Código Civil e de outras leis aplicáveis, sem qualquer preocupação em substituir termos técnicos por palavras que possam ser entendidas pelo consumidor.

2. Destaque para as cláusulas que limitam o direito do consumidor

As cláusulas que "implicarem limitação de direito do consumidor" devem ser redigidas com destaque (§ 4º do art. 54), vale dizer, devem ser grafadas em negrito, em letras maiúsculas, cor diferente da utilizada nas outras cláusulas. O propósito é chamar atenção do consumidor para o conteúdo e importância de determinadas cláusulas.

Cumpre observar que a interpretação literal do § 4º do art. 54 reduz substancialmente o seu alcance. O CDC constitui-se de normas "de ordem pública e interesse social" (art. 1º), que, portanto, não podem licitamente ser afastadas ou limitadas por vontade das partes. A limitação a direito do consumidor só é possível excepcionalmente, quando o próprio Código assim estabelece, a exemplo do que ocorre com a fixação contratual de indenização limitada entre fornecedor e consumidor-pessoa jurídica (art. 51, I).

O propósito normativo, ao estabelecer necessidade de destaque em determinadas cláusulas do contrato de adesão, foi maior. Há que se fazer interpretação teleológica.

Pelo princípio da boa-fé objetiva, pela exigência de transparência e lealdade, pelo disposto no art. 46 – que deve ser interpretado conjuntamente com os §§ 3º e 4º do art. 54 –, a conclusão mais adequada ao sistema protetivo do CDC é que as cláusulas que tratem das principais obrigações do consumidor – por exemplo, prazo de carência em planos de saúde, forma de reajuste da prestação, encargos por atraso etc. –, decorrentes do contrato, devem ser destacadas e não apenas as que impliquem a literalidade da expressão "limitação de direito do consumidor".

A sanção pela falta de clareza (§ 3º do art. 54) do instrumento ou ausência de destaque das cláusulas é a nulidade da disposição por desacordo com o "sistema de proteção ao consumidor" (art. 51, XV) e, eventualmente, com todo o contrato (§ 2º do art. 51).

A velocidade e a objetividade das contratações também são desejos do consumidor. Todavia, as três décadas de existência do CDC apontam para a necessidade de simplificar o vínculo estabelecido por meio de contrato de adesão. Toda e qualquer contratação de serviço e produto pode ser resumida em, no máximo, duas páginas, utilizando-se vários recursos (tabelas, exemplos, ilustrações) que permitam uma compreensão adequada dos principais direitos e obrigações da parte. É utópico, ao menos bastante raro, a situação em que o consumidor, com base nos arts. 46 e 54 do CDC, leve o documento para casa com o objetivo de ler e compreender as cláusulas.

É justamente nessa linha de raciocínio que a Lei do Distrato (Lei 13.786/2018) estabelece, positivamente, que os contratos de promessa de venda de unidades autônomas integrantes de incorporação imobiliária serão iniciados por *quadro-resumo*, o qual deve possuir doze informações, dentre as quais número do registro do memorial de incorporação, preço do imóvel, forma de pagamento, valor da corretagem, data--limite para obtenção da carta de habite-se (art. 35-A da Lei 4.591, incluído pela Lei 13.768/2018).

3. Cláusula resolutória

O § 2º do art. 54 estabelece a possibilidade de se estipular, no contrato de adesão, cláusula resolutória, mas sempre com a possibilidade de o consumidor optar pela continuidade do vínculo contratual. Tal dispositivo, que está em consonância com a sistemática do CDC (arts. 30, 48, 51, § 2º, e 84) de preservar o contrato, não afasta, por óbvio, a rescisão em face de inadimplência do consumidor, salvo disposição em contrário em leis especiais.

 Dicas práticas

A melhor forma de cumprir o propósito do CDC (art. 46 c/c art. 54), no que diz respeito à clareza e ao conhecimento efetivo do conteúdo do contrato, é a elaboração de quadro-resumo que deve conter em uma única página os direitos e as obrigações principais das partes.

Jurisprudência

1. Clareza e vedação de terminologia jurídica em contrato de consumo

"Os arts. 6º, inciso III, e 54, § 4º, do CDC estabelecem que é direito do consumidor a informação plena do objeto do contrato, garantindo-lhe, ademais, não somente uma clareza física das cláusulas limitativas – o que é atingido pelo simples destaque destas –, mas, sobretudo, clareza semântica, um significado unívoco dessas cláusulas, que deverão estar infensas a duplo sentido" (STJ, REsp 814.060/RJ, Rel. Min. Luis Felipe Salomão, j. 06.04.2010, *DJe* 13.04.2010).

"A mera remissão a conceitos e artigos do Código Penal contida em cláusula de contrato de seguro não se compatibiliza com a exigência do art. 54, § 4º, do CDC, uma vez que materializa informação insuficiente, que escapa à compreensão do homem médio, incapaz de distinguir entre o crime de roubo e o delito de extorsão, dada sua aproximação topográfica, conceitual e da forma probatória. Dever de cobertura caracterizado" (STJ, REsp 1.106.827/SP, Rel. Min. Marco Buzzi, j. 16.10.2012, *DJe* 23.10.2012).

"2. Nos contratos de adesão, as cláusulas que implicarem limitação de direito do consumidor deverão ser redigidas com destaque para permitir sua imediata e fácil compreensão, garantindo-lhe, ademais, uma informação adequada e clara sobre os diferentes produtos e serviços, com especificação correta de quantidade, características, composição, qualidade, tributos incidentes e preço, bem como sobre os riscos que apresentem. 3. Como o segurado é a parte mais fraca, hipossuficiente e vulnerável, inclusive no sentido informacional da relação de consumo, e o segurador detém todas as informações essenciais acerca do conteúdo do contrato, abusivas serão as cláusulas dúbias, obscuras e redigidas com termos técnicos, de difícil entendimento. 4. O consumidor tem direito a informação plena do objeto do contrato, e não só uma clareza física das cláusulas limitativas, pelo simples destaque destas, mas, essencialmente, clareza semântica, com um significado homogêneo dessas cláusulas, as quais deverão estar ábdito a ambiguidade. 5. Hipótese em que, diante da ausência de clareza da cláusula contratual que exclui a cobertura securitária no caso de furto simples, bem como a precariedade da informação oferecida à recorrente, associado ao fato de que as cláusulas preestabelecidas em contratos de adesão devem ser interpretadas de forma mais favorável ao consumidor, a referida exclusão se mostra abusiva e, em razão disso, devida a indenização securitária" (STJ, REsp 1.837.434/SP, 3ª Turma, Rel. Min. Nancy Andrighi, j. 03.12.2019, *DJe* 05.12.2019).

2. Entrega prévia do contrato ao consumidor

"1. Por se tratar de relação de consumo, a eventual limitação de direito do segurado deve constar, de forma clara e com destaque, nos moldes do art. 54, § 4º, do Codecon e, obviamente, ser entregue ao consumidor no ato da contratação, não sendo admitida a entrega posterior. 2. No caso concreto, surge incontroverso que o documento que integra o contrato de seguro de vida não foi apresentado por ocasião da contratação, além do que a cláusula restritiva constou tão somente do 'manual do segurado', enviado após a assinatura da proposta. Portanto, configurada a violação ao art. 54, § 4º, do CDC. 3. Nos termos do art. 46 do Código de Defesa do Consumidor, 'os contratos que regulam as relações de consumo não obrigarão os consumidores, se não lhes for dada a oportunidade de tomar conhecimento prévio de seu conteúdo, ou se os respectivos instrumentos forem redigidos de modo a dificultar a compreensão de seu sentido e alcance'" (STJ, REsp 1.219.406/MG, Rel. Min. Luis Felipe Salomão, j. 05.02.2011, *DJe* 18.02.2011).

3. Destaque da cláusula não afasta controle do seu conteúdo

"Ainda que admitida a possibilidade de o contrato de plano de saúde conter cláusulas limitativas dos direitos do consumidor (desde que escritas com destaque, permitindo imediata e fácil compreensão, nos termos do § 4º do art. 54 do Código de Defesa do Consumidor), revela-se abusivo o preceito excludente do custeio dos meios e materiais necessários ao melhor desempenho do tratamento clinico ou do procedimento cirúrgico voltado à cura de doença coberta" (STJ, AgRg no AREsp 744.607/MG, Rel. Min. Marco Buzzi, j. 22.09.2015, *DJe* 29.09.2015).

4. Ausência de destaque e nulidade da cláusula

"Seguro-saúde. Limite temporal de internação. Cláusula limitativa. Redação com destaque. A 2ª Seção decidiu ser nula a cláusula limitativa do período de internação hospitalar do segurado (art. 51 do CDC). Vulnera a lei a decisão que considera válida cláusula limitativa de obrigação da estipulante, inserida no contrato sem destaque (art. 54, § 4º, do CDC). Recurso conhecido e provido" (STJ, REsp 214.237, Rel. Min. Ruy Rosado de Aguiar, j. 02.08.2001).

"I – A teor da regra inserta no art. 54, § 4º, do Código de Defesa do Consumidor, a cláusula restritiva, contida em contrato de adesão, deve ser redigida com destaque a fim de se permitir, ao consumidor, sua imediata e fácil compreensão. II – Na hipótese, a cláusula de seguro relativo a contrato habitacional vinculado ao SFH, que exclui de sua cobertura a invalidez decorrente de doença anterior à contratação, não atende aos requisitos legais" (STJ, REsp 669.525/PB, 3ª Turma, Rel. Min. Antônio de Pádua Ribeiro, j. 19.05.2005, *DJ* 20.06.2005).

"2. Nos contratos de adesão, as cláusulas que limitam o direito do consumidor contratante devem ser redigidas com clareza e destaque para que não fujam à sua percepção e, em caso de dúvida, devem ser interpretadas favoravelmente ao consumi-dor. 3. Conforme a jurisprudência pacífica do Superior Tribunal de Justiça, é abusiva a cláusula contratual que exclui o transplante necessário ao tratamento de doença coberta pelo plano de saúde" (STJ, AgRg no AREsp 139.951/SP, 3ª Turma, Rel. Min. Ricardo Villas Bôas Cueva, j. 06.11.2014, *DJe* 13.11.2014).

"3. Declaração de nulidade dessa cláusula pelo Tribunal de origem, com base no enunciado normativo do art. 54, § 4º, do CDC, dentre outros fundamentos por se tratar de cláusula restritiva dos direitos do consumidor, redigida em contrato de adesão sem o necessário destaque" (STJ, REsp 1816768/PR, Rel. Min. Paulo de Tarso Sanseverino, 3ª Turma, j. 15.12.2020, *DJe* 18.12.2020).

5. Ausência de informação adequada, destaque e clareza em contrato de seguro

"2. Nos contratos de adesão, as cláusulas que implicarem limitação de direito do consumidor deverão ser redigidas com destaque para permitir sua imediata e fácil compreensão, garantindo-lhe, ademais, uma informação adequada e clara sobre os diferentes produtos e serviços, com especificação correta de quantidade, características, composição, qualidade, tributos incidentes e preço, bem como sobre os riscos que apresentem. 3. Como o segurado é a parte mais fraca, hipossuficiente e vulnerável, inclusive no sentido informacional da relação de consumo, e o segurador detém todas as informações essenciais acerca do conteúdo do contrato, abusivas serão as cláusulas dúbias, obscuras e redigidas com termos técnicos, de difícil entendimento. 4. O consumidor tem direito a informação plena do objeto do contrato, e não só uma clareza física das cláusulas limitativas, pelo simples destaque destas, mas, essencialmente, clareza semântica, com um significado homogêneo dessas cláusulas, as quais deverão estar ábdito a ambiguidade. 5. Hipótese em que, diante da ausência de clareza da cláusula contratual que exclui a cobertura securitária no caso de furto simples, bem como a precariedade da informação oferecida à recorrente, associado ao fato de que as cláusulas preestabelecidas em contratos de adesão devem ser interpretadas de forma mais favorável ao consumidor, a referida exclusão se mostra abusiva e, em razão disso, devida a indenização securitária" (STJ, REsp 1.837.434/SP, 3ª Turma, Rel. Min. Nancy Andrighi, j. 03.12.2019, *DJe* 05.12.2019).

"1. Nas relações de consumo, o consumidor só se vincula às disposições contratuais em que, previamente, lhe é dada a oportunidade de prévio conhecimento, nos termos do Código de Defesa do Consumidor. 2. A existência de cláusula contratual excluindo a cobertura, para ser válida entre as partes, necessitaria do conhecimento prévio do segurado no momento da contratação, o que não foi observado na espécie" (STJ, AgInt no AgInt no REsp 1754047/DF, Rel. Min. Raul Araújo, 4ª Turma, j. 01.03.2021, *DJe* 22.03.2021).

6. Inaplicabilidade da exigência de tamanho mínimo da letra nas publicidades

"1. Não se aplica aos informes publicitários a regra do art. 54, § 3º, do Código de Defesa do Consumidor, proibitiva do uso de fonte inferior ao corpo doze, a qual se dirige apenas ao próprio instrumento contratual de adesão" (STJ, AgInt no AREsp 1.074.382/RJ, 4ª Turma, Rel. Min. Luis Felipe Salomão, Rel. p/ acórdão Min. Maria Isabel Gallotti, j. 18.09.2018, *DJe* 24.10.2018).

CAPÍTULO VI-A
Da Prevenção e do Tratamento do Superendividamento

Art. 54-A. Este Capítulo dispõe sobre a prevenção do superendividamento da pessoa natural, sobre o crédito responsável e sobre a educação financeira do consumidor.

§ 1º Entende-se por superendividamento a impossibilidade manifesta de o consumidor pessoa natural, de boa-fé, pagar a totalidade de suas dívidas de consumo, exigíveis e vincendas, sem comprometer seu mínimo existencial, nos termos da regulamentação.

§ 2º As dívidas referidas no § 1º deste artigo englobam quaisquer compromissos financeiros assumidos decorrentes de relação de consumo, inclusive operações de crédito, compras a prazo e serviços de prestação continuada.

§ 3º O disposto neste Capítulo não se aplica ao consumidor cujas dívidas tenham sido contraídas mediante fraude ou má-fé, sejam oriundas de contratos celebrados dolosamente com o propósito de não realizar o pagamento ou decorram da aquisição ou contratação de produtos e serviços de luxo de alto valor.

 Legislação correlata

Decreto 22.626/1933 (Lei de Usura).

Res. 3.516/2007 do Conselho Monetário Nacional (Veda a cobrança de tarifa em decorrência de liquidação antecipada de contratos de concessão de crédito).

Res. 3.517/2007 do Conselho Monetário Nacional (Dispõe sobre informação e a divulgação do custo efetivo total).

Res. 3.919/2010 do Conselho Monetário Nacional (Dispõe sobre cobrança de tarifas pelas instituições financeiras).

Res. 4.539/2016 do Conselho Monetário Nacional (Dispõe sobre princípios e política institucional de relacionamento com clientes e usuários de produtos e de serviços financeiros).

 Análise doutrinária

1. Atualização do CDC e a Lei do Superendividamento

Com a estabilização da moeda (1994), há crescente expansão do crédito no Brasil, o que é bastante positivo tanto na ótica do desenvolvimento econômico como na perspectiva do consumidor, que pode adquirir inúmeros bens e serviços mediante variadas modalidades de mútuo de dinheiro.

Quanto maior a oferta de crédito em determinado país, mais evidente é a necessidade de regulamentação jurídica, inclusive para enfrentar as indesejadas situações de superendividamento que afeta tanto o devedor como seus dependentes.

Realmente, "em quase todo o mundo, a democratização do crédito veio acompanhada do aumento do superendividamento dos consumidores tanto em países com economias desenvolvidas que contam com sistema maduro de falência, como em países em desenvolvimento cujo ordenamento não prevê a possibilidade de falência das pessoas físicas" (LIMA, 2013, p. 34).

É nesse contexto que, em novembro de 2010, por meio do Ato 308 do Presidente, o Senado Federal instituiu Comissão de Juristas para propor atualização e aperfeiçoamento do Código de Defesa do Consumidor. Integraram a comissão: Antonio

Herman Benjamin (Presidente), Claudia Lima Marques (Relatora-Geral), Ada Pellegrini Grinover, Kazuo Watanabe, Leonardo Roscoe Bessa e Roberto Augusto Pfeiffer.

Em junho de 2011, a Comissão apresentou três anteprojetos nas áreas de comércio eletrônico, superendividamento e ação coletiva para discussão com a sociedade por meio de audiências públicas.

Em 2015, os projetos relativos ao comércio eletrônico (PLS 281) e superendividamento do consumidor (PLS 282) foram aprovados no Senado. Foram, na sequência, encaminhados para Câmara dos Deputados sob os números 3.514 e 3.515, respectivamente. O projeto relativo à ação coletiva foi arquivado.

Para amenizar a lacuna legal relativa ao comércio eletrônico, editou-se, em 15 de março de 2013, o Decreto Federal 7.962. O referido ato normativo fundamenta-se no poder regulamentar do Poder Executivo (v. comentários ao art. 49). O respectivo projeto de lei (5.514) continua sob análise da Câmara.

De outro lado, no primeiro semestre de 2021, o PL 3.515 foi aprovado, encaminhado para sanção do Poder Executivo que, após vetos pontuais, promulgou a Lei 14.181/21 que promove importantes atualizações no Código de Defesa do Consumidor na área de crédito, prevenção e tratamento ao superendividamento.

Além de acréscimos de incisos aos arts. 4º, 5º, 6º e 51, do CDC, estabeleceu novos dispositivos, quais sejam: arts. 54-A, 54-B, 54-C, 54-D, 54-F, 54-G, 104-A, 104-B e 104-C.

A Lei 14.181/2021, em seu art. 2º, acrescenta dispositivo pontual ao Estatuto do Idoso e, como regra de transição, o art. 3º disciplina a vigência da lei no tempo, com referência à incidência imediata da norma a contratos de longa duração cuja celebração ocorreu antes de 1º de julho de 2021 (v. comentários ao art. 1º).

Embora conhecida como Lei do Superendividamento ou Lei Claudia Lima Marques, é importante perceber e ressaltar que as disposições da nova norma se referem a todo e qualquer crédito contraído no mercado de consumo e não apenas aos contratos celebrados pelo consumidor superendividado.

Portanto, os cuidados na fase pré-contratual (boa-fé objetiva, informação, crédito responsável) se aplicam a todos contratos de crédito celebrados no mercado de consumo.

2. Conceito de superendividamento, dívidas de consumo e mínimo existencial

Para que a pessoa possa se submeter ao procedimento previsto nos arts. 104-A a 104-C – conciliação e processo por superendividamento, é fundamental que se encaixe no conceito de superendividamento do § 1º do art. 54-A: "entende-se por superendividamento a impossibilidade manifesta de o consumidor pessoa natural, de boa-fé, pagar a totalidade de suas dívidas de consumo, exigíveis e vincendas, sem comprometer seu mínimo existencial, nos termos da regulamentação".

De início, observa-se que a definição de superendividamento abrange conceitos jurídicos indeterminados como "manifesta impossibilidade" e "mínimo existencial", ou seja cuida-se de norma de tessitura aberta cuja delimitação de conteúdo depende de trabalho de interpretação. Justamente para afastar as incertezas decorrentes da abertura do dispositivo, a lei prevê regulamentação, ou seja, a edição de Decreto do Poder Executivo, com base no art. 84, IV, da Constituição Federal.

A regulamentação, todavia, não é pressuposto para aplicação imediata da norma.

De acordo com o conceito, observa-se que as dívidas devem ser decorrentes de relação de consumo, o que atrai todo o debate sobre os conceitos de consumidor, fornecedor, produto e serviço, bem como o entendimento sobre finalismo aprofundado (v. comentários ao art. 2º, *caput*). Embora o CDC aceite que a pessoa jurídica seja considerada consumidor, é necessário que seja pessoa natural, para fins de aplicação das disposições sobre superendividamento.

Para a caracterização do superendividamento, não se consideram, entre outras, dívidas tributárias, decorrentes do dever de alimentar, dívidas condominiais. O dispositivo se refere à impossibilidade manifesta de pagar a totalidade de "dívidas de consumo exigíveis e vincendas". Embora o foco sejam os débitos de consumo, é evidente que que se deve analisar a situação integral da pessoa, o que envolve, por exemplo, dívida decorrente de pensão alimentícia, entre outras. Este exame é necessário para se concluir se há ou não manifesta impossibilidade de pagamento global das dívidas de consumo.

Ademais, a conclusão pela "manifesta impossibilidade" de pagamento das dívidas de consumo deve ser aferida com referência ao *mínimo existencial*, vale dizer, no esforço de pagamento das dívidas de consumo deve-se manter valores para arcar com despesas decorrentes de alimentação e serviços essenciais como os relacionados à educação, saúde, água, energia elétrica e transporte.

A ideia é simples. O equilíbrio orçamentário do consumidor envolve o pagamento periódico de suas dívidas e compromissos, sem prejuízo de verba mensal destinada a gastos básicos e fundamentais próprios e de seus dependentes. Portanto, a preservação do mínimo existencial significa a preservação de parte do salário e rendimentos para arcar com custos relacionados à alimentação, saúde, educação, transportes e outros serviços essenciais.

Ao lado da importância para o conceito de superendividamento, a preservação do mínimo existencial deve ser analisada em qualquer concessão de crédito ao consumidor. Inicialmente, é cuidado que o próprio interessado deve ter, mas é, também, dever do agente financeiro examinar se o empréstimo pretendido irá comprometer a subsistência do consumidor. Este cuidado decorre da noção de *crédito responsável* (v. comentários aos arts. 54-A a 54-D).

O exame do mínimo existencial não se baseia em um valor específico como, por exemplo, meio salário mínimo. Deve-se verificar, no caso concreto, se o devedor (consumidor) possui condições de, ao longo do tempo, adimplir com todas as obrigações pecuniários decorrentes dos contratos sem prejuízo de arcar com as despesas relativas a necessidades básicas como alimentação, água, luz, educação para os dependentes.

A expressão "mínimo existencial", embora tenha conteúdo semântico aberto, não é absoluta novidade para o Poder Judiciário. Ilustrativamente, registre-se toda a construção jurisprudencial que mitiga a impenhorabilidade dos salários e vencimentos do devedor, com ampla referência à dignidade da pessoa humana e preservação do mínimo existencial

Acrescente-se a necessidade de que o consumidor tenha contraído as dívidas de consumo com boa-fé, o que conduz à distinção entre superendividado ativo e passivo, conforme explicações do item seguinte.

3. Superendividado ativo e passivo: importância da boa-fé do consumidor

A doutrina realiza distinção entre o superendividamento *ativo* e *passivo*. No primeiro caso (ativo), está o consumidor que extrapola sua capacidade financeira na contratação de empréstimos. O superendividado ativo se classifica em *consciente* e *inconsciente*.

O superendividado ativo *consciente*, como o próprio nome indica, tem a clara percepção, no momento de contrair os empréstimos, de que não terá condições de arcar com as dívidas futuras decorrentes dos pagamentos a serem realizados em favor do credor. Já o superendividado ativo *inconsciente* é aquele que, por ausência de informações e esclarecimentos adequados – em ambiente que estimula constantemente o consumismo – não percebe sua incapacidade financeira de arcar com os empréstimos. Acredita que poderá honrar todas as dívidas assumidas.

O superendividado passivo, de outro lado, é aquele que, embora tenha tido todo o cuidado exigível na contratação dos empréstimos, é vítima de revés (acidente da vida), como desemprego, gastos com doença na família, divórcio que leva à posterior impossibilidade de pagamento das dívidas de consumo.

A ausência de boa-fé é bastante clara em relação à conduta do superendividado ativo consciente. Ele está expressamente fora da proteção já que o conceito de superendividamento requer que o consumidor esteja de boa-fé, nos termos do art. 54-A, § 1º: "entende-se por superendividamento a impossibilidade manifesta de o consumidor pessoa natural, de boa-fé, pagar a totalidade de suas dívidas de consumo, exigíveis e vincendas, sem comprometer seu mínimo existencial, nos termos da regulamentação" – grifou-se.

De outro modo, não é difícil concluir que o superendividado ativo inconsciente é, invariavelmente, vítima das distorções provocadas pela agressividade e assédio do mercado de crédito, o que, a princípio, não afasta a possibilidade de se beneficiar de tratamento (arts.104-A e 104-B)

O § 3º do mesmo dispositivo reforça a necessidade de boa-fé objetiva do consumidor e ainda acrescenta que, se o consumidor possui dívidas que foram contraídas para aquisição de produtos e serviços de luxo de alto valor, não está sujeito ao procedimento de tratamento de superendividamento.

O dispositivo é claro no sentido de que "o disposto neste Capítulo não se aplica ao consumidor cujas dívidas tenham sido contraídas mediante fraude ou má-fé, sejam oriundas de contratos celebrados dolosamente com o propósito de não realizar o pagamento ou decorram da aquisição ou contratação de produtos e serviços de luxo de alto valor".

Importante fazer distinção a partir de interpretação teleológica e sistemática. O consumidor que não age de boa-fé na contratação de empréstimos e, também, o que recorre a empréstimos para aquisição de produtos e serviços de luxo não é juridicamente considerado superendividado e, portanto, não pode se beneficiar das disposições da norma concernentes ao tratamento (art. 104-A). Todavia, todos os preceitos relativos à prevenção do superendividamento e crédito responsáveis são plenamente aplicáveis.

Significa, em termos práticos, que o dever de informar, a observância da boa-fé objetiva, a noção de crédito responsável, devem ser considerados em todo e qualquer empréstimo realizado no mercado de consumo, independentemente da postura do consumidor e dos bens e serviços que se pretende adquirir.

 Jurisprudência

1. Limitação de crédito e mínimo existencial

"Recurso Especial. Negócios jurídicos bancários. Renegociação de dívida. Desconto em conta-corrente. Possibilidade. Limitação a 30% da remuneração do devedor. Superendividamento. Preservação do mínimo existencial. Astreintes. Ausência de indicação do dispositivo de lei federal violado. Óbice da súmula 284/STF. 1. Validade da cláusula autorizadora de desconto em conta-corrente para pagamento das prestações do contrato de empréstimo, ainda que se trate de conta utilizada para recebimento de salário. 2. Os descontos, todavia, não podem ultrapassar 30% (trinta por cento) da remuneração líquida percebida pelo devedor, após deduzidos os descontos obrigatórios (Previdência e Imposto de Renda). 3. Preservação do mínimo existencial, em consonância com o princípio da dignidade humana. Doutrina sobre o tema. 4. Precedentes específicos da Terceira e da Quarta Turma do STJ" (STJ, REsp 1584501/SP, Rel. Min. Paulo de Tarso Sanseverino, 3ª Turma, j. 06.10.2016, *DJe* 13.10.2016).

2. Penhora e proteção ao Mínimo existencial

"1. Ao limitar a atividade executiva, o legislador almejou escudar alguns bens jurídicos relevantes, como a dignidade do executado e o direito ao patrimônio mínimo, indicando um rol de bens impenhoráveis, em juízo apriorista de ponderação dos interesses envolvidos, malgrado uma interpretação teleológica das impenhorabilidades não impeça - a depender da situação em concreto, diante da finalidade da norma e em conformidade com os princípios da justiça e do bem comum - que referida proteção se estenda a outros bens indispensáveis ao devedor, ainda que não tipificados na legislação processual. 2. O auxílio emergencial concedido pelo Governo Federal (Lei n. 13.982/2020) para garantir a subsistência do beneficiário no período da pandemia pela covid-19 é verba impenhorável, tipificando-se no rol do art. 833, IV, do CPC. 3. A regra geral da impenhorabilidade dos vencimentos, dos subsídios, dos soldos, dos salários, das remunerações, dos proventos de aposentadoria, das pensões, dos pecúlios e dos montepios, bem como das quantias recebidas por liberalidade de terceiro e destinadas ao sustento do devedor e de sua família, dos ganhos de trabalhador autônomo e dos honorários de profissional liberal, poderá ser excepcionada, nos termos do art. 833, IV, c/c o § 2º, do CPC/2015, quando se voltar: I) para o pagamento de prestação alimentícia, de qualquer origem, independentemente do valor da verba remuneratória recebida; e II) para o pagamento de qualquer outra dívida não alimentar, quando os valores recebidos pelo executado forem superiores a 50 (cinquenta) salários mínimos mensais, ressalvadas eventuais particularidades do caso concreto. Em qualquer circunstância, deverá ser preservado percentual capaz de dar guarida à dignidade do devedor e da sua família. 4. As exceções à regra da impenhorabilidade não podem ser interpretadas de forma tão ampla a ponto de afastarem qualquer diferença entre as verbas de natureza alimentar e aquelas que não possuem tal caráter. 5. As dívidas comuns não podem gozar do mesmo status diferenciado da dívida alimentar a permitir a penhora indiscriminada das verbas remuneratórias, sob pena de se afastarem os ditames e a própria ratio legis do Código de Processo Civil (art. 833, IV, c/c o § 2º), sem que tenha havido a revogação do dispositivo de lei ou a declaração de sua inconstitucionalidade. 6. Na hipótese, trata-se de execução de dívida não alimentar (cédula de crédito) proposta por instituição financeira cuja penhora, via Bacen Jud, recaiu sobre verba salarial e verba oriunda do auxílio emergencial concedido pelo Governo Federal em razão da covid-19, tendo o Juízo determinado a restituição dos valores em razão de sua impenhorabilidade. Assim, tendo-se em conta que se trata de auxílio assistencial, que a dívida não é alimentar e que os valores são de pequena monta, com fundamento seja no art. 833, IV e X, do CPC, seja no disposto no art. 2º, § 3º, da Lei n. 13.982/2020, a penhora realmente deve ser obstada. 7. A verba emergencial da covid-19 foi pensada e destinada a salvaguardar pessoas que, em razão da pandemia, presume-se estejam com restrições em sua subsistência, cerceadas de itens de primeira necessidade; por conseguinte, é intuitivo que a constrição judicial sobre qualquer percentual do benefício, salvo para pagamento de prestação alimentícia, acabará por vulnerar o mínimo existencial e a dignidade humana dos devedores" (STJ, REsp 1935102/DF, Rel. Min. Luis Felipe Salomão, 4ª Turma, j. 29.06.2021, *DJe* 25.08.2021).

Art. 54-B. No fornecimento de crédito e na venda a prazo, além das informações obrigatórias previstas no art. 52 deste Código e na legislação aplicável à matéria, o fornecedor ou o intermediário deverá informar o consumidor, prévia e adequadamente, no momento da oferta, sobre:

I – o custo efetivo total e a descrição dos elementos que o compõem;

II – a taxa efetiva mensal de juros, bem como a taxa dos juros de mora e o total de encargos, de qualquer natureza, previstos para o atraso no pagamento;

III – o montante das prestações e o prazo de validade da oferta, que deve ser, no mínimo, de 2 (dois) dias;

IV – o nome e o endereço, inclusive o eletrônico, do fornecedor;

V – o direito do consumidor à liquidação antecipada e não onerosa do débito, nos termos do § 2º do art. 52 deste Código e da regulamentação em vigor.

§ 1º As informações referidas no art. 52 deste Código e no caput deste artigo devem constar de forma clara e resumida do próprio contrato, da fatura ou de instrumento apartado, de fácil acesso ao consumidor.

§ 2º Para efeitos deste Código, o custo efetivo total da operação de crédito ao consumidor consistirá em taxa percentual anual e compreenderá todos os valores cobrados do consumidor, sem prejuízo do cálculo padronizado pela autoridade reguladora do sistema financeiro.

> **§ 3º** Sem prejuízo do disposto no art. 37 deste Código, a oferta de crédito ao consumidor e a oferta de venda a prazo, ou a fatura mensal, conforme o caso, devem indicar, no mínimo, o custo efetivo total, o agente financiador e a soma total a pagar, com e sem financiamento.

 Legislação correlata

Res. 3.517/2007 do Conselho Monetário Nacional (Dispõe sobre informação e a divulgação do custo efetivo total).

Diretiva 2008/48 da União Europeia.

 Análise doutrinária

1. Dever de informar na oferta de crédito

Em face da expansão crescente de oferta de crédito no Brasil, a informação adequada e completa sobre o empréstimo é de extrema relevância para a decisão e direito de escolha do consumidor.

O dever de informar é consectário do princípio da boa-fé objetiva e tem sido destacado nas mais diversas legislações. No âmbito da União Europeia, mencione-se a Diretiva 2008/48/CE (alterada pelo regulamento (EU) 2016/11) que disciplina "contratos de créditos aos consumidores".

O foco da Diretiva é no direito de ser informado clara e adequadamente sobre os custos do empréstimo, de modo a permitir ao consumidor exercer opção consciente sobre a contratação ou não do empréstimo e qual a modalidade mais adequada considerando seu perfil e necessidade.

O considerando de n. 19 da Diretiva 2008 é didático: "Para que possam tomar as suas decisões com pleno conhecimento de causa, os consumidores deverão receber informações adequadas, que possam levar consigo e apreciar, sobre as condições e o custo do crédito, bem como sobre as suas obrigações, antes da celebração do contrato de crédito. Para garantir a maior transparência possível e para permitir a comparabilidade das ofertas, estas informações deverão incluir, nomeadamente, a taxa anual de encargos efectiva global aplicável ao crédito e determinada da mesma forma em toda a Comunidade (...)".

Assim como no Brasil, há especial preocupação com o custo efetivo total, ou seja, além dos juros remuneratórios, o consumidor deve conhecer todos encargos relativos a determinado empréstimo: "o custo total do crédito para o consumidor deverá incluir todos os custos, designadamente juros, comissões, taxas, a remuneração dos intermediários de crédito e quaisquer outros encargos que o consumidor deva pagar no âmbito do contrato de crédito, com excepção dos custos notariais. O conhecimento dos custos de que o mutuante dispõe efectivamente deverá ser avaliado de forma objectiva, tendo em conta as obrigações em matéria de diligência profissional" (Considerando 20 da Diretiva 2008/48/CE).

Com os mesmos objetivos, o art. 54-B do CDC detalha o dever de informar por ocasião de concessão de crédito e venda a prazo. É um complemento do disposto no art. 52. Aplica-se tanto ao empréstimo sem destinação específica como à venda a prazo, quando a concessão do mútuo está vinculada à compra de produto ou serviço.

O dispositivo procura corrigir as deficiências do art. 52 e apresenta rol de informações que, em última análise, servem para consumidor avaliar adequadamente o custo do financiamento e, consequentemente, exercer a liberdade de escolha tanto em relação a contratar, com quem contratar e qual modalidade melhor se adapta ao perfil e necessidade do consumidor.

Somente com o conhecimento do custo real do empréstimo em dinheiro, é possível, ao consumidor, o pleno exercício da liberdade de escolha (art. 6º, II) e, consequentemente, de decisão madura sobre a aquisição do bem mediante crediário e, também, a avaliação das vantagens, ou não, de celebração do contrato. Com as informações, pode o consumidor decidir, refletidamente, sobre os benefícios e diferença entre o pagamento à vista e parcelado (mediante financiamento).

A informação adequada sobre o custo é importante para o consumidor e, também, para uma leal e efetiva concorrência entre instituições financeiras. A ausência de critérios ou a falta de uniformidade nas informações, além do potencial de enganar o consumidor, coloca em vantagem competitiva a instituição que não preza pela veracidade e correção do custo do mútuo.

Como já pontuado (v. comentários ao art. 52), foi justamente em cenário de desinformação no mercado de crédito que o Conselho Monetário Nacional (CMN) editou, em 6 de dezembro de 2007, a Resolução 3.517, que "dispõe sobre a informação e a divulgação do custo efetivo total correspondente a todos os encargos e despesas de operações de crédito e arrendamento mercantil financeiro".

De acordo com o § 2º do art. 1º, o custo efetivo total (CET) deve ser calculado considerando taxa de juros, tributos, tarifas, seguros e "outras despesas cobradas do cliente, mesmo que relativas ao pagamento de serviços de terceiros contratados pela instituição". O objetivo é estabelecer uniformidade em relação aos itens que compõem o preço dos empréstimos, estimulando maior transparência e competição no setor bancário.

O art. 54-B, em leitura combinada com a Res. 3.517, corrige as deficiências da redação do art. 52 do CDC. A informação, pela leitura em diálogo dos dispositivos e da resolução, abrange: 1) nome e endereço do fornecedor; 2) prazo de validade da oferta, que não pode ser inferior a dois dias: 3) taxa de juros (mensal e anual); 4) custo efetivo total, mensal e anual, com a descrição dos seus componentes; 5) valor, periodicidade e número das prestações 6) todos encargos adicionais (taxas, impostos, seguro etc.): 7) todos encargos por atraso (juros de mora, multas, comissão de permanência etc.); 8) todas as consequências pela mora e inadimplemento, como, por exemplo a possibilidade de busca e apreensão do veículo financiado; 9) soma total a pagar, com e sem financiamento (quando aplicável); 10) direito do consumidor à amortização ou quitação antecipada com redução proporcional de juros.

O inc. V do *caput* do art. 52 – que se aplica apenas para financiamento de produtos ou serviços específicos – estabelece a obrigatoriedade de indicar "soma total a pagar, com e sem financiamento". Assim, deve-se informar o valor do preço para pagamento à vista e, ao lado, o valor que resulta da multiplicação do número de parcelas pelo valor individual da parcela, para que o consumidor compare o impacto da compra financiada com o pagamento à vista.

Novidade importante trazida pelo art. 54-B diz respeito ao prazo mínimo da oferta, que é de dois dias. Esta informação – de que a oferta de crédito vale por pelo menos dois dias – deve ficar clara ao consumidor para que ele saiba que terá ao menos 48 (quarenta e oito) horas para refletir sobre a contratação ou não do empréstimo. Portanto, não se admite mais "promoção relâmpago" que dura apenas algumas horas e que acaba por estimular a contratação de crédito irresponsável.

Na linha do disposto pela Res. 3.317, do Conselho Monetário Nacional, o fornecedor deve indicar o custo efetivo total, também conhecido como CET, e os respectivos elementos. Ou seja, além dos juros remuneratórios, deve ser informado a respeito de imposto sobre operação financeiras e demais tarifas incidentes.

Paralelamente ao CET, deve-se informar a taxa mensal de juros remuneratórios, também denominados juros compensatórios.

A informação deve abranger também os encargos decorrentes do atraso (mora) do consumidor. Como já pontuado, as instituições financeiras recorrem à comissão de permanência que, apesar das críticas da doutrina, é aceita pelo Superior Tribunal de Justiça com algumas restrições (v. comentários ao art. 52).

O § 2º do art. 54 esclarece, didaticamente, que o custo efetivo total da operação de crédito ao consumidor consiste em taxa percentual anual, com abrangência de todos os valores cobrados do consumidor. Acrescenta referência ao "cálculo padronizado pela autoridade reguladora do sistema financeiro", a qual está hoje representada pela Resolução 3.517.

O inciso IV exige informação relativa a nome e o endereço, inclusive o eletrônico, do fornecedor, o que facilita futuras comunicações do consumidor e, eventualmente, reclamações e ajuizamento de ações.

O inciso V do dispositivo reitera o direito do consumidor à amortização ou liquidação antecipada do débito e explicita que não pode haver qualquer cobrança de tarifa pelo exercício do direito do consumidor. Acrescenta referência à regulamentação do direito, que hoje é representada pela Res. 3.517, do Conselho Monetário Nacional.

2. Resumo das informações

O § 1º do art. 54-B apresenta disposição de alta relevância prática e que pode realmente contribuir para escolhas adequadas no momento de contratar empréstimos. Estabelece que as informações "devem constar de forma clara e resumida do próprio contrato, da fatura ou de instrumento apartado, de fácil acesso ao consumidor".

A experiência de três décadas do Código de Defesa do Consumidor indica a importância de simplificar e facilitar o acesso às informações. O consumidor quer conhecer todas as repercussões econômicas e jurídicas do contrato, mas se importa realmente pela essência, ou seja, pelos principais direitos e obrigações.

O destinatário do crédito quer saber o custo real da operação, o valor total a ser pago, a possibilidade de amortização e quitação antecipada, a forma de pagamento das parcelas, os encargos e todas as consequências por eventual atraso, a possibilidade de portabilidade do crédito e refinanciamento. Tudo isso pode ficar registrado de modo resumido e com destaque logo na primeira página do contrato.

Por mais complexo que seja o negócio jurídico, sempre é possível apresentar em uma única página a essência do contrato a ser celebrado. A prática indica que o consumidor não lê contratos de adesão com muitas páginas, em que pese o disposto no art. 46. Acaba por confiar nas informações orais do fornecedor.

O dispositivo, que está na linha do "quadro resumo", instituído pela Lei do Distrato (Lei 13.786/18, é, reitere-se, relevante instrumento para que o consumidor exerça – efe-tivamente – seu direito de escolha (v. comentários ao art. 53 sobre a Lei do Distrato).

3. Publicidade e oferta de crédito: dados mínimos

O § 3º do art. 54-B cuida da oferta publicitária e não publicitária de crédito. O dispositivo faz referência ao art. 37 do CDC – dispositivo que proíbe publicidade enganosa e abusiva – e na sequência estabelece requisitos mínimos para oferta de crédito e venda a prazo, quais sejam: 1) custo efetivo total; 2) agente financiador: 3) soma total a pagar, com e sem financiamento.

Ora, todas essas informações já são obrigatórias na oferta de crédito (art. 52 c/c art. 54-B em diálogo com a Res. 3.517 do CMN). O objetivo do § 3º é deixar claro que tais informações mínimas devem ser necessariamente veiculadas nas *publicidades* – ofertas publicitárias – de crédito.

Não existe no CDC uma distinção rigorosa entre oferta *publicitária* e *não* pu-blicitária. A doutrina também encontra dificuldades em algumas situações, como no caso de informações constantes em rótulos ou manuais ou pequenos anúncios em interior de estabelecimentos, o que pode gerar dúvida quanto ao tipo penal incidente.

A noção de publicidade se associa à ideia de comunicação de massa, dirigida a um número indeterminado de consumidores, como no caso de anúncios em jornais, na televisão e em *outdoors*. A *oferta não publicitária* tem objetivo mais restrito: ora se dirige unicamente ao comprador (informações orais prestadas pelo vendedor, infor-mações em rótulos, faturas de prestação de serviço etc.), ora se apresenta em locais de acesso limitado a consumidores, como no caso de pequenos cartazes no interior de um supermercado.

Como não há clareza sobre os limites da *oferta publicitária* e *não publicitária*, o dispositivo indica que a oferta de empréstimo apresentada em qualquer "fatura mensal", como do cartão de crédito, por exemplo, deve conter esses dados mínimos (custo efetivo total, agente financiador, soma total a pagar, com e sem financiamento).

No tocante à publicidade (oferta publicitária), a informação passa a ser essencial. Como já destacado, a publicidade enganosa é aquela falsa ou que induz o consumidor em erro. Classifica-se em comissiva ou omissiva. A publicidade enganosa por omissão é, nos termos do § 3º do art. 37, a que deixa de "informar sobre dado essencial do produto ou serviço."

Em resumo, o § 3º do art. 54-B estabelece que as informações sobre custo efetivo, agente financiador e soma total a pagar são dados essenciais na oferta de crédito, sob pena de caracterizar publicidade enganosa por omissão, o que atrai incidência de sanções civis, administrativas e penais.

A publicidade ilícita (enganosa, abusiva, entre outras) enseja, após processo administrativo regular, com contraditório e ampla defesa, a aplicação de sanções pelos órgãos de defesa do consumidor (art. 56 e seguintes do CDC).

Dentre as possíveis sanções, o art. 60 estabelece a *contrapropaganda*, a qual deve ser "divulgada pelo responsável da mesma forma, frequência e dimensão e, preferencialmente no mesmo veículo, local, espaço e horário, de forma capaz de desfazer o malefício da publicidade enganosa ou abusiva" (§ 1º).

 Dicas práticas

Os agentes financeiros devem ficar atentos ao fato de que a Lei 14.181/2021 destaca fortemente o dever de informar na fase pré-contratual da concessão de crédito. A ausência de informação adequada pode invalidar o contrato, reduzir ou excluir as taxas de juros.

> **Art. 54-C.** É vedado, expressa ou implicitamente, na oferta de crédito ao consumidor, publicitária ou não:
>
> **I -** (VETADO);
>
> **II -** indicar que a operação de crédito poderá ser concluída sem consulta a serviços de proteção ao crédito ou sem avaliação da situação financeira do consumidor;
>
> **III -** ocultar ou dificultar a compreensão sobre os ônus e os riscos da contratação do crédito ou da venda a prazo;
>
> **IV -** assediar ou pressionar o consumidor para contratar o fornecimento de produto, serviço ou crédito, principalmente se se tratar de consumidor idoso, analfabeto, doente ou em estado de vulnerabilidade agravada ou se a contratação envolver prêmio;
>
> **V -** condicionar o atendimento de pretensões do consumidor ou o início de tratativas à renúncia ou à desistência de demandas judiciais, ao pagamento de honorários advocatícios ou a depósitos judiciais.
>
> Parágrafo único. (VETADO).

 Análise doutrinária

1. Vedações na oferta de crédito

O art. 54-C apresenta lista de condutas proibidas na oferta de crédito. Logo no início do dispositivo, fica esclarecido que a vedação se aplica tanto a ofertas publicitárias como a ofertas não publicitárias.

Como já esclarecido, o CDC reconhece a distinção entre oferta publicitária – dirigida à coletividade de pessoas – e oferta não publicitária – que possui destinatário individualizado. A doutrina encontra dificuldades em algumas situações, como no caso de informações constantes em rótulos ou manuais ou pequenos anúncios em interior de estabelecimentos.

O *caput* do art. 54-C afasta eventual discussão quanto à sua abrangência: vale para todo tipo de oferta, inclusive a verbal. Aliás, a prática demonstra que são as informações verbais apresentadas pelo fornecedor que mais influenciam o consumidor a contratar determinado produto ou serviço. Especial atenção deve ser conferida ao que é dito e prometido pelo fornecedor no momento pré-contratual da concessão de crédito.

A primeira vedação diz respeito a "indicar que a operação de crédito poderá ser concluída sem consulta a serviços de proteção ao crédito ou sem avaliação da situação financeira do consumidor". A análise da situação financeira do consumidor no momento da obtenção de crédito é fundamental para verificar os riscos da concessão de crédito no que concerne à inadimplência. Os bancos de dados de proteção ao crédito, em sociedade anônima e massificada, exercem importante papel.

Afinal, como pontuado, são entidades que têm por principal objeto a coleta, o armazenamento e a transferência a terceiros (credores potenciais) de informações pessoais dos pretendentes à obtenção de crédito.

O progressivo aumento da relevância dos bancos de dados de proteção ao crédito vincula-se diretamente à massificação e ao anonimato da sociedade de consumo e, mais recentemente, à expansão da oferta de crédito. Quanto menos se conhece os consumidores, potenciais tomadores de empréstimos, maior a importância e dependência dos arquivos de consumo. Quanto maior a oferta de crédito, mais relevantes são as atividades desenvolvidas pelas entidades de proteção ao crédito.

A consulta a bancos de dados de proteção ao crédito e, também, de informações adicionais sobre o consumidor é fundamental para verificar a possibilidade de o consumidor, já inadimplente ou não, de assumir o novo empréstimo. Também serve para, com base em informações positivas, oferecer taxa de juros menor para os bons pagadores (v. sobre Lei do Cadastro Positivo em comentários ao art. 43).

De modo mais amplo, é legítimo e necessário, em momento prévio à contratação de empréstimo, obter informações úteis para análise dos riscos da concessão de crédito. Tal atividade é inerente ao parâmetro de crédito responsável. A vedação é importante na medida em que permite visualizar a situação financeira do consumidor e, principalmente, as consequências possíveis quanto à assunção de mais um empréstimo.

Na sequência, o inciso II do art. 54-C proíbe que o fornecedor oculte ou dificulte a compreensão sobre os ônus e os riscos da contratação do crédito ou da venda a prazo. A proibição é consectário do princípio da boa-fé objetiva, que exige lealdade e transparência nas relações estabelecidas no mercado de consumo.

O dispositivo é didático. Quer enfatizar que a ausência de informações já é suficiente para caracterizar conduta enganosa, ou seja, que é capaz de induzir o consumidor em erro. Vale aqui o mesmo raciocínio para caracterização da publicidade enganosa por omissão (art. 37, § 1º c/c o § 3º).

Quanto maior a vulnerabilidade técnica (informacional) do consumidor, maior a necessidade de cuidado, clareza e completude nas informações sobre o crédito ofertado de modo a permitir escolha racional do consumidor tanto em relação a contratar o crédito, bem como escolher, entre as modalidades possíveis, a que mais se adapta ao seu perfil e necessidade.

No crédito responsável, a instituição financeira ou seu representante deve se colocar em condição de conselheiro até mesmo para, depois de avaliar as informações, sugerir que o contrato não seja celebrado.

O inciso IV do art. 54-C veda o assédio e pressão para contratar produtos e serviços na área financeira, com foco principal nos hipervulneráveis (idoso, doente analfabeto etc.). O dispositivo proíbe a conduta consistente em "assediar ou pressionar o consumidor para contratar o fornecimento de produto, serviço ou crédito, principalmente se se tratar de consumidor idoso, analfabeto, doente ou em estado de vulnerabilidade agravada ou se a contratação envolver prêmio".

Em que pesem alguns avanços nas relações entre algumas instituições financeiras e consumidores, ainda são inúmeras as condutas que se caracterizam como assédio na contratação do crédito. Invariavelmente são praticadas por correspondentes bancários, também conhecidos por pastinhas. Como recebem comissão por cada celebração de contrato, o objetivo maior passa a ser a contratação, sem se importar com as consequências posteriores para o consumidor. Há, entre tantos relatos, informação de que pastinhas oferecem para idosos aposentados prêmio de uma cesta básica caso o contrato seja assinado.

Por fim, o inciso V do art. 54-B proíbe "condicionar o atendimento de pretensões do consumidor ou o início de tratativas à renúncia ou à desistência de demandas judiciais, ao pagamento de honorários advocatícios ou a depósitos judiciais".

A incidência da vedação é ampla, já que aplicável a qualquer "pretensão do consumidor". Abrange tanto contratações iniciais, como abertura de conta ou obtenção de empréstimos, como algum outro serviço em meio a relação contratual já existente.

Não pode o banco condicionar o deferimento do pedido do consumidor à desistência de ação já ajuizada ou pagamento de honorários advocatícios decorrentes de processo. Também não se pode exigir que seja levantada determinada quantia depositada em juízo com objetivo de discutir a dívida de consumo.

2. Sanções

O art. 54-C, nos mesmos moldes do art. 39 do CDC (práticas abusivas), elenca condutas que estão vedadas. As sanções a serem aplicadas aos fornecedores pela prática das infrações indicadas no art. 54-C variam conforme o caso.

Inicialmente, destaque-se que o parágrafo único do art. 54-D prevê sanções específicas para a não observância dos deveres pelo disposto art. 54-C. Estabelece que o descumprimento de qualquer dos deveres previstos no art. 54-C pode "acarretar judicialmente a redução dos juros, dos encargos ou de qualquer acréscimo ao principal e a dilação do prazo de pagamento previsto no contrato original, conforme a gravidade da conduta do fornecedor e as possibilidades financeiras do consumidor, sem prejuízo de outras sanções e de indenização por perdas e danos, patrimoniais e morais, ao consumidor".

Acrescente-se que qualquer ofensa à norma de defesa do consumidor autoriza a incidência das sanções administrativas indicadas no art. 56 do CDC. O dispositivo arrola as espécies de penalidades que podem ser aplicadas em face de violação a direito do consumidor.

A sanção administrativa possui nítido caráter pedagógico e preventivo. Objetiva estimular o cumprimento das normas de defesa do consumidor e, consequentemente, aumentar sua eficácia social (v. comentários ao art. 56).

Paralelamente, a sanção civil, no sentido de indenização ao consumidor, ocorrerá se do fato decorrerem danos morais e materiais.

Ademais, as vedações indicadas pelo art. 54-C do CDC devem ser cuidadosamente consideradas pelo Poder Judiciário na análise da própria validade do contrato de crédito eventualmente celebrado e no exame de abusividade de suas cláusulas.

Por fim, embora possa parecer óbvio pela redação dos verbos que constituem o núcleo das condutas proibidas, não há que se cogitar do elemento *culpa* do fornecedor (responsabilidade subjetiva) no exame das infrações, seja no campo civil ou administrativo.

> **Art. 54-D.** Na oferta de crédito, previamente à contratação, o fornecedor ou o intermediário deverá, entre outras condutas:
>
> **I** – informar e esclarecer adequadamente o consumidor, considerada sua idade, sobre a natureza e a modalidade do crédito oferecido, sobre todos os custos incidentes, observado o disposto nos arts. 52 e 54-B deste Código, e sobre as consequências genéricas e específicas do inadimplemento;
>
> **II** – avaliar, de forma responsável, as condições de crédito do consumidor, mediante análise das informações disponíveis em bancos de dados de proteção ao crédito, observado o disposto neste Código e na legislação sobre proteção de dados;
>
> **III** – informar a identidade do agente financiador e entregar ao consumidor, ao garante e a outros coobrigados cópia do contrato de crédito.
>
> Parágrafo único. O descumprimento de qualquer dos deveres previstos no caput deste artigo e nos arts. 52 e 54-C deste Código poderá acarretar judicialmente a redução dos juros, dos encargos ou de qualquer acréscimo ao principal e a dilação do prazo de pagamento previsto no contrato original, conforme a gravidade da conduta do fornecedor e as possibilidades financeiras do consumidor, sem prejuízo de outras sanções e de indenização por perdas e danos, patrimoniais e morais, ao consumidor.

 Análise doutrinária

1. Crédito responsável e informação

O art. 54-D ressalta, mais uma vez, a importância da boa-fé objetiva (lealdade e transparência) no momento pré-contratual na seara da concessão de crédito ao consumidor. O parágrafo único do dispositivo estabelece sanções específicas para o descumprimento dos deveres indicados no próprio art. 54-D e arts. 52 e 54-C.

O inciso I impõe esclarecimento adequado ao consumidor sobre o tipo de crédito (natureza e modalidade) oferecido considerando a idade do consumidor. O dispositivo explicita dever de cuidado específico e, ao final, disse menos do que deveria. A idade do consumidor deve ser considerada tanto no que diz respeito ao grau de vulnerabilidade como no tocante à modalidade de crédito. Todavia, não é apenas a idade que se deve considerar, mas o perfil do consumidor e suas necessidades específicas.

No mercado de crédito brasileiro, há inúmeras modalidades de empréstimos que diferem em relação à taxa de juros, às garantias, ao prazo e às formas de pagamento, obrigatoriedade ou não de seguro etc. A mesma instituição financeira possui um cardápio de opções.

O dispositivo, reitere-se, estabelece que se deve considerar a idade do consumidor para informar sobre a modalidade de crédito. Ora, a boa-fé objetiva (lealdade e transparência) indica que todas as características do consumidor – e não apenas a idade – devem ser consideradas ao informar sobre a modalidade e natureza do crédito.

O que se pretende é que o consumidor compreenda que ele possui várias opções na contratação de crédito. Tais opções se apresentam entre os concorrentes (instituições financeiras) e, também, internamente – nas várias opções de crédito disponíveis. O nível de informação deve considerar a idade do consumidor, todas as características pessoais e necessidades que o levaram a procurar a concessão de crédito.

É de extrema importância para um efetivo direito de escolha a respeito da melhor modalidade de crédito para o consumidor, considerando seu perfil e suas necessidades. O raciocínio vale para todos os setores do mercado. O consumidor deve ter a opção – real – de escolha entre as inúmeras modalidades de produtos e serviços. O gerente da concessionária deve apresentar os diversos modelos de veículos. O restaurante deve possuir cardápio de opções para escolha do consumidor, com informações adicionais do garçom. Com as instituições financeiras não é diferente.

Ilustre-se com a situação do consumidor, servidor público, com margem consignável livre que procura instituição financeira para compra de um veículo. Na análise das modalidades disponíveis, deve ser informado ao consumidor que, naquele momento, o custo efetivo total (CET) do crédito consignado está mais baixo e vantajoso do que a linha de crédito para financiamento de veículo. Essa iniciativa, de informação sobre as modalidades, deve partir do fornecedor.

Caso seja descumprido o dever de informar, é possível invalidar o contrato, com retorno das partes ao estado anterior, ou reduzir a taxa de juros para a modalidade que atendia melhor os interesses do consumidor. O fundamento dessa alteração decorre do princípio da conservação do contrato que dialoga com o direito de modificação de cláusulas abusivas e com o disposto no parágrafo único do art. 54-D.

O inciso II do art. 54-D reforça justamente a ideia de examinar o perfil e necessidade do consumidor ao estabelecer que se deve avaliar, de modo responsável, as condições de crédito do consumidor, mediante consulta e análise de informações disponíveis em bancos de dados de proteção ao crédito.

O propósito se repete. Obter informações do consumidor para oferecer modalidades diferentes de empréstimo e, até mesmo, concluir que, no caso concreto, em face de possibilidade de inadimplemento ou de situação de superendividamento, o crédito não deve ser concedido. É justamente a noção de *crédito responsável*. Há para o fornecedor, com base no seu profissionalismo, o dever de aconselhar, o que inclui sugestão entre as modalidades de crédito e até mesmo no sentido de não ser o momento adequado para celebrar o contrato.

A Lei 14.181/2021 (Lei Claudia Lima Marques) reconhece, na linha da doutrina e jurisprudência, o relevante papel exercido pelos bancos de dados de proteção ao crédito em sociedade massificada e anônima. Reconhece, também, a importância do direito à proteção de dados pessoais e respectiva legislação. No caso, o tratamento de dados do consumidor para fins de análise de risco de concessão de crédito atrai o exame simultâneo e coordenado do art. 43 do CDC, Lei do Cadastro Positivo e Lei Geral de Proteção de Dados Pessoais (Lei 13.709/2018) (v. comentários ao art. 43).

Por fim, o inciso III determina que se informe ao consumidor a identidade do agente financiador e que, paralelamente, seja entregue a ele e coobrigados (avalistas, devedores solidários etc.) cópia do contrato de crédito.

A informação sobre a qualificação do fornecedor objetiva identificar quem é realmente o agente financeiro que pode, no momento, ser representado por correspondente bancário ou qualquer outra forma de representação. Tal informação é importante para exercício futuro de direito do consumidor no que diz respeito a dúvidas e possíveis conflitos decorrentes do contrato de crédito.

Cabe destacar que a exigência de informação sobre o agente financeiro não afasta a solidariedade passiva de seus representantes nos termos do art. 34 do CDC (v. comentários ao art. 34).

2. Sanções

O parágrafo único do art. 54-D prevê sanções específicas para a não observância dos deveres instituídos pelo próprio dispositivo (54-D) e, também, pelo disposto nos arts. 52 e 54-C. Estabelece que o descumprimento de qualquer dos deveres pode "acarretar judicialmente a redução dos juros, dos encargos ou de qualquer acréscimo ao principal e a dilação do prazo de pagamento previsto no contrato original, conforme a gravidade da conduta do fornecedor e as possibilidades financeiras do consumidor, sem prejuízo de outras sanções e de indenização por perdas e danos, patrimoniais e morais, ao consumidor".

Tais sanções são relevantes, mas é certo que, mesmo antes da Lei do Superendividamento, já eram amplamente aplicadas pelo Poder Judiciário, vez que decorrem do direito básico do consumidor de modificação judicial do conteúdo dos contratos, do princípio da preservação dos contratos de consumo e do dever de indenizar todos os danos materiais e morais causados ao consumidor (v. comentários ao art. 6º, V, VI e art. 51 § 2º).

Art. 54-E. (VETADO).

Art. 54-F. São conexos, coligados ou interdependentes, entre outros, o contrato principal de fornecimento de produto ou serviço e os contratos acessórios de crédito que lhe garantam o financiamento quando o fornecedor de crédito:

I – recorrer aos serviços do fornecedor de produto ou serviço para a preparação ou a conclusão do contrato de crédito;

II – oferecer o crédito no local da atividade empresarial do fornecedor de produto ou serviço financiado ou onde o contrato principal for celebrado.

§ 1º O exercício do direito de arrependimento nas hipóteses previstas neste Código, no contrato principal ou no contrato de crédito, implica a resolução de pleno direito do contrato que lhe seja conexo.

§ 2º Nos casos dos incisos I e II do caput deste artigo, se houver inexecução de qualquer das obrigações e deveres do fornecedor de produto ou serviço, o consumidor poderá requerer a rescisão do contrato não cumprido contra o fornecedor do crédito.

§ 3º O direito previsto no § 2º deste artigo caberá igualmente ao consumidor:

I – contra o portador de cheque pós-datado emitido para aquisição de produto ou serviço a prazo;

II – contra o administrador ou o emitente de cartão de crédito ou similar quando o cartão de crédito ou similar e o produto ou serviço forem fornecidos pelo mesmo fornecedor ou por entidades pertencentes a um mesmo grupo econômico.

§ 4º A invalidade ou a ineficácia do contrato principal implicará, de pleno direito, a do contrato de crédito que lhe seja conexo, nos termos do caput deste artigo, ressalvado ao fornecedor do crédito o direito de obter do fornecedor do produto ou serviço a devolução dos valores entregues, inclusive relativamente a tributos.

 Legislação correlata

Código Civil, art. 475.

 Análise doutrinária

1. Contratos conexos, coligados ou interdependentes

O art. 54-F estabelece disciplina específica para o que denomina de contratos *conexos*, *coligados* ou interdependentes. Inicialmente, trata do conceito. Os adjetivos – conexo, coligado e interdependente – são sinônimos, possuem o mesmo sentido normativo.

Para a lei, são *conexos*, *coligados* ou *interdependentes*, o contrato de fornecimento de produto ou serviço (principal) e os respectivo contrato de crédito (acessório) em duas situações: 1) quando o fornecedor de crédito "recorrer aos serviços do fornecedor de produto ou serviço para a preparação ou a conclusão do contrato de crédito"; 2) quando o crédito é oferecido no local da atividade empresarial do fornecedor de produto ou serviço financiado ou onde o contrato principal for celebrado.

Portanto, há coligação tanto na hipótese em que o fornecedor do crédito recorre ao fornecedor do produto e do serviço para *preparação* ou *conclusão* do contrato como, no segundo caso, quando o fornecedor de crédito realiza a oferta no próprio local da atividade empresarial do fornecedor do produto ou serviço.

Como já destacado, são crescentes a atuação conjunta, as parcerias, as coligações entre fornecedores, para impulsionar ou ampliar a venda de determinado produto ou serviço. Com ou sem divisão de tarefas, um fornecedor utiliza nome e marcas de outros. Muitas vezes, o consumidor está dentro do estabelecimento físico de determinada pessoa jurídica, mas, formalmente, sem perceber, contrata pessoa jurídica diversa. São inúmeras as situações em que o consumidor é atraído por determinada marca, mas não sabe exatamente quem, de maneira formal, integra o contrato.

Independentemente das importantes inovações relacionadas aos contratos conexos, a jurisprudência e doutrina, com base na Teoria da Aparência, sustenta a solidariedade passiva dos fornecedores em relação aos atos e consequências por eventual (v. comentários aos art. 7º, parágrafo único, e art. 34).

Se dois ou mais fornecedores se associam para, legitimamente, ampliar suas vendas, nada mais natural que todos eles respondam perante o consumidor pelos êxitos e fracassos da parceria. Sempre há – é importante recordar – a possibilidade de ação regressiva para que aquele que realmente foi o responsável pelo inadimplemento e/ ou dano ao consumidor.

A conexão dos contratos no mercado de consumo ou, de modo mais amplo, todas as hipóteses de solidariedade passiva, possuem um efeito secundário importante: os fornecedores ficam mais criteriosos na escolha de suas parcerias, o que, ao final, significa uma espécie de "seleção natural" dos que atuam com qualidade e com respeito ao consumidor.

A previsão de coligação nas hipóteses previstas nos incisos I e II, do *caput* do art. 54-F, está coerente com a anterior tendência dos tribunais de estabelecer solidariedade passiva entre fornecedores tanto em relação às obrigações originárias como no tocante as obrigações sucessivas (responsabilidade civil).

Nas duas hipóteses (incisos I e II), fica evidente a parceria do fornecedor do contrato principal – o que oferece o produto ou serviço – e do fornecedor de crédito (contrato secundário). Aliás, tal parceria é, invariavelmente, destacada nas publicidades como mais um atrativo para um bom negócio ao consumidor.

Portanto, não importa, para configuração da conexão, se o contato inicial do consumidor é com o fornecedor de produto ou serviço ou com o fornecedor de crédito, como deixa claro a redação dos incisos I e II.

A hipótese prevista no inciso II – crédito oferecido no local da atividade empresarial do fornecedor – é bastante comum nas compras de veículos financiados. A instituição financeira mantém espaço e servidores (representantes) na própria concessionaria. Muitas vezes, o banco foi constituído pelo fabricante de determinada marca unicamente para financiar a compra de veículos (ex.: Banco Fiat).

Por fim, ressalte-se que a expressão "local da atividade" (inciso II) deve, por interpretação teleológica abranger local físico ou virtual. São crescentes as contratações de compra de produto e serviços e, também, de contratação de crédito que, ao menos, se iniciam em ambiente virtual. A forma de apresentação ao consumidor (virtual ou física) não é o mais relevante para a configuração da interdependência dos contratos e sim a existência real de atuacção conjunta (parceria).

2. Direito de arrependimento e inexecução de contratos conexos

A primeira consequência em face da configuração de *conexão* entre contratos diz respeito ao exercício do direito de arrependimento (art. 49 do CDC). A desistência da compra do produto ou do serviço no contrato principal ou do contrato de crédito implica a resolução de pleno direito do contrato que lhe seja conexo. Em outras palavras, a desistência de qualquer contrato – acessório ou principal – afeta diretamente o outro. As partes devem voltar ao estado anterior ao da contratação.

Recorde-se que, no âmbito das relações de consumo, a possibilidade de arrependimento do negócio jurídico se dá em compras fora do estabelecimento físico e deve ser exercida no prazo de 7 (sete) dias (v. comentários ao art. 49 do CDC).

A segunda consequência possível se relaciona à inexecução do contrato principal, ou seja, de compra e venda do produto ou do serviço. Estabelece o § 2º que, se houver inexecução de qualquer das obrigações e deveres do fornecedor de produto ou serviço, o consumidor pode requerer a rescisão do contrato não cumprido contra o fornecedor do crédito.

Trata-se, na hipótese, de resolução (rescisão) de contrato por inadimplemento do fornecedor. Além das disposições do CDC, devem ser observadas as normas relativas a inadimplemento contratual, particularmente o disposto no art. 475 do Código Civil "a parte lesada pelo inadimplemento pode pedir a resolução do contrato, se não preferir exigir-lhe o cumprimento, cabendo, em qualquer dos casos, indenização por perdas e danos".

Portanto, o consumidor pode escolher por exigir o cumprimento forçado do contrato ou rescisão, além de perdas e danos nas duas hipóteses (art. 35 do CDC c/c art. 475 do Código Civil). Se optar pela rescisão, tal decisão se estende ao contrato de crédito.

Embora o cheque tenha diminuído sua importância como meio de pagamento, o § 3º, inciso I, do art. 54-F possibilita ao consumidor que apresente oposição ao portador do título de crédito que o tenha recebido por endosso. Em outras palavras, afasta-se, pontualmente, o princípio da autonomia e abstração dos títulos de crédito. Portanto, aquele que recebe cheque pós-datado como atividade decorrente de faturização sabe que, eventualmente, terá que discutir o negócio (contrato de consumo) que ensejou a emissão do título.

Por fim, o inciso II do § 3º traz o mesmo raciocínio em relação ao pagamento por meio de cartão de crédito. Estabelece o dispositivo que o consumidor pode se opor à cobrança dos valores "contra o administrador ou o emitente de cartão de crédito ou similar quando o cartão de crédito ou similar e o produto ou serviço forem fornecidos pelo mesmo fornecedor ou por entidades pertencentes a um mesmo grupo econômico".

3. Invalidade ou ineficácia do contrato

A rescisão – extinção do contrato por descumprimento de obrigação – não se confunde com a invalidade ou ineficácia do contrato de consumo. A rescisão, ou resolução, pressupõe a existência e validade do contrato.

A invalidade ou ineficácia afeta diretamente o plano de validade ou existência do negócio jurídico. No âmbito do mercado de consumo, ocorre, entre outras hipóteses, por inobservância do art. 46 do CDC, descumprimento do dever de informar, nulidade de cláusula que contamina todo o contrato, vícios do consentimento do consumidor (erro, dolo, coação, lesão, estado de perigo).

O art. 54-F, ao lado da rescisão, também faz referência à invalidade do negócio jurídico de consumo. Estabelece o § 4º do dispositivo que a ineficácia do "contrato principal implicará, de pleno direito, a do contrato de crédito que lhe seja conexo, (...), ressalvado ao fornecedor do crédito o direito de obter do fornecedor do produto ou serviço a devolução dos valores entregues, inclusive relativamente a tributos".

Em caso de invalidade, o agente financeiro (fornecedor de crédito) pode exigir do fornecedor de produto ou serviço que os valores pagos pelo consumidor lhe sejam devolvidos como consequência natural do retorno das partes ao estado anterior (*status quo ante*). O consumidor, por sua vez, deve devolver o produto ao fornecedor.

 Jurisprudência

1. Contratos coligados e direito do consumidor

"1. O contrato coligado não constitui um único negócio jurídico com diversos instrumentos, mas sim uma pluralidade de negócios jurídicos, ainda que celebrados em um só documento, pois é a substância, e não a forma, do negócio jurídico que lhe dá amparo. Em razão da força da conexão contratual e dos preceitos consumeristas incidentes na espécie – tanto na relação jurídica firmada com a revenda de veículos usados quanto no vínculo mantido com a casa bancária –, o vício determinante do desfazimento da compra e venda atinge igualmente o financiamento, por se tratar de relações jurídicas trianguladas, cada uma estipulada com o fim precípuo de garantir a relação jurídica antecedente da qual é inteiramente dependente, motivo pelo qual a possível arguição da exceção de contrato não cumprido constitui efeito não de um ou outro negócio isoladamente considerado, mas da vinculação jurídica entre a compra e venda e o mútuo/parcelamento. Precedente. 2. Por um lado, 'a ineficácia superveniente de um dos negócios não tem o condão de unificar os efeitos da responsabilização civil, porquanto, ainda que interdependentes entre si, parcial ou totalmente, os ajustes coligados constituem negócios jurídicos com características próprias, a ensejar interpretação e análise singular, sem contudo, deixar à margem o vínculo unitário dos limites da coligação' (REsp 1127403/SP, Rel. Ministro LUIS FELIPE SALOMÃO, Rel. p/ Acórdão Ministro MARCO BUZZI, QUARTA TURMA, julgado em 04/02/2014, DJe 15/08/2014). Com efeito, 'apenas há falar em responsabilidade solidária no caso de a instituição financeira estar vinculada à concessionária do veículo - hipótese em que se trata de banco da própria montadora -, o que não se constata na espécie. Precedentes' (AgInt no REsp 1519556/SP, Rel. Ministro MARCO AURÉLIO BELLIZZE, TERCEIRA TURMA, julgado em 10/11/2016, DJe 25/11/2016). 3. Embora o autor narre na inicial que pagou três prestações contratuais por receio de ter seu nome incluído em cadastro de órgãos de proteção ao crédito, assim como o temor de que o bem viesse a ser objeto de busca e apreensão requerida por parte do credor fiduciário - circunstâncias que, se concretizadas, poderiam mesmo caracterizar abalo moral -, isso não se verificou. O autor também esclareceu que, em vista dos transtornos, 'optou' pela resolução dos contratos coligados para ser reembolsado dos montantes despendidos. Ademais, foi dito na exordial que os dissabores no tocante ao banco recorrente limitaram-se ao fato de ter recebido o contrato somente após 90 dias - a loja de veículos usados negociou o automóvel com o autor, mas não houve o imediato cancelamento da alienação fiduciária anterior a envolver o bem e a outra instituição financeira porque, após a alienação do automóvel pela revendedora de veículos usados, o devedor fiduciante veio a falecer" (STJ, REsp 1406245/SP, Rel. Min. Luis Felipe Salomão, 4ª Turma, j. 24.11.2020, *DJe* 10.02.2021).

Art. 54-G. Sem prejuízo do disposto no art. 39 deste Código e na legislação aplicável à matéria, é vedado ao fornecedor de produto ou serviço que envolva crédito, entre outras condutas:

I - realizar ou proceder à cobrança ou ao débito em conta de qualquer quantia que houver sido contestada pelo consumidor em compra realizada com cartão de crédito ou similar, enquanto não for adequadamente solucionada a controvérsia, desde que o consumidor haja notificado a administradora do cartão com antecedência de pelo menos 10 (dez) dias contados da data de vencimento da fatura, vedada a manutenção do valor na fatura seguinte e assegurado ao consumidor o direito de deduzir do total da fatura o valor em disputa e efetuar o pagamento da parte não contestada, podendo o emissor lançar como crédito em confiança o valor idêntico ao da transação contestada que tenha sido cobrada, enquanto não encerrada a apuração da contestação;

II - recusar ou não entregar ao consumidor, ao garante e aos outros coobrigados cópia da minuta do contrato principal de consumo ou do contrato de crédito, em papel ou outro suporte duradouro, disponível e acessível, e, após a conclusão, cópia do contrato;

III - impedir ou dificultar, em caso de utilização fraudulenta do cartão de crédito ou similar, que o consumidor peça e obtenha, quando aplicável, a anulação ou o imediato bloqueio do pagamento, ou ainda a restituição dos valores indevidamente recebidos.

§ 1º Sem prejuízo do dever de informação e esclarecimento do consumidor e de entrega da minuta do contrato, no empréstimo cuja liquidação seja feita mediante consignação em folha de pagamento, a formalização e a entrega da cópia do contrato ou do instrumento de contratação ocorrerão após o fornecedor do crédito obter da fonte pagadora a indicação sobre a existência de margem consignável.

§ 2º Nos contratos de adesão, o fornecedor deve prestar ao consumidor, previamente, as informações de que tratam o art. 52 e o caput do art. 54-B deste Código, além de outras porventura determinadas na legislação em vigor, e fica obrigado a entregar ao consumidor cópia do contrato, após a sua conclusão.

Legislação correlata

Lei 10.820/2003 (Dispõe sobre a autorização para desconto de prestações em folha de pagamento).

Lei 14.131/2021 (Dispõe sobre o acréscimo de 5% ao percentual máximo para a contratação de operações de crédito com desconto automático em folha de pagamento até 31 de dezembro de 2021.

 Análise doutrinária

1. Novas práticas abusivas no mercado de crédito

O art. 54-G acrescenta três novas infrações que passam a integrar a lista de práticas abusivas do CDC. Optou o legislador, em vez de ampliar os incisos do art. 39, por estabelecer novo dispositivo para abrigar e definir condutas proibidas relacionadas ao mercado de crédito. O art. 54-C também apresenta elenco de condutas vedadas no mercado de crédito.

A primeira proibição está prevista no inciso I do art. 54-G. Relaciona-se à cobrança de débitos nas faturas de cartão de crédito cujas compras são contestadas pelo consumidor. Está vedado ao fornecedor "realizar ou proceder à cobrança ou ao débito em conta de qualquer quantia que houver sido contestada pelo consumidor em compra realizada com cartão de crédito ou similar, enquanto não for adequadamente solucionada a controvérsia".

Todavia, para que tal cobrança seja considerada abusiva, deve o consumidor notificar a administradora do cartão com antecedência de pelo menos 10 (dez) dias contados da data de vencimento da fatura. Nesse caso, esclarece o dispositivo, resta vedada a manutenção do valor na fatura seguinte e se assegura ao consumidor o direito de deduzir do total da fatura o valor em disputa e efetuar o pagamento da parte não contestada.

Acrescenta a norma que o emissor do cartão de crédito pode, em confiança, lançar, como crédito valor questionado, enquanto não encerrada a apuração da contestação formulada pelo consumidor.

O inciso I do art. 54-G se confronta com julgado do STJ que, antes da edição da Lei 14.181, conclui não ser "abusiva a cláusula inserta em contrato de cartão de crédito que autoriza a operadora/financeira a debitar na conta corrente do respectivo titular o pagamento do valor mínimo da fatura em caso de inadimplemento, ainda que contestadas as despesas lançadas" (REsp 1626997/RJ, 01.06.2021, *DJe* 04.06.2021).

O inciso II, por sua vez, considera prática abusiva a conduta consistente em "recusar ou não entregar ao consumidor, ao garante e aos outros coobrigados cópia da minuta do contrato principal de consumo ou do contrato de crédito, em papel ou outro suporte duradouro, disponível e acessível, e, após a conclusão, cópia do contrato".

O dispositivo é reação à criticável prática de não entrega do contrato de empréstimo ao consumidor, o que, pela sistemática do CDC, já é hipótese de invalidação do negócio jurídico em face dos princípios que regem a relação de consumidor e principalmente do disposto no art. 46: "os contratos que regulam as relações de consumo não obrigarão os consumidores, se não lhes for dada a oportunidade de tomar conhecimento prévio de seu conteúdo, ou se os respectivos instrumentos forem redigidos de modo a dificultar a compreensão de seu sentido e alcance".

A entrega do contrato em papel e suporte duradouro, além de possibilitar ao consumidor conhecer os direitos e obrigações decorrentes do vínculo contratual estabelecido, é importante meio de prova em caso de eventual conflito entre as partes.

O inciso III do art. 54-G estabelece nova vedação para os casos de utilização fraudulenta do cartão de crédito ou outro meio de pagamento. Proíbe-se o impedimento ou apresentação de dificuldade para que o consumidor peça e obtenha a anulação ou o imediato bloqueio do pagamento ou ainda a restituição dos valores indevidamente recebidos.

O inciso III não se confunde com a proibição constante no inciso I do art. 54-G. No inciso I, a contestação do débito decorre de descumprimento de contrato realmente celebrado com o consumidor. Já no inciso II, a hipótese é de fraude de terceiros, ou seja, o questionamento é relativo à própria existência da dívida.

Exemplifique-se com a situação em que o consumidor reconhece o contrato de prestação de serviços (hospedagem em hotel), mas questiona a cobrança de diária excedente. O contrato de consumo não é contestado, mas apenas o valor excedente cobrado na fatura do cartão de crédito.

Tal situação se difere de cobrança de valor decorrente de fraude quando terceiro, por meios diversos, consegue a aprovação do cartão para compras em benefício do fraudador. O questionamento do consumidor não é em relação ao valor, mas ao próprio contrato de consumo – que é inexistente.

2. Entrega do contrato de crédito consignado

Entre as várias e crescentes modalidades de empréstimo, sobressai-se o denominado empréstimo consignado cujas taxas de juros remuneratórios são as menores do mercado. Na referida modalidade, as prestações do contrato de crédito são descontadas diretamente na folha de pagamento do empregado/servidor com transferência mensal do valor para o agente financeiro.

Várias normas federais disciplinam o empréstimo consignado no Brasil, com destaque para a Lei 10.820/2003 e Lei 8.112/1990 (art. 45). Para os aposentados, o tema está discipline no art. 115, inciso VI, da Lei 8.213/1991. Em 30 de março de 2021, editou-se a Lei 14.131, a qual ampliou o percentual da margem consignável.

O § 1º do art. 54-F trata especificamente da entrega do contrato no crédito consignado. Estabelece o dispositivo – reitera, na verdade – a importância da entrega do contrato nos referidos empréstimos.

O dispositivo ressalta, mais uma vez, a importância do dever de informação e esclarecimento ao consumidor e determina que "a formalização e a entrega da cópia do contrato ou do instrumento de contratação ocorrerão após o fornecedor do crédito obter da fonte pagadora a indicação sobre a existência de margem consignável".

Em síntese, não se deve celebrar contrato de empréstimo consignado sem a informação prévia da margem consignável do consumidor. Caso tal determinação seja descumprida, além de incidência de sanção administrativa (arts. 55 a 60 do CDC), pode-se, na sistemática de controle de práticas e cláusulas abusivas invalidar o contrato.

3. Informações sobre crédito no contrato de adesão

Nos termos do art. 54, *caput*, do CDC, "contrato de adesão é aquele cujas cláusulas tenham sido aprovadas pela autoridade competente ou estabelecidas unilateralmente pelo fornecedor de produtos ou serviços, sem que o consumidor possa discutir ou modificar substancialmente seu conteúdo".

Não é a única forma de celebrar contratos de consumo, mas, com certeza, a mais frequente quando se estabelece vínculo obrigacional que se prolonga no tempo, como no caso de operações de crédito cujo pagamento se dá por meio de prestações mensais e periódicas (v. comentários ao art. 54).

O § 2º do art. 54-F apresenta disposição específica para o dever de informar nos contratos de crédito de adesão. A norma pontua o momento de oferecer as informações: "o fornecedor deve prestar ao consumidor, previamente, as informações de que tratam o art. 52 e o *caput* do art. 54-B deste Código".

Novamente, observa-se preocupação didática da lei. As ofertas e informações sobre crédito devem ocorrer em ambiente de boa-fé objetiva, o que significa respeito à transparência e lealdade. O momento pré-contratual é importante fase para que o consumidor decida ou não pela celebração do contrato.

CAPÍTULO VII
Das Sanções Administrativas

Art. 55. A União, os Estados e o Distrito Federal, em caráter concorrente e nas suas respectivas áreas de atuação administrativa, baixarão normas relativas à produção, industrialização, distribuição e consumo de produtos e serviços.

§ 1º A União, os Estados, o Distrito Federal e os Municípios fiscalizarão e controlarão a produção, industrialização, distribuição, a publicidade de produtos e serviços e o mercado de consumo, no interesse da preservação da vida, da saúde, da segurança, da informação e do bem do consumidor, baixando as normas que se fizerem necessárias.

§ 2º (Vetado).[18]

---

[18]　Mensagem de Veto 664/90, *do § 2º do art. 55*: "A União não dispõe, na ordem federal, de competência para impor aos Estados e Municípios obrigação genérica de legislar (CF, arts. 18, 25 e 29)".

> **§ 3º** Os órgãos federais, estaduais, do Distrito Federal e municipais com atribuições para fiscalizar e controlar o mercado de consumo manterão comissões permanentes para elaboração, revisão e atualização das normas referidas no § 1º, sendo obrigatória a participação dos consumidores e fornecedores.
>
> **§ 4º** Os órgãos oficiais poderão expedir notificações aos fornecedores para que, sob pena de desobediência, prestem informações sobre questões de interesse do consumidor, resguardado o segredo industrial.

 Legislação correlata

Constituição Federal, arts. 22, I, 24, V e VIII, 30, I, e 48 do ADCT.

Decreto 2.181/1997 (Dispõe sobre normas gerais de aplicação de sanção administrativa).

 Análise doutrinária

1. Competência para legislar e fiscalizar normas relativas a direito do consumidor

A competência para legislar sobre direito do consumidor não é tão clara no ordenamento jurídico brasileiro. Inicialmente, recorde-se – e aí não pode haver qualquer dúvida – que a competência para edição de um Código de Defesa do Consumidor foi conferida ao Congresso Nacional (União) pelo art. 48 do Ato das Disposições Constitucionais Transitórias – ADCT: "o Congresso Nacional, dentro de cento e vinte dias da promulgação da Constituição, elaborará código de defesa do consumidor" (v. comentários ao art. 1º).

No mais, a Constituição Federal, embora faça expressas referências à importância da defesa do consumidor (arts. 5º, XXXII, e 170, V, da Constituição Federal), gera dúvidas ao estabelecer competência privativa da União para legislar sobre direito civil (art. 22, I), ao mesmo tempo que, no art. 24, dispõe que "compete à União, aos Estados e ao Distrito Federal legislar concorrentemente sobre (...) V – produção e consumo; (...) VIII – responsabilidade por dano ao meio ambiente, ao consumidor". Acrescente-se a competência dos municípios para "legislar sobre assuntos de interesse local" (art. 30, I).

Por sua vez, o *caput* do art. 55 do CDC refere-se à competência para legislar – "baixar normas" – sobre atividades próprias do mercado de consumo (produção, distribuição, industrialização). Pontue-se, inicialmente, que o Código de Defesa do Consumidor, ou qualquer outra lei ordinária, não é, por razões óbvias, o lugar mais adequado para definir competência legislativa entre União, estados e Distrito Federal. Tal matéria é tipicamente constitucional. As disposições ali referidas (art. 55 do CDC) devem, portanto, ser analisadas à luz dos dispositivos constitucionais que tratam de competência legislativa.

Há muitos embates nos tribunais estaduais e no Supremo Tribunal Federal para definir o que é competência em matéria de direito do consumidor da União, de um lado, e dos Estados, Distrito Federal e Municípios, do outro. Em que pesem as três décadas de existência do CDC, pouco se avançou nesse debate. Não foram estabelecidos critérios objetivos para diferenciar o que cabe a União, estados, Distrito Federal e municípios.

Alguns temas – bem pontuais – já foram enfrentados e definidos pelo STF, com prestígio à competência da União: 1) compete à União e não ao Distrito Federal legislar sobre cobrança de preço de estacionamento em atividade explorada pela iniciativa privada; 2) fixação de data de vencimento de mensalidade escolar é direito contratual e, portanto, de competência da União; 3) é competência do município e do DF legislar sobre tempo de atendimento em instituições bancárias.

Julgados mais recentes, todavia, procuram prestigiar a competência dos Estados. Em 2019, o STF se manifestou pela constitucionalidade de leis estaduais que: 1) que proíbem cobrança por provas de segunda chamada; 2) proíbem empresas de concessionárias de serviços públicos de, em face de inadimplemento do consumidor, suspenderem fornecimento de água e energia elétrica em dias específicos: 3) impõem cancelamento de multa contratual de quebra de fidelidade em serviço de telefonia em caso de perda de emprego; 4) impõem obrigação de informar a identidade do funcionário que prestará serviço na residência do consumidor; 5) estabelecem tempo máximo de espera em loja de operadora de telefonia.

Nessas decisões da Suprema Corte, não se considerou que os temas são, invariavelmente, de direito civil e, ainda, que as empresas de telefonia atuam, com certa uniformidade, em praticamente todo o Brasil. Ademais, aceitar que leis estaduais disponham diferentemente sobre aspectos do contrato de consumo, em âmbito de concessão de serviço de telefonia, pode, na prática, gerar muitas dificuldades e custos para as empresas que simplesmente não foram consideradas por ocasião da apresentação das propostas de concessão de serviço público.

A polêmica concernente à competência legislativa não é observada quando se trata da fiscalização. O § 1º do art. 55 dispõe que a fiscalização e controle da produção, industrialização, distribuição e publicidade, compete, além das unidades indicadas no *caput* (União, Estados e Distrito Federal), aos Municípios. Na mesma linha, estabelece o art. 5º do Decreto 2.181/1997: "qualquer entidade ou órgão da Administração Pública, federal, estadual e municipal, destinado à defesa dos interesses e direitos do consumidor, tem, no âmbito de suas respectivas competências, atribuição para apurar e punir infrações a este Decreto e à legislação das relações de consumo".

A jurisprudência tem prestigiado os órgãos fiscalizadores de todas as unidades (União, Estados, Distrito Federal e Municípios). A legislação, todavia, peca por ausência de definição de critérios objetivos para evitar dupla sanção administrativa sobre o mesmo fato (*bis in idem*) (v. comentários aos arts. 56, 105 e 106).

O § 3º do art. 55 estabelece, com caráter sugestivo, que os órgãos fiscalizadores da União, dos Estados, do Distrito Federal e dos Municípios mantenham comissões permanentes para elaboração, revisão e atualização das normas sobre fiscalização e controle do mercado de consumo.

O § 4º do art. 55 confere poder aos órgãos de fiscalização para "expedir notificações aos fornecedores para que, sob pena de desobediência, prestem informações sobre questões de interesse do consumidor, resguardado o segredo industrial". O STJ entende que o não atendimento de notificação do Procon caracteriza, em tese, o crime de desobediência (art. 330 do CP).

Por fim, o poder de polícia dos Procons, no tocante à aplicação de sanções administrativas, está sujeito a controle do Poder Judiciário, que pode analisar tanto o acerto da decisão do órgão como respeito aos princípios do processo administrativo, como o contraditório e ampla defesa

 Jurisprudência

1. Inconstitucionalidade de lei que impõe às montadoras, concessionárias e importadoras fornecer veículo reserva quando o automóvel fique inabilitado por mais de 15 dias por falta de peças ou impossibilidade de realização do serviço

"1. É inconstitucional, por extrapolação de competência concorrente para legislar sobre matérias de consumo, lei estadual que impõe às montadoras, concessionárias e importadoras de veículos a obrigação de fornecer veículo reserva a clientes cujo automóvel fique inabilitado por mais de 15 dias por falta de peças originais ou por impossibilidade de realização do serviço, durante o período de garantia contratual. 2. Da interpretação sistemática dos arts. 1º, IV, 5º, 24, V e VIII, 170, IV e 174, todos da Constituição Federal, extraem-se balizas impostas ao legislador estadual, quando da elaboração de normas consumeristas. São, assim, vedadas extrapolações de competência concorrente e violações aos princípios da isonomia, livre-iniciativa e da livre concorrência, sobretudo no que concerne à criação de ônus estadual a fornecedores, como verificado no exemplo da Lei nº 15.304/2014 do Estado de Pernambuco. Precedentes: ADI 3.035, Rel. Min. Gilmar Mendes; ADI 3.645, Rel. Min. Ellen Gracie; ADI 2.656, Rel. Min. Maurício Corrêa. 3. Na hipótese, não se verifica a inconstitucionalidade formal de lei, por alegada violação ao art. 66, § 1º, da Constituição Federal, diante de irregular promulgação antecipada pelo Poder Legislativo, antes do término do prazo constitucional para sanção ou veto do Chefe do Executivo. Em casos específicos como o dos autos, tal irregularidade não enseja inconstitucionalidade formal da lei. 4. Ação direta de inconstitucionalidade cujo pedido se julga procedente, para declarar, por vício formal, a inconstitucionalidade da Lei nº 15.304, de 04.06.2014, do Estado de Pernambuco, em sua integralidade" (STF, ADI 5.158, Tribunal Pleno, Rel. Min. Roberto Barroso, j. 06.12.2018, *DJe*-034, Divulg. 19.02.2019, Public. 20.02.2019).

2. Constitucionalidade de lei estadual que proíbe cobrança por provas de segunda-chamada

"1. Lei fluminense que proíbe a cobrança pelos estabelecimentos de ensino sediados no Estado do Rio de Janeiro, por provas de segunda-chamada, provas finais ou equivalentes, não podendo os estudantes ser impedidos de fazer provas, testes, exames ou outras formas de avaliação, por falta de pagamento prévio. 2. Ao estabelecer regras protetivas dos estudantes mais amplas do que as federais, quanto à cobrança por provas de segunda chamada ou finais, o Estado do Rio de Janeiro atuou dentro da área de sua competência concorrente para legislar sobre direito do consumidor e educação (art. 24, inciso V e IX). 3. Do ponto de vista da constitucionalidade material, não é desproporcional ou desarrazoada norma que impede que o aluno seja financeiramente sobrecarregado por seu desempenho acadêmico ou pela impossibilidade de realizar a prova na data agendada. 4. Ação direta julgada improcedente" (STF, ADI 3.874, Tribunal Pleno, Rel. Min. Roberto Barroso, j. 23.08.2019, *DJe*-195, Divulg. 06.09.2019, Public. 09.09.2019).

3. Constitucionalidade de norma que proíbe empresas de concessionárias de serviços públicos de, em face de inadimplemento do consumidor, suspenderem fornecimento de água e energia elétrica em dias específicos

"Atendidos os parâmetros alusivos à razoabilidade, surge constitucional norma estadual a versar proibição de as empresas concessionárias de serviços públicos suspenderem, ausente pagamento, fornecimento residencial de água e energia elétrica em dias nela especificados, ante a competência concorrente dos Estados para legislar sobre proteção aos consumidores – artigo 24, inciso V, da Constituição Federal" (STF, ADI 5.961, Tribunal Pleno, Rel. Min. Alexandre de Moraes, Rel. p/ acórdão Min. Marco Aurélio, j. 19.12.2018, *DJe*-138, Divulg. 25.06.2019, Public. 26.06.2019).

4. Constitucionalidade de lei estadual que impõe cancelamento de multa contratual de quebra de fidelidade em serviço de telefonia em caso de perda de emprego

"1. A chamada multa contratual de fidelidade – cláusula penal que, acompanhando instrumento de adesão a serviço de telefonia, onera o usuário, como contrapartida pelo oferecimento de determinado produto ou benefício, com a permanência do vínculo com a prestadora por prazo determinado – não incide sobre o contrato de prestação de serviço de telefonia propriamente dito, e sim sobre pactuação paralela, notadamente a aquisição de estação móvel (aparelho de telefonia celular) ou outro dispositivo mediante valor inferior ao praticado no mercado. O instrumento pelo qual a prestadora de serviços de telefonia oferece benefícios a seus usuários, exigindo, em contrapartida, que permaneçam a ela vinculados por um prazo mínimo, não se confunde com o termo de adesão do usuário a plano de serviço de telecomunicações, tampouco o integra, consubstanciando típica relação de consumo. 2. Ao impor o cancelamento da multa contratual de fidelidade quando o usuário de serviços de telefonia celular ou fixa comprovar que perdeu o vínculo empregatício após a adesão ao contrato, a Lei nº 6.295/2012 do Estado do Rio de Janeiro disciplina relação jurídica tipicamente consumerista, ainda que realizada paralelamente a contrato de prestação de serviço de telefonia. Os efeitos da medida esgotam-se na relação entre o consumidor-usuário e o fornecedor-prestador do serviço público, não interferindo no conteúdo dos contratos administrativos firmados no âmbito federal para prestação do serviço público. 3. Implementada norma de proteção ao consumidor que, rigorosamente contida nos limites do art. 24, V, da Carta Política, em nada interfere no regime de exploração, na estrutura remuneratória da prestação dos serviços ou no equilíbrio dos contratos administrativos, inocorrente usurpação da competência legislativa privativa da União, e, consequentemente, afronta aos arts. 1º, 21, IX, 22, IV, e 175 da Constituição da República. Ação direta de inconstitucionalidade julgada improcedente" (STF, ADI 4.908, Tribunal Pleno, Rel. Min. Rosa Weber, *DJe* 06.05.2019).

5. Constitucionalidade de lei estadual que impõe obrigação de informar a identidade do funcionário que prestará serviço na residência do consumidor

"Repartir competências compreende compatibilizar interesses para reforçar o federalismo em uma dimensão realmente cooperativa e difusa, rechaçando-se a centralização em um ou outro ente e corroborando para que o funcionamento harmônico das competências legislativas e executivas otimizem os fundamentos (art. 1º) e objetivos (art. 3º) da Constituição da República. 2. Legislação que impõe obrigação de informar o consumidor acerca da identidade de funcionários que prestarão serviços de telecomunicações e internet, em sua residência ou sede, constitui norma reguladora de obrigações e responsabilidades referentes a relação de consumo, inserindo-se na competência concorrente do artigo 24, V e VIII, da Constituição da República. 3. Ação direta de inconstitucionalidade julgada improcedente" (STF, ADI 5.745, Tribunal Pleno, Rel. Min. Alexandre de Moraes, Rel. p/ acórdão Min. Edson Fachin, j. 07.02.2019, *DJe*-200, Divulg. 13.09.2019, Public. 16.09.2019).

6. Constitucionalidade de lei estadual que impõe obrigatoriedade de entrega de comprovante escrito em caso de negativa, total ou parcial, de cobertura de procedimento médico, cirúrgico ou de diagnóstico, bem como de tratamento e internação

"1. A abertura do setor de assistência à saúde à iniciativa privada não obsta a regulação dessa atividade pelo Estado, indispensável para resguardar outros direitos garantidos pela Constituição, em especial a dignidade da pessoa humana, a defesa do consumidor e os direitos à saúde, à integridade física e à vida. 2. Nos termos do art. 24, inc. V e § 2º, da Constituição da República, os Estados e o Distrito Federal dispõem de competência legislativa suplementar para editar normas de defesa do consumidor. 3. A Lei n. 3.885/2010, de Mato Grosso do Sul, é ato normativo instrumentalizador do consumidor com meios necessários para sua defesa, além de densificar o direito à informação, prefacialmente posto no inc. XIV do art. 5º da Constituição da República e seguido pelo Código de Defesa do Consumidor (arts. 4º, inc. IV, 6º, inc. III, e 55, § 4º, da Lei n. 8.078/1990). 4. Mais se revela pertinente a norma de proteção do consumidor quanto maior for a hipossuficiência ou déficit de informação daquele que, transitória ou permanentemente debilitado, esteja em estado de especial vulnerabilidade em face do fornecedor do serviço. 5. O princípio da livre-iniciativa não pode ser invocado para afastar regras de regulamentação do mercado e de defesa do consumidor. 6. Ação direta de inconstitucionalidade julgada improcedente" (STF, ADI 4.512, Tribunal Pleno, Rel. Min. Cármen Lúcia, j. 07.02.2018, *DJe*-130, Divulg. 14.06.2019, Public. 17.06.2019).

7. Constitucionalidade de lei estadual que estabelece tempo máximo de espera em loja de operadora de telefonia

"1. As regras de distribuição de competências legislativas são alicerces do federalismo e consagram a fórmula de divisão de centros de poder em um Estado de

Direito. Princípio da predominância do interesse. 2. A Constituição Federal de 1988, presumindo de forma absoluta para algumas matérias a presença do princípio da predominância do interesse, estabeleceu, *a priori*, diversas competências para cada um dos entes federativos União, Estados-Membros, Distrito Federal e Municípios e, a partir dessas opções, pode ora acentuar maior centralização de poder, principalmente na própria União (CF, art. 22), ora permitir uma maior descentralização nos Estados-Membros e nos Municípios (CF, arts. 24 e 30, inciso I). 3. Entendimento recente desta Suprema Corte no sentido de conferir uma maior ênfase na competência legislativa concorrente dos Estados quando o assunto gira em torno da defesa do consumidor. Cite-se, por exemplo, a ADI 5.745 (Rel. Min. Alexandre de Moraes, Red. p/ acórdão: Min. Edson Fachin, julgado em 7/2/2019). 4. A Lei estadual 7.620/2017, ao estabelecer tempo máximo de espera para atendimento de consumidor em loja de operadora de telefonia, não tratou diretamente de legislar sobre telecomunicações, mas sim de direito do consumidor. Isso porque o fato de regulamentar o tempo de espera para atendimento não diz respeito à matéria específica de contrato de telecomunicação, tendo em vista que tal serviço não se enquadra em nenhuma atividade de telecomunicações definida pelas Leis 4.117/1962 e 9.472/1997. 5. Trata-se, portanto, de norma sobre direito do consumidor que admite regulamentação concorrente pelos Estados-Membros, nos termos do art. 24, V, da Constituição Federal. 6. Ação Direta julgada improcedente" (STF, ADI 5.833, Tribunal Pleno, Rel. Min. Alexandre de Moraes, j. 23.08.2019, *DJe*-195, Divulg. 06.09.2019, Public. 09.09.2019).

"1. Nos casos em que a dúvida sobre a *competência* legislativa recai sobre norma que abrange mais de um tema, deve o intérprete acolher interpretação que não tolha a *competência* que detêm os entes menores para dispor sobre determinada matéria. 2. Porque o federalismo é um instrumento de descentralização política que visa realizar direitos fundamentais, se a lei federal ou estadual claramente indicar, de forma necessária, adequada e razoável, que os efeitos de sua aplicação excluem o poder de complementação que detêm os entes menores (*clear statement rule*), é possível afastar a presunção de que, no âmbito regional, determinado tema deve ser disciplinado pelo ente maior. 3. Legislação que fixa tempo máximo de atendimento presencial a consumidores por parte de empresas de telefonia fixa e móvel constitui norma reguladora de obrigações e responsabilidades referentes a relação de *consumo*, inserindo-se na *competência* concorrente do artigo 24, V e VIII, da Constituição da República. Precedente: ADI 5833, Relator(a): Min. ALEXANDRE DE MORAES, Tribunal Pleno, julgado em 23/08/2019. 4. A Lei nº 9.472/1997 não afasta de forma clara (clear statement rule) a possibilidade de que os Estados, no exercício de sua atribuição concorrente, normatizem a respeito da prestação de atendimento a consumidores de serviços de telecomunicações. 5. Não havendo regulação específica contrastante com a norma estadual aqui impugnada, inexiste extrapolação do espaço legislativo ocupado de forma suplementar pelo estado-membro. 6. A necessidade do tratamento legislativo uniforme só é realidade em se tratando de *competência* constitucional privativa da União para legislar sobre o tema. 7. Na hipótese, tratando-se de lei estadual que se enquadra na *competência* concorrente para legislar sobre prestação de atendimento e *consumo*, não viola o princípio da igualdade que a matéria seja tutelada diferentemente no âmbito de cada ente federal. 8. Pedido julgado improcedente"(STF, ADI 6.066, Tribunal Pleno, Rel. Min. Edson Fachin, j. 04.05.2020, Public. 21.07.2020).

8. Inconstitucionalidade de lei distrital que proíbe cobrança de taxa por emissão de carnê ou boleto bancário

"´1. A competência legislativa concorrente em sede de produção e *consumo* e responsabilidade por dano ao consumidor (artigo 24, V e VIII, da Constituição Federal) não autoriza os Estados-membros e o Distrito Federal a disciplinarem *relações* contratuais securitárias, porquanto compete privativamente à União legislar sobre Direito Civil (artigo 22, I, da Constituição Federal). Precedentes: ADI 4.228, rel. min. Alexandre de Moraes, Plenário, DJe de 13/8/2018; ADI 3.605, rel. min. Alexandre de Moraes, Plenário, DJe de 13/9/2017; e ADI 4.701, rel. min. Roberto Barroso, Tribunal Pleno, DJe de 25/8/2014. 2. In casu, a Lei 4.083/2008 do Distrito Federal, ao proibir determinadas pessoas jurídicas de cobrarem taxa por emissão de carnê de pagamento ou boleto bancário de cobrança, interferiu em *relações* contratuais, pois vedou o repasse de custos relativos à viabilização de determinada forma de pagamento pelo fornecimento de bens e serviços, matéria que somente poderia ter sido versada em lei federal. 3. Ação direta de inconstitucionalidade conhecida e julgado procedente o pedido, para declarar a inconstitucionalidade da Lei 4.083/2008 do Distrito Federal" (STF, ADI 4090, Rel. Min. Luiz Fux, j. 30.08.2019, *DJe* 16.09.2019).

9. Inconstitucionalidade de norma estadual que dispõe sobre utilização de franquia de dados pelo consumidor na área de telefonia

"1. Nos casos em que a dúvida sobre a *competência* legislativa recai sobre norma que abrange mais de um tema, deve o intérprete acolher interpretação que não tolha a *competência* que detêm os entes menores para dispor sobre determinada matéria. 2. O federalismo é um instrumento de descentralização política que visa realizar direitos fundamentais, se a lei federal ou estadual claramente indicar, de forma necessária, adequada e razoável, que os efeitos de sua aplicação excluem o poder de complementação que detêm os entes menores (clear statement rule), é possível afastar a presunção de que, no âmbito regional, determinado tema deve ser disciplinado pelo ente maior. 3. A norma que dispõe sobre utilização de franquia de dados pelo usuário insere-se no âmbito do direito do consumidor, nos termos do art. 24, V e VIII, da Constituição da República. Sendo concorrente, no entanto, deve-se ainda perquirir sobre a existência de norma federal sobre a matéria 4. A ANATEL, entidade reguladora do setor, no exercício de sua *competência* normativa prevista nos arts. 19 e 22 da Lei n. 9.472/97, editou a Resolução n. 424 de 2005. Segundo o art. 18 da resolução os dados de franquia são não cumulativos para outros períodos de apuração, enquanto a norma estadual impugnada exige que a operadora permita acumulação de franquia de dados para uso no mês subsequente. Assim, sobressai a *competência* da União, nos termos do art. 24, §4º, c/c art. 22, IV, da CRFB. 5. Ação direta de inconstitucionalidade julgada procedente" (STF, ADI 6.204, Rel. Min. Edson Fachin, j. 21.02.2020, *DJe* 25.03.2020).

10. Competência concorrente para legislar sobre condições gerais para ingresso em estádios de futebol: permissão de ingresso de bebidas não destiladas com teor alcoólico inferior a 14%

"1. As regras de distribuição de *competências* legislativas são alicerces do federalismo e consagram a fórmula de divisão de centros de poder em um Estado de Direito. Princípio da predominância do interesse. A Constituição Federal de 1988, presumindo de forma absoluta para algumas matérias a presença do princípio da predominância do interesse, estabeleceu, a priori, diversas *competências* para cada um dos entes federativos – União, Estados-membros, Distrito Federal e Municípios – e, a partir dessas opções, pode ora acentuar maior centralização de poder, principalmente na própria União (CF, art. 22), ora permitir uma maior descentralização nos Estados-membros e nos Municípios (CF, arts. 24 e 30, inciso I). 2. *Competência* concorrente para a matéria (CF, art. 24). O inciso II do art. 13-A da Lei Federal 10.671/2003 estabelece condições gerais de acesso e permanência do torcedor em recintos esportivos, entre as quais a de não portar bebidas proibidas ou suscetíveis de gerar ou possibilitar a prática de atos de violência, não particularizando, entretanto, quais seriam essas bebidas. Inexistência de vedação geral e absoluta. Possibilidade de o legislador estadual, no exercício de sua *competência* concorrente complementar, e observadas as especificidades locais, regulamentar a matéria. 3. Respeito à razoabilidade e proporcionalidade na regulamentação estadual. Permissão somente de bebidas não destiladas com teor alcoólico inferior a 14%, igualmente autorizadas nos grandes eventos mundiais de futebol e outros esportes, inclusive na Copa do Mundo organizada pela FIFA e nas Olimpíadas" (STF, ADI 6.193, Rel. Min. Alexandre de Moraes, j. 06.03.2020, *DJe* 02.04.2020).

11. Descumprimento à notificação do PROCON: crime de desobediência

"1. A Corte de origem consignou que, embora o PROCON detenha competência punitiva para aplicar penalidade em caso de infringência às normas de defesa do consumidor, havendo qualquer ilegalidade no ato administrativo, o Poder Judiciário deve intervir, quando provocado, para impedir a atuação da administração pública em desrespeito aos limites dos princípios da legalidade e do exercício do poder de polícia. 2. Pratica o crime de desobediência o prestador de serviços que descumpre ordem legal do PROCON para apresentar informação exaradas na forma prevista em lei e dentro de regular processo administrativo, o que sem dúvida implica na observância dos prazos estabelecidos. 3. É incontroverso que houve a notificação com intuito de se obter a informação das supostas infrações praticadas, entretanto a Instituição se manteve inerte, somente prestando os esclarecimentos solicitados após ser autuada" (STJ, AgInt no REsp 1.588.745/SC, 1ª Turma, Rel. Min. Napoleão Nunes Maia Filho, j. 30.03.2020, *DJe* 01.04.2020).

12. Poder de polícia do Procon está sujeito a controle judicial

"A Corte de origem consignou que, embora o PROCON detenha competência punitiva para aplicar penalidade em caso de infringência às normas de defesa do consumidor, havendo qualquer ilegalidade no ato administrativo, o Poder Judiciário deve intervir, quando provocado, para impedir a atuação da administração pública em desrespeito aos limites dos princípios da legalidade e do exercício do poder de polícia" (STJ, AgInt no REsp 1588745/SC, Rel. Min. Napoleão Nunes Maia Filho, 1ª Turma, j. 30.03.2020, *DJe* 01.04.2020).

Art. 56. As infrações das normas de defesa do consumidor ficam sujeitas, conforme o caso, às seguintes sanções administrativas, sem prejuízo das de natureza civil, penal e das definidas em normas específicas:

I - multa;

II - apreensão do produto;

III - inutilização do produto;

IV - cassação do registro do produto junto ao órgão competente;

V - proibição de fabricação do produto;

VI - suspensão de fornecimento de produtos ou serviço;

VII - suspensão temporária de atividade;

VIII - revogação de concessão ou permissão de uso;

IX - cassação de licença do estabelecimento ou de atividade;

X - interdição, total ou parcial, de estabelecimento, de obra ou de atividade;

XI - intervenção administrativa;

XII - imposição de contrapropaganda.

Parágrafo único. As sanções previstas neste artigo serão aplicadas pela autoridade administrativa, no âmbito de sua atribuição, podendo ser aplicadas cumulativamente, inclusive por medida cautelar antecedente ou incidente de procedimento administrativo.

Legislação correlata

Decreto 2.181/1997 (Dispõe sobre normas gerais de aplicação de sanção administrativa).

Lei 9.784/1999 (Regula o processo administrativo no âmbito da Administração Pública Federal).

Análise doutrinária

1. Sanções administrativas

Qualquer ofensa à norma de defesa do consumidor enseja a aplicação das sanções administrativas indicadas no art. 56. Destaque-se que não é apenas a violação a direito do consumidor estabelecido na Lei 8.078/1990 que faz incidir a sanção administrativa, mas a infração a *qualquer norma* que objetiva a tutela dos interesses materiais e morais do consumidor. O *caput* do art. 56 é claro no sentido de que as sanções são aplicadas em face de "infrações das normas de defesa do consumidor", e não violações do CDC.

Na verdade, a delimitação dos deveres do fornecedor decorre de análise conjunta de diversas normas, em *diálogo das fontes*, com relevo para a Constituição Federal e o CDC (art. 7º, *caput*). Os direitos dos consumidores que se relacionam diretamente com tais deveres resultam necessariamente de análise do ordenamento jurídico – e não apenas do Código. Ordenamento jurídico, no caso, traz consigo a ideia de análise *ampla, sistemática* e *congruente* da Constituição Federal e das normas infraconstitucionais aplicáveis ao setor.

Antes da promulgação do Decreto 2.181/1997, que "estabelece as normas gerais de aplicação das sanções administrativas", houve alguma divergência doutrinária sobre a necessidade de regulamentar a Lei 8.078/1990, principalmente no que se refere ao procedimento de aplicação de sanção administrativa.

O ponto mais importante, para a validade do procedimento administrativo (mesmo na época em que não havia qualquer regulamentação), é oportunizar ao fornecedor que tenha pleno conhecimento do teor da representação que lhe é dirigida, facultando-lhe apresentar argumentos e provas que demonstrem a eventual improcedência da reclamação, tudo em homenagem ao princípio constitucional do contraditório e da ampla defesa (art. 5º, LV, da Constituição Federal).

O art. 56 arrola as espécies de sanções administrativas que podem ser aplicadas em face de violação a direito do consumidor. A sanção administrativa possui nítido caráter pedagógico e preventivo. Objetiva estimular o cumprimento das normas de defesa do consumidor e, consequentemente, aumentar sua eficácia social.

Quando se aplica uma sanção pecuniária, almeja-se que a punição sirva de exemplo para o próprio fornecedor e, também, para outros integrantes do mercado. Em ótica prospectiva, objetiva-se modificar a postura do fornecedor, evitar novas violações a direito do consumidor. Assim como ocorre no direito penal, a sanção deve ser proporcional ao grau de reprovabilidade da conduta. Assim estabelecem o CDC (art. 57) e, também, o Decreto 2.181/1997.

Toda e qualquer sanção deve ser proporcional à reprovabilidade da conduta. Ademais, as práticas infrativas são classificadas pelo Decreto 2.181/1997 em *leves* e *graves*. As leves, quando há incidência apenas de circunstâncias atenuantes, e as graves, quando ocorrer qualquer circunstância agravante (art. 17).

São circunstância atenuantes: "I – a ação do infrator não ter sido fundamental para a consecução do fato; II – ser o infrator primário; III – ter o infrator adotado as providências pertinentes para minimizar ou de imediato reparar os efeitos do ato lesivo" (art. 25 do Decreto 2.181/1997).

As circunstâncias agravantes estão previstas no art. 26 do Decreto 2.181/1997: "I – ser o infrator reincidente; II – ter o infrator, comprovadamente, cometido a prática infrativa para obter vantagens indevidas; III – trazer a prática infrativa consequências danosas à saúde ou à segurança do consumidor; IV – deixar o infrator, tendo conhecimento do ato lesivo, de tomar as providências para evitar ou mitigar suas consequências; V – ter o infrator agido com dolo; VI – ocasionar a prática infrativa dano coletivo ou ter caráter repetitivo; VII – ter a prática infrativa ocorrido em detrimento de menor de dezoito ou maior de sessenta anos ou de pessoas portadoras de deficiência física, mental ou sensorial, interditadas ou não; VIII – dissimular-se a natureza ilícita do ato ou atividade; IX – ser a conduta infrativa praticada aproveitando-se o infrator de grave crise econômica ou da condição cultural, social ou econômica da vítima, ou, ainda, por ocasião de calamidade".

O art. 56 também esclarece que as sanções civis, administrativas e penais podem ser aplicadas cumulativamente. De fato, a ofensa a bens jurídicos relacionados a interesses patrimoniais e existenciais do consumidor, além de ensejar o dever de reparar danos materiais e morais, a invalidade (nulidade ou anulação) do negócio jurídico ou de cláusulas contratuais, a aplicação de multa ou outras penalidades por órgãos administrativos (Procon, Anatel, ANP etc.), pode acarretar, cumulativamente, sanções penais para o infrator, se a conduta estiver previamente descrita como infração penal (princípio da reserva legal).

Os autores têm procurado, com fins didáticos, classificar as sanções administrativas enumeradas no CDC.

Bruno Miragem as classifica em três espécies: 1) pecuniárias; 2) objetivas; ou 3) subjetivas. As sanções pecuniárias seriam as multas. As sanções objetivas estão previstas nos incs. II, III, IV, V e VI do art. 56: "São aquelas que consistem em providências concretas quanto ao produto ou serviço objeto da relação de consumo na qual esteja presente a conduta ilícita do consumidor". Por fim, "as sanções subjetivas previstas pelo CDC são aquelas que incidem, em caráter provisório ou definitivo, na atividade do fornecedor. Denominam-se subjetivas porque visam não a proteção do consumidor em relação a produto ou serviço que eventualmente ofereça risco, mas a própria atividade do fornecedor, cuja ilicitude em face das normas do CDC determina a sanção da conduta de modo mais amplo. São subjetivas as sanções estabelecidas nos incs. VII a XII do art. 56" (2019, p. 988-992).

Vitor Morais de Andrade prefere classificá-las em: 1) reais; 2) pessoais; ou 3) pecuniárias: "As primeiras refletem-se única e exclusivamente na imposição de sanções que gravam o patrimônio ou bem de propriedade do infrator, incidem sobre o objeto ou coisa causadora do ilícito. (...) Já as sanções pessoais atingem o sujeito passivo da sanção, limitando a sua própria liberdade de permanecer no mercado ou entabular novos negócios. (...). Por fim, temos as sanções pecuniárias, eminentemente as multas, tal como tratadas no inciso I do art. 56 do Código de Defesa do Consumidor, que obriga os fornecedores a desembolso de determinada quantia em dinheiro, de acordo com determinados critérios de dosimetria de pena" (2008, p. 77-78).

O procedimento para aplicação das sanções arroladas no CDC está regulado no Decreto 2.181/1997 e, no que couber, na Lei 9.784/1999, que regula o processo administrativo no âmbito da Administração Pública Federal. O CDC e o Decreto regulamentador (Decreto 2.181/1997) pontuam a necessidade de procedimento administrativo que deve assegurar o contraditório e a ampla defesa ao fornecedor. Deve-se, ademais, garantir a possibilidade de recurso ao superior hierárquico: "das decisões da autoridade competente do órgão público que aplicou a sanção caberá recurso, sem efeito suspensivo, no prazo de dez dias, contados da data da intimação da decisão, a seu superior hierárquico, que proferirá decisão definitiva" (art. 49 do Decreto 2.181/1997). Em caso de multa, o recurso será recebido com efeito suspensivo (parágrafo único do art. 49 do Decreto 2.181/1997).

Em caráter excepcional, o CDC prevê a possibilidade de aplicação de medidas cautelares, ou seja, independentemente de prévia manifestação da empresa (parágrafo único do art. 56).

2. Autoridade administrativa que aplica as sanções: a atuação do Procon

O parágrafo único do art. 56 estabelece que as sanções elencadas no dispositivo serão aplicadas pela autoridade administrativa, no âmbito de sua atribuição. A referida autoridade é, em regra, o *Procon*, que é a designação simplificada, com algumas pequenas variações, dos órgãos estaduais e municipais de defesa do consumidor.

O Procon possui várias atribuições a depender da norma estadual ou municipal que o instituiu e da estrutura material que foi conferida ao órgão. Possui, como decorrência do disposto no art. 82, III, do CDC, legitimidade para ação civil pública e, também, para firmar termo de compromisso (art. 5º, § 6º, da Lei 7.347/1985). Também exerce importante trabalho de informação dos direitos do consumidor e de conciliação entre as partes. Normalmente, há um número telefônico para esclarecer dúvidas e oferecer informações aos interessados. Além disso, editam-se cartilhas sobre temas diversos de interesse do consumidor, tudo com o objetivo de atender ao dever de educar e informar o consumidor (arts. 4º, IV, e 6º, II).

Em que pese a importância das demais atribuições, a principal função do órgão é aplicar, diretamente, as sanções administrativas aos fornecedores que violam as normas de proteção ao consumidor, tudo em conformidade com o disposto nos arts. 55 a 60 da Lei 8.078/1990 e no Decreto 2.181/1997.

Antes do Decreto 2.181/1997 (ainda em vigor), foi editado o Decreto 861/1993, que foi objeto de críticas principalmente por estabelecer hierarquia – indevida e inconstitucional – entre os órgãos públicos federais, estaduais e municipais de defesa do consumidor. Atualmente, os Procons utilizam majoritariamente a sistemática do Decreto 2.181/1997 para aplicação das sanções administrativas. Alguns recorrem à Lei 9.784/1999, que regula o processo administrativo no âmbito da Administração Pública Federal.

Em alguns Estados, há normas locais e atos internos dos Procons que também dispõem sobre o procedimento a ser observado na imposição das sanções administrativas previstas no art. 56 do CDC. Registre-se discussão doutrinária – atualmente superada – sobre a possibilidade ou não de aplicação de sanção administrativa quando inexistente regulamento do procedimento administrativo. Há muito "é pacífica a jurisprudência do Superior Tribunal de Justiça em reconhecer a legalidade da competência do Procon para aplicar multas administrativas referentes à observância dos direitos dos consumidores" (STJ, AgRg no REsp 1.135.832/RJ, Rel. Min. Humberto Martins, j. 24.08.2010, *DJe* 08.09.2010).

Cabe destacar que o Procon, na análise de eventual violação a direito do consumidor, deve, por óbvio, realizar interpretação da norma jurídica e definir, no caso concreto e para os fins de aplicação da sanção administrativa, se houve ofensa a direito do consumidor. Neste trabalho, na esfera da proteção contratual do consumidor e para definir abusividade de determinada cláusula, é legítima também a interpretação da disposição contratual.

O consumidor lesado, antes de ajuizar ação, deve procurar o próprio fornecedor para resolver a questão e, conforme o caso, buscar meios extrajudiciais de resolução de litígios, como a plataforma consumidor.gov.br. Sempre existe a alternativa de dirigir-se ao Procon e formular uma reclamação perante o órgão por violação a norma de defesa do consumidor. Na prática, resolvida a situação do consumidor e assinado o acordo, o órgão, invariavelmente, arquiva o procedimento. Não deveria ser assim. O atendimento à pretensão do consumidor deve servir como fator atenuante da sanção, jamais como fundamento do arquivamento (art. 25, III, do Decreto 2.181/1997). O objetivo da aplicação das sanções é preventivo e repressivo.

De qualquer modo, o atendimento da pretensão do consumidor, no âmbito do Procon, além de servir de circunstância atenuante na imposição da pena administrativa, possui outra relevante repercussão prática. Os Procons devem divulgam, anualmente, com base no art. 44 do CDC, relação de estabelecimentos comerciais que não respeitam os direitos dos consumidores. Essa relação é conhecida como *cadastro de maus fornecedores* e deve indicar a existência de reclamações fundamentadas, bem como "se a reclamação foi atendida ou não pelo fornecedor" (v. comentários ao art. 44).

Por fim, consigne-se que, embora não seja comum, o Procon ou qualquer outro órgão da administração pública, direta ou indireta, ainda que sem personalidade jurídica, está, por força do disposto no art. 82, III, do CDC, autorizado a ajuizar ação coletiva para tutela dos direitos difusos, coletivos e individuais homogêneos do consumidor (v. comentários ao art. 82).

3. Conflito de atribuições entre os órgãos de fiscalização

Há inúmeros órgãos públicos – da União, Estados e Municípios – que podem fiscalizar os fornecedores no que diz respeito à observância dos direitos do consumidor. Ademais, outros órgãos, ao regulamentar e fiscalizar áreas específicas do mercado de consumo (telefonia, instituições financeiras, energia elétrica, plano de saúde etc.), acabam, ainda que indiretamente, por interferir nas relações de consumo.

Diante desse cenário, tendo em vista o disposto no § 1º do art. 55 e no parágrafo único do art. 56 do CDC, um dos temas mais sensíveis na área de definição e aplicação de penalidade administrativa no mercado de consumo diz respeito ao possível conflito de atribuições entre os diversos órgãos públicos que, legalmente, estão autorizados a aplicar as sanções por ofensa a direito do consumidor. Pode-se, didaticamente, falar em conflitos *verticais* e *horizontais*.

O *conflito vertical* decorre da situação em que dois órgãos públicos que atuam diretamente na defesa do consumidor entendem ter atribuições para aplicar sanção em relação a determinada conduta de um fornecedor. Os exemplos são inúmeros. Imagine-se lesão a consumidores por defeito de fabricação de um veículo, e tanto o Procon municipal quanto o estadual agindo sobre o mesmo fato, ou, ainda, diversos Procons municipais aplicando multas no fabricante.

Como não existe hierarquia entre órgãos federais, estaduais e municipais quanto à aplicação de sanções administrativas, a solução, prevista no art. 5º, parágrafo único, do Decreto 2.181/1997 – no sentido de que os conflitos verticais devem ser resolvidos pela Secretaria Nacional de Consumo – Senacon (Ministério da Justiça e Segurança Pública) –, não é a melhor, inclusive sob perspectiva constitucional que confere autonomia às unidades da federação.

De outro lado, o *conflito horizontal* decorre da situação na qual órgãos que exercem poder de fiscalização em áreas diversas, mas que indiretamente afetam os direitos do consumidor (Anatel, Vigilância Sanitária, Banco Central, ANS etc.), pretendem ou se negam a autuar determinada infração praticada no mercado, violando normas específicas de proteção ao consumidor e de regulamentação do setor (ANDRADE, 2008, p. 140).

Referidos conflitos apresentam inúmeros problemas: 1) falta de racionalização e, consequentemente, menor e inadequada eficácia da defesa do consumidor; 2) possibilidade de apenar duplamente o fornecedor pelo mesmo fato (*bis in idem*); 3) ausência de punição por ofensa a norma de defesa do consumidor.

Em razão desse cenário, é fundamental existir harmonia e articulação entre o Procon do Estado e o dos seus municípios. Cabe ao Procon estadual realizar verdadeiro trabalho de coordenação e integração dos Procons municipais, de modo a evitar posições contraditórias ou até mesmo duplicidade de ações diante da mesma violação a direito do consumidor. A mesma articulação deve ocorrer entre a Senacon (Ministério da Justiça e Segurança Pública) e os Procons estaduais, com o objetivo de definir a atuação exclusiva ou concorrente, em face de violação a direito do consumidor em âmbito nacional (ex.: publicidade enganosa veiculada em todos os canais de televisão).

Como a atuação entre os órgãos de defesa direta do consumidor é concorrente, caso não seja possível, mediante convênio, definir, em situações concretas, eventual exclusividade, é necessário, em homenagem ao princípio da proporcionalidade, que na gradação da pena se considerem todas as sanções que eventualmente incidirem ou venham a incidir sobre o mesmo fato. O ideal, entretanto, é que apenas um Procon aplique a sanção administrativa, de modo a melhor aferir, objetivamente e num único procedimento, todas as circunstâncias relevantes para a definição e gradação da sanção administrativa (art. 56).

Tal tema, após três décadas de experiência do CDC, ainda carece de maior debate doutrinário e jurisprudencial. Após indicar uma série de dificuldades, Marcelo Sodré entende que o ideal seria a edição de uma lei, "uma legislação articulada, definindo claramente o papel dos órgãos públicos na aplicação das sanções administrativas em defesa do consumidor, bem como a existência de canais institucionais – em especial o Sistema Nacional de Defesa do Consumidor propriamente dito – nos quais possa haver uma racionalização das ações estatais" (2007, p. 281).

O STJ possui preocupação quanto à dupla apenação do fornecedor pelo mesmo fato. Em julgamento proferido em junho de 2010, consignou a Corte: "(...) não obstante os órgãos de proteção e defesa do consumidor, que integram o Sistema Nacional de Defesa do Consumidor, serem autônomos e independentes quanto à fiscalização e controle do mercado de consumo, não se demonstra razoável e lícita a aplicação de sanções a fornecedor, decorrentes da mesma infração, por mais de uma autoridade consumerista, uma vez que tal conduta possibilitaria que todos os órgãos de defesa do consumidor existentes no País punissem o infrator, desvirtuando o poder punitivo do Estado" (REsp 1.087.892/SP, Rel. Min. Benedito Gonçalves, j. 22.06.2010, *DJe* 03.08.2010).

Acrescente-se que existem sanções previstas no art. 56 que, pela sua natureza e características, não devem, salvo hipótese de delegação, ser aplicadas pelos Procons. É o caso, por exemplo, da "cassação de licença do estabelecimento ou de atividade" (art. 56, IX), cuja aplicação incumbe ao Município ou Distrito Federal. O mesmo sucede em relação às modalidades de extinção de concessão de serviço público (cassação ou revogação), que devem ser aplicadas pelo poder concedente (ex.: Anatel).

Por fim, no tocante aos denominados *conflitos horizontais*, é relevante observar que, invariavelmente, a atuação simultânea entre diferentes órgãos públicos se justifica pelos interesses diversos que estão em jogo (fundamento). Nos setores regulados, como o de telefonia e energia elétrica, a finalidade das agências, na aplicação de sanções previstas em leis setoriais, diz respeito, muitas vezes, à eficiência do mercado regulado. Não há aí possibilidade de *bis in idem*, ou seja, incidência, em tese, de duas penalidades administrativas pelo mesmo *fato* e *fundamento*. Essa é a orientação do STJ.

De outro lado, quando há coincidência em relação ao *fato* e *fundamento* da sanção administrativa em face de norma de proteção ao consumidor, devem os órgãos se articular, mediante convênio ou delegação.

 Dicas práticas

A aplicação de sanção administrativa pelo Procon exige especial atenção para dois aspectos: 1) garantia de contraditório e ampla defesa ao fornecedor; 2) decisões bem fundamentadas, com o cuidado de observar temas já pacificados pelos tribunais superiores (Supremo Tribunal Federal e Superior Tribunal de Justiça).

 Jurisprudência

1. Competência do Procon para fiscalizar e aplicar multa

"A proteção da relação de consumo pode e deve ser feita pelo Sistema Nacional de Defesa do Consumidor – SNDC – conforme dispõem os arts. 4º e 5º do CDC, e é de competência do Procon a fiscalização das operações, inclusive financeiras, no tocante às relações de consumo com seus clientes, por incidir o referido diploma legal" (STJ, REsp 1.103.826/RN, 2ª Turma, Rel. Min. Mauro Campbell Marques, j. 23.06.2009, *DJe* 06.08.2009).

"O STJ possui o entendimento de que, em razão do exercício do Poder de Polícia típico de suas atribuições, o PROCON é parte legítima para a aplicação de sanções administrativas, dentre elas as multas pela ofensa às normas do Código de Defesa do Consumidor. 2. O Tribunal de origem, soberano na análise das circunstâncias fáticas e probatórias da causa, concluiu que a multa administrativa aplicada atende aos princípios da proporcionalidade e da razoabilidade. 3. A revisão da multa aplicada pelo PROCON com base no art. 57 do CDC demanda reexame do acervo fático-probatório dos autos, inviável em Recurso Especial, sob pena de violação da Súmula 7 do STJ" (STJ, REsp 1.814.097/GO, 2ª Turma, Rel. Min. Herman Benjamin, j. 15.08.2019, *DJe* 10.09.2019).

2. Competência do Procon decorre do poder de polícia

"A sanção administrativa prevista no art. 57 do Código de Defesa do Consumidor é legitimada pelo poder de polícia (atividade administrativa de ordenação) que o Procon detém para cominar multas relacionadas à transgressão dos preceitos da Lei 8.078/1990" (STJ, AgRg no AREsp 386.714/ES, Rel. Min. Humberto Martins, j. 21.11.2013, *DJe* 02.12.2013).

"É pacífico o entendimento no Superior Tribunal de Justiça segundo o qual a sanção administrativa, prevista no art. 57 do Código de Defesa do Consumidor, funda-se no poder de polícia que o PROCON detém para aplicar multas relacionadas à transgressão dos preceitos da Lei n. 8.078/1990, independentemente da reclamação ter sido realizada por um único consumidor" (STJ, AgInt no REsp 1.664.584/GO, 1ª Turma, Rel. Min. Regina Helena Costa, j. 19.09.2017, *DJe* 27.09.2017).

3. Responsabilidade administrativa no CDC é solidária

"A responsabilidade administrativa no CDC é solidária, incluindo, no polo subjetivo, toda a rede de fornecedores - fabricante, importador, distribuidor e vendedor final. Limitá-la ao sujeito mais próximo do consumidor equivaleria a aceitar, por meio de extremado artificialismo, a utilização do poder de polícia para finalidade ilícita de blindagem de atores dominantes no mercado de consumo, de que decorreria o enfraquecimento do cânone da isonomia e a terceirização de infrações por meio de 'laranjas'. A imputabilidade concentrada serviria para isentar irrestritamente o fabricante e o distribuidor, despejando apenas contra o fornecedor derradeiro (amiúde o elo menos potente da corrente de fornecimento) todo o peso da reprimenda administrativa a vícios de qualidade, quantidade e informação" (STJ, REsp 1784264/SP, Rel. Min. Herman Benjamin, 2ª Turma, j. 25.06.2019, *DJe* 20.08.2020).

4. Oportunidade de defesa ao fornecedor

"1. Recurso ordinário em mandado de segurança oposto contra acórdão que manteve aplicação de multa pelo PROCON por ter a recorrente suprimido o fornecimento de energia elétrica a fornecedor, por certo lapso de tempo. 2. Anteriormente à aplicação de sanção pecuniária, deve o PROCON oferecer oportunidade de defesa ao suposto infrator, o que, *in casu*, não se verificou. 3. Precedente desta Corte Superior" (STJ, RMS 21.519/RN, 1ª Turma, Rel. Min. José Delgado, j. 03.10.2006, *DJ* 13.11.2006).

5. Análise e interpretação de cláusula pelo Procon

"O Procon, embora não detenha jurisdição, pode interpretar cláusulas contratuais, porquanto a Administração Pública, por meio de órgãos de julgamento administrativo, pratica controle de legalidade, o que não se confunde com a função jurisdicional propriamente dita, mesmo porque 'a lei não excluirá da apreciação do Poder Judiciário lesão ou ameaça a direito' (art. 5º, XXXV, da CF/1988). A motivação sucinta que permite a exata compreensão do *decisum* não se confunde com motivação inexistente. A sanção administrativa aplicada pelo Procon reveste-se de legitimidade, em virtude de seu poder de polícia (atividade administrativa de ordenação) para cominar multas relacionadas à transgressão da Lei 8.078/1990, esbarrando o reexame da proporcionalidade da pena fixada no enunciado da Súmula 7/STJ" (STJ, REsp 1.279.622/MG, Rel. Min. Humberto Martins, j. 06.08.2015, *DJe* 17.08.2015).

"O Superior Tribunal de Justiça consolidou o entendimento no sentido de que constitui atribuição do Procon a análise de contratos e a aplicação de multas e outras penalidades, nos termos dos arts. 56 e 57 do CDC e 18 e 22 do Decreto 2.181/97" (STJ, REsp 1.652.614/GO, Rel. Min. Herman Benjamin, j. 06.04.2017, *DJe* 27.04.2017).

"1. Incumbe aos órgãos administrativos de proteção do consumidor proceder à análise de cláusulas dos contratos mantidos entre fornecedores e consumidores para aferir situações de abusividade. Inteligência dos arts. 56 e 57 do CDC e 18 e 22 do Decreto 2.181/97.Precedentes: REsp 1.337.851/GO, Rel. Ministra Regina Helena, DJe de 2/5/2017; REsp 1.279.622/MG, Rel. Ministro Humberto Martins, Segunda Turma, DJe 17/8/2015; REsp 1.256.998/GO, Rel. Ministro Benedito Gonçalves, Primeira Turma, DJe 6/5/2014" (STJ, AgInt no REsp 1594968/SC, Rel. Min. Benedito Gonçalves, 1ª Turma, j. 08.03.2021, *DJe* 10.03.2021).

6. Acordo com o consumidor não afasta a aplicação de sanção administrativa

"Segundo o art. 56 da Lei 8.078/1990, a reparação, na esfera judicial, por parte do fornecedor, não obsta a aplicação das sanções, que têm por objetivo a punição pela infração às normas que tutelam as relações de consumo" (STJ, RMS 22.241/RN, Rel. Min. Eliana Calmon, j. 07.11.2006, *DJ* 20.11.2006).

"1. A composição civil entre o consumidor e o fornecedor e/ou prestador de serviços, ainda que realizada em juízo, não tem o condão de afastar a imposição de penalidade de multa, aplicada por órgão de proteção e defesa do consumidor, no exercício do poder sancionatório do Estado. 2. É que 'a multa prevista no art. 56 do CDC não visa à reparação do dano sofrido pelo consumidor, mas sim à punição pela infração às normas que tutelam as relações de consumo'. (RMS 21.520/RN, Rel. Ministro Teori Albino Zavascki, Primeira Turma, julgado em 08/08/2006, *DJ* 17/08/2006, p. 313) 3. O poder sancionatório do Estado pressupõe obediência ao princípio da legalidade, e a sua *ratio essendi* é 'desestimular a prática daquelas condutas censuradas ou constranger ao cumprimento das obrigações. Assim, o objetivo da composição das figuras infracionais e da correlata penalização é intimidar eventuais infratores, para que não pratiquem os comportamentos proibidos ou para induzir os administrados a atuarem na conformidade de regra que lhes demanda comportamento positivo. Logo, quando uma sanção é prevista e ao depois aplicada, o que se pretende com isto é tanto despertar em quem a sofreu um estímulo para que não reincida, quanto cumprir uma função exemplar para a sociedade'. (Celso Antônio Bandeira de Mello, in 'Curso de Direito Administrativo', 22ª Edição, Malheiros Editores, São Paulo, 2007, págs. 814/815)" (STJ, REsp 1.164.146/SP, 1ª Turma, Rel. Min. Luiz Fux, j. 02.03.2010, *DJe* 16.03.2010).

7. Possibilidade de o Procon aplicar multa à empresa pública

"1. A jurisprudência desta Corte Superior de Justiça é no sentido de que o PROCON é órgão competente para aplicar multa à Caixa Econômica Federal em razão infração às normas de proteção do consumidor, pois sempre que condutas praticadas no mercado de consumo atingirem diretamente os consumidores, é legítima sua atuação na aplicação das sanções administrativas previstas em lei, decorrentes do poder de polícia que lhe é conferido. 2. A atuação do PROCON não inviabiliza, nem exclui, a atuação do BACEN, autarquia que possui competência privativa para fiscalizar e punir as instituições bancárias quando agirem em descompasso com a Lei nº 4.565/64, que dispõe sobre a Política e as Instituições Monetárias, Bancárias e Creditícias" (STJ, AgRg no REsp 1.148.225/AL, 2ª Turma, Rel. Min. Mauro Campbell Marques, j. 13.11.2012, *DJe* 21.11.2012).

"O acórdão recorrido está em total harmonia com a jurisprudência desta Corte no sentido de que o PROCON tem competência para aplicar multa à Caixa Econômica Federal em razão de infrações às normas do Código de Defesa do Consumidor, independente da atuação do Banco Central do Brasil" (STJ, REsp 1.366.410/AL, 2ª Turma, Rel. Min. Eliana Calmon, j. 19.09.2013, *DJe* 26.09.2013).

8. Atuação simultânea do Procon e da Susep

"Administrativo. Recurso ordinário em mandado de segurança. Multa aplicada pelo Procon a companhia de seguros. Possibilidade. Precedentes do STJ. Desprovimento do recurso ordinário. 1. Na hipótese examinada, a ora recorrente impetrou mandado de segurança contra ato do Secretário de Justiça e Direitos Humanos do Estado da Bahia, em face da aplicação de multa administrativa em decorrência de processo que tramitou no Procon, a qual violaria direito líquido e certo por incompetência do órgão de proteção ao consumidor, pois as companhias de seguro somente podem ser supervisionadas pela Susep. 2. O tema já foi analisado por esta Corte Superior, sendo consolidado o entendimento de que o Procon possui legitimidade para aplicar multas administrativas às companhias de seguro em face de infração praticada em relação de consumo de comercialização de título de capitalização e de que não há falar em *bis in idem* em virtude da inexistência da cumulação de competência para a aplicação da referida multa entre o órgão de proteção ao consumidor e a Susep. 3. Nesse sentido, em hipóteses similares, os seguintes precedentes desta Corte Superior: RMS 24.708-BA, 1ª T., rel. Min. Teori Albino Zavascki, *DJ* 30.06.2008; RMS 25.065-BA, 1ª T., rel. Min. Francisco Falcão, *DJ* 05.05.2008; RMS 26.397-BA, 2ª T., rel. Min. Humberto Martins, *DJ* 11.04.2008; RMS 25.115-BA, 2ª T., rel. Min. Castro Meira, *DJ* 28.03.2008" (STJ, RMS 24.921/BA, Rel. Min. Denise Arruda, j. 21.10.2008, *DJ* 12.11.2008).

9. Atuação simultânea do Procon e agência reguladora

"Sempre que condutas praticadas no mercado de consumo atingirem diretamente o interesse de consumidores, é legítima a atuação do Procon para aplicar as sanções administrativas previstas em lei, no regular exercício do poder de polícia que lhe foi conferido no âmbito do Sistema Nacional de Defesa do Consumidor. Tal atuação, no entanto, não exclui nem se confunde com o exercício da atividade regulatória setorial realizada pelas agências criadas por lei, cuja preocupação não se restringe à tutela particular do consumidor, mas abrange a execução do serviço público em seus vários aspectos, a exemplo, da continuidade e universalização do serviço, da preservação do equilíbrio econômico-financeiro do contrato de concessão e da modicidade tarifária. 6. No caso, a sanção da conduta não se referiu ao descumprimento do Plano Geral de Metas traçado pela Anatel, mas guarda relação com a qualidade dos serviços prestados pela empresa de telefonia que, mesmo após firmar compromisso, deixou de resolver a situação do consumidor prejudicado pela não instalação da linha telefônica" (STJ, REsp 1.138.591/RJ, Rel. Min. Castro Meira, j. 22.09.2009, *DJe* 05.10.2009).

"A atuação do Procon não inviabiliza, nem exclui, a atuação da agência reguladora, pois esta procura resguardar em sentido amplo a regular execução do serviço público prestado" (STJ, REsp 1.178.786/RJ, Rel. Min. Mauro Campbell Marques, j. 16.12.2010, *DJe* 08.02.2011).

"2. Esta Corte Superior possui o entendimento de que a atuação do PROCON 'não exclui nem se confunde com o exercício da atividade regulatória setorial realizada pelas agências criadas por lei, cuja preocupação não se restringe à tutela particular do consumidor, mas abrange a execução do serviço público em seus vários aspectos, a exemplo, da continuidade e universalização do serviço, da preservação do equilíbrio econômico-financeiro do contrato de concessão e da modicidade tarifária' (REsp 1.138.591/RJ, Rel. Ministro Castro Meira, Segunda Turma, DJe de 5/10/2009)"

(STJ, AgInt no REsp 1905349/SP, Rel. Min. Mauro Campbell Marques, 2ª Turma, j. 24.05.2021, *DJe* 27.05.2021).

10. Atuação simultânea do Procon e do Banco Central

"A jurisprudência desta Corte Superior de Justiça é no sentido de que o PROCON é órgão competente para aplicar multa à Caixa Econômica Federal em razão infração às normas de proteção do consumidor, pois sempre que condutas praticadas no mercado de consumo atingirem diretamente os consumidores, é legítima sua atuação na aplicação das sanções administrativas previstas em lei, decorrentes do poder de polícia que lhe é conferido. 2. A atuação do PROCON não inviabiliza, nem exclui, a atuação do BACEN, autarquia que possui competência privativa para fiscalizar e punir as instituições bancárias quando agirem em descompasso com a Lei 4.565/1964, que dispõe sobre a Política e as Instituições Monetárias, Bancárias e Creditícias" (STJ, AgRg no REsp 1.148.225/AL, 2ª Turma, Rel. Min. Mauro Campbell Marques, j. 13.11.2012, *DJe* 21.11.2012).

"O acórdão recorrido está em total harmonia com a jurisprudência desta Corte no sentido de que o Procon tem competência para aplicar multa à Caixa Econômica Federal em razão de infrações às normas do Código de Defesa do Consumidor, independente da atuação do Banco Central do Brasil" (STJ, REsp 1.366.410/AL, Rel. Min. Eliana Calmon, j. 19.09.2013, *DJe* 26.09.2013).

11. Revisão do valor da multa aplicada pelo Procon exige reexame de prova

"No caso, o Tribunal de origem, atento ao conjunto fático-probatório, decidiu pela inobservância dos requisitos previstos no artigo 57 do CDC (a gravidade da infração e a vantagem auferida pela empresa), quando da fixação da multa pelo PROCON à recorrida, concluindo pela sua desproporcionalidade. Nesse contexto, a revisão da conclusão do acórdão impugnado demandaria o reexame das provas dos autos, o que é vedado, por força do óbice da Súmula n. 7 do STJ" (STJ, AgRg no AREsp 438.657/ES, 1ª Turma, Rel. Min. Benedito Gonçalves, j. 25.02.2014, *DJe* 13.03.2014).

12. Sanção administrativa e ônus da prova do fornecedor

"4. Reclamação fundamentada do consumidor basta para embasar imposição de sanção administrativa, desde que o fornecedor não se desincumba de provar a existência de fato impeditivo, modificativo ou extintivo do direito do reclamante, encargo que legalmente lhe cabe de forma ordinária, não se tratando, em absoluto, de inversão do ônus probatório" (STJ, REsp 1821331/SP, Rel. Min. Herman Benjamin, 2ª Turma, j. 23.06.2020, *DJe* 09.09.2020).

Art. 57. A pena de multa, graduada de acordo com a gravidade da infração, a vantagem auferida e a condição econômica do fornecedor, será aplicada mediante procedimento administrativo, revertendo para o Fundo de que trata a Lei nº 7.347, de 24 de julho de 1985, os valores cabíveis à União, ou para os Fundos estaduais ou municipais de proteção ao consumidor nos demais casos.

Parágrafo único. A multa será em montante não inferior a duzentas e não superior a três milhões de vezes o valor da Unidade Fiscal de Referência – UFIR, ou índice equivalente que venha a substituí-lo.

 Legislação correlata

Decreto 2.181/1997 (Dispõe sobre normas gerais de aplicação de sanção administrativa).

Lei 9.784/1999 (Regula o processo administrativo no âmbito da Administração Pública Federal).

 Análise doutrinária

1. Graduação da pena de multa

A penalidade administrativa mais aplicada pelos Procons é a de multa que, como as demais penalidades, deve ser proporcional à reprovabilidade da conduta. Deve ser graduada de acordo com a gravidade da infração, a vantagem auferida e a condição econômica do fornecedor, nos termos do art. 57 do CDC. O art. 28 do Decreto 2.181, por sua vez, acrescenta que, além de observar eventuais agravantes e atenuantes (arts. 25 e 26), "a pena de multa será fixada considerando-se a gravidade da prática infrativa, a extensão do dano causado aos consumidores, a vantagem auferida com o ato infrativo e a condição econômica do infrator".

A sanção pecuniária não se confunde, por óbvio, com indenização de eventual dano material ou moral sofrido pelo consumidor. Aliás, eventual pagamento da indenização não afasta a sanção administrativa, mas serve para diminuir o valor. Trata-se de circunstância atenuante prevista no art. 25, III, do Decreto 2.181/1997 ("ter o infrator adotado as providências pertinentes para minimizar ou de imediato reparar os efeitos do ato lesivo").

A aplicação de multa exige prévio procedimento administrativo, assegurada a ampla defesa. Determina o art. 57 do CDC que o valor é dirigido ao Fundo de Direitos Difusos da União, dos estados ou dos municípios. O Decreto 2.181/1997, além de estabelecer a diretriz no sentido de que "as multas arrecadadas serão destinadas ao financiamento de projetos relacionados com os objetivos da Política Nacional de Relações de Consumo, com a defesa dos direitos básicos do consumidor e com a modernização administrativa dos órgãos públicos de defesa do consumidor" (art. 30), acrescenta que, "na ausência de Fundos municipais, os recursos serão depositados no Fundo do respectivo Estado e, faltando este, no Fundo federal" (art. 31).

Os valores mínimo e máximo da pena de multa estão previstos no parágrafo único do art. 57: "a multa será em montante não inferior a duzentas e não superior a três milhões de vezes o valor da Unidade Fiscal de Referência (Ufir), ou índice equivalente que venha a substituí-lo". O dispositivo estabelece limites máximo e mínimo da multa e não a necessidade de que a sanção seja estabelecida em Ufir.

A Ufir foi extinta pelo art. 29, § 3º, da Medida Provisória 2.176-79, de 2001 (convertida na Lei 10.522/2002). Com a extinção, os Procons editaram atos internos de conversão para o real.

 Dicas práticas

É necessário que os órgãos de defesa do consumidor fundamentem adequadamente, com base nos critérios indicados, o valor da multa, que deve variar conforme a reprovabilidade da conduta do fornecedor.

 Jurisprudência

1. Multa não precisa ser fixada em UFIR

"O parágrafo único do art. 57 do CDC ('A multa será em montante não inferior a duzentas e não superior a três milhões de vezes o valor da Unidade Fiscal de Referência (Ufir), ou índice equivalente que venha a substituí-lo') não ampara a tese do agravante de que a penalidade administrativa deve ser fixada em UFIR, pois o referido dispositivo legal apenas estabelece os limites para a fixação da referida multa" (STJ, AgRg no REsp 1.385.625/PE, Rel. Min. Sérgio Kukina, j. 03.09.2013, *DJe* 11.09.2013).

2. Impossibilidade de revisão do valor da multa pelo STJ

"A revisão da conclusão a que chegou o Tribunal de origem acerca da adequação do montante da multa administrativa aplicada pelo Procon à recorrente, em razão da observância dos requisitos previstos no art. 57 do CDC (gravidade da infração, vantagem auferida pela empresa e condição econômica do fornecedor), demanda o reexame dos fatos e provas constantes dos autos, o que é vedado no âmbito do recurso especial, nos termos da Súmula 7 do STJ" (STJ, AgRg no AREsp 836.916/SP, Rel. Min. Benedito Gonçalves, j. 15.03.2016, *DJe* 30.03.2016).

3. Autoaplicabilidade do art. 57 do CDC

"1. É autoaplicável o art. 57 do Código de Defesa do Consumidor – CDC, não dependendo, consequentemente, de regulamentação. Nada impede, no entanto, que, por decreto, a União estabeleça critérios uniformes, de âmbito nacional, para sua utilização harmônica em todos os Estados da federação, procedimento que disciplina e limita o poder de polícia, de modo a fortalecer a garantia do *due process* a que faz jus o autuado. 2. Não se pode, *prima facie*, impugnar de ilegalidade portaria do Procon estadual que, na linha dos parâmetros gerais fixados no CDC e no decreto federal, classifica as condutas censuráveis administrativamente e explicita fatores para imposição de sanções, visando a ampliar a previsibilidade da conduta estatal. Tais normas reforçam a segurança jurídica ao estatuírem padrões claros para o exercício do poder de polícia, exigência dos princípios da impessoalidade e da publicidade. Ao fazê-lo, encurtam, na medida do possível e do razoável, a discricionariedade administrativa e o componente subjetivo, errático com frequência, da atividade punitiva da autoridade" (STJ, AgRg no AgRg no REsp 1.261.824/SP, 2ª Turma, Rel. Min. Herman Benjamin, j. 14.02.2012, *DJe* 09.05.2013).

4. Aplicação de sanção administrativa independe do número de consumidores lesados

"3. No mérito, quanto à infringência aos dispositivos federais tidos por violados, 'é pacífico o entendimento no Superior Tribunal de Justiça segundo o qual a sanção administrativa prevista no artigo 57 do Código de Defesa do Consumidor funda-se no Poder de Polícia que o PROCON detém para aplicar multas relacionadas à transgressão dos preceitos da Lei n. 8.078/1990, independentemente da reclamação ser realizada por um único consumidor, por dez, cem ou milhares de consumidores' (AgInt no REsp 1.594.667/MG, Rel. Ministra Regina Helena Costa, Primeira Turma, julgado em 4/8/2016, DJe 17/8/2016)" (STJ, AgInt nos EDcl no REsp 1707029/SP, Rel. Min. Herman Benjamin, 2ª Turma, j. 09.04.2019, *DJe* 29.05.2019).

5. Revisão de multa pelo PROCON no âmbito do STJ pode ensejar reexame de prova

"A revisão da multa aplicada pelo PROCON com base no art. 57 do CDC demanda reexame do acervo fático-probatório dos autos, inviável em Recurso Especial, sob pena de violação da Súmula 7 do STJ" (STJ, REsp 1814097/GO, Rel. Min. Herman Benjamin, 2ª Turma, j. 15.08.2019, *DJe* 10.09.2019).

6. Sanção administrativa aplicada contra a matriz é extensível às filiais

"2. Ainda que possuam CNPJ diversos e autonomia administrativa e operacional, as filiais são um desdobramento da matriz por integrar a pessoa jurídica como um todo. 3. Eventual decisão contrária à matriz por atos prejudiciais a consumidores é extensível às filiais.4. A contrapropaganda visa evitar a nocividade da prática comercial de propaganda enganosa ou abusiva" (STJ, REsp 1655796/MT, Rel. Min. Ricardo Villas Bôas Cueva, 3ª Turma, j. 11.02.2020, *DJe* 20.02.2020).

7. Necessidade de observância de todos os critérios do art. 57 do CDC

"4. Quanto à observância dos critérios fixados pelo art. 57 do CDC na fixação da multa aplicada pelo Procon, vale salientar que todos os critérios elencados no dispositivo foram seguidos pela autarquia municipal, como a gravidade da infração, a vantagem econômica e a condição econômica do fornecedor. 5. A quaestio não passou despercebida pelo Tribunal de Justiça do Estado de São Paulo, que registrou no acórdão: 'O ato administrativo considerou a gravidade das infrações, a quantidade de infrações cometidas e o porte econômico da autuada, tudo calculado sobre o faturamento estimado da empresa'. 6. Portanto, não houve mácula ao citado dispositivo legal, pois ficou demonstrado que a graduação da multa foi estabelecida conforme os parâmetros elencados no CDC, inclusive quanto à vantagem econômica auferida pela empresa" (STJ, AREsp 1628145/SP, Rel. Min. Herman Benjamin, 2ª Turma, j. 09.02.2021, *DJe* 01.07.2021).

Art. 58. As penas de apreensão, de inutilização de produtos, de proibição de fabricação de produtos, de suspensão do fornecimento de produto ou serviço, de cassação do registro do produto e revogação da concessão ou permissão de uso serão aplicadas pela administração, mediante procedimento administrativo, assegurada ampla defesa, quando forem constatados vícios de quantidade ou de qualidade por inadequação ou insegurança do produto ou serviço.

 Legislação correlata

Decreto federal 2.181/1997 (Dispõe sobre normas gerais de aplicação de sanção administrativa).

Lei 9.784/1999 (Regula o processo administrativo no âmbito da Administração Pública Federal).

 Análise doutrinária

1. Sanções específicas em face de vícios dos produtos

O art. 58 do CDC estabelece as hipóteses fáticas que ensejam a incidência e aplicação das sanções previstas nos incs. II, III, V, VI, IV e VIII do art. 56: 1) apreensão; 2) inutilização de produtos; 3) proibição de fabricação de produtos; 4) suspensão do fornecimento de produto ou serviço; 5) cassação do registro do produto; 6) revogação da concessão.

Em que pese a possibilidade de aplicação das aludidas sanções às diferentes hipóteses de *vício* de qualidade, tem-se procurado, na prática, limitá-las a situações que coloquem em risco a saúde e a segurança do consumidor (vício de qualidade por insegurança).

Ademais, em caso de produtos ou serviços que apresentem periculosidade somente após sua introdução no mercado de consumo, deve-se priorizar a medida preventiva do *recall*, nos termos do art. 10 do CDC, ou seja, realizar providências para sanar o vício antes de ocorrer qualquer acidente de consumo.

A comercialização de determinados produtos e serviços está sujeita a órgão regulador específico, como ocorre, por exemplo, com os serviços de telefonia que estão sob regulação e fiscalização da Agência Nacional de Telecomunicações – Anatel. Nesses casos, de acordo com o art. 18, § 3º, do Decreto 2.181/1997, há necessidade de atuação conjunta ou posterior confirmação do referido órgão para aplicação das seguintes penalidades: 1) inutilização do produto; 2) cassação do registro do produto; 3) proibição de fabricação do produto; 4) suspensão de fornecimento de produtos ou serviços; 5) suspensão temporária de atividade; 6) revogação de concessão ou permissão de uso; 7) cassação de licença do estabelecimento ou de atividade; 8) interdição, total ou parcial, de estabelecimento, de obra ou de atividade; 9) intervenção administrativa.

Por fim, o art. 59 do CDC reitera a necessidade de processo administrativo, com contraditório e ampla defesa, para validar eventual aplicação da sanção administrativa.

 Dicas práticas

Em caso de vício por insegurança de produto ou serviço que foi constatado após sua introdução no mercado, deve-se atentar, num primeiro momento, à necessidade de realização de *recall* (art. 10 do CDC).

> **Art. 59.** As penas de cassação de alvará de licença, de interdição e de suspensão temporária da atividade, bem como a de intervenção administrativa, serão aplicadas mediante procedimento administrativo, assegurada ampla defesa, quando o fornecedor reincidir na prática das infrações de maior gravidade previstas neste Código e na legislação de consumo.
>
> **§ 1º** A pena de cassação da concessão será aplicada à concessionária de serviço público, quando violar obrigação legal ou contratual.
>
> **§ 2º** A pena de intervenção administrativa será aplicada sempre que as circunstâncias de fato desaconselharem a cassação de licença, a interdição ou suspensão da atividade.
>
> **§ 3º** Pendendo ação judicial na qual se discuta a imposição de penalidade administrativa, não haverá reincidência até o trânsito em julgado da sentença.

 Legislação correlata

Lei 8.987/1995 (Lei de concessão e permissão da prestação de serviços públicos).

Lei 9.784/1999 (Regula o processo administrativo no âmbito da Administração Pública Federal).

Decreto federal 2.181/1997 (Dispõe sobre normas gerais de aplicação de sanção administrativa).

 Análise doutrinária

1. As penas de cassação de alvará de licença, interdição, suspensão temporária da atividade e intervenção administrativa

As penas de cassação de alvará de licença, de interdição e de suspensão temporária da atividade, bem como a de intervenção administrativa incidem, de acordo com o art. 59 do CDC, "quando o fornecedor reincidir na prática das infrações de maior gravidade previstas neste Código e na legislação de consumo". Tais sanções administrativas traduzem-se na vedação, temporária ou permanente, de funcionamento de determinado estabelecimento.

A experiência tem demonstrado que são as penalidades mais eficazes para os casos de fornecedores que têm quase como hábito desrespeitar os direitos do consumidor. Na verdade, na grande maioria dos casos, sequer merecem o título de "fornecedor" ou "empresário": são pessoas que apenas utilizam o mercado de consumo como ambiente para praticar fraudes e crimes como estelionato (art. 171 do CP). Os exemplos são inúmeros.

Pequenos estabelecimentos, sem qualquer histórico positivo, que se apresentam com preços competitivos para entrega futura de produtos ou serviços, mas que simplesmente não cumprem o contrato. Após recebimento de grandes quantias de consumidores, simplesmente desaparecem. Além disso, não possuem patrimônio para responder pelas dívidas..

Nesses casos, as referidas sanções possuem alto valor preventivo, na medida em que impedem novas lesões a um número indeterminado de pessoas. Estão em consonância com o direito básico do consumidor de prevenção a danos materiais e morais (art. 6º, VI). É incompatível com o interesse público a manutenção de pessoa que, atuando no mercado, reiteradamente viola as normas de proteção ao consumidor.

As sanções de cassação de alvará de licença, de interdição não devem, pela sua natureza, ser aplicadas com exclusividade pelos Procons, uma vez que é o Município ou o Distrito Federal que concede alvará e licença locais. O Procon, portanto, deve agir em conjunto ou mediante delegação.

As normas municipais sobre concessão de alvará e licença para funcionamento de estabelecimentos normalmente possuem disposição aberta no sentido da possibilidade de cassação quando houver ofensa a "interesse público". Independentemente de atuação do Procon, o Poder Público tem, com base em normas estaduais ou municipais, possibilidade e competência para agir nesses casos.

Todavia, caso a providência administrativa se fundamente unicamente em ofensa ao CDC, deve-se atentar para as exigências do dispositivo: reincidência na "prática de infrações de maior gravidade". A reincidência está prevista no art. 27 do Decreto 2.181/1997: "repetição de prática infrativa, de qualquer natureza, às normas de defesa do consumidor, punida por decisão administrativa irrecorrível".

Esclarece o respectivo parágrafo único que, "para efeito de reincidência, não prevalece a sanção anterior, se entre a data da decisão administrativa definitiva e aquela da prática posterior houver decorrido período de tempo superior a cinco anos". A prática de infração de maior gravidade, por sua vez, é conceito aberto (conceito jurídico indeterminado), o que impõe análise das circunstâncias do caso concreto, cautela e necessidade de densa fundamentação.

No tocante à reincidência do fornecedor, que é pressuposto para aplicação das penalidades, o § 3º do art. 59 do CDC dispõe que, havendo processo judicial no qual se discuta a imposição de penalidade administrativa, não se deve considerar a reincidência até o trânsito em julgado da decisão.

O § 1º do art. 59 esclarece que "a pena de cassação da concessão será aplicada à concessionária de serviço público, quando violar obrigação legal ou contratual". Trata-se de sanção grave aplicável aos prestadores de serviços públicos por delegação estatal (concessionários, permissionários).

A penalidade deve ser aplicada pela agência reguladora. O dispositivo exige interpretação conjunta (em diálogo) com a Lei 8.987/1995, que dispõe sobre concessão e permissão da prestação de serviços públicos. O art. 38, § 1º, do referido diploma legal prevê as hipóteses de declaração de caducidade da concessão, a qual deve ser declarada pelo poder concedente (a agência).

A intervenção administrativa possui nítido caráter corretivo. Cuida-se de sanção mais branda do que a cassação, interdição ou suspensão da atividade. Deve, sempre que possível (§ 2º do art. 59), ser prestigiada para manter a continuidade do serviço público, o que, em última análise, preserva interesse da coletividade dos consumidores.

A referida intervenção está regulamentada pelos arts. 32 a 34 da Lei 8.987/1995. É realizada mediante decreto do poder concedente, "com o fim de assegurar a adequação na prestação do serviço, bem como o fiel cumprimento das normas contratuais, regulamentares e legais pertinentes" (art. 32). Estabelece o art. 34 que, "cessada a intervenção, se não for extinta a concessão, a administração do serviço será devolvida à concessionária, precedida de prestação de contas pelo interventor, que responderá pelos atos praticados durante a sua gestão".

 Dicas práticas

Em casos de pequenos estabelecimentos que se apresentam no mercado unicamente para enganar e aplicar golpes nos consumidores, é fundamental a articulação com os órgãos locais para verificar a hipótese de cassação ou revogação da licença de funcionamento.

Em alguns casos, a depender da legislação de regência, pode haver atuação dos referidos órgãos independentemente de qualquer processo administrativo no âmbito do Procon.

> **Art. 60.** A imposição de contrapropaganda será cominada quando o fornecedor incorrer na prática de publicidade enganosa ou abusiva, nos termos do art. 36 e seus parágrafos, sempre às expensas do infrator.
>
> **§ 1º** A contrapropaganda será divulgada pelo responsável da mesma forma, frequência e dimensão e, preferencialmente, no mesmo veículo, local, espaço e horário, de forma capaz de desfazer o malefício da publicidade enganosa ou abusiva.
>
> **§ 2º** (Vetado).[19]
>
> **§ 3º** (Vetado).[20]

---

[19]　Mensagem de Veto 664/90, *do § 2º do art. 60*: "A imposição de contrapropaganda, sem que se estabeleçam parâmetros legais precisos, pode dar ensejo a sérios abusos, que poderão redundar até mesmo na paralisação da atividade empresarial, como se vê, aliás, do disposto no § 3º do art. 60. Por outro lado, é inadmissível, na ordem federativa, atribuir a Ministro de Estado competência para apreciar em grau de recurso a legitimidade de atos de autoridade estadual ou municipal, tal como previsto no § 2º do art. 60".

[20]　Idem.

Legislação correlata

Decreto federal 2.181/1997 (Dispõe sobre normas gerais de aplicação de sanção administrativa).

 Análise doutrinária

1. Contrapropaganda

O art. 60 estabelece a sanção administrativa consistente em *contrapropaganda*, a qual é aplicável nas hipóteses de veiculação de publicidade *enganosa* ou *abusiva*, conforme disposto no art. 37 do CDC.

O dispositivo, ao utilizar o termo *contrapropaganda*, em vez de *contrapublicidade*, evidencia que o ordenamento jurídico não segue o rigor distintivo apresentado pela doutrina. Aliás, a Constituição Federal também é indiferente a essa distinção: utiliza, no art. 220, § 4º, a expressão *propaganda comercial* de tabaco, bebidas alcoólicas, agrotóxicos, medicamentos e terapias (v. comentários ao art. 36).

O objetivo da contrapropaganda é corrigir ou mitigar os efeitos negativos da publicidade enganosa ou abusiva (art. 37). Deve ser "divulgada pelo responsável da mesma forma, frequência e dimensão e, preferencialmente, no mesmo veículo, local, espaço e horário, de forma capaz de desfazer o malefício da publicidade enganosa ou abusiva" (§ 1º do art. 60).

Na mesma linha, o Código Brasileiro de Regulamentação Publicitária do Conar prevê que os infratores estão sujeitos, entre outras, a penalidade "de alteração ou correção do Anúncio" e "recomendação aos veículos no sentido de que sustem a divulgação do anúncio" (art. 50).

No caso da publicidade enganosa, deve-se corrigir a informação inexata ou aquela que é capaz de induzir o consumidor a erro a respeito da natureza, características, qualidade, quantidade, propriedades, origem, preço e quaisquer outros dados sobre produtos e serviços. Na hipótese de publicidade abusiva, é o caso concreto que deve apontar o melhor meio de amenizar a ofensa a valores gerada pela mensagem publicitária. Nas duas situações, o art. 47 do Decreto 2.181/1997 sugere que o processo administrativo seja instruído "com indicações técnico-publicitárias".

A contrapropaganda, embora prevista em capítulo relativo a sanções administrativas, também pode ser imposta pelo Poder Judiciário. A publicidade afeta direitos difusos. Gera, em tese, danos individuais e coletivos. Enseja, portanto, ajuizamento de ação civil pública (ação coletiva) com cumulação de pedidos na petição inicial (v. comentários ao art. 81).

Na avaliação da imposição de contrapropaganda, seja no âmbito administrativo ou judicial, deve-se verificar, com cautela, a eficácia da medida. Os efeitos negativos, muitas vezes, permanecem, mesmo após cessada a realização da publicidade. Todavia, o longo transcurso do tempo pode, conforme as circunstâncias do caso, ser critério indicativo da ausência de resultado esperado da medida.

Dicas práticas

Deve-se avaliar, com cautela, se a realização de contrapropaganda é medida mais eficaz no caso concreto. É importante examinar especialmente a questão do tempo transcorrido entre a realização da publicidade e a medida sancionatória consistente na contrapropaganda.

Jurisprudência

1. Objetivo da contrapropaganda

"1. Recurso especial interposto contra acórdão publicado na vigência do Código de Processo Civil de 2015 (Enunciados Administrativos nºs 2 e 3/STJ). 2. Ainda que possuam CNPJ diversos e autonomia administrativa e operacional, as filiais são um desdobramento da matriz por integrar a pessoa jurídica como um todo. 3. Eventual decisão contrária à matriz por atos prejudiciais a consumidores é extensível às filiais. 4. A contrapropaganda visa evitar a nocividade da prática comercial de propaganda enganosa ou abusiva. 5. A existência de dívida ilíquida excepciona o princípio da universalidade do juízo recuperacional" (STJ, REsp 1.655.796/MT, 3ª Turma, Rel. Min. Ricardo Villas Bôas Cueva, j. 11.02.2020, *DJe* 20.02.2020).

2. Não imposição de contrapropaganda pelo decurso do tempo e mudança do contexto

"3. Do recurso especial do Ministério Público do Distrito Federal e Territórios: 3.1. A contrapropaganda constitui-se sanção prevista nos arts. 56, inciso XII e 60 do CDC e aplicável quando caracterizada a prática de publicidade enganosa ou abusiva, e o seu objetivo é desfazer os malefícios sociais por ela causados ao mercado consumidor. 3.1.2. A razão hermenêutica dessa penalidade decorre, sem dúvida, para conferir proteção aos consumidores, tendo em conta que o substrato motivador do CDC, inegavelmente, é dar ampla tutela para a garantia de seus direitos, porquanto o art. 83, por exemplo, determina: '(...) Para a defesa dos direitos e interesses protegidos por este Código são admissíveis todas as espécies de ações capazes de propiciar sua adequada e efetiva tutela.' 3.1.3. A divulgação da contrapropaganda se tornaria ilógica em razão do advento da Lei 10.167/00, a qual proibiu propaganda sobre o produto em questão. Sendo assim, é importante destacar que a suspensão da contrapropaganda – confirmando-se a compreensão do v. acórdão recorrido – decorre das circunstâncias do caso concreto, em virtude do decurso do tempo e da mudança do marco legal a incidir sobre a matéria, revelando-se inoportuna a veiculação da contrapropaganda nesse momento processual. 4. Recurso especial da OGILVY Brasil Comunicação Ltda e da Souza Cruz S/A parcialmente providos e desprovido o recurso especial do Ministério Público do Distrito Federal e Territórios" (STJ, REsp 1.101.949/DF, 4ª Turma, Rel. Min. Marco Buzzi, j. 10.05.2016, *DJe* 30.05.2016).

3. Cumulação de pedidos em ação civil pública e imposição judicial de contrapropaganda em ação civil pública

"2. Na origem, trata-se de Ação Civil Pública promovida em desfavor da empresa fabricante de veículos com o propósito de reprimir ações publicitárias enganosas do automóvel modelo i30, que trariam indicações falsas a respeito das características e dos chamados itens de série de sua versão mais básica. Inicial que contém pedido indenizatório (por danos morais difusos) e cominatório (obrigação de realizar contrapropaganda). 3. Acórdão recorrido que, mantendo hígida a sentença condenatória no tocante ao reconhecimento da prática publicitária ilícita, majora a indenização fixada a título de compensação por danos morais difusos para o patamar de R$ 1.000.000,00 (um milhão de reais). 4. Recurso especial interposto pela empresa ré objetivando desconstituir o julgado sob a alegação de que os fatos ocorridos não configurariam propaganda enganosa e também não dariam azo a ocorrência de danos morais difusos. 5. O sistema de tutela da publicidade trazido pelo Código de Defesa do Consumidor encontra-se assentado em uma série de princípios norteadores que se propõem a direcionar e limitar o uso das técnicas de publicidade, evitando, assim, a exposição do público consumidor a eventos potencialmente lesivos aos direitos tutelados pelo referido diploma legal. Dentre estes princípios, merecem destaque, os da identificação obrigatória, da publicidade veraz, da vinculação contratual e da correção do desvio publicitário. 6. O acervo probatório carreado nos autos (que não pode ser objeto de reexame na via especial por força do que dispõe a Súmula nº 7/STJ) apontou para a existência de ação deliberada da fabricante com o propósito de levar a erro a imprensa especializada e, consequentemente, o público consumidor, ao repassar a veículos de comunicação especializados a respeito da indústria automotiva, a falsa informação de que a versão mais básica do automóvel Hyundai i30, seria comercializado no país contendo determinados itens de série que, mais tarde, se fizeram presentes apenas em versões mais luxuosas do referido veículo. 7. Impossível negar o intuito de ludibriar o consumidor, no comportamento adotado por empresa revendedora de automóveis que, meses antes do lançamento de determinado modelo no mercado nacional, inunda a imprensa especializada com informações falsas a respeito do mesmo, de modo a criar no imaginário popular a falsa impressão de que seria infinitamente superior aos veículos de mesma categoria oferecidos por suas concorrentes. 8. O dano moral difuso, compreendido como o resultado de uma lesão a bens e valores jurídicos extrapatrimoniais inerentes a toda a coletividade, de forma indivisível, se dá quando a conduta lesiva agride, de modo injusto e intolerável, o ordenamento jurídico e os valores éticos fundamentais da sociedade em si considerada, a provocar repulsa e indignação na própria consciência coletiva. A obrigação de promover a reparação desse tipo de dano encontra respaldo nos arts. 1º da Lei nº 7.347/1985 e 6º, VI, do CDC, bem como no art. 944 do CC. 9. A hipótese em apreço revela nível de reprovabilidade que justifica a imposição da condenação tal e qual já determinada pelas instâncias de origem. Além disso, a revisão das conclusões do acórdão ora hostilizado encontra, também nesse ponto específico, intransponível óbice na inteligência da Súmula nº 7/STJ" (STJ, REsp 1.546.170/SP, 3ª Turma, Rel. Min. Ricardo Villas Bôas Cueva, j. 18.02.2020, *DJe* 05.03.2020).

TÍTULO II
DAS INFRAÇÕES PENAIS

Art. 61. Constituem crimes contra as relações de consumo previstas neste Código, sem prejuízo do disposto no Código Penal e leis especiais, as condutas tipificadas nos artigos seguintes.

 Legislação correlata

Constituição Federal, art. 5º, XXXIX.

Código Penal, arts. 1º, 171, 175, 273 a 276 e 280.

Lei 8.137/1990 (Define crimes contra as relações de consumo).

 Análise doutrinária

1. Crime contra as relações de consumo

Ao Direito Penal incumbe definir os contornos de condutas humanas que – em tese – contrariem os valores maiores de determinada comunidade e, ao mesmo tempo, impor as mais graves sanções a seus autores (sujeito ativo), chegando, em alguns casos, à restrição ao exercício do direito de liberdade (prisão). A finalidade do Direito Penal é a proteção de interesses vitais para a coletividade, os quais garantem a própria sobrevivência da sociedade (princípio da fragmentariedade).

A ofensa a bens jurídicos relacionados a interesses patrimoniais e existenciais do consumidor, além de ensejar o dever de reparar danos materiais e morais, a invalidade (nulidade ou anulação) do negócio jurídico ou de cláusulas contratuais, a aplicação de multa ou outras penalidades por órgãos administrativos (Procon, Anatel, ANP etc.), pode acarretar, cumulativamente, sanções penais para o infrator, se a conduta estiver previamente descrita como infração penal (princípio da reserva legal).

As principais normas penais na área de Direito do Consumidor se encontram no próprio CDC e na Lei 8.137/1990, cujo Capítulo II estabelece "Dos Crimes contra a Economia e as Relações de Consumo".

O Código de Defesa do Consumidor possui um título inteiro dedicado a definir infrações penais "contra as relações de consumo". A Lei, a par de estabelecer regras sobre coautoria e participação (art. 75), agravantes genéricas (art. 76), fixação da pena (arts. 77 e 78), valor da fiança (art. 79) e ação penal subsidiária (art. 80), inseriu no ordenamento jurídico doze tipos penais relativos ao mercado de consumo (arts. 63 a 74), que, em última análise, buscam preservar o bem jurídico *relações de consumo*.

O bem jurídico do Direito Penal do Consumidor são as *relações de consumo*, como expressamente indicam o art. 61 do CDC e o art. 7º, *caput*, da Lei 8.137/1990. A expressão *relações de consumo* foi utilizada pelo legislador simplesmente por carência de termos que, de modo objetivo e simplificado, melhor retratassem o bem jurídico metaindividual que se tutela. *Relações de consumo* significa perspectiva e visão coletiva do ambiente de produção, distribuição e comercialização de produtos e serviços, possui sentido de *modelo ideal* de mercado pautado pela honestidade, lealdade, transparência (boa-fé objetiva), respeito aos interesses existenciais e materiais do consumidor, parte vulnerável da relação jurídica.

Após 30 anos de experiência do CDC, é possível constatar que a principal utilidade dos tipos penais descritos nos arts. 63 a 74 foi como elemento hermenêutico de outras disposições da lei. Todos os preceitos extraídos das infrações penais estão também regulados em outras seções. Apenas como exemplo: cobrança abusiva de dívidas do consumidor só é compreendida a partir de análise conjunta do *caput* do art. 42 com o correspondente tipo penal descrito no art. 71.

De outro lado, a edição da Lei 9.099 (Juizados Especiais Criminais), cinco anos após a promulgação do CDC, acabou por diminuir a eficácia da parte penal da lei de proteção ao consumidor. Todas as infrações penais do CDC são crimes de menor potencial ofensivo, as quais se apuram por termo circunstanciado (art. 69), que é procedimento de investigação mais simples e célere e, invariavelmente, incompatível com a complexidade inerente aos denominados crimes societários (v. comentários ao art. 75).

2. Princípio da reserva legal e cumulação de sanções administrativas, civis e penais

A lei brasileira de proteção ao consumidor se destaca no cenário internacional por buscar proteger o consumidor sob os mais diversos aspectos: civil, administrativo, processual e penal. Daí a denominação que recebe de microssistema. Ao contrário do que ocorreu com os primeiros países que, nas décadas de 1960, 1970 e 1980, editaram leis para a proteção do consumidor em *áreas específicas* (publicidade, contrato, bancos de dados de proteção ao crédito, vendas em domicílio etc.), a Lei 8.078/1990 (CDC) possui a marcante característica de buscar a proteção integral do consumidor, instituindo sanções nas mais diversas áreas, como meio de promover a absoluta eficácia de seus preceitos (v. comentários ao art. 1º).

Portanto, o comportamento ilícito do fornecedor no mercado de consumo pode encontrar, a um só tempo, sanções civis, administrativas e penais. O art. 56, *caput*, do CDC é didático ao estabelecer que as infrações das normas de defesa do consumidor sujeitam – de modo cumulado – o infrator a sanções administrativas, civis e penais.

É importante destacar que a incidência da sanção penal requer a prévia definição do fato como crime, em atenção ao princípio da anterioridade e da reserva legal: "não há crime sem lei anterior que o defina, nem pena sem prévia cominação legal" (art. 5º, XXXIX, da Constituição Federal). Muitos ilícitos civis e administrativos, praticados pelos fornecedores, são, por ausência de uma específica tipificação criminal, absolutamente indiferentes ao Direito Penal.

Exemplifique-se com a remessa, sem prévia solicitação, de cartão de crédito para o consumidor. O fornecedor que encaminha o cartão de crédito, sem prévio requerimento, realiza prática abusiva descrita no art. 39, III, do CDC, bem como infração administrativa (art. 56), mas não pratica qualquer infração penal, uma vez que ausente norma específica criminalizando a conduta.

Há, todavia, algumas situações em que o mesmo fato traz consequências nos âmbitos penal, administrativo e civil. Como ilustração, imagine-se a pessoa, responsável pela administração de banco de dados de proteção ao crédito (SPC, Serasa etc.), que, tendo conhecimento da regular quitação da dívida pelo consumidor, deixa, mesmo passados dois meses após o pagamento, de proceder ao cancelamento do respectivo registro, como estabelece o art. 43 do CDC.

No caso, além da sanção civil, consistente na indenização por danos morais e materiais, imposição de multa pelo Procon (sanção administrativa), em face do disposto no art. 56 do CDC, os dirigentes da entidade de proteção ao crédito podem responder penalmente em face do delito tipificado no art. 73 do CDC: "deixar de corrigir imediatamente informação sobre consumidor constante de cadastro, banco de dados, fichas ou registros que sabe ou deveria saber ser inexata".

3. Breves referências históricas

O Direito Penal exerceu, no passado, importante papel na tutela, direta e indireta, de legítimos interesses do consumidor, antecipando-se, inclusive, ao movimento consumerista das décadas de 1960 e 1970. Durante um bom tempo, foi o principal instrumento jurídico para enfrentar várias modalidades de abusos dos fornecedores.

O surgimento do Direito Penal do Consumidor vincula-se diretamente ao Direito Penal Econômico. Cuida-se de ramo do Direito Penal que sanciona condutas praticadas no mercado de consumo, para garantir que as relações se aproximem de um ideal de transparência e honestidade.

Em perspectiva histórica, embora seja inadequado falar em Direito Penal do Consumidor antes da formação de uma cadeia de produção e circulação de bens fundada no consumo de massa, é possível indicar antecedentes legislativos que tutelaram interesses relacionados ao consumo de bens e serviços.

O Código do Império (1830) já punia, como estelionato, "a troca de cousas que se deverem entregar, por outras diversas". Em 1875, foi editado o Decreto 2.682, que tipificava condutas que consistiam em logro aos adquirentes de mercadorias, ao regular "o direito que têm o fabricante e o negociante de marcar os productos de sua manufactura e de seu commercio".

O Código Penal Republicano (1890), a par de seção relativa à violação de direito de marcas (arts. 353 a 355), possuía um capítulo dedicado aos crimes contra a saúde pública, conferindo uma proteção indireta aos adquirentes de determinados produtos e serviços (arts. 156 a 164). O Decreto 19.604 referiu-se ao consumo público de determinados gêneros alimentícios, inaugurando a preocupação com a veracidade das informações apresentadas ao consumidor.

Na década de 1930, observa-se a edição de inúmeras leis penais para proteger a ordem penal econômica. Nesse contexto, consigne-se o famoso Decreto 22.626, de 07.04.1933, mais conhecido como Lei de Usura. Cite-se, também, o Decreto 22.796, de 1º.06.1933, sobre fraude de gêneros alimentícios em geral. Em 18 de novembro de 1938, editou-se o Decreto-lei 869, cujo art. 2º apenava, com prisão de dois a dez anos e multa, condutas que implicassem retenção ou açambarcamento de matérias-primas ou produtos necessários ao consumo do povo.

4. O Código Penal e a proteção do consumidor

Os tipos penais que protegem o consumidor estão descritos, principalmente, no CDC e na Lei 8.137/1990.

Paralelamente a tais diplomas normativos, o Código Penal tipifica condutas que, ao proteger o adquirente de produtos e serviços, serve para tutelar os interesses do consumidor. O tipo penal mais importante, é, com certeza, o estelionato. Ainda hoje, inúmeras práticas realizadas no mercado de consumo se enquadram na descrição do *caput* do art. 171 do CP: "Obter, para si ou para outrem, vantagem ilícita, em prejuízo alheio, induzindo ou mantendo alguém em erro, mediante artifício, ardil, ou qualquer outro meio fraudulento".

Não há dúvida de que o elemento "alguém" pode ser o consumidor. Além do *caput* do art. 171, as condutas descritas nos incs. I, II e IV do § 2º ocorrem, invariavelmente, em detrimento do destinatário final dos produtos e serviços.

Ainda em relação aos chamados crimes contra o patrimônio, registre-se a "fraude no comércio", descrita no art. 175 do CP: "Enganar, no exercício de atividade comercial, o adquirente ou consumidor: I – vendendo, como verdadeira ou perfeita, mercadoria falsificada ou deteriorada; II – entregando uma mercadoria por outra. Pena – detenção, de seis meses a dois anos, ou multa. § 1º Alterar em obra que lhe é encomendada a qualidade ou o peso de metal ou substituir, no mesmo caso, pedra verdadeira, por falsa ou por outra de menor valor; vender pedra falsa por verdadeira; vender, como precioso, metal de outra qualidade". A pena é reclusão, de um a cinco anos, e multa.

De outro lado, consignem-se as infrações penais contra a saúde pública. Além do art. 280, que apena com detenção, de um a três anos, ou multa a conduta de quem fornece "substância medicinal em desacordo com receita médica", interessam os tipos penais descritos nos arts. 273 a 276 do CP. Destaquem-se as infrações descritas nos arts. 274 e 275, ambas com reclusão, de um a cinco anos, e multa: "Art. 274. Empregar, no fabrico de produto destinado a consumo, revestimento, gaseificação artificial, matéria corante, substância aromática, antisséptica, conservadora ou qualquer outra não expressamente permitida pela legislação sanitária. (...) Art. 275. Inculcar, em invólucro ou recipiente de produtos alimentícios, terapêuticos ou medicinais, a existência de substância que não se encontra em seu conteúdo ou que nele existe em quantidade menor que a mencionada".

5. Resultado material e crimes de perigo

A responsabilidade civil exige a presença de dano. Todavia, dano não se confunde com resultado material, mudança física dos objetos. Em várias situações, o dano, ensejador do dever de indenizar, é moral ou extrapatrimonial.

Discussão semelhante ocorre no Direito Penal. A responsabilidade penal pressupõe resultado material? A configuração da infração penal requer mudança do mundo físico? O resultado criminoso é necessariamente um dano?

Todo crime pressupõe resultado, que é justamente a ofensa ou ameaça ao bem jurídico eleito pelo legislador. Nessa ótica, não há infração penal sem resultado.

Entretanto, o resultado não implica necessariamente mudança – imediatamente sensível – do mundo exterior, considerando a natureza dos interesses protegidos e as elementares do tipo. Quando há afetação sensível do mundo exterior (dano, lesão), a doutrina penal fala em *resultado naturalístico*. Embora consagrada a terminologia, o fato é que as condutas comissivas, por si sós, já significam alteração do mundo físico.

Em relação ao resultado e à análise da consumação do crime, classificam-se os delitos em materiais, formais ou de mera conduta. Crime material é aquele em que há previsão no próprio tipo incriminador de elementar consistente em núcleo verbal e determinado resultado como consequência da conduta (ação ou omissão). No crime formal, embora esteja prevista, direta ou indiretamente, a possibilidade de ocorrência de determinado resultado, a consumação da infração penal independe de sua ocorrência. Por fim, no crime de mera conduta, o tipo não faz alusão a qualquer resultado como decorrência direta do comportamento do agente.

Outra classificação concernente ao resultado e, também, útil para a compreensão do Direito Penal do Consumidor faz distinção entre os crimes de dano e de perigo. Nos crimes de perigo, o delito se consuma apenas com a exposição ao risco. Nos crimes de dano, ao revés, há necessidade de lesão a determinado objeto material.

Os crimes de perigo classificam-se, ainda, em crimes de perigo abstrato e de perigo concreto. No primeiro caso, há descrição da conduta e presunção de que o sujeito ativo, ao realizá-la, expõe o bem jurídico a perigo. De outro lado, nos crimes de perigo concreto, há necessidade de se demonstrar que o bem jurídico foi exposto a uma situação de risco como consequência da conduta do agente. A diretriz, portanto, é prevenir, antecipar-se ao resultado material.

6. Sujeitos ativo e passivo dos crimes contra as relações de consumo

Os crimes capitulados pelo Código de Defesa do Consumidor (Lei 8.078/1990) devem necessariamente ocorrer entre fornecedor e consumidor, conforme definições do próprio CDC? Se determinada pessoa, que não é fornecedora, faz empréstimo a seu colega de faculdade, pode, em tese, praticar o crime de cobrança abusiva de dívida, previsto no art. 71 do CDC? De outro lado, o art. 66, ou seja, o crime de "oferta não publicitária enganosa", pode se configurar na relação entre pessoas que não sejam *consumidor* e *fornecedor*, já que o tipo não faz referência a tais elementares?

Ponto fundamental no Direito Penal do Consumidor é a identificação, em tese, dos sujeitos ativo e passivo das infrações penais, inclusive para deslindar alguns conflitos aparentes da norma penal. O assunto tem comportado divergências doutrinárias, especialmente no tocante à necessidade de o sujeito ativo se qualificar como *fornecedor* e o sujeito passivo como *consumidor*.

Em que pesem as divergências, certo é que os conceitos legais de *consumidor, fornecedor, produto* e *serviço* devem, em princípio – mas não sempre – ser considerados no exame da incidência penal dos tipos instituídos pelo CDC. O melhor caminho para identificação dos sujeitos ativo e passivo é a compreensão, além do alcance da atividade regrada (fato do produto, cobrança de dívida, publicidade, arquivo de consumo), das próprias elementares constantes no tipo incriminador.

Em algumas situações, o campo de incidência do CDC, seja pela técnica de equiparação a consumidor de terceiros, seja pela agressividade implícita de determinadas atividades (ex.: arquivos de consumo, publicidade), é bastante amplo, com reflexos na área penal.

Nessa ordem de ideias, a análise das elementares dos tipos penais da Lei 8.137/1990 evidencia que a preocupação, em determinadas passagens, é com a higidez do mercado, independentemente de afetação dos interesses do consumidor. Alguns delitos referem-se a *insumos* (art. 7º, IV, *d*, e VI), *matéria-prima* (art. 7º, VIII e IX), que, como se sabe, não são adquiridos pelo consumidor, que é o destinatário final de produtos e serviços, conforme definição do art. 2º do CDC. O inc. VIII do art. 7º distingue o consumidor do usuário como sujeitos passivos da infração penal.

De outro lado, o bem jurídico *relações de consumo*, expressamente indicados pelo CDC (art. 61) e pela Lei 8.137/1990 (art. 7º, *caput*), serve mais para indicar que a proteção se faz a interesse metaindividual e imaterial do que para definir exatamente os sujeitos passivo e ativo da infração penal. Portanto, não parece ser a melhor posição sustentar, em face do bem jurídico indicado pelos diplomas aludidos, que a proteção penal do CDC e, também, da Lei 8.137/1990 se dá sempre que o fato envolver relação entre fornecedor, de um lado, e consumidor, do outro.

Ademais, o próprio CDC, em diversos aspectos, confere proteção além da relação de consumo, ou seja, a tutela decorre mais da atividade em si do que dos sujeitos envolvidos. Excelentes exemplos são as disciplinas da publicidade abusiva e dos bancos de dados e cadastros de consumidores (art. 43). Nesses casos, mais do que ampliação do conceito de consumidor (art. 29), pode-se afirmar que o objetivo maior foi disciplinar a atividade em si, que, pela própria natureza, é necessariamente ofensiva a direitos da personalidade.

Para exemplificar, não tem sentido, para caracterização dos crimes relativos aos arquivos de consumo (arts. 72 e 73), identificar o sujeito ativo com um fornecedor. Aliás, como se sabe, os famosos serviços de proteção ao crédito (SPC) são vinculados a associações civis de fornecedores (CDLs), que, salvo grande esforço hermenêutico, não se configuram como *fornecedor*, conforme a definição do *caput* do art. 3º. Do mesmo modo, tais entidades não oferecem aos consumidores qualquer produto ou serviço (§§ 1º e 2º do art. 3º). Além disso, *fornecedor* não é elementar do tipo.

Para melhor compreensão, examine-se a seguinte conduta criminosa (art. 66 do CDC): "Fazer afirmação falsa ou enganosa, ou omitir informação relevante sobre a natureza, característica, qualidade, quantidade, segurança, desempenho, durabilidade, preço ou garantia de produtos ou serviços". A redação não apresenta as elementares *consumidor* e *fornecedor*. Há, todavia, referência expressa a serviços e produtos (§§ 1º e 2º do art. 3º). Ademais, o direito à informação, na sistemática adotada pelo CDC, é disciplinado considerando-se principalmente as relações contratuais entre consumidor e fornecedor (arts. 6º, III, 30 e 31).

Portanto, se uma pessoa, ao vender, ocasionalmente, seu computador ou qualquer outro bem pessoal, fizer afirmação falsa sobre as qualidades da coisa, não incidirá nas sanções do art. 66 da Lei 8.078/1990 pela simples razão de não se qualificar como fornecedor (art. 3º). Eventualmente, se presentes outras elementares, poderá responder pelo crime de estelionato (art. 171, *caput*, do CP).

Examine-se, também, a infração penal descrita no art. 63 do CDC: "Omitir dizeres ou sinais ostensivos sobre a nocividade ou periculosidade de produtos, nas embalagens, nos invólucros, recipientes ou publicidade". O tipo não faz qualquer referência a *consumidor* ou *fornecedor*, mas, no caso, tais conceitos estão implícitos em razão da referência a *produtos* e, principalmente, pelo fato de a infração penal ter conexão direta com a disciplina que o CDC confere à tutela da saúde e segurança (incolumidade psicofísica) do consumidor.

Por fim, embora óbvio, convém realçar que a sanção penal incide sobre pessoas físicas que agem em nome da pessoa jurídica, e não sobre o fornecedor-pessoa jurídica. Assim, no âmbito penal, ao contrário do civil e administrativo, a sanção penal é suportada sempre por pessoa natural vinculada ao fabricante, produtor, comerciante, importador ou por pessoa natural vinculada a pessoa jurídica que, embora não se qualifique como fornecedor, pode ser sujeito ativo das infrações penais descritas pelo CDC, conforme os critérios anteriormente apresentados.

Em conclusão, os elementos da relação de consumo – conceitos de *consumidor, fornecedor, produto* e *serviço* –, embora importantes para a delimitação da incidência penal do CDC (crimes de consumo próprio), nem sempre são imprescindíveis para a caracterização dos crimes previstos no CDC. São as elementares do tipo e a natureza da atividade disciplinada que irão indicar os sujeitos ativo e passivo. Assim, os sujeitos ativos não precisam necessariamente ser fornecedores ou estar vinculados a eles. Os sujeitos passivos são consumidores (coletividade de consumidores), com a extensão do respectivo conceito permitida pelos arts. 17 e 29.

 Dicas práticas

Em face do princípio da legalidade, só merecem apuração penal as condutas que, em tese, configuram crimes. O profissional do direito deve ficar atento a essa regra básica e só provocar a atuação de órgãos de persecução penal (polícia judiciária e Ministério Público) diante de fato descrito como infração penal.

> **Art. 62.** (Vetado).[21]
>
> **Art. 63.** Omitir dizeres ou sinais ostensivos sobre a nocividade ou periculosidade de produtos, nas embalagens, nos invólucros, recipientes ou publicidade:
>
> Pena – Detenção de seis meses a dois anos e multa.
>
> **§ 1º** Incorrerá nas mesmas penas quem deixar de alertar, mediante recomendações escritas ostensivas, sobre a periculosidade do serviço a ser prestado.
>
> **§ 2º** Se o crime é culposo:
>
> Pena – Detenção de um a seis meses ou multa.

---

[21] Mensagem de Veto 664/90, *do art. 62*: "Em se tratando de norma penal, é necessário que a descrição da conduta vedada seja precisa e determinada. Assim, o dispositivo afronta a garantia estabelecida no art. 5º, XXXIX, da Constituição".

Análise doutrinária

1. Tipo penal de omissão de informações sobre periculosidade de produtos

A primeira infração penal instituída pelo CDC encontra-se definida no art. 63. O tipo evidencia a importância que o CDC confere à tutela da saúde e segurança (incolumidade psicofísica) dos destinatários dos produtos. Além de ser direito básico do consumidor "a proteção da vida, saúde e segurança contra os riscos provocados por práticas no fornecimento de produtos e serviços considerados perigosos ou nocivos" (art. 6º, I), a disciplina própria da responsabilidade pelo fato do produto, que se relaciona aos acidentes de consumo, considera defeituoso o produto que "não oferece a segurança que dele legitimamente se espera" (art. 12, § 1º), inclusive por informações insuficientes ou inadequadas sobre sua utilização e riscos (v. comentários aos arts. 8º a 12).

Cuida-se de crime de mera conduta. Não há no tipo previsão de resultado naturalístico. A consumação do delito independe de dano: basta a simples omissão de quem tinha o dever de agir.

O elemento objetivo consiste em não colocar nas embalagens, invólucros, recipientes e/ou publicidade informações (dizeres ou sinais) sobre a periculosidade ou nocividade dos produtos.

A interpretação do tipo penal sob análise se vincula à própria disciplina do CDC conferida aos riscos dos produtos. Todavia, ao contrário do que sustenta parte da doutrina, não se trata – necessariamente – de norma penal em branco, no sentido da exigência de ato administrativo para definir produtos perigosos, nível de periculosidade ou qualquer outra circunstância. Cabe ao juiz, que pode até recorrer a alguns parâmetros administrativos, definir se o produto oferece ou não riscos aos consumidores (v. comentários ao art. 39, VIII). Outras normas, inclusive administrativas, podem, em casos que exigem informação específica, indicar o tipo penal.

Na sistemática adotada pelo CDC, principalmente em se tratando de produtos industrializados, é o fabricante quem possui o dever de apresentar informações sobre utilização e riscos dos produtos. Especial atenção deve ser conferida ao § 1º do art. 8º, que estipula: "em se tratando de produto industrial, ao fabricante cabe prestar as informações (...) através de impressos apropriados que devam acompanhar o produto". Todavia, a identificação do sujeito ativo (pessoa física) e eventuais participantes sempre depende do caso concreto e respectivas circunstâncias (v. comentários ao art. 75).

São elementos do tipo: "embalagem", "invólucro", "recipiente" e "publicidade". Os três primeiros termos se aproximam em seu significado funcional. O objetivo da norma foi, em razão do princípio da reserva legal, evitar interpretações literais que afastassem as mais diversas situações nas quais seria razoável exigir a colocação de informações (dizeres ou sinais) sobre os riscos dos produtos. As expressões, na hipótese, devem ser vistas funcionalmente.

São as circunstâncias do caso concreto que irão indicar a necessidade de informação cumulativa na "publicidade", na "embalagem", no "invólucro" e no "recipiente".

O norte é a suficiência de informação de modo a evitar a ocorrência de ofensa à integridade psicofísica do destinatário do produto. Em razão das limitações inerentes a algumas espécies de publicidade (televisiva, por exemplo), nem sempre será possível exigir que o mesmo nível de informações constantes nos rótulos e embalagens figure nas publicidades.

É, também, em perspectiva funcional, sempre considerando a suficiência e eficácia da informação, que se deve analisar os elementos do tipo "dizeres", "sinais", "recomendações escritas".

No tocante às elementares "nocividade" e "periculosidade", sustenta a doutrina, com razão, que tais termos não são nem poderiam ser definidos pelo CDC em razão de sua dinamicidade, o que requer a apreciação do caso concreto.

Cuida-se de crime de conduta variável ou múltipla ação, ou seja, o tipo contém várias modalidades de conduta, expressas em verbos distintos. A realização de qualquer ação ou omissão é suficiente para configurar o delito. Na hipótese, se admitem duas formas de conduta omissiva – omissão com relação a dizeres ou sinais ostensivos. O agente que deixar de apresentar tanto os dizeres como os sinais ostensivos pratica apenas um crime, embora tal circunstância, em homenagem ao princípio da culpabilidade, deva ser considerada na fixação judicial da pena (art. 59 do CP).

O § 2º do art. 63 admite a modalidade culposa, reduzindo a pena cominada, que passa para detenção de um a seis meses.

> **Art. 64.** Deixar de comunicar à autoridade competente e aos consumidores a nocividade ou periculosidade de produtos cujo conhecimento seja posterior à sua colocação no mercado:
>
> Pena – Detenção de seis meses a dois anos e multa.
>
> **Parágrafo único.** Incorrerá nas mesmas penas quem deixar de retirar do mercado, imediatamente quando determinado pela autoridade competente, os produtos nocivos ou perigosos, na forma deste artigo.

 Legislação correlata

Portaria 618/2019 do Ministério da Justiça e Segurança Pública (Dispõe sobre o procedimento de *recall*).

 Análise doutrinária

1. Tipo penal de omissão de *recall*

Com sanção de seis meses a dois anos, e multa, o art. 64 do CDC tipifica criminalmente a omissão com relação ao *recall*, previsto no § 1º do art. 10, que estabelece: "O fornecedor de produtos e serviços que, posteriormente à sua introdução no mercado de consumo, tiver conhecimento da periculosidade que apresentem, deverá comunicar o fato imediatamente às autoridades competentes e aos consumidores, mediante anúncios publicitários". A diferença mais marcante, em comparação à infração descrita no art. 63, relaciona-se ao fato de o agente, ao colocar o produto no mercado de consumo, desconhecer sua periculosidade ou nocividade.

É crime omissivo próprio, que se consuma com a mera abstenção da comunicação. Não se perquire, para configuração do tipo, a respeito de resultado naturalístico (dano patrimonial, lesão). O preceito exige comunicação cumulativa aos consumidores e às autoridades. A ausência de comunicação a um (autoridade) ou a outro (consumidores) caracteriza, em tese, o crime.

A forma e os meios de comunicação aos consumidores e à autoridade competente estão hoje regulamentados na Portaria 618/2019 do Ministério da Justiça e Segurança Pública. Tal ato normativo deve pautar a análise da realização da comunicação (v. comentários ao art. 10).

Não existe modalidade culposa do crime descrito no art. 64 do CDC, ou seja, o agente só responde a título de dolo direto ou eventual (art. 18, I, do CP).

O sujeito ativo será a pessoa física (diretor, gerente, empregado) que age em nome de qualquer um dos fornecedores e que venha a ter ciência dos riscos dos bens que já estão em circulação no mercado de consumo, mesmo que sejam industrializados.

Na sequência, o parágrafo único do art. 64 dispõe: "Incorrerá nas mesmas penas quem deixar de retirar do mercado, imediatamente quando determinado pela autoridade competente, os produtos nocivos ou perigosos, na forma deste artigo".

Enquanto o *caput* do art. 63 se relaciona ao disposto no art. 10 do CDC, o parágrafo único estava diretamente vinculado ao art. 11 – que foi vetado. A redação do projeto de lei era a seguinte: "O produto ou serviço que, mesmo adequadamente utilizado ou fruído, apresenta alto grau de nocividade ou periculosidade será retirado imediatamente do mercado pelo fornecedor, sempre às suas expensas, sem prejuízo de responsabilidade pela reparação de eventuais danos".

A disciplina do *recall*, que decorre de exame harmônico do CDC e da Portaria 618/2019 do Ministério da Justiça e Segurança Pública, objetiva evitar acidentes de consumo: prioriza-se o reparo ou troca de peças do produto. A retirada do produto do mercado é prevista como sanção administrativa no art. 56 do CDC, que pode se dar com a apreensão do produto (inc. II) e/ou suspensão de fornecimento (inc. VI). Trata-se, na hipótese que enseja *recall*, de medida extrema que só deve ser adotada, em processo administrativo com ampla defesa, se impossível realizar providências para reparar o vício de modo a evitar acidentes de consumo (v. comentários ao arts. 56 e 58).

O preceito estabelece, por meio do advérbio "imediatamente", que a retirada do produto se dê no prazo mais breve possível após o conhecimento da determinação da autoridade. Ou seja, assim que a pessoa tiver notícia da ordem de retirada, deve, o quanto antes, realizar todos os atos necessários e suficientes para a retirada do produto. Em termos reais, considerando a dimensão do País e o número de produtos em circulação, a retirada efetiva pode durar alguns dias. Todavia, o mais importante, para verificar a caracterização do tipo penal descrito no parágrafo único do art. 64, é que o fornecedor, logo após ciência da determinação da autoridade, inicie a realização dos atos suficientes para a retirada dos produtos nocivos ou perigosos.

> **Art. 65.** Executar serviço de alto grau de periculosidade, contrariando determinação de autoridade competente:
>
> Pena – Detenção de seis meses a dois anos e multa.
>
> **§ 1º** As penas deste artigo são aplicáveis sem prejuízo das correspondentes à lesão corporal e à morte.
>
> **§ 2º** A prática do disposto no inciso XIV do art. 39 desta Lei também caracteriza o crime previsto no *caput* deste artigo.

 Legislação correlata

Código Penal, arts. 69 a 72.

 Análise doutrinária

1. Tipo penal de execução de serviço de alto grau de periculosidade

Com pena de detenção de seis meses a dois anos e multa, o art. 65 do CDC institui outro tipo penal cujo bem jurídico mediato é a saúde (incolumidade físico-psíquica) do consumidor. Configura infração penal executar, contrariando determinação da autoridade competente, serviço defeituoso, com "alto grau de periculosidade".

A primeira questão que se coloca, na análise do tipo penal referido, é sua aparente contradição com o disposto no art. 10 do CDC, o qual dispõe: "o fornecedor não poderá colocar no mercado de consumo produto ou serviço que sabe ou deveria saber apresentar alto grau de nocividade ou periculosidade à saúde ou segurança". De um lado, proíbe-se a realização de serviço de alto grau de periculosidade (art. 10), e, de outro, há permissão desde que não se contrarie a "determinação de autoridade competente" (art. 65).

A solução possível é considerar, apesar da redação semelhante, que há uma gradação, uma hierarquia, de periculosidade. Os serviços com *altíssimo* grau de periculosidade estão vedados (art. 10). Eles seriam os serviços que a doutrina denomina de *periculosidade exagerada*. Nesse caso, não há sequer possibilidade de autorização da autoridade administrativa. De outro lado, há serviços com alto grau de periculosidade – que não se confundem com os referidos pelo art. 10 – que podem ser realizados com expressa e específica autorização do poder público.

O preceito da norma penal sob análise não objetiva proibir a realização de serviços que apresentam periculosidade inerente, tais como dedetização, atividades próprias dos parques de diversões, serviços de transporte de valores, e sim que os serviços sejam prestados sem observância das normas legais e administrativas pertinentes. Portanto, serviços de alto grau de periculosidade são os que exigem atenção, cuidado, equipamentos e instalações especiais.

Por fim, cumpre observar que o § 1º do art. 65 dispõe que as penas são aplicáveis sem prejuízo das correspondentes à lesão corporal e à morte. Aqui, ao contrário do que sustenta parte da doutrina, não há falta de técnica legislativa, ao afastar o modo de cálculo da pena prevista para o concurso formal (art. 70 do CP).

Na verdade, o Título penal do CDC, embora se utilize dos conceitos e categorias jurídicas da parte geral do Código Penal (arts. 1º a 120), pode, por ser lei ordinária posterior e com a mesma hierarquia da lei que promulgou a atual parte geral do CP (Lei 7.209/1984), excepcionar a aplicação de disciplina genérica. Foi o que se fez com a redação do § 1º do art. 65.

No caso, em razão do entendimento sobre concurso de crimes (arts. 69 a 72 do CP), se, da execução de serviço de alta periculosidade, contrariando determinação de autoridade competente, resultasse morte ou lesão corporal, haveria concurso formal de delitos, cabendo a aplicação da pena mais grave, com aumento de um sexto até metade. Todavia, o legislador, com a redação do dispositivo em análise, considerando a alta reprovabilidade da conduta, determinou uma aplicação cumulativa das sanções penais, excepcionando a regra de aplicação da pena do concurso formal. Ou seja, as penas dos crimes em concurso devem ser somadas.

O § 2º do art. 65 foi acrescentado em 2017, por meio da Lei 13.425, que foi editada como resposta à tragédia na boate *Kiss*. Na madrugada do dia 27 de janeiro de 2013, houve incêndio no estabelecimento, situado em Santa Maria, Rio Grande do Sul. A tragédia matou 242 e feriu aproximadamente 680 pessoas. Entre os diversos fatores para a ocorrência do acidente de consumo, há informações de que havia no local de 1000 a 1500 pessoas, quando a capacidade máxima de consumidores seria de 691.

Estabelece o § 2º do art. 65 do CDC que a prática constante no inc. XIV do art. 39 do CDC também caracteriza o crime previsto no *caput*. Portanto, é conduta criminal "permitir o ingresso em estabelecimentos comerciais ou de serviços de um número maior de consumidores que o fixado pela autoridade administrativa como máximo". A pena é detenção de seis meses a dois anos e multa. Se houver morte ou lesão corporal, há aplicação cumulativa das sanções penais, como já esclarecido. Afastam-se, pontualmente, as regras do concurso formal (art. 70 do CP).

> **Art. 66.** Fazer afirmação falsa ou enganosa, ou omitir informação relevante sobre a natureza, característica, qualidade, quantidade, segurança, desempenho, durabilidade, preço ou garantia de produtos ou serviços:
>
> Pena - Detenção de três meses a um ano e multa.
>
> **§ 1º** Incorrerá nas mesmas penas quem patrocinar a oferta.
>
> **§ 2º** Se o crime é culposo:
>
> Pena - Detenção de um a seis meses ou multa.

 Legislação correlata

Código Penal, art. 171.

Lei 8.137/1990 (Define crimes contra as relações de consumo), art. 7º, VII.

Análise doutrinária

1. Tipo penal de afirmação falsa ou enganosa

Com pena de detenção de três meses a um ano e multa, o art. 66 do CDC institui mais um *crime de conduta variável*, também denominado de ação múltipla: o tipo contém duas modalidades de conduta, expressas em dois verbos. A realização de qualquer ação ou omissão (basta uma) é suficiente para configurar a infração penal.

O preceito da infração penal descrita no art. 66 prestigia o direito de ser informado do consumidor, ao apenar a informação falsa e enganosa, bem como a omissão de informações relevantes sobre características de produtos e serviços. Aproxima-se dos tipos penais descritos nos arts. 67 e 68, os quais se referem às noções de publicidade enganosa e abusiva oferecidas pelo art. 37 e parágrafos do CDC. Enquanto o art. 66 tem por objeto a informação não publicitária, os arts. 67 e 68 aludem à promoção de publicidade.

Importante distinguir, para fins de compreensão dos referidos tipos penais, o que é ou não *informação publicitária*. Se a afirmação falsa ou enganosa for veiculada por meio de publicidade (jornal, televisão, *outdoor* etc.), há, em tese, o crime descrito no art. 67. Ao contrário, se a conduta (comissiva ou omissiva) decorrer de contato pessoal (individual) entre fornecedor e consumidor, a discussão deve se dar em torno do tipo descrito no art. 66.

Não existe no CDC uma distinção rigorosa entre mensagem *publicitária* e mensagem não publicitária. A doutrina também encontra dificuldades em algumas situações, como no caso de informações falsas constantes em rótulos ou manuais ou pequenos anúncios em interior de estabelecimento, o que pode gerar dúvida quanto ao tipo penal incidente.

A noção de publicidade se associa à ideia de comunicação de massa, dirigida a um número indeterminado de consumidores, como no caso de anúncios em jornais, na televisão e em *outdoors*. A oferta não publicitária tem objetivo mais restrito: ora se dirige unicamente ao comprador (informações orais prestadas pelo vendedor, informações em rótulos ou manuais), ora se apresenta em locais de acesso limitado a consumidores, como no caso de pequenos cartazes no interior de um supermercado.

Em que pese a existência de casos em que não seja fácil classificar a oferta ou informação como publicitária ou não, é certo que o fato, de um modo ou de outro, está abrangido pelos tipos penais dos arts. 66 e 67.

A informação ou ausência dela (omissão) diz respeito tanto a aspectos de adequabilidade aos fins próprios dos produtos ou serviços, como a questões de segurança do consumidor, sua incolumidade psicofísica.

Se uma pessoa, que não se caracterize como fornecedor (art. 3º, *caput*, do CDC), realizar afirmação falsa ou enganosa sobre, por exemplo, o carro próprio que deseja vender, ou, ainda, omitir informação relevante sobre o estado do motor, como a necessidade de fazer retífica, sua conduta, caso o negócio jurídico não se concretize, não configura qualquer infração penal. Se houver a venda do carro, com prejuízo do comprador, haverá, em tese, prática de crime de estelionato (art. 171, *caput*, do CP).

Todavia, se o vendedor for fornecedor (art. 3º, *caput*, do CDC), um gerente de vendas de lojas de veículos, e fizer a mesma afirmação falsa ou omitir a relevantíssima informação de que o motor precisa ser retificado, independentemente da compra do veículo, haverá prática do crime descrito no art. 66.

O exemplo serve para ilustrar a importância, no caso, da delimitação dos sujeitos ativo e passivo. Embora não esteja expressamente descrito no art. 66, a afirmação falsa ou omissão relevante deve ocorrer no âmbito de *relação de consumo*. A referência a *produtos* e *serviços*, que estão conceituados nos §§ 1º e 2º do art. 3º do CDC, é suficiente para evidenciar que a tutela penal se dá apenas nos vínculos entre *consumidor* e *fornecedor*.

Não é elementar do tipo a existência de prejuízo ou dano ao consumidor, ou seja, é suficiente, para caracterizar o crime descrito no art. 66, a conduta do agente, consistente em fazer afirmação falsa ou omitir informação relevante sobre a natureza, características, qualidade, quantidade, segurança, desempenho, durabilidade, preço ou garantia de produtos ou serviços. Trata-se, portanto, de delito de mera conduta.

Entretanto, se ocorrer efetiva indução a erro, pelo princípio da subsidiariedade, haverá apenas o crime descrito no inc. VII do art. 7º da Lei 8.137/1990. De outro lado, se o agente (sujeito ativo) não for fornecedor (art. 3º, *caput*, do CDC), sua conduta configura, em tese, crime de estelionato (art. 171, *caput*, do CP).

De acordo com o § 1º do art. 66, incorre nas mesmas penas quem patrocinar a oferta. Patrocinar significa oferecer, de qualquer modo, condições materiais para que a oferta seja apresentada ou veiculada. Cumpre destacar a necessidade do elemento subjetivo do crime, vale dizer, se há o patrocínio – sem o conhecimento ou possibilidade de conhecimento (crime culposo) de que se está dando suporte a uma oferta falsa ou enganosa sobre produto ou serviço, a conduta é atípica.

Há previsão de modalidade culposa (§ 2º do art. 66) que pode, em tese, ocorrer em situações nas quais o vendedor apresenta ao consumidor informações que qualificam o produto sem ter a necessária certeza ou segurança da veracidade do que está sendo afirmado. No caso, a pena cominada é de detenção, de um a seis meses, ou multa.

 Dicas práticas

Verificar, no caso concreto, se a informação falsa ou omissão induziu o consumidor a erro, de modo a caracterizar o tipo penal descrito no inc. VII do art. 7º da Lei 8.137/1990 ou no art. 171 do CP (estelionato).

> **Art. 67.** Fazer ou promover publicidade que sabe ou deveria saber ser enganosa ou abusiva:
> Pena – Detenção de três meses a um ano e multa.
> **Parágrafo único.** (Vetado).[22]

---

[22]   Mensagem de Veto 664/90, *do parágrafo único do art. 67*: "A norma em causa, enunciada como acréscimo a dispositivo que criminaliza a publicidade abusiva ou enganosa, não descreve, de forma clara e precisa, a conduta que pretende vedar. Assim, o dispositivo viola a garantia constitucional consagrada no inciso XXXIX do art. 5º da Constituição".

Legislação correlata

Código Penal, art. 171.

Lei 8.137/1990 (Define crimes contra as relações de consumo), art. 7º, VII.

 Análise doutrinária

1. Tipo penal de publicidade enganosa e abusiva

Com pena de detenção de três meses a um ano e multa, o art. 67 tipifica a conduta consistente na realização ou promoção de publicidade enganosa ou abusiva.

Trata-se de infração penal relativa ao *marketing* publicitário que se vincula aos conceitos legais de publicidade enganosa e abusiva constantes nos dois parágrafos do art. 37 do CDC, os quais oferecem os contornos normativos ao tipo.

De acordo com o § 1º do art. 37, "é enganosa qualquer modalidade de informação ou comunicação de caráter publicitário, inteira ou parcialmente falsa, ou, por qualquer outro modo, mesmo por omissão, capaz de induzir em erro o consumidor a respeito da natureza, características, qualidade, quantidade, propriedades, origem, preço e quaisquer outros dados sobre produtos e serviços". De outro lado, "é abusiva, dentre outras, a publicidade discriminatória de qualquer natureza, a que incite à violência, explore o medo ou a superstição, se aproveite da deficiência de julgamento e experiência da criança, desrespeite valores ambientais, ou que seja capaz de induzir o consumidor a se comportar de forma prejudicial ou perigosa à sua saúde ou segurança" (art. 37, § 2º).

Há dois tipos de publicidade enganosa: a falsa e a enganosa em sentido escrito. A publicidade falsa ocorre quando há afirmação, total ou parcialmente, falsa. A enganosa se dá quando as informações são ambíguas, pouco claras, sutilmente incompletas, induzindo o consumidor a erro sobre as características dos produtos e serviços. Na prática, é mais comum a segunda espécie de publicidade – a que induz (em regra, com muita criatividade) a erro –, até porque uma informação diretamente falsa logo é percebida pelo destinatário e traz, consequentemente, efeitos negativos para o anunciante.

Ressalte-se que a capacidade de enganar deve ser analisada caso a caso, considerando principalmente o público-alvo da publicidade (idosos, adolescentes, crianças): o critério é concreto e não abstrato.

O crime é de mera conduta, já que o tipo não prevê qualquer resultado naturalístico (dano material ou moral) – apenas a conduta consistente em "fazer" ou "promover" publicidade enganosa ou abusiva é suficiente para a consumação do crime. Caso se verifique que, a par da veiculação da publicidade enganosa, houve efetiva indução a erro de consumidores, há, pelo princípio da subsidiariedade, apenas o crime descrito no art. 7º, VII, da Lei 8.137/1990, como já demonstrado.

Normalmente, a realização de uma publicidade envolve três atores: 1) o fornecedor, comerciante ou fabricante (anunciante), que deseja expor seu produto ou serviço; 2) a agência contratada pelo fornecedor para criação da publicidade, baseando-se em dados fáticos e técnicos repassados pelo próprio anunciante; 3) o veículo, que é o meio pelo qual se difunde a publicidade (jornal, revista, televisão etc.). Portanto, podem, em tese, ser sujeitos ativos do crime as pessoas físicas que agem pelo anunciante, pela agência e pelo veículo, já que todos concorrem para a realização e veiculação da publicidade.

Assim, sempre dependendo dos resultados da investigação do caso, é possível responsabilizar penalmente os publicitários, bem como os profissionais do veículo (revista, rádio, televisão, jornal).

Em que pese o esforço de alguns autores para realizar distinção, os núcleos verbais do tipo "fazer" ou "promover" têm o mesmo significado. Mais uma vez, o CDC utiliza-se de técnica que se aproxima da interpretação analógica, utilizando elementares com o mesmo sentido. O objetivo é ser didático e evitar que condutas diversas, que merecem igual reprimenda penal, sejam, eventualmente, consideradas atípicas.

Fazer ou promover a publicidade tem o sentido de realizar todos os atos necessários que envolvem o fornecedor, a agência e o veículo, desde a criação até a veiculação do anúncio. Na verdade, é inerente ao conceito de publicidade a sua veiculação por meio de comunicação de massa, o que reforça a possibilidade de o veículo e a agência também responderem pelo delito, independentemente de serem considerados fornecedor (art. 3º, *caput*, do CDC).

A expressão "deveria saber", constante no art. 67 do CDC (e, também, nos tipos dos arts. 68 e 73), tem gerado divergência doutrinária. Há, a propósito, três posições: 1) o tipo só prevê a modalidade dolosa; 2) a expressão significa hipótese de crime culposo; 3) o tipo prevê a modalidade dolosa (que sabe) e culposa (que deveria saber).

A melhor interpretação é no sentido de que se trata de hipótese em que o tipo penal destaca o dolo direto (que sabe) e o dolo eventual (que deveria saber), embora esse procedimento seja desnecessário, já que, em princípio, pela sistemática adotada pelo Código Penal (art. 18, parágrafo único), os tipos penais são, em regra, definidos em sua modalidade dolosa. E mais: o dolo, independentemente de qualquer destaque normativo, é direto (quando o agente quer o resultado ou a conduta descrita no tipo) ou eventual (mesmo não desejando o resultado, o agente assume o risco de produzi-lo).

Na verdade, o que há no dispositivo penal é uma explicitação de como o dolo eventual pode se manifestar: com indiferença em relação a eventual conteúdo abusivo ou enganoso da publicidade. Evidencia, também, que é dever do fornecedor, principalmente do anunciante (que, inclusive, tem a obrigação de organizar os dados científicos e fáticos que sustentam o anúncio), saber efetivamente sobre o conteúdo e os efeitos da publicidade.

A expressão "deveria saber" possui ainda o intuito de reforçar a análise da conduta do veículo (revista, rádio, televisão, jornal) da mensagem publicitária, o qual deve, necessariamente, conhecer o conteúdo da publicidade que veicula. Ganha especial importância em época de crescente publicidade nas redes sociais (Instagram, Facebook etc.), com destaque para o papel e responsabilidade do influenciador digital que, antes de anunciar produtos e serviços, deve se informar sobre as características e reais qualidades do que promove (v. comentários ao art. 37).

Não se trata, portanto, de hipótese de crime culposo. Acrescentem-se duas outras razões. O CDC, com relação a outras infrações, utilizou-se de técnica legislativa tradicional do direito penal de, após a definição do tipo doloso em artigo próprio, destacar, na sequência, em outro dispositivo e com outra pena, a modalidade culposa por meio da expressão "se o crime é culposo". Isso ocorreu tanto no art. 63, § 2º, como no art. 66, § 2º. Ademais, a cominação abstrata da mesma pena (com os mesmos graus máximo e mínimo), tanto para os crimes dolosos quanto culposos, em que pese a necessidade de fixação judicial (art. 59 do CP), ofende o princípio constitucional da individualização da pena (art. 5º, XLVI, da CF).

Dicas práticas

Verificar, no caso concreto, se a publicidade induziu o consumidor a erro, de modo a caracterizar o tipo penal descrito no inc. VII do art. 7º da Lei 8.137/1990 ou no art. 171 do CP (estelionato).

Jurisprudência

1. Publicidade enganosa e requisitos da denúncia

"1. A denúncia tem que estar arrimada em fatos extraídos da realidade e não se estabelecer em bases empíricas, fruto de mera construção mental. 2. Para tanto, se a peça acusatória fala em propaganda enganosa, haver-se-ia de indicar o seu texto, para que a defesa pudesse refutar esse caráter. 3. Ademais, inexistência nos autos de qualquer material de publicidade, que lastreasse a conclusão do órgão da acusação. 4. Recurso provido, para que outra denúncia seja apresentada, anulando-se todo o processado a partir dessa peça, inclusive" (STJ, RHC 6.215/SP, 6ª Turma, Rel. Min. Anselmo Santiago, j. 20.05.1997, *DJ* 16.06.1997).

2. Publicidade enganosa e consórcio

"A denúncia deve ser formal e materialmente homogênea. Formal, quando ajusta a descrição aos fatos; material, desde que exista um mínimo de indício, no sentido técnico da palavra, qual seja, fato do qual possa decorrer a demonstração ou a busca da evidência de outro fato. Consórcio e reunião de pessoas que formam poupança a fim de adquirir, com pagamentos parcelados, determinado bem, cujo preço será uniforme para todos os consorciados, independentemente da data de recebimento do bem obtido por sorteio, ou lance. Publicidade enganosa ou abusiva e induzimento de terceiros a erro para realizar algum negócio jurídico. Como infração penal, e fim em si mesma. Assim, não resta configurada quando se destina a atrair pessoas para aderir a consórcio. Este é contrato formal. A pessoa atraída, antes de firmar a avença, tem conhecimento das respectivas cláusulas. Em sendo estas legais, nenhum ilícito se caracteriza" (STJ, HC 2.553/MG, 6ª Turma, Rel. Min. Anselmo Santiago, Rel. p/ acórdão Min. Luiz Vicente Cernicchiaro, j. 29.08.1994).

3. Publicidade enganosa e abusiva: proteção penal

"No afã de resguardar os direitos básicos de informação adequada e de livre escolha dos consumidores – protegendo-os, de forma efetiva, contra métodos desleais e práticas comerciais abusivas –, o CDC procedeu à criminalização das condutas relacionadas à fraude em oferta e à publicidade abusiva ou enganosa (artigos 66 e 67), tipos penais de mera conduta voltados à proteção do valor ético-jurídico encartado no princípio constitucional da dignidade humana, conformador do próprio conceito de Estado Democrático de Direito, que não se coaduna com a permanência de profundas desigualdades, tal como a existente entre o fornecedor e a parte vulnerável no mercado de consumo" (STJ, REsp 1539056/MG, Rel. Min. Luis Felipe Salomão, 4ª Turma, j. 06.04.2021, *DJe* 18.05.2021).

> **Art. 68.** Fazer ou promover publicidade que sabe ou deveria saber ser capaz de induzir o consumidor a se comportar de forma prejudicial ou perigosa a sua saúde ou segurança:
> Pena – Detenção de seis meses a dois anos e multa.
> **Parágrafo único.** (Vetado).[23]

Legislação correlata

Constituição Federal, art. 220, § 4º.

Lei 9.294/1996 (Dispõe sobre publicidade de cigarros, bebidas alcoólicas, medicamentos e defensivos agrícolas).

Análise doutrinária

1. Tipo penal de publicidade abusiva que induz comportamento prejudicial ou perigoso

O art. 68 do CDC descreve infração penal diretamente relacionada à publicidade que é capaz de induzir o consumidor a se comportar de forma prejudicial ou perigosa a sua saúde ou segurança.

A conduta descrita constitui-se em hipótese definida pelo § 2º do art. 37 do CDC, como espécie de publicidade abusiva. No caso, a pena cominada, maior do que a prevista no art. 67, reflete a gravidade superior (reprovabilidade) da conduta, que é potencialmente ofensiva à saúde e à segurança do seu destinatário (consumidor).

Mais uma vez, trata-se de delito de mera conduta e de perigo abstrato. Não se exige dano (lesão), não se exige sequer que o consumidor tenha, de fato, se comportado de modo prejudicial ou perigoso a sua saúde. Basta que a publicidade seja capaz de induzi-lo a tal comportamento.

Cabem aqui os mesmos comentários relativos à infração penal descrita no art. 67: *sujeito ativo*, sentido da expressão *deveria saber*, significado de *fazer* ou *promover* (v. comentários ao art. 67).

---

[23] Mensagem de Veto 664/90, *do parágrafo único do art. 68*: "A publicidade abusiva já está criminalizada no art. 67 do Projeto. Trata-se, portanto, de norma redundante".

Registre-se, por fim, que há legislação própria para publicidade de cigarros, bebidas alcoólicas, medicamentos e defensivos agrícolas (Lei 9.294/1996). Significa que, atendidos os pressupostos indicados na referida norma, há exercício regular de direito (art. 23, III, do CP), o que afasta a infração penal descrita no art. 68 do CDC.

 Dicas práticas

O profissional do direito deve ficar atento à existência de legislação específica para publicidade de cigarros, bebidas alcoólicas, medicamentos e defensivos agrícolas (Lei 9.294/1996), o que afasta a incidência do tipo penal (art. 68).

> **Art. 69.** Deixar de organizar dados fáticos, técnicos e científicos que dão base à publicidade:
> Pena – Detenção de um a seis meses ou multa.

 Análise doutrinária

1. Tipo penal relativo à organização de dados fáticos, técnicos e científicos que dão base à publicidade

O tipo penal descrito no art. 69 do CDC relaciona-se diretamente ao estabelecido pelo parágrafo único do art. 36 do CDC: "o fornecedor, na publicidade de seus produtos ou serviços, manterá, em seu poder, para informação dos legítimos interessados, os dados fáticos, técnicos e científicos que dão sustentação à mensagem".

Com objetivo de prestigiar a confiança e transparência nas relações de consumo (boa-fé objetiva), sanciona-se penalmente a conduta daquele que deixa "de organizar dados fáticos, técnicos e científicos que dão base à publicidade". A pena é de detenção, de um a seis meses, ou multa.

A consumação ocorre no momento em que a publicidade é veiculada, uma vez que se cuida de crime de mera conduta.

Enquanto dados fáticos se relacionam com informações empíricas, decorrentes de observação e pesquisa do mercado (ex.: produto mais vendido, mais procurado etc.), dados técnicos e científicos devem ser compreendidos como os concernentes às qualidades de adequação às finalidades próprias do bem.

O sujeito ativo é o fornecedor/anunciante, pois é ele quem tem o dever de conhecer todas as características e qualidades dos produtos e serviços que coloca no mercado de consumo.

 Dicas práticas

O fornecedor, antes de anunciar as vantagens e qualidade de produtos e serviços, deve ter o cuidado de verificar se realmente existem dados fáticos, técnicos e científicos que dão sustentação à publicidade.

> **Art. 70.** Empregar, na reparação de produtos, peças ou componentes de reposição usados, sem autorização do consumidor:
> Pena – Detenção de três meses a um ano e multa.

 Análise doutrinária

1. Tipo penal relativo a uso de peças usadas sem autorização do consumidor

O tipo penal descrito no art. 70 relaciona-se ao disposto no art. 21 do CDC: "no fornecimento de serviços que tenham por objetivo a reparação de qualquer produto considerar-se-á implícita a obrigação do fornecedor de empregar componentes de reposição originais adequados e novos, ou que mantenham as especificações técnicas do fabricante, salvo, quanto a estes últimos, autorização em contrário do consumidor".

A infração penal refere-se a emprego de peças ou componentes usados, inclusive os recondicionados. Assim, se a peça não possui as especificações do fabricante, mas nunca foi usada, não se configura o delito do art. 70.

O crime é comissivo e de mera conduta. Não se exige qualquer prejuízo material ao consumidor. Também não importa se a peça ou componente usado funciona adequadamente ou não. Basta, repita-se, o emprego de objeto usado.

A autorização do consumidor não precisa ser necessariamente expressa ou escrita, pois o tipo penal assim não exige.

O sujeito ativo normalmente é a pessoa que gerencia o estabelecimento, mas, conforme o caso concreto, pode ser o empregado que faz a instalação não autorizada (v. comentários ao art. 21).

 Dicas práticas

Embora a autorização possa ser verbal, o mais adequado, para evitar discussão probatória, é obter autorização escrita do consumidor para utilização de peças usadas na reparação de produtos.

> **Art. 71.** Utilizar, na cobrança de dívidas, de ameaça, coação, constrangimento físico ou moral, afirmações falsas, incorretas ou enganosas ou de qualquer outro procedimento que exponha o consumidor, injustificadamente, a ridículo ou interfira com seu trabalho, descanso ou lazer:
> Pena – Detenção de três meses a um ano e multa.

 Legislação correlata

Código Civil, art. 187.
Código de Processo Civil, art. 17.

Análise doutrinária

1. Tipo penal de cobrança abusiva de dívidas

O crime descrito no art. 71 do CDC vincula-se à disciplina da cobrança de dívidas constante no *caput* do art. 42 do CDC: "na cobrança de débitos, o consumidor inadimplente não será exposto a ridículo, nem será submetido a qualquer tipo de constrangimento ou ameaça". Com pena de detenção, de três meses a um ano, e multa, censuram-se penalmente procedimentos abusivos e desproporcionais relacionados à cobrança de dívidas do consumidor.

Da análise conjugada dos arts. 42 e 71 do CDC, extrai-se, inicialmente, a lição de que é legítima a possibilidade de cobrança extrajudicial de dívidas do consumidor. Aliás, até para configuração de interesse processual (art. 17 do CPC), o correto é que o fornecedor, antes de qualquer providência judicial, tente receber os valores devidos. Todavia, em face da noção de abuso de direito (art. 187 do CC), a lei estabelece determinados parâmetros e limites para a ação do credor/fornecedor.

A elementar *ameaça*, utilizada em diversos tipos penais (arts. 146, 157 e 213 do CP), significa expressar, por qualquer meio, o intuito de fazer um mal iminente a alguém. É a promessa de causar um mal. É o constrangimento moral (*vis moralis*). De outro lado, a *coação* é a violência física, ou seja, é o próprio *constrangimento físico* indicado no tipo (*vis física*). Bastaria, portanto, a utilização das elementares *ameaça* e *coação* para abranger todas as situações que se pretendeu proteger. Mais uma vez, o CDC, na descrição dos tipos penais, utiliza termos e expressões com o mesmo significado.

O art. 71 confere possibilidade e abertura para a chamada interpretação analógica ao utilizar a expressão "ou de qualquer outro procedimento". Em face da impossibilidade de definir as mais diversas formas de exercício abusivo do direito de cobrar extrajudicialmente as dívidas de consumo, após indicação específica de condutas (utilizar ameaça, coação, afirmações falsas, incorretas ou enganosas), a lei possibilita que outras atividades sejam consideradas abusivas.

O advérbio *injustificadamente*, embora criticado pela sua abertura, possui o propósito de clarear que, como o constrangimento é inerente a qualquer cobrança, apenas aqueles atos desproporcionais, considerando a relação entre meio e fim, possuem relevância penal. Portanto, uma ligação para o telefone pessoal (celular), residencial ou de trabalho, o encaminhamento de uma carta, sem sinais indicativos de que se trata de cobrança, são condutas legítimas tanto sob o aspecto cível quanto penal.

Em que pese o advérbio *injustificadamente* vincular-se no tipo apenas à ideia de *exposição ao ridículo*, é também diretriz relevante para avaliar a efetiva interferência com o trabalho, descanso ou lazer. Não há interferência relevante em face de uma única ligação do fornecedor ou preposto para a casa ou trabalho do consumidor. Necessária a caracterização do exagero, da desproporção, como, por exemplo, a realização de três ligações numa única tarde, o xingamento, a agressão verbal, a divulgação de informações sobre a dívida aos colegas de trabalho e ao chefe.

Para configuração do crime descrito no art. 71 do CDC, é necessário que a dívida seja oriunda de relação de consumo. O sujeito ativo, todavia, não é necessariamente pessoa física vinculada ao fornecedor-credor (art. 3°, *caput*, do CDC). A prática, ao revés, demonstra que são pessoas jurídicas – escritórios ou empresas de cobrança – que não mantiveram qualquer vínculo contratual com o consumidor/devedor de quem realizam a cobrança das dívidas vencidas.

O sujeito ativo, portanto, é quem realiza a cobrança, ainda que não seja o titular do crédito, ainda que não se configure como fornecedor (art. 3°, *caput*, do CDC).

 Dicas práticas

A cobrança extrajudicial de dívidas do consumidor é permitida e, até mesmo, necessária (art. 17 do CPC), mas deve-se atentar aos parâmetros e exigência do tipo penal em análise e ao art. 42 do CDC.

> **Art. 72.** Impedir ou dificultar o acesso do consumidor às informações que sobre ele constem em cadastros, banco de dados, fichas e registros:
> Pena – Detenção de seis meses a um ano ou multa.

 Legislação correlata

Lei 12.414/2011 (Lei do Cadastro Positivo).
Lei 13.709/2018 (Lei Geral de Proteção de Dados Pessoais).

 Análise doutrinária

1. Tipo penal relativo a impedir ou dificultar acesso a banco de dados e cadastro

Existem no CDC dois tipos penais (arts. 72 e 73) vinculados diretamente à sistemática e compreensão dos bancos de dados e cadastros de consumo, os quais estão disciplinados basicamente no art. 43 do CDC. Nos dois dispositivos, a lei utiliza os termos (elementares) *cadastro, banco de dados, fichas* e *registros*. O intuito é retratar e abranger o gênero arquivo de consumo e, consequentemente, suas modalidades: 1) banco de dados de consumo; 2) cadastro de consumo.

A Lei 8.078/1990 foi editada no início da década de 1990, ocasião em que o debate sobre privacidade de proteção de dados no Brasil era bastante incipiente. A própria utilização do termo *ficha* é bem emblemática. Hoje, com maiores debates tanto na doutrina como na jurisprudência, com a edição de várias normas que, direta ou indiretamente, referem-se à proteção de dados – com destaque para a Lei Geral de Proteção de Dados Pessoais (Lei 13.709/2018) –, há maior amadurecimento e rigor técnico na utilização de termos. Essa perspectiva deve ser considerada na análise dos tipos penais.

O CDC, editado na década de 1990, conferiu importância em distinguir os *bancos de dados* do *cadastro de consumo*. A posterior Lei do Cadastro Positivo (Lei 12.414/2011), com as alterações promovidas pela LC 166/2019, não teve qualquer preocupação mais rigorosa com a distinção. A LGPD disciplina, independentemente da fonte e do destino das informações, toda e qualquer reunião de dados pessoais. O conceito de banco de dados é esclarecedor: "conjunto estruturado de dados pessoais, estabelecido em um ou em vários locais, em suporte eletrônico ou físico" (art. 5º, IV, da LGPD).

De qualquer modo, recorde-se a ideia básica da distinção (v. comentários ao art. 43). Nos *bancos de dados de consumo*, cujo principal exemplo são os denominados serviços de proteção ao crédito, a origem e o destino da informação são os fornecedores. A entidade arquivista realiza o tratamento (coleta, gestão e transferência) de dados, mas não os utiliza para interesse próprio. Já nos *cadastros de consumo,* é o próprio consumidor que oferece informações pessoais para o fornecedor, normalmente no momento de aquisição de produtos e serviços. A utilização – legítima – dos dados é realizada pelo próprio fornecedor que deseja, com o procedimento, manter constante comunicação com o consumidor (promoções) para fidelizá-lo.

Nessa perspectiva, os termos *cadastro, fichas* e *registros* referem-se à modalidade de cadastro de consumo, enquanto a expressão *banco de dados* refere-se à modalidade de *banco de dados de consumo*. Mas, mesmo assim, pode-se referir a *registro* do consumidor em banco de dados de consumo.

O acesso do consumidor a informações pessoais constantes tanto em bancos de dados como em cadastros de consumo é direito garantido pelo *caput* do art. 43 do CDC: "O consumidor, sem prejuízo do disposto no art. 86, terá acesso às informações existentes em cadastros, fichas, registros e dados pessoais e de consumo arquivados sobre ele, bem como sobre as suas respectivas fontes". A Lei 12.414/2011 (Lei do Cadastro Positivo) reforça o direito de acesso do consumidor a informações constantes em bancos de dados de proteção ao crédito (art. 5º, II). A LGPD também destaca a importância do direito de acesso a qualquer base de informações com dados pessoais (art. 9º).

Qualquer pessoa pode se dirigir à entidade responsável pela administração dos bancos de dados de consumo (SPC, Serasa, Boa Vista, Quod) ou dos cadastros de consumo (agência bancária, seguradora, lojas diversas) e exigir informação sobre a existência e o conteúdo de registros pessoais, bem como a indicação da respectiva fonte.

Cabe ressaltar que o tipo penal (art. 72) não diz respeito apenas à atuação das entidades de proteção ao crédito, principal espécie de banco de dados de consumo. Abrange, na distinção do CDC, os *cadastros de consumo,* ou seja, as informações pessoais passadas pelo próprio consumidor no momento de uma compra (física ou virtual) e que são posteriormente organizadas em arquivo do fornecedor.

O que se observa nesta área é o desconhecimento e certo desinteresse pelas informações constantes nas bases dos mais diferentes estabelecimentos, talvez pela sensação – equivocada – de que os dados são exatamente os mesmos que foram transmitidos no momento da compra. O fato é que o consumidor, tenha havido ou não prévia relação contratual, possui o direito de acesso a eventuais informações pessoais constantes nos estabelecimentos.

O acesso do consumidor aos arquivos de consumo é faculdade imprescindível para evitar, ou fazer cessar, ofensa a direitos da personalidade. É aspecto fundamental do direito à privacidade no que diz respeito à proteção de dados pessoais. De fato, só é possível exercer certo controle sobre as informações pessoais obtidas por terceiros se garantido o direito de acesso a elas.

No tipo incriminador, há duas condutas: *impedir* ou *dificultar* o acesso. *Impedir* tem o sentido de impossibilitar, proibir, vedar. *Dificultar* significa apresentar exigências ilegais, exageradas, desproporcionais. A tentativa de impedir o acesso, com cobrança de valores ou apresentação de outras exigências ilegais, já configura o crime consumado, uma vez que tentar impedir já significa dificultar.

O acesso é gratuito, assim como a expedição de documento que retrate a situação do consumidor. Portanto, eventual cobrança, independentemente do posterior pagamento, bem como, antes disso, da identificação de vítima específica, configura, em tese, o crime, sob a modalidade de *dificultar*. Cuida-se, portanto, de crime de mera conduta.

O sujeito ativo, conforme critérios indicados nos comentários ao art. 75, não é necessariamente pessoa vinculada a um fornecedor, conforme conceito constante no *caput* do art. 3º do CDC. Citem-se, apenas como exemplo mais eloquente, os chamados serviços de proteção ao crédito (SPC), que são administrados por associação civil de fornecedores (Câmaras de Dirigentes Lojistas) que não atuam diretamente no mercado de consumo, comercializando produtos ou serviços.

 Dicas práticas

A experiência de três décadas de Código de Defesa do Consumidor demonstra que as entidades de proteção ao crédito (*bureaus* de crédito) não apresentam óbices ou dificuldades de acesso do consumidor a suas informações pessoais.

De outro lado, o consumidor, embora tenha aumentado o interesse pela proteção de seus dados pessoais, ainda não desenvolveu postura de exercer o direito de acesso com relação a fornecedores. Isso deve mudar com a vigência da Lei Geral de Proteção de Dados, o que pode gerar maior interesse prático pelo tipo penal descrito no art. 72 do CDC.

> **Art. 73.** Deixar de corrigir imediatamente informação sobre consumidor constante de cadastro, banco de dados, fichas ou registros que sabe ou deveria saber ser inexata:
> Pena – Detenção de um a seis meses ou multa.

 Legislação correlata

Lei 12.414/2011 (Lei do Cadastro Positivo).

Lei 13.709/2018 (Lei Geral de Proteção de Dados Pessoais).

Análise doutrinária

1. Tipo penal relativo à não correção de dados do consumidor em arquivos de consumo

O art. 73 do CDC apresenta o segundo tipo penal relativo às atividades dos bancos de dados e cadastros de consumo. Com sanção mais branda (detenção de um a seis meses ou multa), apena-se a conduta consistente em "deixar de corrigir imediatamente informação sobre consumidor constante de cadastro, banco de dados, fichas ou registros que sabe ou deveria saber ser inexata".

Valem aqui os mesmos comentários relativos ao art. 72: os termos *cadastro, banco de dados, fichas e registro* referem-se às modalidades bancos de dados e cadastros de consumo.

O § 1º do art. 43 exige que as informações tratadas pelos arquivos de consumo sejam verdadeiras. O § 3º do mesmo dispositivo dispõe: "O consumidor, sempre que encontrar inexatidão nos seus dados e cadastros, poderá exigir sua imediata correção, devendo o arquivista, no prazo de cinco dias úteis, comunicar a alteração aos eventuais destinatários das informações incorretas".

O art. 5º, III, da Lei 12.414/2011 (Lei do Cadastro Positivo) reitera o direito do consumidor de impugnar informação sobre ele anotada, determinando-se a correção ou cancelamento da informação no prazo em até dez dias. A Lei Geral de Proteção de Dados (LGPD) também ressalta o direito de qualquer pessoa exigir "a correção de dados incompletos, inexatos ou desatualizados" (art. 18, III).

A infração penal capitulada pelo art. 73 do CDC reflete a importância do atributo da veracidade das informações que são tratadas tanto pelos bancos de dados como pelos cadastros de consumo. A informação falsa ou inexata simplesmente enseja tratamento discriminatório do consumidor e não serve, nos casos dos bancos de dados de proteção ao crédito, para avaliar corretamente o risco de concessão de crédito.

Atendidos os pressupostos indicados pelo art. 43 do CDC, em análise conjunta com a Lei 12.414/2011 (Lei do Cadastro Positivo), admite-se o tratamento (coleta, armazenamento e, em alguns casos, veiculação) de informações pessoais de consumidores. Um desses pressupostos é justamente a veracidade da informação. É bastante comum a mudança da qualidade da informação de verdadeira para falsa. O principal exemplo nesta área decorre, sem dúvida, do pagamento de dívidas inscritas em bancos de dados de proteção ao crédito e da posterior manutenção do registro negativo do consumidor.

Assim que o arquivista tiver conhecimento do pagamento da dívida, seja ele informado pelo fornecedor, seja ele noticiado pelo próprio consumidor (com base no direito à retificação de dados constante no § 3º do art. 43), deve proceder à imediata correção do respectivo registro para que seja espelho da verdade. A verdade deve refletir a situação mais moderna do consumidor em relação ao fato. Assim, informação *verdadeira* é informação *atualizada*.

A maior dificuldade interpretativa é definir, para fins penais, qual o prazo para se realizar a correção de informação inexata. Qual o significado prático da elementar *imediatamente*? Hoje, com as conexões diretas (*on-line*) das empresas com os *bureaus* de crédito, pode-se, sem qualquer dificuldade, corrigir uma informação em 24 horas após ciência do pagamento.

Ocorre que o Superior Tribunal de Justiça editou, em 2015, a Súmula 548, que trata exatamente do referido prazo: "Incumbe ao credor a exclusão do registro da dívida em nome do devedor no cadastro de inadimplentes no prazo de cinco dias úteis, a partir do integral e efetivo pagamento do débito".

Esse prazo – de cinco dias – é específico para bancos de dados de proteção ao crédito. Como ficam as demais situações (cadastros de consumo)? A LGPD, por ser norma geral no tema de proteção de dados pessoais, é a referência normativa para complementar o tipo penal em análise (art. 73 do CDC). Todavia, embora haja previsão do direito do titular de dados de exigir correção das informações (art. 18, III, da LGPD), não se estabelece qualquer prazo para realizar a correção da alteração: apenas se prevê que, após retificação da informação, "o responsável deverá informar, *de maneira imediata*, aos agentes de tratamento com os quais tenha realizado uso compartilhado de dados a correção, a eliminação, a anonimização ou o bloqueio dos dados, para que repitam idêntico procedimento, exceto nos casos em que esta comunicação seja comprovadamente impossível ou implique esforço desproporcional" (art. 18, § 6º, da LGPD).

Portanto, é razoável estabelecer o parâmetro de cinco dias como referência padrão para todas as situações que envolvam arquivos com informações pessoais de consumidores.

Por fim, no tocante à expressão "deveria saber", a melhor interpretação é no sentido de que se trata de hipótese em que o tipo penal destaca o dolo direto (que sabe) e o dolo eventual (que deveria saber). Valem aqui os mesmos comentários apresentados em relação aos tipos penais descritos nos arts. 67 e 68 do CDC.

 Dicas práticas

O debate em torno da aprovação da Lei Geral de Proteção de Dados Pessoais indica aumento de interesse e consciência do consumidor pela importância de que suas informações pessoais – que são tratadas por inúmeros fornecedores – devem corresponder à veracidade, de modo a evitar negativa de serviços, bem como tratamento discriminatório e abusivo no mercado de consumo. Tal contexto pode despertar maior aplicabilidade do art. 73 do CDC.

 Jurisprudência

1. Responsabilidade do credor pela correção da informação

"É do credor, e não do devedor, o ônus da baixa da indicação do nome do consumidor em cadastro de proteção ao crédito, em virtude do que dispõe o art. 43, § 3º, combinado com o art. 73, ambos do CDC. A propósito, este último, pertencente às disposições penais, tipifica como crime a não correção imediata de informações inexatas acerca de consumidores constantes em bancos de dados" (STJ, AgRg no Ag 1.373.920/SP, Rel. Min. Luis Felipe Salomão, j. 22.05.2012, *DJe* 28.05.2012).

2. Prazo de cinco dias para correção da informação em banco de dados

Súmula 548 do STJ: "Incumbe ao credor a exclusão do registro da dívida em nome do devedor no cadastro de inadimplentes no prazo de cinco dias úteis, a partir do integral e efetivo pagamento do débito".

"Consumidor. Inscrição em cadastro de inadimplentes. Quitação da dívida. Cancelamento do registro. Obrigação do credor. Prazo. Negligência. Dano Moral. Presunção. 1. Cabe às entidades credoras que fazem uso dos serviços de cadastro de proteção ao crédito mantê-los atualizados, de sorte que uma vez recebido o pagamento da dívida, devem providenciar o cancelamento do registro negativo do devedor. Precedentes. 2. Quitada a dívida pelo devedor, a exclusão do seu nome deverá ser requerida pelo credor no prazo de 5 dias, contados da data em que houver o pagamento efetivo, sendo certo que as quitações realizadas mediante cheque, boleto bancário, transferência interbancária ou outro meio sujeito a confirmação, dependerão do efetivo ingresso do numerário na esfera de disponibilidade do credor. 3. Nada impede que as partes, atentas às peculiaridades de cada caso, estipulem prazo diverso do ora estabelecido, desde que não se configure uma prorrogação abusiva desse termo pelo fornecedor em detrimento do consumidor, sobretudo em se tratando de contratos de adesão. 4. A inércia do credor em promover a atualização dos dados cadastrais, apontando o pagamento, e consequentemente, o cancelamento do registro indevido, gera o dever de indenizar, independentemente da prova do abalo sofrido pelo autor, sob forma de dano presumido" (STJ, REsp 1.149.998/RS, Rel. Min. Nancy Andrighi, j. 07.08.2012, *DJe* 15.08.2012)

> **Art. 74.** Deixar de entregar ao consumidor o termo de garantia adequadamente preenchido e com especificação clara de seu conteúdo:
>
> Pena – Detenção de um a seis meses ou multa.

 Análise doutrinária

1. Tipo penal relativo à não entrega de termo de garantia contratual

O último tipo penal descrito pelo CDC diz respeito à denominada *garantia contratual* dos produtos e serviços. Com pena de detenção de um a seis meses ou multa, estabelece o art. 74 a conduta consistente em "deixar de entregar ao consumidor o termo de garantia adequadamente preenchido e com especificação clara de seu conteúdo".

Destaque-se, inicialmente, que o tipo penal não se refere à *garantia legal* dos produtos e serviços por uma razão óbvia: a garantia legal decorre diretamente da lei (arts. 18 a 21 do CDC) e, portanto, independe de qualquer manifestação de vontade do fornecedor: "a garantia legal de adequação do produto ou serviço independe de termo expresso, vedada a exoneração contratual do fornecedor" (art. 24).

A *garantia contratual*, de outro lado, nasce e depende diretamente de iniciativa do fornecedor, normalmente o fabricante do produto. É "complementar à legal" e "será conferida mediante termo escrito" (art. 50, *caput*). As exigências do termo de *garantia contratual* estão indicadas no parágrafo único do art. 50: "o termo de garantia ou equivalente deve ser padronizado e esclarecer, de maneira adequada, em que consiste a mesma garantia, bem como a forma, o prazo e o lugar em que pode ser exercitada e os ônus a cargo do consumidor, devendo ser-lhe entregue, devidamente preenchido pelo fornecedor, no ato do fornecimento, acompanhado de manual de instrução, de instalação e uso do produto em linguagem didática, com ilustrações".

Cuida-se de crime omissivo puro e de mera conduta. Não importa, para configuração da infração penal, que o produto ou serviço apresente qualquer vício de qualidade. Basta deixar de entregar ao consumidor o termo de garantia ou, alternativamente, entregá-lo sem o preenchimento adequado.

Não afasta a caracterização do delito a afirmação e demonstração do fornecedor de que as obrigações decorrentes da garantia contratual foram rigorosamente cumpridas, apesar de não haver sido entregue o respectivo termo.

A infração penal pode ocorrer basicamente de dois modos: 1) não entrega do termo de garantia (apesar da informação de sua existência); 2) o termo é entregue, mas não há o preenchimento adequado, seja porque não se especificou claramente o seu conteúdo, seja porque não se observaram as demais exigências constantes no parágrafo único do art. 50 do CDC.

A garantia contratual é antiga estratégia de *marketing* do fabricante. Torna o produto mais competitivo, por oferecer maior segurança ao consumidor quanto a sua durabilidade e funcionalidade. Nos últimos dez anos, os *comerciantes*, principalmente as grandes lojas de eletrodomésticos, têm oferecido garantias adicionais à dos fabricantes, algumas denominadas *garantias estendidas*, porque ampliam o prazo da garantia da fábrica. Há, portanto, duas espécies de garantias contratuais: a tradicional *garantia de fábrica* e a *garantia estendida*. Ambas estão sujeitas às exigências de entrega do termo referido pelo art. 50, até porque o CDC não faz distinção: apenas destaca que qualquer garantia contratual não pode diminuir nem afastar as vantagens da garantia legal (v. comentários ao art. 50).

Portanto, a depender do tipo de garantia contratual, o sujeito ativo tanto pode ser empregado, gerente ou diretor do *comerciante*, como pessoas que agem em nome do *fabricante*. É o inquérito policial ou termo circunstanciado e, posteriormente, eventual instrução criminal que terão de indicar os sujeitos ativos. A indagação será: afinal, oferecida a garantia contratual, a quem cabia a entrega do respectivo termo? A quem cabia o preenchimento do termo de garantia? Ao fabricante? Ao comerciante? As respostas irão orientar a identificação do(s) sujeito(s) ativo(s).

Ressalte-se que, mesmo nas hipóteses em que a garantia contratual é oferecida pelo fabricante, cabe, muitas vezes, ao gerente ou vendedor do estabelecimento comercial preencher o termo de garantia com dados sobre o consumidor e data da compra.

Não há previsão de modalidade culposa para o tipo descrito no art. 74 do CDC. Em outras palavras, pune-se apenas a conduta dolosa (art. 18, I, do CP). Assim, a conduta negligente, o mero esquecimento de entrega do termo de garantia, bem como o desleixo no preenchimento do documento não configuram o crime, por ausência do elemento subjetivo (dolo).

Art. 75. Quem, de qualquer forma, concorrer para os crimes referidos neste código, incide nas penas a esses cominadas na medida de sua culpabilidade, bem como o diretor, administrador ou gerente da pessoa jurídica que promover, permitir ou por qualquer modo aprovar o fornecimento, oferta, exposição à venda ou manutenção em depósito de produtos ou a oferta e prestação de serviços nas condições por ele proibidas.

 Legislação correlata

Código Penal, arts. 29 a 31.

Lei 9.605/1998 (Dispõe sobre as sanções penais e administrativas derivadas de condutas e atividades lesivas ao meio ambiente).

Lei 8.137/1990 (Define crimes contra as relações de consumo), art. 11.

 Análise doutrinária

1. Autoria e concurso de pessoas

Os tipos penais descritos no CDC (art. 61 a 74) referem-se a práticas realizadas no mercado de consumo. Apenam-se condutas dos fornecedores que, em regra, são pessoas jurídicas. Como a pessoa jurídica não pratica infração penal, cumpre definir quem (pessoa natural) deve responder pelos crimes. A jurisprudência denomina esses casos de *delitos societários*. O art. 75 do CDC indica – ou procura indicar – a resposta.

Para demonstrar a importância prática de definir quem deve responder por determinada infração penal indicada no CDC, exemplifique-se com o tipo penal de promover publicidade enganosa (art. 67 do CDC). O Ministério Público constata a veiculação de publicidade enganosa, com informações dúbias e enganosas sobre promoções na comercialização de aparelhos celulares, e, com base em exemplares de alguns jornais em que tais publicidades foram veiculadas, o promotor de justiça requisita à autoridade policial a melhor apuração dos fatos.

As questões que se colocam: O que deve fazer o delegado? Indiciar todos os sócios? Indiciar apenas os sócios-gerentes? É possível que alguém que não seja sócio nem empregado da empresa que promoveu a publicidade enganosa responda penalmente pelo fato?

Embora comum, é grave equívoco raciocinar ou iniciar uma investigação criminal (inquérito policial ou termo circunstanciado) sob o pressuposto de que os sócios da pessoa jurídica (fornecedor) e/ou seus dirigentes são necessariamente sujeitos ativos da infração penal decorrente de fato promovido por determinada empresa.

Toda a teoria do direito penal tem por base a conduta humana como projeção de vontade. A pessoa jurídica não comete crime, é antiga e conhecida lição (*societas delinquere non potest*), mas, em virtude do caso indicado, exigem-se esclarecimentos mais detalhados.

Embora o próprio CDC indique a possibilidade de a pessoa natural se qualificar como fornecedora (art. 3º, *caput*), a grande maioria dos fornecedores se constitui sob as mais diversas modalidades de pessoa jurídica (com destaque para as sociedades por quotas e sociedades anônimas).

Portanto, as condutas penalmente tipificadas pelo Código de Defesa do Consumidor são, invariavelmente, "praticadas" por pessoa jurídica, empresa de telefonia Y ou supermercado X. Ora, como a pessoa jurídica é uma abstração, faz-se necessário identificar quais pessoas naturais integram a estrutura organizacional de determinada empresa e, mais do que isso, realizaram diretamente ou concorreram para o fato criminoso.

Os fornecedores são, em regra, pessoas jurídicas com atuação no mercado de consumo. Com o objetivo de racionalizar o trabalho, há especialização e consequente distribuição de tarefas no âmbito interno da pessoa jurídica. Quanto maior a empresa, maior o número e a distribuição de tarefas e etapas da produção, maior, também, o número de departamentos, divisões e setores dedicados a áreas específicas.

Além disso, muitas vezes é um grupo de pessoas – e não apenas uma – que se dedica, por exemplo, à área de *marketing*. Alguns setores atuam articulados com outros. Todavia, pode haver absoluta independência entre eles. Naturalmente, não é o ocupante do cargo maior da empresa (presidente, diretor executivo) que determina a realização de todos os atos. Aliás, sequer tem ciência de tudo.

Deve-se perquirir, exatamente na linha do disposto no art. 29 do CP, quem, de qualquer modo, concorreu para o crime. A resposta pode apontar o presidente da empresa, o diretor de *marketing*, o gerente, o chefe de setor e, até mesmo, o secretário ou despachante. A resposta pode indicar que todos eles, cada qual com tarefa específica, agiram de modo concertado para o "sucesso" da infração penal.

A prática demonstra a existência de casos em que o sujeito ativo do crime é pessoa que, embora tenha poder gerencial na empresa, não integra o estatuto social como sócio nem está regularmente contratado. Em outras palavras, devem ser averiguadas, em concreto, as circunstâncias do fato e apurar as pessoas naturais que colaboraram para a sua realização. Portanto, a responsabilidade penal pode recair, inclusive, sobre pessoa formalmente desvinculada da pessoa jurídica.

É diante dessas diversas possibilidades que se apresenta a diretriz traçada pelo art. 75 do CDC: "Quem, de qualquer forma, concorrer para os crimes referidos neste Código, incide as penas a esses cominadas na medida de sua culpabilidade, bem como o diretor, administrador ou gerente da pessoa jurídica que promover, permitir ou por qualquer modo aprovar o fornecimento, oferta, exposição à venda ou manutenção em depósito de produtos ou a oferta e prestação de serviços nas condições por ele proibidas".

A primeira parte do dispositivo praticamente reproduz a regra geral sobre concurso de pessoas constante no art. 29 do CP: "Quem, de qualquer modo, concorre para o crime incide nas penas a este cominada, na medida de sua culpabilidade". Na segunda parte, há, na verdade, uma exemplificação de pessoas naturais que podem vir a ser consideradas sujeitos ativos do crime. O art. 75 não estabelece, até porque seria inconstitucional, uma vinculação necessária entre o fato criminoso e o diretor, administrador ou gerente da pessoa jurídica. Apenas, com objetivo didático e ilustrativo, ressalta que tais pessoas, desde que efetivamente tenham colaborado para a realização do fato, respondem pelo crime.

Em outros termos, o art. 75 do CDC apenas reforça a regra geral do art. 29 do CP. Não representa exatamente uma novidade. Assim, o diretor de determinada empresa de telefonia que promoveu publicidade enganosa (art. 67 do CDC) será apenado não em virtude da redação do art. 75, mas pelo fato de haver – na situação concreta – colaborado, de qualquer modo, com a consecução do resultado criminoso.

Na verdade, a redação do art. 75 não é boa e tem sofrido críticas doutrinárias. Todavia, é possível, em interpretação conforme a Constituição, que veda a adoção infraconstitucional da responsabilidade penal objetiva (CERNICCHIARO, 1991, p. 76), chegar a conclusão semelhante ao disposto no art. 11 da Lei 8.137/1990: "Quem de qualquer modo, inclusive por meio de pessoa jurídica, concorre para os crimes definidos nesta lei, incide, nas penas a estes cominadas, na medida de sua culpabilidade".

Em outras palavras, quem pratica a infração penal é sempre a pessoa natural que se vincula, objetiva e subjetivamente, ao fato criminoso. Ademais, outra utilidade hermenêutica pode ser extraída tanto da redação do art. 75 do CDC como do disposto no art. 11 da Lei 8.137/1990. Ambos os dispositivos evidenciam que *não* se adotou nos referidos diplomas legais a responsabilidade penal das pessoas jurídicas, apesar da autorização conferida pelo § 5º do art. 173 da CF.

Pensar em sentido contrário, vale dizer, que o sócio responde penalmente por todos os atos praticados em nome da empresa, significa a adoção de responsabilidade penal objetiva, que está vedada pela Constituição Federal (arts. 1º, III, 4º, II, e 5º, *caput* e XLVI), em face do princípio da culpabilidade (*nulla poena sine culpa*).

2. Responsabilidade penal da pessoa jurídica

É importante esclarecer que o debate em torno do disposto no art. 75 do CDC – em diálogo com art. 29 do CP e o art. 11 da Lei 8.137/1990 – não se confunde com a responsabilidade penal da pessoa jurídica. São coisas diferentes. A atribuição penal de fatos praticados pela pessoa jurídica aos seus diretores, gerentes, sócios e empregados vincula-se à disciplina do concurso de pessoas. No caso da responsabilidade penal da pessoa jurídica, é a empresa – e não quem atua em seu nome (diretores, gerentes, empregados) – que irá sofrer a sanção penal.

No ordenamento jurídico brasileiro, há previsão de responsabilidade penal da pessoa jurídica. O § 5º do art. 173 da CF estabelece a possibilidade de a legislação infraconstitucional estabelecer sanções penais para a pessoa jurídica nos casos que enumera (atos praticados contra a ordem econômica, financeira e contra a economia popular). O art. 225, § 3º, da CF, na mesma linha, dispõe: "as condutas e atividades consideradas lesivas ao meio ambiente sujeitarão os infratores, pessoas físicas ou jurídicas, a sanções penais e administrativas, independentemente da obrigação de reparar os danos causados".

A Lei 9.605/1998, que dispõe sobre "as sanções penais e administrativas derivadas de condutas e atividades lesivas ao meio ambiente", é pioneira no sentido de atribuir sanção penal à pessoa jurídica. Todavia, tem apontado a doutrina a impossibilidade de realizar a previsão da responsabilidade penal da pessoa jurídica sem uma teoria específica. Cernicchiaro, após sustentar a possibilidade de o ordenamento jurídico prever sanções penais para as pessoas jurídicas, ressalta a necessidade de instituição e delimitação de princípios e diretrizes próprios para apenar as pessoas jurídicas: "Os princípios da responsabilidade penal e da culpabilidade são restritos à pessoa física. Somente ela pratica conduta, ou seja, comportamento orientado pela vontade, portanto inseparável do elemento subjetivo" (CERNICCHIARO, p. 142).

Nos tipos penais indicados pelo CDC, a dificuldade reside em identificar as pessoas físicas que atuam em nome da pessoa jurídica na prática da infração penal. Tal dificuldade tende a aumentar na mesma proporção do tamanho da empresa e de sua estrutura administrativa.

Não é tarefa fácil identificar todas as pessoas físicas que, por exemplo, contribuíram para a criação, elaboração e veiculação de publicidade enganosa (art. 67) de uma sociedade anônima que atua no ramo da telefonia. Também não é fácil o trabalho da polícia judiciária descobrir, em complexas estruturas administrativas (próprias das grandes empresas), todas as pessoas, desde o presidente até os que realizam trabalhos manuais mais simples, que, de algum modo, concorreram na omissão de dizeres ou sinais ostensivos, sobre a nocividade ou periculosidade de produtos, nas embalagens, invólucros ou publicidade (art. 63).

Além da identificação das pessoas naturais, tanto o inquérito policial como o termo circunstanciado (art. 69 da Lei 9.099/1995) devem, em homenagem ao princípio da ampla defesa, procurar descrever a conduta individual de cada autor e partícipe do fato criminoso.

Todavia, é relevante anotar que doutrina e jurisprudência têm mitigado a exigência de a denúncia – peça que inaugura o processo penal – descrever minuciosamente a conduta de cada sócio, considerando que, em regra, ao menos num primeiro momento (inquérito policial), não é possível individualizar o grau de participação de cada sócio.

 Dicas práticas

Nos denominados *crimes societários*, o foco da investigação policial e do processo penal é na conduta de pessoas físicas que, direta ou indiretamente, possam ter contribuído para o fato criminoso.

 Jurisprudência

1. Não é suficiente ser sócio ou dirigente de pessoa jurídica para responder por infração penal

"1. Crimes societários. Denúncia. Requisitos. A atenuação dos rigores do art. 41 do CPP, nos chamados delitos societários, não pode ir até o ponto de admitir-se denuncia fictícia, sem apoio na prova e sem a demonstração da participação dos denunciados na prática tida por criminosa. Ser 'acionista' ou 'membro do conselho consultivo' da empresa não é crime. Logo, a invocação dessa condição, sem a descrição de condutas específicas que vinculem cada diretor ao evento criminoso, não basta para viabilizar a denúncia. A denúncia, pelas consequências graves que acarreta, não pode ser produto de ficção literária. Não pode, portanto, deixar de descrever o porquê da inclusão de cada acusado como autor, coautor ou participe do crime. Recurso de *habeas corpus* conhecido e provido para deferir a ordem e trancar a ação penal" (STJ, RHC 4.214/DF, 5ª Turma, Rel. Min. Assis Toledo, j. 22.02.1995, *DJ* 27.03.1995).

"O simples fato de os pacientes serem, respectivamente, sócio-gerente e engenheira química da indústria de bebidas onde foram apreendidas mercadorias impróprias para consumo não é suficiente, por si só, para a responsabilização criminal, sob pena de inevitável punição objetiva. Precedentes" (STJ, HC 48.594/PE, Rel. Min. Arnaldo Esteves Lima, j. 15.08.2006, *DJ* 04.09.2006).

"2. A jurisprudência do Superior Tribunal de Justiça – STJ orienta-se no sentido de que, nos crimes societários, o contrato social pode ser considerado indício de autoria naquelas situações em que a complexidade do delito impedir a identificação pormenorizada da conduta de cada agente. Entretanto, mesmo nos crimes societários, a denúncia deve estabelecer um liame mínimo que demonstre a plausibilidade da acusação, o que não se extrai relativamente ao paciente, mormente porque ele sequer figurava como administrador da empresa no contrato social, já que, conforme cláusula 8ª a administração era exercida exclusivamente pelo corréu. 3. 'Este Superior de Justiça tem reiteradamente decidido ser inepta a denúncia que, mesmo em crimes societários e de autoria coletiva, atribui responsabilidade penal à pessoa física, levando em consideração apenas a qualidade dela dentro da empresa, deixando de demonstrar o vínculo desta com a conduta delituosa, por configurar, além de ofensa à ampla defesa, ao contraditório e ao devido processo legal, responsabilidade penal objetiva, repudiada pelo ordenamento jurídico pátrio' Precedente: RHC 43.405/MG, Rel. Ministro Sebastião Reis Júnior, Sexta Turma, *DJe* 22/9/2014). 4. 'Como é cediço, a mera atribuição de uma qualidade não é forma adequada para se conferir determinada prática delitiva a quem quer que seja. Caso contrário, abre-se margem para formulação de denúncia genérica e, por via de consequência, para reprovável responsabilidade penal objetiva.' Precedente: AgRg no RHC 76.581/PE, Rel. Ministro Reynaldo Soares da Fonseca, Quinta Turma, *DJe* 1/8/2017. 5. Recurso provido para determinar o trancamento da ação penal relativamente ao paciente, sem prejuízo que o Ministério Público apresente nova inicial acusatória em atendimento aos requisitos do art. 41 do CPP, descrevendo minimamente conduta do acusado sem pautar-se exclusivamente na circunstância de figurar no contrato social como sócio da empresa" (STJ, RHC 105.167/SP, 5ª Turma, Rel. Min. Joel Ilan Paciornik, j. 21.03.2019, *DJe* 02.04.2019).

2. Crime societário e necessidade de descrição de conduta das pessoas naturais

"(...) A imputação de autoria contida na denúncia é absolutamente genérica em relação ao paciente, limitando-se o Ministério Público a apontá-lo como sócio de uma das empresas investigadas e, em razão disso, imputar-lhe a suposta prática delituosa, sem que estabelecesse qualquer vínculo entre o denunciado e os crimes em apuração (sonegação fiscal, abuso de poder econômico, falsidade ideológica e formação de quadrilha), dando ensejo à indesejável responsabilidade penal objetiva. Ademais, os autos revelam ser o paciente sócio minoritário da empresa e não ostentar poderes de gestão" (STJ, HC 72.422/PE, Rel. Min. Og. Fernandes, j. 15.08.2013, *DJe* 01.10.2013).

"1. Nos termos do artigo 41 do Código de Processo Penal, a denúncia deve descrever perfeitamente a conduta típica, cuja autoria, de acordo com os indícios colhidos na fase inquisitorial, deve ser atribuída ao acusado devidamente qualificado, permitindo-lhe o exercício da ampla defesa no seio da persecução penal, na qual se observará o devido processo legal. 2. Nos chamados crimes de autoria coletiva ou societários, embora a vestibular acusatória não possa ser de todo genérica, é válida quando, apesar de não descrever minuciosamente as atuações individuais dos acusados, demonstra um liame entre o agir dos pacientes e a suposta prática delituosa. Doutrina. Precedentes. 3. Contudo, conquanto se admita que nos delitos praticados por vários agentes o órgão ministerial não descreva minuciosamente a atuação de cada acusado, não há dúvidas de que a simples condição de sócio de determinada pessoa jurídica supostamente beneficiada com a conduta delituosa não é suficiente para justificar a deflagração de uma ação penal, pois o Direito Penal pátrio repele a chamada responsabilidade penal objetiva, demandando que o titular da ação penal demonstre uma mínima relação de causa e efeito entre a conduta do réu e os fatos narrados na denúncia, permitindo-lhe o exercício da ampla defesa e do contraditório. Jurisprudência do STJ e do STF" (STJ, RHC 34.997/RJ, 5ª Turma, Rel. Min. Jorge Mussi, j. 11.04.2013, *DJe* 24.04.2013).

"VII – A exposição do fato criminoso, com todas as suas circunstâncias, é a descrição, amparada no suporte fático dos autos, de todos os elementos essenciais ou indispensáveis para que se caracterize tanto a conduta delitiva, de maneira particularizada no tempo e no espaço, como o liame que permita vinculá-la ao agir do acusado. VIII – Nos crimes de autoria coletiva, embora não se possa exigir a descrição pormenorizada da conduta de cada denunciado, é necessário que a peça acusatória estabeleça, de modo objetivo e direto, a mínima relação entre o denunciado e os crimes que lhe são imputados" (STJ, AgRg no RHC 141.209/PR, Rel. Min. Felix Fischer, 5ª Turma, j. 25.05.2021, *DJe* 07.06.2021).

3. Crime societário e desnecessidade de descrição *detalhada* da conduta de cada agente

"Segundo o entendimento firmado nesta Corte e no Supremo Tribunal Federal, nos chamados delitos societários, é válida a denúncia que, embora não descreva minuciosamente as condutas individuais dos acusados, demonstre um vínculo entre o administrador e a suposta prática delituosa, estabelecendo a plausibilidade da imputação e possibilitando o exercício da ampla defesa, observando-se, assim, os requisitos do art. 41 do Código de Processo Penal" (STJ, RHC 26.636/SP, Rel. Min. Sebastião Reis Júnior, j. 05.02.2013, *DJe* 21.02.2013).

"1. A denúncia deveria apresentar, além do fato criminoso e das qualificações dos recorrentes, também a forma pela qual eles agiram, por meio de provas, o que não foi citado na inicial acusatória. 2. Não atende aos requisitos do art. 41 do CPP a peça acusatória que inclui os pacientes no rol dos denunciados pelo fato de serem presidentes e diretores da sociedade empresária de grande porte, com atividade nacional, sem, contudo, especificar suas ações efetivamente praticadas (HC n. 423.882/PE, Ministro Nefi Cordeiro, Sexta Turma, *DJe* 22/10/2018) 3. Recurso em *habeas corpus* provido para trancar a Ação Penal n. 0007151-42.2009.8.16.0014, em trâmite na 4ª Vara Criminal da comarca de Londrina/PR, por inépcia da denúncia e total ausência de justa causa" (STJ, RHC 113.560/PR, 6ª Turma, Rel. Min. Sebastião Reis Júnior, j. 10.09.2019, *DJe* 19.09.2019)..

"1. Especificamente sobre os crimes societários e de autoria coletiva, a orientação desta Corte Superior preleciona que, 'embora não possa ser de todo genérica, a denúncia é válida quando demonstra um liame entre o agir dos sócios ou administradores e a suposta prática delituosa, apesar de não individualizar pormenorizadamente as atuações de cada um deles, o que estabelece a plausibilidade da imputação e possibilita o exercício da ampla defesa, cumprindo o contido no artigo 41 do Código Penal.' (AgRg no RHC 81.346/SP, Rel. Ministro Jorge Mussi, Quinta Turma, julgado em 12/02/2019, *DJe* 18/02/2019). 2. Se a denúncia expõe com clareza o liame existente entre as supostas condutas dos recorrentes e os fatos delitivos em apuração, de forma suficiente a dar início à persecução penal na via judicial e garantir o pleno exercício da defesa aos acusados, não há tese de ilegalidade a ser acolhida. Os recorrentes são acusados de integrar núcleo familiar responsável pela criação de sociedade empresária de fachada para atuar em conjunto com outra empresa a fim de frustrar o caráter competitivo de certame licitatório, estando a denúncia amparada em vasta investigação policial, inclusive com quebra de sigilo de dados" (STJ, RHC 120.748/SC, 5ª Turma, Rel. Min. Ribeiro Dantas, j. 11.02.2020, *DJe* 14.02.2020).

"2. Nos crimes de autoria coletiva não é necessária a individualização meticulosa da conduta de cada corréu, sendo que no decurso da instrução será apurada a atuação de cada agente na empreitada delituosa" (STJ, AgRg no RHC 133.434/CE, Rel. Min. Joel Ilan Paciornik, 5ª Turma, j. 03.08.2021, *DJe* 06.08.2021).

"O Supremo Tribunal Federal, em matéria de crimes societários, tem orientação consolidada no sentido de que não se faz necessária 'descrição minuciosa e pormenorizada da conduta de cada acusado, sendo suficiente que, demonstrado o vínculo dos indiciados com a sociedade comercial, narre as condutas delituosas de forma a possibilitar o exercício da ampla defesa' (RHC 117.173, Rel. Min. Luiz Fux). Precedentes" (STF, RE 1.243.415 AgR-Quinto, 1ª Turma, Rel. Min. Roberto Barroso, j. 21.02.2020, *DJe*-051, Divulg. 09.03.2020, Public. 10.03.2020).

Art. 76. São circunstâncias agravantes dos crimes tipificados neste Código:

I – serem cometidos em época de grave crise econômica ou por ocasião de calamidade;

II – ocasionarem grave dano individual ou coletivo;

III – dissimular-se a natureza ilícita do procedimento;

IV – quando cometidos:

a) por servidor público, ou por pessoa cuja condição econômico-social seja manifestamente superior à da vítima;

b) em detrimento de operário ou rurícola; de menor de dezoito ou maior de sessenta anos ou de pessoas portadoras de deficiência mental, interditadas ou não;

V – serem praticados em operações que envolvam alimentos, medicamentos ou quaisquer outros produtos ou serviços essenciais.

Legislação correlata

Constituição Federal, art. 5º, XLVI.
Código Penal, arts. 59, 61, 65 e 68.

Análise doutrinária

1. Individualização da pena: circunstâncias agravantes

O CDC, por meio do art. 76, indica agravantes judiciais para as infrações penais tipificadas na própria Lei, em homenagem ao princípio da individualização da pena que possui sede constitucional. O art. 5º, XLVI, da CF dispõe que "a lei regulará a individualização da pena e adotará, entre outras, as seguintes: a) privação ou restrição da liberdade; b) perda de bens; c) multa; d) prestação social alternativa; e) suspensão ou interdição de direitos".

Inicialmente, cabe ao legislador, ao valorar as condutas, estabelecer o conteúdo e os limites máximo e mínimo da sanção penal (cominação penal). A pena deve ser proporcional ao grau de reprovabilidade (censurabilidade) da conduta. Teoricamente, quanto mais grave o fato, quanto mais valioso o bem jurídico, maior e mais severa a sanção penal.

Após regular processo criminal, com respeito ao contraditório e ampla defesa, comprovada a prática de infração penal, cabe ao julgador fixar a pena-base entre os limites máximo e mínimo cominados ao crime, seguindo as diretrizes indicadas pelos arts. 59 e 68 do Código Penal (sistema trifásico).

Fixada a pena-base, deve o magistrado atentar para as agravantes indicadas pelo art. 76 do CDC. Ao lado delas, deve o juiz considerar, ainda, as agravantes do art. 61 do CP, sempre com o cuidado de evitar o *bis in idem*, ou seja, que determinado dado fático seja considerado duas vezes no grau da pena. É justamente por essa razão que o *caput* do art. 61 do CP dispõe: "são circunstâncias que sempre agravam a pena, quando não constituem ou qualificam o crime".

O CDC não fez previsão de atenuantes. Devem, entretanto, ser consideradas as circunstâncias atenuantes estabelecidas pelo art. 65 do CP, bem como a Súmula 231 do STJ: "A incidência da circunstância atenuante não pode conduzir à redução da pena abaixo do mínimo legal".

Jurisprudência

1. Circunstância atenuante e pena abaixo do mínimo legal

Súmula 231 do STJ: "A incidência da circunstância atenuante não pode conduzir à redução da pena abaixo do mínimo legal".

> **Art. 77.** A pena pecuniária prevista nesta Secção será fixada em dias--multa, correspondente ao mínimo e ao máximo de dias de duração da pena privativa da liberdade cominada ao crime. Na individualização desta multa, o juiz observará o disposto no art. 60, § 1º, do Código Penal.

Legislação correlata

Código Penal, art. 60, § 1º.

Análise doutrinária

1. Individualização da pena de multa

O art. 77 do CDC indica, com remissão ao Código Penal, o procedimento de individualização da pena de multa. Estabelece que o juiz observará o disposto no art. 60, § 1º, do CP, ou seja: "a multa pode ser aumentada até o triplo, se o juiz considerar que, em virtude da situação econômica do réu, é ineficaz, embora aplicada no máximo".

> **Art. 78.** Além das penas privativas de liberdade e de multa, podem ser impostas, cumulativa ou alternadamente, observado o disposto nos arts. 44 a 47, do Código Penal:
>
> **I –** a interdição temporária de direitos;
>
> **II –** a publicação em órgãos de comunicação de grande circulação ou audiência, às expensas do condenado, de notícia sobre os fatos e a condenação;
>
> **III –** a prestação de serviços à comunidade.

Legislação correlata

Código Penal, arts. 43 a 48.

Análise doutrinária

1. Penas restritivas de direitos

O art. 78 dispõe sobre as penas restritivas de direito em face de eventual condenação por crime previsto no CDC. Merece ser destacado que as penas restritivas de direito podem ser impostas cumulativamente às penas privativas de liberdade e de multa, conforme expressamente indicado pelo *caput* do art. 78 do CDC. Não são, portanto, autônomas, como estabelece a regra geral do art. 44 do CP. Ou seja, nesse aspecto, o CDC abre exceção à sistemática dos arts. 43 a 48 do CP.

Na verdade, em que pese a possibilidade conferida pelo art. 78 do CDC de aplicação cumulativa da pena privativa de liberdade e de multa, dificilmente isso ocorrerá, simplesmente porque a lei não esclareceu em que hipóteses e quais os critérios para haver a cumulação das sanções. A tendência, portanto, é de aplicar as penas restritivas de direitos em substituição às penas privativas do exercício do direito de liberdade, como previsto no Código Penal.

Os crimes tipificados pelo CDC possuem pena de multa cumulada ou alternada com detenção, que nunca é superior a dois anos. Assim, salvo hipótese de concurso de crimes e observados os demais requisitos do art. 44 do CP, é possível a conversão da pena em restritiva de direitos.

 Dicas práticas

Ficar atento à diferença entre a sistemática do CDC e do Código Penal quanto a penas restritivas de direito. No CDC, as penas privativas de liberdade e multa podem ser impostas – de modo cumulativo – com as restritivas de direito. No Código Penal, são autônomas.

> **Art. 79.** O valor da fiança, nas infrações de que trata este Código, será fixado pelo juiz, ou pela autoridade que presidir o inquérito, entre cem e duzentas mil vezes o valor do Bônus do Tesouro Nacional (BTN), ou índice equivalente que venha substituí-lo.
>
> **Parágrafo único.** Se assim recomendar a situação econômica do indiciado ou réu, a fiança poderá ser:
>
> **a)** reduzida até a metade de seu valor mínimo;
>
> **b)** aumentada pelo juiz até vinte vezes.

 Legislação correlata

Código de Processo Penal, arts. 321 a 350.

Lei 9.099/1995 (Dispõe sobre os Juizados Especiais Criminais), arts. 61 e 69, parágrafo único.

 Análise doutrinária

1. Infrações de menor potencial ofensivo e valor da fiança

O art. 79 do CDC apresenta disposições específicas sobre o valor da fiança para concessão de "liberdade provisória". A concessão de "liberdade provisória", mediante o pagamento de fiança, está disciplinada pelos arts. 321 a 350 do CPP. As hipóteses de cabimento estão elencadas nos arts. 322 e 324 do mesmo diploma processual.

Para compreender a razão do disposto no art. 79, basta recordar que o CDC foi editado em 1990, época em que se convivia com altos índices de inflação. Daí a preocupação da Lei em vincular o valor da fiança a índice de correção monetária. O BTN foi extinto pela Lei 8.177/1991 (art. 3º). O art. 6º da referida lei previu a utilização da TR como índice de correção monetária substitutivo.

Ocorre que todos os doze tipos penais elencados no CDC possuem pena máxima não superior a dois anos: são infrações de menor potencial ofensivo e, portanto, sujeitas à Lei 9.099/1995 (art. 61). Trata-se de lei posterior e especial que tem por parâmetro a pena cominada à infração penal (ainda que prevista em legislação especial). O parágrafo único do art. 69 da Lei 9.099/1995 simplesmente afasta a possibilidade de exigência de fiança nos crimes de menor potencial ofensivo, nos seguintes termos: "ao autor do fato que, após a lavratura do termo, for imediatamente encaminhado ao juizado ou assumir o compromisso de a ele comparecer, não se imporá prisão em flagrante, nem se exigirá fiança".

 Dicas práticas

Com a edição da Lei 9.099/1995, o dispositivo perdeu qualquer aplicação prática: não se pode exigir fiança com relação aos crimes de menor potencial ofensivo.

> **Art. 80.** No processo penal atinente aos crimes previstos neste Código, bem como a outros crimes e contravenções que envolvam relações de consumo, poderão intervir, como assistentes do Ministério Público, os legitimados indicados no art. 82, incisos III e IV, aos quais também é facultado propor ação penal subsidiária, se a denúncia não for oferecida no prazo legal.

 Legislação correlata

Código de Processo Penal, arts. 268 a 273.

 Análise doutrinária

1. Assistente do Ministério Público

O art. 80 do CDC trata de assistência ao Ministério Público na ação penal pública e de regra específica para ação penal subsidiária.

O Código de Processo Penal (CPP) disciplina a assistência ao Ministério Público nos arts. 268 a 273. Pode intervir como assistente na ação penal pública o ofendido ou seu representante legal (art. 268), cabendo-lhe "propor meios de prova, requerer perguntas às testemunhas, aditar o libelo e os articulados, participar do debate oral e arrazoar os recursos interpostos pelo Ministério Público, ou por ele próprio, nos casos dos arts. 584, § 1º, e 598" (art. 271).

O art. 80 do CDC não altera os poderes e faculdades processuais do assistente. Apenas acrescenta que os legitimados para ajuizamento de ação coletiva, indicados no art. 82, III e IV, do CDC, podem intervir como assistentes do Ministério Público nas ações penais relativas a crimes e contravenções que envolvam as relações de consumo.

Portanto, podem requerer a admissão no processo penal, na qualidade de assistentes, as entidades e órgãos da Administração Pública, direta ou indireta, ainda que sem personalidade jurídica, especificamente destinados à defesa dos interesses e direitos protegidos por este Código (inc. III do art. 82); e as associações legalmente constituídas há pelo menos um ano e que incluam entre seus fins institucionais a defesa dos direitos coletivos dos consumidores (inc. IV do art. 82).

O art. 80, que teve pouca ou nenhuma aplicação prática nos 30 anos do CDC, se justifica, no campo teórico, porque a maioria dos crimes contra as relações de consumo é de mera conduta e de perigo abstrato, o que significa a ausência concreta de uma vítima, ou ofendido (art. 268 do CPP). Ou seja, invariavelmente, a consumação dos delitos independe de dano, ofensa ao patrimônio do consumidor, excluindo, em regra, a possibilidade de identificação de um consumidor que possa se habilitar no processo como assistente/ofendido.

Para compensar tal ausência, o art. 80 do CDC prevê, de modo inovador, que os órgãos e entidades vinculados à tutela coletiva dos direitos do consumidor podem se habilitar na ação penal como assistentes do Ministério Público.

Também com pouca ou nenhuma eficácia social, a parte final do art. 80, também considerando a probabilidade de ausência de *ofendido* nos crimes contra as relações de consumo, possibilita o ajuizamento de ação penal subsidiária pelos órgãos e entidades referidos pelo art. 82, III e IV, "se a denúncia não for oferecida no prazo legal", ou seja, na hipótese de inércia do Ministério Público – e não no caso de promoção de arquivamento do inquérito ou termo circunstanciado pelo titular da ação penal.

TÍTULO III
DA DEFESA DO CONSUMIDOR EM JUÍZO

CAPÍTULO I
Disposições Gerais

Art. 81. A defesa dos interesses e direitos dos consumidores e das vítimas poderá ser exercida em juízo individualmente, ou a título coletivo.

Parágrafo único. A defesa coletiva será exercida quando se tratar de:

> **I** - interesses ou direitos difusos, assim entendidos, para efeitos deste Código, os transindividuais, de natureza indivisível, de que sejam titulares pessoas indeterminadas e ligadas por circunstâncias de fato;
>
> **II** - interesses ou direitos coletivos, assim entendidos, para efeitos deste Código, os transindividuais de natureza indivisível de que seja titular grupo, categoria ou classe de pessoas ligadas entre si ou com a parte contrária por uma relação jurídica base;
>
> **III** - interesses ou direitos individuais homogêneos, assim entendidos os decorrentes de origem comum.

 Legislação correlata

Constituição Federal, arts. 5º e 129.

Lei 4.717/1965 (Lei da Ação Popular).

Lei 7.347/1985 (Lei da Ação Civil Pública).

Código de Processo Civil, arts. 947, 976 a 987 e 1.036.

 Análise doutrinária

1. A tutela dos direitos metaindividuais

Ao longo das quatro últimas décadas, impulsionado por diversos fatores, o legislador brasileiro confere crescente importância à disciplina normativa e sistematização de meios processuais para a tutela judicial de direitos metaindividuais (difusos, coletivos e individuais homogêneos).

O constituinte de 1988, a par de ampliar o catálogo de direitos materiais, previu e realçou diversos meios processuais de tutela de interesses metaindividuais. A Constituição Federal instituiu o mandado de segurança coletivo (art. 5º, LXX); possibilitou aos sindicatos e associações defenderem em juízo interesses da respectiva coletividade (arts. 5º, XXI, e 8º, III); ampliou o objeto da ação popular (art. 5º, LXXIII); aumentou o número de legitimados para a propositura de ação direta de inconstitucionalidade; fez referência expressa à ação civil pública, para a proteção do "patrimônio público e social, do meio ambiente e de outros interesses difusos e coletivos", cuja promoção é função institucional do Ministério Público, sem exclusão de outros entes (art. 129, III e § 1º).

No âmbito infraconstitucional, a preocupação com a tutela dos direitos coletivos refletiu-se na edição de diversos diplomas legais, com destaque para a Lei 4.717/1965 (Lei da Ação Popular), a Lei 7.347/1985 (Lei da Ação Civil Pública) e a Lei 8.078/1990 (Código de Defesa do Consumidor).

O CDC aprimorou o processo coletivo brasileiro (arts. 81 a 104), além de apresentar novidade: inspirando-se nas *class actions for damages* do direito norte-americano, possibilitou a tutela judicial, em ação coletiva, dos danos pessoalmente sofridos (direitos individuais homogêneos – art. 81, parágrafo único, III, c/c os arts. 91 a 100).

No âmbito da ação coletiva, cabe realçar o aumento de seu campo de incidência. Atualmente, a demanda pode ter por objeto qualquer matéria – desde que possua dimensão coletiva. A Constituição Federal (art. 129, III, IX, e § 1º) e o CDC (arts. 110 e 117) foram expressos nesse sentido. A restrição, havida originariamente, pela qual somente os interesses relativos a meio ambiente, consumidor e patrimônio cultural poderiam ser tutelados por meio da ação civil pública, não mais existe. O Código de Defesa do Consumidor (art. 110) acrescentou o inciso IV ao art. 1º da Lei 7.347/1985, ensejando a defesa de "qualquer outro interesse difuso ou coletivo".

Significa dizer que os mais variados assuntos podem ser veiculados em ação coletiva, tais como meio ambiente, consumidor, ordem urbanística, moralidade administrativa, direitos dos aposentados, dos idosos, das crianças e dos adolescentes, dos portadores de deficiência física etc.

Por fim, registre-se, em virtude do disposto no art. 117 do CDC, a absoluta integração e complementaridade entre a Lei 7.347/1985 (Lei da Ação Civil Pública) e a Lei 8.078/1990 (Código de Defesa do Consumidor), de modo que as inovações – para o processo civil coletivo – trazidas por esta última (arts. 81 a 104) não se destinam apenas à tutela coletiva dos interesses do *consumidor*, e sim a qualquer espécie de interesse coletivo.

O atual CPC, editado em 2015, embora não tenha disciplinado diretamente a ação civil pública, tratou de relevantes aspectos coletivos do processo civil, justamente ao instituir o Incidente de Resolução de Demandas Repetitivas (art. 976 e seguintes), o Incidente de Assunção de Competência (art. 947), e, na linha das alterações promovidas ao CPC/1973 (art. 543-C, com a redação da Lei 11.672/2008), disciplinar os Recursos Repetitivos no STF e no STJ (arts. 1.036 a 1.041).

Embora tecnicamente não se possa definir como ação civil pública (ação coletiva), é evidente o caráter coletivo dos referidos institutos processuais, considerando a possibilidade de se resolver num único processo – com força vinculante – questões veiculadas em milhares ou milhões de demandas espalhadas pelo Brasil.

2. Distinção entre direitos materialmente coletivos (DMC) e direitos processualmente coletivos (DPC)

Para compreender o processo coletivo e, de modo mais amplo, a tendência de ampliar instrumentos processuais para lidar com direitos metaindividuais, é fundamental conhecer e ressaltar a distinção entre as duas grandes categorias de direitos coletivos: *direitos materialmente coletivos* (DMC) e *direitos processualmente coletivos* (DPC).

Há direitos coletivos que não possuem um titular específico, pertencem a todos, como é o caso do "direito ao meio ambiente ecologicamente equilibrado" (art. 225 da CF) e, no mercado de consumo, publicidades que não sejam enganosas. Podem ser denominados de *direitos materialmente coletivos* (DMC). O direito não possui titularidade subjetiva: pertence, pela própria definição e natureza, a um grupo indeterminado de pessoas. Não é possível, em consequência, realizar tutela fragmentada ou parcial dessa espécie de direito coletivo.

Diferentemente, são as situações de lesões a direitos que se repetem em grande escala e reclamam – por economia processual e necessidade de tratamento isonômico e mais célere – solução processual concentrada. Os exemplos são inúmeros. São direitos individuais que podem naturalmente ser questionados numa única ação coletiva ou incidente processual. O caráter transindividual surge a partir de tratamento processual. São direitos processualmente coletivos (DPC).

O CPC, embora não se refira à ação coletiva, possui preocupação com os direitos processualmente coletivos (DPC), a partir do pressuposto de que a solução concentrada de conflitos evita ou diminui sensivelmente decisões contraditórias e o volume numérico de processos, possibilitando resultados mais céleres, garantia de acesso à Justiça, economia processual e, consequentemente, maior prestígio do Poder Judiciário.

Como a denominação indica, é o caráter *processual* ou *material* que importa para diferenciar os dois tipos de tutela coletiva. Essa distinção auxilia a interpretação das normas que compõem o processo coletivo no que diz respeito a legitimidade, efeitos da decisão (coisa julgada), conexão, litispendência, relação entre ação individual e coletiva etc.

3. Fatores que justificam o tratamento coletivo dos litígios

Há vários fatores que influenciaram e, ao mesmo tempo, justificam o surgimento e incremento de instrumentos processuais que destacam a importância e a necessidade de tratamento coletivo aos litígios.

Na verdade, as razões para desenvolvimento de instrumentos processuais para tutela dos direitos *processualmente* coletivos (direitos coletivos e individuais homogêneos) praticamente coincidem com os fundamentos da instituição da disciplina do Incidente de Resolução de Demandas Repetitivas (IRDR) e dos Recursos Repetitivos.

É fato que a configuração processual clássica – A *versus* B – mostrou-se, com o aumento populacional e a massificação da sociedade, absolutamente incapaz de absorver e dar resposta satisfatória aos litígios, que acabavam ficando marginalizados e gerando, em consequência, intensa e indesejada conflituosidade.

A partir da percepção de que inúmeros conflitos se repetem, outro fator que justifica a disciplina de causas coletivas, particularmente dos DPC, é justamente a questão da economia processual. A multiplicação de demandas enseja, consequentemente, um serviço público de prestação jurisdicional mais lento e ineficiente. Estudos indicam que os *litigantes habituais* sobrecarregam o Poder Judiciário com ações semelhantes, mesmo após definição do tema pelos tribunais superiores. Tal quadro indica a ação coletiva e o julgamento de casos repetitivos como meios necessários para decidir, de modo concentrado, milhares ou milhões de conflitos de interesses.

O princípio da isonomia é outra relevante razão para a existência das ações coletivas. Se existem milhares ou milhões de processos espalhados entre inúmeros juízes e tribunais, maiores são as chances de decisões diferentes para casos semelhantes, em evidente afronta ao princípio da igualdade. Para mitigar essa possibilidade, há que existir mecanismos que promovam, de modo eficiente, a uniformidade de resposta do Poder Judiciário.

Outro fator é a percepção de que as ações coletivas são importantes instrumentos para a efetividade do direito material. A afirmativa vale para qualquer situação subjetiva, mas principalmente para pequenas lesões no mercado de consumo. Nem sempre a pessoa lesada individualmente anima-se a buscar no Poder Judiciário a restauração do seu direito. As ações coletivas mudam tal quadro e afetam eventual tendência de análise de custo/benefício na decisão de realizar práticas que ofendem o ordenamento jurídico.

No âmbito das relações de consumo, os exemplos das lesões de bagatela evidenciam a importância do processo coletivo na tutela dos direitos processualmente coletivos (DPC). Exemplifique-se com a cobrança indevida de R$ 2,00 na fatura mensal do cartão de crédito de dois milhões de consumidores por 20 meses. De um lado, na ótica da empresa, há vantagem financeira significativa. Ao final do prazo de 20 meses, obter-se-ia um ganho equivalente a R$ 40 milhões de reais. Do outro lado, nenhum consumidor, mesmo após vários meses de cobrança indevida, levaria a lesão sofrida para o Judiciário, considerando o valor do dano individual, os custos e o tempo despendido para restabelecimento do direito violado.

A ação civil pública é também importante meio para a aplicação do direito material. Neste ponto, destaquem-se os direitos difusos – direito materialmente coletivos (DMC) – e a respectiva função de induzir políticas públicas a partir da aplicação do direito material. A defesa em juízo de DMC aproxima-se da ideia de *processo objetivo* que, em última análise, significa a tutela processual de interesse público, independentemente da caracterização de lesão individual.

Por fim, consigne-se outro fundamento que se aplica unicamente aos direitos difusos (DMC). Os direitos difusos caracterizam-se justamente pela indefinição de titularidade. São direitos que pertencem a toda comunidade. A ausência de um titular não pode prejudicar sua proteção jurisdicional. A preocupação aqui é instrumental: definir um *representante* para levar os DMC à Justiça.

"De fato, sem que houvesse o regime processual da ação coletiva, o cumprimento dos direitos difusos, em geral, de índole constitucional, ficaria relegado à implementação de políticas públicas, a cargo do Executivo e Legislativo, porque, como se trata de direitos atribuídos a uma entidade sem personalidade jurídica (*comunidade*), ficariam esses direitos sem apreciação por parte do Judiciário" (MAFRA, 1998, p. 74).

4. Há diferença entre ação coletiva e ação civil pública?

O Código de Defesa do Consumidor (Lei 8.078/1990) denomina *ação coletiva* o instrumento processual para a proteção dos direitos difusos, coletivos e individuais homogêneos. A Lei 7.347/1985 (Lei da Ação Civil Pública) e a Constituição Federal (art. 129, III) utilizam, de outro lado, a expressão *ação civil pública*.

A referida variação terminológica gerou debates na doutrina e jurisprudência quanto à distinção e significado das expressões *ação coletiva* e *ação civil pública*. A par da divergência doutrinária sem maiores consequências práticas, o STJ, antes da recente declaração, pelo STF, de inconstitucionalidade do art. 16 da Lei da Ação Civil Pública, já distinguiu ação coletiva de ação civil pública com o objetivo de ampliar a eficácia territorial da decisão proferida em ação coletiva, de modo a afastar a literalidade do disposto no art. 16 da Lei 7.347/1985. Como exemplo, registre-se o REsp 411.529, no qual a Corte concluiu, por maioria, que a limitação territorial contida no art. 16 da Lei 7.347/1985 não se aplica à categoria dos direitos individuais homogêneos (v. comentários ao art. 103)

A análise da evolução das normas que tratam do processo coletivo indica claramente que as expressões são sinônimas, possuem exatamente o mesmo significado.

Em sua origem (Lei Complementar 40/1981), a expressão *ação civil pública* foi utilizada para diferenciar da ação penal proposta pelo Ministério Público: qualquer ação ajuizada pelo Ministério Público fora do processo criminal era considerada uma ação civil pública. Nessa fase inicial, a denominação – ação civil pública – conferia enfoque subjetivo: considerava o autor da ação (Ministério Público) e não o objeto (direito coletivo ou individual) da demanda.

A Lei 7.347/1985, ao ressaltar uma das hipóteses de atuação cível do Ministério Público – a defesa dos direitos coletivos –, vinculou a expressão *ação civil pública* à defesa judicial dos direitos coletivos. Além disso, estabeleceu amplo rol de legitimados à propositura da ação. Posteriormente, o CDC (Lei 8.078/1990), em complemento e incremento à disciplina da Lei da Ação Civil Pública, denomina *ação coletiva* toda a demanda proposta pelo Ministério Público como pelos outros legitimados na tutela dos direitos metaindividuais: fica claro que se trata um novo título – ação coletiva – para a defesa judicial dos direitos coletivos na linha do disposto na Lei 7.347/1985.

Desse modo, *ação civil pública* e *ação coletiva* passam a significar – independentemente da parte autora (Ministério Público, Defensoria Pública, associação civil etc.) – demanda com o objetivo de tutelar os direitos difusos, coletivos e individuais homogêneos. A absoluta integração e o caráter complementar entre a Lei 7.347/1985 (Lei da Ação Civil Pública) e a Lei 8.078/1990 (Código de Defesa do Consumidor) reforçam a sinonímia entre as expressões.

Ademais, em razão do caráter abstrato e da autonomia do processo, perde força a ideia de nominar e diferenciar as ações. *Ação coletiva* e *ação civil pública* significam a invocação, por legitimados específicos (art. 82), da prestação jurisdicional para tutela das mais diversas espécies de direitos coletivos (DMC e DPC).

Em síntese, as expressões *ação civil pública* e *ação coletiva* possuem o mesmo sentido, ou seja, demanda que, independentemente da qualificação do autor, veicula pretensões de direitos coletivos (*lato sensu*).

5. Os direitos difusos, coletivos e individuais homogêneos em perspectiva processual

Apesar de existir alguma objeção doutrinária à compreensão e definição dos direitos difusos, coletivos e individuais homogêneos, a partir da perspectiva processual – e não do direito material –, fato é que no Brasil, bem ou mal, foi o direito processual que promoveu inicialmente a discussão sobre essas categorias. Parece que o grande desafio, nessa área, é justamente distinguir o caráter processual ou material da indivisibilidade do direito.

Como identificar se, em determinada ação coletiva, busca-se a tutela de natureza difusa, coletiva ou de interesse individual homogêneo? A espécie de interesse defendido na ação (difuso, coletivo ou individual homogêneo) irá depender diretamente do conteúdo e extensão do(s) pedido(s) e da causa de pedir formulados pelo autor, permitindo-se delinear os beneficiários atuais e potenciais da tutela requerida.

Nessa linha, uma única ação coletiva pode tutelar as três diferentes espécies de direitos metaindividuais. É possível – muitas vezes recomendável – que haja cumulação de pedidos (v. comentários ao art. 83).

O objeto da ação é exteriorizado pela causa de pedir e pela tutela requerida, a qual pode se desdobrar em múltiplos pedidos. Um mesmo fato pode ensejar diferentes pretensões jurídicas que, por seu turno, podem ser jurisdicionalizadas por meio de *uma única* ação coletiva com *cumulação de pedidos* ou, alternativamente, por intermédio de várias ações coletivas.

De fato, invariavelmente, para obter uma proteção eficaz e adequada dos consumidores, é fundamental a formulação, na mesma ação coletiva, de pedidos difuso, coletivo e indenizatório (individual homogêneo).

6. Direitos difusos: direitos materialmente coletivos (DMC)

De acordo com os parâmetros legais (art. 81 do CDC), os direitos difusos são metaindividuais, de natureza indivisível, comuns a toda uma categoria de pessoas não determináveis que se encontram unidas em razão de uma situação de fato. Na conceituação legal *de direitos difusos*, optou-se pelo critério da indeterminação dos titulares e da ausência entre eles de relação jurídica base (aspecto subjetivo) e pela indivisibilidade do bem jurídico (aspecto objetivo).

Os direitos difusos são direitos materialmente coletivos (DMC). Não é a lei que lhes impõe artificialmente essa característica plural, e sim o fato de serem necessariamente usufruídos por um número indeterminado de pessoas. Não se trata, também, de união de diversas pretensões individuais num único processo. Em face da ausência de um titular específico do direito somada à vinculação processual entre essa titularidade e a *legitimatio ad causam* (art. 18 do CPC), faz-se necessário que a lei indique pessoas que tenham legitimidade para requerer sua proteção jurisdicional.

Na área de direito do consumidor, várias situações ensejam pedidos de natureza difusa. A ação coletiva que objetiva a interrupção de veiculação de publicidade enganosa (art. 37 do CDC) é exemplo emblemático. Também possui caráter difuso o pedido consistente e não estabelecer determinada cláusula abusiva em contrato de adesão. Acrescente-se a vedação de cobrança de seguro por extravio de cartão de crédito sem expressa concordância do consumidor.

Embora a publicidade seja o exemplo clássico na doutrina em relação ao direito difuso, em todos os exemplos, pela natureza do pedido formulado, há tutela a um grupo indeterminado de consumidores. No caso da publicidade, todos os consumidores que, em tese, estão expostos às futuras publicidades ganham proteção, na medida em que serão vedadas novas veiculações do anúncio questionado.

Com relação ao contrato de adesão, a proteção também é prospectiva, dirigida para os potenciais adquirentes de imóveis que, após julgamento favorável da ação civil pública, não se submeterão mais à cláusula questionada.

O mesmo se diga no tocante à vedação futura de contratação de seguro por extravio de cartão de crédito, sem autorização prévia. As pessoas que vierem a contratar os serviços do cartão de crédito não estarão mais sujeitas à prática questionada.

Nos exemplos indicados, quem são os beneficiários dessa tutela jurisdicional? Todos os consumidores, pessoas indeterminadas e que, por circunstâncias fáticas, principalmente de tempo e lugar, estão expostas às práticas indicadas.

A rigor, não é a lei que atribui o efeito *erga omnes* à decisão proferida em demanda na qual se tutela o interesse difuso. O direito é materialmente indivisível. Reconhecida a ilegalidade da conduta do fornecedor, a respectiva vedação beneficia – inexoravelmente – um grupo indeterminado de consumidores. Em última análise, a tutela de direito difuso, de direito materialmente coletivo (DMC), preza pela correta aplicação do ordenamento jurídico (eficácia do direito material), sem necessidade de se vislumbrar, num primeiro momento, ofensa subjetiva e individualizada a direito de qualquer consumidor.

A conclusão mais imediata, pelos argumentos apresentados, é no sentido de que a tutela de direitos difusos possui certa incompatibilidade com a ideia de multiplicação e repetição de processos. O direito difuso (DMC), pela própria natureza, não pode ser veiculado em várias ações individuais. Ademais, eventual repetição em demanda coletiva gera litispendência.

7. Direitos coletivos em sentido estrito: direitos processualmente coletivos (DPC)

De acordo com a definição legal, os direitos coletivos são os transindividuais, de natureza indivisível, pertencentes a um grupo determinável de pessoas (categoria de pessoas), ligadas entre si ou com a parte contrária por uma relação jurídica base. Não estão necessariamente vinculados ou organizados em torno de entidade associativa (sindicato, associação de consumidores etc.), pois a *relação jurídica base* pode ser com o fornecedor (ex.: contrato padrão de incorporação imobiliária), ou seja, à "parte contrária", como deixa claro o inc. II do parágrafo único do art. 81

Os direitos coletivos em sentido estrito mais se aproximam dos direitos individuais homogêneos dos que dos direitos difusos: são, em última análise, direitos individuais cujo titular possui ampla possibilidade de protegê-los em Juízo. Em outras palavras, são direitos *processualmente* coletivos (DPC). Ao contrário dos direitos *materialmente* coletivos (DMC), o caráter de indivisibilidade se dá na ação coletiva e decorre de técnica processual.

Os direitos coletivos *stricto sensu* são materialmente individuais. Todavia, por razões de economia e celeridade processual e, também, para evitar decisões contraditórias, podem ser veiculados numa única ação civil pública, ganhando, a partir daí, dimensão processual coletiva e caráter transindividual.

A definição legal dos direitos coletivos, constante no art. 81, parágrafo único, II, do CDC, pouco esclarece. A diferença entre a definição normativa dos direitos difusos (art. 81, parágrafo único, I, do CDC) é basicamente que, em relação a estes últimos, os titulares são indeterminados, "ligados por circunstâncias de fato". Nos coletivos em sentido estrito, o grupo é determinado por meio de relação jurídica base com a parte contrária ou por serem integrantes de categoria ou classe. A natureza indivisível aludida pelo inc. II do parágrafo único do art. 81 só pode ser compreendida em termos processuais e considerando determinada ação coletiva. São, repita-se, direitos de índole individual e que, portanto, podem ser veiculados em ação particular.

Por exemplo, em caso de contrato padrão, podem ser considerados individuais o direito e pretensão correspondente a evitar futuras cobranças de multa moratória em percentual equivalente a 20% do valor da prestação. Qualquer consumidor que tenha vínculo jurídico com a empresa (relação jurídica base) pode, em ação individual, exigir prestação jurisdicional consistente na interrupção das cobranças futuras.

O mesmo pode ser dito com relação à majoração indevida de mensalidade escolar: assim como é possível se formular pedido, em ação coletiva, consistente em obrigação de não fazer, sob pena de pagamento de multa (*astreintes*), para evitar a aplicação indevida dos aumentos na mensalidade escolar, o consumidor prejudicado, como titular do direito, também pode ajuizar ação que objetive justamente a vedação do aumento em sua mensalidade.

Do mesmo modo, pode-se requerer, tanto em demanda coletiva como em individual, a declaração de nulidade de determinada cláusula inserida em contrato padrão (art. 51). O caráter transindividual do direito, nos dois casos, surge a partir da instauração de processo coletivo, ou seja, a dimensão coletiva decorre do tratamento processual uniforme.

Os beneficiários da ação serão todos os consumidores que mantêm vínculo contratual com os fornecedores (empresa de plano de saúde, estabelecimento de ensino, incorporadora imobiliária). A relação jurídica base, a que se refere o inc. II do parágrafo único do art. 81 do CDC, é justamente esse vínculo contratual estabelecido com o fornecedor.

Os efeitos da sentença atingem todos que estiverem na situação indicada – categoria de pessoas determinadas. Se a demanda coletiva houver sido proposta, por exemplo, por associação de consumidores, os benefícios de eventual julgamento favorável não ficarão restritos aos associados, mas serão usufruídos por todos os consumidores – pessoas determinadas – que estão na situação de ilegalidade questionada na ação. É nesse sentido que deve ser compreendida a extensão *ultra partes* dos efeitos da decisão referida pelo art. 103, II, do CDC (v. comentários).

O mesmo não ocorre com os direitos difusos (DMC). O pedido de suspensão da publicidade enganosa deve se dar necessariamente por meio de ação coletiva e dos respectivos legitimados. O consumidor, pessoa natural, não pode levar ao Judiciário pedido de interrupção de publicidade enganosa (art. 37 do CDC). O direito não é dele, e sim da comunidade. Haveria ilegitimidade ativa para a causa. É fundamental perceber essa distinção e suas consequências.

8. Direitos individuais homogêneos: direitos processualmente coletivos (DPC)

Os direitos individuais homogêneos estão definidos no art. 81, parágrafo único, III, do CDC simplesmente como aqueles "decorrentes de origem comum". A expressão não é nada esclarecedora. Para entendimento, faz-se necessária, além de enfoque retrospectivo, análise mais ampla e sistemática do CDC, principalmente do disposto nos arts. 91 a 100, que integram o Capítulo II (Das ações coletivas para a defesa de interesses individuais homogêneos).

Os direitos individuais homogêneos são espécie de direitos processualmente coletivos (DPC). São direitos individuais, mas que, por questões de economia processual, segurança jurídica e intuito de evitar decisões contraditórias, podem ganhar tratamento uniforme e dimensão coletiva a partir do ajuizamento de ação civil pública.

Em 1989, a Lei 7.913 instituiu, de modo incipiente, a tutela coletiva dos interesses dos investidores no mercado de valores mobiliários. Conferiu apenas ao Ministério Público a legitimidade processual. De modo mais genérico e estruturado, o CDC, sob a inspiração da *class action for damages* do direito norte-americano, disciplina os interesses individuais homogêneos no Brasil. Em síntese, objetiva-se o ressarcimento dos danos pessoalmente sofridos como decorrência do mesmo fato (origem comum).

A leitura do art. 91 e seguintes do CDC conduz à conclusão de que a tutela judicial de direito individual homogêneo concerne a um único fato (origem comum) gerador de diversas pretensões indenizatórias. Há duas fases no processo. Na fase inicial, promovida pelo legitimado coletivo, na qual se busca o reconhecimento da responsabilidade civil, o dever do réu é de indenizar as vítimas do fato. A segunda fase, quando necessária, é o momento da habilitação dos beneficiados na ação, com o fim de promover a execução da dívida reconhecida no âmbito coletivo.

Muitas vezes, o dano individual e outras circunstâncias do fato necessitam de prova específica. Quando não for possível a liquidação e cumprimento de sentença no próprio processo coletivo, deverão os consumidores lesados (as vítimas) ou seus herdeiros promover novas ações individuais, provando o dano sofrido, o seu montante e que se encontra na situação amparada pela decisão. Nessa hipótese, o ajuizamento de ações individuais pelos consumidores ou, eventualmente, seus sucessores é necessário para provar dois aspectos: 1) que foi vítima do fato gerador de dano, conforme delimitado na decisão proferida na ação coletiva: 2) o valor do seu dano (material e moral), ou seja, o *quantum debeatur* (v. comentários aos arts. 95 e 97).

Invariavelmente, nas ações coletivas em que se veiculam pretensões de natureza difusa, é possível requerer adicionalmente a condenação do fornecedor a indenizar os prejuízos (materiais e morais) sofridos individualmente pelos consumidores que foram vítimas da conduta questionada na ação.

Os exemplos supraindicados (publicidade enganosa, cláusula abusiva em contrato de adesão, cobrança indevida de seguro e majoração abusiva de mensalidade escolar) ensejam, ao lado do pedido de tutela de direito difuso (DMC), requerimento voltado ao reconhecimento da responsabilidade civil em relação aos danos já sofridos pelo consumidor (direito individual homogêneo).

9. A possibilidade e os limites da ação civil pública em relação à implementação de políticas públicas

A ação civil pública pode ser ajuizada contra a União, Distrito Federal, Estados e Municípios quando tais entes, por ação ou omissão, violarem direitos metaindividuais nos mais diversos setores (educação, saúde, segurança ordem urbanística etc.). Na área dos direitos sociais – direitos de segunda geração –, as ações e opções do gestor

(Poder Executivo) envolvem, invariavelmente, despesas financeiras, utilização de recursos públicos.

É desafio permanente do Poder Executivo administrar escassez de recursos para atender os deveres do Estado (construção de escolas, hospitais, estabelecimentos prisionais etc.). Em face das limitações financeiras e orçamentárias dos entes (reserva do possível), coloca-se a questão relativa aos limites e possibilidades das ações coletivas já que, ao final, poderia haver interferência em políticas públicas e ofensa ao princípio da separação dos Poderes. O Poder Judiciário ao aceitar e julgar procedente o pedido formulado em ação civil pública pode, conforme o caso, interferir em escolha típica do Poder Executivo.

Não se deve, *a priori*, limitar as ações civis públicas que afetam políticas públicas do Estado. Pelo próprio conceito e alcance de direitos difusos, coletivos e individuais homogêneos, é possível que tais temas sejam objeto da demanda coletiva. Todavia, há que se ter cautela para justamente não interferir em decisões que, pela natureza, são tipicamente do Poder Executivo. Deve-se verificar, no caso concreto, o grau de vinculação do Poder Público no uso de recursos destinados para determinada área (saúde, segurança etc.).

As ações para enfrentamento da pandemia do novo coronavírus (Covid-19) se constituem em exemplo recente e emblemático de atividade típica de Poder Executivo. A Lei 13.979/2020, para "proteção da coletividade" (art. 1º, § 1º), dispõe sobre as medidas para enfrentamento da emergência de saúde pública de importância internacional e estabelece uma série de ações, tais como isolamento, quarentena, vacinação, locomoção interestadual e intermunicipal, restrição de rodovias, portos e aeroportos, determinação de realização de exames, testes.

A própria relação das medidas possíveis indica que o tema não deve ser objeto de ação civil pública. Há multiplicidade de fatores que devem ser considerados – diariamente – pelo gestor ao decidir pelas medidas.

Após enfrentamento das polêmicas, o Supremo Tribunal Federal tem entendimento que, com alguma cautela, a ação civil pública pode veicular pedidos que afetem políticas públicas.

Dicas práticas

O profissional do direito, em face de tutela de direito coletivo, deve ficar atento à distinção formulada entre direitos materialmente coletivos (DMC) e direitos processualmente coletivos (DPC) e ao fato de que, numa única ação coletiva, há, invariavelmente, pleitos cumulados de diferentes espécies de direito coletivo.

Jurisprudência

1. Relevância constitucional da ação civil pública

"Constitucional e Processo Civil. Inconstitucionalidade do art. 16 da Lei 7.347/1985, com a redação dada pela Lei 9.494/1997. Ação Civil Pública. Impossibilidade de restrição dos efeitos da sentença aos limites da competência territorial do órgão prolator. Repercussão geral. Recursos extraordinários desprovidos. 1. A Constituição Federal de 1988 ampliou a proteção aos interesses difusos e coletivos, não somente constitucionalizando-os, mas também prevendo importantes instrumentos para garantir sua pela efetividade. 2. O sistema processual coletivo brasileiro, direcionado à pacificação social no tocante a litígios meta individuais, atingiu status constitucional em 1988, quando houve importante fortalecimento na defesa dos interesses difusos e coletivos, decorrente de uma natural necessidade de efetiva proteção a uma nova gama de direitos resultante do reconhecimento dos denominados direitos humanos de terceira geração ou dimensão, também conhecidos como direitos de solidariedade ou fraternidade. 3. Necessidade de absoluto respeito e observância aos princípios da igualdade, da eficiência, da segurança jurídica e da efetiva tutela jurisdicional" (STF, RE 1101937, Rel. Min. Alexandre de Moraes, Tribunal Pleno, j. 08.04.2021, Processo Eletrônico Repercussão Geral, Mérito *DJe*-113, divulg. 11.06.2021, public. 14.06.2021).

"5. Sempre é bom rememorar que a Ação Civil Pública é instrumento constitucional precipuamente destinado à defesa de direitos relevantes e, como tal, de relevância, direta ou indireta, para toda a sociedade, de modo que não se pode a ela aplicar, por transplante mecânico, o rigor textual do Código de Processo Civil, que tutela, como regra, pretensões de cunho exclusivamente individual" (STJ, AREsp 1775384/SE, Rel. Min. Herman Benjamin, 2ª Turma, j. 20.04.2021, *DJe* 01.07.2021).

2.Tutela de direitos difusos, coletivos e individuais homogêneos na mesma ação

"I – O Ministério Público é parte legítima para ajuizar ação coletiva de proteção ao consumidor, em cumulação de demandas, visando: a) a nulidade de clausula contratual inquinada de nula (juros mensais); b) a indenização pelos consumidores que já firmaram os contratos em que constava tal cláusula; c) a obrigação de não mais inserir nos contratos futuros a referida cláusula. II – Como já assinalado anteriormente (REsp. 34.155), na sociedade contemporânea, marcadamente de massa, e sob os influxos de uma nova atmosfera cultural, o processo civil, vinculado estritamente aos princípios constitucionais e dando-lhes efetividade, encontra no Ministério Público uma instituição de extraordinário valor na defesa da cidadania. III – Direitos (ou interesses) difusos e coletivos se caracterizam como direitos transindividuais, de natureza indivisível. Os primeiros dizem respeito a pessoas indeterminadas que se encontram ligadas por circunstâncias de fato; os segundos, a um grupo de pessoas ligadas entre si ou com a parte contrária através de uma única relação jurídica. IV – Direitos individuais homogêneos são aqueles que têm a mesma origem no tocante aos fatos geradores de tais direitos, origem idêntica essa que recomenda a defesa de todos a um só tempo" (STJ, REsp 105.215/DF, 4ª Turma, Rel. Min. Sálvio de Figueiredo Teixeira, j. 24.06.1997, *DJ* 18.08.1997).

"1. A ação civil pública vindicando o reconhecimento de abusividade de cláusula de contratos presentes e futuros da incorporadora aborda questão de relevante interessante social, por envolver contratos com preços vultosos, abrangendo muitas vezes todas as economias de famílias e, no caso específico de compra e venda de imóvel em relação de consumo, o próprio direito de moradia. No caso concreto, há: I) direitos individuais homogêneos referentes aos eventuais danos experimentados por aqueles que firmaram contrato; II) direitos coletivos resultantes da suposta ilegalidade em abstrato de cláusula contratual de tolerância, a qual atinge igualmente e de forma indivisível o grupo de contratantes atuais da ré; III) direitos difusos, relacionados aos consumidores futuros, coletividade essa formada por pessoas indeterminadas e indetermináveis. 2. Na linha da jurisprudência do STJ, o Ministério Público tem legitimidade ativa para propor ação civil pública com o propósito de velar direitos difusos, coletivos e, também, individuais homogêneos dos consumidores, ainda que disponíveis" (STJ, REsp 1.549.850/SP, 4ª Turma, Rel. Min. Luis Felipe Salomão, j. 20.02.2020, *DJe* 19.05.2020).

3. Ação civil pública (ação coletiva) e economia processual

"1. As ações coletivas *lato sensu* – ação civil pública ou ação coletiva ordinária – visam proteger o interesse público e buscar a realização dos objetivos da sociedade, tendo, como elementos essenciais de sua formação, o acesso à Justiça e a economia processual e, em segundo plano, mas não de somenos importância, a redução dos custos, a uniformização dos julgados e a segurança jurídica" (STJ, CC 96.682/RJ, 3ª Seção, Rel. Min. Arnaldo Esteves Lima, j. 10.02.2010, *DJe* 23.03.2010).

4. Ação civil pública como instrumento para eliminação de litigiosidade de massa

"3. A ação civil pública é instrumento processual de ordem constitucional, destinado à defesa de interesses transindividuais, difusos, coletivos ou individuais homogêneos e a relevância dos interesses tutelados, de natureza social, imprime ao direito processual civil, na tutela destes bens, a adoção de princípios distintos dos adotados pelo Código de Processo Civil, tais como o da efetividade. 4. O princípio da efetividade está intimamente ligado ao valor social e deve ser utilizado pelo juiz da causa para abrandar os rigores da intelecção vinculada exclusivamente ao Código de Processo Civil – desconsiderando as especificidades do microssistema regente das ações civis –, dado seu escopo de servir à solução de litígios de caráter individual. 5. Deveras, a ação civil constitui instrumento de eliminação da litigiosidade de massa, capaz de dissipar infindos processos individuais, evitando, ademais, a existência de diversidade de entendimentos sobre o mesmo caso, possuindo, ademais, expressivo papel no aperfeiçoamento da prestação jurisdicional, diante de sua vocação inata de proteger um número elevado de pessoas mediante um único processo" (STJ, REsp 1.279.586/PR, 4ª Turma, Rel. Min. Luis Felipe Salomão, j. 03.10.2017, *DJe* 17.11.2017).

5. Ação civil pública e a possibilidade de implementar políticas públicas

"1. É firme o entendimento deste Tribunal de que o Poder Judiciário pode, sem que fique configurada violação ao princípio da separação de Poderes, determinar a implementação de políticas públicas assecuratórias de direitos constitucionalmente reconhecidos como essenciais" (STF, ARE 1045038 AgR, Rel. Min. Edson Fachin, 2ª Turma, j. 10.08.2018, Processo Eletrônico *DJe*-170, divulg. 20.08.2018, public. 21.08.2018).

6. Ação civil pública e a possibilidade de implementar políticas públicas na área do direito à saúde

"1. É firme o entendimento deste Tribunal de que o Poder Judiciário pode, sem que fique configurada violação ao princípio da separação dos Poderes, determinar a implementação de políticas públicas nas questões relativas ao direito constitucional à saúde" (STF, ARE 1014959 AgR, Rel. Min. Edson Fachin, 2ª Turma, j. 20.04.2017, Processo Eletrônico *DJe*-089, divulg. 28.04.2017, public. 02.05.2017).

7. Ação civil pública e a possibilidade de implementar políticas públicas na área de segurança e moradia

"1. É firme o entendimento deste Tribunal de que o Poder Judiciário pode, sem que fique configurada violação ao princípio da separação dos Poderes, determinar a implementação de políticas públicas nas questões relativas ao direito constitucional à segurança e moradia" (STF, RE 909943 AgR, Rel. Min. Edson Fachin, 2ª Turma, j. 02.06.2017, Processo Eletrônico *DJe*-143, divulg. 29.06.2017, public. 30.06.2017).

8. Ação civil pública e a possibilidade de implementar políticas públicas na área do meio ambiente

"1. É firme o entendimento deste Tribunal de que o Poder Judiciário pode, sem que fique configurada violação ao princípio da separação dos Poderes, determinar a implementação de políticas públicas nas questões referentes à preservação do meio ambiente ecologicamente equilibrado para a atual geração, bem como para as futuras gerações" (STF, ARE 903241 AgR, Rel. Min. Edson Fachin, 2ª Turma, j. 22.06.2018, Acórdão Eletrônico *DJe*-153, divulg. 31.07.2018, public. 01.08.2018).

9. Ação civil pública e a possibilidade de implementar políticas públicas na área do meio ambiente e saneamento básico

"3. É firme o entendimento deste Tribunal no sentido de que o Poder Judiciário pode, em situações excepcionais, determinar que a Administração Pública adote medidas assecuratórias de direitos constitucionalmente reconhecidos como essenciais, como é o caso de saneamento básico e de preservação do meio ambiente, sem que isso configure violação ao princípio da separação de poderes, uma vez que não se trata de ingerência ilegítima de um Poder na esfera de outro" (STF, ARE 1279910 AgR, Rel. Min. Edson Fachin, 2ª Turma, j. 12.05.2021, Processo Eletrônico *DJe*-098, divulg. 21.05.2021, public. 24.05.2021).

10. Ação civil pública e a possibilidade de implementar políticas públicas na área da segurança pública

"2. Demonstrada a excepcionalidade da situação, bem como a omissão do ente público, pode o Poder Judiciário, em tema de direitos fundamentais de caráter social, determinar a implantação de políticas públicas, imprescindíveis ao funcionamento da segurança pública, sem que isso ofenda o princípio da separação dos poderes, discussão que se inclui no Tema 220 da sistemática da repercussão geral, cujo paradigma é o RE 592.581-RG. Precedentes. 3. Restabelecida a sentença em sede de recurso extraordinário. Ausência de julgamento ultra petita" (STF, RE 1214757 AgR, Rel. Min. Edson Fachin, 2ª Turma, j. 14.06.2021, Processo Eletrônico *DJe*-123, divulg. 24.06.2021, public. 25.06.2021).

11. Ação civil pública para obtenção de medicamentos e limites orçamentários

"2. Quanto à alegada impossibilidade do Município figurar no polo passivo da demanda, o entendimento do STJ firmou-se no sentido de que a União, Estados, Distrito Federal e Municípios são solidariamente responsáveis pelo fornecimento de medicamentos àqueles que necessitam de tratamento médico, o que autoriza o reconhecimento da legitimidade passiva ad causam dos referidos entes para figurar nas demandas sobre o tema. Precedentes: AREsp 1.556.454/MG, Rel. Min. Herman Benjamin, Segunda Turma DJe 5/11/2019 e AgInt no REsp 1.010.069/RS, Rel. Min. Og Fernandes, Segunda Turma, DJe 11/10/2019. 3. Ressalta-se que o Tribunal pleno do STF, em 5.3.2015, julgou o RE 855.178/SE, com repercussão geral reconhecida - Tema 793/STF -, e reafirmou sua jurisprudência no sentido de que o polo passivo da relação de direito processual pode ser composto por qualquer dos entes federados, porquanto a obrigação de fornecimento de medicamentos é solidária.4. Cumpre esclarecer que a alegada falta de previsão orçamentária não constitui óbice à concessão de provimento judicial que dê efetividade a direitos fundamentais, uma vez que as limitações orçamentárias não podem servir de escudo para recusas de cumprimento de obrigações prioritárias. Precedente: AgRg no REsp. 1.136.549/RS, Rel. Min. Humberto Martins, DJe 21.06.2010. 5. E ainda, como bem salientou o Parquet Federal, 'admitir a negativa de realizar, pelo Poder Público, o procedimento cirúrgico necessário ao tratamento médico da parte beneficiária, equivaleria a obstar o direito à vida, direito fundamental assegurado pela Constituição Federal de 1988, e merecedor de toda a forma de proteção do Estado' (fl. 309, e-STJ).6. Desse modo, o acórdão recorrido está em consonância com a orientação do STJ e do STF, razão pela qual não merece reforma" (STJ, AREsp 1841444/MG, Rel. Min. Herman Benjamin, 2ª Turma, j. 03.08.2021, *DJe* 16.08.2021).

Art. 82. Para os fins do art. 81, parágrafo único, são legitimados concorrentemente:

I - o Ministério Público;

II - a União, os Estados, os Municípios e o Distrito Federal;

III - as entidades e órgãos da administração pública, direta ou indireta, ainda que sem personalidade jurídica, especificamente destinados à defesa dos interesses e direitos protegidos por este Código;

IV - as associações legalmente constituídas há pelo menos um ano e que incluam entre seus fins institucionais a defesa dos interesses e direitos protegidos por este Código, dispensada a autorização assemblear.

§ 1º O requisito da pré-constituição pode ser dispensado pelo juiz, nas ações previstas no art. 91 e seguintes, quando haja manifesto interesse social evidenciado pela dimensão ou característica do dano, ou pela relevância do bem jurídico a ser protegido.

§ 2º (Vetado).[24]

---

[24]   Mensagem de Veto 664/90, *do § 2º do art. 82*: "Tais dispositivos transgridem o art. 128, § 5°, da Constituição Federal, que reserva à lei complementar a regulação inicial das atribuições e da organização do Ministério Público. O controle amplo e geral da legitimidade de atos jurídicos somente pode ser confiado ao Poder Judiciário (CF, art. 5°, XXXV). Portanto, a outorga de competência ao Ministério Público para proceder ao controle abstrato de cláusulas contratuais desfigura o perfil que o Constituinte imprimiu a essa instituição (CF, arts. 127 e 129). O controle abstrato de cláusulas contratuais está adequadamente disciplinado no art. 51, § 4°, do Projeto. Vetado o § 3° do art. 51, impõe-se, também, vetar o § 5° do art. 54.

§ 3º (Vetado).[25]

Legislação correlata

Constituição Federal, arts. 5º, XXI, 8º, III, 127, 129, III, e 134.

Lei 7.347/1985 (Lei da Ação Civil Pública), art. 5º.

Código de Processo Civil, arts. 17 e 18.

Análise doutrinária

1. Legitimidade concorrente para ajuizamento de ação coletiva

O art. 82 do CDC indica o rol de entes legitimados concorrentes para a propositura das ações coletivas. O dispositivo deve ser analisado em conjunto com o art. 5º da Lei 7.347/1985 (Lei da Ação Civil Pública). Os dispositivos (art. 82 do CDC e art. 5º da Lei 7.347/1985), que já possuem redação aproximada, completam-se, em razão do caráter integrativo de ambos os diplomas (art. 117 do CDC), para indicar exaustivamente todas as pessoas e entes que estão legitimados à propositura de ações coletivas.

Optou-se por atribuir a legitimidade – *ope legis* – a determinadas pessoas. O CDC, em complemento à disciplina da Lei 7.347/1985 (art. 5º), institui legitimação concorrente e autônoma entre Ministério Público, Defensoria Pública, União, Estados, Municípios, autarquia, empresa pública, fundação, sociedade de economia mista e associações civis para ajuizamento de ação coletiva. Qualquer dos legitimados pode propor a demanda coletiva sem necessária formação de litisconsórcio ou autorização dos demais.

Para propor ação, exigem-se legitimidade e interesse (art. 17 do CPC). Ambos os conceitos foram inicialmente imaginados e construídos para atender às exigências próprias do processo civil individual. O interesse processual, nesta visão, está vinculado ao binômio *necessidade-utilidade*, ou seja, a parte deve possuir necessidade de exercer o direito de ação para alcançar o resultado pretendido e praticamente útil. De outro lado, em relação à legitimidade, o autor da ação deve ser, em tese, o titular do direito ou da situação jurídica descrita na inicial (art. 18 do CPC).

Por outro lado, somente pode haver litisconsórcio (art. 82, § 2º) se a todos e a cada um tocar qualidade que lhe autorize a condução autônoma do processo. O art. 128 da Constituição não admite o litisconsórcio constante do projeto".

[25] Mensagem de Veto 664/90, *do § 3º do art. 82*: "É juridicamente imprópria a equiparação de compromisso administrativo a título executivo extrajudicial (CPC/1973, art. 585, II). É que, no caso, o objetivo do compromisso é a cessação ou a prática de determinada conduta, e não a entrega de coisa certa ou pagamento de quantia fixada".

Todavia, em razão de características próprias do processo civil coletivo, a análise dessas duas condições da ação (legitimidade e interesse) ganha abordagem diferenciada, uma vez que o legitimado para ajuizamento da ação coletiva não é titular do direito coletivo (*lato sensu*), como ocorre, em regra, nas demandas individuais.

Discute-se doutrinariamente se a legitimidade para propositura de ações coletivas é ordinária ou extraordinária, em face do disposto no art. 18 do CPC. Em que pesem as divergências, pouca ou nenhuma implicação prática traz o debate. De fato, "já não faz tanta diferença classificar a legitimidade para as ações coletivas como ordinária ou extraordinária, na medida em que, conforme lição de Barbosa Moreira, não é tão relevante saber *a que título* se dá proteção jurisdicional aos direitos superindividuais, se efetivamente *se dá* tal proteção" (GIDI, 1995, p. 39).

2. Adequada representatividade

No sistema norte-americano de ações coletivas (*class action*), o juiz deve verificar, no caso concreto, a *adequada representatividade* (*adequacy of representation*), ou seja, a presença de requisitos como credibilidade, idoneidade e capacidade do autor coletivo para evitar o ajuizamento de demandas temerárias ou de discussão de interesses de alta relevância por parte sem condições técnicas mínimas.

No Brasil, não se adotou, expressamente, tal sistema. Todavia, é possível, em alguns casos, realizar o controle de *adequada representatividade*. As limitações impostas pela doutrina e jurisprudência no tocante a legitimidade e interesse processual, aproximam-se, em última análise, de um exame de *adequada representatividade*.

Desse modo, particularmente com relação às associações civis, ao se verificar o interesse e legitimidade da parte autora, não basta analisar objetivamente os requisitos de constituição há pelo menos um ano e a respectiva vocação institucional à proteção do meio ambiente, ao consumidor, à ordem econômica, à livre concorrência ou ao patrimônio artístico, estético, histórico, turístico e paisagístico (art. 5º da Lei 7.347/1985 e art. 82, IV, da Lei 8.078/1990).

É preciso, adicionalmente, averiguar uma real condição de bem conduzir a defesa processual dos direitos metaindividuais, bem como se a amplitude da medida pretendida na ação – que, invariavelmente, pode afetar todo o mercado de consumo nacional – é compatível com a dimensão dos propósitos estatutários.

Outras restrições têm sido apresentadas à *legitimatio ad causam*, considerando as peculiaridades do processo civil coletivo, principalmente o fato de que, invariavelmente, estão em jogo direitos difusos (direitos materialmente coletivos – DMC) que, por natureza, não pertencem a determinada pessoa, e sim à comunidade. Salvo no tocante ao Ministério Público, a doutrina tem exigido a análise da presença do interesse de agir no caso concreto, considerando, entre outros fatores, aspectos regionais e dimensão do dano.

3. Associações civis

As associações civis possuem legitimidade para ajuizamento de ação coletiva, desde que observados três requisitos: 1) instituição há pelo menos um ano; 2) tenham, entre suas finalidades, a defesa do consumidor; 3) adequada representatividade.

A Lei acrescenta que não há necessidade de autorização da assembleia da entidade (art. 82, IV) e que o requisito da pré-constituição pode ser dispensado nas ações para tutela de interesses individuais homogêneos quando "haja manifesto interesse social evidenciado pela dimensão ou característica do dano, ou pela relevância do bem jurídico a ser protegido" (art. 82, § 1º, do CDC).

4. Distinção entre legitimidade para ação civil pública e possibilidade de representar associados e filiados

A legitimidade para ajuizamento de ação civil pública não se confunde com a possibilidade de associações e sindicatos defenderem em juízo interesses dos seus associados, com base no disposto no art. 5º, XXI, da CF ("as entidades associativas, quando expressamente autorizadas, têm legitimidade para representar seus filiados judicial ou extrajudicialmente) e no art. 8º, III ("ao sindicato cabe a defesa dos direitos e interesses coletivos ou individuais da categoria, inclusive em questões judiciais ou administrativas").

São situações apenas aparentemente semelhantes. Na defesa dos seus associados, a entidade (associação/sindicato) age – a partir de autorização específica e limitada – para defender unicamente direito de seus filiados. Nas ações coletivas, seja ela ajuizada pelo Ministério Público ou entidade civil, os efeitos da decisão afetam todos os consumidores que se enquadram no quadro fático e jurídico delineado na inicial. No caso concreto, quando a ação for proposta por associação ou sindicato, são os pedido e a causa de pedir que definem a espécie de tutela coletiva: se se trata de ação civil pública ou defesa coletiva dos associados ou sindicalizados.

No âmbito do mercado de consumo, a decisão proferida em ação ajuizada por entidade de defesa do consumidor, fundamentada no art. 8º, III, da CF, beneficia apenas os respectivos associados. De outro lado, a sentença proferida em ação coletiva, baseada na Lei 7.347/1985 e na Lei 8.078/1990, ou seja, que tutela direitos metaindividuais, alcança todos os consumidores que estão na situação descrita na petição inicial.

Assim, se há vício de qualidade em todos os veículos de determinado modelo, marca e ano, a ação coletiva, ajuizada por entidade de defesa do consumidor, com fundamento na Lei 7.347/1985 e na Lei 8.078/1990, irá beneficiar todos que se encontram na situação, independentemente de serem associados. É nesse sentido que se fala que a decisão é *ultra partes*.

Ao contrário, se a autora optar por realizar unicamente a defesa dos seus associados, com fundamento no art. 8º, III, da CF, apenas os associados que autorizaram o ajuizamento da demanda serão beneficiados. Tal distinção foi amplamente debatida e bem delineada nos tribunais superiores, com destaque para o julgamento do RE 1.101.937, Rel. Min. Alexandre de Moraes (v. comentários ao art. 103).

5. Legitimidade do Ministério Público e a questão da relevância social

A Constituição Federal afirma ser o Ministério Público "instituição permanente, essencial à função jurisdicional do Estado, incumbindo-lhe a defesa da ordem jurídica, do regime democrático e dos interesses sociais e individuais indisponíveis" (art. 127). Possui a função institucional de "promover o inquérito civil e a ação civil pública, para a proteção do patrimônio público e social, do meio ambiente e de outros interesses difusos e coletivos" (art. 129, III).

A experiência indica que o Ministério Público é, entre os legitimados, o que mais tem ajuizado ações coletivas. O interesse de agir é presumido, sem qualquer possibilidade de discussão em sentido contrário, considerando principalmente a vocação institucional para a tutela dos direitos coletivos. O ajuizamento de ação civil pública pelo Ministério Público é exercício das próprias funções institucionais, o que difere dos demais legitimados "cujas funções primordiais são outras e para as quais a atuação em defesa de direitos transindividuais constitui atividade acessória e eventual" (ZAVASKI, *Processo coletivo*, p. 77).

O ordenamento jurídico é bem claro quanto à legitimidade do Ministério Público para ajuizamento de ações para tutela dos direitos difusos, coletivos e individuais homogêneos. Todavia, principalmente em meados da década de 1990, observou-se inesperada resistência do Judiciário em aceitar essa legitimidade.

Após intensas discussões nos tribunais, houve ampla aceitação jurisprudencial da legitimidade do Ministério Público para ajuizamento de ações coletivas, com restrições pontuais, entre elas a exigência de verificação, em concreto, da *relevância social* do objeto da ação, quando se tratar de interesse *coletivo* ou *individual homogêneo*, considerando a destinação constitucional do órgão: defesa de interesses sociais e individuais indisponíveis (art. 127 da CF).

Entre os julgados, pela grande importância para a consolidação da jurisprudência em favor da legitimidade do Ministério Público, destaque-se o RE 163.231, julgado em fevereiro de 1997, que se tornou *leading case* na Suprema Corte. Hoje, a única restrição apresentada pela jurisprudência e parte da doutrina em relação à legitimidade do Ministério Público diz respeito à avaliação, em concreto, da relevância social do objeto da ação, principalmente na tutela dos direitos individuais homogêneos.

A orientação do Superior Tribunal de Justiça é justamente no sentido de exigir a presença de interesse público (relevância social) nas ações coletivas propostas pelo Ministério Público para defesa de direitos individuais homogêneos. Destaque-se que o fato de os direitos serem considerados *disponíveis* não afasta, por si só, a legitimidade do Ministério Público.

Apesar da abertura semântica da expressão *relevância social*, está correta exigência da aferição da relevância social em hipóteses específicas. É possível que determinada ação coletiva, não apenas em relação ao direito individual homogêneo, mas igualmente ao se defender direito coletivo, beneficie número reduzidíssimo de consumidores e, ao mesmo tempo, em setor que não justifique, considerando as diretrizes constitucionais (arts. 127 e 129), a intervenção do Ministério Público.

Exemplifique-se com demanda coletiva para impedir o reajuste da prestação de curso de francês que, ao final, irá beneficiar vinte alunos. Outro exemplo pode ser oferecido por acidente em transporte coletivo de menores proporções. Não é razoável que o Ministério Público ajuíze ação coletiva para reconhecer a responsabilidade civil de uma empresa de ônibus a indenizar cinco ou seis pessoas feridas, as quais deverão se habilitar no processo, em momento posterior, para demonstrar o valor do dano individualmente sofrido.

Entre outros elementos, para análise da relevância social da atuação do Ministério Público, é importante verificar a natureza da lesão, o bem jurídico afetado, o número de pessoas atingidas, a dificuldade das vítimas de acesso à Justiça. Todavia, o número reduzido de beneficiados não afasta a legitimidade do Ministério Público quando se trata de defesa de direito de cunho social.

6. Defensoria Pública

A Defensoria Pública, nos termos do art. 134 da Constituição Federal, "é instituição permanente, essencial à função jurisdicional do Estado, incumbindo-lhe, como expressão e instrumento do regime democrático, fundamentalmente, a orientação jurídica, a promoção dos direitos humanos e a defesa, em todos os graus, judicial e extrajudicial, dos direitos individuais e coletivos, de forma integral e gratuita, aos necessitados na forma do inciso LXXIV do art. 5º desta Constituição Federal", o qual, por seu turno, estabelece: "o Estado prestará assistência jurídica integral e gratuita aos que comprovarem insuficiência de recursos".

Atualmente, a legitimidade da Defensoria Pública é expressa. A Lei 11.448/2007 conferiu nova redação ao art. 5º da Lei 7.347/1985 (Lei da Ação Civil Pública) para estabelecer que a Defensoria Pública possui "legitimidade para propor a ação principal e a ação cautelar".

Num país de população pobre e carente, é bastante óbvia a importância do papel exercido pelos defensores públicos nas mais variadas relações sociais. Essa relevância contém nuance diferenciada nos conflitos decorrentes das relações de consumo. Enquanto o consumidor rico ou de classe média pode absorver pequenas lesões praticadas pelo mercado (exemplo, cobrança de tarifa indevida pelo banco no valor de R$ 27,00), sem maior impacto no orçamento familiar, o mesmo não ocorre com aquele que, recebendo um salário mínimo por mês, deve sustentar toda a família. As "pequenas lesões" praticadas pelos fornecedores podem representar 20, 30, até 50% do seu ganho mensal, em detrimento de valores destinados a alimentação e outras necessidades básicas.

Após reconhecimento legal e jurisprudencial da legitimidade da Defensoria Pública para tutela judicial de direito difusos, coletivos e individuais homogêneos, os tribunais superiores (STF e STJ) debateram eventuais limites nessa atuação, considerando que a Constituição Federal estabelece que seu objetivo maior é atender os necessitados, ou seja, pessoas com insuficiência de recursos.

Ao final, restou sedimentado que: "ainda que a competência da Defensoria Pública para a defesa de interesses e direitos transindividuais esteja vinculada à interpretação das expressões 'necessitados' e 'insuficiência de recursos', constantes, respectivamente, no texto dos arts. 134 e 5º, LXXIV, da CF, essa interpretação deve se dar de forma ampla e abstrata, bastando que possa haver a existência de um grupo de hipossuficientes, independentemente de alcançar de forma indireta e eventual outros grupos mais favorecidos economicamente" (STJ, AgInt no REsp 1.418.091).

 Dicas práticas

É importante, em casos concretos, verificar as limitações apresentadas pela jurisprudência no tocante à legitimidade, particularmente das associações. Distinguir legitimidade para ajuizamento de ação civil pública de possibilidade de associação e sindicatos representarem os associados e filiados na Justiça.

 **Jurisprudência**

1. Ação civil pública e representatividade adequada

"As ações coletivas, em sintonia com o disposto no art. 6º, VIII, do Código de Defesa do Consumidor, ao propiciar a facilitação da tutela dos direitos individuais homogêneos dos consumidores, viabilizam otimização da prestação jurisdicional, abrangendo toda uma coletividade atingida em seus direitos. Dessarte, como sabido, a Carta Magna (art. 5º, XXI) trouxe apreciável normativo de prestígio e estímulo às ações coletivas ao estabelecer que as entidades associativas detêm legitimidade para representar judicial e extrajudicialmente seus filiados, sendo que, no tocante à legitimação, '[...] um limite de atuação fica desde logo patenteado: o objeto material da demanda deve ficar circunscrito aos direitos e interesses desses filiados. Um outro limite é imposto pelo interesse de agir da instituição legitimada: sua atuação deve guardar relação com seus fins institucionais' (ZAVASCKI, Teori Albino. *Processo coletivo: tutela de direitos coletivos e tutela coletiva de direitos*. São Paulo: RT, 2014, p. 162). É digno de realce que, muito embora o anteprojeto da Lei 7.347/1985, com inspiração no direito norte-americano, previa a verificação da representatividade adequada das associações (*adequacy of representation*), propondo que sua legitimação seria verificada no caso concreto pelo juiz, todavia, essa proposta não prevaleceu, pois o legislador optou por indicar apenas quesitos objetivos (estar constituída há pelo menos 1 (um) ano e incluir, entre suas finalidades institucionais, a proteção ao meio ambiente, ao consumidor, à ordem econômica, à livre concorrência ou ao patrimônio artístico, estético, histórico, turístico e paisagístico). Com efeito, o legislador instituiu referidas ações visando tutelar interesses metaindividuais, partindo da premissa de que são, presumivelmente, propostas em prol de interesses sociais relevantes ou, ao menos, de interesse coletivo, por legitimado ativo que se apresenta, *ope legis*, como representante idôneo do interesse tutelado (MANCUSO, Rodolfo de Camargo. *Ação civil pública: em defesa do meio ambiente, do patrimônio cultural e dos consumidores – Lei 7.347/1985 e legislação complementar*. 12. ed. São Paulo: RT, 2011, p. 430). Por um lado, é bem de ver que, muito embora a presunção *iuris et de iure* seja inatacável – nenhuma prova em contrário é admitida –, no caso das presunções legais relativas ordinárias se admite prova em contrário. Por outro lado, o art. 125, III, do CPC [correspondente ao art. 139, III, do CPC/2015] estabelece que é poder-dever do juiz, na direção do processo, prevenir ou reprimir qualquer ato contrário à dignidade da Justiça. Com efeito, contanto que não seja exercido de modo a ferir a necessária imparcialidade inerente à magistratura, e sem que decorra de análise eminentemente subjetiva do juiz, ou mesmo de óbice meramente procedimental, é plenamente possível que, excepcionalmente, de modo devidamente fundamentado, o magistrado exerça, mesmo que de ofício, o controle de idoneidade (adequação da representatividade) para aferir/afastar a legitimação *ad causam* de associação. No caso, a Corte de origem inicialmente alinhavou que 'não se quer é a montagem de associações de gaveta, que não floresçam da sociedade civil, apenas para poder litigar em todos os campos com o benefício do art. 18 da Lei de Ação Civil Pública'; 'associações, várias vezes, surgem como máscaras para a criação de fontes arrecadadoras, que, sem perigo da sucumbência, buscam indenizações com somatório milionário, mas sem autorização do interessado, que depois é cobrado de honorários'. Dessarte, o Tribunal de origem não reconheceu a legitimidade *ad causam* da recorrente, apurando que 'há dado revelador: supostamente, essa associação autora é composta por muitas pessoas famosas (fls. 21), mas todas com domicílio em um único local. Apenas isso já mostra indícios de algo que deve ser apurado. Ou tudo é falso, ou se conseguiu autorização verbal dos interessados, que, entretanto nem sabem para que lado os interesses de tais entidades voam'. Ademais, o outro fundamento autônomo adotado pela Corte de origem para não reconhecer a legitimação *ad causam* da demandante, anotando que o estatuto da associação, ora recorrente, é desmesuradamente genérico, possuindo 'referência genérica a tudo: meio ambiente, consumidor, patrimônio histórico, e é uma repetição do teor do art. 5º, II, da Lei 7.347/1985' tem respaldo em precedente do STJ, assentando que as associações civis necessitam ter finalidades institucionais compatíveis com a defesa do interesse transindividual que pretendam tutelar em juízo. Embora essa finalidade possa ser razoavelmente genérica, 'não pode ser, entretanto, desarrazoada, sob pena de admitirmos a criação de uma associação civil para a defesa de qualquer interesse, o que desnaturaria a exigência de representatividade adequada do grupo lesado'. (AgRg no REsp 901.936/RJ, rel. Min. Luiz Fux, 1ª T., j. 16.10.2008, *DJe* 16.03.2009)" (STJ, REsp 1.213.614/RJ, Rel. Min. Luis Felipe Salomão, j. 01.10.2015, *DJe* 26.10.2015).

"A qualidade moral e técnica necessária para a configuração da pertinência temática e da representatividade adequada tem íntima relação com o respeito das garantias processuais das pessoas substituídas, a legitimidade do provimento jurisdicional com eficácia ampla e a própria instrumentalização da demanda coletiva, evitando o ajuizamento de ações temerárias, sem fundamento razoável, ou propostas por motivos simplesmente políticos ou emulatórios. Em relação ao Ministério Público e aos entes políticos, que tem como finalidades institucionais a proteção de valores fundamentais, como a defesa coletiva dos consumidores, não se exige pertinência temática e representatividade adequada" (STJ, REsp 1.509.586/SC, 3ª Turma, Rel. Min. Nancy Andrighi, j. 15.05.2018, *DJe* 18.05.2018).

2. Legitimidade do Ministério Público para a tutela de direitos individuais homogêneos: a questão da disponibilidade do direito

"1. Os arts. 1º e 5º da Lei n. 7.347/1985 e 81 e 82 da Lei n. 8.078/1990 conferem legitimidade ao Ministério Público para promover ação civil pública em defesa dos interesses difusos, coletivos e individuais homogêneos do consumidor. Ainda que se trate de direito disponível, há legitimidade do Órgão Ministerial quando a defesa do consumidor de forma coletiva é expressão da defesa dos interesses sociais, nos termos do que dispõem os arts. 127 e 129 da Constituição Federal" (STJ, AgInt no REsp 1.777.003/SP, 3ª Turma, Rel. Min. Marco Aurélio Bellizze, j. 01.07.2019, *DJe* 06.08.2019).

"7. A jurisprudência desta Corte vem sedimentando-se em favor da legitimidade do MP para promover Ação Civil Pública visando à defesa de direitos individuais homogêneos, ainda que disponíveis e divisíveis, quando há relevância social objetiva do bem jurídico tutelado (a dignidade da pessoa humana, a qualidade ambiental, a saúde, a educação, para citar alguns exemplos) ou diante da massificação do conflito em si considerado. 8. É evidente que a Constituição da República não poderia aludir, no art. 129, II, à categoria dos interesses individuais homogêneos, que foi criada pela lei consumerista. A propósito, o Supremo Tribunal Federal já enfrentou o tema e, adotando o comando constitucional em sentido mais amplo, posicionou-se a favor da legitimidade do Ministério Público para propor ação civil pública para proteção dos mencionados direitos. Precedentes. (...) 10. Assim, atua o Ministério Público na defesa de típico direito individual homogêneo, por meio da ação civil pública, em contraposição à técnica tradicional de solução atomizada, a qual se justifica para I) evitar as inumeráveis demandas judiciais (economia processual), que sobrecarregam o Judiciário, e decisões incongruentes sobre idênticas questões jurídicas, mas sobretudo para II) buscar a proteção do acesso à informação, interesse social relevante, cuja disciplina mereceu atenção inclusive em diplomas normativos próprios – Lei 12.527/2011 e Decreto 7.724/2012 (este, aliás, prevê a gratuidade para a busca e o fornecimento da informação no âmbito de todo o Poder Executivo Federal)" (STJ, AgInt no REsp 1701853/RJ, Rel. Min. Herman Benjamin, 2ª Turma, j. 15.03.2021, *DJe* 19.03.2021).

"1. Nos termos da jurisprudência desta Corte Superior, 'ainda que se trate de direito disponível, há legitimidade do Ministério Público quando a defesa do consumidor de forma coletiva é expressão da defesa dos interesses sociais' (EREsp 1.378.938/SP, Rel. Ministro BENEDITO GONÇALVES, CORTE ESPECIAL, julgado em 20/6/2018, DJe de 27/6/2018). 2. Tratando-se de proteção de direitos individuais homogêneos do consumidor e, encontrando inserida, entre os escopos fundamentais do Ministério Público, a defesa do consumidor, conforme preveem os arts. 127 da CF e 21 da Lei 7.327/85, é incontestável a legitimação do Ministério Público Federal para propor a presente ação civil pública" (STJ, AgInt no AREsp 1389466/RJ, Rel. Min. Raul Araújo, 4ª Turma, j. 21.06.2021, *DJe* 01.07.2021).

3. Legitimidade do Ministério Público e relevância social do bem tutelado

"1. A jurisprudência do Superior Tribunal de Justiça é firme no sentido de que o Ministério Público possui legitimidade para propor Ação Civil Pública voltada à defesa de direitos individuais homogêneos, ainda que disponíveis e divisíveis, quando presente relevância social objetiva do bem jurídico tutelado, como é o caso dos autos. Precedentes: REsp 1.331.690/RJ, Rel. Ministro Og Fernandes, Segunda Turma, DJe 02/12/2014; b) AgInt nos EDcl no REsp 1.600.628/SC, Rel. Ministra Assusete Magalhães, Segunda Turma, DJe 13/5/2019" (STJ, AgInt no REsp 1707597/ES, Rel. Min. Herman Benjamin, 2ª Turma, j. 24.11.2020, *DJe* 01.07.2021).

"Esta Corte, alinhada à orientação do Supremo Tribunal Federal, fixou o entendimento de que o Ministério Público é legítimo para propor Ação Civil Pública na defesa de interesses individuais homogêneos, ainda que disponíveis e divisíveis, quando se verificar a presença de relevante interesse social e para evitar a massificação de conflitos judiciais" (STJ, AgInt no REsp 1835381/MT, Rel. Min. Napoleão Nunes Maia Filho, 1ª Turma, j. 16.11.2020, *DJe* 19.11.2020).

4. Legitimidade do Ministério Público sob enfoque constitucional

"1. O Ministério Público ostenta legitimidade para a tutela coletiva destinada à proteção do patrimônio público, mormente porque múltiplos dispositivos Constitucionais evidenciam a elevada importância que o constituinte conferiu à atuação do parquet no âmbito das ações coletivas. 2. O Ministério Público, por força do art. 127, caput, da Carta Magna, tem dentre suas incumbências a 'defesa da ordem jurídica, do regime democrático e dos interesses sociais e individuais indisponíveis', mercê de o art. 129 da Lei Maior explicitar as funções institucionais do Ministério Público no sentido de 'zelar pelo efetivo respeito dos Poderes Públicos e dos serviços de relevância pública aos direitos assegurados' na Constituição (inciso II), 'promover o inquérito civil e a ação civil pública, para a proteção do patrimônio público e social, do meio ambiente e de outros interesses difusos e coletivos' (inciso III) e 'exercer outras funções que lhe forem conferidas, desde que compatíveis com sua finalidade, sendo-lhe vedada a representação judicial e a consultoria jurídica de entidades públicas' (inciso IX). 3. A tutela coletiva exercida pelo Ministério Público se submete apenas a restrições excepcionais, como, *verbi gratia* a norma que veda ao Ministério Público a representação judicial e a consultoria jurídica de entidades públicas (art. 129, IX, *in fine*, da CRFB), sendo certo que a Carta Magna atribui ao parquet ampla atribuição no campo da tutela do patrimônio público, interesse de cunho inegavelmente transindividual, bem como que sua atuação na proteção do patrimônio público não afasta a atuação do próprio ente público prejudicado, conforme prevê o art. 129, § 1º, da Constituição: 'A legitimação do Ministério Público para as ações civis previstas neste artigo não impede a de terceiros, nas mesmas hipóteses, segundo o disposto nesta Constituição e na lei'. 4. O parquet, ao ajuizar ação coletiva para a tutela do Erário, não age como representante da entidade pública, e sim como substituto processual de uma coletividade indeterminada, é dizer, a sociedade como um todo, titular do direito à boa administração do patrimônio público, da mesma forma que qualquer cidadão também poderia fazê-lo por meio de ação popular (art. 5º, LXXIII, da CRFB). 5. O combate em juízo à dilapidação ilegal do Erário configura atividade de defesa da ordem jurídica, dos interesses sociais e do patrimônio público, sendo todas essas funções institucionais atribuídas ao Ministério Público pelos artigos 127 e 129 da Constituição, de modo que entendimento contrário não apenas afronta a textual previsão da Carta Magna, mas também fragiliza o sistema de controle da Administração Pública, visto que deixaria a persecução de atos atentatórios à probidade e à moralidade administrativas basicamente ao talante do próprio ente público no bojo do qual a lesão ocorreu. 6. A jurisprudência do Plenário deste Supremo Tribunal Federal reconhece a legitimidade do Ministério Público para o ajuizamento de ação coletiva destinada à proteção do patrimônio público: RE 225777, Relator(a): Min. EROS GRAU, Relator(a) p/ Acórdão: Min. DIAS TOFFOLI, Tribunal Pleno, julgado em 24/02/2011; RE 208790, Relator(a): Min. ILMAR GALVÃO, Tribunal Pleno, julgado em 27/09/2000" (STF, RE 409356, Rel. Min. Luiz Fux, Tribunal Pleno, j. 25.10.2018, Processo Eletrônico Repercussão Geral, Mérito *DJe*-187, divulg. 28.07.2020, public. 29.07.2020).

5. Legitimidade do Ministério Público para determinar fornecimento de remédio pelos entes federados

"O Ministério Público possui legitimidade para ajuizar ação civil pública com objetivo de compelir entes federados a entregarem medicamentos a portadores de certa doença" (STF, RE 605533, Rel. Min. Marco Aurélio, Tribunal Pleno, j. 15.08.2018, Acórdão Eletrônico Repercussão Geral, Mérito *DJe*-028, divulg. 11.02.2020, public. 12.02.2020).

6. Ministério Público tem legitimidade para a propositura de ação civil pública em defesa de direitos sociais relacionados ao FGTS

"1. No julgamento do RE 631.111 (Rel. Min. TEORI ZAVASCKI, DJe de 30/10/2014), sob o regime da repercussão geral, o PLENÁRIO firmou entendimento no sentido de que certos interesses individuais, quando aferidos em seu conjunto, de modo coletivo e impessoal, têm o condão de transcender a esfera de interesses estritamente particulares, convolando-se em verdadeiros interesses da comunidade, emergindo daí a legitimidade do Ministério Público para ajuizar ação civil pública, com amparo no art. 127 da Constituição Federal, o que não obsta o Poder Judiciário de sindicar e decidir acerca da adequada legitimação para a causa, inclusive de ofício. 2. No RE 576.155 (Rel. Min. RICARDO LEWANDOWSKI, DJe de 1º/2/2011), também submetido ao rito da repercussão geral, o PLENÁRIO cuidou da questão envolvendo a vedação constante do parágrafo único do art. 1º da Lei 7.347/1985, incluído pela MP 2.180-35/2001, oportunidade em que se reconheceu a legitimidade do Ministério Público para dispor da ação civil pública com o fito de anular acordo de natureza tributária firmado entre empresa e o Distrito Federal, pois evidente a defesa ministerial em prol do patrimônio público. 3. A demanda intenta o resguardo de direitos individuais homogêneos cuja amplitude possua expressiva envergadura social, sendo inafastável a legitimidade do Ministério Público para ajuizar a correspondente ação civil pública. 4. É o que ocorre com as pretensões que envolvam tributos, contribuições previdenciárias, o Fundo de Garantia do Tempo de Serviço - FGTS ou outros fundos de natureza institucional cujos beneficiários podem ser individualmente determinados (parágrafo único do art. 1º da Lei 7.347/1985). 5. Na hipótese, o Tribunal Regional Federal da 5ª Região, pautado na premissa de que o direito em questão guarda forte conotação social, concluiu que o Ministério Público Federal detém legitimidade ativa para ajuizar ação civil pública em face da Caixa Econômica Federal, uma vez que se litiga sobre o modelo organizacional dispensado ao FGTS, máxime no que se refere à unificação das contas fundiárias dos trabalhadores. 6. Recurso Extraordinário a que nega provimento. Tese de repercussão geral proposta: o Ministério Público tem legitimidade para a propositura de ação civil pública em defesa de direitos sociais relacionados ao FGTS" (STF, RE 643978, Rel. Min. Alexandre de Moraes, Tribunal Pleno, j. 09.10.2019, Processo Eletrônico Repercussão Geral, Mérito *DJe*-232, divulg. 24.10.2019, public. 25.10.2019).

7. Impossibilidade de ajuizamento de ação civil pública para proteger grupo de fornecedores

"1. A legitimidade extraordinária prevista no art. 82, IV, do CDC restringe-se à proteção dos interesses do consumidor, ante a teleologia expressa visada pela norma especial. Em se tratando de ação coletiva ajuizada por grupo de fornecedores, aplica-se a regra geral prevista no art. 5º, XXI, da CF, segundo a qual a representação dos associados depende de credenciamento específico por autorização assemblear ou autorização específica dos associados. 2. Pressuposto o ajuizamento da ação para favorecer fornecedores; é inviável a revisão do tema em sede de recurso especial, para analisar a pertinência subjetiva da ação com enfoque na equiparação com consumidor ou mesmo a vulnerabilidade do grupo; sob pena de revolvimento fático probatório, vedado, a teor do Enunciado 7/STJ" (STJ, AgInt no REsp 1808817/PR, Rel. Min. Luis Felipe Salomão, 4ª Turma, j. 14.06.2021, *DJe* 21.06.2021).

8. Legitimidade da Defensoria Pública

"Ação direta de inconstitucionalidade. Legitimidade ativa da Defensoria Pública para ajuizar ação civil pública (art. 5º, inc. II, da Lei n. 7.347/1985, alterado pelo art.

2º da Lei n. 11.448/2007). Tutela de interesses transindividuais (coletivos *strito sensu* e difusos) e individuais homogêneos. Defensoria Pública: instituição essencial à função jurisdicional. Acesso à justiça. Necessitado: definição segundo princípios hermenêuticos garantidores da força normativa da Constituição e da máxima efetividade das normas constitucionais: art. 5º, incs. XXXV, XXIV, XXVIII, da Constituição da República. Inexistência de norma de exclusividade do Ministério Público para ajuizamento de ação civil pública. Ausência de prejuízo institucional do ministério público pelo reconhecimento da legitimidade da Defensoria Pública. Ação julgada improcedente" (STF, ADI 3.943, Tribunal Pleno, Rel. Min. Cármen Lúcia, j. 07.05.2015, *DJe*-154, Divulg. 05.08.2015, Public. 06.08.2015).

"A jurisprudência desta Corte Superior é consolidada no sentido de que a Defensoria Pública tem legitimidade para propor ações coletivas na defesa de direitos difusos, coletivos ou individuais homogêneos. Precedentes: REsp 1.275.620/RS, rel. Min. Eliana Calmon, 2ª T., *DJe* 22.10.2012; AgRg no AREsp 53.146/SP, rel. Min. Castro Meira, 2ª T., *DJe* 05.03.2012; REsp 1.264.116/RS, rel. Min. Herman Benjamin, 2ª T., *DJe* 13.04.2012; REsp 1.106.515/MG, rel. Min. Arnaldo Esteves Lima, 1ª T., *DJe* 02.02.2011; AgRg no REsp 1.000.421/SC, rel. Min. João Otávio de Noronha, 4ª T., *DJe* 1º.06.2011" (STJ, AgRg no AREsp 67.205/RS, Rel. Min. Benedito Gonçalves, j. 01.04.2014, *DJe* 11.04.2014).

"1. O entendimento da Corte local sobre legitimidade ativa da Defensoria Pública para a demanda coletiva ajuizada atrai a incidência da Súmula 83 do STJ" (STJ, AgInt no REsp 1850030/MA, Rel. Min. Luis Felipe Salomão, 4ª Turma, j. 24.05.2021, *DJe* 27.05.2021).

9. Legitimidade da Defensoria Pública e amplitude do conceito de *necessitado*

"1. A Corte Especial desta Casa, no julgamento dos Embargos de Divergência no Recurso Especial n. 1.192.577/RS, em 21/10/2015, de relatoria da Ministra Laurita Vaz, aplicou o entendimento da Suprema Corte, proferido na ADI 3943/DF, concluindo que a 'Defensoria Pública tem legitimidade para propor ação civil pública, na defesa de interesses difusos, coletivos ou individuais homogêneos, julgando improcedente o pedido de declaração de inconstitucionalidade formulado contra o art. 5º, inciso II, da Lei nº 7.347/1985, alterada pela Lei nº 11.448/2007 ('Art. 5º Têm legitimidade para propor a ação principal e a ação cautelar: ... II – a Defensoria Pública')'. 2. Outrossim, ainda que a competência da Defensoria Pública para a defesa de interesses e direitos transindividuais esteja vinculada à interpretação das expressões 'necessitados' e 'insuficiência de recursos', constantes, respectivamente, no texto dos arts. 134 e 5º, LXXIV, da CF, essa interpretação deve se dar de forma ampla e abstrata, bastando que possa haver a existência de um grupo de hipossuficientes, independentemente de alcançar de forma indireta e eventual outros grupos mais favorecidos economicamente. Precedente" (STJ, AgInt no REsp 1.418.091/SP, 3ª Turma, Rel. Min. Marco Aurélio Bellizze, j. 09.09.2019, *DJe* 12.09.2019).

10. Legitimidade de associação civil e dispensa do requisito de pré--constituição há mais de um ano

"Presente o interesse social evidenciado pela dimensão do dano e apresentando-se como relevante o bem jurídico a ser protegido, pode o juiz dispensar o requisito da pré-constituição superior a um ano da associação autora da ação" (STJ, REsp 520.454, Rel. Min. Barros Monteiro, j. 15.04.2004, *DJ* 01.07.2004).

"1. Cuida-se de ação coletiva com a finalidade de obrigar empresa a veicular no rótulo dos alimentos industrializados que produz a informação acerca da presença ou não da proteína denominada glúten. 2. É dispensável o requisito temporal da associação (pré-constituição há mais de um ano) quando presente o interesse social evidenciado pela dimensão do dano e pela relevância do bem jurídico tutelado. 3. É fundamental assegurar os direitos de informação e segurança ao consumidor celíaco, que está adstrito à dieta isenta de glúten, sob pena de graves riscos à saúde, o que, em última análise, tangencia a garantia a uma vida digna" (STJ, REsp 1.479.616/GO, Rel. Min. Ricardo Villas Bôas Cueva, j. 03.03.2015, *DJe* 16.04.2015).

"1. A associação constituída há menos de 1 (um) ano possui legitimidade para ajuizamento de ação civil pública, em razão de vícios construtivos nos imóveis adquiridos pelo Programa Minha Casa Minha Vida, por mais de 500 (quinhentas) famílias de baixa renda (Faixa I), em situação de extrema vulnerabilidade jurídica. 2. A dispensa do requisito temporal de pré-constituição justifica-se pelo objetivo da ação coletiva que envolve o direito à moradia, previsto no art. 6º da Constituição Federal como direito fundamental" (STJ, AgInt no REsp 1.844.369/PE, 3ª Turma, Rel. Min. Marco Aurélio Bellizze, j. 04.05.2020, *DJe* 08.05.2020).

11. Legitimidade ativa e litisconsórcio

"1. No sistema da Ação Civil Pública, pode um colegitimado ativo ser posteriormente admitido como litisconsorte, sem que haja ampliação objetiva da lide e recebendo os autos no estado em que se encontram, pois age representando os titulares de um direito transindividual e não em nome próprio, a teor do art. 5o., § 2o. da Lei 7.347/1985.Ratificada a admissão nesta qualidade. Nesse mesmo sentido, precedente específico monocrático: TutPrv no REsp. 1.658.274/PA, Rel. Min. REGINA HELENA COSTA, DJe 28.11.2019" (STJ, REsp 1641107/PA, Rel. Min. Manoel Erhardt (Desembargador Convocado do TRF-5ª Região), 1ª Turma, j. 15.06.2021, *DJe* 30.06.2021).

12. Sucessão no polo ativo de ação civil pública

"6. No regime da substituição processual, o ordenamento confere a terceiros a atribuição de pleitear direitos pertencentes a outrem em nome próprio, por meio do ajuizamento de ações coletivas ou ações civis públicas. A principal consequência prática da defesa de direitos alheios por terceiros em nome próprio é a de que a sentença proferida em processo ajuizado pelo substituto processual produzirá efeitos sobre o patrimônio jurídico de substituídos, titulares do direito material discutido em juízo (RESP 1.800.726/MG, 3ª Turma, DJe de 04/04/2019). 7. A jurisprudência do STJ interpretou extensivamente os arts. 9º da Lei 4.717/65 e 5º, § 3º, da Lei 7.347/85, firmando o entendimento de que a sucessão no polo ativo deve ser admitida mesmo na hipótese de reconhecimento da ilegitimidade ativa do autor coletivo originário, devendo 'ser dado aproveitamento ao processo coletivo, com a substituição (sucessão) da parte tida por ilegítima para a condução da demanda'. Precedentes" (STJ, AgInt no AREsp 1672071/SP, Rel. Min. Nancy Andrighi, 3ª Turma, j. 01.06.2021, *DJe* 07.06.2021).

13. Associação civil e defesa de direito individual homogêneo: desnecessidade de autorização ou apresentação de relação nominal de associados

"A ação coletiva é o instrumento adequado para a defesa dos interesses individuais homogêneos dos consumidores. Precedentes. Independentemente de autorização especial ou da apresentação de relação nominal de associados, as associações civis, constituídas há pelo menos um ano e que incluam entre seus fins institucionais a defesa dos interesses e direitos protegidos pelo CDC, gozam de legitimidade ativa para a propositura de ação coletiva" (STJ, REsp 805.277, Rel. Min. Nancy Andrighi, j. 23.09.2008, *DJ* 08.10.2008).

14. Legitimidade da Comissão de Defesa do Consumidor de Assembleia Legislativa

"4. A recorrente – Comissão de Defesa do Consumidor da Assembleia Legislativa do Estado do Rio de Janeiro – é entidade ou órgão técnico vinculado ao Poder Legislativo Estadual com competência, expressa e específica, para atuar na tutela do consumidor, integrando o Sistema Nacional de Defesa do Consumidor. 5. A previsão normativa para ajuizar demandas coletivas na hipótese dos autos foi inserida, em fevereiro de 2006, no art. 26, § 49, 'd', do Regimento Interno da Assembleia Legislativa do Estado do Rio de Janeiro, reforma (diga-se, de passagem, desnecessária) realizada rigorosamente para expressar tal possibilidade. 6. Na apreciação da legitimação para a proposição de ações coletivas, não se deve entender restritivamente a expressão 'Administração Pública', referida no art. 82, III, do CDC. Para o intérprete da lei, como o STJ, importa apenas indagar se o órgão em questão exerce, com base em autorização legal, função administrativa e, por meio dela, a defesa do consumidor, de modo análogo ou semelhante ao Procon. 7. Recurso Especial provido para reconhecer a legitimidade da Comissão de Defesa do Consumidor da Assembleia Legislativa do Rio de Janeiro para a propositura de demanda coletiva visando à defesa do consumidor" (STJ, REsp 1.075.392/RJ, 2ª Turma, Rel. Min. Castro Meira, Rel. p/ acórdão Min. Herman Benjamin, j. 15.12.2009, *DJe* 04.05.2011).

15. Associação e sindicatos na defesa dos direitos de seus afiliados

"2. Os sindicatos e associações, na qualidade de substitutos processuais, detêm legitimidade para atuar judicialmente na defesa dos interesses coletivos de toda a categoria que representam, sendo dispensável a relação nominal dos afiliados e suas respectivas autorizações. 3. Dessa forma, a coisa julgada oriunda da ação coletiva de conhecimento abarcará todos os servidores da categoria, tornando-os partes legítimas para propor a execução individual da sentença, independentemente da comprovação de sua filiação" (STJ, REsp 1.186.714/GO, 2ª Turma, Rel. Min. Mauro Campbell Marques, j. 22.03.2011, *DJe* 31.03.2011).

"Consoante a jurisprudência do STJ, os sindicatos e associações, na qualidade de substitutos processuais, detêm legitimidade para atuar judicialmente na defesa dos interesses coletivos de toda a categoria que representam, sendo dispensável a relação nominal dos afiliados e suas respectivas autorizações. Dessa forma, a coisa julgada oriunda da ação coletiva de conhecimento abarcará todos os servidores da categoria, tornando-os partes legítimas para propor a execução individual da sentença, independentemente da comprovação de sua filiação" (STJ, AgRg no REsp 1.164.954/GO, 6ª Turma, Rel. Min. Assusete Magalhães, j. 04.04.2013, *DJe* 17.03.2014).

16. Tutela de direito individual homogêneo não requer autorização dos interessados

"Reconhecimento, consoante a jurisprudência do Superior Tribunal de Justiça, da legitimidade da associação civil – independentemente de autorização expressa da assembleia ou do substituído – para ajuizar ação coletiva, na condição de substituta processual, em defesa de direitos individuais homogêneos protegidos pelo Código de Defesa do Consumidor" (STJ, AgInt no REsp 1.773.265/RS, 3ª Turma, Rel. Min. Paulo de Tarso Sanseverino, j. 18.05.2020, *DJe* 25.05.2020).

> **Art. 83.** Para a defesa dos direitos e interesses protegidos por este Código são admissíveis todas as espécies de ações capazes de propiciar sua adequada e efetiva tutela.
> **Parágrafo único.** (Vetado).[26]

 Legislação correlata

Código de Processo Civil, arts. 294 a 311 e 513 a 538.

Lei 7.347/1985 (Lei da Ação Civil Pública), art. 3º.

 Análise doutrinária

1. Direito processual: instrumentos para adequada tutela do consumidor

O direito processual é instrumento para realização do direito material. O art. 83 do CDC, ao estabelecer que são cabíveis todas as espécies de ações para proteção adequada e efetiva dos direitos do consumidor, evidencia a preocupação do legislador com eficácia real – tanto no âmbito individual como no coletivo – das normas de proteção aos interesses do consumidor.

---

[26] Mensagem de Veto 664/90, *do parágrafo único do art. 83*: "O controle abstrato de atos jurídicos constitui atividade excepcional do Judiciário (CF, art. 5°, XXXV). A eficácia 'erga omnes' de decisão proferida nessa modalidade de controle exige redobrada cautela na instituição de processos dessa índole. A pluralidade de entes legitimados a propor 'ação visando ao controle abstrato e preventivo de cláusulas contratuais gerais', com a probabilidade da instauração de inúmeros processos de controle abstrato, constitui séria ameaça à segurança jurídica. Assim, é suficiente a disciplina que o § 4° do art. 51 do Projeto dá à matéria".

Considera-se que apenas instituir direitos sem os instrumentos processuais necessários para sua proteção não oferece uma desejada e real eficácia das normas. É nesse contexto que o CDC estabelece técnicas processuais específicas em favor do consumidor (inversão do ônus da prova, vedação da denunciação da lide, competência do domicílio do consumidor) e, ao mesmo tempo, dialoga com a crescente tendência de intensificar a instrumentalidade do processo civil.

O art. 83 se refere a "ações" capazes de propiciar a tutela adequada dos direitos do consumidor. O termo, além de não ser o mais adequado e técnico, já que o direito de ação é único, geral e abstrato, requer interpretação teleológica. O propósito da norma é permitir que o consumidor, tanto em ação individual ou coletiva, possa se beneficiar de todas as espécies de tutela processual existente no ordenamento jurídico. Nesse contexto, o art. 83 do CDC estabelece diálogo com as normas de processo civil, particularmente do CPC, de modo a explicitar sua ampla aplicação na tutela individual e coletiva do consumidor.

O art. 83 do CDC, é bom lembrar, foi promulgado quando em vigor o CPC de 1973, antes de inúmeras alterações – minirreformas – que visaram justamente a maior instrumentalidade do referido diploma. O atual CPC, cuja vigência se iniciou em 2016, com a disciplina mais densa e detalhada sobre tutela provisória de urgência e evidência (arts. 294 a 311) e cumprimento, provisório e definitivo, da sentença (art. 513 e seguintes) evidencia a necessidade de o processo civil trazer resultados práticos e rápidos para resguardar ou restabelecer o direito material.

2. Cumulação de pedidos em ação civil pública

O objeto da ação é exteriorizado pela causa de pedir e pela tutela requerida, que pode se desdobrar em múltiplos pedidos e formulações: simples, cumulado, sucessivo, alternativo, eventual. Um mesmo fato pode ensejar diferentes pretensões jurídicas, que, por seu turno, podem ser jurisdicionalizadas por meio de *uma única* ação coletiva com *cumulação de pedidos* ou, alternativamente, por intermédio de várias ações coletivas.

Embora pareça óbvia a possibilidade de cumulação de pedidos (difuso, coletivo e individual homogêneo) em ação civil pública, o tema gerou controvérsia no passado, principalmente pela dificuldade de percepção de que a um único fato pode propiciar, ao mesmo tempo, pretensões coletivas diversas. Nesse sentido, os arts. 83 e 84 do CDC cumpriram papel de correção à literalidade do disposto no art. 3º da Lei 7.347/1985: "A ação civil poderá ter por objeto a condenação em dinheiro ou o cumprimento de obrigação de fazer ou não fazer". As controvérsias estão hoje absolutamente superadas pela jurisprudência. O *leading case* foi em junho de 1997, no julgamento do REsp 105.215, Rel. Min. Sálvio de Figueiredo Teixeira.

Para se obter uma proteção eficaz e adequada dos consumidores, é fundamental a formulação, na mesma ação coletiva, de pedidos difusos, coletivos e indenizatórios (individual homogêneo). O melhor exemplo pode ser indicado por contratos de adesão com cláusulas abusivas (art. 51 do CDC), quando se requer na ação coletiva, além de declaração de nulidade de cláusula contratual (interesse coletivo), a vedação de utilização da cláusula em contratos futuros (interesse coletivo) e a indenização dos consumidores lesados pela aplicação indevida da cláusula (interesse individual homogêneo).

Acrescente-se, ilustrativamente, outra demanda coletiva, na área de bancos de dados de proteção ao crédito (SPC, Serasa, Quod etc.), na qual se formulam os seguintes pedidos: 1) a tutela de direito difuso: proibição de registro sem prévia comunicação ao consumidor (obrigação de não fazer); 2) a tutela de direito coletivo: cancelamento de todos os registros realizados sem a referida providência; 3) a tutela de direito individual homogêneo: indenização por danos morais e materiais em virtude das inscrições ilícitas realizadas no passado.

Em síntese, não há limitação quanto à espécie de provimento jurisdicional, em homenagem ao princípio da instrumentalidade do processo, além de ser absolutamente viável, diante de ilegalidade praticada no mercado de consumo, veicular numa única ação pretensões de natureza difusa, coletiva e relativa a direitos individuais homogêneos.

 Dicas práticas

Deve o profissional do direito, tanto no processo individual ou coletivo, ficar atento às inúmeras possibilidades de medidas oferecidas pelo Código de Processo Civil que propiciam uma tutela mais célere e eficaz em favor do consumidor. Na ação civil pública, especial atenção deve ser conferida quanto à necessidade de cumulação de pedidos.

 Jurisprudência

1. Cumulação de pedidos

"I – O Ministério Público é parte legítima para ajuizar ação coletiva de proteção ao consumidor, em cumulação de demandas, visando: a) a nulidade de cláusula contratual inquinada de nula (juros mensais); b) a indenização pelos consumidores que já firmaram os contratos em que constava tal cláusula; c) a obrigação de não mais inserir nos contratos futuros a referida cláusula. II – Como já assinalado anteriormente (REsp 34.155), na sociedade contemporânea, marcadamente de massa, e sob os influxos de uma nova atmosfera cultural, o processo civil, vinculado estritamente aos princípios constitucionais e dando-lhes efetividade, encontra no Ministério Público uma instituição de extraordinário valor na defesa da cidadania. III – Direitos (ou interesses) difusos e coletivos se caracterizam como direitos transindividuais, de natureza indivisível. Os primeiros dizem respeito a pessoas indeterminadas que se encontram ligadas por circunstâncias de fato; os segundos, a um grupo de pessoas ligadas entre si ou com a parte contrária através de uma única relação jurídica. IV – Direitos individuais homogêneos são aqueles que têm a mesma origem no tocante aos fatos geradores de tais direitos, origem idêntica essa que recomenda a defesa de todos a um só tempo" (STJ, REsp 105.215/DF, 4ª Turma, Rel. Min. Sálvio de Figueiredo Teixeira, j. 24.06.1997, *DJ* 18.08.1997).

"Em ação civil pública ambiental, é admitida a possibilidade de condenação do réu à obrigação de fazer ou não fazer cumulada com a de indenizar. Tal orientação fundamenta-se na eventual possibilidade de que a restauração in natura não se mostre suficiente à recomposição integral do dano causado. 4. Dessa forma, ao interpretar o art. 3º da Lei 7.347/85, deve ser dada à conjunção 'ou' valor aditivo, e não alternativo. Consequentemente, deve-se reconhecer a possibilidade abstrata de cumulação da obrigação de fazer, consistente na reparação do dano ambiental causado, com indenização pecuniária. Precedentes. Súmula 83/STJ" (STJ, REsp 1.212.723/PR, 2ª Turma, Rel. Min. Humberto Martins, j. 18.02.2016, *DJe* 28.03.2016).

"A ação civil pública é instrumento processual apto a propiciar a tutela coletiva do consumidor. Como todo instrumento, submete-se ao princípio da adequação, a significar que deve ter aptidão suficiente para operacionalizar, no plano jurisdicional, a devida e integral proteção do direito material. Somente assim será instrumento adequado e útil. Por isso, na exegese do art. 3º da Lei 7.347/1985, a conjunção 'ou' deve ser considerada com o sentido de adição (permitindo a cumulação dos pedidos) e não o de alternativa excludente (o que tornaria a ação civil pública instrumento inadequado a seus fins)" (STJ, REsp 1.087.783/RJ, 3ª Turma, Rel. Min. Nancy Andrighi, j. 01.09.2009, *DJe* 10.12.2009).

"1. A ação civil pública vindicando o reconhecimento de abusividade de cláusula de contratos presentes e futuros da incorporadora aborda questão de relevante interessante social, por envolver contratos com preços vultosos, abrangendo muitas vezes todas as economias de famílias e, no caso específico de compra e venda de imóvel em relação de consumo, o próprio direito de moradia. No caso concreto, há: I) direitos individuais homogêneos referentes aos eventuais danos experimentados por aqueles que firmaram contrato; II) direitos coletivos resultantes da suposta ilegalidade em abstrato de cláusula contratual de tolerância, a qual atinge igualmente e de forma indivisível o grupo de contratantes atuais da ré; III) direitos difusos, relacionados aos consumidores futuros, coletividade essa formada por pessoas indeterminadas e indetermináveis. 2. Na linha da jurisprudência do STJ, o Ministério Público tem legitimidade ativa para propor ação civil pública com o propósito de velar direitos difusos, coletivos e, também, individuais homogêneos dos consumidores, ainda que disponíveis. (...) 9. Recurso especial parcialmente provido, apenas para reconhecer a legitimidade ativa do Ministério Público Estadual" (STJ, REsp 1.549.850/SP, 4ª Turma, Rel. Min. Luis Felipe Salomão, j. 20.02.2020, *DJe* 19.05.2020).

2. Ação civil pública e reconhecimento de nulidade de cláusula abusiva

"A ação civil pública é a via apropriada para o reconhecimento de nulidade de cláusula abusiva, que prevê a devolução, sem correção monetária, das prestações pagas pelo consorciado desistente. Art. 83 do CDC. Divergência reconhecida. Recurso conhecido e provido" (STJ, REsp 299.386/RJ, 4ª Turma, Rel. Min. Ruy Rosado de Aguiar, j. 17.05.2001, *DJ* 04.02.2002).

3. Órgão público e pedido de obrigação de fazer

"1. Inexiste impossibilidade jurídica de pedido em Ação Civil Pública que contém pretensão de órgão público deixar de praticar ação que é considerada atentatória ao meio ambiente. 2. Recurso provido" (STJ, REsp 287.127/SP, 1ª Turma, Rel. Min. José Delgado, j. 06.03.2001, *DJ* 11.06.2001).

4. Pedido de exibição de documentos pelo consumidor

"Processual civil. Recurso especial. Hospital. Acesso a documentos médicos requerido pelo próprio paciente. Negativa injustificada pela via administrativa. Ensejo de propositura de ação de exibição de documentos. Ônus de sucumbência. Princípio da causalidade. – De acordo com o Código de Ética Médica, os médicos e hospitais estão obrigados a exibir documentos médicos relativos ao próprio paciente que requeira a exibição. – A negativa injustificada à exibição de documentos médicos pela via administrativa, que obrigou o paciente à propositura de ação à sua exibição pela via judicial, tem o condão de responsabilizar o hospital pelo pagamento dos ônus de sucumbência, em atenção ao princípio da causalidade, nos termos dos precedentes firmados no STJ. Recurso especial conhecido e provido" (STJ, REsp 540.048/RS, 3ª Turma, Rel. Min. Nancy Andrighi, j. 02.12.2003, *DJ* 12.04.2004).

> **Art. 84.** Na ação que tenha por objeto o cumprimento da obrigação de fazer ou não fazer, o juiz concederá a tutela específica da obrigação ou determinará providências que assegurem o resultado prático equivalente ao do adimplemento.
>
> **§ 1º** A conversão da obrigação em perdas e danos somente será admissível se por elas optar o autor ou se impossível a tutela específica ou a obtenção do resultado prático correspondente.
>
> **§ 2º** A indenização por perdas e danos se fará sem prejuízo da multa (art. 287 do Código de Processo Civil).
>
> **§ 3º** Sendo relevante o fundamento da demanda e havendo justificado receio de ineficácia do provimento final, é lícito ao juiz conceder a tutela liminarmente ou após justificação prévia, citado o réu.
>
> **§ 4º** O juiz poderá, na hipótese do § 3º ou na sentença, impor multa diária ao réu, independentemente de pedido do autor, se for suficiente ou compatível com a obrigação, fixando prazo razoável para o cumprimento do preceito.
>
> **§ 5º** Para a tutela específica ou para a obtenção do resultado prático equivalente, poderá o juiz determinar as medidas necessárias, tais como busca e apreensão, remoção de coisas e pessoas, desfazimento de obra, impedimento de atividade nociva, além de requisição de força policial.

 Legislação correlata

Código de Processo Civil, arts. 497 a 501 e 537.

 Análise doutrinária

1. Tutela específica da obrigação do fornecedor

O art. 84 do CDC apresenta regras processuais que foram inovadoras por ocasião de sua promulgação – quando ainda estava em vigor o CPC de 1973 (antes das minirreformas). O dispositivo prestigia – em detrimento às perdas e danos – o cumprimento da obrigação de fazer ou não fazer, com tutela específica da obrigação ou providências que assegurem o resultado prático equivalente. Estipula a possibilidade de imposição de multa diária (*astreintes*) e concessão de tutela liminar, "sendo relevante o fundamento da demanda e havendo justificado receio de ineficácia do provimento final".

Na reforma de 1994 do CPC de 1973, houve praticamente transposição do disposto no art. 84 para a lei processual (art. 461). Com a edição do CPC de 2015, o tema passa a ser disciplinado – de modo bastante semelhante ao CDC – nos arts. 497 a 501. Prestigia-se, mais uma vez, a tutela específica da obrigação. A conversão da obrigação em perdas e danos só deve ocorrer "se impossível a tutela específica ou a obtenção de tutela pelo resultado prático equivalente" (art. 499). Ademais, "a indenização por perdas e danos dar-se-á sem prejuízo da multa fixada periodicamente para compelir o réu ao cumprimento específico da obrigação" (art. 500).

O consumidor, após procedimento, muitas vezes demorado, de escolha de aquisição de determinado produto ou serviço, deseja receber pelo que pagou. O dispositivo é bastante útil, tanto em ações individuais como em demandas coletivas, e está em absoluta congruência com a sistemática do CDC, que ressalta a importância de cumprimento da oferta publicitária e não publicitária (art. 30) e de todas as modalidades de pré-contratos (art. 48), bem como dos preceitos que estimulam o atendimento das necessidades e demandas do consumidor (art. 39, II, IX). A conversão em perdas e danos, salvo manifestação de vontade do consumidor, assume caráter absolutamente excepcional.

Nas ações coletivas, é possível obter a tutela coletiva consistente em *não fazer* (direito coletivo), ao lado do pedido de indenização pelos danos causados ao consumidor pela prática questionada (direito individual homogêneo). Ilustre-se com reajuste ilegal de plano de saúde, com afetação de milhões de usuários. Ao lado da tutela consistente em obrigação de não fazer no sentido de não manter o valor indevido da prestação, pode-se pedir indenização genérica em favor dos consumidores que pagaram os valores indevidamente majorados (arts. 95 e 97).

Por fim, no que diz respeito à possibilidade de aplicação de multa diária (*astreintes*) por descumprimento de qualquer determinação judicial (obrigação de fazer ou não fazer), o tema está disciplinado no art. 537 do CPC que, entre outros pontos, esclarece: 1) a multa independe de requerimento da parte e poderá ser aplicada na fase de conhecimento, em tutela provisória ou na sentença, até mesmo na fase de execução; 2) o juiz pode, de ofício ou a requerimento, alterar o valor ou a periodicidade da multa vincenda; 3) o valor da multa será devido ao exequente; 4) a decisão que fixa a multa é passível de cumprimento provisório.

 Dicas práticas

A lei prestigia o cumprimento natural ou forçado da obrigação assumida pelo fornecedor no mercado de consumo. A tutela jurisdicional, requerida em ação individual ou coletiva, deve priorizar esse caminho.

 Jurisprudência

1. Possibilidade de multa diária (*astreintes*)

"1. É possível a cominação de multa diária para garantir a eficácia dos provimentos judiciais que impliquem reconhecimento de obrigação de fazer ou não fazer. 2. Na hipótese dos autos, as astreintes foram fixadas para eventual descumprimento de decisão que determinou a abstenção do credor de efetuar novos descontos na conta bancária do agravado. Assim, uma vez efetuados os descontos e para cada desconto efetuado, é plausível a aplicação da multa pecuniária, nos termos do art. 461, § 4º, do CPC" (STJ, AgRg no Ag 1.268.475/RJ, 4ª Turma, Rel. Min. Raul Araújo, j. 04.08.2011, *DJe* 02.09.2011).

"1. É devida a aplicação de multa diária como meio coercitivo para o cumprimento de decisão judicial que determina a exclusão ou impede a inscrição do nome do devedor em cadastro de restrição de crédito. 2. Em regra, é inadmissível o exame do valor atribuído às astreintes, tendo em vista que tal providência depende da reavaliação do contexto fático-probatório inserto nos autos, o que é vedado pela Súmula 7/STJ. Todavia, o óbice da referida súmula pode ser afastado em hipóteses excepcionais, quando for verificada a exorbitância ou o caráter irrisório da importância arbitrada, em flagrante ofensa aos princípios da razoabilidade e da proporcionalidade, o que, no entanto, não se verifica na hipótese em exame" (STJ, AgRg no AREsp 313.185/MS, 4ª Turma, Rel. Min. Raul Araújo, j. 03.10.2013, *DJe* 11.11.2013).

2. Prévia intimação para cobrança de multa

"1. 'A prévia intimação pessoal do devedor constitui condição necessária para a cobrança de multa pelo descumprimento de obrigação de fazer ou não fazer.' Enunciado da Súmula n. 410/STJ. 1.1. Instituição financeira que não foi intimada pessoalmente da deliberação judicial que cominou multa pelo eventual descumprimento da obrigação de retirar o nome do consumidor de cadastros de inadimplentes, o que enseja o afastamento da exigibilidade das astreintes" (STJ, AgInt nos EDcl no REsp 1.700.404/PR, 4ª Turma, Rel. Min. Marco Buzzi, j. 23.03.2020, *DJe* 25.03.2020).

3. Ação civil pública, acesso à justiça e multiplicidade de pedidos

"1. Na origem, trata-se de Ação Civil Pública proposta pelo Ministério Público do Estado de Mato Grosso do Sul contra São Bento Comércio de Medicamentos e Perfumaria. Busca-se condenar a empresa a cumprir obrigações de fazer e de não fazer, bem como a pagar indenização por danos morais e materiais causados à coletividade em virtude das práticas irregulares constatadas. A drogaria apresentava, segundo inspeções da Vigilância Sanitária, péssimas condições de higiene e limpeza, com a presença de insetos mortos (baratas), sujidades nos pisos, cantos e frestas, além de exposição de produtos vencidos e irregularidades no estoque de medicamentos controlados. Incontroversas, as infrações foram reconhecidas pelo acórdão, que atesta categoricamente 'haver prova das condutas consideradas como ilícitas praticadas pela empresa ré'. 2. O Estado Social eleva a saúde pública à classe dos bens jurídicos mais preciosos. Para o Direito, ninguém deve brincar com a saúde das pessoas, nem mesmo com sua própria, se isso colocar em risco a de terceiros ou infligir custos coletivos. Compete ao juiz, mais do que a qualquer um, a responsabilidade última de assegurar que normas sanitárias e de proteção do consumidor, de tutela da saúde da população, sejam cumpridas rigorosamente. (...) 4. O direito à prestação jurisdicional exprime corolário do direito de acesso à justiça. Segundo a Constituição, em norma dirigida ao legislador, 'a lei não excluirá da apreciação do Poder Judiciário lesão ou ameaça a direito' (art. 5º, XXXV). Na mesma toada, mas com preceito de aplicação universal, sujeitando inclusive o juiz e o administrador, o Código de Processo Civil dispõe que 'não se excluirá da apreciação jurisdicional ameaça ou lesão a direito' (art. 3º). Irrelevante a criatividade ou erudição do pretexto que se utilize para a exclusão, a proibição de negativa de jurisdição é simplesmente absoluta, não havendo motivo para abrir exceção vis-à-vis a Administração, já que a prestação jurisdicional se justifica apesar da atuação administrativa, em complemento à atuação administrativa e até contra a atuação ou omissão administrativa. 5. Saúde e segurança das pessoas inserem-se no âmbito mais nobre da atividade judicial. Salvaguardá-las e exigir o cumprimento da legislação sanitária e de proteção do consumidor refere-se às esferas tanto da tutela administrativa como da tutela jurisdicional. A ordem constitucional e legal abomina que, em nome daquela, possa o juiz desta abdicar, o que implica, além de confusão desarrazoada entre acesso à administração e acesso à justiça, reduzir a prestação judicial a servo da prestação administrativa, exatamente o oposto de postulado maior do Estado Social de Direito. 6. O art. 11 da Lei 7.347/1985 dispõe: 'Na ação que tenha por objeto o cumprimento de obrigação de fazer ou não fazer, o juiz determinará o cumprimento da prestação da atividade devida ou a cessação da atividade nociva, sob pena de execução específica, ou de cominação de multa diária, se esta for suficiente ou compatível, independentemente de requerimento do autor' (grifo acrescentado). Em tais termos, reconhecido o risco ou a ocorrência da conduta comissiva ou omissiva ilícita apontada, o juiz determinará (= dever) a prestação do devido ou cessão do indevido, fixando, *ipso facto* e *ex officio*, multa diária (= *astreinte*)" (STJ, REsp 1.784.595/MS, 2ª Turma, Rel. Min. Herman Benjamin, j. 18.02.2020, *DJe* 18.05.2020).

4. Cumprimento da oferta e necessidade de entrega do produto ao consumidor, em vez de perdas e danos

"6. Como se infere do art. 35 do CDC, a recusa à oferta oferece ao consumidor a prerrogativa de optar, alternativamente e a sua livre escolha, pelo cumprimento forçado da obrigação, aceitar outro produto, ou rescindir o contrato, com direito à restituição de quantia eventualmente antecipada, monetariamente atualizada, somada a perdas e danos. 7. O CDC consagrou expressamente, em seus arts. 48 e 84, o princípio da preservação dos negócios jurídicos, segundo o qual se pode determinar qualquer providência a fim de que seja assegurado o resultado prático equivalente ao adimplemento da obrigação de fazer, razão pela qual a solução de extinção do contrato e sua conversão em perdas e danos é a última ratio, o último caminho a ser percorrido" (STJ, REsp 1872048/RS, Rel. Min. Nancy Andrighi, 3ª Turma, j. 23.02.2021, *DJe* 01.03.2021).

Art. 85. (Vetado).[27]
Art. 86. (Vetado).[28]

---

[27] Mensagem de Veto 664/90, *do art. 85*: "As ações de mandado de segurança e de *habeas data* destinam-se, por sua natureza, à defesa de direitos subjetivos públicos e têm, portanto, por objetivo precípuo os atos de agentes do Poder Público. Por isso, a sua extensão ou aplicação a outras situações ou relações jurídicas é incompatível com sua índole constitucional. Os artigos vetados, assim, contrariam as disposições dos incisos LXXI e LXXII do art. 5º da Carta Magna".

[28] Mensagem de Veto 664/90, *do art. 86*: "As ações de mandado de segurança e de *habeas data* destinam-se, por sua natureza, à defesa de direitos subjetivos públicos e têm, portanto, por objetivo precípuo os atos de agentes do Poder Público. Por isso, a sua extensão ou aplicação a outras situações ou relações jurídicas é incompatível com sua índole constitucional. Os artigos vetados, assim, contrariam as disposições dos incisos LXXI e LXXII do art. 5º da Carta Magna".

> **Art. 87.** Nas ações coletivas de que trata este Código não haverá adiantamento de custas, emolumentos, honorários periciais e quaisquer outras despesas, nem condenação da associação autora, salvo comprovada má-fé, em honorários de advogados, custas e despesas processuais.
>
> **Parágrafo único.** Em caso de litigância de má-fé, a associação autora e os diretores responsáveis pela propositura da ação serão solidariamente condenados em honorários advocatícios e ao décuplo das custas, sem prejuízo da responsabilidade por perdas e danos.

 Legislação correlata

Lei 7.347/1985 (Lei da Ação Civil Pública), art. 18.

Código de Processo Civil, arts. 79 a 81.

 Análise doutrinária

1. Dispensa de pagamento de custas, honorários (advocatícios e periciais) e ônus da sucumbência em ação civil pública

O *caput* do art. 87 do CDC – que possui idêntica redação à do art. 18 da Lei 7.347/1985 (Lei da Ação Civil Pública) – estabelece, com o propósito de incentivar os órgãos e entidades legitimados a promoverem a tutela dos direitos metaindividuais, algumas facilitações financeiras relativas a custas, emolumentos, honorários advocatícios e periciais.

Da leitura inicial do dispositivo, é possível extrair as seguintes conclusões: 1) os autores da ação não estão obrigados a pagar despesas processuais; 2) os réus, ao contrário, devem arcar com as despesas de atos por eles requeridos (perícias, preparos de recursos etc.); 3) a associação civil, quando autora, só arcará com os ônus da sucumbência se, ao final, ficar vencida e for caso de comprovada má-fé; 4) os réus da ação coletiva, se vencidos, terão de arcar com os ônus da sucumbência; 5) os benefícios processuais do art. 87 são apenas em favor da parte autora da ação; 6) a isenção de custas processuais não abrange as execuções individuais decorrentes de pedidos julgados procedentes em ações coletivas.

Há divergências no tocante à condenação de honorários advocatícios do autor, uma vez que os artigos fazem referência apenas a "associação autora". Com relação ao Ministério Público, em que pese o entendimento doutrinário no sentido de que a instituição não pode, de modo algum, ser condenada ao pagamento dos ônus da sucumbência, o STJ admite, ainda que em caráter excepcional, tal condenação na hipótese de comprovada má-fé no ajuizamento da ação coletiva.

Outra questão polêmica, trazida pelo art. 87 do CDC, refere-se ao pagamento de honorários periciais. A dificuldade reside em definir, em caso de perícias particulares, quem deverá antecipar ou pagar os peritos. Atualmente, no tocante ao Ministério Público, o tema está pacificado no sentido de aplicação analógica da Súmula 232 ("A Fazenda Pública, quando parte no processo, fica sujeita à exigência do depósito prévio dos honorários do perito"), ou seja, cabe à Fazenda Pública, à qual se encontra vinculado ao Ministério Público, arcar com os valores dos honorários do perito.

Cabe pontuar, ainda, que os benefícios referidos pelo art. 87 se aplicam apenas no caso de ajuizamento de *ação civil pública*, o que não ocorre quando o sindicato ou associação, com fundamento nos arts. 5º, XXI, e 8º, III, da Constituição Federal, agem em juízo em nome dos associados ou filiados.

O parágrafo único do art. 87 do CDC refere-se à litigância de má-fé e traz hipótese de solidariedade passiva entre associação e diretores. Atualmente, o conceito e compreensão de litigância de má-fé se extrai das sete hipóteses elencadas no art. 80 do CPC, quais sejam: 1) deduzir pretensão ou defesa contra texto expresso de lei ou fato incontroverso; 2) alterar a verdade dos fatos; 3) usar do processo para conseguir objetivo ilegal; 4) opor resistência injustificada ao andamento do processo; 5) proceder de modo temerário em qualquer incidente ou ato do processo; 6) provocar incidente manifestamente infundado; 7) interpor recurso com intuito manifestamente protelatório.

A caracterização da litigância de má-fé, que pode ser aplicada ao autor, réu ou interveniente (art. 79 do CPC), é totalmente independente de eventual êxito da parte em relação às suas pretensões. A condenação do litigante ímprobo deve ocorrer, de ofício ou a requerimento, no próprio processo (art. 81 do CPC).

A litigância de má-fé se aplica a qualquer parte (autor, réu, interveniente). A segunda parte do parágrafo único do art. 87 do CDC institui hipótese de solidariedade passiva quando a autora da ação for uma associação. Prevê o dispositivo que a entidade e os diretores devem ser solidariamente condenados em honorários advocatícios e ao décuplo das custas, sem prejuízo da responsabilidade por perdas e danos.

 Dicas práticas

O art. 87 do CDC apresenta importantes benefícios financeiros de modo a facilitar o ajuizamento de demandas coletivas. Muitas divergências surgiram em torno do dispositivo. Todavia, como o STJ enfrentou e resolveu a maioria dos temas polêmicos, a dica é conhecer bem a jurisprudência e exigir, em casos concretos, a sua aplicação.

 Jurisprudência

1. Benefícios processuais só se referem à parte autora

"A jurisprudência desta Corte é assente no sentido de que a isenção do art. 18 da Lei 7.347/1985 aplica-se unicamente à parte autora, não sendo aplicável à ré da ação civil pública. No caso em apreço, os recorrentes não são os autores da ação, e sim os réus, não se lhe aplicando o referido dispositivo legal. Precedentes"

(STJ, AgRg no AREsp 312.238/RN, Rel. Min. Humberto Martins, j. 14.05.2013, *DJe* 24.05.2013).

2. Condenação do Ministério Público em honorários advocatícios em caso de má-fé

"É pacífica a jurisprudência do STJ no sentido de que é indevida a condenação do Ministério Público ao pagamento de honorários advocatícios nas hipóteses em que se trata de ação civil pública, execução e correlatos embargos, exceto quando houver prova da má-fé do *parquet*. Precedentes: AgRg nos EDcl no REsp 1.120.390-PE, 1ª T., rel. Min. Hamilton Carvalhido, *DJe* 22.11.2010; AgRg no Ag 1.135.821/RS, 4ª T., rel. Min. Aldir Passarinho Junior, *DJe* 18.2.2010; REsp 891.743-SP, 2ª T., rel. Min. Eliana Calmon, *DJe* 04.11.2009; REsp 419.110-SP, 2ª T., rel. Min. Herman Benjamin, *DJ* 27.11.2007" (STJ, AgRg no Ag 1.304.896/MG, 2ª Turma, Rel. Min. Mauro Campbell Marques, j. 22.03.2011, *DJe* 30.03.2011).

3. Não são cabíveis honorários advocatícios em ação civil pública

"O STJ possui entendimento consolidado, ao interpretar o art. 18 da Lei 7.347/1985, de que, por critério de simetria, não cabe a condenação do réu, em Ação Civil Pública, ao pagamento de honorários advocatícios, salvo comprovada má-fé (EAREsp 962.250/SP, Rel. Ministro Og Fernandes, Corte Especial, DJe 21/8/2018). Nesse sentido: AgInt no REsp 1.127.319/SC, Rel. Ministro Sérgio Kukina, Primeira Turma, DJe 18/8/2017; AgInt no REsp 1.435.350/RJ, Rel. Ministro Humberto Martins, Segunda Turma, DJe 31/8/2016; REsp 1.374.541/RJ, Rel. Ministro Gurgel de Faria, Primeira Turma, DJe 16/8/2017; REsp 1.556.148/RJ, Rel. Ministro Herman Benjamin, Segunda Turma, DJe 18/11/2015" (STJ, EDcl no REsp 1320701/DF, Rel. Min. Herman Benjamin, 2ª Turma, j. 22.03.2021, *DJe* 05.04.2021).

"A matéria está pacificada em precedentes do STJ, entre os quais alguns da Corte Especial. Se a Ação Civil Pública é proposta pelo Ministério Público ou por outro órgão estatal, descabem honorários advocatícios e consectários, exceto quando comprovada má-fé. Tal isenção bilateral, contudo, mister esclarecer, não se aplica quando o autor for entidade da sociedade civil organizada - associação, p. ex. - que aja em nome de sujeitos vulneráveis. Nessas situações, não se pode, na verdade, falar em 'simetria' entre as partes do processo, e se justifica, sob argumentos éticos, políticos, financeiros e jurídicos, tratamento diferenciado, de modo a não inibir o objetivo maior da lei, exatamente a facilitação e a ampliação do acesso coletivo à justiça" (STJ, EDcl no REsp 1820164/ES, Rel. Min. Herman Benjamin, 2ª Turma, j. 27.10.2020, *DJe* 01.07.2021).

4. Ministério Público e os honorários periciais: aplicação analógica da Súmula 232 do STJ e inaplicabilidade do CPC

"A Primeira Seção do STJ, no julgamento do REsp 1.253.844/SC, submetido ao rito do art. 543-C do CPC/1973 (art. 1.036 do CPC/2015), firmou entendimento de que, em Ação Civil Pública promovida pelo Ministério Público – raciocínio que se estende, por analogia, à Ação Popular –, o adiantamento dos honorários periciais ficará a cargo da Fazenda Pública a que está vinculado o Parquet, pois não é razoável obrigar o perito a exercer seu ofício gratuitamente, tampouco transferir ao réu o encargo de financiar ações contra ele movidas, aplicando-se, por analogia, a orientação da Súmula 232/STJ, *in verbis*: 'A Fazenda Pública, quando parte no processo, fica sujeita à exigência do depósito prévio dos honorários do perito'. 3. Por outro lado, cabe destacar que 'não se sustenta a tese de aplicação das disposições contidas no art. 91 do Novo CPC, as quais alteraram a responsabilidade pelo adiantamento dos honorários periciais; isto porque a Lei 7.347/1985 dispõe de regime especial de custas e despesas processuais, e, por conta de sua especialidade, a referida norma se aplica à Ação Civil Pública, derrogadas, no caso concreto, as normas gerais do Código de Processo Civil' (RMS 55.476/SP, Rel. Ministro Herman Benjamin, Segunda Turma, DJe 19/12/2017)" (STJ, AgInt no AREsp 1768468/SP, Rel. Min. Herman Benjamin, 2ª Turma, j. 21.06.2021, *DJe* 01.07.2021).

5. Isenção não se aplica a sindicato na representação dos seus filiados

"1. É pacífico o entendimento desta Corte Superior de que a isenção prevista no art. 87 do Código de Defesa do Consumidor destina-se apenas às ações coletivas, não se aplicando às ações em que sindicato ou associação buscam o direito de seus associados ou sindicalizados. Precedentes: AgInt nos EDcl no REsp. 1.263.030/RS, Rel. Min. REGINA HELENA COSTA, DJe 3.9.2018; AgInt no REsp.1.623.931/PE, Rel. Min. FRANCISCO FALCÃO, DJe 13.6.2017" (STJ, AgInt no AREsp 681.845/AL, Rel. Min. Napoleão Nunes Maia Filho, 1ª Turma, j. 13.12.2018, *DJe* 04.02.2019).

6. Execuções decorrentes de ações coletivas e honorários advocatícios

"1. É iterativa a jurisprudência do Superior Tribunal de Justiça o entendimento de que são devidos honorários advocatícios nos procedimentos individuais de cumprimento de sentença decorrente de ação coletiva, ainda que não impugnados e promovidos em litisconsórcio' (REsp 1.648.238/RS, Rel. Min. Gurgel de Faria, Corte Especial, DJe 27/6/2018). 2. Conforme preceitua a Súmula 345 do STJ: 'São devidos honorários advocatícios pela Fazenda Pública nas execuções individuais de sentença proferida em ações coletivas, ainda que não embargadas.' Em igual sentido: REsp 1.916.616/SE, Min. Herman Benjamin, DJe 23/2/2021; REsp 1.917.970/SE, Min. Assusete Magalhães, DJe 23/2/2021; RESP 1.911.804/SE, Min. Gurgel de Faria, DJe 2/3/2021; REsp 1.917.800/SE, Min. Francisco Falcão, DJe 12/2/2021" (STJ, AgInt no REsp 1910630/SE, Rel. Min. Og Fernandes, 2ª Turma, j. 28.06.2021, *DJe* 03.08.2021).

> **Art. 88.** Na hipótese do art. 13, parágrafo único, deste Código, a ação de regresso poderá ser ajuizada em processo autônomo, facultada a possibilidade de prosseguir-se nos mesmos autos, vedada a denunciação da lide.

 Legislação correlata

Código de Processo Civil, art. 125.
Código Civil, art. 283.

 **Análise doutrinária**

1. Ação de regresso e proibição de denunciação da lide

O art. 88 do CDC destaca a possibilidade de ação de regresso do fornecedor – que indenizar o consumidor – em relação aos demais responsáveis (codevedores) em face de solidariedade prevista no art. 13 do CDC (responsabilidade pelo fato do produto). Esclarece que a ação pode ser ajuizada em processo autônomo ou, se o fornecedor preferir, aproveitar os autos do processo da ação ajuizado pelo consumidor.

Todavia, o principal ponto do art. 88 está na parte final do dispositivo. Em sua literalidade, proíbe a denunciação da lide em ações de indenização promovidas pelo consumidor em face de acidente de consumo causado por defeito do produto (art. 12). O art. 88 refere-se ao parágrafo único do art. 13 do CDC, o qual estabelece: "aquele que efetivar o pagamento ao prejudicado poderá exercer o direito de regresso contra os demais responsáveis, segundo sua participação na causação do evento danoso".

A possibilidade de o fornecedor propor ação regressiva é inerente à própria sistemática das obrigações solidárias. O direito de regresso, em situações de solidariedade passiva, decorre da regra geral estabelecida pelo art. 283 do CC: "o devedor que satisfez a dívida por inteiro tem direito a exigir de cada um dos codevedores a sua quota, dividindo-se igualmente por todos a do insolvente, se o houver, presumindo-se iguais, no débito, as partes de todos os codevedores".

Neste ponto, não há novidade nem divergências. Em qualquer relação de consumo, o direito de regresso do fornecedor que satisfaz diretamente o interesse do consumidor sempre é cabível. A inadequada colocação tópica da regra no Código de Defesa do Consumidor não possui o efeito de afastar o direito de regresso para as mais variadas situações.

A principal questão do dispositivo é sobre o significado, sentido e alcance da vedação da denunciação da lide. A referida proibição processual se justifica para proporcionar resposta mais rápida e efetiva ao consumidor, autor da ação, conferindo concretude ao direito básico de "efetiva prevenção e reparação dos danos" (art. 6º, VI, do CDC). Admitir a possibilidade de discussão simultânea num único processo da responsabilidade pelo acidente significaria indesejado retardamento da prestação jurisdicional em prejuízo de pessoa (consumidor) que a lei pretendeu conferir proteção diferenciada, considerando sua vulnerabilidade no mercado.

Em outros termos, a expressa proibição da denunciação da lide na hipótese é mecanismo processual que permite satisfação mais célere do interesse do consumidor, estando em congruência com o espírito protetivo do Código de Defesa do Consumidor.

As duas hipóteses de denunciação da lide, espécie de intervenção de terceiros no processo civil, estão previstas atualmente no art. 125 do CPC. Destaque-se a possibilidade daquele que "estiver obrigado, por lei ou pelo contrato, a indenizar, em ação regressiva, o prejuízo de quem for vencido no processo" (inc. II) e, também, o esclarecimento de que "o direito regressivo será exercido por ação autônoma quando a denunciação da lide for indeferida, deixar de ser promovida ou não for permitida" (§ 1º do art. 125).

A opção legislativa de proibir a denunciação da lide é legítima e razoável. Todavia, suscita questionamento. Afinal, por que se limitou a vedação da denunciação da lide à responsabilidade pelo fato do produto? As mesmas razões que motivaram a redação do preceito não são aplicáveis ao fato do serviço ou, de modo mais geral, a toda e qualquer ação indenizatória proposta pelo consumidor?

Ora, se o objetivo de proibição da denunciação da lide é apresentar solução mais célere à pretensão do consumidor, não há razão para limitá-la ao fato do produto (art. 12 do CDC). Também não é a melhor solução estendê-la apenas para fato do serviço (art. 14 do CDC). A diretriz de "efetiva prevenção e reparação de danos" ao consumidor (art. 6º, VI) indica a necessidade de aplicação analógica da vedação a toda e qualquer ação indenizatória ajuizada pelo consumidor.

A doutrina critica a literalidade da norma e, por analogia, sustenta a possibilidade de estender a outras situações semelhantes. Assim, a vedação da intervenção de terceiros caberia nas hipóteses de acidente de consumo por defeito de produto e de serviço (arts. 12 e 14), nas ações ajuizadas pelo consumidor que discutem vício dos produtos e serviços (arts. 18 a 20) ou, de modo mais geral, em qualquer pretensão indenizatória do consumidor concernente a danos ocasionados no mercado de consumo.

A melhor interpretação do CDC no tocante a esse aspecto é no sentido de que a proibição processual de denunciação à lide (art. 88) se aplica a toda e qualquer ação indenizatória ajuizada pelo consumidor em face do fornecedor (fato e vício do produto e do serviço), considerando a possibilidade de analogia na hipótese e necessidade de prestação jurisdicional mais célere em favor do autor que, por definição, é vulnerável e requer medidas protetivas também no processo civil.

No STJ, em que pese oscilação de entendimento no passado, os julgados mais recentes sustentam que a vedação da denunciação da lide é aplicável tanto à responsabilidade pelo fato do produto (art. 12 do CDC) quanto em relação ao fato do serviço (art. 14).

Ressalte-se a possibilidade de, nos termos do art. 101, II, do CDC, realizar o chamamento ao processo da seguradora em ação indenizatória proposta pelo consumidor. Com o chamamento ao processo, a empresa seguradora passa a figurar como ré na ação indenizatória ajuizada pelo consumidor (v. comentários ao art. 101, II).

De modo mais amplo, é certo que o CDC, embora sem a organização sistemática ideal, deixa claro que possui regramento próprio para a intervenção de terceiros, o qual deve ser interpretado no sentido de facilitar o restabelecimento do direito do consumidor e não o contrário (v. item seguinte).

2. Limitação da intervenção de terceiros nos processos que envolvem relação de consumo

A crítica pontual em relação à limitação expressa da proibição da denunciação da lide é importante. Todavia, é necessária abordagem mais ampla para abarcar todas as hipóteses de intervenção de terceiros nos processos que envolvem relação de consumo. O tema se relaciona diretamente com a solidariedade passiva dos fornecedores.

Com o propósito de reequilibrar as relações estabelecidas no mercado de consumo, o CDC apresenta disposições de direito material e processual as quais devem ser interpretadas teleologicamente e em harmonia para garantir o restabelecimento da violação ao direito do consumidor.

A solidariedade passiva foi instituída pelo Código de Defesa do Consumidor para facilitar o restabelecimento do direito do consumidor lesado. As limitações da intervenção de terceiro possuem o mesmo propósito.

No âmbito da responsabilidade civil, o CDC consagra, inicialmente, o direito básico do consumidor à *efetiva* prevenção e reparação dos danos materiais e morais (art. 6º, VI). Na sequência, para densificar a indenização do consumidor decorrente de lesões sofridas no mercado de consumo, estabelece algumas disposições sobre responsabilidade solidária passiva.

Como já pontuado, há solidariedade passiva quando mais de uma pessoa responde integralmente por determinada obrigação (contratual ou extracontratual). A obrigação pode ser originária (primária) ou sucessiva, ou seja, surge a partir do descumprimento do dever originário (responsabilidade civil). De acordo com o art. 265 do Código Civil, a solidariedade não se presume, decorre diretamente da lei ou de manifestação de vontade (v. comentários ao art. 7º, parágrafo único)

Em análise sistemática do CDC, identificam-se quatro espécies de solidariedade passiva: 1) solidariedade decorrente de ato ilícito (art. 7º, parágrafo único); 2) solidariedade automática (ex.: art. 18, *caput*, do CDC: "os fornecedores (...) respondem solidariamente"); 3) solidariedade automática condicionada (art. 13); 4) solidariedade decorrente da Teoria da Aparência.

O Superior Tribunal de Justiça e a doutrina tem conferido intepretação extensiva e ampla à solidariedade dos fornecedores justamente para garantir efetividade à reparação de danos do consumidor.

No âmbito do processo civil, as regras do CDC apresentam o mesmo objetivo das normas relativas à solidariedade passiva: facilitar o acesso à justiça e o restabelecimento dos direitos violados. São direitos básicos do consumidor "o acesso aos órgãos judiciários e administrativos com vistas à prevenção ou reparação de danos patrimoniais e morais" (art. 6º, VII, do CDC) e "a facilitação da defesa de seus direitos" (art. 6º, VIII)

No processo civil individual – e sempre com objetivo de garantir a efetividade do direito do consumidor – , o CDC apresenta importantes regras: 1) inversão do ônus da prova; 2) proibição de denunciação da lide (art. 88); e 3) limitação do chamamento ao processo (art. 101, II); 4) competência do domicílio do autor (art. 101, I).

Nos casos de intervenção de terceiros, por existir regramento próprio para as relações de consumo, as disposições do Código de Processo Civil (arts. 119 a 132) devem ser afastadas ou, conforme a hipótese, ser interpretadas de modo sistemático e coerente (diálogo das fontes) com o microssistema da lei de proteção ao consumo.

No CDC, o chamamento ao processo foi previsto – e autorizado – para uma única e específica situação, qual seja quando o fornecedor houver contratado seguro em caso de responsabilidade civil. Mesmo nessa hipótese, proibiu-se expressamente a integração do contraditório pelo Instituto de Resseguros do Brasil (art. 101, II).

As disposições processuais relativas à intervenção de terceiros devem ser interpretadas em consonância com os propósitos da solidariedade passiva de modo a facilitar o acesso do consumidor ao restabelecimento do direito e não o contrário.

Portanto, até mesmo nessa única situação permitida de chamamento ao processo no CDC, deve-se perquirir, no caso concreto, se o deferimento contraria os objetivos de presteza e entrega da prestação jurisdicional (STJ, AgInt no REsp 1863500/CE, Rel. Min. Luis Felipe Salomão, 4ª Turma, j. 28.06.2021, *DJe* 01.07.2021).

Em síntese, a interpretação adequada das modalidades de intervenção de terceiros nas relações de consumo aponta para a autonomia do consumidor em escolher qual ou quais fornecedores devem figurar no polo passivo. Não cabe ao devedor essa opção. A ideia central é de que "nas ações de consumo, a celeridade processual age em favor do consumidor, devendo o fornecedor exercer seu direito de regresso quanto aos demais devedores solidários por meio de ação autônoma" (STJ, REsp 1739718/SC).

Dicas práticas

Deve-se ficar atento à jurisprudência do STJ que estende a proibição da denunciação *apenas* para fato do serviço (art. 14 do CDC). Embora a redação das ementas de alguns julgados recentes sejam mais genéricas – no sentido de abranger qualquer situação decorrente de relação de consumo –, a análise do acórdão indica que a proibição limita-se a fato do produto (art. 12) e do serviço (art. 14).

Jurisprudência

1. Limitação de intervenção de terceiros nos processos que envolvem relação de consumo

"Agravo Interno em Recurso Especial. Processo civil e direito do consumidor. Art. 70, III, e art. 101 do CDC. Intervenção de terceiro. Chamamento ao processo. Fase processual avançada. Suposto prejuízo ao consumidor. Não obrigatoriedade. Aplicação de multa. Embargos de declaração. Art. 1.026, § 2º, do CPC. Ausência de repercussão sobre as hipóteses de cabimento. Reiteração do mérito. Multa devida. Agravo interno não provido. 1. A denunciação da lide, como modalidade de intervenção de terceiros, busca atender aos princípios da economia e da presteza na entrega da prestação jurisdicional, não devendo ser prestigiada quando o deferimento for apto a subverter exatamente os valores tutelados pelo instituto. 2. Deve ser mantida a multa prevista no art. 1.026, § 2º, do CPC, uma vez que os embargos de declaração foram opostos fora das hipóteses de cabimento do recurso, sem evidenciar a necessidade de prequestionamento" (STJ, AgInt no REsp 1863500/CE, Rel. Min. Luis Felipe Salomão, 4ª Turma, j. 28.06.2021, *DJe* 01.07.2021).

2. Responsabilidade solidária e escolha do consumidor

"6. Nas ações de consumo, nas quais previstas a responsabilidade solidária, é facultado ao consumidor escolher contra quem demandar, resguardado o direito de regresso daquele que repara o dano contra os demais coobrigados. Precedente. 7. Nessas circunstâncias, em que a responsabilidade pela reparação dos danos causados ao consumidor é solidária, o litisconsórcio passivo é, pois, facultativo. 8. Embora, em regra, o devedor possa requerer a intervenção dos demais coobrigados solidários na lide em que figure isoladamente como réu, por meio do chamamento ao processo, essa intervenção é facultativa e seu não exercício não impede o direito de regresso previsto no art. 283 do CC/02. 9. Nas ações de consumo, a celeridade processual age em favor do consumidor, devendo o fornecedor exercer seu direito de regresso quanto aos demais devedores solidários por meio de ação autônoma" (STJ, REsp 1739718/SC, Rel. Min. Nancy Andrighi, 3ª Turma, j. 01.12.2020, *DJe* 04.12.2020).

3. Vedação da denunciação da lide se estende a fato do serviço (art. 14)

"1. Esta eg. Corte Superior confere interpretação extensiva ao art. 88 do CDC, de modo que a proibição de denunciação da lide também alcança as hipóteses de responsabilidade por fato do serviço. Precedente. 3. Agravo interno que se limita a sustentar suposta existência do dissídio, olvidando-se de apresentar os argumentos correlatos, atrai a Súmula 284/STF" (STJ, AgInt no AREsp 1.218.991/AM, 4ª Turma, Rel. Min. Lázaro Guimarães (Desembargador convocado do TRF 5ª Região), j. 25.09.2018, *DJe* 28.09.2018).

"1. A vedação à denunciação da lide prevista no art. 88 do Código de Defesa do Consumidor não se restringe à responsabilidade de comerciante por fato do produto (art. 13 do CDC), sendo aplicável também nas demais hipóteses de responsabilidade civil por acidentes de consumo (arts. 12 e 14 do CDC). Precedentes" (STJ, AgInt no AREsp 1.503.994/PR, 4ª Turma, Rel. Min. Raul Araújo, j. 29.10.2019, *DJe* 21.11.2019).

"1. O Superior Tribunal de Justiça entende que a vedação à denunciação da lide estabelecida no artigo 88 do CDC não se limita à responsabilidade por fato do produto (art. 13 do CDC), sendo aplicável também nas demais hipóteses de responsabilidade por acidentes de consumo (arts. 12 e 14 do CDC). Precedentes" (STJ, AgInt no REsp 1.422.640/CE, 4ª Turma, Rel. Min. Marco Buzzi, j. 25.11.2019, *DJe* 27.11.2019).

4. Descabimento da denunciação da lide apenas para reconhecimento de direito de regresso

"'O entendimento desta Corte é do descabimento da denunciação da lide nos casos em que a denunciante postula somente o reconhecimento do direito de regresso, o que desvirtua natureza e finalidade da demanda originária, em flagrante desatendimento aos propósitos do referido instituto processual que são a celeridade e a economia processuais' (AgRg no REsp 1.483.211/RJ, Relator Ministro Moura Ribeiro, Terceira Turma, julgado em 23/2/2016, *DJe* 11/3/2016). 2. Agravo interno a que se nega provimento" (STJ, AgInt no AREsp 1.554.734/RJ, 4ª Turma, Rel. Min. Antonio Carlos Ferreira, j. 18.02.2020, *DJe* 28.02.2020).

"1. Ação de obrigação de fazer c/c indenização por danos materiais e compensação por dano moral ajuizada em 24/11/2014, da qual foi extraído o presente recurso especial, interposto em 19/12/2018 e concluso ao gabinete em 19/08/2019. 2. O propósito recursal é decidir sobre a legitimidade passiva do hospital recorrente, bem como sobre a denunciação da lide aos médicos responsáveis pelos procedimentos cirúrgicos ou à formação de litisconsórcio passivo necessário entre o hospital recorrente e os respectivos médicos. 3. Os fatos narrados na petição inicial, interpretados à luz da teoria da asserção, não autorizam reconhecer a ilegitimidade passiva do hospital, na medida em que revelam que os procedimentos cirúrgicos foram realizados nas dependências do nosocômio, sendo, pois, possível inferir, especialmente sob a ótica da consumidora, o vínculo havido com os médicos e a responsabilidade solidária de ambos – hospital e respectivos médicos - pelo evento danoso. 4. Segundo a jurisprudência do STJ, quanto aos atos técnicos praticados de forma defeituosa pelos profissionais da saúde vinculados de alguma forma ao hospital, respondem solidariamente a instituição hospitalar e o profissional responsável, apurada a sua culpa profissional; nesse caso, o hospital é responsabilizado indiretamente por ato de terceiro, cuja culpa deve ser comprovada pela vítima de modo a fazer emergir o dever de indenizar da instituição, de natureza absoluta (artigos 932 e 933 do Código Civil), sendo cabível ao juiz, demonstrada a hipossuficiência do paciente, determinar a inversão do ônus da prova (artigo 6º, inciso VIII, do CDC). Precedentes. 5. Em circunstâncias específicas como a destes autos, na qual se imputa ao hospital a responsabilidade objetiva por suposto ato culposo dos médicos a ele vinculados, deve ser admitida, excepcionalmente, a denunciação da lide, sobretudo com o intuito de assegurar o resultado prático da demanda e evitar a indesejável situação de haver decisões contraditórias a respeito do mesmo fato" (STJ, REsp 1832371/MG, Rel. Min. Nancy Andrighi, 3ª Turma, j. 22.06.2021, *DJe* 01.07.2021).

> **Art. 89.** (Vetado).[29]
>
> **Art. 90.** Aplicam-se às ações previstas neste Título as normas do Código de Processo Civil e da Lei nº 7.347, de 24 de julho de 1985, inclusive no que respeita ao inquérito civil, naquilo que não contrariar suas disposições.

Legislação correlata

Código de Processo Civil.

Lei 7.347/1985 (Lei da Ação Civil Pública).

Lei 8.625/1993 (Lei Orgânica do Ministério Público dos Estados).

Lei Complementar 75/1993 (Lei Orgânica do Ministério Público da União).

Análise doutrinária

1. *Diálogo das fontes* entre o CDC, a Lei da Ação Civil Pública e o CPC

O art. 90 do CDC estabelece o caráter complementar do Código de Processo Civil e da Lei 7.347/1985 (Lei da Ação Civil Pública) no tocante à "Defesa do Consumidor em Juízo" (Título III da Lei 8.078/1990), ou seja, todos os instrumentos e aspectos processuais da tutela – individual ou coletiva – do consumidor decorrem de diálogo das fontes (v. comentários ao arts. 7º, *caput*, e 81) dos referidos diplomas legais.

---

[29]   Mensagem de Veto 664/90, *do art. 89*: "A extensão das normas específicas destinadas à proteção dos direitos do consumidor a outras situações excede dos objetivos propostos no Código, alcançando outras relações jurídicas não identificadas precisamente e que reclamam regulação própria e adequada. Nos termos do art. 48 do ADCT, deve o legislador limitar-se a elaborar *Código de Defesa do Consumidor*".

O processo civil coletivo no Brasil se estrutura basicamente em torno de dois diplomas infraconstitucionais: 1) Lei 7.347/1985 (Lei da Ação Civil Pública) e 2) Lei 8.078/1990 (Código de Defesa do Consumidor). Em virtude do disposto nos arts. 90 e 117 do CDC, há absoluta integração e complementaridade entre a Lei 7.347/1985 (Lei da Ação Civil Pública) e a Lei 8.078/1990 (Código de Defesa do Consumidor). As inovações do processo civil coletivo – trazidas pelo CDC (arts. 81 a 104) – não se destinam apenas à tutela coletiva dos interesses do *consumidor*, e sim a qualquer espécie de interesse coletivo (meio ambiente, patrimônio público e social, ordem econômica e urbanística etc.).

O inquérito civil, referido na parte final do art. 90, é procedimento administrativo investigatório, dirigido pelo Ministério Público, que objetiva colher elementos para verificar ofensa a direito metaindividual (direito difuso, coletivo e individual homogêneo), nas mais diferentes áreas (consumidor, meio ambiente, patrimônio público e social etc.). Está previsto no art. 8º da Lei da Ação Civil Pública e, também, é disciplinado pelas Leis Orgânicas do Ministério Público (Lei Complementar 75/1993 e Lei 8.625/1993) como importante instrumento de investigação na tutela de direitos coletivos (em sentido amplo).

 Dicas práticas

O profissional do direito deve ficar atento para o fato de que os aspectos – individuais e coletivos – da defesa do consumidor sempre exigem análise simultânea e coordenada da Lei 7.347/1985 (Lei da Ação Civil Pública), do Código de Defesa do Consumidor e do Código de Processo Civil.

 Jurisprudência

1. Integração entre o CDC e a Lei da Ação Civil Pública

"A Lei n. 7.347, de 1985, e de natureza essencialmente processual, limitando-se a disciplinar o procedimento da ação coletiva e não se entremostra incompatível com qualquer norma inserida no Título III do Código de Defesa do Consumidor (Lei n. 8.078/90). E princípio de hermenêutica que, quando uma lei faz remissão a dispositivos de outra lei de mesma hierarquia, estes se incluem na compreensão daquela, passando a constituir parte integrante do seu contexto. O artigo 21 da Lei n. 7.347, de 1985 (inserido pelo artigo 117 da Lei n. 8.078/90) estendeu, de forma expressa, o alcance da ação civil pública a defesa dos interesses e 'direitos individuais homogêneos', legitimando o Ministério Público, extraordinariamente e como substituto processual, para exercitá-la (artigo 81, parágrafo único, III, da Lei 8.078/90)" (STJ, REsp 49.272/RS, Rel. Min. Demócrito Reinaldo, j. 21.09.1994, *DJ* 17.10.1994).

2. Intervenção de terceiros na ação civil pública

"1. Ação civil pública, reforçada por disposições do CDC, quanto a intervenção de terceiros interessados para apuração de responsabilidade por danos morais e patrimoniais, acolhe a aplicação supletiva do CPC (art. 50 e 54). Outrossim, diferentemente de outras ações de jurisdição litigiosa, nos quais os efeitos da sentença alcançam somente as partes integradas a relação processual formada, na ação civil pública a eficácia e 'erga omnes' (art. 16, Lei 7.347/1985, arts. 16, 19 e 21). 2. O ingresso do assistente na relação processual formada na espécie em causa guarda conteúdo e repercussões peculiares, recebendo a causa no estado em que se encontrar, mas sem excluir causa superveniente (art. 462, CPC). Pois a prestação jurisdicional há de compor a lide como ela se apresenta no momento da entrega. O direito superveniente e o direito objetivo pela ocorrência de fatos novos constitutivos, modificativos ou extintivos da pretensão deduzida na inicial. 3. Impossível a tutela específica inicialmente pedida, quanto ao resultado, viabiliza-se a transformação preconizada em lei (danos e perdas), já que a sentença deve refletir o estado de fato da lide no momento em que for proferida. No caso, sem alteração substancial da causa de pedir, no pertencente ao resultado, notória causa superveniente forçou a transformação (art. 84 e par. 1., Lei 8.078/1990)" (STJ, REsp 89.561/SP, Rel. Min. Milton Luiz Pereira, j. 03.04.1997, *DJ* 28.04.1997).

3. Ministério Público e investigação por meio de inquérito civil

"O Ministério Público possui a prerrogativa de instaurar procedimento administrativo de investigação e conduzir diligências investigatórias cíveis e criminais. Precedentes" (STJ, HC 351.763/AP, 5ª Turma, Rel. Min. Reynaldo Soares da Fonseca, j. 24.05.2016, *DJe* 01.06.2016).

4. Imprescindibilidade de inquérito civil e interrupção de prescrição

"IX – Nada obstante, no caso concreto não há como sublevar o princípio da segurança e da confiança legítima espelhados no instituto da prescrição, a se erigir a instauração de inquérito civil público a uma nova e pretensa causa supralegal de interrupção da prescrição, para a qual não existe previsão no ordenamento jurídico. X – Neste sentido já decidido, por unanimidade, neste Superior Tribunal, que a instauração de inquérito civil público não tem o condão de interromper o curso prescricional, porque desnecessária para a propositura da ação civil pública: No mesmo sentido: AgRg no REsp 1384087/RS, Rel. Ministro Mauro Campbell Marques, Segunda Turma, julgado em 19/03/2015, *DJe* 25/03/2015; AgRg no REsp 1066838/SC, Rel. Ministro Herman Benjamin, Segunda Turma, julgado em 07/10/2010, *DJe* 04/02/2011. XI – De fato, consoante o princípio da *actio nata*, a prescrição inicia o seu curso a partir do momento em que se torna possível a interposição da ação em prol da pretensão. XII – Consabido que não é indispensável a instauração de inquérito civil público para a propositura da ação civil pública – assim como também não o é, com relação ao inquérito policial, no âmbito penal e, tanto num caso, como noutro, não há se falar em interrupção da prescrição, por ausência de previsão legal" (STJ, AgInt no REsp 1.621.940/AM, 2ª Turma, Rel. Min. Francisco Falcão, j. 01.03.2018, *DJe* 06.03.2018).

5. Possibilidade de decretação de sigilo de inquérito civil

"Processo civil e administrativo. Agravo interno no recurso em mandado de segurança. Inquérito civil. Decretação de sigilo. Vista dos autos. Restrição temporária e parcial, em razão de diligências em curso. Legalidade. Artigo 7º, incisos XIII, XIV e XV, c/c o parágrafo 11 da Lei n. 8.906/1994. Ausência de direito líquido e certo a ser resguardado. 1. Esta Corte já se manifestou no sentido de que é possível a autoridade coatora delimitar o acesso do advogado aos elementos de prova relativos a diligências em andamento e não documentadas nos autos, diante do risco iminente na eficácia de tais diligências, como ocorreu no caso dos autos. Precedentes: AgInt no RMS 62.275/RJ, Rel. Min. Francisco Falcão, Segunda Turma, DJe 22/10/2020" (STJ, AgInt no RMS 63.675/SP, Rel. Min. Benedito Gonçalves, 1ª Turma, j. 03.05.2021, *DJe* 05.05.2021).

CAPÍTULO II
Das Ações Coletivas para a Defesa de Interesses Individuais Homogêneos

Art. 91. Os legitimados de que trata o art. 82 poderão propor, em nome próprio e no interesse das vítimas ou seus sucessores, ação civil coletiva de responsabilidade pelos danos individualmente sofridos, de acordo com o disposto nos artigos seguintes.

 Legislação correlata

Lei 7.347/1985 (Lei da Ação Civil Pública).

Lei 7.913/1989 (Dispõe sobre a ação civil pública de responsabilidade por danos causados aos investidores no mercado de valores mobiliários).

 Análise doutrinária

1. Ação coletiva (ação civil pública) e a tutela do direito individual homogêneo

O art. 91 inaugura a parte do CDC que disciplina as "ações coletivas para a defesa de interesses individuais homogêneos" (Capítulo II do Título III). Além de detalhar o processo e o procedimento para defesa dos direitos individuais homogêneos, há várias passagens que se aplicam – por extensão ou analogia – a tutela de qualquer direito metaindividual (difuso, coletivo e individual homogêneo), como será apontado nos comentários a cada dispositivo (arts. 91 a 100).

O art. 91 estabelece que os entes legitimados indicados no art. 82 (Ministério Público, associações civis, Defensoria Pública etc.) podem ajuizar "ação coletiva de responsabilidade pelos danos individualmente sofridos". O dispositivo é relevante para esclarecer e delinear o significado da tutela de direito individual homogêneo.

Como já destacado, os direitos individuais homogêneos estão definidos no art. 81, parágrafo único, III, do CDC, simplesmente como aqueles "decorrentes de origem comum". A expressão pouco esclarece. A compreensão adequada da tutela dessa espécie de direito coletivo decorre necessariamente de exame sistemático da Lei 7.347/1985 (Lei da Ação Civil Pública) e do CDC, particularmente do disposto nos arts. 91 a 100, que integram o Capítulo II (Das Ações Coletivas para a Defesa de Interesses Individuais Homogêneos).

Os direitos individuais homogêneos são pretensões indenizatórias decorrentes de determinado fato (origem comum). É possível de serem tutelados por meio de demandas individuais. Todavia, por questões de economia processual, segurança jurídica e intuito de evitar decisões contraditórias, podem ganhar tratamento uniforme e dimensão coletiva a partir do ajuizamento de ação coletiva (ação civil pública). Daí a denominação de direitos processualmente coletivos (DPC).A primeira experiência normativa na área de proteção de direitos individuais homogêneos ocorreu por meio da edição da Lei 7.913/1989, a qual instituiu tutela coletiva dos interesses dos investidores no mercado de valores mobiliários, conferindo apenas ao Ministério Público a legitimidade processual. Todavia, a densificação dessa tutela se deu com a edição do CDC, sob a inspiração da *class action for damages* do direito norte-americano. Em síntese, objetiva-se o ressarcimento dos danos pessoalmente sofridos como decorrência do mesmo fato.

A leitura do art. 91 e seguintes do CDC conduz à conclusão de que a tutela judicial de direito individual homogêneo concerne a um *único fato* (origem comum) gerador de diversas pretensões indenizatórias.

Quando não forem possíveis a liquidação e o cumprimento da decisão no próprio processo coletivo (v. comentário ao arts. 95, 97 e 98), há duas fases. A primeira, promovida pelo legitimado coletivo, na qual se busca o reconhecimento da responsabilidade civil, ou seja, o dever do réu de indenizar os consumidores (vítimas). A segunda fase é o momento da habilitação dos beneficiados na ação, com o fim de promover a execução individual da dívida reconhecida no âmbito coletivo.

Assim, a sentença, na hipótese de tutela de direito individual homogêneo, pode ser genérica, limitando-se a reconhecer a responsabilidade do réu (fornecedor) pelos danos causados aos consumidores (art. 95 do CDC). Num segundo momento, os consumidores devem promover a liquidação da sentença. Em regra, devem demonstrar que se encaixam na situação fática acolhida pela decisão coletiva, provar o dano e sua extensão (art. 97).

A sentença condenatória é certa, porém ilíquida. Necessária, portanto, a habilitação dos consumidores no processo ou, eventualmente, seus sucessores para provar dois aspectos: 1) que foi vítima do fato gerador de dano, conforme delimitado na decisão proferida na ação coletiva; e 2) o valor do seu dano (material e moral), ou seja, o *quantum debeatur.*

2. Ação civil pública não se confunde com a defesa dos filiados e associados (arts. 5º, XXI, e 8º, III, da Constituição Federal)

A ação civil pública (ação coletiva), seja qual for a espécie de direito veiculado (difuso, coletivo, individual homogêneo), não se confunde com a defesa das associações e sindicatos com relação a seus associados e filiados (arts. 5º, XXI, e 8º, III, da Constituição Federal).

O Supremo Tribunal Federal, em mais de uma oportunidade, enfrentou o tema ao analisar a constitucionalidade do art. 2º-A da Lei 9.494/1997, que possui a seguinte redação: "A sentença civil prolatada em ação de caráter coletivo proposta por entidade associativa, na defesa dos interesses e direitos dos seus associados, abrangerá apenas os substituídos que tenham, na data da propositura da ação, domicílio no âmbito da competência territorial do órgão prolator".

No julgamento do RE 612.043 (Rel. Min. Marco Aurélio), os debates evidenciam justamente a importância de distinguir a tutela de direitos metaindividuais (difusos, coletivos e individuais homogêneos) da possibilidade de associações e sindicatos defenderem direitos dos associados/filiados. O STF denominou, no julgamento, essa modalidade de "ação coletiva sob rito ordinário".

Na ocasião, a Suprema Corte definiu que, em ações coletivas de servidores públicos, por exemplo, relacionadas a aumentos salariais, a sentença da "ação coletiva sob o rito ordinário" estaria limitada territorialmente e se aplicaria apenas aos associados que se filiaram antes do ajuizamento da demanda. No entanto, o Plenário deixou evidente que tais limitações não alcançam as ações coletivas regidas pela Lei 7.347/1985 e pela Lei 8.078/1990 ao julgar e acolher os embargos declaratório opostos pela parte autora (Idec).

Ao final, definiu-se a seguinte tese: "A eficácia subjetiva da coisa julgada formada a partir de ação coletiva, de rito ordinário, ajuizada por associação civil na defesa de interesses dos associados, somente alcança os filiados, residentes no âmbito da jurisdição do órgão julgador, que o fossem em momento anterior ou até a data da propositura da demanda, constantes da relação jurídica juntada à inicial do processo de conhecimento".

A distinção é relevante, mas não afasta a possibilidade de a associação de defesa do consumidor ajuizar ação civil pública, com ampliação dos beneficiários. Na prática, para distinguir, deve-se analisar o pedido e causa de pedir apresentados na petição inicial.

Em síntese: "em Ação Civil Pública proposta por associação, na condição de substituta processual de consumidores, possuem legitimidade para a liquidação e execução da sentença todos os beneficiados pela procedência do pedido, independentemente de serem filiados à associação promovente" (STJ, REsp 1362022/SP, j. em 28.04.2021).

 Dicas práticas

O profissional do direito deve ficar atento à distinção e consequências entre a ação civil pública promovida por associações civis e as ações coletivas que, com base nos arts. 5º, XXI, e 8º, III, da Constituição Federal, objetivam beneficiar unicamente os seus associados.

 Jurisprudência

1. Tutela de direito individual homogêneo prescinde de autorização dos associados

"A ação coletiva é o instrumento adequado para a defesa dos interesses individuais homogêneos dos consumidores. Precedentes. Independentemente de autorização especial ou da apresentação de relação nominal de associados, as associações civis, constituídas há pelo menos um ano e que incluam entre seus fins institucionais a defesa dos interesses e direitos protegidos pelo CDC, gozam de legitimidade ativa para a propositura de ação coletiva" (STJ, REsp 805.277/RS, 3ª Turma, Rel. Min. Nancy Andrighi, j. 23.09.2008, *DJe* 08.10.2008).

2. Distinção entre ação civil pública e defesa dos associados pela associação e sindicatos: limites territoriais da decisão

"Execução. Ação coletiva. Rito ordinário. Associação. Beneficiários. Beneficiários do título executivo, no caso de ação proposta por associação, são aqueles que, residentes na área compreendida na jurisdição do órgão julgador, detinham, antes do ajuizamento, a condição de filiados e constaram da lista apresentada com a peça inicial. Tema 499 – Limites subjetivos da coisa julgada referente à ação coletiva proposta por entidade associativa de caráter civil. Tese – A eficácia subjetiva da coisa julgada formada a partir de ação coletiva, de rito ordinário, ajuizada por associação civil na defesa de interesses dos associados, somente alcança os filiados, residentes no âmbito da jurisdição do órgão julgador, que o fossem em momento anterior ou até a data da propositura da demanda, constantes da relação jurídica juntada à inicial do processo de conhecimento" (STF, RE 612.043, Tribunal Pleno, Rel. Min. Marco Aurélio, j. 10.05.2017, *DJe*-229, Divulg. 05.10.2017, Public. 06.10.2017).

3. Associação e necessidade de autorização expressa do associado para representação

"Representação. Associados. Artigo 5º, inciso XXI, da Constituição Federal. Alcance. O disposto no artigo 5º, inciso XXI, da Carta da República encerra representação específica, não alcançando previsão genérica do estatuto da associação a revelar a defesa dos interesses dos associados. Título executivo judicial. Associação. Beneficiários. As balizas subjetivas do título judicial, formalizado em ação proposta por associação, é definida pela representação no processo de conhecimento, presente a autorização expressa dos associados e a lista destes juntada à inicial.

Decisão. Tema 82 – Possibilidade de execução de título judicial, decorrente de ação ordinária coletiva ajuizada por entidade associativa, por aqueles que não conferiram autorização individual à associação, não obstante haja previsão genérica de representação dos associados em cláusula do estatuto. Tese – A previsão estatutária genérica não é suficiente para legitimar a atuação, em Juízo, de associações na defesa de direitos dos filiados, sendo indispensável autorização expressa, ainda que deliberada em assembleia, nos termos do artigo 5º, inciso XXI, da Constituição Federal; II – As balizas subjetivas do título judicial, formalizado em ação proposta por associação, são definidas pela representação no processo de conhecimento, limitada a execução aos associados apontados na inicial" (STF, RE 573.232, Tribunal Pleno, Rel. Min. Ricardo Lewandowski, Rel. p/ acórdão Min. Marco Aurélio, j. 14.05.2014, *DJe*-182, Divulg. 18.09.2014, Public. 19.09.2014).

4. Entendimento do STF (no RE 573.232/SC e no RE 612.043/PR) não se aplica a ações coletivas

"1. Não se aplica ao caso vertente o entendimento sedimentado pelo STF no RE n. 573.232/SC e no RE n. 612.043/PR, pois a tese firmada nos referidos precedentes vinculantes não se aplicam às ações coletivas de consumo ou quaisquer outras demandas que versem sobre direitos individuais homogêneos. Ademais, a Suprema Corte acolheu os embargos de declaração no RE n. 612.043/PR para esclarecer que o entendimento nele firmado alcança tão somente as ações coletivas submetidas ao rito ordinário." (STJ, AgInt no REsp 1.719.820/MG, 3ª Turma, Rel. Min. Marco Aurélio Bellizze, j. 15.04.2019, *DJe* 23.04.2019).

"1. Cuida-se de demanda coletiva na qual se busca a adaptação de agências bancárias, com a instalação de assentos com encosto, a fim de evitar que os consumidores formem filas e aguardem o atendimento em pé. 2. Versando a ação sobre direitos homogêneos e mantendo relação com os fins institucionais da associação autora, há pertinência subjetiva para a demanda. 3. A exegese firmada pelo Supremo Tribunal Federal, no âmbito do julgamento do Recurso Extraordinário 573.232/SC não altera as hipóteses de legitimação extraordinária previstas no Código de Defesa do Consumidor (artigo 82, inciso IV), no Estatuto do Idoso (artigo 81, inciso IV) e no artigo 3º da Lei 7.853/89, entre outras normas infraconstitucionais. 4. O Supremo Tribunal Federal perfilhou o entendimento de que, à luz do inciso XXI do artigo 5º da Constituição da República, a associação, quando atuar, a título de representação, na defesa dos direitos individuais homogêneos de seus associados deverá ostentar credenciamento específico para tanto, via autorização assemblear ou individual de cada representado. Na ocasião, a Excelsa Corte não declarou a inconstitucionalidade de qualquer uma das fontes normativas (infraconstitucionais) legitimadoras da atuação da associação na condição de substituta processual em defesa de específicos direitos individuais homogêneos. 5. Desse modo, sobressai a legitimidade da associação civil – independentemente de autorização expressa da assembleia ou do substituído – para ajuizar ação coletiva, na condição de substituta processual, em defesa de direitos individuais homogêneos protegidos pelo Código de Defesa do Consumidor. 6. Hipótese que não se confunde com a discussão sobre o alcance subjetivo da coisa julgada no âmbito da ação civil pública (legitimidade do não associado para a execução da sentença proferida em ação civil pública manejada por associação na condição de substituta processual), matéria afeta ao exame da Segunda Seção desta Corte nos Recursos Especiais 1.438.263/SP e 1.361.872/SP, da relatoria do eminente Ministro Raul Araújo. 7. Agravo interno não provido" (STJ, AgInt no AREsp 975.547/PR, 4ª Turma, Rel. Min. Luis Felipe Salomão, j. 24.09.2019, *DJe* 14.10.2019).

"Na representação, a associação age em nome e por conta dos interesses de seus associados, conforme autoriza o art. 5º, XXI, CF, diferentemente do que ocorre na substituição processual" (STJ, AgRg no REsp 1.274.744/RS, 3ª Turma, Rel. Min. Marco Aurélio Bellizze, j. 18.02.2019, *DJe* 21.02.2019).

"O Tema 499/STF ('A eficácia subjetiva da coisa julgada formada a partir de ação coletiva, de rito ordinário, ajuizada por associação civil na defesa de interesses dos associados, somente alcança os filiados, residentes no âmbito da jurisdição do órgão julgador, que o fossem em momento anterior ou até a data da propositura da demanda, constantes da relação jurídica juntada à inicial do processo de conhecimento.') não se aplica à hipótese de ação civil pública (RE 612.043 ED/STF)" (STJ, EDcl no AgInt no REsp 1345744/RJ, Rel. Min. Og Fernandes, 2ª Turma, j. 10.05.2021, *DJe* 18.05.2021).

5. Ação civil pública proposta por associação alcança não filiados à entidade

"1. Na hipótese, conforme a fundamentação exposta, não são aplicáveis as conclusões adotadas pelo colendo Supremo Tribunal Federal, nos julgamentos dos: a)

RE 573.232/SC, de que 'as balizas subjetivas do título judicial, formalizado em ação proposta por associação, é definida pela representação no processo de conhecimento, presente a autorização expressa dos associados e a lista destes juntada à inicial'; e b) RE 612.043/PR, de que os 'beneficiários do título executivo, no caso de ação proposta por associação, são aqueles que, residentes na área compreendida na jurisdição do órgão julgador, detinham, antes do ajuizamento, a condição de filiados e constaram da lista apresentada com a peça inicial'.2. As teses sufragadas pela eg. Suprema Corte referem-se à legitimidade ativa de associado para executar sentença prolatada em ação coletiva ordinária proposta por associação autorizada por legitimação ordinária (ação coletiva representativa), agindo a associação por representação prevista no art. 5º, XXI, da Constituição Federal, e não à legitimidade ativa de consumidor para executar sentença prolatada em ação coletiva substitutiva proposta por associação, autorizada por legitimação constitucional extraordinária (p. ex., CF, art. 5º, LXX) ou por legitimação legal extraordinária, com arrimo, especialmente, nos arts. 81, 82 e 91 do Código de Defesa do Consumidor (ação civil pública substitutiva ou ação coletiva de consumo). 3. Conforme a Lei da Ação Civil Pública e o Código de Defesa do Consumidor, os efeitos da sentença de procedência de ação civil pública substitutiva, proposta por associação com a finalidade de defesa de interesses e direitos individuais homogêneos de consumidores (ação coletiva de consumo), beneficiarão os consumidores prejudicados e seus sucessores, legitimando-os à liquidação e à execução, independentemente de serem filiados à associação promovente. 4. Para os fins do art. 927 do CPC, é adotada a seguinte Tese: 'Em Ação Civil Pública proposta por associação, na condição de substituta processual de consumidores, possuem legitimidade para a liquidação e execução da sentença todos os beneficiados pela procedência do pedido, independentemente de serem filiados à associação promovente.' 5. Caso concreto: negado provimento ao recurso especial" (STJ, REsp 1362022/SP, Rel. Min. Raul Araújo, 2ª Seção, j. 28.04.2021, *DJe* 24.05.2021).

6. Ministério Público e a tutela de direito individual homogêneo: interesse social qualificado

"1. Os direitos difusos e coletivos são transindividuais, indivisíveis e sem titular determinado, sendo, por isso mesmo, tutelados em juízo invariavelmente em regime de substituição processual, por iniciativa dos órgãos e entidades indicados pelo sistema normativo, entre os quais o Ministério Público, que tem, nessa legitimação ativa, uma de suas relevantes funções institucionais (CF art. 129, III). 2. Já os direitos individuais homogêneos pertencem à categoria dos direitos subjetivos, são divisíveis, tem titular determinado ou determinável e em geral são de natureza disponível. Sua tutela jurisdicional pode se dar (a) por iniciativa do próprio titular, em regime processual comum, ou (b) pelo procedimento especial da ação civil coletiva, em regime de substituição processual, por iniciativa de qualquer dos órgãos ou entidades para tanto legitimados pelo sistema normativo. 3. Segundo o procedimento estabelecido nos artigos 91 a 100 da Lei 8.078/90, aplicável subsidiariamente aos direitos individuais homogêneos de um modo geral, a tutela coletiva desses direitos se dá em duas distintas fases: uma, a da ação coletiva propriamente dita, destinada a obter sentença genérica a respeito dos elementos que compõem o núcleo de homogeneidade dos direitos tutelados (an debeatur, quid debeatur e quis debeat); e outra, caso procedente o pedido na primeira fase, a da ação de cumprimento da sentença genérica, destinada (a) a complementar a atividade cognitiva mediante juízo específico sobre as situações individuais de cada um dos lesados (= a margem de heterogeneidade dos direitos homogêneos, que compreende o cui debeatur e o quantum debeatur), bem como (b) a efetivar os correspondentes atos executórios. 4. O art. 127 da Constituição Federal atribui ao Ministério Público, entre outras, a incumbência de defender 'interesses sociais'. Não se pode estabelecer sinonímia entre interesses sociais e interesses de entidades públicas, já que em relação a estes há vedação expressa de patrocínio pelos agentes ministeriais (CF, art. 129, IX). Também não se pode estabelecer sinonímia entre interesse social e interesse coletivo de particulares, ainda que decorrentes de lesão coletiva de direitos homogêneos. Direitos individuais disponíveis, ainda que homogêneos, estão, em princípio, excluídos do âmbito da tutela pelo Ministério Público (CF, art. 127). 5. No entanto, há certos interesses individuais que, quando visualizados em seu conjunto, em forma coletiva e impessoal, têm a força de transcender a esfera de interesses puramente particulares, passando a representar, mais que a soma de interesses dos respectivos titulares, verdadeiros interesses da comunidade. Nessa perspectiva, a lesão desses interesses individuais acaba não apenas atingindo a esfera jurídica dos titulares do direito individualmente considerados, mas também comprometendo bens, institutos ou valores jurídicos superiores, cuja preservação é cara a uma comunidade maior de pessoas. Em casos tais, a tutela jurisdicional desses direitos se reveste de interesse social qualificado, o que legitima a propositura da ação pelo Ministério Público com base no art. 127 da Constituição Federal. Mesmo nessa hipótese, todavia, a legitimação ativa do Ministério Público se limita à ação civil coletiva destinada a obter sentença genérica sobre o núcleo de homogeneidade dos direitos individuais homogêneos. 6. Cumpre ao Ministério Público, no exercício de suas funções institucionais, identificar situações em que a ofensa a direitos individuais homogêneos compromete também interesses sociais qualificados, sem prejuízo do posterior controle jurisdicional a respeito. Cabe ao Judiciário, com efeito, a palavra final sobre a adequada legitimação para a causa, sendo que, por se tratar de matéria de ordem pública, dela pode o juiz conhecer até mesmo de ofício (CPC, art. 267, VI e § 3.º, e art. 301, VIII e § 4.º). 7. Considerada a natureza e a finalidade do seguro obrigatório DPVAT – Danos Pessoais Causados por Veículos Automotores de Via Terrestre (Lei 6.194/74, alterada pela Lei 8.441/92, Lei 11.482/07 e Lei 11.945/09) -, há interesse social qualificado na tutela coletiva dos direitos individuais homogêneos dos seus titulares, alegadamente lesados de forma semelhante pela Seguradora no pagamento das correspondentes indenizações. A hipótese guarda semelhança com outros direitos individuais homogêneos em relação aos quais - e não obstante sua natureza de direitos divisíveis, disponíveis e com titular determinado ou determinável -, o Supremo Tribunal Federal considerou que sua tutela se revestia de interesse social qualificado, autorizando, por isso mesmo, a iniciativa do Ministério Público de, com base no art. 127 da Constituição, defendê--los em juízo mediante ação coletiva (RE 163.231/SP, AI 637.853 AgR/SP, AI 606.235 AgR/DF, RE 475.010 AgR/RS, RE 328.910 AgR/SP e RE 514.023 AgR/RJ). 8. Recurso extraordinário a que se dá provimento" (STF, RE 631111, Rel. Min. Teori Zavascki, Tribunal Pleno, j. 07.08.2014, Acórdão Eletrônico Repercussão Geral, Mérito *DJe*-213 divulg. 29.10.2014 public. 30.10.2014).

Art. 92. O Ministério Público, se não ajuizar a ação, atuará sempre como fiscal da lei.

Parágrafo único. (Vetado).[30]

Legislação correlata

Constituição Federal, arts. 127 e 129, III.

Código de Processo Civil, arts. 176 a 181 e 279.

Lei 7.347/1985 (Lei da Ação Civil Pública), art. 5º, §§ 1º, 2º e 3º.

Análise doutrinária

1. Atuação do Ministério Público como *custos legis* nas ações coletivas

O art. 92 do CDC estabelece a obrigatoriedade de intervenção do Ministério Público como fiscal da ordem jurídica – na terminologia do atual CPC – nas ações coletivas ajuizadas pelos outros entes legitimados (art. 82). Embora o dispositivo esteja inserido em capítulo relativo às "ações coletivas para a defesa de interesses individuais homogêneos", a participação processual do MP – como *custos legis* – deve ocorrer em todos os processos coletivos, ou seja, na tutela de direitos difusos, coletivos e individuais homogêneos, em face de diálogo com a Lei 7.347/1985, a qual dispõe que o Ministério Público, se não intervier no processo como parte, atuará obrigatoriamente como fiscal da lei (§ 1º do art. 5º).

Estabelece o art. 179 do CPC que o Ministério Público, quando intervém no processo como fiscal da ordem jurídica, "I – terá vista dos autos depois das partes, sendo intimado de todos os atos do processo; II – poderá produzir provas, requerer as medidas processuais pertinentes e recorrer". Ademais, deve assumir a titularidade ativa da ação em caso de desistência infundada ou abandono da demanda por associação (§ 3º do art. 5º da Lei 7.347/1985).

Os dispositivos, em consonância com a CF (arts. 127 e 129, III), evidenciam o desejo normativo de protagonismo do Ministério Público em todas as ações coletivas. A ausência de sua intervenção gera nulidade processual, nos termos do art. 279 do CPC: "é nulo o processo quando o membro do Ministério Público não for intimado a acompanhar o feito em que deva intervir". Todavia, esclareça-se que não se invalidam os atos até o momento processual da participação do MP (§ 1º) e, ainda, que "a nulidade só pode ser decretada após a intimação do Ministério Público, que se manifestará sobre a existência ou a inexistência de prejuízo" (§ 2º).

---

[30] Mensagem de Veto 664/90, *do parágrafo único do art. 92*: "Esse dispositivo considera a nova redação que o art. 113 do Projeto dá ao art. 5º da Lei nº 7.347, de 24 de julho de 1985, acrescentando-lhe novos §§ 5º e 6º, que seriam decorrência dos dispositivos constantes dos §§ 2º e 3º do art. 82. Esses dispositivos foram vetados, pelas razões expendidas. Assim também vetam-se, no aludido art. 113, as vedações dos §§ 5º e 6º".

Jurisprudência

1. Desnecessidade do MP como *custos legis* quando for autor da ação

"O STJ consolidou o entendimento de que não há falar em nulidade do julgamento por ausência de manifestação do Ministério Público como *custos legis*, tendo em vista que atuou como parte na Ação Civil Pública" (STJ, REsp 1.407.781/SP, 2ª Turma, Rel. Min. Herman Benjamin, j. 15.08.2017, *DJe* 08.05.2018).

"Segundo a jurisprudência do Superior Tribunal de Justiça, entende-se que, 'nos termos do art. 5º, § 1º, da Lei n. 7.347/1985, a falta de intervenção do Ministério Público como fiscal do Direito, na Ação Civil Pública por ele mesmo proposta, não gera nulidade, mormente em razão do princípio da unidade. Julgados: AgRg no REsp. 1.385.059/RJ, Rel. Min. Benedito Gonçalves, DJe 11.9.2014; REsp 814.479/RS, Rel. Min. Mauro Campbell Marques, DJe 14.12.2010' (AgInt no REsp 1.699.923/MG, Rel. Ministro Napoleão Nunes Maia Filho, Primeira Turma, julgado em 25/03/2019, DJe 03/04/2019)" (STJ, AgInt no REsp 1465282/SP, Rel. Min. Gurgel de Faria, 1ª Turma, j. 23.03.2021, *DJe* 14.04.2021).

2. Ausência de intimação do Ministério Público e nulidade

"É pacífico nesta Corte Superior entendimento segundo o qual a ausência de intimação do Ministério Público em ação civil pública para funcionar como fiscal da lei não dá ensejo, por si só, a nulidade processual, salvo comprovado prejuízo" (STJ, AgInt no REsp 1.689.653/PR, 2ª Turma, Rel. Min. Mauro Campbell Marques, j. 19.02.2019, *DJe* 26.02.2019).

> **Art. 93.** Ressalvada a competência da Justiça Federal, é competente para a causa a justiça local:
>
> **I -** no foro do lugar onde ocorreu ou deva ocorrer o dano, quando de âmbito local;
>
> **II -** no foro da Capital do Estado ou no do Distrito Federal, para os danos de âmbito nacional ou regional, aplicando-se as regras do Código de Processo Civil aos casos de competência concorrente.

Legislação correlata

Constituição Federal, art. 109, I.

Lei 7.347/1985 (Lei da Ação Civil Pública), art. 2º.

Análise doutrinária

1. Competência para julgamento das ações coletivas

O art. 93 do CDC, embora inserido em capítulo relativo às "ações coletivas para a defesa de interesses individuais homogêneos", é utilizado pela jurisprudência para definição do juízo competente de todas as ações coletivas, independente da natureza dos pedidos (difuso, coletivo, individual homogêneo). Dialoga, nesse aspecto, com o disposto no art. 2º da Lei 7.347/1985: "as ações previstas nesta Lei serão propostas no foro do local onde ocorrer o dano, cujo juízo terá competência funcional para processar e julgar a causa".

A competência territorial, no caso, é funcional, absoluta, inderrogável e improrrogável pela vontade das partes. Em regra, dois fatores são fundamentais para a definição da competência de demanda coletiva que objetiva proteger direitos coletivos do consumidor: 1) a natureza jurídica do fornecedor; e 2) a extensão do dano (real e potencial).

A natureza jurídica do fornecedor é importante para a eventual definição da competência da Justiça Federal, nos termos do art. 109, I, da CF, que dispõe competir aos juízes federais processar e julgar "as causas em que a União, entidade autárquica ou empresa pública federal forem interessadas na condição de autoras, rés, assistentes ou oponentes, exceto as de falência, as de acidentes de trabalho e as sujeitas à Justiça Eleitoral e à Justiça do Trabalho".

Portanto, se a ação coletiva tiver por objetivo discutir a legalidade de atos das agências reguladoras (Anatel, Aneel etc.), que possuem natureza de autarquia federal, ou de fornecedor que se qualifica como empresa pública federal (Caixa Econômica Federal, por exemplo), a competência será necessariamente da Justiça Federal, ainda que o dano (potencial ou efetivo) não vá além de determinada região ou Estado.

Importante ressaltar que o fato de haver pessoa jurídica de direito público como órgão fiscalizador de determinada atividade do mercado, por si só, não configura hipótese de litisconsórcio necessário e, em consequência, não atrai a competência da Justiça Federal.

Consigne-se que o STJ, em novembro de 2000, ao julgar os EDcl no CC 27.676/BA, cancelou a Súmula 183 ("Compete ao Juiz Estadual, nas comarcas que não sejam sede de vara da Justiça Federal, processar e julgar ação civil pública, ainda que a União figure no processo") após decisão do Supremo Tribunal Federal, manifestando-se em sentido contrário (RE 228.955-9/RS, *DJU* 24.03.2000).

Afastada a hipótese de competência da Justiça Federal, que não é afetada pelo critério da extensão do dano, deve-se determinar o foro competente (Justiça Estadual), considerando o disposto nos incs. I e II do art. 93, ou seja, o lugar onde ocorreu, ou provavelmente ocorrerá, o dano (extensão potencial ou real do dano).

2. Dano local, regional e nacional

Nos termos do art. 93 do CDC, quando o dano for local (não regional), a competência é da comarca mais próxima. Se o dano (real ou potencial) atingir todo o Estado, a competência é da capital do respectivo Estado; se distrital, a competência é da Justiça do Distrito Federal; se o dano for nacional, a ação coletiva deve ser proposta na capital dos Estados ou na Justiça do Distrito Federal.

Por fim, em relação à competência para liquidação dos danos decorrentes de condenação em tutela de direito individual homogêneo, deve-se aplicar a regra da propositura da ação individual no foro do domicílio do consumidor (art. 101, I), até porque "a concentração de todas as ações de cumprimento num único juízo acarretaria, não um melhor desempenho, e sim o emperramento da função jurisdicional" (ZAVASCKI, 2019, p. 197). O STJ se posiciona nessa linha: o tema foi julgado em recurso repetitivo (REsp 1.243.887).

 Jurisprudência

1. Agência reguladora e competência da Justiça Estadual

"2. A intervenção da União ou de suas Autarquias no processo depende da demonstração de legítimo interesse jurídico na causa, que não nasce da simples declaração de vontade, mas da possibilidade de lhe sobrevir prejuízo juridicamente relevante, consoante precedentes deste Superior Tribunal de Justiça e do Supremo Tribunal Federal (STJ, REsp 660.833, rel. Min. Nancy Andrighi, *DJ* 26.09.2006; e STF, Pleno, *RT* 669/215 e *RF* 317/213). 3. A discussão de cláusulas de contrato de seguro saúde entre particulares não justifica a intervenção da União ou da Agência Nacional de Saúde – ANS no processo, posto que a matéria – cláusula de apólice de seguro – de interesse privado, não atrai a atuação da ANS que é a de instituir políticas públicas e não questões inter-partes de direitos disponíveis. 4. Não se justifica a alegação de interesse jurídico capaz de autorizar a intervenção da União no processo quando, da simples análise dos autos restar nítido que referido interesse restringe-se ao propósito de deslocar a competência da causa para a Justiça Federal. 5. Admitir o interesse jurídico da União por simples e desfundamentada petição é outorgar, hoje como outrora, ao autor do processo a exclusiva competência de determinar onde processar o feito" (STJ, REsp 589.612/RJ, Rel. Min. João Otávio de Noronha, Rel. p/ acórdão Min. Honildo Amaral de Mello Castro (Desembargador convocado do TJAP), j. 15.09.2009, *DJe* 01.03.2010).

"Não há falar na existência de litisconsórcio passivo necessário com a Anatel, tendo em vista que, no caso dos presentes autos, o ponto discutido é a relação de consumo entre a concessionária de telefonia e os consumidores (e não a regulamentação da referida agência reguladora). Assim, não há falar na existência de interesse jurídico do ente regulador" (STJ, AgRg no REsp 1.381.661/PA, Rel. Min. Mauro Campbell Marques, j. 06.10.2015, *DJe* 16.10.2015).

"A competência da Agência Nacional de Saúde (ANS) é instituir políticas públicas no mercado de saúde suplementar, e não de atuar diretamente na relação entre particulares, não havendo, portanto, interesse jurídico relevante que justifique a intervenção dessa autarquia reguladora em processo em que se discute matéria de direito privado concernente a cláusulas de apólice de seguro de saúde" (STJ, AgRg no REsp 1.200.821/RJ, Rel. Min. João Otávio de Noronha, j. 10.02.2015, *DJe* 13.02.2015).

"9. A discussão de cláusulas de plano de saúde e do alcance das suas coberturas não justifica a intervenção da ANS no processo, porque não há interesse jurídico da agência reguladora em controvérsias contratuais" (STJ, REsp 1.832.004/RJ, 3ª Turma, Rel. Min. Nancy Andrighi, j. 03.12.2019, *DJe* 05.12.2019).

"A jurisprudência do Superior Tribunal de Justiça tem asseverado que a ação civil pública em que se discute relação contratual entre particular e a concessionária de serviços de telefonia não atinge a órbita jurídica da agência reguladora. Assim, não existe litisconsórcio passivo necessário entre a concessionária de serviços de telefonia e a Anatel, quando a relação jurídica controvertida é alheia àquela mantida entre as concessionárias e o ente regulador" (STJ, AgInt no AREsp 1210327/AM, Rel. Min. Sérgio Kukina, 1ª Turma, j. 16.08.2021, *DJe* 18.08.2021).

2. Ação civil pública e competência da Justiça Federal

"I – Na origem, trata-se de ação civil pública por ato de improbidade administrativa c/c ressarcimento de dano ao erário público proposta pelo Município de Monte Alegre/SE em desfavor do ex-prefeito, João Vieira de Aragão. II – A matéria objeto do presente conflito de competência já ascendeu a esta Corte em outras oportunidades, dando ensejo à sedimentação do seguinte entendimento: AgRg no CC 133.619/PA, Rel. Ministro Sérgio Kukina, Primeira Seção, julgado em 9/5/2018, *DJe* 16/5/2018 e AgInt no REsp 1589661/SP, Rel. Ministro Gurgel de Faria, Primeira Turma, julgado em 21/2/2017, *DJe* 24/3/2017. III – A fixação da competência em favor da Justiça Federal ocorre apenas nas causas em que a União, entidade autárquica ou empresa pública federal forem interessadas na condição de autoras, rés, assistentes ou opoentes (CF, art. 109, I). Cuida-se, pois, de regra de competência ratione personae. IV – A teor do enunciado da Súmula 150 do Superior Tribunal de Justiça, 'Compete à Justiça Federal decidir sobre a existência de interesse jurídico que justifique a presença, no processo, da União, suas autarquias ou empresas públicas'. No caso, o Juízo Federal suscitado declinou sua competência em virtude da ausência de manifestação de interesse do FNDE em integrar a lide. Nesse sentido, já decidiu a C. Primeira Seção desta Corte, em processo de minha relatoria: AgInt no CC 138.008/PR, Rel. Ministro Francisco Falcão, Primeira Seção, julgado em 22/3/2017, *DJe* 27/3/2017. V – Há de se reconhecer, portanto, a incompetência do Juízo Federal para o processamento e julgamento da presente demanda, declarando-se competente o Juízo Estadual suscitante" (STJ, AgInt no CC 167.313/SE, 1ª Seção, Rel. Min. Francisco Falcão, j. 11.03.2020, *DJe* 16.03.2020).

3. Competência do Distrito Federal ou capital em face de dano de âmbito nacional

"De acordo com a jurisprudência do STJ, a teor do 93, II, do Código de Defesa do Consumidor, 'sendo o suposto dano nacional, a competência será concorrente da capital do Estado ou do Distrito Federal, a critério do autor' (CC 126.601/MG, Rel. Ministro MAURO CAMPBELL MARQUES, PRIMEIRA SEÇÃO, julgado em 27/11/2013, DJe 05/12/2013)" (STJ, AgInt no AREsp 944.829/DF, Rel. Min. Gurgel de Faria, 1ª Turma, j. 14.05.2019, *DJe* 12.06.2019)..

4. Liquidação e execução individual de decisão proferida em ação civil pública

"1. Para efeitos do art. 543-C do CPC: 1.1 A liquidação e a execução individual de sentença genérica proferida em ação civil coletiva podem ser ajuizadas no foro do domicílio do beneficiário, porquanto os efeitos e a eficácia da sentença não estão circunscritos a lindes geográficos, mas aos limites objetivos e subjetivos do que foi decidido, levando-se em conta, para tanto, sempre a extensão do dano e a qualidade dos interesses metaindividuais postos em juízo (arts. 468, 472 e 474, CPC e 93 e 103, CDC). 1.2 A sentença genérica proferida na ação civil coletiva ajuizada pela Apadeco, que condenou o Banestado ao pagamento dos chamados expurgos inflacionários sobre cadernetas de poupança, dispôs que seus efeitos alcançariam todos os poupadores da instituição financeira do Estado do Paraná. Por isso descabe a alteração do seu alcance em sede de liquidação/execução individual, sob pena de vulneração da coisa julgada. Assim, não se aplica ao caso a limitação contida no art. 2º-A, *caput*, da Lei 9.494/1997" (STJ, REsp 1.243.887/PR, Corte Especial, Rel. Min. Luis Felipe Salomão, j. 19.10.2011, *DJe* 12.12.2011).

"3. Em recurso representativo da controvérsia, a Corte Especial do STJ firmou a orientação de que 'a liquidação e a execução individual de sentença genérica proferida em ação civil coletiva pode ser ajuizada no foro do domicílio do beneficiário, porquanto os efeitos e a eficácia da sentença não estão circunscritos a lindes geográficos, mas aos limites objetivos e subjetivos do que foi decidido, levando-se em conta, para tanto, sempre a extensão do dano e a qualidade dos interesses metaindividuais postos em juízo (arts. 468, 472 e 474 do CPC e 93 e 103 do CDC)' (REsp 1.243.887/PR, Rel. Min. Luis Felipe Salomão, Corte Especial, julgado sob a sistemática prevista no art. 543-C do CPC, em 19/10/2011, *DJe* 12/12/2011). 4. Precedentes: AgInt no REsp 1.733.419/RN, Rel. Min. Sérgio Kukina, Primeira Turma, *DJe* 2/8/2018; AgInt no REsp 1.568.705/RN, Rel. Min. Mauro Campbell Marques, Segunda Turma, *DJe* 28/9/2016; EDcl no REsp 1.319.232/DF, Rel. Min. Paulo de Tarso Sanseverino, Terceira Turma, *DJe* 25/9/2015; AgRg no REsp 1.380.787/SC, de minha relatoria, Segunda Turma, julgado em 19/8/2014, *DJe* 2/9/2014" (STJ, EDcl no REsp 1.272.491/PB, 2ª Turma, Rel. Min. Og Fernandes, j. 08.10.2019, *DJe* 11.10.2019).

5. Justiça Federal e interesse jurídico que justifica a presença da União, suas autarquias ou empresa pública

Súmula 150 do STJ: "Compete à Justiça Federal decidir sobre a existência de interesse jurídico que justifique a presença, no processo, da União, suas autarquias ou empresas públicas".

> **Art. 94.** Proposta a ação, será publicado edital no órgão oficial, a fim de que os interessados possam intervir no processo como litisconsortes, sem prejuízo de ampla divulgação pelos meios de comunicação social por parte dos órgãos de defesa do consumidor.

 Legislação correlata

Lei 7.347/1985 (Lei da Ação Civil Pública).
Código de Processo Civil, arts. 113 a 118.

 Análise doutrinária

1. Edital para participação de litisconsortes em ação civil pública

O art. 94, inserido no capítulo relativo às "ações coletivas para a defesa de interesses individuais homogêneos", prevê ampla difusão da notícia de ajuizamento da demanda para que os interessados possam intervir no processo como litisconsortes. A notícia da ação, de acordo com o dispositivo, deve ocorrer com publicação de edital no órgão oficial, "sem prejuízo de ampla divulgação por parte dos órgãos de defesa do consumidor".

A experiência de 30 anos do CDC indica a pouquíssima eficácia e até mesmo utilidade prática do dispositivo. São raríssimas as situações em que o consumidor, após ciência do ajuizamento da ação, se anima a ter gastos com advogado para acompanhar, na qualidade de litisconsorte, qualquer ação coletiva, até porque, na sistemática do processo civil coletivo, o benefício do resultado da ação simplesmente independe da participação individual no processo (v. comentários aos arts. 103 e 104).

Ademais, a alteração, em 1997, da redação original do art. 16 da Lei 7.347/1985 (Lei da Ação Civil Pública), a qual estabeleceu que "a sentença civil fará coisa julgada *erga omnes*, nos limites da competência territorial do órgão prolator", trouxe indesejadas incertezas quanto à abrangência de decisão proferida em ação civil pública. A alteração do dispositivo e polêmicas em torno do seu sentido retiraram a força das ações coletivas de âmbito nacional.

A demora na definição jurisprudencial dos limites subjetivos de decisão proferida em ação coletiva, em caso de dano de âmbito nacional, serviu para diminuir o prestígio e a eficácia do processo civil coletivo e, consequentemente, a importância de possível auxílio decorrente de atuação facultativa do litisconsorte (CPC, arts. 113 a 118). De fato, com oscilação da jurisprudência, multiplicaram-se as ações coletivas – algumas vezes, uma por Estado – com o mesmo objeto, gerando incertezas e insegurança quanto ao mérito e abrangência territorial, o que impulsionou a diluição do conflito em ações individuais.

 Dicas práticas

Em que pese a pouquíssima utilidade prática do dispositivo, é importante, para evitar discussões futuras sobre eventual nulidade, atentar para a exigência normativa de publicação do edital referido pelo art. 94 do CDC.

 Jurisprudência

1. Ausência de nulidade pela não publicação do edital

"Não há nulidade na ausência de citação editalícia dos demais interessados (artigo 94 do CDC), pois trata-se, na verdade, de regra de litisconsórcio facultativo criada em benefício dos consumidores. Nada impede que aqueles que se sentirem prejudicados também proponham ação contra a empresa. Recurso especial não provido. Decisão por maioria" (STJ, REsp 138.411/DF, 2ª Turma, Rel. Min. Eliana Calmon, Rel. p/ acórdão Min. Franciulli Netto, j. 13.02.2001, *DJ* 10.09.2001).

"A ausência de publicação do edital previsto no art. 94 do CDC, com vistas a intimar os eventuais interessados da possibilidade de intervirem no processo como litisconsortes, constitui vício sanável, que não gera nulidade apta a induzir a extinção da ação civil pública, porquanto, sendo regra favorável ao consumidor, como tal deve ser interpretada. 7. Recurso especial a que se dá provimento, a fim de reconhecer que a falta de publicação do edital previsto no art. 94 do CDC não obsta a concessão de efeito *erga omnes* ao acórdão recorrido" (STJ, REsp 1.377.400/SC, 2ª Turma, Rel. Min. Og Fernandes, j. 18.02.2014, *DJe* 13.03.2014).

2. O art. 94 do CDC se aplica ao processo de conhecimento

"6. Com efeito, o Juízo de piso não observou o disposto no artigo 94 do CDC, segundo o qual proposta a ação, será publicado edital no órgão oficial, a fim de que os interessados possam intervir no processo como litisconsortes, sem prejuízo de ampla divulgação pelos meios de comunicação social por parte dos órgãos de defesa do consumidor. 7. Da leitura do citado dispositivo, constata-se que a exigência de ampla divulgação diz respeito à fase de conhecimento da Ação Coletiva, visando a permitir a quem tiver interesse na demanda, integrá-la como litisconsorte. Essa medida deve ser adotada assim que a Ação é proposta. Dessa forma, antes de prolatar a sentença, o Juízo de origem deveria ter possibilitado a participação dos possíveis interessados no processo, admitindo, ainda, a formulação, pelos interessados, de requerimento de inclusão da ANEEL no polo passivo da demanda, bem como a determinação de emenda à inicial, o que não ocorreu na espécie" (STJ, REsp 1.800.103/DF, 1ª Turma, Rel. Min. Napoleão Nunes Maia Filho, j. 13.08.2019, *DJe* 16.08.2019).

3. Não há necessidade de novo edital para início do prazo prescricional de execução individual

"No julgamento do REsp 1.388.000/PR, representativo de controvérsia, a Primeira Seção do STJ sedimentou o entendimento de que o prazo prescricional para a execução individual é contado do trânsito em julgado da sentença coletiva, sendo desnecessária a providência de que trata o art. 94 da Lei n. 8.078/1990" (STJ, REsp 1.781.246/SP, 2ª Turma, Rel. Min. Og Fernandes, j. 27.08.2019, *DJe* 06.09.2019).

"(...) o Superior Tribunal de Justiça, no julgamento do REsp 1.388.000/PR, submetido ao rito dos recursos repetitivos (Tema 877), pacificou o entendimento de que o prazo prescricional é quinquenal para o ajuizamento da ação individual executiva para cumprimento de sentença originária de ação civil pública, sendo contado a partir do trânsito em julgado da sentença coletiva, independentemente da notícia da propositura da ação coletiva exigida pelo art. 94 do Código de Defesa do Consumidor ou mesmo da intimação pessoal dos exequentes" (STJ, AgInt no REsp 1.844.370/SP, 1ª Turma, Rel. Min. Napoleão Nunes Maia Filho, j. 20.04.2020, *DJe* 24.04.2020).

> **Art. 95.** Em caso de procedência do pedido, a condenação será genérica, fixando a responsabilidade do réu pelos danos causados.

 Legislação correlata

Código de Processo Civil, arts. 324, 491, 513 e seguintes.

Análise doutrinária

1. Condenação genérica e tutela de direito individual homogêneo

O art. 95 do CDC se refere especificamente à tutela judicial dos direitos individuais homogêneos (art. 81, parágrafo único, III), a qual objetiva ressarcimento dos danos (matérias e/ou morais) pessoalmente sofridos como decorrência do mesmo fato (origem comum).

Em regra, existem duas fases bem distintas. A primeira, desenvolvida pelo autor coletivo, que objetiva justamente obter prestação jurisdicional no sentido de reconhecer a responsabilidade civil do réu (fornecedor) por determinado fato, um acidente de consumo (queda de um avião comercial, por exemplo). A segunda fase requer participação direta dos consumidores ou sucessores com objetivo de promover "a liquidação e a execução da sentença" (art. 97).

O art. 95 refere-se justamente à primeira fase do processo. Estabelece o dispositivo que a sentença, na hipótese de tutela de direito individual homogêneo, será *genérica*, limitando-se a reconhecer a responsabilidade do réu (fornecedor) pelos danos causados aos consumidores.

Sustenta a doutrina que a sentença coletiva, na hipótese de tutela de direito individual homogêneo, deve *necessariamente* ser genérica, apenas para reconhecer a responsabilidade civil e o dever de indenizar do réu. Realmente, em inúmeras situações de dano no mercado de consumo, não é possível ir além da condenação no dever de indenizar as vítimas, até porque o valor – dano emergente, lucro cessante, ofensa moral – difere totalmente de um consumidor para outro. Basta imaginar, num caso de acidente aéreo, que a extensão dos danos não é igual entre os passageiros e, muito menos, entre os terceiros atingidos (art. 17 do CDC).

Nesses casos, a sentença realmente deve ser genérica. Há necessidade de novos processos cujo número equivale, em tese, à quantidade das vítimas. Assim, se houve 600 vítimas (consumidores, terceiros equiparados e sucessores), 600 processos podem ser iniciados após o trânsito em julgado da decisão coletiva.

Cada processo ajuizado individualmente exige, antes mesmo da definição do valor indenizatório específico, a prova de que a pessoa foi vítima do acidente, ou seja, abre-se nova produção probatória, alongando no tempo a satisfação dos interesses e direitos do consumidor. Acrescente-se o custo relativo a despesas do processo e da contratação do advogado. Em síntese, demora, incertezas e custo. Não é por outro motivo que a prática dos 30 anos do CDC indica pouca adesão dos consumidores a essa sistemática.

2. Execução coletiva e possibilidade de dispensa de processos individuais (segunda fase)

O pedido genérico é admitido apenas excepcionalmente no processo civil brasileiro. O art. 324 do CPC é claro: o pedido deve ser determinado. Essa é a regra. As exceções estão expressamente previstas no § 1º do art. 324. A sentença, de outro lado, também segue a mesma lógica. Análise conjunta do art. 491 (elementos da sentença) e do art. 509, § 2º (procedimento de liquidação) evidencia a preferência normativa pela definição do valor condenatório.

O disposto no art. 95 deve dialogar com o CPC, ou seja, a condenação genérica é uma possibilidade, deve ser considerada como exceção. A interpretação adequada do disposto no art. 95 é no sentido de que se trata de permissão excepcional para proferir decisão genérica. O esforço do magistrado deve sempre se voltar para definir os valores indenizatórios ou indicar os respectivos parâmetros para sua definição. A condenação será genérica apenas quando não for possível determinar o valor devido. Quando apuração do valor depender apenas de cálculo aritmético, pode-se promover, desde logo, o cumprimento da sentença (art. 509, § 2º).

Discorda-se da posição doutrinária no sentido de obrigatoriedade da segunda fase do processo (art. 97). Há inúmeras situações em que o juiz não deve se limitar a reconhecer a responsabilidade civil do réu (fornecedor). Pode ir além, para estabelecer critérios objetivos da liquidação do valor indenizatório ou até mesmo, em alguns casos, fixar o valor ou operação aritmética a ser utilizada para se chegar a um número determinado.

Na verdade, em face da instrumentalidade do processo e necessidade de rápida resolução do conflito, é possível, em tantos outros casos, realizar a liquidação e execução no próprio processo coletivo. Isso ocorre quando os consumidores lesados são identificados e o valor devido for certo ou depender apenas de cálculos aritméticos.

Um bom exemplo decorre dos inúmeros Planos Econômicos que afetaram indevidamente o reajuste monetário sobre depósito em cadernetas de poupança. Nas décadas de 1980 e 1990, foram várias medidas econômicas nesse sentido. Apenas no Plano Verão, estima-se que os poupadores (consumidores) perderam mais de R$ 100 bilhões de reais.

No caso dos planos econômicos, restou definido pela jurisprudência o percentual correto para corrigir os valores depositados nas contas de poupança, o que significa a possibilidade de execução coletiva, com consequente devolução dos valores aos consumidores sem necessidade de uma longa, desgastante e custosa habilitação individual.

O juiz do processo coletivo poderia simplesmente determinar, no procedimento de cumprimento de sentença, que o banco depositasse na conta dos consumidores os valores devidos conforme percentual delineado. Nesse caso, seria dispensável a segunda fase do processo.

Registre-se, ainda como ilustração, o reconhecimento pelo STJ (REsp 1.737.428) de ilegalidade da denominada *taxa de conveniência* na comercialização virtual de ingressos para shows. A condenação em danos materiais consistiu no "ressarcimento aos consumidores dos valores cobrados a título de taxa de conveniência nos últimos 5 (cinco) anos". Ora, o fornecedor tem o os dados pessoais dos consumidores que pagaram a referida taxa e pode, sem dificuldades, realizar atos para devolver o valor cobrado indevidamente, conforme fixado na sentença coletiva. A devolução poderia ser por transferência bancária, crédito na fatura do cartão ou mesmo em dinheiro. Não há dificuldades. Não há necessidade da segunda fase do processo.

O próprio CDC permite expressamente a execução coletiva (art. 98). Nesse caso, pode o magistrado, entre diversas outras medidas, determinar o depósito do valor devido em conta do consumidor, afastando-se a segunda fase do processo, a qual, na prática forense, não tem tido a eficácia desejada.

Portanto, assiste razão a Ana Luisa Tarter Nunes, ao defender, pioneiramente, que, em muitos casos, deve-se priorizar o cumprimento de sentença e, consequentemente, a satisfação do direito individual homogêneo no âmbito do processo coletivo, considerando, entre outros argumentos, os seguintes: 1) o cumprimento de sentença, nesses casos, é apenas um procedimento no processo coletivo; 2) o art. 95 do CDC é norma permissiva e não imperativa; 3) o diálogo das fontes entre o CPC e o processo civil coletivo (princípios da celeridade, economicidade e de efetividade) reforça a possibilidade de cumprimento imediato da decisão no âmbito coletivo; 4) a aproximação dos direitos coletivos (em sentido estrito) dos direitos individuais homogêneos e a forma de "representação" do autor coletivo nestas ações afastam eventuais argumentos de possível ofensa à autonomia de liberdade dos consumidores.

Em síntese: "é possível reconhecer, a partir da releitura hermenêutica dos arts. 95 a 98, do CDC, a possibilidade de promover o cumprimento imediato de provimento jurisdicional coletivo que tutela pretensões indenizatórias (individual homogêneo, espécie de DPC), (i) quando possível identificar os titulares dos direitos individuais que são alcançados (beneficiados) pela sentença coletiva; (ii) quando possível apurar, no processo coletivo, o *quantum* devido a título de indenização" (2018, p. 138).

O STJ possui julgados recentes no sentido de simplificar a fase individual de cumprimento de sentença proferida em ação civil pública, afastando-se, em alguns casos, a necessidade de prévia de liquidação. Todavia, talvez por falta de provocação necessária, a Corte ainda não se posicionou diretamente sobre a possibilidade de liquidação e cumprimento da decisão no próprio processo coletivo.

Em recente julgado, a Min. Nancy defendeu – corretamente – a tese da possibilidade de dispensa da fase de liquidação por contrariar a efetividade da justiça e celeridade processual, mas, nesse ponto, ficou vencida (STJ, REsp 1693885/SP, Rel. Min. Nancy Andrighi, 3ª Turma, j. 27.04.2021, *DJe* 01.07.2021).

 Dicas práticas

O profissional do direito, particularmente o autor da ação coletiva, deve verificar, no caso concreto, se é possível afastar a segunda fase do processo (art. 97), ou seja, realizar a execução coletiva (cumprimento de sentença) dos valores devidos aos consumidores.

 Jurisprudência

1. Carga cognitiva da liquidação de decisão proferida em ação coletiva

"A ação individual destinada à satisfação do direito reconhecido em sentença condenatória genérica, proferida em ação civil coletiva, não é uma ação de execução comum. É ação de elevada carga cognitiva, pois nela se promove, além da individualização e liquidação do valor devido, também juízo sobre a titularidade do exequente em relação ao direito material. 3. A regra do art. 1º-D da Lei nº 9.494/97 destina-se às execuções típicas do Código de Processo Civil, não se aplicando à peculiar execução da sentença proferida em ação civil coletiva" (STJ, EREsp 475.566/PR, 1ª Seção, Rel. Min. Teori Albino Zavascki, j. 25.08.2004, *DJ* 13.09.2004).

2. Direito individual homogêneo e condenação genérica

"Recurso especial. Direito do consumidor. Dano presumido. Direitos individuais homogêneos e difusos. Produto indevido. Risco à saúde e à segurança. Pretensão indenizatória. Art. 6º, I e VI do CDC. Cabimento. Direitos individuais homogêneos e difusos. Fixação genérica. Liquidação. 1. A disponibilização de produto em condições impróprias para o consumo não apenas frustra a justa expectativa do consumidor na fruição do bem, como também afeta a segurança que rege as relações consumeristas. 2. No caso, houve violação do direito básico do consumidor à incolumidade da saúde do consumidor (art. 6º, I, do CDC) ante a potencialidade de lesão pelo consumo do produto comercializado: leite talhado. 3. Necessidade de reparação dos prejuízos causados aos consumidores efetivamente lesados e à sociedade como um todo, na forma dos artigos 95 do CDC e 13 da Lei 7.347/1985 visto que a conduta dos réus mostrou-se nociva à saúde da coletividade, enquanto potencialmente consumidora do produto deteriorado. 4. Inafastável a condenação genérica quanto aos danos morais e materiais, a ser fixada em liquidação" (STJ, REsp 1.334.364/RS, Rel. Min. Ricardo Villas Bôas Cueva, j. 18.02.2016, *DJe* 23.02.2016).

"3. A generalidade da sentença a ser proferida em ação civil coletiva, em que se defendem direitos individuais homogêneos, decorre da própria impossibilidade prática de se determinar todos os elementos normalmente constantes da norma jurídica em questão, passível de imediata execução. Por tal razão, o espectro de conhecimento da sentença genérica restringe-se ao núcleo de homogeneidade dos direitos afirmados na inicial, atinente, basicamente, ao exame da prática de ato ilícito imputado à parte demandada, a ensejar a violação dos direitos e interesses individuais homogêneos postos em juízo, fixando-se, a partir de então, a responsabilidade civil por todos os danos daí advindos. 3.1. A procedência da pretensão reparatória não exime o interessado em liquidação da sentença genérica – e não em uma nova ação individual – de comprovar o dano (se material, moral ou estético), a sua extensão, o nexo causal deste com a conduta considerada ilícita, além de sua qualidade de parte integrante da coletividade lesada. Diante do reconhecimento da conduta ilícita da recorrida, afigura-se procedente o pedido de reparação por todos os prejuízos suportados pelos segurados, mostrando-se, todavia, descabido, especificar na sentença genérica o tipo de dano, material e/ou moral" (STJ, REsp 1.823.072/RJ, 3ª Turma, Rel. Min. Marco Aurélio Bellizze, j. 05.11.2019, *DJe* 08.11.2019).

3. Sentença genérica e necessidade de liquidação

"1. Condenação do réu a pagar 'as diferenças de percentual do rendimento da Caderneta de Poupança, diferenças essas referentes a remuneração de junho de 1987 e janeiro de 1989'. Modificação do comando transitado em julgado para 'dar eficácia mandamental à decisão [...] e assim determinar que o Banco, em dez dias, deposite em nome dos poupadores, cuja lista se encontra acostada aos autos [...], a importância a que foi condenado a pagar', sob pena de multa. 'Na fase de execução de sentença, é vedada a mudança do critério expressamente fixado na sentença exequenda transitada em julgado, devendo ser preservada a segurança jurídica e a imutabilidade do decisum.' (STJ, REsp 1232637/SP.) Consequente ocorrência de ofensa à coisa julgada. 2. A sentença genérica proferida em ação coletiva deve ser objeto de liquidação, pelo procedimento comum, para apurar os beneficiários do título executivo e o valor a cada um deles devido, de forma que o caráter mandamental que lhe foi conferido pelo acórdão rescindendo ofende a literalidade dos arts. 95 e 98, caput e § 1º do CDC" (STJ, AR 4.962/PR, Rel. Min. Maria Isabel Gallotti, 2ª Seção, j. 23.06.2021, *DJe* 03.08.2021).

"1. A condenação oriunda da sentença coletiva é certa e precisa - haja vista que a certeza é condição essencial do julgamento e o comando da sentença estabelece claramente os direitos e as obrigações que possibilitam a sua execução -, porém não se reveste da liquidez necessária ao cumprimento espontâneo da decisão, devendo ainda ser apurados em liquidação os destinatários (cui debeatur) e a extensão da reparação (quantum debeatur). Somente nesse momento é que se dará, portanto, a individualização da parcela que tocará ao exequente segundo o comando sentencial proferido na ação coletiva. 2. O cumprimento da sentença genérica que condena ao pagamento de expurgos em caderneta de poupança deve ser precedido pela fase de liquidação por procedimento comum, que vai completar a atividade cognitiva parcial da ação coletiva mediante a comprovação de fatos novos determinantes do sujeito ativo da relação de direito material, assim também do valor da prestação devida, assegurando-se a oportunidade de ampla defesa e contraditório pleno ao executado" (STJ, EREsp 1705018/DF, Rel. Min. Nancy Andrighi, Rel. p/ Acórdão Min. Luis Felipe Salomão, 2ª Seção, j. 09.12.2020, *REPDJe* 05.04.2021, *DJe* 10.02.2021).

"5. Com a ressalva de meu entendimento pessoal de que a exigência de prévia passagem pela fase de liquidação prejudicará a efetividade da justiça e a celeridade processual, adoto a orientação da Segunda Seção, que decidiu que o cumprimento da sentença genérica que condena ao pagamento de expurgos em caderneta de poupança deve ser precedido pela fase de liquidação por procedimento comum, que vai completar a atividade cognitiva parcial da ação coletiva mediante a comprovação de fatos novos determinantes do sujeito ativo da relação de direito material, assim também do valor da prestação devida" (STJ, REsp 1693885/SP, Rel. Min. Nancy Andrighi, 3ª Turma, j. 27.04.2021, *DJe* 01.07.2021).

4. Simplificação da fase de cumprimento individual de sentença: dispensa da fase de liquidação

"9. Como bem afirmado no Recurso Especial Repetitivo 1.370.899/SP (Rel. Ministro Sidnei Beneti, Corte Especial, julgado em 21/05/2014 – Tema 685) 'dispositivos legais que visam à facilitação da defesa de direitos individuais homogêneos, propiciada pelos instrumentos de tutela coletiva, inclusive assegurando a execução individual de condenação em Ação Coletiva, não podem ser interpretados em prejuízo da realização material desses direitos e, ainda, em detrimento da própria finalidade da Ação Coletiva, que é prescindir do ajuizamento individual, e contra a confiança na efetividade da Ação Civil Pública, o que levaria ao incentivo à opção pelo ajuizamento individual e pela judicialização multitudinária, que é de rigor evitar'. Não se mostra razoável a legislação criar mecanismo de proteção de interesses individuais por meio de tutela coletiva e ao mesmo tempo o aplicador do direito, no caso o juiz, exigir condições adicionais para o exercício do direito à satisfação do seu crédito. 10. A jurisprudência do STJ tem reconhecido a possibilidade da realização da execução individual de título judicial formado em ação coletiva quando for possível a indivi-dualização do crédito e a definição do *quantum debeatur* por meros cálculos aritmé-ticos, mesmos que estes não tenham sido fornecidos pelo devedor, como é o caso sob análise, em que se requer o pagamento de valores atrasados relacionados a parcelas remuneratórias devidas aos recorrentes como servidores públicos. 11. Nessa linha, a compreensão sedimentada no julgamento do REsp 1.336.026/PE (Rel. Ministro Og Fernandes, Primeira Seção, *DJe* 30.6.2017 – Tema 880), exarada sob o rito dos recursos repetitivos: 'A partir da vigência da Lei n. 10.444/2002, que incluiu o § 1º ao art. 604, dispositivo que foi sucedido, conforme Lei n. 11.232/2005, pelo art. 475-B, §§ 1º e 2º, todos do CPC/1973, não é mais imprescindível, para acertamento de cálculos, a juntada de documentos pela parte executada ou por terceiros, reputando-se correta a conta apresentada pelo exequente, quando a requisição judicial de tais documentos deixar de ser atendida, injustificadamente, depois de transcorrido o prazo legal'. 12. O STJ buscou, ao interpretar as alterações processuais realizadas ainda na época do código revogado, simplificar a fase de cumprimento de sentença para que, quando necessária para liquidação do título executivo judicial a realização de meros cálculos aritméticos, como no caso concreto, deve o próprio credor apresentar os cálculos com os valores que entende devidos e promover a execução, sem aguardar qualquer outro ato de terceiros para o exercício do seu direito" (STJ, REsp 1.773.287/RJ, 2ª Turma, Rel. Min. Herman Benjamin, j. 06.12.2018, *DJe* 08.03.2019).

"6. Em regra, a obrigação reconhecida na sentença de procedência do pedido de ação coletiva de consumo referente a direitos individuais homogêneos é genérica, ocasião na qual depende de superveniente liquidação para que se definam o *cui* e o *quantum debeatur*. Precedentes. 7. A iliquidez da obrigação contida na sentença coletiva e a indispensabilidade de sua liquidação dependem de: a) existir a efetiva necessidade de se produzir provas para se identificar o beneficiário, substituído processualmente; ou de b) ser imprescindível especificar o valor da condenação por meio de atuação cognitiva ampla. 8. No que toca à identificação do beneficiário da sentença coletiva, ao correntista que busca a recomposição de expurgos inflacionários incumbe a demons-tração da plausibilidade da relação jurídica alegada, com indícios mínimos capazes de comprovar a existência da contratação, devendo, ainda, especificar, de modo preciso, os períodos em que pretenda ver exibidos os extratos. Tese repetitiva. Tema 411/STJ. 9. Quanto à delimitação do débito, quando a apuração do valor depender apenas de cálculo aritmético, o credor poderá, desde logo, promover o cumprimento da sentença (arts. 475-J, do CPC/73; 509, § 2º, do CPC/15). 10. Se uma sentença coletiva reco-nhece uma obrigação inteiramente líquida, tanto sob a perspectiva do *cui* quando do *quantum debeatur*, a liquidação é dispensável, pois a fixação dos beneficiários e dos critérios de cálculo da obrigação devida já está satisfatoriamente delineada na fase de conhecimento da ação coletiva. 11. Na espécie, a determinação do *cui debeatur* depende apenas da verossimilhança das alegações do consumidor de ser cliente do Banco do Brasil, em janeiro de 1989 e com caderneta de poupança com aniversário em referido marco temporal, sendo, ademais, possível obter, mediante operações meramente aritméticas, o montante que os consumidores entendem corresponder ao seu específico direito. 12. Como o processo coletivo se desdobra em duas fases, uma promovendo o acertamento do núcleo homogêneo do direito coletivo e a outra con-duzindo a satisfação individual do direito, devem ser fixados honorários advocatícios no cumprimento individual da sentença coletiva. Precedentes" (STJ, REsp 1.798.280/SP, 3ª Turma, Rel. Min. Nancy Andrighi, j. 28.04.2020, *DJe* 04.05.2020).

> **Art. 96.** (Vetado).[31]
> **Art. 97.** A liquidação e a execução de sentença poderão ser promovidas pela vítima e seus sucessores, assim como pelos legitimados de que trata o art. 82.
> **Parágrafo único.** (Vetado).[32]

 Legislação correlata

Código de Processo Civil, arts. 509 a 538.

 Análise doutrinária

1. Execução individual de decisão proferida em ação coletiva (direito individual homogêneo)

Em caso de condenação genérica (art. 95), a tutela de direito individual homogêneo (art. 81, parágrafo único, III) pode ser dividida em duas etapas. Na primeira, o autor coletivo ajuíza ação para reconhecimento da responsabilidade civil e dever de indenizar do réu em relação a determinado fato. Reconhecido o dever de indenizar, os consumidores ou sucessores devem indiciar novo processo para, conforme dicção do art. 97, promover a "liquidação e execução da sentença".

A sentença condenatória, na hipótese, é certa, porém ilíquida. É necessária, portanto, a habilitação dos consumidores no processo, ou, eventualmente, de seus sucessores, para provar dois aspectos: 1) que foram vítimas do fato gerador de dano, conforme delimitado na decisão proferida na ação coletiva; 2) o valor do seu dano (material e moral), ou seja, o *quantum debeatur*.

A demonstração de que foi vítima do fato (origem comum) ao lado da quantificação do valor indenizatório podem demandar elevada carga probatória, o que faz com que a doutrina denomine tal procedimento de *liquidação imprópria*. A rigor, a

---

[31] Mensagem de Veto 664/90, *do art. 96*: "O art. 93 não guarda pertinência com a matéria regulada nessa norma".

[32] Mensagem de Veto 664/90, *do parágrafo único do art. 97*: "Esse dispositivo dissocia, de forma arbitrária, o foro dos processos de conhecimento e de execução, rompendo o princípio da vinculação quanto à competência entre esses processos, adotado pelo Código de Processo Civil (art. 575; Sem correspondente no CPC/2015) e defendido pela melhor doutrina. Ao despojar uma das partes da certeza quanto ao foro de execução, tal preceito lesa o princípio de ampla defesa assegurado pela Constituição (art. 5°, LV)".

situação está prevista no art. 509, II, do CPC, o qual estabelece que a liquidação deve ocorrer por meio de "procedimento comum, quando houver necessidade de alegar e provar fato novo".

Cabe destacar que o art. 97 utiliza o verbo *poder*: dois significados se extraem daí. O primeiro é no sentido de que o CDC prestigia a autonomia individual do consumidor em não se submeter ou depender do processo coletivo. Antes mesmo de qualquer iniciativa de algum ente legitimado para ação civil pública, o consumidor sempre tem a opção de, por meio de demanda individual, obter o restabelecimento do direito violado. Ademais, em face de paralela ação coletiva, pode seguir a opção de se sujeitar apenas ao resultado do seu processo individual. O segundo significado, que decorre de análise conjunta com o disposto no art. 98, é que, muitas vezes, o processo individual (liquidação e cumprimento de sentença) será desnecessário, em face da atuação do autor coletivo (v. comentários aos arts. 95 e 98).

Discorda-se do entendimento – predominante na doutrina e jurisprudência – de que a execução (cumprimento de sentença) promovida pelo autor coletivo se dá apenas na hipótese denominada *fluid recovery*, ou seja, depois de decorrido o prazo de um ano "sem habilitação de interessados em número compatível com a gravidade do dano" (art. 100), com a destinação do valor para o fundo de direitos difusos (art. 13 da Lei 7.347/1985).

A realização do comando indenizatório pode ser promovida diretamente pelo autor coletivo em benefício dos consumidores lesados (v. comentários aos arts. 95 e 98). Nesse caso, em vez de novos milhares ou milhões de processos individuais, o cumprimento da sentença ocorre nos próprios autos do processo coletivo perante o juízo que proferiu a decisão (arts. 98, § 2º, II, e 516, II, do CPC).

 Dicas práticas

A experiência de três décadas do CDC indica que raramente o consumidor aguarda resultado de ação coletiva para, num segundo momento, ajuizar ação individual com base no art. 97. Em outras palavras, o dispositivo não teve a eficácia esperada.

Portanto, o profissional do direito, particularmente o autor da ação coletiva, deve verificar, no caso concreto, se é possível afastar a segunda fase do processo (art. 97), ou seja, realizar a execução coletiva (cumprimento de sentença) dos valores devidos aos consumidores.

 Jurisprudência

1. Tutela de direito individual homogêneo e carga probatória da fase de cumprimento de sentença

"1. As entidades sindicais têm legitimidade ativa para demandar em juízo a tutela de direitos subjetivos individuais dos integrantes da categoria, desde que se tratem de direitos homogêneos e que guardem relação de pertencialidade com os fins institucionais do Sindicato demandante. 2. A legitimação ativa, nesses casos, se opera em regime de substituição processual, visando a obter sentença condenatória de caráter genérico, nos moldes da prevista no art. 95 da Lei n. 8.078/90, sem qualquer juízo a respeito da situação particular dos substituídos, dispensando, nesses limites, a autorização individual dos substituídos. 3. A individualização da situação particular, bem assim a correspondente liquidação e execução dos valores devidos a cada um dos substituídos, se não compostas espontaneamente, serão objeto de ação própria (ação de cumprimento da sentença condenatória genérica), a ser promovida pelos interessados, ou pelo Sindicato, aqui em regime de representação. 4. Não se pode confundir 'documento essencial à propositura da ação' com 'ônus da prova do fato constitutivo do direito'. Ao autor cumpre provar os fatos que dão sustento ao direito afirmado na petição inicial, mas isso não significa dizer que deve fazê-lo mediante apresentação de prova pré-constituída e já por ocasião do ajuizamento da demanda. Nada impede que o faça na instrução processual e pelos meios de prova regulares. 5. Em se tratando de ação coletiva para tutela de direitos individuais homogêneos, que visa a uma sentença condenatória genérica, a prova do fato constitutivo do direito subjetivo individual deverá ser produzida por ocasião da ação de cumprimento, oportunidade em que se fará o exame das situações particulares dos substituídos, visando a identificar e mensurar cada um dos direitos subjetivos genericamente reconhecidos na sentença de procedência" (STJ, REsp 487.202/RJ, 1ª Turma, Rel. Min. Teori Albino Zavascki, j. 06.05.2004, *DJ* 24.05.2004).

2. Prazo de cinco anos para promover a execução da sentença

"3. Na falta de dispositivo legal específico para a ação civil pública, aplica-se, por analogia, o prazo de prescrição da ação popular, que é o quinquenal (art. 21 da Lei nº 4.717/1965), adotando-se também tal lapso na respectiva execução, a teor da Súmula nº 150/STF. A lacuna da Lei nº 7.347/1985 é melhor suprida com a aplicação de outra legislação também integrante do microssistema de proteção dos interesses transindividuais, como os coletivos e difusos, a afastar os prazos do Código Civil, mesmo na tutela de direitos individuais homogêneos (pretensão de reembolso dos usuários de plano de saúde que foram obrigados a custear lentes intraoculares para a realização de cirurgias de catarata). Precedentes. (REsp 1473846/SP, Rel. Ministro Ricardo Villas Bôas Cueva, Terceira Turma, julgado em 21/2/2017, *DJe* 24/2/2017). 4. Agravo interno a que se nega provimento" (STJ, AgInt no REsp 1.780.768/SP, 4ª Turma, Rel. Min. Maria Isabel Gallotti, j. 06.08.2019, *DJe* 12.08.2019).

3. Termo inicial da fluência do prazo prescricional para execução individual: data do trânsito em julgado da decisão coletiva

"9. Fincada a inaplicabilidade do CDC à hipótese, deve-se firmar a tese repetitiva no sentido de que o prazo prescricional para a execução individual é contado do trânsito em julgado da sentença coletiva, sendo desnecessária a providência de que trata o art. 94 da Lei n. 8.078/90. 10. Embora não tenha sido o tema repetitivo definido no REsp 1.273.643/PR, essa foi a premissa do julgamento do caso concreto naquele feito. 11. Em outros julgados do STJ, encontram-se, também, pronunciamentos na direção de que o termo *a quo* da prescrição para que se possa aforar execução individual de sentença coletiva é o trânsito em julgado, sem qualquer ressalva à necessidade de efetivar medida análoga à do art. 94 do CDC: AgRg no AgRg no REsp 1.169.126/RS, Rel. Ministro Jorge Mussi, Quinta Turma, *DJe* 11/2/2015; AgRg no REsp 1.175.018/RS, Rel. Ministro Rogério Schietti Cruz, Sexta Turma, *DJe* 1º/7/2014; *AgRg no REsp 1.199.601/AP, Rel. Ministro Sérgio Kukina, Primeira Turma, DJe 4/2/2014*; EDcl no REsp 1.313.062/PR, Rel. Ministro João Otávio de Noronha, Terceira Turma, *DJe*

5/9/2013" (STJ, REsp 1.388.000/PR, 1ª Seção, Rel. Min. Napoleão Nunes Maia Filho, Rel. p/ acórdão Min. Og Fernandes, j. 26.08.2015, *DJe* 12.04.2016).

4. Necessidade de segunda fase do processo para comprovar o enquadramento na situação fática estabelecida na sentença

"O Superior Tribunal de Justiça admite a eficácia *erga omnes* da decisão de mérito da ação civil pública, notadamente nas demandas que envolvem direitos individuais homogêneos, como na hipótese, cabendo a cada prejudicado provar o seu enquadramento, conforme estabelecido na sentença, na fase de liquidação" (STJ, AgInt no REsp 1.787.020/SC, 1ª Turma, Rel. Min. Gurgel de Faria, j. 23.09.2019, *DJe* 25.09.2019).

5. Sentença genérica e duas fases do processo

"6. Em regra, a obrigação reconhecida na sentença de procedência do pedido de ação coletiva de consumo referente a direitos individuais homogêneos é genérica, ocasião na qual depende de superveniente liquidação para que se definam o *cui* e o *quantum debeatur*. Precedentes. 7. A iliquidez da obrigação contida na sentença coletiva e a indispensabilidade de sua liquidação dependem de: a) existir a efetiva necessidade de se produzir provas para se identificar o beneficiário, substituído processualmente; ou de b) ser imprescindível especificar o valor da condenação por meio de atuação cognitiva ampla. 8. No que toca à identificação do beneficiário da sentença coletiva, ao correntista que busca a recomposição de expurgos inflacionários incumbe a demonstração da plausibilidade da relação jurídica alegada, com indícios mínimos capazes de comprovar a existência da contratação, devendo, ainda, especificar, de modo preciso, os períodos em que pretenda ver exibidos os extratos. Tese repetitiva. Tema 411/STJ. 9. Quanto à delimitação do débito, quando a apuração do valor depender apenas de cálculo aritmético, o credor poderá, desde logo, promover o cumprimento da sentença (arts. 475-J, do CPC/73; 509, § 2º, do CPC/15). 10. Se uma sentença coletiva reconhece uma obrigação inteiramente líquida, tanto sob a perspectiva do *cui* quando do *quantum debeatur*, a liquidação é dispensável, pois a fixação dos beneficiários e dos critérios de cálculo da obrigação devida já está satisfatoriamente delineada na fase de conhecimento da ação coletiva. 11. Na espécie, a determinação do *cui debeatur* depende apenas da verossimilhança das alegações do consumidor de ser cliente do Banco do Brasil, em janeiro de 1989 e com caderneta de poupança com aniversário em referido marco temporal, sendo, ademais, possível obter, mediante operações meramente aritméticas, o montante que os consumidores entendem corresponder ao seu específico direito. 12. Como o processo coletivo se desdobra em duas fases, uma promovendo o acertamento do núcleo homogêneo do direito coletivo e a outra conduzindo a satisfação individual do direito, devem ser fixados honorários advocatícios no cumprimento individual da sentença coletiva. Precedentes" (STJ, REsp 1.798.280/SP, 3ª Turma, Rel. Min. Nancy Andrighi, j. 28.04.2020, *DJe* 04.05.2020).

"6. A responsabilidade do fornecedor de serviço nas relações de consumo é objetiva e, por isso, prescinde da apuração do aspecto volitivo do fornecedor do serviço, sendo fundamental apenas a apuração da conduta e da existência do nexo de causalidade entre esta e o dano imposto ao consumidor. Na hipótese, é incontestável a presença de tais elementos. 7. A impossibilidade de se aferir, individualmente, a extensão do prejuízo material causado a cada consumidor lesado pela prática abusiva comprovada nos autos não significa a impossibilidade de se estabelecer, mediante parâmetros técnicos e proporcionais, uma adequada indenização, o que, no caso, deverá ocorrer na fase de liquidação, nos termos dos arts. 95 e 97 do Código de Defesa do Consumidor" (STJ, REsp 1832217/DF, Rel. Min. Ricardo Villas Bôas Cueva, 3ª Turma, j. 06.04.2021, *DJe* 08.04.2021).

6. Possibilidade de execução individual independentemente de ser filiado à associação que promoveu ação civil pública

"1. Na hipótese, conforme a fundamentação exposta, não são aplicáveis as conclusões adotadas pelo colendo Supremo Tribunal Federal, nos julgamentos dos: a) RE 573.232/SC, de que 'as balizas subjetivas do título judicial, formalizado em ação proposta por associação, é definida pela representação no processo de conhecimento, presente a autorização expressa dos associados e a lista destes juntada à inicial'; e b) RE 612.043/PR, de que os 'beneficiários do título executivo, no caso de ação proposta por associação, são aqueles que, residentes na área compreendida na jurisdição do órgão julgador, detinham, antes do ajuizamento, a condição de filiados e constaram da lista apresentada com a peça inicial'.2. As teses sufragadas pela eg. Suprema Corte referem-se à legitimidade ativa de associado para executar sentença prolatada em ação coletiva ordinária proposta por associação autorizada por legitimação ordinária (ação coletiva representativa), agindo a associação por representação prevista no art. 5º, XXI, da Constituição Federal, e não à legitimidade ativa de consumidor para executar sentença prolatada em ação coletiva substitutiva proposta por associação, autorizada por legitimação constitucional extraordinária (p. ex., CF, art. 5º, LXX) ou por legitimação legal extraordinária, com arrimo, especialmente, nos arts. 81, 82 e 91 do Código de Defesa do Consumidor (ação civil pública substitutiva ou ação coletiva de consumo). 3. Conforme a Lei da Ação Civil Pública e o Código de Defesa do Consumidor, os efeitos da sentença de procedência de ação civil pública substitutiva, proposta por associação com a finalidade de defesa de interesses e direitos individuais homogêneos de consumidores (ação coletiva de consumo), beneficiarão os consumidores prejudicados e seus sucessores, legitimando-os à liquidação e à execução, independentemente de serem filiados à associação promovente. 4. Para os fins do art. 927 do CPC, é adotada a seguinte Tese: 'Em Ação Civil Pública proposta por associação, na condição de substituta processual de consumidores, possuem legitimidade para a liquidação e execução da sentença todos os beneficiados pela procedência do pedido, independentemente de serem filiados à associação promovente.' 5. Caso concreto: negado provimento ao recurso especial" (STJ, REsp 1362022/SP, Rel. Min. Raul Araújo, 2ª Seção, j. 28.04.2021, *DJe* 24.05.2021).

Art. 98. A execução poderá ser coletiva, sendo promovida pelos legitimados de que trata o art. 82, abrangendo as vítimas cujas indenizações já tiveram sido fixadas em sentença de liquidação, sem prejuízo do ajuizamento de outras execuções.

§ 1º A execução coletiva far-se-á com base em certidão das sentenças de liquidação, da qual deverá constar a ocorrência ou não do trânsito em julgado.

§ 2º É competente para a execução o juízo:

I - da liquidação da sentença ou da ação condenatória, no caso de execução individual;

II – da ação condenatória, quando coletiva a execução.

Legislação correlata

Código de Processo Civil, arts. 509 a 512.

Análise doutrinária

1. Execução coletiva na tutela de direito individual homogêneo

O *caput* do art. 98 do CDC estabelece que os entes legitimados (art. 82) podem promover execução coletiva em favor das vítimas cujas indenizações já tenham sido fixadas em sentença. No § 1º, estipula-se que a execução coletiva deve se basear em certidão de sentença de liquidação, com trânsito em julgado.

Destaque-se, inicialmente, que o dispositivo só tem aplicação a tutela de direito individual homogêneo. Na sistemática do processo civil coletivo, sempre que houver pedido de indenização por danos individualmente sofridos, cuida-se de direito individual homogêneo. O art. 98 é claro ao se referir a tal procedimento na medida em que alude a indenização das vítimas.

Muitas vezes, a condenação é genérica (arts. 95 e 97). Há, portanto, necessidade de se apurar o valor determinado por meio de *liquidação*, a qual, pelo atual CPC, é procedimento simplificado estabelecido nos arts. 509 a 512. Tem cabimento quando a sentença condenar o réu a pagamento de quantia ilíquida. Pode ocorrer por arbitramento ou procedimento comum "quando houver necessidade de alegar e provar fato novo". Importante regra é apresentada pelo § 2º do art. 509: "Quando a apuração do valor depender apenas de cálculo aritmético, o credor poderá promover, desde logo, o cumprimento da sentença". Cabe agravo contra as decisões proferidas em fase de liquidação (art. 1.015, parágrafo único).

Em interpretação literal, o art. 98 perde o sentido e contraria toda a racionalidade de busca pela realização do direito material. A interpretação gramatical dá a impressão de que o processo coletivo de execução (cumprimento de sentença) ocorre a partir de inúmeras ações individuais indenizatórias com trânsito em julgado, inclusive no que diz respeito à liquidação do valor. Ou seja, o autor coletivo poderia reunir várias decisões oriundas do mesmo fato (origem comum) para promover a execução coletiva.

Ora, é evidente que, se o consumidor optou por ação de conhecimento individual, contratou, confiou e teve gastos com o seu advogado, não irá entregar a fase final de cumprimento da ação (execução) para autor coletivo, o qual, em tese, vai cuidar de milhares ou milhões de consumidores.

A única interpretação possível do art. 98 é justamente na linha do raciocínio de que, em alguns casos, quando a liquidação depender apenas de cálculo aritmético, a execução (cumprimento de sentença) pode se dar nos autos do próprio processo coletivo, dispensando-se justamente o ajuizamento de milhares ou milhões de ações individuais, com base no art. 97 (v. comentários aos arts. 95 e 97).

Essa interpretação é a única em consonância com o princípio da instrumentalidade do processo. Ademais, "atende ao dever do Poder Judiciário de dispor de meios idôneos, aderentes à realidade e aptos a recepcionar os interesses e necessidades da sociedade, assegurando aos jurisdicionados o acesso ao Direito (acesso à justiça) e, concomitantemente, uma tutela jurisdicional apta a restabelecer o direito material violado. Na perspectiva de análise do processo, a interpretação proposta aos arts. 95, 97, 98, do CDC, consiste, também, em técnica processual útil à crise de efetividade prática dos provimentos condenatórios" (NUNES, 2018, p. 136).

2. Competência para execução (cumprimento de sentença) coletiva e individual

O juízo competente, para cumprimento da sentença (execução), promovida pelo autor coletivo, é o mesmo que proferiu a decisão condenatória na ação que tutela direito individual homogêneo, nos exatos termos do inc. II do § 2º do art. 98.

Todavia, no caso de ações individuais que visam promover a liquidação e a execução, a competência é do domicílio do autor, em que pese a literalidade do inc. I do § 2º do art. 98 indicar outra solução. Após amplo debate, considerando, entre outros argumentos, o direito básico do consumidor de acesso à Justiça (art. 6º, VII) e o disposto no art. 101, I, o STJ pacificou entendimento no sentido de que a competência é do foro do domicílio do consumidor.

Dicas práticas

A execução coletiva ganha efetivo caráter instrumental quando a decisão proferida na ação coletiva for líquida e determinada. O profissional do direito, particularmente o autor da ação coletiva, deve verificar, no caso concreto, se é possível afastar a segunda fase do processo (art. 97), ou seja, realizar a execução coletiva (cumprimento de sentença) dos valores devidos aos consumidores.

Jurisprudência

1. Competência do foro do domicílio do consumidor

"1. Para efeitos do art. 543-C do CPC: 1.1 A liquidação e a execução individual de sentença genérica proferida em ação civil coletiva podem ser ajuizadas no foro do domicílio do beneficiário, porquanto os efeitos e a eficácia da sentença não estão circunscritos a lindes geográficos, mas aos limites objetivos e subjetivos do que foi decidido, levando-se em conta, para tanto, sempre a extensão do dano e a qualidade dos interesses metaindividuais postos em juízo (arts. 468, 472 e 474, CPC e 93 e 103, CDC). 1.2 A sentença genérica proferida na ação civil coletiva ajuizada pela Apadeco, que condenou o Banestado ao pagamento dos chamados expurgos inflacionários sobre cadernetas de poupança, dispôs que seus efeitos alcançariam todos os poupadores da instituição financeira do Estado do Paraná. Por isso descabe a alteração do seu alcance em sede de liquidação/execução individual, sob pena de vulneração da coisa julgada. Assim, não se aplica ao caso a limitação contida no art. 2º-A, *caput*, da Lei 9.494/1997" (STJ, REsp 1.243.887/PR, Corte Especial, Rel. Min. Luis Felipe Salomão, j. 19.10.2011, *DJe* 12.12.2011).

"3. Em recurso representativo da controvérsia, a Corte Especial do STJ firmou a orientação de que 'a liquidação e a execução individual de sentença genérica proferida em ação civil coletiva pode ser ajuizada no foro do domicílio do beneficiário, porquanto os efeitos e a eficácia da sentença não estão circunscritos a lindes geográficos, mas aos limites objetivos e subjetivos do que foi decidido, levando-se em conta, para tanto, sempre a extensão do dano e a qualidade dos interesses metaindividuais postos em juízo (arts. 468, 472 e 474 do CPC e 93 e 103 do CDC)' (REsp 1.243.887/PR, Rel. Min. Luis Felipe Salomão, Corte Especial, julgado sob a sistemática prevista no art. 543-C do CPC, em 19/10/2011, *DJe* 12/12/2011). 4. Precedentes: AgInt no REsp 1.733.419/RN, Rel. Min. Sérgio Kukina, Primeira Turma, *DJe* 2/8/2018; AgInt no REsp 1.568.705/RN, Rel. Min. Mauro Campbell Marques, Segunda Turma, *DJe* 28/9/2016; EDcl no REsp 1.319.232/DF, Rel. Min. Paulo de Tarso Sanseverino, Terceira Turma, *DJe* 25/9/2015; AgRg no REsp 1.380.787/SC, de minha relatoria, Segunda Turma, julgado em 19/8/2014, *DJe* 2/9/2014" (STJ, EDcl no REsp 1.272.491/PB, 2ª Turma, Rel. Min. Og Fernandes, j. 08.10.2019, *DJe* 11.10.2019).

> **Art. 99.** Em caso de concurso de créditos decorrentes de condenação prevista na Lei nº 7.347, de 24 de julho de 1985, e de indenizações pelos prejuízos individuais resultantes do mesmo evento danoso, estas terão preferência no pagamento.
>
> **Parágrafo único.** Para efeito do disposto neste artigo, a destinação da importância recolhida ao Fundo criado pela Lei nº 7.347, de 24 de julho de 1985, ficará sustada enquanto pendentes de decisão de segundo grau as ações de indenização pelos danos individuais, salvo na hipótese de o patrimônio do devedor ser manifestamente suficiente para responder pela integralidade das dívidas.

 Legislação correlata

Lei 7.347/1985 (Lei da Ação Civil Pública), art. 13.

Lei 9.008/1995 (Cria, no âmbito da estrutura organizacional do Ministério da Justiça, o Conselho Federal Gestor do Fundo de Defesa de Direitos Difusos – CFDD).

 Análise doutrinária

1. Concurso de créditos e preferência em favor de indenizações individuais

O mesmo fato ofensivo a direito metaindividual pode ensejar condenações de natureza diversa. As referidas condenações podem ser decorrentes de ações individuais e/ou coletivas. Aliás, no âmbito coletivo, normalmente há formulação cumulada de pedidos, como, por exemplo, dano moral coletivo e dano individual.

O art. 99 estipula que, havendo concurso de créditos, há preferência de pagamento das indenizações individuais. Para garantir a prioridade dos casos individuais, o parágrafo único determina que os valores destinados ao Fundo ficam sustados "enquanto pendentes de decisão de segundo grau as ações de indenização pelos danos individuais". Tal regra não se aplica se se constatar que o patrimônio do devedor é manifestamente para responder por todas as dívidas.

2. Fundo de Direitos Difusos (art. 13 da Lei 7.347/1985) e ausência de eficácia da norma

O denominado Fundo de Direitos Difusos, no âmbito nacional, foi instituído pelo art. 13 da Lei 7.347/1985, o qual possui a seguinte redação: "havendo condenação em dinheiro, a indenização pelo dano causado reverterá a um fundo gerido por um Conselho Federal ou por Conselhos Estaduais de que participarão necessariamente o Ministério Público e representantes da comunidade, sendo seus recursos destinados à reconstituição dos bens lesados".

Posteriormente, editou-se a Lei 9.008/1995, a qual criou, no âmbito da estrutura organizacional do Ministério da Justiça, o Conselho Federal Gestor do Fundo de Defesa de Direitos Difusos (CFDD), com o objetivo principal de zelar pela aplicação dos recursos na consecução dos objetivos previstos em normas que tratam da tutela de direitos metaindividuais (art. 3º). Entre os recursos que integram o Fundo de Defesa de Direitos Difusos estão as condenações coletivas, como valor destinado a reparar determinado dano ambiental, dano moral coletivo.

Acrescente-se que, ao lado do Fundo federal, há inúmeros fundos estaduais que recebem verbas decorrentes de multas administrativas e indenizações coletivas (dano moral coletivo). Muitas vezes, o fundo estadual é por área: consumidor, meio ambiente etc. Ou seja, não existe um fundo único.

As três décadas de existência do CDC indicam que o dispositivo não teve qualquer aplicação prática, por vários motivos: 1) dificuldade ou mesmo impossibilidade de conhecer e controlar em todo o país o andamento das ações de indenização individual; 2) o réu, quando empresa, que está em dificuldades financeiras, acaba tendo falência decretada antes mesmo de se cogitar a aplicação do art. 99; 3) o réu, quando integrante da administração pública (órgão do Estado), paga suas dívidas por meio de precatório.

 Dicas práticas

O dispositivo não tem qualquer aplicação prática, como esclarecido nos comentários.

> **Art. 100.** Decorrido o prazo de um ano sem habilitação de interessados em número compatível com a gravidade do dano, poderão os legitimados do art. 82 promover a liquidação e execução da indenização devida.

> **Parágrafo único.** O produto da indenização devida reverterá para o Fundo criado pela Lei nº 7.347, de 24 de julho de 1985.

 Legislação correlata

Lei 7.347/1985 (Lei da Ação Civil Pública), art. 13.

Lei 9.008/1995 (Cria, no âmbito da estrutura organizacional do Ministério da Justiça, o Conselho Federal Gestor do Fundo de Defesa de Direitos Difusos – CFDD).

 Análise doutrinária

1. Execução coletiva com destinação para o fundo de direitos difusos (*fluid recovery*)

Na sistemática adotada pelo CDC, na tutela de direitos individuais homogêneos, vislumbram-se três diferentes modos de cumprimento da sentença: 1) promoção de inúmeras ações individuais para liquidar e receber o valor indenizatório (art. 97); 2) promoção de cumprimento de sentença determinada diretamente pelo autor coletivo, com o pagamento para cada consumidor lesado (art. 98); 3) promoção de cumprimento de sentença pelo autor coletivo, com destinação do valor para o fundo de direitos difusos (art. 100).

O art. 100 estabelece justamente a possibilidade de liquidação e cumprimento de sentença diretamente pelo autor coletivo quando, após um ano do trânsito em julgado, não houver "habilitação de interessados em número compatível com a gravidade do dano". O termo inicial para transcurso do prazo de um ano deve ser contado da data do trânsito em julgado. Não há previsão normativa de publicação de edital para início do transcurso do prazo. Todavia, o STJ possui entendimento no sentido de ser necessária a publicação de edital específico, o qual, ressalte-se, não se confunde com o edital referido pelo art. 94 do CDC (v. comentários ao art. 94).

O dispositivo foi inspirado na experiência norte-americana do *fluid recovery* (reparação fluida), ou seja, a verba indenizatória, em face de desinteresse dos titulares, pode ser destinada a fundo e, posteriormente, se voltar para atender interesses gerais da categoria afetada. De acordo com o parágrafo único do art. 100 do CDC, o valor condenatório é destinado ao fundo de direitos difusos (art. 13 da Lei 7.347/1985).

Na área de consumidor, o *fluid recovery* é interessante quando se trata de micro-lesões. Exemplifique-se com cobrança indevida de R$ 5,00, durante doze meses, na fatura do cartão de crédito de 10 milhões de consumidores. Mesmo com o reconhecimento da ilegalidade da dívida, nenhum consumidor irá se animar a movimentar a Justiça para receber, ao final, R$ 60,00. De outro lado, em perspectiva coletiva, a empresa recebeu indevidamente 60 milhões de reais que, se destinados ao fundo, podem, posteriormente, se reverter para financiar algum projeto na área do consumidor.

No exemplo acima, se, por qualquer motivo, não houve ressarcimento direto para os consumidores, em face de execução coletiva (art. 98 do CDC), a medida de destinar o valor ao fundo de direitos difusos se apresenta razoável.

Dicas práticas

Embora o art. 100 do CDC não faça referência à necessidade de publicação de edital, entende o STJ que o prazo de um ano só tem início com a referida publicação.

Jurisprudência

1. Legitimidade do Ministério Público para promover a reparação fluída (*fluid recovery*)

"2. O Ministério Público tem legitimidade subsidiária para a liquidação e execução da sentença coletiva, caso não haja habilitação por parte dos beneficiários, nos termos do art. 100 do CDC. 3. Se o título executivo não prevê indenização estimada e possui os critérios para a liquidação e tendo em vista a identificação dos beneficiários, a liquidação deve levar em conta cada um dos contratos. No caso, pode ser realizada por arbitramento, de modo a se atingir a efetividade e celeridade da tutela coletiva, aliadas ao cumprimento do previsto no título. 4. A reparação fluída (*fluid recovery*) é utilizada em situações nas quais os beneficiários do dano não são identificáveis, o prejuízo é individualmente irrelevante e globalmente relevante e, subsidiariamente, caso não haja habilitação dos beneficiários. 5. Recurso parcialmente provido, com base no voto-médio" (STJ, REsp 1.187.632/DF, 4ª Turma, Rel. Min. João Otávio de Noronha, Rel. p/ acórdão Min. Antonio Carlos Ferreira, j. 05.06.2012, *DJe* 06.06.2013).

2. Tutela de direito individual homogêneo e fluid recovery

"1. Verificada a ocorrência de omissão, torna-se imperiosa a correção do vício, o que, contudo, não implicará, no caso, a modificação do resultado do julgado. 2. Não obstante a legitimidade *ad causam* para a primeira fase da ação civil pública seja extraordinária, mediante a substituição processual, a legitimidade ativa na segunda fase é, em regra, ordinária, ou seja, dos titulares do direito material. Contudo, com o intuito de evitar a ausência de liquidação e execução de direitos reconhecidos na fase de conhecimento, o CDC previu a possibilidade de os legitimados do rol do art. 82 do CDC liquidarem e executarem as indenizações não reclamadas pelos titulares do direito material, por meio da denominada fluid recovery" (STJ, AgInt no REsp 1280311/SP, Rel. Min. Marco Aurélio Bellizze, 3ª Turma, j. 28.10.2019, *DJe* 05.11.2019).

3. Legitimidade do Ministério Público após o prazo de um ano (art. 100 do CDC)

"A legitimidade do Ministério Público para instaurar a execução exsurgirá – se for o caso – após o escoamento do prazo de um ano do trânsito em julgado se não houver a habilitação de interessados em número compatível com a gravidade do dano, nos termos do art. 100 do CDC. É que a hipótese versada nesse dispositivo encerra situação em que, por alguma razão, os consumidores lesados desinteressam-se quanto ao cumprimento individual da sentença, retornando a legitimação dos entes públicos indicados no art. 82 do CDC para requerer ao Juízo a apuração dos danos globalmente causados e a reversão dos valores apurados para o Fundo de Defesa dos Direitos Difusos (art. 13 da LACP), com vistas a que a sentença não se torne inócua, liberando o fornecedor que atuou ilicitamente de arcar com a reparação dos danos causados (REsp n. 869.583/DF, Relator Ministro LUIS FELIPE SALOMÃO, QUARTA TURMA, julgado em 5/6/2012, DJe 5/9/2012)" (STJ, AgInt no AREsp 809.964/RS, Rel. Min. Antonio Carlos Ferreira, 4ª Turma, j. 11.05.2020, *DJe* 14.05.2020).

4. Necessidade de publicação de edital para início do prazo de um ano (art. 100 do CDC)

"2. Nos termos do artigo 100, *caput*, do Código de Defesa do Consumidor, 'decorrido o prazo de um ano sem habilitação de interessados em número compatível com a gravidade do dano, poderão os legitimados do art. 82 promover a liquidação e execução da indenização devida', hipótese denominada reparação fluida – *fluid recovery*, inspirada no modelo norte-americano da *class action*. 2.1. Referido instituto, caracterizado pela subsidiariedade, aplica-se apenas em situação na qual os consumidores lesados desinteressam-se quanto ao cumprimento individual da sentença coletiva, transferindo à coletividade o produto da reparação civil individual não reclamada, de modo a preservar a vontade da Lei, qual seja a de impedir o enriquecimento sem causa do fornecedor que atentou contra as normas jurídicas de caráter público, lesando os consumidores. 2.2. Assim, se após o escoamento do prazo de um ano do trânsito em julgado, não houve habilitação de interessados em número compatível com a extensão do dano, exsurge a legitimidade do Ministério Público para instaurar a execução, nos termos do mencionado artigo 100 do Código de Defesa do Consumidor; nesse contexto, conquanto a sentença tenha determinado que os réus publicassem a parte dispositiva em dois jornais de ampla circulação local, esta obrigação, frise-se, destinada aos réus, não pode condicionar a possibilidade de reparação fluida, ante a ausência de disposição legal para tanto e, ainda, a sua eventual prejudicialidade à efetividade da ação coletiva, tendo em vista as dificuldades práticas para compelir os réus ao cumprimento. 2.3. Todavia, no caso em tela, observa-se que não obstante as alegações do Ministério Público Estadual, deduzidas no recurso especial, no sentido de que 'no presente caso houve a regular publicação da sentença, conforme documento da fl. 892 [dos autos de agravo de instrumento, correspondente à fl. 982, e-STJ]', ao compulsar os autos, verifica-se que a mencionada folha refere-se à publicação do edital, em 20/02/2003, relativo à cientificação dos interessados sobre a propositura da ação coletiva. Assim, o citado edital não se destinou à cientificação dos interessados quanto ao conteúdo da sentença, mas à propositura da ação coletiva, o que constitui óbice à sua habilitação, razão pela qual não se pode reputar iniciado o prazo do artigo 100 do Código de Defesa do Consumidor. Precedente: REsp 869583/DF, Rel. Ministro Luis Felipe Salomão, Quarta Turma, *DJe* 05/09/2012 3. Recurso especial parcialmente provido, a fim de (i) afastar a necessidade de cumprimento da obrigação de publicar editais em dois jornais de ampla circulação local para fins de contagem do prazo previsto no artigo 100 do Código de Defesa do Consumidor, bem assim (ii) determinar o retorno dos autos à origem, para que se proceda à publicação de edital, sobre o teor da sentença exequenda, em órgão oficial, nos termos do artigo 94 do diploma consumerista" (STJ, REsp 1.156.021/RS, 4ª Turma, Rel. Min. Marco Buzzi, j. 06.02.2014, *DJe* 05.05.2014).

"1. A legitimidade para intentar ação coletiva versando a defesa de direitos individuais homogêneos é concorrente e disjuntiva, podendo os legitimados indicados no art. 82 do CDC agir em Juízo independentemente uns dos outros, sem prevalência alguma entre si, haja vista que o objeto da tutela refere-se à coletividade, ou seja, os direitos são tratados de forma indivisível. 2. Todavia, para o cumprimento de sentença, o escopo é o ressarcimento do dano individualmente experimentado, de modo que a indivisibilidade do objeto cede lugar à sua individualização. 3. Não obstante ser ampla a legitimação para impulsionar a liquidação e a execução da sentença coletiva, admitindo-se que a promovam o próprio titular do direito material, seus sucessores, ou um dos legitimados do art. 82 do CDC, o art. 97 impõe uma gradação de preferência que permite a legitimidade coletiva subsidiariamente, uma vez que, nessa fase, o ponto central é o dano pessoal sofrido por cada uma das vítimas. 4. Assim, no ressarcimento individual (arts. 97 e 98 do CDC), a liquidação e a execução serão obrigatoriamente personalizadas e divisíveis, devendo prioritariamente ser promovidas pelas vítimas ou seus sucessores de forma singular, uma vez que o próprio lesado tem melhores condições de demonstrar a existência do seu dano pessoal, o nexo etiológico com o dano globalmente reconhecido, bem como o montante equivalente à sua parcela. 5. O art. 98 do CDC preconiza que a execução 'coletiva' terá lugar quando já houver sido fixado o valor da indenização devida em sentença de liquidação, a qual deve ser – em sede de direitos individuais homogêneos – promovida pelos próprios titulares ou sucessores. 6. A legitimidade do Ministério Público para instaurar a execução exsurgirá – se for o caso – após o escoamento do prazo de um ano do trânsito em julgado se não houver a habilitação de interessados em número compatível com a gravidade do dano, nos termos do art. 100 do CDC. É que a hipótese versada nesse dispositivo encerra situação em que, por alguma razão, os consumidores lesados desinteressam-se quanto ao cumprimento individual da sentença, retornando a legitimação dos entes públicos indicados no art. 82 do CDC para requerer ao Juízo a apuração dos danos globalmente causados e a reversão dos valores apurados para o Fundo de Defesa dos Direitos Difusos (art. 13 da LACP), com vistas a que a sentença não se torne inócua, liberando o fornecedor que atuou ilicitamente de arcar com a reparação dos danos causados. 7. No caso sob análise, não se tem notícia acerca da publicação de editais cientificando os interessados acerca da sentença exequenda, o que constitui óbice à sua habilitação na liquidação, sendo certo que o prazo decadencial nem sequer iniciou o seu curso, não obstante já se tenham escoado quase treze anos do trânsito em julgado. 8. No momento em que se encontra o feito, o Ministério Público, a exemplo dos demais entes públicos indicados no art. 82 do CDC, carece de legitimidade para a liquidação da sentença genérica, haja vista a própria conformação constitucional desse órgão e o escopo precípuo dessa forma de execução, qual seja, a satisfação de interesses individuais personalizados que, apesar de se encontrarem circunstancialmente agrupados, não perdem sua natureza disponível" (STJ, REsp 869.583/DF, 4ª Turma, Rel. Min. Luis Felipe Salomão, j. 05.06.2012, *DJe* 05.09.2012).

5. *Fluid recovery* e dano moral coletivo

"1. O dano moral coletivo é aferível *in re ipsa*, ou seja, sua configuração decorre da mera constatação da prática de conduta ilícita que, de maneira injusta e intolerável, viole direitos de conteúdo extrapatrimonial da coletividade, revelando-se despicienda a demonstração de prejuízos concretos ou de efetivo abalo moral. Precedentes. 2. Independentemente do número de pessoas concretamente atingidas pela lesão em certo período, o dano moral coletivo deve ser ignóbil e significativo, afetando de forma inescusável e intolerável os valores e interesses coletivos fundamentais. 3. O dano moral coletivo é essencialmente transindividual, de natureza coletiva típica, tendo como destinação os interesses difusos e coletivos, não se compatibilizando com a tutela de direitos individuais homogêneos. 4. A condenação em danos morais coletivos tem natureza eminentemente sancionatória, com parcela pecuniária arbitrada em prol de um fundo criado pelo art. 13 da LACP – *fluid recovery* – , ao passo que os danos morais individuais homogêneos, em que os valores destinam-se às vítimas, buscam uma condenação genérica, seguindo para posterior liquidação prevista nos arts. 97 a 100 do CDC" (STJ, REsp 1610821/RJ, Rel. Min. Luis Felipe Salomão, 4ª Turma, j. 15.12.2020, *DJe* 26.02.2021).

CAPÍTULO III
Das Ações de Responsabilidade do Fornecedor de Produtos e Serviços

Art. 101. Na ação de responsabilidade civil do fornecedor de produtos e serviços, sem prejuízo do disposto nos Capítulos I e II deste Título, serão observadas as seguintes normas:

I – a ação pode ser proposta no domicílio do autor;

II – o réu que houver contratado seguro de responsabilidade poderá chamar ao processo o segurador, vedada a integração do contraditório pelo Instituto de Resseguros do Brasil. Nesta hipótese, a sentença que julgar procedente o pedido condenará o réu nos termos do art. 80 do Código de Processo Civil. Se o réu houver sido declarado falido, o síndico será intimado a informar a existência de seguro de responsabilidade facultando-se, em caso afirmativo, o ajuizamento de ação de indenização diretamente contra o segurador, vedada a denunciação da lide ao Instituto de Resseguros do Brasil e dispensado o litisconsórcio obrigatório com este.

 Legislação correlata

Código de Processo Civil, arts. 42 a 64 e 132.

Lei 9.099/1995 (Dispõe sobre os Juizados Especiais Cíveis).

 Análise doutrinária

1. Competência do domicílio do autor (consumidor)

O art. 101 do CDC apresenta disposições de processo civil que possuem importante aplicação para ações individuais: 1) regra de competência no domicílio do autor (consumidor); 2) possibilidade de chamar ao processo o segurador do fornecedor.

Inicialmente, cabe destacar que as regras processuais são aplicáveis às mais diferentes ações ajuizadas pelo consumidor: responsabilidade civil contratual e extracontratual, ações com obrigação de fazer etc. A expressão do *caput* – ação de responsabilidade civil do fornecedor de produtos e serviços – é ampla.

Ademais, o CDC não se prende à divisão entre responsabilidade contratual e extra-contratual. Acrescente-se a possibilidade de analogia para hipóteses não previstas expressa-mente, já que o objetivo de facilitar a defesa de direitos do consumidor está sempre presente.

De acordo com o art. 46 do CPC, a regra da competência é no foro do domicílio do réu. O CDC, de modo diverso, prevê a possibilidade – e não obrigatoriedade – de ajuizamento da ação no domicílio do consumidor. Trata-se de disposição processual de grande importância prática que, em última análise, visa assegurar o exercício do direito básico de acesso à justiça e facilitação da defesa de seus interesses (art. 6º, VI e VII).

Muitos fornecedores que atuam em todo o Brasil mantêm sede em cidade específica, sem qualquer agência ou sucursal em outros municípios. Além disso, os contratos de adesão, invariavelmente, possuem cláusula de foro de eleição que indica local que é conveniente apenas para o fornecedor.

Caso não houvesse a regra do art. 101, I, do CDC, o consumidor teria de contratar advogado fora da sua cidade e, muitas vezes, se deslocar para realizar atos que requerem a presença da parte. Assim, eventual cláusula de foro de eleição que afaste a possibili-dade de ajuizamento da demanda no foro do domicílio do consumidor é nula de pleno direito (art. 51, IV, c/c art. 101, I). Assim tem se manifestado a jurisprudência do STJ.

Por fim, recorde-se que o disposto no art. 101, I, foi utilizado como fundamento da jurisprudência para concluir pela competência do foro do domicílio do consumidor para ajuizamento de liquidação e cumprimento de sentença decorrente de ação coletiva na tutela de direitos individuais homogêneos. Afastou-se, portanto, a literalidade do disposto no art. 98, § 2º I, que se referia ao juízo da ação condenatória (v. comentários ao art. 98).

2. Intervenção de terceiros nos processos que envolvem relação de consumo

Tema recorrente no Poder Judiciário diz respeito à intervenção de terceiros em ações ajuizadas pelo consumidor. Tal questão deve ser examinada sob as luzes de princípios básicos – de natureza processual e material – que norteiam a aplicação do Código de Defesa do Consumidor.

A propósito, o inciso VII do art. 6º do CDC garante o acesso aos órgãos judiciá-rios e administrativos, "com vistas à prevenção ou reparação de danos patrimoniais e morais, individuais, coletivos ou difusos (...)".

O dispositivo, a par de ressaltar a importância de acesso à Justiça, destaca a finalidade: garantir a prevenção e reparação das lesões ocasionadas ao consumidor. A disposição normativa é relevante diretriz hermenêutica para análise das situações que envolvem intervenção de terceiros: toda interpretação da matéria deve se nortear para permitir uma rápida e eficaz solução do litígio de consumo.

No campo material, a intervenção de terceiros atrai o debate sobre a solidariedade passiva da cadeia de fornecedores.

Há solidariedade passiva quando mais de uma pessoa deve responder integral-mente por determinada obrigação (contratual ou extracontratual). A obrigação pode ser originária (primária) ou sucessiva, ou seja, surge a partir do descumprimento do dever originário (responsabilidade civil). De acordo com o art. 265 do Código Civil, a solidariedade não se presume, decorre diretamente da lei ou de manifestação de vontade (v. comentários ao art. 7º, parágrafo único).

Ao lado do direito básico do consumidor à *efetiva* prevenção e reparação dos danos materiais e morais (art. 6º, VI), identificam-se, no CDC, quatro espécies de solidariedade passiva: 1) solidariedade decorrente de ato ilícito (art. 7º, parágrafo único); 2) solidariedade automática (ex.: art. 18, *caput*, do CDC: "os fornecedores (...) respondem solidariamente"); 3) solidariedade automática condicionada (art. 13); 4) solidariedade decorrente da Teoria da Aparência.

Atentos ao objetivo de garantir uma efetiva reparação de danos ao consumidor, tanto o Superior Tribunal de Justiça como a doutrina conferem interpretação extensiva e ampla à solidariedade dos fornecedores justamente para garantir efetividade à reparação de danos do consumidor (v. comentários ao art. 7º, parágrafo único).

No processo civil, a disciplina do CDC apresenta o mesmo objetivo das normas relativas à solidariedade passiva: promover o acesso facilitado à Justiça para permitir o restabelecimento dos direitos violados. Ao lado do direito de "acesso aos órgãos judiciários e administrativos com vistas à prevenção ou reparação de danos patrimoniais e morais" (VII) o art. 6º destaca, também, "a facilitação da defesa de seus direitos" (VIII).

Acrescentem-se as seguintes regras: 1) inversão do ônus da prova; 2) proibição de denunciação da lide (art. 88); e 3) limitação do chamamento ao processo (art. 101, II); 4) competência do domicílio do autor (art. 101, I).

Nos casos de intervenção de terceiros, por existir regramento próprio para as relações de consumo, as disposições do Código de Processo Civil (arts. 119 a 132) devem ser afastadas ou, conforme a hipótese, ser interpretadas de modo sistemático e coerente (diálogo das fontes) com o microssistema da lei de proteção ao consumo.

De início, consigne-se que o CDC sequer observa rigorosamente a terminologia da legislação processual, o que indica sua relativa autonomia e propósito de regramento diferenciado do tema. Enquanto o CPC prevê hipótese de denunciação da lide "àquele que estiver obrigado, por lei ou pelo contrato, a indenizar, em ação regressiva, o prejuízo de quem for vencido no processo", o CDC estabelece que, em caso de seguradora no âmbito da responsabilidade civil, é o caso de chamamento ao processo (art. 101, II).

O art. 88 do CDC, inspirado pela ideia de efetiva e rápida reparação do dano do consumidor, proíbe a denunciação da lide em ação indenizatória decorrente de fato do produto. O STJ amplia sua aplicação para fato do serviço (v. comentários ao arts. 13 e 88).

De outro lado, o chamamento ao processo foi previsto – e autorizado – para uma única e específica situação, qual seja quando o fornecedor houver contratado seguro em caso de responsabilidade civil. Mesmo nessa hipótese, o CDC proibiu a integração do contraditório pelo Instituto de Resseguros do Brasil (art. 101, II).

As disposições processuais relativas à intervenção de terceiros devem ser interpretadas em consonância com os propósitos da solidariedade passiva de modo a facilitar o acesso do consumidor ao restabelecimento do direito e não o contrário.

Em consequência, até mesmo nessa única situação permitida de *chamamento ao processo* no CDC, deve-se perquirir, no caso concreto, se o deferimento contraria os objetivos de presteza e entrega da prestação jurisdicional (STJ, AgInt no REsp 1.863.500/CE).

A interpretação adequada das modalidades de intervenção de terceiros nas relações de consumo aponta para autonomia do consumidor em escolher qual ou quais fornecedores devem figurar no polo passivo. Não cabe ao devedor essa opção.

3. Chamamento ao processo da seguradora do fornecedor

Embora não seja muito comum no Brasil, os fornecedores podem contratar seguro que tenha por objeto indenizar eventuais danos causados aos consumidores por seus produtos e serviços. Na ação promovida pelo consumidor, o art. 101, II, do CDC autoriza o chamamento ao processo da seguradora. O CDC faz referência ao art. 80 do CPC/1973. Tal dispositivo corresponde ao art. 132 do atual CPC: "A sentença de procedência valerá como título executivo em favor do réu que satisfizer a dívida, a fim de que possa exigi-la, por inteiro, do devedor principal, ou, de cada um dos codevedores, a sua quota, na proporção que lhes tocar".

Na ação promovida pelo consumidor, o art. 101, II, do CDC autoriza o chamamento ao processo da seguradora. O CDC faz referência ao art. 80 do CPC/1973. Tal dispositivo corresponde ao art. 132 do atual CPC: "A sentença de procedência valerá como título executivo em favor do réu que satisfizer a dívida, a fim de que possa exigi-la, por inteiro, do devedor principal, ou, de cada um dos codevedores, a sua quota, na proporção que lhes tocar".

A possibilidade de chamamento ao processo em litígios de consumo deve ser interpretada restritivamente e, se no caso concreto evidenciar retardamento exagerado da solução da demanda, pode ser afastada pelo Poder Judiciário, como desenvolvido no item anterior. Ademais, não se trata de hipótese de litisconsórcio necessário.

Autorizado o chamamento ao processo, a empresa seguradora passa a figurar como ré na ação indenizatória ajuizada pelo consumidor. A parte final do art. 101, II, estipula que, em caso de falência do fornecedor, o síndico da massa falida deve informar a existência do seguro, facultando ao consumidor ajuizar ação direta contra a seguradora. Nesta demanda, acrescenta o dispositivo, está proibida a denunciação da lide com relação ao Instituto de Resseguros do Brasil.

 Dicas práticas

O profissional do direito deve ficar atento à exceção da regra de competência estabelecida pelo dispositivo (art. 101, I), inclusive nas demandas cujo valor seja inferior a 40 salários mínimos, atraindo a competência do Juizado Especial Cível (art. 3º, I, da Lei 9.099/1995). O foro do domicílio do consumidor é importante disposição de processo civil que facilita enormemente o acesso à justiça e, consequentemente, promove o restabelecimento do direito.

 Jurisprudência

1. Ação de prestação de contas e foro do domicílio do consumidor

"I. À ação de prestação de contas movida após a vigência do Código do Consumidor devem ser aplicadas as normas adjetivas dele constantes relativas ao foro competente que, no caso dos autos, fixa-se onde poderá se produzir o dano, pelo recebimento, a menor, pelo autor, em seu domicílio, das prestações devidas a título de contraprestação pela filiação em planos de benefícios prestados pela entidade de previdência privada complementar. II. Não prevalência, de outro lado, do foro contratual de eleição, visto que não se configura em livre escolha do consumidor, mas mera adesão a cláusula preestabelecida pela instituição previdenciária que seleciona a Comarca onde tem sede, implicando em dificultar a defesa da parte mais fraca, em face dos ônus que terá para acompanhar o processo em local distante daquele onde reside. Precedentes" (STJ, REsp 119.267/SP, 4ª Turma, Rel. Min. Aldir Passarinho Junior, j. 04.11.1999, *DJ* 06.12.1999).

2. Competência absoluta do foro do consumidor

"Tratando-se de contrato de adesão, a declaração de nulidade da cláusula eletiva, ao fundamento de que estaria ela a dificultar o acesso do réu ao Judiciário, com prejuízo para a sua ampla defesa, torna absoluta a competência do foro do domicílio do réu, afastando a incidência do enunciado nº 33 da súmula/STJ em tais casos" (STJ, CC 20.826/RS, 2ª Seção, Rel. Min. Sálvio de Figueiredo Teixeira, j. 13.05.1998, *DJ* 24.05.1999).

3. Nulidade de cláusula de foro de eleição em prejuízo do consumidor

"1. A jurisprudência do STJ firmou-se, seguindo os ditames do Código de Defesa do Consumidor, no sentido de que a cláusula de eleição de foro estipulada em contrato de consórcio há que ser tida como nula, devendo ser eleito o foro do domicílio do consumidor a fim de facilitar a defesa da parte hipossuficiente da relação" (STJ, AgRg no Ag 1.070.671/SC, 4ª Turma, Rel. Min. João Otávio de Noronha, j. 27.04.2010, *DJe* 10.05.2010).

4. Reconhecimento de ofício de nulidade de cláusula em face de prejuízo ao consumidor

"Nos contratos de adesão, o foro de eleição contratual cede em favor do local do domicílio do devedor, sempre que constatado ser prejudicial à defesa do consumidor, podendo ser declarada de ofício a nulidade da cláusula de eleição pelo julgador. Precedentes" (STJ, AgRg no AREsp 476.551/RJ, 4ª Turma, Rel. Min. Luis Felipe Salomão, j. 25.03.2014, *DJe* 02.04.2014).

"A decisão da Corte estadual encontra-se em harmonia com a jurisprudência da Segunda Seção do STJ, no sentido de que, o foro de eleição contratual cede em favor do local do domicílio do devedor, sempre que constatado ser prejudicial à defesa do consumidor, podendo ser declarada de ofício a nulidade da cláusula de eleição pelo julgador. Precedentes" (STJ, AgInt no AREsp 1.337.742/DF, 4ª Turma, Rel. Min. Luis Felipe Salomão, j. 02.04.2019, *DJe* 08.04.2019).

"4. A jurisprudência do STJ tem se orientado pela indispensável demonstração de prejuízo ao exercício do direito de defesa do consumidor para restar configurada a nulidade da cláusula de eleição de foro. 5. Esta posição intermediária protege a parte vulnerável e hipossuficiente e, ao mesmo tempo, permite o desenvolvimento equilibrado e harmônico da relação de consumo, sempre com vistas às concretas e particulares realidades que envolvem as pessoas do consumidor e do fornecedor. 6. Acaso comprovada a hipossuficiência do consumidor ou a dificuldade de acesso ao judiciário, o magistrado está autorizado a declarar a nulidade da cláusula de eleição e remeter o processo à comarca do domicílio do consumidor. 7. Na hipótese, primeiro e segundo graus de jurisdição foram uníssonos ao registrar que não há prejuízos à defesa do recorrente. Rever essa conclusão em recurso especial encontra óbice na Súmula 7/STJ. Preserva-se, portanto, a validade da cláusula de eleição de foro" (STJ, REsp 1.707.855/SP, 3ª Turma, Rel. Min. Nancy Andrighi, j. 20.02.2018, *DJe* 23.02.2018).

5. Escolha do foro pelo consumidor

"2. Foro competente. 2.1. Cabe ao consumidor optar pelo foro de seu domicílio (artigo 101, inciso I, do Código Consumerista) ou pelo foro do domicílio do réu ou do local de cumprimento da obrigação (artigo 100 do CPC) ou pelo foro de eleição contratual (artigo 95 do CPC), não podendo, contudo, descartar tais alternativas legais e escolher, aleatoriamente, outro foro 'com o fito de furtar-se ao juízo estabelecido na lei processual, prejudicar a defesa do réu ou auferir vantagem com a já conhecida jurisprudência do Judiciário estadual favorável ao direito material postulado' (EDcl no AgRg nos EDcl no CC 116.009/PB, Rel. Ministro Sidnei Beneti, Rel. p/ Acórdão Ministra Maria Isabel Gallotti, Segunda Seção, julgado em 08.02.2012, *DJe* 20.04.2012). 2.2. Possibilidade de declinação de ofício pelo magistrado, quando constatadas a inobservância do princípio da facilitação da defesa do consumidor ou a escolha arbitrária da parte ou de seu advogado" (STJ, AgRg no AREsp 667.721/MG, 4ª Turma, Rel. Min. Marco Buzzi, j. 09.06.2015, *DJe* 15.06.2015).

6. Competência do foro do domicílio do consumidor para ação individual de cumprimento de sentença (tutela de direito individual homogêneo)

"3. A Primeira Seção acolheu, sem efeito infringente, os Embargos de Declaração promovidos pela União no retrocitado Conflito de Competência (sessão de 9.4.2014), conforme os seguintes fundamentos: 3.1. A interpretação conjunta dos arts. 98, *caput*, § 2º, I, e 101, I, do CDC leva à conclusão de que o ajuizamento da execução coletiva não torna prevento o respectivo juízo para fins de execução individual, sob pena de fazer letra morta a garantia, referida no acórdão embargado, à efetivação da tutela dos interesses individuais albergados pela ação coletiva, consubstanciada na possibilidade de ajuizamento da demanda executória individual no foro de domicílio do credor. 3.2. É irrelevante o fato de a execução ter-se iniciado nos autos da ação coletiva e continuar na ação de execução individual, em face do caráter disjuntivo de atuação dos legitimados e da expressa previsão da possibilidade do concurso de créditos (art. 99 do CDC)" (STJ, AgRg no REsp 1.434.316/SC, 2ª Turma, Rel. Min. Herman Benjamin, j. 24.04.2014, *DJe* 30.04.2014).

"A Primeira Seção desta Corte, no Conflito de Competência 131.123/DF, decidiu que o ajuizamento de execução individual derivada de decisão proferida no julgamento de ação coletiva não segue a regra dos arts. 475-A e 575, II, do CPC, tendo como foro de competência o domicílio do exequente, nos moldes dos arts. 98, § 2º, I, e 101, I, do Código de Defesa do Consumidor, inexistindo a prevenção identificada na instância originária (REsp 1.501.670/PR, Rel. Ministro Herman Benjamin, 2ª TURMA, DJe 30.06.2015)" (STJ, AgInt no AgInt no REsp 1433762/SC, Rel. Min. Regina Helena Costa, 1ª Turma, j. 15.03.2021, *DJe* 17.03.2021).

7. Justiça Federal e foro do domicílio do consumidor

"Processo civil. Competência. Ação de indenização em decorrência de recusa de pagamento de indenização acordada em contrato de seguro de vida celebrado com fundação pública federal. Justiça Federal. Relação de consumo. Dificuldade dos beneficiários em acompanhar o processo no Distrito Federal. Acesso à Justiça. Arts.

6º, VII, e 101, I, do Código de Defesa do Consumidor. – Compete à Justiça Federal processar e julgar ação de indenização proposta por beneficiários de contrato de seguro de vida celebrado com fundação pública federal, equiparada à autarquia federal para a aplicação do disposto no art. 109, I, da Constituição Federal. – Evidenciadas a existência de relação de consumo e a dificuldade dos autores-consumidores em acompanhar o andamento do processo no Distrito Federal, competente para a ação é o Juízo Federal da 2ª Vara Federal de Chapecó-SC, por ser essa cidade, na qual há vara federal, a mais próxima do domicílio dos autores, de maneira a garantir o direito do consumidor de acesso à Justiça, em consonância com o disposto nos arts. 6º, VII, e 101, I, do Código de Defesa do Consumidor" (STJ, CC 37.681/SC, 2ª Seção, Rel. Min. Nancy Andrighi, j. 27.08.2003, *DJ* 13.10.2003).

8. Limitação de intervenção de terceiros nos processos que envolvem relação de consumo

"Agravo Interno em Recurso Especial. Processo Civil e Direito do Consumidor. Art. 70, III, e art. 101 do CDC. Intervenção de terceiro. Chamamento ao processo. Fase processual avançada. Suposto prejuízo ao consumidor. Não obrigatoriedade. Aplicação de multa. Embargos de declaração. Art. 1.026, § 2º, do CPC. Ausência de repercussão sobre as hipóteses de cabimento. Reiteração do mérito. Multa devida. Agravo interno não provido. 1. A denunciação da lide, como modalidade de intervenção de terceiros, busca atender aos princípios da economia e da presteza na entrega da prestação jurisdicional, não devendo ser prestigiada quando o deferimento for apto a subverter exatamente os valores tutelados pelo instituto. 2. Deve ser mantida a multa prevista no art. 1.026, § 2º, do CPC, uma vez que os embargos de declaração foram opostos fora das hipóteses de cabimento do recurso, sem evidenciar a necessidade de prequestionamento" (STJ, AgInt no REsp 1863500/CE, Rel. Min. Luis Felipe Salomão, 4ª Turma, j. 28.06.2021, *DJe* 01.07.2021).

9. Responsabilidade solidária e escolha do consumidor: litisconsórcio passivo facultativo

"6. Nas ações de consumo, nas quais previstas a responsabilidade solidária, é facultado ao consumidor escolher contra quem demandar, resguardado o direito de regresso daquele que repara o dano contra os demais coobrigados. Precedente. 7. Nessas circunstâncias, em que a responsabilidade pela reparação dos danos causados ao consumidor é solidária, o litisconsórcio passivo é, pois, facultativo. 8. Embora, em regra, o devedor possa requerer a intervenção dos demais coobrigados solidários na lide em que figure isoladamente como réu, por meio do chamamento ao processo, essa intervenção é facultativa e seu não exercício não impede o direito de regresso previsto no art. 283 do CC/02. 9. Nas ações de consumo, a celeridade processual age em favor do consumidor, devendo o fornecedor exercer seu direito de regresso quanto aos demais devedores solidários por meio de ação autônoma" (STJ, REsp 1739718/SC, Rel. Min. Nancy Andrighi, 3ª Turma, j. 01.12.2020, *DJe* 04.12.2020).

10. Chamamento ao processo é facultativo e deve atender interesses do consumidor

"3. O propósito recursal consiste em determinar se: a) em ações de consumo, a desistência da ação em relação a um dos litisconsortes passivos, devedores solidários, demanda a anuência dos demais litisconsortes; e b) se a extinção da ação sem resolução do mérito em relação a uma das fornecedoras, coobrigadas solidárias, impede o exercício do direito de regresso da ré que eventualmente paga a integralidade da dívida. 4. No litisconsórcio necessário, diante da indispensabilidade da presença de todos os titulares do direito material para a eficácia da sentença, a desistência em relação a um dos réus demanda a anuência dos demais litisconsortes passivos. Precedentes. 5. No litisconsórcio facultativo, todavia, segundo o art. 117 do CPC/15, os litisconsortes serão considerados litigantes distintos em suas relações com a parte adversa, de forma que a extinção da ação em relação a um deles, pela desistência, não depende do consentimento dos demais réus, pois não influencia o curso do processo. 6. Nas ações de consumo, nas quais previstas a responsabilidade solidária, é facultado ao consumidor escolher contra quem demandar, resguardado o direito de regresso daquele que repara o dano contra os demais coobrigados. Precedente. 7. Nessas circunstâncias, em que a responsabilidade pela reparação dos danos causados ao consumidor é solidária, o litisconsórcio passivo é, pois, facultativo. 8. Embora, em regra, o devedor possa requerer a intervenção dos demais coobrigados solidários na lide em que figure isoladamente como réu, por meio do chamamento ao processo, essa intervenção é facultativa e seu não exercício não impede o direito de regresso previsto no art. 283 do CC/02. 9. Nas ações de consumo, a celeridade processual age em favor do consumidor, devendo o fornecedor exercer seu direito de regresso quanto aos demais devedores solidários por meio de ação autônoma" (STJ, REsp 1739718/SC, Rel. Min. Nancy Andrighi, 3ª Turma, j. 01.12.2020, *DJe* 04.12.2020).

11. Chamamento ao processo de seguradora não é obrigatório

"1. Em razão dos princípios da celeridade e efetividade da prestação jurisdicional, nas ações que versem sobre relação de consumo, não cabe o chamamento da seguradora para integrar a lide para ver declarado o direito de regresso. Precedentes" (STJ, AgInt no REsp 1874008/SP, Rel. Min. Maria Isabel Gallotti, 4ª Turma, j. 29.03.2021, *DJe* 06.04.2021).

Art. 102. Os legitimados a agir na forma deste Código poderão propor ação visando compelir o Poder Público competente a proibir, em todo o território nacional, a produção, divulgação, distribuição ou venda, ou a determinar alteração na composição, estrutura, fórmula ou acondicionamento de produto, cujo uso ou consumo regular se revele nocivo ou perigoso à saúde pública e à incolumidade pessoal.

§ 1º (Vetado).[33]

§ 2º (Vetado).[34]

---

[33] Mensagem de Veto 664/90, *do § 1º do art. 102*: "A redação do dispositivo parece equivocada. Os fornecedores, no caso de ação contra o Poder Público, para proibir a comercialização de produtos por eles fornecidos, são, na sistemática processual vigente, litisconsortes, e não meros assistentes (CPC/1973, arts. 46 e 47)".

[34] Mensagem de Veto 664/90, do § 2º do art. 102: "A norma somente seria admissível se o dispositivo se referisse ao cumprimento de decisão judicial final, transitada em julgado".

Análise doutrinária

1. Poder público no polo passivo da ação coletiva

O direito processual é instrumento para realização do direito material. O art. 102 destaca a possibilidade de a ação civil pública (ação coletiva) ser dirigida ao poder público com o objetivo de: 1) proibir a produção, divulgação, distribuição ou comercialização de produtos nocivos ou perigosos à saúde; 2) determinar (obrigação de fazer) que o poder público realize providências para exigir dos fornecedores alteração na composição, estrutura, fórmula ou acondicionamento de produto.

Como já destacado, um dos principais focos do CDC é justamente a proteção da saúde e segurança dos consumidores em relação a produtos e serviços considerados perigosos (arts. 6º, I, e 8º a 13). Nessa linha, o art. 39, VIII, considera prática abusiva introduzir no mercado de consumo qualquer produto que não observe normas regulamentares de entidade credenciada pelo Conmetro. A redação do art. 39, VIII, reforça o conceito de *produto impróprio*. O art. 18, § 6º, II, estipula, entre outras hipóteses, que se considera impróprio ao uso e consumo produto que esteja "em desacordo com as normas regulamentares de fabricação, distribuição ou apresentação".

A caracterização de segurança dos produtos decorre, invariavelmente, de análise conjunta do CDC e de normas específicas do poder público. Aliás, muitos produtos, para serem comercializados, exigem aprovação prévia do poder público. Os medicamentos são o melhor exemplo. Em face de constatação de vício por insegurança de determinado, os entes legitimados para ação coletiva (art. 81), em vez de ajuizar a ação contra o fabricante, podem optar por dirigir a demanda contra o poder público (Anvisa), nos termos previstos pelo art. 102 do CDC.

 Jurisprudência

1. Órgão público e pedido de obrigação de fazer

"1. Inexiste impossibilidade jurídica de pedido em Ação Civil Pública que contém pretensão de órgão público deixar de praticar ação que é considerada atentatória ao meio ambiente. 2. Recurso provido" (STJ, REsp 287.127/SP, 1ª Turma, Rel. Min. José Delgado, j. 06.03.2001, *DJ* 11.06.2001).

CAPÍTULO IV
Da Coisa Julgada

Art. 103. Nas ações coletivas de que trata este Código, a sentença fará coisa julgada:

I - *erga omnes*, exceto se o pedido for julgado improcedente por insuficiência de provas, hipótese em que qualquer legitimado poderá intentar outra ação, com idêntico fundamento, valendo-se de nova prova, na hipótese do inciso I do parágrafo único do art. 81;

II - *ultra partes*, mas limitadamente ao grupo, categoria ou classe, salvo improcedência por insuficiência de provas, nos termos do inciso anterior, quando se tratar da hipótese prevista no inciso II do parágrafo único do art. 81;

III - *erga omnes*, apenas no caso de procedência do pedido, para beneficiar todas as vítimas e seus sucessores, na hipótese do inciso III do parágrafo único do art. 81.

§ 1º Os efeitos da coisa julgada previstos nos incisos I e II não prejudicarão interesses e direitos individuais dos integrantes da coletividade, do grupo, categoria ou classe.

§ 2º Na hipótese prevista no inciso III, em caso de improcedência do pedido, os interessados que não tiverem intervindo no processo como litisconsortes poderão propor ação de indenização a título individual.

§ 3º Os efeitos da coisa julgada de que cuida o art. 16, combinado com o art. 13 da Lei nº 7.347, de 24 de julho de 1985, não prejudicarão as ações de indenização por danos pessoalmente sofridos, propostas individualmente ou na forma prevista neste Código, mas, se procedente o pedido, beneficiarão as vítimas e seus sucessores, que poderão proceder à liquidação e à execução, nos termos dos arts. 96 a 99.

§ 4º Aplica-se o disposto no parágrafo anterior à sentença penal condenatória.

Legislação correlata

Constituição Federal, arts. 5º, XXI, e 8º, III.

Código de Processo Civil, art. 1.022, II.

Lei 4.717/1965 (Lei da Ação Popular).

Análise doutrinária

1. Efeitos e beneficiários da decisão proferida em ação coletiva

A disciplina da coisa julgada e dos efeitos subjetivos das decisões proferidas em processos coletivos encontra-se basicamente nos arts. 103 e 104 do CDC. O principal raciocínio a ser observado é que a decisão favorável beneficiará, de regra, um grupo determinado ou determinável de pessoas (consumidores), atingindo uniformemente a situação fática descrita na petição inicial da ação coletiva. Os dispositivos também disciplinam a relação entre demandas coletivas e individuais que tenham o mesmo objeto (v. comentários ao art. 104).

No caso de tutela de direito difuso (inc. I do parágrafo único do art. 81), como o bem ou interesse protegido pertence a toda a comunidade, a decisão aproveitará necessariamente a todos os integrantes. Reitere-se: o direito é materialmente difuso, por definição pertence a todos (a comunidade). A sua tutela judicial, por consequência natural, abrange toda a comunidade.

É nesse sentido que o art. 103, I, do CDC dispõe que a sentença fará coisa julgada *erga omnes*. A rigor, ainda que a lei fosse silente em relação aos efeitos *erga omnes*, o resultado da ação seria o mesmo, com benefício para toda a comunidade, considerando a natureza material do direito difuso. Realmente, não há como, por exemplo, vedar a veiculação de determinada publicidade enganosa e afirmar ou pretender que apenas dez, vinte ou duzentas pessoas se beneficiem da tutela que determinou a interrupção da publicidade.

O principal aspecto trazido pelo art. 103, I, está na parte final, ao se afirmar que, se o pedido for julgado improcedente por insuficiência de provas, qualquer legitimado poderá renovar a ação, com idêntico fundamento.

O art. 103, II, é relativo aos direitos coletivos em sentido estrito, espécie de direito processualmente coletivo (DPC). Estabelece o dispositivo que os efeitos da sentença irão atingir todos que estiverem na situação indicada na petição inicial – categoria de pessoas determinadas. Se a demanda coletiva houver sido proposta, por exemplo, por associação de consumidores, os benefícios de eventual julgamento favorável não ficarão restritos aos associados, mas serão usufruídos por todos os consumidores – pessoas determinadas – que estão na situação de ilegalidade questionada na ação. É exatamente nesse sentido que deve ser compreendida a extensão *ultra partes* dos efeitos da decisão.

Como exemplo de efeitos *ultra partes*, imagine-se que uma associação de consumidores ajuíze ação para impedir reajuste abusivo de prestação escolar que determinado estabelecimento de ensino pretende promover.

Suponha-se que 300 (trezentos) associados mantêm vínculo contratual com a escola e serão prejudicados com o aumento da mensalidade. Eventual procedência do pedido beneficiará os 300 (trezentos) associados e todos os demais consumidores da entidade de ensino que, embora não associados, iriam sofrer o reajuste questionado na ação. Os efeitos da decisão judicial são *ultra partes* (art. 103, II, do CDC), ou seja, não se restringem aos associados da parte autora: beneficiam todos os consumidores que possuem relação contratual com a escola (relação jurídica base).

Ressalte-se que, assim como ocorre com os direitos difusos, na tutela judicial de direitos coletivos, a sentença não fará coisa julgada se o pedido for julgado improcedente por insuficiência de provas, hipótese em que qualquer legitimado poderá voltar a propor a mesma demanda. Daí a importância de o magistrado, em caso de improcedência, declarar na sentença (motivação ou dispositivo) que a improcedência se deu por insuficiência de provas ou por outra razão qualquer. A omissão do juiz enseja apresentação de embargos de declaração, pois cuida-se de ponto sobre o qual o juiz deve necessariamente se pronunciar (art. 1.022, II, do CPC).

O CDC, neste ponto, consagra a coisa julgada *secundum eventum litis*, ou seja, segundo o resultado da ação, na mesma linha da Lei da Ação Popular (Lei 4.717/1965), cujo art. 18 dispõe que "a sentença terá eficácia de coisa julgada oponível *erga omnes*, exceto no caso de haver sido a ação julgada improcedente por deficiência de prova; neste caso, qualquer cidadão poderá intentar outra ação com idêntico fundamento, valendo-se de nova prova".

Por fim, no tocante aos direitos individuais homogêneos, a procedência do pedido benefícia, em princípio, todos os consumidores que sofreram danos (morais e materiais) decorrentes de fato específico (origem comum) questionado na demanda coletiva. Portanto, apenas como exemplo, se, em determinada ação coletiva, seja ela proposta pelo Ministério Público, Defensoria Pública ou associação civil, se requer a indenização dos consumidores lesados pela utilização indevida de determinada cláusula abusiva (art. 51 do CDC), todos os contratantes que foram lesados pelo uso da cláusula abusiva são beneficiários da decisão condenatória.

Recorde-se apenas que a decisão judicial, na hipótese de tutela de direito individual homogêneo, pode ser genérica, limitando-se a reconhecer a responsabilidade do réu pelos danos causados aos consumidores. Posteriormente, quando não for possível a satisfação do direito dos lesados no próprio processo coletivo, as vítimas ou seus herdeiros devem iniciar novo processo, a título individual, para procederem à liquidação e cumprimento da sentença (v. comentários aos arts. 95, 97 e 98).

2. Ação de associação e sindicato em benefício dos associados ou filiados

Como já pontuado, a legitimidade para ajuizamento de ação civil pública não se confunde com a possibilidade de associações e sindicatos defenderem em juízo interesses dos seus associados, com base no disposto no art. 5º, XXI, da CF ("as entidades associativas, quando expressamente autorizadas, têm legitimidade para representar seus filiados judicial ou extrajudicialmente) e no art. 8º, III ("ao sindicato cabe a defesa dos direitos e interesses coletivos ou individuais da categoria, inclusive em questões judiciais ou administrativas").

As associações e os sindicatos podem ajuizar as mais diversas modalidades de ação com o objetivo de beneficiar unicamente os associados e filiados. Nessa hipótese, atua como representante dos associados e filiados. Embora essa possibilidade normativa se insira dentro da ideia de isonomia, economia processual e tratamento coletivo de direitos, tal demanda não configura ação civil pública (ação coletiva): não se trata, portanto, de tutela de direitos coletivos (em sentido estrito) e direitos individuais homogêneos (direitos processualmente coletivos – DPC).

São situações apenas aparentemente semelhantes. Na defesa dos seus associados, a entidade (associação/sindicato) age – a partir de autorização específica e limitada – para defender unicamente direito de seus filiados. Nas ações coletivas, seja ela ajuizada pelo Ministério Público ou entidade civil, os efeitos da decisão afetam todos os consumidores que se enquadram no quadro fático e jurídico delineado na inicial. No caso concreto, quando a ação for proposta por associação ou sindicado, são o pedido e a causa de pedir que definem a espécie de tutela coletiva: se se trata de ação civil pública ou defesa coletiva dos associados ou sindicalizados.

No âmbito do mercado de consumo, a decisão proferida em ação ajuizada por entidade de defesa do consumidor, fundamentada no art. 8º, III, da CF, beneficia apenas os respectivos associados. De outro lado, a sentença proferida em ação coletiva, baseada na Lei 7.347/1985 e na Lei 8.078/1990, ou seja, que tutela direitos metaindividuais, alcança todos os consumidores que estão na situação descrita na petição inicial.

Assim, se há vício de qualidade em aparelho celular de determinada marca, fabricado em ano específico, proposta ação, por entidade de defesa do consumidor, com fundamento na Lei 7.347/1985 e na Lei 8.078/1990, a decisão beneficiará todos que se encontram na situação fática descrita na inicial, independentemente de serem associados. É nesse sentido, reitere-se, que se compreende que a decisão é *ultra partes*. Ao contrário, se a autora optar por realizar unicamente a defesa dos seus associados, com fundamento no art. 8º, III, da Constituição Federal, apenas os associados que autorizaram o ajuizamento da demanda serão beneficiados.

O tema foi enfrentado pelos tribunais superiores (STF e STJ) que realizaram adequada diferença. O Supremo Tribunal Federal, em mais de uma oportunidade, enfrentou a distinção ao analisar a constitucionalidade do 2º-A da Lei 9.494/1997. Destaque-se o julgamento do RE 612.043, Rel. Min. Marco Aurélio. Os debates entre os Ministros evidenciam justamente a importância de diferenciar a tutela de direitos metaindividuais (difusos, coletivos e individuais homogêneos) da possibilidade de associações e sindicatos defenderem direitos dos associados/filiados. O STF denominou, no julgamento, essa modalidade de "ação coletiva sob rito ordinário"..

Na ocasião, a Suprema Corte definiu que, em ações coletivas de servidores públicos, por exemplo, relacionadas a aumentos salariais, a sentença da "ação coletiva sob o rito ordinário" estaria limitada territorialmente e se aplicaria apenas aos associados que se filiaram antes do ajuizamento da demanda. No entanto, o Plenário deixou evidente que tais limitações não alcançam as ações coletivas regidas pela Lei 7.347/1985 e pela Lei 8.078/1990, ao julgar e acolher os embargos declaratórios opostos pelo Idec. Por ocasião do julgamento, o Ministro Relator (Marco Aurélio Mello) debateu a questão com os ministros Ricardo Lewandowski e Luiz Fux.

O Superior Tribunal de Justiça também destaca a diferença entre as situações, com base nas manifestações da Suprema Corte. São vários os julgados nessa linha. Ilustrativamente, destaquem-se trechos do julgamento do REsp 1.719.820, em 1º de outubro de 2018, Rel. Ministro Marco Aurélio Bellizze: "Importante assinalar que não se aplica ao caso vertente o entendimento sedimentado pelo STF no RE n. 573.232/SC e no RE n. 612.043/PR, *pois a tese firmada nos referidos precedentes vinculantes não se aplicam às ações coletivas de consumo ou quaisquer outras demandas que versem sobre direitos individuais homogêneos*" – grifou-se.

Destaque-se, por fim, a possibilidade de a entidade de defesa do consumidor optar, a partir da articulação da causa de pedir e do pedido, por ajuizar ação civil pública com tutela ampla, ou seja, que não se limita aos seus associados.

O tema foi decidido, com efeito vinculante, pelo Superior Tribunal de Justiça, com os seguintes termos: "Em Ação Civil Pública proposta por associação, na condição de substituta processual de consumidores, possuem legitimidade para a liquidação e execução da sentença todos os beneficiados pela procedência do pedido, independentemente de serem filiados à associação promovente" (STJ, REsp 1362022/SP, Rel. Min. Raul Araújo, 2ª Seção, j. 28.04.2021, *DJe* 24.05.2021).

3. Transporte *in utilibus* da coisa julgada para ações individuais

O § 3º do art. 103 dispõe que, se procedente o pedido de tutela de natureza difusa decorrente de fato gerador de danos, a decisão pode beneficiar as vítimas e seus sucessores, os quais "poderão proceder à liquidação e à execução". Em outros termos, cuida-se da possibilidade de indenização individual após o trânsito em julgado de ação coletiva, independentemente de pedido expresso – na demanda coletiva – de tutela de direito individual homogêneo (condenação genérica).

Assim, reconhecida a ofensa a direito difuso, por decisão transitada em julgado em processo coletivo, independentemente de formulação na ação coletiva de pedido no sentido de indenizar as vítimas (consumidores), podem esses consumidores, sem necessidade de nova sentença condenatória individual, requerer a liquidação e execução dos danos, na forma prevista no art. 97 do CDC.

Na hipótese, além da extensão subjetiva do julgado, ocorre "a ampliação do objeto do processo, *ope legis*, passando o dever de indenizar a integrar o pedido, exatamente como ocorre na reparação do dano *ex delicto*, em que a decisão sobre o dever de indenizar integra o julgado penal" (GRINOVER, 2017, p. 1.017).

4. Eficácia territorial de decisão proferida em ação civil pública (ação coletiva)

Em 1997, por meio da Medida Provisória 1.570/1997, ao final convertida na Lei 9.494/1997, alterou-se a redação do art. 16 da Lei 7.347/1985, o qual passou a ter o seguinte teor: "A sentença civil fará coisa julgada *erga omnes, nos limites da competência territorial do órgão prolator* (...)" – grifou-se. Trata-se de dispositivo que, por contrariar toda a racionalidade de processo coletivo, tem gerado inúmeras críticas até hoje. A limitação geográfica de decisão proferida em demanda coletiva ofende a própria essência da ação civil pública: vai de encontro ao propósito de evitar pluralidade de demandas, decisões contraditórias e indefinição de temas de relevância social.

Observada a literalidade da redação do art. 16, eventual julgamento favorável de ação coletiva proposta na Capital do Estado de Minas Gerais, ainda que o réu fosse fornecedor com atuação e representante em todo o País (ex.: plano de saúde com clientes em todo o Brasil), teria efeito apenas nos vínculos entre o fornecedor e consumidores do Estado de Minas Gerais. No resto do País, a mesma empresa simplesmente não estaria sujeita ao comando judicial. Sob o mesmo raciocínio, uma decisão de separação judicial proferida pela Justiça da Paraíba não teria qualquer eficácia em todos os demais Estados da Federação!

A verdade é que a redação do art. 16 da Lei 7.347/1985 faz confusão entre competência e efeitos subjetivos da sentença. O intuito foi limitar os efeitos da decisão proferida em ação coletiva ao âmbito territorial da Justiça que integra o juízo competente. Além da confusão, o dispositivo (art. 16) restou absolutamente inócuo, uma vez que não se modificaram os artigos da Lei 8.078/1990 que cuidam dos efeitos da coisa julgada nas ações coletivas. Pelo Código de Defesa do Consumidor, cujas disposições relativas ao processo civil coletivo se aplicam a qualquer espécie de direitos coletivos *lato sensu* (art. 117), definida a competência, com base no art. 93, os efeitos da decisão judicial valem para as partes envolvidas (art. 103 do CDC), estejam elas onde estiverem: Minas Gerais, Rio de Janeiro, Distrito Federal etc.

Em que pese a contundente crítica doutrinária à nova redação do art. 16 da Lei 7.347/1985, o STJ demorou para estabilizar sua posição. De qualquer modo, após mais de 20 anos de debate e controvérsia, a Corte segue hoje entendimento doutrinário majoritário, o qual prestigia o disposto no art. 103 e conclui pela impossibilidade de limitação territorial da eficácia de decisão proferida em ação civil pública.

Antes mesmo de pacificar o tema, alguns Ministros do STJ já criticavam a literalidade e a interpretação isolada da redação do art. 16 da Lei da Ação Civil Pública. Ilustrativamente, destaque-se trecho do voto do Min. Luis Felipe Salomão, proferido, em 2011, no julgamento do REsp 1.243.887: "a bem da verdade, o art. 16 da LACP baralha conceitos heterogêneos – como coisa julgada e competência territorial – e induz a interpretação, para os mais apressados, no sentido de que os 'efeitos' ou a 'eficácia' da sentença podem ser limitados territorialmente, quando se sabe, a mais não poder, que coisa julgada – a despeito da atecnia do art. 467 do CPC – não é 'efeito' ou 'eficácia' da sentença, mas qualidade que a ela se agrega de modo a torná-la 'imutável e indiscutível'".

Por fim, aponte-se que após a pacificação da matéria pelo STJ, o STF, em fevereiro de 2020, reconheceu, por maioria, de repercussão geral no RE 1.101.937.

Posteriormente, no dia 8 de abril de 2021, declarou, em julgamento histórico, a inconstitucionalidade do art. 16 da Lei da Ação Civil Pública. Encerra-se, ao que tudo indica, antiga divergência jurisprudencial que trouxe, na prática, indesejada inconsistência da defesa dos direitos coletivos em sentido amplo.

A ementa, na parte que interessa, restou assim redigida: "Inconstitucionalidade do artigo 16 da LACP, com a redação da Lei 9.494/1997, cuja finalidade foi ostensivamente restringir os efeitos condenatórios de demandas coletivas, limitando o rol dos beneficiários da decisão por meio de um critério territorial de competência, acarretando grave prejuízo ao necessário tratamento isonômico de todos perante a Justiça, bem como à total incidência do Princípio da Eficiência na prestação da atividade jurisdicional. 5. RECURSOS EXTRAORDINÁRIOS DESPROVIDOS, com a fixação da seguinte tese de repercussão geral: 'I – É inconstitucional a redação do art. 16 da Lei 7.347/1985, alterada pela Lei 9.494/1997, sendo repristinada sua redação original. II – Em se tratando de ação civil pública de efeitos nacionais ou regionais, a competência deve observar o art. 93, II, da Lei 8.078/1990 (Código de Defesa do Consumidor). III – Ajuizadas múltiplas ações civis públicas de âmbito nacional ou regional e fixada a competência nos termos do item II, firma-se a prevenção do juízo que primeiro conheceu de uma delas, para o julgamento de todas as demandas conexas'" (STF, RE 1101937, Rel. Min. Alexandre de Moraes, Tribunal Pleno, j. 08.04.2021, Processo Eletrônico Repercussão Geral, Mérito *DJe*-113, divulg. 11.06.2021, public. 14.06.2021)..

 Dicas práticas

Deve-se ter atenção à diferença entre ação civil pública e a possibilidade de associações e sindicatos defenderem em juízo interesses dos seus associados e filiados (arts. 5º, XXI, e 8º, III, da CF). É importante acompanhar o debate e as consequências do julgamento do RE 1.101.937 (STF).

 Jurisprudência

1. Direitos coletivos e efeitos *ultra partes* da decisão

"Porquanto a sentença proferida na ação civil pública estendeu os seus efeitos a todos os poupadores do Estado do Paraná que mantiveram contas de caderneta de poupança iniciadas ou renovadas até 15.06.1987 e 15.01.1989, a eles devem ser estendidos os efeitos da coisa julgada, e não somente aos poupadores vinculados à associação proponente da ação. Agravo não provido" (STJ, AgRg no Ag 601.827, Rel. Min. Nancy Andrighi, j. 21.10.2004, *DJ* 22.11.2004).

2. Definição dos efeitos da decisão decorre do delineamento fático da ação

"1. Apesar de os títulos judiciais formados em ações coletivas tratando de direitos individuais homogêneos possuírem efeitos *erga omnes*, conforme os arts. 16 da Lei n. 7.347/1985; 81, III e parágrafo único, e 103, III, do CDC, a eficácia da sentença está jungida 'aos limites objetivos e subjetivos do que foi decidido, levando-se em conta, para tanto, sempre a extensão do dano e a qualidade dos interesses metaindividuais postos em juízo' (AgInt no REsp 1.698.833/PR, Rel. Min. Nancy Andrighi, Terceira Turma, julgado em 27/5/2019, *DJe* 29/5/2019). 2. Portanto, ainda que os recorrentes estejam na mesma situação fática dos servidores contemplados pela coisa julgada formada na ação civil pública, os efeitos desta não se estendem a eles, porquanto os pedidos veiculados na inicial pelo *Parquet*, assim como a decisão condenatória, limitaram-se a contemplar situação específica dos servidores do Judiciário local. 3. Destarte, os efeitos da coisa julgada abarcam, indistintamente, todos os servidores deste Poder, exceto magistrados, que tenham sofrido com atrasos no pagamento dos vencimentos, nos termos do acórdão condenatório" (STJ, AgInt no AREsp 1.463.991/ GO, 2ª Turma, Rel. Min. Og Fernandes, j. 11.02.2020, *DJe* 14.02.2020).

3. Eficácia nacional de decisão proferida em ação civil pública

"Os efeitos da sentença proferida em ação civil pública versando direitos individuais homogêneos em relação consumerista operam-se *erga omnes* para além dos limites da competência territorial do órgão julgador, isto é, abrangem todo o território nacional, beneficiando todas as vítimas e seus sucessores, já que o art. 16 da Lei nº 7.347/1985 (alterado pelo art. 2º-A da Lei nº 9.494/1997) deve ser interpretado de forma harmônica com as demais normas que regem a tutela coletiva de direitos" (STJ, REsp 1.594.024/SP, 3ª Turma, Rel. Min. Ricardo Villas Bôas Cueva, j. 27.11.2018, *DJe* 05.12.2018).

"2. O Superior Tribunal de Justiça firmou o entendimento de que sentença proferida em ação civil pública faz coisa julgada *erga omnes*, abrangendo todas as pessoas enquadráveis na situação do substituído, independentemente da competência do órgão prolator da decisão. Não fosse assim, haveria graves limitações à extensão e às potencialidades da ação civil pública, o que não se pode admitir. 3. Em recurso representativo da controvérsia, a Corte Especial do STJ firmou a orientação de que 'a liquidação e a execução individual de sentença genérica proferida em ação civil coletiva pode ser ajuizada no foro do domicílio do beneficiário, porquanto os efeitos e a eficácia da sentença não estão circunscritos a lindes geográficos, mas aos limites objetivos e subjetivos do que foi decidido, levando-se em conta, para tanto, sempre a extensão do dano e a qualidade dos interesses metaindividuais postos em juízo (arts. 468, 472 e 474 do CPC e 93 e 103 do CDC)' (REsp 1.243.887/PR, Rel. Min. Luis Felipe Salomão, Corte Especial, julgado sob a sistemática prevista no art. 543-C do CPC, em 19/10/2011, *DJe* 12/12/2011). 4. Precedentes: AgInt no REsp 1.733.419/RN, Rel. Min. Sérgio Kukina, Primeira Turma, *DJe* 2/8/2018; AgInt no REsp 1.568.705/RN, Rel. Min.

Mauro Campbell Marques, Segunda Turma, *DJe* 28/9/2016; EDcl no REsp 1.319.232/DF, Rel. Min. Paulo de Tarso Sanseverino, Terceira Turma, *DJe* 25/9/2015; AgRg no REsp 1.380.787/SC, de minha relatoria, Segunda Turma, julgado em 19/8/2014, *DJe* 2/9/2014" (STJ, EDcl no REsp 1.272.491/PB, 2ª Turma, Rel. Min. Og Fernandes, j. 08.10.2019, *DJe* 11.10.2019).

"'Os efeitos da sentença proferida em ação civil pública versando direitos individuais homogêneos em relação consumerista operam-se *erga omnes* para além dos limites da competência territorial do órgão julgador, isto é, abrangem todo o território nacional, beneficiando todas as vítimas e seus sucessores, já que o art. 16 da Lei nº 7.347/1985 (alterado pelo art. 2º-A da Lei nº 9.494/1997) deve ser interpretado de forma harmônica com as demais normas que regem a tutela coletiva de direitos'. (REsp 1594024/SP, Rei. Ministro Ricardo Villas Bôas Cueva, Terceira Turma, julgado em 27/11/2018, *DJe* 05/12/2018)" (STJ, AgInt no AREsp 1.465.539/RJ, 2ª Turma, Rel. Min. Mauro Campbell Marques, j. 13.08.2019, *DJe* 19.08.2019).

"1. Não se configura, na espécie, substituição processual, pelo simples fato de que o sindicato, ao juntar o rol dos servidores beneficiários, restringiu a demanda a uma tutela *inter partes*, não se podendo, dessarte, classificar a lide dentre aquelas coletivas *lato sensu*, da qual são espécies as que defendem interesses difusos, coletivos *strictu sensu* e individuais homogêneos. 2. Tem-se, na verdade, hipótese de representação, postulando o sindicato em nome e por conta de servidores filiados, ora relacionados na petição inicial, representando-os na relação jurídica processual instaurada. 3. A coisa julgada nas ações coletivas produz efeitos *ultra partes* ou *erga omnes*, o que não ocorrerá no caso vertente, no qual a tutela jurisdicional terá pertinência subjetiva apenas com aqueles relacionados na petição inicial pelo sindicato demandante" (STJ, REsp 672.726/RS, 6ª Turma, Rel. Min. Hélio Quaglia Barbosa, j. 27.10.2004, *DJ* 16.11.2004).

"Recentemente, ficou decidido pela Corte Especial deste Tribunal, no julgamento do Embargos de Divergência em REsp n. 1.134.957/SP, que é indevido limitar, em princípio, a eficácia das decisões proferidas em ações civis públicas coletivas ao território da competência do órgão judicante. A vedação dessa limitação estende-se aos direitos coletivos indistintamente (direito coletivo em sentido estrito, difuso ou individual homogêneo), sendo que, no caso dessa última espécie, a coisa julgada atingirá todos aqueles beneficiários do comando exarado na decisão que se pretenda executar. 2. Aclaratórios acolhidos parcialmente, com efeitos infringentes, para dar provimento ao recurso especial" (STJ, EDcl no AgInt no AREsp 965.951/PR, Rel. Min. Marco Aurélio Bellizze, j. 25.04.2017, *DJe* 08.05.2017).

"1. Trata-se de Embargos de Divergência interpostos contra acórdão da Primeira Turma do STJ, nos autos do AgInt no Recurso Especial 1.770.377/RS, que entendeu que os efeitos da sentença coletiva, nos casos em que a entidade sindical atua como substituta processual, não estão adstritos aos filiados à entidade sindical à época do oferecimento da ação coletiva, nem sua abrangência cinge-se somente ao âmbito territorial da jurisdição do órgão prolator da decisão, salvo se houver restrição expressa no título executivo judicial. 2. A parte embargante afirma em seu arrazoado que deve prevalecer a conclusão exposta no AREsp 695.507/RS, em que a sentença civil proferida em ação de caráter coletivo ajuizada por entidade associativa ou sindicato, na defesa dos interesses e direitos dos seus associados ou da categoria, atinge somente os substituídos que possuam, na data do ajuizamento da ação, domicílio no âmbito da competência territorial do órgão prolator, conforme o disposto no artigo 2º-A da Lei 9.494/1997. 3. Com efeito, é assente na jurisprudência do STJ o entendimento de que, quando em discussão a eficácia objetiva e subjetiva da sentença proferida em ação coletiva proposta em substituição processual, a aplicação do art. 2º-A da Lei 9.494/1997 deve se harmonizar com os demais preceitos legais aplicáveis ao tema, de forma que o efeito da sentença coletiva nessas hipóteses não está adstrito aos filiados à entidade sindical à época do oferecimento da ação coletiva, nem limitada sua abrangência ao âmbito territorial da jurisdição do órgão prolator da decisão. 4. *In casu* nota-se, também, que não se aplica o disposto no RE 612.043/PR (Tema 499), julgado pelo Supremo Tribunal Federal. Aquela Suprema Corte, apreciando o tema 499 da repercussão geral, desproveu o recurso extraordinário, declarando a constitucionalidade do art. 2º-A da Lei 9.494/1997, fixando a seguinte tese: 'A eficácia subjetiva da coisa julgada formada a partir de ação coletiva, de rito ordinário, ajuizada por associação civil na defesa de interesses dos associados, somente alcança os filiados, residentes no âmbito da jurisdição do órgão julgador, que o fossem em momento anterior ou até a data da propositura da demanda, constantes da relação jurídica juntada à inicial do processo de conhecimento'. 5. Está bem delimitado e evidenciado no referido acórdão do STF que a tese relativa à limitação territorial dos efeitos da decisão coletiva diz respeito apenas às Ações Coletivas de rito ordinário, ajuizadas por associação civil, que agem em representação processual, não se estendendo tal entendimento aos sindicatos, que agem na condição de substitutos processuais, nem a outras espécies de Ações Coletivas, como, por exemplo, o Mandado de Segurança Coletivo. 6. A *res iudicata* nas Ações Coletivas é ampla, em razão mesmo da existência da multiplicidade de indivíduos concretamente lesados de forma difusa e indivisível, não havendo que confundir competência do juiz que profere a sentença com o alcance e os efeitos decorrentes da coisa julgada coletiva. 7. Limitar os efeitos da coisa julgada coletiva seria um mitigar esdrúxulo da efetividade de decisão judicial em Ação Coletiva. Mais ainda: reduzir a eficácia de tal decisão à 'extensão' territorial do órgão prolator seria confusão atécnica dos institutos que balizam os critérios de competência adotados em nossos diplomas processuais, mormente quando – por força do normativo de regência do Mandado de Segurança (hígido neste ponto) – a fixação do Juízo se dá (deu) em razão da pessoa que praticou o ato (ratione personae). 8. Por força do que dispõem o Código de Defesa do Consumidor e a Lei da Ação Civil Pública sobre a tutela coletiva, sufragados pela Lei do Mandado de Segurança (art. 22), impõe-se a interpretação sistemática do art. 2º-A da Lei 9.494/1997, de forma a prevalecer o entendimento de que a abrangência da coisa julgada é determinada pelo pedido, pelas pessoas afetadas, e de que a imutabilidade dos efeitos que uma sentença coletiva produz deriva de seu trânsito em julgado, e não da competência do órgão jurisdicional que a proferiu. 9. Há que se respeitar, ainda, o disposto no REsp 1.243.887/PR representativo de controvérsia, porquanto naquele julgado já se vaticinara a interpretação a ser conferida ao art. 16 da Lei da Ação Civil Pública (alterado pelo art. 2º-A da Lei 9.494/1997), de modo a harmonizá-lo com os demais preceitos legais aplicáveis ao tema, em especial às regras de tutela coletiva previstas no Código de Defesa do Consumidor" (STJ, EREsp 1.770.377/RS, 1ª Seção, Rel. Min. Herman Benjamin, j. 27.11.2019, *DJe* 07.05.2020).

"Os efeitos e a eficácia da sentença coletiva não estão circunscritos a lindes geográficos, mas aos limites objetivos e subjetivos do que foi decidido, razão pela qual a presente sentença coletiva tem validade em todo o território nacional. Tese repetitiva.

Tema 1.075/STF" (STJ, REsp 1693885/SP, Rel. Min. Nancy Andrighi, 3ª Turma, j. 27.04.2021, *DJe* 01.07.2021).

4. Eficácia nacional e inconstitucionalidade do art. 16 da Lei da Ação Civil Pública

"Constitucional e Processo Civil. Inconstitucionalidade do art. 16 da Lei 7.347/1985, com a redação dada pela Lei 9.494/1997. Ação civil pública. Impossibilidade de restrição dos efeitos da sentença aos limites da competência territorial do órgão prolator. Repercussão geral. Recursos extraordinários desprovidos. 1. A Constituição Federal de 1988 ampliou a proteção aos interesses difusos e coletivos, não somente constitucionalizando-os, mas também prevendo importantes instrumentos para garantir sua pela efetividade. 2. O sistema processual coletivo brasileiro, direcionado à pacificação social no tocante a litígios meta individuais, atingiu status constitucional em 1988, quando houve importante fortalecimento na defesa dos interesses difusos e coletivos, decorrente de uma natural necessidade de efetiva proteção a uma nova gama de direitos resultante do reconhecimento dos denominados direitos humanos de terceira geração ou dimensão, também conhecidos como direitos de solidariedade ou fraternidade. 3. Necessidade de absoluto respeito e observância aos princípios da igualdade, da eficiência, da segurança jurídica e da efetiva tutela jurisdicional. 4. Inconstitucionalidade do artigo 16 da LACP, com a redação da Lei 9.494/1997, cuja finalidade foi ostensivamente restringir os efeitos condenatórios de demandas coletivas, limitando o rol dos beneficiários da decisão por meio de um critério territorial de competência, acarretando grave prejuízo ao necessário tratamento isonômico de todos perante a Justiça, bem como à total incidência do Princípio da Eficiência na prestação da atividade jurisdicional. 5. RECURSOS EXTRAORDINÁRIOS DESPROVIDOS, com a fixação da seguinte tese de repercussão geral: 'I – É inconstitucional a redação do art. 16 da Lei 7.347/1985, alterada pela Lei 9.494/1997, sendo repristinada sua redação original. II – Em se tratando de ação civil pública de efeitos nacionais ou regionais, a competência deve observar o art. 93, II, da Lei 8.078/1990 (Código de Defesa do Consumidor). III – Ajuizadas múltiplas ações civis públicas de âmbito nacional ou regional e fixada a competência nos termos do item II, firma-se a prevenção do juízo que primeiro conheceu de uma delas, para o julgamento de todas as demandas conexas'" (STF, RE 1101937, Rel. Min. Alexandre de Moraes, Tribunal Pleno, j. 08.04.2021, Processo Eletrônico Repercussão Geral, Mérito *DJe*-113 divulg. 11-06-2021 public. 14-06-2021).

5. Distinção entre ação civil pública e ação coletiva proposta por associação

"Direito Processual Civil e Consumidor. Recurso Especial Representativo de Controvérsia (CPC, art. 927). Ação Civil Pública. Na hipótese, conforme a fundamentação exposta, não são aplicáveis as conclusões adotadas pelo colendo Supremo Tribunal Federal, nos julgamentos dos: a) RE 573.232/SC, de que 'as balizas subjetivas do título judicial, formalizado em ação proposta por associação, é definida pela representação no processo de conhecimento, presente a autorização expressa dos associados e a lista destes juntada à inicial'; e b) RE 612.043/PR, de que os 'beneficiários do título executivo, no caso de ação proposta por associação, são aqueles que, residentes na área compreendida na jurisdição do órgão julgador, detinham, antes do ajuizamento, a condição de filiados e constaram da lista apresentada com a peça inicial'. 2. As teses sufragadas pela eg. Suprema Corte referem-se à legitimidade ativa de associado para executar sentença prolatada em ação coletiva ordinária proposta por associação autorizada por legitimação ordinária (ação coletiva representativa), agindo a associação por representação prevista no art. 5º, XXI, da Constituição Federal, e não à legitimidade ativa de consumidor para executar sentença prolatada em ação coletiva substitutiva proposta por associação, autorizada por legitimação constitucional extraordinária (p. ex., CF, art. 5º, LXX) ou por legitimação legal extraordinária, com arrimo, especialmente, nos arts. 81, 82 e 91 do Código de Defesa do Consumidor (ação civil pública substitutiva ou ação coletiva de consumo). 3. Conforme a Lei da Ação Civil Pública e o Código de Defesa do Consumidor, os efeitos da sentença de procedência de ação civil pública substitutiva, proposta por associação com a finalidade de defesa de interesses e direitos individuais homogêneos de consumidores (ação coletiva de consumo), beneficiarão os consumidores prejudicados e seus sucessores, legitimando-os à liquidação e à execução, independentemente de serem filiados à associação promovente. 4. Para os fins do art. 927 do CPC, é adotada a seguinte Tese: 'Em Ação Civil Pública proposta por associação, na condição de substituta processual de consumidores, possuem legitimidade para a liquidação e execução da sentença 5. todos os beneficiados pela procedência do pedido, independentemente de serem filiados à associação promovente.' 5. Caso concreto: negado provimento ao recurso especial" (STJ, REsp 1362022/SP, Rel. Min. Raul Araújo, 2ª Seção, j. 28.04.2021, *DJe* 24.05.2021).

> **Art. 104.** As ações coletivas, previstas nos incisos I e II do parágrafo único do art. 81, não induzem litispendência para as ações individuais, mas os efeitos da coisa julgada *erga omnes* ou *ultra partes* a que aludem os incisos II e III do artigo anterior não beneficiarão os autores das ações individuais, se não for requerida sua suspensão no prazo de trinta dias, a contar da ciência nos autos do ajuizamento da ação coletiva.

 Análise doutrinária

1. Relação entre ação coletiva e ação individual

O exame da relação entre ações coletivas e individuais que tenham, ao menos em parte, o objeto decorre de análise conjunta dos arts. 103 e 104 do CDC. Na sistemática do processo civil coletivo, o ajuizamento de ação coletiva (ação civil pública) não impede nem atrapalha a propositura de ações individuais nas quais se postula indenização (dano material e moral), nos termos dos §§ 2º e 3º do art. 103 do CDC. Não se configura na hipótese litispendência. A jurisprudência do STJ "é firme no sentido de que é a ação individual é autônoma e independente da ação coletiva" (AgInt no REsp 1.567.950/DF, Rel. Min. Mauro Campbell Marques j. 25.04.2017).

Há, todavia, situação em que o consumidor, autor de ação individual, não se beneficiará do processo coletivo. Isso ocorre quando, ajuizada ação coletiva com o mesmo propósito da demanda individual, o consumidor tomar ciência da ação coletiva e não requerer, no prazo de 30 dias, a suspensão do seu processo individual, como estabelece o art. 104 do CDC. Assim acontecendo, o consumidor opta por seguir a sorte da demanda individual.

A lei, portanto, "oferece duas opções ao demandante a título individual: a) pretendendo o autor prosseguir em sua ação individual, ficará excluído da extensão subjetiva do julgado prevista para a sentença que vier a ser proferida na ação coletiva (...). A ação individual pode continuar seu curso, por inexistir litispendência, mas o autor assume os riscos do resultado desfavorável (...) b) se o autor preferir, poderá requerer a suspensão do processo individual, no prazo de 30 dias a contar da ciência, nos autos, do ajuizamento da ação coletiva. Nesse caso, será ele beneficiado pela coisa julgada favorável que se formar na ação coletiva. Sendo improcedente a ação coletiva, o processo individual retomará seu curso, podendo ainda o autor ver acolhida sua demanda individual" (GRINOVER, 2017, p. 1.025-1.026).

Dicas práticas

Embora seja possível ao consumidor requerer a suspensão do curso do processo individual no qual se requer indenização decorrente de determinado fato (origem comum), trata-se de medida rara e de pouca utilidade para o consumidor que já optou por esse caminho e teve gastos para promover a ação individual. Mesmo com julgamento favorável da ação coletiva, novo processo individual deverá ser iniciado para liquidação e cumprimento da decisão coletiva.

Jurisprudência

1. Independência entre ação coletiva e individual

"Ao contrário do que ocorre com os direitos transindividuais – invariavelmente tutelados por regime de substituição processual (em ação civil pública ou ação popular) –, os direitos individuais homogêneos podem ser tutelados tanto por ação coletiva (proposta por substituto processual), quanto por ação individual (proposta pelo próprio titular do direito, a quem é facultado vincular-se ou não à ação coletiva). Do sistema da tutela coletiva, disciplinado na Lei 8.078/90 (Código de Defesa do Consumidor – CDC, nomeadamente em seus arts. 103, III, combinado com os §§ 2º e 3º, e 104), resulta (a) que a ação individual pode ter curso independente da ação coletiva; (b) que a ação individual só se suspende por iniciativa do seu autor; e (c) que, não havendo pedido de suspensão, a ação individual não sofre efeito algum do resultado da ação coletiva, ainda que julgada procedente. Se a própria lei admite a convivência autônoma e harmônica das duas formas de tutela, fica afastada a possibilidade de decisões antagônicas e, portanto, o conflito" (STJ, CC 47.731/DF, 1ª Seção, Rel. Min. Francisco Falcão, Rel. p/ acórdão Min. Teori Albino Zavascki, j. 14.09.2005, *DJ* 05.06.2006).

2. Ausência de litispendência entre ação coletiva e individual

"3. As ações coletivas, previstas nos incisos I e II e no parágrafo único do art. 81, não induzem litispendência para as ações individuais, mas os efeitos da coisa julgada *erga omnes* ou *ultra partes* a que aludem os incisos II e III do artigo anterior não beneficiarão os autores das ações individuais, se não for requerida sua suspensão no prazo de trinta dias, a contar da ciência nos autos do ajuizamento da ação coletiva" (STJ, AgRg no AREsp 595.453/RS, 2ª Turma, Rel. Min. Herman Benjamin, j. 26.05.2015, *DJe* 18.11.2015).

"6. As ações coletivas previstas nos incisos I e II e no parágrafo único do art. 81 do CDC não induzem litispendência para as ações individuais, mas os efeitos da coisa julgada *erga omnes* ou *ultra partes* a que aludem não beneficiarão os autores das ações individuais se não for requerida sua suspensão no prazo de trinta dias, a contar da ciência nos autos do ajuizamento da ação coletiva (AgRg no AREsp 595.453/RS, Rel. Ministro Herman Benjamin, Segunda Turma, julgado em 26/5/2015, *DJe* 18/11/2015, e AgInt na PET nos EREsp 1.405.424/SC, Rel. Ministro Gurgel de Faria, Primeira Seção, julgado em 26/10/2016, *DJe* 29/11/2016). 7. Embora haja a relação de conexão entre a ação coletiva e a ação individual que trate do mesmo objeto e causa de pedir, como bem afirmado pelo § 1º do art. 103 do CDC (Lei 8.078/1990), 'os efeitos da coisa julgada não prejudicarão interesses e direitos individuais dos integrantes da coletividade, do grupo, categoria ou classe', não pode ser retirada do jurisdicionado afetado pela relação jurídica a faculdade de postular em juízo o direito subjetivo. 8. A legislação dá a opção para o jurisdicionado ingressar na ação coletiva como litisconsorte (art. 94 do CDC) ou utilizar o título executivo judicial para requerer a execução individual da sentença proferida no processo coletivo, mas não lhe retira o direito a promover ação individual para a discussão do direito subjetivo. 9. As ações coletivas previstas nos incisos I e II e no parágrafo único do art. 81 do CDC não induzem litispendência para as ações individuais, mas os efeitos da coisa julgada *erga omnes* ou *ultra partes* a que aludem não beneficiarão os autores das ações individuais se não for requerida sua suspensão no prazo de trinta dias, a contar da ciência nos autos do ajuizamento da ação coletiva (AgRg no AREsp 595.453/RS, Rel. Ministro Herman Benjamin, Segunda Turma, julgado em 26/5/2015, *DJe* 18/11/2015)" (STJ, REsp 1.722.626/RS, 2ª Turma, Rel. Min. Herman Benjamin, j. 17.04.2018, *DJe* 23.05.2018).

"O Código de Defesa do Consumidor dispõe, em seu art. 104, que as ações coletivas referentes a direitos e interesses difusos e direitos coletivos não induzem litispendência para as ações individuais. O que ocorre é que os efeitos da coisa julgada erga omnes ou ultra partes, previstos no art. 103, não beneficiarão os autores das ações individuais, se não for requerida a suspensão destas ações individuais no prazo de 30 dias, contados a partir da ciência nos autos do ajuizamento da ação coletiva" (STJ, REsp 1.721.675/RJ, 2ª Turma, Rel. Min. Herman Benjamin, j. 26.03.2019, *DJe* 30.05.2019).

"1. Nos termos do art. 104 do Código de Defesa do Consumidor, adotou-se, no Brasil, o sistema *opt out* para alcance dos efeitos da coisa julgada *erga omnes* produzida no julgamento de procedência das ações coletivas de tutela de direito individual homogêneo, ao mesmo tempo em que se afastou, expressamente, a caracterização de litispendência, mesmo porque ausente a tríplice identidade dos elementos da ação. 2. Inexistindo pendência de julgamento individual à época do julgamento coletivo, não há que se cogitar de afastamento da coisa julgada por mera aplicação do art. 104 do CDC" (STJ, REsp 1.620.717/RS, 3ª Turma, Rel. Min. Marco Aurélio Bellizze, j. 17.10.2017, *DJe* 23.10.2017).

3. O art. 104 incide apenas quando a ação coletiva é proposta depois da ação individual

"O acórdão prolatado pela Corte de origem está em sintonia com o entendimento firmado no Superior Tribunal de Justiça, no sentido de que as regras do art. 104 do CDC incidem apenas quando a propositura da ação coletiva se dá posteriormente à da ação individual, o que configura hipótese diversa da situação dos autos" (STJ, REsp 1882550/RS, Rel. Min. Herman Benjamin, 2ª Turma, j. 01.09.2020, *DJe* 18.12.2020).

"Quanto à apontada violação ao art. 104 do CDC, este Superior Tribunal assentou a compreensão de que as regras do referido dispositivo incidem apenas quando a propositura da ação coletiva se dá posteriormente à da ação individual, o que configura hipótese diversa da situação dos autos" (STJ, AgInt no AREsp 1766122/SC, Rel. Min. Sérgio Kukina, 1ª Turma, j. 16.08.2021, *DJe* 18.08.2021).

CAPÍTULO V
Da Conciliação no Superendividamento

Art. 104-A. A requerimento do consumidor superendividado pessoa natural, o juiz poderá instaurar processo de repactuação de dívidas, com vistas à realização de audiência conciliatória, presidida por ele ou por conciliador credenciado no juízo, com a presença de todos os credores de dívidas previstas no art. 54-A deste Código, na qual o consumidor apresentará proposta de plano de pagamento com prazo máximo de 5 (cinco) anos, preservados o mínimo existencial, nos termos da regulamentação, e as garantias e as formas de pagamento originalmente pactuadas.

§ 1º Excluem-se do processo de repactuação as dívidas, ainda que decorrentes de relações de consumo, oriundas de contratos celebrados dolosamente sem o propósito de realizar pagamento, bem como as dívidas provenientes de contratos de crédito com garantia real, de financiamentos imobiliários e de crédito rural.

§ 2º O não comparecimento injustificado de qualquer credor, ou de seu procurador com poderes especiais e plenos para transigir, à audiência de conciliação de que trata o *caput* deste artigo acarretará a suspensão da exigibilidade do débito e a interrupção dos encargos da mora, bem como a sujeição compulsória ao plano de pagamento da dívida se o montante devido ao credor ausente for certo e conhecido pelo consumidor, devendo o pagamento a esse credor ser estipulado para ocorrer apenas após o pagamento aos credores presentes à audiência conciliatória.

§ 3º No caso de conciliação, com qualquer credor, a sentença judicial que homologar o acordo descreverá o plano de pagamento da dívida e terá eficácia de título executivo e força de coisa julgada.

§ 4º Constarão do plano de pagamento referido no § 3º deste artigo:

I - medidas de dilação dos prazos de pagamento e de redução dos encargos da dívida ou da remuneração do fornecedor, entre outras destinadas a facilitar o pagamento da dívida;

II - referência à suspensão ou à extinção das ações judiciais em curso;

III - data a partir da qual será providenciada a exclusão do consumidor de bancos de dados e de cadastros de inadimplentes;

IV - condicionamento de seus efeitos à abstenção, pelo consumidor, de condutas que importem no agravamento de sua situação de superendividamento.

§ 5º O pedido do consumidor a que se refere o caput deste artigo não importará em declaração de insolvência civil e poderá ser repetido somente após decorrido o prazo de 2 (dois) anos, contado da liquidação das obrigações previstas no plano de pagamento homologado, sem prejuízo de eventual repactuação.

 Legislação correlata

Lei 12.414/2011 (Lei do Cadastro Positivo).

Lei 13.709/2018 (Lei Geral de Proteção de Dados Pessoais).

Código de Processo Civil (art. 1.052).

Código de Processo Civil de 1973 (Insolvência civil, arts. 748 a 786-A).

 Análise doutrinária

1. Fase conciliatória do tratamento do superendividamento

Os arts. 104-A a 104-C possuem disciplina própria para o tratamento do superendividamento. Em síntese, são duas fases: 1) fase conciliatória (pré-processual); 2) fase do plano judicial obrigatório (processual). As fases se relacionam. Não é possível avançar para o processo de superendividamento sem antes realizar a fase conciliatória, a qual, como será visto, pode ser promovida também em âmbito extrajudicial em órgãos públicos de defesa do consumidor (art. 104-C).

A fase conciliatória está prevista no art. 104-A. Essa etapa, como deixa claro o dispositivo, é realizada perante juiz de direito, mas, tecnicamente, não há processo por ausência de citação e de formação de relação jurídica processual. Os credores não são citados e sim notificados para audiência global de conciliação. O magistrado possui papel fundamental de direção do procedimento, homologação de eventual plano de pagamento e aplicação de sanção por ausência injustificada de algum credor. O juiz pode presidir diretamente a audiência conciliatória ou transferir a atividade para conciliador credenciado.

Cuida-se de procedimento, pré-processual, com objetivo de repactuação voluntária das dívidas que se inicia com requerimento do consumidor. O requerente deve demonstrar que se encaixa no conceito de superendividado (v. comentários ao art. 54-A) e, paralelamente, apresentar proposta de plano de pagamento dos empréstimos, com prazo máximo de 5 (cinco) anos. Deve indicar quais serão os recursos destinados para preservar o *mínimo existencial* (gastos básicos com alimentação, saúde, educação dos dependentes, água, energia elétrica etc.) durante o plano de pagamento.

2. Não comparecimento do credor à fase conciliatória

Embora com característica pré-processual, o § 2º do art. 104-A estabelece consequências (sanções) para o não comparecimento injustificado de qualquer credor à audiência conciliatória. Prevê o dispositivo que a ausência do credor, que pode ser representado por procurador com poderes especiais e plenos para transigir, acarreta: 1) suspensão da exigibilidade do débito: 2) interrupção dos encargos da mora; 3), sujeição compulsória ao plano de pagamento da dívida.

No tocante à sujeição ao plano de pagamento da dívida (item 3), exige a lei que o montante devido ao credor ausente deve ser certo e conhecido pelo consumidor. Ademais, referido pagamento deve ser estipulado para ocorrer apenas após o pagamento aos credores presentes à audiência conciliatória.

As sanções referidas devem ser aplicadas por juiz de direito, o qual deve verificar, principalmente, a regularidade da notificação do credor. Se perceber alguma falha procedimental, deve, por óbvio, determinar a repetição do ato.

3. Plano de pagamento do consumidor

Na primeira fase (conciliatória), o consumidor deve apresentar proposta de plano de pagamento com prazo máximo de 5 (cinco) anos.

O referido plano deve abranger as dívidas decorrentes de relação de consumo, com exclusão das dívidas provenientes de contratos de crédito com garantia real, de financiamentos imobiliários e de crédito rural, em face do disposto no § 1º do art. 104-A.

Também estão excluídas as dívidas "oriundas de contratos celebrados dolosamente sem o propósito de realizar pagamento". Na prática, pode haver divergência fática e jurídica quanto a esse ponto, com necessidade de produção de prova mínima e contraditório, o que deve ser resolvido pelo juiz de direito na fase processual (art. 104-B).

Ou seja, se houver afirmação por parte do credor de que se trata de crédito obtido sem qualquer intenção de pagamento, o assunto deve ser apreciado pelo juiz, após contraditório e ampla defesa, na fase posterior do procedimento.

Outras questões fáticas e jurídicas relevantes podem necessitar de apreciação judicial, como as relativas à própria invalidade do contrato ou, por exemplo, modificação judicial de taxa de juros. A experiência indica que, invariavelmente, o consumidor superendividado foi, ao menos com relação a alguns empréstimos, induzido em erro.

Realmente, trata-se de empréstimos concedidos sem qualquer observância da boa-fé objetiva (lealdade e transparência) e dos deveres de informação. Muitos consumidores sequer possuem o contrato. Não se observa a exigência do art. 31 c/c art. 46.

Ora, a nova legislação sobre crédito e superendividamento não pode servir para legitimar empréstimos abusivos. Portanto, tal tema pode ser objeto de discussão e terá que ser resolvido, mediante contraditório e ampla defesa, no processo de superendividamento, preferencialmente na segunda fase (processual).

O ideal é que se obtenha a repactuação global das dívidas porque permite avaliação mais adequada quanto à real possibilidade de o consumidor arcar com o conjunto de parcelas decorrentes do acordo. Todavia, a conciliação pode ser parcial. Pode abranger, inclusive, apenas um contrato. Nesse caso, a sentença judicial que homologar o acordo descreverá o plano de pagamento da dívida e terá eficácia de título executivo e força de coisa julgada.

No plano de pagamento apresentado pelo consumidor devem constar, no mínimo, os seguintes elementos: 1) medidas diversas para facilitar o pagamento da dívida, entre as quais a dilação dos prazos de pagamento e de redução dos encargos da dívida ou da remuneração do fornecedor; 2) referência à suspensão ou à extinção das ações judiciais em curso; 3) data em que será providenciada a exclusão do consumidor de bancos de dados de proteção ao crédito; 4) condicionamento da validade do plano à abstenção, pelo consumidor, de condutas que importem no agravamento de sua situação de superendividamento.

4. Exclusão do nome do consumidor de bancos de dados de proteção ao crédito

A Lei 14.181/2021 (Lei do Superendividamento) reforça, em várias passagens, a relevância dos bancos de dados de proteção ao crédito, inclusive no art. 104-A, § 4º, inciso III, ao estabelecer que, entre as disposições do plano de pagamento, deve haver referência a data da exclusão do nome do consumidor do referido arquivo.

O dispositivo exige interpretação teleológica que passa pela compreensão e significado atuais do papel exercido pelos bancos de dados de proteção ao crédito no mercado de consumo.

Regulamentados pelo art. 43 do CDC, os bancos de dados de proteção ao crédito são entidades que têm por objeto o tratamento (coleta, armazenamento e divulgação) de informações úteis para análise de risco de concessão de crédito. Surgiram no Brasil na década de 1950 como resposta ao crescimento das vendas a crédito.

O progressivo aumento da relevância das entidades de proteção ao crédito se vincula diretamente à massificação e ao anonimato da sociedade de consumo e, mais recentemente, à expansão da oferta de crédito. Quanto menos se conhecem os consumidores, potenciais tomadores de empréstimos, maior a importância e dependência dos arquivos de consumo. Quanto maior a oferta de crédito, mais relevantes são as atividades desenvolvidas pelas entidades de proteção ao crédito.

Não se concebe a concessão de crédito sem informações do potencial beneficiário do empréstimo. A obtenção de dados pessoais é necessária para propiciar conhecimento mínimo do consumidor e, num segundo momento, avaliar o risco de concessão de crédito.

Almeja-se ganhar confiança, grau favorável de *segurança* em relação a determinado negócio jurídico. O crédito se ampara na crença de que o mutuário (consumidor) irá cumprir as obrigações assumidas. Assim, presente a intenção de se conceder crédito, há, simultaneamente, o legítimo interesse de colher informações do consumidor para análise do risco de concessão de crédito.

Ora, é evidente para que a análise de risco de concessão de crédito seja adequada, que as informações – negativas e positivas – tratadas pelas entidades de proteção ao crédito sejam verdadeiras e atuais.

Com o advento da Lei do Cadastro Positivo e a alteração promovida em 2019 (Lei Complementar 166/2019), supera-se, paulatinamente, o entendimento e postura de que qualquer inscrição do nome do consumidor em cadastro de inadimplentes ganha o significado de impossibilidade de obtenção de crédito (v. comentários ao art. 43). Ora, um atraso pontual pode não ter tanta relevância. De outro lado, o consumidor que possui cinco empréstimos, todos eles sem qualquer atraso, não terá condições financeiras de arcar com as parcelas do sexto empréstimo.

Como destacado em outra oportunidade: "É importante perceber que, a médio prazo, com o tratamento de históricos de crédito (espécie de informação positiva) haverá uma espécie de relativização da noção de informação negativa. Como no histórico de créditos o importante é visualizar o comportamento do consumidor ao longo de determinado período, pontual inadimplência ou atraso no pagamento de uma das prestações deverá ser vista como impontualidade acidental, e não necessariamente como fato capaz de gerar denegação do crédito. De outro lado, mesmo com histórico de crédito favorável, pode ser negada a concessão de crédito ao consumidor ao se constatar, em concreto, que o orçamento do interessado ficará comprometido com a contratação de mais uma dívida (superendividamento)" (BESSA, 2019, p 85-86)

Realizadas todas essas considerações, não pode haver interpretação literal dos dispositivos da Lei 14.181/2021 (art. 104-A, § 4º e III, e art. 104-C, § 2º, do CDC, que se referem à exclusão do nome do consumidor. O que se exige é que as informações reflitam a realidade da situação financeira do consumidor para que se avalie corretamente – em sem prévios juízos de valor negativos – a possibilidade de crédito após cumprido o plano de pagamento.

Em síntese, o agente financeiro deve, após cumprido o plano de pagamento do consumidor, "avaliar, de forma responsável, as condições de crédito do consumidor, mediante análise das informações disponíveis em bancos de dados de proteção ao crédito", como exige o art. 54-D, inciso II, do CDC.

5. Limite temporal para renovação do pedido de repactuação das dívidas

A lei apresenta limite temporal para a possibilidade de renovação do pedido de repactuação das dívidas. De acordo com o § 5º do art. 104-A, o pedido do consumidor pode ser repetido após decurso do prazo de 2 (dois) anos, contado da liquidação das obrigações previstas no plano de pagamento homologado, sem prejuízo de eventual repactuação.

Ademais, acrescenta o dispositivo, que o pedido do consumidor não importa em declaração de insolvência civil (art. 1.052 do Código de Processo Civil c/c o arts. 748 a 786-A do CPC de 1973).

 Dicas práticas

É importante a presença de todos os credores na fase conciliatória tanto para ter a visão global do conjunto das dívidas do consumidor e, com base nessas informações, procurar o caminho da conciliação, como também para evitar a sanção decorrente do não comparecimento (1) suspensão da exigibilidade do débito: 2) interrupção dos encargos da mora; 3), sujeição compulsória ao plano de pagamento da dívida).

Art. 104-B. Se não houver êxito na conciliação em relação a quaisquer credores, o juiz, a pedido do consumidor, instaurará processo por superendividamento para revisão e integração dos contratos e repactuação das dívidas remanescentes mediante plano judicial compulsório e procederá à citação de todos os credores cujos créditos não tenham integrado o acordo porventura celebrado.

§ 1º Serão considerados no processo por superendividamento, se for o caso, os documentos e as informações prestadas em audiência.

§ 2º No prazo de 15 (quinze) dias, os credores citados juntarão documentos e as razões da negativa de aceder ao plano voluntário ou de renegociar.

§ 3º O juiz poderá nomear administrador, desde que isso não onere as partes, o qual, no prazo de até 30 (trinta) dias, após cumpridas as diligências eventualmente necessárias, apresentará plano de pagamento que contemple medidas de temporização ou de atenuação dos encargos.

§ 4º O plano judicial compulsório assegurará aos credores, no mínimo, o valor do principal devido, corrigido monetariamente por índices oficiais de preço, e preverá a liquidação total da dívida, após a quitação do plano de pagamento consensual previsto no art. 104-A deste Código, em, no máximo, 5 (cinco) anos, sendo que a primeira parcela será devida no prazo máximo de 180 (cento e oitenta) dias, contado de sua homologação judicial, e o restante do saldo será devido em parcelas mensais iguais e sucessivas.

 Legislação correlata

Código de Processo Civil (art. 1.052).

Código de Processo Civil de 1973 (Insolvência civil, arts. 748 a 786-A).

 Análise doutrinária

1. Processo por superendividamento

Até o advento da Lei 14.181/2021 (Lei do Superendividamento), havia o instituto da insolvência civil para lidar com a situação extrema de dificuldade financeira da pessoa natural.

A insolvência civil, que ocorre "toda vez que as dívidas excederem à importância dos bens do devedor", continua disciplinada pelos arts. 748 a 786 do CPC de 1973, em face do disposto no art. 1.052 do atual CPC.

Em síntese, a insolvência acarreta: 1) o vencimento antecipado das suas dívidas; 2) a arrecadação de todos os seus bens suscetíveis de penhora, quer os atuais, quer os adquiridos no curso do processo; 3) a execução por concurso universal dos seus credores; 4) impossibilidade de administrar os bens.

Se a insolvência não decorrer de culpa, pode o devedor "requerer ao juiz, se a massa o comportar, que lhe arbitre uma pensão, até a alienação dos bens" (art. 785). Acrescente-se a possibilidade de extinção das obrigações depois de 5 (cinco) anos, contados do encerramento do processo de insolvência (art. 778).

Todavia, quando se trata de pessoa natural cujas dívidas decorram de relação de consumo, nos termos do conceito de superendividamento, previsto no art. 54-A, aplica-se o disposto nos arts. 104-A a 104-C que possuem disciplina própria para o tratamento do superendividamento do consumidor.

São duas fases: 1) fase conciliatória (pré-processual); 2) fase do plano judicial obrigatória (processual). As fases estão conectadas. Não é possível avançar para o processo de superendividamento (art. 104-B) sem antes realizar a fase conciliatória que, inclusive, pode ser realizada em âmbito extrajudicial em órgãos públicos de defesa do consumidor (art. 104-C).

A fase conciliatória está prevista no art. 104-A. O art. 104-B prevê, a partir de requerimento do consumidor, a instauração de processo por superendividamento em caso de ausência de êxito na tentativa de conciliação em relação a qualquer credor. O objetivo do processo é estabelecer plano judicial compulsório com revisão e integração dos contratos de créditos remanescentes, ou seja, que não foram abrangidos pela fase inicial da conciliação.

Os credores devem inicialmente ser citados para, no prazo de 15 (quinze) dias, apresentar razões da negativa de aderir ao plano voluntário com juntadas de documentos para esclarecimentos dos fatos (§ 2º).

Nessa fase, há contraditório pleno com ampla possibilidade de produção de prova. O § 1º do art. 104-B prevê análise de documentos e informações apresentadas na audiência. A instrução do processo por superendividamento é, na verdade, bem mais ampla, se necessário. O juiz tem poderes plenos para, em contraditório e ampla defesa, analisar e decidir questões processuais e de direito material. Deve, inclusive, examinar a validade de cada contrato de crédito, afastando-se eventuais cláusulas ou juros abusivos.

2. Plano judicial compulsório

Após análise das razões apresentadas pelos credores, o juiz apresenta plano judicial compulsório, o qual deve assegurar, no mínimo, o valor do principal devido, com correção monetária, com previsão de liquidação total da dívida, após cumprimento do plano de pagamento consensual.

O § 4º do art. 104-B estabelece que o plano compulsório será realizado "após a quitação do plano de pagamento consensual previsto no art. 104-A deste Código, em, no máximo, 5 (cinco) anos". Acrescenta que a primeira parcela será devida no prazo máximo de 180 (cento e oitenta) dias, contado de sua homologação judicial. O restante do saldo será devido em parcelas mensais iguais e sucessivas.

A redação do dispositivo não é a mais clara, mas é certo que o plano compulsório judicial, que tem o prazo máximo de 5 (cinco) anos, só tem início depois de encerrado o pagamento do plano consensual. Portanto o prazo de 180 (cento e oitenta), a contar da homologação, tem aplicação apenas na ausência de plano de pagamento consensual.

Dicas práticas

No processo por superendividamento o consumidor pode alegar sobre os vícios que afetem a validade dos contratos de crédito para análise e decisão do magistrado.

> **Art. 104-C.** Compete concorrente e facultativamente aos órgãos públicos integrantes do Sistema Nacional de Defesa do Consumidor a fase conciliatória e preventiva do processo de repactuação de dívidas, nos moldes do art. 104-A deste Código, no que couber, com possibilidade de o processo ser regulado por convênios específicos celebrados entre os referidos órgãos e as instituições credoras ou suas associações.
>
> **§ 1º** Em caso de conciliação administrativa para prevenir o superendividamento do consumidor pessoa natural, os órgãos públicos poderão promover, nas reclamações individuais, audiência global de conciliação com todos os credores e, em todos os casos, facilitar a elaboração de plano de pagamento, preservado o mínimo existencial, nos termos da regulamentação, sob a supervisão desses órgãos, sem prejuízo das demais atividades de reeducação financeira cabíveis.
>
> **§ 2º** O acordo firmado perante os órgãos públicos de defesa do consumidor, em caso de superendividamento do consumidor pessoa natural, incluirá a data a partir da qual será providenciada a exclusão do consumidor de bancos de dados e de cadastros de inadimplentes, bem como o condicionamento de seus efeitos à abstenção, pelo consumidor, de condutas que importem no agravamento de sua situação de superendividamento, especialmente a de contrair novas dívidas.

Legislação correlata

Decreto 2.181/1997 (Dispõe sobre a organização do Sistema Nacional de Defesa do Consumidor).

Análise doutrinária

1. Conciliação perante órgãos públicos de defesa do consumidor

Existem várias entidades, oficiais e privadas, de defesa do consumidor, ou, de modo mais amplo, de implementação do direito do consumidor. O art. 105 do CDC estabelece que integram o Sistema Nacional de Defesa do Consumidor – SNDC os órgãos federais, estaduais, do Distrito Federal e municipais e as entidades privadas de defesa do consumidor.

O art. 104-C sugere que os órgãos públicos que integram o Sistema Nacional de Defesa do Consumidor realizem a fase conciliatória e preventiva do processo de repactuação de dívidas (art. 104-A). Cuida-se de opção cuja implementação depende da vontade do dirigente e de existência de estrutura mínima para realizar a audiência de conciliação com todos credores.

O § 1º do art. 104-C indica a possibilidade e importância de, no esforço de acordo entre as partes interessadas, realizar audiência global de conciliação com todos os agentes financeiros. A presença de todos os credores no mesmo ato permite que eles tenham visão mais ampla da situação de superendividamento do consumidor e de suas dificuldades, ou até mesmo impossibilidade de adimplir com todas as obrigações.

É justamente esse olhar mais atento e amplo das dívidas do consumidor que enseja a elaboração de plano de pagamento sob a supervisão dos órgãos públicos que integram o Sistema Nacional de Defesa do Consumidor.

O objetivo maior é realizar audiência com todos os credores (audiência global), inclusive para evitar iminente situação de superendividamento. Ou seja, pela redação do art. 104-C não se trata, necessariamente, de repactuação de dívida de consumidor superendividado, mas de consumidores que, por razões diversas, estão com alguma dificuldade de administrar o conjunto de suas dívidas.

Paralelamente à audiência que previne o superendividamento, está prevista a possiblidade de audiência de conciliação, nos exatos termos do art. 104-A. Nessa hipótese, a questão que se coloca é a necessidade de um juiz para aplicar a sanção prevista § 2º do art. 104-A, ou seja, a suspensão da exigibilidade do débito e a interrupção dos encargos da mora, bem como a sujeição compulsória ao plano de pagamento da dívida.

2. Exclusão do nome do consumidor dos bancos de dados de proteção ao crédito e compromisso de evitar novas dívidas

O § 2º do art. 104-C determina que o acordo firmado perante os órgãos públicos de defesa do consumidor deve explicitar a data a partir da qual será providenciada a exclusão do consumidor de bancos de dados de proteção ao crédito. O dispositivo possui redação semelhante ao disposto no art. 104-A, § 4º.

Como já explicado, deve-se prestigiar interpretação teleológica ao dispositivo. O que se exige é que as informações reflitam a realidade da situação financeira do consumidor para que se avalie corretamente – sem prévios juízos de valor negativo – a possibilidade de crédito após cumprido o plano de pagamento (v. comentários ao art. 104-A).

Acrescenta o § 2º do art. 104-C que a validade do acordo se condiciona à postura do consumidor de abstenção de atos que importem no agravamento de sua situação de superendividamento, especialmente relacionadas a novas dívidas.

 Dicas práticas

A conciliação prevista no art. 104-C do CDC abrange também situações que não se enquadram tecnicamente no conceito de superendividamento. A audiência global com todos os credores do consumidor pode, na prática, ser bastante relevante como instrumento de prevenção ao superendividamento.

TÍTULO IV
DO SISTEMA NACIONAL DE DEFESA DO CONSUMIDOR

Art. 105. Integram o Sistema Nacional de Defesa do Consumidor – SNDC, os órgãos federais, estaduais, do Distrito Federal e municipais e as entidades privadas de defesa do consumidor.

 Legislação correlata

Decreto 2.181/1997 (Dispõe sobre a organização do Sistema Nacional de Defesa do Consumidor – SNDC).

Decreto 7.738/2012 (Cria a Secretaria Nacional de Defesa do Consumidor).

Decreto 10.417/2020 (Institui o Conselho Nacional de Defesa do Consumidor).

 Análise doutrinária

1. Sistema Nacional de Defesa do Consumidor – SNDC

Existem várias entidades, oficiais e privadas, de defesa do consumidor, ou, de modo mais amplo, de implementação do direito do consumidor. O art. 105 do CDC dispõe que integram o Sistema Nacional de Defesa do Consumidor – SNDC os órgãos federais, estaduais, do Distrito Federal e municipais e as entidades privadas de defesa do consumidor.

O propósito do legislador ao instituir o SNDC é justamente para estabelecer, na medida do possível, atuação articulada e uniforme entre milhares de órgãos de defesa do consumidor. De fato, embora a principal norma de defesa do consumidor seja nacional – o Código de Defesa do Consumidor –, sua interpretação e implementação são realizadas por órgãos municipais e estaduais de fiscalização.

Em que pese a independência e autonomia dos "órgãos federais, estaduais, do Distrito Federal e municipais e as entidades privadas de defesa do consumidor", é fácil perceber que uma atuação desarticulada, com posições diversas e conflitantes, sobre interpretação a aplicação das normas de defesa do consumidor, só apresente insegurança, incertezas e, naturalmente, redução de eficácia das normas.

Para a importante e difícil tarefa de promover a integração e harmonia entre esses diversos órgãos, foi criado, pelo Decreto 2.181/1997 o Departamento de Proteção e Defesa do Consumidor – DPDC, no âmbito da Secretaria de Direito Econômico – SDE do Ministério da Justiça. Em maio de 2012, com a edição do Decreto 7.738, as atribuições do Departamento de Proteção e Defesa do Consumidor foram assumidas pela Secretaria Nacional do Consumidor – Senacon, a qual integra a estrutura do Ministério da Justiça.

A propósito, estabelece o art. 2º do Decreto 2.181/1997, com a redação conferida pelo Decreto 7.738/2012: "Integram o SNDC a Secretaria Nacional do Consumidor do Ministério da Justiça e os demais órgãos federais, estaduais, do Distrito Federal, municipais e as entidades civis de defesa do consumidor". O papel e atribuições da Senacon (Ministério da Justiça e Segurança Pública) estão definidos no art. 106 do CDC.

 Jurisprudência

1. Comissão de Defesa do Consumidor de Assembleia Legislativa integra o SNDC

"4. A recorrente – Comissão de Defesa do Consumidor da Assembleia Legislativa do Estado do Rio de Janeiro – é entidade ou órgão técnico vinculado ao Poder Legislativo Estadual com competência, expressa e específica, para atuar na tutela do consumidor, integrando o Sistema Nacional de Defesa do Consumidor. 5. A previsão normativa para ajuizar demandas coletivas na hipótese dos autos foi inserida, em fevereiro de 2006, no art. 26, § 49, 'd', do Regimento Interno da Assembleia Legislativa do Estado do Rio de Janeiro, reforma (diga-se, de passagem, desnecessária) realizada rigorosamente para expressar tal possibilidade. 6. Na apreciação da legitimação para a proposição de ações coletivas, não se deve entender restritivamente a expressão 'Administração Pública', referida no art. 82, III, do CDC. Para o intérprete da lei, como o STJ, importa apenas indagar se o órgão em questão exerce, com base em autorização legal, função administrativa e, por meio dela, a defesa do consumidor, de modo análogo ou semelhante ao Procon. 7. Recurso Especial provido para reconhecer a legitimidade da Comissão de Defesa do Consumidor da Assembleia Legislativa do Rio de Janeiro para a propositura de demanda coletiva visando à defesa do consumidor" (STJ, REsp 1.075.392/RJ, 2ª Turma, Rel. Min. Castro Meira, Rel. p/ acórdão Min. Herman Benjamin, j. 15.12.2009, *DJe* 04.05.2011).

Art. 106. O Departamento Nacional de Defesa do Consumidor, da Secretaria Nacional de Direito Econômico – MJ, ou órgão federal que venha substituí-lo, é organismo de coordenação da política do Sistema Nacional de Defesa do Consumidor, cabendo-lhe:

I - planejar, elaborar, propor, coordenar e executar a política nacional de proteção ao consumidor;

II - receber, analisar, avaliar e encaminhar consultas, denúncias ou sugestões apresentadas por entidades representativas ou pessoas jurídicas de direito público ou privado;

III - prestar aos consumidores orientação permanente sobre seus direitos e garantias;

IV - informar, conscientizar e motivar o consumidor através dos diferentes meios de comunicação;

V - solicitar à polícia judiciária a instauração de inquérito policial para a apreciação de delito contra os consumidores, nos termos da legislação vigente;

VI - representar ao Ministério Público competente para fins de adoção de medidas processuais no âmbito de suas atribuições;

VII – levar ao conhecimento dos órgãos competentes as infrações de ordem administrativa que violarem os interesses difusos, coletivos, ou individuais dos consumidores;

VIII – solicitar o concurso de órgãos e entidades da União, Estados, do Distrito Federal e Municípios, bem como auxiliar a fiscalização de preços, abastecimento, quantidade e segurança de bens e serviços;

IX – incentivar, inclusive com recursos financeiros e outros programas especiais, a formação de entidades de defesa do consumidor pela po-pulação e pelos órgãos públicos estaduais e municipais;

X – (Vetado);[35]

XI – (Vetado);[36]

XII – (Vetado);[37]

XIII – desenvolver outras atividades compatíveis com suas finalidades.

Parágrafo único. Para a consecução de seus objetivos, o Departamento Nacional de Defesa do Consumidor poderá solicitar o concurso de órgãos e entidades de notória especialização técnico-científica.

 Legislação correlata

Decreto 2.181/1997 (Dispõe sobre a organização do Sistema Nacional de Defesa do Consumidor – SNDC).

Decreto 7.738/2012 (Cria a Secretaria Nacional de Defesa do Consumidor).

Decreto 10.417/2020 (Institui o Conselho Nacional de Defesa do Consumidor).

 Análise doutrinária

1. Secretaria Nacional de Defesa do Consumidor – Ministério da Justiça e Segurança Pública

O art. 106 estabelece que a coordenação do Sistema Nacional de Defesa do Con-sumidor (art. 105) compete a órgão federal que, atualmente, é a Secretaria Nacional do Consumidor – Senacon, do Ministério da Justiça e Segurança Pública, que sucedeu

---

[35]   Mensagem de Veto 664/90, *do inciso X do art. 106*: "Esse preceito contraria o disposto nos incisos XXII e XXV do art. 5º da Constituição".

[36]   Mensagem de Veto 664/90, *do inciso XI do art. 106*: "Trata-se de disposição que contraria o art. 61 da Constituição".

[37]   Mensagem de Veto 664/90, *do inciso XII do art. 106*: "A celebração de tratados, con-venções e atos internacionais é de competência privativa do Presidente da República (Constituição Federal, art. 84, VII)".

o Departamento de Proteção e Defesa do Consumidor – DPDC, o qual foi criado, no âmbito da Secretaria de Direito Econômico – SDE do Ministério da Justiça, pelo Decreto 2.181/1997.

Em maio de 2012, com a edição do Decreto 7.738, as atribuições do Departamento de Proteção e Defesa do Consumidor foram assumidas pela Secretaria Nacional do Consumidor – Senacon, a qual integra a estrutura do Ministério da Justiça e Segurança Pública. O art. 2º do Decreto 2.181/1997, com a nova redação conferida pelo Decreto 7.738/2012: "integram o SNDC a Secretaria Nacional do Consumidor do Ministério da Justiça e os demais órgãos federais, estaduais, do Distrito Federal, municipais e as entidades civis de defesa do consumidor".

As atribuições da Senacon estão arroladas no art. 106 do CDC e, também, no art. 3º do Decreto 2.181/1997, com a redação conferida pelo Decreto 7.738/2012. Dentre suas atribuições, destaquem-se as seguintes: 1) planejar, elaborar, propor, coordenar e executar a política nacional de proteção ao consumidor; 2) receber, examinar e encaminhar consultas, denúncias ou sugestões apresentadas por entidades representativas ou pessoas jurídicas de direito público ou privado; 3) apresentar orientação aos consumidores sobre seus direitos; 4); auxiliar a fiscalização dos direitos do consumidor; 5) incentivar, inclusive com recursos financeiros e outros programas especiais, a instituição de entidades de defesa do consumidor; 6) desenvolver outras atividades compatíveis com suas finalidades.

Em 7 de julho de 2020, por meio do Decreto 10.417, foi instituído o Conselho Nacional de Defesa do Consumidor com o objetivo de "assessorar o Ministro de Estado da Justiça e Segurança Pública na formulação e na condução da Política Nacional de Defesa do Consumidor, e, ainda, formular e propor recomendações aos órgãos integrantes do Sistema Nacional de Defesa do Consumidor para adequação das políticas públicas de defesa do consumidor" (art. 1º).

Integram o referido Conselho: o Secretário Nacional do Consumidor do Ministério da Justiça e Segurança Pública (presidente); representantes do Ministério da Economia, do Conselho Administrativo de Defesa Econômica; do Banco Central do Brasil; da Agência Nacional de Aviação Civil; da Agência Nacional de Telecomunicações; da Agência Nacional de Energia Elétrica; da Agência Nacional de Petróleo; três representantes de entidades públicas estaduais ou distritais destinadas à defesa do consumidor de três regiões diferentes do País; um representante de entidades públicas municipais destinadas à defesa do consumidor; um representante de associações destinadas à defesa do consumidor; um representante dos fornecedores com conhecimento e capacidade técnica para realizar análises de impacto regulatório; um jurista de notório saber e reconhecida atuação em direito econômico, do consumidor ou de regulação (art. 3º).

Além desses integrantes, o art. 6º do Decreto estabelece que "serão convidados a compor o Conselho Nacional de Defesa do Consumidor, sem direito a voto, um membro de Ministério Público Estadual, indicado pelo Conselho Nacional de Procuradores-Gerais; um membro do Ministério Público Federal, indicado pelo Procurador-Geral da República; e um membro da Defensoria Pública, indicado pelo Colégio Nacional dos Defensores Públicos Gerais."

Importante ressaltar que não há hierarquia entre Senacon e órgãos e entidades que integram o SNDC. Sua posição e manifestações não possuem caráter coercitivo, considerando a autonomia dos integrantes do SNDC.

O Ministério Público, tanto o dos Estados como o da União, também é absolutamente independente em sua atuação funcional. Por se tratar de instituição autônoma, sem vinculação ao Poder Executivo (art. 129 da CF), entende-se, doutrinariamente, que o Ministério Público não faz parte do Sistema Nacional de Defesa do Consumidor. Na prática, entretanto, os Ministérios Públicos de todos os Estados, o Ministério Público do Distrito Federal e o Ministério Público Federal têm se esforçado para atuar de modo integrado e articulado com a Secretaria Nacional do Consumidor e Procons de todo o País.

A legislação permite que a Senacon aplique as sanções administrativas previstas em face de ofensa a norma de defesa do consumidor. É fundamental, entretanto, para racionalizar suas atividades e evitar fiscalizações paralelas sobre o mesmo fato, que o trabalho seja articulado com os Procons e, também, outros órgãos federais que exerçam a tutela indireta do consumidor (v. comentários ao arts. 55 e 56).

Em relação à educação para o consumo, ou seja, ao objetivo de informar a população sobre seus direitos e como exercê-los, a Senacon promove a confecção de exemplares do Código de Defesa do Consumidor, cartilhas esclarecedoras dos direitos do consumidor, além de importante e permanente trabalho realizado pela Escola Nacional de Defesa do consumidor (www.defesadoconsumidor.gov.br/escolanacional/), com oferta gratuita de cursos (*on-line*) e manuais para todos os interessados.

Cabe destacar que o CDC institui um verdadeiro *dever de educar* em relação aos órgãos públicos que atuam na área de defesa do consumidor, com destaque para a Senacon. A ausência de conhecimento sobre os seus direitos, em sociedade massificada e complexa, conduz a lesões que, com *educação*, poderiam ser evitadas.

A propósito, destaque-se referência de Walter Moura: "Pouca educação significa pouco desenvolvimento e mínimo preparo para as complexidades da vida civil, especialmente sob o enredo das nuances pós-modernas. Se a vida social é complexa, e complexas se tornaram as relações sociais e econômicas, comunicação e informação (seu conteúdo) são fatores primordiais para evitar desigualdades, visto que educação é prestígio de poucos e deter informação significa posicionar-se com mais facilidade (ou até superioridade) em detrimento de quem não a possui. A desinformação e a deseducação são fatores concretos de desequilíbrio nas relações de consumo" (MOURA, 2006, p. 224).

Apesar da autonomia dos integrantes do SNDC, a Senacon, com o objetivo de implementar o trabalho de integração entre os órgãos de defesa do consumidor, tem conseguido, ao longo de sua existência, promover importantes discussões com o SNDC, com a obtenção de desejável consenso em algumas áreas.

Dentre as diversas ações, cabe destacar a implementação do Sistema Nacional de Informações de Defesa do Consumidor – Sindec, que, em síntese, é um banco de dados gerenciado pela Senacon, com informações importantes sobre fornecedores provenientes dos Procons estaduais (v. comentários ao art. 44).

Cabe, ainda, pontuar o lançamento, em junho de 2014, da plataforma consumidor. gov.br. Trata-se, conforme explicações oferecidas na própria página virtual da Senacon, de "um novo serviço público para solução alternativa de conflitos de consumo por meio da internet, que permite a interlocução direta entre consumidores e empresas".

As empresas interessadas em participar devem se cadastrar previamente e, a partir de demandas apresentadas virtualmente pelo consumidor, oferecer resposta e, de preferência, solução satisfatória.

Além de ser uma interessante alternativa de solução de conflitos entre fornecedores e consumidor, a plataforma fornece ao Estado "informações essenciais à elaboração e implementação de políticas públicas de defesa dos consumidores e incentivará a competitividade no mercado pela melhoria da qualidade e do atendimento ao consumidor". A forma de atuação das empresas será atentamente acompanhada pela Secretaria Nacional do Consumidor – Senacon, pelos Procons e pela sociedade civil como um todo.

A plataforma constitui-se em relevante instrumento de fornecimento de dados e indicadores para, em perspectiva coletiva, sugerir políticas públicas de proteção do consumidor, em atenção ao mandamento constitucional que estabelece ser dever do Estado realizar a tutela dos interesses do consumidor, sujeito vulnerável nas relações de consumo (art. 5º, XXXII, da CF).

É evidente que a Senacon não se apresenta, em relação à plataforma consumidor. gov.br, como garantia de soluções efetivas das demandas apresentadas pelos consumidores, até porque não foi esse o objetivo da participação direta do Governo Federal ao criar e implementar a plataforma. A diferença desse novo canal de comunicação em comparação aos oferecidos pelos próprios fornecedores é que as empresas que se cadastraram na plataforma devem demonstrar disposição diferenciada em ouvir e atender o consumidor, já que sua postura está sob olhares atentos dos órgãos de defesa do consumidor e da própria sociedade civil.

As empresas credenciadas estão expostas e, de maneira franca e aberta, participando de uma saudável competição: ganha aquela que mais respeita os interesses e direitos do consumidor. A plataforma virtual, com a divulgação de dados e indicadores, permite ao consumidor realizar comparação entre fornecedores e escolhas a partir desses números.

 Dicas práticas

A desejada eficácia das normas de defesa do consumidor passa pela articulação e uniformidade de postura entre órgãos e entidades que integram o SNDC. Em que pese a autonomia dos integrantes é fundamental a busca do consenso na interpretação e aplicação das normas de defesa do consumidor.

 Jurisprudência

1. Sistema Nacional de Defesa do Consumidor e possibilidade de recurso (duplo grau administrativo)

"I – O Sistema Nacional de Defesa do Consumidor – SNDC obedece a normas gerais, emanadas de Lei Federal. Tais regras estão regulamentadas no Dec. 2.181/97. Nele assegura-se o duplo grau de conhecimento administrativo, somente considerando-se definitiva, a decisão proferida em grau de recurso. II – O duplo grau de competência administrativa tem como corolário a circunstância de que as multas jamais podem ser aplicadas originariamente pela autoridade mais alta do órgão por onde corre o procedimento. Do contrário, estará cerceado o direito ao recurso, pois não haverá 'superior hierárquico', para emitir a 'decisão definitiva'. III – No Estado do Rio de Janeiro, a sanção administrativa por ofensa a direito do consumidor é aplicada, em primeiro grau, pelo Secretário de Estado da Justiça. Ora, na hierarquia administrativa daquele Estado, somente uma autoridade é superior ao Secretário de Estado: o Governador, a quem deverá ser apresentado o recurso" (STJ, RMS 13.158/RJ, 1ª Turma, Rel. Min. Garcia Vieira, Rel. p/ acórdão Min. Humberto Gomes de Barros, j. 04.04.2002, *DJ* 05.08.2002).

2. Sistema Nacional de Defesa do Consumidor e possibilidade de dupla sanção pelo mesmo fato (*bis in idem*)

"1. A tese da recorrente é a de que o Procon não teria atribuição para a aplicação de sanções administrativas às seguradoras privadas, pois, com base no Decreto n. 73/66, somente à Susep caberia a normatização e fiscalização das operações de capitalização. Assim, a multa discutida no caso dos autos implicaria verdadeiro *bis in idem* e enriquecimento sem causa dos Estados, uma vez que a Susep é autarquia vinculada ao Ministério da Fazenda; enquanto que o Procon, às Secretarias de Justiça Estaduais. 2. Não se há falar em *bis in idem* ou enriquecimento sem causa do Estado porque à Susep cabe apenas a fiscalização e normatização das operações de capitalização pura e simples, nos termos do Decreto n. 73/66. Quando qualquer prestação de serviço ou colocação de produto no mercado envolver relação de consumo, exsurge, em prol da Política Nacional das Relações de Consumo estatuída nos arts. 4º e 5º do Código de Defesa do Consumidor (Lei n. 8.078/90), o Sistema Nacional de Defesa do Consumidor – SNDC que, nos termos do art. 105 do Código de Defesa do Consumidor é integrado por órgãos federais, estaduais, municipais e do Distrito Federal, além das entidades privadas que têm por objeto a defesa do consumidor" (STJ, RMS 26.397/BA, 2ª Turma, Rel. Min. Humberto Martins, j. 01.04.2008, *DJe* 11.04.2008).

"3. No mérito, não assiste razão à recorrente, não obstante os órgãos de proteção e defesa do consumidor, que integram o Sistema Nacional de Defesa do Consumidor, serem autônomos e independentes quanto à fiscalização e controle do mercado de consumo, não se demonstra razoável e lícito a aplicação de sanções a fornecedor, decorrentes da mesma infração, por mais de uma autoridade consumerista, uma vez que tal conduta possibilitaria que todos os órgãos de defesa do consumidor existentes no País punissem o infrator, desvirtuando o poder punitivo do Estado. 4. Nos termos do artigo 5º, parágrafo único, do Decreto n. 2.181/97: 'Se instaurado mais de um processo administrativo por pessoas jurídicas de direito público distintas, para apuração de infração decorrente de um mesmo fato imputado ao mesmo fornecedor, eventual conflito de competência será dirimido pelo DPDC, que poderá ouvir a Comissão Nacional Permanente de Defesa do Consumidor – CNPDC, levando sempre em consideração a competência federativa para legislar sobre a respectiva atividade econômica.' 5. Recurso especial não provido" (STJ, REsp 1.087.892/SP, 1ª Turma, Rel. Min. Benedito Gonçalves, j. 22.06.2010, *DJe* 03.08.2010).

3. Sistema Nacional de Defesa do Consumidor e atividade regulatória

"5. Sempre que condutas praticadas no mercado de consumo atingirem diretamente o interesse de consumidores, é legítima a atuação do Procon para aplicar as sanções administrativas previstas em lei, no regular exercício do poder de polícia que lhe foi conferido no âmbito do Sistema Nacional de Defesa do Consumidor. Tal atuação, no entanto, não exclui nem se confunde com o exercício da atividade regulatória setorial realizada pelas agências criadas por lei, cuja preocupação não se restringe à tutela particular do consumidor, mas abrange a execução do serviço público em seus vários aspectos, a exemplo, da continuidade e universalização do serviço, da preservação do equilíbrio econômico-financeiro do contrato de concessão e da modicidade tarifária. 6. No caso, a sanção da conduta não se referiu ao descumprimento do Plano Geral de Metas traçado pela ANATEL, mas guarda relação com a qualidade dos serviços prestados pela empresa de telefonia que, mesmo após firmar compromisso, deixou de resolver a situação do consumidor prejudicado pela não instalação da linha telefônica" (STJ, REsp 1.138.591/RJ, 2ª Turma, Rel. Min. Castro Meira, j. 22.09.2009, *DJe* 05.10.2009).

TÍTULO V
DA CONVENÇÃO COLETIVA DE CONSUMO

Art. 107. As entidades civis de consumidores e as associações de fornecedores ou sindicatos de categoria econômica podem regular, por convenção escrita, relações de consumo que tenham por objeto estabelecer condições relativas ao preço, à qualidade, à quantidade, à garantia e características de produtos e serviços, bem como à reclamação e composição do conflito de consumo.

§ 1º A convenção tornar-se-á obrigatória a partir do registro do instrumento no cartório de títulos e documentos.

§ 2º A convenção somente obrigará os filiados às entidades signatárias.

§ 3º Não se exime de cumprir a convenção o fornecedor que se desligar da entidade em data posterior ao registro do instrumento.

 Legislação correlata

Consolidação das Leis do Trabalho, arts. 611 a 625.

 Análise doutrinária

1. Convenção coletiva de consumo

Com clara inspiração no Direito do Trabalho, o art. 107 do CDC prevê a convenção coletiva de consumo. O objetivo é disciplinar relações de consumo no que diz respeito ao preço, à quantidade, à qualidade, à garantia e características de produtos e serviços, bem como à reclamação e composição do conflito de consumo. O documento deve ser registrado em cartório de títulos e documentos. Obriga os filiados às entidades signatárias (entidades civis de consumidores e associações de fornecedores).

A experiência de três décadas do CDC indica que, apesar das boas intenções, a aplicação prática da convenção coletiva de consumo foi mínima. O termo de ajustamento de conduta – TAC se apresenta como instrumento mais eficiente e utilizado para solucionar tensões e conflitos no mercado de consumo (v. comentários ao art. 113).

O principal motivo para a pouca eficácia da convenção decorre do fato de não haver no Brasil movimento mais consistente de organização da sociedade civil. Apesar do estímulo normativo à constituição de associações de defesa do consumidor (v. comentários ao art. 4º), são poucas as entidades civis com representatividade de grupo de consumidores. Quando existentes, a adesão dos consumidores é pequena, o que, na prática, afasta uma real legitimidade para tratar de temas de maior relevância social.

A convenção vincula os filiados. Pode, em tese, estabelecer condições para exercício de direito pelos consumidores. Como há poucas associações e poucas adesões de consumidores a entidades já criadas, não há incentivo a resolver questões e litígios com os consumidores por meio da convenção.

Outro motivo para pouca adesão à convenção coletiva de consumo é que o art. 107 é lacônico. Ao contrário da CLT – que apresenta densa disciplina sobre a convenção coletiva de trabalho (arts. 611 a 625) –, o CDC deixa de disciplinar importantes aspectos relativos aos limites da representatividade do consumidor pela entidade civil. Qual é exatamente o conteúdo possível da convenção e a possibilidade de definir direitos e deveres para os consumidores filiados? A Lei deveria enfrentar tal ponto.

 Dicas práticas

A experiência de três décadas do CDC aponta vantagens do Termo de Ajustamento de Conduta – TAC, para resolver extrajudicialmente tensões e conflitos entre consumidores e fornecedores. A convenção coletiva de consumo não tem sido instrumento adequado para disciplinar relações no mercado de consumo. Entre os motivos, há falta de densidade normativa do CDC e pouca adesão dos consumidores às entidades civis

Art. 108. (Vetado).[38]

---

[38]   Mensagem de Veto 664/90, *do art. 108*: "A atividade administrativa deve estar subordinada estritamente à Lei (CF, art. 37). A imposição de penalidade administrativa por descumprimento de convenções celebradas entre entidades privadas afronta o princípio da legalidade e o postulado da segurança jurídica, elementos essenciais ao Estado de Direito".

TÍTULO VI
DISPOSIÇÕES FINAIS

Art. 109. (Vetado).[39]

Art. 110. Acrescente-se o seguinte inciso IV ao art. 1°, da Lei n° 7.347, de 24 de julho de 1985:

"**IV** - a qualquer outro interesse difuso ou coletivo."

 Legislação correlata

Lei 7.347/1985 (Lei da Ação Civil Pública).

 Análise doutrinária

1. Amplitude do objeto da ação civil pública

No Brasil, em âmbito infraconstitucional, a tutela judicial dos direitos coletivos (em sentido amplo) decorre basicamente de diálogo de dois diplomas legais: Lei 7.347/1985 (Lei da Ação Civil Pública) e Lei 8.078/1990 (Código de Defesa do Consumidor).

Em 1990, o CDC, embora tenha sido editado com o objetivo principal de disciplinar as relações de consumo (v. comentários ao art. 1°), aprimorou todo o processo coletivo brasileiro (arts. 81 a 104). Realizou acréscimos pontuais ao próprio texto da Lei da Ação Civil Pública. Determinou a absoluta integração e complementariedade entre os dois diplomas (art. 117). O art. 110 acrescentou o inc. IV ao art. 1° da Lei 7.347/1985 para destacar que a ação civil pública pode ter por objeto "qualquer outro interesse difuso ou coletivo".

A restrição, havida originariamente, pela qual somente os interesses relativos a meio ambiente, consumidor e patrimônio cultural poderiam ser tutelados por meio da ação civil pública, não mais existe em face do referido acréscimo. Significa dizer que os mais variados assuntos podem ser veiculados em ação coletiva, tais como meio ambiente, consumidor, ordem urbanística, moralidade administrativa, direitos dos aposentados, dos idosos, das crianças e dos adolescentes, dos portadores de deficiência física etc.

Art. 111. O inciso II do art. 5°, da Lei n° 7.347, de 24 de julho de 1985, passa a ter a seguinte redação:

---

[39] Mensagem de Veto 664/90, *do art. 109*: "Não cabe à lei alterar a ementa de outra lei, até porque as ementas não têm qualquer conteúdo normativo".

> "II – inclua, entre suas finalidades institucionais, a proteção ao meio ambiente, ao consumidor, ao patrimônio artístico, estético, histórico, turístico e paisagístico, ou a qualquer outro interesse difuso ou coletivo."

 Legislação correlata

Lei 7.347/1985 (Lei da Ação Civil Pública).

 Análise doutrinária

1. Legitimidade da associação para propor ação civil pública

No Brasil, a tutela e proteção judicial dos direitos coletivos (em sentido amplo) decorre basicamente de diálogo de dois diplomas legais: Lei 7.347/1985 (Lei da Ação Civil Pública) e Lei 8.078/1990 (Código de Defesa do Consumidor).

Em 1990, o CDC, embora tenha sido editado com o objetivo principal de disciplinar as relações de consumo (v. comentários ao art. 1º), aprimorou todo o processo coletivo brasileiro (arts. 81 a 104). Realizou acréscimos pontuais ao próprio texto da Lei da Ação Civil Pública. Determinou a absoluta integração e complementariedade entre os dois diplomas (art. 117).

O art. 111 do CDC acrescenta o inc. II ao art. 5º da Lei 7.347/1985, que trata dos entes legitimados para propositura da ação civil pública. Na ocasião, o propósito normativo foi justamente esclarecer que um dos requisito para legitimar as associações para propositura de ação civil pública seria incluir "entre suas finalidades institucionais, a proteção ao meio ambiente, ao consumidor, ao patrimônio artístico, estético, histórico, turístico e paisagístico, ou a qualquer outro interesse difuso ou coletivo". Atualmente, o art. 5º da Lei da Ação Civil Pública – que sofreu outras alterações posteriormente – deve ser lido e interpretado em conjunto com o art. 82 do CDC (v. comentários).

> **Art. 112.** O § 3º do art. 5º, da Lei nº 7.347, de 24 de julho de 1985, passa a ter a seguinte redação:
>
> "§ 3º Em caso de desistência infundada ou abandono da ação por associação legitimada, o Ministério Público ou outro ente legitimado assumirá a titularidade ativa."

 Legislação correlata

Código de Processo Civil, art. 485.

Lei 7.347/1985 (Lei da Ação Civil Pública).

Análise doutrinária

1. Desistência ou abandono da ação civil pública por associação

No Brasil, em âmbito infraconstitucional, a tutela judicial dos direitos coletivos (em sentido amplo) decorre basicamente de diálogo de dois diplomas legais: Lei 7.347/1985 (Lei da Ação Civil Pública) e Lei 8.078/1990 (Código de Defesa do Consumidor).

Em 1990, o CDC, embora tenha sido editado com o objetivo principal de disciplinar as relações de consumo (v. comentários ao art. 1º), aprimorou todo o processo coletivo brasileiro (arts. 81 a 104). Realizou acréscimos pontuais ao próprio texto da Lei da Ação Civil Pública. Determinou a absoluta integração e complementariedade entre os dois diplomas (art. 117).

Nesse contexto, o art. 112 do CDC adiciona o § 3º ao art. 5º da Lei 7.347/1985, que trata dos entes legitimados para propositura da ação civil pública. Estabelece que, em caso de abandono ou desistência infundada de ação civil pública ajuizada por associação civil, o Ministério Público ou outro ente legitimado assumirá a titularidade ativa do processo. Tanto a desistência (art. 485, VIII, c/c os §§ 4º e 5º do CPC) como o abandono da ação (art. 485, II e III, c/c o § 6º do CPC) indicam desinteresse do autor pela continuidade do processo coletivo e podem, consequentemente, significar desconsideração com direito coletivo metaindividual.

Em que pese a literalidade do dispositivo indicar a obrigatoriedade de o Ministério Público assumir a ação coletiva, o correto é verificar, no caso concreto, se há fundamentos razoáveis para a desistência ou, mesmo, abandono. Portanto, sendo fundada a desistência, pode o Ministério Público deixar de assumir o polo ativo da demanda. A mesma preocupação deve nortear a análise de eventual abandono da ação pela associação autora, ou seja, examinar em que medida a inércia pode prejudicar efetivamente o direito coletivo veiculado na ação.

Em outros termos, significa que o princípio da indisponibilidade da ação civil pública é relativo na medida em que comporta a análise das circunstâncias do caso concreto. O foco deve ser no direito material que se objetiva proteger. A desistência ou abandono, a depender do caso, pode não afetar os direitos em discussão, particularmente na hipótese de direitos processualmente coletivos (DPC) que, por definição, possuem titulares identificados (v. comentários ao art. 81).

 Jurisprudência

1. Indisponibilidade da ação civil pública e assunção da titularidade pelo Ministério Público

"1. A irregularidade da representação da associação foi confirmada pela Corte de origem com base na análise do Regimento Interno e Estatuto Social da associação e das provas dos autos, o que inviabiliza sua modificação em sede de recurso especial, ante o óbice das Súmulas n. 5/STJ e 7/STJ. 2. 'A norma inserta no art. 13 do CPC deve ser interpretada em consonância com o § 3º do art. 5º da Lei 7.347/85, que determina a continuidade da ação coletiva. Prevalece, na hipótese, os princípios da indisponibilidade da demanda coletiva e da obrigatoriedade, em detrimento da necessidade de manifestação expressa do Parquet para a assunção do polo ativo da demanda' (REsp 855.181/SC, Rel. Min. Castro Meira, Segunda Turma, julgado em 1º/9/2009, *DJe* 18/9/2009). 3. Somente a efetiva e fundamentada demonstração pelo Parquet de que a Ação Civil Pública é manifestamente improcedente ou temerária pode ensejar seu arquivamento, que deverá ainda ser ratificada pelo Conselho Superior do Ministério Público, nos termos do art. 9º da Lei n. 7.347/85" (STJ, REsp 1.372.593/SP, 2ª Turma, Rel. Min. Humberto Martins, j. 07.05.2013, *DJe* 17.05.2013).

Art. 113. Acrescente-se os seguintes §§ 4º, 5º e 6º ao art. 5º da Lei nº 7.347, de 24 de julho de 1985:

"§ 4º O requisito da pré-constituição poderá ser dispensado pelo juiz, quando haja manifesto interesse social evidenciado pela dimensão ou característica do dano, ou pela relevância do bem jurídico a ser protegido.

§ 5º Admitir-se-á o litisconsórcio facultativo entre os Ministérios Públicos da União, do Distrito Federal e dos Estados na defesa dos interesses e direitos de que cuida esta lei.

§ 6º Os órgãos públicos legitimados poderão tomar dos interessados compromisso de ajustamento de sua conduta às exigências legais, mediante combinações, que terá eficácia de título executivo extrajudicial."

 Legislação correlata

Código de Processo Civil, arts. 113 a 118.

Lei 7.347/1985 (Lei da Ação Civil Pública).

Lei 12.529/2011 (Lei Antitruste).

 Análise doutrinária

1. Dispensa do requisito da pré-constituição há um ano (associação)

No Brasil, em âmbito infraconstitucional, a tutela judicial dos direitos coletivos (em sentido amplo) decorre basicamente de diálogo de dois diplomas legais: Lei 7.347/1985 (Lei da Ação Civil Pública) e Lei 8.078/1990 (Código de Defesa do Consumidor).

Em 1990, o CDC, embora tenha sido editado com o objetivo principal de disciplinar as relações de consumo (v. comentários ao art. 1º), aprimorou todo o processo coletivo brasileiro (arts. 81 a 104). Realizou acréscimos pontuais ao próprio texto da Lei da Ação Civil Pública. Determinou a absoluta integração e complementariedade entre os dois diplomas (art. 117).

Nesse contexto, o art. 112 acrescenta três parágrafos ao art. 5º da Lei da Ação Civil Pública, os quais tratam dos seguintes temas: 1) requisito da pré-constituição de um ano para as associações civis se legitimarem para ajuizamento de ação civil pública; 2) a possibilidade de litisconsórcio ativo entre Ministério Público da União e Ministérios Públicos dos Estados; e 3) termo de ajustamento de conduta (TAC).

A possibilidade de afastar o requisito temporal de constituição há um ano para as associações civis "quando haja manifesto interesse social evidenciado pela dimensão ou característica do dano, ou pela relevância do bem jurídico a ser protegido", também está prevista, com redação semelhante, no § 1º do art. 82 (v. comentários).

2. Litisconsórcio e integração entre os legitimados

As regras do litisconsórcio estão previstas no art. 113 e seguintes do CPC. É cabível quando: 1) houver entre as partes comunhão de direitos ou de obrigações relativamente à lide; 2) entre as causas houver conexão pelo pedido ou pela causa de pedir; ou 3) ocorrer afinidade de questões por ponto comum de fato ou de direito. Na prática, a atuação conjunta entre Ministério Público Federal e Ministério Público do Estado ocorre quando ambos, de modo conjunto ou separado, realizaram as investigações que culminaram no ajuizamento da ação civil pública.

A existência de litisconsórcio em determinado caso indica, antes de tudo, uma desejável atuação integrada entre os legitimados para ajuizamento da ação civil pública. Embora a referência seja de litisconsórcio entre Ministérios Públicos, é possível a atuação processual conjunta de qualquer legitimado (art. 82 do CDC), com fundamento no art. 113 do CPC.

Aliás, de modo mais genérico, é necessário que os entes legitimados para ajuizamento da ação coletiva mantenham permanente articulação. Fácil perceber, com base nas considerações sobre legitimidade, competência e âmbito de abrangência das decisões proferidas em ação coletiva, a possibilidade de ajuizamento de ações coletivas repetidas, conexas ou continentes. Para minorar os desgastes processuais próprios dessas situações, é fundamental que exista boa dose de integração e harmonia entre os vários entes legitimados para a propositura das demandas coletivas.

Inúmeras entidades podem ajuizar ações coletivas de âmbito nacional, particularmente na área de proteção ao consumidor. Daí a importância de integração entre os legitimados para formular estratégias de atuação, manter intercâmbio de ideias e experiências, centralizar informações referentes a processos coletivos de interesse geral. Tudo com o objetivo de evitar posicionamentos diversos, inquéritos civis e ações coletivas com o mesmo objeto, racionalizando o trabalho, potencializando e prestigiando a ação civil pública e, consequentemente, os direitos materiais dos consumidores.

Apesar dos progressos, ainda é possível se deparar com hipótese em que é trazida, na contestação de ação coletiva, cópia de Termo de Ajustamento de Conduta firmado com outro ente legitimado ou informação de que o objeto da ação civil pública está sendo investigado em outros Estados por intermédio de inquérito civil.

Os exemplos reais são muitos. Apenas ilustrativamente, cite-se ação coletiva ajuizada pelo Ministério Público do Distrito Federal contra empresa nacional de locação de bens móveis em que se buscava a declaração de nulidade de diversas cláusulas contratuais. Em defesa, aduziu a requerida que o contrato já havia sido submetido à análise da Promotoria de Justiça de Defesa do Consumidor de outro Estado, tendo, inclusive, firmado Termo de Ajustamento de Conduta.

Qualquer iniciativa que vise a maior integração entre os entes que, direta ou indiretamente, tenham atribuições para a defesa coletiva dos consumidores amplia a eficácia da tutela dos direitos coletivos. Uma maior articulação entre os órgãos não exclui eventuais dissensos. Divergências, posturas e ações diversas, decorrentes da autonomia de cada ente legitimado, sempre existirão. Todavia, a maior comunicação entre os autores da ação coletiva, por meio de reuniões periódicas, seminários e central de informações, contribui naturalmente para uma atuação conjunta, mais harmoniosa e eficaz.

3. Termo de Ajustamento de Conduta – TAC

O § 6º do art. 5º da Lei 7.347/1985 (Lei da Ação Civil Pública) foi instituído pelo CDC. Prevê a possibilidade de os órgãos públicos legitimados realizarem com os interessados compromisso de ajustamento de conduta às exigências legais, o qual terá eficácia de título executivo extrajudicial. Cuida-se do termo de ajustamento de conduta cuja utilização é crescente no âmbito da tutela de direitos coletivos (em sentido amplo).

A proteção aos direitos metaindividuais ocorre não apenas por meio da ação coletiva. Tão ou mais importante que os instrumentos processuais para tutela desses direitos é a solução extrajudicial, obtida principalmente por intermédio de termo de ajustamento de conduta ou, simplesmente, TAC.

Dentre os diversos legitimados para o ajuizamento de ações coletivas, o dispositivo é claro no sentido de que apenas os órgãos públicos poderão realizar termos de ajustamento de conduta. Consigne-se, também, a previsão, no art. 85 da Lei 12.529/2011, do termo de compromisso de cessação de prática contra a ordem econômica, o qual, pela correlação da matéria, pode ter por objeto a defesa de direitos coletivos dos consumidores.

Antes do ajuizamento de demanda coletiva, é importante que o órgão público (Ministério Público, Defensoria Pública etc.) proponha a realização de Termo de Ajustamento de Conduta para se obter imediatamente o que se pretende em juízo.

Em regra, as mais diversas pretensões de natureza coletiva veiculadas em ação coletiva podem ser objeto do termo de ajustamento de conduta. Ou seja, em princípio, o que for possível pleitear como prestação jurisdicional pode ser obtido por meio de TAC. Assim, no âmbito do mercado de consumo, pode-se exigir a cessação de publicidade abusiva ou enganosa, a realização de contrapublicidade, a exclusão de cláusula abusiva de contrato-padrão utilizado pelo fornecedor, o cumprimento de oferta publicitária etc.

A restrição relativa aos TAC surge basicamente quando estiverem em jogo pretensões de natureza individual. Tais pretensões – recorde-se – podem ser veiculadas em ações coletivas e caracterizam-se basicamente como tutela de direito individual homogêneo (indenização por danos materiais e morais). Os órgãos públicos legitimados, referidos no art. 5º, § 6º, da Lei 7.347/1985, não são representantes dos consumidores, ou de outra categoria de pessoas, que sofreram danos (morais ou materiais) decorrentes do mesmo fato (origem comum).

Como pontua João Batista de Almeida: "Não se trata de transação, pois não existem concessões mútuas. O interessado compromete-se a ajustar sua conduta 'às exigências legais', portanto, o ajustamento é à lei. O legitimado apenas assume o compromisso de não ajuizar a ação como intentava fazer, que também restaria sem objeto o compromisso" (2001, p. 117-118).

Ademais, em caso de indenização individual por danos morais e materiais, a fixação do valor, ainda que decorrente de fato comum, varia conforme as características pessoais de *cada* consumidor e outras circunstâncias. O que é possível, e algumas vezes realizado nessa área, é estipular, apenas de forma alternativa, um valor mínimo e padrão de indenização a ser ofertado ao consumidor, o qual, naturalmente, tem plena liberdade para aceitá-lo ou não. Caso não aceite, poderá obter por meios próprios, principalmente por ação individual, valor indenizatório que entenda mais justo e compatível com as circunstâncias individuais da lesão.

O valor da indenização por dano moral, em razão da ausência de critérios objetivos para sua fixação, bem como da necessidade de consideração das condições pessoais da vítima da lesão, acaba sofrendo intensas variações, o que dificulta – mas não impede – até mesmo a adoção de um parâmetro em TAC.

Outra alternativa é deixar bastante claro que o TAC tem por objeto somente a cessação de determinada conduta considerada lesiva aos consumidores e que a indenização e a respectiva liquidação dos danos individualmente sofridos devem ser discutidas diretamente entre as partes (fornecedor e consumidor).

A importância do TAC é crescente. Trata-se de instrumento de grande valor para a tutela extrajudicial de direitos metaindividuais, com algumas evidentes vantagens em relação às demandas coletivas.

A primeira diz respeito à rapidez da solução, cujos reflexos são imediatos na sociedade. As ações coletivas, por mais relevante que seja o seu objeto, sujeitam-se às indesejadas vicissitudes e contingências de qualquer processo judicial: o seu desfecho pode demandar anos, entre decisões, recursos e liminares cassadas, gerando incerteza e insatisfação. A desejada transformação dos fatos pode ser bastante demorada. Ao contrário, logo após a assinatura do TAC, as mudanças são percebidas. O direito cumpre um dos seus papéis: a transformação da realidade social.

Em segundo lugar, por se tratar de solução com alta dose de consenso, as chances de descumprimento do TAC são menores que as de inobservância da decisão judicial.

A experiência indica que a grande maioria dos TACs é voluntariamente cumprida. De qualquer modo, é necessário estabelecer previsão de multa pecuniária para a hipótese de inobservância dos deveres instituídos, a qual será destinada ao fundo de interesses difusos (art. 13 da Lei 7.347/1985). A fixação de multa, em caso de descumprimento, decorre de exigência legal. O art. 5º, § 6º, da Lei 7.347/1985 é expresso no sentido de que o termo deve ser firmado "mediante cominações".

 Dicas práticas

Os órgãos legitimados para ajuizamento da ação civil pública devem agir de modo articulado e priorizar, na tutela de direitos metaindividuais, a realização do Termo de Ajustamento de Conduta – TAC.

Jurisprudência

1. Impossibilidade de transacionar sobre direitos individuais no TAC

"No âmbito da tutela de direitos transindividuais, as partes da relação jurídica processual não coincidem com as partes da relação jurídica de direito material. Igualmente, no cenário da celebração de compromissos de ajustamento de conduta, os legitimados – órgãos públicos, nos dizeres do art. 5º, § 6º, da Lei 7.347/1985 – não manuseiam direitos próprios, mas de terceiros. Por consequência lógica, muito embora detenham, por força de lei, a faculdade de celebrar compromisso de ajustamento de conduta, não detêm a disponibilidade do conteúdo material do direito controvertido, seguindo-se daí a regra segundo a qual não se pode transacionar com direito alheio (arts. 844 e 850, *in fine*, do CC/2002), independentemente de discussão acerca da disponibilidade de tais direitos. 3. Assim, a autocomposição levada a efeito pelos órgãos públicos legitimados, na via administrativa do compromisso de ajustamento de conduta, não constituirá jamais renúncia a direitos, mas simples reconhecimento de direitos mínimos em proveito dos reais detentores do direito material controvertido. Caso assim não fosse, o instrumento de proteção de direitos transindividuais se transmudaria em mecanismo de restrição de direitos, exatamente na contramão de seu propósito e, em última análise, em frontal ofensa ao comando constitucional segundo o qual 'a lei não excluirá da apreciação do Poder Judiciário lesão ou ameaça a direito' (CF, art. 5º, XXXV). 4. Com efeito, a sentença proferida em ação civil pública, ajuizada para a tutela de direitos transindividuais, se mais vantajosa aos beneficiários, deve prevalecer em face de Termo de Ajustamento de Conduta celebrado entre o órgão público e o demandado, seja pela preponderância da coisa julgada, seja pela independência das esferas judicial e administrativa, seja, ainda, pela qualidade e titularidade dos direitos controvertidos" (STJ, REsp 1.309.948/SP, 4ª Turma, Rel. Min. Luis Felipe Salomão, j. 18.12.2014, *DJe* 24.02.2015).

2. Assinatura do TAC não elide a tipicidade penal

"Impende ressaltar entendimento desta Superior Corte de Justiça no sentido de que a assinatura de termo de ajustamento de conduta, com a reparação do dano ambiental, são circunstâncias que possuem relevo para a seara penal, a serem consideradas na hipótese de eventual condenação, não se prestando para elidir a tipicidade penal. Outrossim, a lavratura do referido termo, com a extinção de ação civil pública, não implica a extinção da ação penal correspondente, haja vista a independência da esfera penal em relação às esferas cível e administrativa. Precedentes" (STJ, AgRg no RHC 121.611/SP, 5ª Turma, Rel. Min. Reynaldo Soares da Fonseca, j. 05.03.2020, *DJe* 13.03.2020).

3. Descumprimento do TAC e reflexos penais

"O descumprimento do Termo de Ajustamento de Conduta – TAC pode ser circunstância utilizada para desvalorar as consequências dos delitos de lavagem de dinheiro e corrupção passiva, pois demonstra que os réus firmaram o compromisso em vão, sem intenção do seu integral cumprimento, permanecendo com a prática dos crimes" (STJ, HC 532.913/MG, 5ª Turma, Rel. Min. Ribeiro Dantas, j. 11.02.2020, *DJe* 14.02.2020).

4. Mandado de segurança não é via adequada para exigir cumprimento de obrigação prevista em termo de ajustamento de conduta

"A jurisprudência do Superior Tribunal de Justiça, em caso similar, firmou-se no sentido de que 'o mandado de segurança não é via adequada para dar cumprimento a obrigação prevista em termo de ajustamento de conduta ou em acórdão prolatado em ação civil pública. São ambas espécies de título executivo e, portanto, exigem a instauração do respectivo processo executório' (AgInt no RMS 52.333/GO, Rel. Ministro Mauro Campbell Marques, Segunda Turma, DJe 3/4/2017)" (STJ, AgInt no RMS 53.291/GO, Rel. Min. Og Fernandes, 2ª Turma, j. 26.04.2021, *DJe* 28.04.2021).

> **Art. 114.** O art. 15 da Lei nº 7.347, de 24 de julho de 1985, passa a ter a seguinte redação:
>
> "Art. 15. Decorridos sessenta dias do trânsito em julgado da sentença condenatória, sem que a associação autora lhe promova a execução, deverá fazê-lo o Ministério Público, facultada igual iniciativa aos demais legitimados."

 Legislação correlata

Lei 7.347/1985 (Lei da Ação Civil Pública).

 Análise doutrinária

1. Execução de sentença condenatória pelo Ministério Público em caso de inércia da associação autora

No Brasil, em âmbito infraconstitucional, a tutela judicial dos direitos coletivos (em sentido amplo) decorre basicamente de diálogo de dois diplomas legais: Lei 7.347/1985 (Lei da Ação Civil Pública) e Lei 8.078/1990 (Código de Defesa do Consumidor).

Em 1990, o CDC, embora tenha sido editado com o objetivo principal de disciplinar as relações de consumo (v. comentários ao art. 1º), aprimorou todo o processo coletivo brasileiro (arts. 81 a 104). Realizou acréscimos pontuais ao próprio texto da Lei da Ação Civil Pública. Determinou a absoluta integração e complementariedade entre os dois diplomas (art. 117).

Nesse contexto, o art. 114 estabelece nova redação ao art. 15 da Lei da Ação Civil Pública para impor ao Ministério Público a realização de providências processuais concernentes ao cumprimento da sentença, em caso de eventual omissão de associação autora de ação civil pública. Depois do prazo de sessenta dias do trânsito em julgado da sentença, o Ministério Público tem o dever de promover a execução do comando condenatório constante na decisão.

Como destacado, a ação civil pública pode – deve, muitas vezes – conter múltiplos pedidos, inclusive de condenação de reparação do bem coletivo cujo valor é destinado ao fundo de direitos difusos (art. 13 da Lei da Ação Civil Pública). Tal valor não se confunde com eventual condenação por danos individualmente sofridos, quando há incidência dos arts. 95, 97 e 100 do CDC (v. comentários). O propósito de impor ao Ministério Público o cumprimento da sentença – e facultar aos demais legitimados – é claro: dar efetividade ao resultado da ação civil pública, com a reparação do bem coletivo e satisfação de interesse da sociedade.

> **Art. 115.** Suprima-se o *caput* do art. 17 da Lei nº 7.347, de 24 de julho de 1985, passando o parágrafo único a constituir o *caput*, com a seguinte redação:
>
> "Art. 17. Em caso de litigância de má-fé, a associação autora e os diretores responsáveis pela propositura da ação serão solidariamente condenados em honorários advocatícios e ao décuplo das custas, sem prejuízo da responsabilidade por perdas e danos."

 Legislação correlata

Lei 7.347/1985 (Lei da Ação Civil Pública).

 Análise doutrinária

1. Litigância de má-fé no processo coletivo

Houve claro equívoco de redação ao se publicar, no Diário Oficial da União, o artigo com o seguinte texto: "Art. 17. Em caso de litigância de má-fé, a danos". Aprovou-se no Congresso Nacional uma redação e se publicou, por erro, outra. A questão do erro material é óbvia, tanto que o texto oficial da Lei 7.347/1985, constante na página oficial do Planalto, corrige a redação para "em caso de litigância de má-fé, a associação autora e os diretores responsáveis pela propositura da ação serão solidariamente condenados em honorários advocatícios e ao décuplo das custas, sem prejuízo da responsabilidade por perdas e danos".

No Brasil, em âmbito infraconstitucional, a tutela judicial dos direitos coletivos (em sentido amplo) decorre basicamente de diálogo de dois diplomas legais: Lei 7.347/1985 (Lei da Ação Civil Pública) e Lei 8.078/1990 (Código de Defesa do Consumidor).

Em 1990, o CDC, embora tenha sido editado com o objetivo principal de disciplinar as relações de consumo (v. comentários ao art. 1º), aprimorou todo o processo coletivo brasileiro (arts. 81 a 104). Realizou acréscimos pontuais ao próprio texto da Lei da Ação Civil Pública. Determinou a absoluta integração e complementariedade entre os dois diplomas (art. 117).

No caso específico da matéria constante no art. 17 da Lei 7.347/1985, que trata de litigância de má-fé e responsabilidade da associação autora e dos seus diretores, o CDC possui dispositivo com semelhante redação. Em síntese, a caracterização da litigância de má-fé, que pode ser aplicada ao autor, réu ou interveniente (art. 79 do CPC), é totalmente independente de eventual êxito da parte em relação às suas pretensões. A condenação do litigante ímprobo deve ocorrer, de ofício ou a requerimento, no próprio processo (v. comentários ao art. 87).

> **Art. 116.** Dê-se a seguinte redação ao art. 18, da Lei n° 7.347, de 24 de julho de 1985:
>
> "Art. 18. Nas ações de que trata esta lei, não haverá adiantamento de custas, emolumentos, honorários periciais e quaisquer outras despesas, nem condenação da associação autora, salvo comprovada má-fé, em honorários de advogado, custas e despesas processuais."

 Legislação correlata

Lei 7.347/1985 (Lei da Ação Civil Pública).

 Análise doutrinária

1. Dispensa de pagamento de custas, honorários (advocatícios e periciais) e ônus da sucumbência em ação civil pública

No Brasil, a proteção judicial dos direitos coletivos (em sentido amplo) decorre basicamente de diálogo de dois diplomas legais: Lei 7.347/1985 (Lei da Ação Civil Pública) e Lei 8.078/1990 (Código de Defesa do Consumidor).

Em 1990, o CDC, embora tenha sido editado com o objetivo principal de disciplinar as relações de consumo (v. comentários ao art. 1°), aprimorou todo o processo coletivo brasileiro (arts. 81 a 104). Realizou acréscimos pontuais ao próprio texto da Lei da Ação Civil Pública. Determinou a absoluta integração e complementariedade entre os dois diplomas (art. 117).

Nesse contexto, o art. 116 do CDC confere nova redação ao art. 18 da Lei da Ação Civil Pública. O dispositivo – que possui redação semelhante ao art. 87 do CDC – estabelece algumas facilitações financeiras relativas a custas, emolumentos, honorários advocatícios e periciais. O propósito é oferecer incentivo aos órgãos e entidades legitimados a promover a tutela dos direitos metaindividuais (v. comentários ao art. 87).

> **Art. 117.** Acrescente-se à Lei n° 7.347, de 24 de julho de 1985, o seguinte dispositivo, renumerando-se os seguintes:

"Art. 21. Aplicam-se à defesa dos direitos e interesses difusos, coletivos e individuais, no que for cabível, os dispositivos do Título III da lei que instituiu o Código de Defesa do Consumidor."

 Legislação correlata

Constituição Federal, art. 129, III.
Lei 7.347/1985 (Lei da Ação Civil Pública).

 Análise doutrinária

1. *Diálogo das fontes* entre o CDC e a Lei da Ação Civil Pública

No Brasil, em âmbito infraconstitucional, a tutela judicial dos direitos coletivos (em sentido amplo) decorre basicamente de diálogo de dois diplomas legais: Lei 7.347/1985 (Lei da Ação Civil Pública) e Lei 8.078/1990 (Código de Defesa do Consumidor).

Em 1990, o CDC, embora tenha sido promulgado com o propósito principal de disciplinar as relações de consumo (v. comentários ao art. 1º), aprimorou todo o processo coletivo brasileiro (arts. 81 a 104). Realizou acréscimos pontuais ao próprio texto da Lei da Ação Civil Pública. O art. 117 é dispositivo genérico que estabelece a absoluta integração e complementariedade entre os dois diplomas. Atualmente, todas as questões relativas a processo civil coletivo decorrem de necessário *diálogo das fontes* (v. comentários ao art. 7º).

As duas leis se complementam e se harmonizam para delinear os contornos do processo civil coletivo no Brasil, a ponto de afastar qualquer distinção entre as expressões *ação civil pública* e *ação coletiva*. O CDC denomina *ação coletiva* o instrumento processual para a proteção dos direitos difusos, coletivos e individuais homogêneos (arts. 81 a 104). A Lei da Ação Civil Pública e a Constituição Federal (art. 129, III) preferem a expressão *ação civil pública*.

A referida variação terminológica ainda enseja injustificados debates na doutrina e jurisprudência quanto a distinção e significado das expressões *ação coletiva* e *ação civil pública*. Rápido exame da evolução das normas que tratam do processo coletivo aponta claramente que as expressões possuem exatamente o mesmo significado.

Em sua origem (Lei Complementar 40/1981), a expressão *ação civil pública* foi utilizada para diferenciar da ação penal proposta pelo Ministério Público: qualquer ação ajuizada pelo Ministério Público fora do processo criminal era considerada uma ação civil pública. Nessa fase inicial, a denominação – ação civil pública – conferia enfoque subjetivo: considerava o autor da ação (Ministério Público) e não o objeto (direito coletivo ou individual) da demanda.

A Lei 7.347/1985, ao ressaltar uma das hipóteses de atuação cível do Ministério Público – a defesa dos direitos coletivos –, vinculou a expressão *ação civil pública* à defesa judicial dos direitos coletivos. Além disso, estabeleceu amplo rol de legitimados à propositura da ação. Posteriormente, o Código de Defesa do Consumidor (Lei 8.078/1990), em complemento e incremento à disciplina da Lei da Ação Civil Pública, denomina *ação coletiva* toda demanda proposta pelo Ministério Público, bem como pelos outros legitimados na tutela dos direitos metaindividuais: fica claro que se trata de um novo título – ação coletiva – para a defesa judicial dos direitos coletivos na linha do disposto na Lei 7.347/1985.

Desse modo, *ação civil pública* e *ação coletiva* passam a significar – independentemente da parte autora (Ministério Público, Defensoria Pública, associação civil etc.) – demanda com o objetivo de tutelar os direitos difusos, coletivos e individuais homogêneos. Ademais, em razão do caráter abstrato e da autonomia do processo, perde força a ideia de nominar e diferenciar as ações. *Ação coletiva* ou *ação civil pública* significa invocar, por meio de legitimados específicos (art. 82), a prestação jurisdicional para tutela das mais diversas espécies de direitos metaindividuais (v. comentários ao art. 81).

> **Art. 118.** Este Código entrará em vigor dentro de 180 (cento e oitenta) dias a contar de sua publicação.

 Legislação correlata

Constituição Federal, art. 5º, XXXVI.

Decreto-lei 4.657/1942 (Lei de Introdução às normas do Direito Brasileiro).

 Análise doutrinária

1. *Vacatio legis* do Código de Defesa do Consumidor

O período entre a publicação da norma legal e o início de sua vigência (*vacatio legis*) existe para que haja conhecimento da lei pelos seus destinatários e, também, para que sejam realizadas as ações necessárias que permitirão cumprir os comandos normativos. Em regra, quanto mais densa e mais complexa a lei, maior o tempo de vacância.

O art. 118 do CDC estabeleceu *vacatio legis* de 180 dias para o Código de Defesa do Consumidor. Se não houvesse prazo específico, haveria incidência da regra constante no art. 1º do Decreto-lei 4.657/1942, o qual dispõe: "salvo disposição contrária, a lei começa a vigorar em todo o país quarenta e cinco dias depois de oficialmente publicada". O Código de Defesa do Consumidor entrou em vigor no dia 11 de março de 1991.

O início de vigência da norma sempre traz o debate paralelo de eventual retroatividade, respeito ao direito adquirido, ato jurídico perfeito e coisa julgada (art. 5º, XXXVI, da CF). Especificamente em relação ao CDC, tal discussão perdeu a aplicação prática após 30 anos da promulgação da lei. De qualquer modo, registre-se, brevemente, que, embora de ordem pública, o CDC não deve retroagir para afetar contratos firmados e realizados antes do CDC.

Em que pese posição de parcela da doutrina no sentido de aplicação do CDC em contratos que se prolongam no tempo, ou seja, de incidência da norma a efeitos futuros de contratos firmados antes do início da vigência da norma, os tribunais superiores posicionaram-se em outro sentido.

Jurisprudência

1. Norma de ordem pública e retroatividade

"Em nosso sistema jurídico, a regra de que a lei nova não prejudicará o direito adquirido, o ato jurídico perfeito e a coisa julgada, por estar inserida no texto da Carta Magna (art. 5º, XXXVI), tem caráter constitucional, impedindo, portanto, que a legislação infraconstitucional, ainda quando de ordem pública, retroaja para alcançar o direito adquirido, o ato jurídico perfeito ou a coisa julgada, ou que o Juiz a aplique retroativamente. E a retroação ocorre ainda quando se pretende aplicar de imediato a lei nova para alcançar os efeitos futuros de fatos passados que se consubstanciem em qualquer das referidas limitações, pois ainda nesse caso há retroatividade – a retroatividade mínima –, uma vez que se a causa do efeito é o direito adquirido, a coisa julgada, ou o ato jurídico perfeito, modificando-se seus efeitos por força da lei nova, altera-se essa causa que constitucionalmente é infensa a tal alteração" (STF, RE 188.366/SP, 1ª Turma, Rel. Min. Moreira Alves, j. 19.10.1999, *DJU* 19.11.1999).

"Já decidiu a Corte, sem discrepância, que não se aplica o Código de Defesa do Consumidor aos contratos anteriores à sua vigência" (STJ, REsp 218.721/SP, 3ª Turma, Rel. Min. Carlos Alberto Menezes Direito, j. 18.11.1999, *DJ* 28.02.2000).

"Conquanto o CDC seja norma de ordem pública, não pode retroagir para alcançar o contrato que foi celebrado e produziu seus efeitos na vigência da lei anterior, sob pena de afronta ao ato jurídico perfeito" (STJ, REsp 248.155/SP, 4ª Turma, Rel. Min. Sálvio de Figueiredo Teixeira, j. 23.05.2000, *DJ* 07.08.2000).

> **Art. 119.** Revogam-se as disposições em contrário.

Legislação correlata

Decreto-lei 4.657/1942 (Lei de Introdução às normas do Direito Brasileiro).

Análise doutrinária

1. *Diálogo das fontes* e revogação das disposições contrárias ao Código de Defesa do Consumidor

O último artigo do CDC traz a esperada – e desnecessária – determinação de revogação das "disposições em contrário". A solução de conflito de leis no tempo segue as regras clássicas constantes no Decreto-lei 4.657/1942 (Lei de Introdução às normas do Direito Brasileiro): 1) lei terá vigor até que outra a modifique ou revogue; 2) as leis temporárias encerram sua vigência independentemente de nova lei; 3) a lei posterior revoga a anterior quando expressamente o declare, quando seja com ela incompatível ou quando regule inteiramente a matéria de que tratava a lei anterior; 4) a lei nova, com disposições gerais ou especiais a par das já existentes, não revoga nem modifica a lei anterior (art. 2º).

No caso do CDC não houve, na prática, revogação de normas anteriores, e sim definição de novo campo de incidência – relação de consumo – que afasta pontualmente as normas civis, empresariais etc. Ou seja, o direito civil e suas disposições continuam em pleno vigor e se aplicam as relações privadas que não se configuram com vínculo de consumo (v. comentários ao art. 2º).

Na verdade, o que se observa, nos dias de hoje, é uma velocidade crescente da dinâmica social, o que conduz, como reação, a uma inflação de leis especiais nas mais diversas áreas. A Constituição Federal, em face de sua superioridade hierárquica e da complexidade cada vez maior do ordenamento jurídico, ganha missão – principalmente pelas mãos dos intérpretes – de conferir coerência a essa multiplicidade de fontes normativas.

Fala-se, nesse contexto, de "pluralismo pós-moderno" (MARQUES, 2016, p. 671), de um Direito com fontes legislativas plurais, em ampliação e convergência de leis nacionais e internacionais, o que exige nova postura do intérprete e aplicador da norma. *Diálogo das fontes* é expressão que, além de reconhecer essa pluralidade e complexidade atual do ordenamento jurídico, propõe, a partir de luzes (princípios) constitucionais, aplicação simultânea e harmônica de diferentes fontes (leis) (v. comentários ao art. 7º).

O CDC (Lei 8.078/1990), em razão do corte horizontal nas mais diversas relações jurídicas, é significativo exemplo da necessidade atual de convivência com diversos outros diplomas. A par da necessária utilização de base conceitual do Código Civil, o art. 7º, *caput*, da Lei 8.078/1990 é expresso no sentido de que não é exclusividade do CDC estabelecer os direitos do consumidor. Outras normas podem, particularmente quando mais vantajosas ao consumidor, ser invocadas e aplicadas e, inevitavelmente, analisadas em conjunto, buscando-se sempre coerência e harmonia nas conclusões.

O CDC é, em relação ao Código Civil, norma especial que considera, preponderantemente, a vulnerabilidade do consumidor no mercado. É, de regra, norma especial quanto ao sujeito. Sua incidência, entretanto, não afasta, *a priori*, a aplicação de outras normas especiais quanto ao objeto. Os exemplos são inúmeros, pois há uma crescente edição de leis especiais quanto à matéria (plano de saúde, mensalidades escolares, incorporação imobiliária, advocacia, atividades bancárias, transporte aéreo, locação de imóveis, consórcios, serviços públicos etc.) que convivem com o CDC.

O *diálogo das fontes* não afasta os critérios tradicionais de resolver os conflitos de leis no tempo constantes no Decreto-lei 4.657/1942 (Lei de Introdução às normas do Direito Brasileiro). A lei posterior continua a revogar a anterior, quando incompatível com ela ou quando há declaração expressa (art. 2º, § 1º). As leis gerais não revogam as especiais e não são revogadas por elas (art. 2º, § 2º).

Todavia, muitos desafios se apresentam ao intérprete e aplicador do direito. A primeira dificuldade reside em definir o que é *geral* e *especial* e, invariavelmente, harmonizar a existência de *duas leis especiais*, uma em relação aos sujeitos da relação (consumidor e fornecedor) e outra em relação ao objeto (plano de saúde, por exemplo).

A segunda dificuldade é que o legislador, em vez de revogar expressamente leis ou alguns artigos, tem utilizado – com maior frequência – expressões como "aplica-se, no que couber", "sem prejuízo da lei tal" etc. Em outras palavras, as novas leis indicam expressamente a necessidade de convivência com as antigas. Apenas como ilustração, consigne-se o art. 1º da Lei do Cadastro Positivo (Lei 12.414/2011): "esta Lei disciplina a formação e consulta a bancos de dados com informações de adimplemento, de pessoas naturais ou de pessoas jurídicas, para formação de histórico de crédito, sem prejuízo do disposto na Lei 8.078, de 11 de setembro de 1990 – Código de Proteção e Defesa do Consumidor".

O *diálogo das fontes* é, antes de tudo, exigência de nova postura do intérprete e aplicador do direito, exigência de permanente tentativa de harmonização de tensões entre as normas, de conciliação, de suprimento de lacunas. É fruto da racionalidade humana que, ao mesmo tempo que atualiza e integra o ordenamento jurídico, oferece soluções ou caminhos hermenêuticos para problemas novos e velhos (v. comentários ao *caput* do art. 7º).

 Dicas práticas

O *diálogo das fontes* não afasta as regras de conflitos de leis no tempo (Dec.-lei 4.657/1942). É, antes de tudo, exigência de nova postura do profissional do direito no enfrentamento dos problemas jurídicos que se apresentam cuja solução envolve, invariavelmente, a aplicação e interpretação simultânea da Constituição Federal e de várias leis e atos normativos infraconstitucionais.

 Jurisprudência

1. *Diálogo das fontes*

"O CDC não exclui a principiologia dos contratos de direito civil. Entre as normas consumeristas e as regras gerais dos contratos, insertas no Código Civil e legislação extravagante, deve haver complementação e não exclusão. É o que a doutrina chama de Diálogo das Fontes" (STJ, REsp 1.060.515/DF, 4ª Turma, Rel. Min. Honildo Amaral de Mello Castro (Desembargador convocado do TJ/AP), j. 04.05.2010, *DJe* 24.05.2010).

"O Direito deve ser compreendido, em metáfora às ciências da natureza, como um sistema de vasos comunicantes, ou de diálogo das fontes (Erik Jayme), que permita a sua interpretação de forma holística. Deve-se buscar, sempre, evitar antinomias, ofensivas que são aos princípios da isonomia e da segurança jurídica, bem como ao próprio ideal humano de Justiça" (STJ, AgRg no REsp 1.483.780/PE, 1ª Turma, Rel. Min. Napoleão Nunes Maia Filho, j. 23.06.2015, *DJe* 05.08.2015).

Brasília, em 11 de setembro de 1990; 169º da Independência e 102º da República.

FERNANDO COLLOR
Bernardo Cabral
Zélia M. Cardoso de Mello
Ozires Silva

REFERÊNCIAS BIBLIOGRÁFICAS

AGUIAR JR., Ruy Rosado de. A boa-fé na relação de consumo. *Revista de Direto do Consumidor*, São Paulo, v. 14, p. 20 e ss., 1995.

AGUIAR JR., Ruy Rosado de. *Extinção dos contratos por incumprimento do devedor*. Rio de Janeiro: Aide, 1991.

ALMEIDA, André Vinicius. *O erro do tipo no direito penal econômico*. Porto Alegre: Fabris, 2005.

ALMEIDA, Carlos Ferreira. *Os direitos dos consumidores*. Coimbra: Almedina, 1982.

ALMEIDA, João Batista de. *A proteção jurídica do consumidor*. 5. ed. São Paulo: Saraiva, 2006.

ALMEIDA, João Batista de. *Aspectos controvertidos da ação civil pública*. São Paulo: RT, 2001.

AMARAL JR., Alberto. *Proteção do consumidor no contrato de compra e venda*. São Paulo: RT, 1993.

AMORIM FILHO, Agnelo. Critério científico para distinguir a prescrição da decadência e para identificar as ações imprescritíveis. *RT*, São Paulo, v. 300, out. 1960.

ANDRADE, Manuel Domingues de. *Teoria geral da relação jurídica*. Coimbra: Almedina, 1974.

ANDRADE, Vitor Morais de. *Sanções administrativas no Código de Defesa do Consumidor*. São Paulo: Atlas, 2008.

ANDRIGHI, Fátima Nancy. O conceito de consumidor direto e a jurisprudência do Superior Tribunal de Justiça. *Revista de Direito Renovar*, Rio de Janeiro, n. 29, p. 6, maio-ago. 2004.

ARRUDA ALVIM et al. *Código do Consumidor comentado*. 2. ed. São Paulo: RT, 1995.

ÁVILA, Luciano Coelho. *Políticas públicas de prestação social*: entre o método, a abertura participativa e a revisão judicial. Belo Horizonte: D'Plácido, 2016.

AZEVEDO, Fernando Costa de. *Defesa do consumidor e regulação*. Porto Alegre: Livraria do Advogado, 2002.

BADIN, Arthur; SANTOS, Bruno Carazza dos; DAMASO, Otávio Ribeiro. Os bancos de dados de proteção ao crédito, o CDC e o PL 5.870/2005: comentários sobre direito e economia. *Revista de Direito do Consumidor*, São Paulo, n. 61, p. 27, jan.-mar. 2007.

BAGGIO, Andreza Cristina. *O direito do consumidor brasileiro e a teoria da confiança*. São Paulo: RT, 2012.

BARBOSA MOREIRA, José Carlos. Ação popular do direito brasileiro como instrumento da tutela jurisdicional dos chamados interesses difusos. *Temas de direito processual – 1ª série*. São Paulo: Saraiva, 1977.

BARBOSA, Fernanda Nunes. *Informação*: direito e dever nas relações de consumo. São Paulo: RT, 2008.

BARBOSA, Fernanda Nunes. *Informação*: direito e dever nas relações de consumo. São Paulo: RT, 2009.

BARBOSA, Fernanda Nunes; MULTEDO, Renata Vilela. Danos extrapatrimoniais coletivos. *Revista de Direito do Consumidor* 93, São Paulo, p. 29-45, maio-jun. 2014.

BARLETTA, Fabiana Rodrigues. *A revisão contratual no Código Civil e no Código de Defesa do Consumidor*. São Paulo: Saraiva, 2002.

BARRON, John; STATEN, Michael. The value of comprehensive credit reports: lessons from the U. S. Experience. In: MILLER, Margaret J. (ed.). *Credit reporting systems and the international economy*. London: Press Cambrigde, 2003.

BARROS, João Pedro Leite. *Arbitragem* online *e conflitos de consumo*. São Paulo: Tirant, 2019.

BARROS, Suzana de Toledo. *O princípio da proporcionalidade e o controle de constitucionalidade das leis restritivas de direitos fundamentais*. 3. ed. Brasília: Brasília Jurídica, 2003.

BASAN, Arthur Pinheiro. *Publicidade digital e proteção de dados pessoais*: o direito ao sossego. São Paulo: Foco Jurídico, 2021.

BAUMAN, Zygmunt. *Vida para consumo*: a transformação das pessoas em mercadoria. Rio de Janeiro: Jorge Zahar, 2007.

BENJAMIM, Antonio Herman V. *Código Brasileiro de Defesa do Consumidor comentado pelos autores do anteprojeto*. 11. ed. Rio de Janeiro: Forense, 2017.

BENJAMIM, Antonio Herman V. O direito penal do consumidor: capítulo do direito penal econômico. *Revista de Direito do Consumidor* 1, São Paulo: RT, p. 103-129, 1992.

BENJAMIN, Antonio Herman; MARQUES, Claudia Lima; BESSA, Leonardo Roscoe. *Manual de direito do consumidor*. 9. ed. São Paulo: RT, 2020.

BENNETT, Colin. *Regulating privacy*: data protection and public policy in Europe and United States. Ithaca: Cornell University Press, 1992.

BERNARDO, Wesley de Oliveira Louzada. *Dano moral*: critérios de fixação de valor. Rio de Janeiro: Renovar, 2005.

BESSA, Leonardo Roscoe. *Nova Lei do Cadastro Positivo*: comentários à Lei 12.413, com as alterações da LC 166/2019. São Paulo: RT, 2019.

BESSA, Leonardo Roscoe. *O consumidor e os limites dos bancos de dados de proteção ao crédito*. São Paulo: RT, 2003.

BESSA, Leonardo Roscoe. *O consumidor e seus direitos ao alcance de todos*. 3. ed. Brasília: Brasília Jurídica, 2006.

BESSA, Leonardo Roscoe. *Relação de consumo e aplicação do Código de Defesa do Consumidor*. 2. ed. São Paulo: RT, 2009.

BESSA, Leonardo Roscoe; BENJAMIN, Antonio Herman; MARQUES, Claudia Lima. *Manual de direito do consumidor*. 9. ed. São Paulo: RT, 2020.

BESSA, Leonardo Roscoe; TARTER, Ana Luisa. Convivência normativa entre o incidente de resolução de demandas repetitivas e as ações coletivas: primeiras impressões. *Direito do Consumidor*, São Paulo: RT, v. 108, p. 159-161, nov.-dez. 2016.

BESSA, Leonardo Roscoe; TARTER, Ana Luisa. Direitos metaindividuais: direitos materialmente coletivos (DMC) e direitos processualmente coletivos (DPC). *Direito do Consumidor*, São Paulo: RT, v. 111, maio-jun. 2017.

BOBBIO, Norberto. *A era dos direitos*. Rio de Janeiro: Campus, 1992.

BOBBIO, Norberto. *O positivismo jurídico*: lições de filosofia do direito. São Paulo: Ícone, 1995.

BOLSON, Simone Hegele. *Direito do consumidor e dano moral*. Rio de Janeiro: Forense, 2002.

BONATTO, Cláudio. *Código de Defesa do Consumidor*: cláusulas abusivas nas relações contratuais de consumo. 2. ed. Porto Alegre: Livraria do Advogado, 2004.

BOURGOIGNIE, Thierry. O conceito jurídico de consumidor. *Revista de Direito do Consumidor* 2, São Paulo: RT, p. 7-51, 1992.

CABRAL, Érico de Pina. *Inversão do ônus da prova no processo civil do consumidor*. São Paulo: Método, 2008.

CALIXTO, Marcelo. *A culpa na responsabilidade civil*: estrutura e função. Rio de Janeiro: Renovar, 2008.

CALIXTO, Marcelo. *A responsabilidade civil do fornecedor de produtos pelos riscos de desenvolvimento*. Rio de Janeiro: Renovar, 2004.

CANARIS, Claus Wilhelm. *Pensamento sistemático e conceito de sistema na ciência do direito*. Lisboa: Fundação Calouste Gulbenkian, 1996.

CARPENA, Heloisa. *O consumidor no direito da concorrência*. Rio de Janeiro: Renovar, 2005.

CARVALHO, Diógenes Faria de. *Do princípio da boa-fé objetiva nos contratos de consumo*. Goiânia: PUC-Goiás, 2011.

CARVALHO, Diógenes Faria de; COELHO, Cristiano. *Consumo e (super)endividamento*: vulnerabilidade e escolhas intertemporais. Goiânia: Espaço Acadêmico, 2017.

CARVALHO, Jorge Morais. *Manual de direito do consumo*. 5. ed. Coimbra: Almedina, 2018.

CARVALHO, José Carlos Maldonado de. *Direito do consumidor*: fundamentos doutrinários e visão jurisprudencial. 2. ed. Rio de Janeiro: Lumen Juris, 2007.

CARVALHO SANTOS, J. M. *Código Civil brasileiro interpretado*. 12. ed. Rio de Janeiro: Freias Bastos, 1989. v. 15.

CASADO, Márcio Mello. *Proteção do consumidor de crédito bancário e financeiro*. 2. ed. São Paulo: RT, 2006.

CAVALIERI FILHO, Sérgio. *Programa de direito do consumidor*. 5. ed. São Paulo: Atlas, 2019.

CATE, Fred. *Privacy in the information age*. Washington: The Brooking Institution Press, 1997.

CERNICCHIARO, Luiz Vicente; COSTA JR., Paulo José da. *Direito penal na Constituição*. 2. ed. rev. São Paulo: RT, 1991.

COELHO, Fábio Ulhôa. *O empresário e os direitos do consumidor*. São Paulo: Saraiva, 1994.

COMPARATO, Fábio Konder. A proteção do consumidor: importante capítulo do direito econômico. *Revista Forense* 255, Rio de Janeiro: Forense, p. 19-28, jul.-set. 1976.

COSTA, Alexandre Araújo. *Introdução ao Direito*: uma perspectiva zetética das ciências jurídicas. Porto Alegre: Fabris, 2001.

COUTO E SILVA, Clóvis V. *A obrigação como processo*. São Paulo: Bushatsky, 1976.

CRUZ, Guilherme Ferreira da. *Princípios constitucionais das relações de consumo e dano moral*: outra concepção. São Paulo: RT, 2008.

DE CUPIS, Adriano. *Os direitos da personalidade*. Trad. Adriano Vera Jardim e Antonio Miguel Caeiro. Lisboa: Livraria Morais, 1961.

DENSA, Roberta. *Proteção jurídica da criança consumidora*. São Paulo: Foco, 2018.

DI PIETRO, Maria Sylvia Zanella. *Direito administrativo*. 32. ed. Rio de Janeiro: Forense, 2019.

DIAS, José de Aguiar. *Da responsabilidade civil*. 6. ed. Rio de Janeiro: Forense, 1979. v. 1.

DONEDA, Danilo. *Da privacidade à proteção de dados pessoais*. 2. ed. São Paulo: RT, 2019.

DOTTI, René Ariel (coord.). *Comentários ao Código do Consumidor*. Rio de Janeiro: Forense, 1992.

DOTTI, René Ariel. O direito penal econômico e a proteção do consumidor. *Revista de Direito Penal e Criminologia*, Rio de Janeiro: Forense, n. 33, p. 131-157.

FACHIN, Luiz Edson. *Estatuto jurídico do patrimônio mínimo*. 2. ed. Rio de Janeiro: Renovar, 2006.

FILOMENO, José Geraldo Brito. *Direitos do consumidor*. 15. ed. São Paulo: Atlas, 2018.

FONSECA, Antonio César da. *Direito penal do consumidor*: Código de Defesa do Consumidor. Porto Alegre: Livraria do Advogado, 1996.

FROTA, Mário. *A publicidade infanto-juvenil*: perversões e perspectivas. 2. ed. Curitiba: Juruá, 2006.

GARCIA, Leonardo de Medeiros. *Código de Defesa do Consumidor comentado*. 14. ed. Salvador: JusPodivm, 2019.

GHEZZI, Leandro Leal. *A incorporação imobiliária*: à luz do Código de Defesa do Consumidor. São Paulo: RT, 2007.

GICO JÚNIOR, Ivo Teixeira. *Análise econômica do processo civil*. Indaiatuba: Foco, 2021.

GIDI, Antônio. *Coisa julgada e litispendência em ações coletivas*. São Paulo: Saraiva, 1995.

GIDI, Antônio. *A class action como instrumento de tutela coletiva dos direitos*: as ações coletivas em uma perspectiva comparada. São Paulo: RT, 2007.

GOMES, Orlando. Direitos da personalidade. *Revista de Informação Legislativa*, Brasília, v. 3, n. 11, p. 39-48, set. 1966.

GOMES, Rogério Zuel. *Teoria contratual contemporânea*: função social do contrato e boa-fé. Rio de Janeiro: Forense, 2004.

GRAU, Eros Roberto. *Ensaio e discurso sobre a interpretação/aplicação do direito*. 2. ed. São Paulo: Malheiros, 2003.

GREGORI, Maria Stella. *Planos de saúde*: a ótica da proteção do consumidor. 4. ed. São Paulo: RT, 2019.

GRINOVER, Ada Pellegrini et al. *Código Brasileiro de Defesa do Consumidor*: comentado pelos autores do anteprojeto. 11. ed. Rio de Janeiro: Forense, 2017.

GUIMARÃES, Paulo Jorge Scartezzini. *A publicidade ilícita e a responsabilidade civil das celebridades que delas participam*. São Paulo: RT, 2001.

GUIMARÃES, Paulo Jorge Scartezzini. *Vícios do produto e do serviço por qualidade, quantidade e insegurança*: cumprimento imperfeito do contrato. São Paulo: RT, 2004.

GUIMARÃES, Sérgio Ghatinet Duarte. *Tutela penal de consumo*. Rio de Janeiro: Revan, 2004.

KHOURI, Paulo Roberto Roque Antonio. *Direito do consumidor*: contratos, responsabilidade civil e defesa do consumidor em juízo. 6. ed. São Paulo: Atlas, 2013.

LEAL, Márcio Flávio Mafra. *Ações coletivas*: história, teoria e prática. Porto Alegre: Fabris, 1988.

LEAL, Márcio Flávio Mafra. *Ações coletivas*. São Paulo: RT, 2014.

LEITE, Ricardo Rocha. *O ônus da prova no CDC*: diversidade, falta inversão e redução de exigências para produção e valoração probatórias. Brasília: TJDFT, 2018.

LENGRUBER, Sandra. *Elementos das ações coletivas*. São Paulo: Método, 2004.

LENZA, Pedro. *Teoria geral da ação civil pública*. 3 ed. São Paulo: RT, 2008.

LIMA, Alvino. *Culpa e risco*. 2. ed. São Paulo: RT, 1999.

LIMA, Clarissa Costa de. *O tratamento do superendividamento e o direito de recomeçar dos consumidores*. São Paulo: RT, 2014.

LIMBERGER, Têmis. *O direito à intimidade na era da informática*: a necessidade de proteção de dados pessoais. Porto Alegre: Livraria do Advogado, 2007.

LINDSTROM, Martin. *A lógica do consumo*: verdade e mentiras sobre por que compramos. Rio de Janeiro: Nova Fronteira, 2009.

LÔBO, Paulo Luiz Netto. *Responsabilidade por vício do produto ou do serviço*. Brasília: Brasília Jurídica, 1996.

LOPES, José Reinaldo da Lima. *Responsabilidade civil do fabricante e a defesa do consumidor*. São Paulo: RT, 1992.

LUCCA, Newton de. *Direito do consumidor*. São Paulo: Quartier Latin, 2003.

LUISI, Luiz. A tutela penal do consumidor. *Fascículos de Ciências Penais*, Porto Alegre: Fabris, ano 4, n. 2, v. 4, p. 59-77, 1991.

MACEDO JR., Ronaldo Porto. *Contratos relacionais e defesa do consumidor*. 2. ed. São Paulo: RT, 2007.

MANCUSO, Rodolfo de Camargo. *Ação civil pública em defesa do meio ambiente, patrimônio cultural e dos consumidores*. 14. ed. rev. e atual. São Paulo: RT, 2016.

MARQUES, Claudia Lima. *Confiança no comércio eletrônico e a proteção do consumidor – um estudo dos negócios jurídicos de consumo no comércio eletrônico*. São Paulo: RT, 2004.

MARQUES, Claudia Lima. *Contratos no Código de Defesa do Consumidor*. 8. ed. São Paulo: RT, 2016.

MARQUES, Claudia Lima; BENJAMIN, Antonio Herman; MIRAGEM, Bruno. *Comentários do Código de Defesa do Consumidor*. 5. ed. São Paulo: RT, 2016.

MIRAGEM, Bruno. *Responsabilidade civil*. 2. ed. Rio de Janeiro: Forense, 2021.

MARQUES, Claudia Lima; CAVALLAZZI, Rosângela Lunardelli (coord.). *Direitos do consumidor endividado*: superendividamento e crédito. São Paulo: RT, 2006.

MARTINS-COSTA, Judith. *A boa-fé no direito privado*: sistema e tópica no processo obrigacional. São Paulo: RT, 1999.

MARTINS, Guilherme Magalhães. *Responsabilidade civil por acidente de consumo na internet*. São Paulo: RT, 2008.

MAXIMILIANO, Carlos. *Hermenêutica e aplicação do direito*. 21. ed. Rio de Janeiro: Forense, 2017.

MAZZILLI, Hugo Nigro. *A defesa dos interesses difusos em juízo*: meio ambiente, consumidor e outros interesses difusos e coletivos. 31. ed. São Paulo: Saraiva, 2018.

MEDEIROS NETO, Xisto Tiago de. *Dano moral coletivo*. 4. ed. São Paulo: LTr, 2014.

MENDES, Aluisio Gonçalves de Castro. *Ações coletivas e meios de resolução coletiva de conflitos no direito comparado e nacional*. 4. ed. São Paulo: RT, 2014.

MENDES, Laura Schertel. *Privacidade, proteção de dados e defesa do consumidor*. São Paulo: Saraiva, 2014.

MICHAEL, James. *Privacy and human rights*. Paris: Unesco, 1994.

MIRAGEM, Bruno. *Direito do consumidor*. 8. ed. São Paulo: RT, 2019.

MIRAGEM, Bruno. *Responsabilidade* civil. 2. ed. Rio de Janeiro: Forense, 2021.

MORAES, Maria Celina Bodin de. *Danos à pessoa humana*: estudos de direito civil-constitucional dos danos morais. 2. ed. Rio de Janeiro: Processo, 2017.

MORAES, Paulo Valério Dal Pai. *Código de Defesa do Consumidor* – o princípio da vulnerabilidade. Porto Alegre: Síntese, 2009.

MORAES, Voltaire de Lima. *Ação civil pública*: alcance e limites da atividade jurisdicional. Porto Alegre: Livraria do Advogado, 2007.

MORATO, Antonio Carlos. *Pessoa jurídica consumidora*. São Paulo: RT, 2009.

MOREIRA ALVES, José Carlos. *Direito romano*. 5. ed. Rio de Janeiro: Forense, 1992. v. 2.

NEGREIROS, Tereza. *Teoria do contrato*: novos paradigmas. 2. ed. Rio de Janeiro: Renovar, 2006.

NORONHA, Fernando. *Direito das obrigações*. 4. ed. São Paulo: Saraiva, 2017.

NERY JÚNIOR, Nelson. Os princípios gerais no Código Brasileiro de Defesa do Consumidor. *Revista de Direito do Consumidor*, São Paulo, n. 3, p. 44-77, set.-dez. 1992.

NOVAES, Domingos Riomar. *Nexo causal como realidade normativa e presunção de causalidade na responsabilidade civil*. Rio de Janeiro: Lumen Juris, 2017.

NOVAIS, Alinne Arquete Leite. *A teoria contratual e o Código de Defesa do Consumidor*. São Paulo: RT, 2001.

OLIVEIRA, Amanda Flávio de. Reforma do direito do consumidor brasileiro a partir das lições da *Behavioral Economics*: uma agenda possível? In: MAIOLINO, Isabela; TIMM, Luciano Benetti (orgs.). *Direito do consumidor*: novas tendências e perspectiva comparada. Brasília: Editora Singular, 2019.

OLIVEIRA, Amanda Flávio de; CARVALHO, Diógenes. Vulnerabilidade comportamental do consumidor: por que é preciso proteger a pessoa superendividada. *Revista Direito do Consumidor*, n. 104, p. 181-202, mar.-abr. 2016.

OLIVEIRA, Amanda Flávio de; CASTRO, Bruno Braz de. Proteção do consumidor de crédito: uma abordagem a partir da Economia Comportamental. *Revista de Direito do Consumidor*, v. 93, p. 231-249, 2014.

OLIVEIRA, Amanda Flávio de; FERREIRA, Felipe Moreira dos Santos. Análise econômica do direito do consumidor em períodos de recessão. Uma abordagem a partir da economia comportamental. *Revista de Direito do Consumidor*, v. 81, p. 13-38, 2012.

OLIVEIRA, Amanda Flávio de; MOURA, Walter J. F. É preciso proteger o fumante de si mesmo? *Revista Científica Virtual da ESA*, v. 1, p. 158-165, 2014.

OLIVERIA, André Macedo de. *Recursos especiais repetitivos*. Brasília: Gazeta Jurídica, 2015.

OLIVEIRA, James Eduardo. *Código de Defesa do Consumidor*: anotado e comentado. 4. ed. São Paulo: Atlas, 2009.

PAES, José Eduardo Sabo. *Fundações, associações e entidades de interesse social*. 9. ed. Rio de Janeiro: Forense, 2018.

PASQUALOTTO, Adalberto. *Os efeitos obrigacionais da publicidade no Código de Defesa do Consumidor*. São Paulo: RT, 1997.

PASQUALOTO, Adalberto. Publicidade de tabaco e liberdade de expressão. *Revista de Direito do Consumidor* 82, São Paulo: RT, p. 11-59, abr.-jun. 2012.

PEREIRA, Caio Mário da Silva. *Lesão nos contratos*. 5. ed. Rio de Janeiro: Forense, 1993.

PERLINGIERI, Pietro. *Perfis do direito civil*: introdução ao direito civil constitucional. 2. ed. Rio de Janeiro: Renovar, 2002.

PINTO, Carlos Alberto da Mota. *Teoria geral do direito civil*. 3. ed. atual. 11. reimp. Coimbra: Coimbra, 1996.

POLETTI, Ronaldo. *Introdução ao direito*. 3. ed. rev. São Paulo: Saraiva, 1996.

RADBRUCH, Gustav. *Filosofia do direito*. São Paulo: Martins Fontes, 2004.

RAO, Vicente. *O direito e a vida dos direitos*. São Paulo: RT, 1997.

REALE, Miguel. *Lições preliminares de direito*. 27. ed. São Paulo: Saraiva, 2013.

RÊGO, Lúcia. *A tutela administrativa do consumidor*: regulamentação estadual. São Paulo: RT, 2007.

RIZZARDO, Arnaldo. *Contratos de crédito bancário*. 5. ed. São Paulo: RT, 2000.

RIZZATTO NUNES, Luiz Antônio. *Curso de direito do consumidor*. 13. ed. São Paulo: Saraiva, 2019.

ROCHA, Sílvio Luís Ferreira da. *Responsabilidade civil do fornecedor pelo fato do produto no direito brasileiro*. São Paulo: RT, 2000.

RODOTÁ, Stefano. Transformações do corpo. *Revista Trimestral de Direito Civil*, Rio de Janeiro, ano 5, v. 19, p. 91-107, jul.-set. 2004.

ROPPO, Enzo. *O contrato*. Coimbra: Almedina, 1988.

SÁ, Almeno de. *Cláusulas contratuais gerais e directiva sobre cláusulas abusivas*. 2. ed. Coimbra: Almedina, 2005.

SAMPAIO, Aurisvaldo. *Contratos de planos de saúde*. São Paulo: RT, 2010.

SANSEVERINO, Paulo de Tarso. *A responsabilidade civil no Código de Defesa do Consumidor e a defesa do fornecedor*. 3. ed. São Paulo: Saraiva, 2010.

SANTANA, Héctor Valverde. *Prescrição e decadência nas relações de consumo*. São Paulo: RT, 2002.

SANTANA, Héctor Valverde. *Dano moral no direito do consumidor*. 3. ed. São Paulo: RT, 2019.

SANTOS, Antonio Jeová. *Dano moral indenizável*. 4. ed. São Paulo: RT, 2003.

SARLET, Ingo Wolfgang. *A eficácia dos direitos fundamentais*. 13. ed. Porto Alegre: Livraria do Advogado, 2018.

SCHMITT, Cristiano Heineck. *Cláusulas abusivas nas relações de consumo*. São Paulo: RT, 2006.

SCHREIBER, Anderson. *A proibição de comportamento contraditório: tutela da confiança e venire contra factum proprium*. 4. ed. São Paulo: Atlas, 2016.

SCHREIBER, Anderson. *Novos paradigmas da responsabilidade civil*: da erosão dos filtros da reparação à diluição dos danos. 6. ed. São Paulo: Atlas, 2016.

SILVA, João Calvão da. *Responsabilidade civil do produtor*. Coimbra: Almedina, 1990.

SIMÃO, José Fernando. *Vícios do produto no novo Código Civil e no Código de Defesa do Consumidor*. São Paulo: Atlas, 2003.

SODRÉ, Marcelo Gomes. *Formação do Sistema Nacional de Defesa do Consumidor*. São Paulo: RT, 2007.

SUXBERGER, Antonio Henrique. *Legitimidade da intervenção penal*. Rio de Janeiro: Lumen Juris, 2006.

TARTER, Ana Luisa. *Execução do direito individual homogêneo*: a prescindibilidade da segunda fase do processo. Brasília: Gazeta Jurídica, 2018.

TARTUCE, Flávio; NEVES, Daniel Amorim Assumpção. *Manual de direito do consumidor*: direito material e processual. 9. ed. São Paulo: Método, 2020.

TEPEDINO, Gustavo et al. *Código Civil interpretado conforme a Constituição da República*. Rio de Janeiro: Renovar, 2004. v. 1.

TEPEDINO, Gustavo. *Temas de direito civil*. 4. ed. Rio de Janeiro: Renovar, 2008.

THEODORO JÚNIOR, Humberto. *Direitos do consumidor*. 9. ed. Rio de Janeiro: Forense, 2017.

TOLEDO, Fracisco de Assis. *Princípios básicos de direito penal*. 4 ed. São Paulo: Saraiva, 1991.

WALD, Arnoldo. O direito do consumidor e suas repercussões em relação às instituições financeiras. *Revista dos Tribunais* 666, p. 13-17.

WARREN, Samuel D.; BRANDEIS, Louis D. The right to privacy. *Harvard Law Rewiew*, Harvard, n. 5, p. 195, dez. 1890.

WESTIN, Alan. *Privacy and freedom*. New York: Atheneum, 1967.

ZANELLATO, Marco Antonio. Considerações sobre o conceito jurídico de consumidor. *Revista de Direito do Consumidor* 45, São Paulo: RT, p. 172-191, jan.-mar. 2003.

ZANELLATO, Marco Antonio. O direito penal econômico e o direito penal de defesa do consumidor como instrumento de resguardo da ordem econômica. *Revista de Direito do Consumidor* 5, São Paulo: RT, p. 145-167, 1993.

ZAVASCKI, Teori. *Processo coletivo*: tutela de direitos coletivos e tutela coletiva de direitos. 7. ed. São Paulo: RT, 2019.

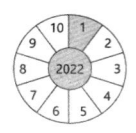